Fachstoff für Zimmerleute

GRUNDWISSEN DES ZIMMERERS

Franz Krämer

1991

6. völlig überarbeitete, aktualisierte Auflage

BRUDERVERLAG KARLSRUHE

Die Deutsche Bibliothek – CIP-Einheitsaufnahme

Krämer, Franz:

Grundwissen des Zimmerers: Fachstoff für Zimmerleute / Franz Krämer. –
6., völlig überarb., aktualisierte Aufl. – Karlsruhe: Bruder, 1991

ISBN 3-87104-089-4

ISBN 3-87104-089-4

Verlagsrecht: BRUDERVERLAG, 7500 Karlsruhe 1
Druck: Greiserdruck, 7550 Rastatt

VORWORT

Mit der Einführung der Stufenausbildung im Baugewerbe haben sich die Auszubildenden im Zimmerhandwerk auch mit vielen berufsübergreifenden Aufgaben zu befassen, was bei der dreijährigen Ausbildungszeit zu Lasten des zimmererspezifischen Lehrprogramms gehen muß. Dazu kommt noch, daß durch die fachbezogene Ausbildung in den überbetrieblichen Ausbildungsstätten und Intensivierung der betrieblichen Ausbildung die auszuführenden Arbeitsproben bei der Gesellenprüfung weit höhere Ansprüche an den angehenden Zimmerer stellen als je zuvor.

Ein zunehmend akuter Mangel an praxisbezogener Fachliteratur, die dem Auszubildenden die einfachsten Grundregeln vermittelt und den Ausbilder in die Lage versetzt, den Lernenden mit wenig Hilfen auf ein höheres Leistungs- und Wissensniveau zu führen, kann deshalb schon einige Zeit nicht übersehen werden. Diese bestehende Lücke will das vorliegende Werk helfen zu schließen.

Eine Besonderheit des Werkes ist, daß die Kenntnisse durch viele instruktive Zeichnungen und perspektivische Darstellungen mit sehr kurzgehaltenen Texten vermittelt werden. Die Anreißtechnik und die Schiftung sind geometrisch so dargestellt, wie sie der Auszubildende bei praktischen Arbeitsproben auszuführen aufgefordert wird. Damit knüpft hier der Fachstoff für Zimmerleute unmittelbar an die praktische Tätigkeit des Auszubildenden an, wahrt also die Berufsnähe und will auch darüber hinaus die Fortbildung fördernd begleiten.

Karlsruhe, im März 1991 — Franz Krämer

INHALT

1 Der Baustoff Holz

1.1 Bestandteile von Baum und Holz

Der wichtigste Werkstoff des Zimmermanns ist das Holz. Als Vollholz werden alle Bauschnitthölzer bezeichnet, die aus dem Holz des Baumstammes gewonnen und im natürlichen Zustand, d. h. nicht mechanisch oder chemisch im Holzgefüge verändert, sondern in herkömmlicher Art weiterverarbeitet werden.

Die Hauptteile des Baumes, aus dessen Stamm das Vollholz geschnitten wird, sind Wurzeln, Stamm und Krone. Die Wurzeln verankern den Baum im Erdreich und saugen mit feinen Haarwurzeln Wasser für den Safthaushalt auf. Mit dem Wasser nehmen die Haarwurzeln die darin gelösten Nährsalze auf, die Eisen, Kalium, Magnesium, Phosphor, Schwefel, Stickstoff und andere für die Ernährung des Baumes wichtige Elemente enthalten. Der Stamm, der die Krone trägt, leitet die Saftströme und speichert überschüssige Nährstoffe für das Wachstum zu Anfang des Frühjahrs. In den Blättern oder Nadeln der Krone werden mit Hilfe des Blattgrüns und des Sonnenlichts das Kohlendioxyd aus der Luft und die Aufbaustoffe aus dem Boden in die Nährstoffe Eiweiß, Stärke, Zellstoff und Zucker umgewandelt. Diese Nährstoffe werden aus den Blättern oder Nadeln wieder an die Stellen transportiert, an denen sie zum Aufbau und Wachstum des Baumes gebraucht und auch in Farbstoffe, Harze, Öle und Gerbstoffe umgewandelt werden.

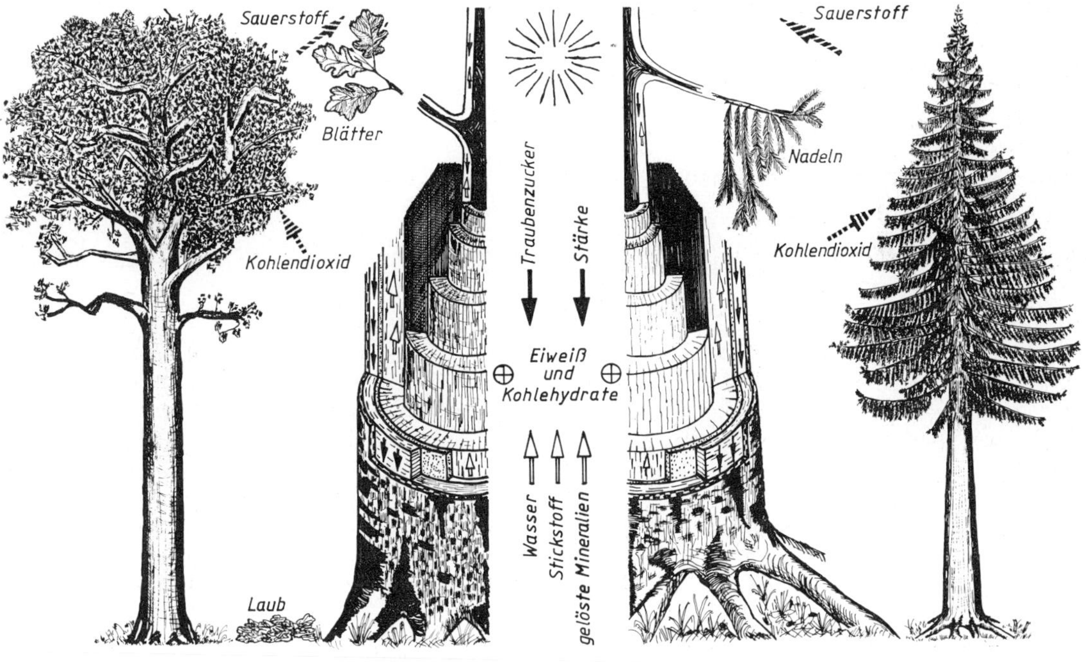

Der Baumstamm wächst im Frühjahr (April bis Juni) sowie im Sommer und Spätsommer in die Höhe und von innen nach außen. Man spricht deshalb von Früh- und Spätholz. Das Früh- und Spätholz bilden zusammen einen Jahrring.

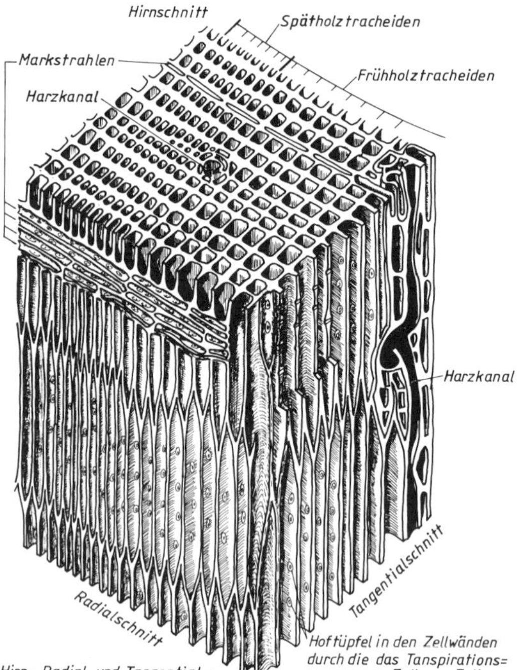

Hirn-, Radial- und Tangential= schnitt durch Früh- und Spät= holztracheiden einer Fichte (Sehr starke Vergrößerung)

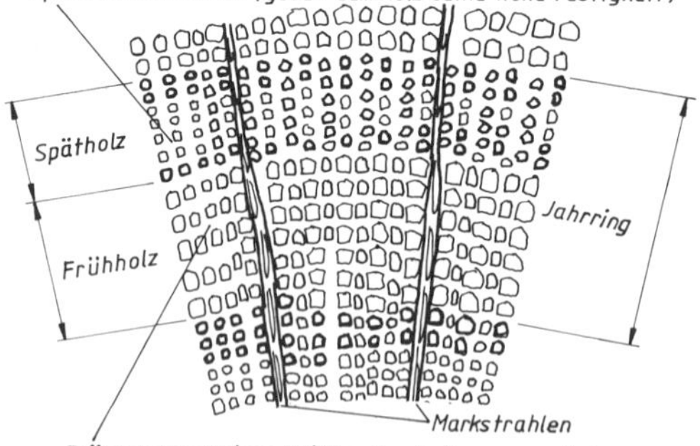

Nadelholz, Hirnschnitteinzelheiten (stark vergrößert)

Der Baum hat in den Vegetationspunkten, d. h. an den äußersten Spitzen seiner Zweige (Sproß, Trieb) und Wurzeln mehr teilungs- und ausgestaltungsfähige Zellen als der übrige Stamm. Durch Wachstumsstoffe und unter

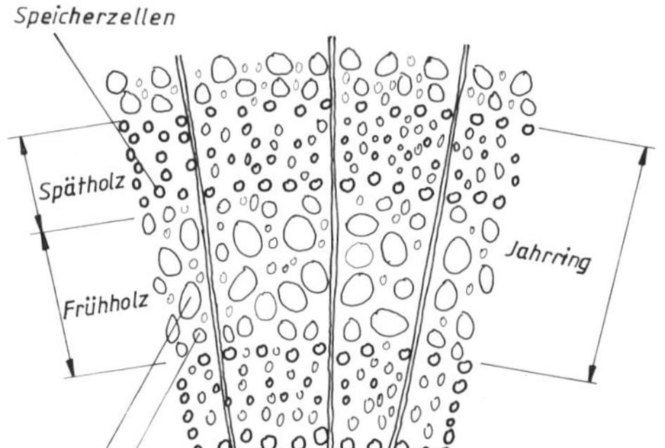

Laubholz, Hirnschnitteinzelheiten (stark vergrößert)

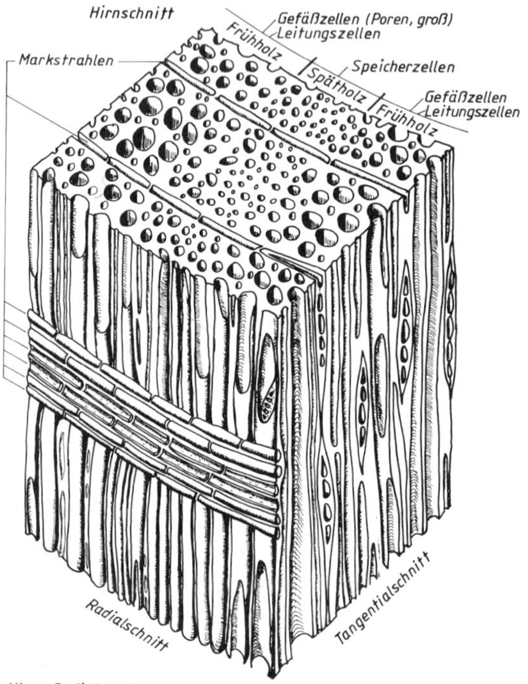

Hirn-, Radial- und Tangentialschnitt durch Gefäß-, Leitungs- und Speicherzellen einer Eiche (Sehr starke Vergrößerung)

dem Einfluß des Sonnenlichtes findet folglich in der Stammlängsrichtung eine schnelle Teilung der Gefäß- sowie Leitungs- und Speicherzellen des Laubholzes und der Leitungs- sowie Speicherzellen des Nadelholzes statt.

Durch Verholzung des Stamminneren treibt die sich immer neu bildende Zuwachsschicht (Kambium) die Rinde nach außen. Aufgrund der schnelleren Zellenteilungen in der Stammlängsrichtung vollzieht sich das Längen- und Dickenwachstum des Stammes kreiskegelförmig.

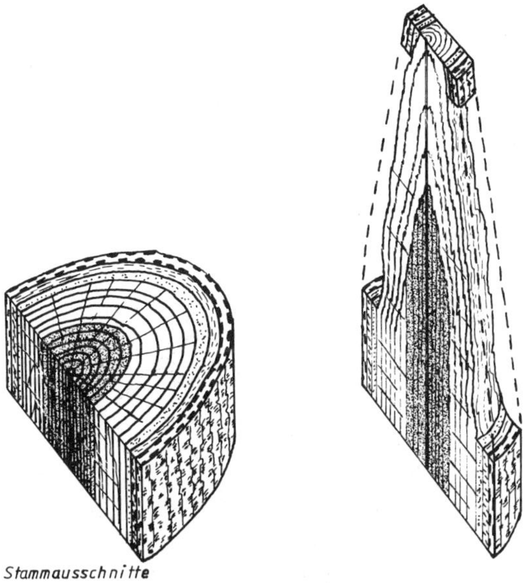

Stammausschnitte

Die äußere Schicht der Rinde, auch Borke genannt, wird von abgestorbenen Rindenzellen gebildet. Die Rinde schützt die empfindliche Zuwachsschicht bzw. das Bildungsgewebe vor mechanischen Beschädigungen, vor Hitze und Kälte und bewahrt den Stamm zugleich vor dem Austrocknen.

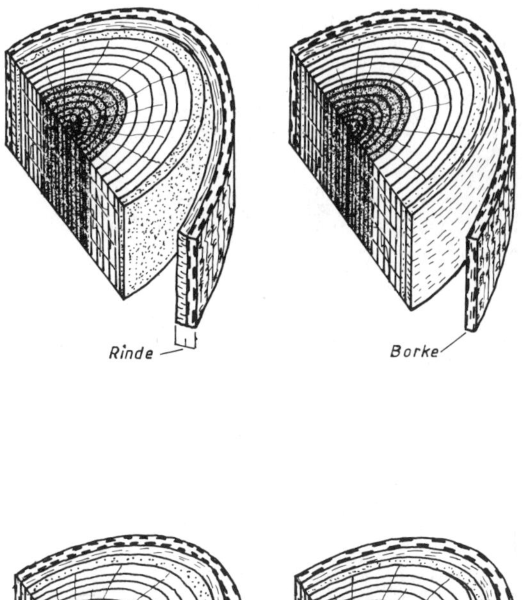

Die nachfolgende Innenrinde, auch Bast genannt, leitet die in der Krone gebildeten Nährstoffe abwärts zu den Wurzeln sowie durch die Markstrahlen dem Splintholz bzw. dem äußeren, helleren und meist saftigeren Holzteil des Stammes zu. Zwischen der Rinde und dem eigentlichen Holzteil liegt die Zuwachsschicht (Kambium). Durch die Zuwachsschicht werden nach außen Bastzellen und nach innen Holzzellen gebildet.

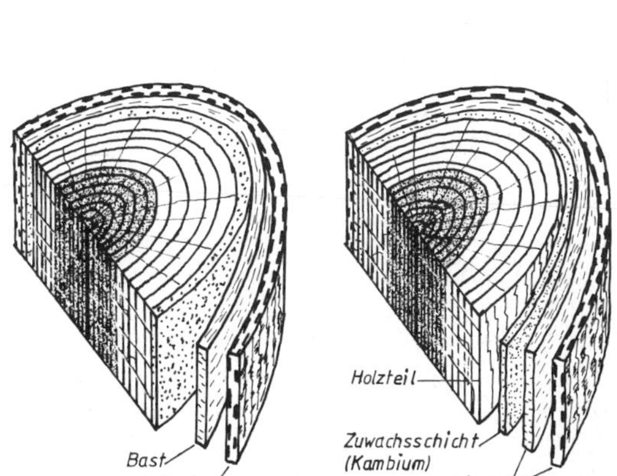

Das Splintholz liegt zwischen der Zuwachsschicht und dem Kernholz. Die Verwendungsmöglichkeit des Splintholzes ist von Holzart zu Holzart verschieden. Vollwertig ist der Splint bei Nadelhölzern, ausgenommen der des Lärchenholzes. Der Splint des Eichenholzes ist unbrauchbar. Der Kiefersplint wird gerne blau. Verblautes Splintholz soll für naturbelassene Werkstücke nicht verwendet werden.

Das Kernholz mit Mark und Markröhre entsteht durch Verholzung der Zellen im Laufe der Jahre. Das Kernholz ist trockener und härter als das Splintholz, die Verfärbung dunkler.

Markstrahlen sind Gruppen von Speicherzellen, die horizontal von der Rinde zum Mark (zur Mitte des Stammes hin) verlaufen. Die Markstrahlen dienen der Umwandlung und Speicherung von Vorratsstoffen und der Querleitung von Wasser und Nährstoffen. Man unterscheidet primäre (voll durchgehende), die direkt im Mark beginnen und sekundäre (nicht ganz durchgehende) Markstrahlen, die an einer beliebigen Stelle des Stammquerschnittes beginnen.

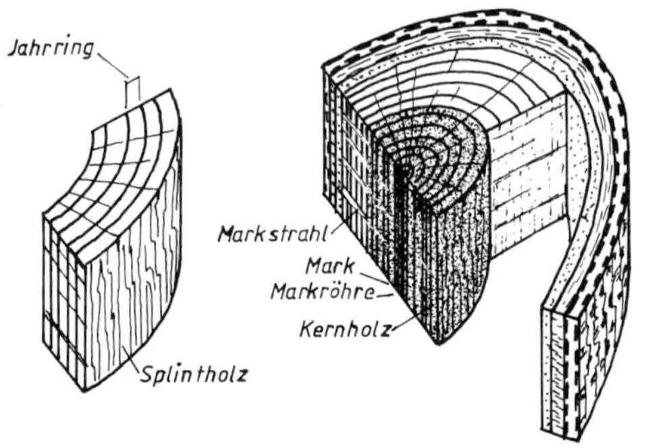

Hinsichtlich der Farbunterschiede zwischen Kern und Splint teilt man die Bäume in drei Gruppen, d. h. in Splint-, Kern- und Reifholzbäume ein.

Splintholzbäume

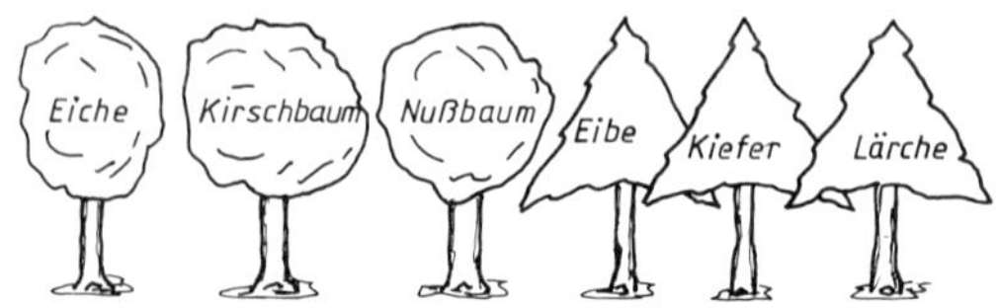

Kernholzbäume

Reifholzbäume

Die Esche und Ulme besitzen Kern-, Reif- und Splintholz und werden deshalb Kernreifholzbäume genannt.

Kernreifholzbäume

Während bei Laubbäumen der Aufbau des Holzes durch die verschiedenen Zelltypen, der Gefäß-, der Leitungs- und der Speicherzellen übernommen wird, übernehmen bei den einfacher und regelmäßiger aufgebauten Nadelhölzern langgestreckte, an beiden Enden zugespitzte Zellen, die Tracheiden (Tüpfelzelle), gleich zwei Funktionen, nämlich die der Gefäß- und Speicherzellen. Nadelhölzer haben keine Gefäßzellen und deshalb im Hirnschnitt keine großen Poren. Die Nadelholztracheiden, deren Länge bei einheimischen Nadelbäumen bis zu 8, bei exotischen sogar über 10 mm betragen kann, haben einen vier- bis sechseckigen Querschnitt mit weniger als 0,1 mm Durchmesser.

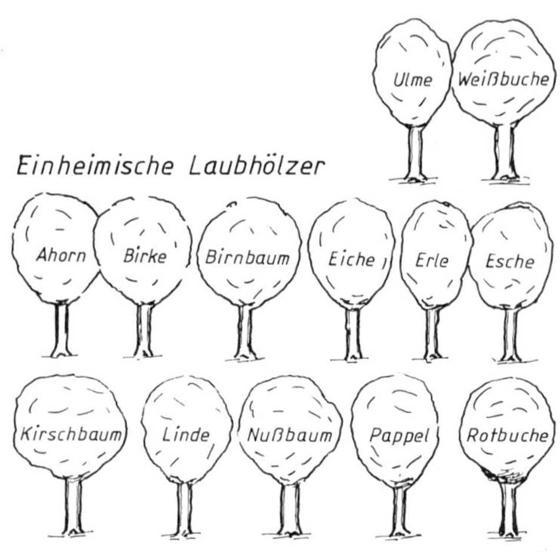

Einheimische Laubhölzer

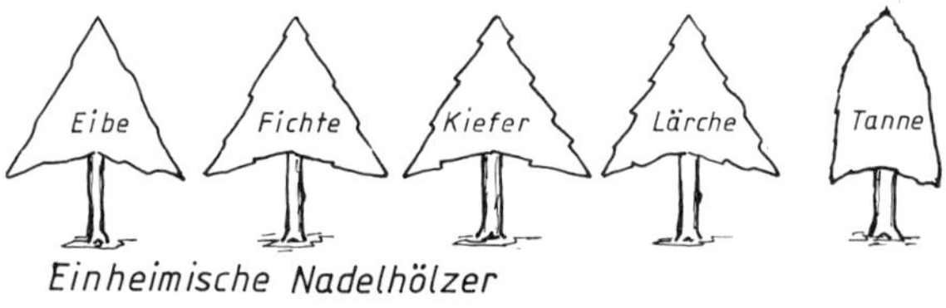

Einheimische Nadelhölzer

Der Austausch von Flüssigkeit zwischen den Frühholztracheiden erfolgt durch die kleinen, ventilartigen Hoftüpfel. Nadelhölzer, wie Douglasie, Fichte, Kiefer und Lärche haben Harzgänge (Harzkanäle). Bei der Tanne befindet sich das Harz in der Rinde. Die Harzgallen (langgestreckte Blasen, die mit Harz gefüllt sind) entstehen, wenn sich das Harz infolge Verstopfung von Harzkanälen an einzelnen Stellen des Kambialgewebes sammelt und beim Dickenwachstum überwallt wird.

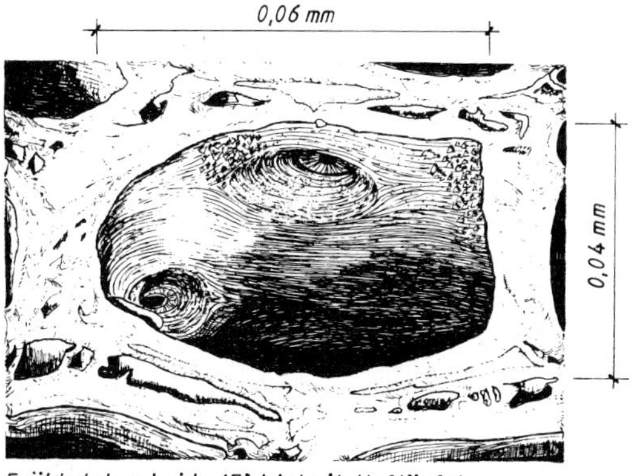

Frühholztracheide (Fichte) mit Hoftüpfel

Die Härte des Holzes steht in enger Beziehung zu seinem Gewicht. Eine Faustregel heißt: Alle Nadelhölzer und von den Laubhölzern Erle, Linde und Pappel sind weich und die anderen hart. Sie schließt nur die wichtigsten Holzarten ein. Die Härte und das Gewicht des weichen bzw. harten Holzes hängt auch von der Dicke des Zellgewebes und außerdem von den Breiten der Jahresringe ab. Das feinjährige Nadelholz ist härter und schwerer als das grobjährige, weil der Anteil von Frühholz geringer ist.

Die feinjährige Eiche ergibt ein mildes und die grobjährige ein besonders hartes Eichenholz. Unter Härte versteht man den Widerstand, den das Vollholz dem Eindringen eines Werkzeuges entgegensetzt.

Beim Ablängen und Einschneiden des Rundholzes mit dem Gatter, der Blockbandsäge oder der Bauholzkreissäge entstehen die Hirn-, Radial- und Tangentialschnitte. Diese natürlichen Holzstrukturen verursachen die drei Haupthärten, d. h. die Hirn-, Radial- und Tangentialhärten des Vollholzes.

Der Hirnschnitt entsteht durch die Sägeschnittrichtung rechtwinklig zur Stammlängsachse.

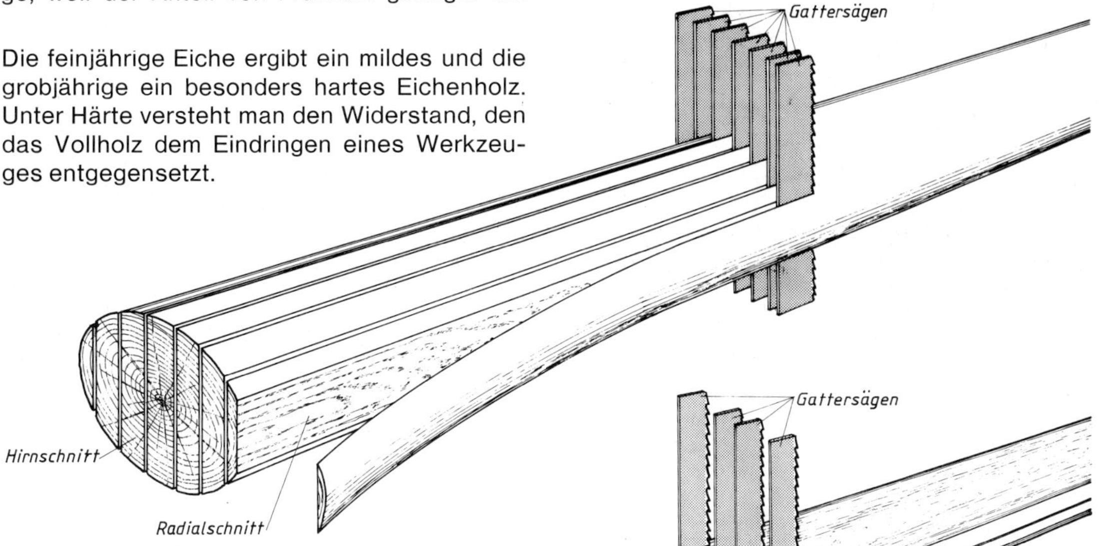

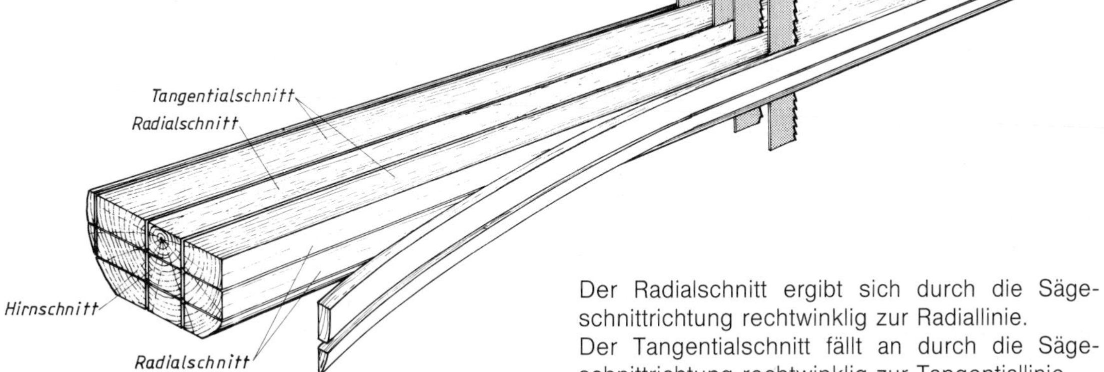

Der Radialschnitt ergibt sich durch die Sägeschnittrichtung rechtwinklig zur Radiallinie.
Der Tangentialschnitt fällt an durch die Sägeschnittrichtung rechtwinklig zur Tangentiallinie.

Die Hirnhärte setzt dem Eindringen einer Werkzeugschneide den größten Widerstand entgegen. Die Angriffs- bzw. Kraftrichtung ist dabei praktisch ohne Bedeutung und deshalb der Energieverbrauch gleich hoch.

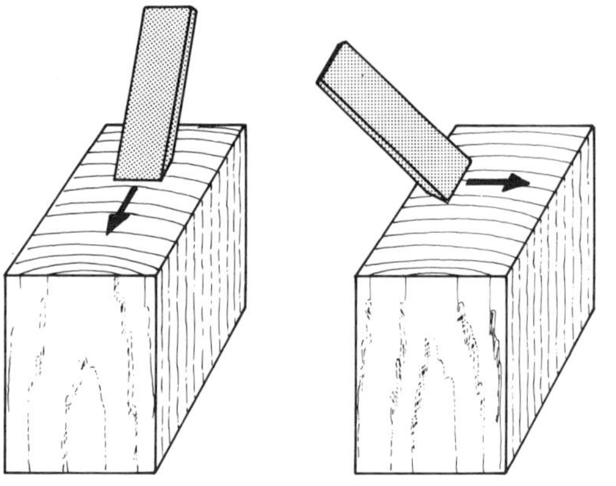

Werkzeug auf dem Hirnschnitt des Vollholzes. (Großer Energiebedarf für die Bearbeitung.)

Beim Bearbeiten der Radial- und Tangentialschnitte rechtwinklig zum Faserverlauf setzt sich der Werkzeugschneide ein relativ geringer Widerstand entgegen.

Von der Radial- und Tangentialhärte wird der Werkzeugschneide nach der Angriffsrichtung parallel des Faserverlaufs kein großer Widerstand entgegengesetzt. Der Energiebedarf ist geringer als bei der Hirnholzbearbeitung.

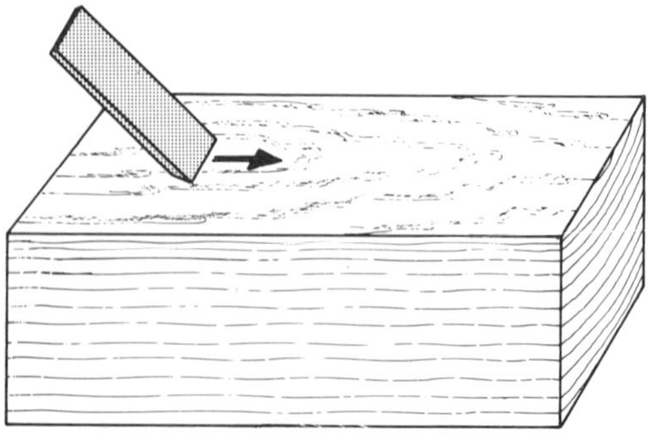

Werkzeug auf dem Radialschnitt des Vollholzes. Bearbeitung parallel der Faserrichtung (Geringer Energiebedarf für die Bearbeitung.)

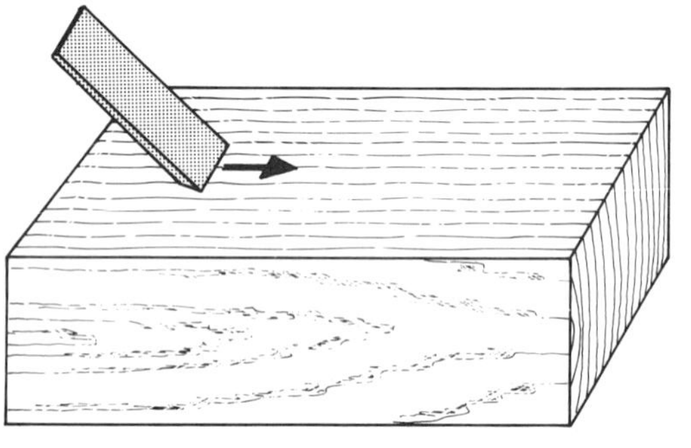

Werkzeug auf dem Tangentialschnitt des Vollholzes. Bearbeitung parallel der Faserrichtung. (Geringer Energiebedarf für die Bearbeitung.)

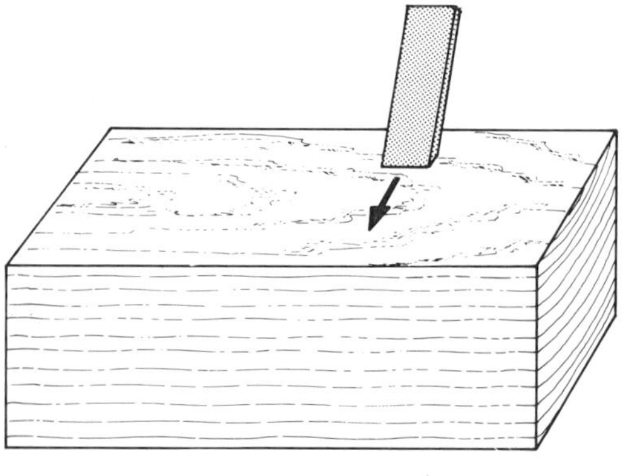

Werkzeug auf dem Radialschnitt des Vollholzes. Bearbeitung rechtwinklig zur Faserrichtung. (Energiebedarf für diese Bearbeitung geringer als für die Bearbeitung parallel der Faserrichtung.)

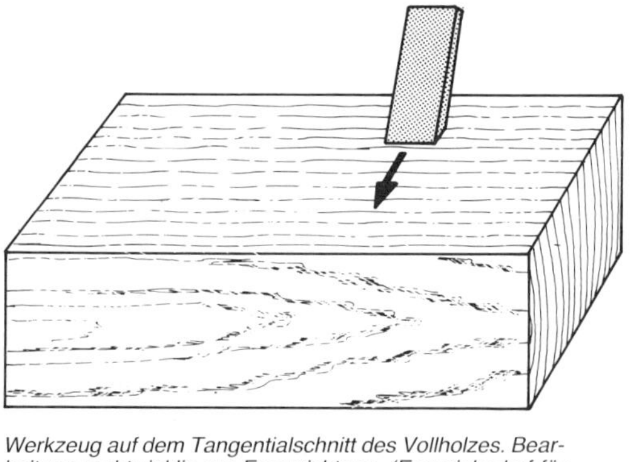

Werkzeug auf dem Tangentialschnitt des Vollholzes. Bearbeitung rechtwinklig zur Faserrichtung. (Energiebedarf für diese Bearbeitung geringer als für jene parallel der Faserrichtung.)

1.2 Lagerung und Pflege der Schnitthölzer

Nach dem Auftrennen von Rundholz parallel zur Stammachse unterscheidet man besäumte und unbesäumte Schnitthölzer. Unbesäumtes Schnittholz hat noch die Baumkante. Bei besäumten Schnitthölzern handelt es sich um Balken, Bretter, Bohlen, Kanthölzer, Rahmenhölzer und Latten.

wegführt. Um an allen Holzflächen entlang ein gleichmäßiges Austrocknen zu erzielen, stapelt man die Schnitthölzer stets mit quer-, senkrecht- und längslaufenden Abständen, d. h. mit Lüftungsfugen. Dazu müssen die Stapel durch einen Unterbau, z. B. aus Betonfüßen und Lagerhölzern auf festem Boden, die erfor-

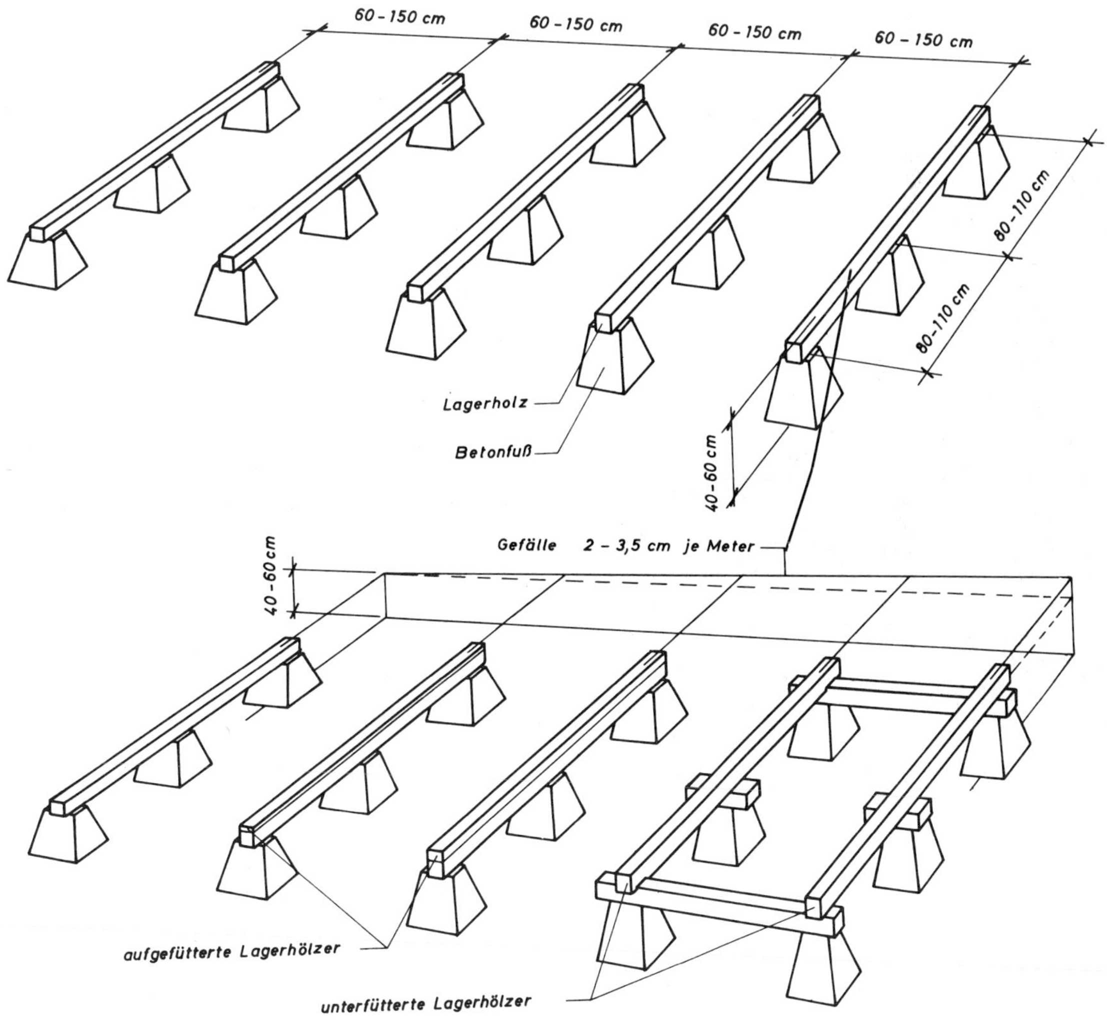

Der Pflege des Schnittholzes ist besondere Aufmerksamkeit zu widmen, indem es vor der Verarbeitung zum Trocknen richtig gelagert und so gestapelt wird, daß die Luftbewegung die aus dem Holz verdunstete Feuchtigkeit

derliche Kippfestigkeit und eine Bodenfreiheit von 40 – 60 cm erhalten. Die Lagerhölzer werden imprägniert, damit die Haltbarkeit erhöht wird.

Den Abstand zwischen den einzelnen Betonfüßen legt man je nach Dicke der Schnitthölzer in der Längsrichtung des Stapels von Betonfußmitte zu Betonfußmitte gemessen auf 60 bis 150 cm fest. Bei 24 mm dicken Brettern müssen wegen des Durchhängens die Betonfüße enger gesetzt werden als bei 50 mm dikken Fichten-, Tannen- oder Kiefernbohlen oder starken Kanthölzern. Stapelgut aus Buchenholz muß der Länge nach auf eng zusammengeordneten Lagerhölzern gestapelt werden, denn diese Schnitthölzer verziehen sich leicht beim Austrocknen. Die Abstände der Betonfüße in der Querrichtung des Stapels werden nach der Tragfähigkeit des Bodens und außerdem nach der Tragfähigkeit der Lagerhölzer unter Annahme einer bestimmten Belastung festgelegt.

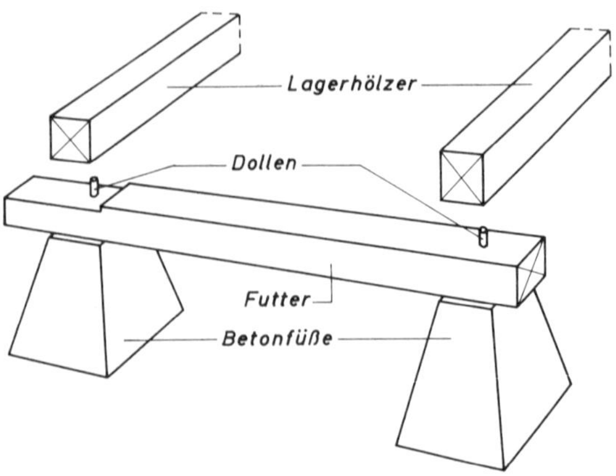

Damit von einem Bretter- oder Kantholzstapel im Freien das eingefallene Regenwasser abfließen kann, gibt man schon dem Unterbau ein Gefälle von 2 – 3,5 cm je laufenden Meter in der Längsrichtung. Durch das waagerecht angelegte Stapellager und durch ein Stapellager das, wie dargestellt, in der Querrichtung ebenfalls waagerecht, jedoch in der Längsrichtung mit einer geringen Neigung sorgfältig und sachgemäß angelegt wird, ist nicht nur die Kippfestigkeit der Stapel gewährleistet, sondern auch die Voraussetzung geschaffen, daß nach der sogenannten „Freilufttrocknung" keine windschiefen und krummen Schnitthölzer verarbeitet werden müssen.

Aufgrund der Stapelung besäumter und unbesäumter Schnitthölzer unterscheidet man hauptsächlich zwei Stapelquerschnittformen, nämlich den Block- und den Kastenstapel. Beim Blockstapel bleiben die unbesäumten Schnitthölzer zusammen. Im Kastenstapel sind sowohl besäumte Bretter und Bohlen als auch Kanthölzer gestapelt. Zum Stapeln dieser Schnitthölzer über den Lagerhölzern verwendet man Stapellatten, denn die Dicke der Latten ermöglicht im Stapel die Luftbewegung.

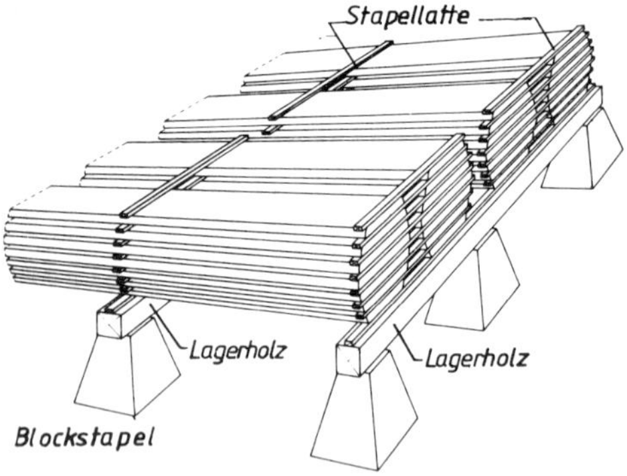

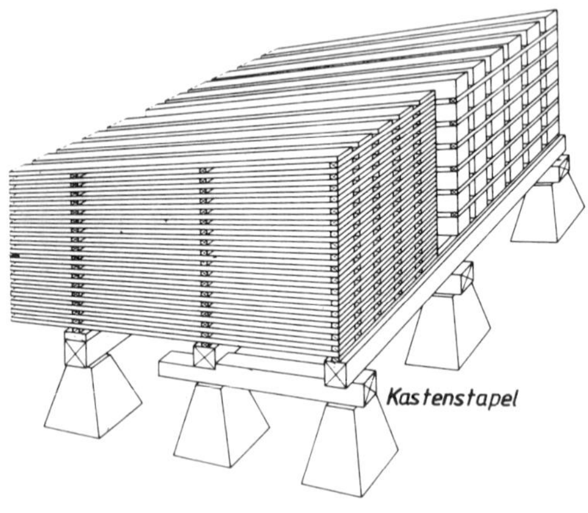

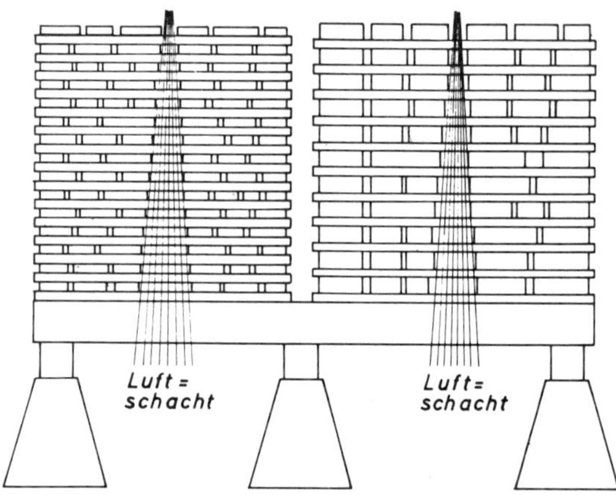

Außerdem tragen die Stapellatten zum festen Querverband der Stapel und zugleich auch zum ebenflächigen Trocknen der gestapelten Schnitthölzer bei. Dazu müssen die Stapellatten natürlich gleich dick sein. Beim Stapeln der

Schnitthölzer achtet man stets darauf, daß über der Mitte der Lagerhölzer die Stapellatten von Lage zu Lage genau senkrecht liegen. Das Auflegen der Stapellatten beginnt schon auf

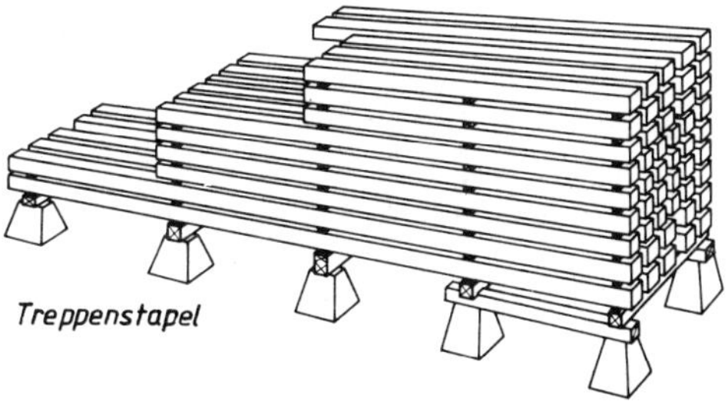

den Lagerhölzern, da auf breiten Auflageflächen die Schnitthölzer langsamer austrocknen und leichter verfärben als auf schmalen Latten. Wichtig ist auch, daß beim Block- und Kastenstapel jede Bohle, jedes Brett oder Kantholz

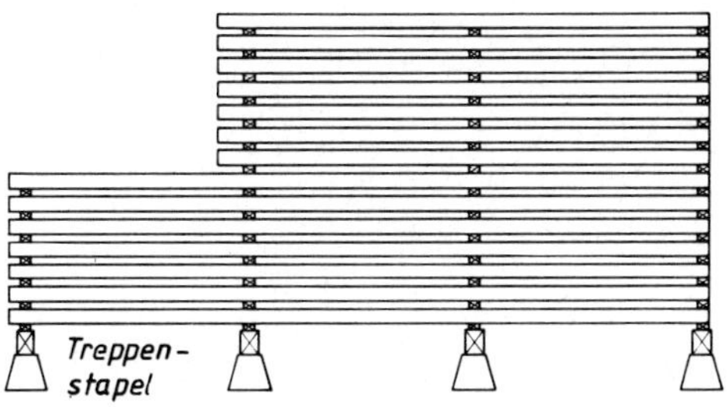

allseitig von der Luft umspült wird. Deshalb dürfen sich im Stapel die Schnitthölzer seitlich nicht berühren. Der seitliche Abstand besäumter und unbesäumter Bretter mit unterschiedlichen Breiten soll 3 – 5 cm betragen.

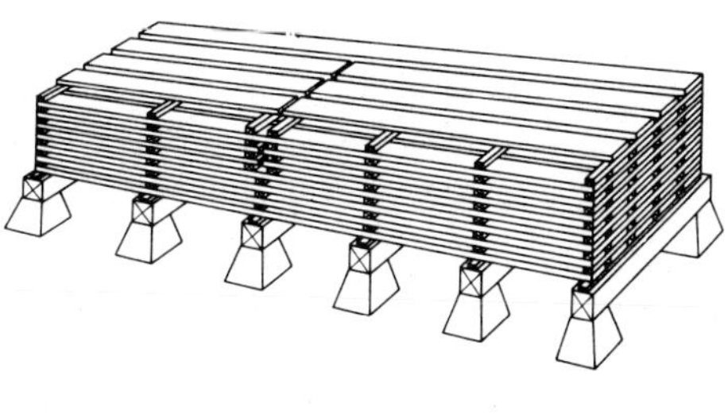

Bei Brettern mit gleichen Breiten, die man stets mit durchlaufenden Lüftungsfugen übereinanderstapelt, kann der seitliche Abstand bis auf 2 cm reduziert werden. Zur besseren Durchlüftung des Kastenstapels legt man Luftschächte an.

Sind Balken und Kanthölzer oder Bretter und besäumte Bohlen mit sehr unterschiedlichen Längen zu stapeln, werden unten die langen und darüber die kürzeren Hölzer gestapelt.

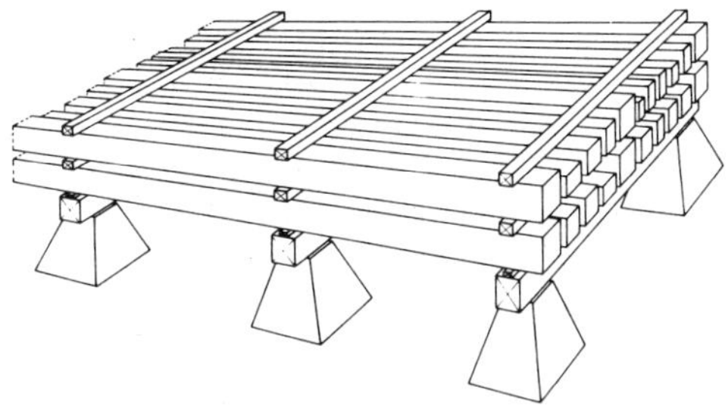

Nach den abgetreppten Stapelformen spricht man von Treppenstapel. Je nach Länge der kurzen Schnitthölzer können diese im mittleren Bereich des langen Stapelgutes gestoßen werden. Dazu sind, wie gezeigt, für die richtige

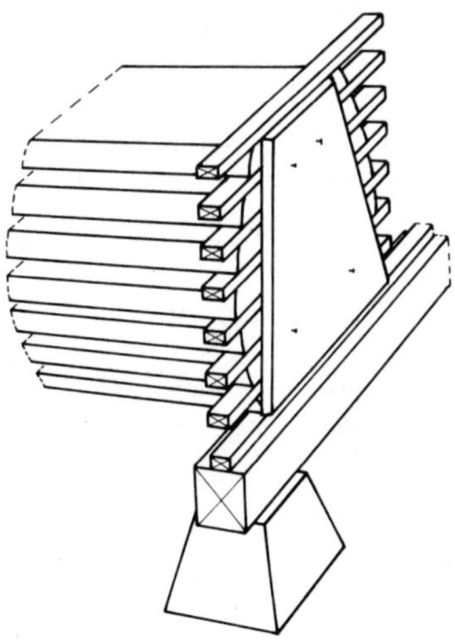

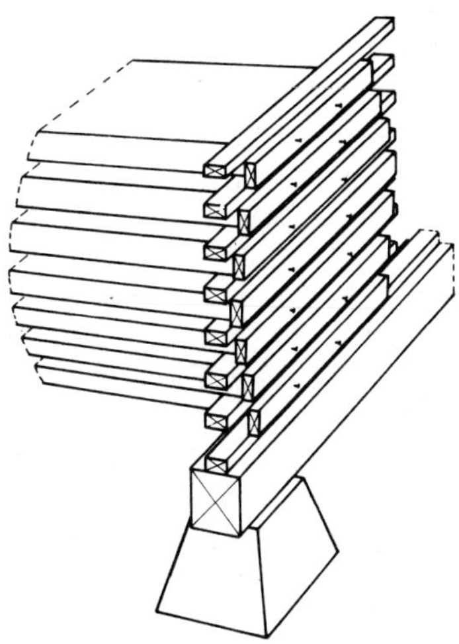

Lagerung beiderseits der Stoßfugen mit kleinem Abstand Stapellatten aufzulegen. Bei Kanthölzern mit ungleichmäßigen Querschnitten sollen außen gleich hohe Hölzer übereinander gestapelt werden, damit man dazwischen andere – also die schwächeren Hölzer – unterbringen kann. Die Stapellatten müssen in diesem Fall die Innenlast tragen und dürfen deshalb nicht zu schwach gewählt werden. Zur Pflege unbesäumter Schnitthölzer (Block- oder Klotzware) gehört außer dem sorgfältigen und sachgemäßen Stapeln auch das Abdekken der Hirnholzflächen, denn durch zu schnelles Trocknen reißt das Holz auf. Das Aufreißen kann man auch durch aufgenagelte Leisten

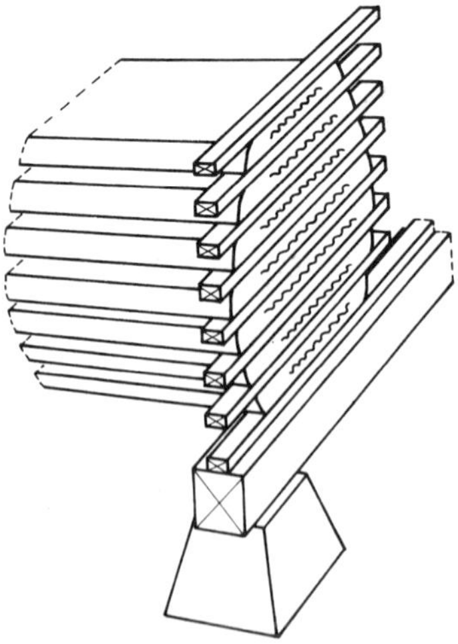

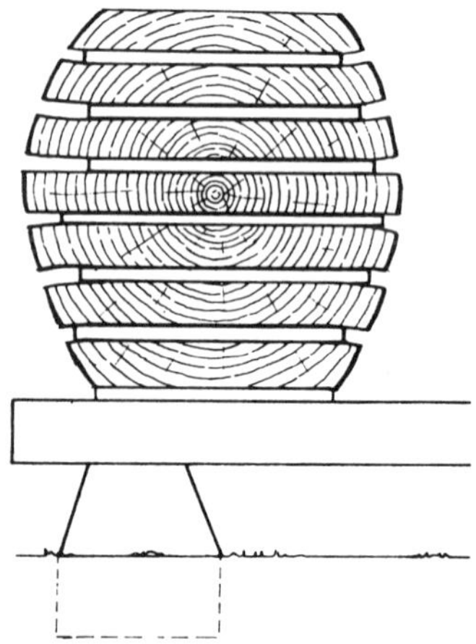

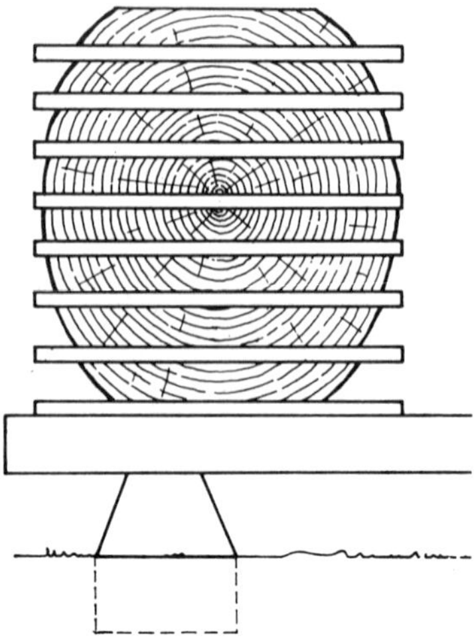

oder durch Wellenband, das in die Stirnflächen eingeschlagen wird, verhindern. Die Stapellatten sollen mindestens die Länge haben, wie die Breite der zu stapelnden Blockwaren. Sind die Stapellatten zu kurz, ist mit Verformung der Schnittwaren zu rechnen.

1.3 Bauholz für Holzbauten

1.3.1 Übersichten Bauholz

1.3.1.1 Baurundholz

Beim Baurundholz handelt es sich um abgelängte Stämme oder Stangen. Zum Baurundholz zählen auch Stämme, die für eine Kantenfläche oder für zwei Kantenflächen der Länge nach geschnitten oder beschlagen sind.

1.3.1.2 Bauschnittholz

Bauschnitthölzer sind nach einer Holzliste oder für den Vorrat abgelängte Kanthölzer, Balken, Kreuzhölzer, Rahmen, Bohlen, Bretter, Latten und Leisten.

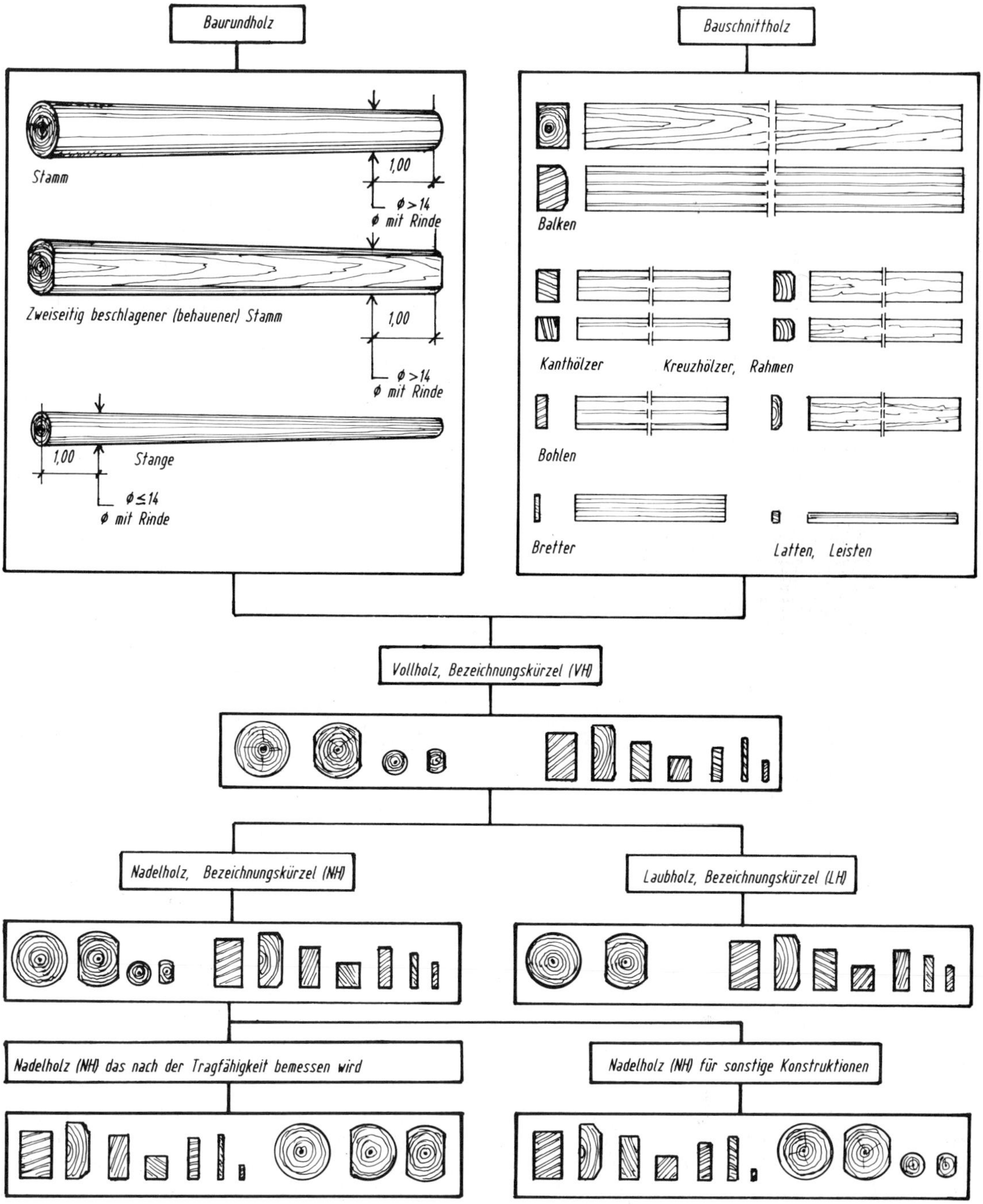

1.3.1.3 Vollholz

Beim Baurundholz in Form von Stämmen und Stangen, wie auch beim Bauschnittholz, welches mit Sägemaschinen aus Stämmen geschnitten oder mit Axt und Breitbeil beschlagen wurde, handelt es sich immer um Vollholz. Die Bezeichnung „Vollholz“ ist der Sammelbegriff für Nadel- und Laubholz.

1.3.1.4 Nadel- und Laubholz

Für Nadel- und Laubhölzer sind in DIN 4074 die Bezeichnungen und Holzartenkurzzeichen angegeben.

	Bezeichnungen für Nadelhülzer (NH) nach DIN 4074	Bezeichnungskürzel
	Fichte Tanne Kiefer Lärche (europäische) Douglasie (europäische) Sothern Pine Western Hemlock	FI TA KI LA DG PIP HEM
Holzart Gruppe	Bezeichnungen für Laubhölzer (LH) (Nach DIN 1052 zulässige Holzarten)	
A	Eiche (europäische) Buche Teak Keruing (Yang)	EI BU TEK YAN
B	Afzelia Merkbau Angelique (Basrolucus)	AFZ MEB AGO
C	Azobé (Bongossi) Greenheart	AZO GRE

Die Einteilung der Laubhölzer in die Gruppen A, B und C ist nach DIN 1052 angegeben.

1.3.1.5 Nadelholz das nach der Tragfähigkeit bemessen wird

Nadelhölzer, deren Querschnitte nach der Tragfähigkeit zu bemessen sind, haben die Eigenschaft von Vollholz und die Formen der Baurundhölzer und Bauschnitthölzer beziehungsweise Nadelschnitthölzer. Dem Sägewerk, das Schnittholz sowohl an Holzhändler als auch an Zimmereien und Holzbaubetriebe liefert, gibt DIN 4074 Teil 1 die Gütebedingungen für Nadelschnittholz und die Sortierung nach Tragfähigkeit an. Bei der Sortierung von Schnittholz nach der Tragfähigkeit kann nach zwei Methoden sortiert werden: visuell und maschinell. Nach visuell (das Sehen betreffend) feststellbaren Merkmalen werden folgende Klassen unterschieden:

Klasse S 7:	Schnittholz mit geringer Tragfähigkeit
Klasse S 10:	Schnittholz mit normaler Tragfähigkeit
Klasse S 13:	Schnittholz mit überdurchschnittlicher Tragfähigkeit

Bezeichnungen zwischen Güteklasse und Sortierkriterium

Die Bezeichnungskürzel MS 10, MS 13 und MS 17 stehen im Zusammenhang mit der maschinellen Sortierung.

DIN 1052 Güteklasse	DIN 4074 Teil 1 Sortierklasse
I II III	S 13 S 10 S 7

In DIN 4074 Teil 1 werden angegeben: Sortiermerkmale und Sortierklassen als Voraussetzung für die Anwendung von Rechenwerten für den Standsicherheitsnachweis nach dem Beispiel DIN 1052 Teil 1 oder DIN 1074 Teil 1.

1.3.1.6 Nadelholz für sonstige Konstruktionen

Nadelhölzer für sonstige Konstruktionen haben als Vollholz die Formen der Baurund-, Bauschnitt- und Nadelschnitthölzer. Das Nadelholz für sonstige Zwecke sollte die Gütebedingungen des Bauholzes für Zimmerarbeiten erfüllen. Außerdem sollte es erfüllen: die Mindestanforderungen der VOB Teil C: Allgemeine Technische Vorschriften für Bauleistungen. Während bei tragenden Hölzern stets die Anforderungen nach DIN 4074, von Fall zu Fall zusätzlich die Anforderungen nach DIN 1052, einzuhalten sind, gilt DIN 68 365 für die Güte, die Bauholz für Zimmerarbeiten beim Einbau haben muß. Bei DIN 68 365 wird mehr Wert auf die äußerlich sichtbare Beschaffenheit des gesamten zum Einbau kommenden Bauholzes gelegt als bei DIN 4074.

1.4 Sortierkriterien nach DIN 4074 Teil 1 für Nadelschnitthölzer, deren Querschnitte nach der Tragfähigkeit zu bemessen sind

1.4.1 Sortierklassen

Bei visueller Sortierung:

Sortierklasse S 7:	Schnittholz mit geringer Tragfähigkeit
Sortierklasse S 10:	Schnittholz mit normaler Tragfähigkeit
Sortierklasse S 13:	Schnittholz mit überdurchschnittlicher Tragfähigkeit

1.4.2 Querschnittsgrößen

Bezeichnungen nach Querschnittsgrößen für Nadelschnittholz nach DIN 4074 Teil 1	*Dicke d in mm*	*Breite b in mm*
Latte 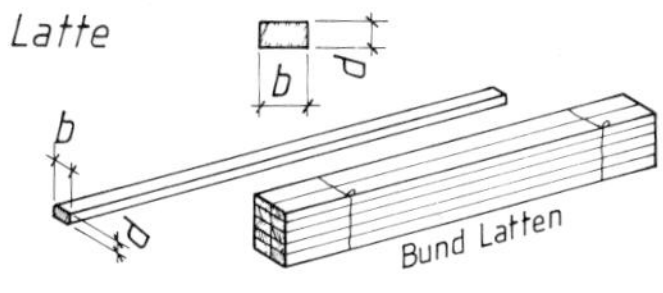	*≤ 40*	*< 80*
Brett 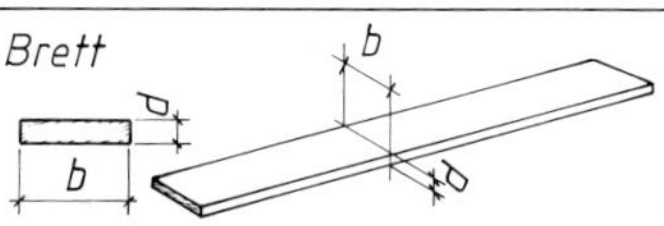	*≤ 40*	*≥ 80*
Bohle 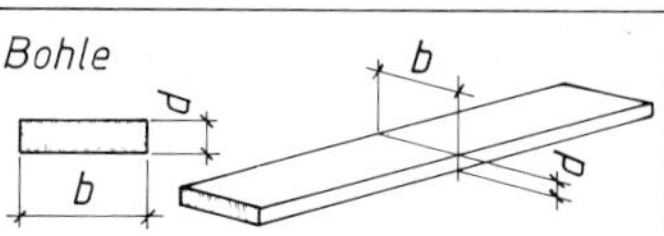	*> 40*	*> 3d* *>120*
Kantholz einschließlich Kreuzholz Rahmen und Balken 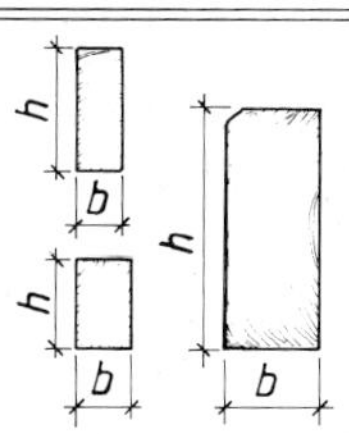 *h = größte Querschnittsseite* *b = größte Querschnittsbreite*	*Höhe h* *b≤h≤3b*	*Breite b in mm* *> 40*
Bretter und Bohlen, die bei Bauwerken hochkant auf Biegung beansprucht werden, sind wie Kantholz zu sortieren 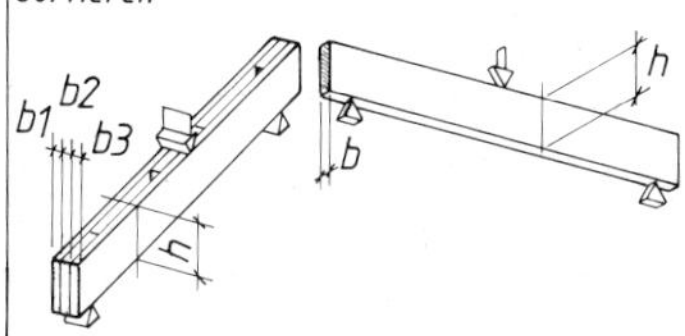	*Brett* 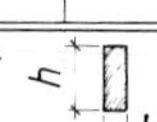	
	Höhe h in mm	*Breite b in mm*
	≥ 80	*≤ 40*
	Bohle 	
	Höhe h	*Breite b in mm*
	> 3b	*> 40*

1.4.3 Zulässige Baumkanten

	Zulässige Werte für Sortierklasse S 10 und MS 10 nach DIN 4074 Teil 1	
Messung und Berechnung der Baumkante	*Kantholz*	*Brett und Bohle hochkant biegebeansprucht*
k wird gemessen dann Bruchteil K ermitteln $K = \frac{k}{h} \leq \frac{1}{3} h$	*h ≤ 3b* 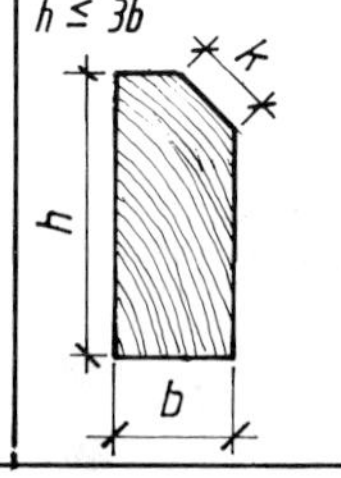	*h > 3b* 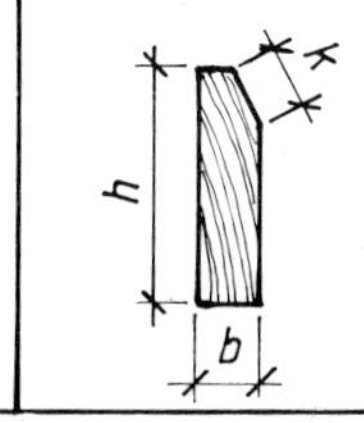

	Zulässige Baumkante als Bruchteil K der größten Querschnittsseite bei der Sortierklasse S 10 nach DIN 4074 Teil 1
Kantholz *h ≤ 3b* *h = größte Querschnittsseite*	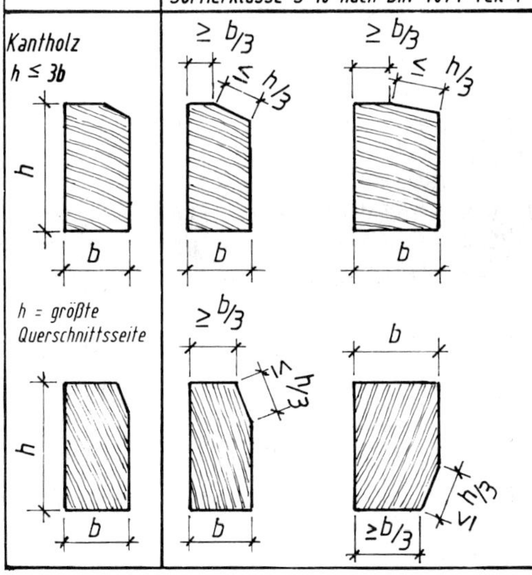

	Zulässige Baumkante als Bruchteil K der größten Querschnittsseite bei der Sortierklasse S 10 nach DIN 4074 Teil 1
Brett und Bohle *h > 3b* *h = größte Querschnittsseite*	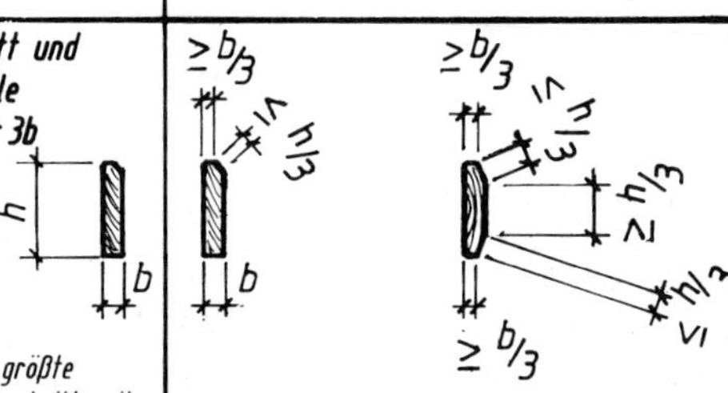

	Zulässige Baumkante als Bruchteil K der größten Querschnittsseite bei der Sortierklasse S 10 nach DIN 4074 Teil 1
Kantholz **$h \le 3b$** 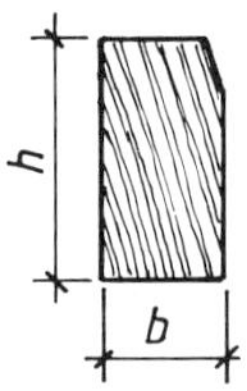 h = größte Querschnittsseite 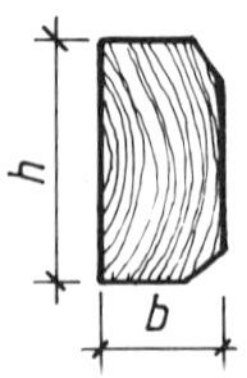	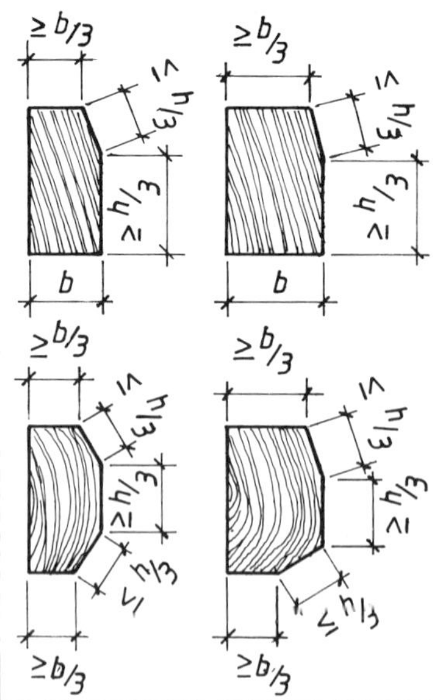

	Zulässige Baumkante als Bruchteil K der größten Querschnittsseite bei der Sortierklasse S 13 nach DIN 4074 Teil 1
Kantholz $h \le 3b$ 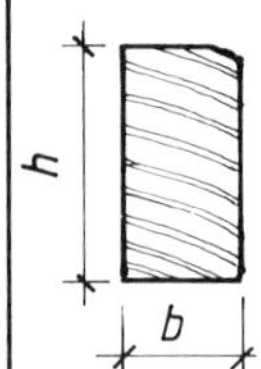 h = größte Querschnittsseite 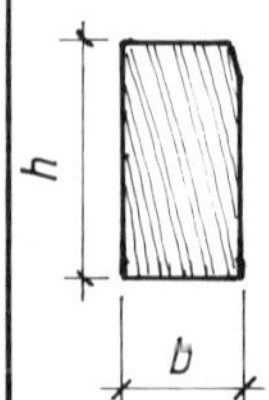	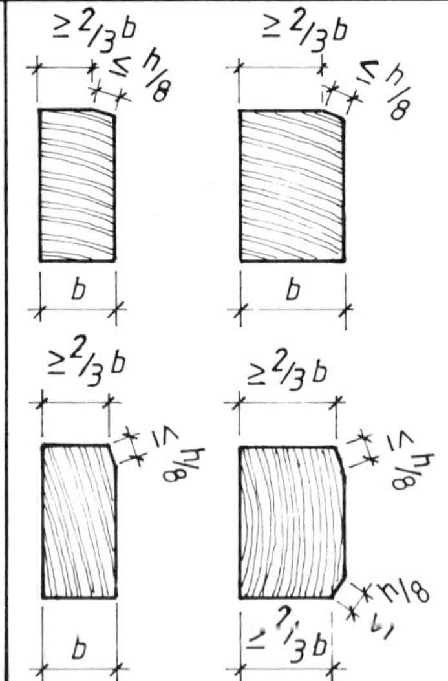

	Zulässige Werte für Sortierklasse S 13 MS 13, MS 17 nach DIN 4074 Teil 1	
Messung und Berechnung der Baumkante	Kantholz	Brett und Bohle hochkant biegebeansprucht
k wird gemessen dann Bruchteil K ermitteln $K = \frac{k}{h} \le \frac{1}{8} h$	$h \le 3b$ 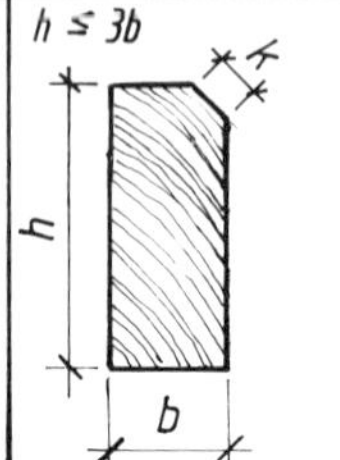	$h > 3b$ 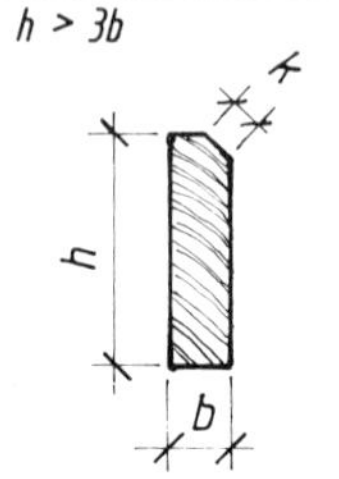

	Zulässige Baumkante als Bruchteil K der größten Querschnittsseite bei der Sortierklasse S 13 nach DIN 4074 Teil 1
Brett und Bohle **$h > 3b$** 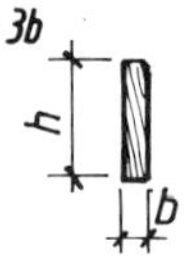 h = größte Querschnittsseite	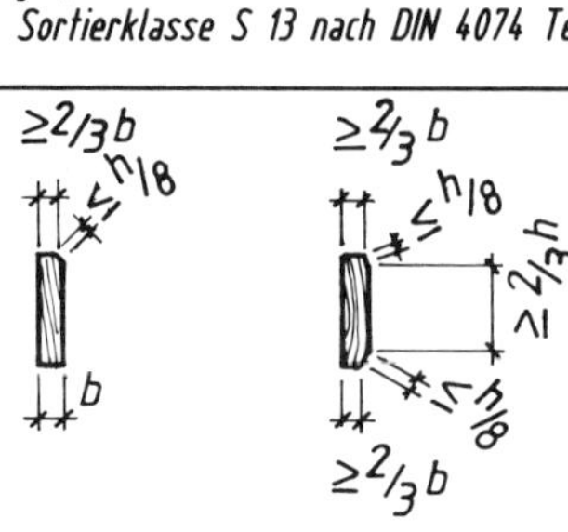

	Zulässige Baumkante als Bruchteil K der größten Querschnittsseite bei der Sortierklasse S 13 nach DIN 4074 Teil 1
Kantholz **$h \le 3b$** 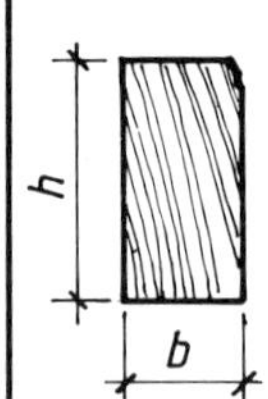 h = größte Querschnittsseite 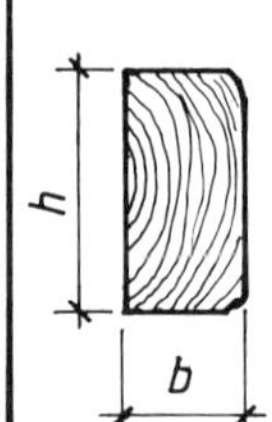	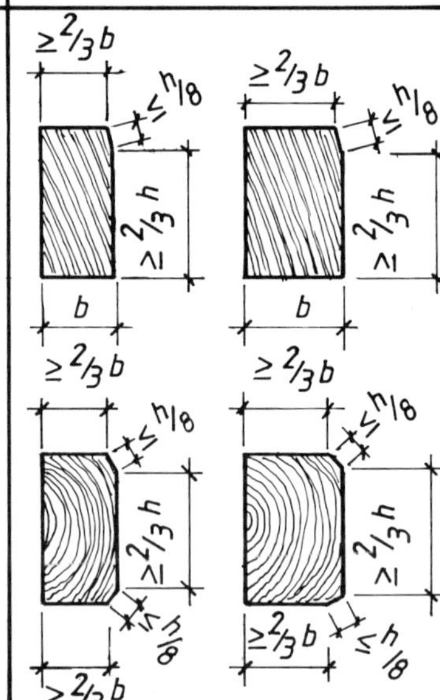

1.4.4 Holzfeuchte

Mittlere Holzfeuchte bedeutet nach DIN 4074 Teil 1 Mittelwert der Feuchte eines Holzquerschnitts. Schnittholz gilt als trocken, wenn es eine mittlere Holzfeuchte bis 20 % hat,
halbtrocken, wenn es eine mittlere Holzfeuchte von über 20 % und von höchstens 30 % hat (bei Querschnitten über 200 cm^2 höchstens 35 %),
frisch, wenn es eine mittlere Holzfeuchte von über 30 % hat (bei Querschnitten über 200 cm^2 über 35 %.

Die Feuchtigkeitsprozentsätze beziehen sich auf das Darrgewicht der Hölzer. Das Darrgewicht besagt, daß das Holz 0 % Feuchtigkeit enthält.

1.4.5 Zulässige Äste bei Kantholz, Brettern, Bohlen und Latten aus Nadelholz nach DIN 4074 Teil 1

Bretter und Bohlen, die bei Bauwerken hochkant auf Biegung beansprucht werden, sind wie Kantholz zu sortieren

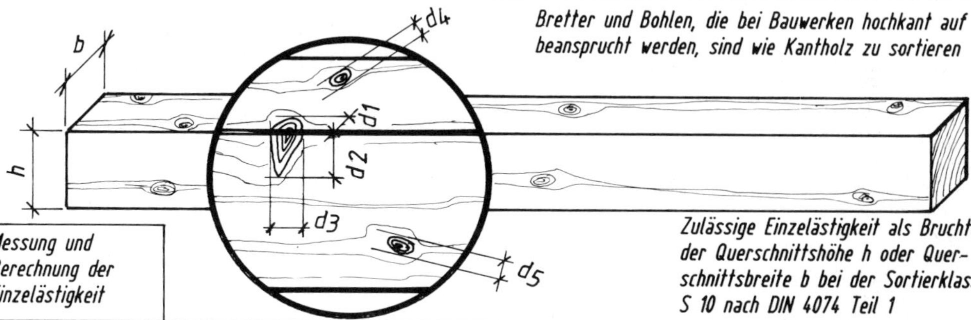

Messung und Berechnung der Einzelästigkeit

Zulässige Einzelästigkeit als Bruchteil A der Querschnittshöhe h oder Querschnittsbreite b bei der Sortierklasse S 10 nach DIN 4074 Teil 1

d = kleinster Ast-ø wird gemessen dann Bruchteil A ermitteln	$A = \frac{d1}{b} \leq \frac{2}{5} b$ und $d1 < 70$ mm	$A = \frac{d_4}{b} \leq \frac{2}{5} b$ und $d_4 < 70$ mm
	Beim angeschnittenen Ast mit d_1 und d_2 gilt die Bogenhöhe d_1 als kleinster Ast-ø wenn $d_1 < d_3$	$A = \frac{d_5}{h} \leq \frac{2}{5} h$ und $d_5 < 70$ mm

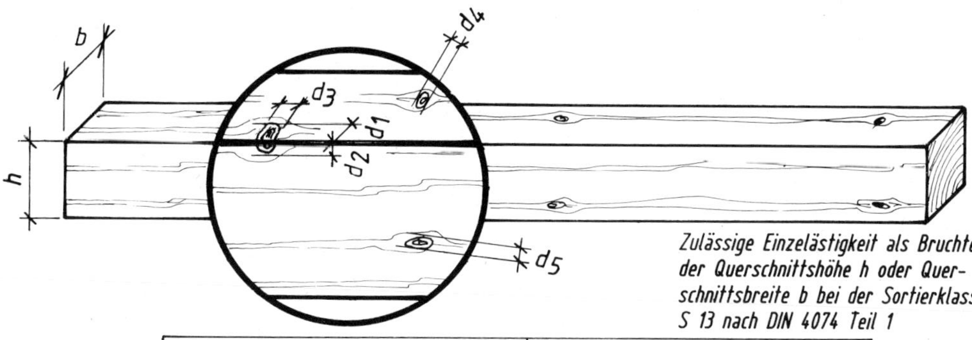

Zulässige Einzelästigkeit als Bruchteil A der Querschnittshöhe h oder Querschnittsbreite b bei der Sortierklasse S 13 nach DIN 4074 Teil 1

$A = \frac{d2}{h} \leq \frac{1}{5} h$ und $d2 < 50$ mm	$A = \frac{d_4}{b} \leq \frac{1}{5} b$ und $d_4 < 50$ mm
Beim angeschnittenen Ast mit d_1 und d_2 gilt die Bogenhöhe d_2 als kleinster Ast-ø wenn $d_2 < d_3$	$A = \frac{d_5}{h} \leq \frac{1}{5} h$ und $d_5 < 50$ mm

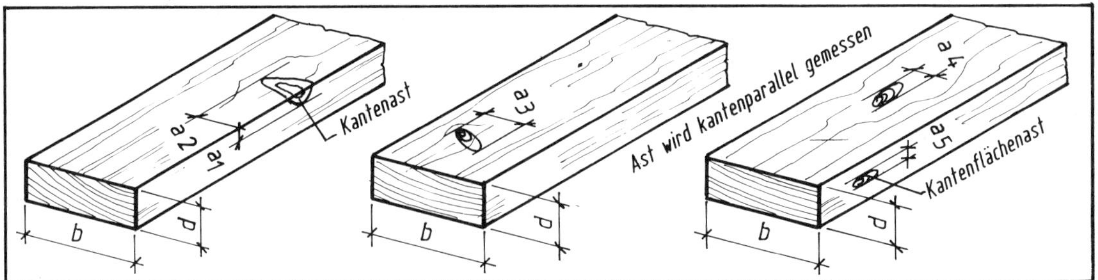

Einzeläste Sortierklasse S 10	Einzeläste Sortierklasse S 13

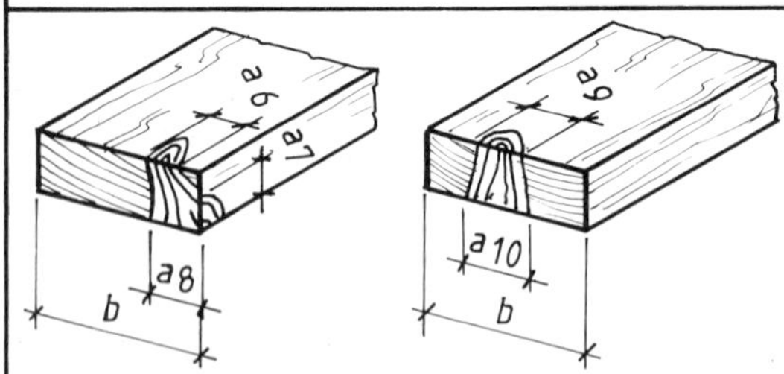

$A = \frac{a6 + a7 + a8}{2b} \leq 1/3$ $A = \frac{a9 + a10}{2b} \leq 1/3$

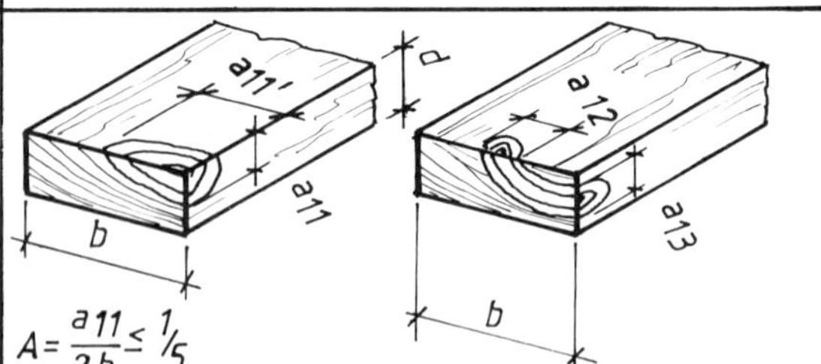

$A = \frac{a11}{2b} \leq 1/5$

oder $A = \frac{a11 + a11'}{2b}$, wenn $a11 \geq d/3$

$A = \frac{a12 + a13}{2b} \leq 1/5$

Astansammlung Sortierklasse S 10

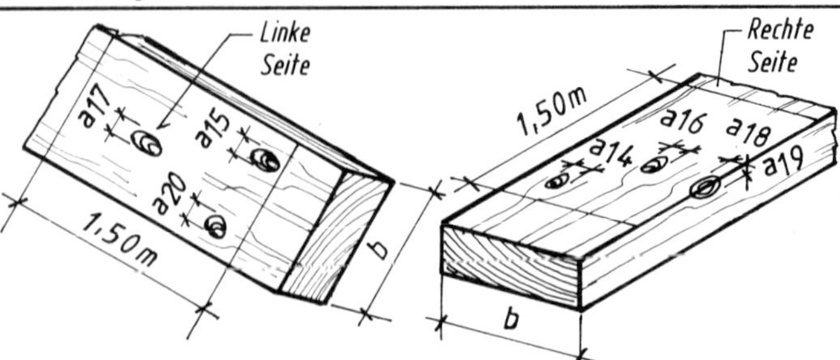

$A = \frac{a14 + a15 + a16 + a17 + a18 + a19 + a20}{2b}$ bis 1/2 [bei S 13 bis 1/3]

1.4.6 Zulässige Baumkanten bei Brettern, Bohlen und Latten nach DIN 4074 Teil 1

Sortierklassen			
S 10	S 13	S 10	S 13
Bruchteil K ermitteln 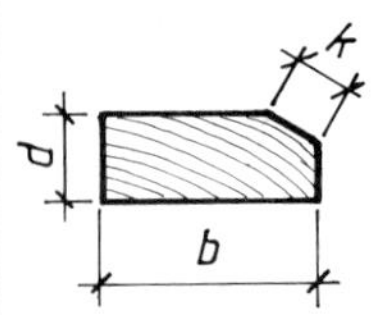 $K = \frac{k}{b} \leq 1/3\ b$	Bruchteil K ermitteln 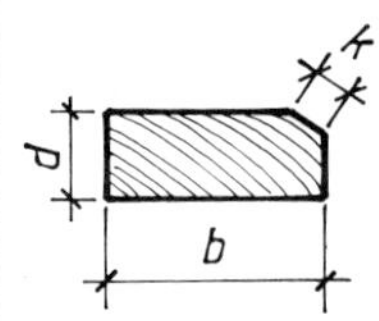 $K = \frac{k}{b} \leq 1/8\ b$	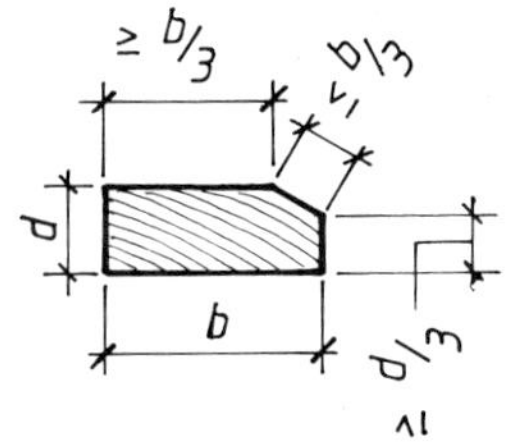	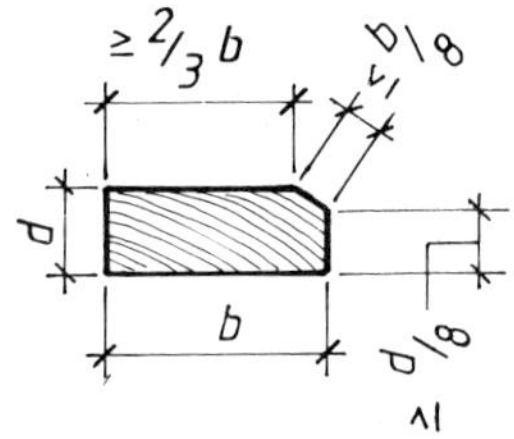

1.4.7 Zulässige Jahrringbreite, Faserneigung und Längskrümmung nach DIN 4074 Teil 1

Die einzelne Jahrringbreite wird in radialer Richtung in mm gemessen

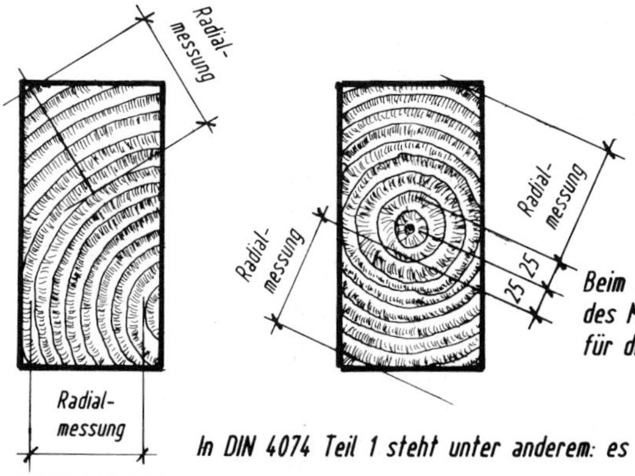

	Sortierklassen	
Jahrringbreite	S 10	S 13
im allgemeinen	bis 6 mm	bis 4 mm
bei Douglasie	bis 8 mm	bis 6 mm

Beim Schnittholz das Mark enthält bleibt beiderseits des Markmittelpunkts ein Bereich von 25 mm für die Jahrringmessung außer Betracht

In DIN 4074 Teil 1 steht unter anderem: es gilt für die mittlere Jahrringbreite DIN 52 181

Die Faserneigung bezüglich der Längskante eines Nadelschnittholzes ist die senkrecht zur betreffenden Längskante auf eine Länge von 1,00 m feststellbare Faserabweichung e in mm an der ungünstigsten Stelle

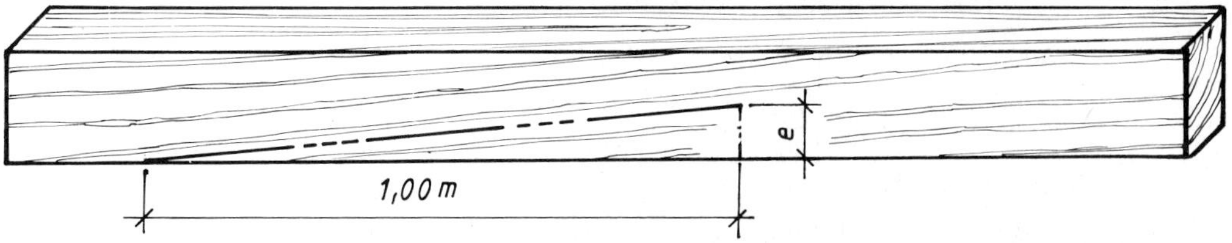

	Sortierklassen	
	S 10	S 13
Faserneigung e	bis 120 mm/m	bis 70 mm/m

Die Längskrümmung wird bestimmt als Pfeilhöhe h an der Stelle der größten Verformung bezogen auf 2 m Nadelschnittholzlänge für beide Querschnittsseiten

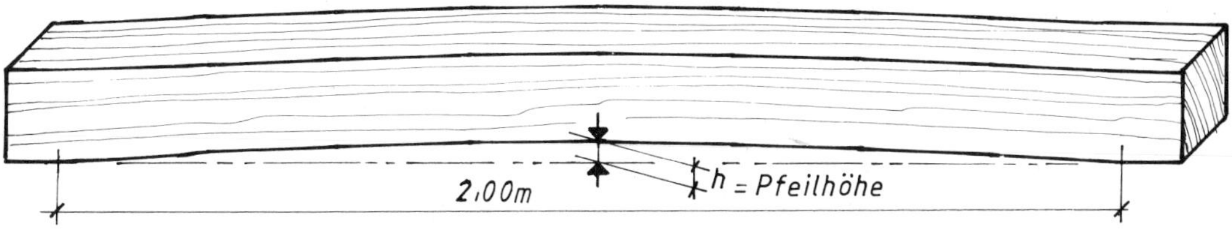

	Sortierklassen	
	S 10	S 13
Längskrümmung	bis 8 mm/2 m	bis 5 mm/2 m

1.5 Schnittklassen bei Nadelschnittholz nach DIN 68 365

In DIN 68 365 „Bauholz für Zimmerarbeiten“ werden die Schnittklassen für Kanthölzer (Balken) festgelegt und beim Kantholz (Balken) aus Nadelholz die Sonderklasse und die Normalklasse unterschieden. Die DIN 68 365 befaßt sich darüber hinaus auch mit den Gütemerkmalen und Güteklassen für Bretter und Bohlen, sowie Latten und Leisten aus Nadelholz. DIN 68 365 gilt auch für die Güte, die Baurundholz aus Nadelholz sowie Bauschnitt- und Baurundholz aus Laubholz für Zimmerarbeiten beim Einbau haben muß.

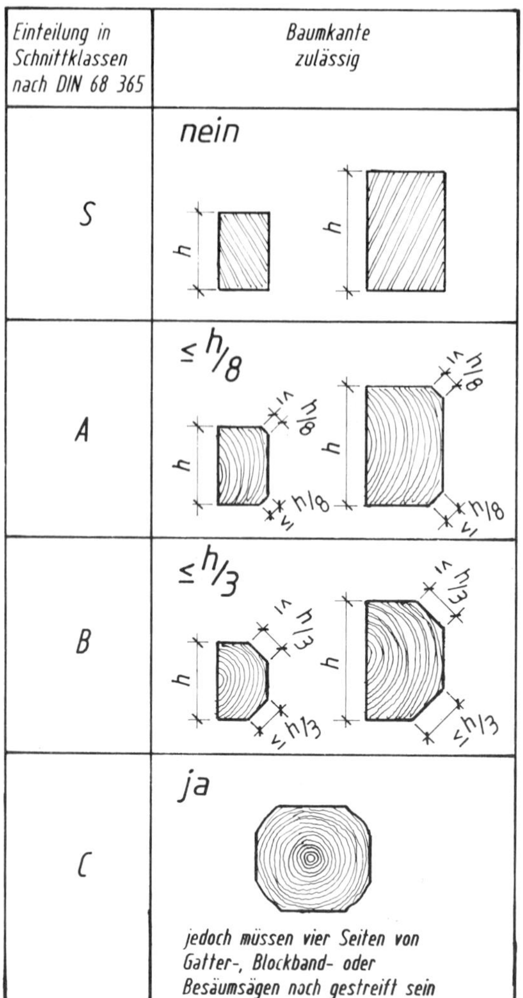

Nach VOB/C ATV DIN 18 334 werden, wenn nichts anderes vereinbart ist, folgende Mindestgüten gefordert:

Konstruktionsteil	Mindestgüteanforderungen
Sonstige Konstruktionen aus Bauschnittholz	aus Holz nach DIN 68 365 der Normalklasse und mindestens der Schnittklasse B
Sonstige Konstruktionen aus Baurundholz	aus Holz nach DIN 68 365 der Normalklasse sägerauh
Latten für Zwischenböden	aus Holz nach DIN 68 365, der Güteklasse II, $\geq 24 \times 48$ mm
Einschub (Fehl-, Streif- und Zwischenboden)	aus besäumten Brettern d (Dicke) > 18 mm
Dachschalungen	aus ungehobelten, besäumten Brettern oder Bohlen nach DIN 68 365, Güteklasse III, bei Rauhspund nach DIN 4072 »Gespundete Bretter aus Nadelholz«, keine Ausfalläste ∅ ≥ 20 mm, für Metalldeckungen d ≥ 24 mm, für sonstige Deckungen: ungehobelt d ≥ 20 mm, gehobelt d ≥ 18 mm
Unterdachschalungen	aus ungehobelten, besäumten Brettern nach DIN 68 365, Güteklasse III, d ≥ 18 mm
Wand- und Deckenschalungen nicht sichtbar, außen, innen	aus ungehobelten, besäumten Brettern nach DIN 68 365 der Güteklasse III, für Metallbekleidungen d ≥ 24 mm, für sonstige Bekleidungen innen d ≥ 18 mm, außen d ≥ 22 mm
Sparschalungen (Bretter mit Zwischenräumen verlegt)	aus Brettern der Güteklasse IV nach DIN 68 365, parallel besäumt 7–10 cm breit, innen und außen d ≥ 18 mm
Ortgang-, Trauf- und Gesimsschalung	aus gespundeten, an der Sichtfläche gehobelten, gleichbreiten Brettern oder Bohlen der Güteklasse II nach DIN 68 365, d ≥ 18 mm
Außenwandbekleidungen	aus ungehobelten, besäumten Brettern oder Bohlen der Güteklasse II nach DIN 68 365, d ≥ 20 mm
Innenwandbekleidungen	aus gespundeten, an der Sichtfläche gehobelten, gleichbreiten Brettern oder Bohlen der Güteklasse II nach DIN 68 365
Dachlattung	aus Latten der Güteklasse I nach DIN 68 365

1.6 Begriffe für Formen und Abmessungen des Schnittholzes

Unter Schnittholz zählen Holzerzeugnisse, wie z. B. Balken, Bohlen, Bretter, Kanthölzer oder Latten, die mit Sägemaschinen (Gatter, Blockbandsäge, Besäumsäge) durch Auftrennen von Rundholz parallel zur Stammachse hergestellt werden.

Die DIN 68 252 befaßt sich mit Nadelschnittholz-Abmessungen bzw. Begriffen und Begriffsbestimmungen.

Sägemaschinen

Gatter

Blockbandsäge

Formen des Schnittholzes

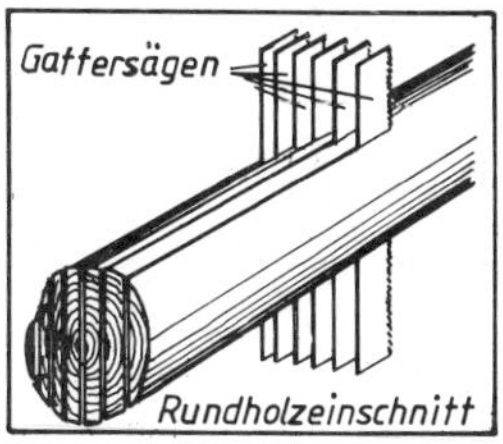

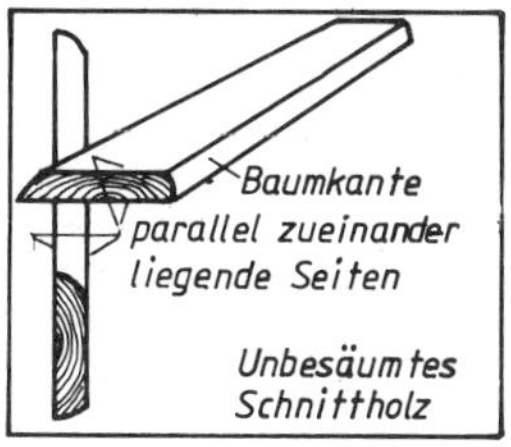

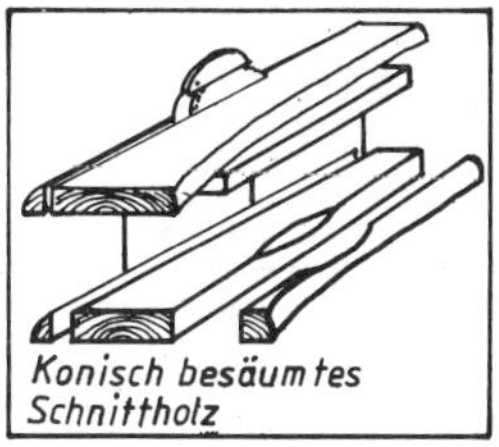

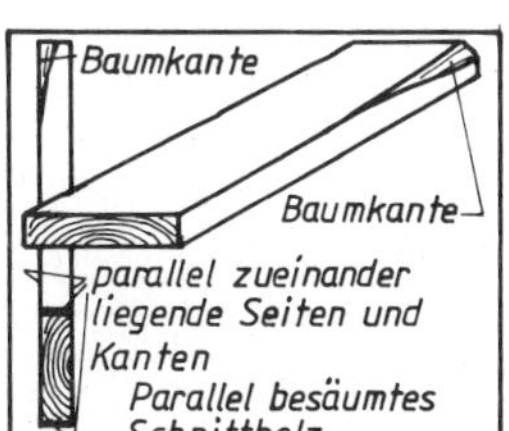

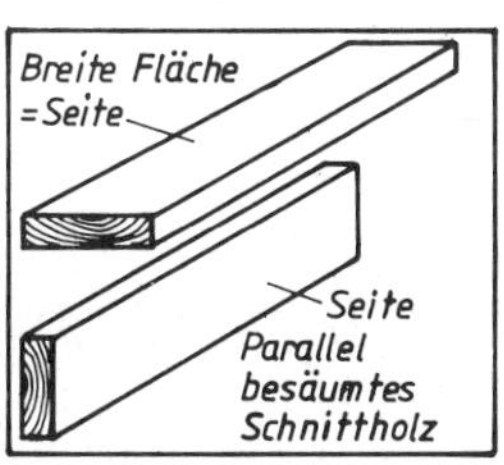

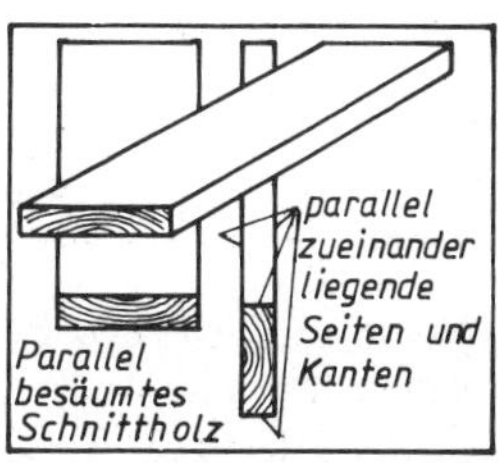

Formen des Schnittholzes

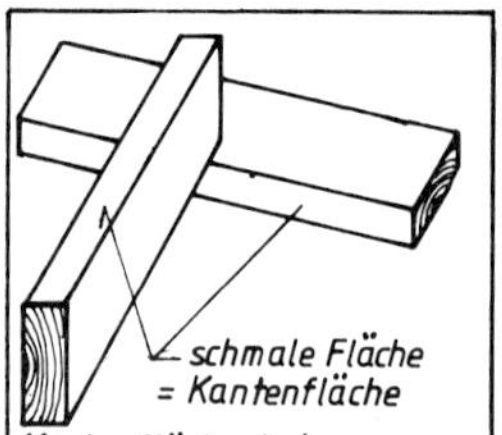

Kantenfläche beim Schnittholz

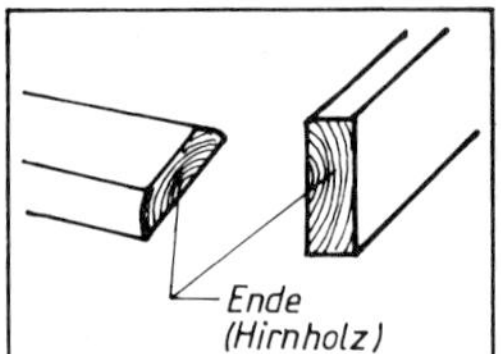

= Querschnitt am Ende des Schnittholzes

Ende beim Schnittholz

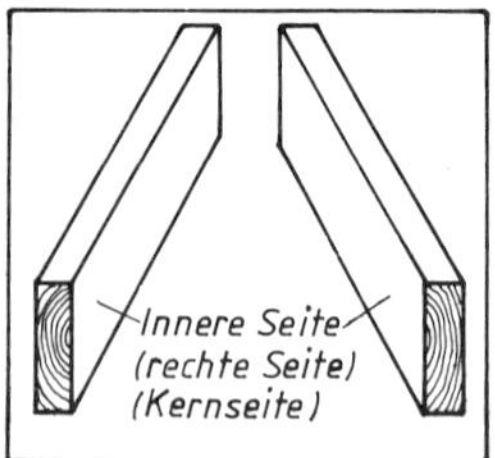

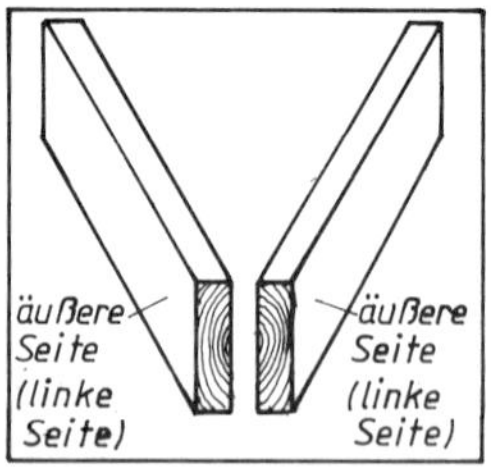

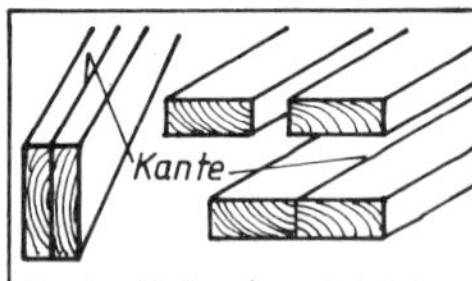

Kante = Linie, die entsteht wenn zwei Seiten und Kantenflächen aneinanderstoßen

Kante bei Schnitthölzern

Abmessungen beim Schnittholz

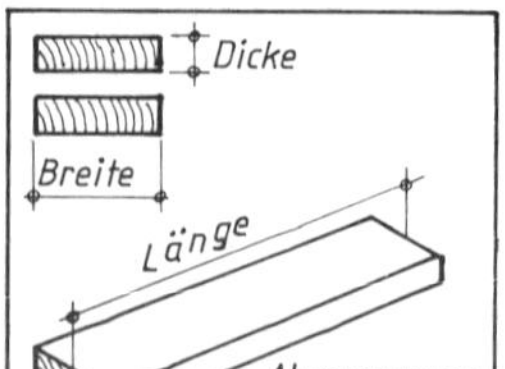

Abmessungen beim Schnittholz

Sägemaß (z.B. b' und d')

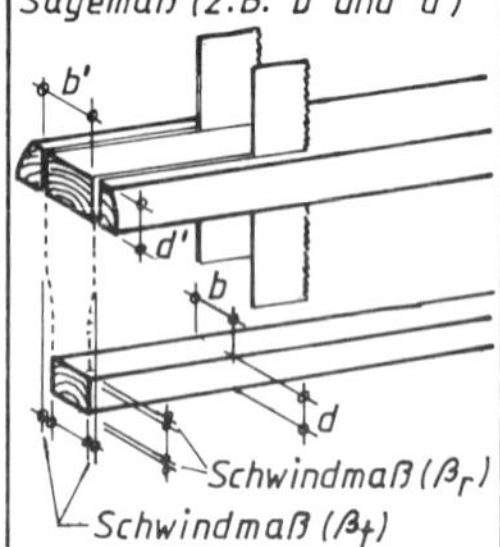

Sägemaß = Nennmaß (b, d) zuzüglich Schwindmaß des Holzes bis zur Meßbezugsfeuchte

Soll-Maß

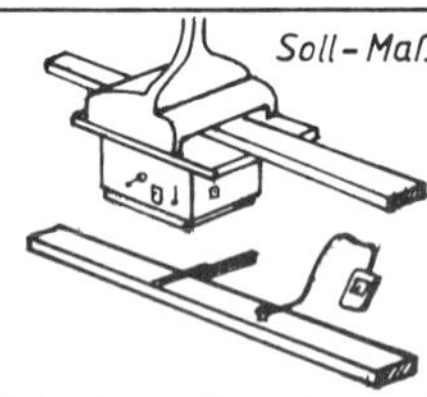

Soll-Maß = Maß, das nach maschineller Bearbeitung des Schnittholzes bei einem bestimmten Feuchtigkeitsgehalt erreicht werden soll

Schwindmaß

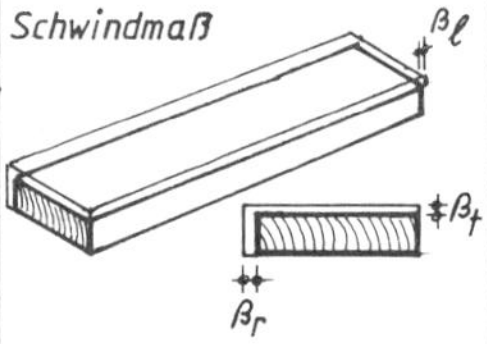

β_ℓ = Längenschwindmaß

β_r = radiales Schwindmaß

β_t = tangentiales Schwindmaß

β_v = räumliches Schwindmaß

Schwindmaß = Maßverkleinerung bei Schnittholzabmessungen infolge Abnahme des Feuchtigkeitsgehaltes im Holz

Quellmaß

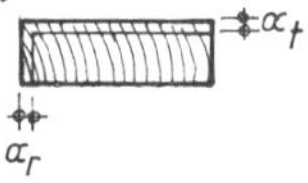

α_ℓ = Längenquellmaß

α_r = radiales Quellmaß

α_t = tangentiales Quellmaß

α_v = räumliches Quellmaß

Quellmaß = Maßvergrößerung bei Schnittholzabmessungen infolge Zunahme des Feuchtigkeitsgehaltes im Holz

Nennmaß bei Schnittholz = angegebenes Maß, das

Sägeungenauigkeit

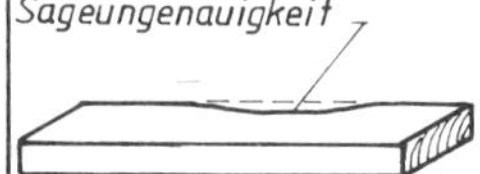

Änderungen des Feuchtigkeitsgehaltes

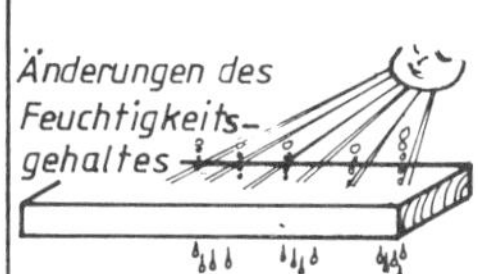

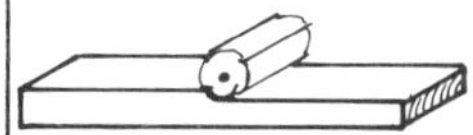

und weitere Bearbeitung des Schnittholzes nicht berücksichtigt

Ist-Maß

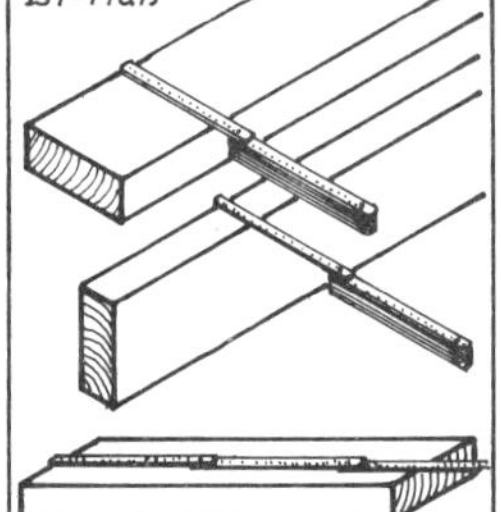

Ist-Maß = Maß, das man zur Zeit der Messung genau mißt

2 Physikalische Eigenschaften von Holz

2.1 Holzfeuchtigkeit

Die Holzfeuchtigkeit hat einen Einfluß auf das Gewicht, weiter auf die Festigkeit und auf die Verformungsfähigkeit.
Der Feuchtigkeitsgehalt des Holzes wird in Prozent des Darrgewichtes angegeben. Das Darrgewicht (Trockengewicht) ist das Gewicht einer Probescheibe Holz unmittelbar nach der Trocknung im speziellen Trockenschrank bis zur Gewichtskonstante bei 103° C ± 2°.
Die DIN 52 183, Prüfung von Holz, Bestimmung des Feuchtigkeitsgehaltes, befaßt sich mit der Ermittlung des Feuchtigkeitsgehaltes.
Formelzeichen:
G_o = Darrgewicht
G_u = Gewicht der Probescheibe Holz beim Feuchtigkeitsgehalt u %
u = Feuchtigkeitsgehalt

$$u = \frac{G_u - G_o}{G_o} \cdot 100 \text{ in } \%$$

Bei der Lagerung und Trocknung der Rund-, Bau- und Schnitthölzer beginnt das frei in den Zellräumen enthaltene und das unmittelbar in den Zellwänden gebundene (hygroskopisch gebundene) Wasser zu verdunsten.
Wenn nur noch die Zellwände gebundenes Wasser aufweisen, bezeichnet man diesen Zustand als Fasersättigungspunkt.
Formelzeichen: u_F.
Der Fasersättigungspunkt liegt bei etwa 28% Holzfeuchtigkeit, bezogen auf den vollkommen trockenen Zustand (Darrzustand) des Holzes.

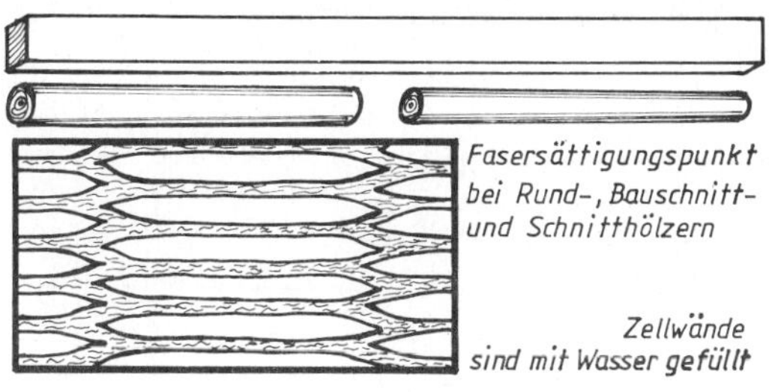

Aus dem Bereich des Fasersättigungspunktes bis zum Darrzustand hin ist die Holzfeuchtigkeit stets bestrebt, mit der relativen Luftfeuchtigkeit der umgebenden Luft einen gleichwertigen Zustand zu erreichen.

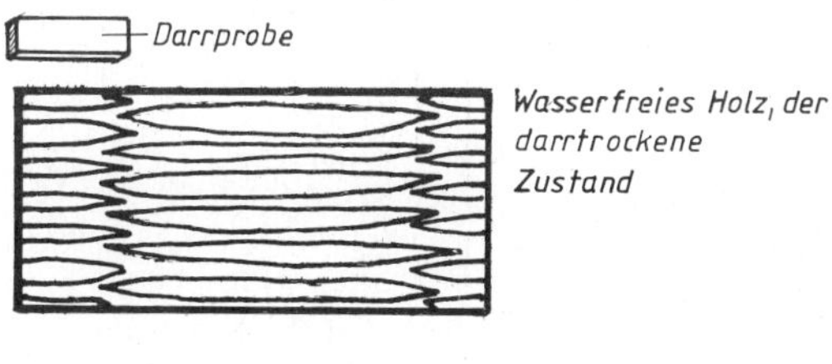

Beim saftfrischen Holz, das von gerade gefällten Bäumen stammt und noch keine Veränderung durch Lagerung und Trocknung aufweist, sind die Zellen und Zellwände voll Wasser.

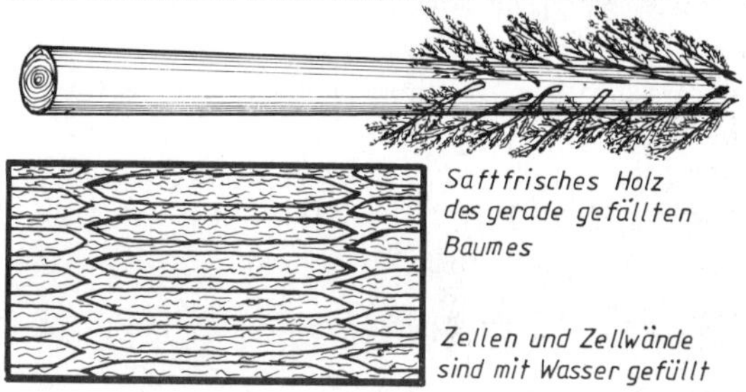

Zur Feststellung des tatsächlichen Feuchtigkeitsgehaltes in Vollhölzern werden elektronische Holzfeuchtemeßgeräte verwendet.

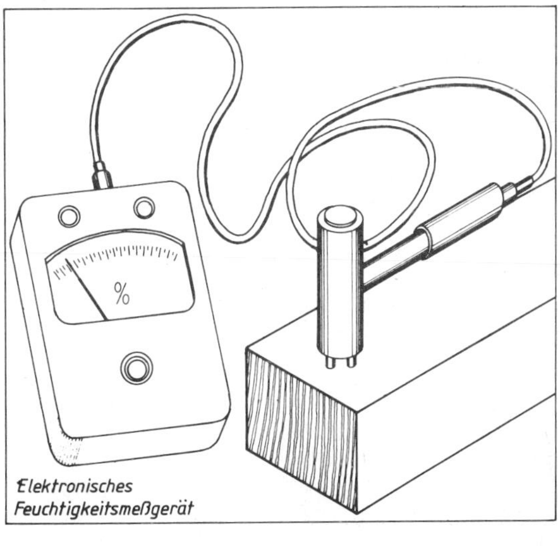

2.2 Formänderungen beim Holz durch Feuchtigkeitsänderungen

Aufnahme und Abgabe von Feuchtigkeit unterhalb der Grenze des Fasersättigungspunktes bewirken, daß das Holz in seiner Form und in seiner Größe einer Veränderung unterliegt.

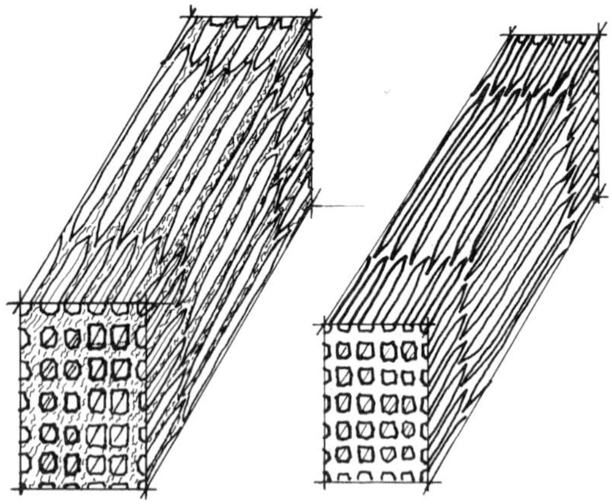

Das Schwinden des Holzes

Geben die Zellwände das gebundene (hygroskopisch gebundene) Wasser ab, schrumpft der Holzkörper zusammen. Das Holz schwindet folglich beim Austrocknen. Wenn kein Wasser mehr in den Zellwänden vorhanden ist bzw. das Holz darrtrocken ist, hat es das geringste Volumen erreicht.

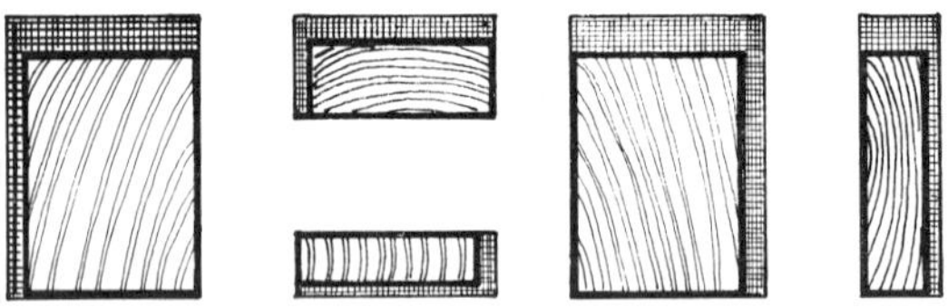

Das Quellen des Holzes

Nimmt das im Fasersättigungsbereich stehende Holz infolge seiner hygroskopischen Eigenschaft bei entsprechendem Klima aus der umgebenden Luft Feuchtigkeit auf, dehnt sich der Holzkörper aus, d. h. er quillt bei der Feuchtigkeitsaufnahme. Der Quellvorgang ist also die Umkehrung vom Schwindvorgang.

Von erheblichem Einfluß auf die Größe der Schwindung und Quellung ist besonders die Rohdichte des Holzes.

Bei der Einlagerung von Wasser in die Zellwände wird das Gedränge in der eigentlichen Holzsubstanz um so größer, je dichter das Holz ist.

Ein schweres Holz schwindet und quillt mehr als ein leichtes.

Alle Holzarten unter einer Darr-Rohdichte p 0,6 g/cm³ sind ruhige Holzarten.

Darr-Rohdichten p der wichtigsten Holzarten für Bauhölzer in g/cm³

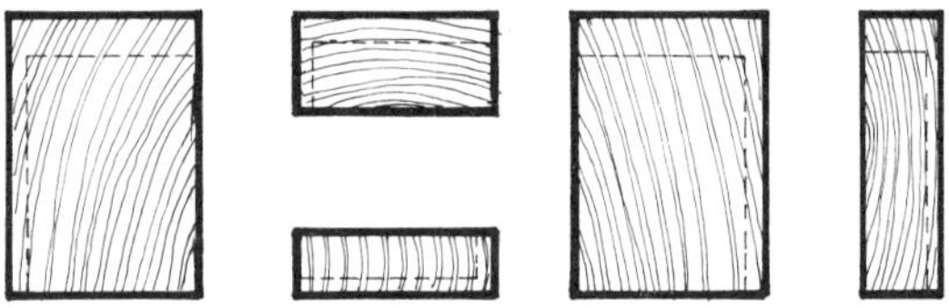

Europäische Nadelhölzer		
	Mittelwert	Bereich
Fichte und Tanne	0,43	0,30 . . . 0,64
Kiefer	0,49	0,30 . . . 0,86
Lärche	0,65	0,40 . . . 0,82
Laubhölzer		
Buche	0,68	0,49 . . . 0,88
Eiche	0,65	0,39 . . . 0,93

Das Schwinden und Quellen des Holzes

Holz schwindet in drei Richtungen, nämlich in seiner Länge, Breite und Höhe oder besser in der Richtung der Längsachsen der Zellen, in der Richtung der Markstrahlen oder des Radiuses und in der Richtung der Jahrringe. Das Holz weist in den verschiedenen Richtungen längs α_ℓ, radial α_r und tangential α_t, beträchtliche Unterschiede auf. Holz schwindet in der Richtung der Jahrringe (tangential) am meisten, radial etwa halb so groß und in Faserrichtung (längs) meist vernachlässigbar gering.

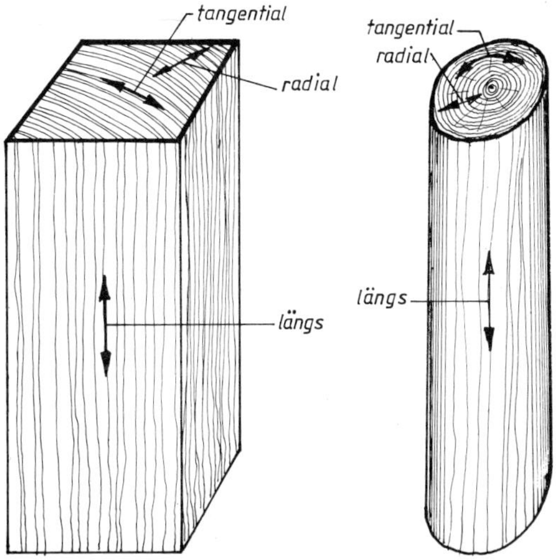

Rechenwerte der Schwind- und Quellmaße in % nach DIN 1052

	Baustoff	Schwind- und Quellmaß für Änderung der Holzfeuchte um 1 % unterhalb des Fasersättigungsbereichs
1	Fichte, Kiefer, Tanne, Lärche, Douglas, Southern, Pine, Western, Hemlock, Brettschichtholz, Eiche	0,24[1])
2	Buche, Keruing, Angelique, Greenheart	0,3[1])
3	Teak, Afzelia, Merbau	0,2[1])
4	Azobé (Bongossi)	0,36[1])
6	Bau-Furniersperrholz	0,020[2])
7	Flachpreßplatten	0,035[2])

[1]) Mittel aus den Werten tangential auf radial zum Jahrring bzw. zur Zuwachszone.
[2]) Werte gelten in Plattenebene

Das Verziehen und Werfen des Holzes

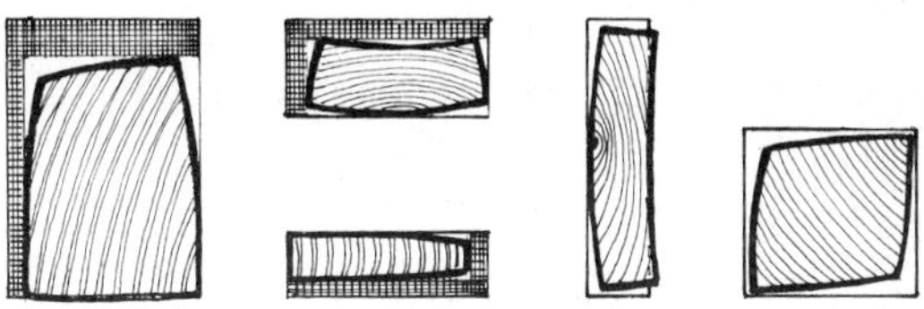

Würde das Holz ganz gleichmäßig große Zellen oder Poren besitzen, so würde es wohl durch das Schwinden und Quellen in seinem Umfange verkleinert oder vergrößert, ohne aber seine Form zu verändern. Da aber das Holz im Splint- und im Kernholz verschieden große Zellen oder Poren besitzt, so wird in ein und demselben Holz eine ungleichmäßige Aufnahme und Abgabe von Feuchtigkeit bewirkt. Dies ist der Grund, weshalb ein bestimmter Holzkörper sich nicht allein in seiner Größe verändert, sondern auch in seiner Form.

Das Reißen des Holzes

Durch zu schnelles Trocknen des Holzes besteht die Gefahr des Reißens in höherem Maß.
Im Rundholz sind es die mehr oder weniger tief zur Mitte reichenden Hirn- und Mantelrisse, die bei sehr unruhigen Holzarten, wie Buche, bis in das Mark des Stammes gehen können.
Mittelbretter und Mittelbohlen reißen meistens in der Mitte zur Markröhre hin ein.
Balken und Kanthölzer mit der im Mittelpunkt befindlichen Markröhre reißen bei all zu schneller Austrocknung meist aus den vier Außenseiten nach innen ein.

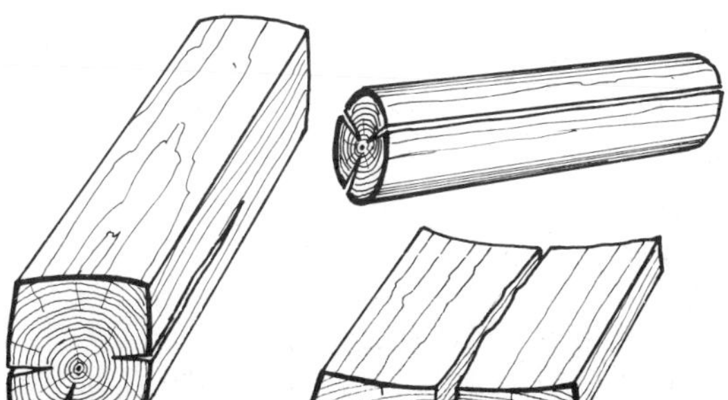

3 Einheiten und Begriffe

3.1 SI-Einheiten

SI ist eine Kurzform von „Internationales Einheitensystem'' (Systéme International d'Unités), das eine Weiterentwicklung des Metersystems darstellt.
In der Bundesrepublik Deutschland ist das „Gesetz über Einheiten im Meßwesen" am 1. 1. 1978 in Kraft getreten.

Größe	Name	Zeichen, Formeln, Bemerkungen		
Länge	Meter	l, beziehungsweise ℓ	m, dm, cm, mm, km	
Breite	Meter	b	m, dm, cm, mm, km	
Höhe, Dicke, Schichtdicke,	Meter	h, s	m, dm, cm, mm, km	
Fläche	Quadratmeter	A, S	m^2, dm^2, cm^2, mm^2	$A = \ell \cdot b \rightarrow$ Länge · Breite
Volumen	Kubikmeter	V	m^3 dm^3 cm^3 mm^3	$V = A \cdot h \rightarrow$ Fläche · Höhe
Masse (Gewicht)	Kilogramm	m	kg, g, t,	{ Masse eines Stoffes, Gewicht, ein Wert us für die Stoffmenge

Dichte (volumenbezogene Masse)	Kilogramm pro Kubikmeter	ρ (Rho)	$1000\ kg/m^3 = 1\ t/m^3$ $1\ t/m^3 = 1\ kg/dm^3 = 1\ g/cm^3$	$\rho = \frac{m}{V}$ Dichte = $\frac{\text{Gewicht(Masse)}}{\text{Volumen}}$
Kraft Last (Gewichtskraft)	N (Newton) (sprich „njuten")	F	N, kN (Kilonewton) MN (Meganewton)	1 kg entspricht einer Last von 10 Newton
Druck Spannung Schubspannung	Pascal Pascal Pascal	p σ (Sigma) τ (Tau)	Pa kPa MPa (bar) Pa kPa MPa Pa kPa MPa	$p = \frac{F}{A} \rightarrow \frac{\text{Kraft}}{\text{Fläche}} \rightarrow \frac{N}{m^2}$ $\sigma = \frac{F}{A} \rightarrow \frac{\text{Kraft}}{\text{Fläche}} \rightarrow \frac{N}{m^2}$
Momente Drehmoment Biegemoment Torsionsmoment	Newtonmeter	M M_b M T	NM, Ncm, kNm, MNm	$M = F \cdot \ell \rightarrow$ Kraft · Länge
Energie, Arbeit	Joule (sprich: „dschul" oder in Newtonmeter oder in Wattsekunden	W für Arbeit in J (Joule) NM Ws	J, kJ, MJ	$W = F \cdot s \rightarrow$ Kraft · Weg in m
Leistung	Watt	P = Leistung in Watt (W)	$P = \frac{W}{t}$, $P = F \cdot v$	W = Arbeit in Joule, Newtonmeter oder in Wattsekunden. t = Zeit in Sekunden. F = Kraft in Newton. v = Geschwindigkeit in Meter durch Sekunden (m/s)
Temperatur (thermodynamische) Celsius-Temperatur	Kelwin Grad Celsius	T, Θ, K = Kelwin °C	373 K — Wasser siedet — 100°C 273 K — Wasser gefriert — 0°C	Temperaturunterschied ΔT 1°C = 1K
Wärmeleitfähigkeit	Wärmeleitfähigkeit λ	λ (sprich: „Lambda„)	$\frac{W}{(m \cdot K)} \rightarrow \frac{\text{Watt}}{(\text{Meter} \cdot \text{Kelvin})}$	Bei kleiner λ schlechte Wärmeleitung deswegen gute Wärmedämmung
Wärmedurchlaßkoeffizient (Wärmedurchlaßzahl)		Λ (sprich: „Groß-Lambda„)	$\frac{W}{(m^2 \cdot K)} \rightarrow \frac{\text{Watt}}{(\text{Quadratmeter} \cdot \text{Kelwin})}$	
Wärmedurchlaßwiderstand zugleich Wärmedämmwert	Der Wärmedurchlaßwiderstand $1/\Lambda$ ist der Kehrwert von Λ	$1/\Lambda = \frac{s}{\lambda} \rightarrow \frac{1}{\Lambda} = \frac{s}{\lambda}$	$\frac{(m^2 \cdot K)}{W}$ $\frac{s}{\lambda} \rightarrow \frac{\text{Schichtdicke in m (Meter)}}{\text{Wärmeleitfähigkeit}}$	

Zeit	Sekunde	t	s	
Zeit	Minute	t	min	1 min = 60 s
Zeit	Stunde	t	h	1h = 60 min = 3600 s
Zeit	Tag	t	d	1d = 24h = 1440 min

Nach dem Gesetz des Internationalen Einheitensystems (Kurzzeichen SI), das eine Weiterentwicklung des Metersystems darstellt, berücksichtigt DIN 1301 in der Tabelle 1 bestimmte SI-Basiseinheiten. Die Tabelle 3 – Einheitenlisten – DIN 1301 gibt Aufschluß (siehe Tabellenausschnitte) über die Größe sowie Namen und Zeichen von Länge, Fläche, Volumen usw.

Tabelle 1. S I Basiseinheiten		
Basisgrößen	Basiseinheit Name	Zeichen
Länge	Meter	m
Breite	Meter	m
Höhe	Meter	m
Fläche	Quadratmeter	m^2
Volumen	Kubikmeter	m^3
Masse (Gewicht)	Kilogramm	kg

Tabelle 3. Einheitenliste			
1	2	3	4
		Si-Einheit	
Nr.	Größe	Name	Zeichen
1	Länge, Fläche	Volumen	
1.1	Länge	Meter	m
1.2	Fläche	Quadratmeter Meter hoch zwei Meterquadrat	m^2
1.3	Volumen	Kubikmeter Meter hoch drei	m^3
3	Masse		
3.1	Masse	Kilogramm	kg
3.2	längenbezogene Masse	Kilogramm durch Meter	kg/m
3.3	flächenbezogene Masse	Kilogramm durch Quadratmeter	kg/m^2
3.4	Dichte	Kilogramm durch Kubikmeter	kg/m^3
5	Kraft (Energie)		
5.1	Kraft (Formelzeichen F)		
5.2	Impuls	Newtonsekunde	Ns 1 Ns = 1 kgm/s
5.3	Druck	Newton durch Quadratmeter, Pascal	N/m^2, Pa 1 Pd = 1 N/m^2 1 bar = 10^5 Pa
5.4	mechanische Spannung	Newton durch Quadratmeter Pascal	N/m^2, Pa 1 Pa = 1 N/m^2
5.5	Energie, Arbeit, Wärmemenge	Joule	J
5.6	Moment einer Kraft Drehmoment Biegemoment	Newtonmeter Joule	Nm, J

In DIN 1080, Blatt 1, werden allgemeine Grundlagen für Benennungen, Formelzeichen und Einheiten im Bauingenieurwesen angegeben. Die DIN 1080 soll national und international die Verständigung in Praxis, Forschung und Lehre erleichtern, sowie der einheitlichen Fachsprache am Bau dienen.

Die physikalischen Größen

3.2 Masse, Dichte

Die physikalische Größe Masse: Ganz allgemein ist Masse eine Grundeigenschaft aller Stoffe. Zu unterscheiden ist zwischen schwerer und träger Masse. Die Schwere der Masse ist die Ursache für die gegenseitige Anziehung zweier Körper, also auch für die Anziehung sämtlicher Gegenstände durch die Erde und damit für ihre Eigenlast. Die Trägheit der Masse ist der Grund für den Widerstand aller Stoffe gegen eine Änderung des Bewegungszustandes (Richtungsänderung, Beschleunigung und Verzögerung).

Einheiten der Masse sind kg und dessen Vielfaches. Der tausendste Teil des Kilogramms ist das Gramm (Einheitenzeichen: g)

1 Gramm ist gleich $\frac{1}{1000}$ kg

1 Tonne (Einheitenzeichen t) ist gleich 1000 kg.

$$\text{Masse } m = \frac{G}{g} = \frac{\text{Gewicht}}{\text{Fallbeschleunigung}}$$

Unter der längenbezogenen Masse ist das Kilogramm pro Meter zu verstehen. 1 Kilogramm durch Meter ist gleich der längenbezogenen Masse eines gleichstoffigen Körpers, der bei unveränderlichem Querschnitt im Bereich seiner Länge von 1,00 Meter die Masse von 1 kg hat.
Einheitenzeichen für Kilogramm durch Meter: kg/m.
Formelzeichen für Masse bezogen auf Länge: m .
Die Einheit der flächenbezogenen Masse ist das Kilogramm pro Quadratmeter eines gleichstoffigen Körpers, der bei unveränderlicher Höhe (h = Dicke) und der Fläche A = 1 m^2, die Masse 1 kg hat.
Einheitenzeichen für Kilogramm durch Quadratmeter: kg/m^2
Formelzeichen für Masse bezogen auf Fläche: m_A
Die physikalische Größe Dichte: Die Einheit der Dichte bzw. der volumenbezogenen Masse ist das Kilogramm pro Kubikmeter eines gleichstoffigen (homogenen) Körpers, der bei der Masse 1 kg gleich 1 Kubikmeter gleiche Stoffmenge einnimmt.
Einheitenzeichen für Kilogramm durch Kubikmeter: kg/m^3
Formelzeichen für Dichte: ϱ (rho nach dem griechischen Alphabet). Abgeleitete Einheiten der Dichte sind: g/cm^3, kg/dm^3, t/m^3

Bei Gasen sowie Flüssigkeiten und dichten festen Stoffen (dichte Natursteine) gibt es im Volumen keine Poren. Man spricht deshalb von der Reindichte der Stoffe. Feste Stoffe, wie z. B. Balken, Kanthölzer und Dachlatten haben Hohlräume im Gefüge, die sich durch Fasrigkeit, Zellzwischenräume und Porigkeit ergeben. Die Dichte des Vollholzes nennt man daraufhin Rohdichte. Unter der Rohdichte des Vollholzes versteht man, daß die Hohlräume der Gefäß-, Leitungs- und Speicherzellen des Laubholzes und die Hohlräume der Spät- und Frühholztracheiden des Nadelholzes, welche mit Luft oder Wasser gefüllt sein können, bei der Ermittlung des Volumens mit einbezogen sind.

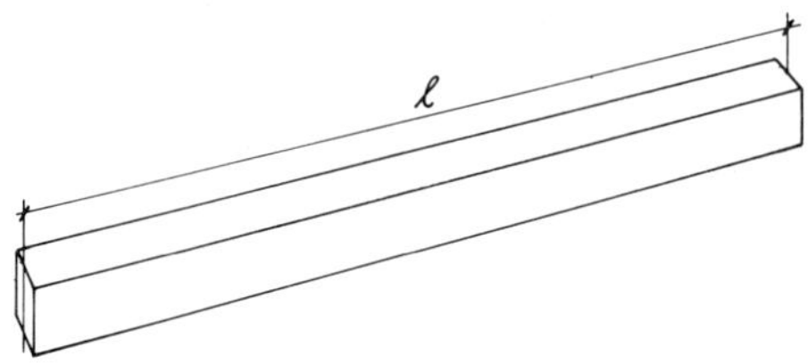

Längenbezogene Masse

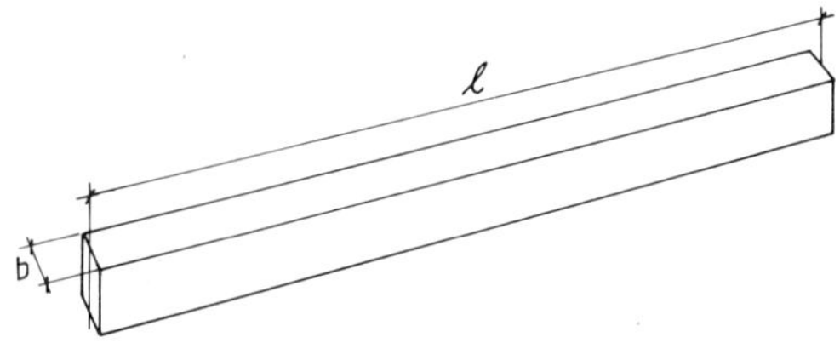

Flächenbezogene Masse

Masse
m Basisgröße in kg

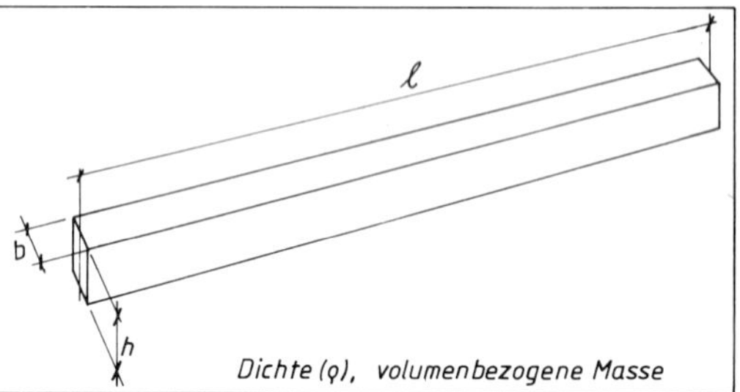

Dichte (ϱ), volumenbezogene Masse

Dichte = Masse : Volumen
ϱ (rho) = m : V in kg/m³

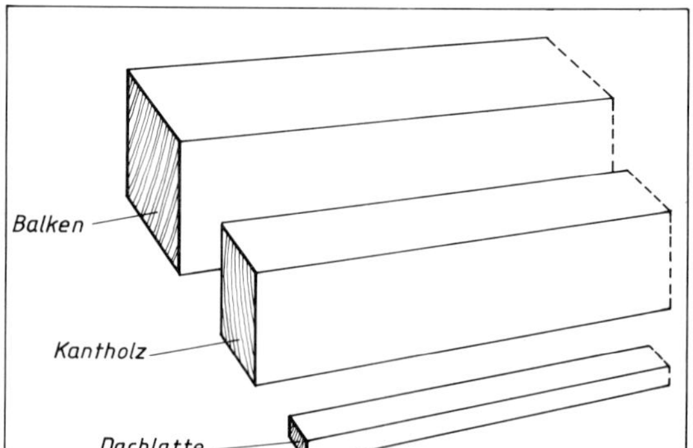

Hier ein Beispiel, wie die Rohdichte eines Balkens errechnet werden kann. Gemäß der Breite, Höhe und Länge des betreffenden Balkens muß sein Volumen ausgerechnet werden.

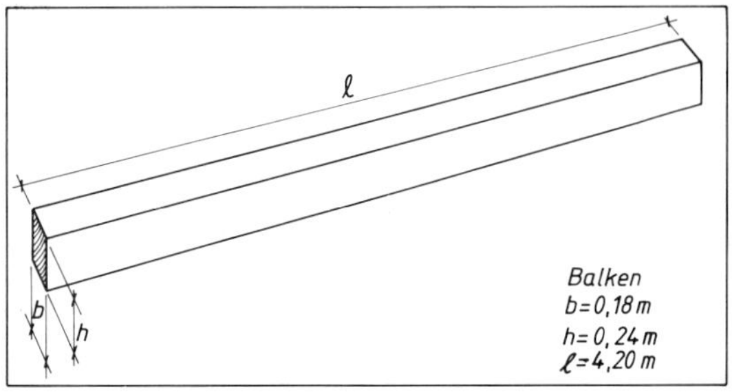

$V = b \cdot h \cdot \ell$

$V = 0{,}18 \cdot 0{,}24 \cdot 4{,}20 = 0{,}1814\ m^3$

Die Masse des Balkens muß man durch Wiegen feststellen. Die Masse m beträgt in diesem Fall = 90,72 kg. Die Masse in kg auf das Volumen (m^3) aufgeteilt, ergibt die Rohdichte p in kg/m^3.

$m/V = 90{,}72\ kg/0{,}1814\ m^3 = 500{,}11\ kg/m^3$

3.3 Gewicht, Last und Kraft

Die physikalische Größe Gewicht: Der Begriff Gewicht wird als Größe von der Art einer Masse für die Angabe von Warenmengen gebraucht. Das Formelzeichen für Gewicht bezogen auf die Eigenschaft Masse in wägbaren Gütern, z. B. in Warenmengen für Handel, Wirtschaft und Verkehr ist der große Buchstabe G. Während die physikalische Größe Gewicht für die Angaben von Warenmengen gebraucht wird, bedeutet am Bau ein Gewicht stets eine Eigenlast des tragenden Bauteils. Hier zwei Beispiele aus der Baupraxis:
Ein Breitflanschträger wird beim Einkauf entsprechend der Größenbezeichnung B sowie des Handelsgewichtes HG (kg/m) und gemäß der gewünschten Länge als Masse nach kg bezahlt.

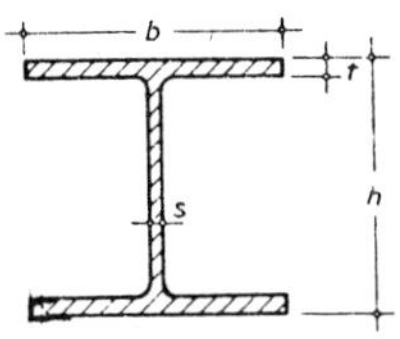

Breitflanschträger
Leichte Reihe I PBL HE A
DIN 1025, Bl. 3
Euronorm 53-62

B = Größenbezeichnung
F = Querschnittsfläche
HG = Handelsgewicht

B [mm]	h [mm]	b [mm]	s [mm]	t [mm]	F [cm²]	HG [kg/m
100	96	100	5	8	21,2	17,1
120	114	120	5	8	25,3	20,4
140	133	140	5,5	8,5	31,4	25,3
160	152	160	6	9	38,8	31,2
180	171	180	6	9,5	45,3	36,4

Rechts neben diesem Text ist der nach Gewicht bezahlte Breitflanschträger auf den Lagerflächen zweier Wände dargestellt. Als frei aufliegender Träger drückt der Breitflanschträger auf seine Auflager. Dieser Druck wird als Auflagerdruck bezeichnet. Die Summe beider Auflagerlasten entspricht dem Handelsgewicht.

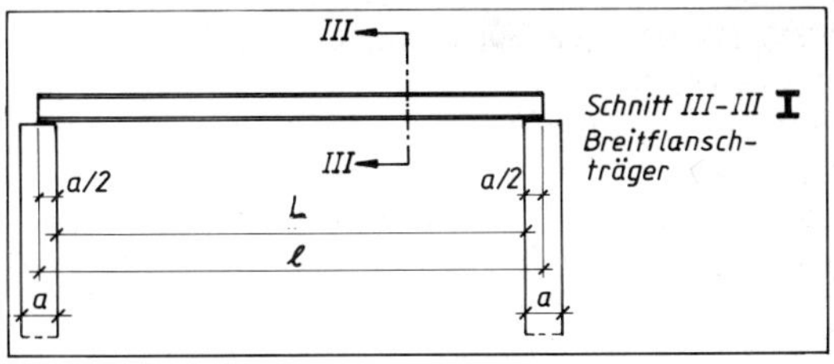

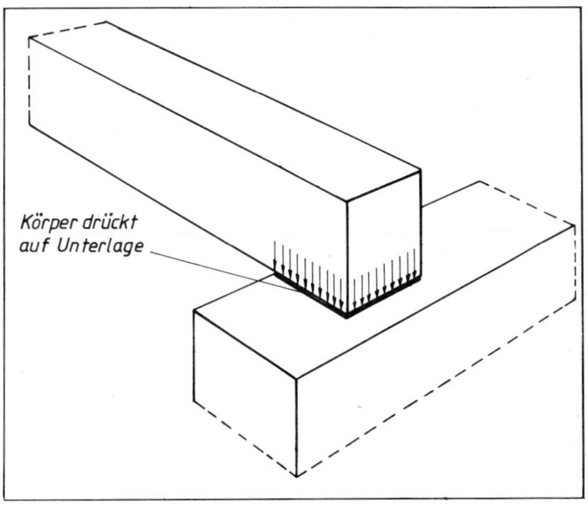

Da bei der Bemessung der Bauteile die Herkunft der Kräfte aus Gewichten nicht interessiert, ist „Gewicht'' ein Hilfsbegriff, der auch entfallen könnte. Das Wort „Gewichtskraft'' sollte nicht verwendet werden. Wenn also ein Körper, z. B. ein Balken auf eine Unterlage drückt oder ein Kantholz an Aufhängungsteilen zieht, hat man es mit einer Auflagerkraft und nicht mit einer Gewichtskraft zu tun.

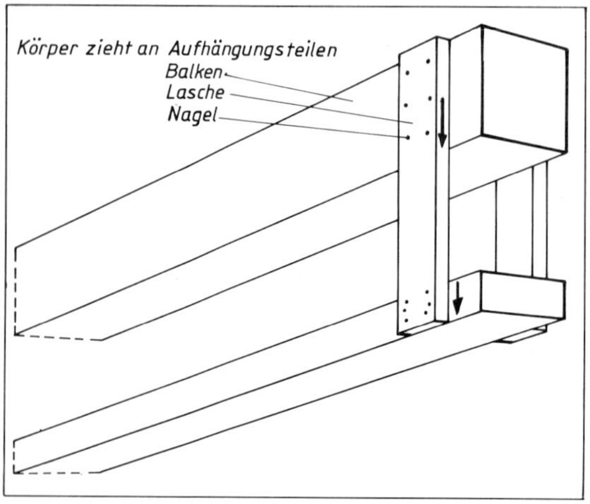

Die gesetzliche Einheit für Eigenlast G ist Newton, wie bei der physikalischen Größe Kraft F.

Last (physikalisch): Unter der physikalischen Größe Last müssen am Bau die Kräfte verstanden werden, die von außen auf ein System einwirken, aber keine Reaktionskräfte sind.

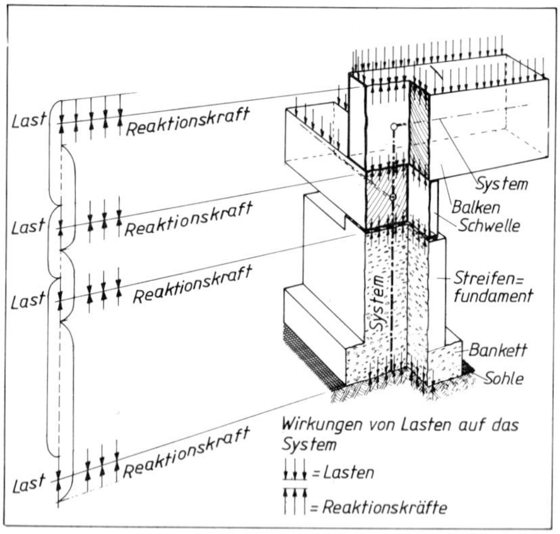

Wirkungen von Lasten auf das System

Die Inanspruchnahme infolge Lasten, die auf das System eines Bauwerkes einwirken, ist abhängig von der Anziehungskraft der Erde, d. h. von der Fallbeschleunigung. Genaugenommen ist diese wiederum abhängig vom Breitengrad und von der Höhe über dem Meeresspiegel. Da auf der Erde die Unterschiede der Fallbeschleunigung zwischen den Grenzwerten, Äguator ($a = 9{,}780\ m/s^2$) und dem Pol ($a = 9{,}832\ m/s^2$) nicht groß sind, hat man sich auf einen mittleren Breitengrad mit der Beschleunigung $a = 9{,}80665\ m/s^2$ geeinigt. Demnach drückt ein Körper mit der gleichstoffigen Masse von 1 kg mit der Kraft $F = 1\ kg \cdot 9{,}80665\ m/s^2 = 9{,}80665\ kg/ms^2$ auf die Erdoberfläche. Nach der recht krummen Zahl $a = 9{,}80665\ m/s^2$ hat man für den Bau vereinbart, daß 1 kg = 10 Newton (10 N) gesetzt wird.

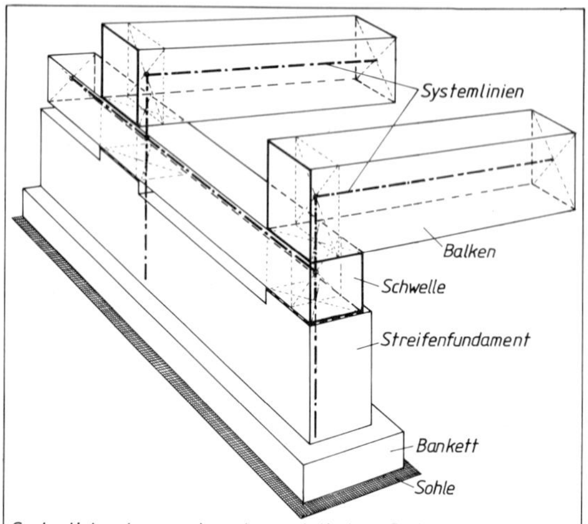

Systemlinien (—·—·-) an einem statischen System.

Unter System versteht man das Netz der Schwerpunktslinien der einzelnen Baukörper

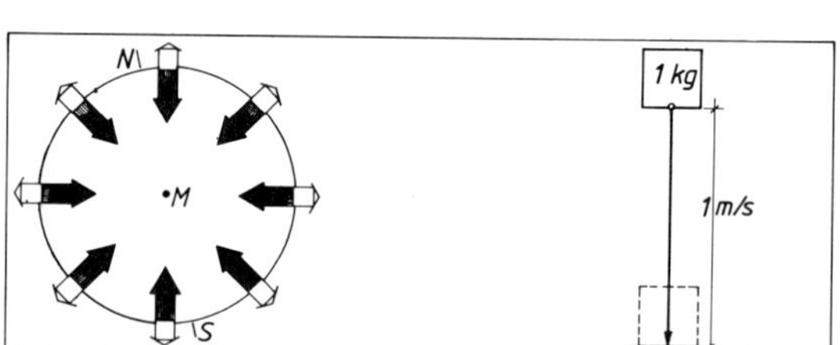

Unter Eigenlast (G) versteht man die Kraft, mit der ein Körper zum Mittelpunkt der Erde hingezogen wird.

Mit 1N (1Newton) wird die Kraft bezeichnet, die einen Körper mit der Masse 1kg auf 1m/s beschleunigt.

Gewicht (Formelzeichen G)
G = Masse mal Fallbeschleunigung, G = m · g

Kraft (physikalisch). Die physikalische Größe Kraft wird bei einem bestimmten System des zu untersuchenden Bauwerkes zur Beschreibung einer Wirkung im System verwendet.
Da alle Kräfte, die in ein Bauwerk wirken, zur Erde bzw. auf die Sohle als letzter Unterstützung abgetragen werden, teilt man am Bau die Wirkung in 3 Hauptgruppen, nämlich in Lasten, Reaktionskräfte und Kräfte ein.
Die Einheit der Kraft ist das Newton (N). Davon abzuleiten sind die am Bau üblichen Einheiten Dokanewton (da N), Kilonewton (Kn) und Meganewton (MN).
1 daN = 10 N, 1 kN = 1000 N, 1 MN = 1 000 000 N.

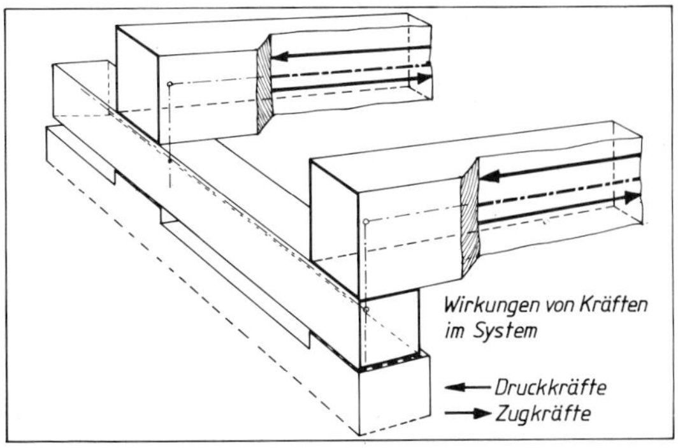

3.4 Sinnbilder für Kräfte, Lager und Lasten

Das Sinnbild für eine Kraft ist ein Pfeil, der die Wirkungsrichtung der Kraft angibt.

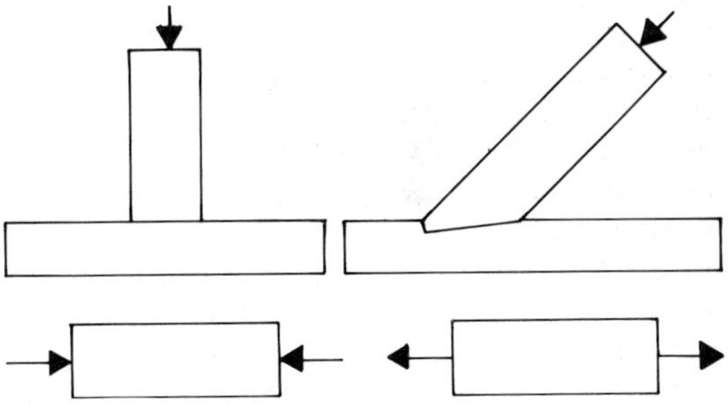

Das Sinnbild des festen Lagers zeigt ein Dreieck, dessen Grundlinie durch Schraffur unterlegt ist.
Ein festes Lager ist in allen Beanspruchungsrichtungen unverschieblich.

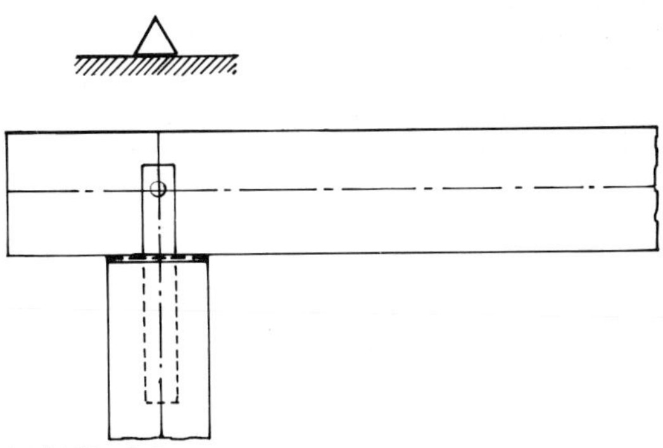

tatsächliches System

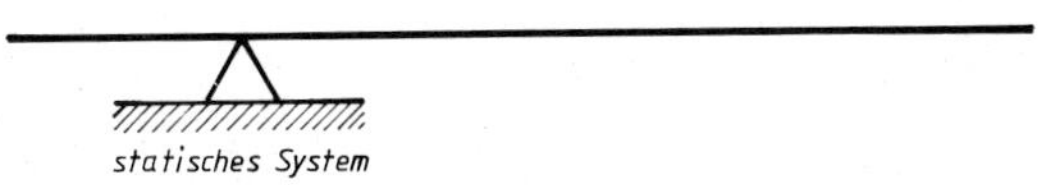

statisches System

Das Sinnbild für ein bewegliches Lager ist ein Dreieck mit einer zusätzlichen Vollinie, die mit etwas Abstand unter der Dreiecksgrundlinie verläuft.

Ein bewegliches Lager ist in der angegebenen Richtung beweglich, in allen übrigen Richtungen fest.

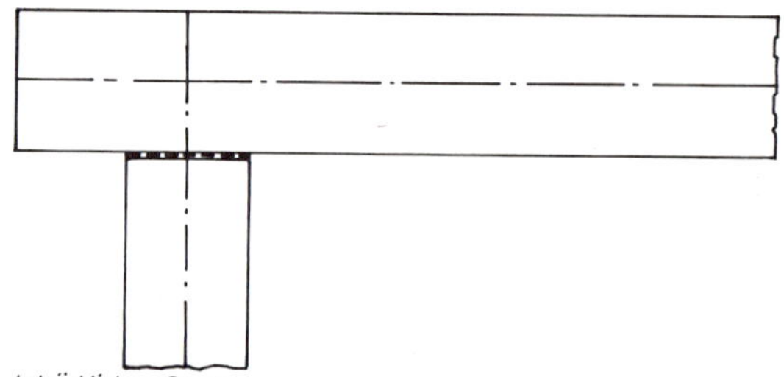

tatsächliches System

statisches System

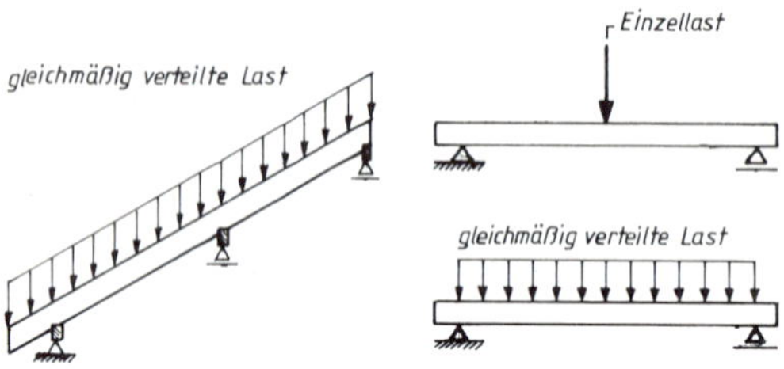

Den Skizzen eines statischen Tragwerkes werden meist zur Orientierung über das Wirken der ständigen Lasten sowie der Schnee-, Wind- und Verkehrslasten jeweils eine Reihe von Pfeilen in einem Vollinienrahmen zugeordnet.

Die Lasten treten als Einzellasten und in regel- oder unregelmäßiger Form auf.

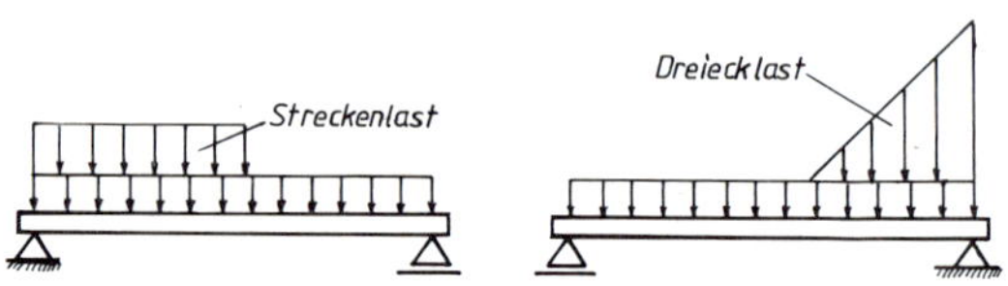

Unregelmäßige Formen der Belastung werden zweckmäßig in Rechtecke, Dreiecke und Trapeze zerlegt.

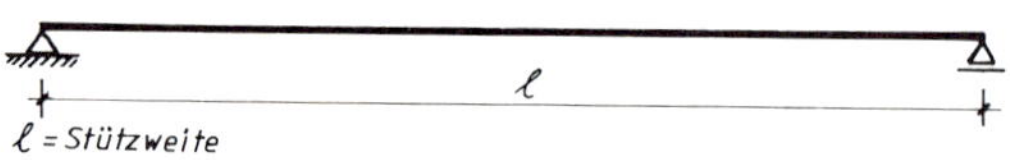

ℓ = Stützweite
Systemskizze

Die Grundlänge von einer zur anderen Dreieckspitze zweier Lager ist gleichzusetzen mit der Auflagerentfernung eines Bauteils oder einer Konstruktion. Diese Auflagerentfernung wird Stützweite genannt.

Für Holzbauten wird in DIN 1052, Blatt 1, Ziffer 5.1 geregelt, wie die Stützweite „ℓ" ermittelt wird.

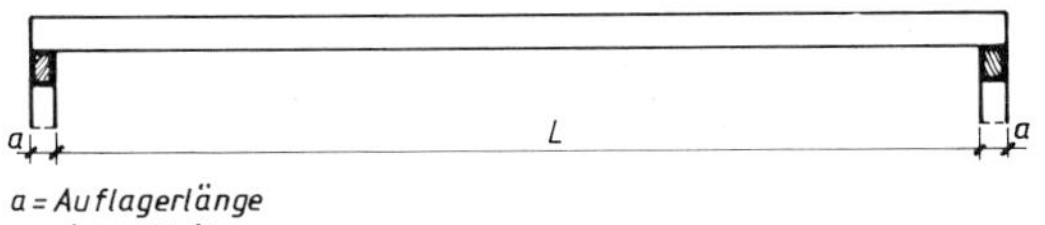

Vollholzträger (Balken) und Brettschichtträger auf Holzunterbau:

ℓ = lichte Weite + Auflagerlänge = L + a

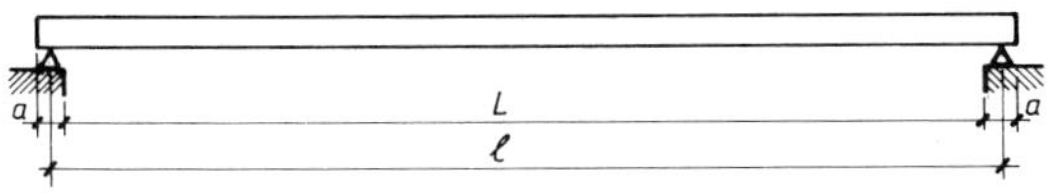

Vollholz- oder Brettschichtträger (Balken) auf Mauerwerk oder Beton (mit entsprechenden Sperrschichten gegen aufsteigende Feuchtigkeit):

ℓ = 1,05 lichte Weite → 1,05 · L

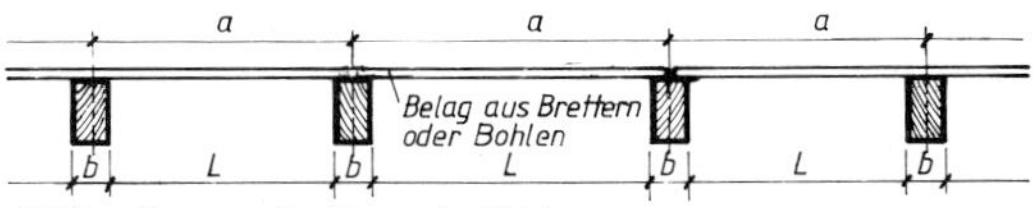

Stützweiten von Brettern oder Bohlen

Bretter und Balken durchlaufend:

ℓ = L + b, bzw. = L + 10 cm (ℓ = a = L + b)

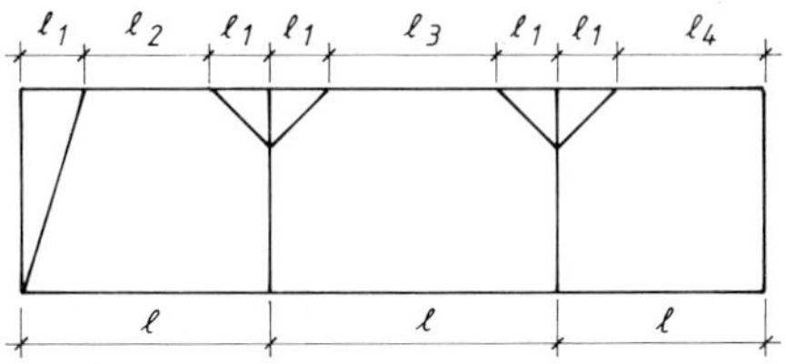

Feldweiten bei Kopfbandbalken

Bei Kopfbandbalken (Pfetten über Stützen, Streben und Kopfbändern) gilt eine andere Regelung nach DIN 1052 Teil 1, Ziffer 8.2.4

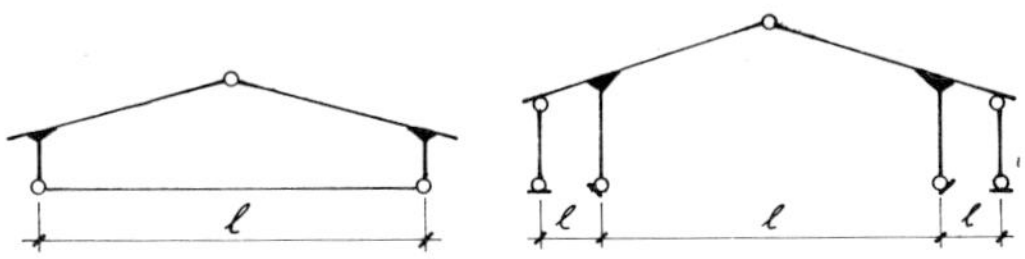

Bei Rahmentragwerken wird die Stützweite durch die Entfernung der Auflagergelenke bestimmt.

3.5 Benennung der Kräfte, Schnittkräfte und Momente

Die Eigenlasten bzw. die ständigen Lasten und die Verkehrslasten erzeugen in einem Bauteil Kräfte. Je nach der Art, wie diese Lasten auf Bauteile wirken, entstehen folgende Kräfte:

Auflager-Kräfte

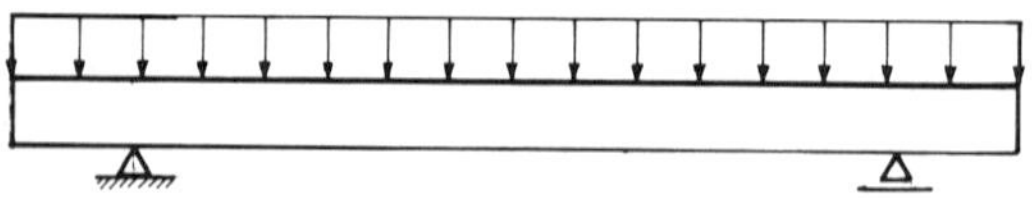

Vertikale (lotrechte) Auflagerkräfte

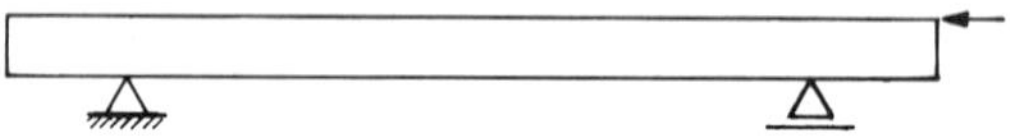

horizontale (waagerechte) Auflagerkraft

Druck-Kräfte

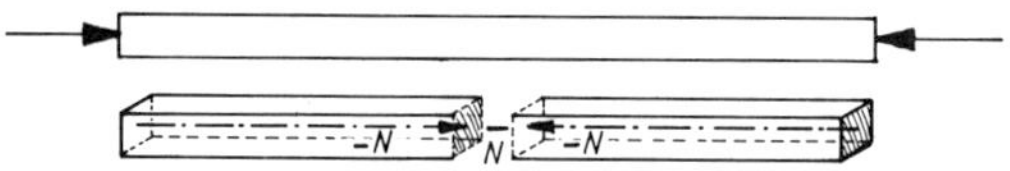

Druck parallel zur Faser
Längskraft negativ: N = –

Druck rechtwinklig zur Faser

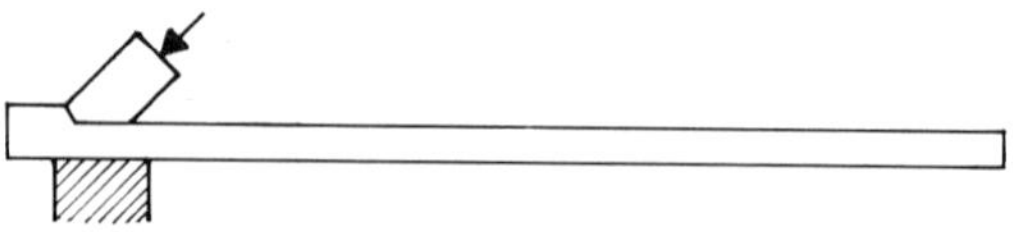

Druck schräg zur Faserrichtung

Zug-Kräfte

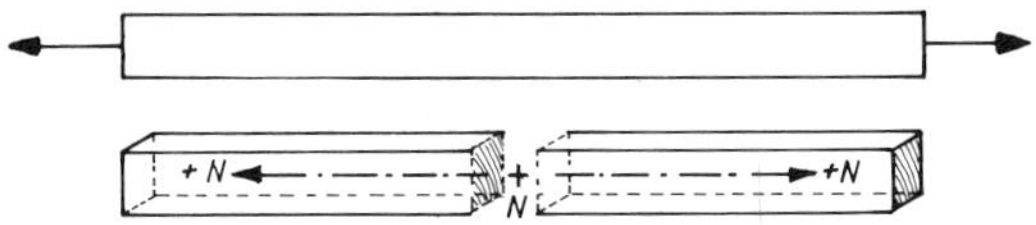

Zug parallel zur Faser
Längskraft positiv: N = +

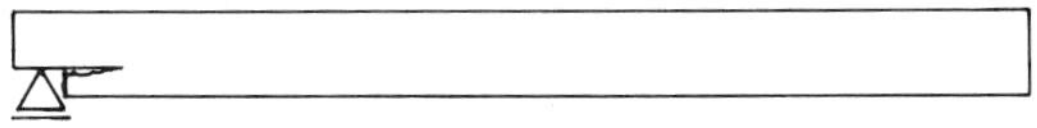

Zug quer zur Faser

Schnitt-Kräfte

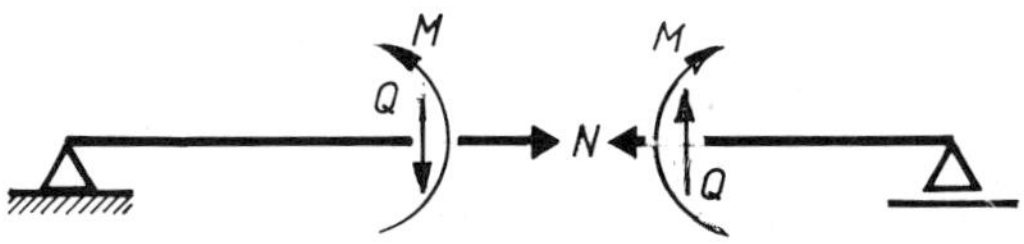

Um die Schnittkräfte z. B. eines Balkens zu erhalten, wird ein Schnitt rechtwinklig zur Stabachse gelegt. Dadurch entstehen zwei Teile. An jedem Schnittufer werden dann drei Schnittkräfte angetragen, die den jeweiligen Balkenteil im Gleichgewicht halten. Diese drei Schnittkräfte sind:

Normalkraft	N
Querkraft	Q
Moment	M

Für die einzelnen Kräfte muß die Schnittstelle so gelegt werden, daß sich jeweils der Größtwert ergibt.

Normalkräfte

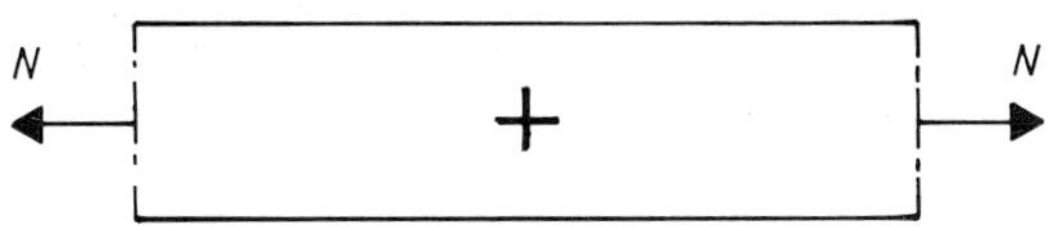

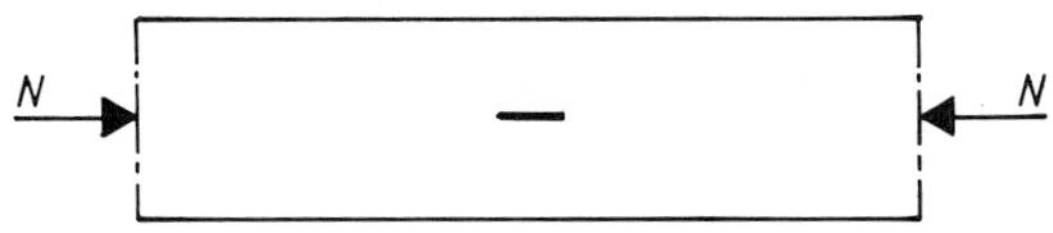

Bei der Normalkraft N handelt es sich um die Summe aller parallel zur Stabachse wirkenden Kräfte links und rechts der Schnittstelle.

Querkräfte

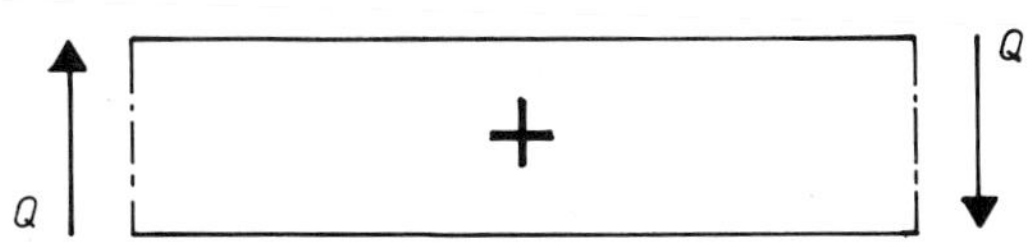

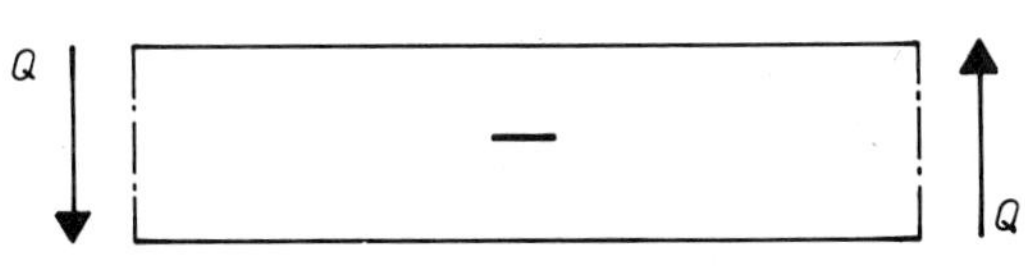

Die Querkraft Q ist die Summe aller senkrecht zur Stabachse wirkenden Kräfte links und rechts der Schnittstelle.

Momente

Man unterscheidet Momente aus Biegung und Momente aus Verdrehung

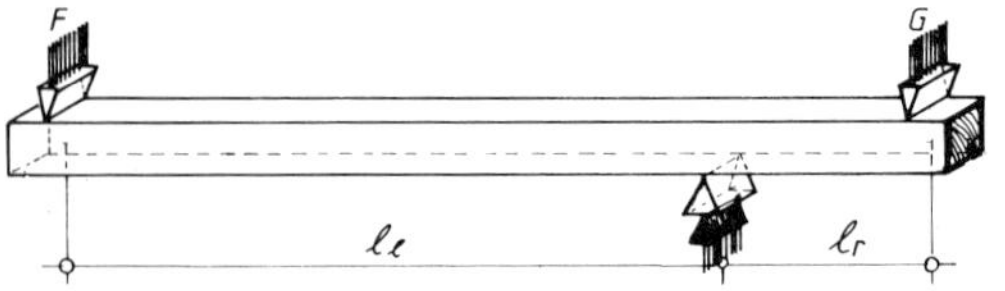

Moment:
Kraft · Kraftarm = Last · Lastarm
$M = F \cdot \ell_l = G \cdot \ell_r$

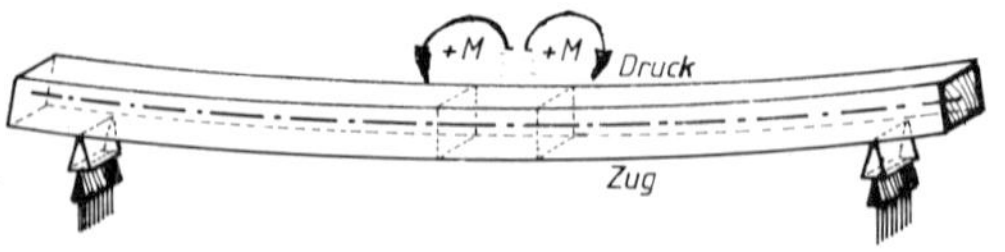

Positives Moment (+M)

Positives Moment, wenn an der oberen Faser Druck entsteht und an der unteren Faser Zug,

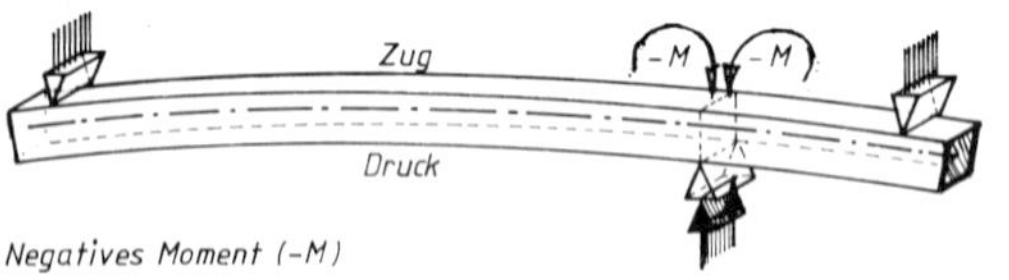

Negatives Moment (-M)

negatives Moment, wenn an der oberen Faser Zug entsteht und an der unteren Faser Druck.

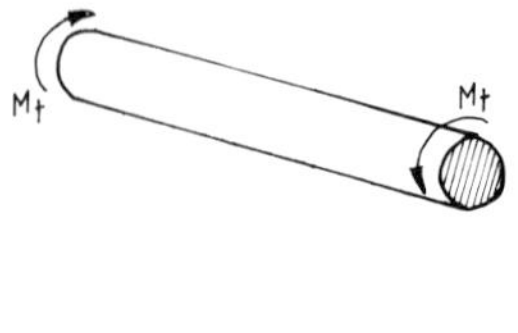

Momente aus Verdrehung = Torsionsmoment
Das Torsionsmoment M_t ist das Drill- oder Drehmoment, welches Stäbe auf Verdrehen um ihre Längsachse bzw. ihre Torsionsachse beansprucht.

Querschnittswerte

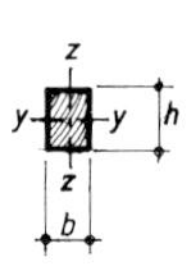

Bei einem Balken-, Kantholz- und Brettschichtholzquerschnitt unterscheidet man zwischen y-Achse und z-Achse.

3.6 Benennung der Spannungen

Druckspannung σ_D

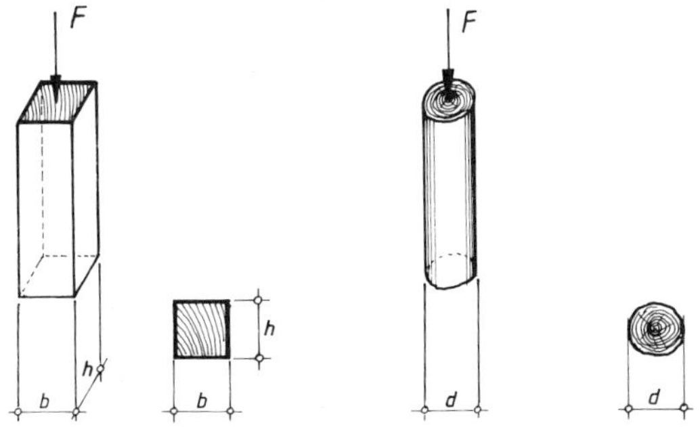

Die Beanspruchung eines Bauteils durch Einwirken äußerer Kräfte erzeugt Spannungen. Unterschieden werden:
Druck-, Zug-, Biege-, Scher- und Schubspannung

N (Normalkraft = F)

$$\sigma_D = \frac{\text{Last}}{\text{Querschnittsfläche}} = \frac{N}{A} \text{ .... N/cm}^2$$

Rechteck:
A (Querschnittsfläche) = b · h = ... cm²

Kreis:

$$A \text{ (Querschnittsfläche)} = \frac{\pi \cdot d^2}{4} \text{ ..... cm}^2$$

$$\text{vorhandenes } \sigma = \frac{F}{A} = \frac{N}{cm^2} = N/cm^2,$$

$$\text{oder } \sigma = \frac{kN}{cm^2} = kN/cm^2.$$

Zur Ermittlung der erforderlichen Querschnittsfläche gilt die Formel:

$$A = \frac{F}{\sigma}$$

Zur Ermittlung der zulässigen Belastung gilt die Formel:

$$F = \sigma \cdot A$$

Zugspannung σ_z

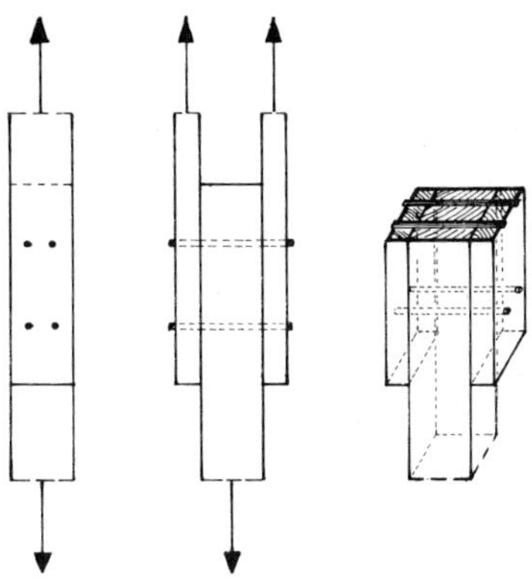

$$\sigma_z = \frac{\text{Last}}{\text{nutzbare Querschnittsfläche}} = \frac{N}{A_n} \text{ ..... N/cm}^2$$

Bei dem nutzbaren Querschnitt A_n ist die Querschnittsschwächung durch Bolzen, Stabdübel usw. zu berücksichtigen.

Biegespannung σ_B

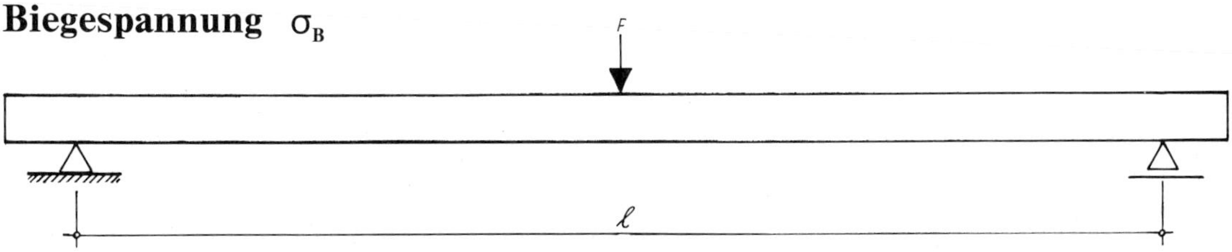

$$\sigma_B = \frac{M}{W} \rightarrow \frac{\text{Biegemoment des Trägers}}{\text{Widerstandsmoment des Querschnittes}} \text{ ..... N/cm}^2$$

Abscherspannung τ_a aus Scherkräften

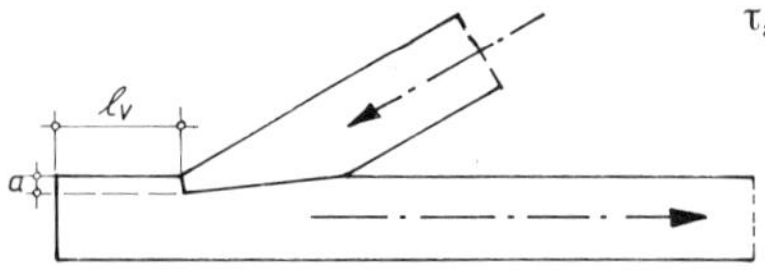

$$\tau_a = \frac{U}{\ell_v \cdot b} \rightarrow \frac{\text{Untergurtkraft}}{\text{Scherfläche}} \; .\,.\,.\,.\; \text{N/cm}^2$$

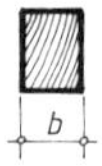

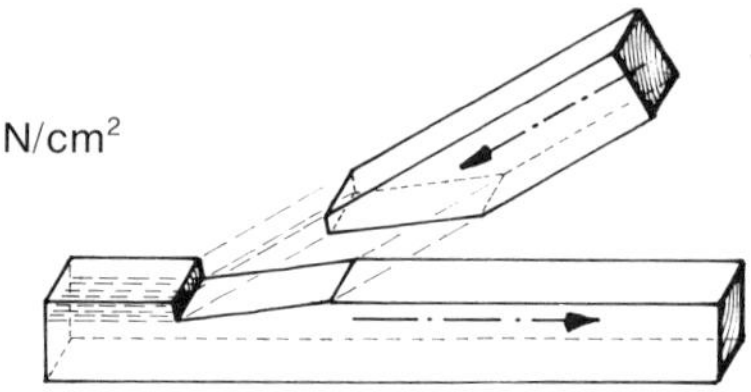

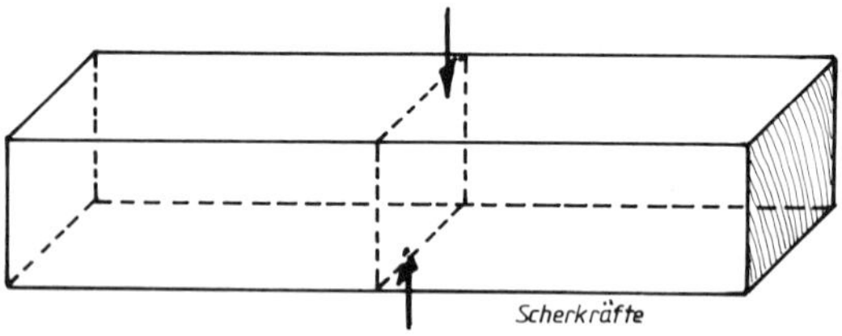

Scherkräfte wirken gleichlaufend zum belasteten Querschnitt. Die entsprechenden Spannungen werden mit τ (tau) bezeichnet.

Schubspannung aus Querkräften

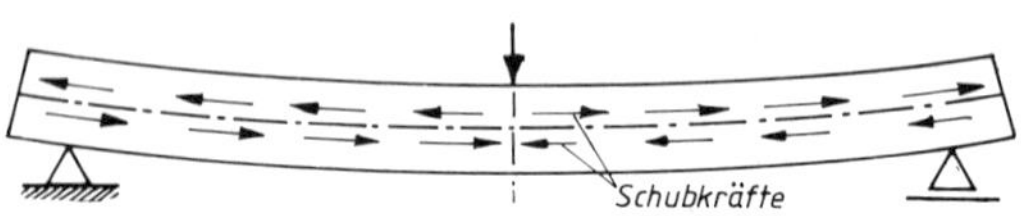

Druck- und Zugkräfte wirken senkrecht zum belasteten Querschnitt. Die entsprechenden Spannungen werden mit τ (tau) bezeichnet.

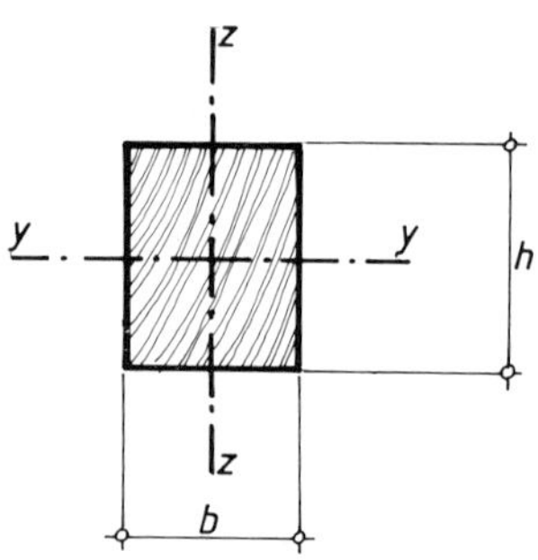

Sy = statisches Moment des Querschnittsteiles bezogen auf die y-Achse.
I Trägheitsmoment des Querschnittes.

$$\tau = \frac{Q \cdot Sy}{Iy \cdot b} \; .\,.\,.\,.\,.\; \text{N/cm}^2$$

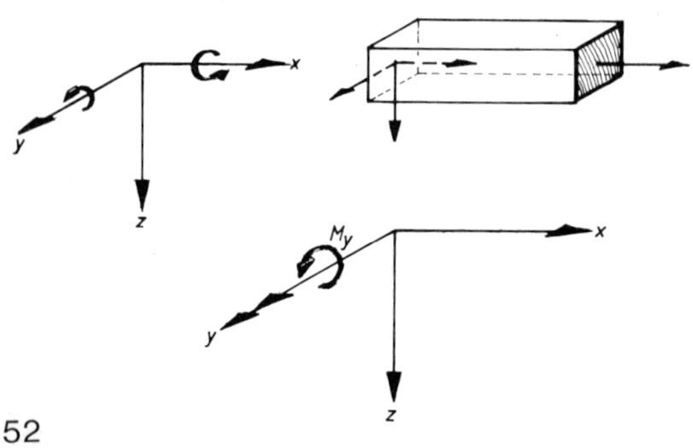

Für die Orientierung nach Koordinaten des lokalen, rechtwinkligen, rechtsdrehenden Koordinatensystems liegen die x-Achsen in der Stabrichtung, die y- und die z-Achse in der Querschnittfläche des Stabes. Die z-Achse zeigt in der Regel nach unten.

Das Sinnbild für ein positives Moment ist ein Doppelpfeil im Rechtssinn drehend.

3.7 Benennung der Lastannahmen für Bauten

Mit den Lastannahmen für Bauteile und Lagerstoffe sowie mit den Lastannahmen für Verkehrs-, Schnee- und Windlasten befaßt sich DIN 1055.
Zu unterscheiden sind ständige Lasten und Verkehrslasten (veränderliche, wechselnde oder bewegliche Lasten). Bei den Bauteilen für Dächer, Decken und Wände eines Bauwerkes treten in der Regel folgende Lasten auf:

Dächer:

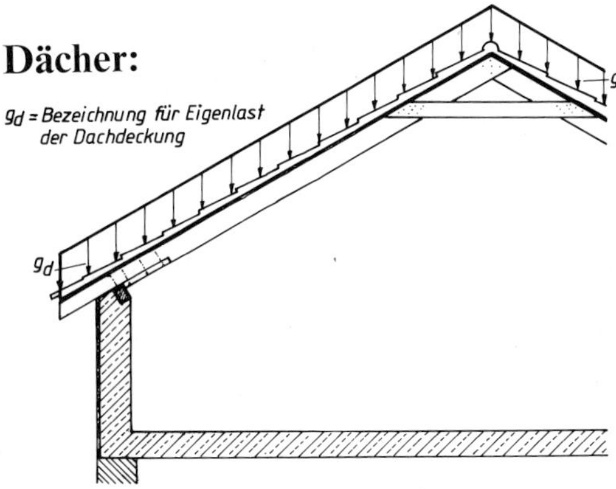

Ständige Last bzw. Eigenlast der Dachdeckung
z. B. Eigenlast g_d der Dachdeckung mit Dach-Falzziegeln
g_d 550 N/m² Dachfläche
oder g_d 0,55 kN/m² Dachfläche

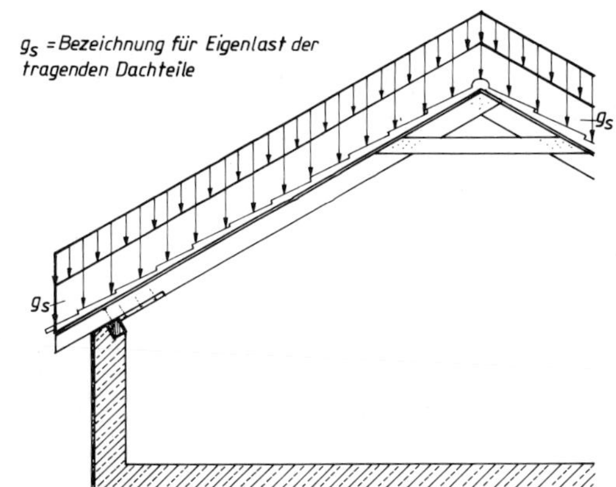

+ Eigenlast der tragenden Dachteile
z. B. Eigenlast g_s der Sparren, Pfetten, Kehlriegel und Aussteifungshölzer
g_s 150 N/m² Dachfläche
oder g_s 0,15 kN/m² Dachfläche

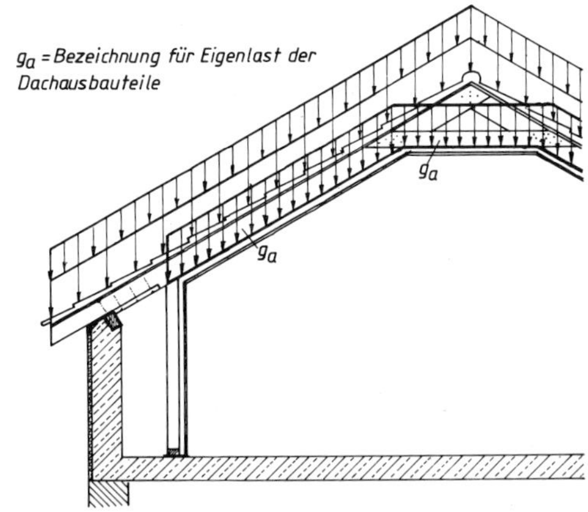

+ Eigenlast des Dachausbaues
z. B. Eigenlast g_s der Dämmstoffe und der Verkleidungen
g_s 140 N/m² Dachfläche
oder g_s 0,14 kN/m² Dachfläche

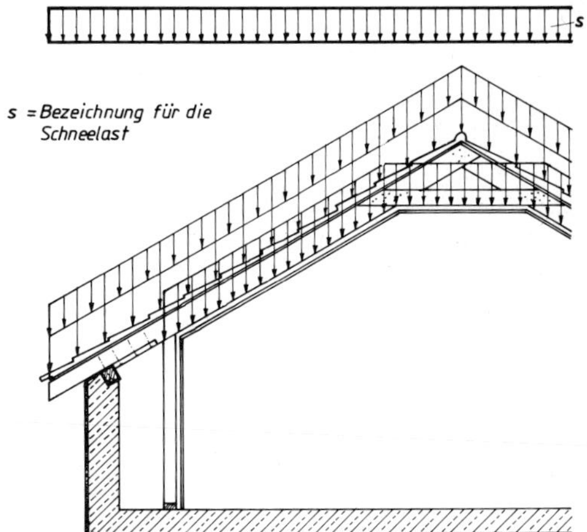

+ Schneelast
z. B. Schneelast s (Schnee links und Schnee rechts)
s 750 N/m² Grundfläche
oder s 0,75 kN/m² Grundfläche

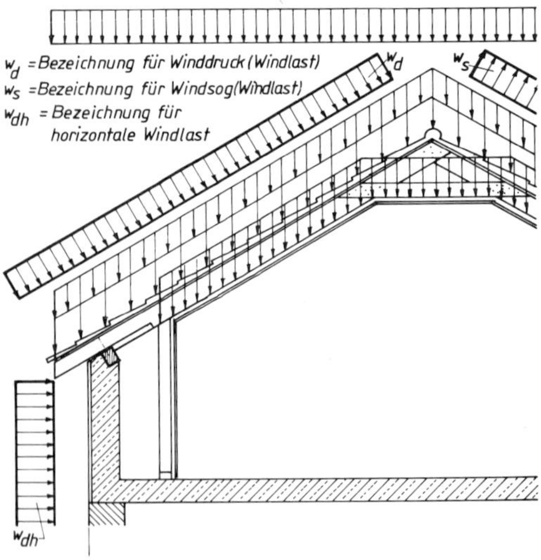

+ Windlast

z. B. Windstaudruck $q_w = 500\ N/m^2$ Dfl.
Wind von links: linke Dachfläche
Winddruck w_d (ab ca 30° Dachneigung)
$w_d = 200 \dots 400\ N/m^2$ Dachfläche
und $w_s = -300\ N/m^2$ Dachfläche.
(Wind von links: rechte Dachseite: Windsog w_s) und horizontale Windlast w_{dh} 400 N/m^2 (Wind von links: linke Außenwand: Winddruck w_{gh}) rechte Außenwand: Windsog $w_s = -250\ N/m^2$.

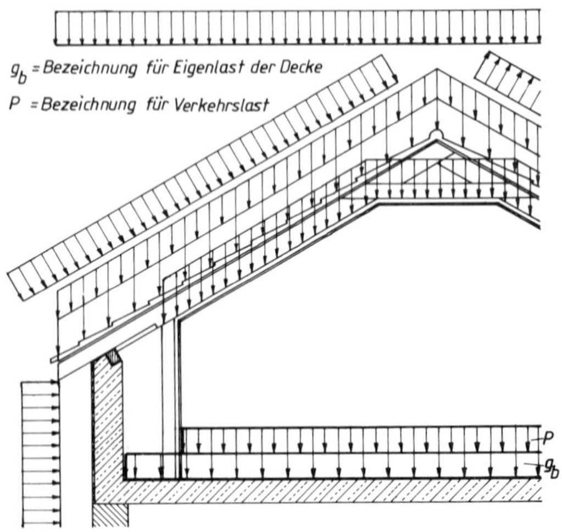

Decken:

Eigenlast der Decke

z. B. Eigenlast g_b der Obergeschoß- und Erdgeschoßdecke
$g_b = 2500\ N/m^2$ oder $g_b = 2{,}5\ kN/m^2$

+ Verkehrslast auf den Decken

z. B. Verkehrslast p_d auf den Obergeschoß- und Erdgeschoßdecken
$g_d = 2000\ N/m^2$ oder $g_d = 2{,}0\ kN/m^2$

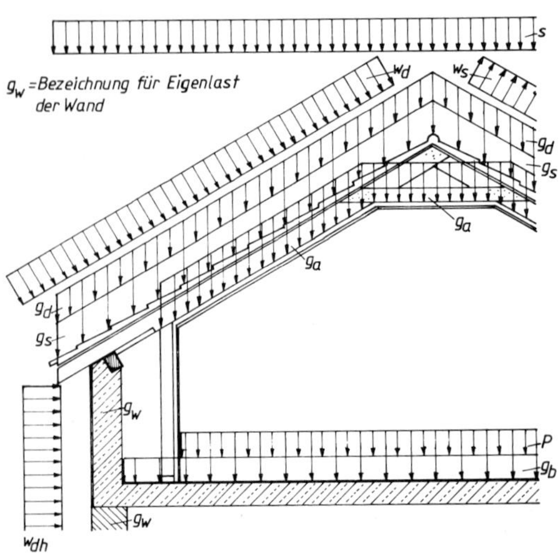

Wände:

Eigenlast der Wand

z.B. Eigenlast g_w der Wand
$gw = 1500\ N/m_3$
oder $g_w = 1{,}5\ kN/m^3$

+ Gesamtlast q aus dem Dach z. B.
  $q = g_d + g_s + g_a + s + w$
+ Gesamtlast q aus den Decken
  $q = g_b + p_d$
+ Horizontale Windlasten
  z. B. w_{dh}

3.8 Begriffe des Wärmeschutzes

Eine Hauptaufgabe jeder Hochbautätigkeit ist der Wärmeschutz. Die DIN 4108 „Wärmeschutz im Hochbau'' ist die Grundnorm, welche für raumumschließende Bauteile Mindestwerte des Wärmeschutzes festlegt. Das Beiblatt zur DIN 4108 gibt Erläuterungen und Beispiel für einen erhöhten Wärmeschutz.

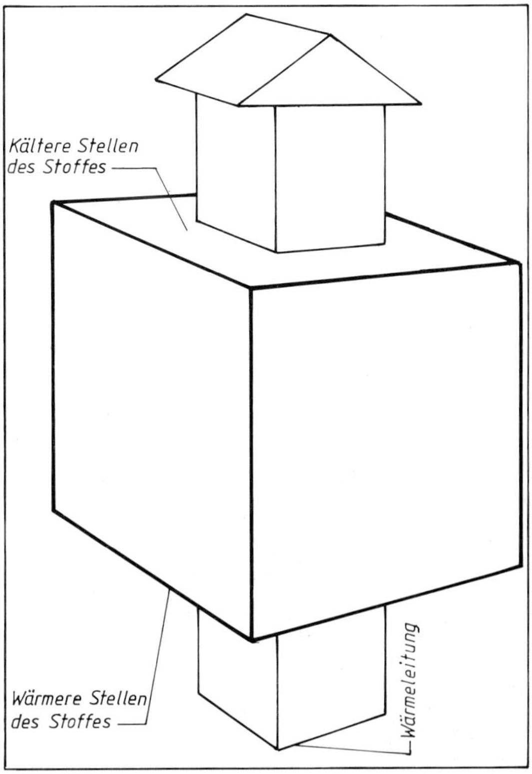

Als Wärmeschutz im Hochbau sind Maßnahmen zur Verringerung der Wärmeübertragung zwischen Räumen und der Außenluft sowie zwischen Räumen unterschiedlicher Temperaturen zu verstehen.

Unter Wärmeleitung versteht man die Wärmeübertragung von Teilchen zu Teilchen in festen, flüssigen und gasförmigen Körpern. Man kann sich das so vorstellen, daß die Molekülbewegungen bzw. der Wärmestrom durch Stoß-Energie stets in Richtung von höherer zu niederer Temperatur erfolgt. Dichte, feste Materialien sind gute Wärmeleiter, poröse, leichte Stoffe sind schlechte Wärmeleiter.

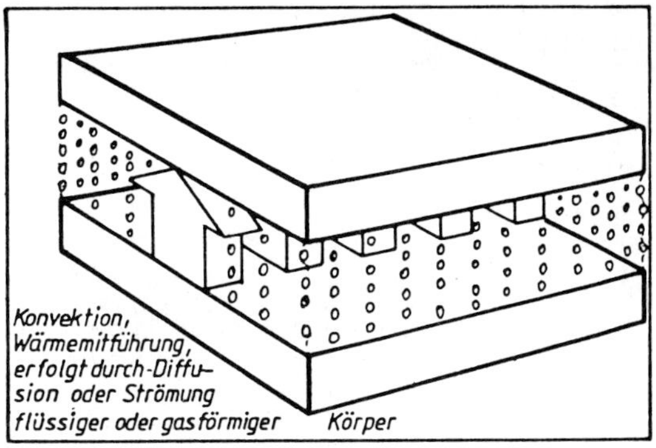

Die Wärmemitführung (Konvektion) ist die Fortpflanzung von Wärme durch bewegte Gase oder Flüssigkeit. Wind, mechanische Luftumwälzung, aber auch die Bewegung des Menschen im Raum bewirken die Wärmemitführung. Sollen Luftschichten wärmedämmend sein, dann muß Konvektion vermieden werden, z. B. durch Unterteilung.

Die Wärmestrahlung erfolgt durch die Luft, ohne diese besonders stark aufzuheizen. Feste Körper, z. B. Wände, Fußböden, Decken, Heizkörper, aber auch heiße Flüssigkeiten oder Flammen können durch die Luft infolge Wärmestrahlung eine Wärmeübertragung bewirken.

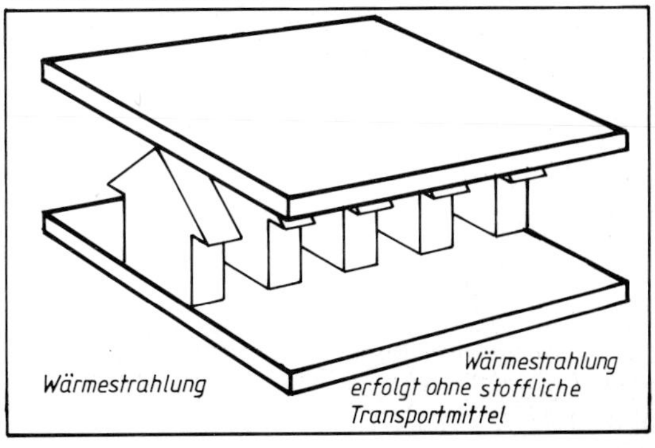

Zur Berechnung der nötigen Wärmemenge und zur Bestimmung der nötigen Dämmung ist ein Maß nötig. Die Einheitenbezeichnung für die Wärmemenge (sowie für Arbeit und Energie) als Energieform ist Joule (J) oder Kilojoule (kj). Neben dem Joule sind noch die Einheiten Newtonmeter (Nm) und Wattsekunde (Ws) möglich.

Zusammenhang: 1 J = 1 Nm = 1 Ws.

Die Wärmemenge von 4190 Joule oder 4,19 Kilojoule ist die Arbeitsgröße, die benötigt wird, um 1 Kilogramm Wasser bei normalem atmosphärischem Druck von + 14,5° C auf + 15,5° C, d. h. um 1 Grad Celsius (1° C) bzw. 1 Kelvin (1 K) zu erhöhen.

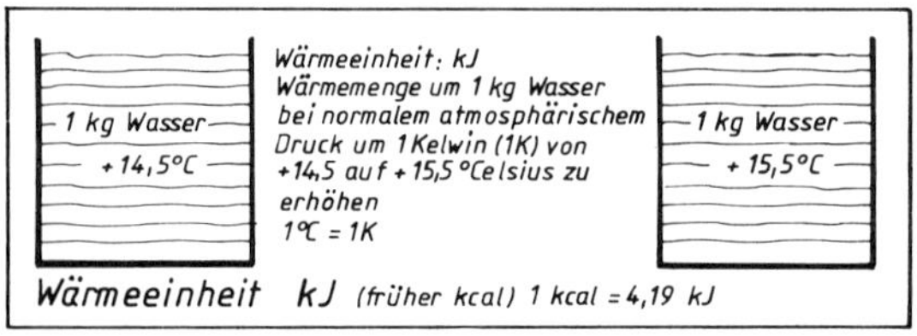

Alle Temperaturen werden im täglichen Leben in Grad Celsius (° C) gemessen und angegeben, die Temperaturdifferenzen in der Physik und bautechnischem Rechnen in Kelvin (K).

Zusammenhang: 0° C = 273,15 K oder 0 K = – 273,15° C

Hier ein Rechenbeispiel, wie man bei einer Temperaturdifferenz als Grad Celsius (°C) = Kelvin (K) setzen kann: Nach dem Zünden eines Gasbrenners und während der nachfolgenden Heizperiode erwärmt sich das Wasser einer Zentralheizungsanlage von ursprünglich 6° C auf 23° C. Wie groß ist die Erwärmung der Heizkörper?

23° C – 6° C = 17° C.

Das entspricht einer Erwärmung der Heizkörper um 17 Kelvin, denn:

23° C = (273,15 + 23) K = 296,15 K
und
6° = (273,15 + 6) K = 279,15 K
296,15 – 279,15 = 17 K

Das Maß für die Wärmemenge, die in einer Stunde durch eine 1 m dicke Platte eines Stoffes bei einer Fläche von 1 m^2 sowie bei einem Temperaturunterschied der Stoffflächen von 1 K hindurchgeht, wird in der für den Stoff spezifischen Wärmeleitzahl λ (sprich: „Lambda") festgelegt. Immer wird vorausgesetzt, daß der Wärmestrom bei Dauerbeheizung in Richtung der Flächennormale, d. h. winkelgerecht zu den Oberflächen verläuft. Die DIN 4108 gibt für eine Vielzahl von Baustoffen bereits die Wärmeleitzahl in W/(m · K) an.

In manchen Fällen muß mit der gleichwertigen bzw. äquivalenten Wärmeleitzahl gerechnet werden. Dies ist die Wärmemenge, die durch Wärmemitführung oder Wärmebestrahlung in einer Stunde durch 1 m^2 einer Luftschicht übertragen wird. Bei einem Wärmestrom in Richtung der Flächennormale muß der Temperaturunterschied der Begrenzungsfläche 1 K (1 °C) betragen. Ideal ist der Rechenwert λ, wenn es sich um Berechnung von vielfältig zusammengesetzten Wand- und Deckenaufbauten oder Dächern handelt.

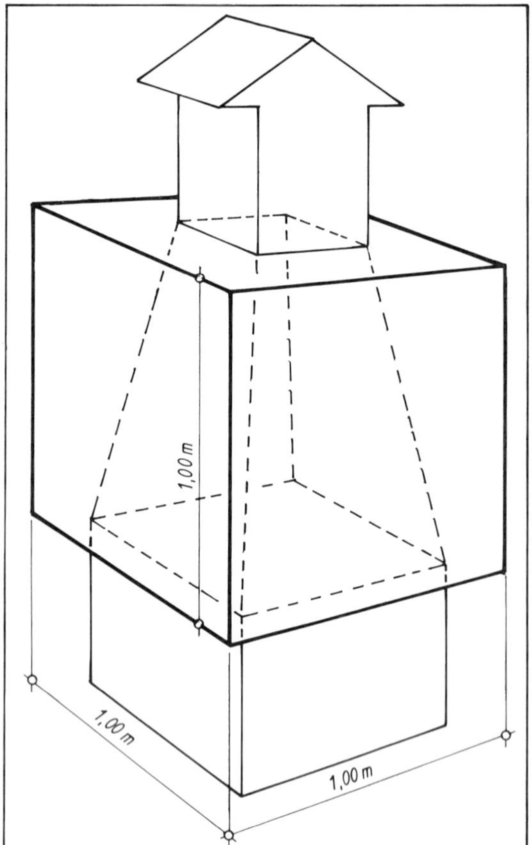

Wärmeleitfähigkeit λ

Einheit: $\frac{W}{(m \cdot K)} \longrightarrow \frac{Watt}{(Meter \cdot Kelwin)}$

Die Wärmeleitzahl λ bezieht sich beim Wärmedurchgang auf einen 1 m dicken Baustoff. Die Geschoßdecken, Wände und Dächer weisen in der Praxis jedoch weniger als 1 m Dicke auf, nämlich die Dicke Σs.

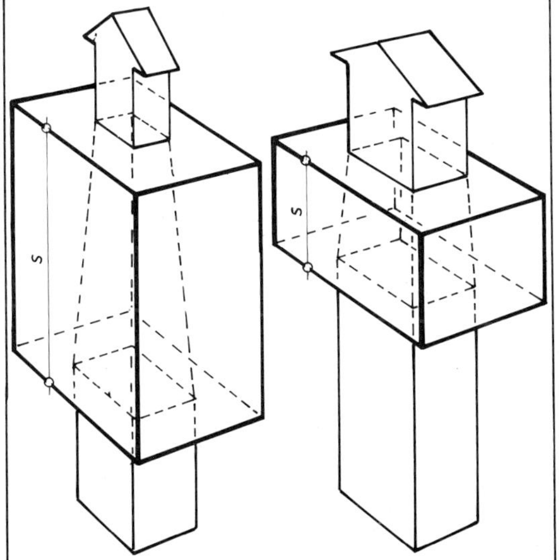

Wärmedurchlaßkoeffizient Λ (Wärmedurchlaßzahl) Einheit: $\frac{W}{m^2 \cdot K}$

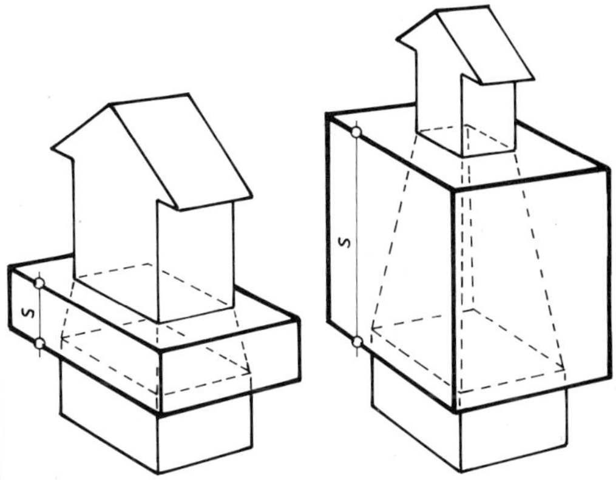

Kleiner Wärmedurchlaß-widerstand

Großer Wärmedurchlaß-widerstand

Wärmedurchlaßwiderstand $1/\Lambda$ Einheit: $\frac{m^2 \cdot K}{W}$

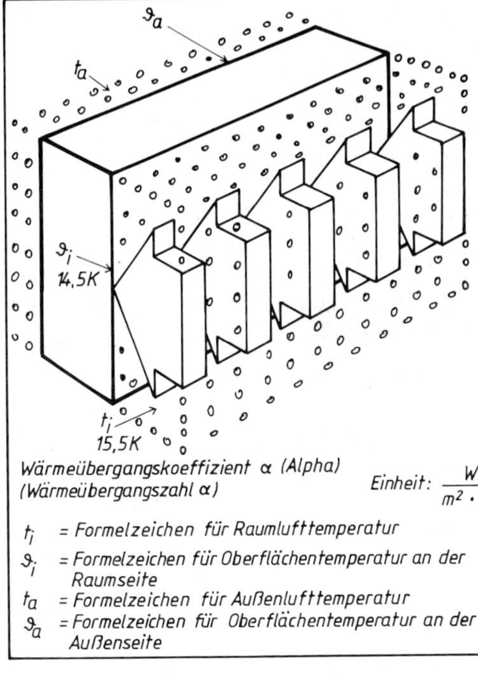

Wärmeübergangskoeffizient α (Alpha) (Wärmeübergangszahl α) Einheit: $\frac{W}{m^2 \cdot K}$

t_i = Formelzeichen für Raumlufttemperatur
ϑ_i = Formelzeichen für Oberflächentemperatur an der Raumseite
t_a = Formelzeichen für Außenlufttemperatur
ϑ_a = Formelzeichen für Oberflächentemperatur an der Außenseite

Mit der Wärmedurchlaßzahl Λ (sprich: „Groß-Lambda") wird die Wärmemenge bezeichnet, die bei Dauerbeheizung eines plattenförmigen Bauteils der Dicke s bei einem Wärmestrom rechtwinklig zu den Oberflächen hindurch gelassen wird, wenn der Temperaturunterschied der beiden Oberflächen 1 K beträgt.

Der wichtigste Wert zur Beurteilung des Wärmeschutzes ist der Wärmedurchlaßwiderstand $1/\Lambda$ (auch Wärmedämmwert genannt). Der Wärmedurchlaßwiderstand $1/\Lambda$ oder die Wärmedämmzahl in $m^2 \cdot K/W$ gibt an, wie stark ein Baustoff in der Lage ist, den Wärmestrom zu dämmen. Praktisch ist der Wärmedurchlaßwiderstand $1/\Lambda$ der Kehrwert von Λ, also $1/\Lambda = \Sigma s/\lambda$. Die DIN 4108 „Wärmeschutz im Hochbau" bestimmt bei Geschoßdecken, Wänden und sonstigen Bauteilen, wie hoch der Dämmwert sein muß. Die meisten Dämmstoffhersteller geben neben der Wärmeleitzahl bereits für die Berechnung eines Aufbaues für jede der jeweiligen Dicken den Wärmedurchlaßwiderstand $1/\Lambda$ an.

Bei den Außenwänden kommt noch die Berücksichtigung der Wärmeübergangszahl dazu. Die Wärmeübergangszahl α gibt die Wärmemenge an, die bei Dauerbeheizung von 1 m^2 Wandfläche und der diese Fläche berührenden Luft bei 1 K (1 °C) Temperaturunterschied ausgetauscht wird.

Der Wärmeübergangswiderstand $1/\alpha$ ist der Kehrwert der Wärmeübergangszahl α · Einheit $W/m^2 \cdot K$. Der Wärmeübergangswiderstand $1/\alpha$ findet Verwendung bei der Berechnung des K-Wertes, der Wärmedurchgangszahl.

Die Wärmedurchgangszahl k gibt an, welche Wärmemenge in kj im Beharrungszustand stündlich durch 1 m^2 des Bauteils übertragen wird, wenn zwischen der beiderseits angrenzenden Luft ein Temperaturunterschied von 1 K (1°) besteht. Einheit: $m^2 \cdot K/W$. Gerechnet werden kann allerdings erst mit dem Kehrwert

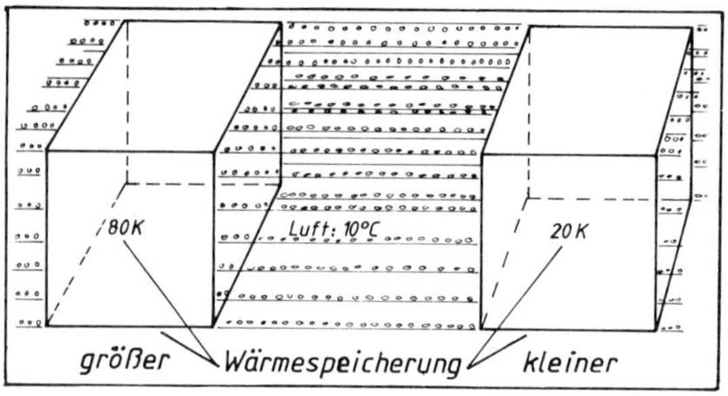

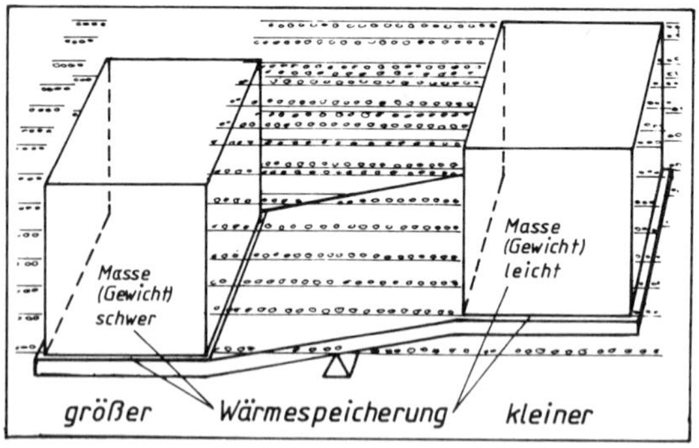

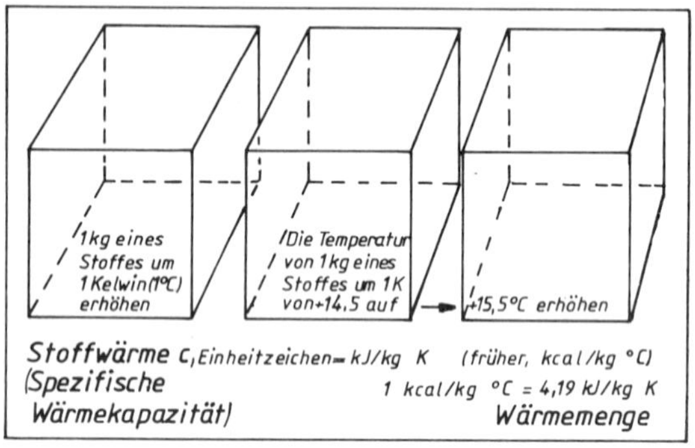

von K, d. h. mit dem Wärmedurchgangswiderstand 1/k in W/m² K, der die Summe der einzelnen Wärmedurchlaßwiderstände der ver-

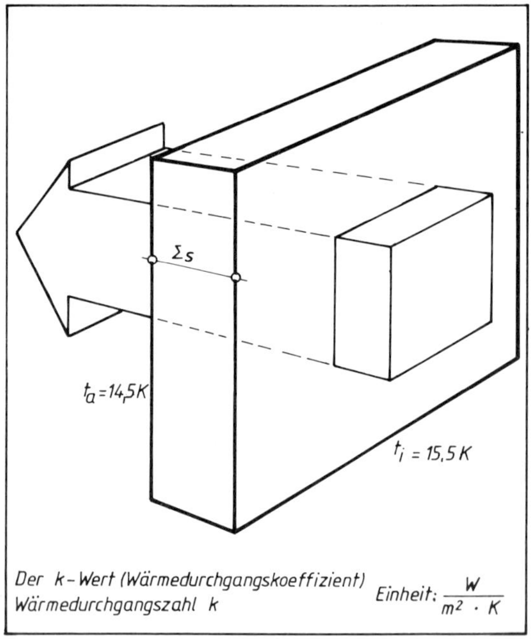

schiedenen Baustoffe und die Wärmeübergangswiderstände innen und außen angibt.

Unter Wärmespeicherung versteht man die Fähigkeit eines Baustoffes, bei der Erwärmung ein gewisses Maß an Wärme zu speichern, das er bei Abkühlung der Umgebung wieder abgeben kann. Die Wärmespeicherung von Wärmemengen ist um so größer, je größer der Temperaturunterschied bei Bauteil und umgebender Luft ist, je größer die Stoffwärme und je höher das Gewicht eines Bauteils ist.

Die Stoffwärme der spezifischen Wärme c gibt die Wärmemenge in kJ/kgK an, die zur Erhöhung der Temperatur des Stoffes bei 1 kg Masse (Gewicht) um 1 K (1 Kelvin) nötig ist.

Berechnung der Dämmstoffdicke s des Bauteils s_5

Außenwand ⟶ vorgesehener, von drei- auf sechsschnittig verbreiteter Bauteil

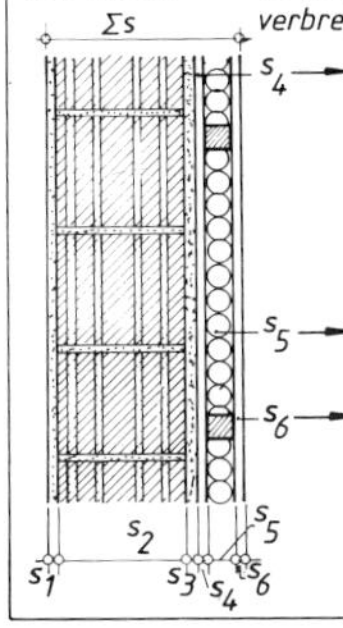

s_4 ⟶ Luftschicht und Dicke der Konterlattung zwischen Putz und Dämmstoff. Die Konterlattung und Luftschicht s_4 zur Verhinderung der Tauwasserbildung auf der Oberfläche s_3 an der Raumseite wird bei diesem sechsschnittigen Bauteil in wärmetechnischer Hinsicht nicht mitberechnet.

s_5 ⟶ Dämmstoff, Schaumkunststoffplatten (allgemein) nach Tabelle der DIN 4108. ($\lambda = 0{,}041$)

s_6 ⟶ Wandbekleidung aus Norm-Profilbrettern 0,0155 m dick (europäisches Nadelholz, Fichte lufttrocken nach DIN 4074 „Bauholz Gütebedingungen") mit Krallen und Klammern auf Kanthölzern befestigen. ($\lambda_6 = 0{,}14$)

Außenwand ⟶ vorhandener dreischnittiger Bauteil

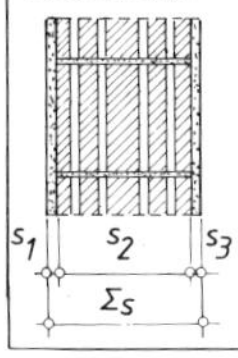

s_1 ⟶ Putz, außen (Kalkmörtel) 0,02 m dick ($\lambda_1 = 0{,}87$)

s_2 ⟶ Mauerwerk (Lochziegel) 0,30 m dick ($\lambda_2 = 0{,}70$)

s_3 ⟶ Putz, innen (Gipsmörtel) 0,02 m dick ($\lambda_3 = 0{,}7$)

Nach dem vorhandenen und vorgesehenen Wandaufbau werden die einzelnen Materialien in der Reihenfolge von außen nach innen mit dem Buchstaben s und außerdem mit der Zahl 1 oder 2 usw. bezeichnet.
Die Materialdicke muß man bei der wärmetechnischen Berechnung in Meter (m) einsetzen.
Den Rechenwert der Wärmeleitfähigkeit des betreffenden Stoffes entnimmt man aus Tabellen der DIN 4108 "Wärmeschutz im Hochbau".

Formel zur Berechnung des Wärmedurchlaßwiderstandes $\frac{1}{\Lambda} = \Sigma \frac{s}{\lambda}$ $\quad \frac{\text{Materialdicke}}{\text{Wärmeleitzahl}}$

$$\frac{1}{\Lambda} = \frac{s_1}{\lambda_1} + \frac{s_2}{\lambda_2} + \frac{s_3}{\lambda_3} + \frac{s_4}{\lambda_4} + \frac{s_5}{\lambda_5} \quad \text{in } (m^2 \cdot K)/W$$

Berechnung des Wärmedurchlaßwiderstandes des vorhandenen dreischnittigen Bauteils

$$\frac{1}{\Lambda} = \frac{s_1}{\lambda_1} + \frac{s_2}{\lambda_2} + \frac{s_3}{\lambda_3} \longrightarrow \frac{1}{\Lambda} = \frac{0{,}02}{0{,}87} + \frac{0{,}30}{0{,}70} + \frac{0{,}02}{0{,}7} = 0{,}48\,(m^2 \cdot K)/W$$

Berechnung des Wärmedurchlaßwiderstandes der einzubauenden Wandbekleidung aus Norm-Profilbrettern (Fichte) 15,5 mm dick

$$\frac{1}{\Lambda} = \frac{s_6}{\lambda_6} \longrightarrow \frac{0{,}0155}{0{,}14} = 0{,}11\,(m^2 \cdot K)/W$$

Wärmedurchlaßwiderstand des vorhandenen dreischnittigen Bauteils + der hölzernen Wandbekleidung = 0,59 $(m^2 \cdot K)/W$

Gewünschter Wärmeschutz	von	2,00 $(m^2 \cdot K)/W$
-(minus)		0,59 $(m^2 \cdot K)/W$
= Rest s	von	1,41 $(m^2 \cdot K)/W$

Den restlichen Warmedämmwert von 1,41 $(m^2 \cdot K)/W$ muß die Dicke des einzubauenden Dämmstoffes z.B. Schaumkunststoffplatten (nach DIN 4108-Tabelle, Wärmeleitfähigkeit λ 0,041 $W/(m \cdot K)$ erbringen

Berechnung der Dämmstoffdicke s für den Bauteil s_5

$$\frac{1}{\Lambda} = \frac{s}{\lambda} \longrightarrow s = \frac{1}{\Lambda} \cdot \lambda \rightarrow 1{,}41 \frac{(m^2 \cdot K)}{W} \cdot 0{,}041 \frac{W}{(m \cdot K)} = 0{,}05781\,m \approx 58\,mm$$

3.9 Begriffe des Schallschutzes

Alles, was man mit dem Ohr wahrnimmt, beruht auf Schwingungsvorgängen, Töne und Geräusche pflanzen sich als Schallwellen in der Luft und in anderen Substanzen fort. Schallwellen gehorchen den Gesetzen der Wellenlehre, sie können aufgesaugt, gestreut, reflektiert und gebeugt werden.

Die Ausbreitungsgeschwindigkeit der Schallwellen beträgt für Luft bei 20 Grad Celsius (20° C) etwa 340 m/s und bei 0° C etwa 331 m/s. In flüssigen und insbesondere in festen Stoffen breiten sich Schallwellen sehr viel rascher aus mit mehreren Kilometern in der Sekunde.

Geschwindigkeit der Schallausbreitung in verschiedenen Soffen bei 20° C:

	m/s
Wasser	1 450
Eichenholz in Faserrichtung	3 380
Tannenholz in Faserrichtung	4 180
Mauerwerk	3 600
Beton	4 000
Stahl	5 000

Bei der Schallausbreitung in Holz ist die Geschwindigkeit quer zur Faser annähernd nur halb so groß, wie in Faserrichtung. In akustischer Hinsicht ist Holz ein guter Baustoff. Holz läßt sich durch Töne leicht zum Mitschwingen anregen. Da das Mitschwingen Schallenergie verbraucht, verkürzt sich dadurch die Nachhallzeit.
Die mechanischen Schwingungen und Wellen eines elastischen Bestandteils bezeichnet man als Schall.
Die Anzahl der Schallschwingungen, welche die frei schwingende Substanz je Sekunde ausführt, wird als Frequenz bezeichnet. Die Einheit der Frequenz ist das Hertz (Hz).
1 Hertz = Schwingung in 1 Sekunde = 1 Hz.

$$1 \text{ Hertz} = \frac{\text{Schwingung in}}{\text{1 Sekunde}} \; \frac{1}{1} = 1 \text{ Hz}$$

Hohe Töne erzeugen viele Schwingungen in einer Sekunde, tiefe Töne in der gleichen Zeiteinheit weniger. Tiefe Töne sind schwieriger abzudämmen. Vom menschlichen Ohr werden nur Schwingungen zwischen 16 Hz (tiefe Töne) und 20 000 Hz (hohe Töne) wahrgenommen.

Für die Schalldämmung im Hochbau interessiert aufgrund begrenzter Schwingfähigkeit von Bauteilen nur der Bereich zwischen 100 Hz und 3 200 Hz (= 5 Oktaven bei 16 Meßfrequenzen). Für die Luftschalldämmung wird die Schallpegeldifferenz „D" zwischen dem Senderaum und dem Empfangsraum innerhalb des Frequenzbereiches von 100 bis 3 200 Hz mit amtlich zugelassenen Meßgeräten gemessen. Für die Trittschalldämmung wird der Trittschallpegel „L_T" als Schallpegel im Frequenzbereich von 100 bis 3 200 Hz, der im Raum unter einer Decke entsteht, wenn diese mit einem Hammer (nach DIN 52210) beklopft wird, mit Meßgeräten gemessen.

Die Frequenz-Aufteilung bei 5 Oktaven in 16 Meßfrequenzen

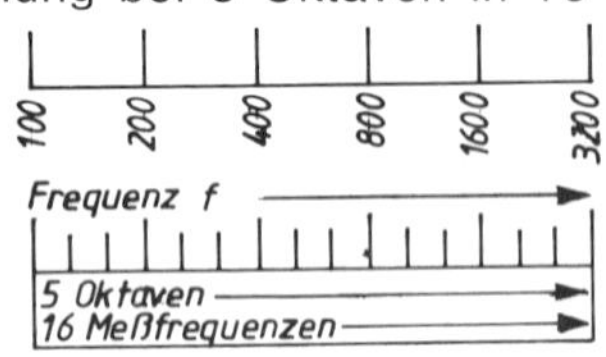

Die gezeigte Aufteilung gilt als Basis für die Festlegung der Ordinate eines Diagramms.

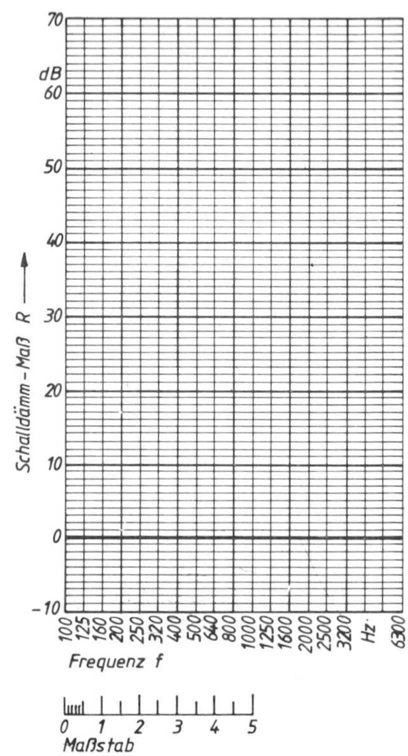

In diesem Diagramm wird nach DIN 4109 „Schallschutz im Hochbau“ und nach DIN 52210 „Bauakustische Prüfungen und Messungen zur Bestimmung des Luft- und Trittschallschutzes“, die Bezugs-, Soll- und Meßkurve für die Auswertung und Festlegung des Schalldämm-Maßes „R_w“ bei Luftschall sowie die Auswertung und Bestimmung des Trittschallschutzmaßes „TSM“ bei Trittschall aufgetragen.

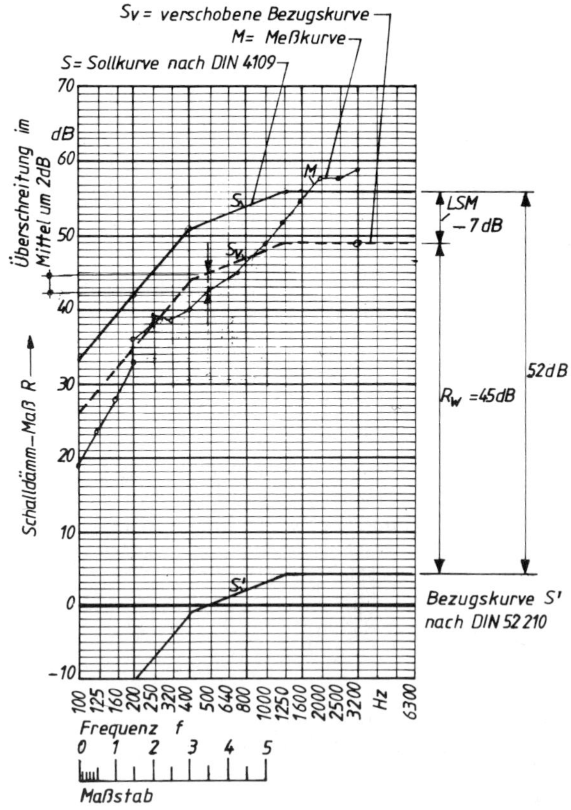

Die DIN 4109 „Schallschutz im Hochbau“ ist die Grundnorm, die für raumumschließende Bauteile die Mindestanforderungen an den Schallschutz festlegt und zugleich Empfehlungen für den erhöhten Schallschutz sowie Ausführungsbeispiele von Wandkonstruktionen, Wandanschlüssen, Deckenkonstruktionen und Deckenanschlüssen enthält.

Unter Schallschutz im Hochbau versteht man die Verringerung der Schallübertragung von der Schallquelle zum Hörer durch schalldämmende Konstruktionen, durch welche die Geräusche ganz oder bis zum zulässigen Schallpegel gedämmt werden.

Die Schallstärke entsteht aus dem Schalldruck, der durch die Schallquelle gebildet wird. Die Schallstärke, die im wesentlichen nur durch Messungen mit entsprechenden Meßgeräten ermittelt werden kann, wird als Schallpegel in Dezibel (dB) angegeben.

Bei bauakustischen Prüfungen bzw. Prüfungen der Luft- und Trittschalldämmung werden Schallpegelmesser benutzt, die den Schallpegel in Dezibel direkt angeben.

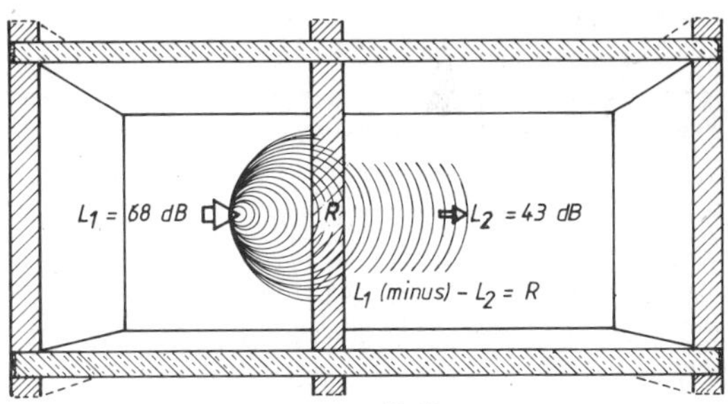

L_1 = erzeugter Schallpegel → 68 dB
L_2 = gemessener Schallpegel → 43 dB
R = Luftschalldämm-Maß → 25 dB

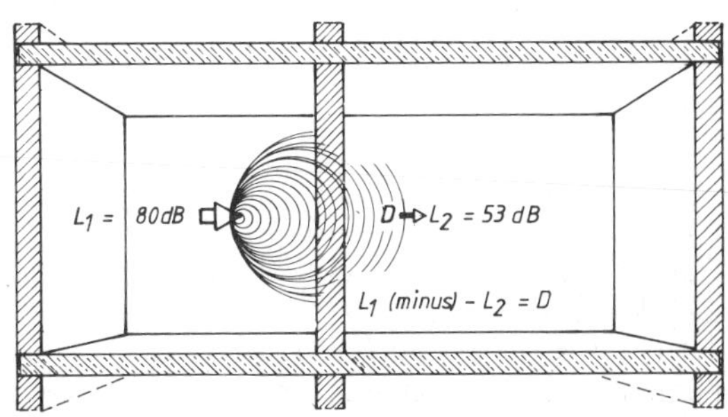

L_1 = erzeugter Schallpegel → 80 dB
L_2 = gemessener Schallpegel → 53 dB
D = Schallpegeldifferenz → 27 dB

Die Schallübertragung zwischen zwei Räumen erfolgt nicht nur durch die Masse der Trennwand oder der Trenndecke, sondern auch entlang der flankierenden Bauteile. Bei der Prüfung des Verhaltens von raumumschließenden Wänden und Decken gegenüber Luftschall und Trittschall unterscheidet man zwischen einschaligen und zweischaligen Bauteilen.

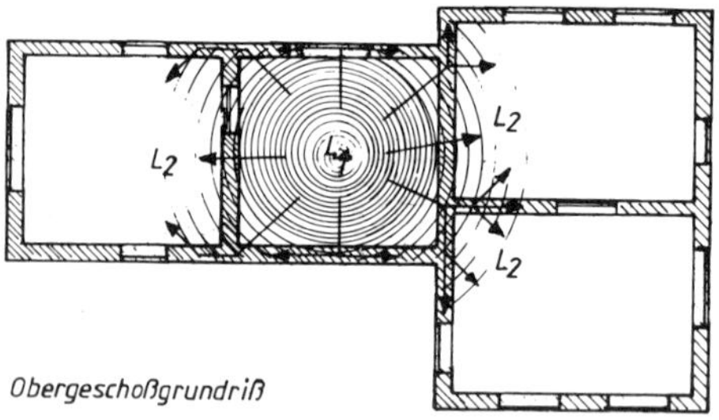

Obergeschoßgrundriß

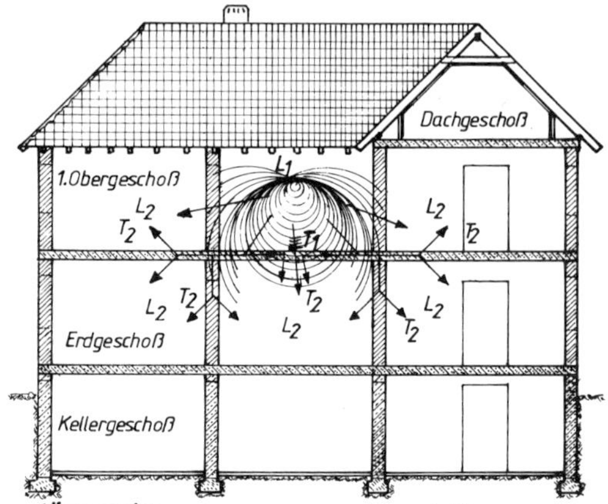

Wege des Luftschalls L_1 und des Trittschalls T_1

L_1 und T_1 : erzeugte Schallpegel in einem Obergeschoßraum

L_2 und T_2 : übertragene Schallpegel in Räumen des Obergeschoßes und des Erdgeschoßes

Einschalige Wände

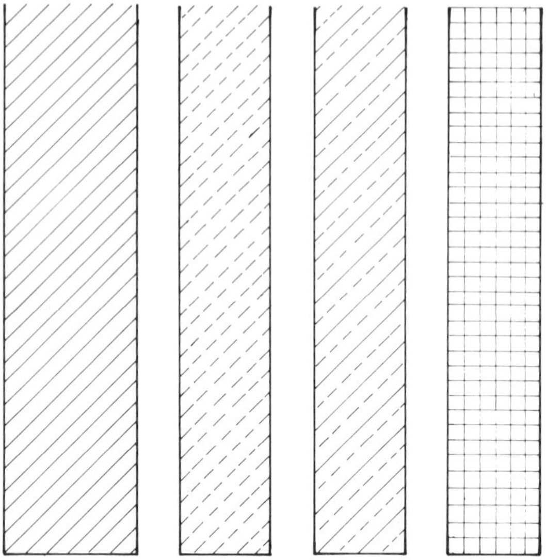

Mauerwerk aus Ziegeln — Unbewehrter Beton — Bewehrter Beton — Betonfertigteil

Einschalige Wände und Decken sind, wenn man den Stahlbeton- und Mauerwerkbau in Betracht zieht, stets Bauteile, die bei der Schalleinwirkung als Ganzes schwingen. Bei einschaligen Bauteilen hängt das bewertete Schalldämm-Maß R_w nicht von dem Bestand des Materials, z. B. Stahlbeton oder Ziegelmauerwerk ab, sondern in erster Linie von der flächenbezogenen Masse (in kg/m²). Einschalige Wände aus Beton und Mauerwerk und einschalige Decken aus Stahlbeton dämmen um so besser, je schwerer sie sind.

Zweischalige Wände

Zweischalige Wände und Decken des Stahlbeton-, Mauerwerk- und Holzbaues bestehen im wesentlichen aus zwei Schalen, die nicht starr miteinander verbunden, sondern durch Dämmstoffe oder durch Luftschichten voneinander getrennt sind.

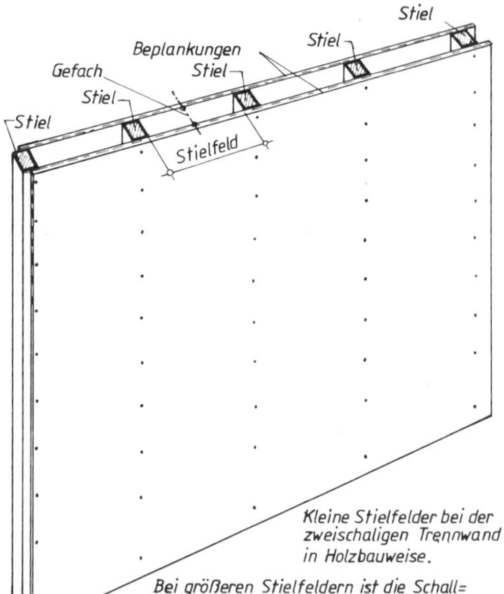

Kleine Stielfelder bei der zweischaligen Trennwand in Holzbauweise.

Bei größeren Stielfeldern ist die Schalldämmung der zweischaligen Trennwand in Holzbauweise besser als bei kleineren.

Große Stielfelder bei der zweischaligen Trennwand in Holzbauweise.

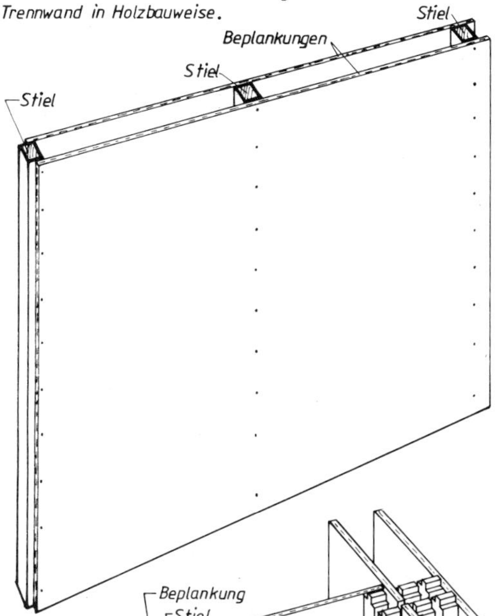

Bei der beitseitigen Beplankung über Zwischenlatten ist die Schalldämmung der zweischaligen Trennwand in Holzbauweise besser als bei Beplankungen über Stielen.

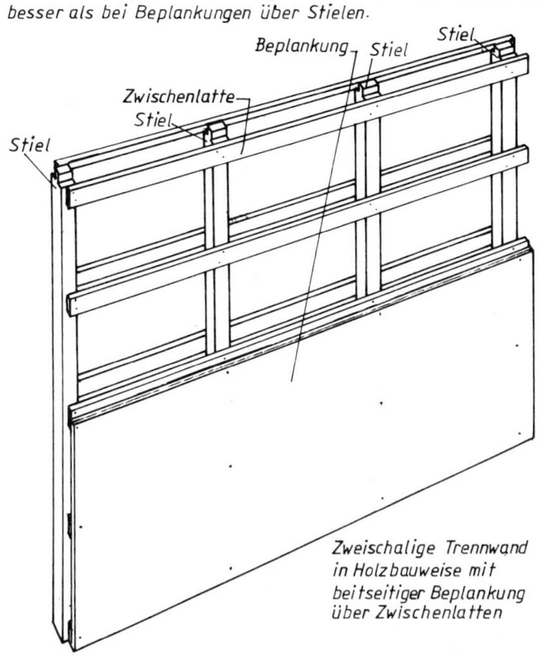

Zweischalige Trennwand in Holzbauweise mit beitseitiger Beplankung über Zwischenlatten

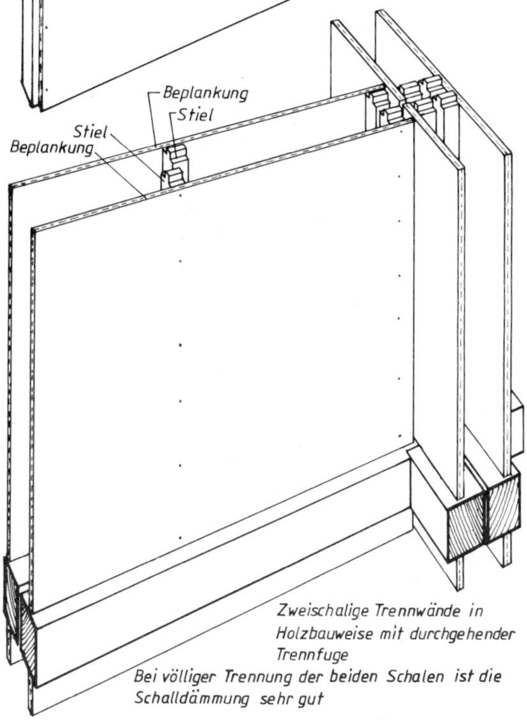

Zweischalige Trennwände in Holzbauweise mit durchgehender Trennfuge

Bei völliger Trennung der beiden Schalen ist die Schalldämmung sehr gut

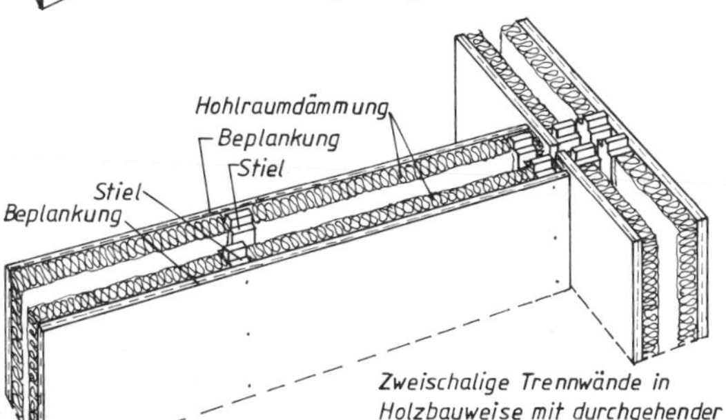

Zweischalige Trennwände in Holzbauweise mit durchgehender Trennfuge und Hohlraumdämmung.

Die Schalldämmung einer zweischaligen Trennwand in Holzbauweise mit durchgehender Trennfuge ist mit der Hohlraumdämmung besser als ohne.

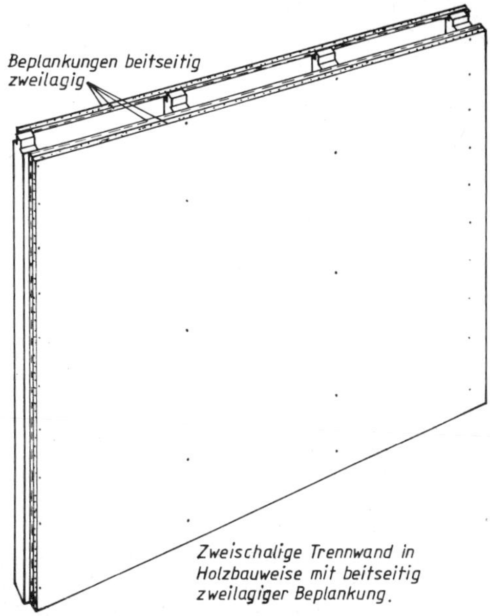

Zweischalige Trennwand in Holzbauweise mit beitseitig zweilagiger Beplankung.

Die Schalldämmung einer zweischaligen Trennwand in Holzbauweise ist mit der beitseitig zweilagigen Beplankung besser als mit der gleichschweren, einlagigen.

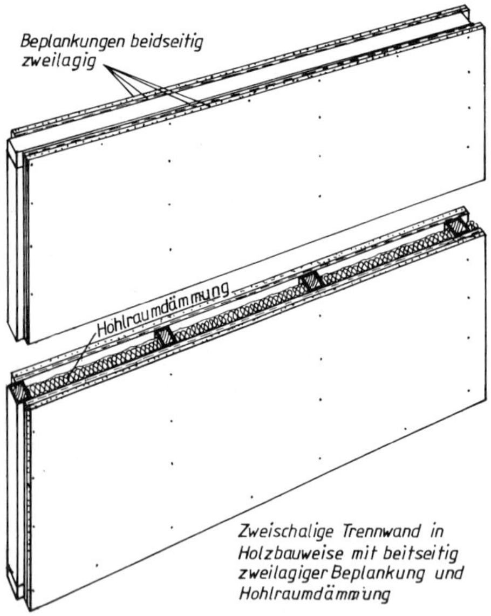

Die Schalldämmung einer zweischaligen Trennwand in Holzbauweise mit beitseitig zweilagiger Beplankung ist mit der Hohlraumdämmung besser als ohne.

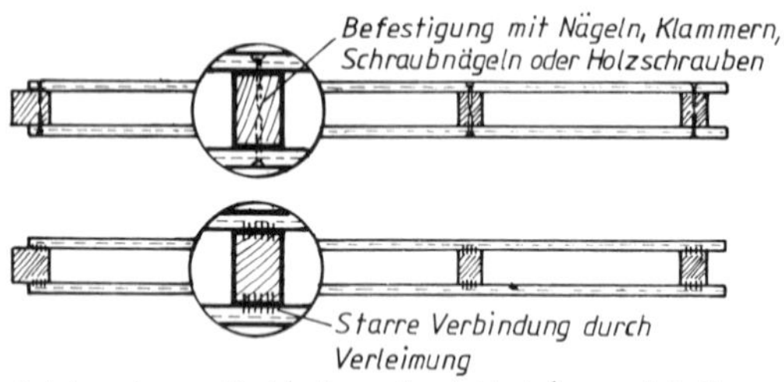

Bei der starren Verbindung durch Verleimung ist die Schalldämmung am schlechtesten.

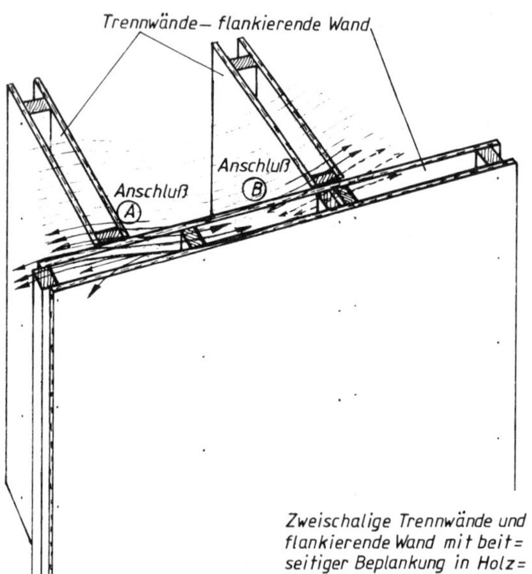

Schallübertragung an der Anschlußstelle A größer als an B

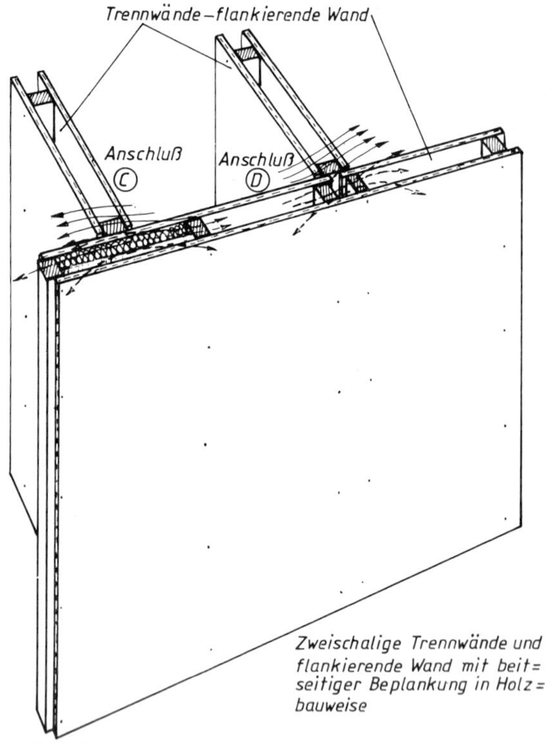

Schallübertragung an den Anschlußstellen A und B größer als an den Anschlußstellen C und D.
Schallübertragung an der Anschlußstelle C größer als an D.

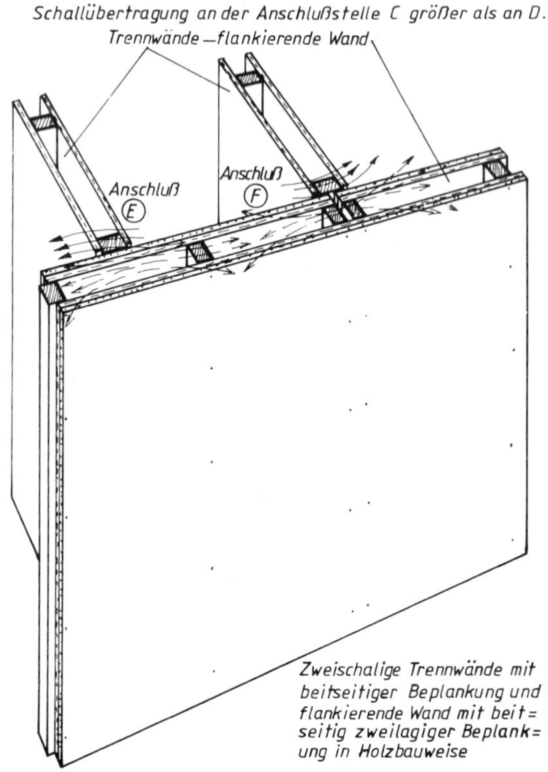

Schallübertragung an den Anschlußstellen A und B größer als an den Anschlußstellen E und F.
Schallübertragung an der Anschlußstelle E größer als an F.

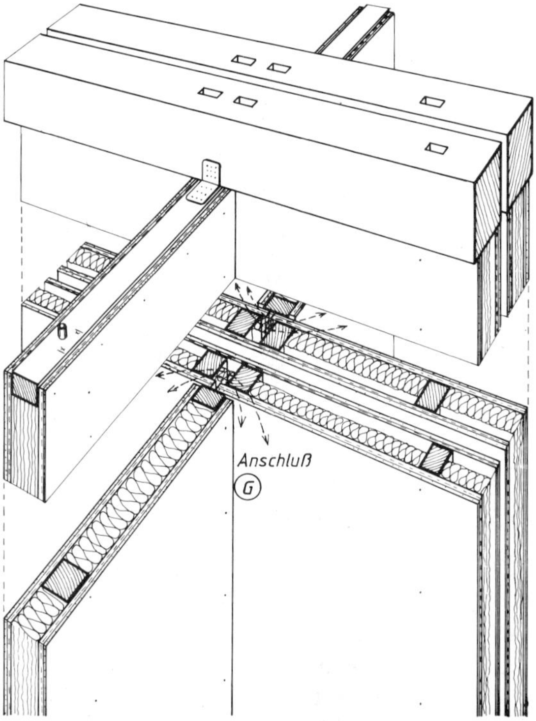

Zweischalige Trennwände mit beitseitig zweilagiger Beplankung und durchgehender Trennfuge und flankierende Trennwände mit beitseitiger Beplankung in Holzbauweise. In die Gefache der zweischaligen Trennwände sind Faserdämmstoffe nach DIN 18165 eingebaut.

Durch die Hohlraumdämmung und durch die Unterbrechung der raumseitigen Beplankung ist die Schalldämmung an der Anschlußstelle G wesentlich besser als an den Anschlußstellen A, B, C, D und E.

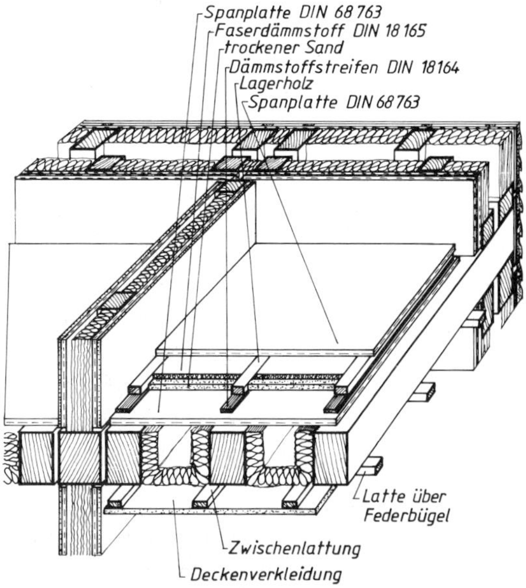

Konstruktion einer Wohnungstrenndecke und zugeordnete Luft- und Trittschalldämmung

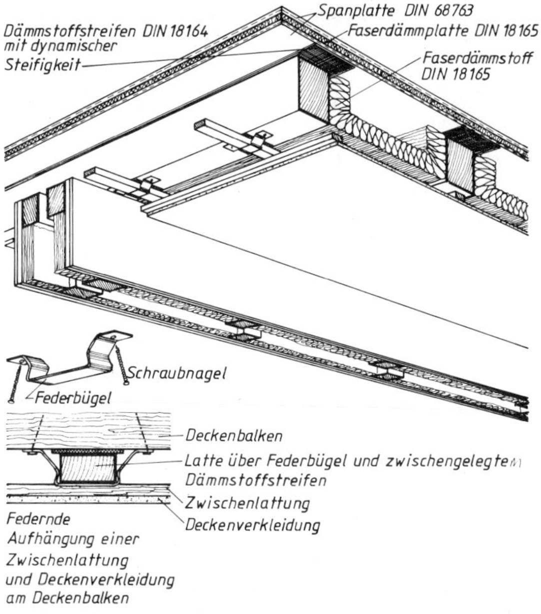

Konstruktion einer Wohnungstrenndecke und zugeordnete Luft- und Trittschalldämmung

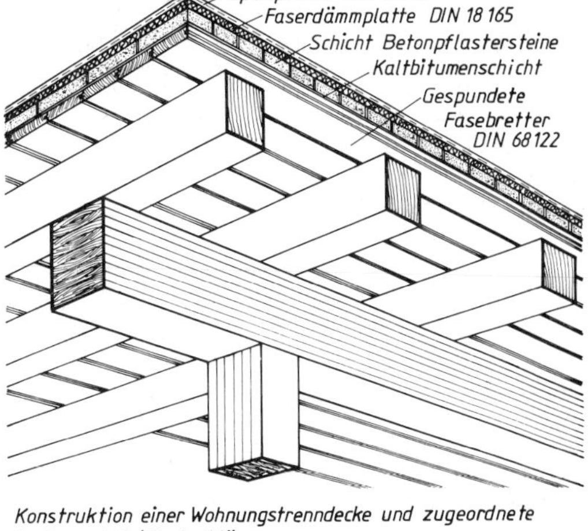

Konstruktion einer Wohnungstrenndecke und zugeordnete Luft- und Trittschalldämmung

3.10 Begriffe des Feuchteschutzes

Zur Vermeidung von Bauschäden ist ein guter Feuchteschutz notwendig.

Die DIN 4117 „Abdichtung von Bauwerken gegen Bodenfeuchtigkeit" und die DIN 4122 „Abdichtung von Bauwerken gegen nicht drückendes Oberflächenwasser und Sickerwasser mit bituminösen und anderen Stoffen" enthalten Richtlinien für die Ausführung.
Durch die in Bauteilen längere Zeit anhaltende Feuchtigkeit kann es zu Schimmel- und Pilzbildungen sowie zum Verfaulen organischer Werkstoffe und anderer Schäden, z. B. Abplatzen von Putz usw. kommen. Grundsätzlich können Bauteile durchfeuchtet werden durch
a) aufsteigende Feuchtigkeit aus dem Baugrund
b) seitlich angreifende Bodenfeuchtigkeit
c) von außen angreifende Witterungsfeuchtigkeit (Schlagregen, zerstäubtes Regenwasser, Flugschnee)
d) Tauwasser an der Oberfläche von Bauteilen
e) Tauwasserbildung (Dampfdiffusion) im Querschnitt von Bauteilen.

Für den Schutz gegen aufsteigende Bodenfeuchtigkeit müssen waagerechte Abdichtungen in den Wänden angeordnet werden.

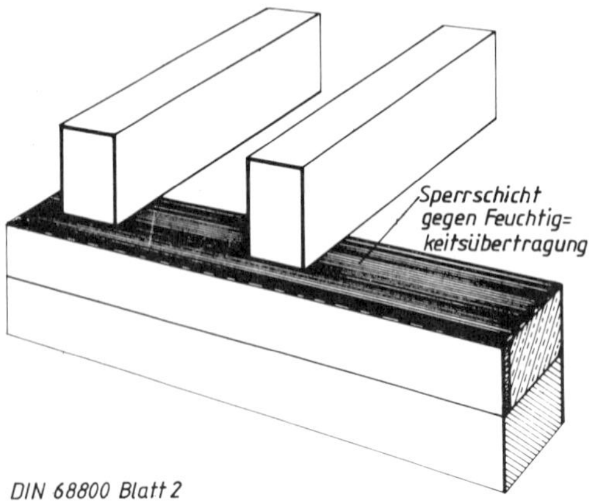

DIN 68800 Blatt 2
Holzschutz im Hochbau
Vorbeugende bauliche Maßnahmen

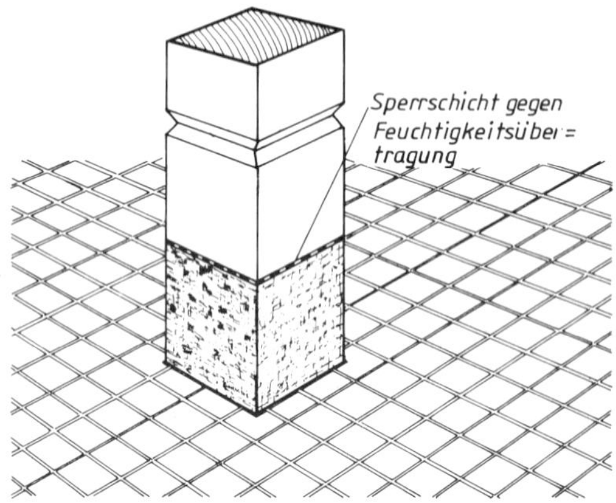

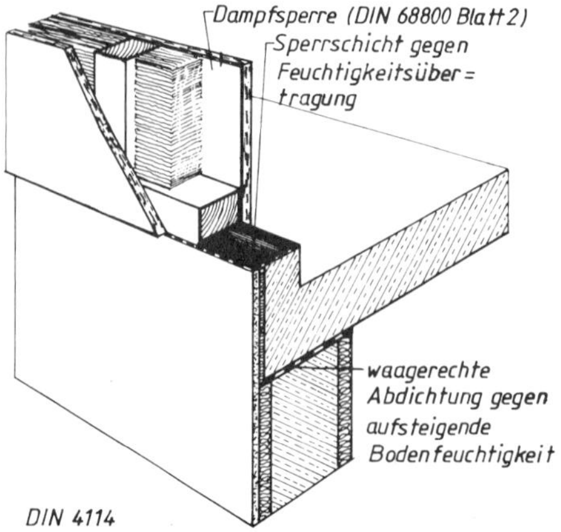

DIN 4114
Abdichtung von Bauwerken gegen Bodenfeuchtigkeit

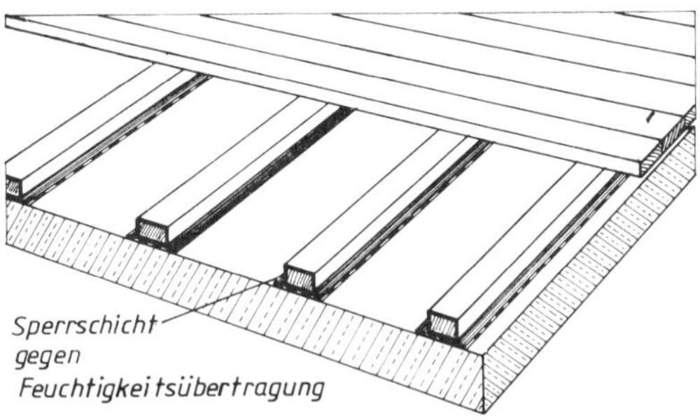

Gegen seitliche Bodenfeuchtigkeit müssen senkrechte Abdichtungen die Wände schützen.

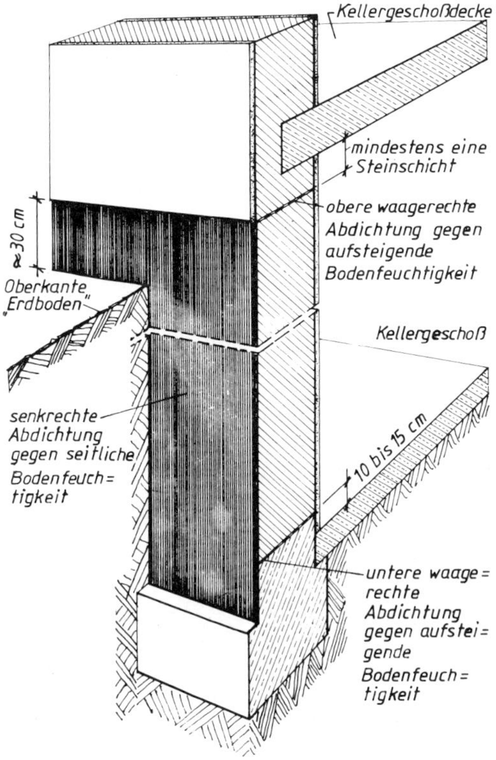

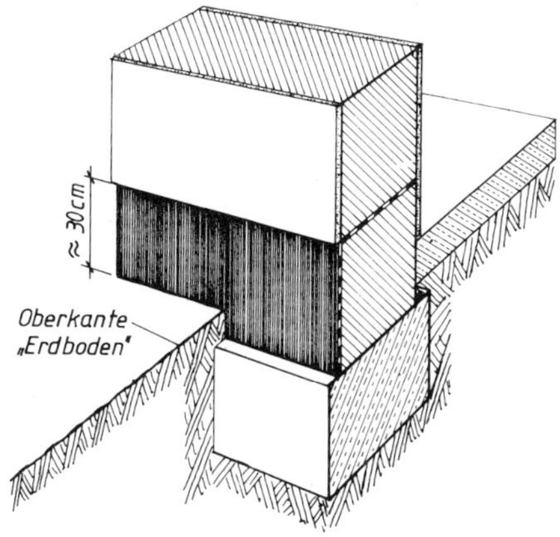

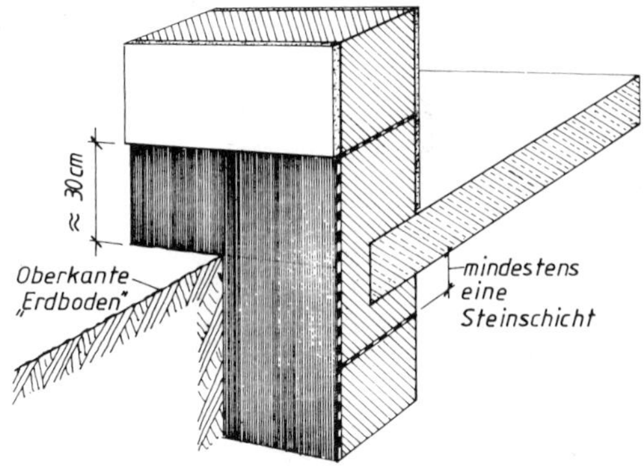

Beispiele von konstruktiv geschützten Holzbauteilen

Die naheliegendste Abhilfemaßnahme gegen die von außen auf das Bauwerk und auf einzelne Bauteile einwirkende Witterungsfeuchtigkeit ist, abgesehen von der Dachhaut und der Dachentwässerung, stets der bauliche bzw. konstruktive Bauteilschutz mit Dachüberständen und mit oberseitigen Schrägflächen sowie mit jeglicher Ausschaltung von Spritzwasser.

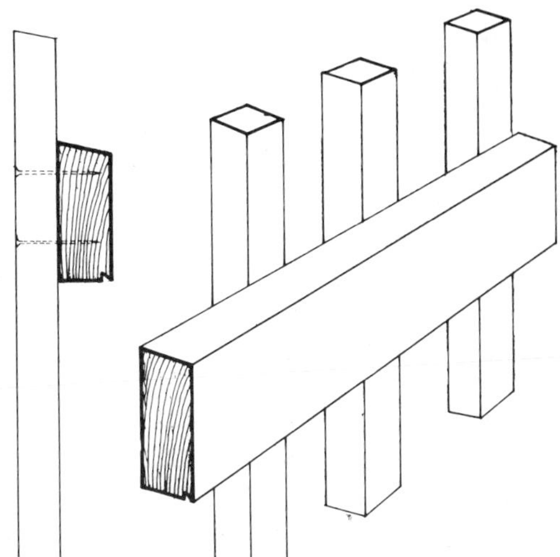

abgeschrägte Kanthölzer bei einem Zaun

Die DIN 68800 „Holzschutz im Hochbau – Vorbeugende bauliche Maßnahmen'' bestimmt in Abschnitt 4.1., daß Niederschläge vom Holz entweder ferngehalten oder schnell abgeleitet werden sollen. Niederschlägen ausgesetzte Holzteile einschließlich ihrer Verbindungen und Anschlüsse sind so anzuordnen und auszubilden, daß Wasser abgeleitet wird, ohne dahinterliegende und angrenzende Konstruktionen zu erreichen. Verbindungen bei denen die Gefahr von Feuchtigkeitsansammlungen besteht, sind zusätzlich abzudecken.

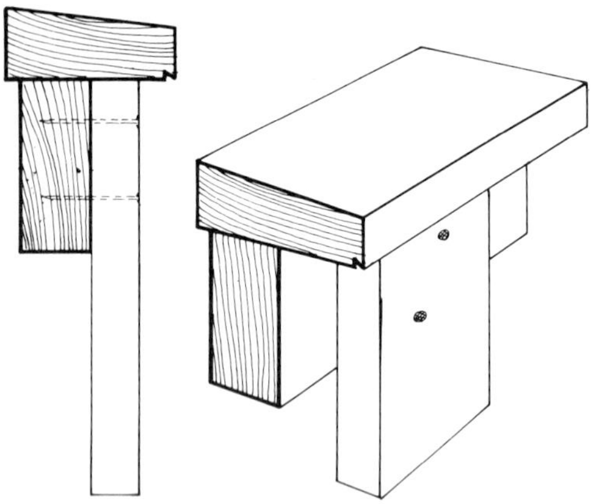

abgeschrägte Bohlen bei einem Balkongeländer

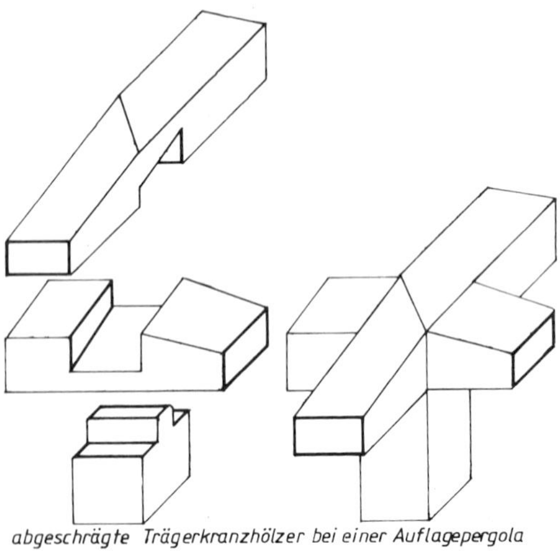

abgeschrägte Trägerkranzhölzer bei einer Auflagepergola

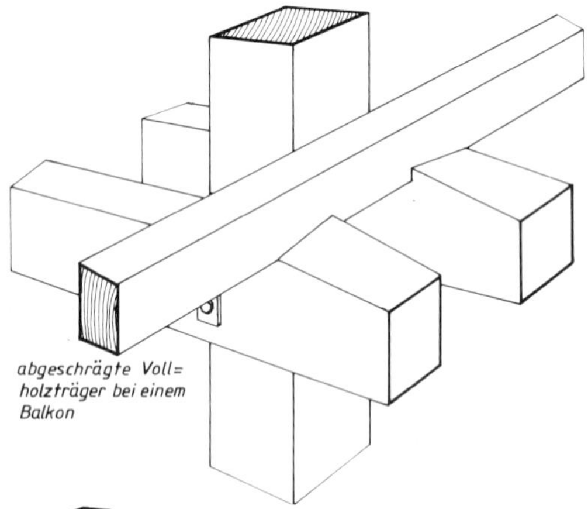

abgeschrägte Voll=holzträger bei einem Balkon

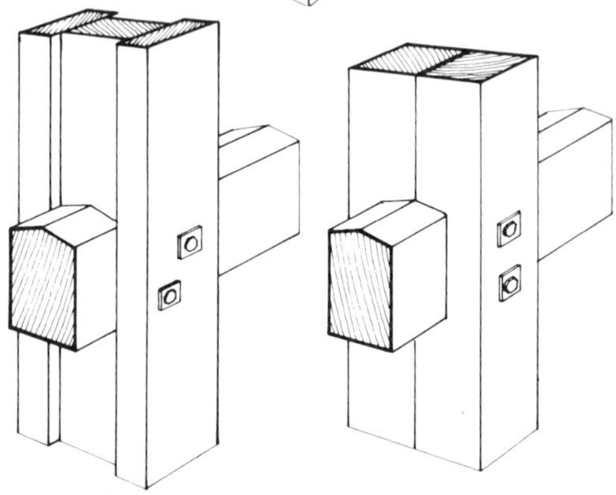

abgeschrägte Balken bei Balkonen

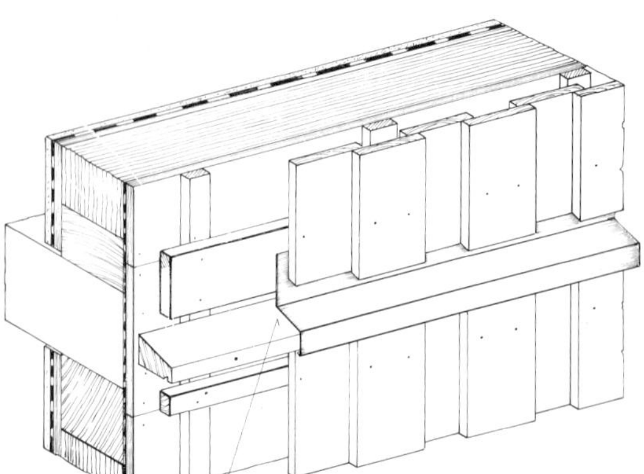

oben abgeschrägte Bohle an einer Holzfassade

An der Oberfläche kalter Bauteile schlägt sich bei Abkühlung der in der Luft enthaltenen Masse Wasserdampf stets als Tauwasser ab. Tauwasserbildung an der raumseitigen Bauteiloberfläche wird verhindert, wenn die vorhandene Oberflächentemperatur gleich der Taupunkttemperatur an dieser Stelle ist.

Tabelle	Taupunkttemperatur t_s von Luft mit unterschiedlicher relativer Luftfeuchte und Raumtemperatur								
Luft-temperatur °C	Taupunkttemperaturen in °C bei relativer Luftfeuchtigkeit von								
	50 %	55 %	60 %	65 %	70 %	75 %	80 %	85 %	90 %
0	− 8,1	− 6,6	− 5,6	− 4,7	− 3,8	− 3,1	− 2,3	− 1,6	− 0,9
+ 2	− 6,5	− 5,3	− 4,3	− 3,4	− 1,5	− 1,6	− 0,8	− 0,1	+ 0,6
+ 4	− 4,8	− 3,7	− 2,7	− 1,8	− 0,9	− 0,1	+ 0,8	1,6	2,4
+ 6	− 3,2	− 2,1	− 1,0	− 0,1	+ 0,9	1,9	2,8	3,6	4,4
+ 8	− 1,6	− 0,4	+ 0,7	1,8	2,9	3,9	4,8	5,6	6,4
+ 10	0,1	1,4	2,6	3,7	4,8	5,8	6,7	7,6	8,4
+ 12	1,9	3,2	4,3	5,5	6,6	7,6	8,5	9,5	10,4
+ 14	3,8	5,1	6,4	7,5	8,6	9,6	10,6	11,5	12,4
+ 16	5,6	7,0	8,2	9,4	10,5	11,5	12,5	13,4	14,3
+ 18	7,4	8,8	10,1	11,3	12,4	13,5	14,5	15,4	16,3
+ 20	9,3	10,7	12,0	13,2	14,3	15,4	16,5	17,4	18,3
+ 22	11,1	12,5	13,9	15,2	16,3	17,4	18,4	19,4	20,3
+ 24	13,0	14,4	15,8	17,0	18,2	19,3	20,3	21,2	22,2
+ 26	14,9	16,2	17,6	18,9	19,8	21,1	23,5	23,5	24,2
+ 30	18,5	19,9	21,2	22,8	24,2	25,3	26,4	27,5	28,5

Im Rahmen der gezeigten Tabelle sind die Taupunkttemperaturen bei verschiedenen relativen Luftfeuchtigkeiten und Raumlufttemperaturen angegeben. Beträgt die Raumlufttemperatur in unmittelbarer Nähe des Bauteils 22° C und die relative Luftfeuchtigkeit 60%, so liegt der Taupunkt der Luft bzw. die Taupunkttemperatur bei 13,9° C. Dies bedeutet, daß sich an der Oberfläche von Bauteilen, die kälter als 13,9° C sind, Tauwasser niederschlägt.

Auf der Warmseite des Bauteils, sowie auf der warmen Seite der Dämmschichten sind gegen die Tauwasserbildung und gegen das Eindringen von Wasserdampf sogenannte „Dampfbremsen" aus Aluminium- oder Polyäthylen-Folien nützlich. Eine Dampfbremse ist aber nur wirksam, wenn sie dicht verlegt wird. Die einzelnen Bahnen sind deshalb ausreichend zu überlappen und gut zu verkleben. Eine Beschädigung der aufgebrachten Dampfbremse etwa durch Aufschlitzungen oder durch Beschädigungen infolge von Knitterfalten sollten vermieden werden. Bei der Damfbremse, die selbst auf der Warmseite des Bauteils warm ist, wird das ständige Auskondensieren von Wasserdampf zu Wasser in den Bauteilen sowie in den belüfteten Hohlräumen und damit ein sukzessives Nachlassen der Wärmedämmung verhindert. Für den praktischen Wärme- und zugleich Feuchteschutz gibt es Dämmstoffe, die bereits mit einer Aluminiumfolie kaschiert sind.

In Naß- und Feuchträumen (Duschen, Waschräumen, Bädern, Küchen), also in Räumen mit einem überdurchschnittlichen Wasserdampfanfall, müssen die konstruktiven Bauteile und die darauf aufgebrachten Wärmedämmschichten vor dem ständigen Eindringen von Wasserdampf durch geeignete Oberflächen geschützt werden.

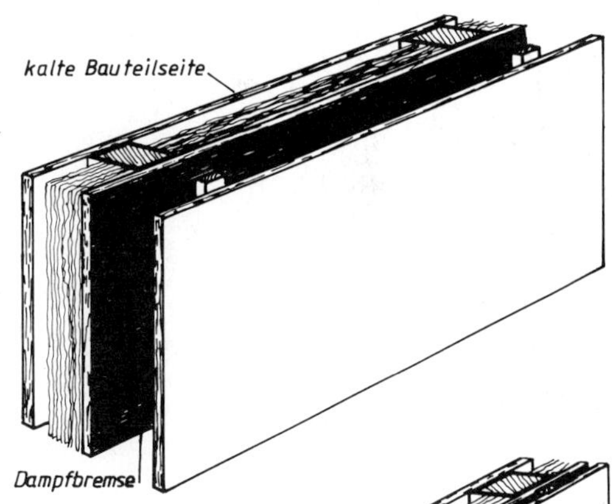

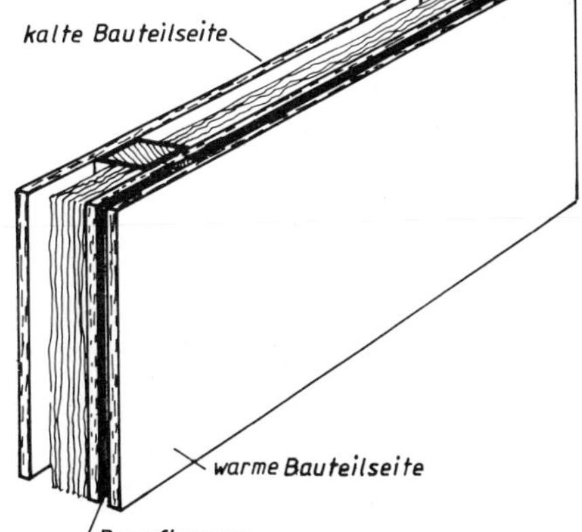

Der Wasserdampf folgt dem Dampfdruckgefälle und diffundiert (breitet sich aus), sofern die Wand- oder die Dachmaterialien dampfdurchlässig sind, von einer Pore zur anderen. Weil die Kaltluft in unmittelbarer Nähe der Außenwandfläche weniger Wasserdampf (auch wenn sie eine hohe relative Luftfeuchtigkeit hat) halten kann als die warme Luft des Innenraumes,

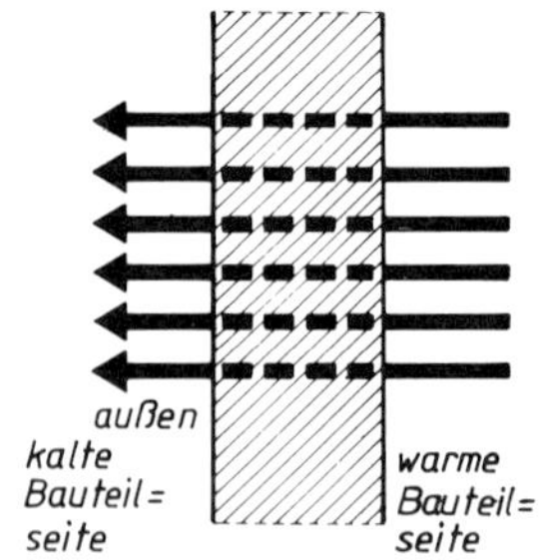

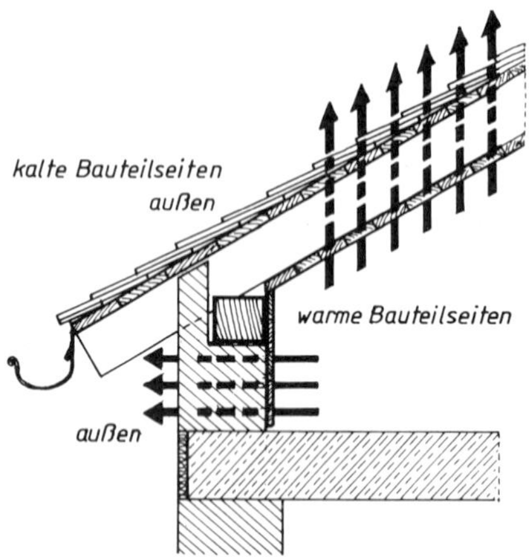

läuft der Durchgang des Wasserdampfes, d. h. die Wasserdampfdiffusion von der warmen Bauteilinnenfläche auf die kalte Bauteilaußenfläche zu.

Wird diese Wasserdampfdiffusion durch eine dampfundurchlässige Schicht bei der Kaltseite eines Bauteils gesperrt, bilden sich im Bauteilquerschnitt auf der abgekühlten inneren Fläche dieser Schicht große Mengen von Tauwassertropfen, die eine Konstruktion vollständig durchnässen können.

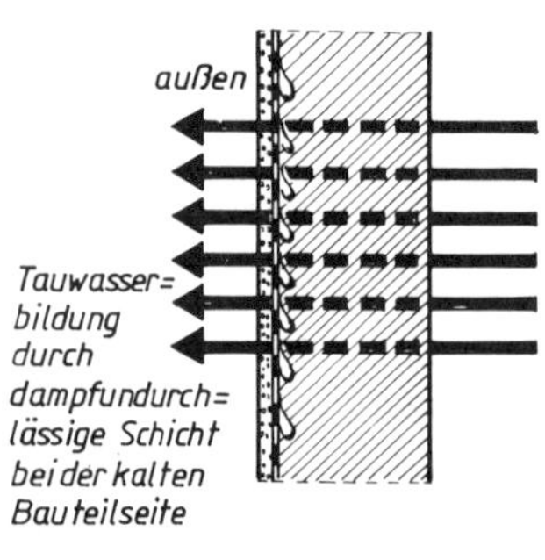

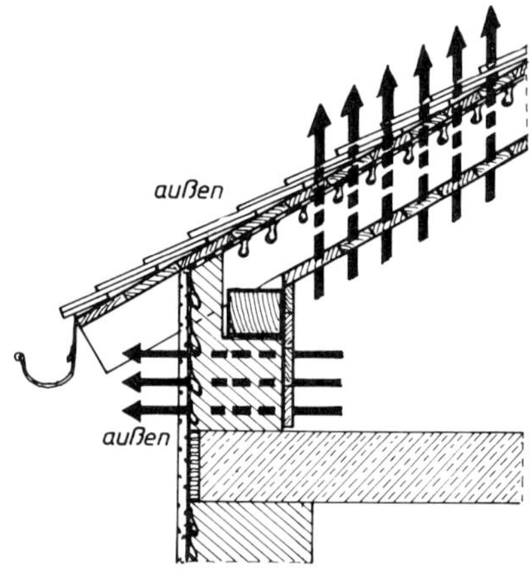

Die Tauwassergefahr im Querschnitt eines Bauteils kann entweder durch die Hinterlüftung (Be- und Entlüftung in einem Hohlraum) der tauwassergefährdeten Bauteilschicht oder

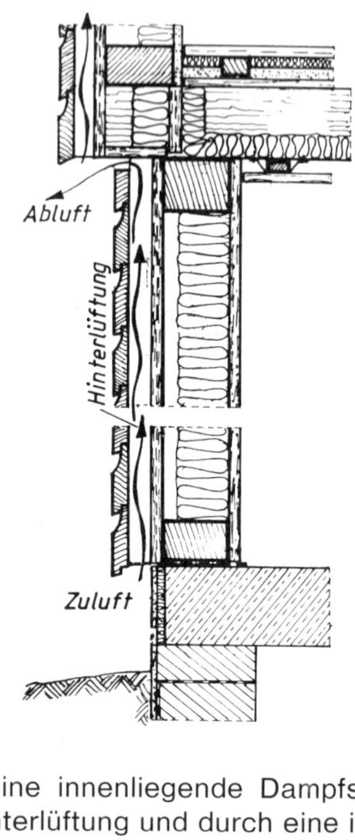

durch eine innenliegende Dampfsperre ohne eine Hinterlüftung und durch eine innenliegende Dampfsperre mit einer Hinterlüftung beseitigt werden. Die innenliegende Dampfsperre mit zusätzlicher Hinterlüftung wird gewählt, wenn bei mehrschichtigen Außenwänden oder Dächern die Dampfsperre nicht fugenlos durchgeht oder beschädigt werden kann.

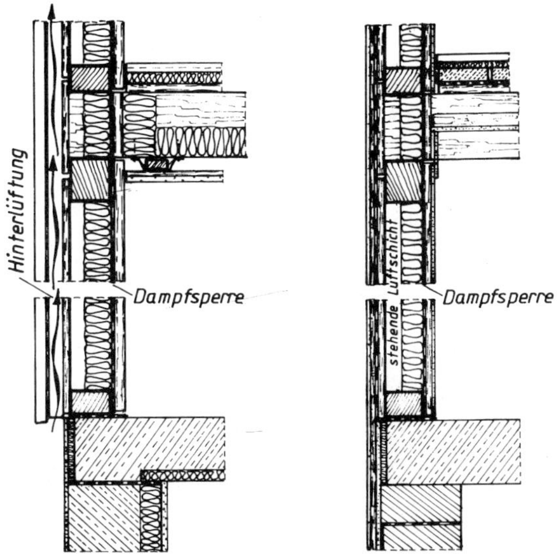

Im geneigten, mehrschichtigen Dach muß für die Hinterlüftung die Höhe des Hohlraumquerschnittes mindestens 5 cm betragen. Die Hinterlüftung bedingt weiter, daß an beiden Enden

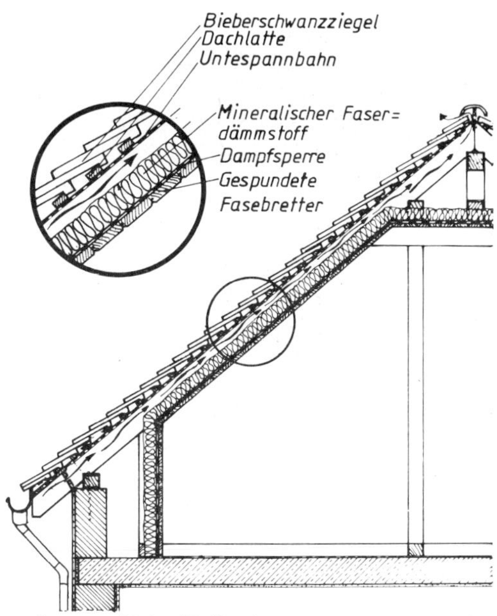

Querschnitt des Pfettendaches

des Hohlraums Zu- und Abluftöffnungen, d. h. eine Belüftung an der Dachtraufe und eine Entlüftung im Firstbereich oder im Dachfirst erforderlich werden.

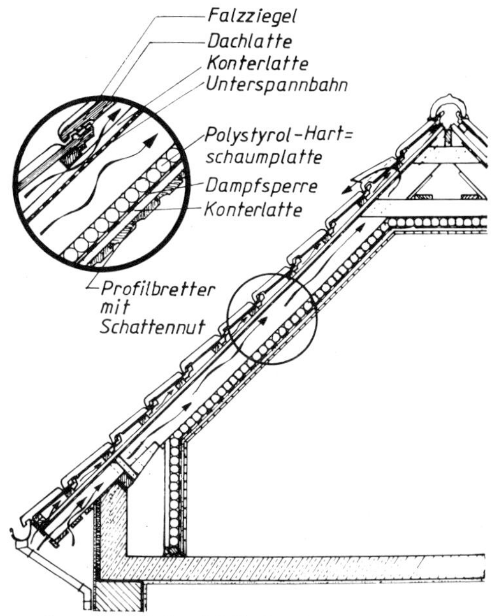

Querschnitt des Kehlbalkendaches

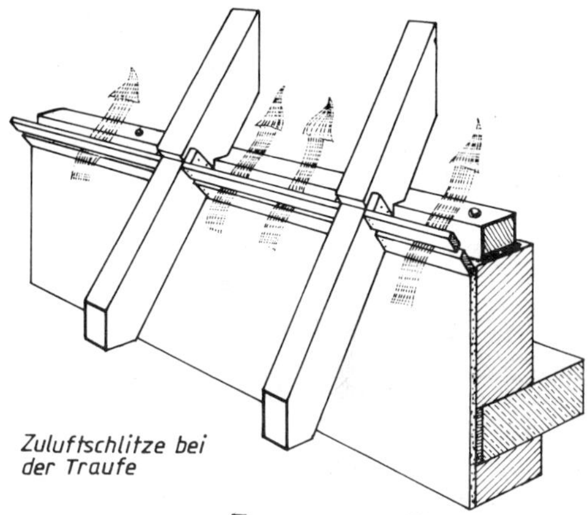

Zuluftschlitze bei der Traufe

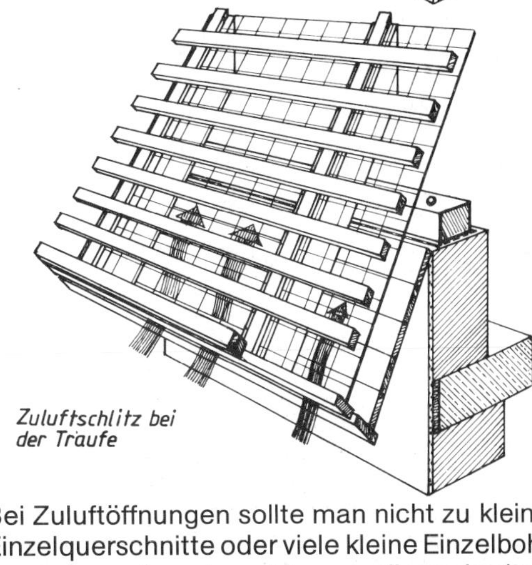

Zuluftschlitz bei der Traufe

Bei Zuluftöffnungen sollte man nicht zu kleine Einzelquerschnitte oder viele kleine Einzelbohrungen, sondern den wirkungsvolleren breiten Schlitz wählen.

4 Werkzeuge und Maschinen des Zimmermanns

4.1 Handwerkszeug

4.1.1 Das Bundgeschirr

Das Bundgeschirr ist eine Werkzeug-Batterie für das Verzimmern (Abbinden und Aufstellen) von Baurund- und Bauschnitthölzern.
Zimmerer bezeichnen den Schreinerklüpfel als Klopfholz und die Stechbeitel als Stemmeisen. Schreinerklüpfel ist die Benennung des Klopfholzes nach DIN 7461. Stechbeitel ist die Benennung des Stemmeisens nach DIN 5155.

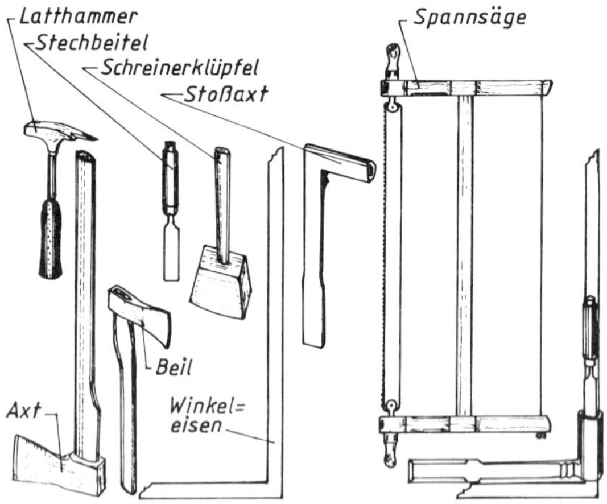

4.1.2 Die Axt mit Stiel

Die Axt mit Stiel ist ein Spalt- und Schlagwerkzeug. Bei den Äxten in den Formen B und C nach DIN 7294 sind die Schneiden mit den beiderseitigen Ballen ursprünglich gebogen zugeschliffen. Der Keilwinkel beträgt bei der genormten Axt 35° (35 Grad). Die Axt muß mit dem Stiel fest verbunden sein.

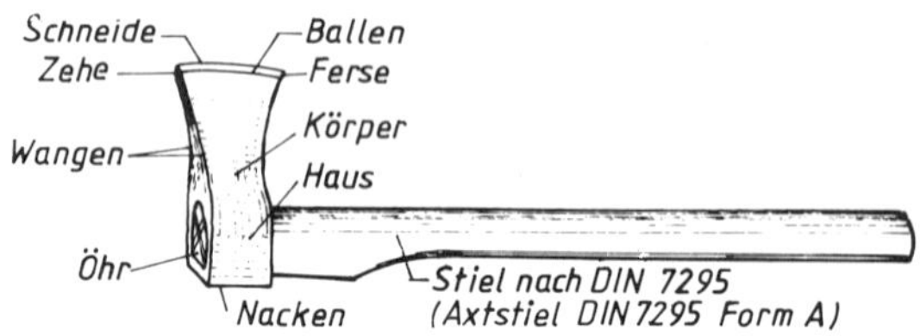

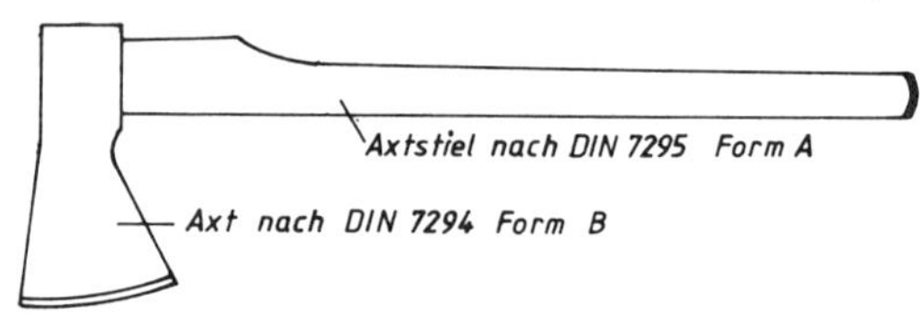

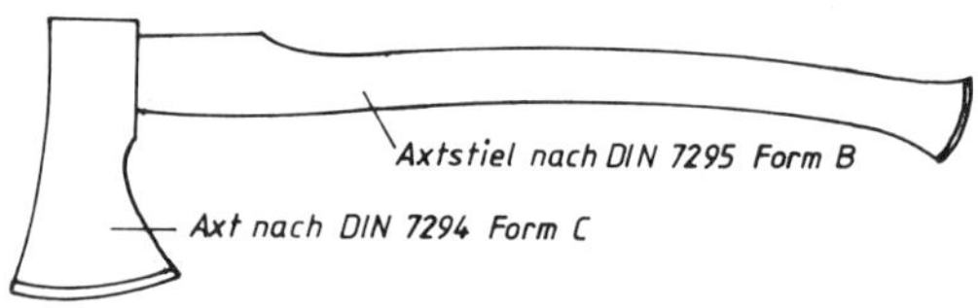

Gewicht der Axt und Nennlänge des Stiels

Gewicht kg	Nennlänge des Stiels mm
1,00	600
1,25	700
1,6	800
2,00	900

Bezeichnung (beim Kauf im Laden oder bei schriftlicher Bestellung) einer Axt, z. B. Form B von 1,6 kg Gewicht mit Stiel, Form A nach DIN 7295 (Stiel Form A) SA, Güteklasse A nach DIN 7298:
Axt B 1,6 SB DIN 7294 – A

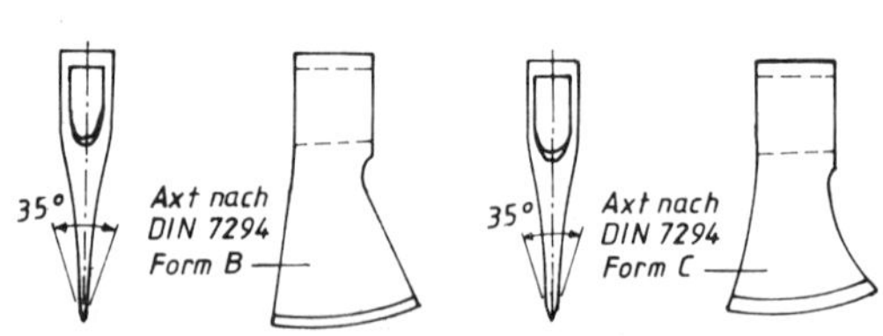

Die Äxte mit Stiel sind die richtigen Handwerkszeuge zum Einschlagen von Sparrennägeln, Stabdübeln, Holzdollen (Dollen) und größeren Längsholzdübeln.

Äxte mit Stiel benutzt man zum Beischlagen langer Balken und Kanthölzer an die bestimmte Kante eines Unterbauteils oder an die Einteilungs- und Anschlagrisse.

Um Keile aus Holz auf einer Unterlage unter Sprieße oder angespitzte Holzpflöcke in die Erde einzuschlagen, wird eine Axt mit Stiel benutzt.

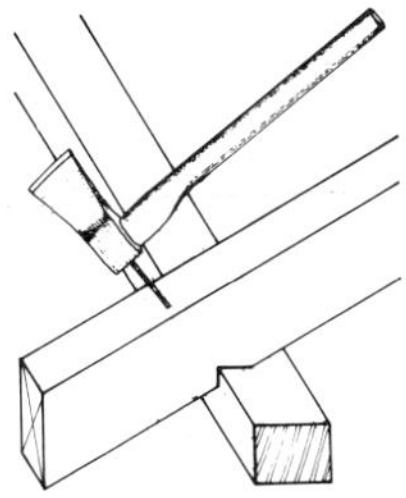

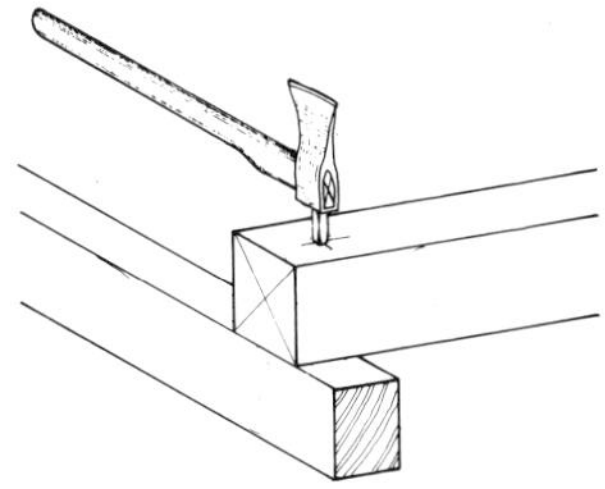

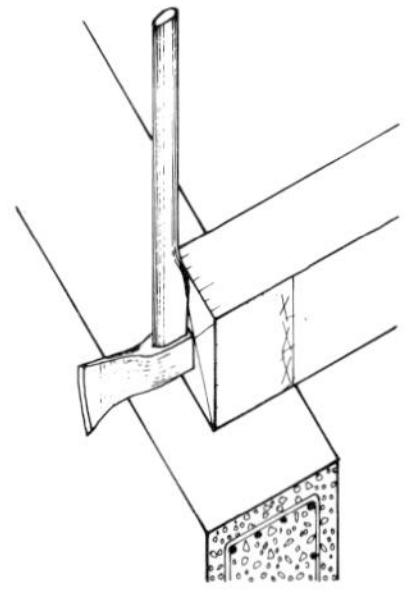

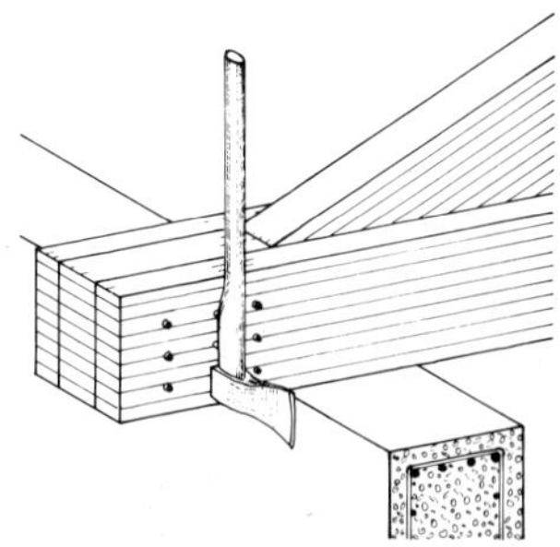

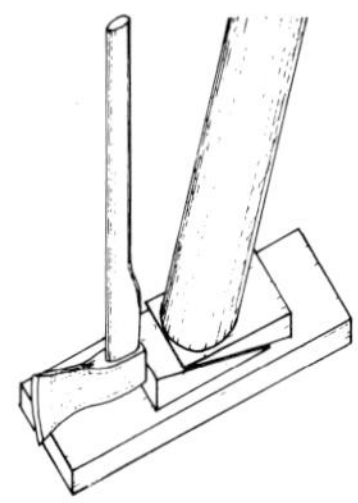

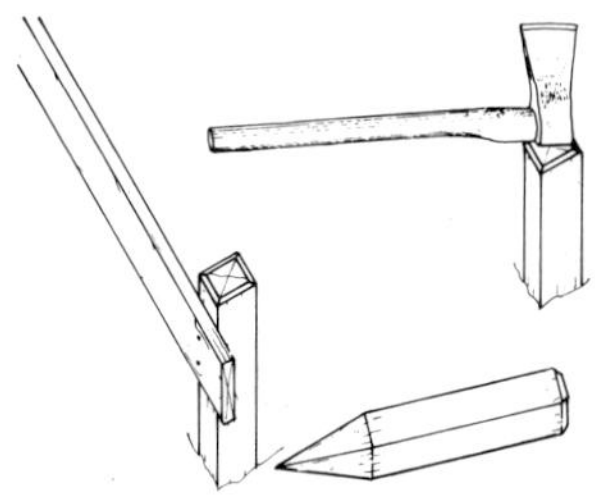

Genormte Stifte aus Stahl

Die Größe (das Nennmaß) der Stifte (Nägel) besteht aus zwei Zahlen: die erste Zahl ist der zehnfache ø des Schaftes in mm = 10d; die zweite ist die Länge (einschließlich Kopf) in mm = ℓ ± 1d.
Ausführung: bk = blank; zn = verzinkt; bl g = blau geglüht; me = metallisiert.
Füllgewicht = F_g; ±Δ = zulässige Abweichung der Dicke d

Drahtstifte (Sparrennägel) rund nach DIN 1151, April 1973
B: Senkkopf, geriffelt

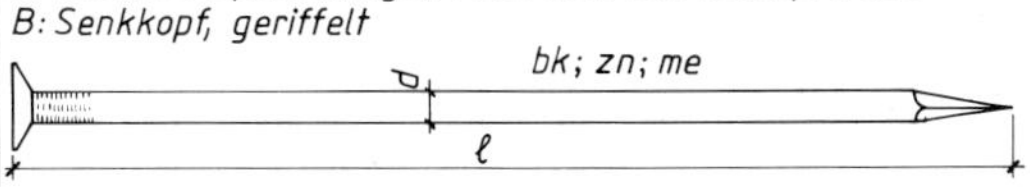

Nennmaße 10d × ℓ		±Δd		Lieferart
60 × 180		0,10		Pakete F_g = 5 kg
70 × 210		0,15		
76 × 230		0,15		Pakete F_g = 10 kg
76 × 260		0,15		
88 × 260		0,15		

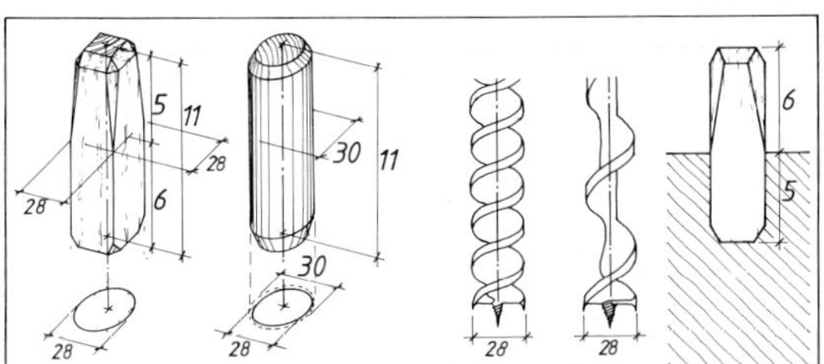

Holzdollen ⌀ ø in mm — Längsholzdübel — Schlangenbohrer DIN 6449 DIN 7423

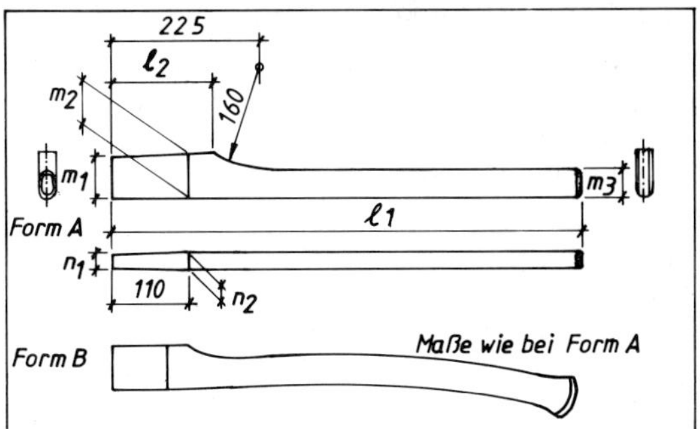

Axtstiele nach DIN 7295

ℓ1 Nennlänge	max.	min.	ℓ2 ≈	m1	zul. Abw.	m2	zul. Abw.	Für Axt nach DIN 7294 Größe
600	618	582	130	52	±1,6	55	±1,7	1 (= 1 kg)
700	721	679	150	58	±1,7	60	±1,8	1,25
800	824	776	160	62	±1,9	65	±2	1,6
900	927	873	170	66	±2	68	±2,2	2

		m3 ≈	m1	zul. Abw.	m2	zul. Abw.	
600		40	21	±0,6	26	±0,8	1
700		41	23	±0,7	27	±0,8	1,25
800		42	25	±0,8	28	±0,8	1,6
900		43	27	±0,8	29	±0,9	2

4.1.3 Das Beil mit Stiel

Das Beil mit Stiel ist ein Spalt- und Schlagwerkzeug. Das Beil muß mit dem Beilstiel fest verbunden sein. Beim Beil nach DIN 5131 ist die Schneide mit den beiderseitigen Ballen ursprünglich gebogen zugeschliffen. Beiderseits der Längsachse des Beils beträgt der Keilwinkel ß 15° – 17°.

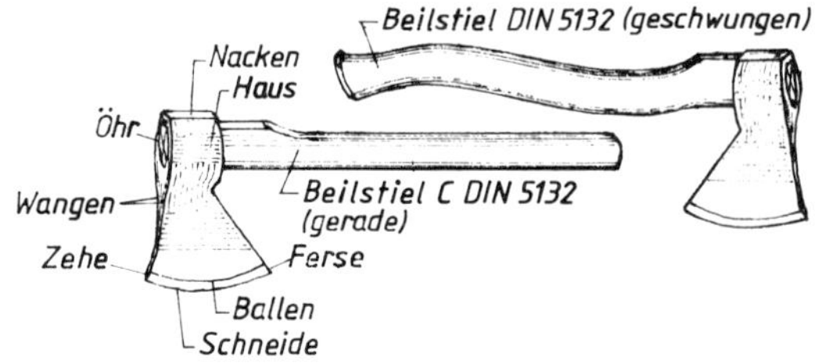

Bezeichnung eines Beils von 1000 g (Gramm) Gewicht, Ausführungsart II, mit Stiel (S) nach DIN 5132, Güteklasse B nach DIN 7287 (technische Lieferbedingungen für Äxte und Beile aus Stahl):
Beil 1000 II S DIN 5131 – B
Das Beil mit dem Stiel eignet sich gut für das Abspalten von Holz und für das Einschlagen von Nägeln, Bau- und Gerüstklammern.

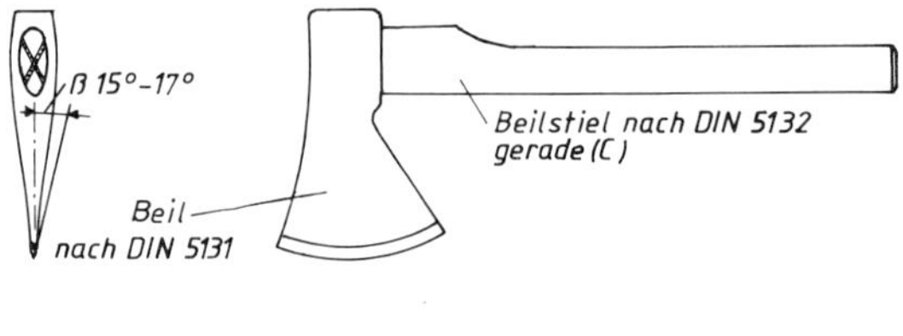

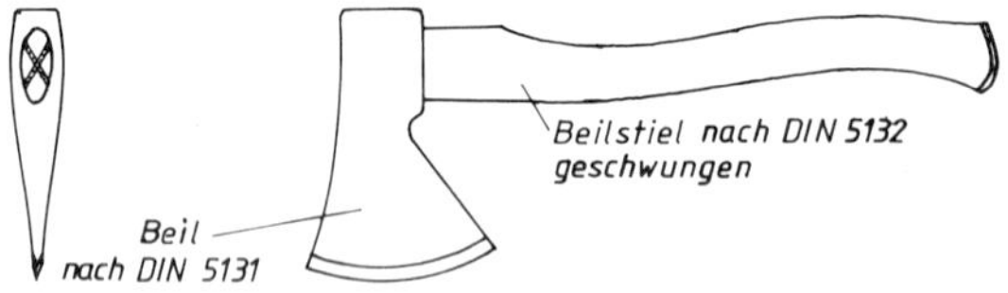

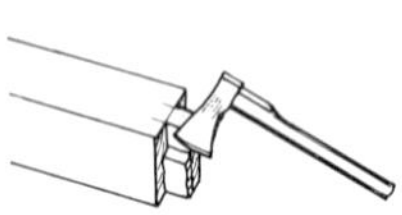

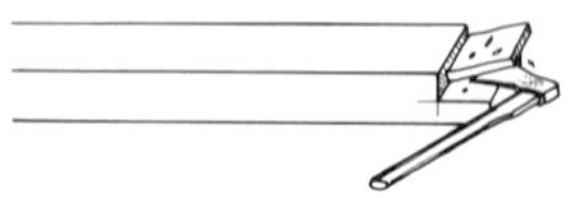

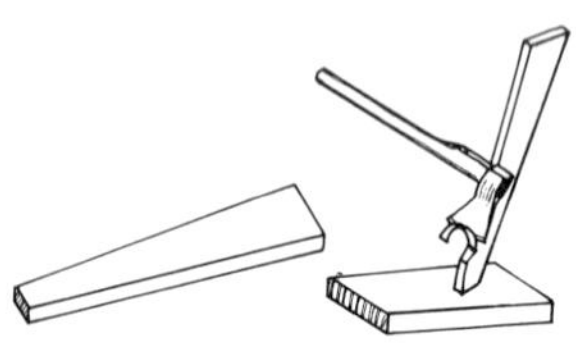

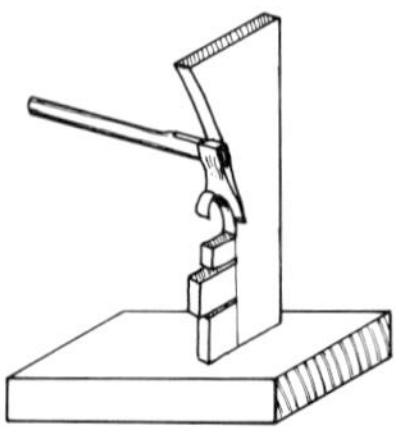

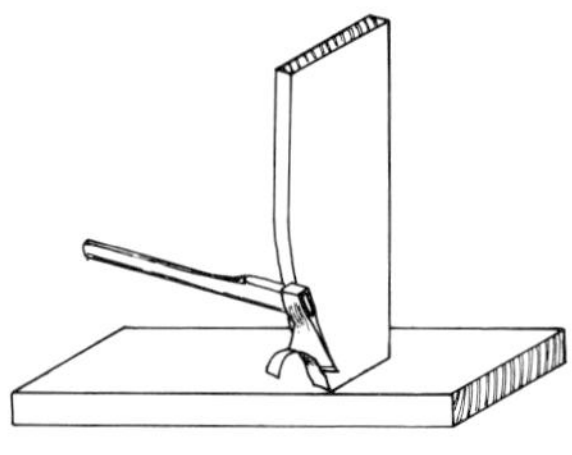

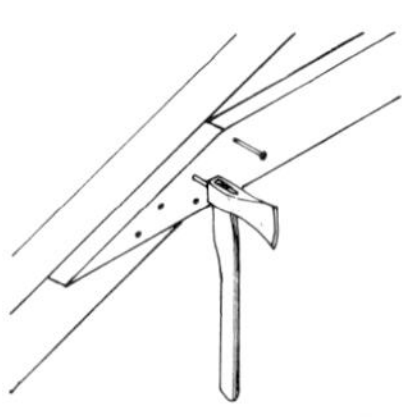

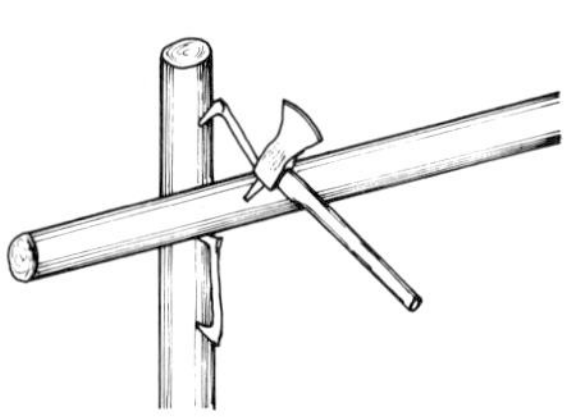

Beile nach DIN 5131, Jan. 1972					
Nenn=gewicht in g	a_1	a_2	b	l_1	h
	Maße in mm				
600	105	40	21	148	12
800	115	46	23	165	12
1000	125	51	24	175	15
1200	135	57	25	190	15
1000	Beilstiele gerade (C)				
1200	f. Beile mit Axtlöchern				

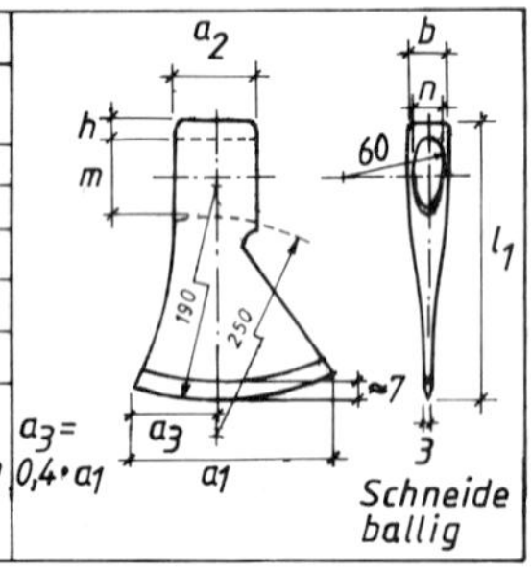

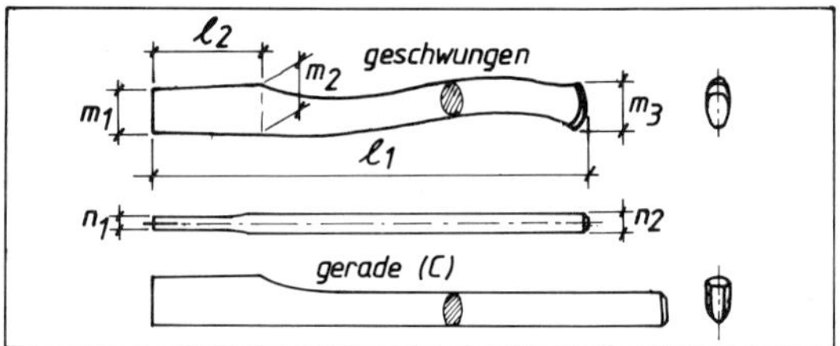

Beilstiele nach DIN 5132											Für Beil nach DIN 5131 von Gewicht g (=Gramm)
Form	Nenngröße	ℓ_1 max.	ℓ_1 min.	ℓ_2	m_1	zul. Abw.	n_1 ≈	n_2 ≈	m_2	zul. Abw.	
geschwungen	360	369	351	100	41	±1,2	16	24	46	±1,4	600
	380	390	370								800
	400	412	388	105	45	±1,4	18	26	50	±1,5	1000
	420	433	407								1200
C	450	464	436	110	55	±1,7	24	27	60	±1,8	1000[1)]
	500	515	485		59		26		64		1200[1)]

1) Für Beile mit Axtlöchern (nicht genormt)

Schärfen der Äxte und Beile

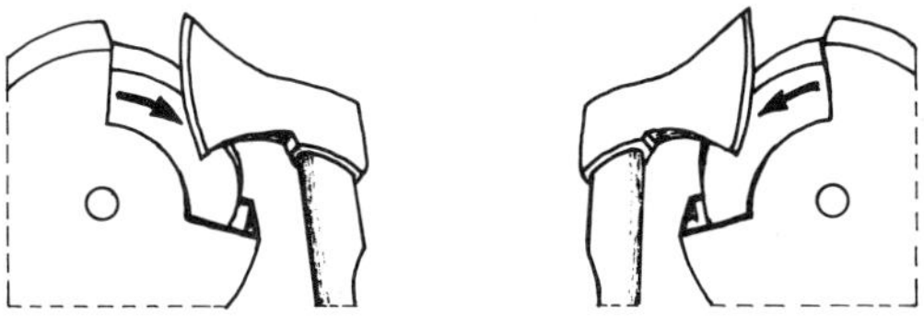

Das Schärfen der stumpfen Schneide bei der Axt und dem Beil erfolgt auf einer Schärfmaschine mit künstlichen Schleifscheiben.

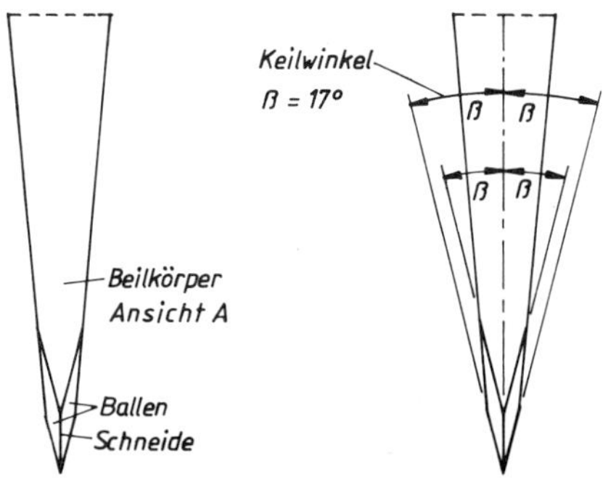

Beim Schärfen auf der Schleifmaschine ist der Keilwinkel beiderseits der Längsachse und die gebogene Schneide- und Backenlinie einzuhalten. Es dürfen nicht nur die stumpfen oder schartigen Stellen angeschliffen werden. Die Ballen muß man auf beiden Seiten gleichmäßig anschleifen. Durch die hohe Umfangsgeschwindigkeit (bis v = 45 m/sek.) besteht die Gefahr, daß der Stahl bei der Schneide überhitzt wird und blau anläuft. Diese Überhitzung vermindert die Stahlhärte, so daß die Schneide während des Spaltens von Weich- und besonders von Hartholz die Schärfe nicht lange halten kann. Man darf daher beim Anschleifen der Ballen die Axt und das Beil nicht zu stark an die rotierende Schleifscheibe andrücken und soll den erwärmten Stahl oft in Wasser abkühlen. Den beim Anschleifen der Ballen an der Schneide entstandenen Grat (Schleifgrat) muß man mit einem feinkörnigen Abziehstein (Arkansasstein, Belgischer Brocken, künstlicher Preßstein) abziehen bzw. entfernen.

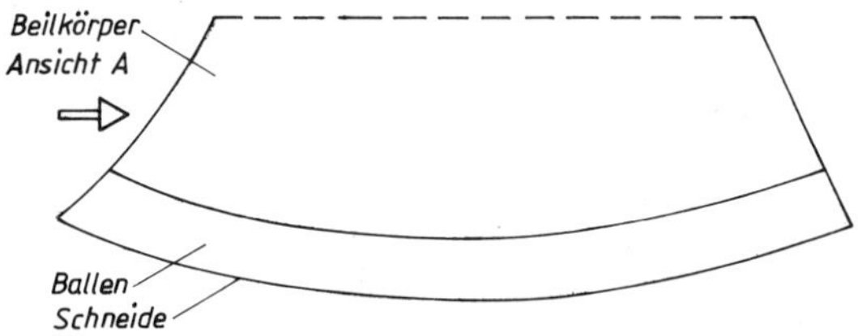

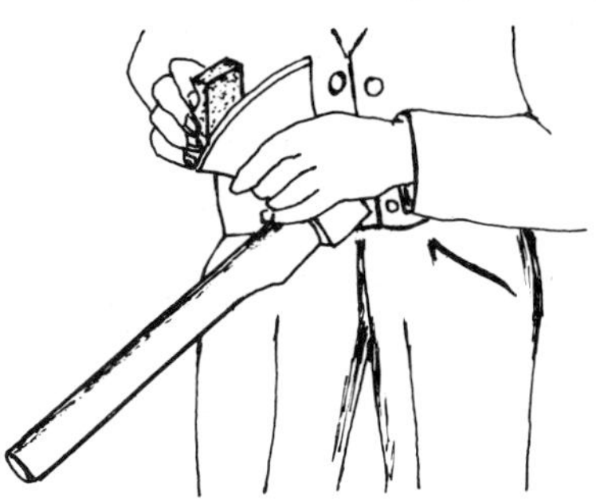

Beim Abziehen des Grates wird der Abziehstein mit Kreisbewegungen über die Ballen bewegt.
Als Gleitmittel wird auf den Belgischen Brokken Wasser aufgetragen. Auf den Arkansasstein wird ein Gemisch aus Öl und Petroleum gestrichen. Erst wenn sich der Schleifgrat durch die kreisenden Bewegungen des Abziehsteines von der Schneide gelöst hat, ist diese scharf.

4.1.4 Der Dexel mit Stiel

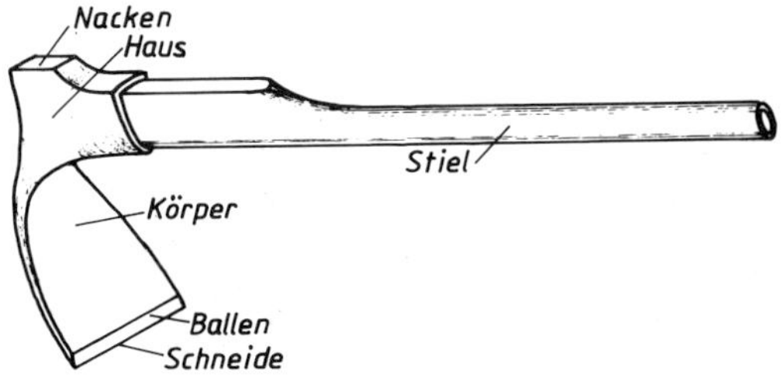

Der Dexel (auch Dechsel genannt) mit Stiel und leicht gebogenem Stahlkörper ist nach der rechtwinklig zum Haus verlaufenden und einseitig angeschliffenen Schneide ein relativ breites Stemmwerkzeug für das Ebnen (beschlagen) gekrümmter Holzseiten.

Beim Dexel ist die Schneide mit dem schräg in die Stahlkörperinnenseite verlaufenden Ballen ursprünglich gerade zugeschliffen. Der Keilwinkel ß beträgt 17°. Nach dem Schärfen der Dexelschneide auf der Schleifmaschine wird beim Abziehen des angeschliffenen Grates der Abziehstein satt und mit kreisenden Bewegungen hauptsächlich über den Ballen und weniger über den Spiegel bewegt.

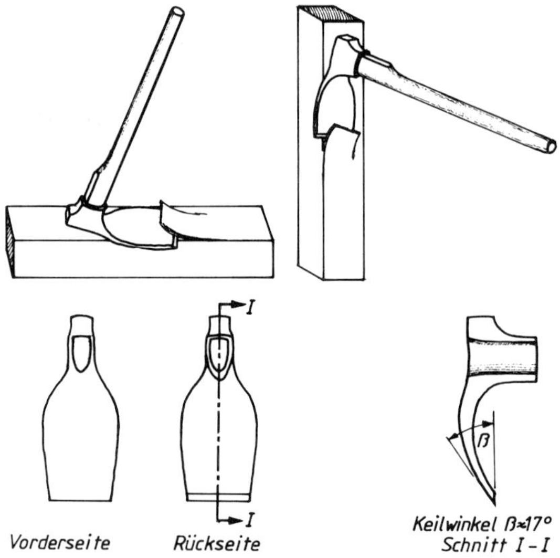

4.1.5 Das Breitbeil mit Stiel

Das Breitbeil mit der langen und gebogenen Schneide sowie dem etwas ausfluchtenden Stiel ist ein spezielles Spaltwerkzeug. Mit dem Breitbeil werden Stämme (das Rundholz) in ihrer ganzen Länge ein-, zwei- sowie dreiseitig oder prismatisch beschlagen. Breitbeile gibt es für Links- und Rechtshänder. Beim Breitbeil für den Rechtshänder fluchtet der Stiel etwas nach rechts, dagegen beim Breitbeil für Linkshänder etwas nach links.

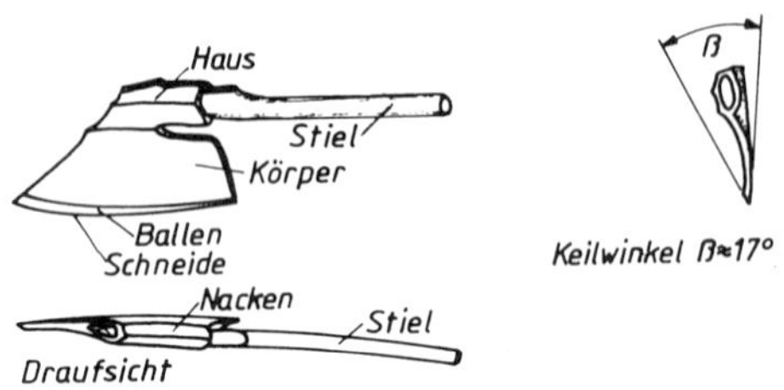

Beim Breitbeil ist die Schneide mit dem einseitigen Ballen gebogen zugeschliffen. Der Keilwinkel beträgt 17°. Die Schneide des Breitbeils wird wie die Schneide der Dexel geschärft und abgezogen.

4.1.6 Das Hammerbeil mit Stiel

Das Hammerbeil mit Schneide, runder Bahn und Stiel ist ein spezielles Schlag- und Schneidewerkzeug für den Trockenbau. Beim Hammerbeil ist die Schneide mit den beiderseitigen Ballen ursprünglich leicht gebogen zugeschliffen. Beiderseits der Längsachse des Stahlkörpers beträgt der Keilwinkel 17°, insgesamt $\approx$ 35°. Die stumpfe Schneide des Hammerbeils wird nach derselben Methode

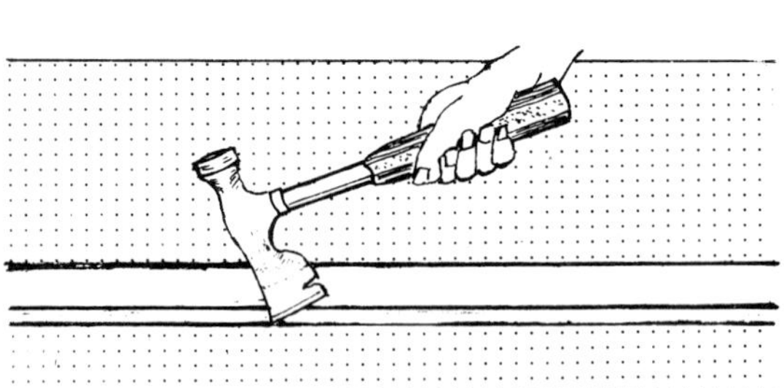

angeschliffen und abgezogen, wie die Axt und das Beil. Gewichte von Hammerbeilen mit Stiel, 700, 800 und 1000 Gramm.

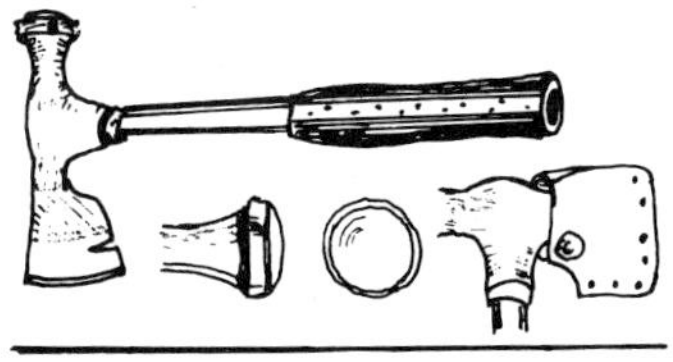

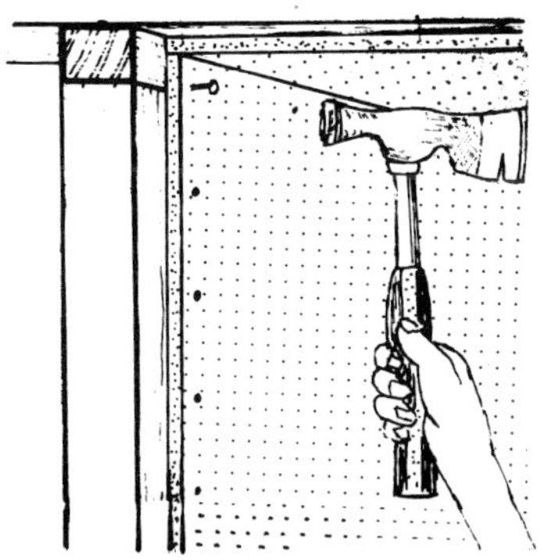

Breitkopfnägel
Form A:
Kopf-⌀ $d_2 \approx 3 d_n$

Nennmaße nach DIN 1160

d_n	ℓ_n
25 x	25
28 x	35

Form B:
Kopf-⌀ $d_2 \approx 4 d_n$

d_n	ℓ_n
20 x	20
25 x	25
28 x	25
28 x	30
28 x	35
28 x	40

4.1.7 Das Lattbeil mit Stiel

Das Lattbeil mit Bahn, Schneide und Stiel ist ein Spalt-, Schlag- und Schneidewerkzeug für den Schindelfassaden- und Schindeldachbau. Das Lattbeil wird auch zum Schneiden von Isolierbahnen- und Hartschaumplatten benutzt.

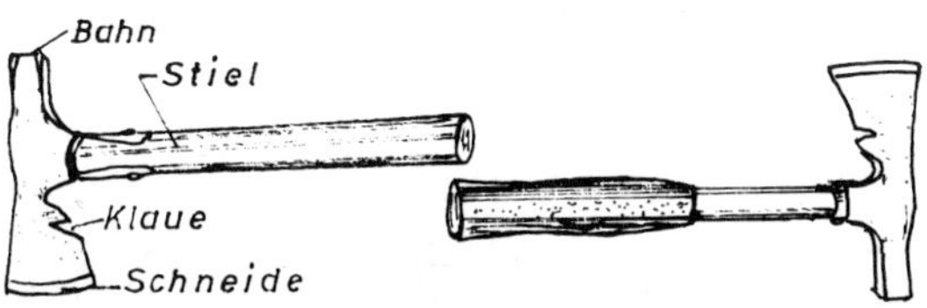

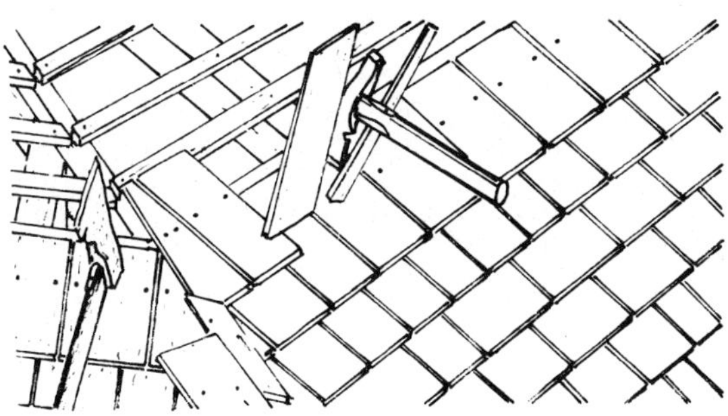

Nägel rund nach DIN 1151
bk = blank
zn = verzinkt
me = metallisiert

A: Flachkopf

Nennmaße
d_n x ℓ_n

9 x 13
10 x 15
12 x 20
14 x 25
16 x 30

Lieferart
Pakete, Fg = 1 kg (sog. Schindelnägel)

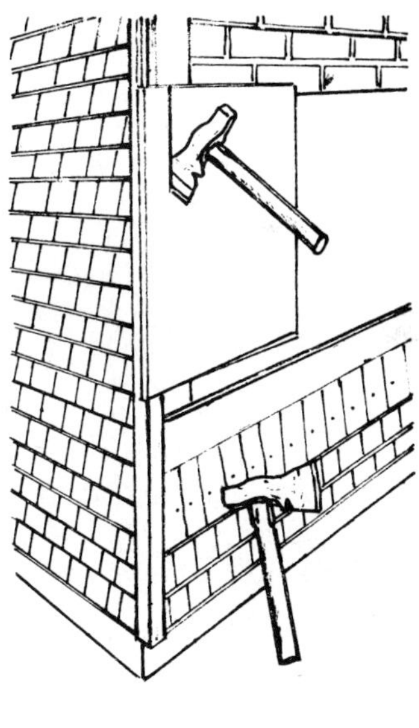

4.1.8 Der Latthammer mit Stiel

Der Latthammer mit Holzstiel oder mit Stahlrohrstiel und Kunststoffgriff ist ein Schlagwerkzeug für allgemeine Nagelungen beim Holz- und Schalungsbau.
Der Holzstiel des Latthammers nach DIN 7239 ist durch zwei Haltefedern verstärkt. Trotzdem ist es ratsam, den Latthammer mit Holzstiel nur zum Herausziehen von kürzeren Nägeln zu benutzen. Um längere Nägel aus dem Holz her-

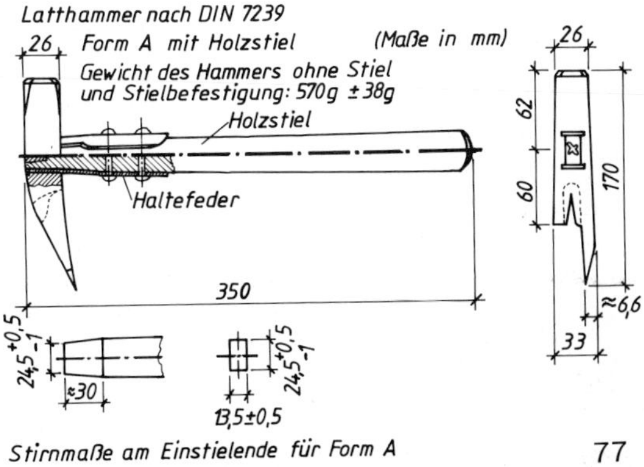

Stirnmaße am Einstielende für Form A

auszuziehen, verwendet man den Latthammer mit Holzstiel zweckmäßiger in Verbindung mit der Axt.

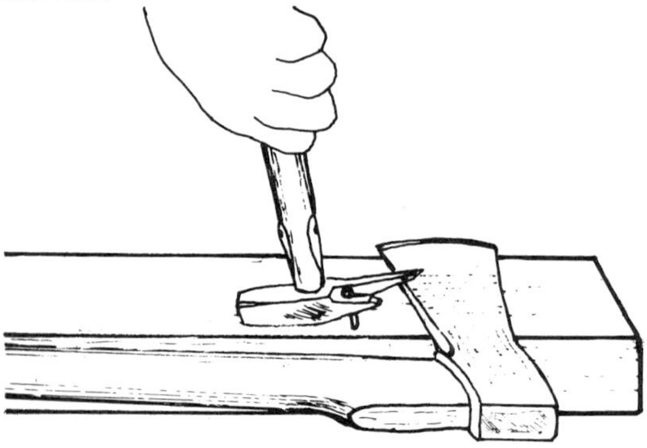

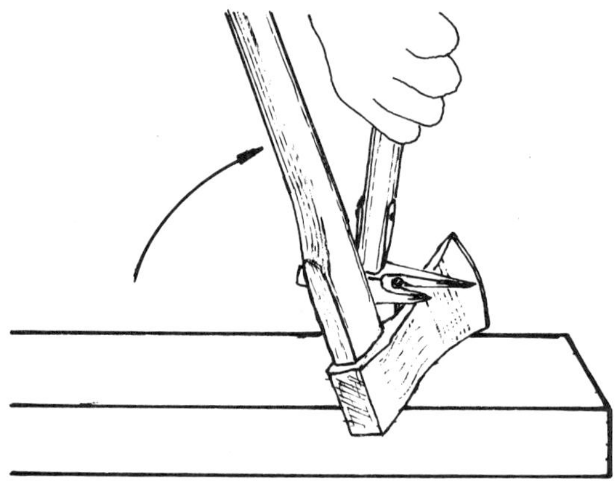

Den Latthammer mit Stahlrohrstiel kann man beim Herausziehen von Nägeln mehr belasten als den durch Haltefedern verstärkten Holzstiel.

Die Fläche des Hammerkopfes, mit der man auf die Köpfe von Nägeln usw. aufschlägt nennt man Bahn.

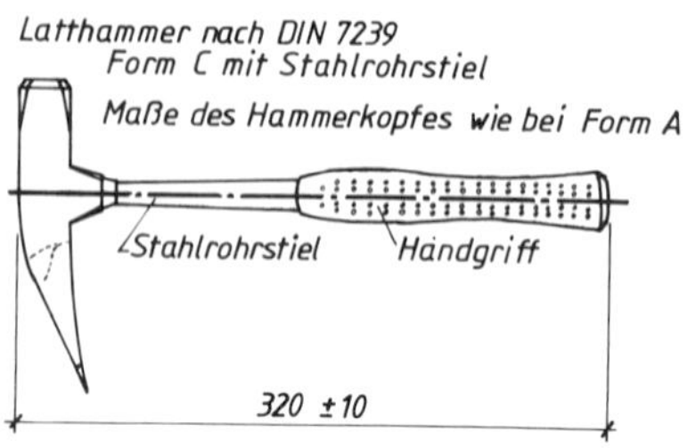

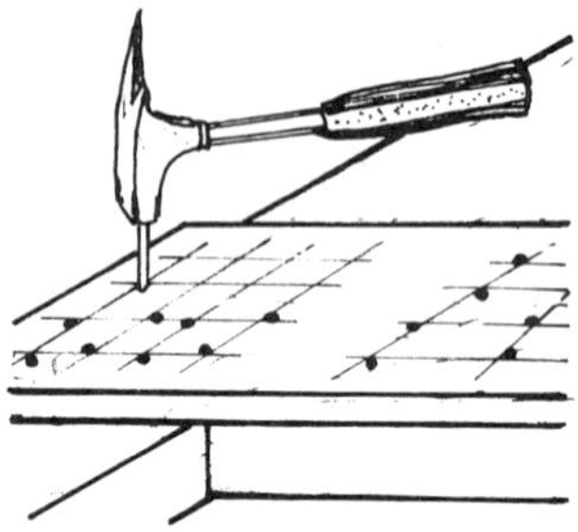

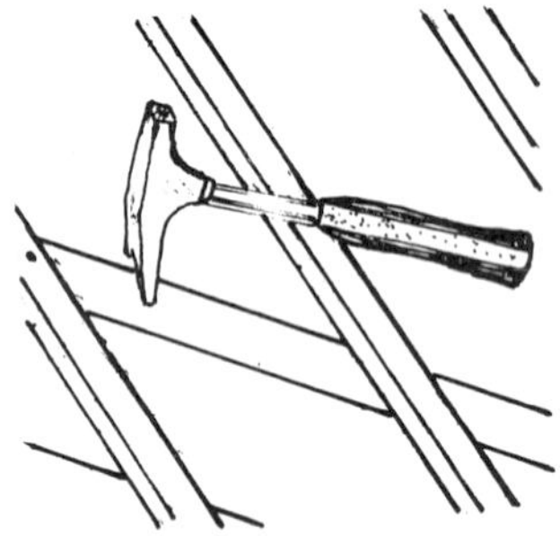

Die Spitze des Hammerkopfes, mit der man den Latthammer auf dem Bau aus der Hand in Holz einschlägt, wird Pinne oder Finne genannt.
Die gerippte Bahn des Hammerkopfes verhindert mehr als die glatte Bahn beim Nageln ein Abgleiten des Hammerkopfes von den Nagelköpfen, deren Oberseiten meistens bei herkömmlichen Nagelungen des Holzbaues auch gerippt sind.
Außer der Bahn und Pinne hat der Hammerkopf einen muldenförmigen Teil mit Keilschlitz, den sogenannten Nagelheber zum Herausziehen von Nägeln.

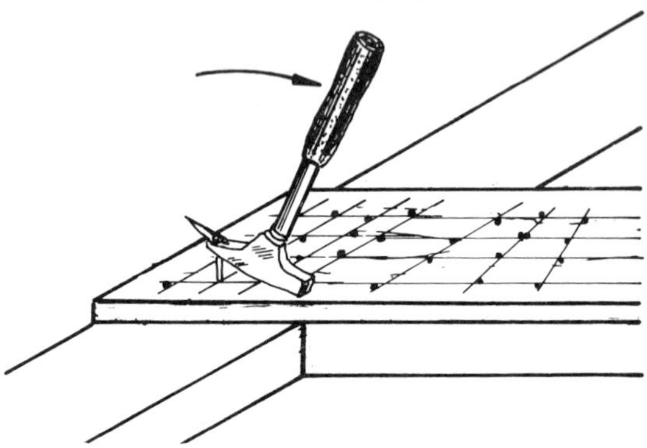

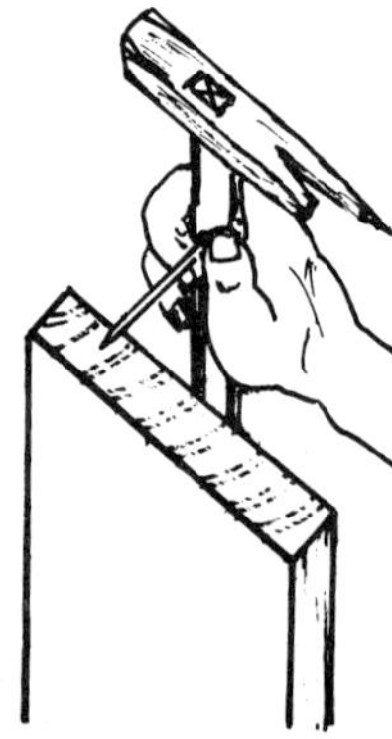

Bei Nagelungen, wo durch das unbedingte Festhalten des anzunagelnden Materials nur die Hand mit dem Latthammer zum Ansetzen des Nagels frei ist, hält man den Nagel am Hammerstiel mit dem Zeigefinger und Daumen fest, um ihn mit dem Stiel in das Holz einsetzen zu können.

Bei Nagelungen über Kopf, wo die hohen Nagelstellen nicht mit beiden Händen, sondern nur mit dem Hammerkopf erreicht werden können, wird am besten der Latthammer mit dem Nagelhalter bei der Bahn zum Einsetzen und zugleich zum Einschlagen der Nägel verwendet.

Weit über Kopf wird hier ein in den Nagelhalter eingelegter Nagel in die Deckelschalung eingesetzt

Auf der Baustelle sollte der Zimmerer den Latthammer stets griffbereit in der Hammerschlaufe oder in der Werkzeugkette mittragen.

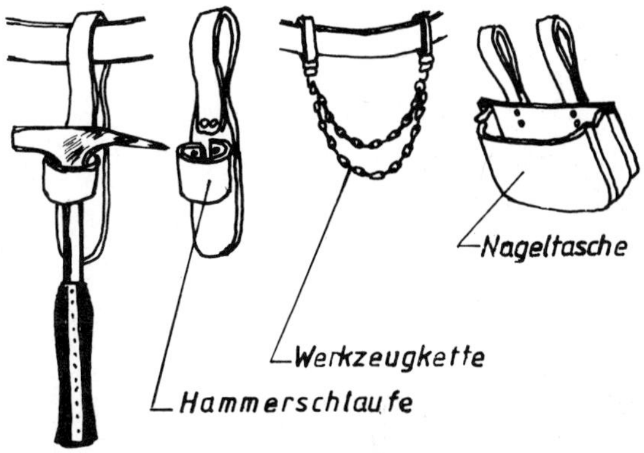

4.1.9 Der Schreinerhammer mit Stiel

Der Schreinerhammer mit Holzstiel ist ein Schlagwerkzeug. Schreinerhämmer sind in DIN 5109 erfaßt. Den Schreinerhammer (auch Tischler- und Bankhammer genannt) verwendet man für feinere Nagelungen, z. B. bei Ausbau-, Treppenbau-, Türen- und Torenbauarbeiten. Der Hammerkopf des Schreinerhammers besitzt eine Breit- und Schmalbahn.

Die Breit- und Schmalbahnen des Schreinerhammers müssen für das sichere und sachgemäße Einschlagen der Nägel mit Stauchkopf sauber bzw. frei von Schmutz, Öl oder Fett sein.

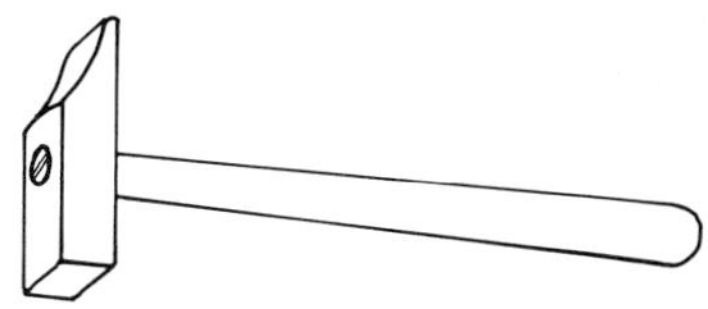

Schreinerhämmer nach DIN 5109

Nennmaße							
a	b	c	ℓ1	ℓ2	ℓ3	Gewicht (g = Gramm)	Gewichtsangaben gelten für den Hammerkopf
22	20	4	100	48	300	≈230	
25	22	5	108	52	300	≈320	
28	25	5	118	56	320	≈450	

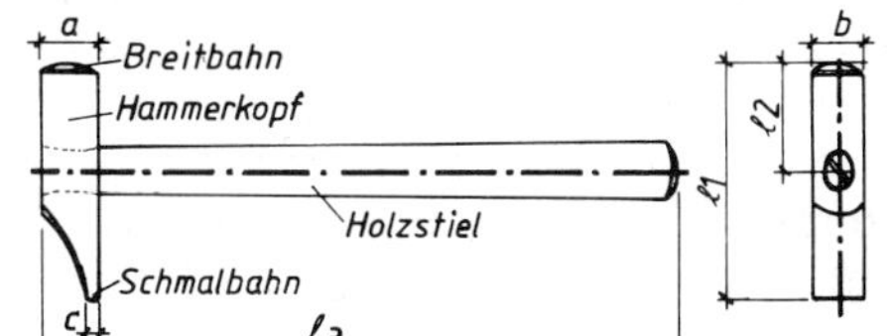

Das Auge, d. h. die ovale Öffnung im Hammerkopf, in dem der Holzstiel festsitzen soll, ist in der Mitte enger als an der unteren und oberen Seite. Da der Holzstiel mit dem oberen Ende für den sicheren Sitz das Auge ganz und zugleich preßfest auszufüllen hat, muß man das obere Holzstielende durch einen Flachkeil aus Hartholz oder Stahl erweitern. Das gilt ebenfalls für Einstielungen in den Latthammer und Fäustel.

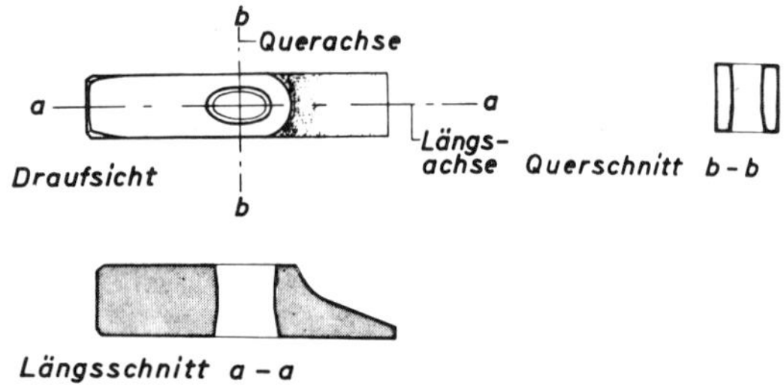

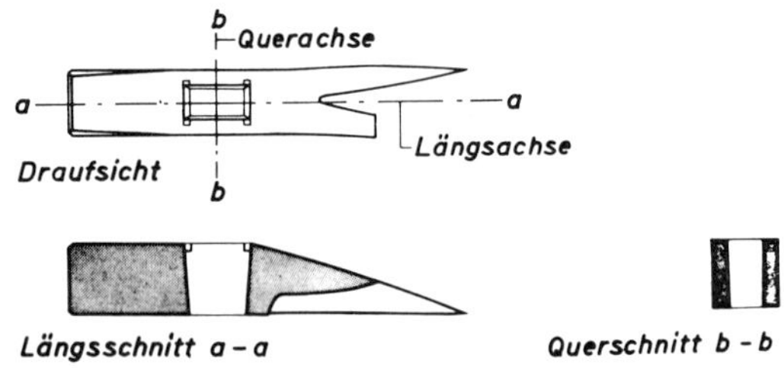

Wird der Keil in der Richtung der Längsachse eingetrieben, drückt er das Holz von der Längsachse ab aber nicht von der Querachse.

Treibt man den Keil in der Richtung der Querachse in das Holz des Stiels ein, fehlt der Druck von der Längsachse aus nach außen gegen die Wandungen des Auges.

Daher ist es richtig, den Druck des Keiles diagonal anzusetzen, damit das durch den Keil gespreizte obere Ende des Holzstiels das ovale oder rechteckige Hammerkopfauge völlig ausfüllt.
Wichtig ist außerdem auch, daß der Holzstiel gut in dem unteren Bereich des Auges eingepaßt und dann erst von oben der Keil eingeschlagen wird.

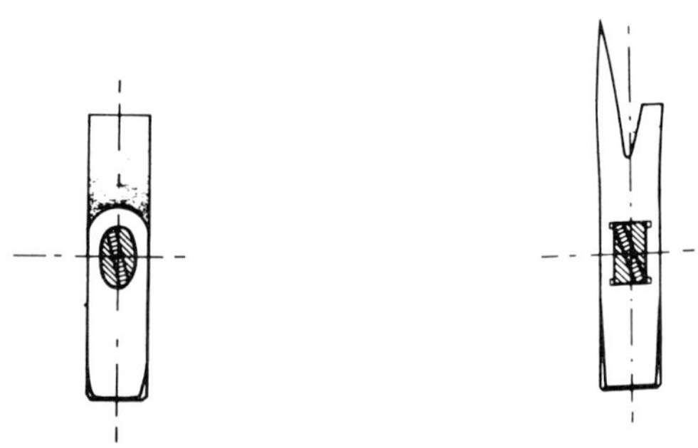

4.1.10 Die Holzstiele für Hammerköpfe bis 2 kg

Für den Holzstiel eines Latthammers, Fäustels und Schreinerhammers und für die Flachkeile wird zur erforderlichen Haltbarkeit nur trockenes, geradfaseriges, ast- und fehlerfreies Eschen- oder Weißbuchenholz gewählt. Die betreffenden Holzstiele werden oval ausgearbeitet und stets fein geschliffen, auch gewachst, geölt oder lackiert.

Holzstiele nach DIN 5111 für Hammerköpfe bis 2kg (2000g)

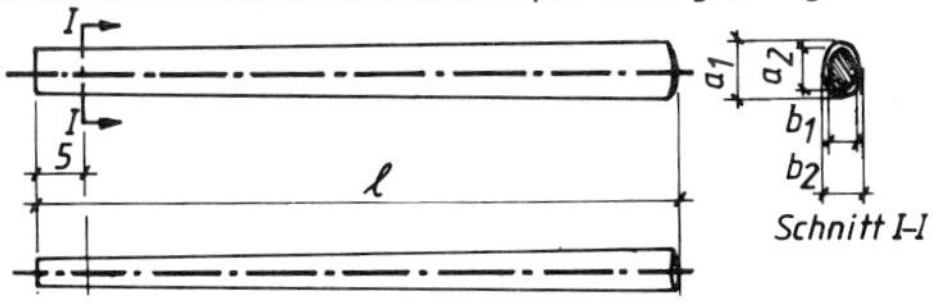

Nennmaße (mm) für Holzstiele nach DIN 5109						
ℓ	max.	min.	a_1	a_2	b_1	b_2
250	258	242	12,9	20	7,5	15
260	268	252	16,5	23	9,5	16
280	288	272	18,7	25	10,7	19
300	309	291	20,8	28	12	20
310	319	301	23,3	30	13,4	21
320	330	310	25,9	33	14,9	23
330	340	320	27,5	34	16	25
350	360	340	29,1	37	17,1	27
360	371	349	31,2	38	18,2	28
380	391	369	32,9	39	19,4	29
400	412	388	37,1	40	21,6	30

4.1.11 Der Fäustel mit Stiel

Der Fäustel mit Stiel ist ein Schlagwerkzeug für den sorgfältigen Zusammenbau von geschlitzten Rahmenteilen sowie gestemmten Regalen, Türen, Tore und Treppenläufe.

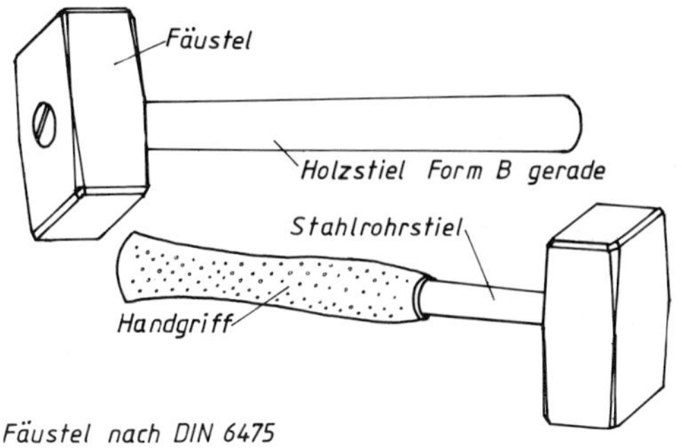

Fäustel nach DIN 6475			
Nenngewichte	Nennmaße mm		
kg	b	ℓ_1	ℓ_2
1	40	95	260
1,25	43	100	260
1,5	45	110	280
2	50	120	300
3	57	140	600
4	62	150	600
5	68	160	800
6	72	170	800
8	82	180	900
10	85	200	900

Fäustel nach DIN 6475

Die Schläge mit dem Fäustel werden zur Schonung der verputzten, geschliffenen und oberflächenbehandelten Werkstücke nicht unmittelbar auf die vergüteten Holzflächen, sondern auf Holzzulagen angesetzt.

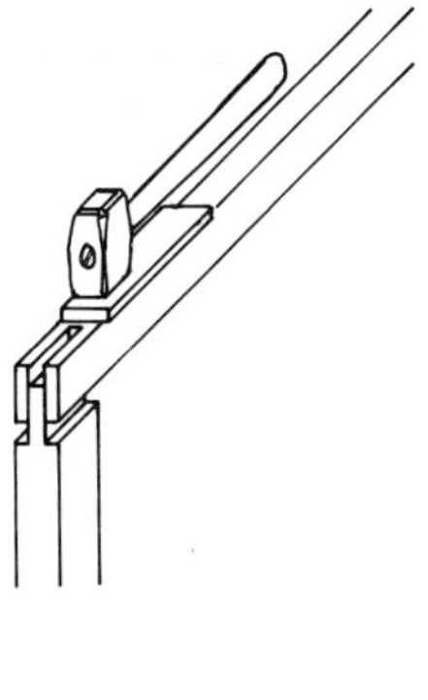

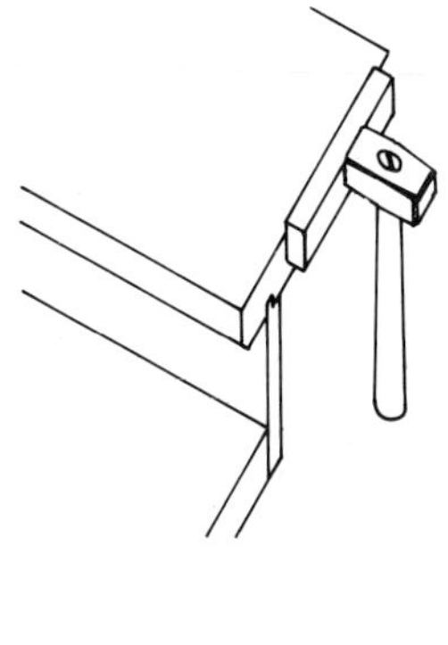

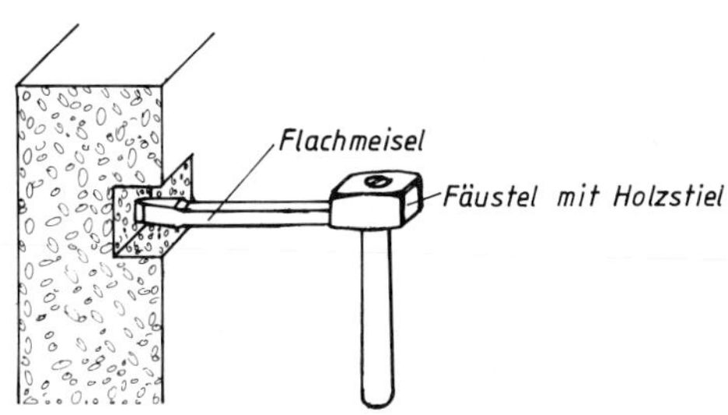

Wenn mit Hilfe eines Flachmeisels in Stein und Beton kleinere Löcher auszumeiseln sind, wird diese Arbeit zusammen mit dem Fäustel ausgeführt.

4.1.12 Die Holzstiele für Fäustel bis 2 kg

Nennmaße der Holzstiele für Fäustel bis 2kg nach DIN 5135						
ℓ	max.	min.	a_1	a_2	b_1	b_2
260	268	252	31,2	38	18,2	28
280	288	272	32,9	39	19,4	29
300	309	291	37,1	40	21 6	30

Holzstiele für Fäustel bis 2kg (2000g) nach DIN 5135

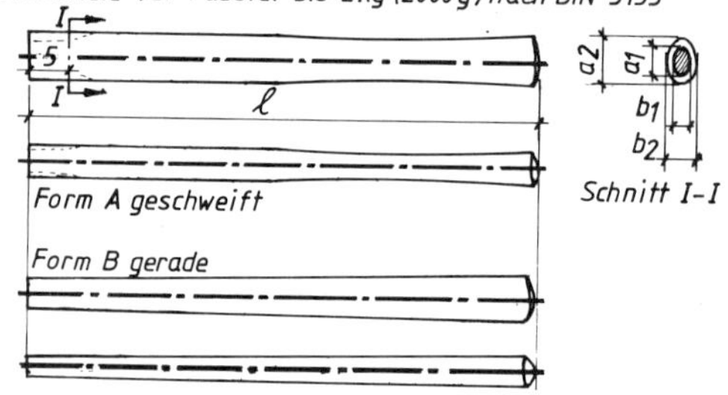

4.1.13 Der Durchtreiber

Der Durchtreiber ist ein Stahlkörper mit einem Treibkegel an einem Ende sowie dem Schlagende am anderen Ende.

Durchtreiber nach DIN 6458

Durchtreiber nach DIN 6458 Leichte Ausführung (B) Schwere Ausführung (D)			
Nennmaße (mm)		Ausf.	Ausf.
d	ℓ	s min. B	D
1 bis 8	120	10	12
9 und 10	150		12

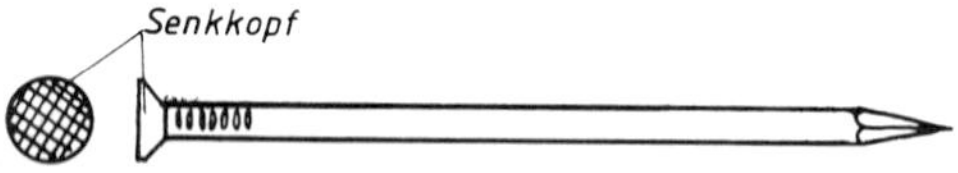

Drahtstift, rund nach DIN 1151 mit geriffelter Nagelkopffläche

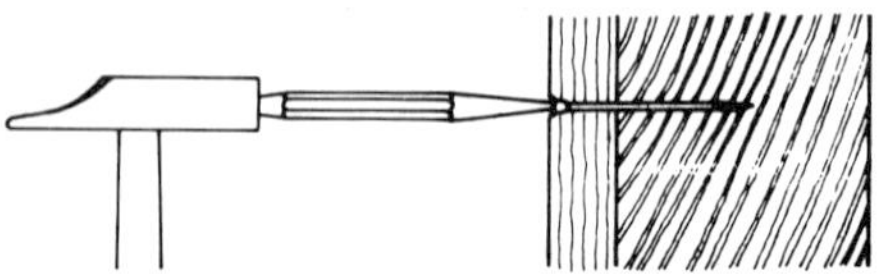

Der Durchtreiber ist ein Werkzeug für das Versenken von Senk- und Stauchkopfnägeln in Vollhölzer oder Plattenmaterial, so daß eine Vertiefung bzw. ein Kittbett entsteht, das der nachfolgenden Auskittung und späteren Ausspachtelung festen Halt ermöglicht.

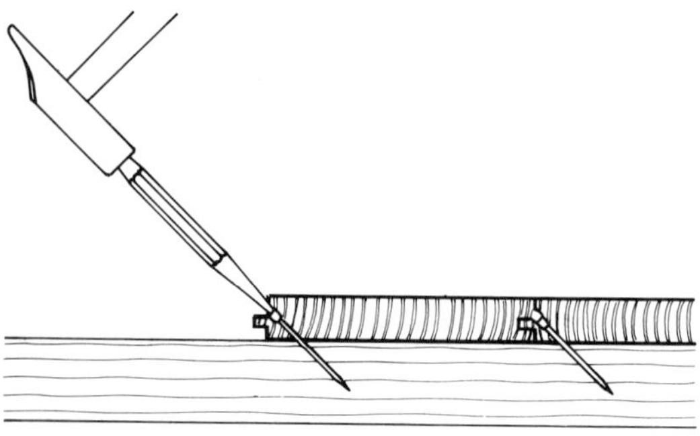

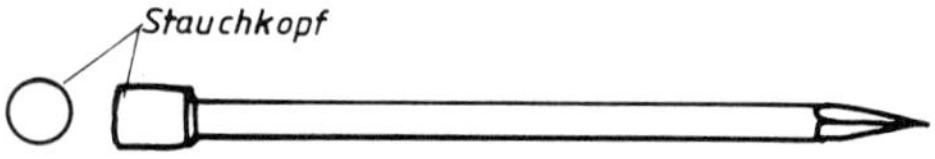

Drahtstift nach DIN 1152 mit Stauchkopf

Den Durchtreiber benutzt man außerdem für verdeckte Nagelungen beim Befestigen von gespundeten Brettern.

4.1.14 Die Kneifzange

Die Kneifzange aus zwei im Scharnier festgehaltenen Hälften mit je einem Handgriff, Backen- und Maulteil dient unter Anwendung der von der Hand erzeugten Kraft und zugleich Hebelwirkung dem Herausziehen von Nägeln.

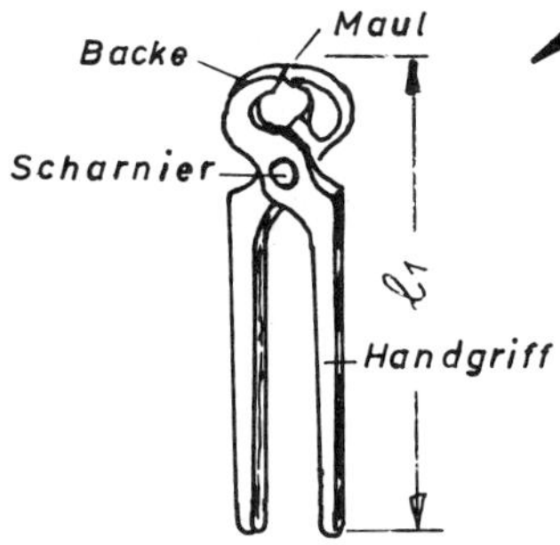

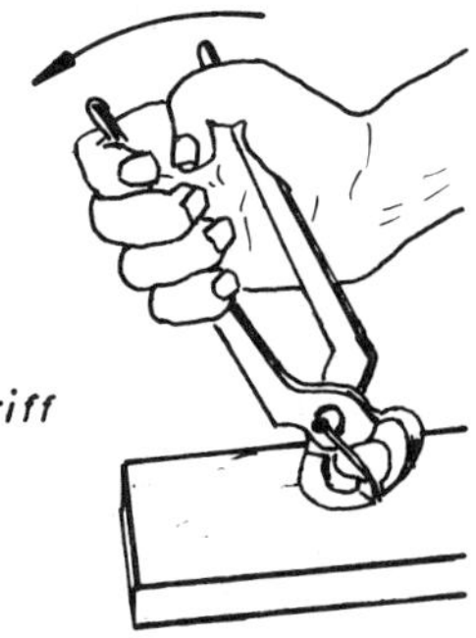

In DIN 5241 werden die Abmessungen von Kneifzangen angegeben.
Kneifzangenlänge ℓ_1:
160, 180, 200 und 250 mm

Die Bezeichnung einer Kneifzange von der Länge ℓ_1 = 200 mm
Zange 200 DIN 5241

4.1.15 Das Nageleisen

Das 50 bis 100 cm lange Nageleisen mit gekröpftem Teilstück und Nagelklaue sowie flach zu einem Keil ausgearbeiteten Teil ist ein Werkzeug zum Herausziehen von Nägeln und zugleich ein kleineres Brecheisen. Das Nageleisen wird auch Brechstange, Kuh- oder Geißfuß genannt.

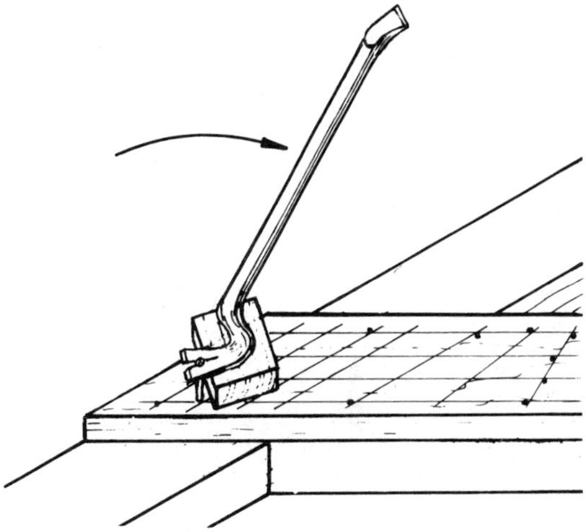

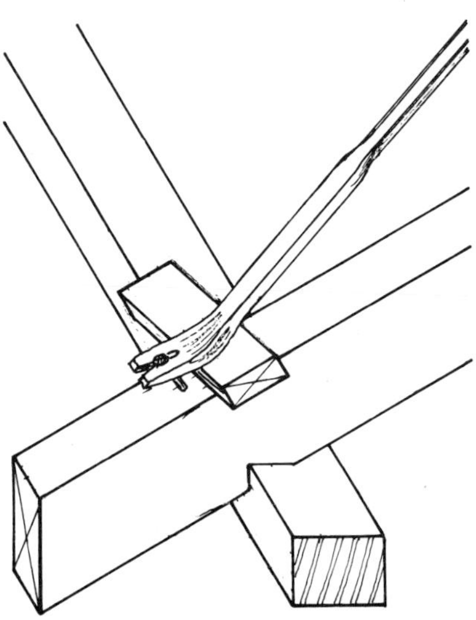

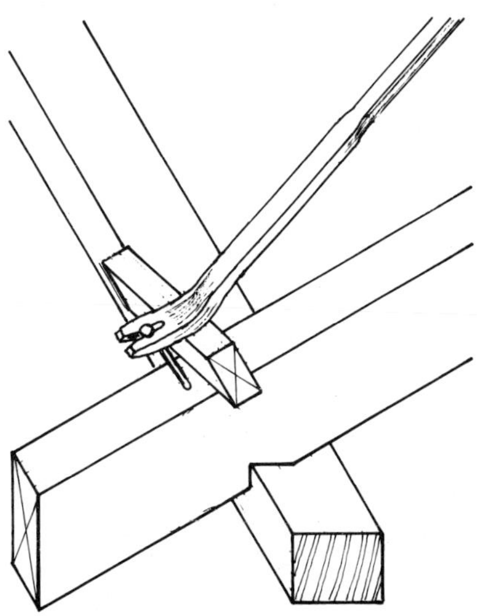

4.1.16 Das Klopfholz

Das Klopfholz ist ein Schlagwerkzeug aus einem Schlagkopf (Weißbuche oder gedämpfte Rotbuche) und Holzstiel (meistens aus dem Holz der Esche). Im Handel wird das Klopfholz nach DIN 7461 unter der Bezeichnung Schreinerklüpfel geführt.
Bezeichnung eines Klopfholzes von Schlagkopflänge a = 160 mm mit Stiel und Keil:
Schreinerklüpfel 160 DIN 7461

Das Klopfholz wird hauptsächlich zusammen mit einem Stemmeisen (Stechbeitel nach DIN 5139) für Stemmarbeiten (Zapfenlöcher ausstemmen usw.) verwendet. Der Schlagkopf aus Holz beschädigt die Aufschlagfläche des Stemmeisengriffes viel weniger als ein Schlagwerkzeug aus Stahl. Der Holzstiel des Klopfholzes muß fest im Schlagkopf sitzen und durch einen Flachkeil gesichert sein.

Schreinerklüpfel nach DIN 7461 (Maße in mm)

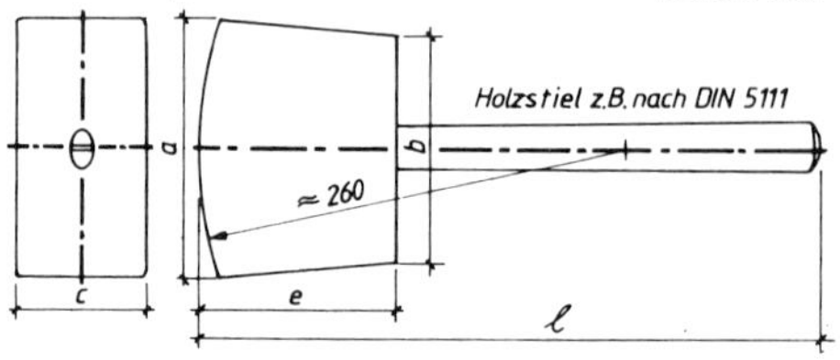

a ≈	b ≈	c ≈	e ≈	ℓ ≈
140	120	75	110	360
160	140	8	120	380
180	160			

4.1.17 Der Beitel mit Beitelgriff (Das Stemmeisen)

Der Beitel ist mit dem Beitelgriff und der einseitig am Blatt angeschliffenen Freifläche ein Stemm-, Stech- und Schneidwerkzeug, das unter der Verwendung des Klopfholzes zum Ausarbeiten (Stemmen) von eckigen Vertiefungen, z. B. Zapfenlöcher, Schlitze, Nuten, Zinken-, Tritt- und Futterbretteraussparungen usw. verwendet wird.

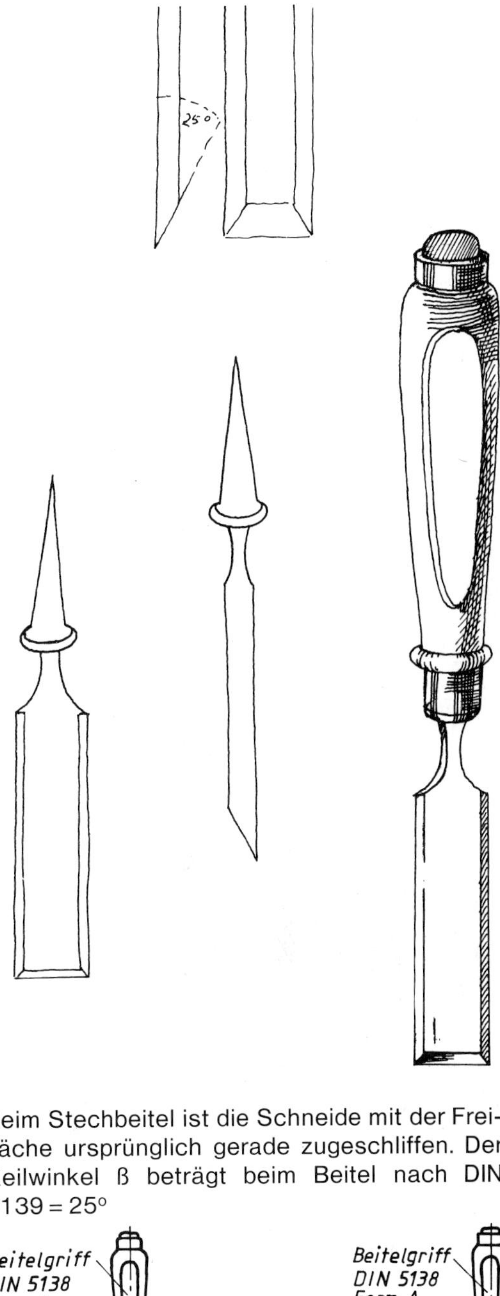

Beitel Benennungen nach DIN 5155	
Nr.	
1	Blatt
2	Schneide
3	Spanfläche
4	Rücken
5	Freifläche
6	Außenfläche
7	Innenfläche
8	Seitenfase
9	Schulter
10	Hals
11	Bund
12	Angel
13	Griff
14	Zwinge

Stechbeitel

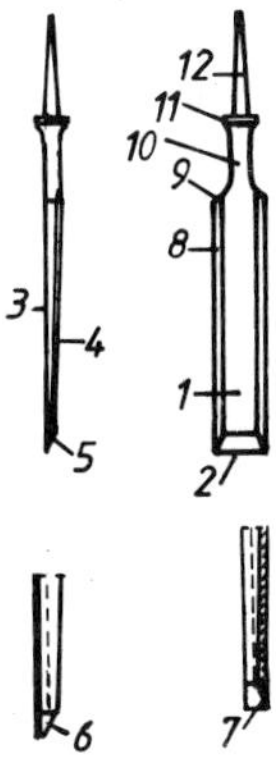

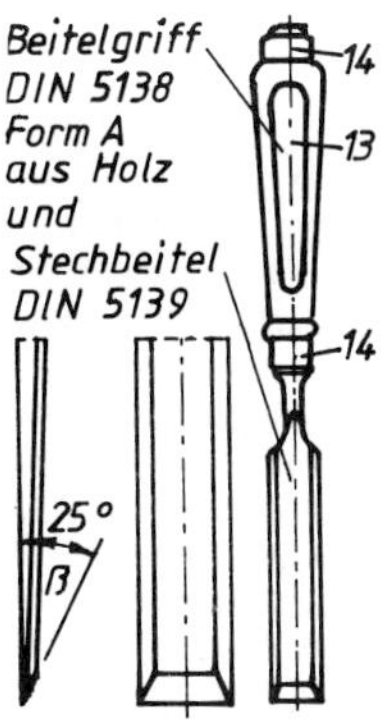

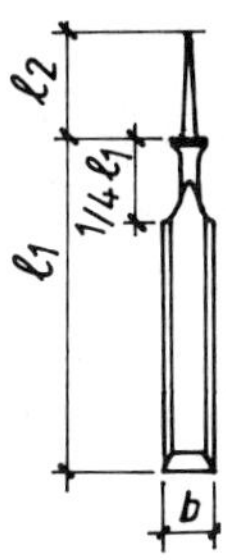

Beim Stechbeitel ist die Schneide mit der Freifläche ursprünglich gerade zugeschliffen. Der Keilwinkel ß beträgt beim Beitel nach DIN 5139 = 25°

Stechbeitel, Größen b, ℓ_1 und ℓ_2 nach DIN 5139					
b mm	ℓ_1 mm	ℓ_2 mm	b mm	ℓ_1 mm	ℓ_2 mm
3			22	136	
4	120	35	24	138	50
6			26	140	
8	122		28	142	
10	124	40	30	144	
12	126		32	146	50
14	128	40	35	150	55
16	130	45	40	155	
18	132		45	160	60
20	134	45	50	165	

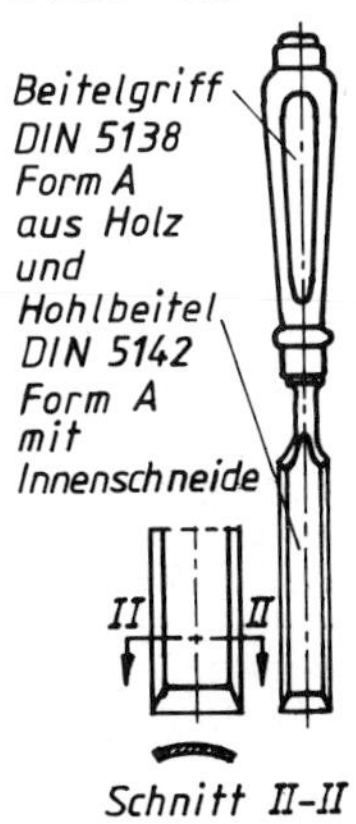

Bezeichnung eines Beitels mit abgeschrägten Kantenflächen (B) von Breite b = 26 mm mit Griff (G) Form A aus Holz (A):
Stechbeitel B 26 GA DIN 5139

Hohlbeitel, Größen b, ℓ_1 und ℓ_2 nach DIN 5142		
b mm	ℓ_1 mm	ℓ_2 mm
4	118	35
6	120	
8	122	40
10	124	40
12	126	
14	128	
16	130	45
18	132	
20	134	
22	136	50
24	138	
26	140	
30	144	50
32	146	

und ℓ_3 nach DIN 5138

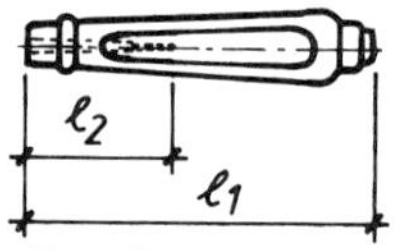

Form A aus Holz

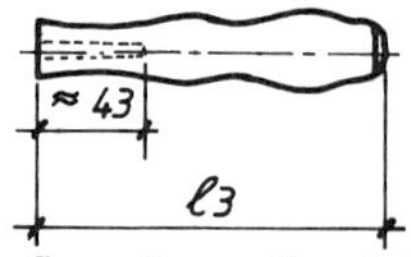

Form B aus Kunststoff

Größe	Form A aus Holz		Form B aus Kunststoff
ℓ_1 mm	ℓ_2 mm		ℓ_3 mm
110	40		110
130	45		115
140	50		125
150	60		
160	70		

4.1.18 Das Schärfen der stumpfen Stechbeitelschneide

Das Schärfen der stumpfen Stechbeitelschneide ist die Vorbedingung für guten Schnitt und saubere Stech- sowie Stemmarbeiten. Deshalb ist beim Schärfen der Stechbeitelschneide das Anschleifen der Freifläche stets so auszuführen, daß der Keilwinkel ß von 25° eingehalten wird.

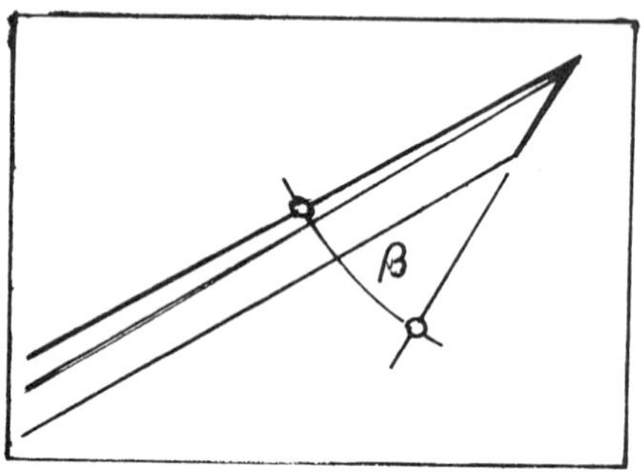

Der Stechbeitel wird für den richtigen Anschliff der Freifläche auf die Auflagevorrichtung der Schleifmaschine aufgelegt und mit den Händen an die rotierende Schleifscheibe angedrückt. Die Auflagevorrichtung stellt man natürlich so ein, daß der Anschliff über der rotierenden Schleifscheibe den erforderlichen Keilwinkel $\beta = 25°$ bringt.

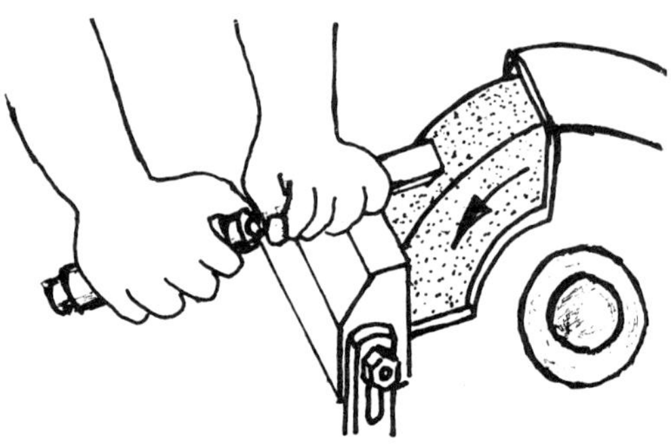

Die Freifläche des Stechbeitels ist mit entsprechenden Wasserkühlungen so lange anzuschleifen bis an der Schneide ein feiner Grat entsteht. Die Schneide darf beim Anschleifen der Freifläche auf keinen Fall infolge Überhitzung des Blattstahles blau oder gelb anlaufen, weil dadurch die Härte des Blattstahles beeinträchtigt wird und das Blatt keinen Schnitt mehr hält.

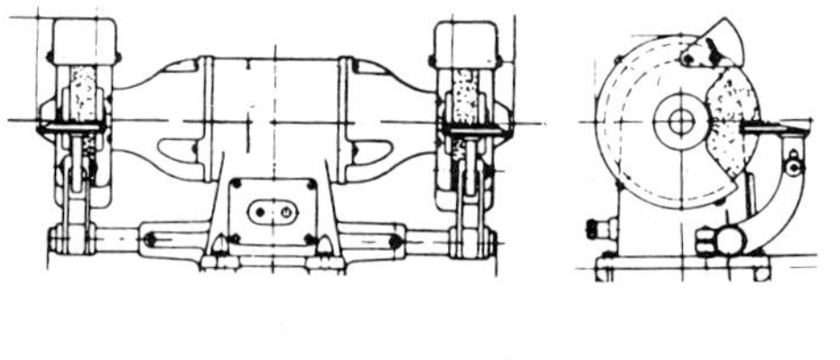

Den beim Anschleifen der Freifläche entstandene Grat muß man für eine scharfe Schneide mit einem festen Abziehstein entfernen.

Abziehsteine:
SAL-Stein allseitig feines Korn oder Kombinationsstein fein/grob. Gebrauch mit Wasser.

Belgische Brocken, Gebrauch mit Wasser.
Künstliche Preßsteine, Gebrauch mit Wasser.

Hart-Arkansas-Ölsteine (sogenannte Mississippi-Steine), Gebrauch mit Gemisch aus Öl und Petroleum.

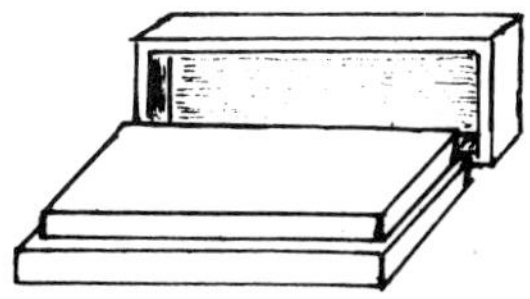

Beim Abziehen des Grates auf dem Abziehstein wird hauptsächlich die Freifläche und weniger die Spanfläche des Stechbeitelblattes satt und zugleich im Kreis über die nasse oder geölte Steinseite bewegt.

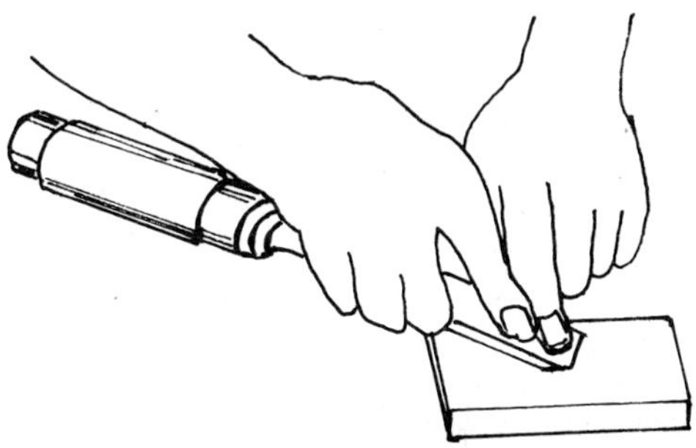

Um eine haltbare Schneide zu bekommen, empfiehlt es sich, zum Schluß sowohl die Freifläche als auch die Spanfläche noch einige Male mit je etwas steilerer Haltung des Blattes ganz leicht über die nasse oder geölte Steinseite zu streichen.

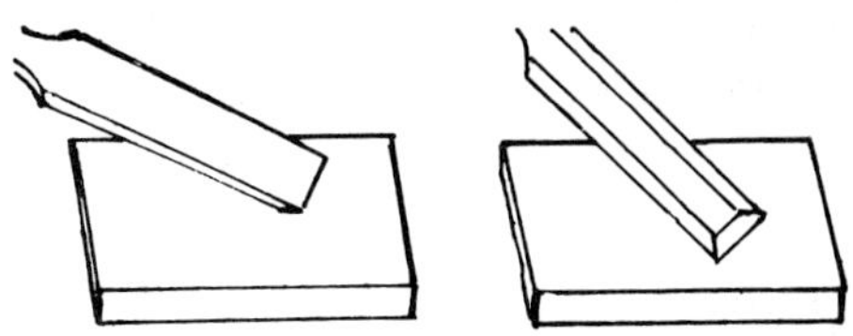

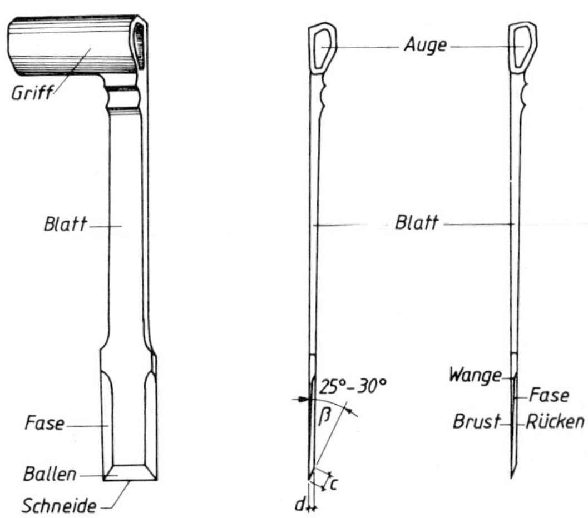

4.1.19 Die Stoßaxt

Die Stoßaxt ist mit Griff und Blatt sowie der einseitig zugeschliffenen Schneide ein Schneidwerkzeug, das zum Abstoßen des Abfallholzes und weiter zum Anputzen der betreffenden Seiten bei Blattungen, Zapfen und Klauen benutzt wird.

Die Länge der Stoßaxt von der Schneide bis Oberkante „Griff" beträgt etwa 40 – 50 cm.

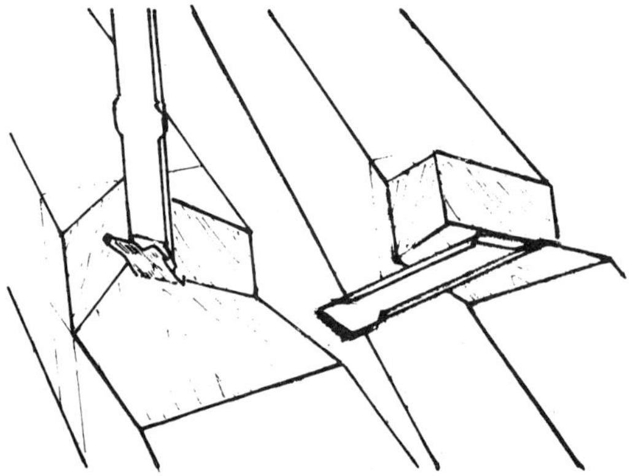

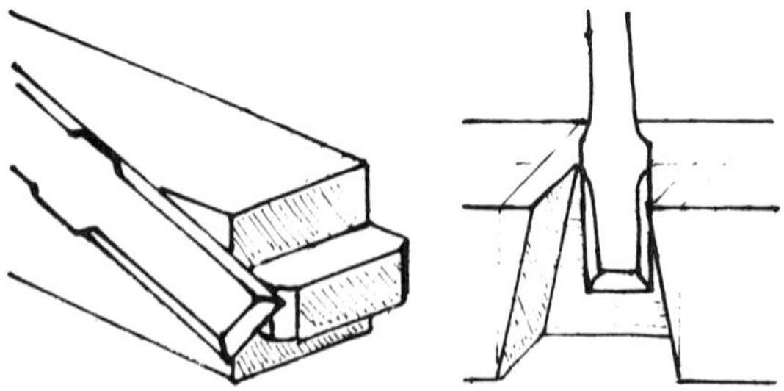

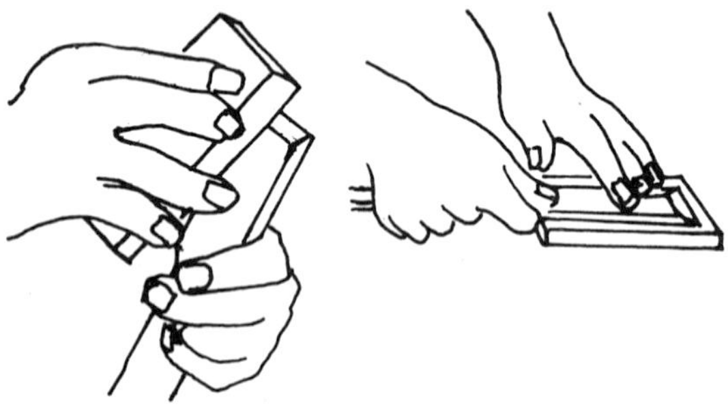

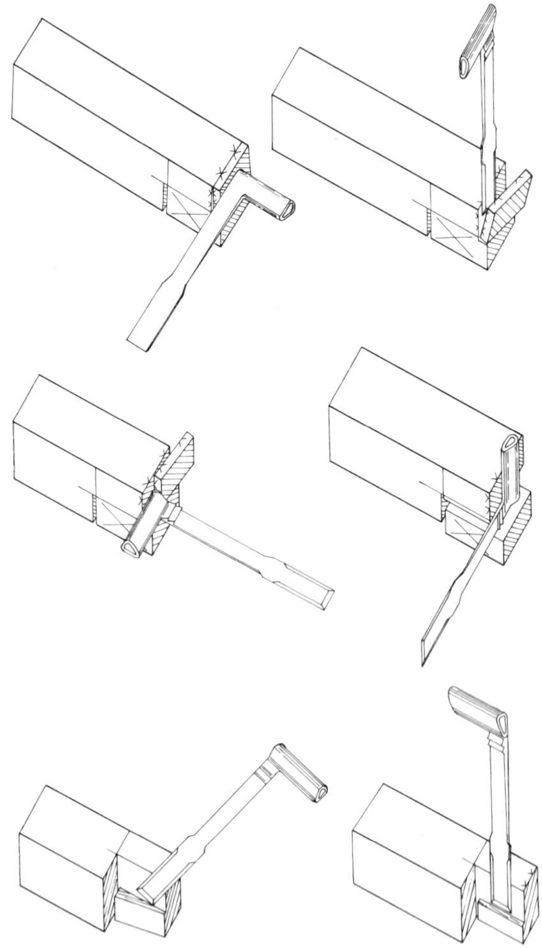

Bei der Stoßaxt ist die Schneide ursprünglich gerade zugeschliffen. Der Keilwinkel beträgt durchschnittlich etwa 25° bis 30°. Die stumpfe Schneide der Stoßaxt wird nach derselben Methode geschärft, wie die stumpfe Schneide des Stechbeitels. Beim Blatt der neuen Stoßaxt ist von der Schneide aus nur ein 12 – 15 cm langer Teil verstählt.

4.1.20 Das Ziehmesser

Das Ziehmesser mit 25 bis 35 cm langer Schneide ist ein Schneidwerkzeug zum Entrinden von Stammteilen und Baumkanten. Man benutzt das Ziehmesser auch zum Abschrägen von Kantenflächen und zum Profilieren von Kanthölzern.

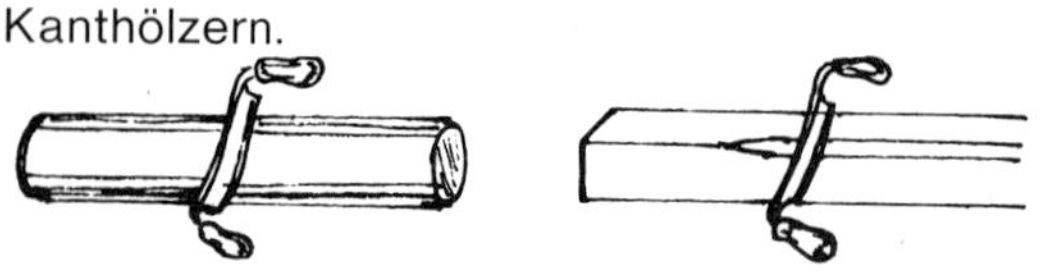

Wo Spaltschindeln für Schindeldächer auf der sogenannten Schnitzbank von Hand nachgearbeitet werden, nimmt man das scharfe Ziehmesser zum Glätten der Seiten.

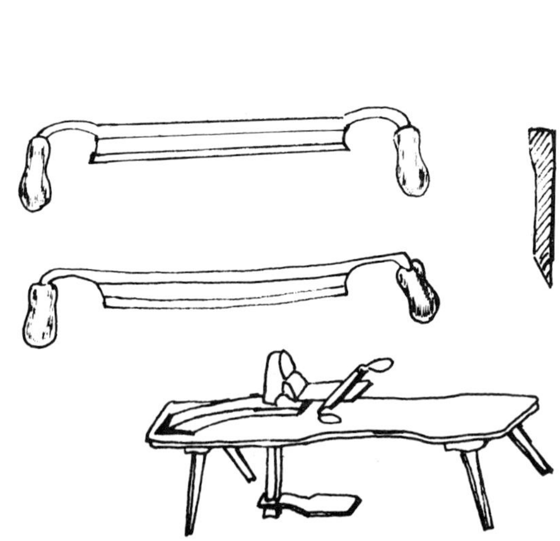

4.1.21 Die Feilen, Kabinettfeilen und Raspeln für Holz

Die Feile, Kabinettfeile und Raspel besteht aus dem Feilenkörper mit verzahnten Nutzflächen und der Angel. Über die Angel wird zur besseren Führung der Feilen und Raspeln ein Holzgriff oder ein Kunststoffgriff aufgesteckt.

Die Nutzflächen der Feilen werden durch die Anzahl der Hiebe auf 1 cm Feilenkörperlänge bestimmt. Die verschiedenen Hiebarten bei Feilen werden durch die Hiebnummern 1, 2, 3 und 4 gekennzeichnet. Je höher die Hiebnummer, je feiner der Hieb.

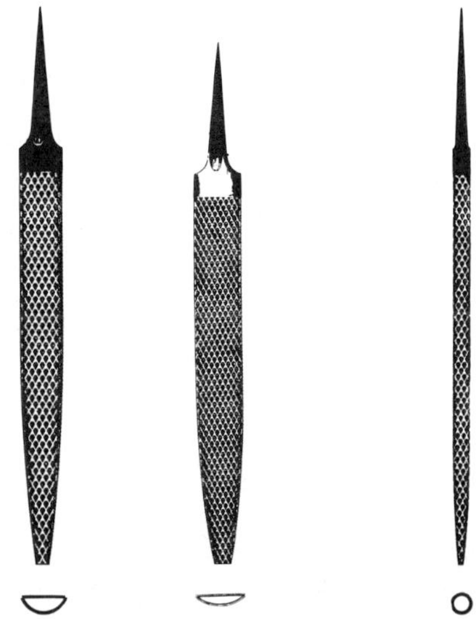

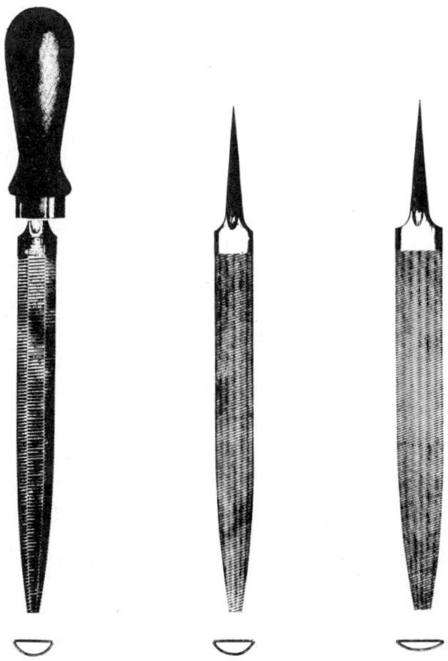

Die Raspelhiebe werden durch die Anzahl der Hiebe auf 1 cm^2 Nutzfläche festgelegt. Die verschiedenen Hiebarten bei Raspeln werden durch die Hiebnummern 1, 2 und 3 gekennzeichnet. Hieb 1 bedeutet bei der Raspel grob, Hieb 2 mittel und Hieb 3 fein.

Nach der Form des Querschnittes der Feilen- und Raspelkörper unterscheidet man flachstumpfe, halbrunde und runde Feilen und Raspeln sowie flachhalbrunde Kabinettfeilen und Kabinettraspeln.

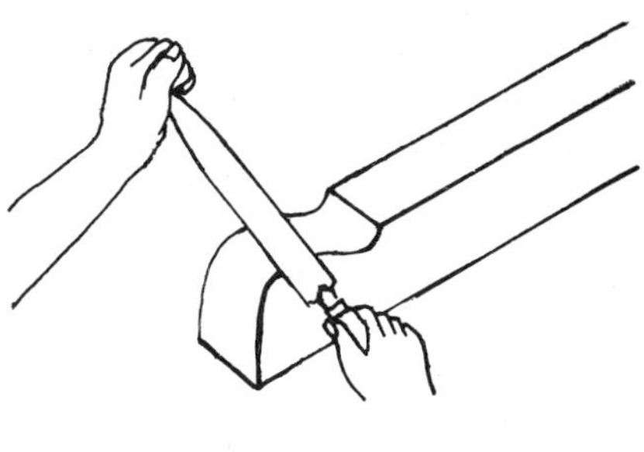

Die Feilen und Raspeln benutzt man für das grobe, schlichte und feine Nacharbeiten von Profilierungen und Aussparungen. Das Abraspeln und Abfeilen der Kantenflächen sollte man etwas schräg zur Holzfaserung ausführen, um das Ausfransen der Holzfasern entlang der Seitenkanten zu vermeiden.

Die mit feinen Spänen völlig verstopften Einkerbungen des Feilen- und Raspelkörpers werden zum Reinigen am besten in kochendes Wasser gehalten, bis die Holzteilchen aufgequollen sind. Die über alle Einkerbungen hinausgequollenen Späne können dann mit einer Wurzelbürste aus dem Hieb gebürstet werden.

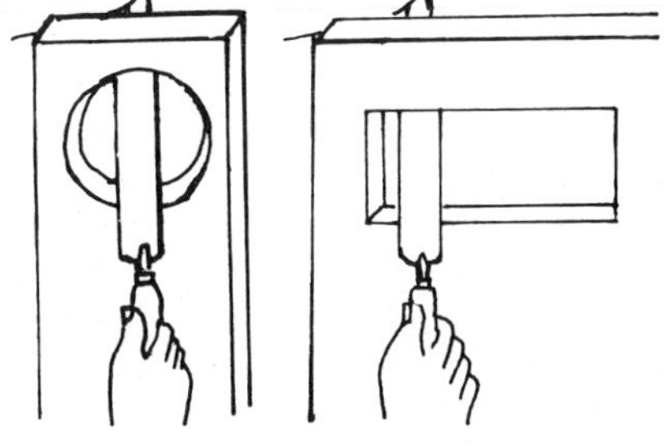

4.2 Die Handsägen für Vollholz und Holzwerkstoffe

Bei Handsägen für Vollholz und Holzwerkstoffe ist der Schneidkörper, d. h. das Sägeblatt mit den geschränkten und scharf gefeilten Zähnen der wichtigste Teil. Die hauptsächlichen Zahnformen des Schneidkörpers für die Schneidgüter Holz und Holzwerkstoffe sind symmetrische und unsymmetrische Zähne.

Die einzelnen Zähne haben infolge ihrer Form und Stellung die Wirkung kleiner scharfer Meißel, die bei der Hin- und Herbewegung des Schneidkörpers in das Vollholz und in die Holzwerkstoffe eindringen und dadurch Faser nach Faser abmeißeln bzw. abheben.

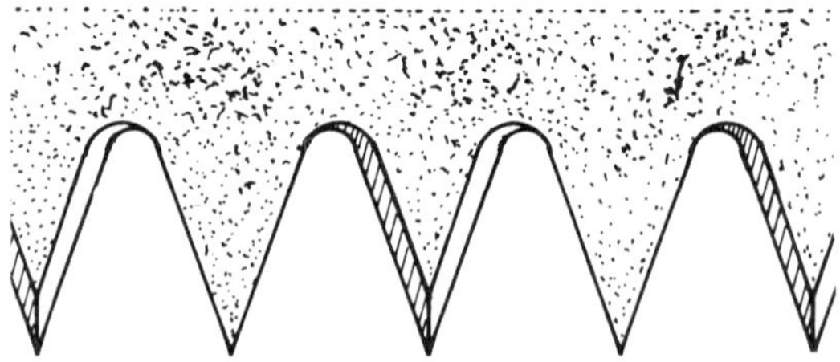

Die Qualität der Sägeblätter kann man am Klang erkennen. Gute Blätter klingen hell und rein, schlechte Blätter dagegen blechern.

Beim Schneidkörper spricht man von Blatthöhe, Zahnhöhe, Blattdicke, Schnittbreite, Blattrücken, Zahnspitzenlinie und Zahngrundlinie. Beim angefeilten Sägezahn spricht man von den Feil-, Schnitt- und Zuschärfwinkeln sowie von der Zahnverteilung und Zahnspitze mit der Zahnbrust und dem Zahnrücken.

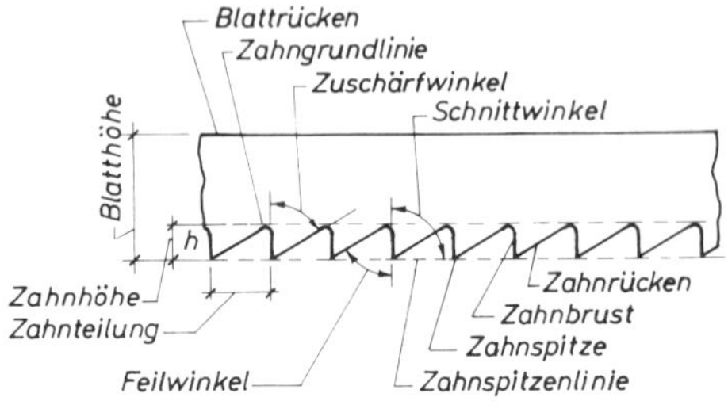

Aufgrund der plan zugefeilten Zahnbrust des unsymmetrischen Schneidekörperzahnes wird von Hauptschneiden in den Zahnspitzen und von Nebenschneiden an den Kantenflächen der Zahnbrüste gesprochen.
Bei den Schnittbewegungen auf „Stoß" haben die Hauptschneiden schabende Wirkungen. Sie erzeugen einen sauberen Schnitt, da die Nebenschneiden die Holzfasern durchtrennen und nicht hochreißen.

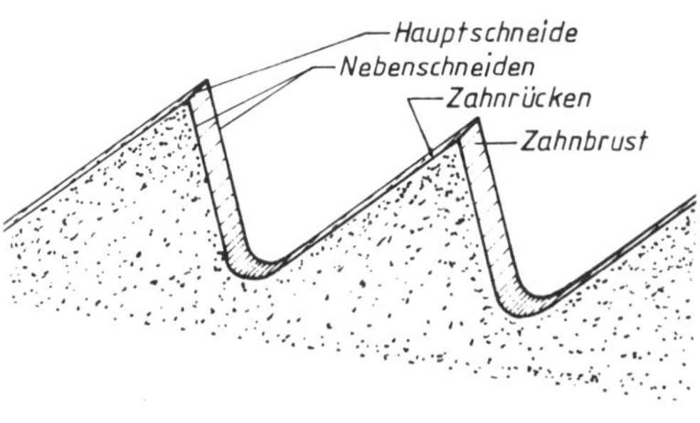

Die symmetrisch angefeilten und schräg geschärften Schneidkörperzähne schneiden sowohl mit der Zahnbrust als auch mit dem Zahnrücken, d. h. beidseitig.
Der Schneidkörper mit symmetrischer und daher schräg geschärfter Zahnung bewirkt einen raschen, aber auch sehr zahnrilligen bzw. rauhen Schnitt.

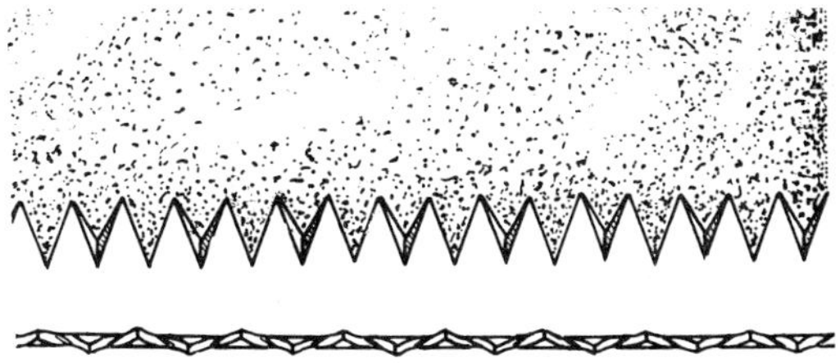

Unter Handsägen für Vollholz und Holzwerkstoffe versteht man im Zimmerhandwerk Handsägen ohne Vorspannung und Handvorspannsägen.
Handsägen ohne Vorspannung sind Heft- und Freispannsägen, Heftsägen werden an einem Ende, und Freispannsägen an beiden Enden von Hand geführt.
Da die Freispannsäge an beiden Enden von Hand geführt wird und der Schneidkörper blattförmig ist, spricht man von der Zweimannblattsäge. Die Zweimannblattsäge wird beim Schneiden durch die beiden Säger jeweils gezogen, so daß die Bezeichnung Zugsäge fachlich richtig ist.

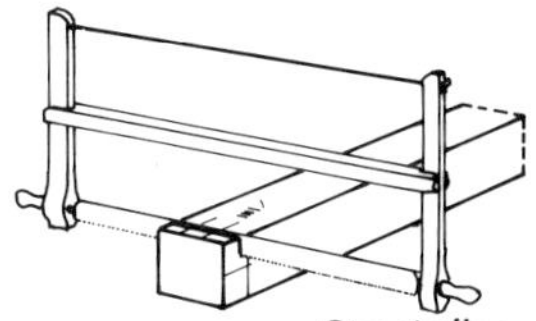

Strecksäge

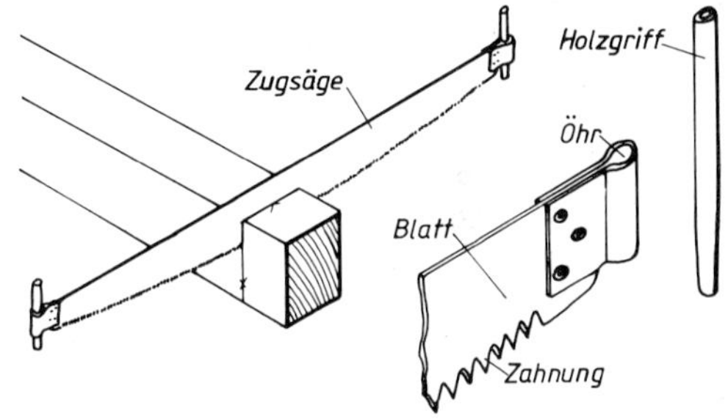

4.2.1 Zugsäge

Zugsägen sind einfach und haben sehr große Zähne. Die Holzgriffe werden in der Regel vom Zimmerer selbst angefertigt in das Öhr eingesetzt.
Mit der Zugsäge werden beim Abbinden von Bauschnitt- und Baurundhölzern Schnitte quer und schräg zu den Holzfasern ausgeführt. Auch das Ablängen von Brettern erfolgt aufeinandergeschichtet mit der Zugsäge.

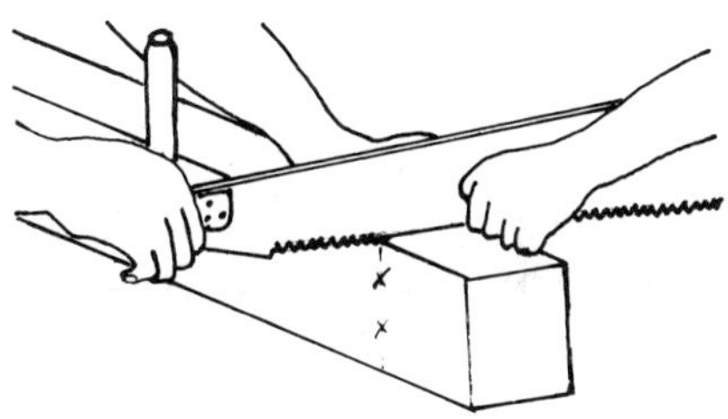

Beim Ansetzen der Zugsäge muß der blattförmige Schneidkörper seitlich mit dem Daumen, bei schrägen Schnitten unfallsicher mit Hilfe eines Bohlen- oder Brettstückes an den bestimmten Abschnittriß geschoben und zugleich für die ersten Schnittbewegungen seitlich geführt werden.

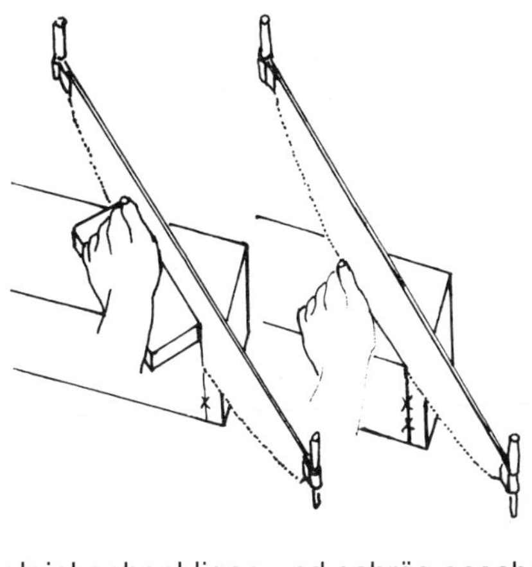

Zugsäge (Blatt nach DIN 6492)
Blatt Form A mit geradem Rücken, Zahnform DE

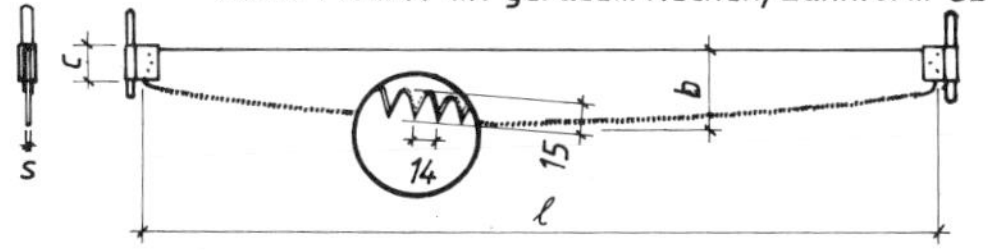

l	b ≈	Form A c ≈	s1) max.
1200	120	55	1,3
1400	130	60	1,5
1600	140	65	
1800	150	70	1,7
2000	160	75	

s1) Zahndicke an der Zahnlinie

Die Zahnlinie muß man sich über die Zahngrundlinie verlaufend vorstellen.

Die gleichschenkligen und schräg geschärften Zähne der Zugsägen schneiden beidseitig. Die Schneiden der großen Zähne bewirken in das Vollholz hinein einen raschen aber groben Schnitt.

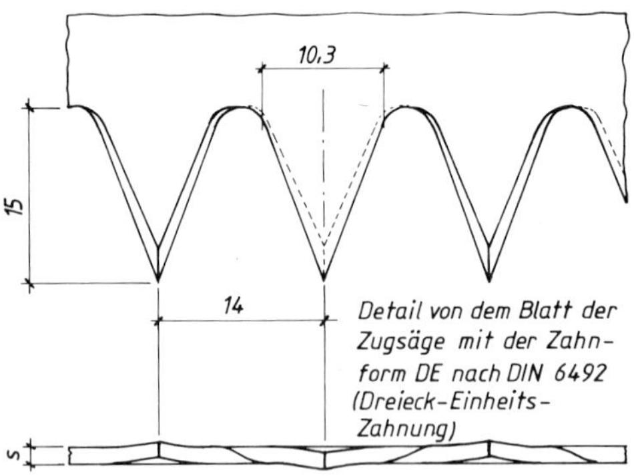

Detail von dem Blatt der Zugsäge mit der Zahnform DE nach DIN 6492 (Dreieck-Einheits-Zahnung)

Detail von dem Blatt der Zugsäge mit der Zahnform DW Dreieck-Weichholz-Zahnung nach DIN 6492

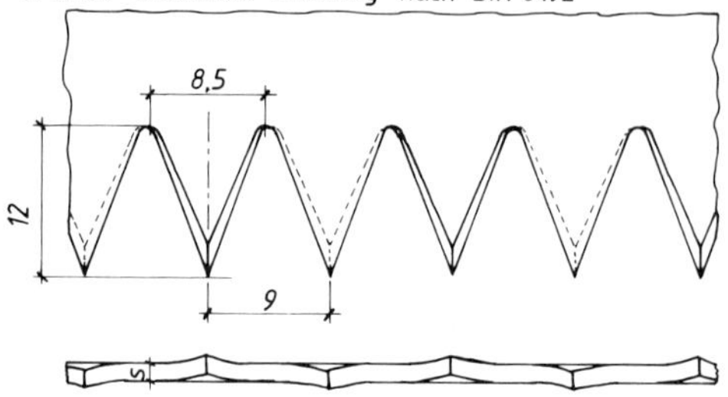

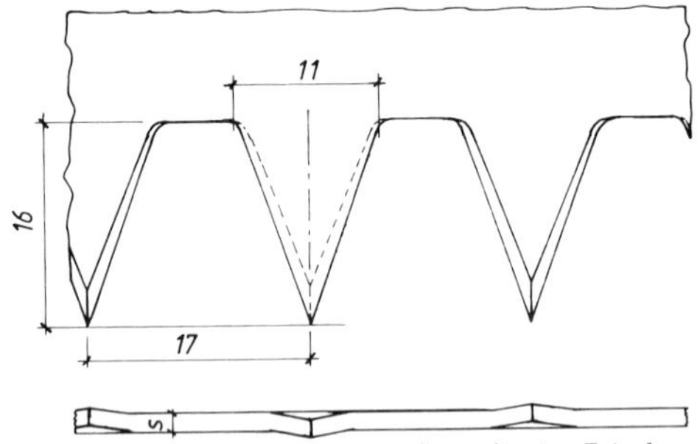

Detail von dem Blatt der Zugsäge mit der Zahnform DH Dreieck-Hartholz-Zahnung nach DIN 6492

Zu den Heftsägen, die an einem Ende von Hand geführt werden, gehören die Feinsägen, die Fuchsschwänze, die Rücken- und Stichsägen.

4.2.2 Feinsäge

Die Feinsäge dient mit der sehr kleinen unsymmetrischen Schneidkörperzahnung zur Ausführung feinster Schnitte – Abschneiden von Leisten – Anfertigung sauberer Gehrungsschnitte.

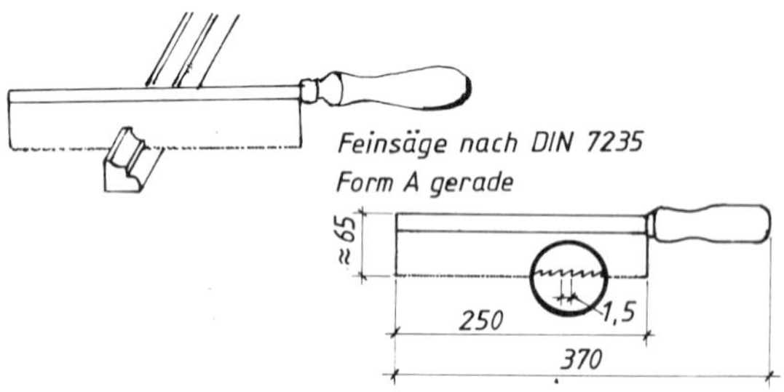

Feinsäge nach DIN 7235 Form A gerade

4.2.3 Fuchsschwanz

Der Fuchsschwanz wird vor allen Dingen dort benutzt, wo man eine Holzwerkstoffplatte mit weitem Abstand von den äußeren Kantenflächen aufzutrennen hat. Auf dem Bau und bei Reparaturarbeiten, wo man mit anderen Handsägen nicht zum Schneiden ankommt, wird der Fuchsschwanz auch gebraucht.

ℓ_1	a ≈	b ≈	c max.	ℓ_2 ≈	s ±0,1	t
300	100	40	110	420	0,8	3
350	115	45	125	470	0,9	4
400				520		

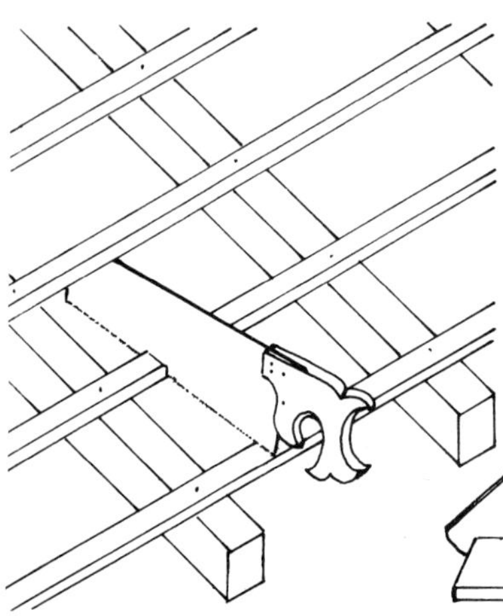

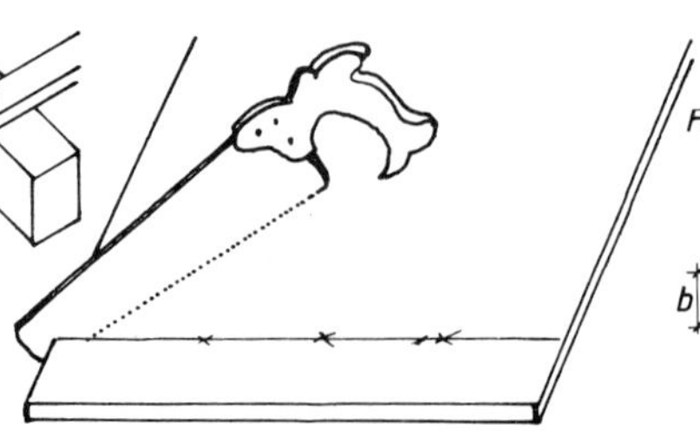

Fuchsschwänze nach DIN 7244

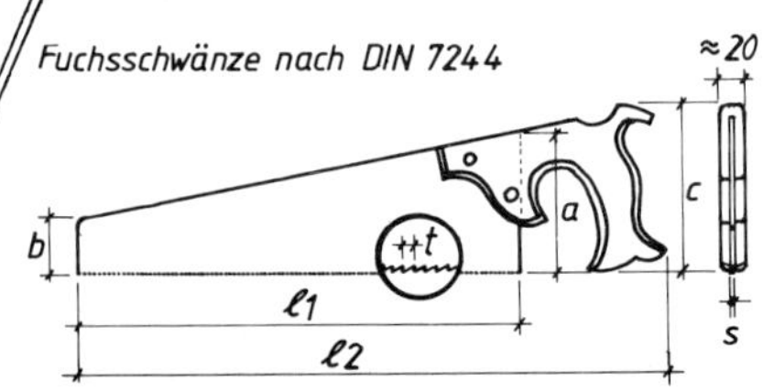

4.2.4 Rückensäge

Die Rückensäge ist eine Heftsäge für Schnittholz und Holzwerkstoffplatten mit aufgesetztem Rücken. Die Rückensäge, deren Zahnteilung etwa 3 mm beträgt, wird für Feinarbeiten – Abschneiden von schmalen gehobelten Brettern – Anfertigung sauberer Gehrungsschnitte benutzt. Der Schneidkörper der Rückensäge ist dünn und wird durch den aufgesetzten Rücken der Länge nach ausgesteift. Den aufgesetzten Rücken kann man im Bedarfsfall vom Schneidkörper abnehmen.

Rückensägen nach DIN 7243

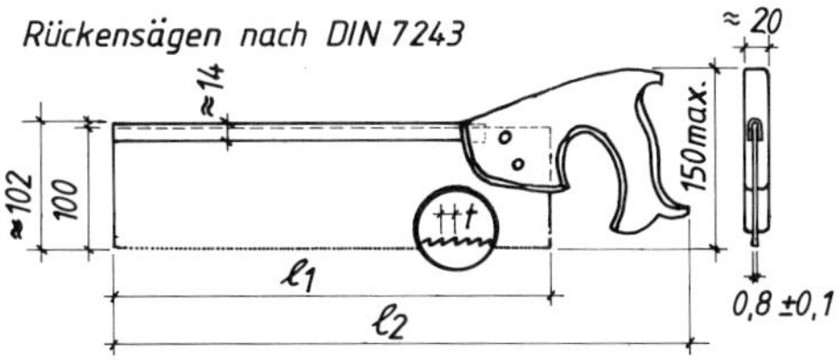

ℓ_1	ℓ_2 ≈	t
300	440	3
350	490	4

4.2.5 Stichsäge

Die Stichsäge ist eine sehr schmale spitz zulaufende Heftsäge, die überall dort gebraucht wird, wo eine größere runde oder eckige Öffnung in Schnittholz und in Holzwerkstoffplatten zu schneiden ist. Es wird erst ein Loch durchgebohrt und dann dort die Stichsäge angesetzt.

Stichsäge nach DIN 7258

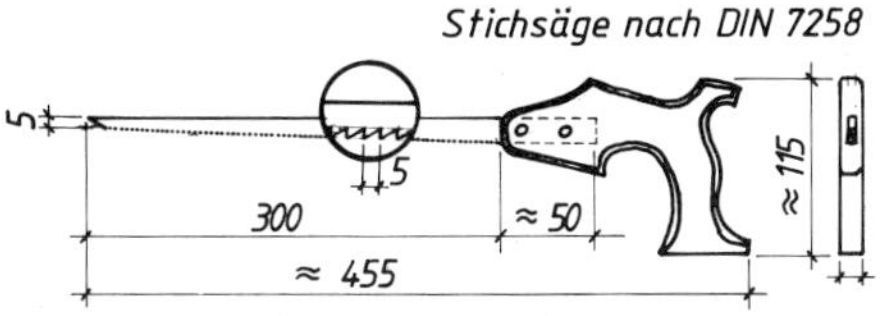

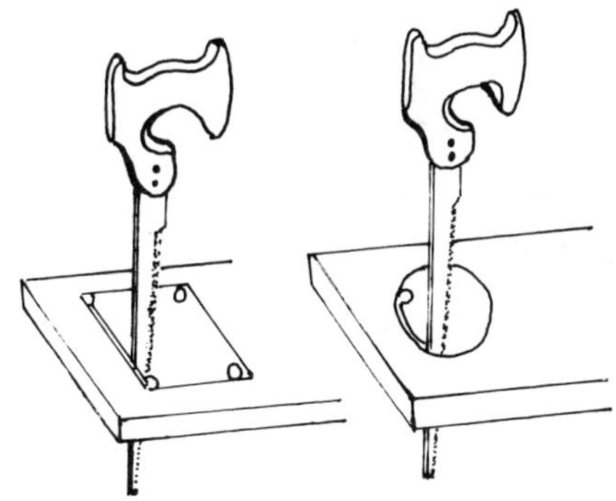

4.2.6 Spannsäge

Die Handvorspannsäge ist im Zimmerei- und Holzbaubetrieb die Handsäge, deren Sägeblatt bei sicherer Einspannung in einem Gestell schon vor dem Schneiden des betreffenden Schneidgutes unter eine anhaltende Zugspannung gebracht wird. Befindet sich im Gestell eingespannt das Spannsägeblatt mit unsymmetrischer Zahnung, nennt man diese Handvorspannsäge einfach Spannsäge.

C Spannsägeblatt nach DIN 7245

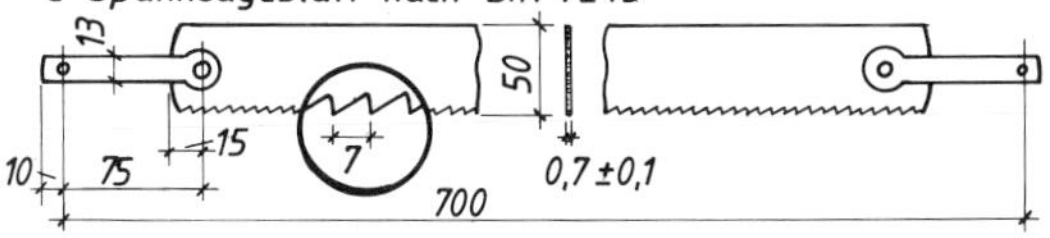

Die Zähne der Spannsäge wirken nach der unsymmetrischen Form auf Stoß in das Schneidgut hinein. Mit der Spannsäge führt man deshalb hauptsächlich Schnitte parallel zu den Holzfasern aber auch schräg dazu aus.

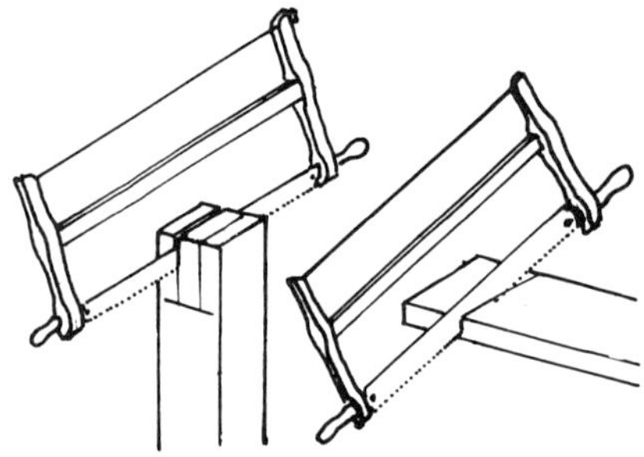

4.2.7 Absatzsäge

Die Absatzsäge ist mit breitem im Gestell vorgespannten Absatzsägeblatt, die Handsäge für saubere Abschnitte bei Innenausbauarbeiten.

D Absatzsägeblatt nach DIN 7245

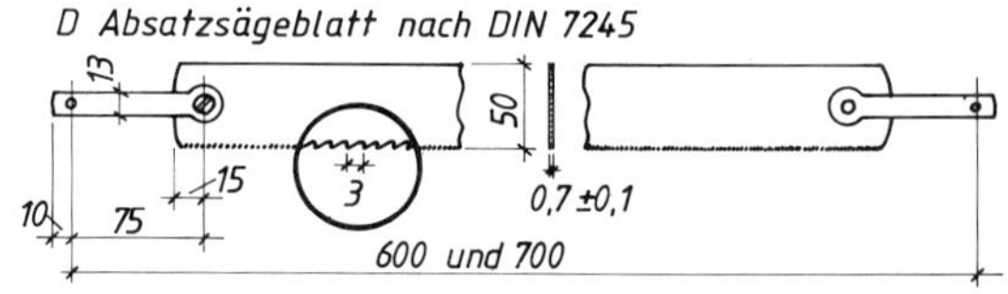

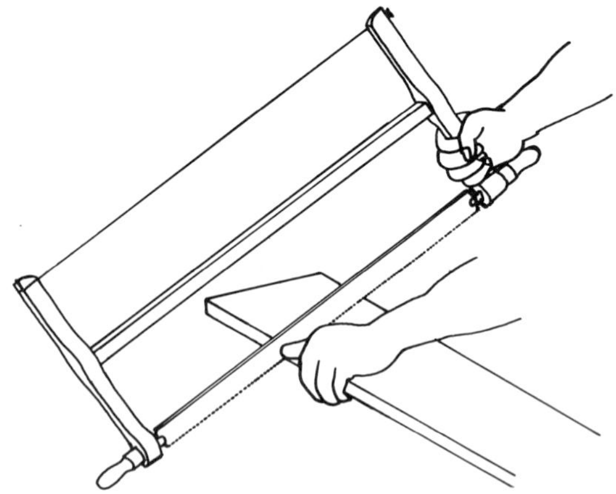

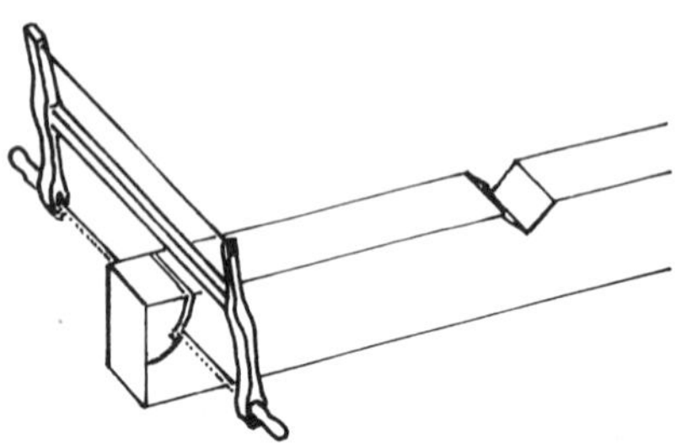

4.2.8 Schweifsäge

Die Schweifsäge mit schmalem Schweifsägeblatt dient, im Gestell auf Zugspannung gebracht, für geschweifte Schnitte.

E Schweifsägeblatt nach DIN 7245

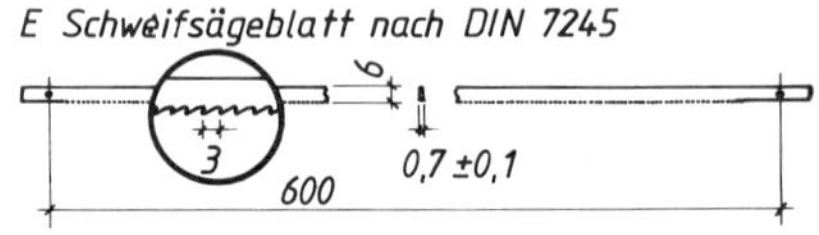

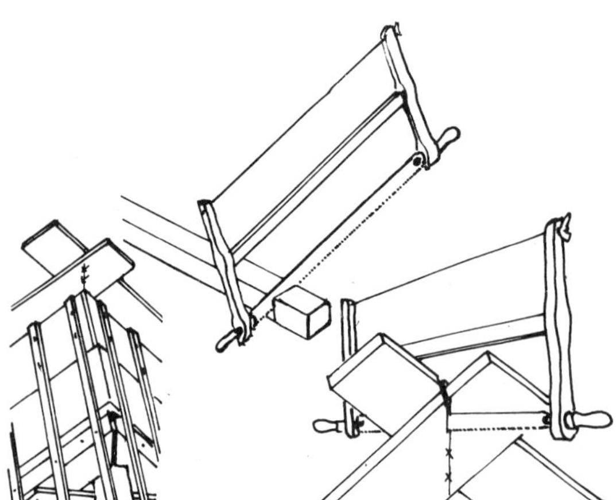

4.2.9 Strecksäge

Bei der Strecksäge ist das Schittersägeblatt in den Vorspannkörper bzw. in das Gestell eingespannt. Die symmetrischen Zähne der Strecksäge schneiden durch die schräge Schärfung mit der Zahnbrust und dem Zahnrücken, so daß gut Schnitte in Querrichtung zu den Holzfasern ausgeführt werden können.

G Schittersägeblatt nach DIN 7245

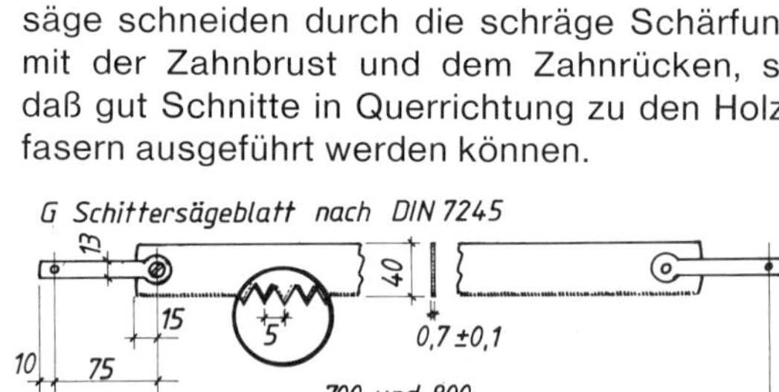

Das schon im Gestell einer Zugspannung unterworfene Sägeblatt wird durch Drehen an den Griffen leicht schräg (etwa 15°) zu den Armen des Gestells eingestellt. Dadurch kann man den Riß für das Schneiden besser sehen und das Gestell weiter an den Körper hinziehen.

Beim Schrägstellen des vorgespannten Sägeblattes muß man darauf achten, daß das Blatt nicht verdreht ist. Nur mit einem straff gespannten und gerade ausgerichteten Sägeblatt lassen sich einwandfrei gerade Schnitte ausführen.

Während des Schneidens liegt die Handkante auf dem Griff. Beim Schneiden mit Handsägen soll man nur mit geringem Druck den Schneidkörper auf das Schneidgut zubewegen.

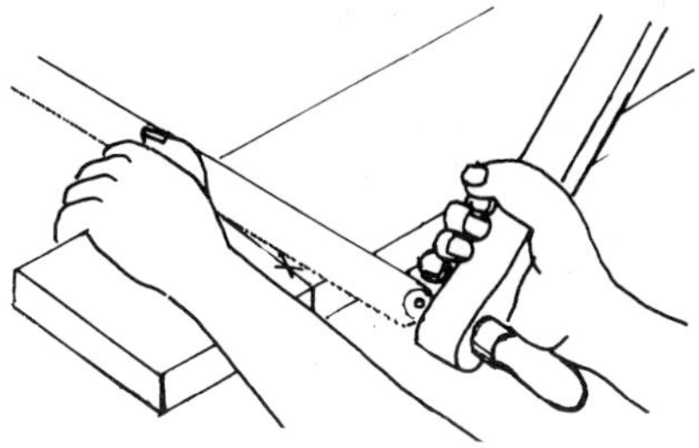

4.2.10 Sägeblattführung

Eine aus der Hand verkantete oder links und rechts ausgewinkelte Sägeblattführung gegenüber des bestimmten Abschnittrisses führt zum ungenauen Schnitt.

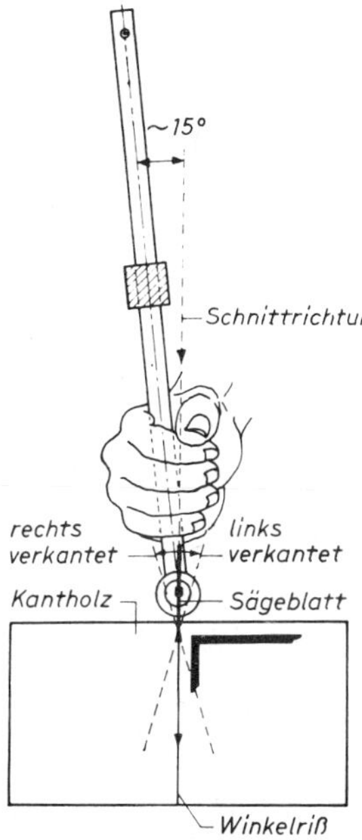

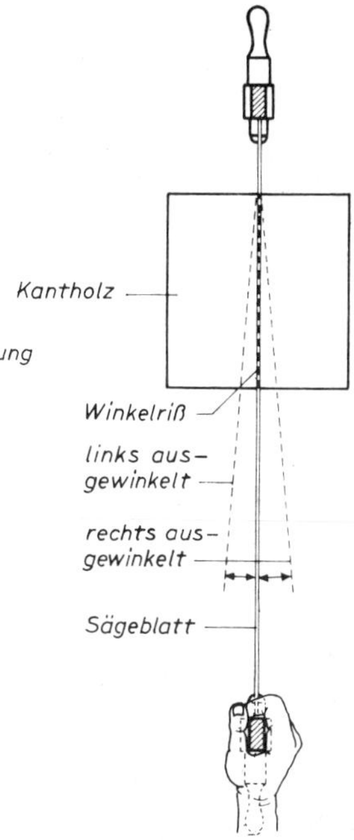

Bei zu starkem Druck mit dem Schneidkörper in die Schnittöffnung hinein klemmt das Sägeblatt und das erschwert das Schneiden erheblich.

4.2.11 Schränkweite

Man vermeidet das Festklemmen des Schneidkörpers durch Erweiterung der Schnittbreite, was die Schränkung der Sägeblattzähne voraussetzt.
Die Schränkung bedeutet, daß die Zähne des Schneidkörpers abwechselnd von den Blattseiten nach links und rechts ausgebogen sind.
Die Schränkweite legt man sich nach der Art des zu schneidenden Schneidgutes fest. Nasses und weiches Holz erfordert eine breitere Schränkung als trockenes und hartes Holz.

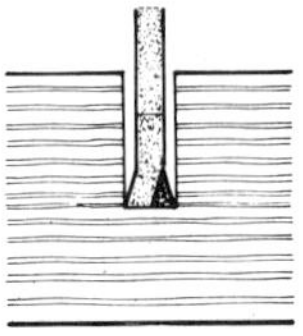

Richtig

Sägeschnitt mit gleichmäßig geschränkten Sägeblattzähnen

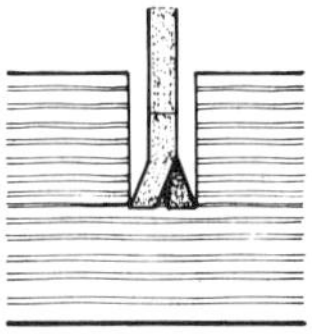

Falsch

zu weit geschränkte Sägeblattzähne

Die Schränkweite, d. h. die waagerechte Breite zwischen den äußeren Zahnspitzen, darf nicht größer sein als die doppelte Sägeblattdicke, da sich sonst der Schneidkörper (das Blatt) zwischen den Zähnen nicht freischneidet und deshalb leicht die Führung verliert, weil das Holz in der Mitte des Einschnittes von den Schneiden der Sägezähne nicht schnell genug abgehoben bzw. zerspant wird.

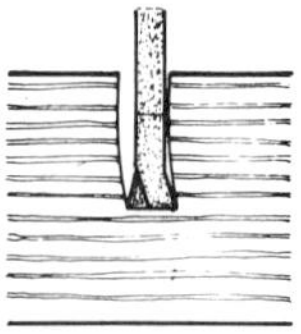

Falsch

Durch eine ungleichmäßige Schränkung der Sägeblattzähne wird das Sägeblatt auf Schnittiefe hinein verlaufen.

4.2.12 Schränken der Sägeblattzähne

Das Schränken hat stets vor dem Schärfen der Sägeblattzähne zu erfolgen. Beim Schränken darf man den Sägeblattzahn nicht ganz aus dem Zahngrund heraus auf die Seite biegen, da dieser dann leicht einreißt oder das Sägeblatt verbogen wird. In der Regel schränkt man ein Drittel der Zahnhöhe.

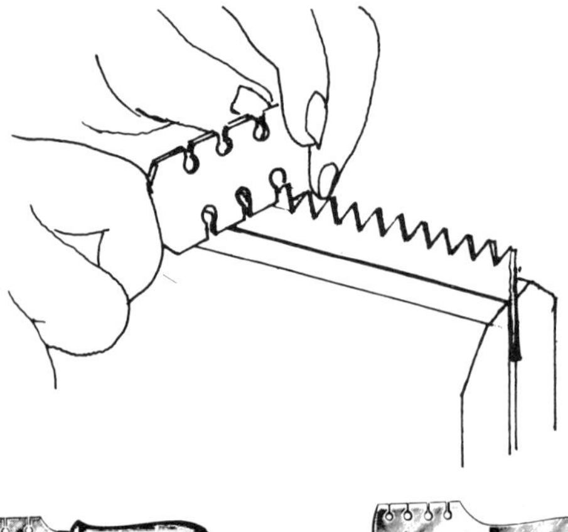

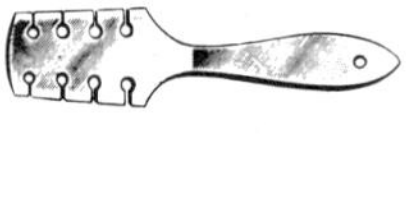

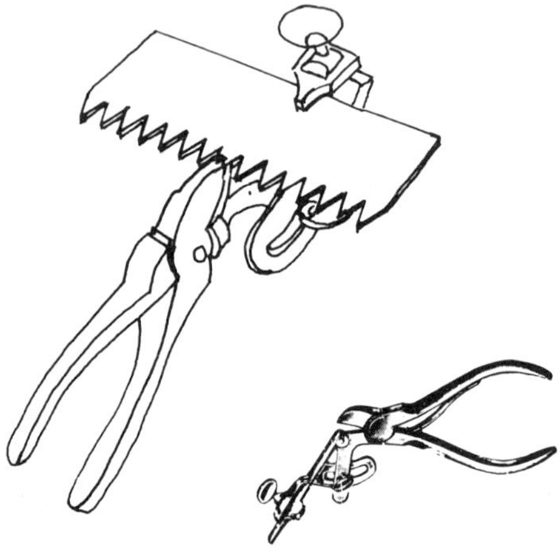

Zum Schränken der Sägeblattzähne benutzt man das Schränkeisen oder die Schränkzange. Das Schränken mit dem Schränkeisen erfordert viel Geschick. Einfacher ist der Gebrauch der Schränkzange, an der die gewünschte Schrägstellung der Sägeblattzähne eingestellt werden kann.

4.2.13 Gestell des Vorspannkörpers der Spann-, Absatz-, Schweif- und Strecksäge

Das Gestell des Vorspannkörpers der Spann-, Absatz-, Schweif- und Strecksägen besteht aus dem Steg und den beiden Armen. Parallel zum Steg verläuft das Sägeblatt und der Spanndraht (Drahtspannung) oder die Spannschnur. Zur Spannschnur gehört der Spanner (Knebel). An beiden Enden des Sägeblattes sind die Angeln angebracht. Mit den Angeln steht das Sägeblatt in einer länglichen Schnittöffnung der Griffe, in denen es durch Stifte festgehalten wird. Die beiden Griffe lagern jeweils in einer Bohröffnung der Arme. Die Griffe mit der eingeschobenen und durch einen Stift befestigten Angel sind in den Bohröffnungen der Arme drehbar.

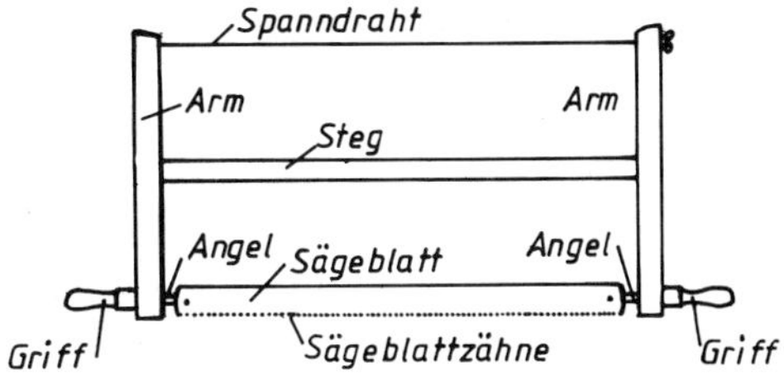

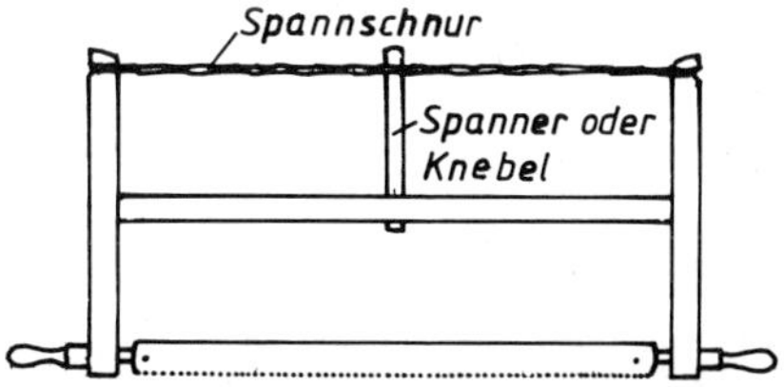

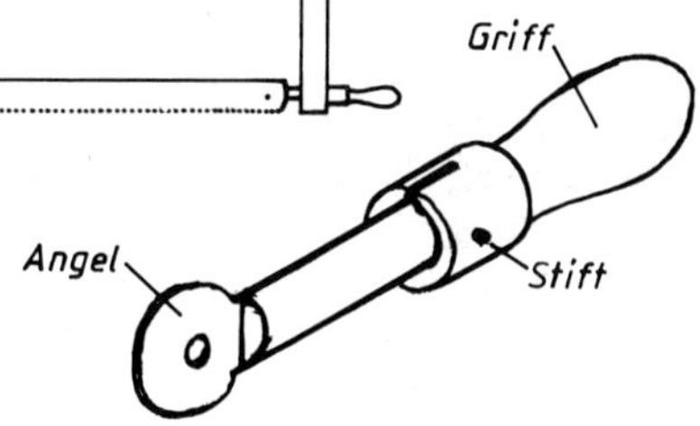

4.2.14 Das Schärfen von Handsägen

Beim Schneiden der Hölzer nützen sich die Zahnspitzen und Zahnschneiden ab und sind deshalb nachzuschränken und nachzufeilen. Grundsätzlich soll das Schränken der Zähne mit einem Schränkeisen oder mit einer Schränkzange vor dem Nachfeilen der Zähne erfolgen. Werden die Biegeschränkungen nach dem Feilen der Zähne vorgenommen, dann werden mit den Schränkwerkzeugen beim Ausbiegen der Zahnköpfe die Zahnspitzen beschädigt.

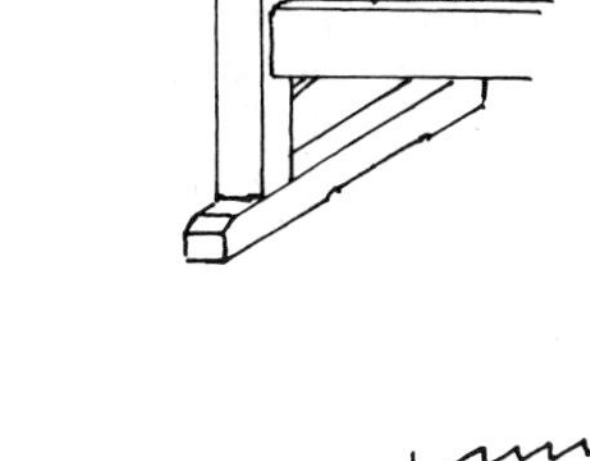

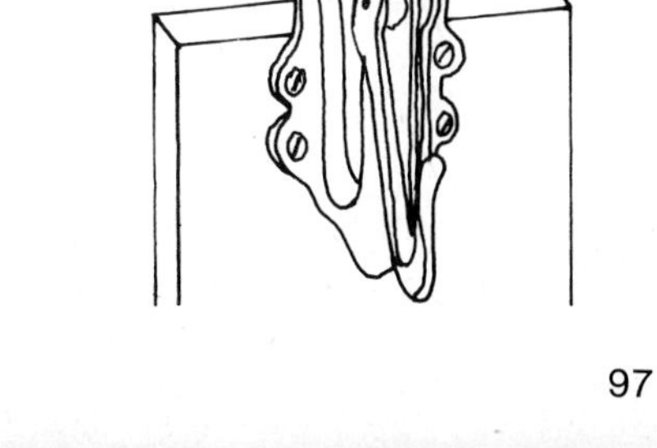

Zum Nachfeilen der Zähne wird das Sägeblatt in einen Feilkolben oder in eine Feilkluppe fest und kippsicher eingespannt. Die Einspannung sollte zur genauen Beobachtung der Feilarbeit ca. 35 cm waagerecht unter Augenhöhe liegen.

Da beim Schittersägenblatt die symmetrischen Zahnformen wechselseitig schräg zugefeilt sind, muß man beim Nachfeilen dieser Zähne zunächst von einer Blattseite aus jeden zweiten Zahn nachfeilen. Anschließend muß das Sägeblatt um 180° gedreht und wieder jeder zweite Zahn nachgefeilt werden. Natürlich werden immer nur die Zähne gefeilt, welche über der Einspannung stehen.

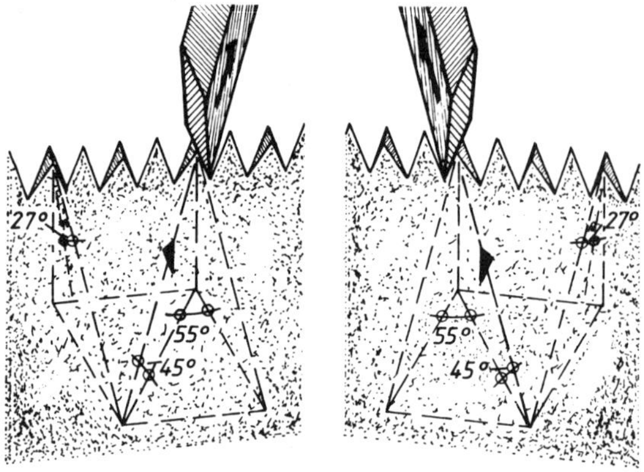

Zum Nachfeilen der symmetrischen Zähne des Schittersägeblattes verwendet man Schwert- oder Messerfeilen.

Schwertfeile *Messerfeile*

Die große Dreieck-Einheitszahnung am Blatt der Zugsäge wird mit Wald- oder Mühlsägefeilen nachgefeilt.

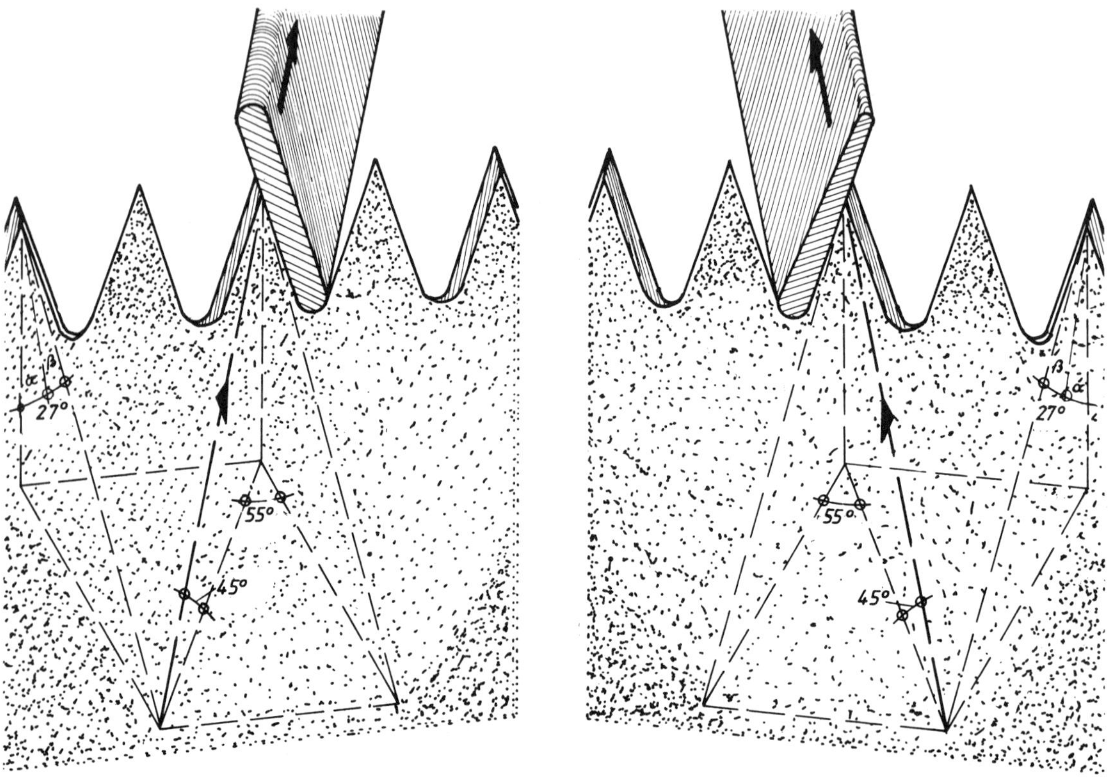

Um den Keilwinkel ß = 27° unter den Fasen jedem symmetrischen Zahn zu erhalten bzw. richtig anzufeilen, müssen die Sägefeilen schräg zum Sägeblatt geführt werden. Auf die schrägen Feilenführungen, wie sie beim Schärfen der Dreieck-Einheitszahnungen einzuhalten sind, weisen die Grundabstands- und Neigungswinkel hin.

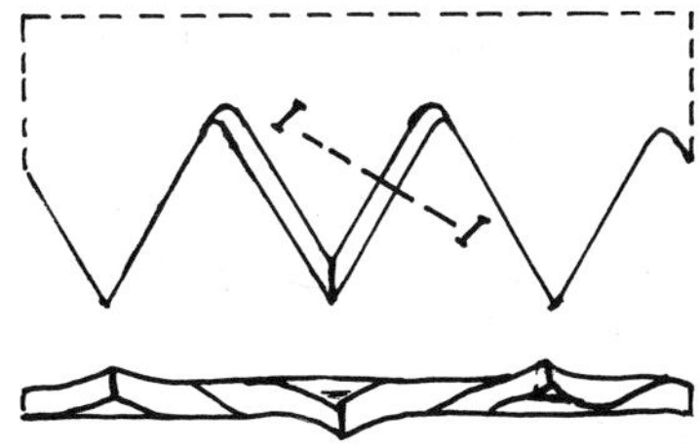

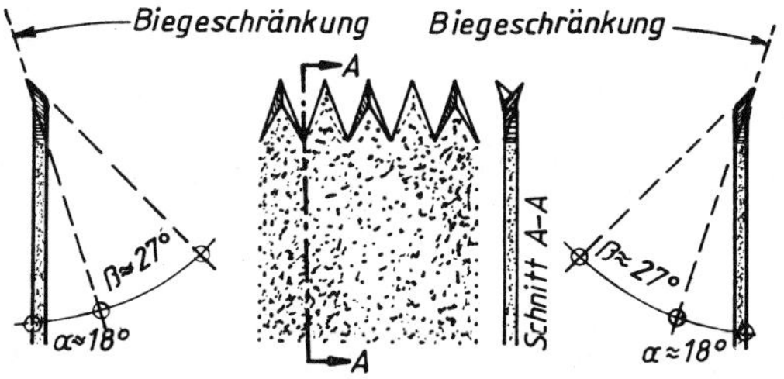

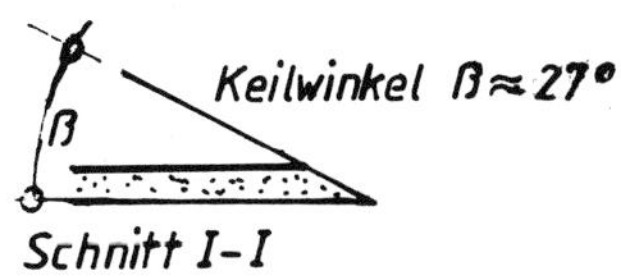

Durch die beiden Fasen, die man gleichmäßig mit 2, 3 oder mehr gleichlangen Feilstrichen in schräger Feilrichtung und außerdem in Richtung des ausgebogenen Zahnkopfes nachfeilen muß, erhält jeder symmetrische Zahn zwei scharfe Schneiden mit scharfer Spitze. Beim Schärfen der Dreieck-Einheitszahnung muß weiter darauf geachtet werden, daß von der Zahngrundlinie bis zur Zahnspitzenlinie durchweg parallele Abstände, d. h. gleich hohe Zahnformen aber im Zahngrund keine „jungen Zähne" entstehen. Über die Zahngrundlinien müssen also die Zwischenräume immer gleichmäßig und rein gehalten werden. Die sachgemäß geschränkten und nachgefeilten Dreieck-Einheitszahnungen bewirken einen raschen, aber auch sehr zahnrilligen bzw. rauhen Schnitt.

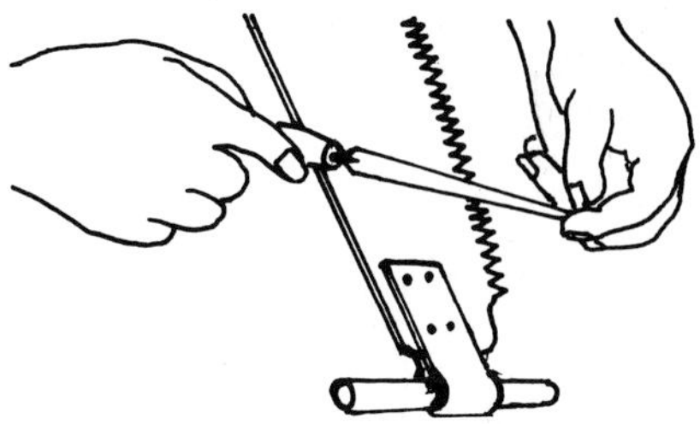

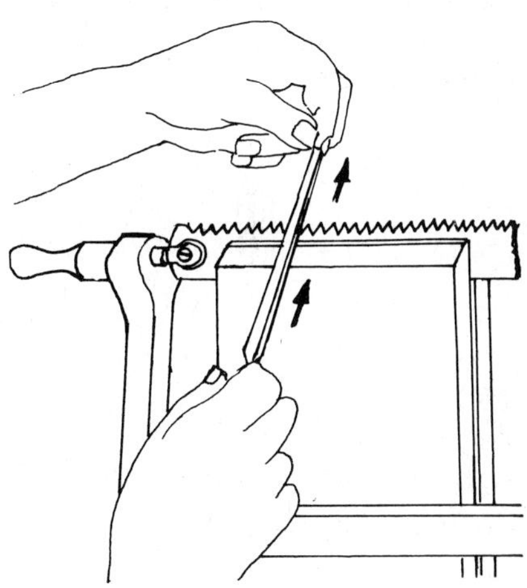

Die unsymmetrischen Zähne des Spannsägeblattes feilt man mit normalen Sägefeilen nach.

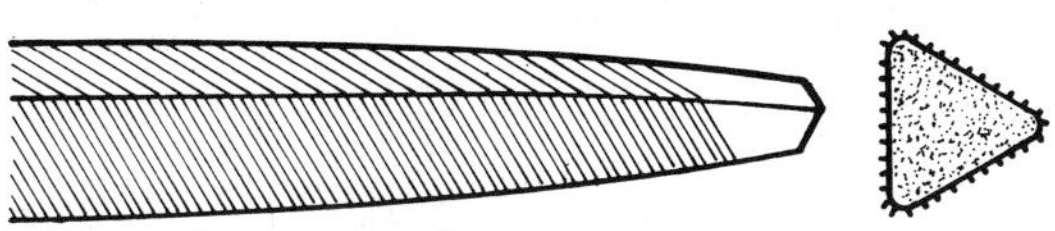

Sägefeile normal

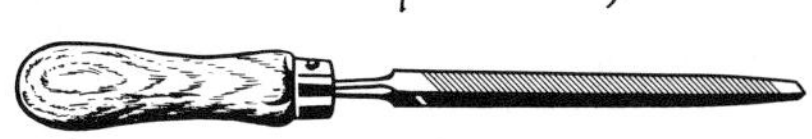

Sägefeile mit Griff

Sägefeile schlank

Zum Nachfeilen der unsymmetrischen Zähne der Fuchsschwänze, Rücken- und Stichsägen, sowie der Absatz- und Schweifsägeblätter verwendet man schlanke Sägefeilen.

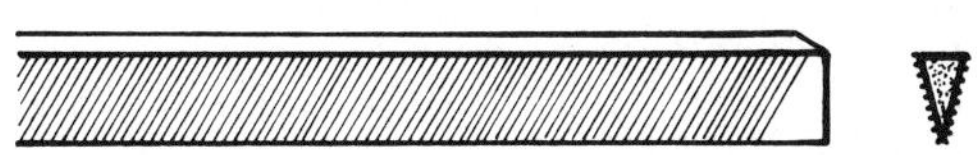

Feinsägefeile

Die unsymmetrischen Zähne der Feinsägen werden mit Feinsägefeilen scharf gemacht.

Beim Schärfen der unsymmetrischen Sägezähne mit Hilfe einer normalen, wie auch schlanken Sägefeile oder Feinsägefeile muß die betreffende Sägefeile mit gleichem Druck sowohl längs als auch quer im rechten Winkel zum eingespannten Teilstück des Sägenblattes und zugleich über Zahnbrust und Zahnrücken vorgeschoben werden. Dabei stellt die abgerundete Feilenkante eine gebogene Zahngrundfläche für den richtigen Auswurf der Sägespäne her. Das Zurückziehen der Sägefeile muß ohne Druck auf Zahnbrust und Zahnrükken erfolgen. Die Sägefeile, die man bei Rückwärtsbewegungen unter Druck hält, wird zu schnell stumpf, da sie nur nach vorn arbeitet.

Nachfeilen bzw. Schärfen der Dreieckzahnung „schwach auf Stoß"

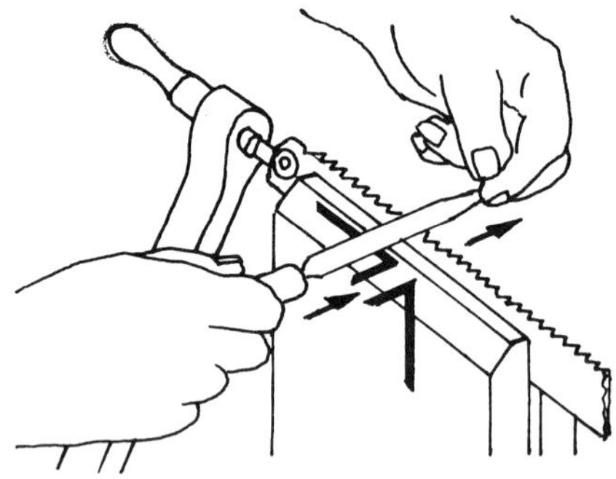

Beim Nachfeilen der unsymmetrischen Dreieckzahnung ist so lange gegen den Stoß zu feilen, bis die „blanke" Spitze – ein Zeichen der Stumpfheit des Zahnes – verschwunden ist.

Nachfeilen bzw. Schärfen der Dreieckzahnung „schwach auf Stoß"

4.2.15 Formen der Sägefeilen

Schwertfeile mit spitzen Kanten

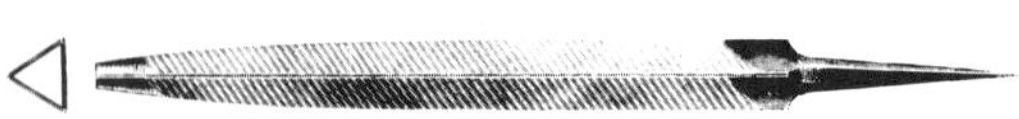

Dreikant, normalstark

Mühlsägefeile mit runden behauenen Kanten

Dreikant, schlanke Form

Segment für das Schärfen von Kreissägezähnen

Dreikant, extra dünn

Messerfeile mit behauenem Rücken

Dreikant für Bandsägen

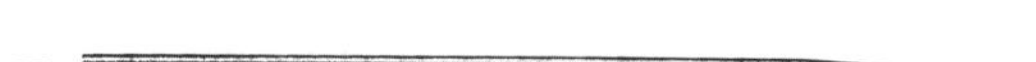

Feinsägenfeile

4.3 Die Hobel und Hobeleisen

4.3.1 Hobelkasten

Unter Hobel versteht man einen handgeführten Hobelkasten, in den nach dem zweckmäßigsten Schneidwinkel zur Spanabhebung ein Hobeleisen (Einfach- oder Doppel-Hobeleisen) eingespannt wird.

Beim Doppel-, Doppelsims-, Falz-, Putz-, Rauhbank- und Schrupphobel wird das betreffende Einfach- oder Doppel-Hobeleisen durch den in die Keilnuten oder unter das Keilwiderlager eingepreßten Keil hinter dem Spanloch des Hobelkastens festgehalten.

Hobel, Benennungen nach DIN 7223

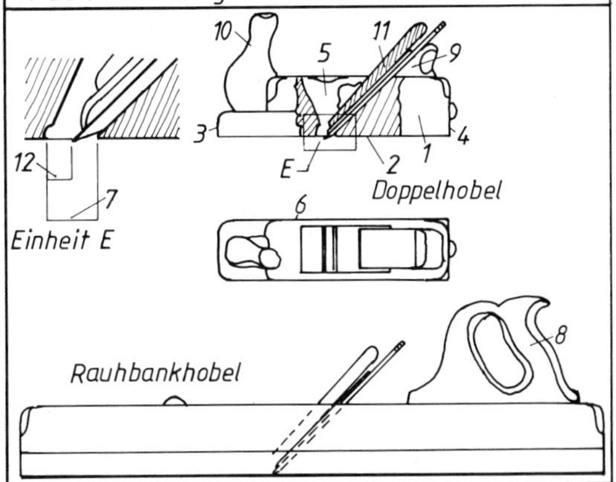

Nr.	Nr.	Nr.
1 Hobelkasten	6 Wangen	11 Keil
2 Sohle	7 Maul	12 Spandurchgang
3 Stirn	8 Griff	
4 Hinteres Ende	9 Handschutz	
5 Spanloch	10 Nase	

4.3.2 Einfachhobeleisen ohne Schlitz

4.3.3 Einfachhobeleisen mit Schlitz

4.3.4 Doppel-Hobeleisen

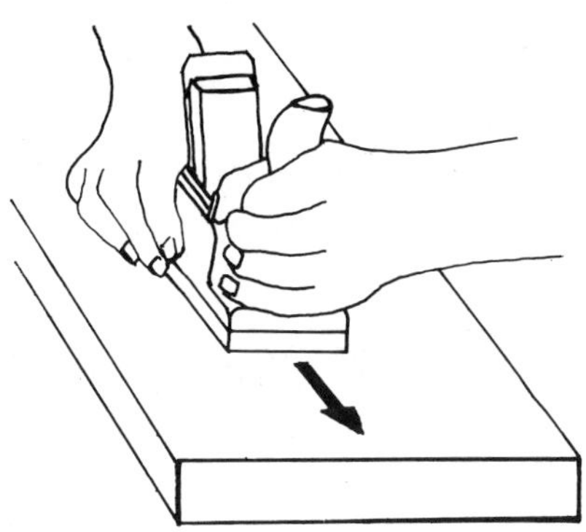

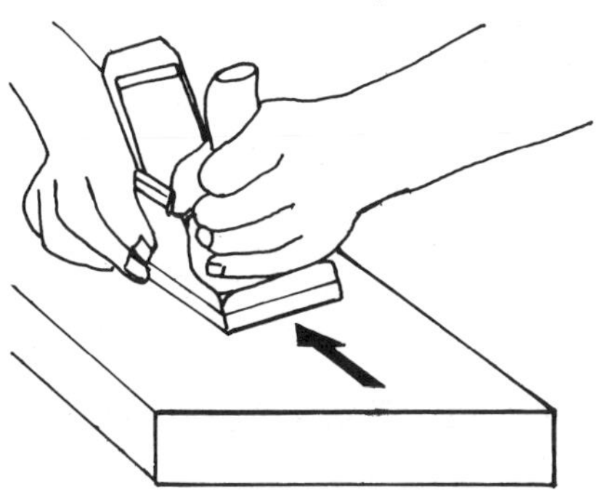

Hobeleisen, Benennungen nach DIN 5153

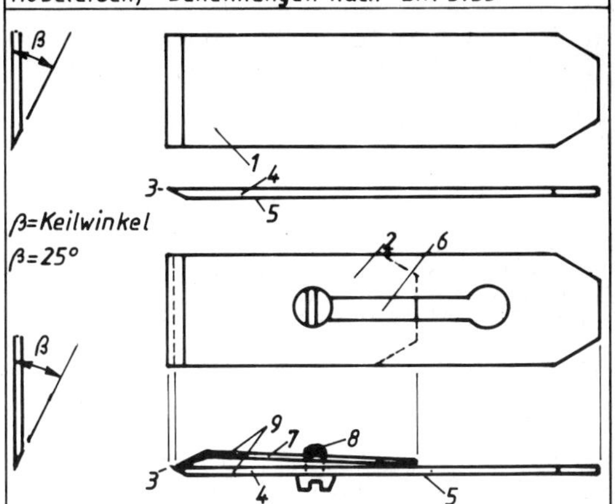

Nr.	Benennungen
1	Einfachhobeleisen ohne Schlitz
2	Einfachhobeleisen mit Schlitz
3	Schneide
4	Spanflächenfase
5	Rücken
6	Schlitz
7	Klappe
8	Schraube
9	Doppel-Hobeleisen

4.3.5 Der Schrupphobel

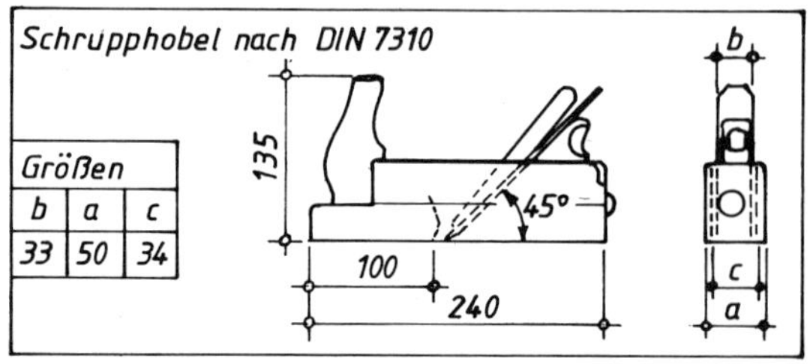

4.3.6 Hobeleisen für Schrupphobel

Zur Abhebung dicker Hobelspäne aus den Seiten der Kanthölzer, Bretter und Bohlen wird der Schrupphobel mit dem Einfach-Hobeleisen oder Doppel-Hobeleisen verwendet. Die Schneide des Hobeleisens für den Schrupphobel ist gebogen. Für das tiefe oder weniger tie-

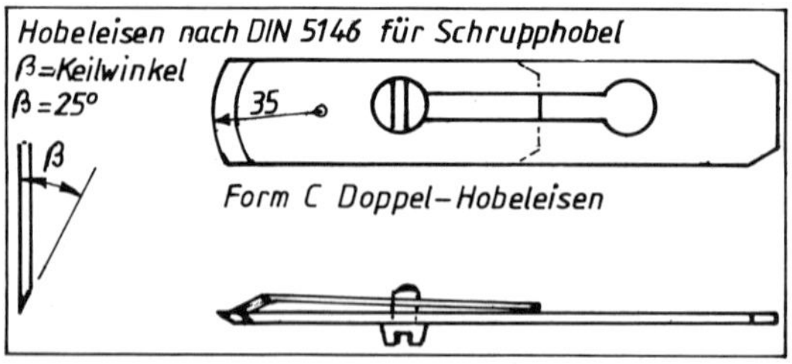

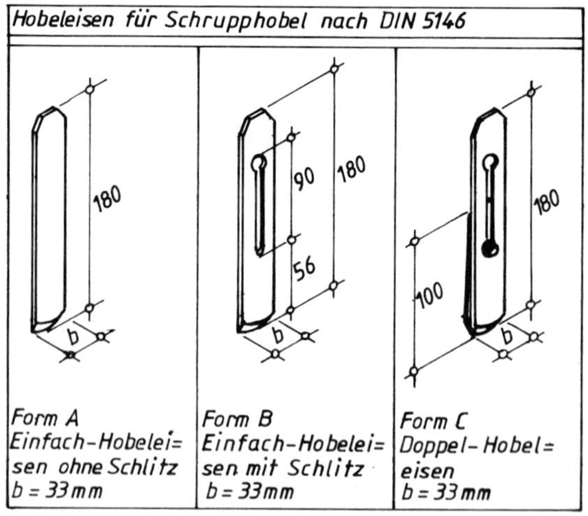

fe Schruppen von Holzseiten und Kantenflächen stellt man die gebogene Schneide des Hobeleisens durch das Maul über die Sohle des Hobelkörpers hinaus aus.

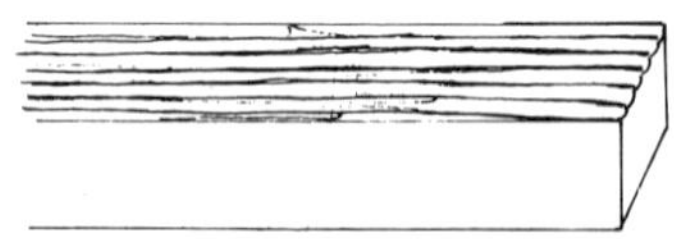

Beim Innenausbau in bodenständiger Bauart wird der Schrupphobel absichtlich zum Bearbeiten der Holzseiten und Kantenflächen verwendet.

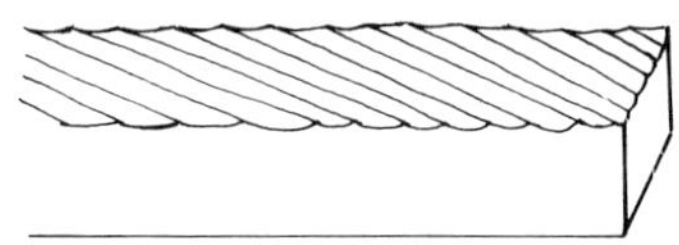

Der Schrupphobel eignet sich auch zum Zwerchen, d. h. schräg zur Holzfaser hobeln und zum Abnehmen dicker Späne beim Zurichten stark verformter Hölzer.

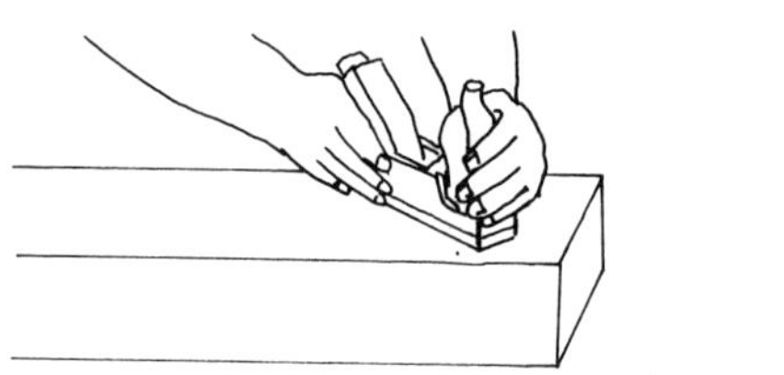

4.3.7 Der Schlichthobel

Der Schlichthobel wird mit dem zugehörigen Einfach-Hobeleisen, das ursprünglich eine gerade Schneide hat, zum Ebenhobeln rauher Schnittholzseiten und Kantenflächen verwendet. Er ist dazu geeignet, weil der eigentliche Hobelkasten ein verhältnismäßig großes Maul für die Aufnahme der etwas dickeren Hobelspäne hat.

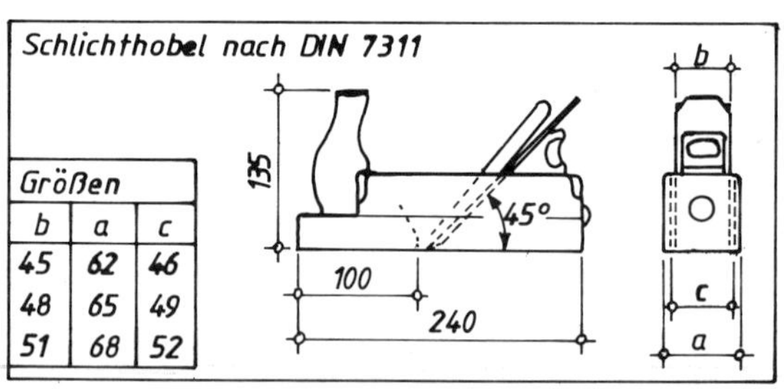

4.3.8 Hobeleisen für Schlicht-, Rauhbank- und Doppelhobel

Durch den dicken Span, den der Schlichthobel mit der ausgeschobenen Hobelmesserschneide aus dem Vollholz abhebt, sind die einzelnen Hobelstöße mehr sichtbar. Es wird also keine vollkommen glatte Fläche auf die Seiten oder Kantenflächen der Vollhölzer angehobelt. Der Schlichthobel wird auch zum Bestoßen der Hirnholzenden, zum Fasen von Kantenflächen und zum Entfernen von ausgehärteten Leimresten verwendet.

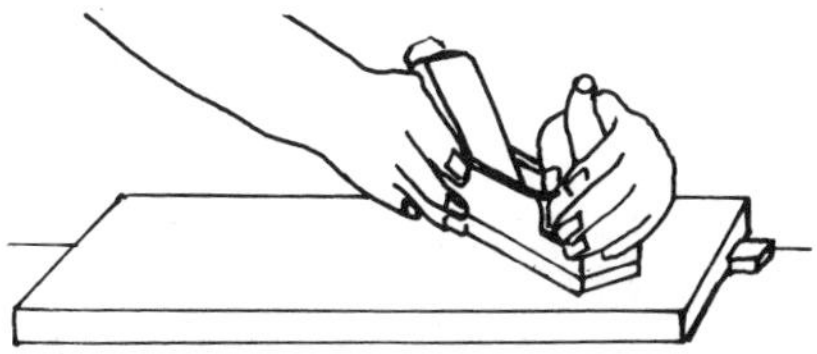

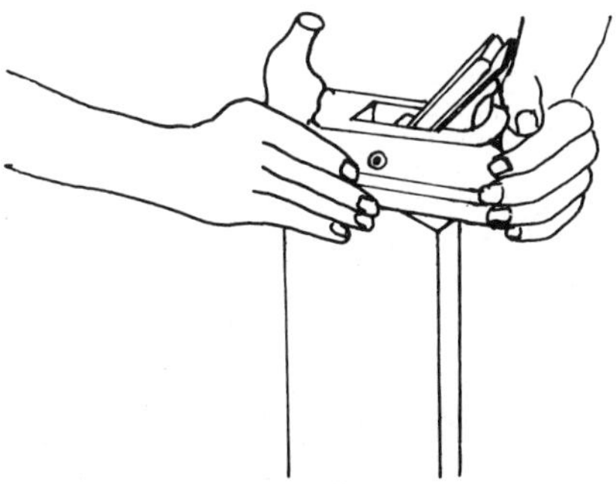

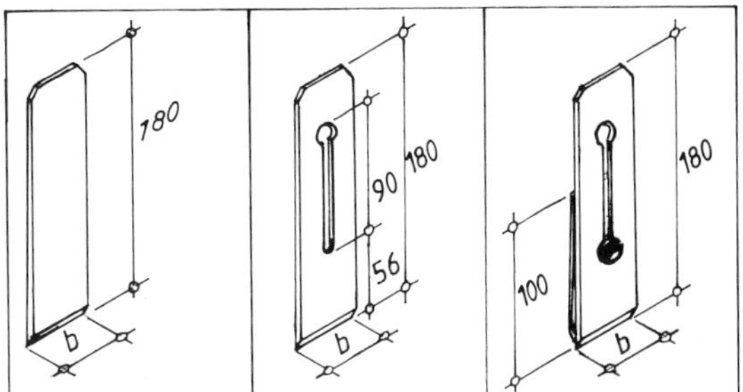

Form A Einfach-Hobel=eisen ohne Schlitz	Form B Einfach-Hobel=eisen mit Schlitz	Form C Doppel-Hobeleisen
b = 45 mm b = 48 mm b = 51 mm verwendbar für den Schlichthobel nach DIN 7311	b = 45 mm (D+P) b = 48 mm (D+P) b = 51 mm (D+P) b = 57 mm (Rauh.) b = 60 mm (Rauh.) verwendbar für D+P, d.h. Doppel- und Putzhobel nach DIN 7219=D und DIN 7220=P	b = 45 mm b = 48 mm b = 51 mm b = 57 mm (Rauh.) b = 60 mm (Rauh.) verwendbar für Doppelhobel nach DIN 7219, Putzhobel nach DIN 7220
	Rauh. = verwendbar für Rauhbankhobel nach DIN 7218	

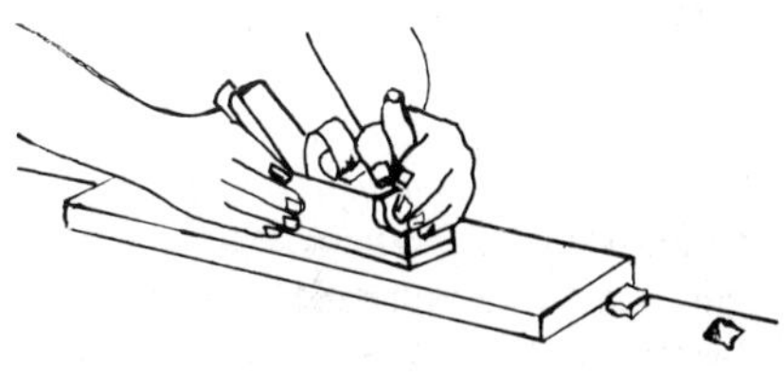

4.3.9 Der Rauhbankhobel

Der Rauhbankhobel mit dem zugehörigen Doppel-Hobeleisen (Form C nach DIN 5145) eignet sich durch den langen Hobelkasten besonders zum Ebnen größerer Seiten von Vollhölzern und zum geraden Anhobeln langer Kantenflächen für Breitenverbindungen bei Brettern und Bohlen.

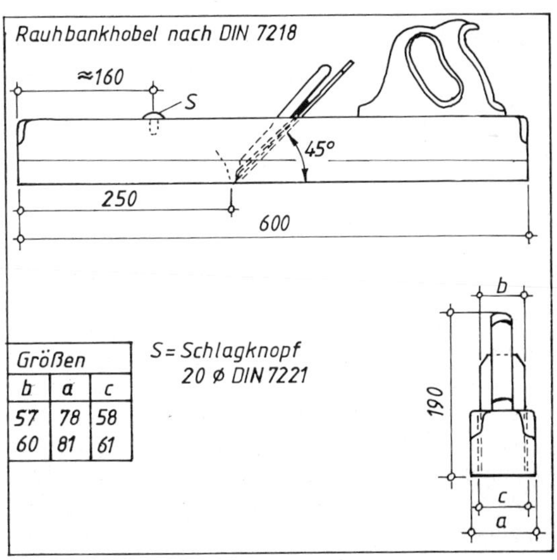

Größen		
b	a	c
57	78	58
60	81	61

4.3.10 Der Doppelhobel

Der Doppelhobel mit dem zugehörigen Doppel-Hobeleisen wird besonders dann benutzt, wenn die Seiten von Vollhölzern schon mit dem Schlichthobel ebengehobelt wurden und außerdem noch geglättet werden müssen. Mit dem Doppelhobel glättet man die Seiten und Kantenflächen von Vollhölzern auch gegen die Holzfaser.

Doppelhobel nach DIN 7219

Größen		
b	a	c
45	62	46
48	65	49
51	68	52

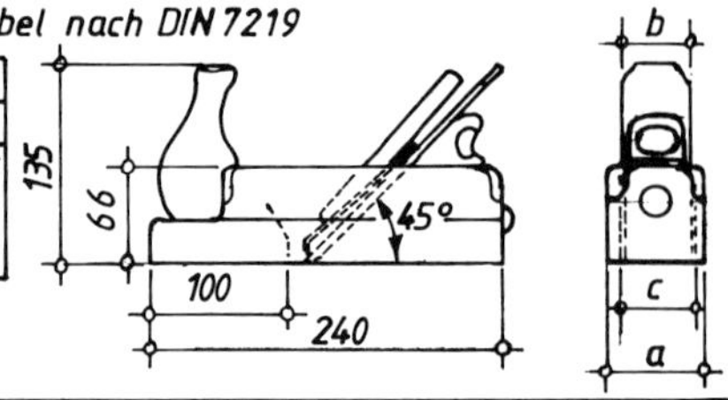

4.3.11 Der Putzhobel

Den Putzhobel mit dem zugehörigen Doppel-Hobeleisen benutzt man zum glatten, sauberen und feinen Hobel bzw. Putzen der Seiten und Kantenflächen von Vollhölzern und furnierten Holzwerkstoffen.

Putzhobel nach DIN 7220

Größen		
b	a	c
45	62	46
48	65	49
51	68	52

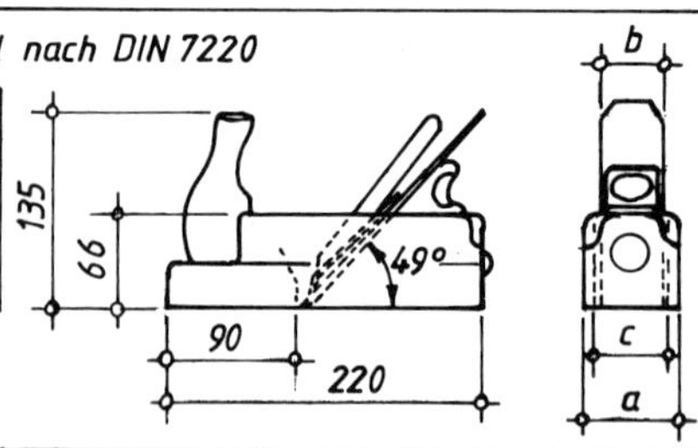

4.3.12 Der Falzhobel

Der Falzhobel wird zum Herstellen rechtwinkliger Falze in Vollhölzer hinein verwendet. Bei der Arbeit mit dem Falzhobel ist es von Wichtigkeit, daß der Hobelkasten mit den fest eingespannten Hobel- und Vorschneideisen kräftig in den Falz hineingedrückt wird, daher erfolgt die Arbeit etwas seitlich schiebend.

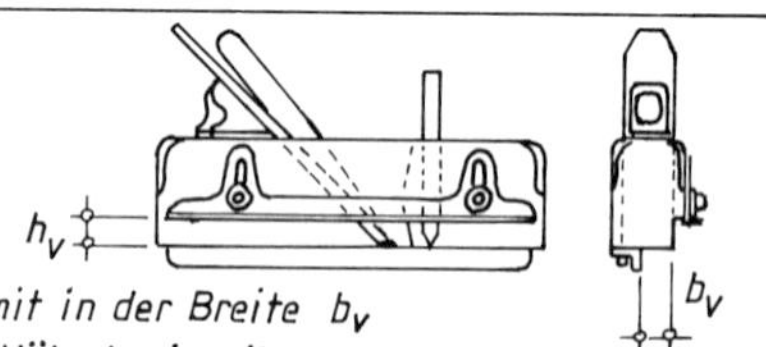

Falzhobel mit in der Breite b_v und in der Höhe h_v jeweils verstellbarem Anschlag

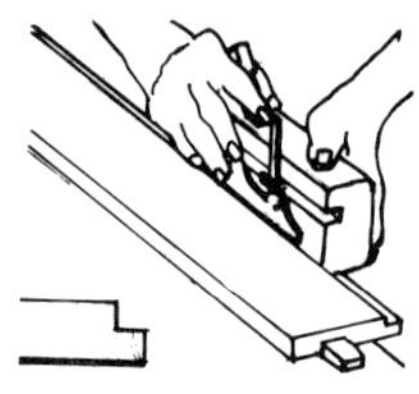

4.3.13 Der Simshobel

Wo ein Falz in das Vollholz hinein etwas nachzuhobeln ist, wird der Simshobel oder Doppelsimshobel verwendet. Da die Einfach- und Doppel-Hobeleisen der Simshobel durch die breiteren unteren Teilstücke mit der Schneide über die ganze Breite des Hobelkastens gehen, müssen die betreffenden Hobeleisen aus den breiteren Teilstücken sowie Stielteilen von unten in die Hobelkästen eingeschoben und von oben mit dem Keil festgespannt werden.

Simshobel nach DIN 7306

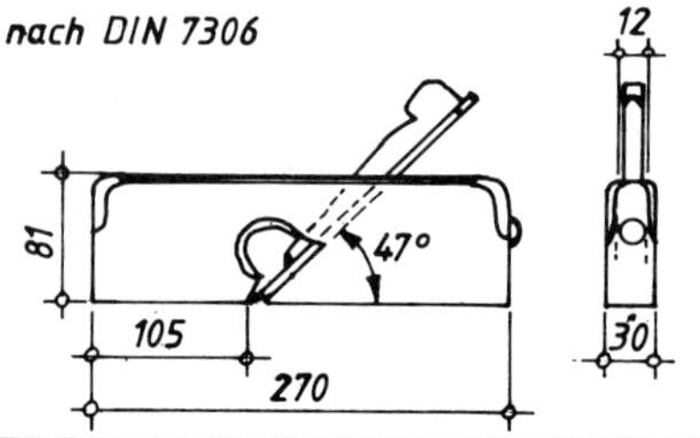

4.3.14 Der Doppelsimshobel

Beim Hobelkasten des Doppelsimshobels kann man die Sohle in ihrem vorderen Teil verschieben und durch einen Bolzen mit aufgeschraubter Flügelmutter auf der oberen Kantenfläche des Hobelkastens festziehen. Das Hobelmaul kann dadurch für gröbere Anhobelungen der Länge nach größer oder aber für feinere Anhobelungen entsprechend klein gehalten werden. Bei dem zu weiten Maul bricht der Span nicht, d. h. er reißt ein und beim zu engen Maul wird der Span den Hohlraum über dem Spandurchgang dauernd verstopfen.

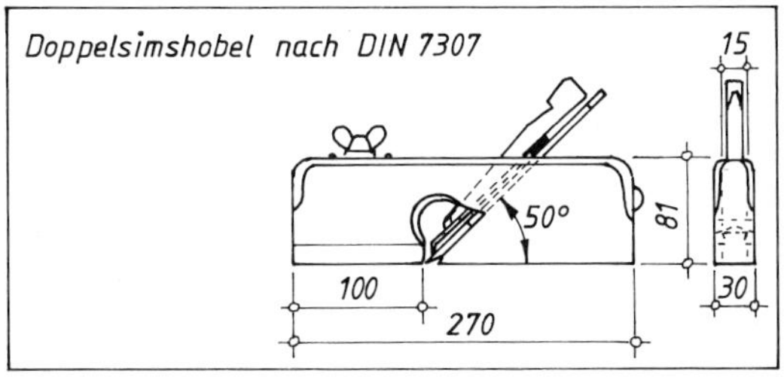

4.3.15 Hobeleisen für Sims-
4.3.16 und Falzhobel

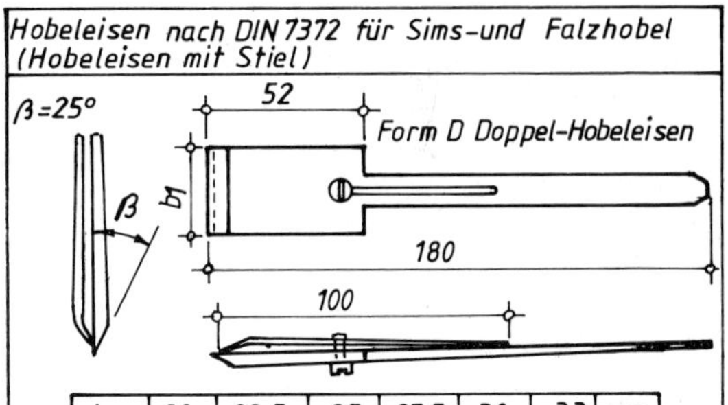

b_1	20	22,5	25	27,5	30	33	mm

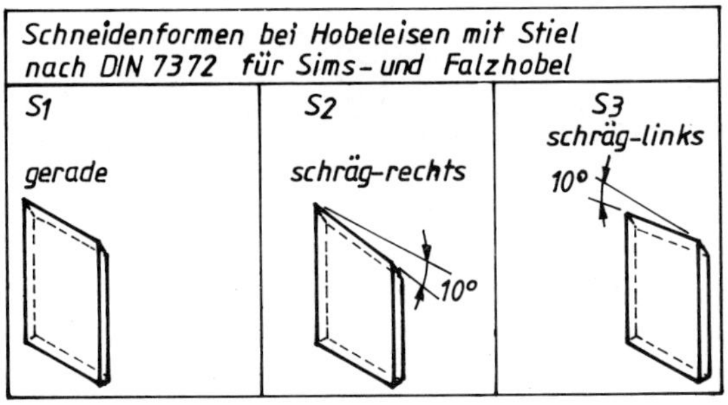

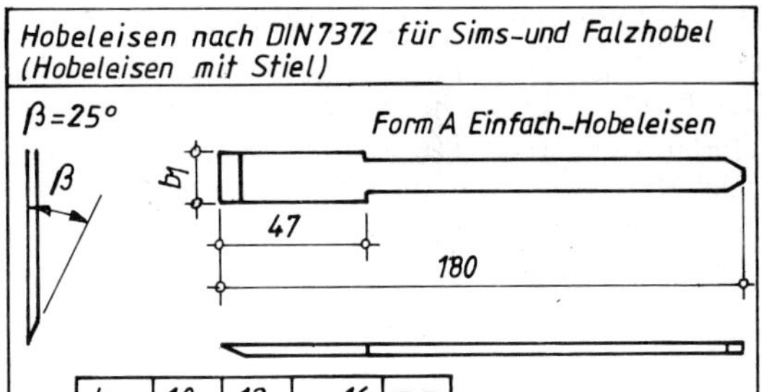

b_1	10	12	16	mm

4.3.17 Der Grathobel

Den Grathobel verwendet man zum Anhobeln von Gratfedern bei Gratleisten und zum Anhobeln von Wassernasen für den baulichen Holzschutz.

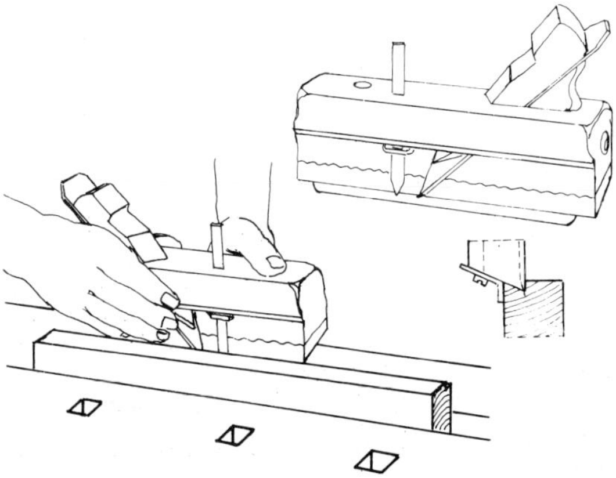

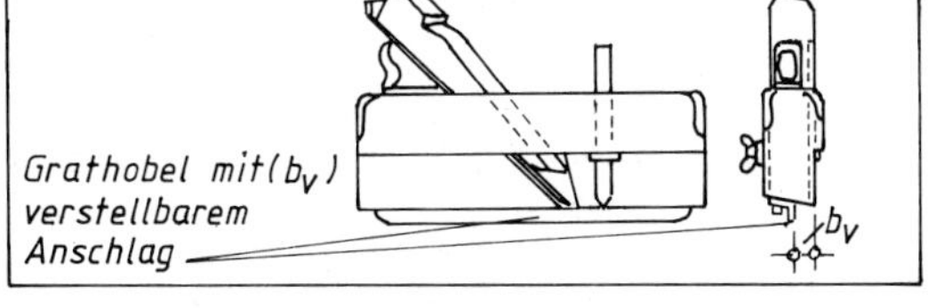

4.3.18 Die Spandicke festlegen

Für das Abheben der Späne von den Seiten und Kantenflächen des Vollholzes muß die Schneide des eingespannten Einfach- oder Doppel-Hobeleisens unter der Sohle des Hobelkastens vorstehen. Man gibt dem Hobel nach der Fachsprache etwas „Eisen", so daß sich demgemäß die eigentliche Spandicke zwischen Unterkante „Sohle" und der Schneide des Einfach- und Doppel-Hobeleisens absetzt.

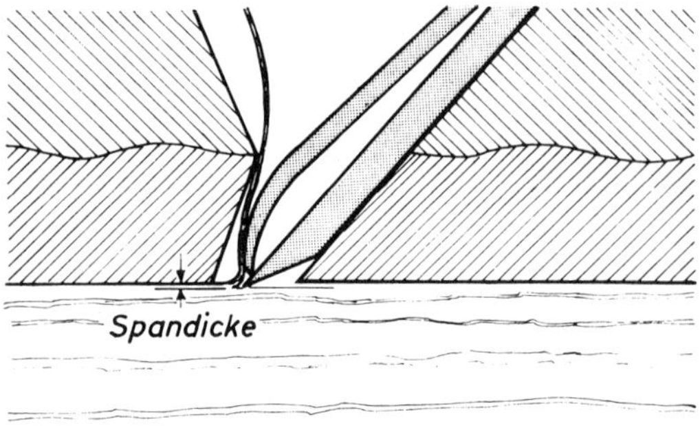

Die gewünschte Spandicke wird durch Vor- oder Rückschub des schräg im Hobelkasten eingespannten Hobeleisens festgelegt. Wo der Hobel etwas Eisen bzw. Vorschub für die Spanabhebung benötigt, wird von oben mit dem Hammer und ganz leichten Schlägen auf das Hobeleisen geschlagen.

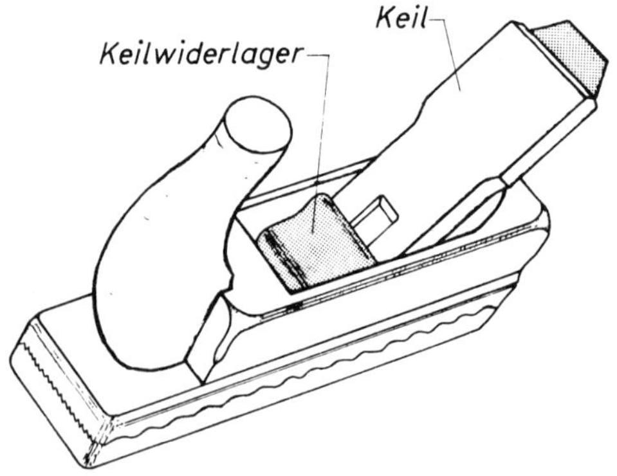

Für den Rückschub des Hobeleisens im Hobelkasten ist der Schlagknopf von außen in das Holz des Hobelkastens eingesetzt. Durch Hammerschläge auf den Schlagknopf bewegt sich das eingespannte Einfach- oder Doppel-Hobeleisen nach oben.

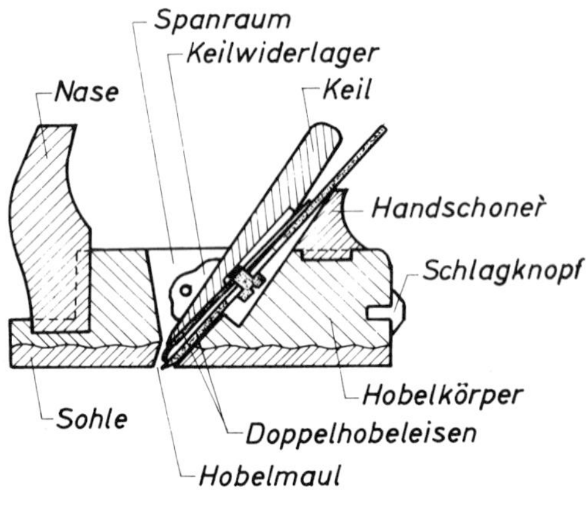

4.3.19 Das Verstopfen der Spandurchgänge

Die Ursache des „Verstopfens" der Spandurchgänge in den Hobelkästen sind in der Regel auf zu dicke Hobeleisen und demgemäß auf zu enge Spandurchgänge oder auf eine zu schmale und nicht richtig eingestellte Brechkante bei der Klappe über der Schneide des Doppel-Hobeleisens zurückzuführen.

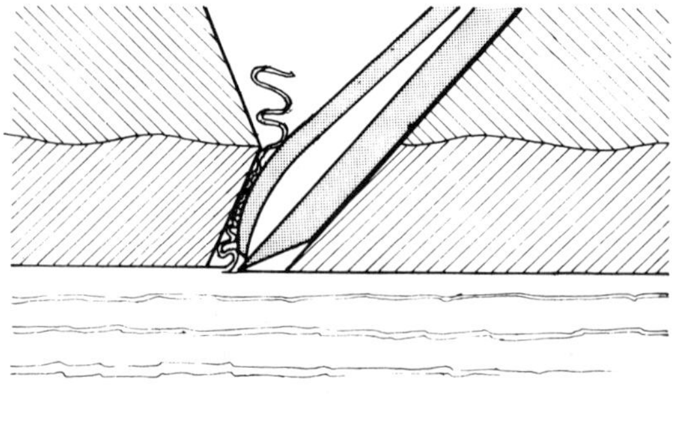

Wo die Brechkante der Klappe ca. 1 mm breit ist und einen 1 mm großen Abstand zur Schneide des Doppel-Hobeleisens hat, wird der Span sehr nahe hinter der Schneide ein zweitesmal gebrochen. Nach der Reihenfolge der Spanbrechungen kann sich der Span im Spandurchgang biegen, er bleibt dabei aber unter dem Schub im Hobelkasten und für die Beförderung aus dem Spanloch noch ausreichend stabil.

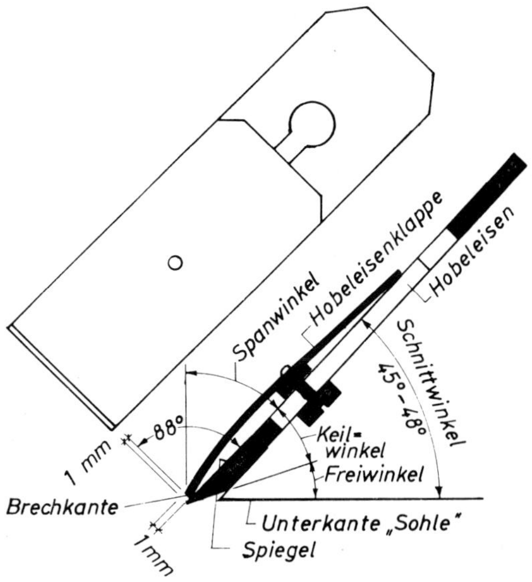

Oft liegt die Ursache des „Verstopfens" der Spandurchgänge auch darin, daß die Klappe mit der Brechkante nicht fest und dicht auf dem Doppel-Hobeleisen aufliegt.

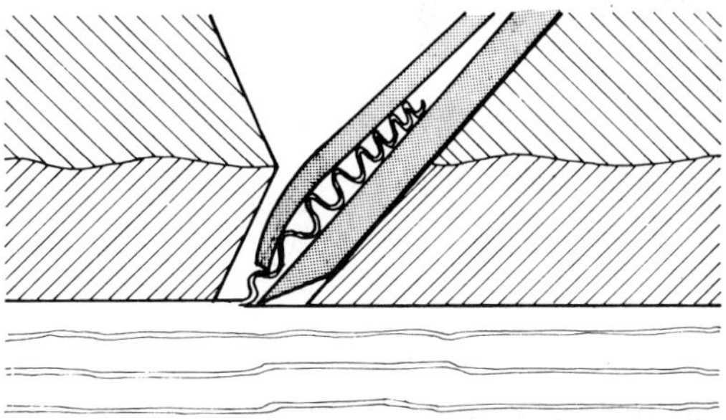

4.3.20 Das Einreißen des Holzes

Eine besondere Aufgabe, um beim Hobeln ein Einreißen des Holzes zu vermeiden, hat die vordere Kante des Hobelmauls. Sie drückt den schon durch die Schneide gebrochenen Span ständig nieder und verhindert damit eine lange Spannwirkung.

Bei einem großen Hobelkastenmaul und demgemäß auch großen Spandurchgang besteht die Gefahr, daß der lang abgehobene Span sich, ohne ein zweitesmal von der Brechkante der Klappe gebrochen zu werden, über die Klappe hochschiebt und Einrisse im Holz verursacht. Zwischen der vorderen Kante des Hobelmauls und der Schneide des Doppel-Hobeleisens soll, um ein Einreißen des Holzes zu vermeiden, der Abstand nicht viel größer sein, als der abzuhebende Span dick ist.

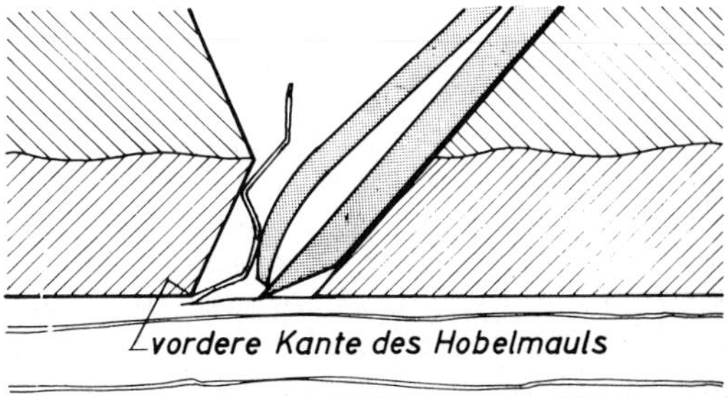

4.3.21 Das Schärfen der Hobeleisenschneide

Beim Schärfen der Schneide eines Einfach- und Doppel-Hobeleisens muß man stets darauf achten, daß mit dem Anschleifen der Freifläche ein Keilwinkel von annähernd 25° entsteht.

Das Anschleifen der Freifläche unter einem Keilwinkel mit viel weniger als 25° bringt am Hobeleisen eine zu lange Freifläche und die Schneide wird dadurch erheblich geschwächt, was zur Folge hat, daß die Schneide sich bei schlechtem Stahl umlegt und bei zu hartem Stahl ausbricht.

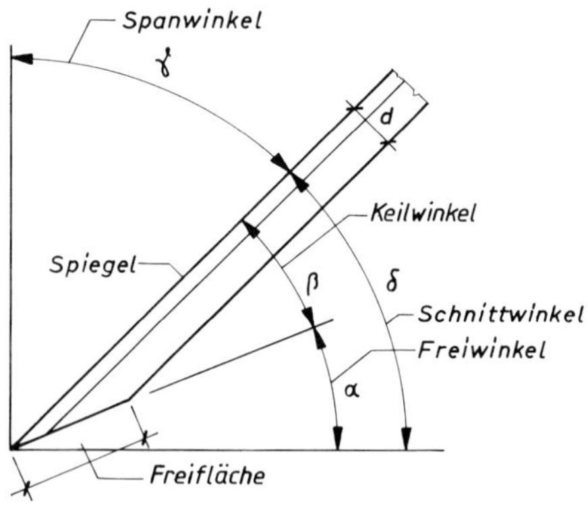

Die Freifläche des Hobeleisens wird zum Schärfen der Schneide sowohl an der Stirnfläche als auch an der Rundung einer rotierenden Schleifscheibe oder an der Kreisfläche einer rotierenden Topfscheibe angeschliffen. Die Freifläche ist ohne Überhitzung des Hobeleisenstahls so lang anzuschleifen, bis an der Schneide ein feiner Grat entsteht.

Den beim Anschleifen der Freifläche an der Schneide entstandenen Grat muß man mit einem feinen Abziehstein (Arkansasstein, künstliche Preßsteine, Belgischer Brocken) entfernen. Beim Abziehen des angeschliffenen Grates wird hauptsächlich die Freifläche und weniger die Spiegelseite des Hobeleisens satt und im Kreis über den Abziehstein bewegt. Als Gleitmittel wird auf den Belgischen Brocken Wasser aufgeschüttet und auf den Arkansasstein ein Gemisch aus Öl und Petroleum aufgetragen. Erst wenn sich der angeschliffene Grat (der Schleifgrat) durch die kreisenden Bewegungen der Freifläche und Spiegelseite auf dem Abziehstein von der Schneide löst, ist sie gut scharf.

4.4 Bohrer für Handbohrungen

4.4.1 Schneckenbohrer mit Griff

Bohrer mit Schnecke und geknotetem Ringgriff sowie Bohrer mit Spiralnut und einfachem Ringgriff benutzt man bei der Montage von kleineren Einbauteilen zum Vorbohren von Schraubenlöchern.

Bohrer mit Ringgriff nach DIN 6445

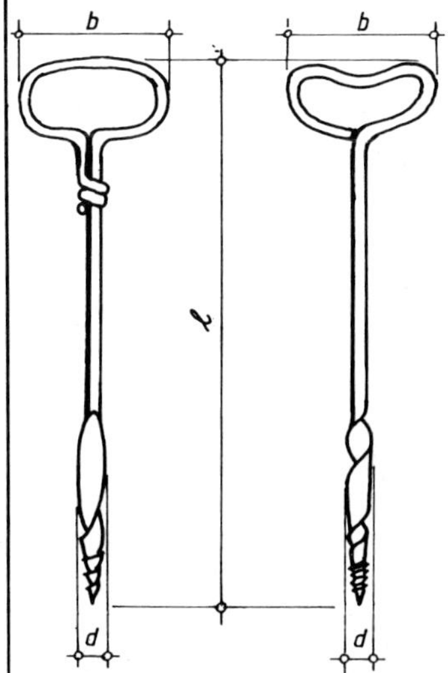

d	b	ℓ
2	30	110
3	35	125
4	40	140
5	45	140
6	50	160
7	56	180
8	63	180
9	63	200
10	70	220

Form A mit Schnecke und geknotetem Ringgriff

Form B mit Spiralnut, zweimal gedreht und mit einfachem Ringgriff

4.4.2 Schneckenbohrer mit Schaft

Schneckenbohrer mit Vierkantschaft spannt man für Handbohrungen in die Backen der Bohrwinde. Schneckenbohrer besitzen eine Bohrerspitze, eine ansteigend gedrehte und allmählich auseinandergehende Schneide, die sich bis zum Halm wieder verjüngt. Am oberen Ende des Halms befindet sich der Vierkantschaft.
Während die Bohrerspitze des Schneckenbohrers mit dem nachfolgenden gedrehten Teilstück das Schneidenteil durch Rechtsdrehungen unter leichtem Druck in Weichholz und durch stärkeren Druck auch in Hartholz einzieht, bohrt das erweiterte Teilstück mit der angeschliffenen Schneide das Loch aus. Infolge der kreiskegelförmigen Anbohrungen wird bei derartiger Handbohrung nahe am Ende eines dünneren Schnittholzstückes das Vollholz leicht in Richtung der längslaufenden Holzfaserung aufplatzen.

Schneckenbohrer nach DIN 6464

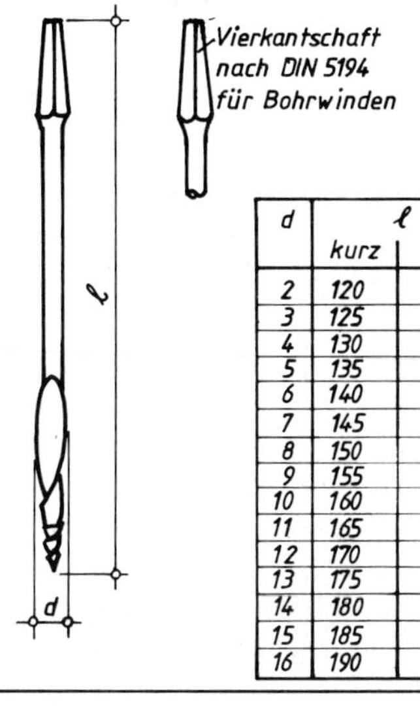

d	ℓ kurz	ℓ lang
2	120	–
3	125	200
4	130	200
5	135	200
6	140	250
7	145	250
8	150	250
9	155	300
10	160	300
11	165	300
12	170	300
13	175	–
14	180	–
15	185	–
16	190	–

4.4.3 Schlangenbohrer mit Schaft

Die Schlangenbohrer mit Vierkantschaft für Bohrwinden oder mit Öse für Holzgriffe haben eine Gewindespitze und außerdem die zugeordneten Schneideteile sowie eine Schlange mit anschließendem Halm und Vierkantschaft.

Schlangenbohrer nach DIN 6444

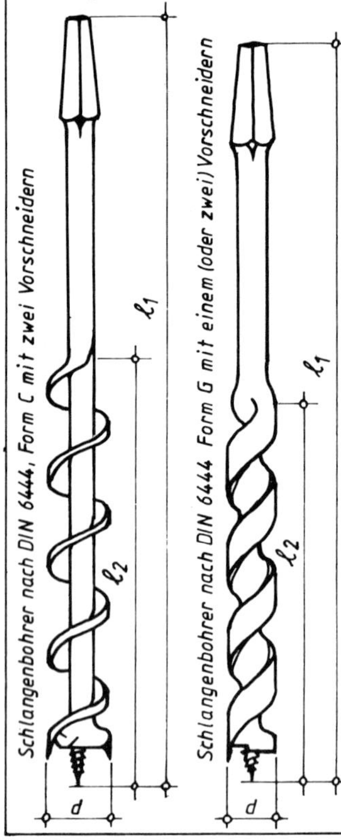

d	l_1	l_2
6	185	95
7	190	95
8	190	95
9	195	100
10	195	100
11	200	100
12	200	105
13	210	110
14	210	110
15	215	110
16	215	115
18	220	115
20	225	120
22	230	120
24	235	125
26	240	130
28	245	135
30	250	140
32	260	145

4.4.4 Stangen-Schlangen- und
4.4.5 Stangen-Schneckenbohrer

Der Stangen-Schlangenbohrer besitzt über der Schlange eine Stange und weiter eine Aufnahme mit Öhr. In das Öhr wird zum Drehen des Stangen-Schlangenbohrers ein Handgriff eingeschoben.

Vor dem Bohren bestimmter Dollen-, Längsdübel- oder Bolzenlöcher ist die Mitte des Bohrloches anzureißen, damit die Zentrierspitze genau angesetzt werden kann. Nach dem Ansetzen der Zentrierspitze muß man darauf achten, daß der Bohrer schon bei den ersten Rechtsdrehungen mit der Gewindespitze in die vorgesehene Bohrrichtung läuft. Die weitere Bohrung erfolgt durch die ständigen Rechtsdrehungen beim Schneckenbohrer unter leichtem Druck und beim Schlangenbohrer durch den Zug der Gewindespitze.

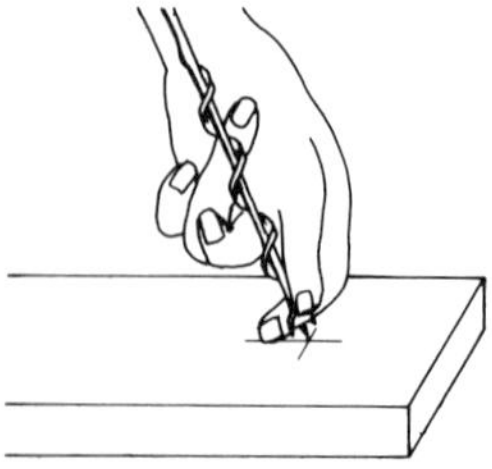

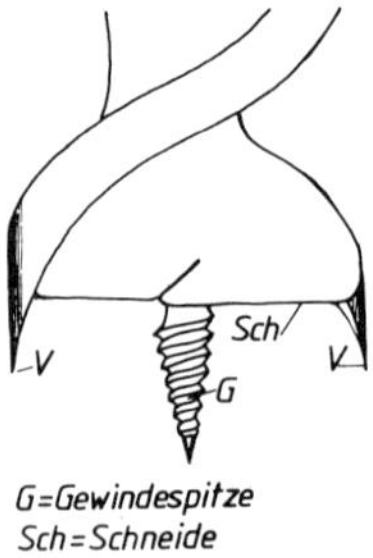

G=Gewindespitze
Sch=Schneide
V=Vorschneider

Durch die Form der Schlangenbohrer werden die vom Schneidkopf mit Vorschneidern und Schneidteilen aus dem Holz geschnittenen Späne von der Schlange entsprechend der Bohrrichtung aus dem Bohrloch befördert.

Stangen-Schlangenbohrer nach DIN 6449

Stangen-Schneckenbohrer nach DIN 7481

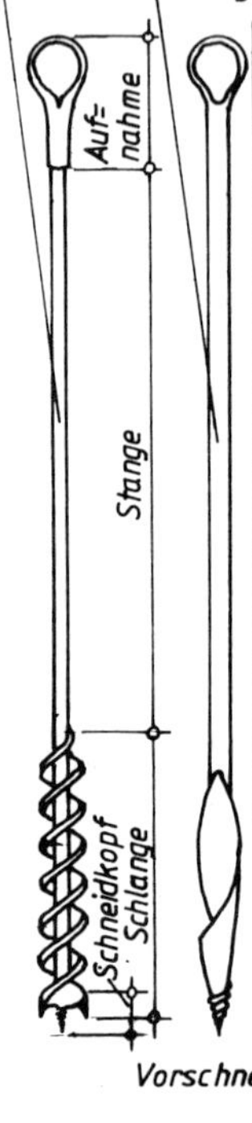

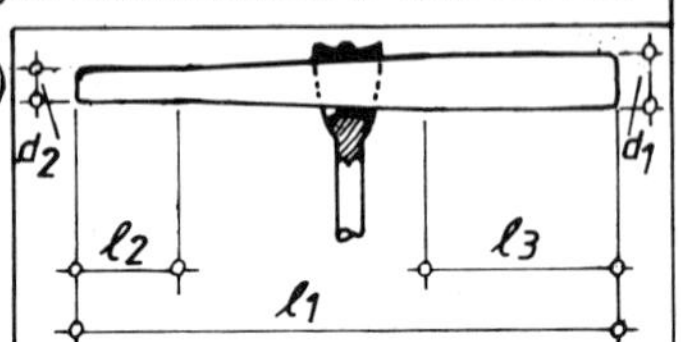

Holzgriffe für Holzbohrer (Stangen-Schlangenbohrer Stangen-Schneckenbohrer) mit Öhr nach DIN 7482

Nennmaß = Öhrweite	d_1	d_2	l_1	l_2	l_3
16	17,5	14	140	28	49
19	21	16,5	180	36	63
22	24	19	220	44	77
25	27,5	21,5	270	54	94
28	31	24	320	64	112
32	36	27	380	76	133

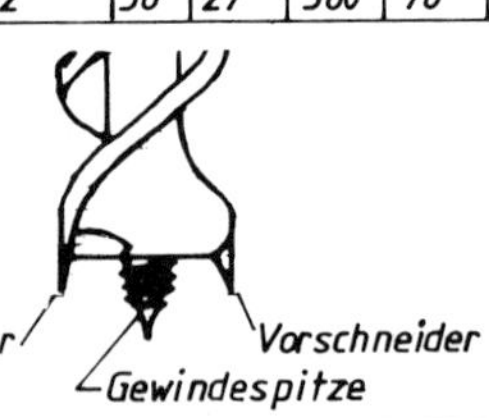

4.4.6 Spiralbohrer mit einer Spannut und Vierkantschaft

Die Bohrer ohne Schlange, das sind Schnekkenbohrer und Spiralbohrer für Holz, müssen beim Bohren von tiefen Löchern zum Entleeren der Spannuten öfters aus dem Bohrloch herausgezogen werden.

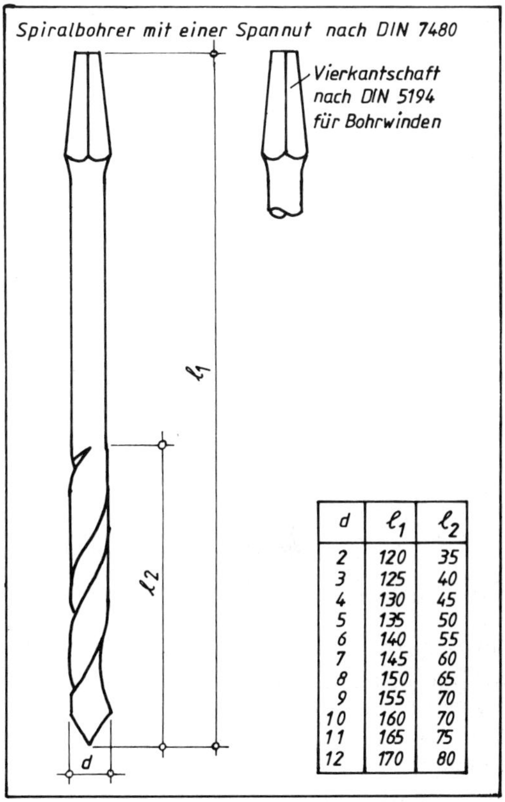

d	l_1	l_2
2	120	35
3	125	40
4	130	45
5	135	50
6	140	55
7	145	60
8	150	65
9	155	70
10	160	70
11	165	75
12	170	80

4.4.7 Schärfen der Vorschneider des Schlangenbohrers

Beim Schneidkopf des Schlangenbohrers unterscheidet man zwischen α = Frei, β = Keil- und δ = Schnittwinkel.

Die Vorschneider der Schlangenbohrer werden nur von innen in steigender Richtung zum Freiwinkel α geschärft. Bei außen abgefeilten Vorschneidern nimmt der Durchmesser des Schneidkopfes ab und folglich wird die Schlange mit ihren Außenkanten im Bohrloch klemmen. Die Schneiden des Schneidkopfes sind ebenfalls in der Richtung des Freiwinkels α anzufeilen. Dabei muß aber so gefeilt werden, daß sowohl bis an die Innenseite der Vorschneider als auch bis an die gedrehte Seite der Gewindespitze ohne Unterbrechung scharfe Schneiden für zügige Spanabhebungen entstehen. Die Gewindespitze nachzufeilen hat keinen Zweck, da sie dabei leicht die ursprüngliche Form verliert und folglich nicht mehr auf Zug arbeitet.

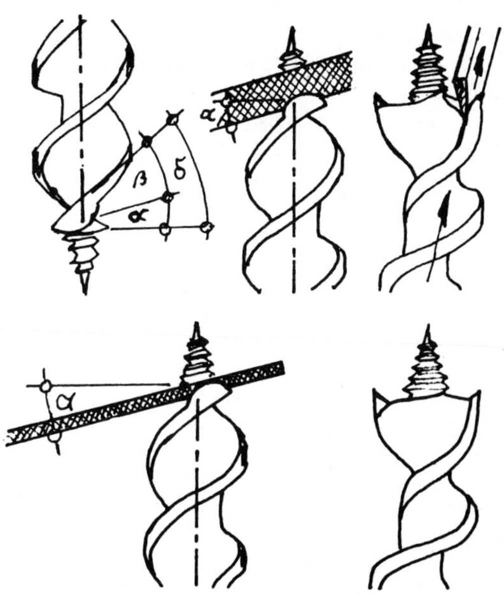

4.4.8 Bohrsäge

Eine Abart des Schneckenbohrers mit Ringgriff ist die Bohrsäge, die auch Stichling genannt wird. Die Bohrsäge ist ein Werkzeug, bei dem der vordere Teil bohrt und der anschließend gezahnte Halm dem Sägen oder dem Erweitern von Bohrlöchern in dünnem Plattenmaterial dient.

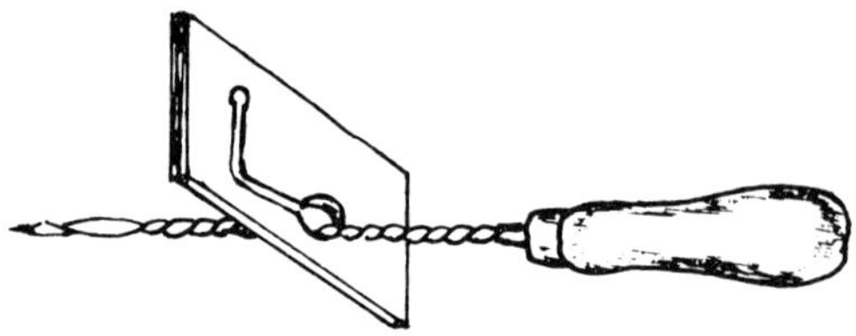

4.4.9 Zentrumbohrer

Der Zentrumbohrer besitzt am Schneidkopf eine Gewindespitze und einen Vorschneider. Außerdem ist der Zentrumbohrer zwischen Schneidkopf und Halm mit einem verstellbaren Messer und zugehöriger Feststellschraube ausgestattet. Die Hälfte der ganzen Bohrlochgröße kann mit Hilfe des verstellbaren Messers genau eingestellt und durch die Feststellschraube eingehalten werden.

Zentrumbohrer nach DIN 6447

Vierkantschaft nach DIN 5194 für Bohrwinden

Tabelle 1. Zentrumbohrer

Nenngröße	ℓ_1	d_1 2)
1	200	13
2	225	22

Tabelle 2. Messer

Nenngröße	Bohrbereich des Bohrers mit Messer d_2	ℓ_2 1)
1a	15 bis 25	13
1b	25 bis 40	24
2a	25 bis 45	23
2b	45 bis 75	42

4.4.10 Forstner- und Kunstbohrer mit Vierkantschaft

Forstner und Kunstbohrer verwendet man – eingespannt in der Bohrwinde – für flache Bohrungen und Ausbohren von Ästen.

Forstnerbohrer und Kunstbohrer nach DIN 7483

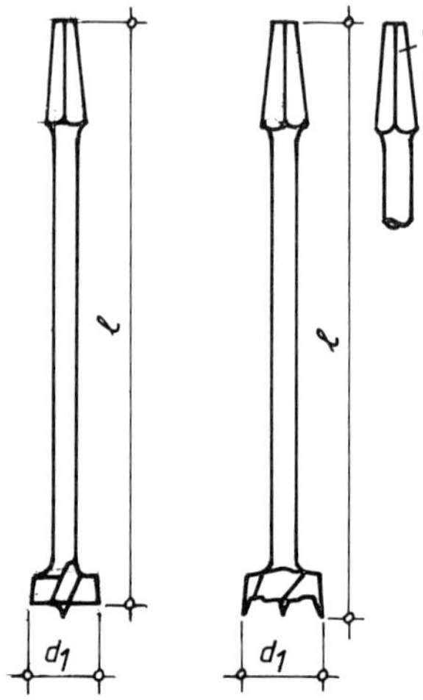

d_1	ℓ
10, 12	100
14, 15, 16	105
18, 20, 22	112
24, 25, 26, 28	120
30, 32, 34	125
35, 36, 38	130
40, 45	135
50	140

Form C = Forstnerbohrer mit Umfangsschneide
Form F = Kunstbohrer mit zwei Vorschneidern

4.4.11 Versenker mit Vierkantschaft

Versenker haben bei einer kegelartigen Spitze mehrere Schneiden. Die Versenker verwendet man – eingespannt in der Bohrwinde – zum Anschrägen von Dübel- und Schraubenlöchern.

Versenker nach DIN 6446
Form A mit verjüngtem Vierkantschaft

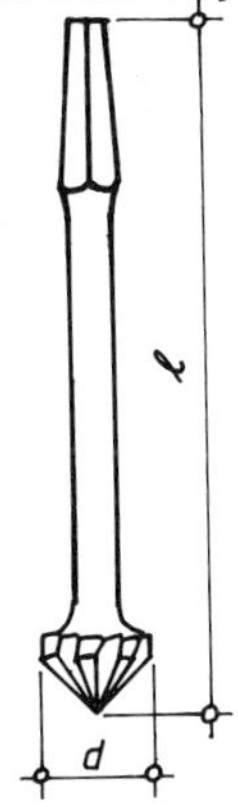

Form A	
d	ℓ
10	90
13	100
16	110
20	120
25	130
30	135

4.4.12 Schärffeilen

Feilenformen für das Schärfen der Schneiden und Vorschneider am Kopf der Schlangenbohrer.

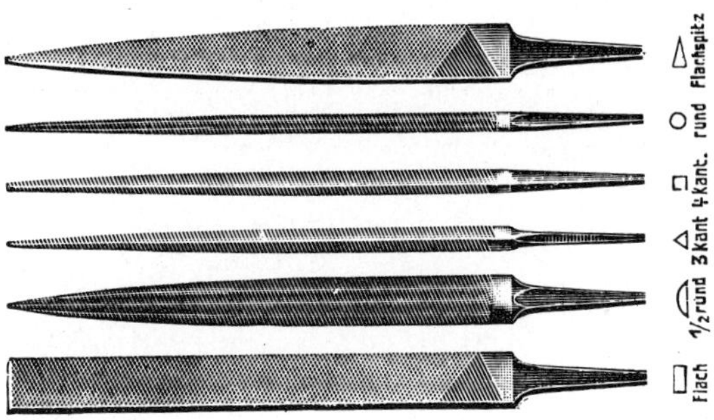

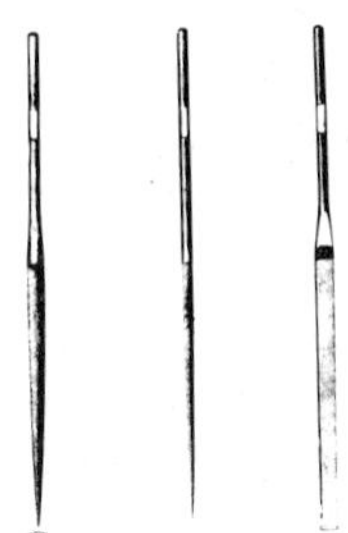

4.5 Die Bohrwinden

Bohrwinden besitzen die Form einer Kurbel und bestehen aus einem Bügel aus Rundstahl, auf dessen oberem Ende zum Festgreifen und zugleich Drücken eine runde Hartholz- oder Kunststoffscheibe, der sogenannte Brustknopf, mit einem Stahlschaft und eingesetztem Kugellager drehbar aufgesetzt ist. Die Hälfte von dem mittleren ausgewinkelten Teil des Stahlbügels umschließt ein Handgriff aus Hartholz oder Kunststoff, an dem man die Bohrwinde um ihre eigene Achse dreht. Am vorderen Ende des Stahlbügels ist als drehbare Buchse bzw. Einspannvorrichtung ein Backenfutter angebracht. In das Backenfutter eingeschlossen sind die Backen, mit denen die einzelnen eingeschobenen Werkzeuge (Bohrer, Windensenker, Windenschraubenzieher, Dübelspitzer usw.) durch entsprechende Zudrehungen mit dem Backenfutter festgehalten werden. Es gibt Bohrwinden, in deren Backenfutter nicht nur zwei, sondern drei und vier Backen eingebaut sind. Besser sind natürlich zum guten Festhalten der betreffenden Bohrer, Versenker usw. die Backenfutter mit drei und vier Backen.

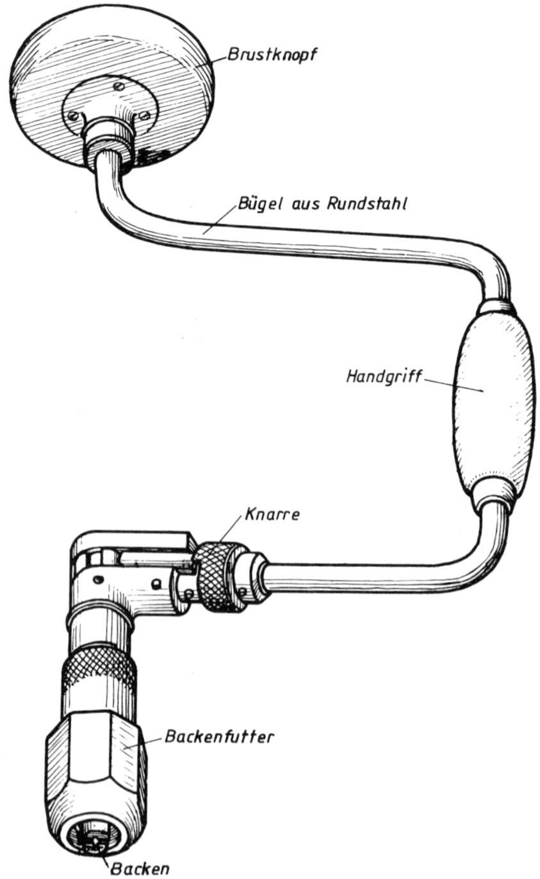

Für Bohrungen in Ecken, d. h. überall dort, wo mit dem ausgestellten Bügel der Bohrwinde infolge Platzmangel keine ganzen Umdrehungen um ihre eigene Achse ausgeführt werden können, verwendet man die Bohrwinde mit Knarre. Die Knarre läßt sich jeweils so einstellen, daß sich der Bohrer entweder nur unter einer Rechtsdrehung mitdreht, dagegen bei der Linksdrehung nicht, oder der Bohrer mit der Linksdrehung geht und mit der Rechtsdrehung nicht. Aufgrund der Knarre an der Bohrwinde besteht die Möglichkeit, mit beliebig großen Drehungen Löcher zu bohren.

Einführen des Bohrerschaftes in das Backenfutter der Bohrwinde

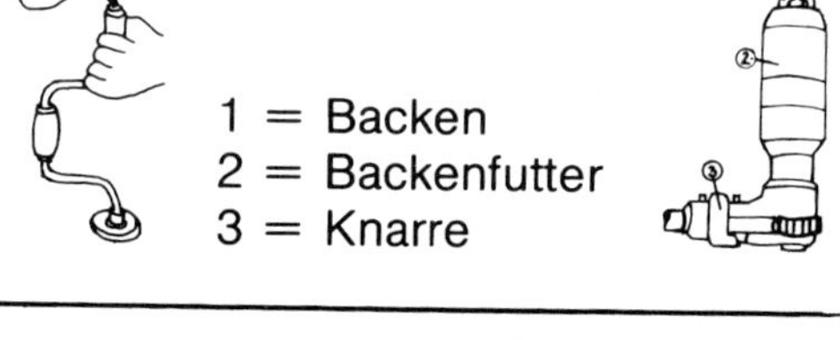

Dübelspitzer der in das Backenfutter der Bohrwinde eingespannt wird.

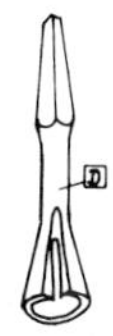

D = Dübelspitzer

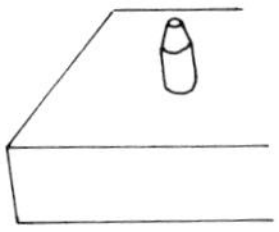

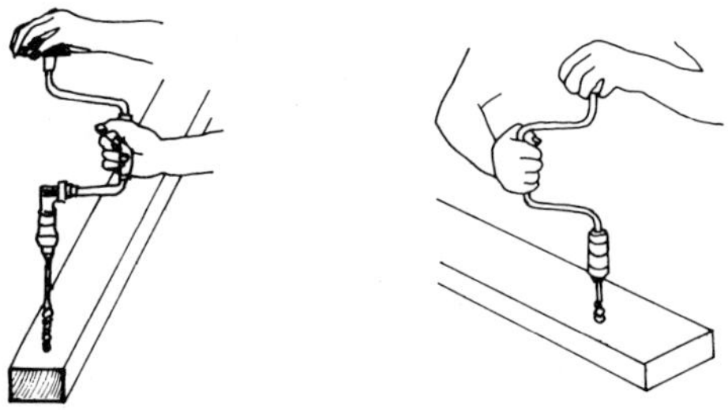

Bohren mit der Bohrwinde

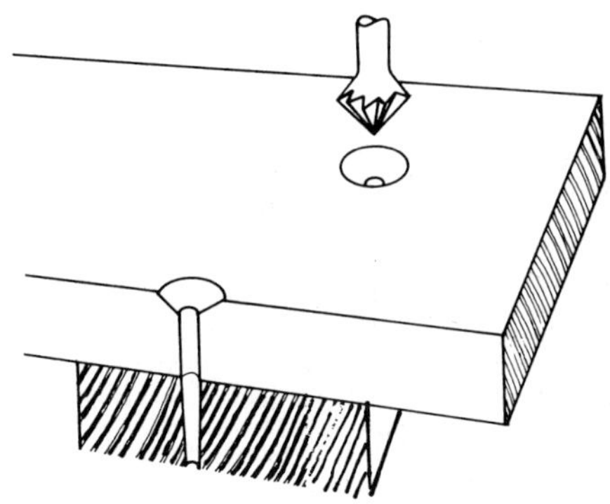

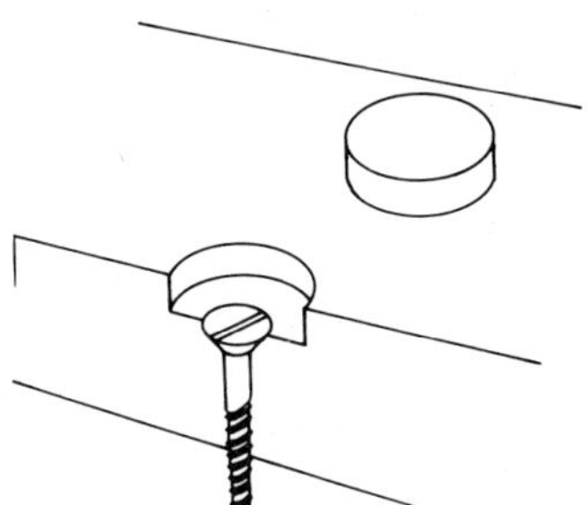

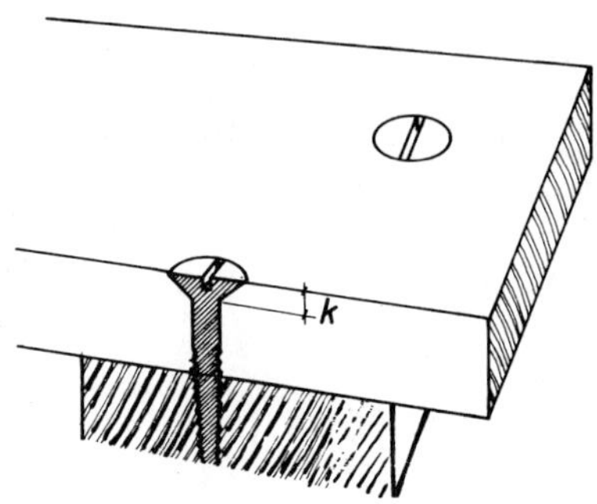

Eindrehen von Holzschrauben mit Schlitz in das Holz
V = Versenker
W = Windenschraubenzieher

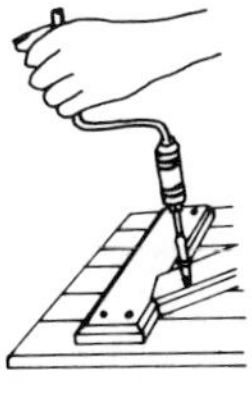

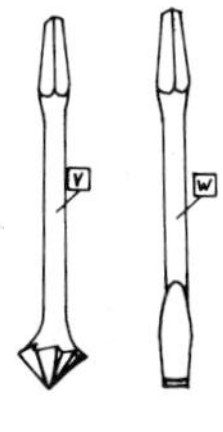

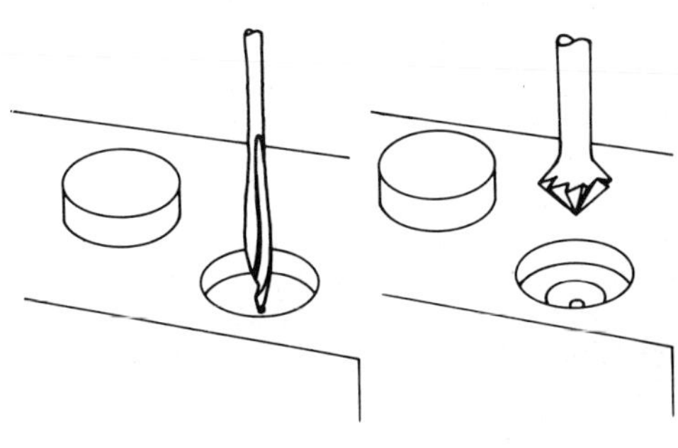

4.6 Die Schraubendreher

Zur Verbindung hölzerner Werkstücke und plattenförmiger Holzwerkstoffe dienen Holzschrauben mit Schlitz sowie solche mit Kreuzschlitz.
Holzschrauben mit Schlitz werden mit einem gewöhnlichen Schraubendreher, oder mit einem Drillschraubendreher eingedreht.
Der gewöhnliche Schraubendreher besteht aus einer Klinge mit der Schraubendreherschneide sowie dem festen Schraubendrehergriff.

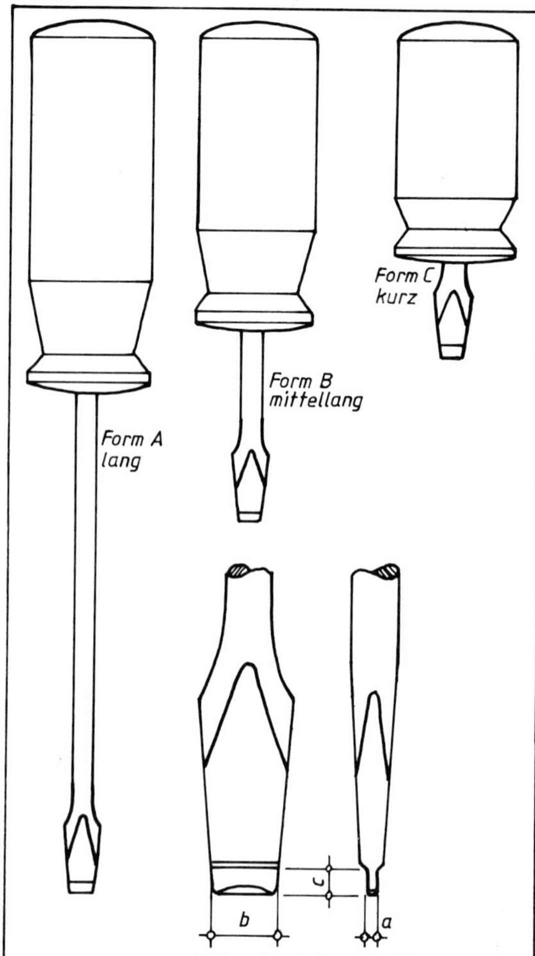

Schraubendreherschneide
a = Einführungsdicke
b = Einführungsbreite

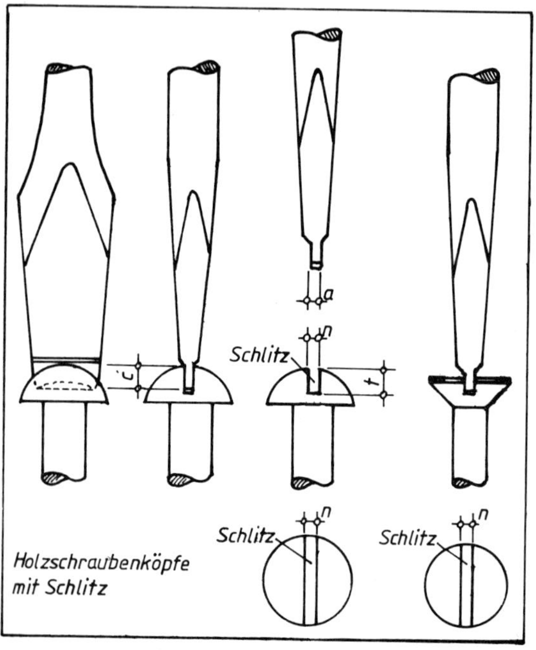

Holzschraubenköpfe
mit Schlitz

Die Schraubendreherschneide muß jeweils in den Schlitz des Schraubenkopfes hineinpassen, sowohl in der Breite „b" als auch in der Stärke „a" sonst gibt es beim Eindrehen der Holzschraube die unliebsamen Beschädigungen an den Schraubenköpfen und auf den Oberseiten der Hölzer und Holzwerkstoffe. Die Schraubendreherschneide soll also möglichst fest im Schlitz des Holzschraubenkopfes sitzen.

Wenn viele Schrauben in Hölzer oder in Holzwerkstoffe einzudrehen sind, bringt der Drillschraubendreher eine wesentliche Zeitersparnis.

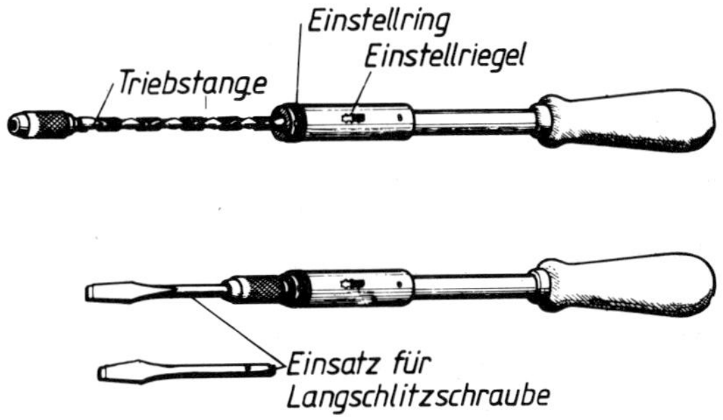

Die in der Zeichnung angegebenen Maße bedeuten:

- ℓ Nennlänge
- k Kopfhöhe
- d_2 Gewindeschaftdurchmesser
- s Schlüsselweite
- b Gewindelänge
- d_1 Nenndurchmesser
- d_3 Kopfdurchmesser
- f Stichhöhe des Kopfbogens bei Linsensenk-Holzschrauben

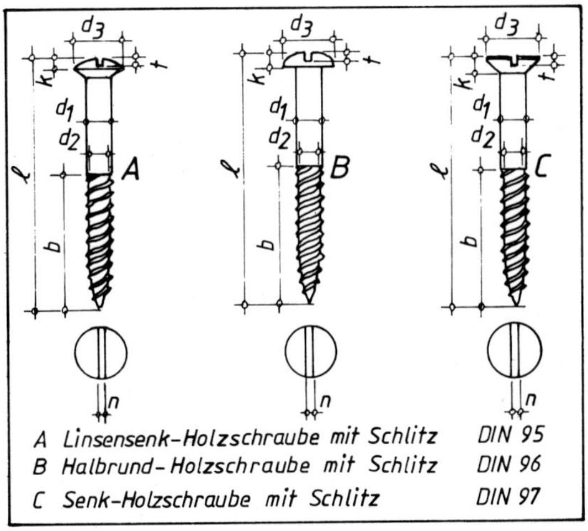

Sind Holzschrauben mit Kreuzschlitz einzudrehen benutzt man den Schraubendreher mit einer passenden Schraubendreherschneide für Kreuzschlitzschrauben.

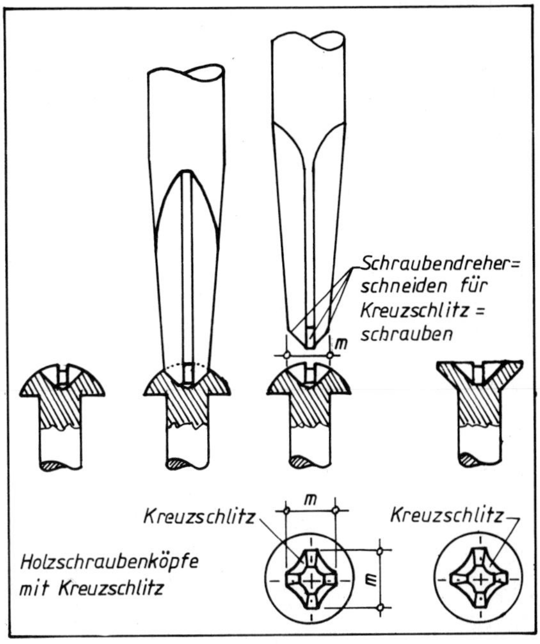

4.7 Die Zimmerei-Abbundmaschinen

4.7.1 Handkreissägen

Zum Schneiden von Holz- und Holzwerkstoffen werden Handkreissägen gebraucht. Bei der Handkreissäge ist auf einem Auflagetisch ein Motor mit Gehäuse montiert. Die Achswelle des Motors treibt das Sägeblatt an. Unter dem Auflagetisch ist das Sägeblatt von einer Schutzhaube umgeben. Die Schutzhaube ist beweglich und bleibt hinter dem Sägeblatt auf der Höhe der jeweiligen Schnittiefe stehen. Die Schutzhaube gibt deshalb nur den zum Schneiden benötigten Teil des Sägeblattumfanges frei. Bei der Handkreissäge ist die Schnittiefe verstellbar und das Sägeblatt kann bis zu einem Winkel von 60° schräg zum Auflagetisch eingestellt werden. Aufgrund des schräg einstellbaren sowie auf Tiefe verstellbaren Sägeblattes können Handkreissägen zum Ausschneiden von Sparren- und Schifterkerven und weiter für Schnitte bei Schifterschmiegen und Hexenschnitten eingesetzt werden. An die Motorwelle der speziellen Zimmereikreissägen können auch Abblatt- und Kervenfräsköpfe befestigt und damit Abblattungen, Zapfen und Kerven gefräst werden.

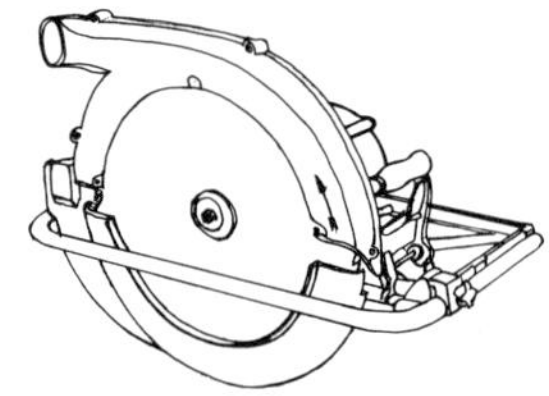

Handkreissäge mit großer Schnittiefe und großem Auflagetisch

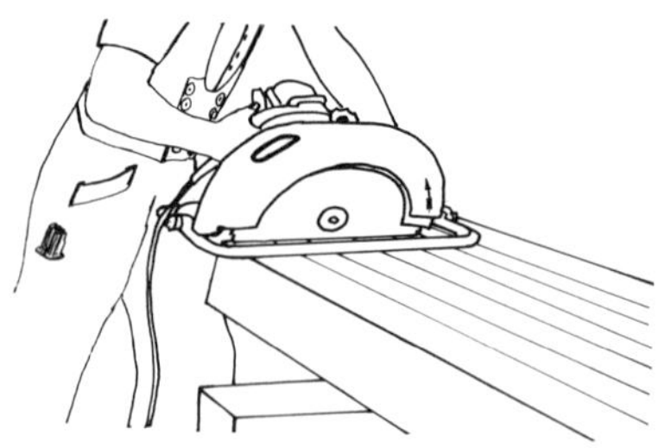

Zimmerer mit Handkreissäge beim Schneiden von Sparrenkerven.

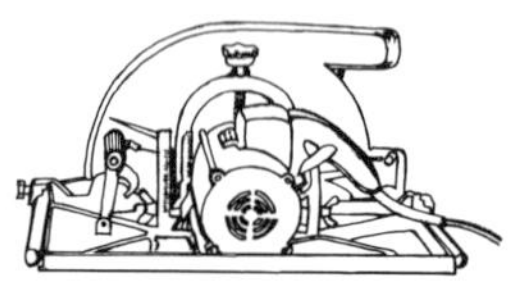

Motor, Schutzhaube, Handgriffe, Höhen- und Schrägeinstellungsteile über dem Auflagetisch der Handkreissäge.

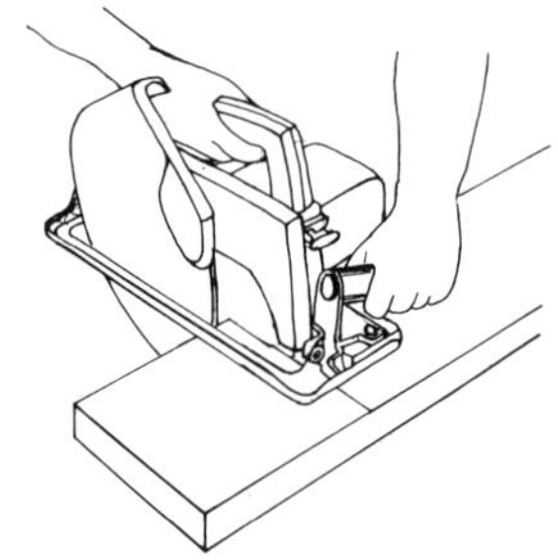

Handkreissäge mit einer kleineren Schnittiefe beim Abschnitt einer Bohle.

Wie bei allen Kreissägen, darf beim Schneiden von Holz und von Holzwerkstoffen der Spaltkeil nicht fehlen und beim Abblatten und Kervenfräsen die zusammen mit dem betreffenden Fräskopf gelieferte Schutzvorrichtung natürlich auch nicht.

4.7.2 Zimmerei-Kettensäge

Mit 33 cm hat die Zimmerei-Kettensäge die größte Schnittiefe aller tragbaren Zimmerei- und Holzbaumaschinen zum Schneiden von Holz. Die Sägekette läuft auf einem Sägeritzel und weiter auf einem genuteten Schwert. Das Sägeritzel sitzt fest auf der Achswelle des Elektromotors. Die Achswelle des Elektromotors treibt das Sägeritzel an.

Unter dem Auflagetisch der Zimmerei-Kettensäge ist das Schwert mit der aufgespannten Sägekette in Richtung des Handgriffes durch einen Spaltkeil entlang der Schwertlänge zum Schutze des Bedienenden abgeschirmt.

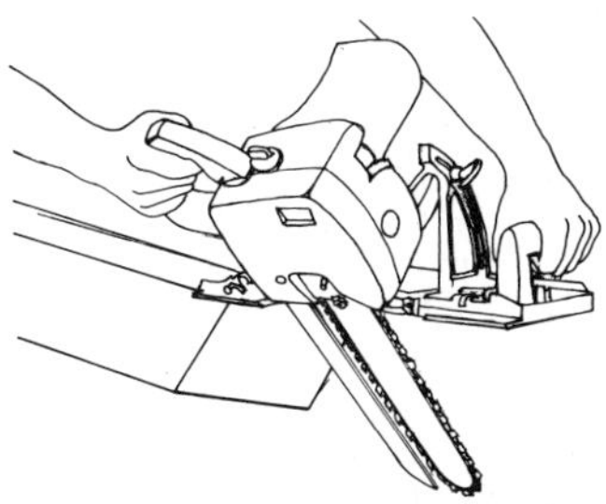

Mit Zimmerei-Kettensägen und bestimmten Sägeketten können Schnitte quer und längs der Holzfaserungen sowie schräge Schnitte bei Schifterschmiegen und Hexenschnitten ausgeführt werden.

Die Sägeketten sollen beim Schneiden von Hölzern stets über geölte Flächen des genuteten Schwertes laufen, so daß man öfters den Ölstand im Kettenölbehälter kontrollieren und gegebenenfalls Öl nachfüllen muß.

4.7.3 Handbandsäge

Zum Schneiden von Schweifungen an Balken-, Sparren- und Pfettenköpfen wird die Handbandsäge gebraucht. Bei der Handbandsäge sind die Rollen, auf denen das Bandsägeblatt stramm angespannt läuft, im Durchmesser klein. Wegen des kleinen Rollendurchmessers muß das Bandsägeblatt sehr dünn sein. Bei dem dünnen bzw. speziell für die Handbandsäge gefertigten Bandsägeblatt stehen die Zähne hintereinander auf größerem Abstand als bei normalen Bandsägeblättern. Beim Schränken des dünnen Bandsägeblattes wird ein Zahn nach rechts, der nächste nach links ausgebogen. Der dritte Zahn bleibt als Räumzahn gerade, der vierte wird nach rechts, der fünfte nach links ausgebogen und demnach wird die Schränkung fortlaufend wiederholt. Aufgrund

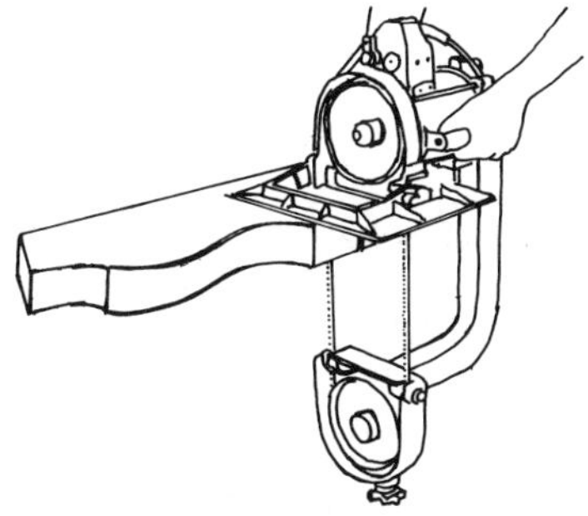

derartiger Schränkungen kann etwas weiter als auf die doppelte Sägeblattdicke geschränkt werden. Durch die weitere Schränkung gibt es einen breiten Sägespalt, in dem das sehr dünne Bandsägeblatt bei Schweifungen nicht klemmt.

4.7.4 Balkenhobel

Die Flugsparren, Giebelsparren, Dachpfetten- und Sparrenköpfe, welche beim Dachtragwerk sichtbar bleiben, werden in der Regel auf drei Seiten, d. h. unten und beiderseits über die hohen Kantholzseiten hinweg mit einem Balkenhobel gehobelt.

Hobeln der Sparrenköpfe mit einem schmalen und demnach leichten Balkenhobel.

Hobeln einer breiten Balkenseite mit dem breiten Balkenhobel.

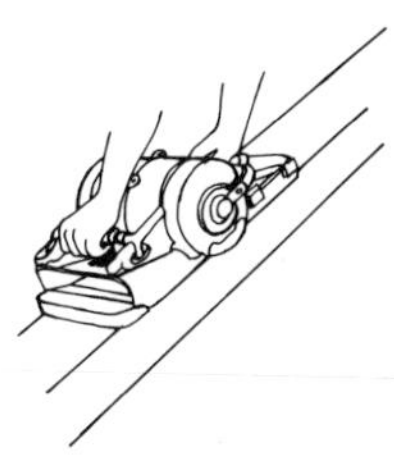

Unter der Voraussetzung, daß die Hobelmesser des Balkenhobels sehr scharf bis noch gut scharf sind, erzielt man mit dem Balkenhobel unter einem langsamen Vorschub relativ glatte Hobelflächen, beim schnelleren Vorschub dagegen wellige Flächen.

4.7.5 Kettenstemmer

Zum Ausfräsen bestimmter Zapfenlöcher des Fachwerk- und Riegelwandbaus benutzt man den Kettenstemmer. Beim Kettenstemmer treibt die Achswelle des Elektromotors ein Kettenrad mit der aufgespannten Fräskette an. Unter dem Kettenrad läuft die Fräskette weiter über eine Führungsschiene mit Umlenkrolle. Der Elektromotor mit Gehäuse und angeschlossener Ketten-Garnitur (die Maschine), ist senk- und hebbar zwischen zwei Stahlrohre über einem Auflagerahmen mit Seitenanschlag eingebaut. Nach dem Ausfräsen des Zapfenloches auf eine Kettenbreite zieht eine Zugfeder mit Gelenkgestänge die Maschine selbsttätig wieder nach oben, d. h. die Fräskette auf der Führungsschiene wieder aus dem gefrästen Loch. Beim Fräsen eines Zapfenloches muß man je nach Zapfenlochlänge die Maschine zwei, drei und weitere Male um Kettenbreite verschieben.

Das Zapfenloch muß mit der Fräskette so tief ausgefräst werden, daß die Tiefe der senkrechten Zapfenlochwangen (auch Backenflächen des Zapfenloches genannt) der bestimmten Zapfenlänge entspricht.

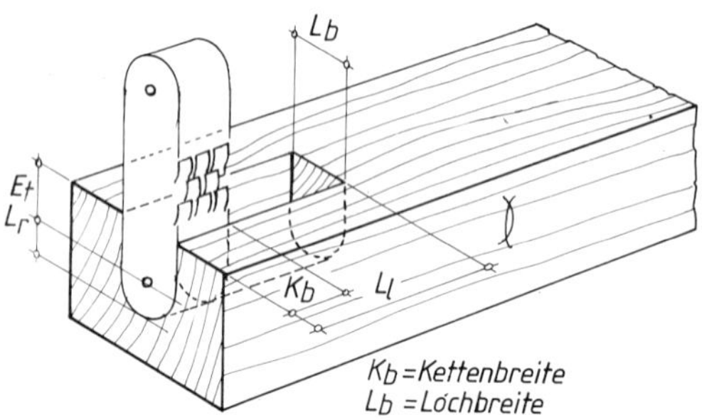

K_b = Kettenbreite
L_b = Lochbreite
L_l = Lochlänge
L_r = Lochrundung unter der Einfräsungstiefe
E_f = Einfräsungstiefe zugleich Zapfenlänge

Die einfache Zapfenlochbreite wird durch die Ketten-Garnitur festgelegt. Der Seitenanschlag am Auflagerahmen gewährleistet nach der betreffenden Abstandeinstellung und Festklemmung gleichmäßigen Abstand der einen Zapfenlochwange von der Bundseite des Bauschnittholzes. Der festgeklemmte Seitenanschlag verhindert, daß der Kettenstemmer durch den Fortbewegungsdrang der um die Führungsrolle laufenden und zugleich auf das Holz einwirkenden Fräskette zur Seite gedrückt wird. Aus Sicherheitsgründen ist der Seitenanschlag des Kettenstemmers unentbehrlich.

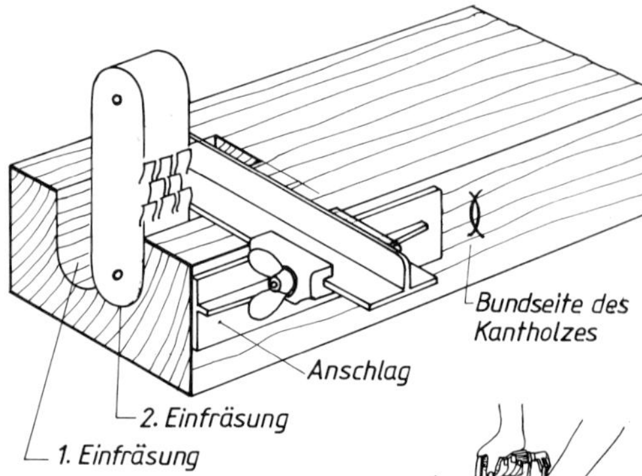

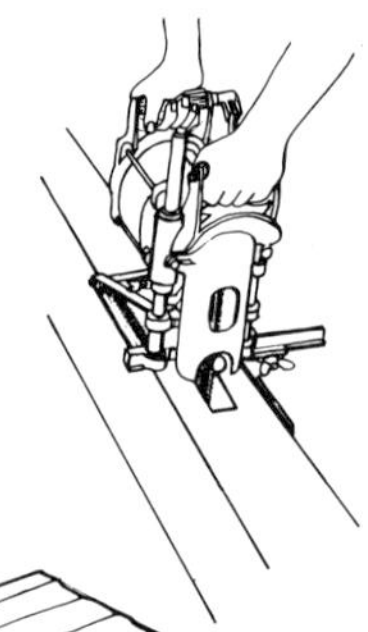

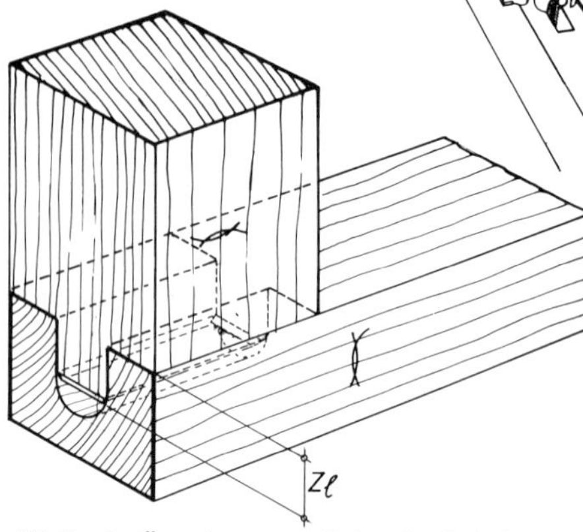

Zℓ=Zapfenlänge im ausgefrästen Zapfenloch

Wenn breite Löcher mit dem Kettenstemmer auszufräsen sind, muß der Seitenanschlag für die ersten Einfräsungen zuerst weit und dann für die zweite eng gestellt werden, weil sonst die Ketten-Garnitur bzw. die Maschine vom Holz in das schon ausgefräste Loch abgedrückt wird.

4.7.6 Zimmerei-Bohrmaschine

Wenn bei Zimmerarbeiten Bohrlöcher mit 10 bis 30 mm Durchmesser rechtwinklig zu den Kantholzseiten, aber auch schräg in bestimmten Richtungen zu bohren sind, braucht man die Zimmerei-Bohrmaschine mit Bohrgestell, Auflagerahmen und Seitenanschlag. Das Bohrgestell ist mit einem Bohrtiefenanschlag und zugleich mit einer Schrägverstellung ausgestattet. Der Motor kann auf Vorwärts- oder Rückwärtsgang geschaltet werden. Der Rückwärtsgang dient zum Herausdrehen des Bohrers ohne die Mitnahme der aus dem Holz geschnittenen Späne.

Die Bohrer ohne Schlange, das sind bei der Zimmerei-Bohrmaschine hauptsächlich Spiralbohrer ohne Spannut, sind beim Bohren von tiefen Löchern mehrmals unter dem Vorwärtsgang aus dem Bohrloch herauszuziehen, um die Späne aus der Spannut zu entfernen. Die Druckfedern des Bohrgestells erleichtern das Herausziehen des sich unter dem Vorwärtsgang drehenden Bohrers.

Der festgeklemmte Seitenanschlag am Auflagerahmen des Bohrgestelles gewährleistet gleichmäßige Bohrlochabstände von der Bundseite aus und sichert zugleich die im Bohrgestell bzw. in den Führungsstangen hängende Maschine gegen Verdrehen.

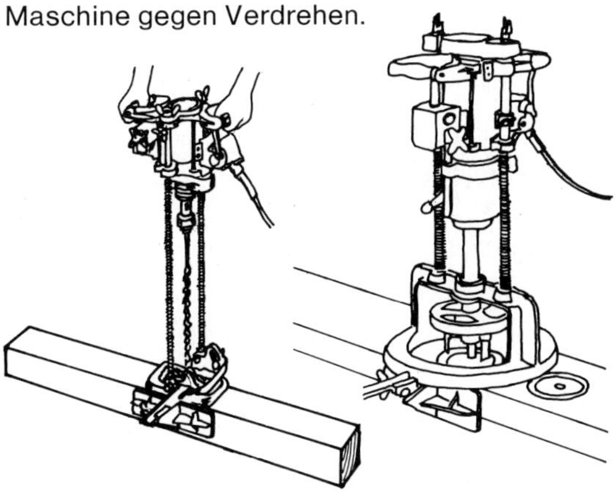

Ringkeildübel müssen in ausgefräste Ringnuten und dicke Geka-Holzverbinder in ausgefräste Flachnuten eingesetzt werden. Zum Einfräsen der Ring- und der Flachnuten wird die Zimmerei-Bohrmaschine mit Sonderbohrgestell für Ringkeildübel- und Ringnutenbohrwerkzeuge gebraucht.

Die Maschine kann man vom Bohrgestell abnehmen und demnach als Freihandbohrmaschine verwenden.

4.8 Baustellenkreissägemaschine

Mit der Baustellenkreissägemaschine werden beim Schalungsbau Bretter, Bohlen, Kanthölzer und Holzwerkstoffe geschnitten.

Benennungen:

1 Maschinengestell
2 Maschinentisch
3 Tischeinlage
4 Spaltkeil
5 Schutzhaubenhalterung
6 Schutzhaube

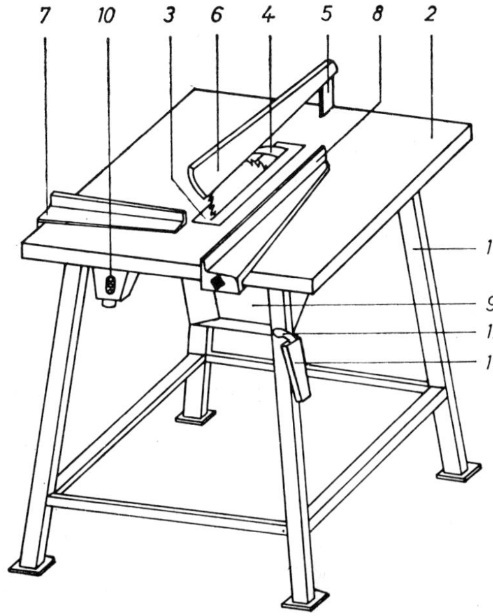

7 Winkelanschlag (Querschneidevorrichtung)
8 Parallelanschlag (Längsanschlag)
9 Untere Blattverdeckung
10 Schalter mit Gerätestecker
11 Schiebestockhalterung
12 Schiebestock

5 Ausführung der oberen Blattverdeckung mit rückwärtiger Halterung.
5a Ausführung der oberen Blattverdeckung mit seitlicher Halterung.

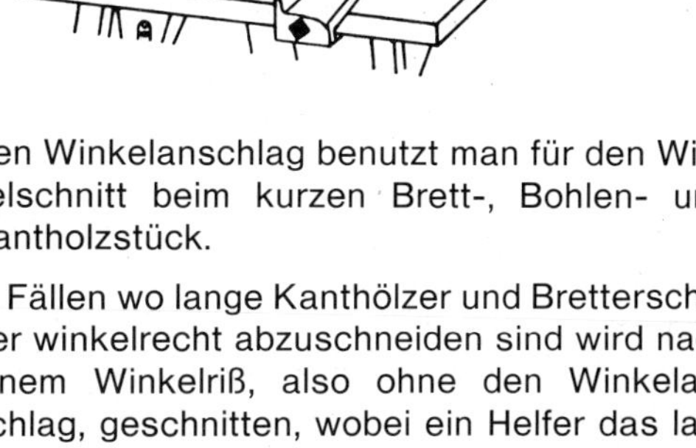

Den Winkelanschlag benutzt man für den Winkelschnitt beim kurzen Brett-, Bohlen- und Kantholzstück.

In Fällen wo lange Kanthölzer und Bretterschilder winkelrecht abzuschneiden sind wird nach einem Winkelriß, also ohne den Winkelanschlag, geschnitten, wobei ein Helfer das lange Kantholzstück oder den langen Bretterschild am Ende hochhält und zugleich für den Abschnitt auf den Vorschub mitträgt. Von dem Helfer an der Kreissägemaschine wird verlangt, daß er das lange Kantholz oder den langen Bretterschild so auf den Vorschub zu mit-

trägt, daß das rotierende Kreissägeblatt beim Schnitt nach einem Winkelriß, wie auch nach einem schrägen Abschnittriß im Sägespalt nicht klemmt.
Beim Ablassen oder Hochheben des Kantholzes aus der Richtung des Maschinentisches und somit aus dem rechten Winkel zwischen Oberseite „Maschinentisch" und dem Kreissägeblatt wird das Sägeblatt sofort in den Sägespalt eingeklemmt. Während das rotierende Kreissägeblatt im Sägespalt weniger oder mehr klemmt ist der Elektromotor der Maschine besonders hoch belastet und kann dabei Schaden abbekommen. Außerdem wärmt sich das rotierende Kreissägeblatt infolge der Einklemmung im Sägespalt ständig auf und wird unter Umständen so erhitzt, daß es seine Spannung verliert und zu flattern anfängt.

4.9 Die Säge-, Hobel- und Fräsmaschinen des Zimmerei- und Holzbaubetriebes

4.9.1 Tischbandsäge – ihre Teile und ihr Arbeitsprinzip

Die Tischbandsäge ist eine kraftbetriebene Sägemaschine, bei der ein endloses Sägeblatt mit ununterbrochener Schnittbewegung das Holz trennt. Tischbandsägen werden in Zimmereien und beim Holzschalungsbau zum Aus-

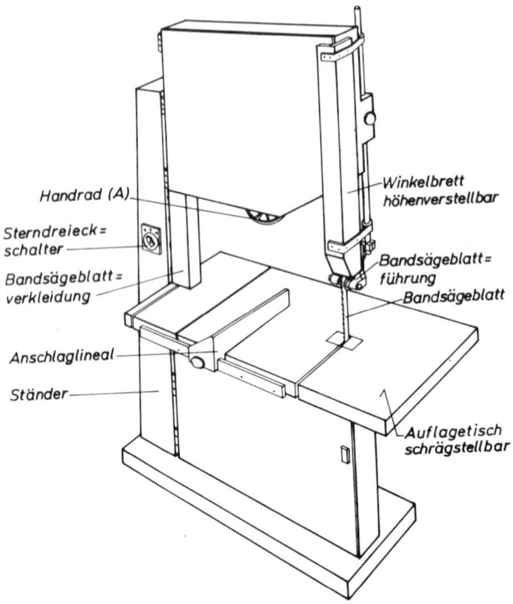

arbeiten kurzer Bauschnitt- und Rundhölzer sowie zum Zuschneiden geschwungener Treppenwangen, Handläufen und Kranzlaschen benutzt. Mit schmalen Bandsägeblättern kann man auf der Tischbandsäge gut Kurvenschnitte für Profilierungen ausführen.

Neben dem Antriebsmotor und dem Sterndreieckschalter hat die Tischbandsäge im wesentlichen dreizehn weitere Teile. 1) Ständer, 2) Auflagetisch, 3) Sägescheiben, 4) Bandsägeblatt, 5) Bandsägeblattführung, 6) Handrad A, 7) Handrad B, 8) Anschlaglineal, 9) Winkelbrett, 10) Bandsägeblattverkleidung, 11) Scheibenverkleidungen, 12) Absaughaube, 13) Tischeinlage.
Bei Tischbandsägen ist der Antriebsmotor mit Maschinenschrauben am Ständer bzw. am

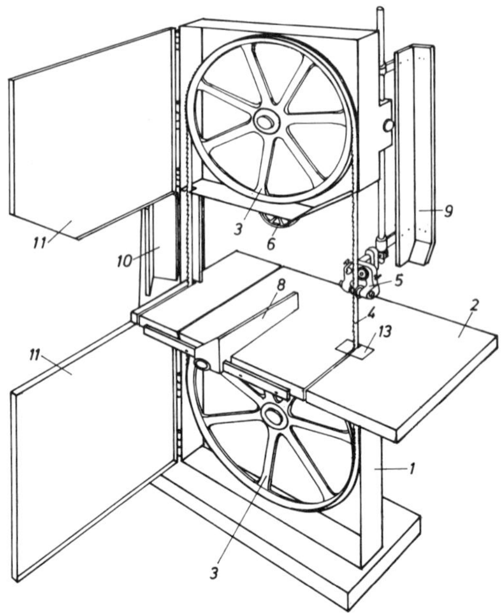

unteren hinteren Ständerteil befestigt. Die untere Sägescheibe sitzt meist auf dem Konus des Motorwellenstumpfs. Die obere Sägescheibe lagert in der Regel in einem höhenverstellbaren Werkzeugträger, der zum Auffangen von Stößen während den Schnittbewegungen federnd und zum richtigen Umlauf des Bandsägeblattes neigbar am Ständer aufgehängt ist. Die flachen Umfangflächen der Sägescheiben sind zur Schonung der Bandsägeblätter mit Gummibelägen oder mit Gummikork-Bändern bezogen. Diese Beläge werden als Bandagen bezeichnet.

Weil beim Schneiden der Hölzer auf dem Auflagetisch auf das Bandsägeblatt gleichzeitig Druck- und Schwenkbewegungen einwirken, müssen möglichst nahe über dem Werkstück und unter dem Auflagetisch die sogenannten Bandsägeblattführungen den Anschnitt in die betreffende Schnittrichtung gewährleisten.

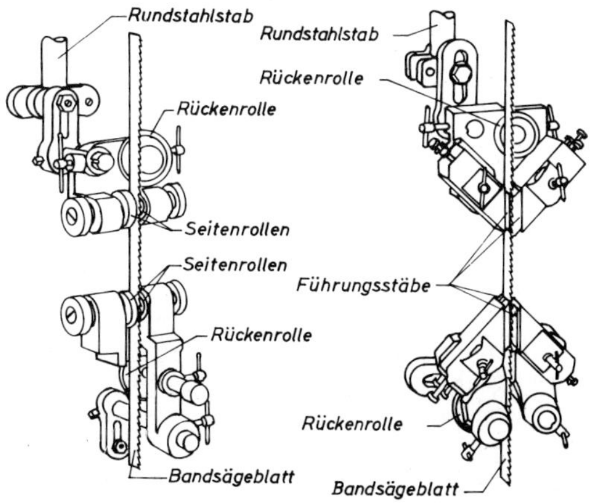

Das Einstellen der Rücken- und Seitenrollen oder der u-förmig profilierten Führungsstäbe zum flatterfreien Führen des Sägeblattes ohne Blatterwärmung kann je nach Sägeblattdicke und Sägeblattbreite auf das Feinste reguliert werden. Die Rücken- und Seitenrollen sind so fein einzustellen, daß sie sich beim Freilauf des Bandsägeblattes noch nicht drehen, sondern erst bei Aufnahme des Schnitt- und Seitendrucks.

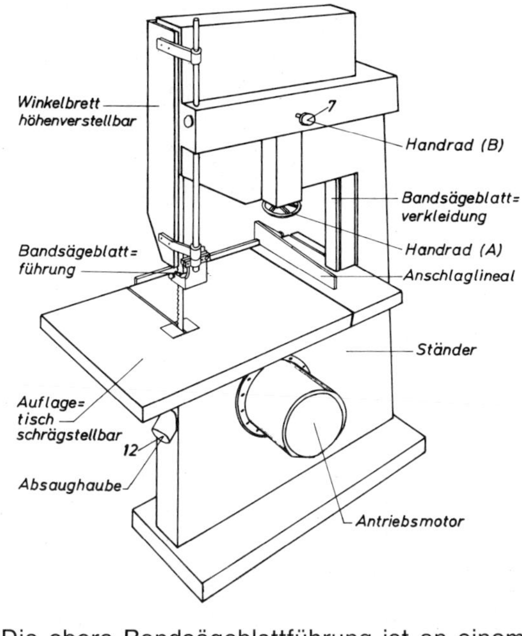

Die obere Bandsägeblattführung ist an einem im Ständer geführten Rundstahlstab mitsamt dem Winkelbrett höhenverstellbar, um das Sägeblatt nahe über dem Einschnitt in dickes oder dünnes Holz wirksam abzustützen und die Schneidstelle sicher abzuschirmen.

Ein entsprechend der Sägeblattdicke ausgeschnittener Durchlaufschlitz in der Tischeinlage (Hartholzplatte) verhindert beim Schneiden des Holzes das unliebsame Ausfransen der Holzfasern entlang der unteren Einschnittkanten.

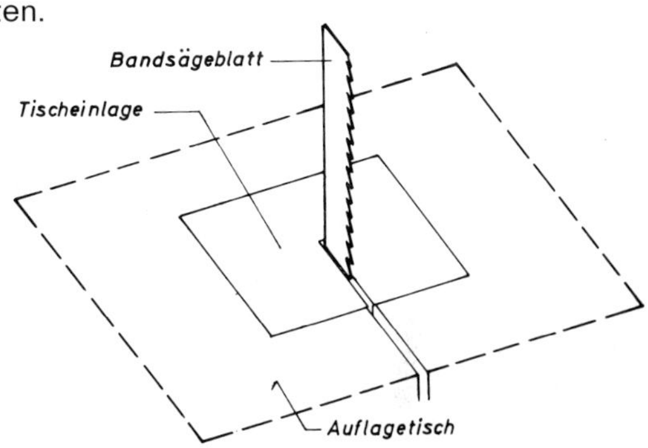

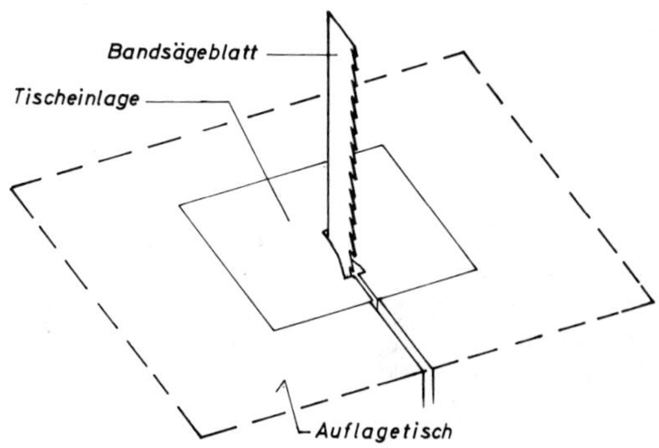

Da sich der Durchlaufschlitz durch Schwenkbewegungen mit dem Werkstück auf das ablaufende Sägeblatt nach beiden Seiten erweitert, muß die Tischeinlage öfters erneuert werden.

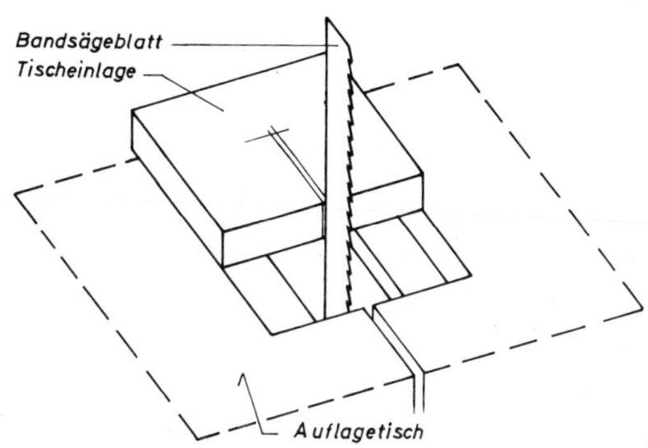

Zum Anreißen des Durchlaufschlitzes auf die neu einzulegende Tischeinlage muß das Bandsägeblatt angespannt und zwischen den Bandsägeblattführungen fein eingestellt werden.

Zum Einhängen bzw. Auswechseln des endlosen Bandsägeblattes kann mit dem Handrad A und der Gewindespindel die obere Sägescheibe abgelassen und somit das auszuwechselnde Sägeband abgenommen werden. Danach wird die Tischeinlage aus der Einfassung herausgenommen. Die Rücken- und Seitenrollen der Bandsägeblattführungen schiebt man nach dem Zurückdrehen der Feineinstellungsschrauben ein wenig nach außen und nach hinten weg. Wenn diese Arbeiten ausgeführt sind und das Bandsägeblatt zunächst auf die obere Sägescheibe aufgelegt und anschließend unter die untere Sägescheibe eingeschoben ist, wird mit dem Handrad A und der Spiralfeder über der Gewindespindel das Sägeblatt angespannt. Nach dem Anspannen des Bandsägeblattes dreht man mit der Hand je ein paar Mal die obere und die untere Sägescheibe, um festzustellen, ob die Schränkung der Sägezähne erhalten bleibt. Verlaufen die Sägezähne über die Bandagen, so geht die Schränkung verloren. Verlaufen die Sägezähne zu weit nach außen oder über die Sägescheibenkanten zu weit nach innen, kann mit dem Handrad B die obere Sägescheibe nach hinten oder nach vorne geneigt werden, so daß die Schränkung gleichmäßig und lange erhalten bleibt. Bleiben nach dem Einstellen der oberen Sägescheibe die geschränkten Sägezähne nach einigen Drehungen vor den äußeren Sägescheibenkanten stehen, können die Bandsägeblattführungen fein eingestellt werden. Beim feinen Einstellen der Rücken- und Seitenrollen wird, ebenfalls von Hand, die obere Sägescheibe gedreht. Sind die Rücken- und Seitenrollen sowohl der oberen als auch der unteren Bandsägeblattführung fein eingestellt, muß geprüft werden, ob die Tischeinlage mit ihrem Schlitz ohne Druckwirkungen auf die Sägeblattaußenseiten sowie auf den Sägeblattrücken in die Einfassung preßfest eingeschoben werden kann. Ist dies nicht der Fall, muß die Tischeinlage erneuert werden.

Nach dem Aufspannen des Bandsägeblattes und feinem Einstellen der Bandsägeblattführungen wird der gesamte Umlauf des Sägeblattes bis auf eine niedrige Schneidstelle über der Tischeinlage sicher verkleidet. Dazu ist jede Tischbandsäge nach den Sicherheitsrichtlinien für Holzbearbeitungsmaschinen mit Bandsägeblatt- und Scheibenverkleidungen sowie Winkelbrett ausgerüstet. Unter diesen Voraussetzungen wird der Antriebsmotor für einen kurzen Probelauf eingeschaltet. Während des Probelaufes muß beobachtet werden, ob für den richtigen Blattlauf eine Nacheinstellung der oberen Sägescheibe oder der Bandsägeblattführungen notwendig ist. Ohne Probelauf und eventuellen feineren Einstellungen der Rücken- und Seitenrollen sollte man auf der Tischbandsäge keine Hölzer schneiden.

4.9.2 Tisch- und Schwenkkreissägemaschine – ihre Teile und ihr Arbeitsprinzip

Bei Tisch- und Schwenkkreissägemaschinen umschließt der Ständer unter dem Maschinentisch die gesamten Antriebselemente, außerdem den Kreissägewellenstumpf mit einem Teil des Kreissägeblattes, die Druckplatte und Mutter der Sägeblattbefestigung sowie Elemente der Sägewellenblockierung. Eine Tür erlaubt leichten Zugang zu dem Antriebsmechanismus.

Außer den Antriebsaggregaten und den Spanabsaugstutzen besteht die Schwenkkreissägemaschine im wesentlichen aus 9 Teilen und die Tischkreissägemaschine aus 8 Teilen.

Auf die wesentlichen Teile wird mit Vollinien und einer Numerierung hingedeutet. Die 9 wesentlichen Teile der Schwenkkreissägemaschine sind: 1) Ständer, 2) Maschinentisch, 3) Kreissägeblatt, 4) Spaltkeil, 5) Schutzhaube, 6) Sägelängsanschlag, 7) Hebel zur Arretierung des Sägelängsanschlags, 8) Schalttafel mit Sterndreieckschalter und Motorschutzschalter, 9) Höhen- und Schwenkverstellung

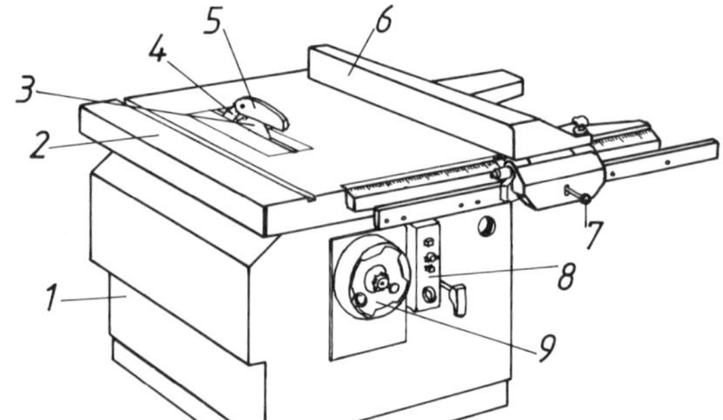

Tischkreissägemaschine mit horizontal starrer Kreissägewelle

für das Kreissägeblatt. Der Bestandteil „Schwenkverstellung für das Kreissägeblatt" ist bei der Tischkreissägemaschine nicht vorhanden.

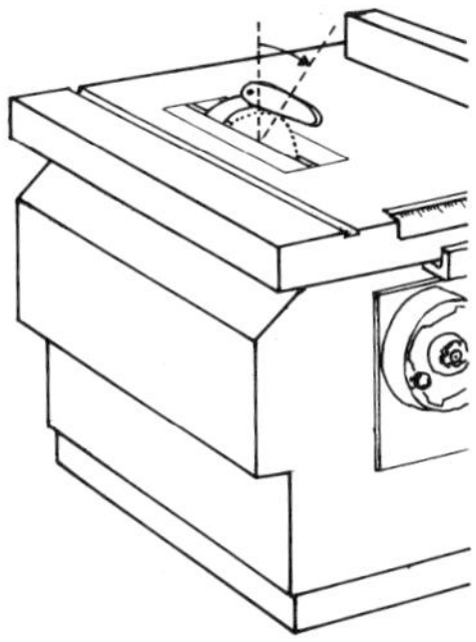

Tischkreissägemaschine mit horizontal schwenkbarer Kreissägewelle

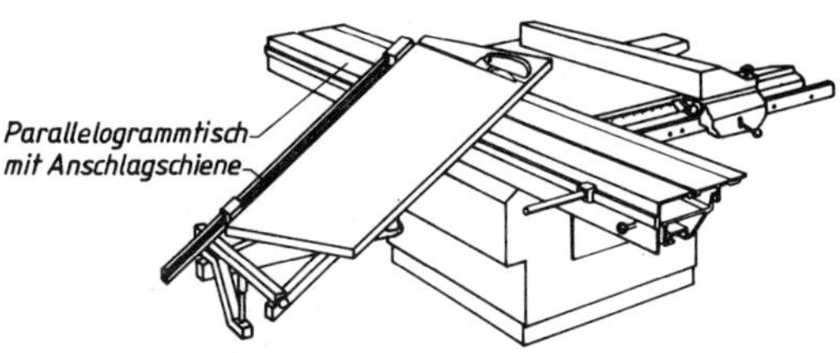

Das Kreissägeblatt erfordert neben der sicheren Befestigung auf dem Wellenstumpf einen allseitigen Schutz bis auf den jeweils nötigen Teil zum Schneiden. Deshalb ist die Verdekkung des Kreissägeblattes bzw. der Spaltkeil mit der Schutzhaube in der Höhe und waagerecht verstellbar. Der Spaltkeil verhindert beim durchlaufenden Trennen des Holzes in Faserrichtung das Schließen der Schnittfuge hinter dem rotierenden Kreissägeblatt und dadurch das Einklemmen der geschränkten Sägezähne, so daß das Holzstück nicht vom Zahnkranz erfaßt, hochgehoben und zurückgeschleudert werden kann.

Die Schnittgüte eines Kreissägeblattes ist abhängig von der Zahl der Sägezähne und der Zahnform.

Für Längsschnitte sind einteilige Kreissägeblätter (Tragkörper und Schneidteile bestehen aus einem Stück) mit Spitzwinkelzähnen und großem Spanwinkel sowie einteilige Kreissägeblätter mit Wolfszähnen vorteilhaft. Werden überwiegend Längsschnitte ausgeführt, empfehlen sich Kreissägeblätter mit Wolfszähnen.

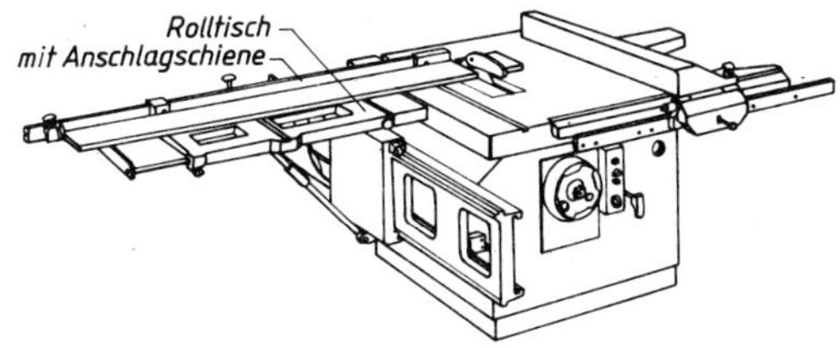

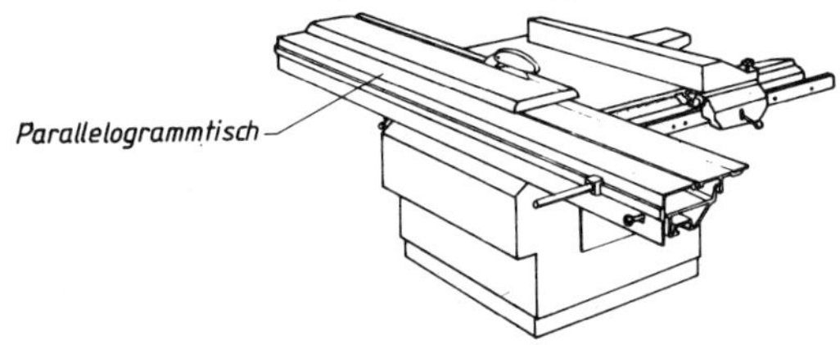

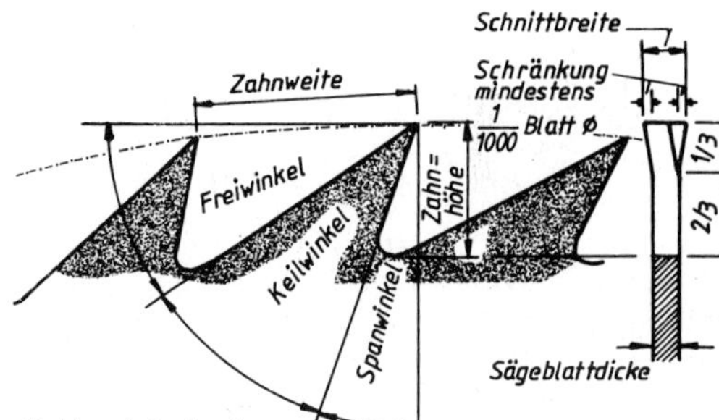

Spitzwinkelzahn

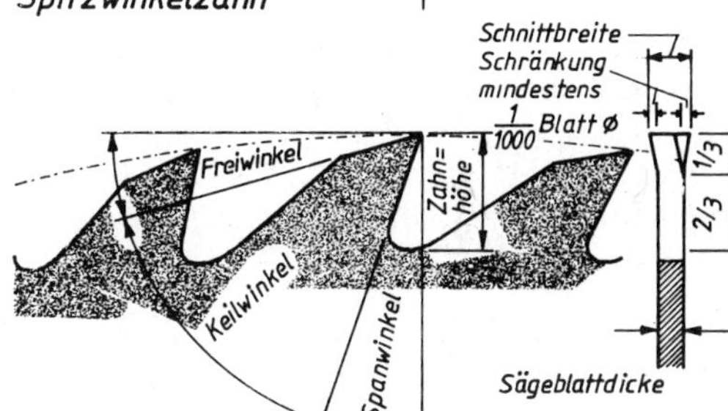

Wolfszahn

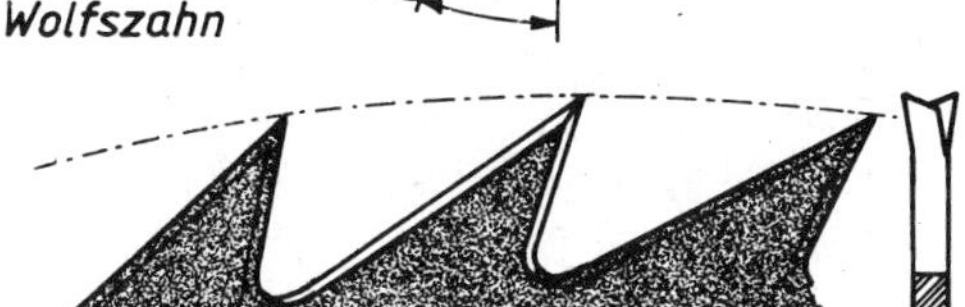

Spitzwinkelzähne wechselweise schräg zugeschliffen

Wolfszähne wechselweise schräg zugeschliffen

Die Spitzwinkelzahnung ist bei kleinem Spanwinkel oder wechselweise schräg zugeschliffenen Sägezähnen wie auch die Wolfszahnung mit Schrägschliff, für Querschnitte geeignet.

Für Querschnitte sowie Trenn- und Formatschnitte ist der Hohlzahn (siehe Bezeichnung Z_2) besser geeignet.

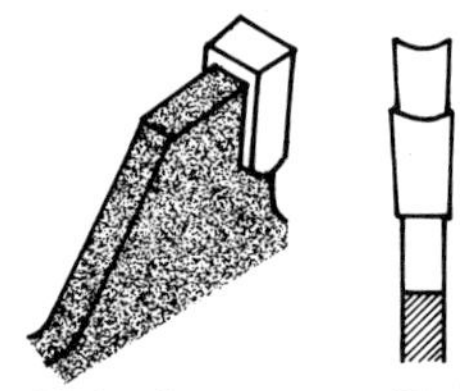

Zahnformen Z_2

Z_3

Werden bei kunststoffbeschichteten Platten höchste Ausrißfreiheiten auf den Fertigflächen (Unter- und Oberseite) gefordert, dann bewährt sich der Hohlzahn (Bezeichnung Z_3) mit trapezförmiger Spitze.

Plattenwerkstoffe, Furnier-, Sperrholz-, Dämm- und Gipsplatten, aber auch Hartgewebe sowie oberflächenbehandelte Platten werden mit Erfolg durch den Wechselzahn (Z_4) geschnitten.

Z_4

Z_5

Für das Schneiden von Kunststoffplatten hat sich der Dach- oder Spitzzahn (Z_5) bewährt.

4.9.3 Abrichthobelmaschine – ihre Teile und ihr Arbeitsprinzip

Wenn aus Schnitthölzern gerade sowie rechtwinklige oder verleimte Werkstücke herzustellen sind, müssen die Hölzer zunächst abgerichtet, dann gefügt, anschließend verleimt und ausgehobelt werden. Zum Abrichten ungenau ebener Holzflächen und zum Anhobeln von Fügekanten, die verleimt werden sollen, wird die Abrichthobelmaschine benutzt.

Außer den Antriebsaggregaten besteht die Abrichthobelmaschine im wesentlichen aus neun Teilen. 1) Ständer, 2) Aufgabetisch, 3) Abnahmetisch, 4) Fügeanschlaglineal, 5) Hebel zur Einstellung des Aufgabetisches, 6) Hebel zum Feineinstellen des Abnahmetisches, 7) Messerwelle, 8) Messerwellenabdeckung, 9) Sterndreieckschalter.

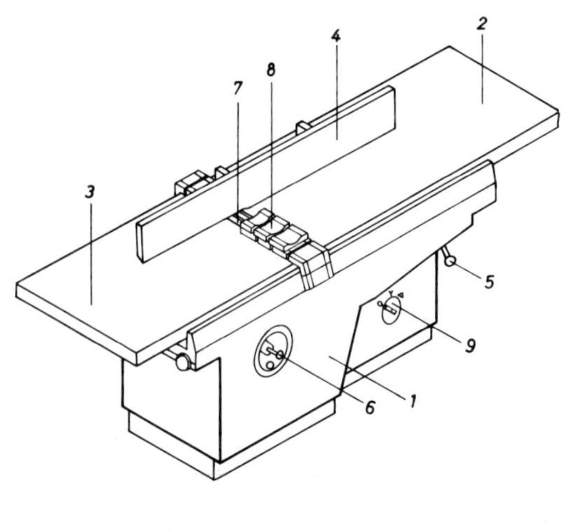

Aufgabe- und Abnahmetische sind ungleich lang. Der Aufgabetisch ist stets länger, um auch Hölzern, die gekrümmt und verzogen sind, in der Längsrichtung eine große Auflagefläche zu bieten.

Mit dem Hebel (5) zum Einstellen des Aufgabetisches kann die Spanabnahme (siehe Höhe a) bestimmt werden.

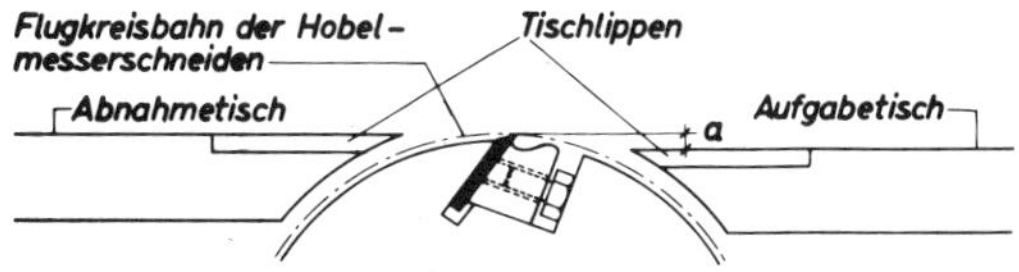

Mit dem Hebel (6) zur Feineinstellung des Abnahmetisches wird die Tischebene (als Tangente) auf die Flugkreisbahn der Hobelmesserschneiden eingestellt. Hiernach entstehen beim Abrichten und Fügen gerade Flächen und Kanten, denn die abgerichteten oder gefügten Holzflächen gleiten genau über den Abnahmetisch.

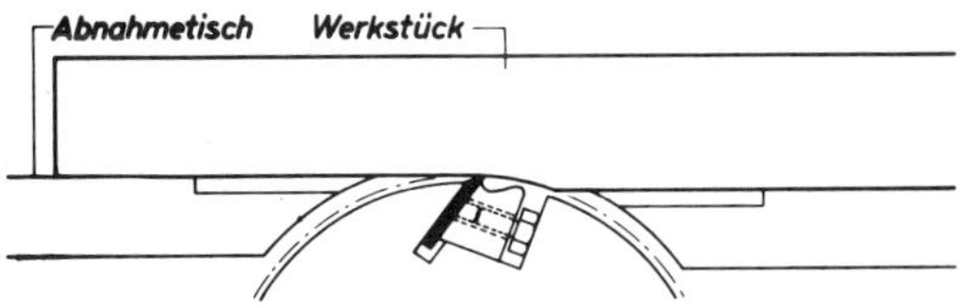

Steht die Ebene des Abnahmetisches über die Flugkreisbahn der Hobelmesserschneiden hinaus, stößt das Holz beim Zuschieben gegen die überhöhte Tischkante.

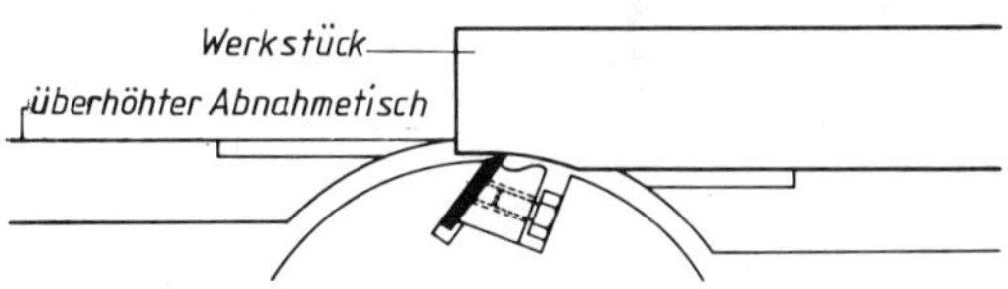

Liegt dagegen der Abnahmetisch zu tief (siehe Höhe b), erhält die abgerichtete Holzfläche oder gefügte Holzkante keinen bündigen Kontakt mit dem Abnahmetisch. Wenn auf diese Einstellung zu abgerichtet und gefügt wird, entstehen keine geraden Flächen und Kanten.

Beim Abrichten und beim Fügen von Schnitthölzern muß deshalb der Abnahmetisch (3) ganz genau auf die Flugkreisbahn der Hobelmesserschneiden eingestellt sein.

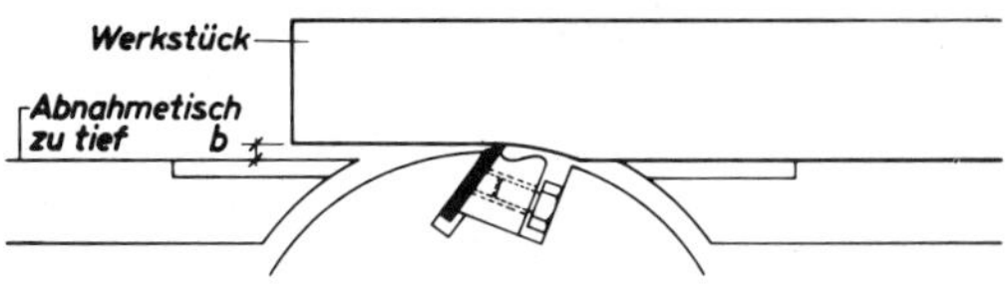

Unter Messerwelle versteht man den Werkzeugkörper, in dem mittels Keilleisten (Druckbalken) und Sechskantschrauben die Hobelmesser befestigt sind. Sind die Messerwellen mit Keilleisten ausgestattet, spricht man von Keilleistenwellen. Die Keilleistenwelle mit vier Hobelmessern wird auch als Viermesserwelle und die Keilleistenwelle mit zwei Hobelmessern als Zweimesserwelle bezeichnet.

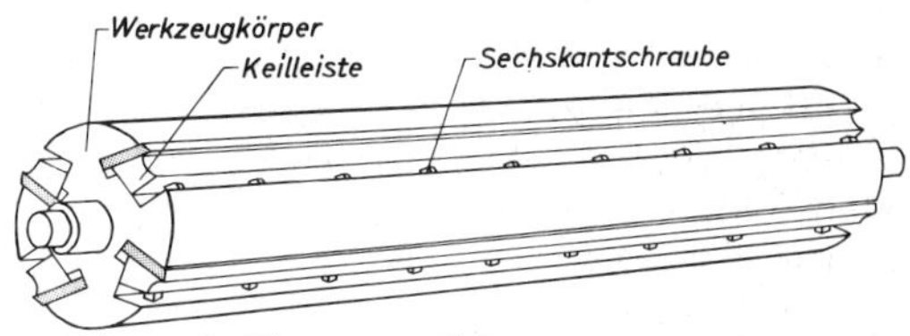

Keilleistenwelle (Viermesserwelle)

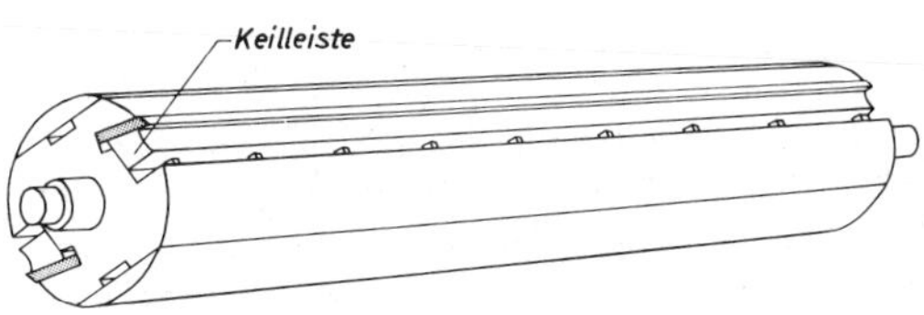

Keilleistenwelle (Zweimesserwelle)

Bei den Hobelmessern handelt es sich um sogenannte Streifenhobelmesser.

Streifenhobelmesser

Nach den Sicherheitsrichtlinien für Holzbearbeitungsmaschinen müssen beim Abrichten und Fügen die nicht benutzten Teile der Messerwelle vor und hinter dem Fügeanschlaglineal verdeckt sein. Dazu ist jede Abrichthobelmaschine mit der Messerwellenabdeckung ausgerüstet.

Unter diesen Voraussetzungen wird beim Abrichten stets die hohle Seite des Schnittholzes zuerst gehobelt.

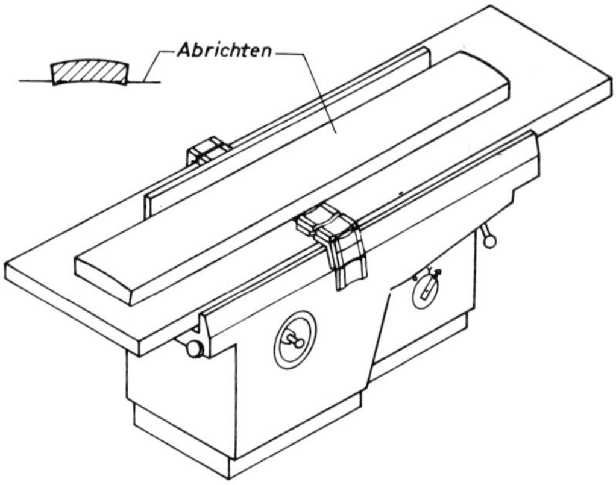

Beim Fügen und Kantenanhobeln wird die abgerichtete Holzfläche am Fügeanschlaglineal entlang zugeschoben.

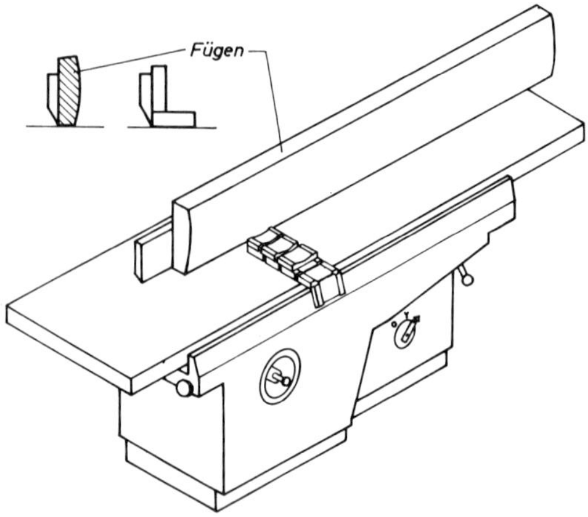

4.9.4 Die Dickenhobelmaschine – ihre Teile und ihr Arbeitsprinzip

Die Dickenhobelmaschine dient dem Abhobeln der vorher auf der Abrichthobelmaschine einseitig abgerichteten Hölzer auf die erforderliche Holzdicke. Mit der Dickenhobelmaschine werden auch zweiseitig abgerichtete Kanthölzer auf bestimmte Breiten und Dicken egalisiert.

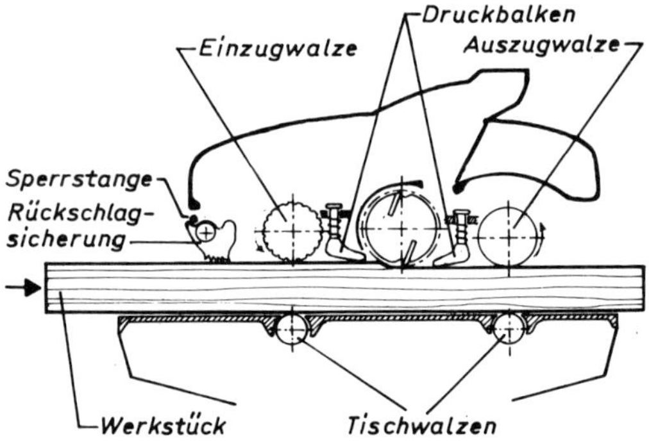

Das Abhobeln der Hölzer in der Dickenhobelmaschine geschieht so: Auf dem vorher eingestellten Maschinentisch wird das Werkstück unter den Rückschlagsicherungen hindurch der Einzugwalze zugeführt. Die geriffelte Einzugwalze erfaßt das Werkstück, schiebt es unter die vorderen Druckbalken der mit 4 000 bis 6 000 Umdrehungen in der Minute rotierenden Messerwelle zu. Unter der spanabhebenden Messerwelle hindurch gelangt das abgehobelte Werkstück durch den Vorschub unter den hinteren Druckbalken und gleich anschließend unter die Auszugwalze. Wenn das Werkstück die Einzugwalze verläßt, wird es von der Auszugwalze weiter, d. h. aus der Maschine transportiert.

4.9.5 Tisch- und Schwenkfräsmaschine – ihre Teile und ihr Arbeitsprinzip

Die Tisch- und Schwenkfräsmaschine dient dem durchlaufenden oder unterbrochenen Abblatten, Falzen, Fügen, Nuten, Profilieren und Schlitzen der vorher gerade, gebogen oder kurvenförmig ausgearbeiteten Hölzer auf die fertige Werkstücksform. Der Unterschied zwischen einer Tischfräsmaschine und einer Schwenkfräsmaschine besteht darin, daß die Tischfräse mit einer vertikal starren, die Schwenktischfräse dagegen mit einer neigbaren Fräswelle ausgestattet ist.

Außer den Antriebsaggregaten und der Spanabsaughaube besteht die Tischfräsmaschine im wesentlichen aus 10 Teilen und die Schwenkfräsmaschine aus 11 Teilen. Auf die wesentlichen Teile wird mit Vollinien und einer Numerierung hingedeutet. Die 11 wesentlichen Teile der Schwenkfräsmaschine sind: 1) Ständer, 2) Maschinentisch, 3) Anschlaglineal, 4) Abweisbügel, 5) Anschlagslinealarretierung, 6) Hebel zur Feineinstellung des Anschlaglineals, 7) Fräserdorn, 8) Fräswelle, 9) Handrad zur Höhenverstellung der Fräswelle, 10) Schalttafel mit Sterndreieckschalter, Polumschalter, Motorbremse und Wendeschalter für Rechts- und Linkslauf, 11) Handrad zur Schwenkung der Fräswelle. Der Bestandteil 11 ist bei der Tischfräsmaschine nicht vorhanden. Bei

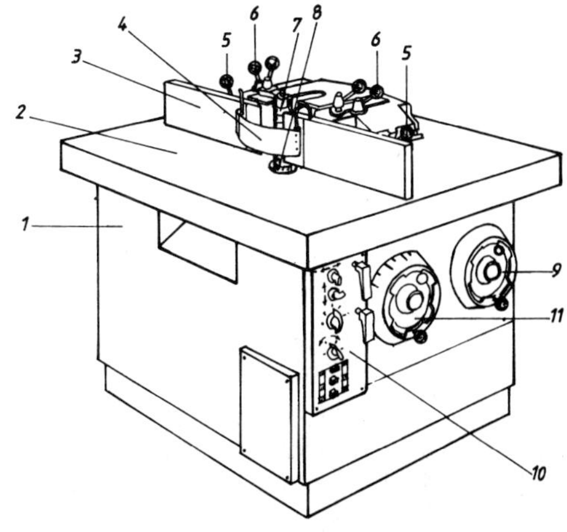

Tisch- und Schwenkfräsmaschinen umschließt der Ständer die gesamten Antriebselemente und Fräswellenführung. Eine Tür erlaubt leichten Zugang zu dem Antriebsmechanismus.

Tisch- und Schwenkfräsmaschinen sind meist mit Wendeschalter für Rechts- und Linkslauf eingerichtet.

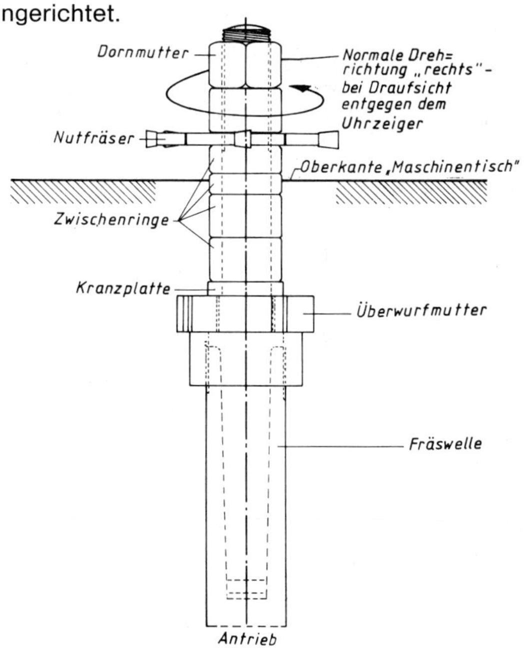

Drehrichtung „rechts" ist, wenn sich die Fräswelle, d. h. das fest eingespannte Fräswerkzeug, wie im Bild angedeutet, bei Draufsicht entgegen dem Uhrzeiger dreht.

Drehrichtung „links" ist, wenn sich das Fräswerkzeug (siehe Pfeilzeichen im Bild) im Sinne des Uhrzeigers dreht.

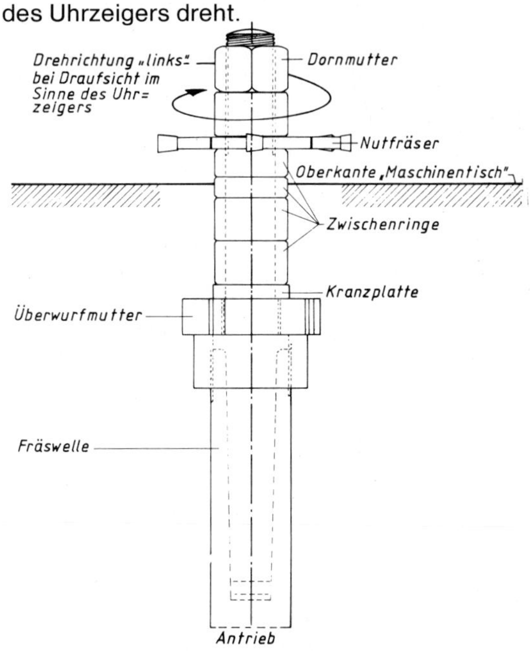

Durch die Drehrichtung „links" und Drehrichtung „rechts" ist es möglich, sowohl bei geraden als auch bei gebogenen und geschweiften Werkstücken, die Schnittrichtungen stets von

den Holzfasern weg verlaufen zu lassen. Dadurch kann auch das kurzfasrige Holz sauber profiliert werden.
Die Fräswellen der Schwenkfräsmaschinen sind neigbar. Beim Profilieren schwerer und tiefer Profile mit dem geneigten Fräserdorn wird die Verwendung großer bzw. weit auslaufender Profilmesser hinfällig und erzielt außerdem gleichmäßige Umlaufgeschwindigkeiten. Bei schräg verstellbaren Fräswellen können mit einem Satz gleicher Fräsmesser verschiedene Profile hergestellt werden.

Der Fräserdorn (siehe Draufsicht und Schnitt A–A) hat von unten nach oben einen Morsekegel, einen Feingewindeschaft, eine Kranzplatte und darüber einen glatten zylindrischen Schaft sowie einen Gewindeschaft mit grober Gewindesteigung. Die Fräswelle (auch Frässpindel genannt) hat, wie in der Draufsicht und im Schnitt C–C gezeigt, zur Befestigung des Fräserdornes einen Morsekonus und an der Außenseite unter dem ebenen Kopfende ein Gewinde mit grober Gewindesteigung.

Der Morsekegel paßt genau in den Morsekonus. Die sichere Verbindung zwischen Fräserdorn und Fräswelle wird mit der Überwurfmutter (siehe Draufsicht und Schnitt B–B) bzw. durch die innen eingedrehten Gewinde mit verschiedenen Steigungen hergestellt. Das Herstellen der Verbindung geschieht so: Die Überwurfmutter wird zunächst auf den Fräserdorn aufgeschraubt. Anschließend wird der Morsekegel in den Morsekonus eingesetzt und die Überwurfmutter auf die Fräswelle aufgeschraubt und zugleich mit dem zugehörigen Schlüssel für die Überwurfmutter fest angezogen.

Die Überwurfmutter ist zugleich auch eine Abziehvorrichtung, da beim Lösen der Mutter der Morsekegel aus dem Morsekonus herausgezogen wird. Fräserdorne dienen zur Aufnahme

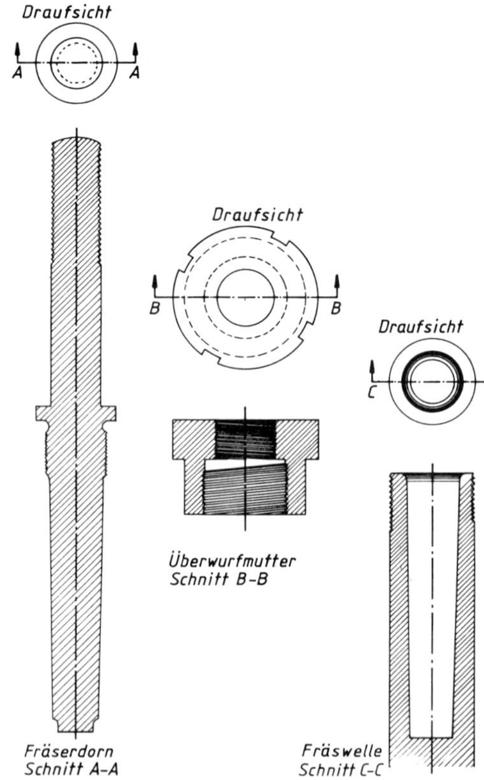

der Fräswerkzeuge. Es gibt kurze und lange Fräserdorne mit entsprechenden Dornmuttern und Zwischenringen.

4.9.6 Der Sterndreieckschalter bei stationären Holzbearbeitungsmaschinen

Die Schaltung wird bei stationären Holzbearbeitungsmaschinen durch den Sterndreieckschalter bewerkstelligt. Dieser hat zwei Schaltungen: „Stern'' für den Anlauf und „Dreieck'' für Betrieb. Nach dem Schalten auf „Stern'' wird so lange gewartet bis der Motor seine volle Drehzahl erreicht hat (gleichbleibender Ton) und dann erst soll von „Stern'' auf „Dreieck'' geschaltet werden. Wenn man rasch über das Sternzeichen hinwegschaltet, erfolgt ein momentan starker Stromstoß, der die Sicherungen schmelzen ließe und den

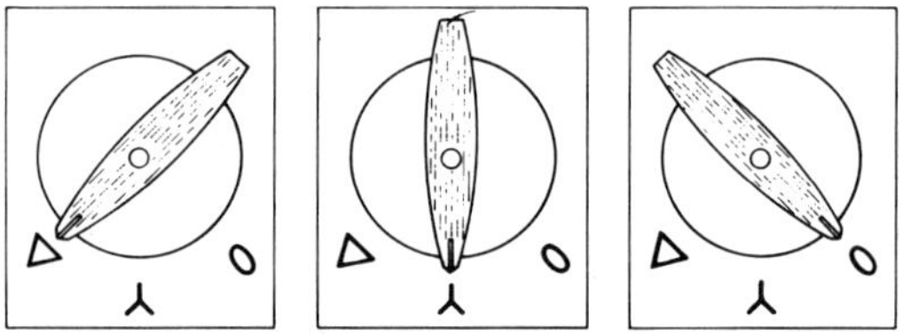

Stromkreis unterbrechen würde. Läßt man die Schaltung auf „Stern'', stehen, leistet der Motor für den Dauerbetrieb zu wenig und könnte Schaden erleiden.

4.10 Preßluft-Handnagler

Bei Preßluft-Handnaglern, die von automatischen Kompressoranlagen mit Preßluft betrieben werden, ist zu unterscheiden zwischen Klammer-Nagler,
T-Nagler
und Magazinnagler.

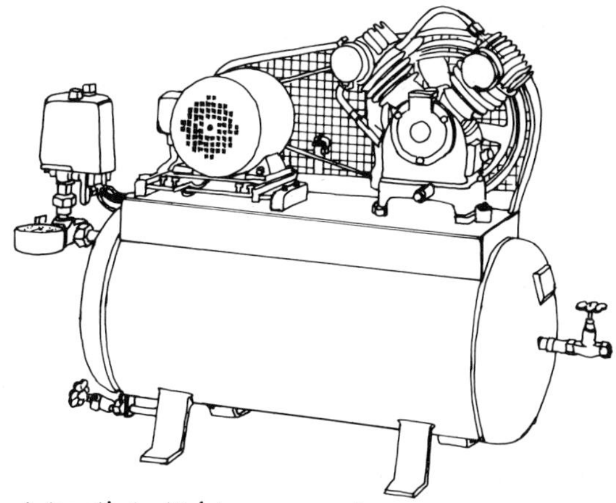
Automatische Kleinkompressoranlage

4.10.1 Automatische Kleinkompressoranlage

Bei der automatischen Kleinkompressoranlage im Betrieb erfolgt die Verteilung der Druckluft vom Druckbehälter über das Druckluftnetz zu den einzelnen Verbraucherstellen.
Von der Verbrauchsstelle aus bis zum Stecknippel am Preßluft-Handnagler erfolgt die Druckluftweiterleitung im Druckluftschlauch.
Preßluft-Handnagler bzw. Klammer-Nagler sowie Magazin-Nagler und T-Nagler bestehen aus einem Zylinder mit einem wechselseitig beaufschlagten Treiberkolben. Jeder Nagel wird mit einem Kolbenschlag eingeschlagen. Der nötige Luftdruck richtet sich nach der Nagelgröße und Holzart eventuell auch Stahlblechdurchlochung. Der Luftdruck liegt zwischen 4 bar und 8,5 bar. Für Nagelungen mit dem Preßluft-Handnagler auf der Baustelle, an Dächern und an großen Wandflächen werden kleinere transportable Kompressoren eingesetzt und für die Verteilung der Druckluft lange Druckluftschläuche verwendet.

S = Sicherheitsventil

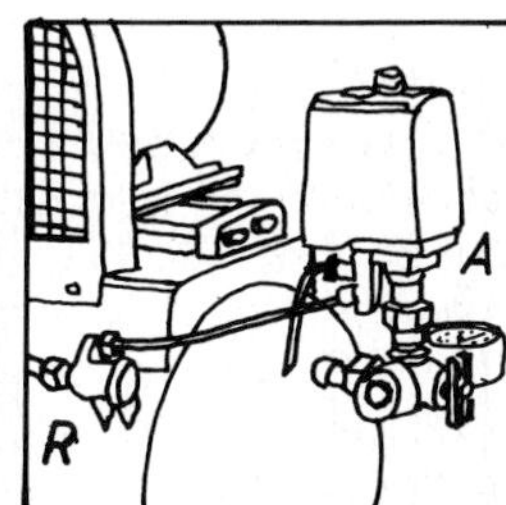

A = Amaturenträger mit automatischem Druckschalter, Manometer und Kontrollflansch.
R = Rückschlagventil mit Steuerleitung zum Entlüftungsventil des Druckschalters.

4.10.2 Klammer-Nagler

Klammer-Nagler verarbeiten Schmal-, Normal- und Breitrückenklammern.

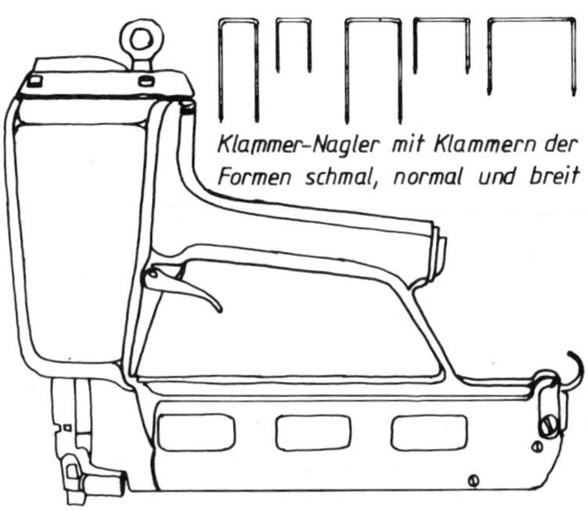
Klammer-Nagler mit Klammern der Formen schmal, normal und breit

4.10.3 Magazinnagler

Magazinnagler verarbeiten normale Rundkopfnägel, Schraub- und Ankernägel. Die Rundkopfnägel entsprechen der DIN 1151. Magazinnagler werden mit Nagelstreifen bestückt.

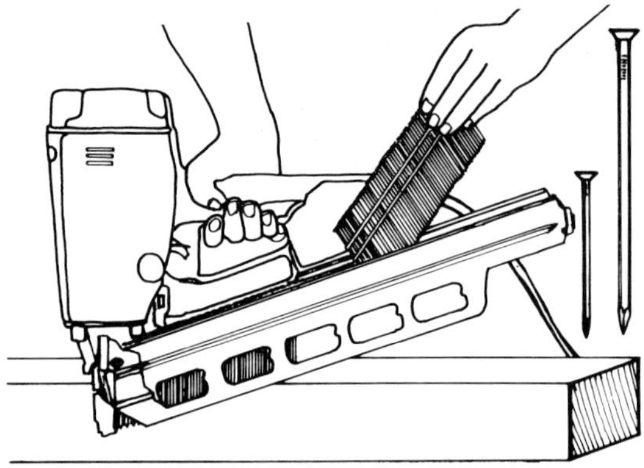

Magazinnagler mit Rundkopfnägel

Rkn = Rundkopfnägel
Schn = Schraubnägel
Ank = Ankernägel

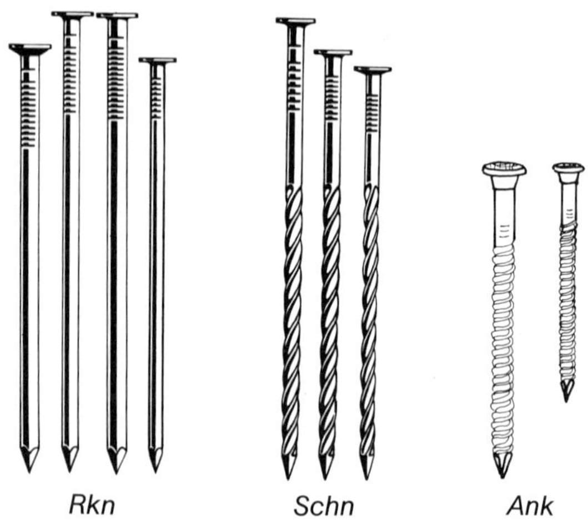

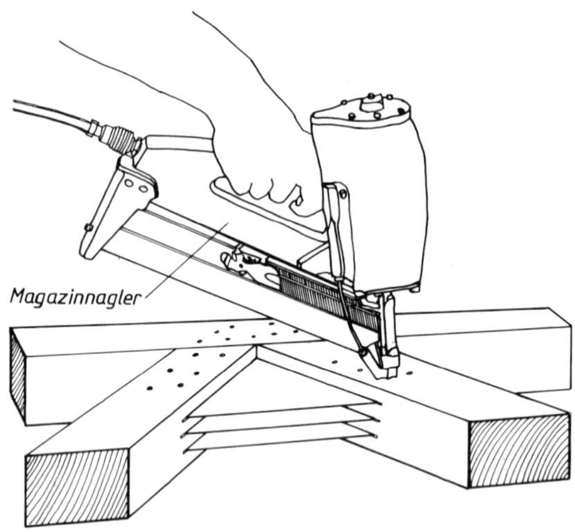

4.10.4 T-Nagler

T-Nagler verarbeiten T-Nägel. Der extra große T-Kopf gehört zur Standardausführung.

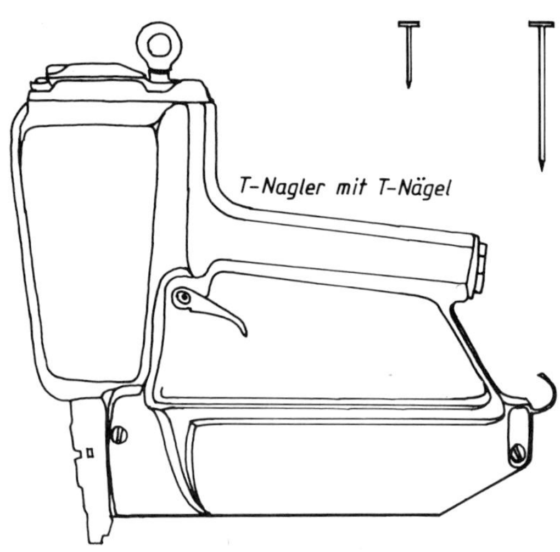

4.11 Meßwerkzeug und Anreißgeräte

4.11.1 Gliedermaßstab
4.11.2 Zimmererbleistift
4.11.3 Winkeleisen

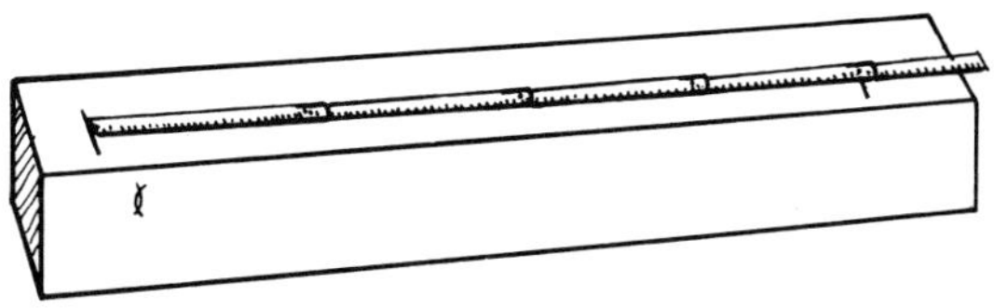

Mit dem Gliedermaßstab werden Längen, Breiten, Höhen, Dicken, Rundungen und anderes mehr gemessen.

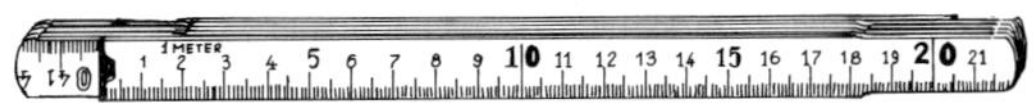

Der auf 1 m Länge ausklappbare Gliedermaßstab hat fünf Glieder bei vier federnden Beschlägen bzw. Gelenken.

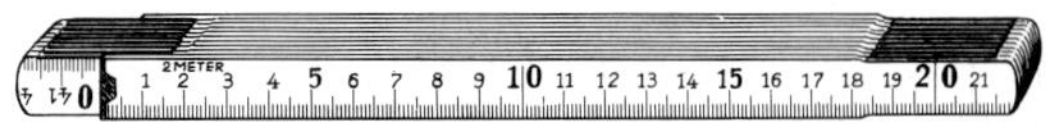

Der auf 2,00 m ausklappbare Gliedermaßstab (auch kurz Doppelmeter genannt) besitzt 10 Glieder bei neun federnden Gelenken.

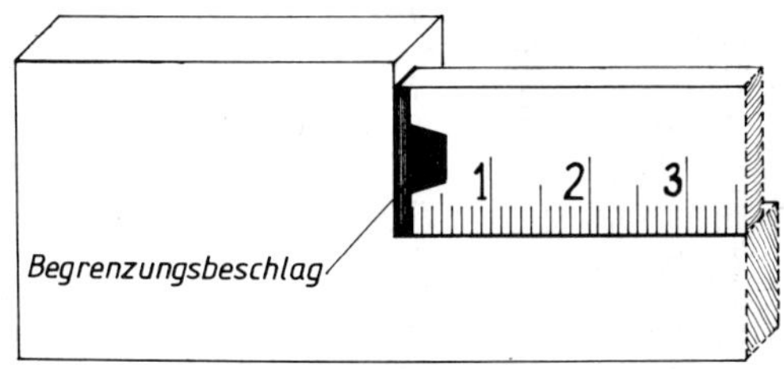

Die Gliedermaßstäbe haben auf beiden Breitseiten der einzelnen Glieder Zentimeter-Millimeter-Einteilung. Die auf 0,00 m, 1,00 und 2,00 m winkelrecht angeschnittenen Enden der Gliedermaßstäbe sind mit einem Begrenzungsbeschlag geschützt.

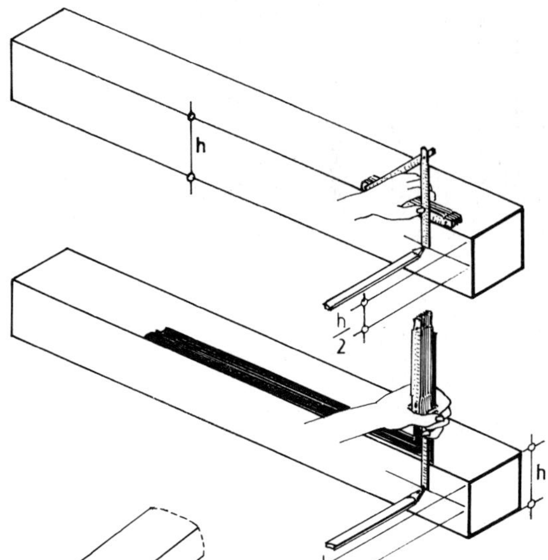

Zum Verstreichen der Zapfen-Backenlinien verwendet man den Gliedermaßstab. Der Gliedermaßstab wird dabei so geöffnet, daß ein rechtwinkliges Dreieck entsteht und durch Fingerdruck konstant bleibt. Mit dem senkrechten Dreieckschenkel kann dabei der Backenlinienabstand zum Verstreichen der Backenlinie eingehalten werden.

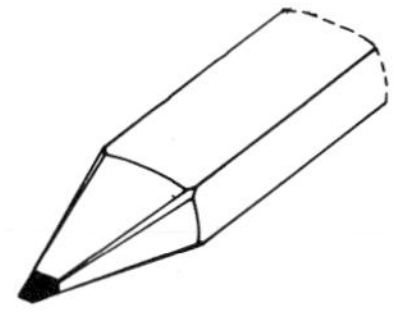

Mittlere Schärfe

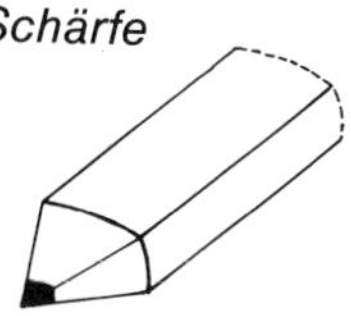

Zu kurze klobige Spitze

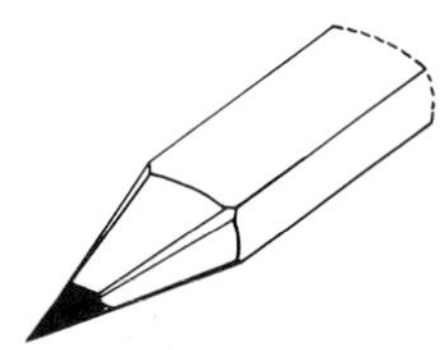

Zu lange Spitze

Der Zimmermannsbleistift ist neu ca. 25 cm lang und nutzt sich mit seinem dicken, rechteckigen Blei nicht so schnell ab wie ein gewöhnlicher Bleistift. Er muß in mittlerer Schärfe gehalten werden. Zu lange Spitzen brechen leicht beim Anreißen sägerauher Hölzer. Zum Anreißen gehobelter Hölzer eignet sich der zugespitzte Zimmermannsbleistift. Mit kurzen klobigen Spitzen kann man nicht genau arbeiten.

Nach dem Radius $r = \frac{360\,\text{cm}}{2 \cdot \pi}$ = 57,3 cm und einer Grundlinie sowie Kreisbogenlinie kann mit Hilfe des Meterstabes jeder gewünschte Winkel in Grad angelegt werden.

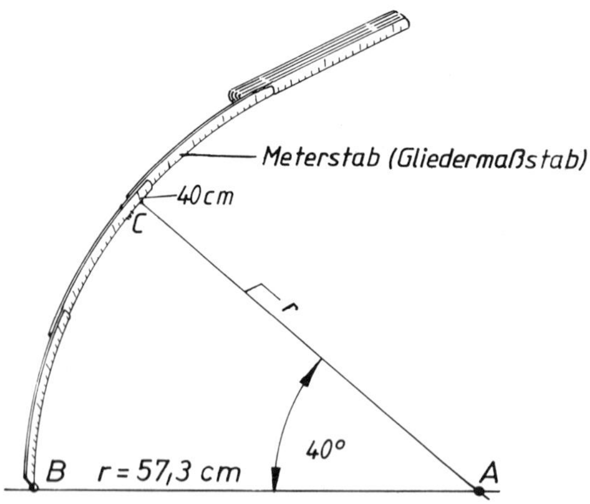

Je nach der Größe des Winkels, den man auftragen möchte, mißt man dementsprechend mit dem Meterstab aus der Grundlinie (AB) heraus entlang der Kreisbogenlinie. Will man zum Beispiel einen Winkel von 40°, so mißt man 40 cm oder einen Winkel von 26°, so mißt man 26 cm an der Kreisbogenlinie an. Aus dem Punkt A und über den bestimmten Maßpunkt (C) hinaus wird die Neigungslinie (CA) aufgetragen, die zur Grundlinie den gewünschten Neigungswinkel einschließt.

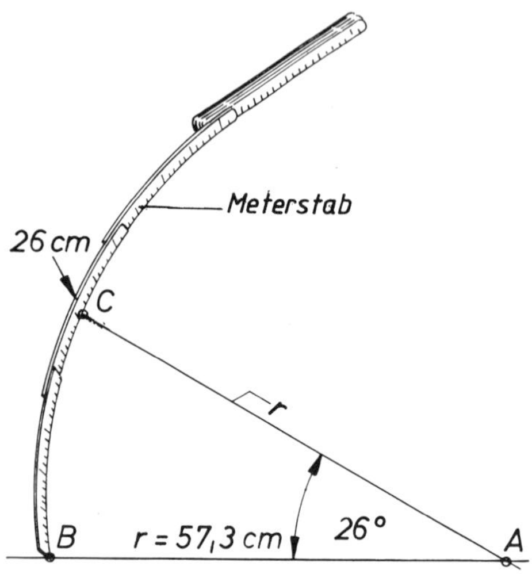

Das Winkeleisen mit ungleich langen, meist 3,5 cm breiten Schenkeln bietet mannigfaltige Anwendungsmöglichkeiten. Einmal benötigt man die Innenkante und dann wieder die Außenkante des langen oder kurzen Schenkels.

Hat man einen winkelrechten Abschnitt oder ein gerades einfaches Blatt anzureißen, wird der lange Schenkel mit der Innenkante an die Bundrißseite des Kantholzes angeschlagen. Der kurze Schenkel des Winkeleisens liegt oben auf, wobei man an diesem an der Außen- oder Innenkante entlang fährt, um so einen Winkelriß anzureißen.

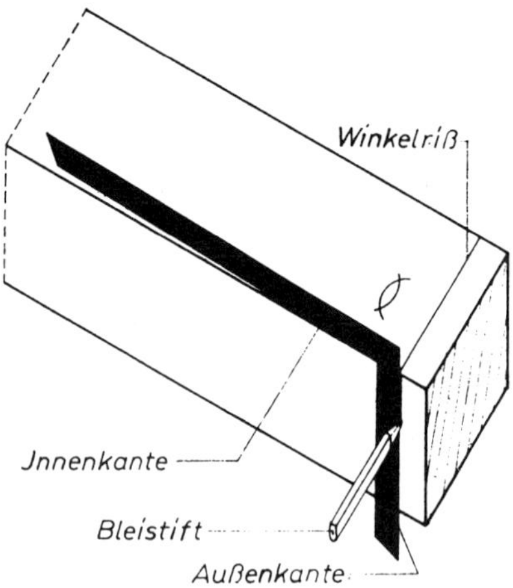

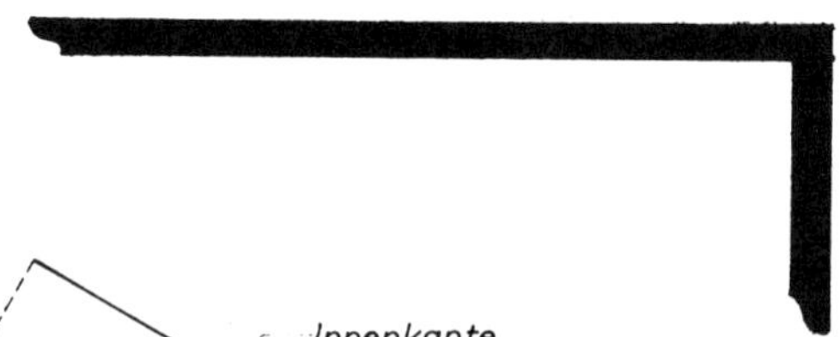

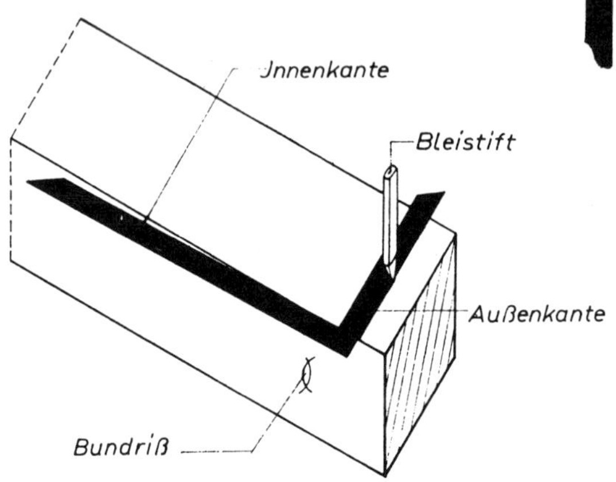

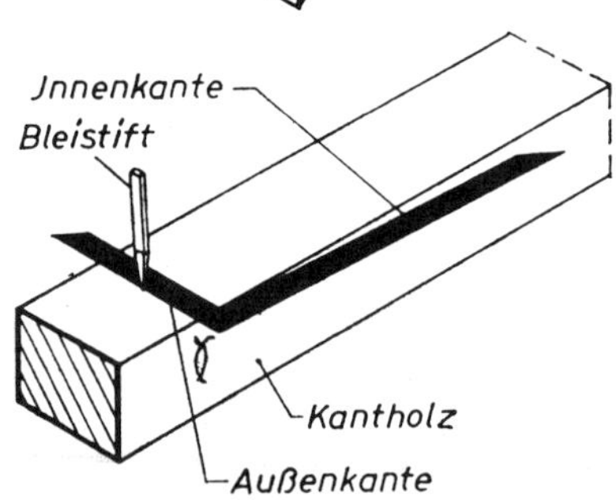

Zum Verstreichen der Zapfen-Backenlinien verwendet der Zimmermann verschiedene Anreißgeräte, z. B. das Winkeleisen und den Gliedermaßstab. Beim Verstreichen der Backenlinien gleitet das Winkeleisen mit der Außenkante des langen Schenkels entlang der Holzfläche mit dem Bundriß. Der durch ein Glied

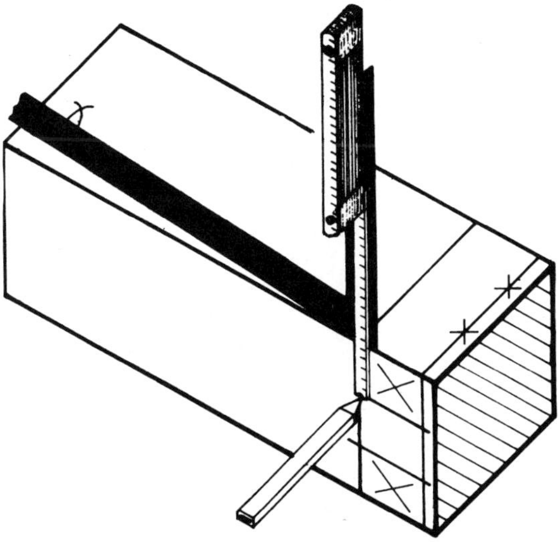

Verstreichen der Blatt- und Zapfenbackenlinien mit dem Gliedermaßstab und dem Winkeleisen.

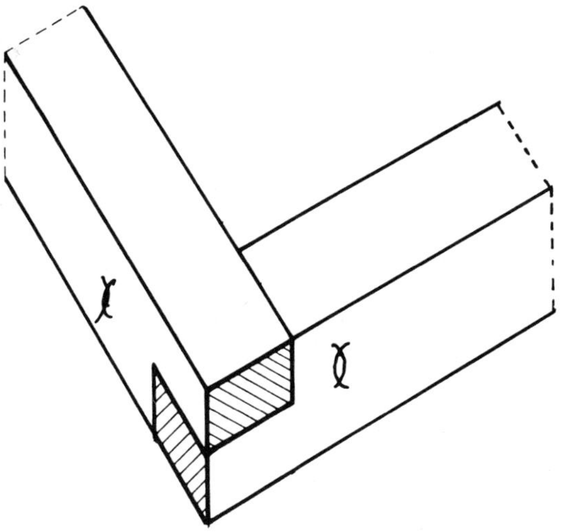

geöffnete Gliedermaßstab muß mit einer Hand an den kurzen Winkelschenkel angepreßt werden. Der Abstand zwischen der Stirnfläche des geöffneten Maßstabgliedes und der Bundrißfläche (der Backenlinienabstand) wird dabei konstant eingehalten, so daß beim Verziehen dieser Geräteeinheit (Winkel, Maßstab) eine parallele Linie, d. h. die betreffende Backenlinie mit dem Bleistift aufgetragen werden kann.

4.11.4 Lochwinkel

Die gezeigten Winkeleisen haben in den kurzen Schenkeln in Abständen von 0,5 und 1,0 cm Anreißlöcher. Aufgrund der Anreißlöcher spricht man von Lochwinkeln. Mit Hilfe des Lochwinkels kann man gut die Backenlinien der Zapfen, die Blattiefe des einfachen Blattes und der Zapfenlöcher verstreichen.

Beim Verstreichen der Backenlinien gleitet Innenkante langer Winkelschenkel auf der Bundseite des Kantholzes.

Wenn also die Backenlinien für den Zapfen im Abstand von 4 und 8 cm zur Bundseite zu verstreichen sind, führt man die Bleistiftspitze zunächst in das 4 cm- dann in das 8 cm-Loch. Beim Verschieben des Lochwinkels gleitet die Bleistiftspitze in das spitze Eck des betreffenden Loches und zeichnet dadurch den genauen Maßabstand auf. Mit dem Lochwinkel reißt man demnach die Winkel-, Abschnitt- und die Backenlinien der Zapfen an und zwar ohne zusätzliche Hilfe eines anderen Anreißgerätes.

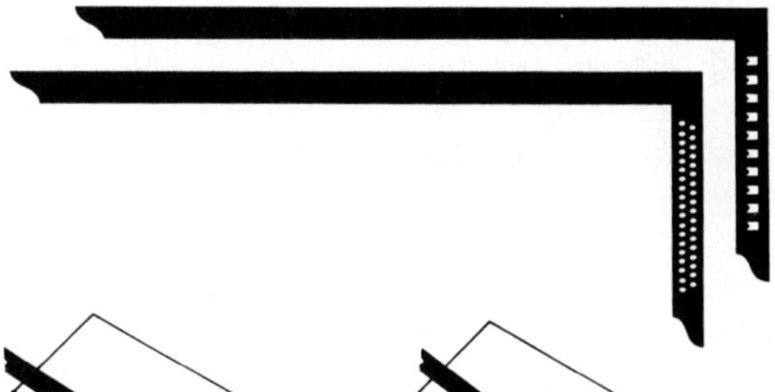

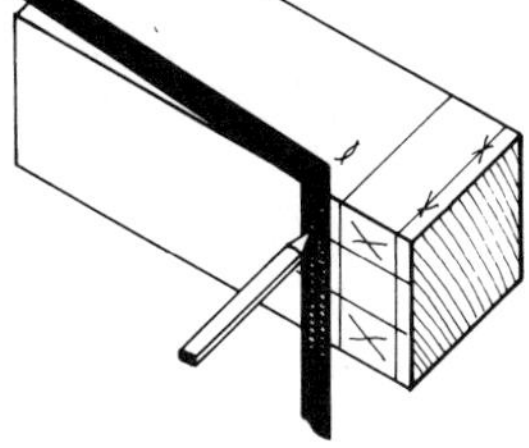

Zapfenanriß

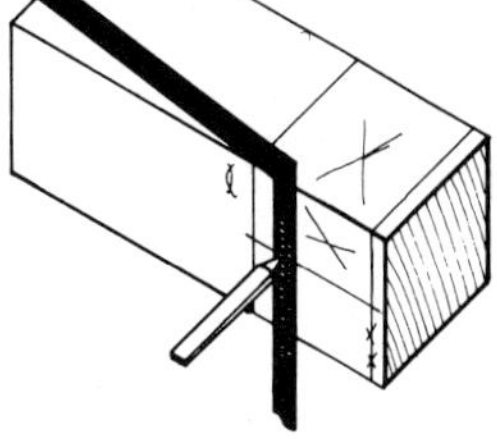

Blattanriß

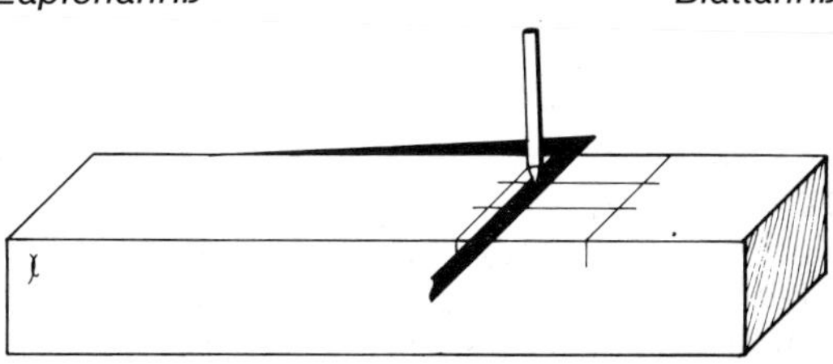

Zapfenlochanriß

Sind an einem Kantholz die Seiten zu prüfen, ob sie rechtwinklig zueinander stehen, dann hält man das Winkeleisen an, wie dargestellt ist. Es wird hierzu die Innenkante des langen und kurzen Schenkels benutzt. Man sollte dabei grundsätzlich nicht die Außenkanten an der Stirnseite (Hirnschnittfläche) anhalten, siehe gestricheltes Winkeleisen.

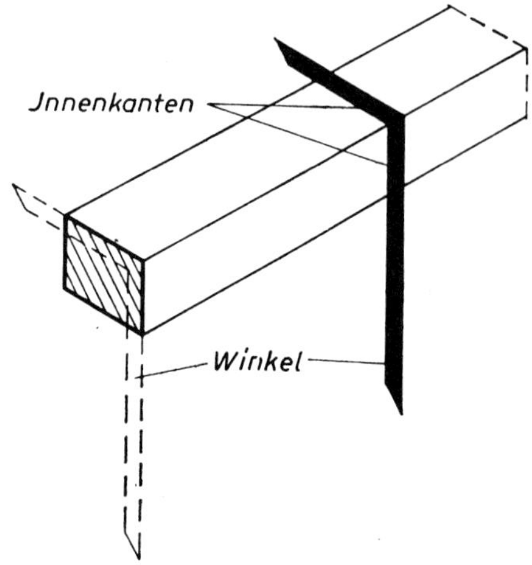

Hat man zu prüfen, ob eine Eckverbindung im rechten Winkel steht, und kann das Winkeleisen an den Außenseiten nicht angehalten werden, so ist es wie rechts von diesem Text gezeigt, anzulegen.

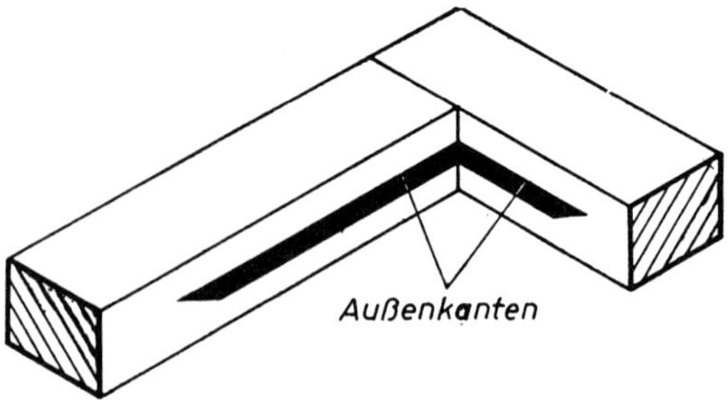

Muß man ein Kantholz waagerecht verlegen und hat dazu keine Wasserwaage, so kann dies mit Hilfe des Winkeleisens und des Senkels geschehen.
Der lange Schenkel ist mit seiner Außenkante auf das Kantholz zu legen, daß der kurze Schenkel des Winkeleisens nach oben steht. Dann nimmt man den Senkel und fluchtet die Außenkante des kurzen Schenkels danach ein. Steht die Außenkante des kurzen Schenkels genau in der Flucht nach der Schnur, dann hat man die Gewißheit, daß das Kantholz waagerecht liegt.

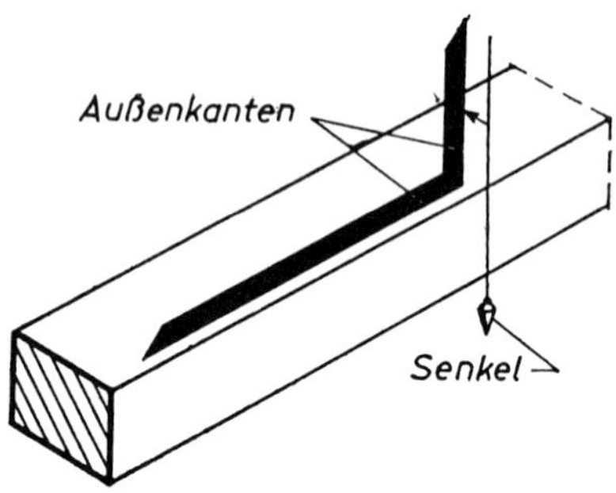

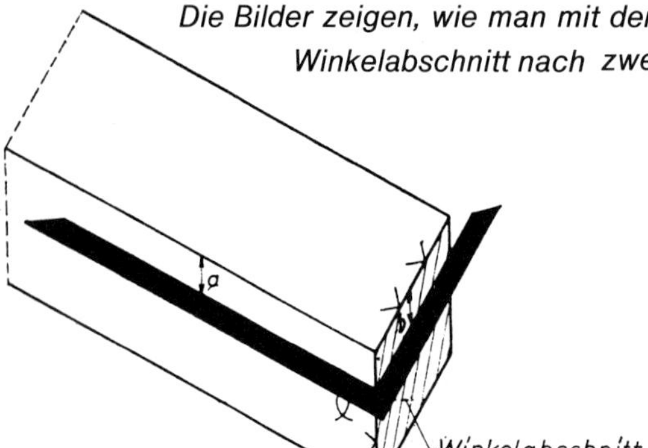

Die Bilder zeigen, wie man mit dem Winkeleisen den Winkelabschnitt nach zwei Richtungen prüft.

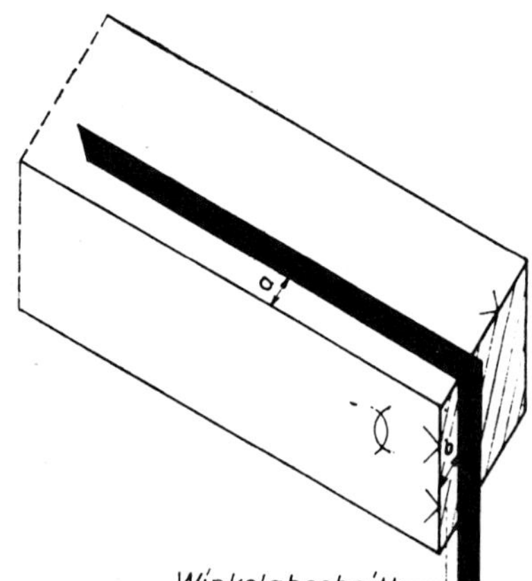

4.11.5 Alpha-Anreißgerät

Riß-Winkel, d. h. Senkel- und Waagerisse bei bestimmten Dachneigungswinkeln und Ausmittlungsgrundwinkeln werden mit dem Alpha-Anreißgerät und dem Zimmererbleistift angerissen.

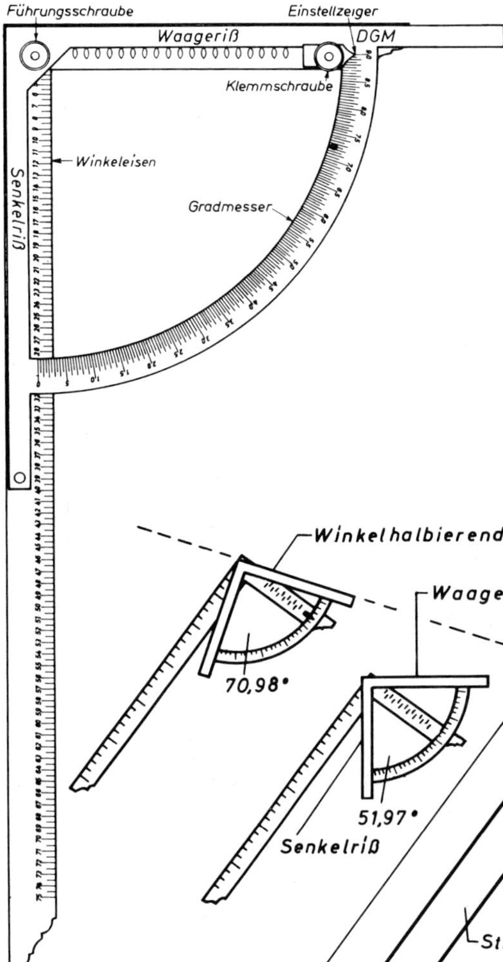

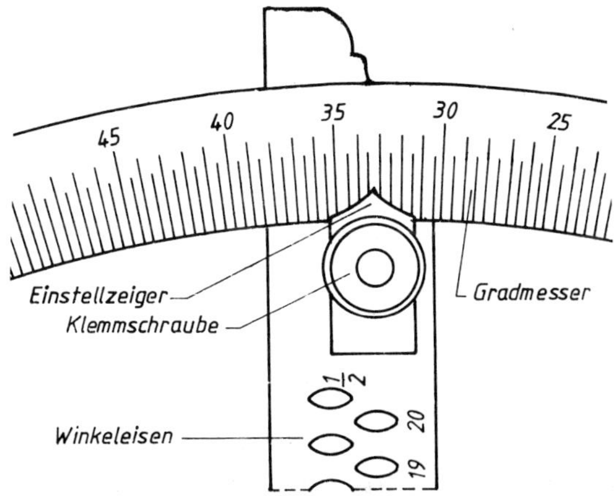

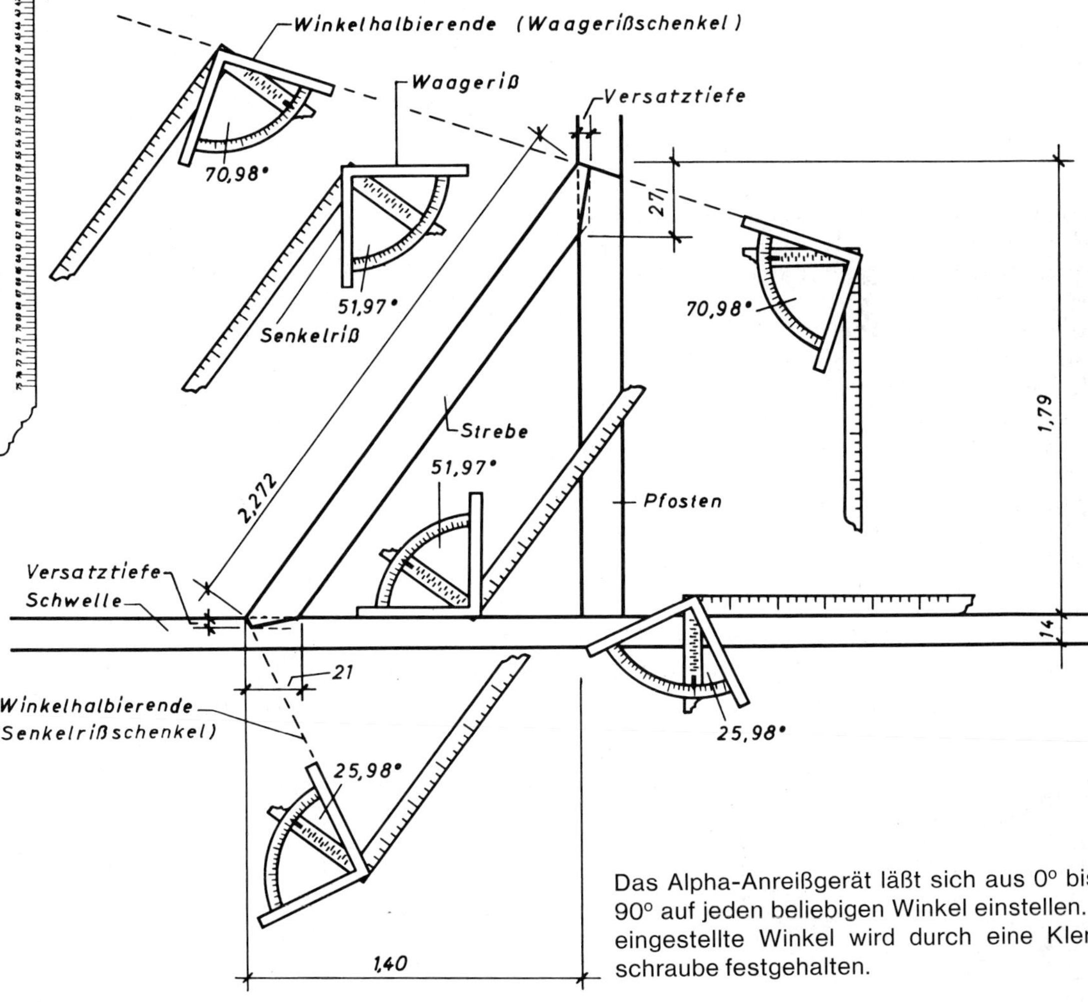

Das Alpha-Anreißgerät läßt sich aus 0° bis zu 90° auf jeden beliebigen Winkel einstellen. Der eingestellte Winkel wird durch eine Klemmschraube festgehalten.

Anreißen eines Sparrens bzw. Lehrsparrens und Anreißen der Firstkerve dieses Lehrsparrens

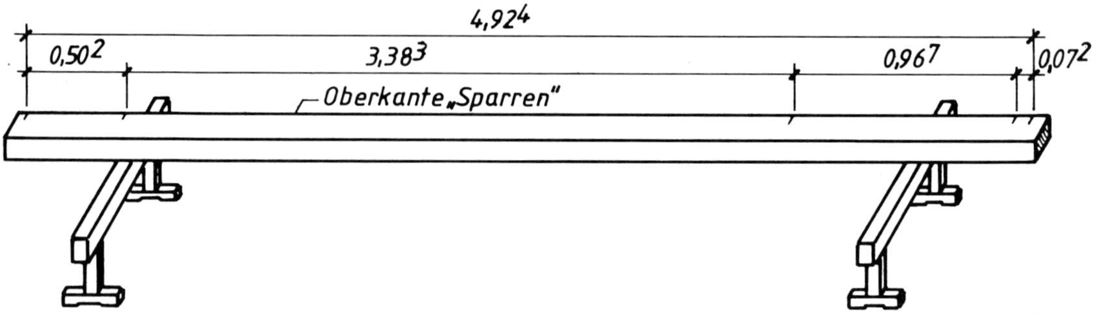

1. Antragen der Sparrenlängen

2. Anreißen des Firstsenkelrisses

3. Anreißen des Kervensenkelrisses

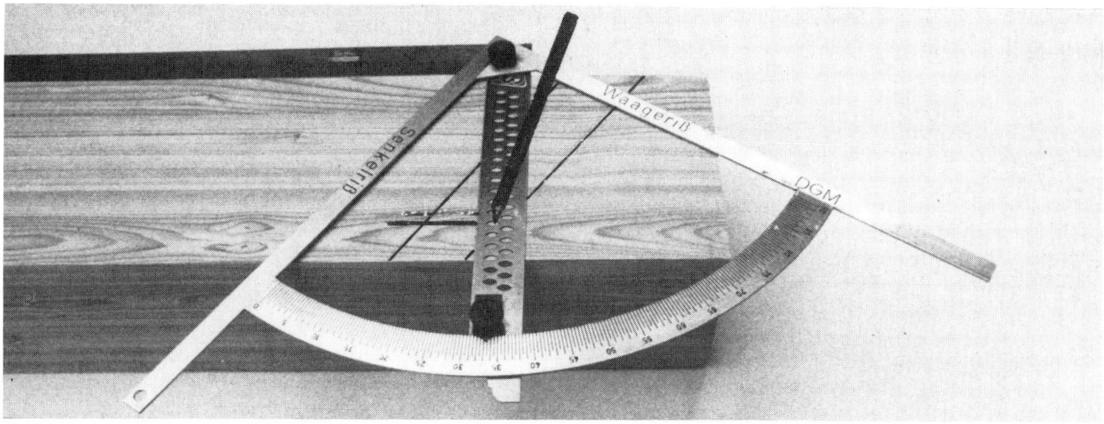

4. Verstreichen des rechtwinkligen Obholzmaßes

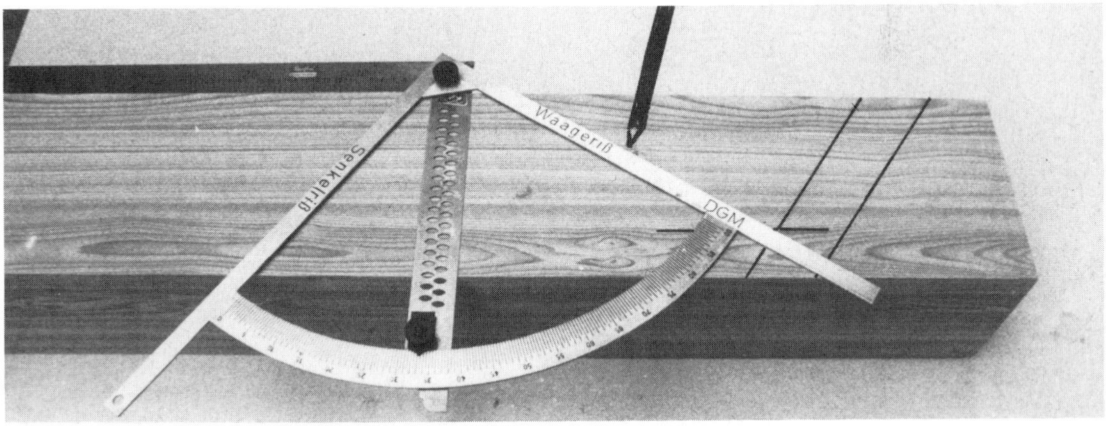

5. Anreißen des Waagerisses von Oberkante „Firstpfette"

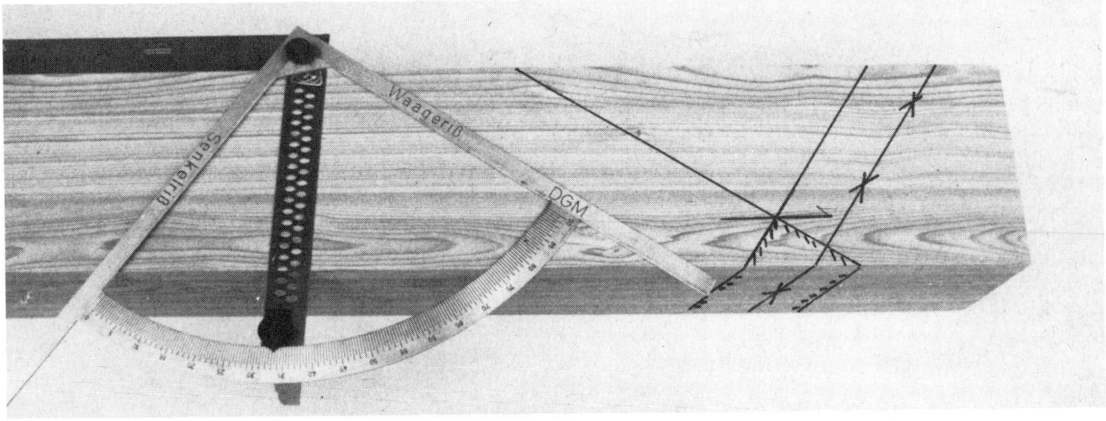

Die Firstkerve ist hier komplett angerissen zu sehen.

Der Lehrsparren ist hier fertig angerissen auf zwei Zimmerböcken dargestellt.

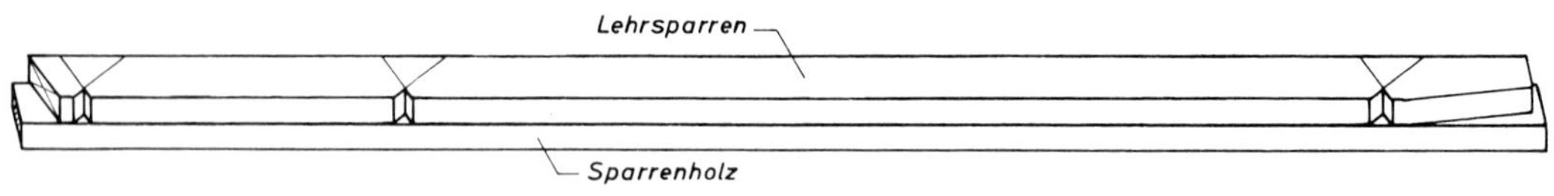

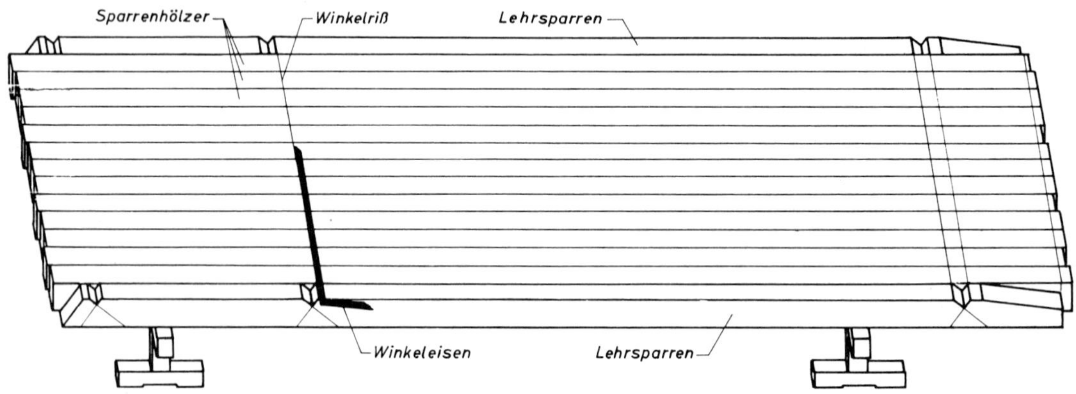

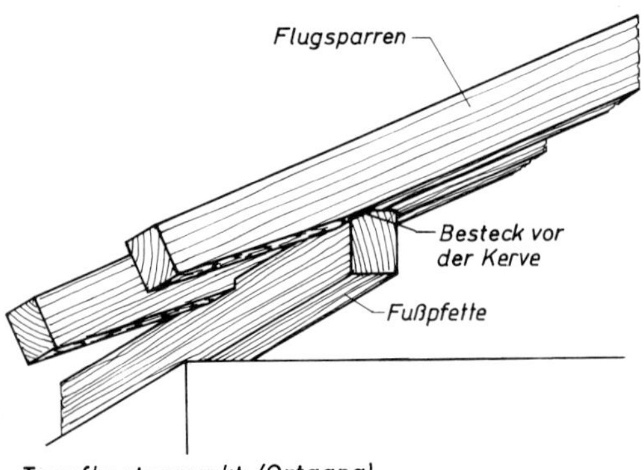

Traufknotenpunkt (Ortgang)

Zum Anreißen und Ausarbeiten bestimmter Bund-, Flug-, Giebel- und Lehrsparren wird oft ein Sparren oder ein Sparrenpaar genauestens ausgearbeitet und diese erhalten dann auf dem Abbundplatz die Bezeichnung „Lehrsparren". Für Lehrsparren sucht man natürlich stets schöne, also gerade und scharfkantige Sparrenhölzer aus.

4.11.6 Holzwinkel

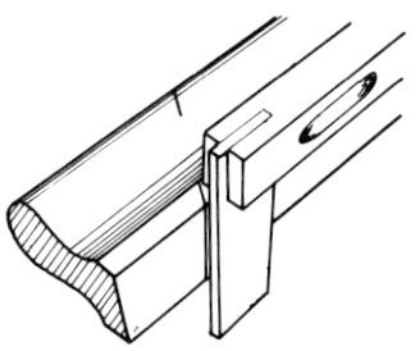

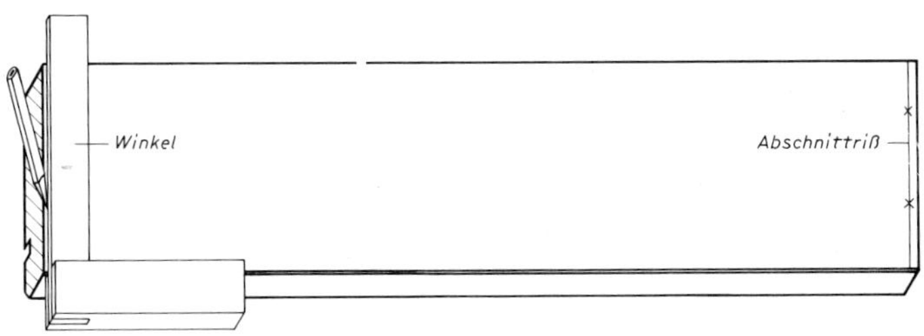

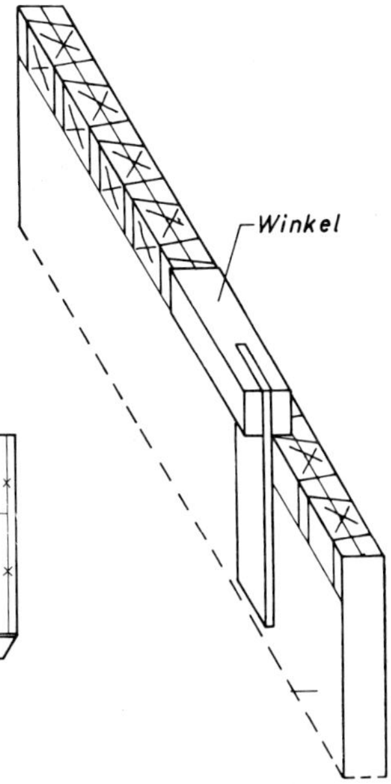

4.11.7 Schrägmaß

Für feinere Arbeiten, z. B. Innenausbauarbeiten, Treppenbauarbeiten, Geländerbauarbeiten, wird ein Holzwinkel oder ein Stahlwinkel leichter Ausführung verwendet.

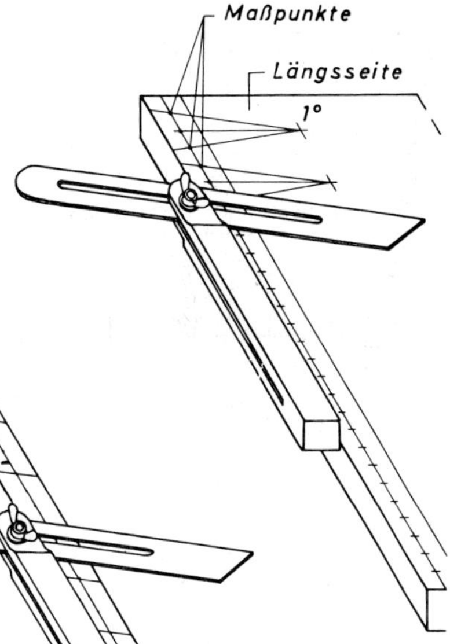

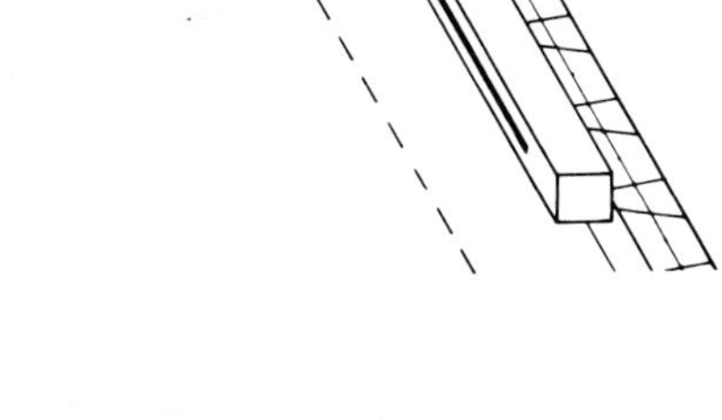

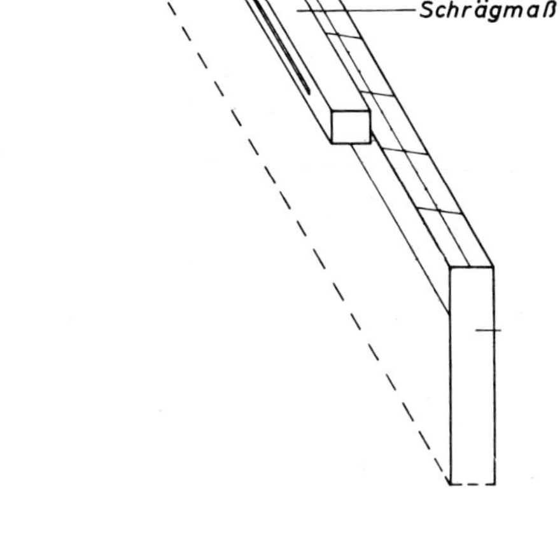

Wenn bei feineren Arbeiten bestimmte Risse schräg anzureißen sind, benötigt man das Schrägmaß.

Beim Schrägmaß ist der eine Schenkel verstellbar, kann aber mit der Flügelmutter festgeklemmt werden.

4.11.8 Streichmaß
4.11.9 Stechzirkel

Das Streichmaß wird bei feineren Arbeiten mit gehobeltem Holz zum parallelen Verstreichen bestimmter Abstandmaße verwendet.

Damit der betreffende Riß genau parallel zur Hirnschnittfläche oder zu einer bestimmten Holzseite verläuft, muß die ganze Anschlagseite des Streichmaßes bzw. der Anschlagklotz flächig am Holz anliegen. Der Riß stimmt mit dem eingestellten Maß dann überein.

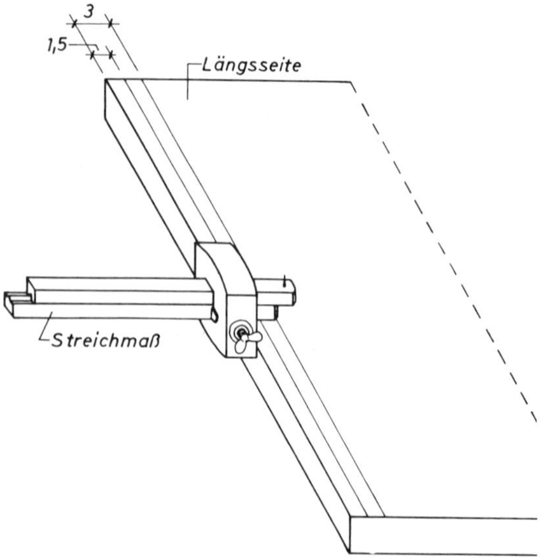

Wenn man das Streichmaß nach vorn, nach hinten, nach unten oder nach oben verkantet wird der parallele Abstand nach der bestimmten Einstellung stets zu schmal.

Bei feineren Arbeiten mit gehobelten Hölzern benötigt man den Stechzirkel zum genauen Streckenteilen.

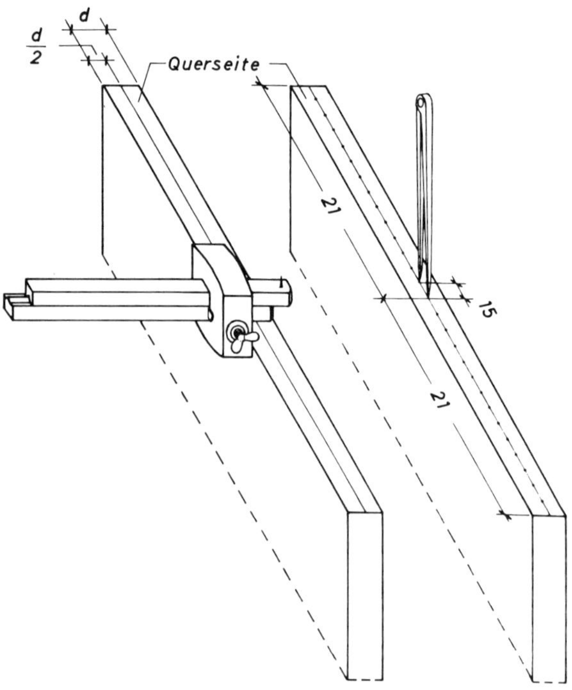

Zur Handhabung des Streichmaßes wäre zu sagen, daß das leicht in Zugrichtung nach vorne geneigte Streichmaß einen „ziehenden Schnitt'' der Reißnadel erlaubt. Die Reißnadel des Streichmaßes verläuft so auch weniger aus der Richtung bei schräger Faserrichtung.

4.11.10 Streichlehren aus Holz und Leichtmetall

Zum Verstreichen der Zapfen- und Zapfenlochrisse werden Streichlehren verwendet, die sich der Zimmerer aus dünnen Brettchen selbst herstellt. Da beim Anreißen bestimmter Zapfen und Zapfenlöcher unterschiedliche Verstreichmaße vorkommen, fertigt man sich demgemäß die notwendige Streichlehren an.

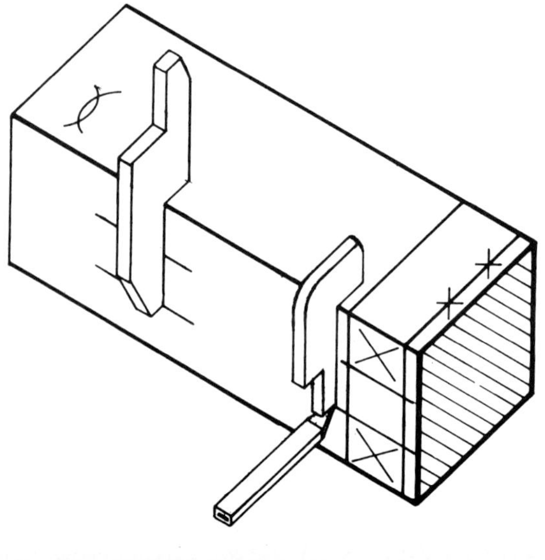

Zum Verstreichen der Zapfen- und Zapfenlochrisse wird auch die Verstreichlehre aus Leichtmetall verwendet.

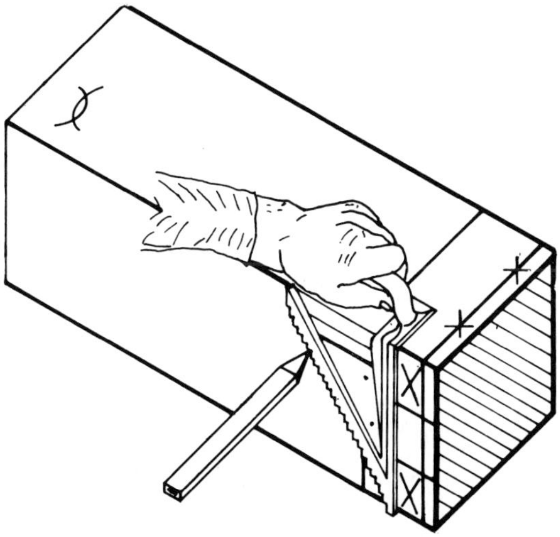

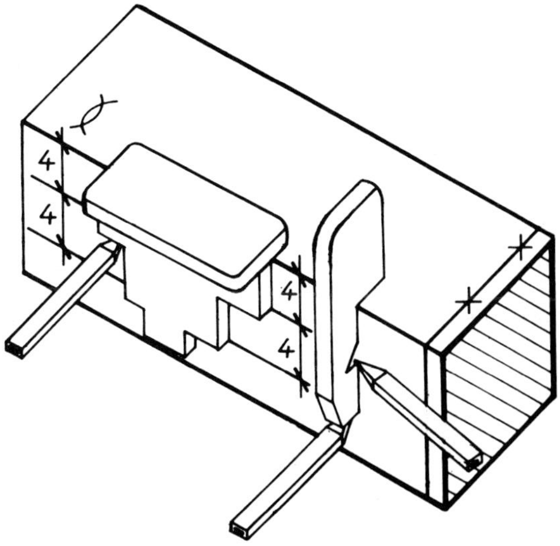

4.11.11 Senklot

Zum Loten wird das Senklot (auch nur Lot genannt) so aufgehängt, daß seine Spitze fast die Ebene berührt, auf die das Lot gefällt wird. Der gefundene Punkt wird mit zwei sich kreuzenden Strichen auf dem Boden oder einem Bauteil festgehalten.

Mit der Setzlatte und der Wasserwaage führt man Bleiungen aus. Bleien heißt, die Höhe eines bestimmten Punktes an andere Stellen bringen oder Höhenunterschiede über zwei, drei und mehr Punkte hinweg messen bzw. kontrollieren.

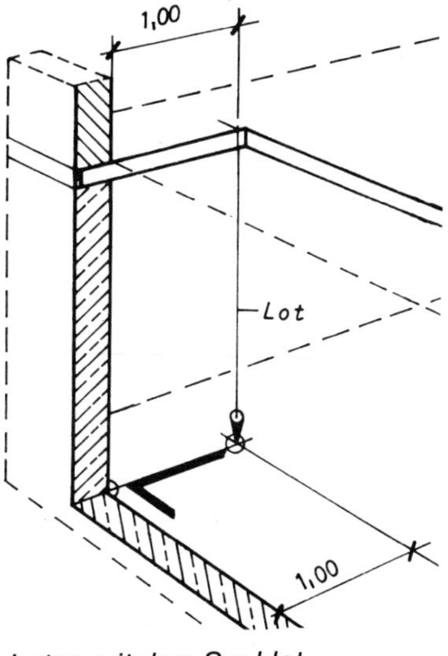

Loten mit dem Senklot

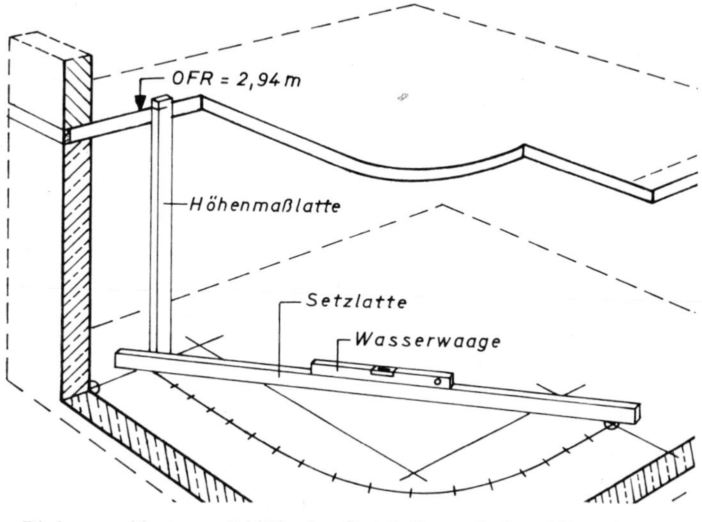

Bleien und Loten mit Hilfe der Setzlatte und einer Wasserwaage

4.11.12 Setzlatte

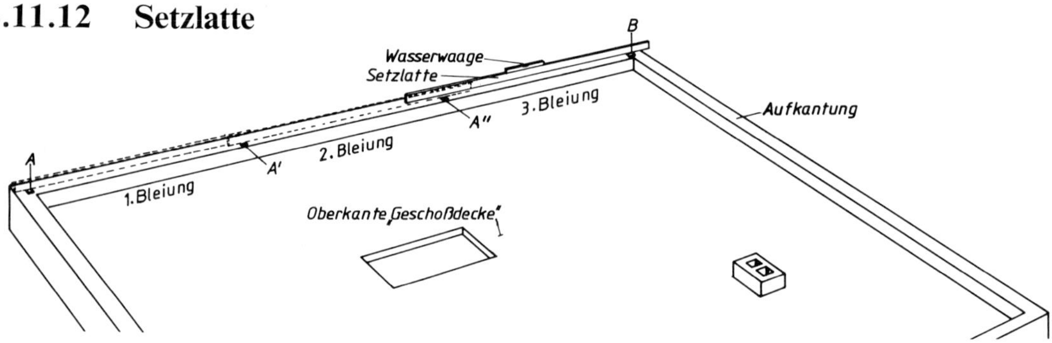

Bleien mit der Setzlatte und der Wasserwaage

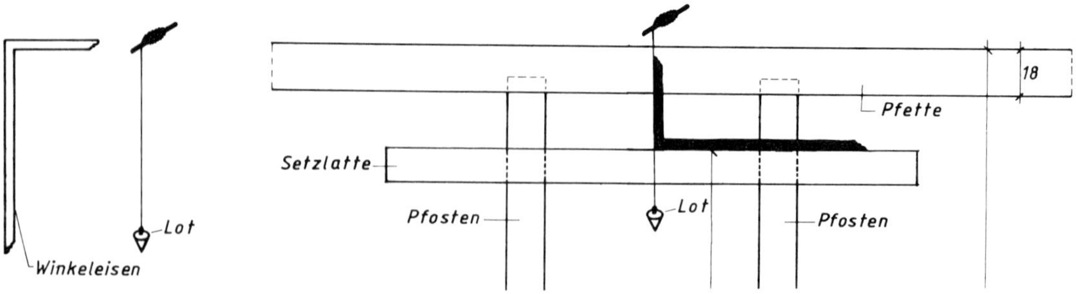

Bleien mit dem Senklot, dem Winkeleisen und der Setzlatte

4.11.13 Wasserwaage

Zum waagerechten und senkrechten Ausrichten bestimmter Holzbauteile wird die Wasserwaage gebraucht.

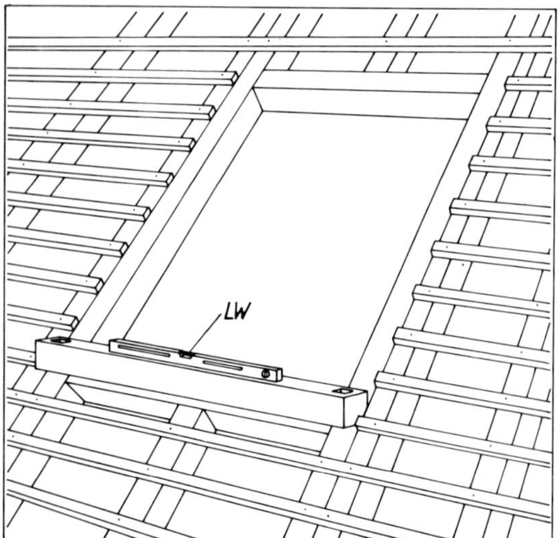

LW= Libelle für die Waagerechte

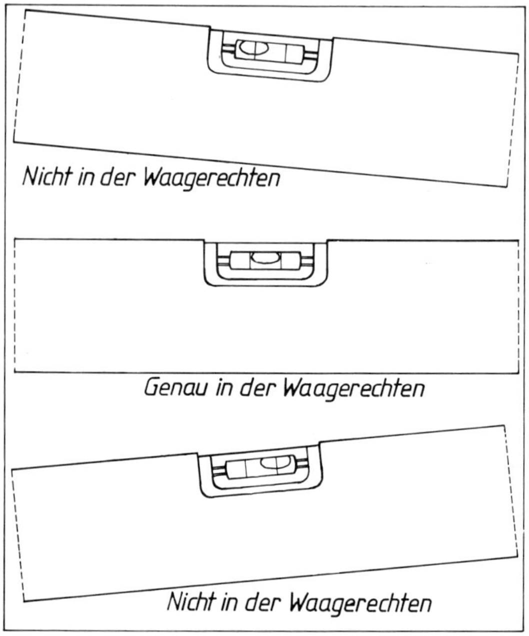

Nicht in der Waagerechten

Genau in der Waagerechten

Nicht in der Waagerechten

Die Wasserwaage ist durch die Libelle (LW = Libelle für die Waagerechte) im Mittelteil für die waagerechte Ausrichtung verwendbar und die Libelle am Ende der Wasserwaage für die senkrechte Ausrichtung (LS = Libelle für die Senkrechte).

Bei der Libelle in der Wasserwaage handelt es sich um ein leicht nach oben gebogenes, mit Flüssigkeit gefülltes Glasröhrchen, in dem sich eine Luftblase befindet, die bei Waagerechtstellung oder bei Senkrechtstellung zwischen zwei Strichmarken steht.

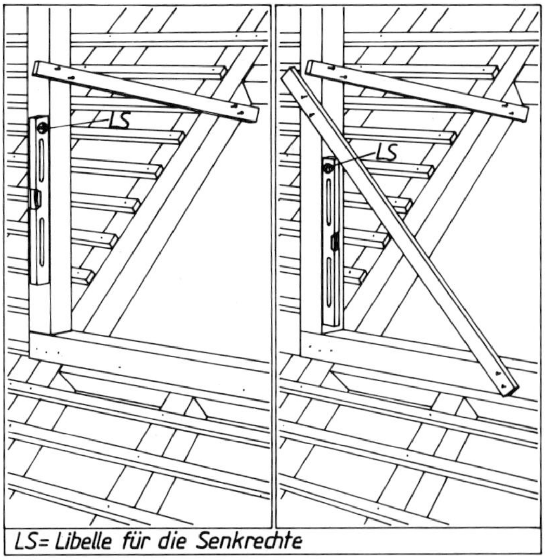

4.11.14 Holzwinkel mit winkelhalbierendem Schenkel

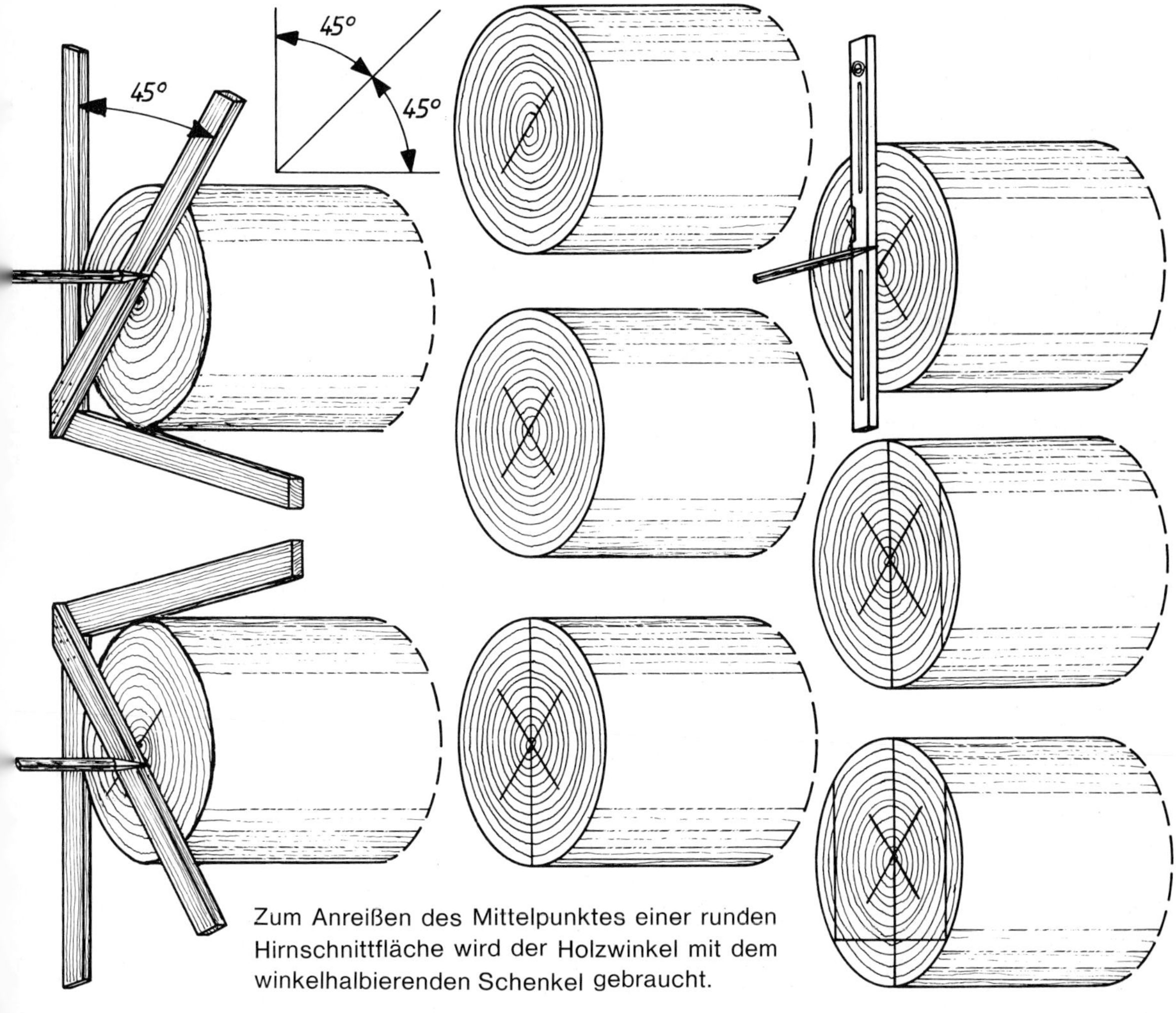

Zum Anreißen des Mittelpunktes einer runden Hirnschnittfläche wird der Holzwinkel mit dem winkelhalbierenden Schenkel gebraucht.

4.12 Zimmerböcke als Unterbauteil beim Anreißen und Ausarbeiten der Bauhölzer

4.12.1 Zimmerbock mit winkelrecht zum Holm stehenden Beinen

Ein oberseitiges Abschrägen der Füße vom Zapfloch an gewährleistet ein schnelles Ablaufen des Regenwassers nach allen vier Seiten. Die Beine werden nach diesen Schrägen ausgearbeitet. Den unteren Zapfen sollte man seitlich ca. 1 bis 2 cm absetzen, um ein Eindringen des Wassers in das Zapfenloch zu verhindern.

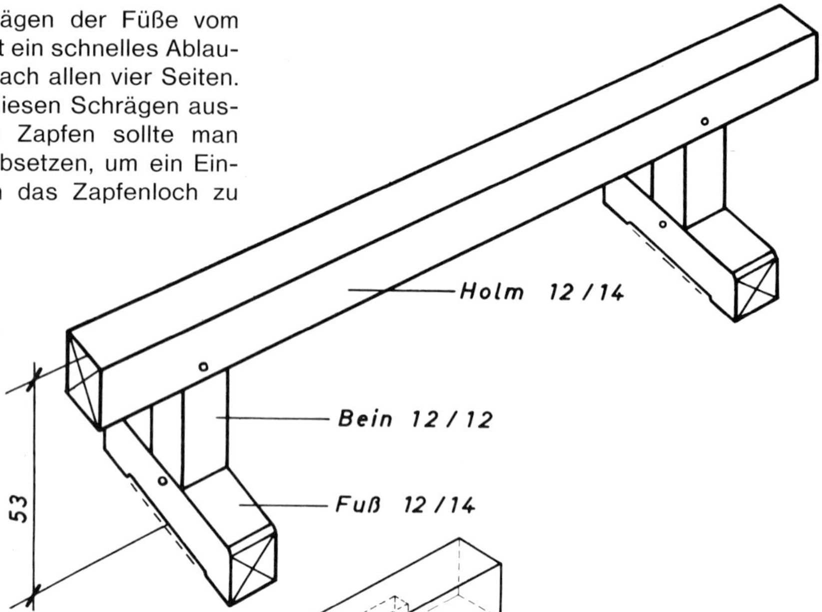

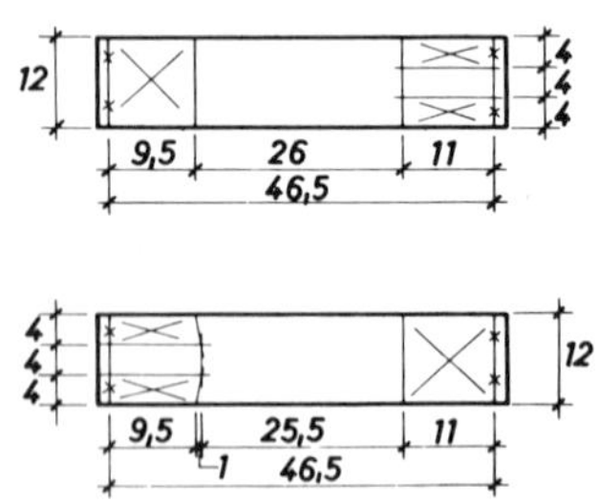

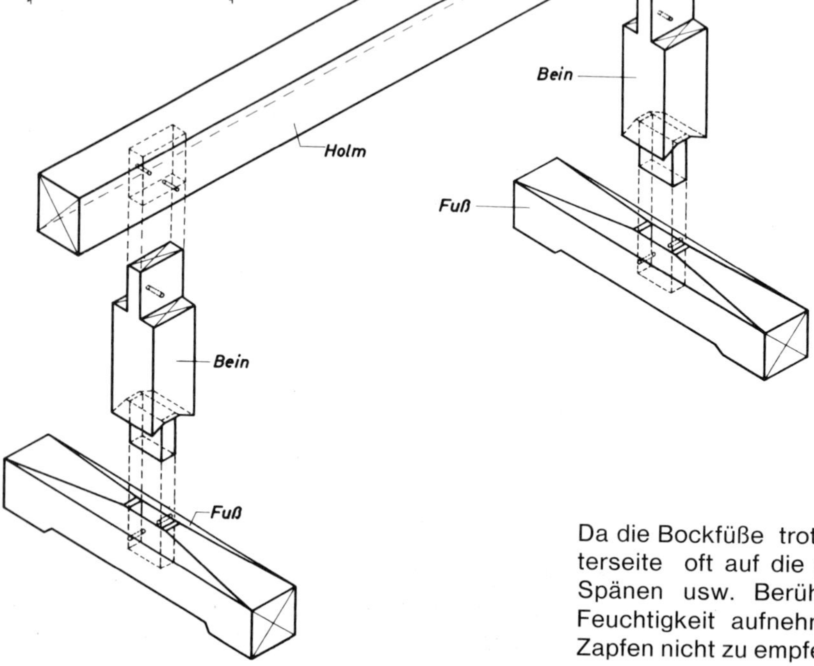

Da die Bockfüße trotz Ausklinkung an der Unterseite oft auf die ganze Länge mit nassen Spänen usw. Berührung haben und damit Feuchtigkeit aufnehmen, sind durchgehende Zapfen nicht zu empfehlen.

4.12.2 Zimmerbock mit schräggestellten Beinen

Wenn Bauschnitthölzer und Baurundhölzer anzureißen und auszuarbeiten sind, braucht der Zimmerer standsichere Zimmerböcke. Man unterscheidet den Zimmerbock mit winkelrecht zum Holm stehenden Beinen und den Zimmerbock mit schräggestellten Beinen.
Beim Zimmerbock mit schräggestellten Beinen kann man sagen, daß er standsicherer ist als der Zimmerbock mit winkelrecht zum Holm stehenden Beinen.
Der Zimmerbock mit schräggestellten Beinen besteht aus einem Holm und den vier Beinen, sowie aus zwei Querlaschen und zwei Klemmbolzen.
Die schräggestellten Beine werden etwa 1,5 cm tief in das Holmholz eingelassen. Die Querlaschen werden, bündig an Unterkante „Holm" angesetzt, auf die Beine aufgeschraubt. Aufgeschraubte Querlaschen halten die Beine auf Dauer besser zusammen als aufgenagelte. Die Querlaschen aus wasserfestem Bausperrholz sind besser wie die aus Vollholz. Die in das Holmholz eingelassenen Beine sollte man neben der Querlasche zusätzlich auch mit einem Klemmbolzen sichern.

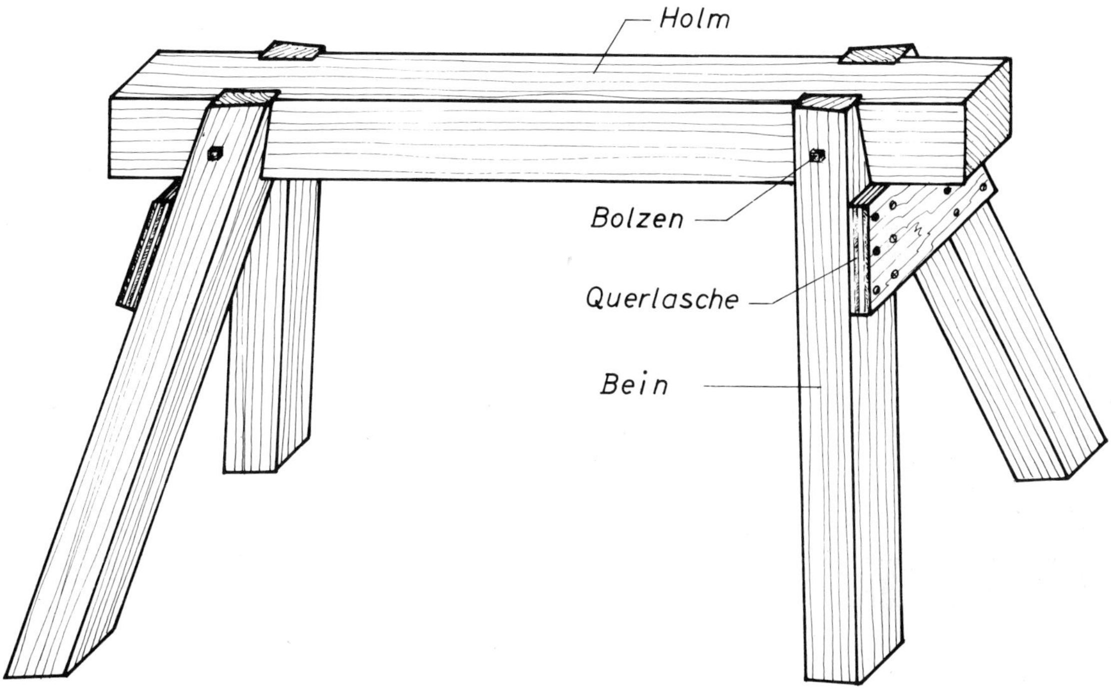

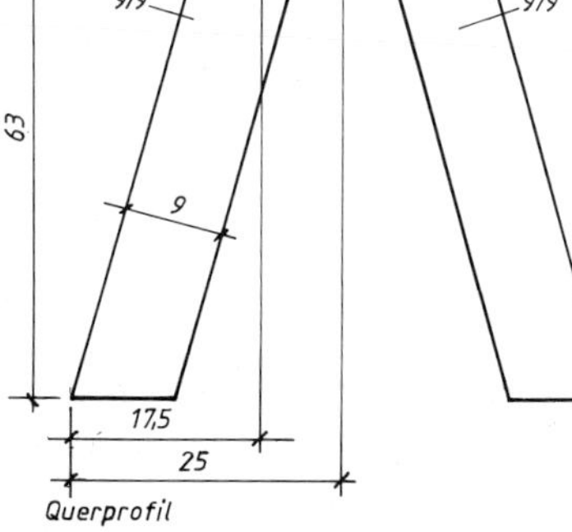

Querprofil

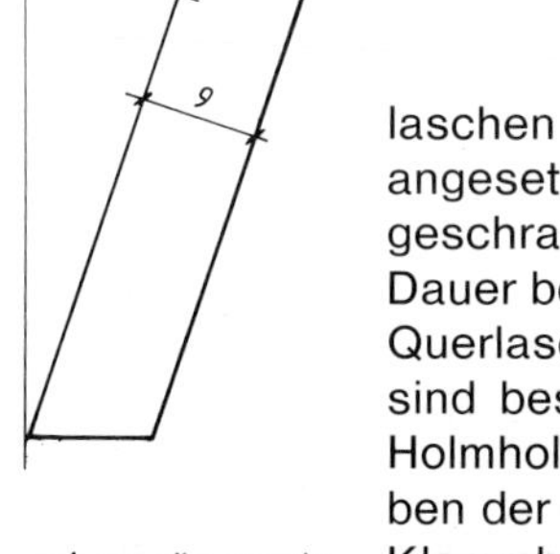

Teil des Längsprofils

Die Zimmerböcke werden möglichst aus trokkenem Fichtenholz hergestellt. Die Kanthölzer für den Zimmerbock werden gehobelt. Den Querschnitt von vier, für einen Zimmerbock, bestimmten Beinen hobelt man quadratisch auf ein gleiches Maß aus, da das schräggestellte Bein nach einer bestimmten Austragung gerissen werden muß.

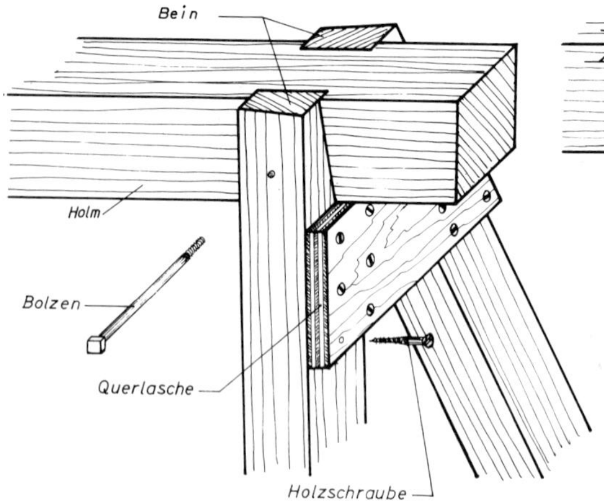

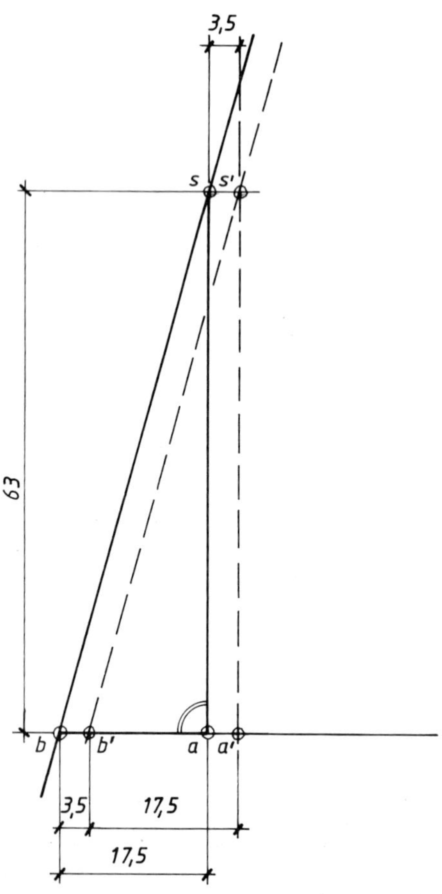

Beim Zimmerbock mit schräggestellten Beinen und Querlaschen müssen die Querlaschen satt auf den Außenflächen der Bockbeine aufliegen. Die Sohlen- und Stirnkanten dieser Außenflächen müssen also rechtwinklig zum Holm verlaufen.

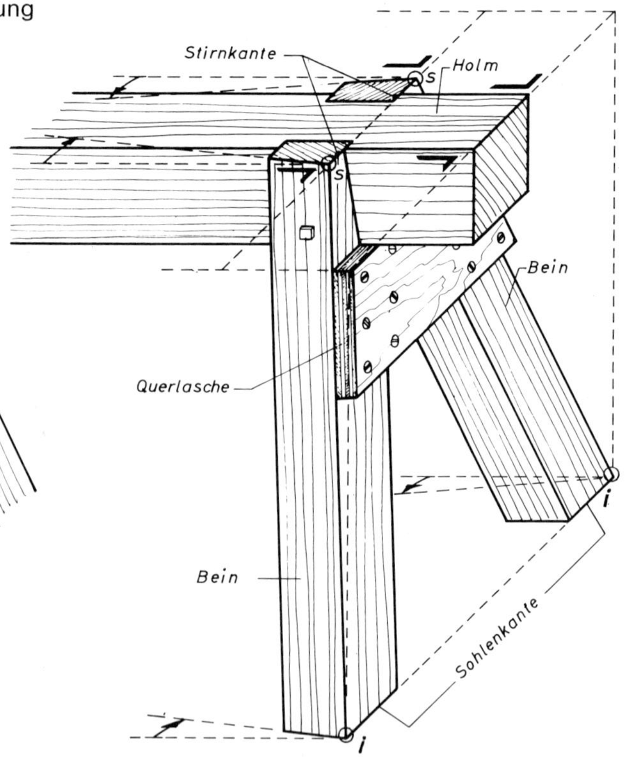

Da aber die Beine nach zwei Seiten schräggestellt sind, kommen die genannten Beinkanten nur durch ein Drehen der Beine um die Achse „is'' auf den rechten Winkel zum Holm. Wie demnach das Bein eines Zimmerbockes gemäß der festgelegten Quer- und Längsprofile, sowie der Höhen- und Holzquerschnittmaße (siehe Seite 147) ausgetragen wird, zeigen der Reihe nach die Aufrisse und Darstellungen hier links und auf den Seiten 149, 150, 151 und 152.

Zum Austragen des schräg gestellten Beines eines Zimmerbockes muß man zunächst die beiden Querprofile abs sowie a'b's' und das Längsprofil ca's' auftragen.

Das Abstandsmaß aa' und ss' muß bei dieser Austragungsmethode stets das Maß sein, welches sich aus dem im Querprofil über Oberkante „Holm'' hinaus bestimmten Beinüberstandes und aus der Einblattungstiefe des Beines beim Holm zusammensetzt.

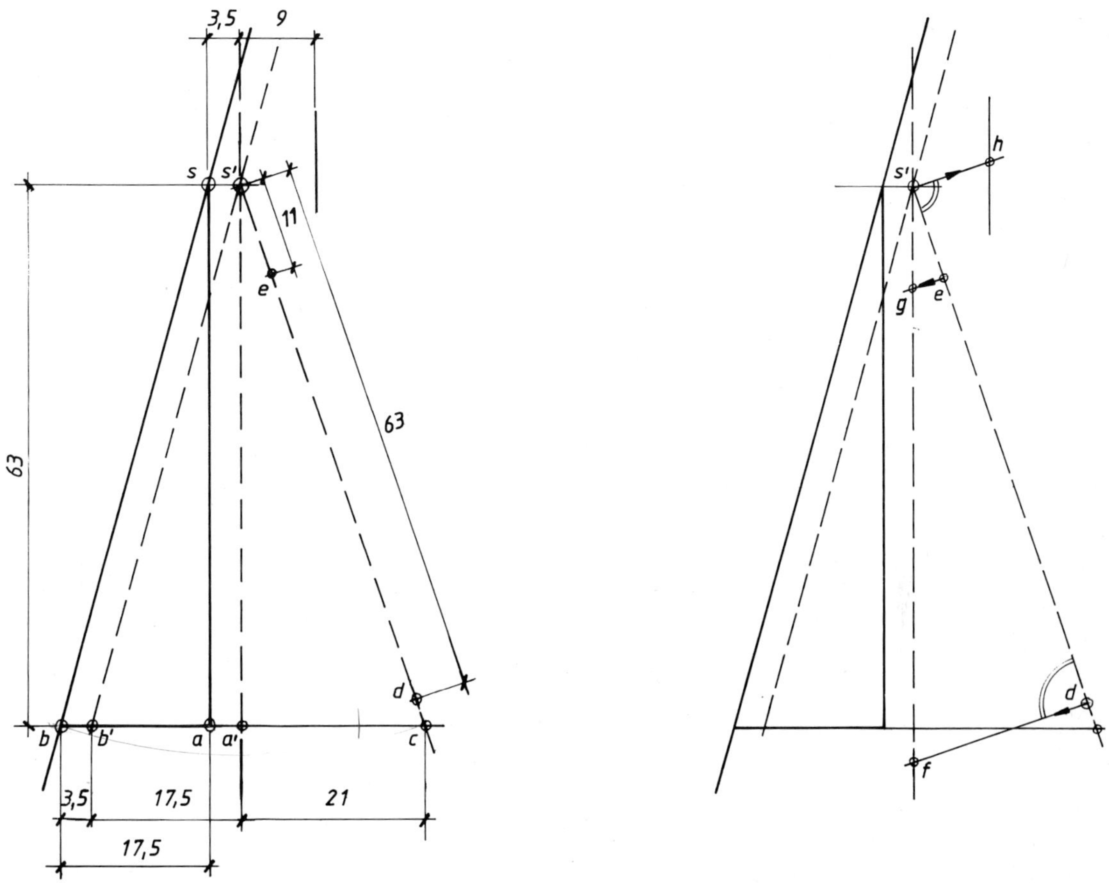

Über dem Längsprofil ca's' wird nach der gemessenen Beinbreite (z. B. 9 cm) eine Parallele zur Strichlinie s'a' aufgetragen.

Aus dem Punkt s' nach unten muß über die Strichlinie s'c die Zimmerbockhöhe und auch die Holmholzhöhe abgetragen werden. Mit der abgetragenen Zimmerbockhöhe bestimmt man den Schnittpunkt d und mit der abgetragenen Holmholzhöhe den Schnittpunkt e.

Die beiden Schnittpunkte d und e müssen winkelrecht zur Strichlinie s'c auf die Strichlinie s'a' projiziert werden, so daß die beiden Schnittpunkte f und g anfallen.

Den Punkt s' muß man winkelrecht zur Strichlinie s'c auf die schon aufgetragene Vollinie der Beinbreite projizieren. Auf der Vollinie der Beinbreite bestimmt man demnach den Schnittpunkt h. Die Punkte f, g und h müssen durch je einen Waageriß mit den Neigungslinien bs und b's', aber auch mit der Senkellinie a's' zum Schnitt gebracht werden, damit die Schnittpunkte i, j, k, ℓ und m anfallen.

Die gemessene Beindicke (z. B. 9 cm) wird parallel zur Vollinie is des Querprofils mit einer Vollinie nach unten abgetragen, so daß auf dem Waageriß fi der Schnittpunkt x anfällt. Im

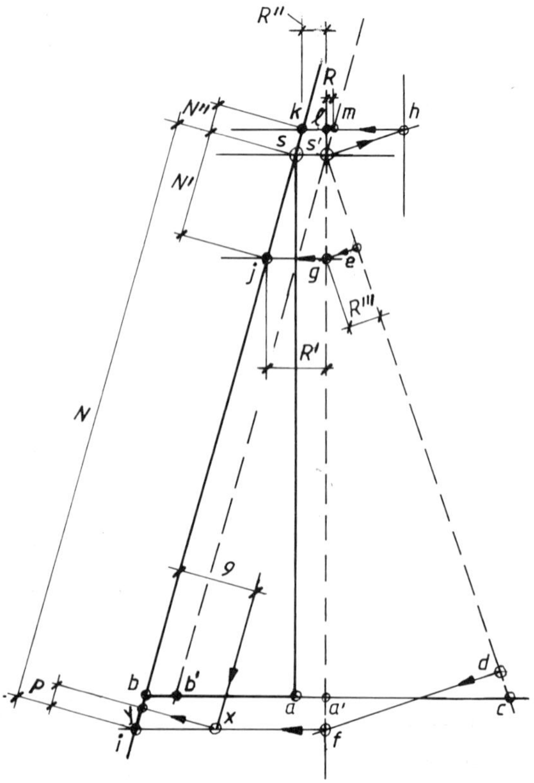

rechten Winkel zur Vollinie is muß man bis in den Schnittpunkt x hinein eine weitere Vollinie auftragen und mit dieser den Schnittpunkt y bestimmen. Die Strecke iy (= p) ist demnach ein Verstichmaß zum Anreißen der Fußschmiege auf die Vorder- und Rückseiten der schräggestellten Zimmerbockbeine.

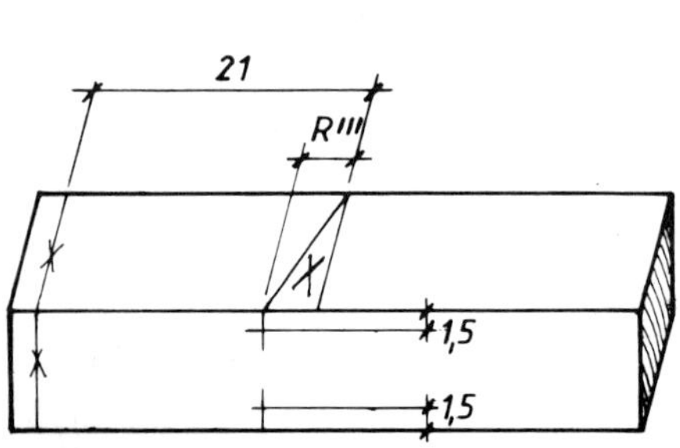

Isometrische Darstellung der Vorder- und Innenseite des mit zeichnerisch ermittelten Abbundmaßen (Neigungslängen und Verstichmaßen) angerissenen Zimmerbockbeines.

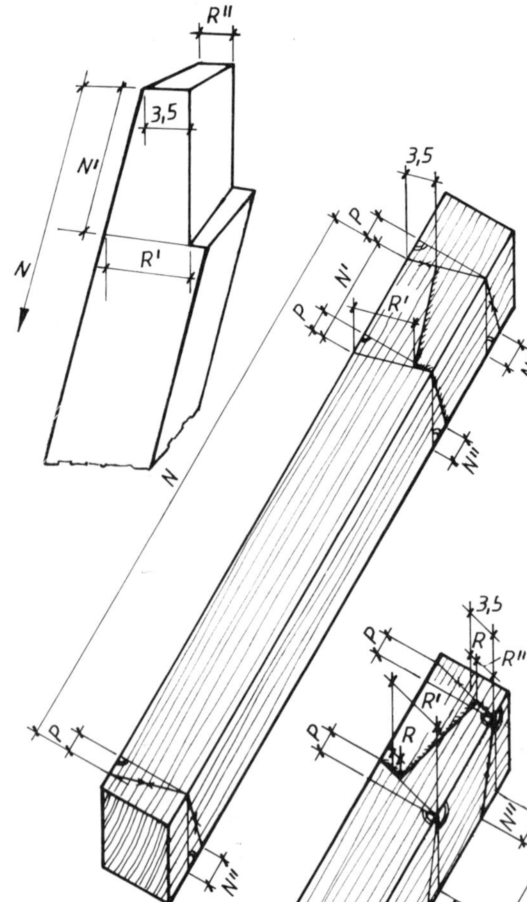

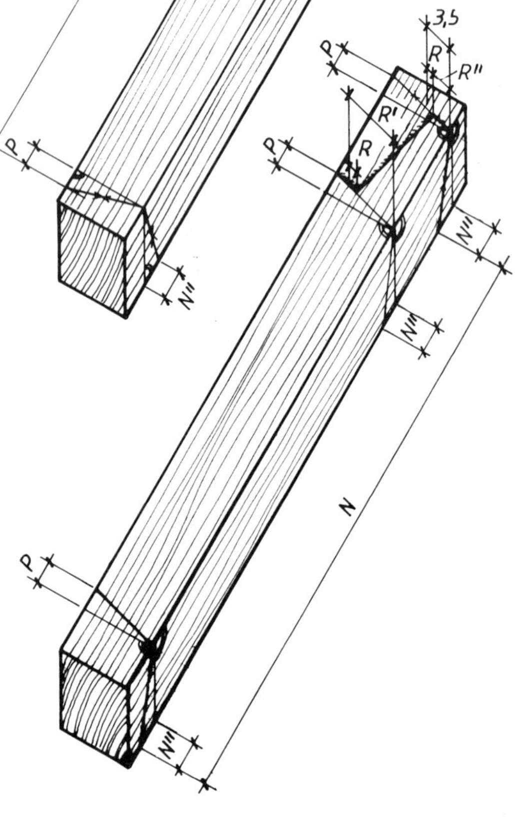

Isometrische Darstellung der Außen- und Rückseite des angerissenen Zimmerbockbeines.

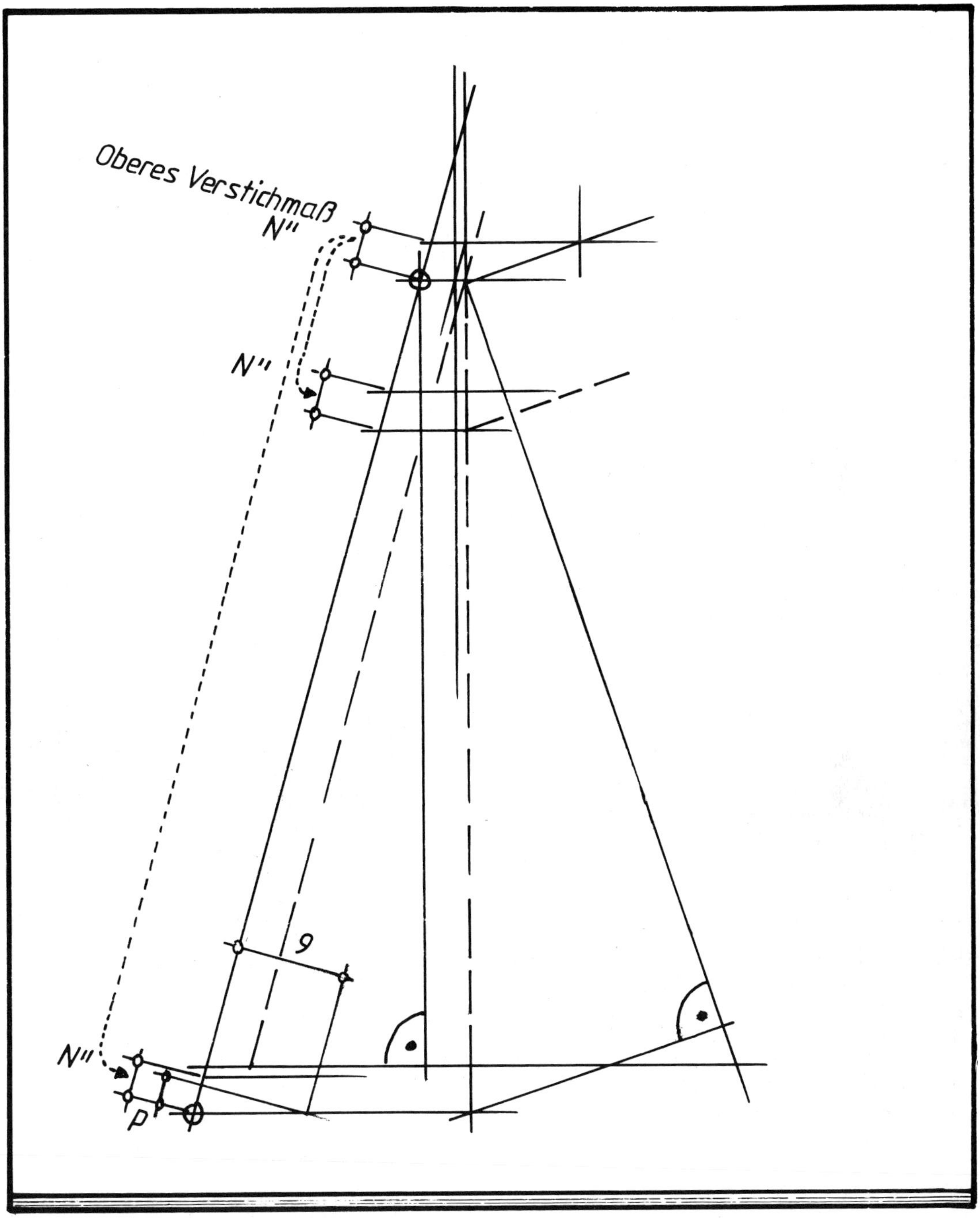

Komplette Austragung eines schräggestellten Zimmerbockbeines auf einer Werksatzplatte. Das obere Verstichmaß, aus dem die beiden Strichlinien nach unten an zwei andere Verstichmaße projiziert sind, muß man beim Aufriß auf jeden Fall festlegen. Die beiden anderen Verstiche können demgemäß aus den bestimmten Punkten mit je einem Waageriß aufgetragen werden.

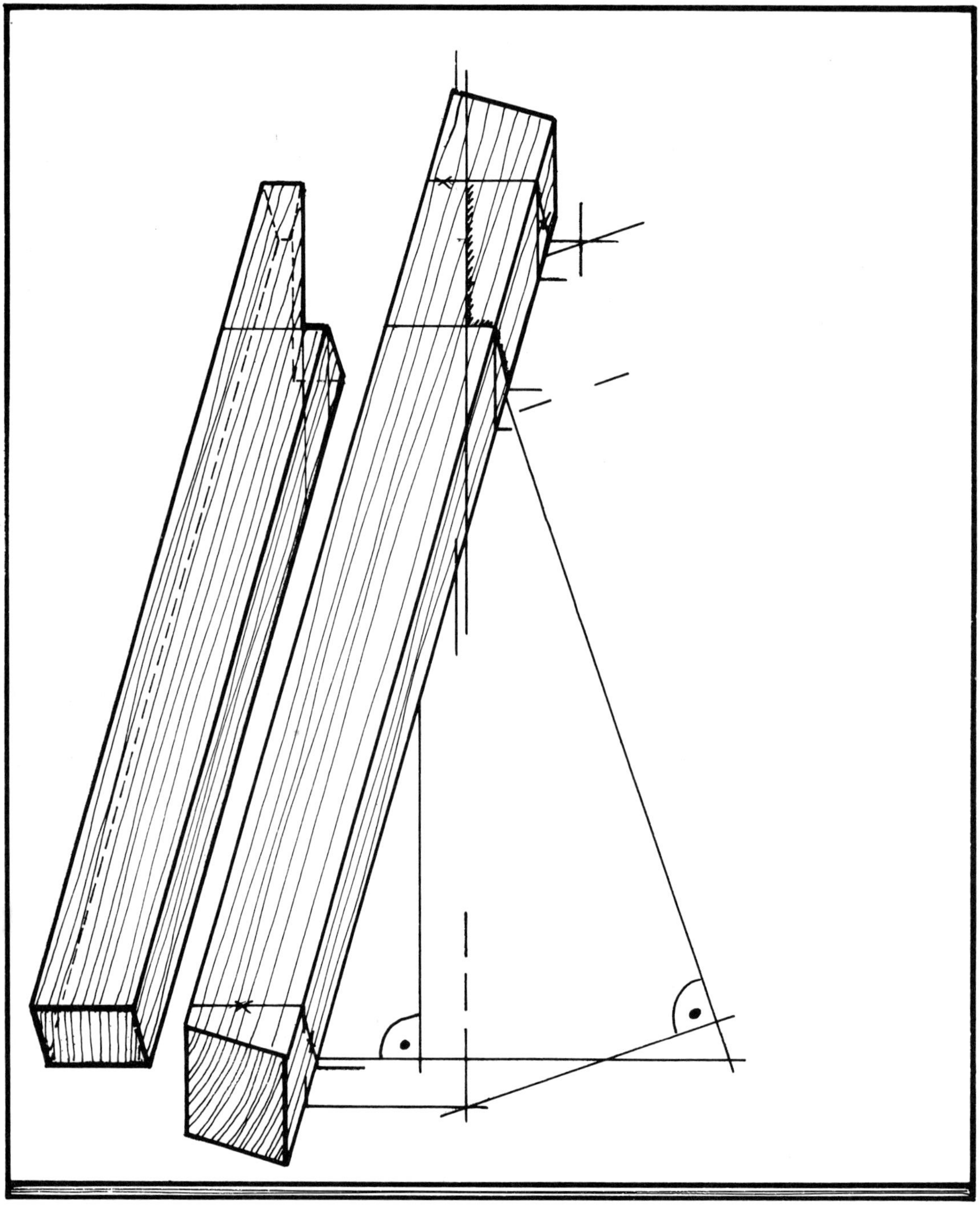

Anrißlage des Zimmerbockbeines auf der Werksatzplatte. Neben der Anrißlage des Zimmerbockbeines ist ein ausgearbeitetes Bein des Zimmerbockes zu sehen.

5 Verbindungsmittel

5.1 Dübel aus Leichtmetall, Stahl und Temperguß

Bei Holzverbindungsmittel aus Leichtmetall, Stahl und Temperguß handelt es sich um besonders geformte Dübel, Sechskantschrauben, stabförmige Dübel und Stifte.

Dübel besonderer Bauart sind für Holzbauwerke in DIN 1052, Teil 2 aufgeführt, von denen aber heute fast nur noch die Ringkeildübel System Appel sowie die Bulldog- und Geka-Holzverbinder verwendet werden. Dübel besonderer Bauart werden zur Übertragung von Druck- und von Scherkräften in die tragenden Hölzer eingesetzt oder eingepreßt.

Einseitige Ringkeildübel, hergestellt aus Stahlguß, werden für Holz/Flachstahl/Verbindungen eingesetzt. Beispiel: Anschluß zweier Flachstahlteile an Holz mit Festspannung durch Heftbolzen.

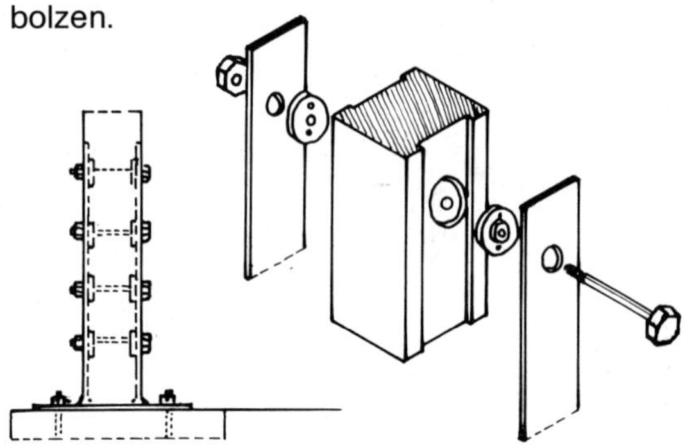

5.1.1 Einseitiger Ringkeildübel

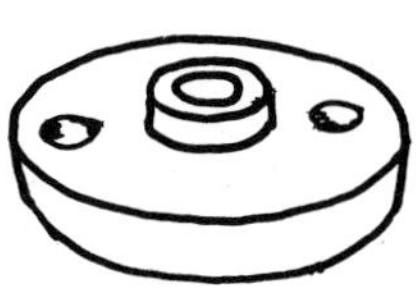

Einseitiger Ringkeildübel, System Appel

5.1.2 Bulldog Holzverbinder, einseitig

Bulldog-Holzverbinder werden aus Sonderstahl kalt gepreßt, und Geka-Holzverbinder bestehen aus zähem Temperguß.

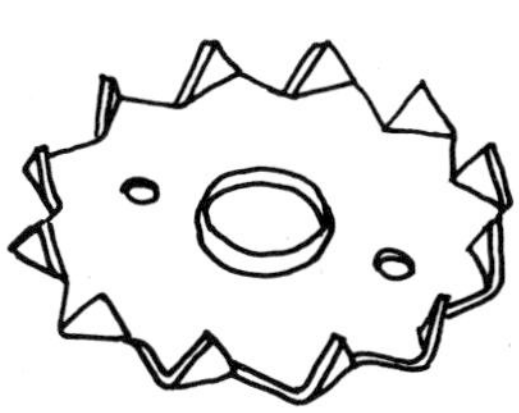

Bulldog Holzverbinder, einseitig

5.1.3 Bulldog Holzverbinder, zweiseitig

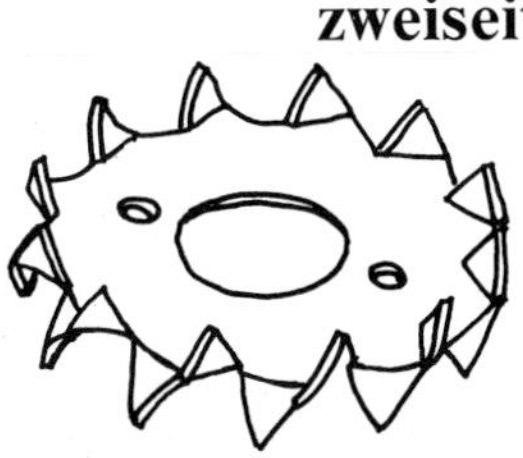

Bulldog Holzverbinder, zweiseitig (Zähne nach beiden Seiten), nach DIN 1052, Teil 2

5.1.4 Geka Holzverbinder, einseitig

Geka Holzverbinder, einseitig nach DIN 1052, Teil 2

5.1.5 Geka Holzverbinder, zweiseitig

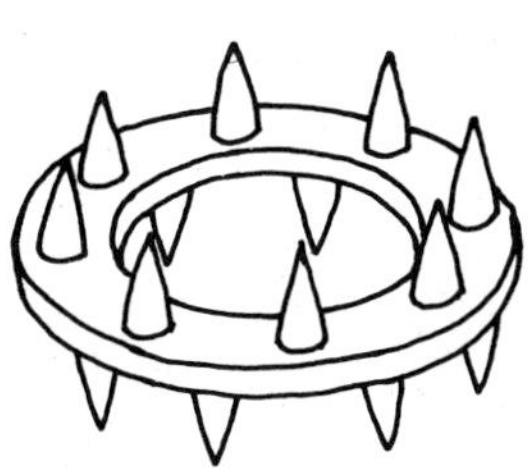

Geka Holzverbinder, zweiseitig nach DIN 1052, Teil 2

5.1.6 Ring-Keildübel

Ringdübel, hergestellt aus Leichtmetall, müssen in ausgefräste Ringnuten eingesetzt werden. Die Ringnuten werden mit speziellen Bohrwerkzeugen ausgefräst.

Ring-Keildübel, System Appel nach DIN 1052, Teil 2

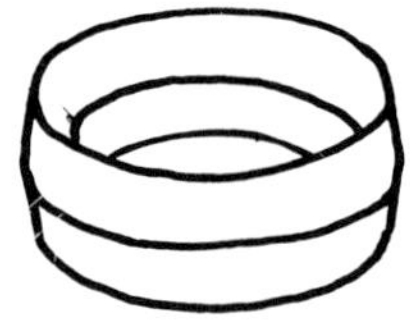

5.1.7 Handbohrmaschine mit speziellem Ringdübel-Bohrwerkzeug

Geka-Holzverbinder mit dem Durchmesser von 85 mm, 95 mm und 115 mm sind so dick, daß man sie stets in eine ausgefräste Flachnut einsetzen muß.

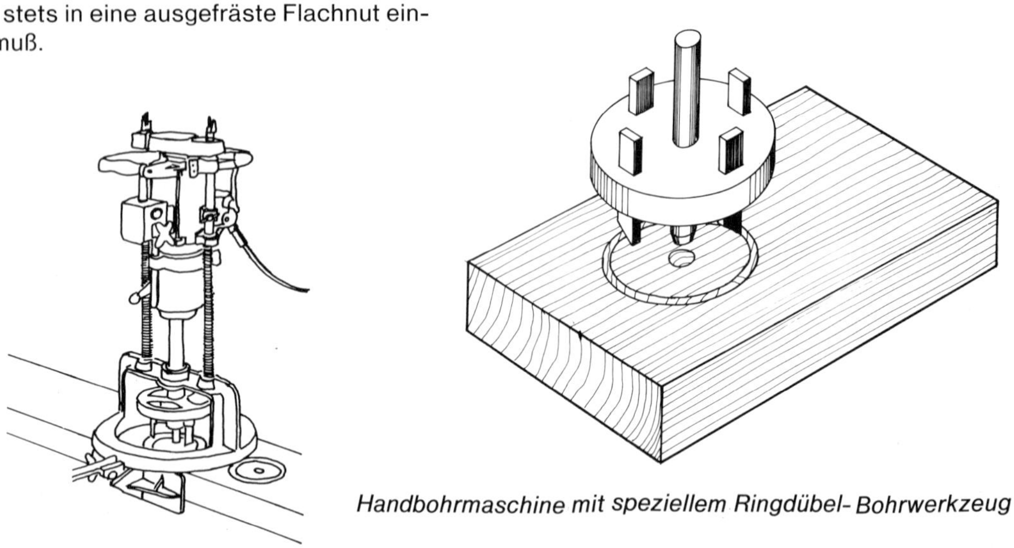

Handbohrmaschine mit speziellem Ringdübel- Bohrwerkzeug

Zum Ausfräsen der betreffenden Flachnut wird ein spezielles Flachnut-Bohrwerkzeug benutzt.

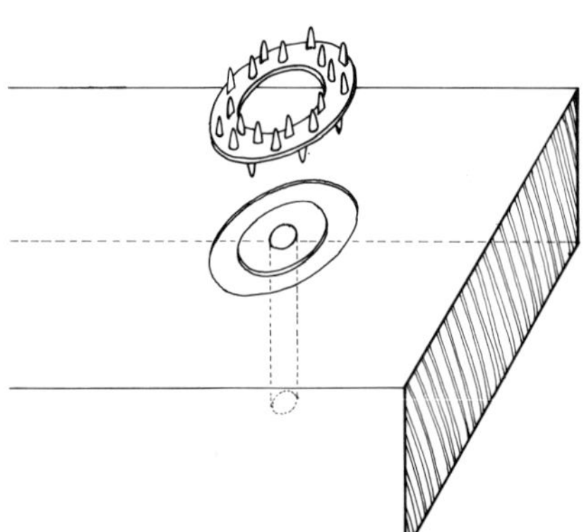

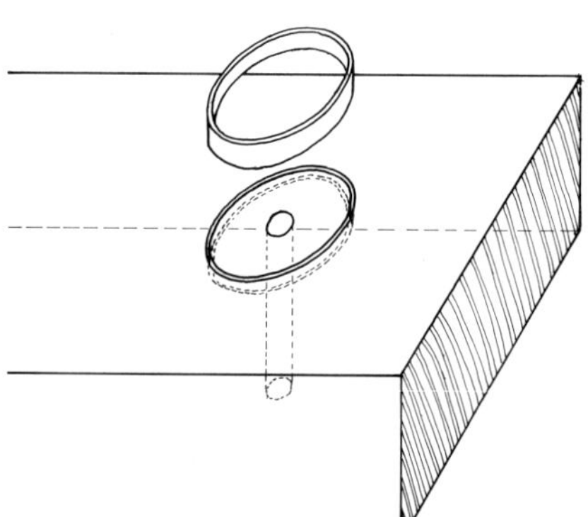

5.1.8 Bolzen

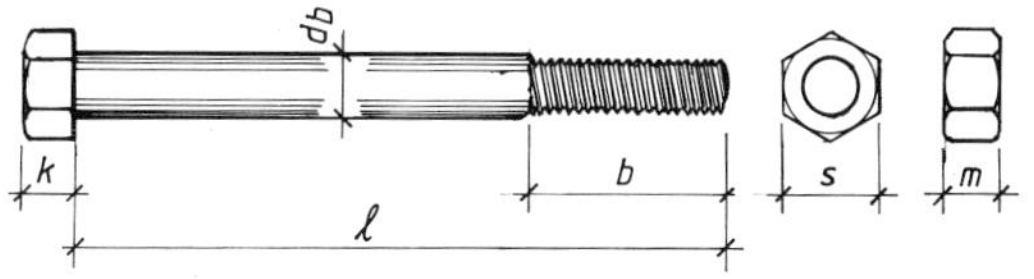

Bolzen sind in ihrer Bauart mit Kopf und Mutter versehen. Zu den Bolzen gehören Schraubenbolzen und Bolzen ähnlicher Bauart.

Bezeichnungskürzel beim Schraubenbolzen:
b = Eisengewinde
d_b = Schaftdurchmesser
k = Kopfdicke
ℓ = Schraubenbolzenlänge
m = Mutterdicke
s = Mutterlänge

Bolzen werden in Bolzenlöcher eingebaut. Die Bolzenlöcher müssen in jedem Fall gut passend gebohrt werden, so daß einerseits des Bolzenschaftes und der Bohrlochleibung ein Spiel von 1 mm nicht überschritten wird.

Bolzen sind nach DIN 1052 für tragende Bolzenverbindungen bei fliegenden Bauten, bei untergeordneten Bauten oder bei Gerüsten und Schalungselementen zulässig.

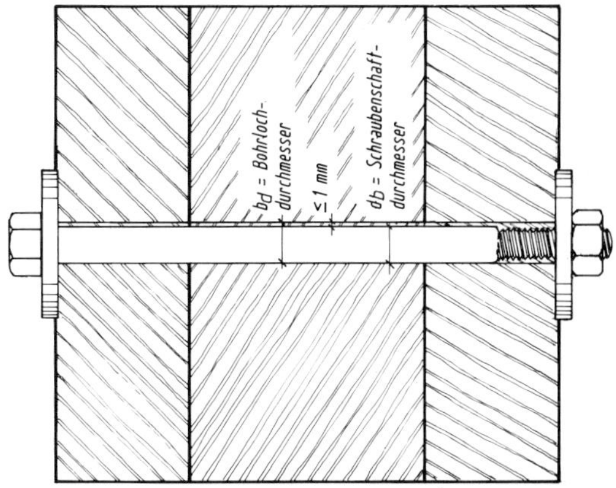

Bei Dauerbauten sind tragende Bolzenverbindungen nur dann zulässig, wenn durch besondere Maßnahmen das Eintreten eines Schlupfes, d. h. eine Bolzenlängsverformung im Bolzenloch verhindert wird, zum Beispiel die Hölzer bei Herstellung der Bolzenverbindungen bereits ausreichend trocken sind und konstruktiver Holzschutz die Verbindungen trocken hält.

Tragende Bolzenverbindungen dürfen nur mit Bolzendurchmessern von mindestens d_b = 12 mm und höchstens d_b = 30 mm ausgeführt werden.

5.1.9 Stabdübel

Für tragende Verbindungen werden heute mehr als zuvor glatte, zylindrische Stäbe (Stahlstifte) eingesetzt, die man nach DIN 1052 Stabdübel nennt.

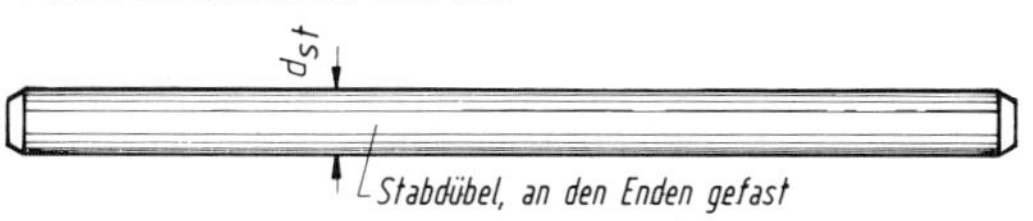

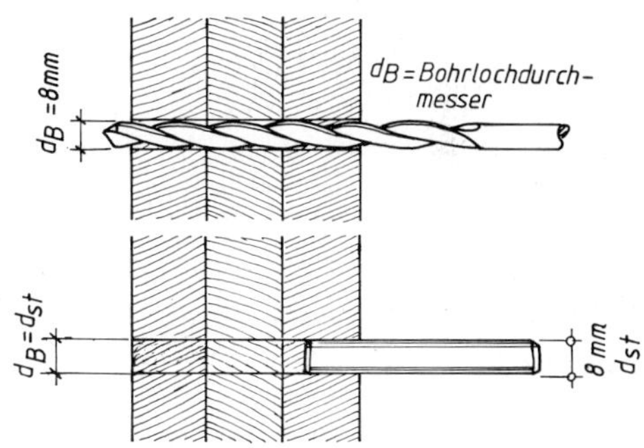

5.1.10 Stabdübel-Bohrlöcher

Die Bohrlöcher für Stabdübel sind nach DIN 1052 im Holz mit dem Nenndurchmesser (d_{st}) des Stabdübels zu bohren.

Bei Stahl-Holz-Verbindungen dürfen die Bohrlöcher im Stahlteil bis zu 1 mm größer sein als der Nenndurchmesser d_{st}.

Wenn am zusammengefügten Knotenpunkt einer Holzkonstruktion die Hölzer und Stahlteile gleichzeitig zu bohren sind, muß der Durchmesser d_B des Bohrers dem Stabdübeldurchmesser d_{st} entsprechen.

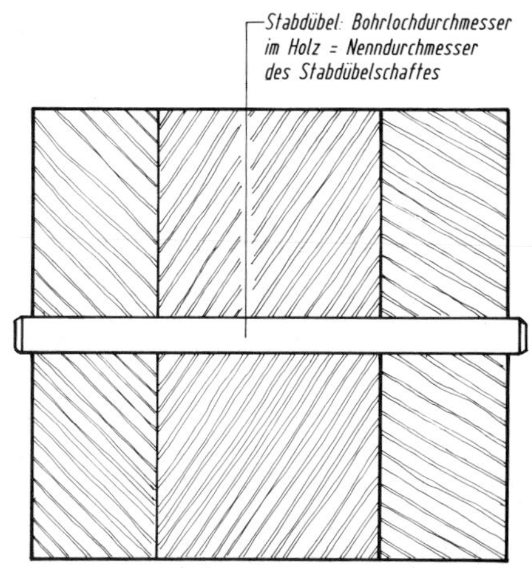

5.1.11 Paßbolzen

Paßbolzen sind auch Stabdübel, allerdings mit Mutter und Kopf oder mit Mutter und Mutter. Die Bohrlöcher für Paßbolzen sind genauso auszuführen wie bei Stabdübeln.

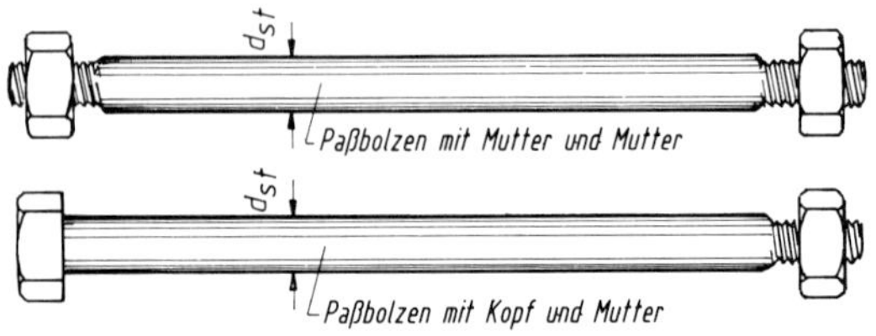

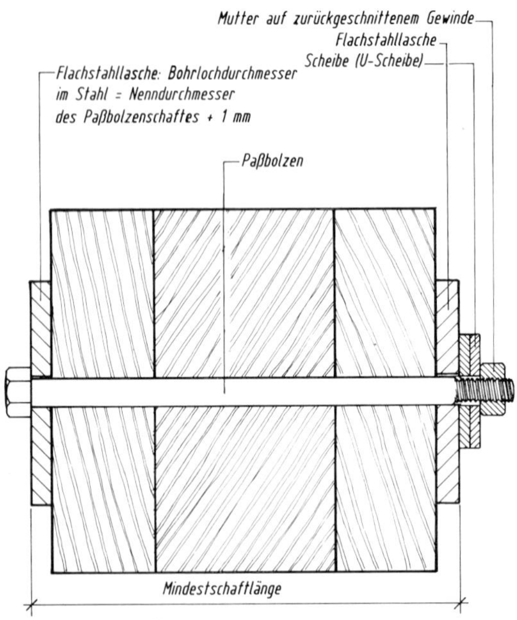

Der Gewindegang des Paßbolzens darf nur soweit in das Bolzenloch der Flachstahllasche hineinragen, daß die Teillänge des darin verbleibenden glatten, zylindrischen Paßbolzenschaftes in etwa noch so groß ist wie hier über diesem Text in einem Schnitt dargestellt. Zum Ausgleich von Gewindeganglängen sowie zum Anziehen der Mutter auf dem Paßbolzengewinde dürfen Unterlegscheiben aus Stahl verwendet werden.

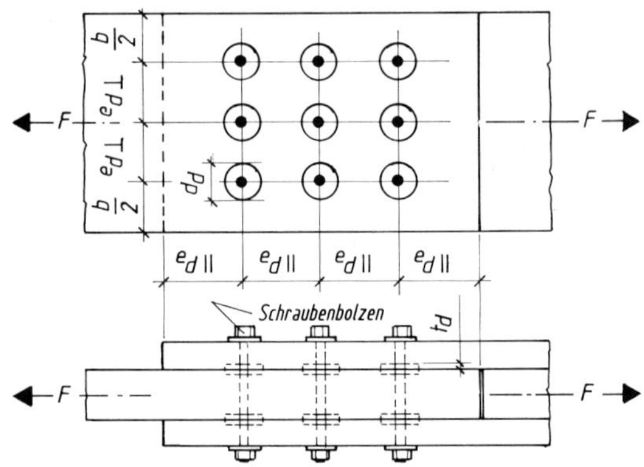

Dübel, nicht versetzt angeordnet

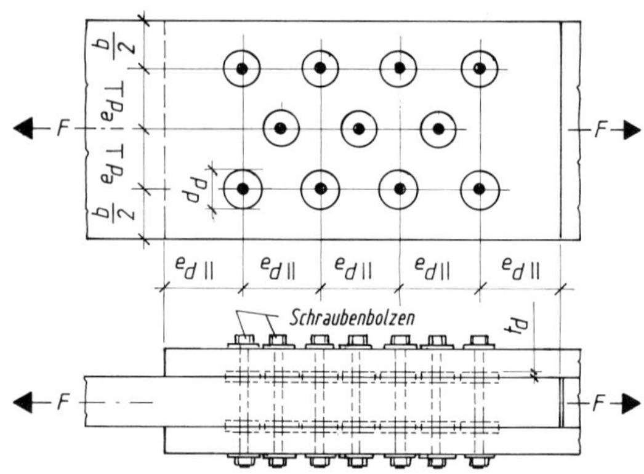

Dübel, versetzt angeordnet

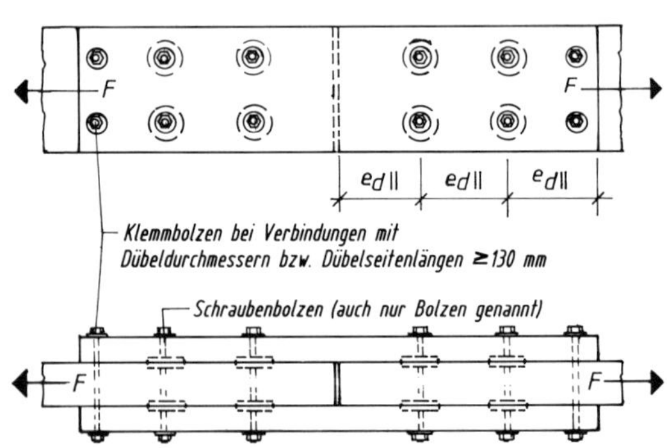

5.1.12 Schraubenbolzen und Klemmbolzen bei Dübelverbindungen

Alle Dübelverbindungen bei Hölzern sowie bei Hölzern und Flachstahllaschen müssen in der Regel durch nachziehbare Schraubenbolzen aus Stahl zusammengehalten werden. Der einzelne Dübel muß also durch einen Schraubenbolzen (auch nur Bolzen genannt) gesichert sein. Wenn bei Verbindungen zwei oder mehr Dübel in Kraftrichtung hintereinander angeordnet sind und der Dübeldurchmesser d_d oder die Dübelseitenlänge $\geq$ 130 mm mißt, sind bei den Hirnholzenden der Außenlöcher oder Außenlaschen zusätzlich Bolzen als Klemmbolzen anzuordnen.

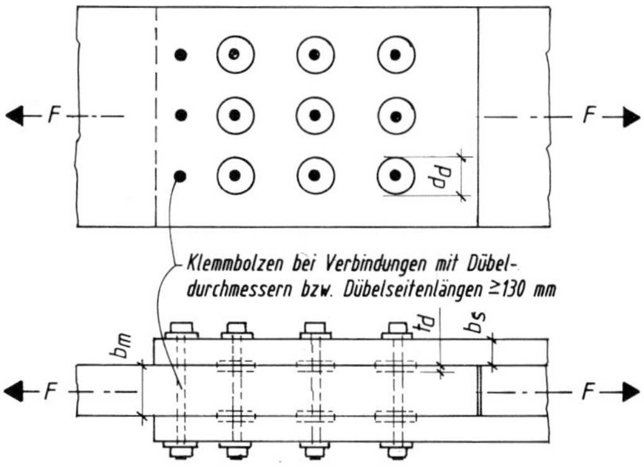

Dübel, nicht versetzt angeordnet

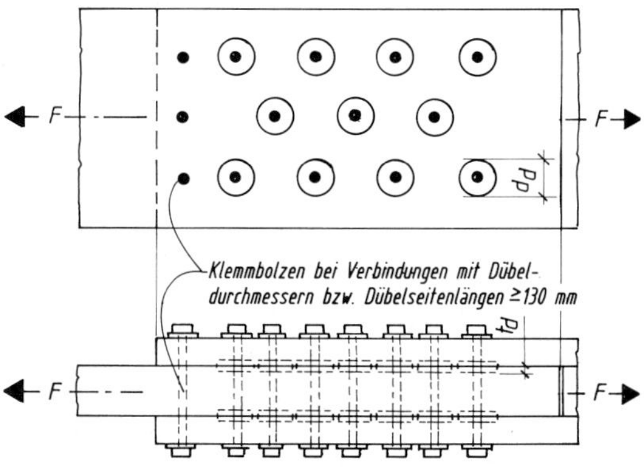

Dübel, versetzt angeordnet

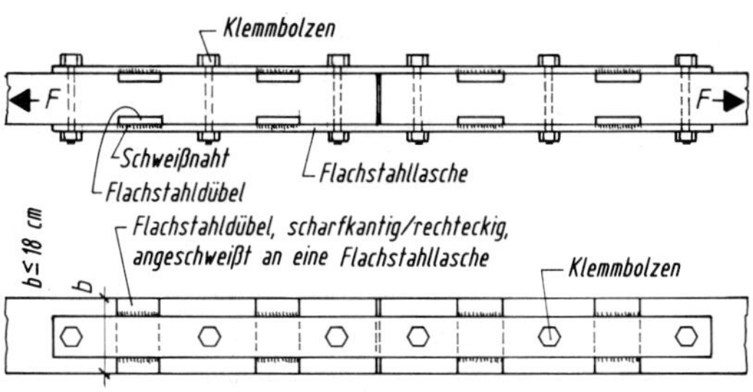

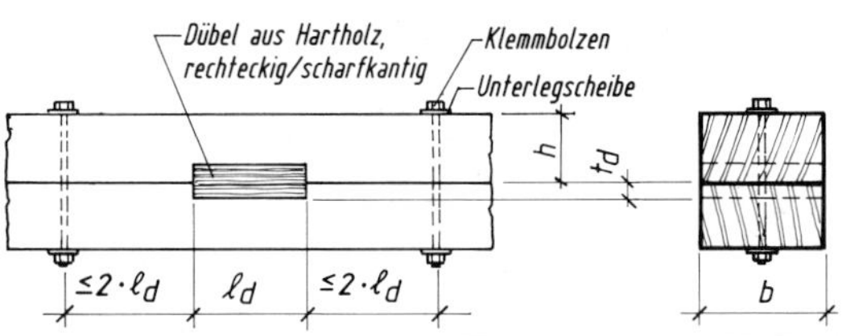

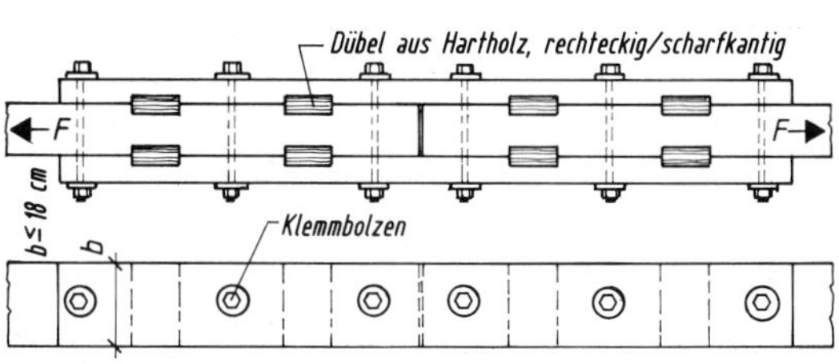

Für Klemmbolzen sind ohne weiteren Nachweis (in statischer Hinsicht) Schraubenbolzen M 12 mit beiderseitigen Scheiben ausreichend. Klemmbolzen werden im Vorholzbereich der Dübel üblicherweise mit ≤ 1 mm Lochspiel eingebaut. Die Muttern der Bolzen (Schrauben- und Klemmbolzen) sind so anzuziehen, daß die Unterlegscheiben auf ein geringes Maß (etwa 1 mm) in das Holz eingedrückt werden.

Mindestabstände von Dübeln

	1	2	3
Anordnung der Dübel	Mindestabstand $e_{d\perp}$ zweier benachbarter Dübelreihen	Mindestabstand $e_{d\parallel}$ der Dübel parallel der Faserrichtung	Mindestabstand der äußeren Dübelreihe von der Holzkante
nicht gegeneinander versetzt	$d_d + t_d$	$e_{d\parallel}$	$b/2$
gegeneinander versetzt [1]	$d_d + t_d$	$e_{d\parallel}$	$b/2$
	d_d	$1{,}1 \cdot e_{d\parallel}$	
	$0{,}5\,(d_d + t_d)$	$1{,}8 \cdot e_{d\parallel}$	

[1]) Zwischenwerte sind geradlinig zu interpretieren.

Da bei besonders geformten Dübeln die Mindestdübelabstände in Faserrichtung (parallel bzw. gleichlaufend der Faserrichtung) und zugleich auch rechtwinklig zweier benachbarter

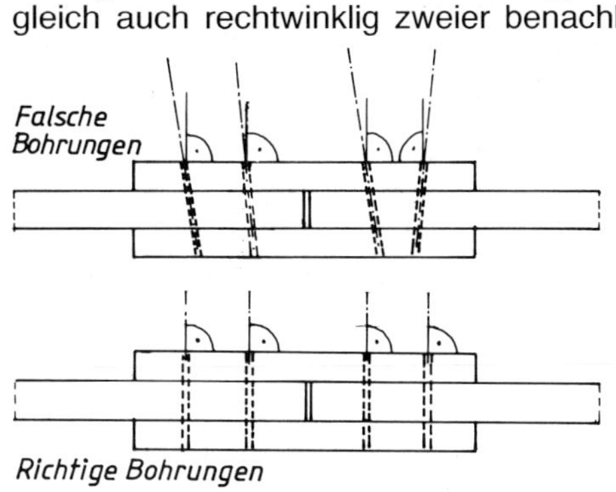

Dübelreihen durch die Bestimmungen in DIN 1052 nicht unterschritten werden dürfen, ist darauf zu achten, daß jedes Bohrloch senkrecht zu der betreffenden Scherfläche gleichlaufend gebohrt wird.

5.1.13 Rechteckige Dübel

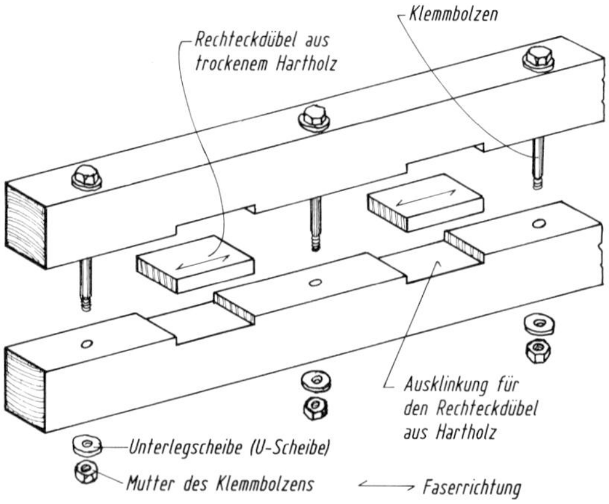

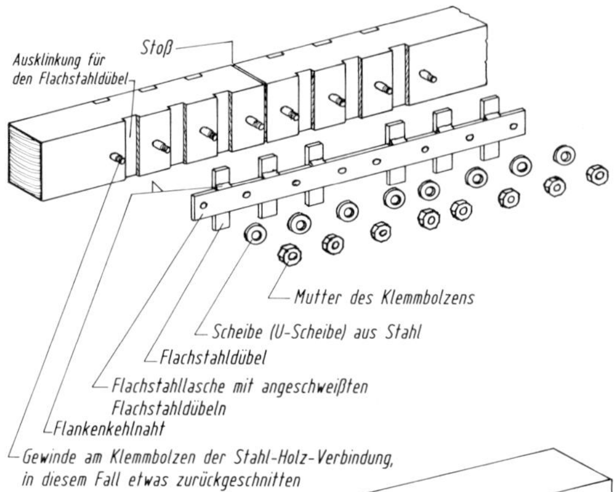

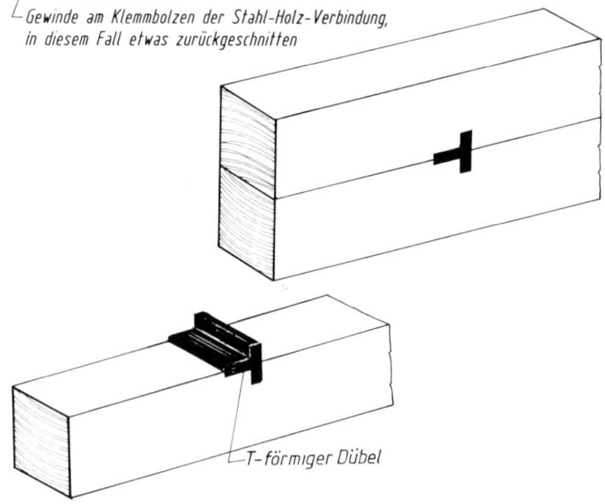

Für die rechteckigen Dübel muß stets ausreichend trockenes Hartholz verwendet werden. Rechteckige Dübel aus Hartholz und aus Stahl müssen in jedem Fall scharfkantig sein und demnach auch auf Passung in scharfkantige Ausklinkungen in die zu verbindenden Kanthölzer eingebaut werden.

Die rechteckigen Hartholzdübel müssen aufgrund des geringen Schwindens und Quellens in Faserrichtung immer so in die Ausklinkungen eingebaut werden, daß ihre Faserrichtung und die der zu verbindenden Kanthölzer gleichgerichtet sind.

Die Klemmbolzen werden zur Aufnahme des Kippmomentes benötigt. Dementsprechend sind Kopf und Mutter der Klemmbolzen zusätzlich mit Unterlegscheiben aus Stahl zu erweitern.

Bezeichnungskürzel bei Dübelkonstruktionen:
- b = Kantholzbreite
- h = Kantholzhöhe
- b_s = Kantholz- oder Laschenbreite seitlich
- d_b = Schaftdurchmesser des Bolzens
- d_{st} = Schaftdurchmesser bei Stabdübeln und Paßbolzen
- e_d = Mindestdübelabstand oder Vorholzlänge bei einer Dübelreihe parallel zur Faserrichtung
- t_d = Einschnittiefe oder Dübeleinlaßtiefe
- b/2 = Mindestabstand der äußeren Dübelreihen von der Holzkante
- e_d = Mindestabstand zweier benachbarter Dübelreihen
- d_d = Dübeldurchmesser oder Dübelseitenlänge
- ℓ_d = Dübellänge in Faserrichtung des Hartholzes

5.1.14 Mindestabstände bei tragenden Bolzen

		Mindestabstände[1] parallel zur Kraftrichtung der Bolzen
untereinander	II der Faserrichtung ⊥ zur Faserrichtung	$7d_{bs} \geq 10$ mm $5d_b$
vom beanspruchten Rand	II der Faserrichtung ⊥ zur Faserrichtung	$7d_{bs} \geq 10$ mm $4d_b$
vom unbeanspruchten Rand	II der Faserrichtung ⊥ zur Faserrichtung	$3d_b$ $3d_b$

[1] Bei Schlaganschlüssen Zwischenwerte geradlinig einschalten

Bei tragenden Bolzen handelt es sich um mechanische Verbindungsmittel, die zumeist zur Übertragung von Scherkräften herangezogen werden. Die Übertragung der Scherkräfte kann je nach Kraftrichtung parallel oder unter einem Anschlußwinkel α schräg zur Faserrichtung erfolgen. Dementsprechend müssen Mindestabstände und Mindestrandabstände eingehalten werden. Bei tragenden Verbindungen mit Bolzen sind wegen der beidseitig vorhandenen Unterlegscheiben und Muttern in der Regel zwei Scherflächen ausreichend. Das heißt, in allen Anschlüssen sind mindestens zwei Bolzen mit Kopf und Mutter und Unterlegscheiben erforderlich.

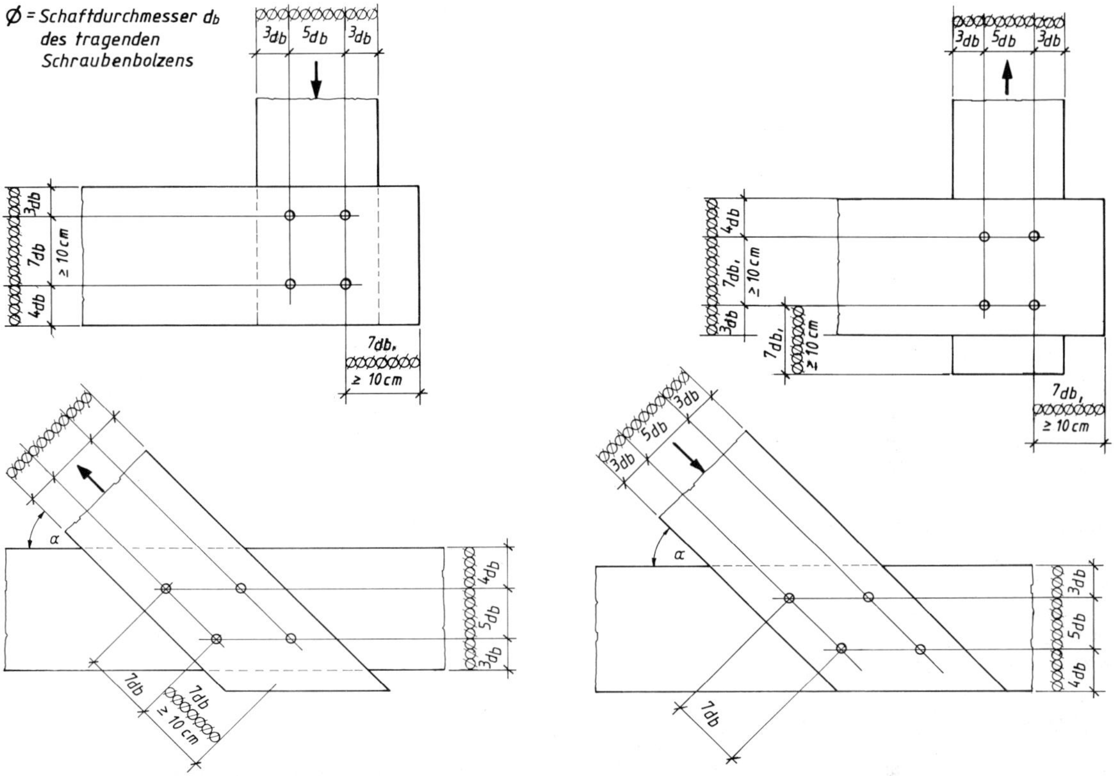

Bei Schräganschlüssen mit Anschlußwinkel $\alpha < 46°$ werden die Mindestabstände der tragenden Bolzen nach den senkrechten Abstandsmaßen ausgeführt. Dagegen bei Schräganschlüssen $\alpha > 46°$ nach den schrägen Abstandsmaßen. Zur genauen Festlegung und Einhaltung der Mindestabstände und Mindestrandabstände sind Rißlinien erforderlich.

5.1.15 Mindestabstände bei tragenden Stabdübeln

Mindestabstände von Stabdübeln und Paßbolzen		Mindestabstände[1)] parallel zur Kraftrichtung bei Stabdübeln und Paßbolzen
untereinander	II der Faserrichtung ⊥ zur Faserrichtung	$5d_{st}$ $3d_{st}$
vom beanspruchten Rand	II der Faserrichtung ⊥ zur Faserrichtung	$6d_{st}$ $3d_{st}$
vom unbeanspruchten Rand	II der Faserrichtung ⊥ zur Faserrichtung	$3d_{st}$ $3d_{st}$

[1)] Bei Schräganschlüssen Zwischenwerte geradlinig einschalten

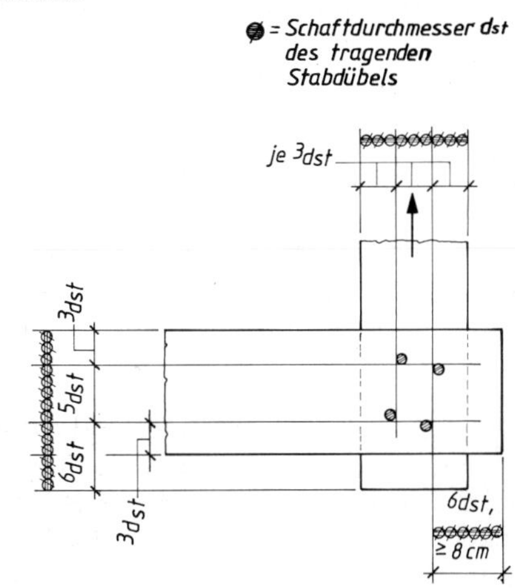

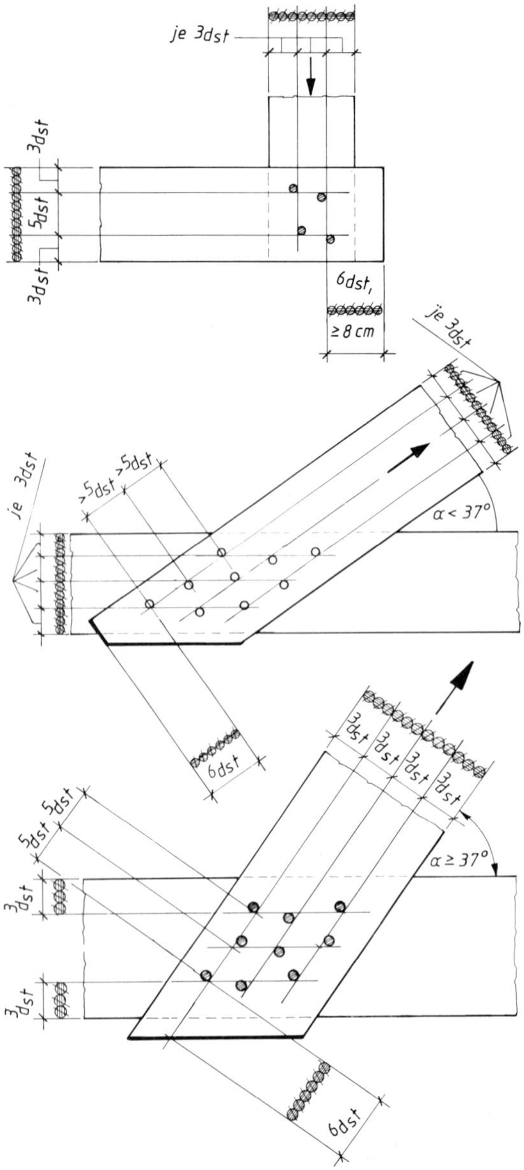

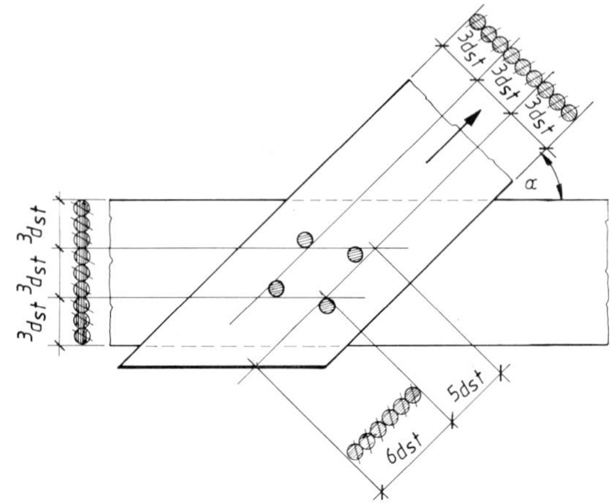

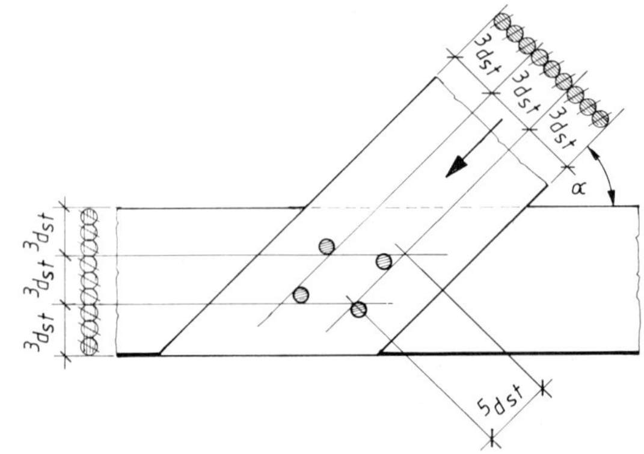

Bei Schräganschlüssen mit Anschlußwinkel $\alpha \geq 37°$ werden die Mindestabstände der Rißlinien und das Versetzen der Stabdübel nach den schrägen Abstandsmaßen bestimmt. Bei Schräganschlüssen $\alpha \leq 37°$ sind die senkrechten Abstandsmaße maßgebend. Bei Anschlußwinkeln $\alpha < 37°$ werden die Stabdübel am besten im stumpfen Winkel der Rißlinien angeordnet.

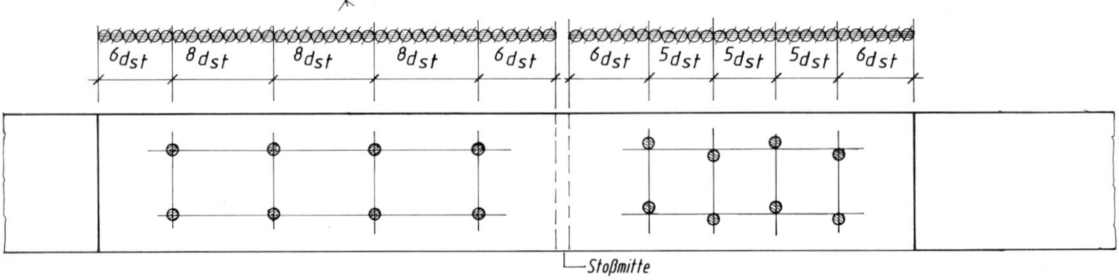

Bei einer Längsverbindung und einem Abstand in Faserrichtung untereinander von mindestens 8 d_{st} können die Stabdübel über das Kreuz der sich überschneidenden Rißlinien angeordnet werden.

Bei einem Abstand in Faserrichtung untereinander von ≤ 5 d_{st} ist ein Versetzen der Stabdübel um d_{st} erforderlich.

5.1.16 Nägel nach DIN 1151

Nägel – fachlich richtig Drahtstifte rund mit Senkkopf – gibt es in sehr unterschiedlichen Größen. Derartige Nägel sind für Schaftdurchmesser von 1,8 mm bis 8,8 mm genormt.

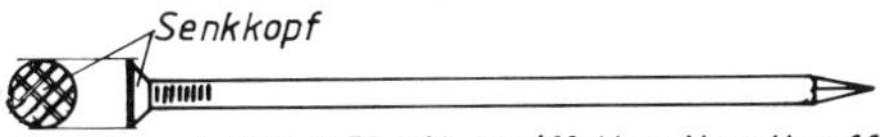

Nagel nach DIN 1151 mit geriffelter Nagelkopffläche

Der Nagel 31/65 mit Senkkopf hat einen Schaftdurchmesser von 3,1 mm und eine Länge von 65 mm. Ein Nagel 34/90 mm mit einem Senkkopf hat einen Schaftdurchmesser von 3,4 mm und eine Länge von 90 mm.

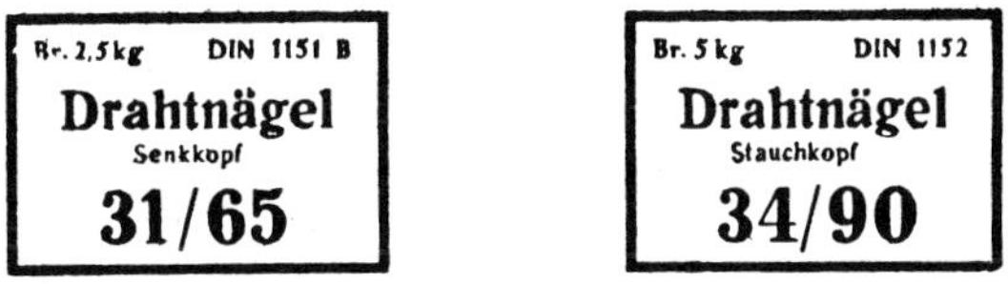

Der Schaftdurchmesser des glattschaftigen Nagels wird mit d_n und die Nagellänge mit ℓ_n bezeichnet.

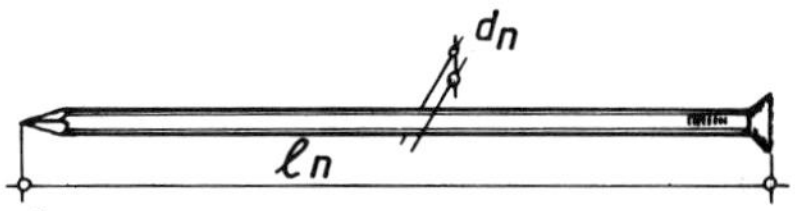

ℓ_n = Länge des Nagels
d_n = Durchmesser (ø) des Nagelschaftes

Die genormten Nägel werden beim Holzbau zur Übertragung von Scherkräften in Hölzer, Baufurnierplatten und Blechplatten eingeschlagen. Nägel mit der Länge bis etwa 90 mm schlägt man mit dem Latthammer ein. Etwas längere Nägel werden mit dem Beil und sehr lange Nägel stets mit der Axt eingeschlagen. Zum Eintreiben von Nägeln werden außerdem häufig mit Preßluft betriebene Handnagler verwendet.

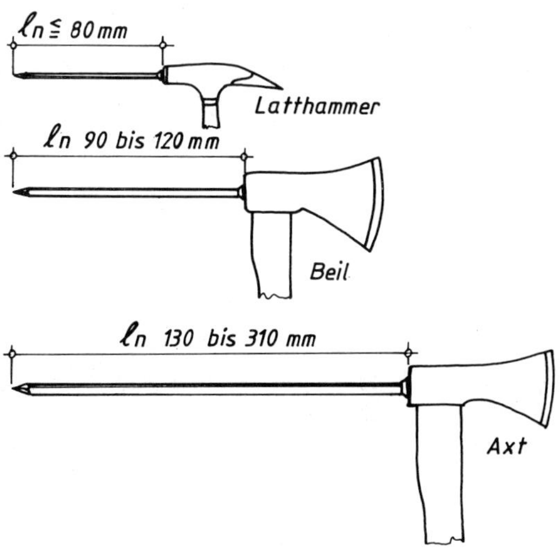

Beim Einschlagen und Eintreiben eines Nagels in senkrechter und schräger Richtung zur Radial- oder Tangentialschnittseite des Holzes werden mit dem Nagelschaft die Holzfasern vorwiegend auseinandergedrängt und nur im kleinen Kreis der Nagelspitze durchstanzt.

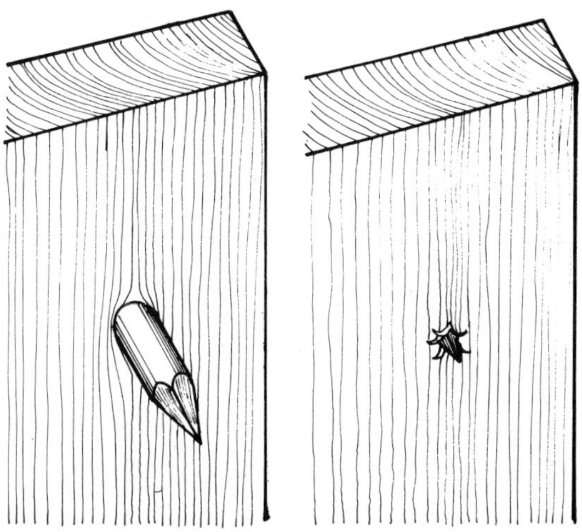

Bei der Auseinanderdrängung einer längsverlaufenden Holzfaser entstehen ganz nahe beim Nagelschaft zwei kleine Hohlräume, die gemäß eines dünnschaftigen Nagels kaum und gemäß eines dickeren Nagels schon sichtbar sind.

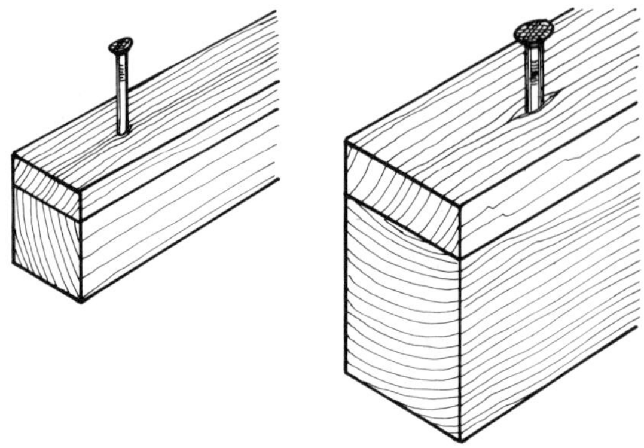

Werden in Richtung einer Holzfaser eine Reihe von Nägel dicht hintereinander eingeschlagen, so platzt die Faser durch die langgezogene Auseinanderdrängung auf. Auch die zu nahe an der Hirnschnitt- und Kantenseite eingeschlagenen Nägel bringen das Holz zum Aufplatzen, so daß bei derartig aufgeplatzten bzw. gespaltenen Hölzern von einer Tragfähigkeit der Nägel natürlich nicht mehr gesprochen werden kann.

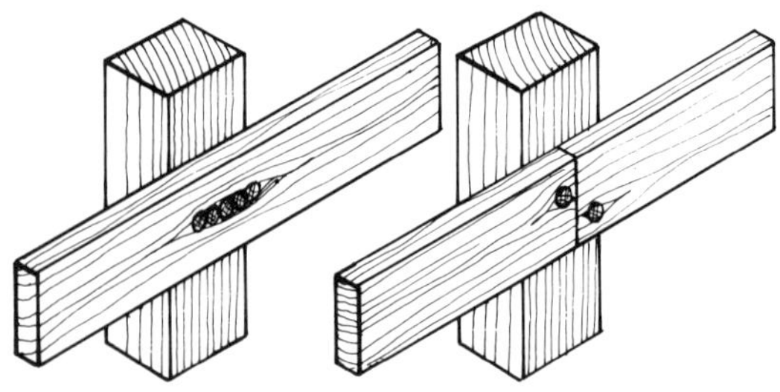

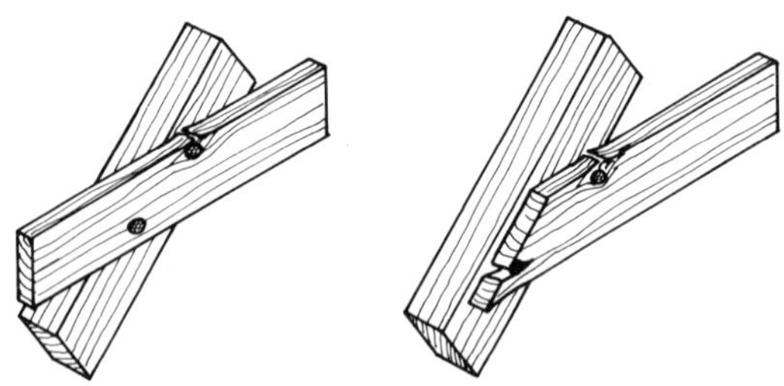

Zu geringe Nagelabstände in Richtung der Holzfasern sind hinsichtlich der Spaltgefahr gefährlicher als die Nagelabstände rechtwinklig zur Faserrichtung des Holzes.

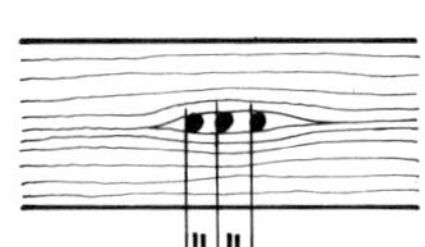

Nagelabstände (II) parallel bzw. gleichlaufend zur Faserrichtung des Holzes

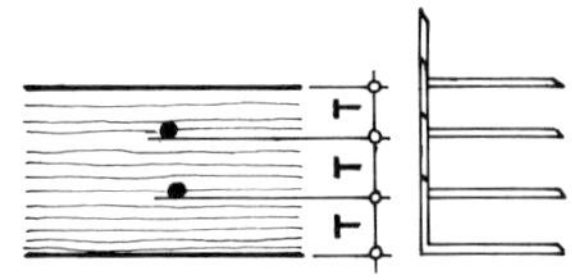

Nagelabstände (⊥) rechtwinklig zur Faserrichtung des Holzes

Um der Spaltgefahr des Holzes zu begegnen, ist in DIN 1052 genau vorgeschrieben, wie bei genagelten Bauteilen der Einzelquerschnitt mindestens dick sein sollte, wie die Einschlagtiefe in das Holz hinein reichen muß und außerdem, wie weit Nägel vom beanspruchten Rande eines Holzbauteils mindestens entfernt sein und welchen Abstand sie untereinander haben müssen.

5.1.17 Mindestabstände bei Nägeln

Mindestnagelabstände bei Nagelschaftdurchmessern von d_n 2,2 mm bis d_n 4,2 mm und nicht vorgebohrter Nagelung in Nadelholz

Da die Spaltgefahr des Holzes wesentlich vom Nagelschaftdurchmesser abhängt, sind die Mindestabstände der einzelnen Nägel nicht in mm angegeben, sondern durch das Vielfache des jeweiligen Nagelschaftdurchmessers d_n.

Das Kurzzeichen im Kreis bedeutet: bR = belasteter Rand, ubR = unbelasteter Rand

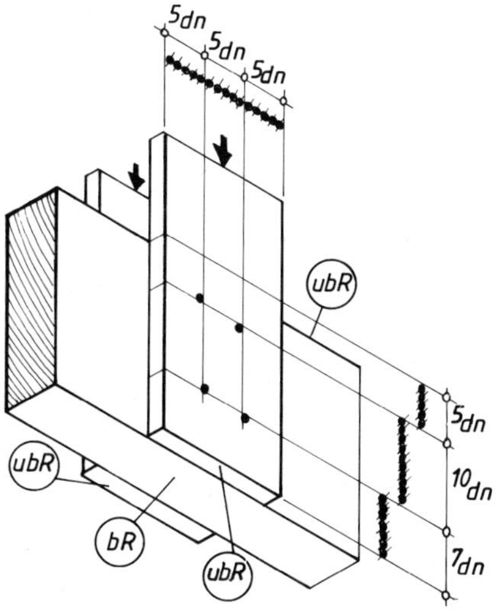

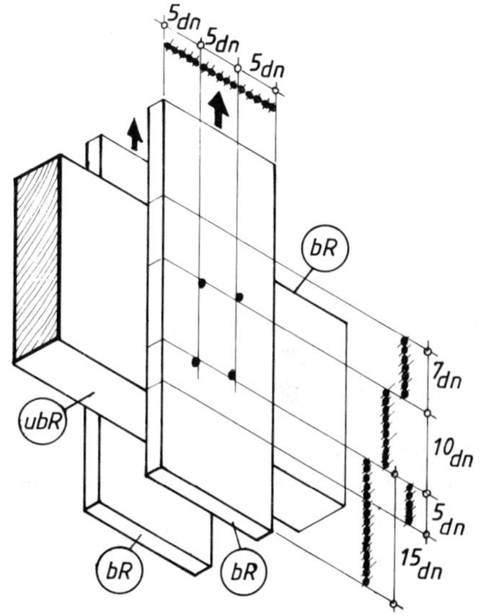

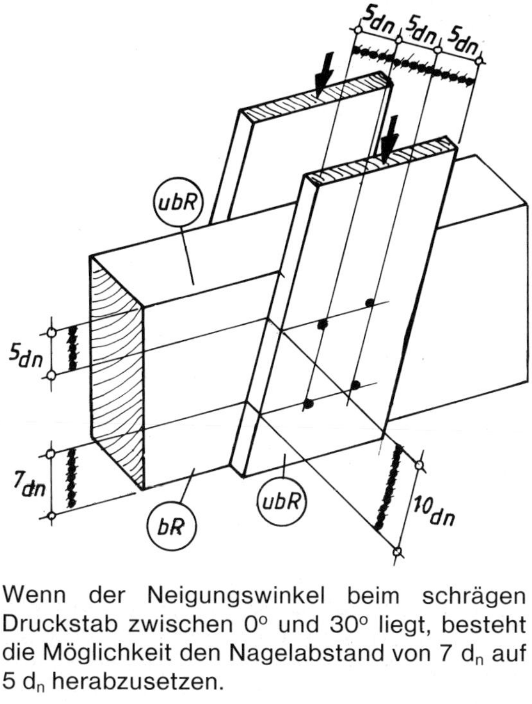

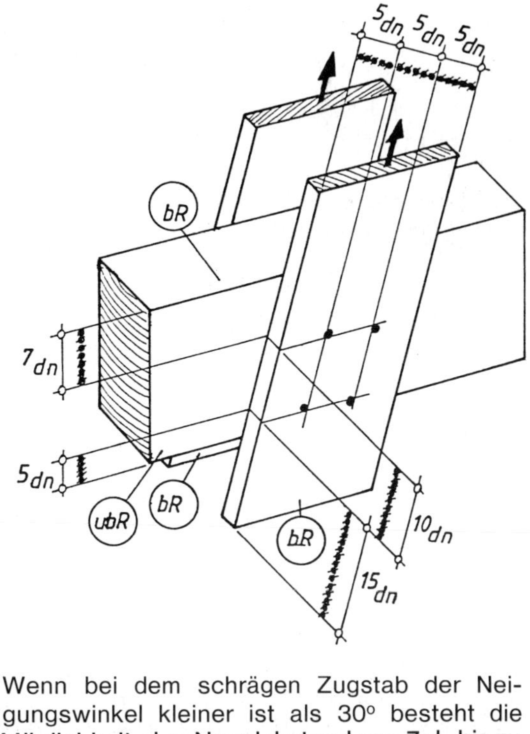

Wenn der Neigungswinkel beim schrägen Druckstab zwischen 0° und 30° liegt, besteht die Möglichkeit den Nagelabstand von 7 d_n auf 5 d_n herabzusetzen.

Wenn bei dem schrägen Zugstab der Neigungswinkel kleiner ist als 30° besteht die Möglichkeit, den Nagelabstand von 7 d_n bis zu 5 d_n zu verringern.

Mindestnagelabstände bei Nagelschaftdurchmessern über d_n 4,2 mm bis d_n 9,4 mm und nicht vorgebohrter Nagelung in Nadelholz

Das Kurzzeichen im Kreis bedeutet: bR = belasteter Rand, ubR = unbelasteter Rand

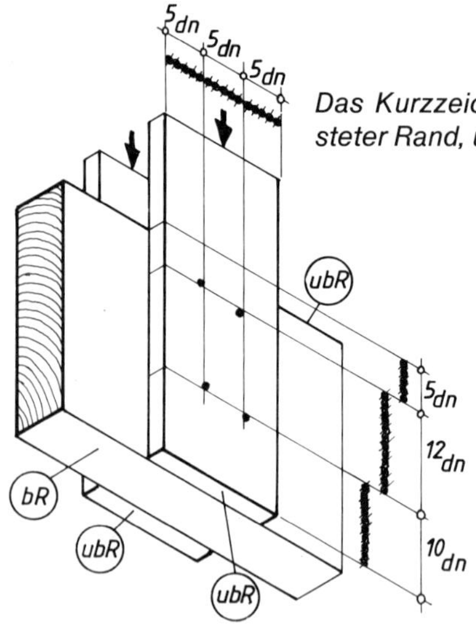

Einschnittige Nagelung. Der untere Untergurtrand ist der belastete Rand und der obere somit der unbelastete.

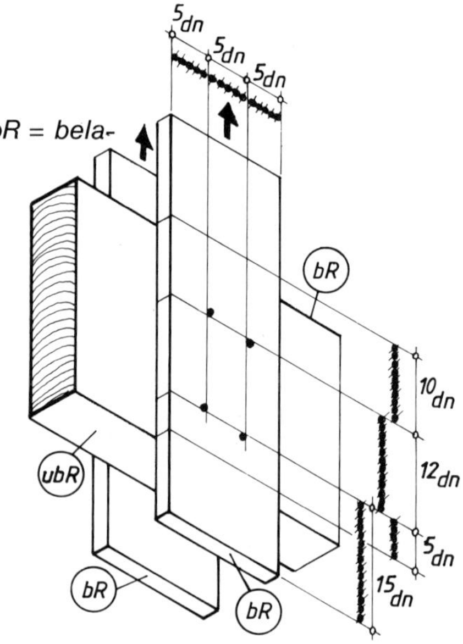

Einschnittige Nagelung. Die Hirnschnittende der Vertikalstäbe sind belastete Ränder. Die obere Kantenfläche des Unterzugstabes ist auch ein belasteter Rand.

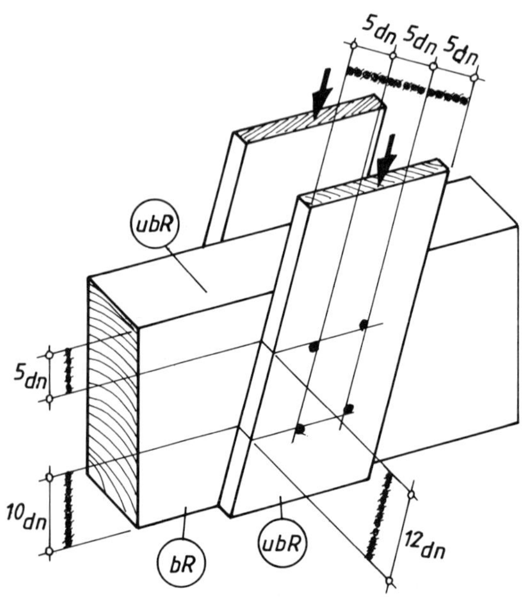

Wenn der Neigungswinkel bei dem schrägen Druckstab kleiner als 30° ist, kann der Nagelabstand von 10 d_n auf bis zu 5 d_n verringert werden.

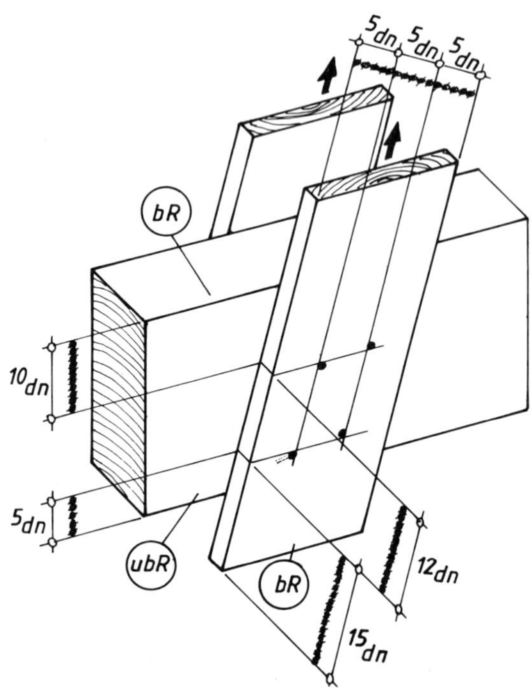

Liegt der Neigungswinkel beim schrägen Zugstab zwischen 0° und 30°, kann der Nagelabstand von 10 d_n bis zu 7 d_n verkleinert werden.

Mindestnagelabstände bei Nagelschaftdurchmessern über d_n 4,2 mm bis d_n 9,4 mm und vorgebohrter Nagelung in Nadelholz

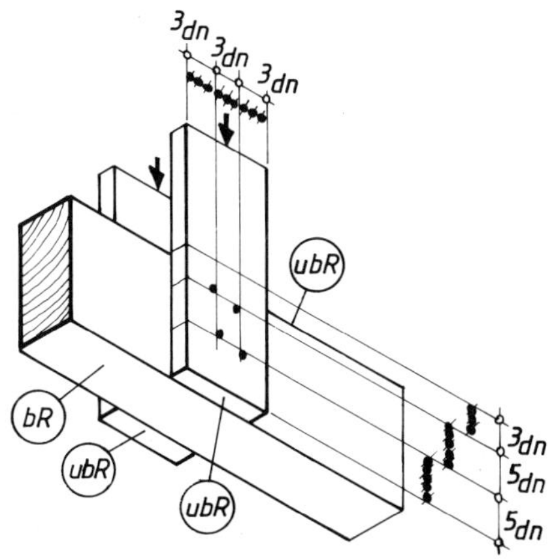

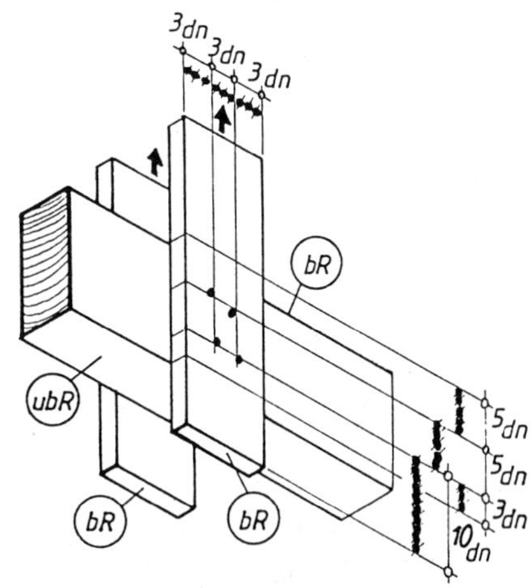

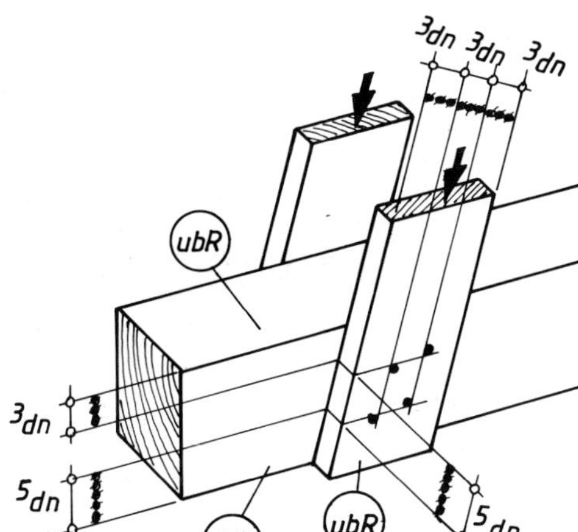

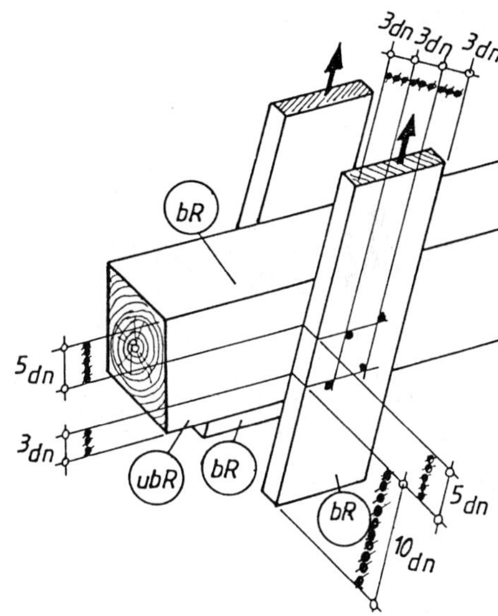

⌀ = Schaftdurchmesser d_n des tragenden Nagels

(bR) = beanspruchter Rand des Holzbauteils

(ubR) = unbeanspruchter Rand des Holzbauteils

Nagelschaftdurchmesser und Bohrerdurchmesser bei vorgebohrten Nagellöchern							
Nagelschaftdurchmesser d_n in mm	4,2	5,5	6,0	7,0	7,6	8,8	9,4
Durchmesser des Bohrers d_B in mm	3,5	4,5	5,0	6,0	6,5	7,5	8,0

Um bei vorgebohrten Nagelverbindungen noch eine ausreichende Klemmwirkung ohne zusätzliche Spaltgefahr sicherzustellen, muß nach DIN 1052 jeder Nagelschaft in ein Bohrloch eingeschlagen werden, das etwa 15% kleiner vorgebohrt wurde, als der zylindrische Nagelschaft und die Bohrlochtiefe mindestens gleich der erforderlichen Einschlagtiefe S entspricht.

5.1.18 Vollholzdicken, Einschlagtiefen und zulässige Nagelbelastung

Vollholzdicken sowie Einschlagtiefen und zulässige Nagelbelastung je Scherfläche im Lastfall „H". (Summe der Hauptlasten)

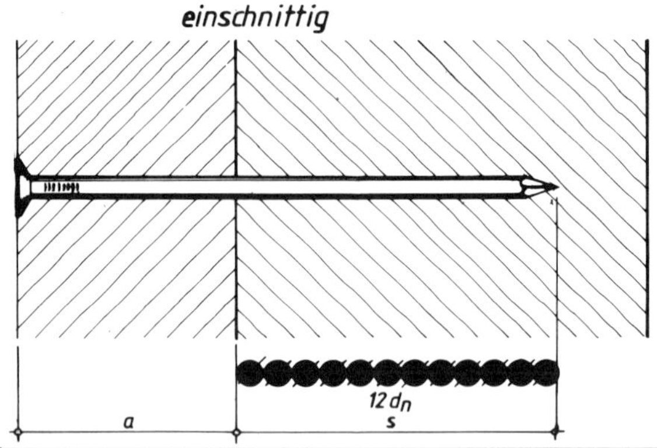

Nagelgröße Durchmesser ⌀ d_n 1/10 mm		Länge ℓ_n mm	Vollholzdicke „a" mindestens bei nichtvorgebohrten Nagellöchern mm	Einschlagtiefe „s" bei 12 d_n mm	Zulässige Nagelbelastung „N" in der nächst liegenden Scherfläche bei Nadelholz kN
28	x	65	24	34	0,30
31	x	65	24	38	0,375
31	x	80	24	38	0,375
31	x	70	24	38	0,375
34	x	90	24	41	0,43
38	x	100	24	46	0,525
42	x	110	26	51	0,625
46	x	110	26	51	0,625
46	x	130	30	56	0,725
55	x	140	40	66	0,975
55	x	160	40	66	0,975
60	x	180	50	42	1,12
70	x	210	60	84	1,45
75	x	230	70	90	1,60
80	x	260	75	96	1,78
90	x	310	90	108	2,13

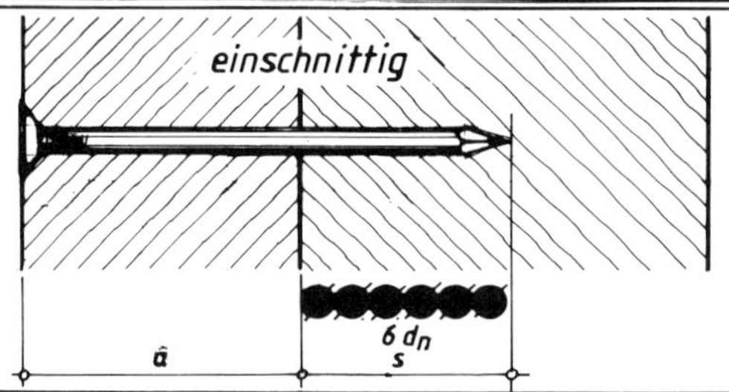

Nagelgröße Durchmesser ⌀ d_n 1/10 mm		Länge ℓ_n mm	Vollholzdicke „a" mindestens bei nicht vorgebohrten Nagellöchern mm	Einschlagtiefe „s" bei 6 d_n mm		Zulässige Nagelbelastung „N" in der nächst liegenden Scherfläche bei Nadelholz kN
28	x	65	24	17		0,15
31	x	65	24	19		0,185
31	x	80	24	19		0,185
31	x	70	24	19		0,185
34	x	90	24	21		0,125
38	x	100	24	23		0,26
42	x	100	26	26		0,31
46	x	130	30	28		0,36
55	x	140	40	33		0,485

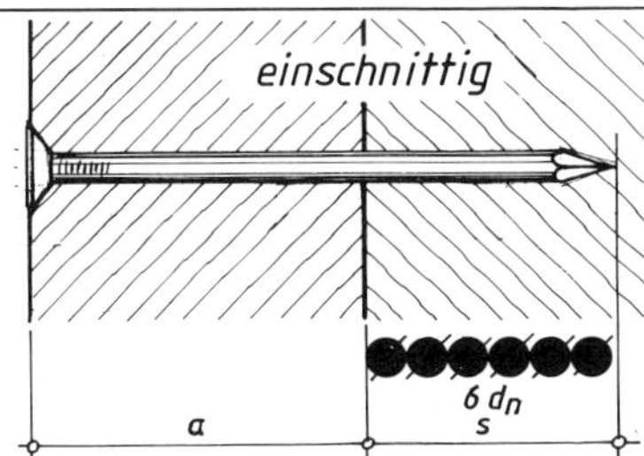

Nagelgröße Durchmesser ⌀ d_n 1/10 mm	Länge ℓ_n mm	Vollholzdicke „a" mindestens bei nicht vorgebohrten Nagellöchern mm	Einschlagtiefe „s" bei 6 d_n mm		Zulässige Nagelbelastung „N_1" in der nächst liegenden Scherfläche bei Nadelholz kN
55 x	160	40	33		0,485
60 x	180	50	36		0,56
70 x	210	60	42		0,725
75 x	230	70	45		0,80
80 x	260	75	48		0,89
90 x	310	90	54		1,065

Vollholzdicken sowie Einschlagtiefen bei mehrschnittigen Nagelverbindungen und zulässige Nagelbelastung je Scherfläche im Lastfall „H". (Summe der Hauptlasten)

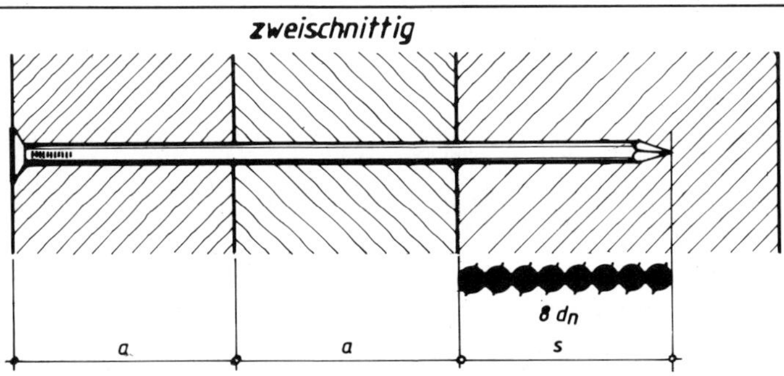

Nagelgröße Durchmesser ⌀ d_n 1/10 mm	Länge ℓ_n mm	Vollholzdicke „a" mindestens bei nicht vorgebohrten Nagellöchern mm	Einschlagtiefe „s" bei 8 d_n mm		Zulässige Nagelbelastung „N_1" in der nächst liegenden Scherfläche bei Nadelholz kN
28 x	65	24	34		0,30
31 x	65	24	38		0,375
31 x	80	24	38		0,375
31 x	70	24	38		0,375
34 x	90	24	41		0,43
38 x	100	24	46		0,525
42 x	110	26	51		0,625
46 x	110	26	51		0,625
46 x	130	30	56		0,725
55 x	140	40	66		0,975
55 x	160	40	66		0,975
60 x	180	50	42		1,12
70 x	210	60	84		1,45
75 x	230	70	90		1,60
80 x	260	75	96		1,78
90 x	310	90	108		2,13

Vollholzdicken sowie Einschlagtiefen bei mehrschnittigen Nagelverbindungen und zulässige Nagelbelastung je Scherfläche im Lastfall „H". (Summe der Hauptlasten)

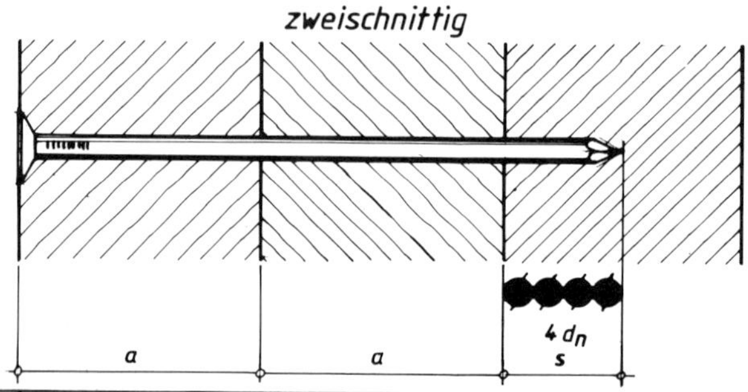

Nagelgröße Durchmesser ∅ d_n 1/10 mm		Länge ℓ_n mm	Vollholzdicke „a" mindestens bei nicht vorgebohrten Nagellöchern mm	Einschlagtiefe „s" bei 4 d_n mm		Zulässige Nagelbelastung „N_1" in der nächstliegenden Scherfläche bei Nadelholz kN
28	x	65	24	17		0,15
31	x	65	24	19		0,185
31	x	80	24	19		0,185
31	x	70	24	19		0,185
34	x	90	24	21		0,125
38	x	100	24	23		0,26
42	x	100	26	26		0,31
46	x	130	30	28		0,36
55	x	140	40	33		0,485
55	x	160	40	33		0,485
60	x	180	50	36		0,56
70	x	210	60	42		0,725
75	x	230	70	45		0,80
80	x	260	75	48		0,89
90	x	310	90	54		1,065

Vollholzdicken sowie Einschlagtiefen und zulässige Nagelbelastung von zweischnittigen Nägeln im Lastfall „H" bei nicht vorgebohrten Nagellöchern und Nadelholz

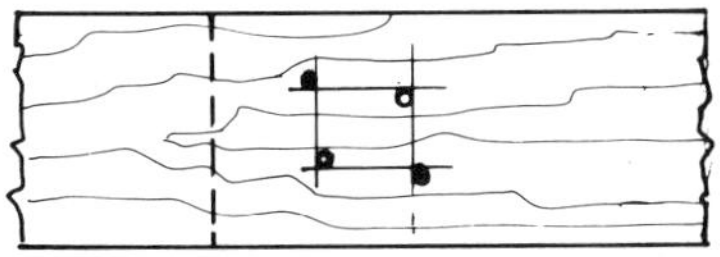

Bei rechtwinklig zur Faserrichtung des Holzes umgeschlagenem Nagelende von mindestes 3·d_n kann die zulässige Nagelbelastung voll eingesetzt werden, die Mindestdicke „a" des Vollholzes muß aber auch in diesem Fall eingehalten werden.

- ● *Nagel von der vorderen Seitenfläche des Holzes*
- ○ *Nagel von der hinteren Seitenfläche des Holzes*

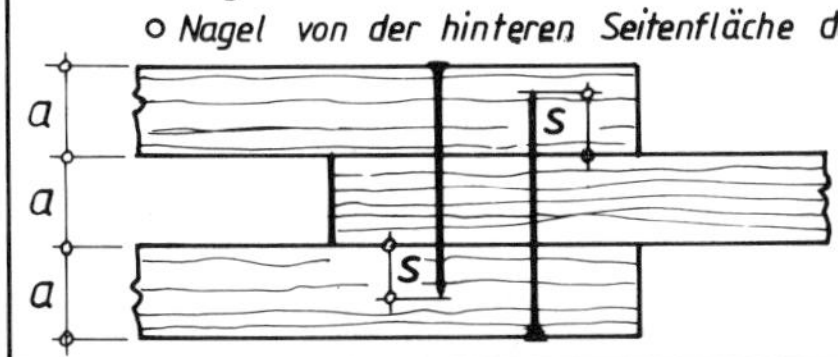

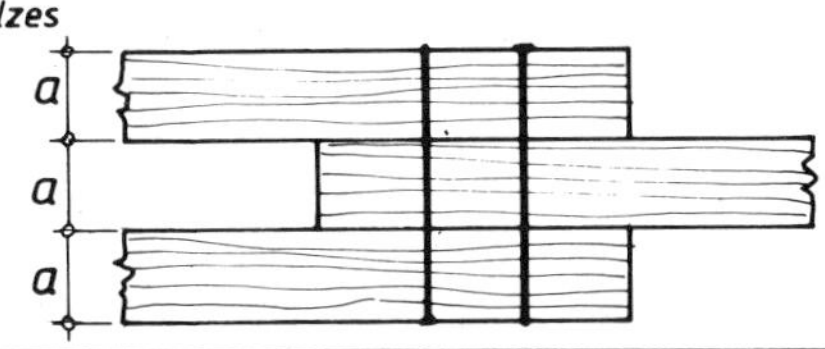

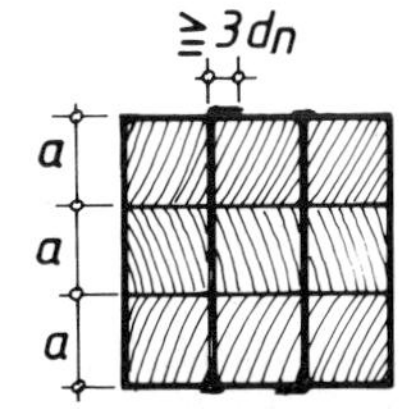

Nagelgröße Durchmesser ⌀ d_n 1/10 mm		Nagelgröße Länge l_n mm	Zulässige Nagelbelastung „N_1" je Scherfläche bei einschnittigen Nagelverbindungen kN	zweischnittig a = 24 mm s mm	N_1 kN	a = 26 mm s mm	N_1 kN	a = 30 mm s mm	N_1 kN	a = 35 mm s mm	N_1 kN
25	x	50	0,25	12	0,40						
28	x	65	0,30	17	0,525	13	0,47				
31	x	65	0,375	17	0,635	13	0,57				
31	x	70	0,375	22	0,705	18	0,645				
31	x	80	0,375	24	0,735	26	0,75	20	0,675		
34	x	90	0,43	24	0,86	26	0,86	30	0,86	20	0,745
38	x	100	0,525	24	1,05	26	1,05	30	1,05	30	1,04
42	x	100	0,625			26	1,25	30	1,25	35	1,25
46	x	130	1,725					30	1,45	35	1,45

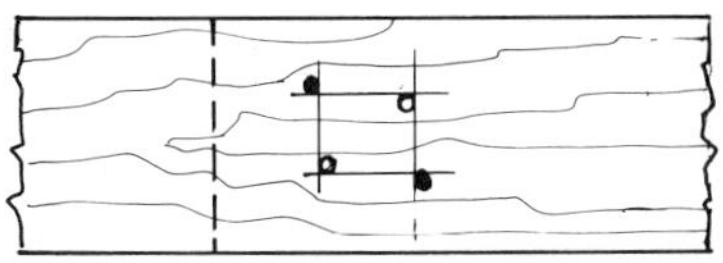

Bei rechtwinklig zur Faserrichtung des Holzes umgeschlagenem Nagelende von mindestes 3·d_n kann die zulässige Nagelbelastung voll eingesetzt werden, die Mindestdicke „a" des Vollholzes muß aber auch in diesem Fall eingehalten werden.

- ● *Nagel von der vorderen Seitenfläche des Holzes*
- ○ *Nagel von der hinteren Seitenfläche des Holzes*

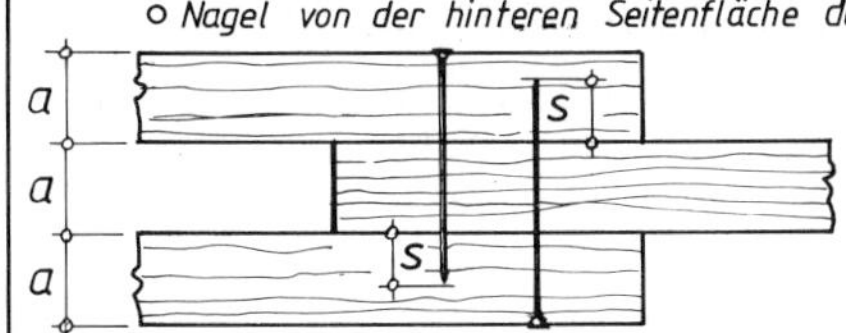

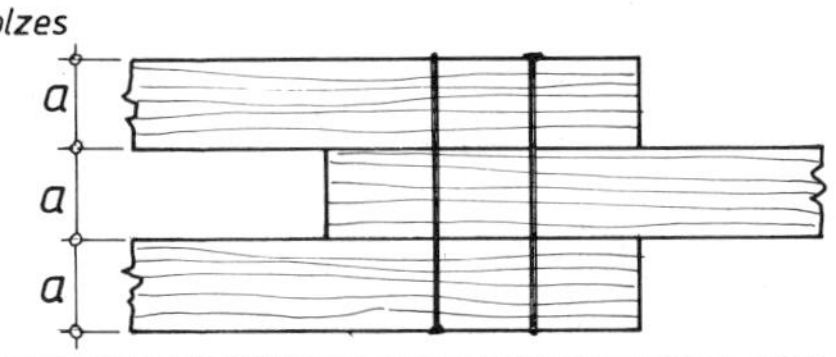

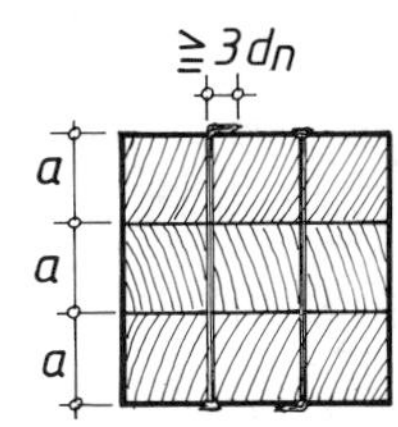

Nagelgröße Durchmesser ⌀ dn 1/10 mm		Nagelgröße Länge l_n mm	Zulässige Nagelbelastung „N_1" je Scherfläche bei einschnittigen Nagelverbindungen kN	zweischnittig a = 40 mm s mm	N_1 kN	a = 45 mm s mm	N_1 kN	a = 50 mm s mm	N_1 kN	a = 60 mm s mm	N_1 kN
38	x	100	0,525	20	0,77						
42	x	110	0,625	30	1,18	20	0,995				
46	x	130	0,725	40	1,45	40	1,45				
55	x	140	0,975	40	1,95	45	1,95	40	1,86		
55	x	160	0,975					50	1,95	40	1,86
60	x	180	1,12					50	2,24	60	2,24
70	x	210	1,45							60	2,90

5.1.19 Abstände bei übergreifenden Nägeln

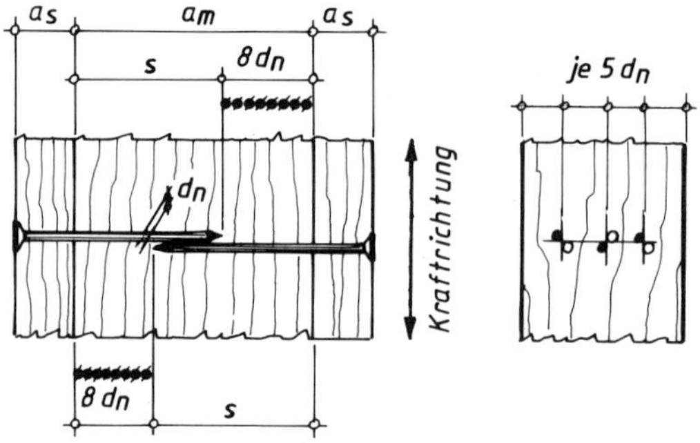

a_m und $s+8d_n$ sind gleich

So darf genagelt werden, da die Nagelspitze des einen Nagels um mindestens 8 d_n von der Scherfläche des anderen Nagels entfernt bleibt.

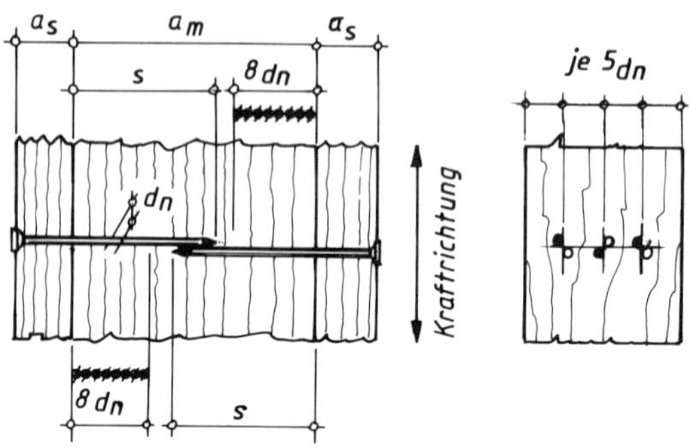

a_m ist größer als $s + 8 \cdot d_n$

Wenn der Bereich von $8 \cdot d_n$ durch den Gegennagel nicht erreicht wird, ist kein Abstand der Nagelrißlinien erforderlich.

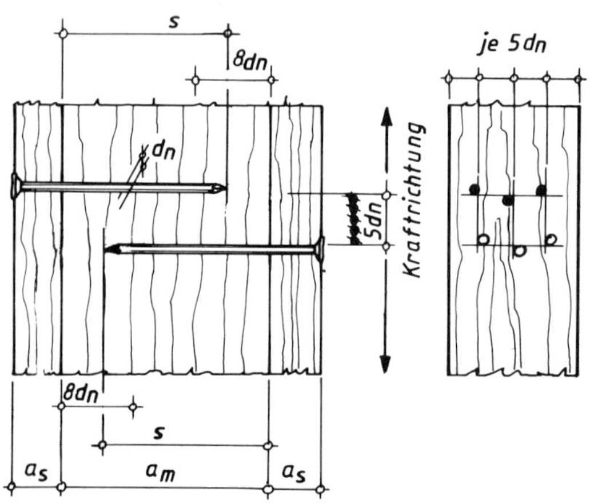

a_m ist kleiner als $s+8d_n$
aber größer als s

in diesem Fall müssen die Nägel um $5 \cdot d_n$ versetzt werden und demgemäß sind auch die Nagelrißlinien aufzutragen.

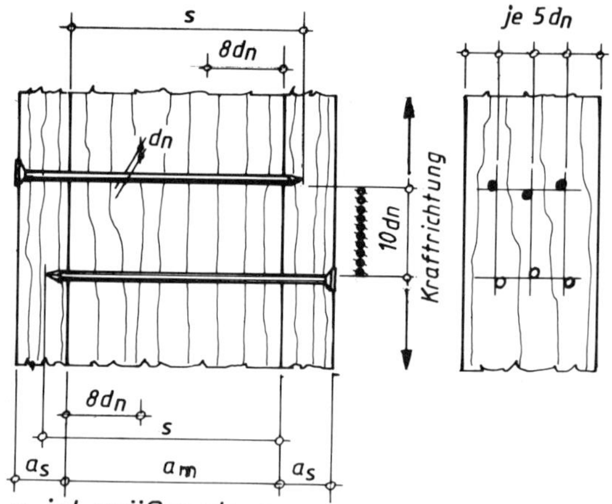

s ist größer als a_m
und d_n nicht größer als 4mm

Da die Einschlagtiefe s größer als die Holzdicke a_m und der Nagelschaftdurchmesser d_n nicht mehr als 4 mm mißt, ist der Mindestabstand in Faserrichtung von $10 \cdot d_n$ einzuhalten.

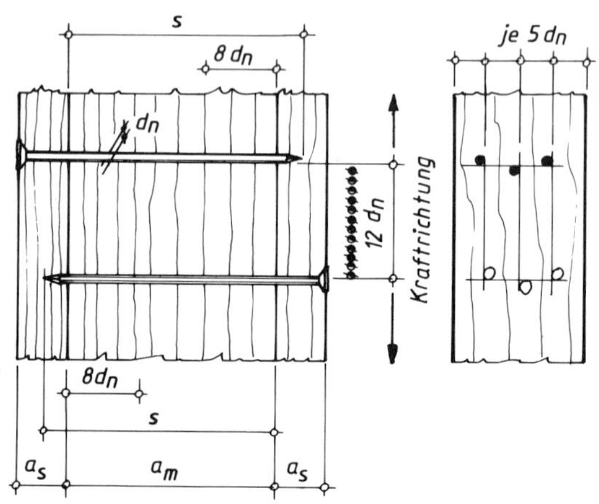

s ist größer als a_m
und d_n größer als 4mm

Wenn die Einschlagtiefe s größer als die Holzdicke a_m und der Nagelschaftdurchmesser d_n größer als 4 mm ist, muß der Mindestabstand von $12 \cdot d_n$ eingehalten werden.

5.1.20 Nagelungen für tragende Nagelverbindungen

Als tragende Nagelverbindungen im Sinne der DIN 1052, Teil 1, Abschnitt 11.3 gelten nur solche, für die ein rechnerischer Nachweis zu führen ist, und bei denen in jeder beanspruchten Fuge von genagelten Holzteilen mindestens vier Nagelscherflächen vorhanden sind. Eine tragende Nagelverbindung muß also mindestens vier Nägel aufweisen.

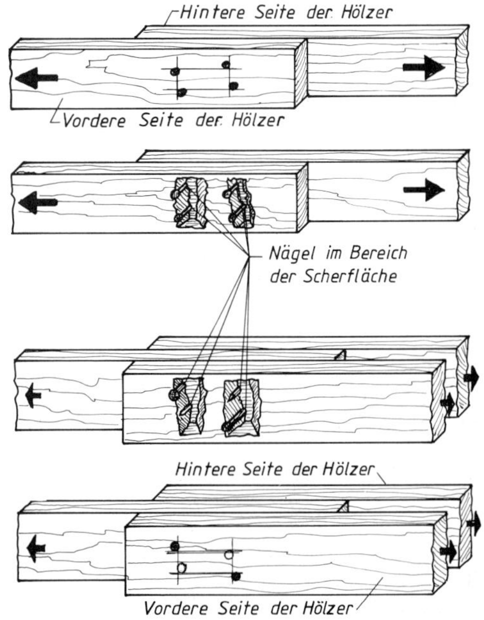

Bei entsprechender Holz-Holz-Nagelverbindung werden die Nägel nicht nur in einer, sondern in zwei und drei Scherflächen beansprucht. Je nach Anzahl der Scherflächen spricht man von ein-, zwei- und dreischnittigen Nagelverbindungen.

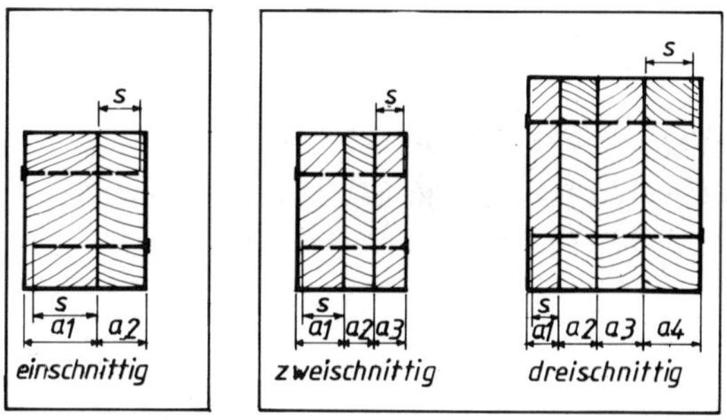

Ein rechtwinklig zur Nagelschaftachse belasteter glattschaftiger Nagel ist ein zuverlässiges Holzverbindungsmittel.

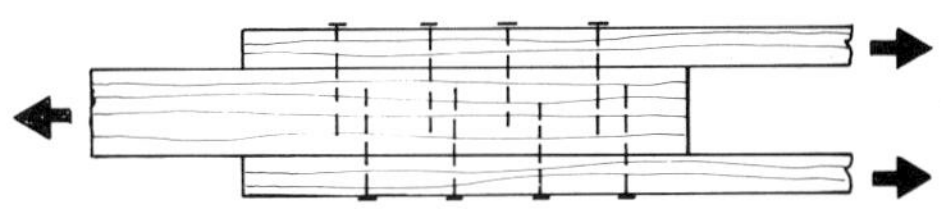

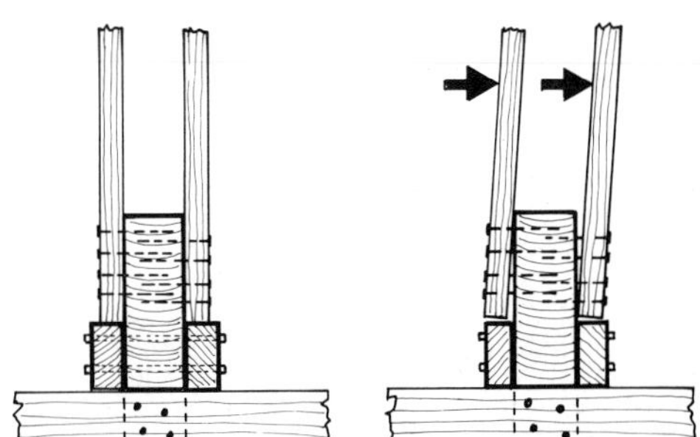

Wenn aber bei genagelten Holzteilen die Kraft in Achsrichtung des Nagels wirkt, d. h. wenn der glattschaftige Nagel auf Herausziehen beansprucht wird, weist er nur einen verhältnismäßig geringen Ausziehwiderstand auf.

Im Hirnholz eingeschlagene glattschaftige Nägel dürfen nicht auf Zug, d. h. auf Herausziehen beansprucht werden.

Da mit dem Austrocknen des verbauten Holzes der schon geringe Ausziehwiderstand weiter nachläßt, muß die Nagelbeanspruchung auf Herausziehen auf die Sicherung von Sparren, Flugsparren, Pfettensparren, Pfetten, Dachschalungen und ähnlichen Bauteilen gegen die nur kurzzeitig wirkenden abhebenden Sogkräfte des Windes beschränkt bleiben.

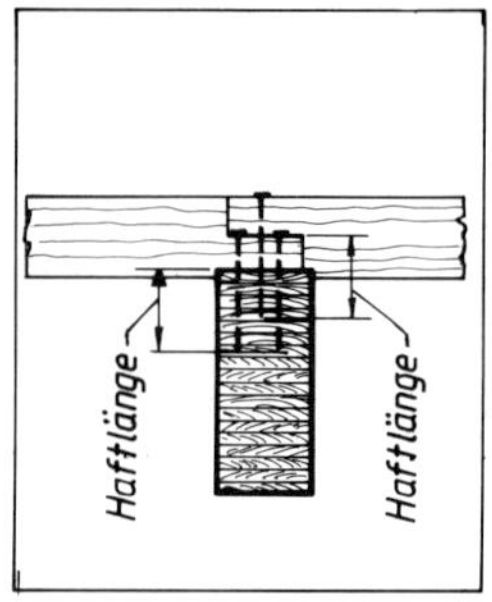

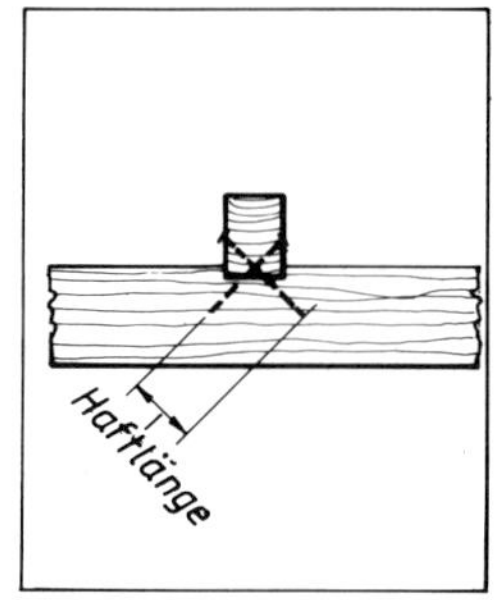

Die Haftlänge der auf Herausziehen beanspruchten Nägel ist nach DIN 1052, Teil 1, Abschnitt 11.3.20 genau festgelegt.

Dachschalungsbretter und Bretter von Verkleidungen, auf die durch den Sog des Windes Kräfte einwirken, sind mit mindestens zwei Nägeln an jedem Sparren, Grat-, Kehl- und Verfallgratsparren, Aufschiebling, Pfettensparren, Binder und ähnlichen Dachhölzern zu befestigen.

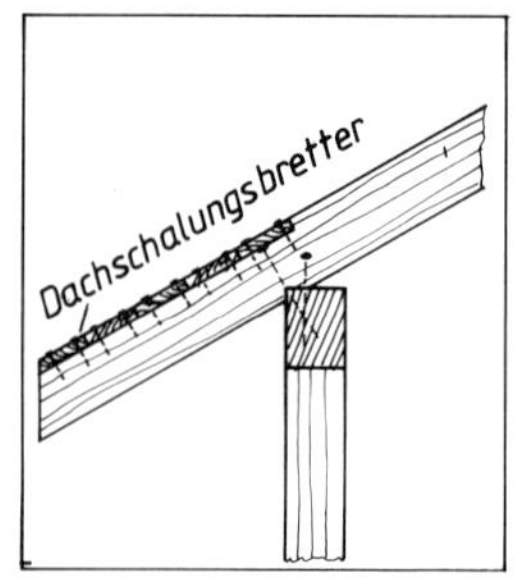

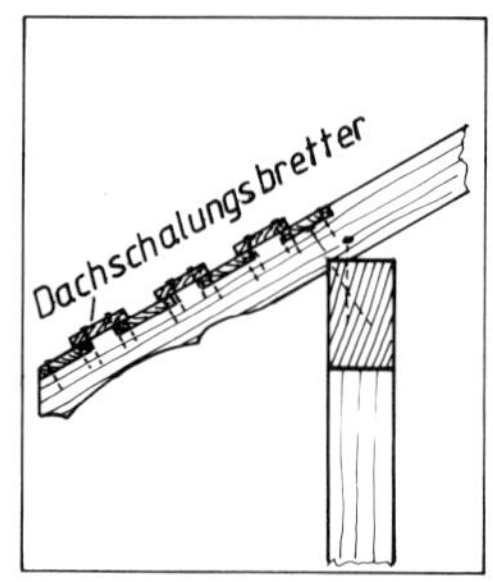

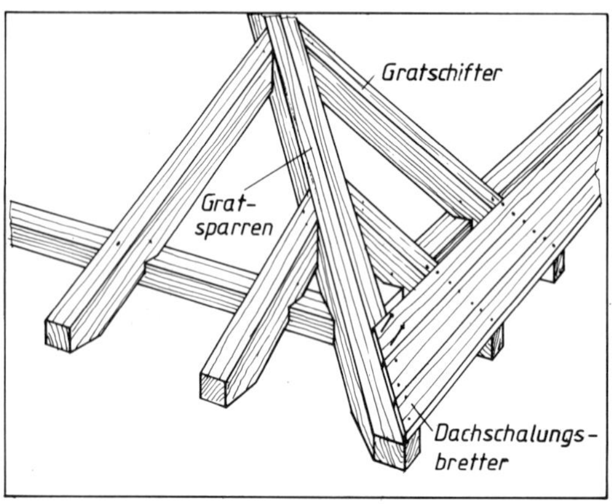

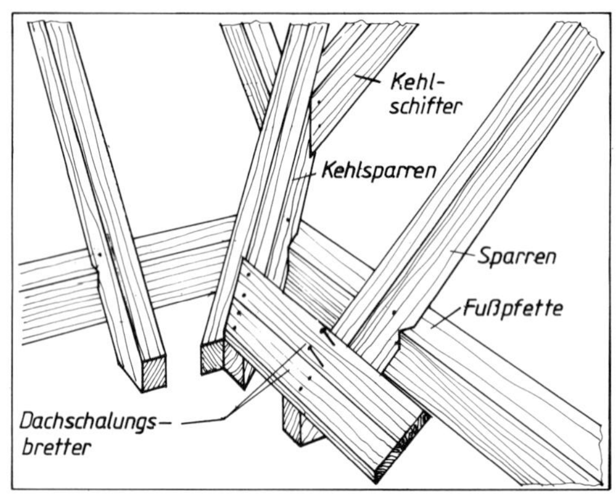

Das Vorbohren der Nagellöcher für tragende Nagelverbindungen empfiehlt sich bei größeren Nagelschaftdurchmessern, bei Hölzern mit erhöhter Spaltgefahr z. B. Lärche und überall dort, wo für eine große Kraft anzuschließen, keine große Nagelanschlußfläche zur Verfügung steht. Eichen- und Buchenholz ist für tragende Nagelverbindungen stets vorzubohren.

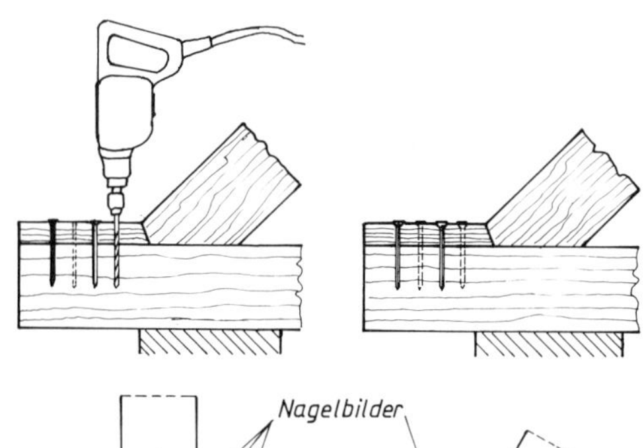

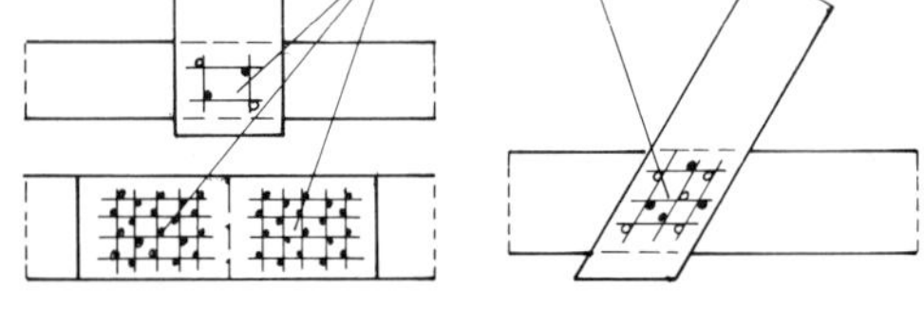

Um die Nägel einer tragenden Nagelverbindung nach Vorschrift richtig zu verteilen, ist es unbedingt notwendig, daß die Nagelfläche genau eingeteilt wird.

Zeichen des Nagelbildes:

- ● bedeudet, daß der Nagel von der vorderen Seite der Hölzer eingeschlagen oder eingetrieben werden muß.
- ○ bedeudet daß der Nagel von der hinteren Seite der Hölzer eingeschlagen oder eingetrieben werden muß.

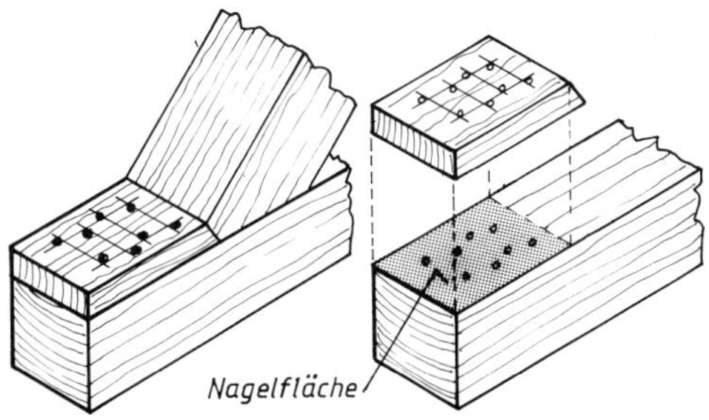

Als Nagelfläche gilt die Holzfläche zwischen den beiden aufeinander zu nagelnden Hölzern.

Beim Einteilen der Nagelfläche werden mit Nagelrißlinien die Nagelreihen und damit die Nagelabstände genau festgelegt.

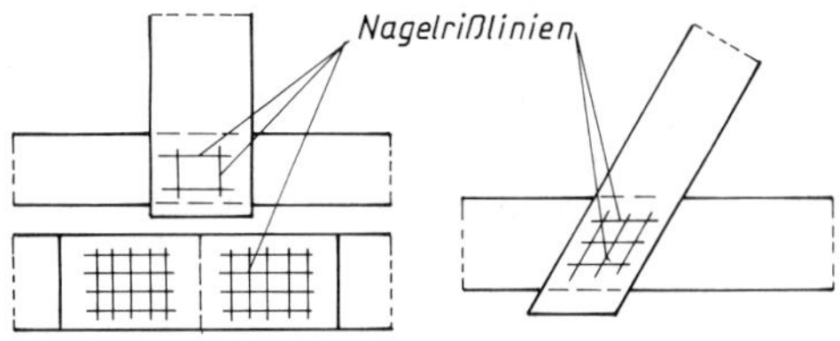

Die Nägel sollen aber nicht genau auf die Kreuzungspunkte der Nagelrißlinien, sondern immer versetzt angeordnet werden, d. h. daß die einer der Faserrichtung parallelen Nagelrißlinien zugehörigen und in bestimmten Abständen einzuschlagenden Nägel mindestens um den halben Nagelschaft abwechselnd zu versetzen sind. In der DIN 1052 wird darauf hingewiesen, daß in der Praxis meist um den halben Nagelkopfdurchmesser versetzt wird, so daß die Nagelrißlinie die Tangente am Umfang der Nagelköpfe bildet und folglich derartige Nagelversetzungen wohl als zulässig gelten.

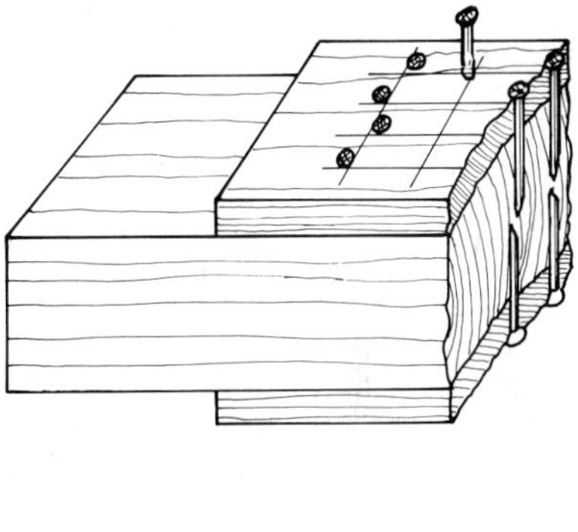

Die Nägel, die beim Holzbau zur Übertragung von Scherkräften in Holz, Baufurnierplatten und Blechplatten einzuschlagen sind, darf man keinesfalls schräg, sondern nur senkrecht zum Holz-, Baufurnier- und Blechplattenteil bzw. rechtwinklig zu den betreffenden Scherflächen einschlagen.

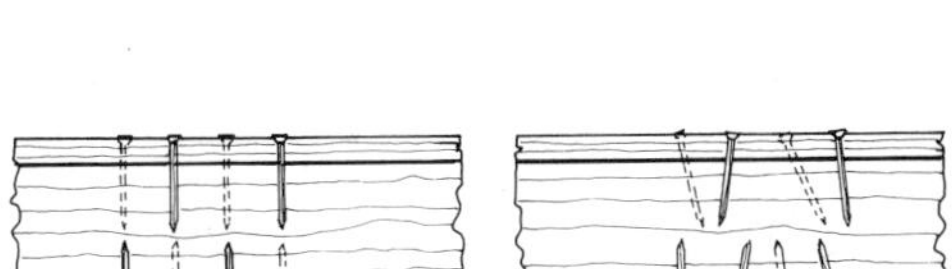

Außer den im Holz eingeklemmten Nagelschäften sollen die Nagelköpfe die Hölzer auch etwas zusammenziehen. Da eine Durchstanzung der äußeren Holzfasern durch die Nagelköpfe möglichst zu vermeiden ist, sollten die Nagelköpfe nur so weit in das Holz eingeschlagen werden, daß sie gerade noch als Erhöhung fühlbar sind.

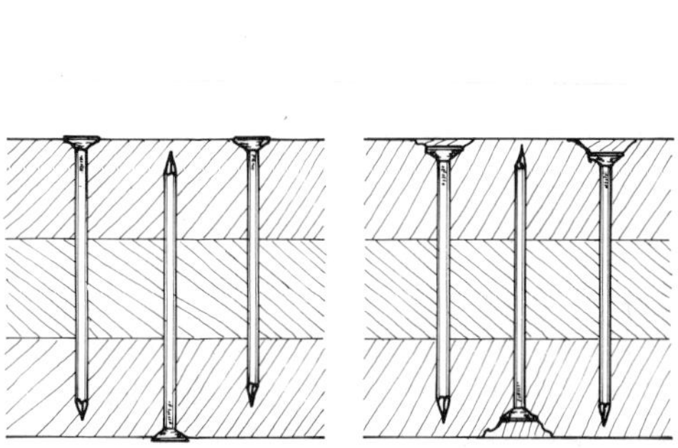

Bei tragenden Nagelverbindungen soll ein Werfen und Verziehen von aufeinander genagelten Brettern und Bohlen soweit als möglich verhindert werden, weshalb auch ein maximaler Nagelabstand nach DIN 1052 einzuhalten ist.

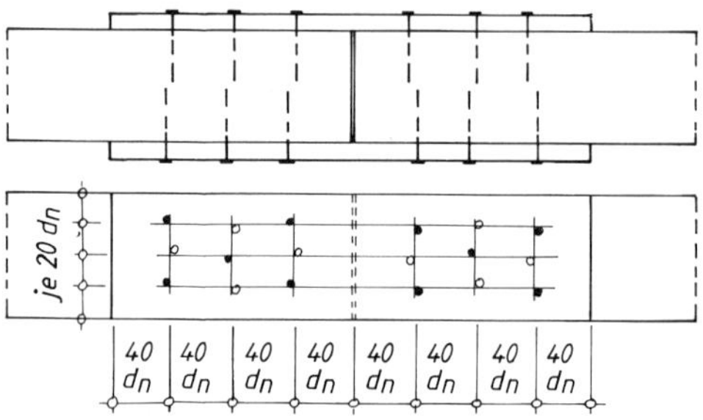

Wenn eine verhältnismäßig große Nagelanschlußfläche für eine tragende Nagelverbindung zur Verfügung steht, sollte man die Nägel keinesfalls auf den mittleren Bereich verteilen, sondern gleichmäßig auf die Randflächen, um ein Abheben des Holzes bei den Kantenseiten oder ein Herausziehen der im mittleren Bereich sitzenden Nägel zu vermeiden.

Bei tragenden Nagelverbindungen soll der größte Nagelabstand gleichlaufend zur Faserrichtung des Holzes $40 \cdot d_n$ und rechtwinklig zur Faserrichtung $20 \cdot d_n$ nicht überschreiten

Für die Befestigung von Brettern und Latten beim Herstellen von Bretter- und Lattenverschlägen sowie von Bretter- und Lattentüren müssen Nägel mindestens $2\frac{1}{2}$ mal so lang sein, wie die zu befestigenden Bretter oder Latten dick sind.

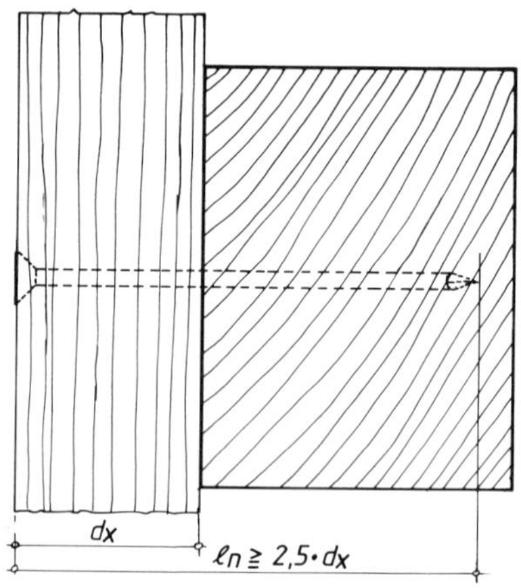

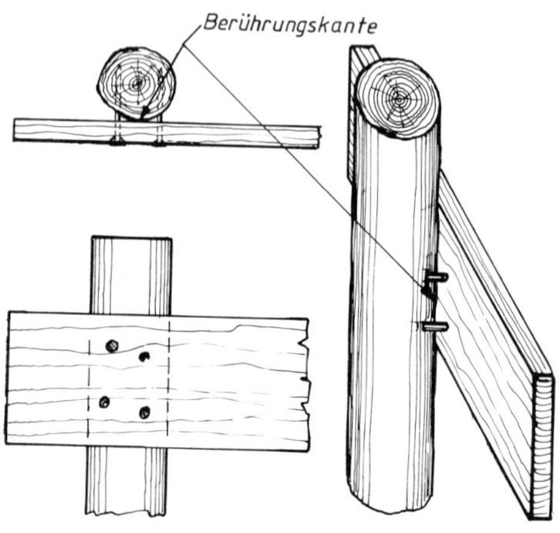

Beim Anschluß eines Bauschnittholzes an ein Baurundholz werden die Nägel für gewöhnlich außerhalb der Berührungskante eingeschlagen, so daß die Nägel mit ihrem Schaft nur unvollkommen im Holz sitzen. Bei Anschlüssen dieser Art, sind hinsichtlich einer tragenden Nagelverbindung die zulässigen Belastungen um $\frac{1}{3}$ zu ermäßigen.

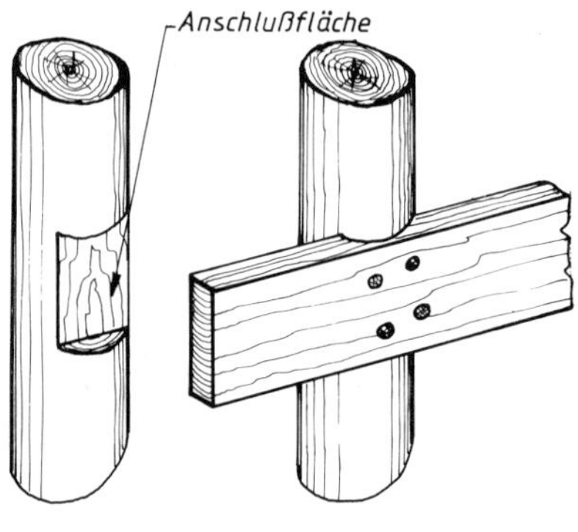

Wenn dagegen die Anschlußfläche des Baurundholzes ebenflächig bearbeitet ist, kann zusammen mit vier Nägeln ein normaler tragender Nagelanschluß hergestellt werden.

5.1.21 Holzschraubenverbindungen

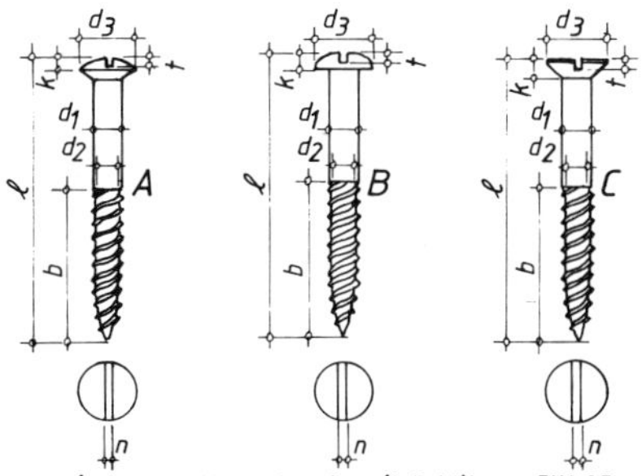

A Linsensenk-Holzschraube mit Schlitz DIN 95
B Halbrund-Holzschraube mit Schlitz DIN 96
C Senk-Holzschraube mit Schlitz DIN 97

Für tragende Holzschraubenverbindungen – steht in DIN 1052, Teil 1, Abschnitt 11.4. geschrieben – können Holzschrauben nach DIN 96 und DIN 97 mit einem 4 mm Mindestdurchmesser d_1, sowie Vierkant- und Sechskantschrauben nach DIN 570 und DIN 571 verwendet werden.

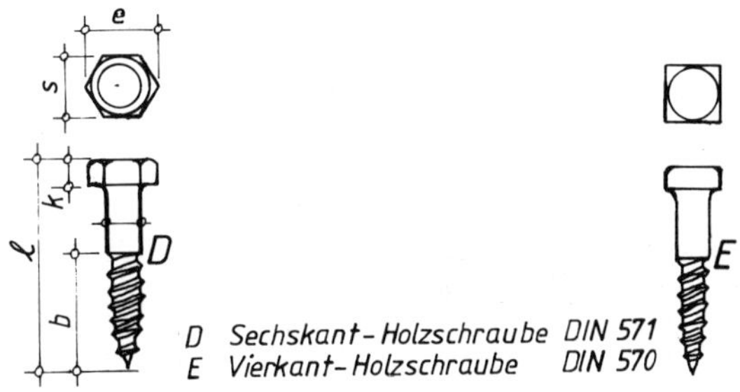

D Sechskant-Holzschraube DIN 571
E Vierkant-Holzschraube DIN 570

Holzschrauben als tragendes Verbindungsmittel des Holzbaus gibt es in sehr unterschiedlichen Größen und mit verschiedenem Kopf.

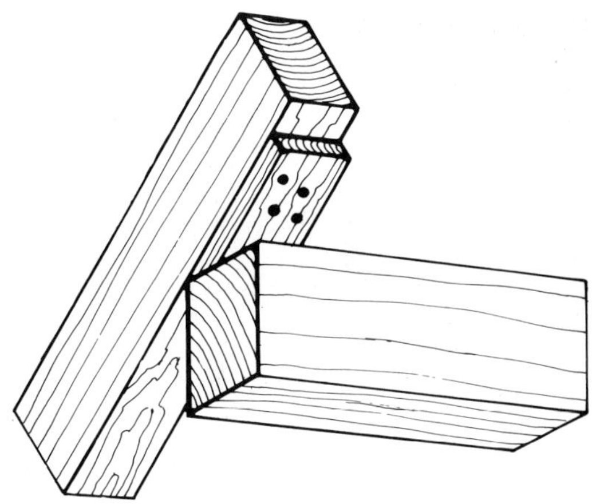

Im Abschnitt 11.4. wird auch darauf hingewiesen, daß tragende Holzschraubenverbindungen aus mindestens vier Holzschrauben bei einem Schaftdurchmesser d_1, kleiner als 10 mm und aus mindestens zwei Holzschrauben bei $d_1 = 10$ mm bestehen müssen.

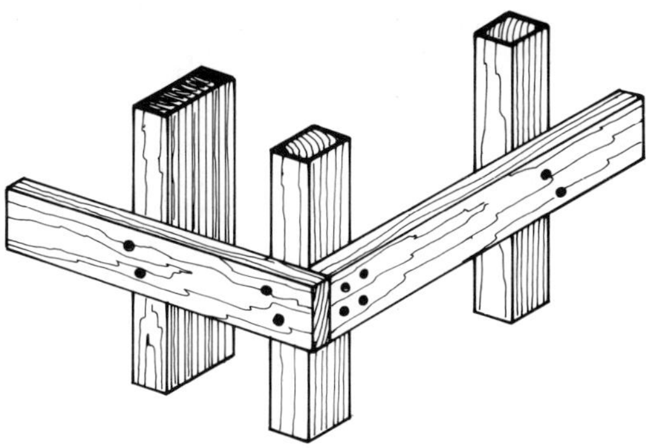

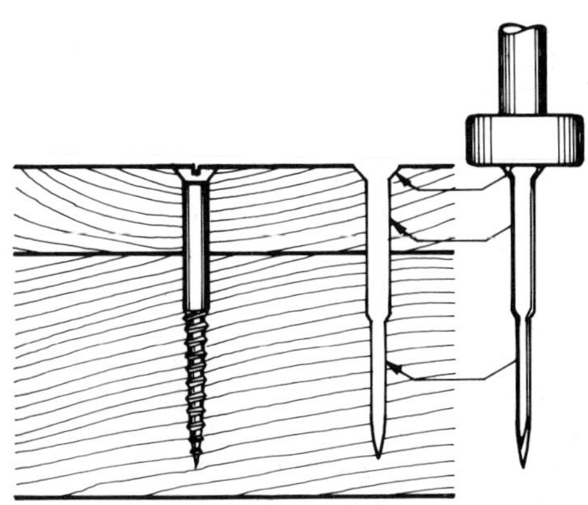

Bei dem glatten Schaft und anschließenden Gewindeteil der Holzschraube müssen nach DIN 1052 hinsichtlich einer tragenden Holzschraubenverbindung, die Hölzer auf die Länge des glatten Holzschraubenschaftes gleich dem Schaftdurchmesser d_1 und auf die Länge des Gewindeteils mit $0{,}7 \times d_1$ vorgebohrt werden.

Die Holzschrauben müssen in das Holz rund um die Bohrlöcher der Gewindeteile eingedreht werden.
Die vollständig in das Holz eingedrehte Holzschraube besitzt entgegen einer gleich tiefen Nagelung mehr als die doppelte Haftfestigkeit des glattschaftigen runden Nagels.

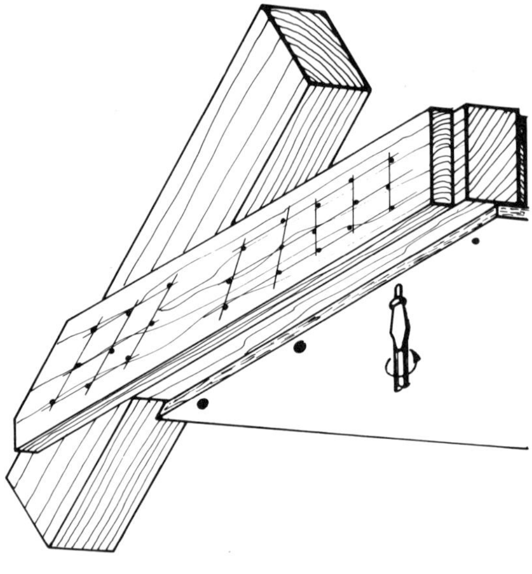

Die in Holzkörper eingeschlagene Holzschraube erreicht die hohe Festigkeit der eingedrehten Holzschraube nicht.

Aufgrund einer in das Holz eingeschlagenen Holzschraube sind die Holzfasern durch das Schraubengewinde so stark zerstört, daß nur der glatte Schraubenschaft und keinesfalls der anschließende Gewindeteil gleich wie der glatte Schaft eines Nagels im Holzkörper eingeklemmt ist.
Nicht zulässig als tragendes Verbindungsmittel sind Holzschrauben, die rechtwinklig hinter der Hirnschnittseite eines Holzteils in Faserrichtung in den Holzkörper eingedreht oder eingeschlagen werden.

5.1.22 Stahlblech-Holz-Nagelverbindungen

Bei tragenden Stahlblech-Holz-Nagelverbindungen müssen nach DIN 1052 die schon vorgebohrten und auf Größe gestanzten Stahlblechlochplatten und die Stahlbleche ohne vorgebohrte oder ausgestanzte Nagellöcher eine Dicke von mindestens 2,0 mm haben.

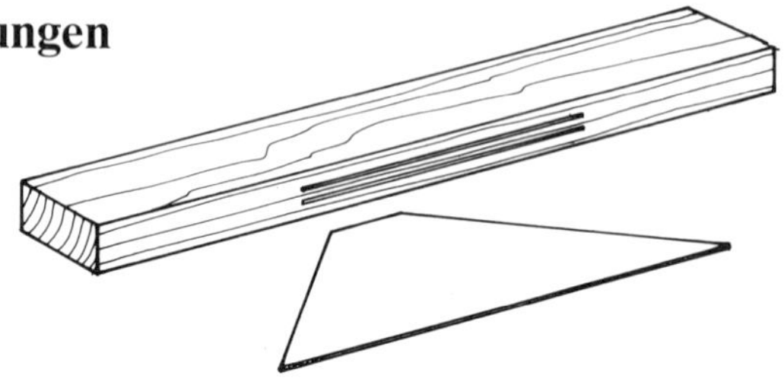

Beim maschinell geschlitzten Holzteil mit in die Schlitze eingeschobenen Stahlblechen sind zur sachgemäßen Einschlagung der Nägel die Holz- und Stahlblechteile gleichzeitig mit einem Bohrlochdurchmesser gleich dem Nagelschaftdurchmesser auf die erforderliche Nagellänge vorzubohren.

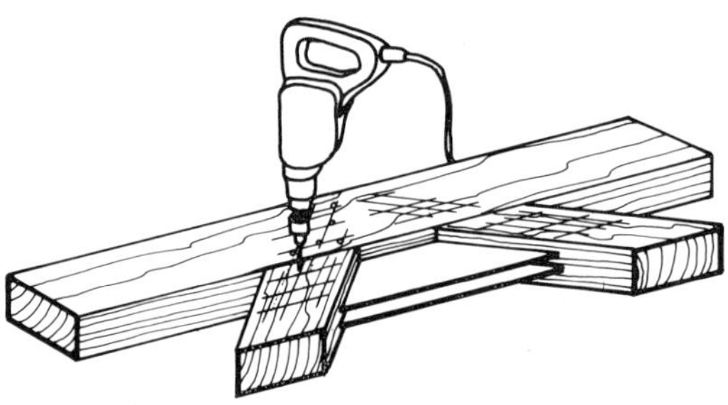

Drahtstifte nach DIN 1151 und spezielle Schraub- oder Rillennägel werden manuell in die vorbereiteten Löcher eingeschlagen oder mit Preßluft betriebene Handnagler in das nicht vorgebohrten Holz und in die nicht vorgebohrten Stahlbleche eingetrieben.

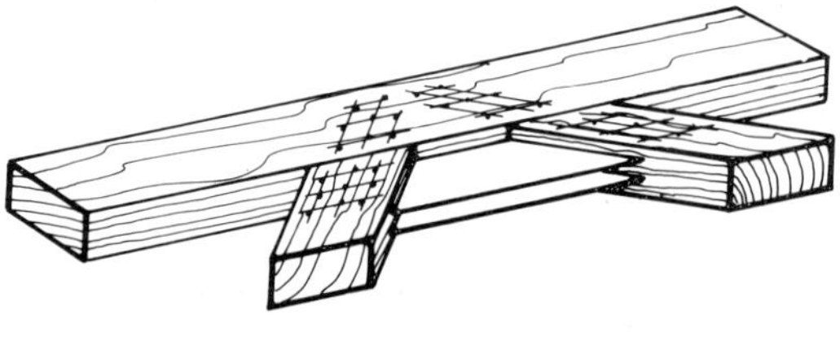

Bei entsprechender Stahlblech-Holz-Nagelverbindung werden die Nägel nicht nur in einer sondern in zwei, drei und mehr Scherflächen beansprucht. Je nach Anzahl der Scherflächen spricht man von ein-, zwei-, drei- oder mehrschnittigen Nagelverbindungen.

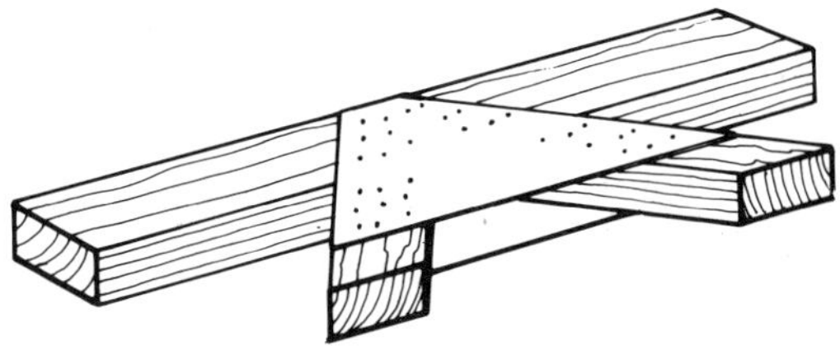

Bei Lochplatten, die zur tragenden Stahlblech-Holz-Nagelverbindung in der Regel nur von den äußeren Seiten der Hölzer abgenagelt werden, ist ein Vorbohren des Holzes nicht erforderlich.

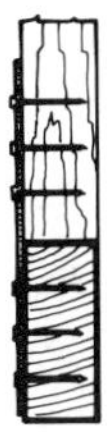

einschnittig

zweischnittig

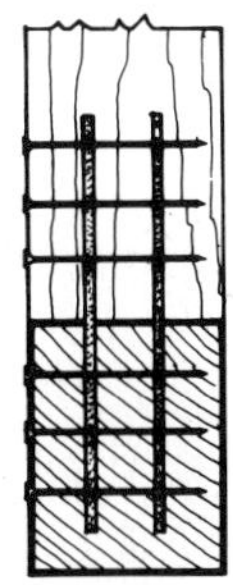

vierschnittig

sechsschnittig

Sparrenverankerung mit einem gewöhnlichen Sparrennagel und mit zwei symmetrisch angeordneten Flachstahlankern. Die Flachstahlanker werden mit Nägeln nach DIN 1151 befestigt.

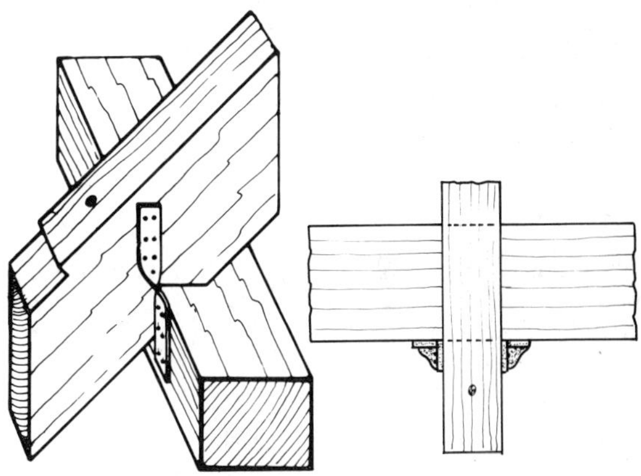

Sparrenverankerung mit einem gewöhnlichen Sparrennagel und mit zwei symmetrisch angeordneten Sparrenpfettenankern. Die Sparrenpfettenanker werden mit speziellen Ankernägeln (Rillen- oder Kammnägeln) befestigt.

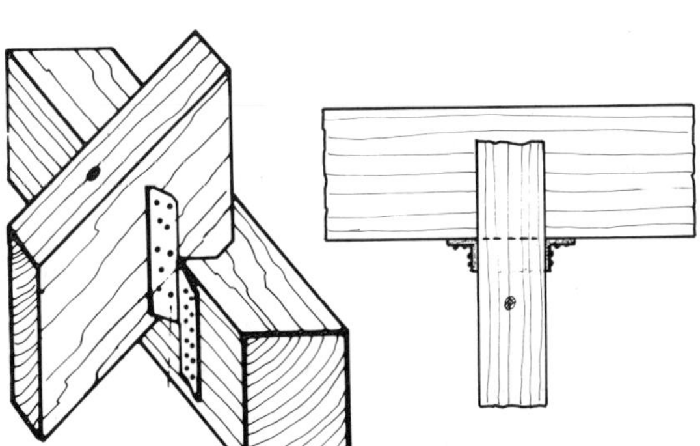

Sparrenverankerung mit einem gewöhnlichen Sparrennagel und mit zwei symmetrisch angeordneten Lochplattenwinkeln, die mit Ankernägeln befestigt werden.

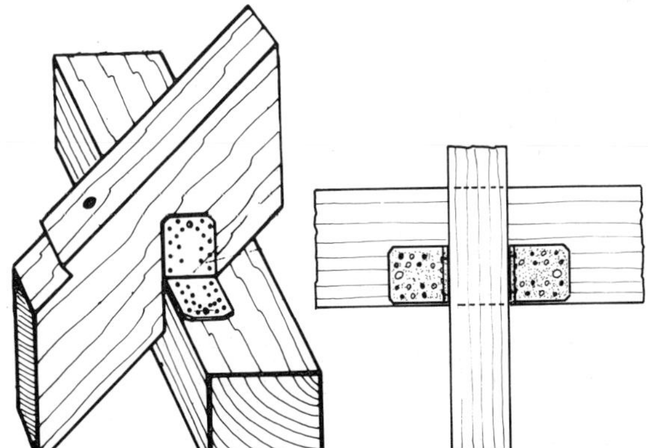

Sparrenverankerung mit einem gewöhnlichen Sparrennagel und mit vier symmetrisch angeordneten Sparrenpfettenankern.

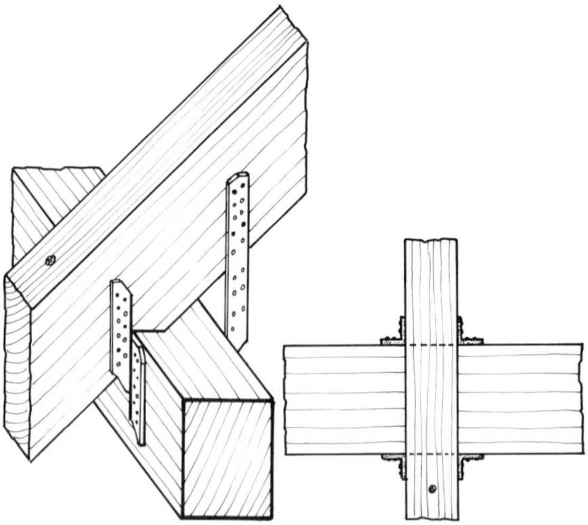

Pfettenverankerung mit zwei symmetrisch angeordneten Lochplattenwinkeln. Die Lochplattenwinkel werden mit Ankernägeln befestigt.

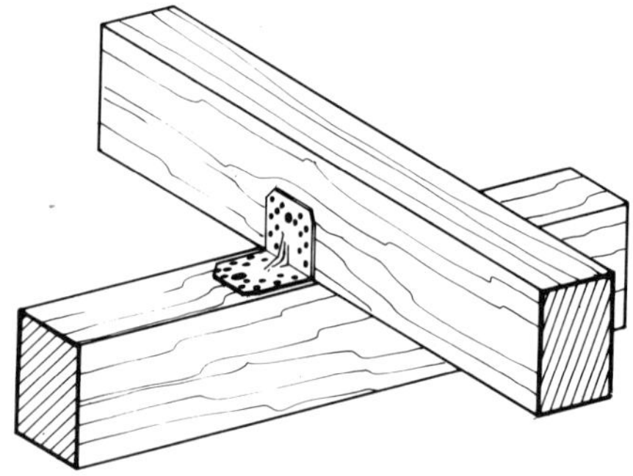

Auf Gehrung gestoßene Kanthölzer mit Winkelbeschlag aus Lochplatten.

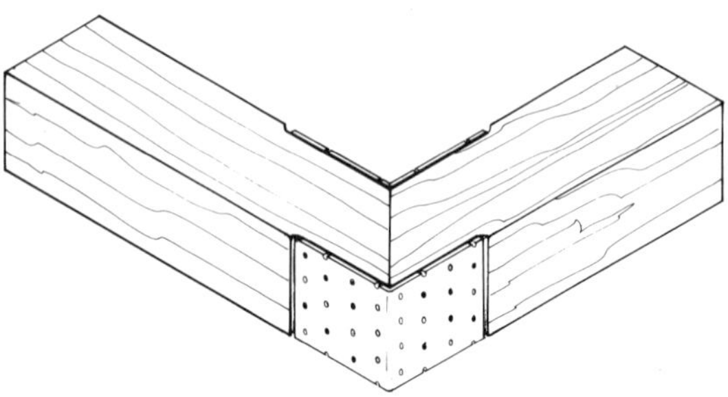

Pfettenverankerung mit zwei symmetrisch angeordneten Universalverbindern und speziellen Ankernägeln.

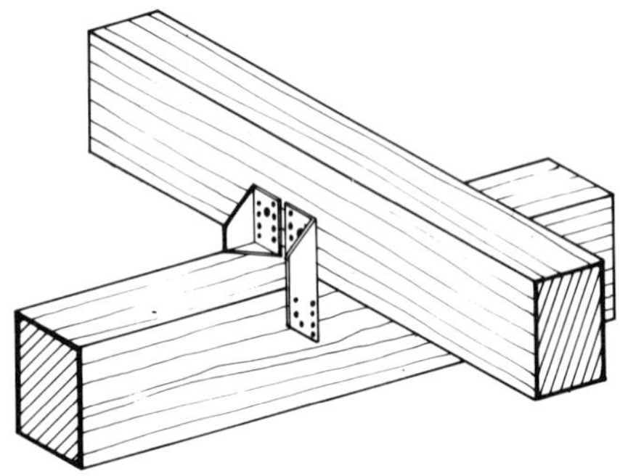

Sparren-, Pfetten- und Tragriegelverankerung mit symmetrisch angeordneten Sparrenpfettenankern, und mit Lochplatten. Die Sparrenpfettenanker und die Lochplatten werden mit Ankernägeln (Rillen- oder Kammnägeln) befestigt.

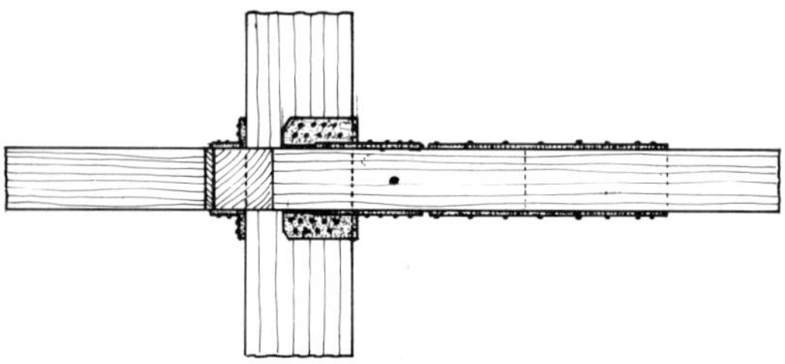

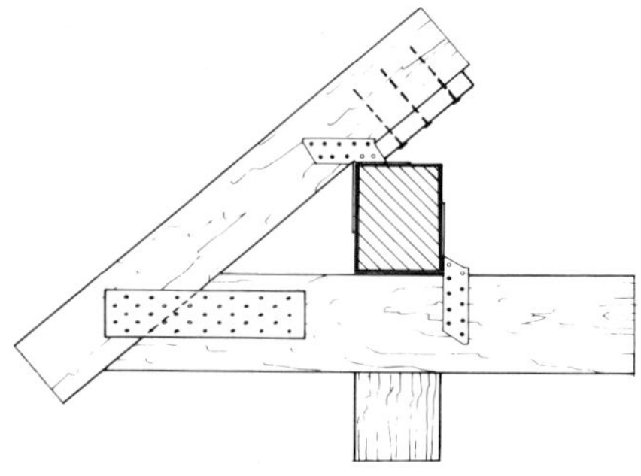

6 Das Dach und die Dachgaube

Das Dach schützt das Haus und seine Bewohner sowie das Inventar vor Witterungseinflüssen.

Für Dächer gibt es eine Fülle von Konstruktionen, und die Form sowie Anordnung der einzelnen Dachseiten ergeben eine Dachform, der ein Dachtragwerk und eine Dachdeckung zugeordnet wird.

Die Dachform und die Bedachungsart haben großen Einfluß auf Schönheit und Charakter eines Gebäudes. Die großen Dachüberstände sind zum Beispiel charakteristische Merkmale der Holzdächer.

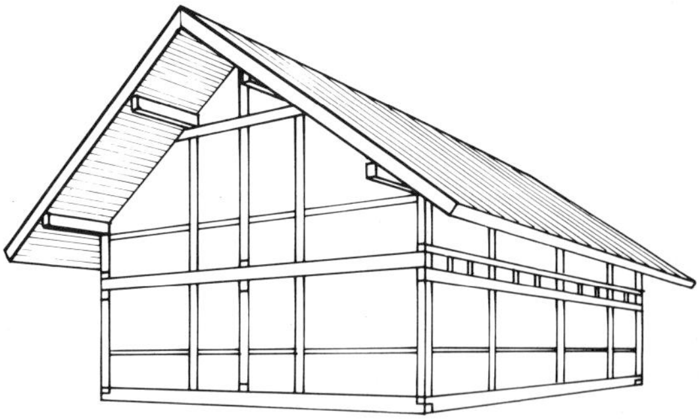

6.1 Dachteile-Benennung und Bedeutung

6.1.1

Traufe: Die Traufe ist bei der Dachseite die unterste Kante.

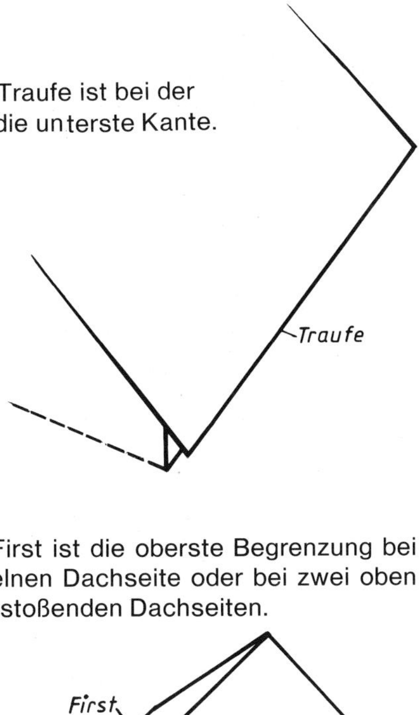

6.1.2

First: Der First ist die oberste Begrenzung bei einer einzelnen Dachseite oder bei zwei oben zusammenstoßenden Dachseiten.

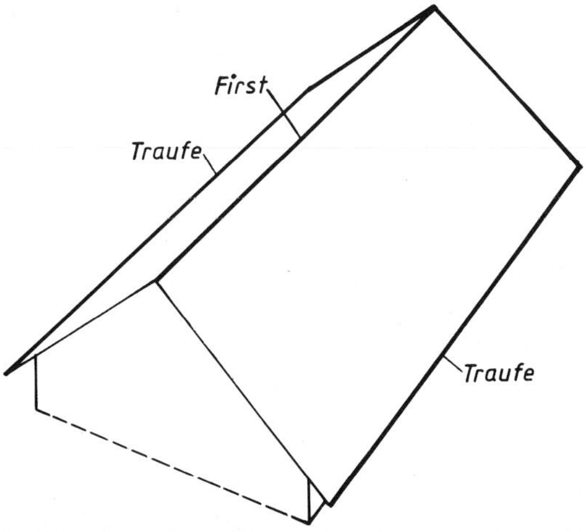

6.1.3

Giebel: Der Giebel ist die lotrechte Wand in Höhe des Daches über der Oberfläche der Dachgeschoßdecke oder der Oberseite der Balkenlage des Dachgeschosses.

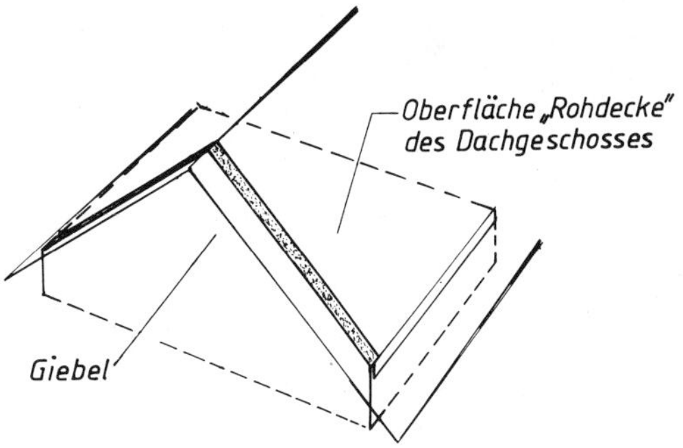

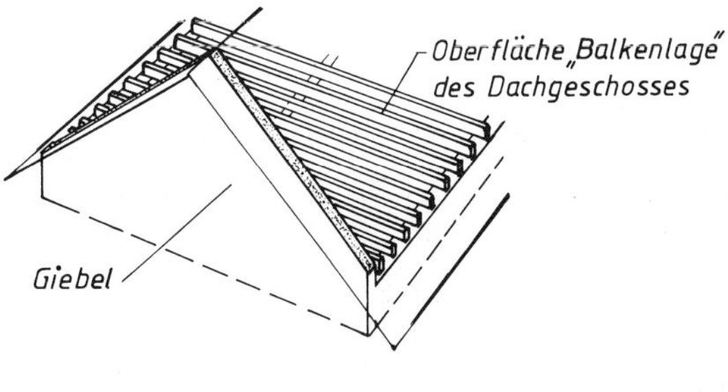

6.1.4

Ortgang: Der Ortgang ist die seitliche Begrenzung bei der Dachseite in Höhe des Giebels.

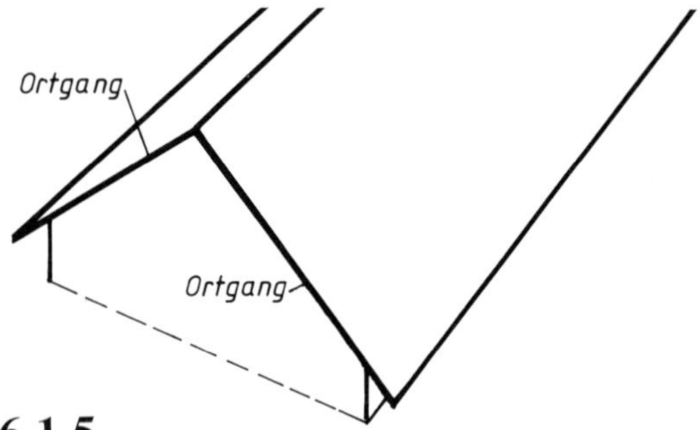

6.1.5

Dachbruch: Der Dachbruch (auch Leistbruch genannt) ist die parallel zur Traufe verlaufende Knickung in der Dachseite. Ausgehend von der Dachbruchlinie hat der Dachseitenteil, welcher zur Traufe hin verläuft, eine geringere Neigung als der übrige Dachseitenteil vom First her.

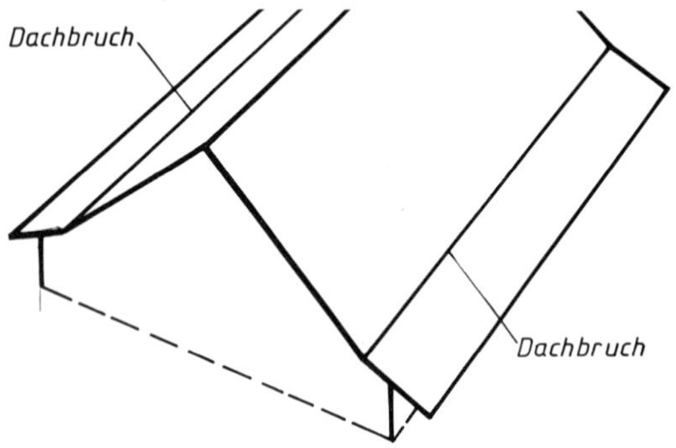

6.1.6

Walm: Der Walm ist eine dreieckige schräge Dachseite, mit der dem Satteldach ein Giebel entnommen und dafür eine Walmseite zugeordnet wird.

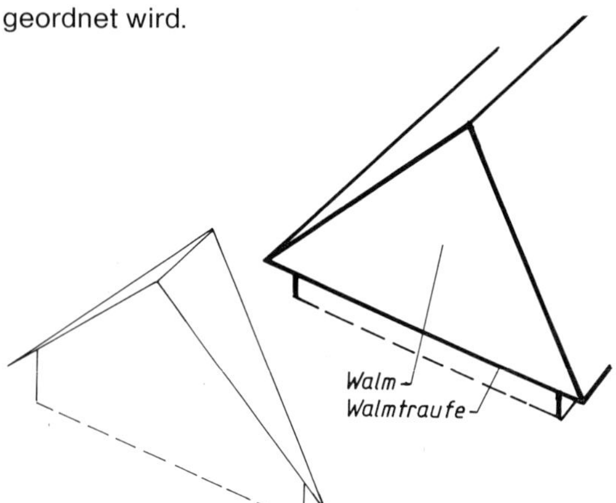

6.1.7

Krüppelwalm: Der Krüppelwalm ist eine kleine, dreieckige, schräge Dachseite, mit der dem Satteldach oben beim First ein Teil der Dachseiten beim Giebel entnommen wird.

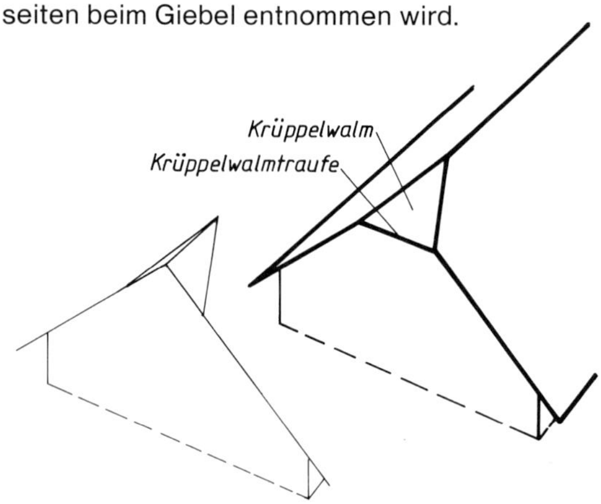

6.1.8

Hauptdachseiten: Wenn dem Satteldach Walme und Krüppelwalme zugeordnet sind, bezeichnet man die Restflächen der ursprünglichen Satteldachseiten als Hauptdachseiten.

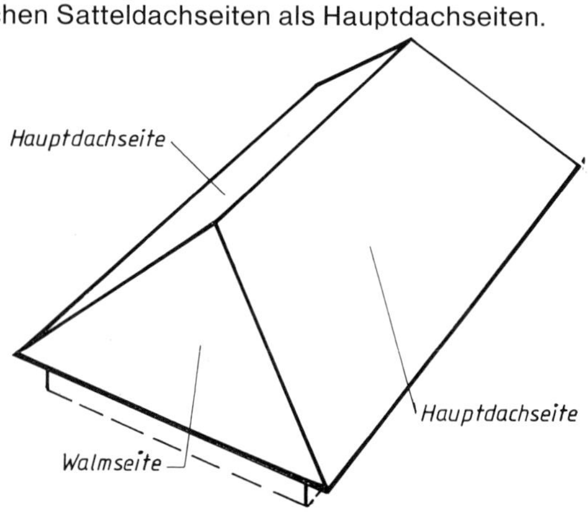

6.1.9

Grat: Der Grat gehört zum Walm und Krüppelwalm aber auch zum Winkel- und Zeltdach und zu Türmen. Der Grat ist folglich eine geneigte Dachkante, die stets dort entsteht, wo beim rechteckigen und trapezförmigen Dachgrundriß je eine Hauptdach- und Walmseite oder beim quadratischen sowie fünf-, sechs- und mehreckigen Dach- und Turmgrundriß nur Walmseiten zusammenstoßen.

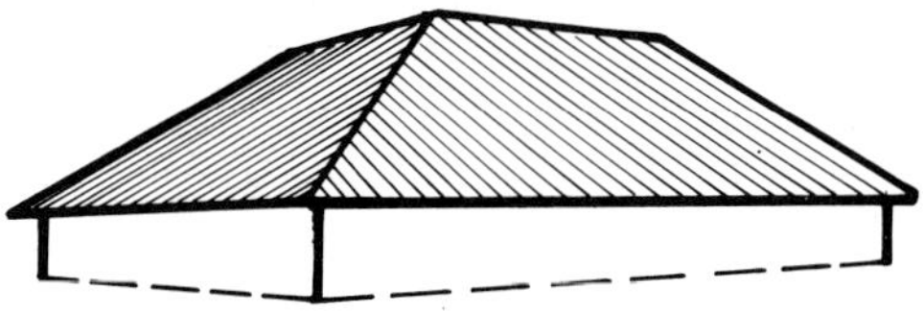

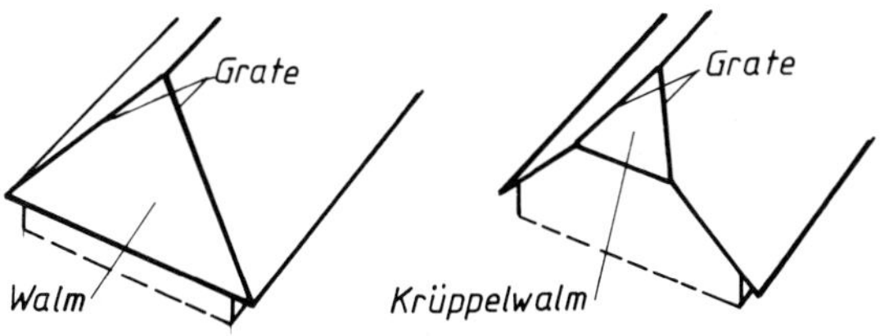

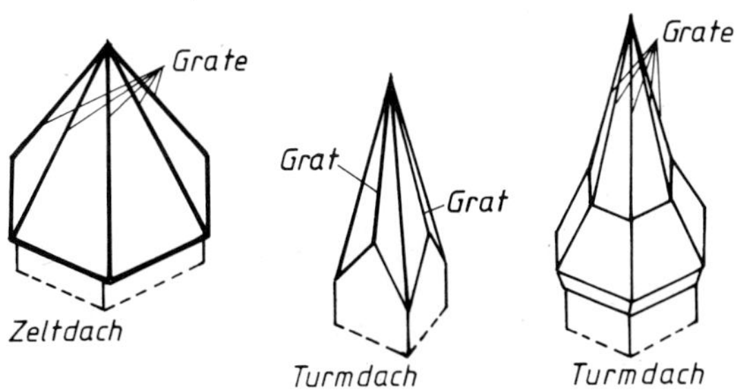

6.1.10

Kehle: Die Kehle ist eine Dachknickung bei zwei zusammenstoßenden Satteldachseiten oder Haupt- und Anbaudach- sowie Anbaudach- und Walmseiten.

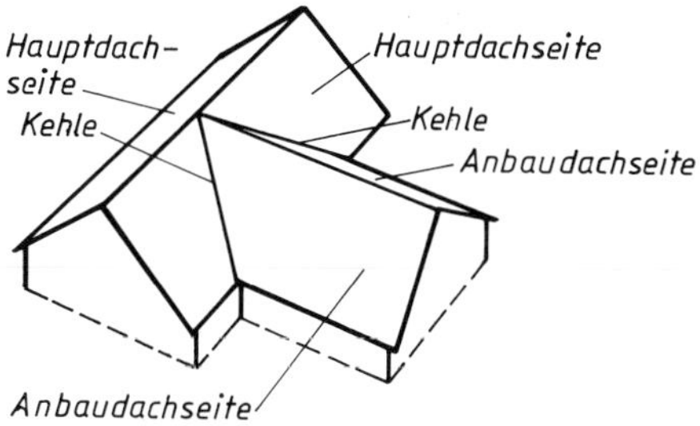

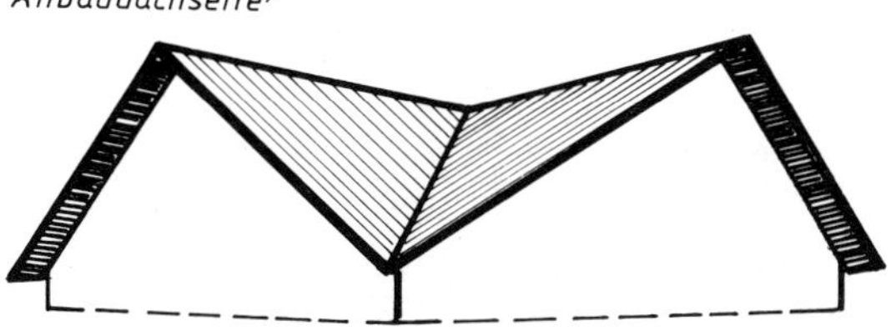

6.1.11

Anbaudachseiten: Wenn dem großen Satteldach oder Hauptdach – eventuell auch einer Walmseite – ein kleineres Satteldach zugeordnet ist, bezeichnet man die Dachseiten des kleineren Satteldaches als Anbaudachseiten.

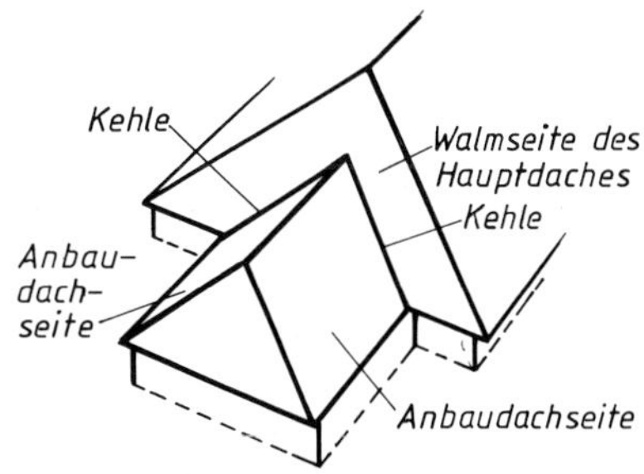

6.1.12

Verfallung: Die Verfallung ist ein Grat, der zwei verschieden hoch liegende Firste als geneigte Dachkante verbindet.

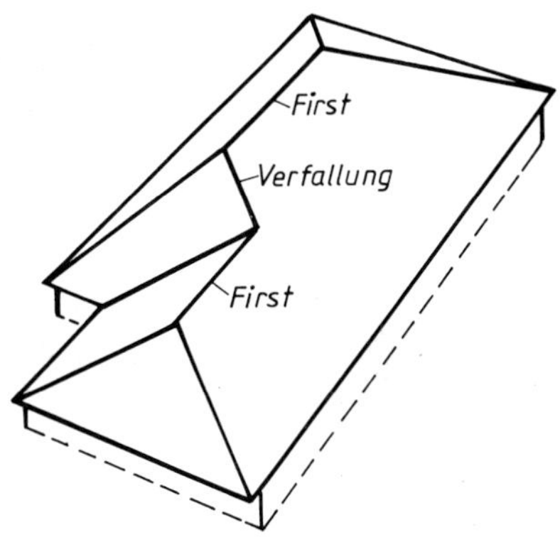

6.1.13

Anfallspunkt: Der Anfallspunkt ist ein Ende des Firstes, an dem zugleich einzelne sowie paar- und unpaarweise Grate und Kehlen oder Verfallungen enden.

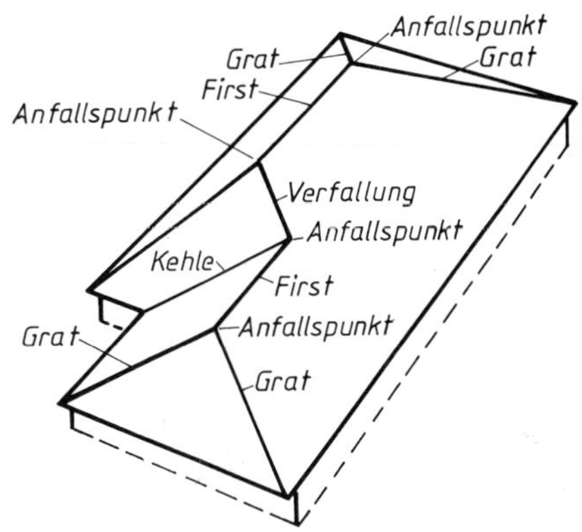

6.1.14

Dachüberstand: Der Dachüberstand ist ein Wetterschutz über Gebäudefassaden. Die Größe des Dachüberstandes über die betreffende Gebäudewand hinaus, d. h. bis an eine bestimmte Traufe oder an einen bestimmten Ortgang, wird in der Regel mit einem Maß in der Waagerechten angegeben bzw. festgelegt.

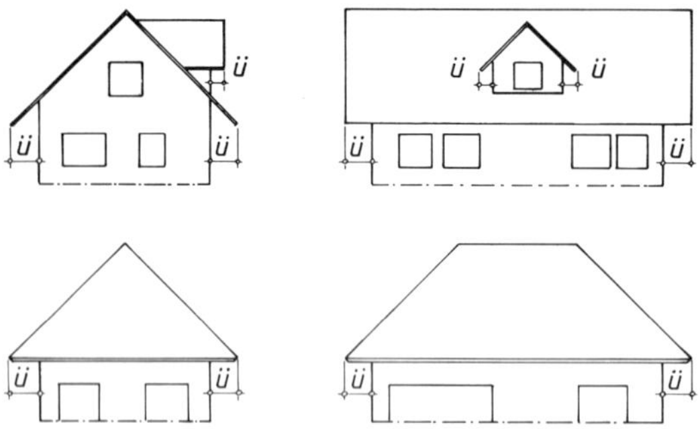

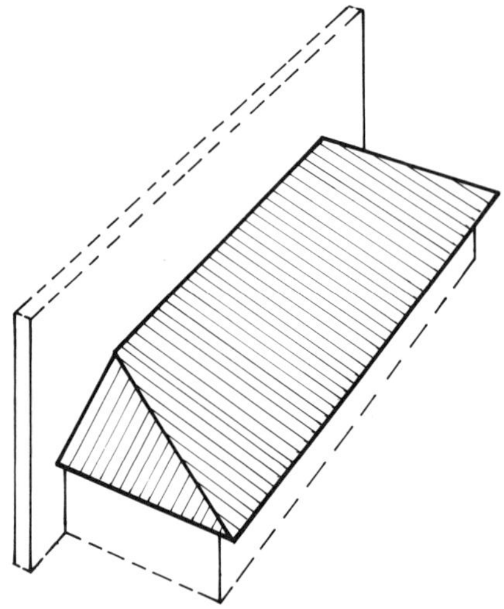

Abgewalmtes Pultdach

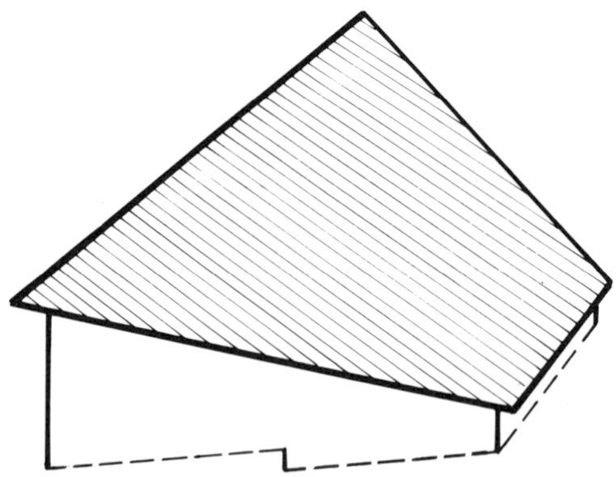

Trapezförmiges Pultdach

6.1.15 Pultdächer

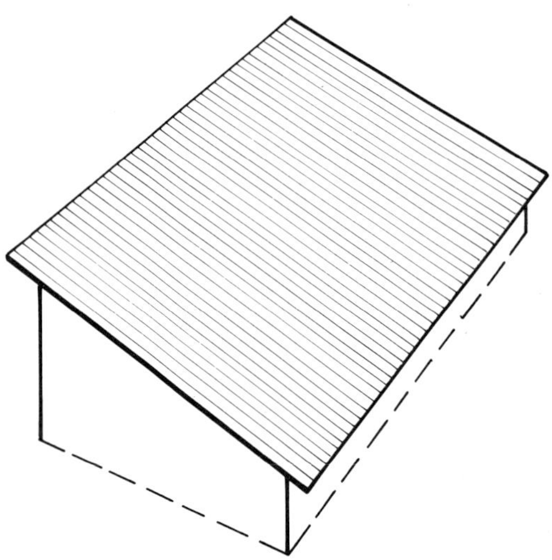

Einfaches Pultdach

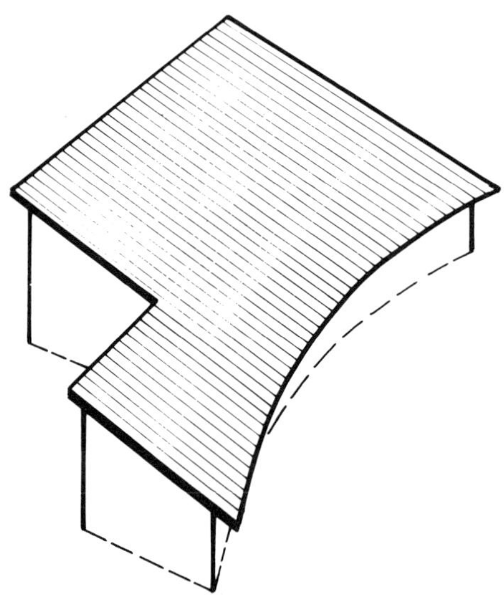

Pultdach mit gebogener Traufe

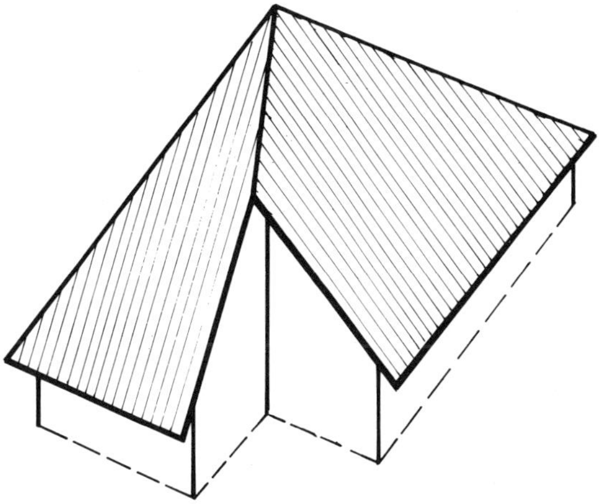

Pultdächer mit Grat

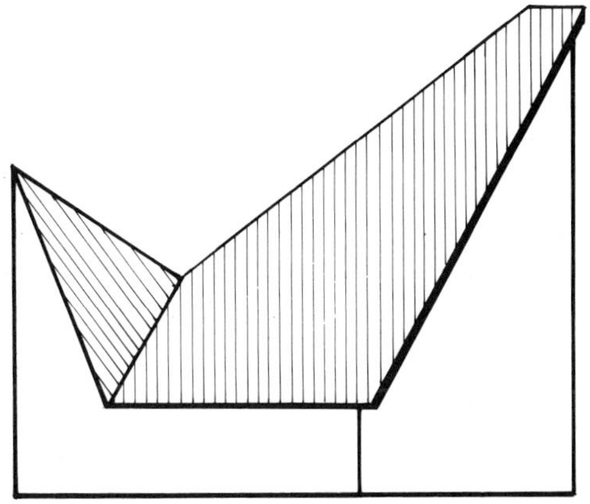

Pultdächer mit Kehle

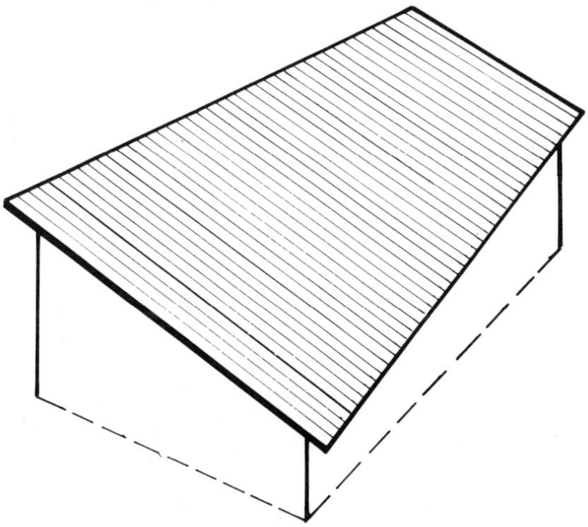

Pultdach mit waagerechtem First und ansteigender Traufe

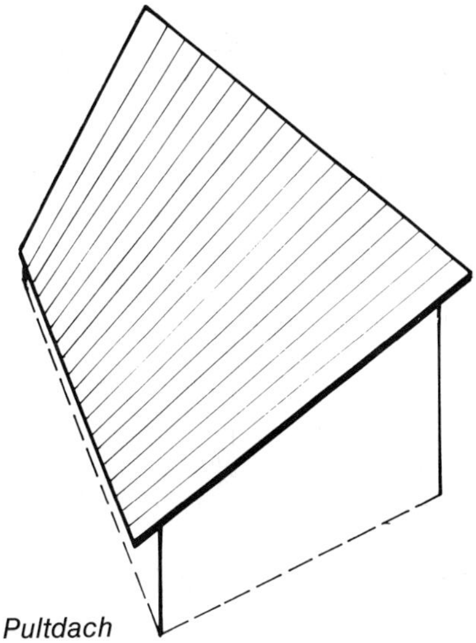

Windschiefes Pultdach

6.1.16 Satteldächer

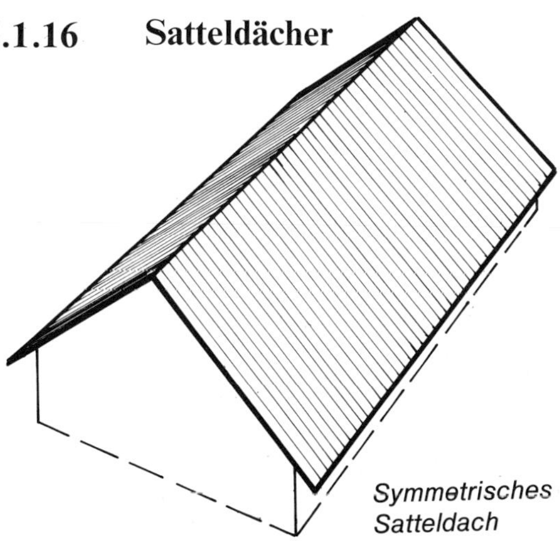

Symmetrisches Satteldach

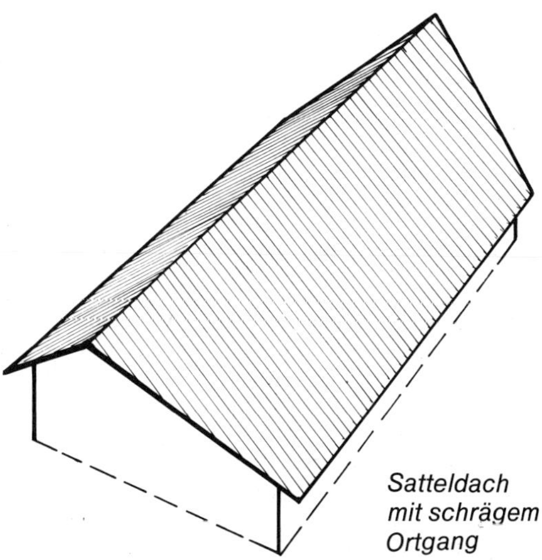

Satteldach mit schrägem Ortgang

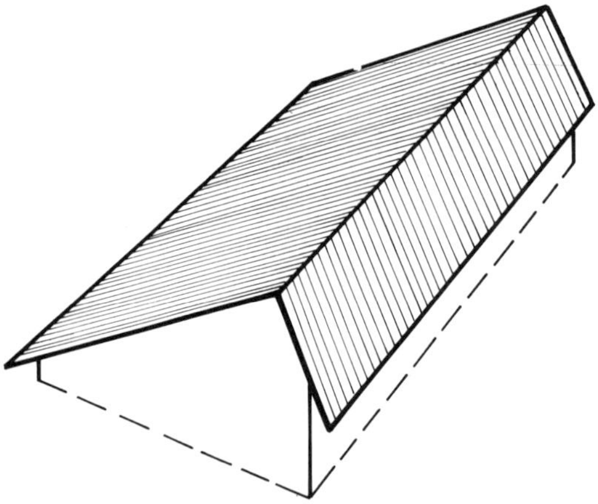

Asymmetrisches Satteldach

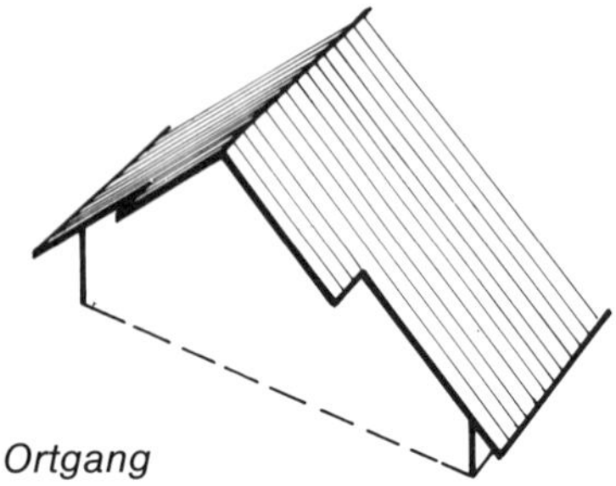

Satteldach
mit gezahntem Ortgang

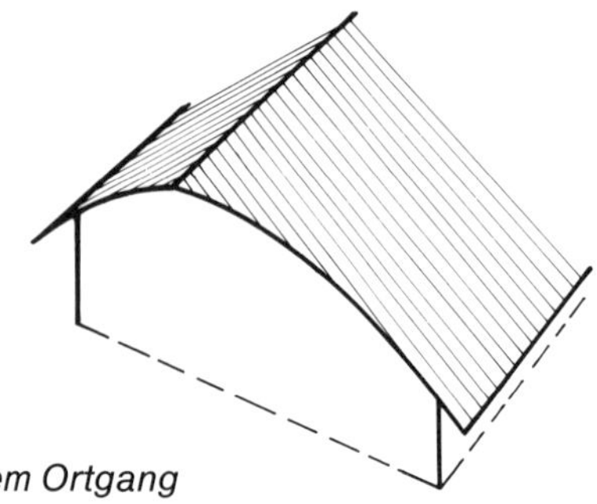

Satteldach
mit gebogenem Ortgang

Satteldach mit ansteigenden Traufen

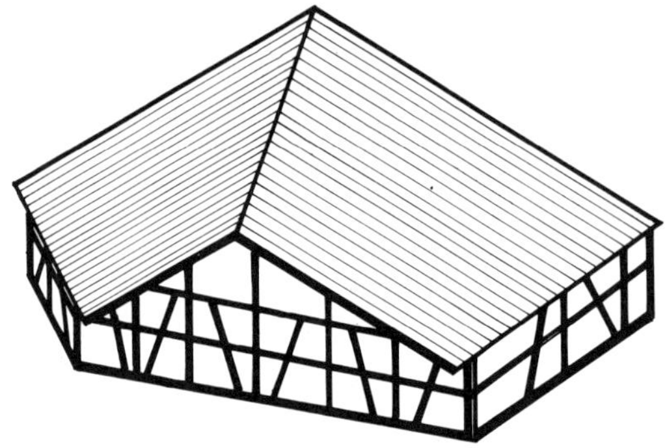

Satteldach mit fallendem First

Windschiefes Satteldach

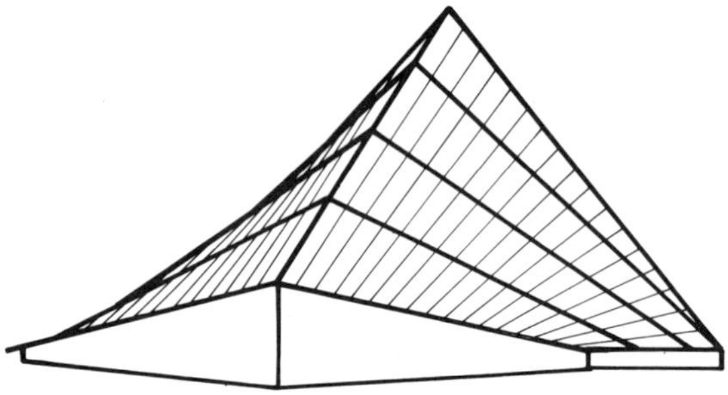

Windschiefes Satteldach

6.1.17

Walmdächer

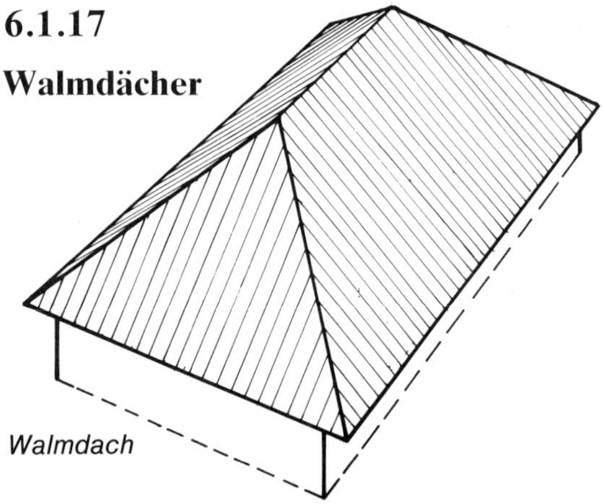

Walmdach

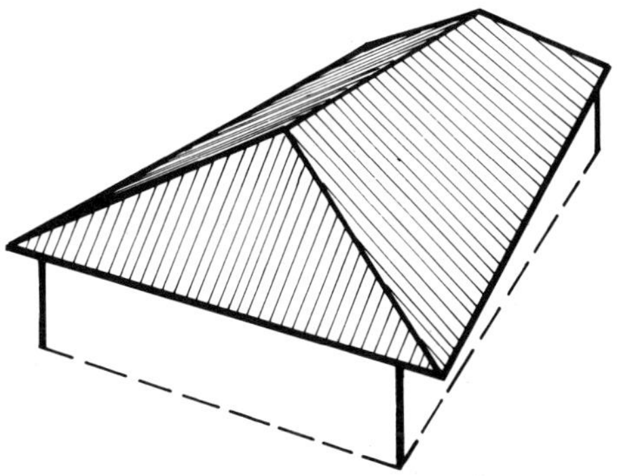

Walmdach mit ansteigender Traufe

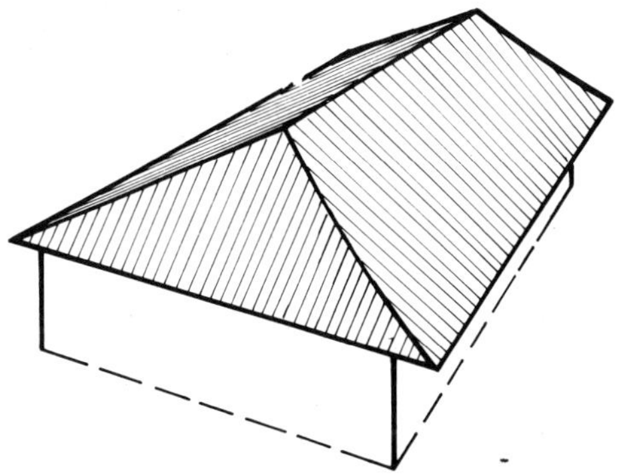

Walmdach mit einer windschiefen Dachseite bei gekrümmten Graten

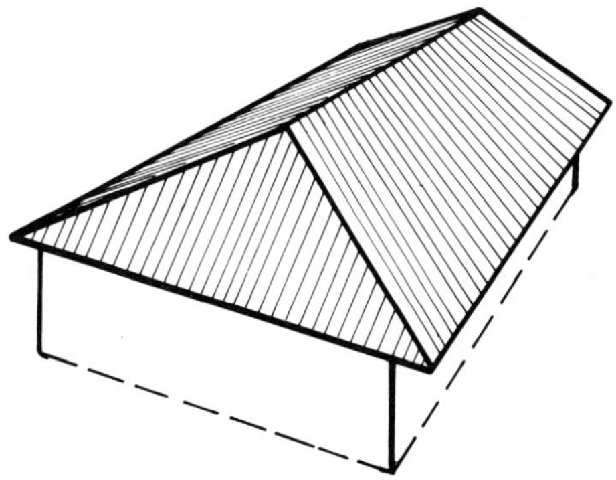

Walmdach mit einer windschiefen Dachseite

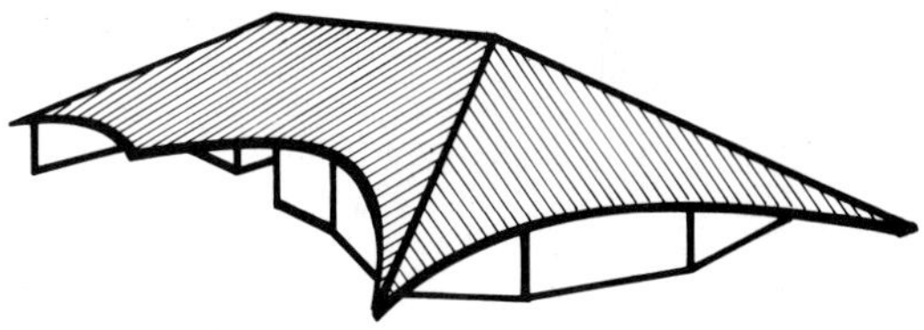

Walmdach mit gebogenen Traufen

6.1.18 Krüppelwalme

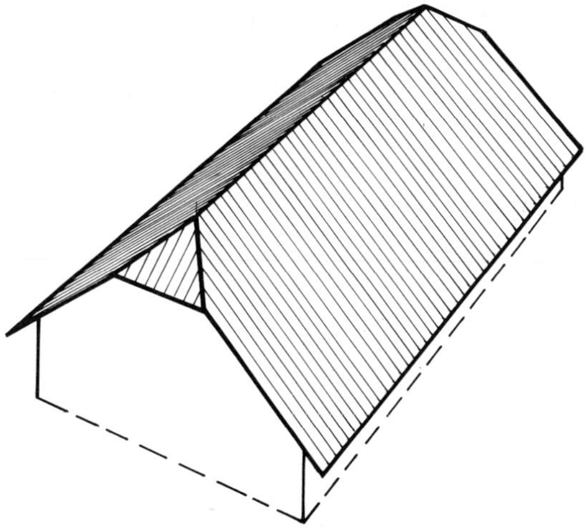

Krüppelwalm beim symmetrischen Satteldach

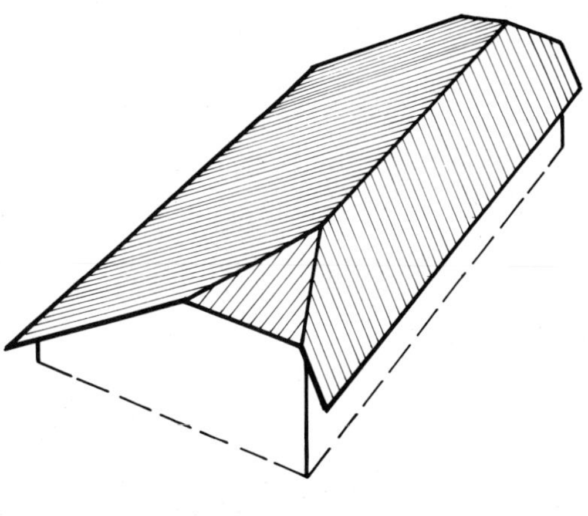

Krüppelwalm beim asymmetrischen Satteldach

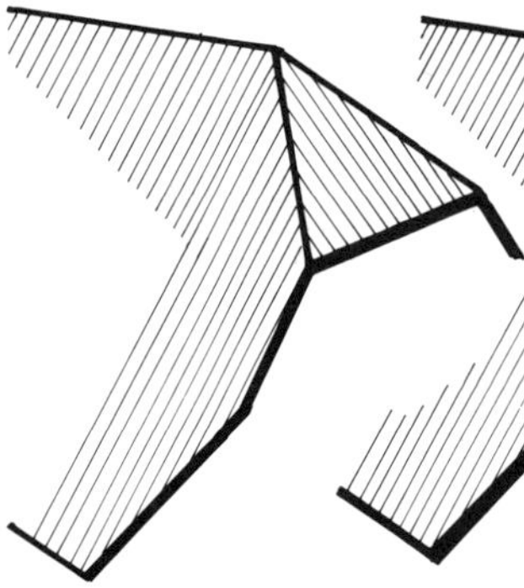

Krüppelwalm beim Satteldach mit geradem und schrägen Ortgang

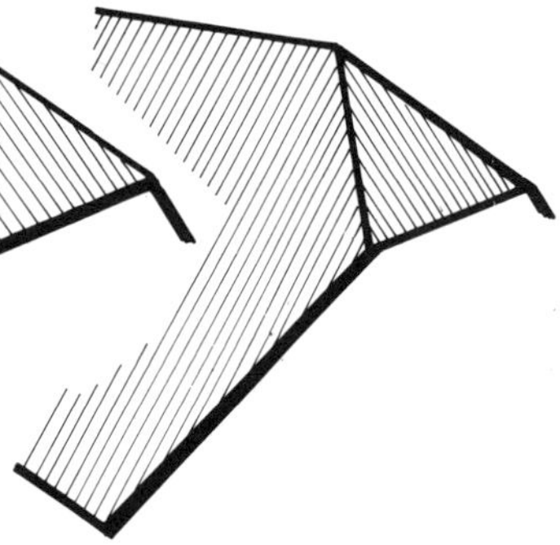

Krüppelwalm beim Satteldach mit schrägem Ortgang

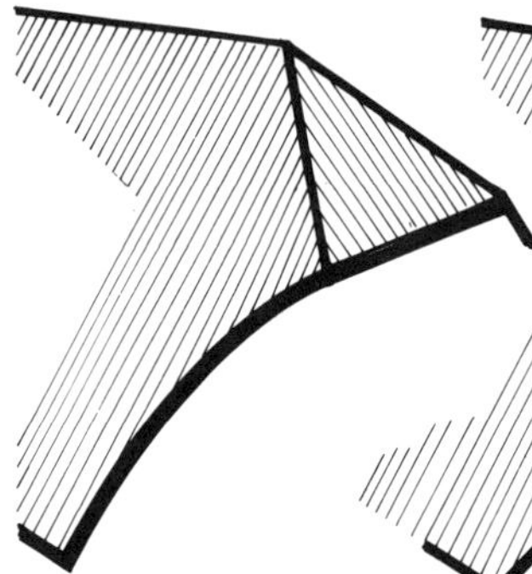

Krüppelwalm beim Satteldach mit gebogenem Ortgang

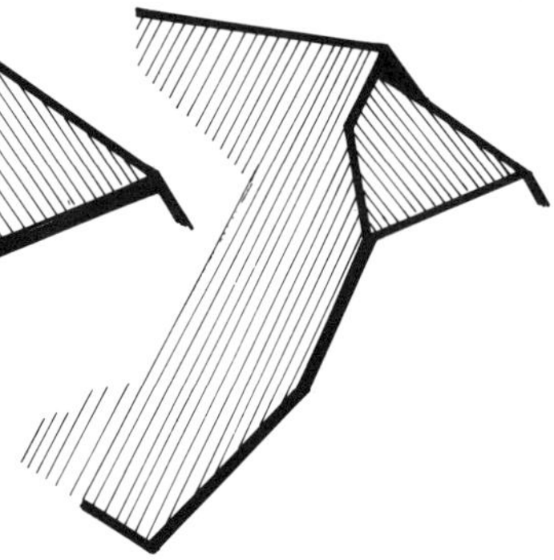

Krüppelwalm mit Firstöffnung

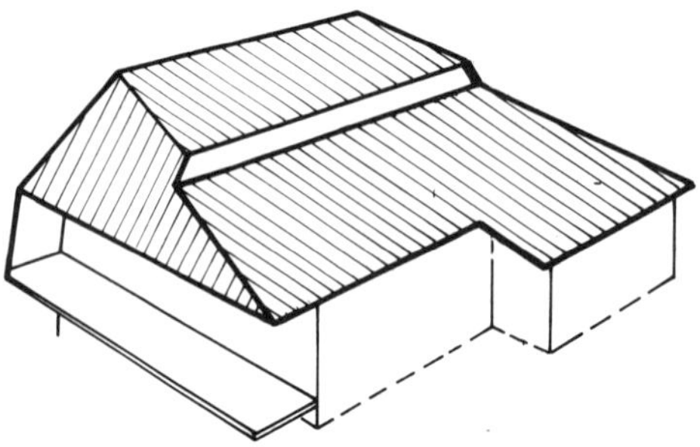

Krüppelwalm beim asymmetrischen Satteldach

6.1.19 Grat- und Zylinderwalme

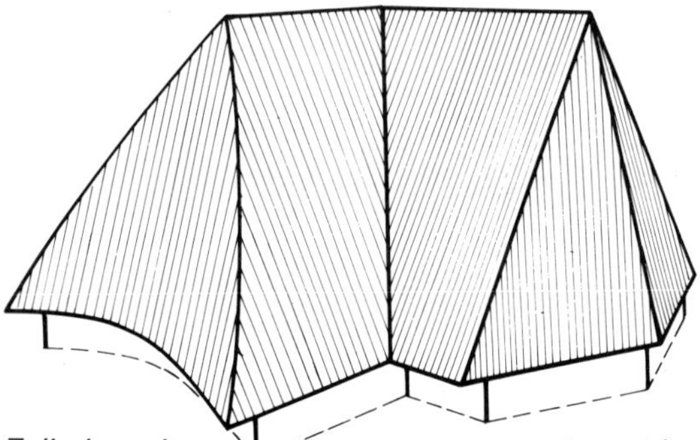

Zylinderwalm *Gratwalm*

6.1.20 Mansarddächer

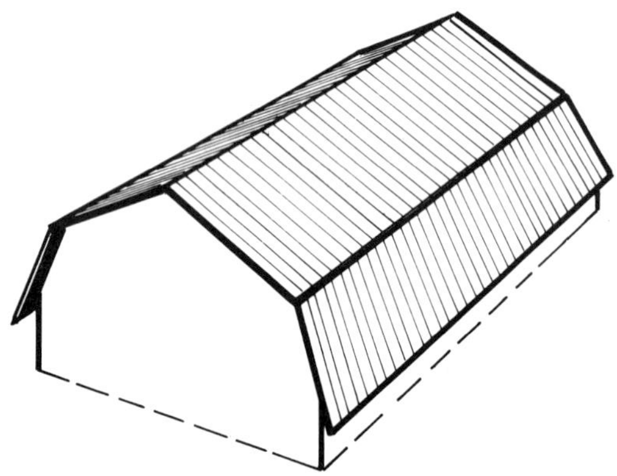

Mansarddach

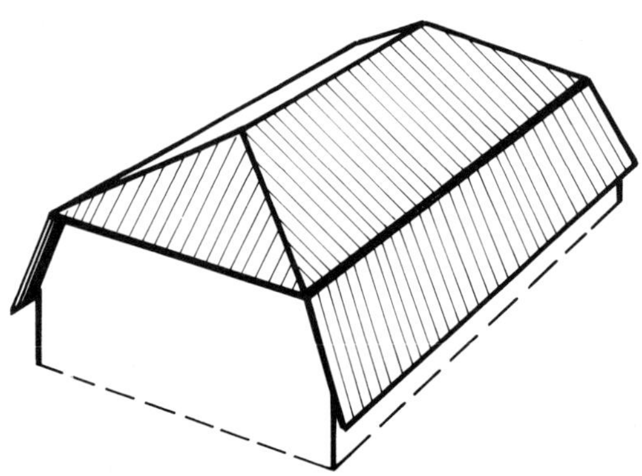

Mansarddach, obere Dachseiten abgewalmt

6.1.21 Faltdächer

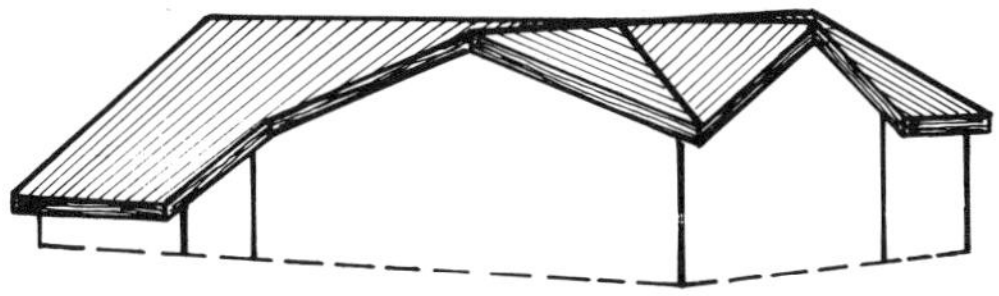

Faltdach mit waagerechtem Firstkreuz bei trapezförmigem Dachgrundriß

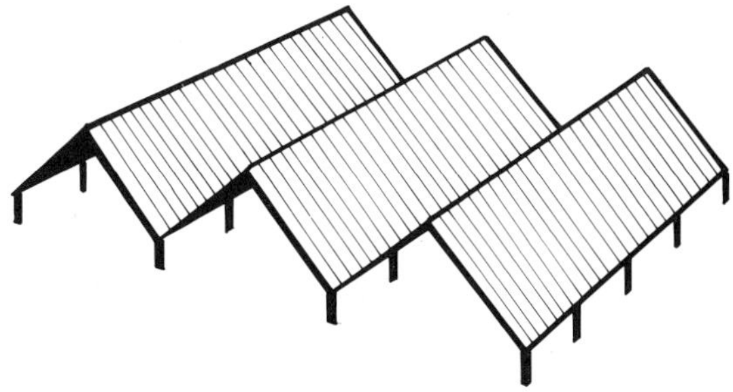

Faltdach mit parallel verlaufenden Trauf- und Firstlinien

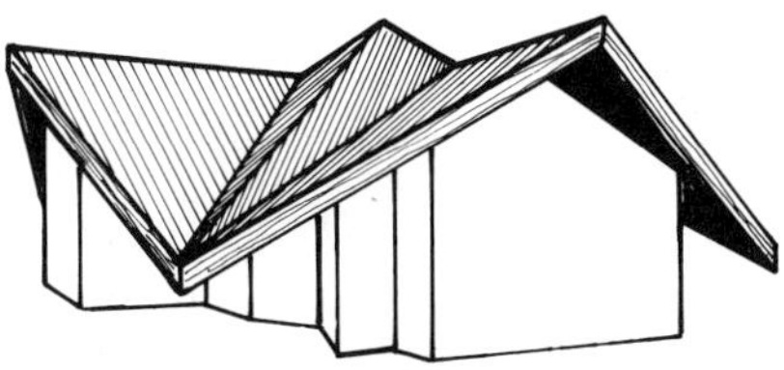

Faltdach mit schrägen Ortgängen

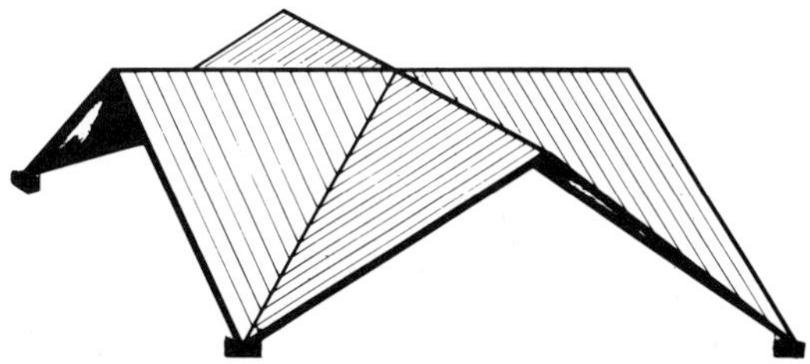

Faltdach mit einem waagerechten Firstkreuz

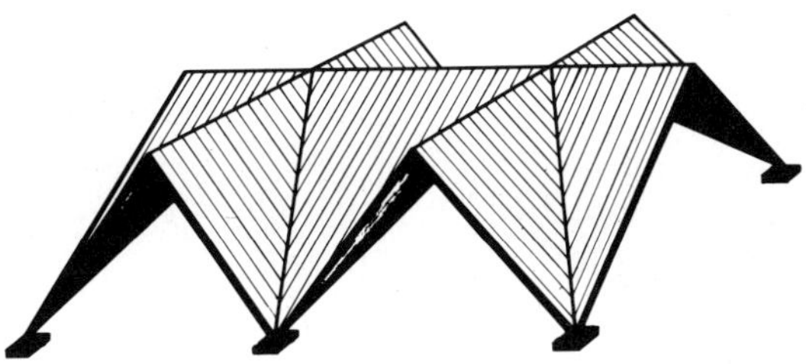

Faltdach mit doppeltem waagerechtem Firstkreuz

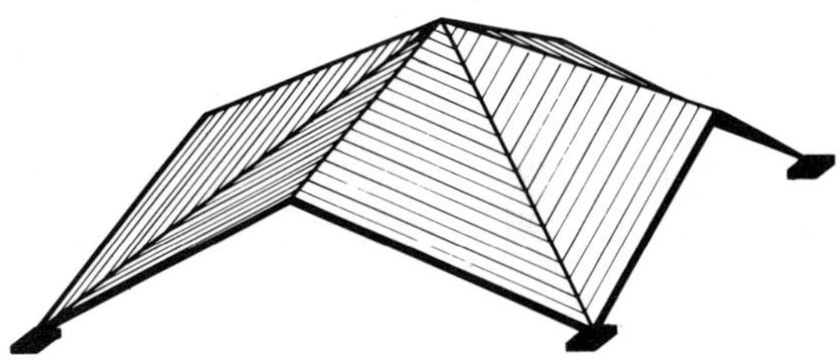

Faltdach mit nach außen geneigtem Firstkreuz

6.1.22 Zeltdächer

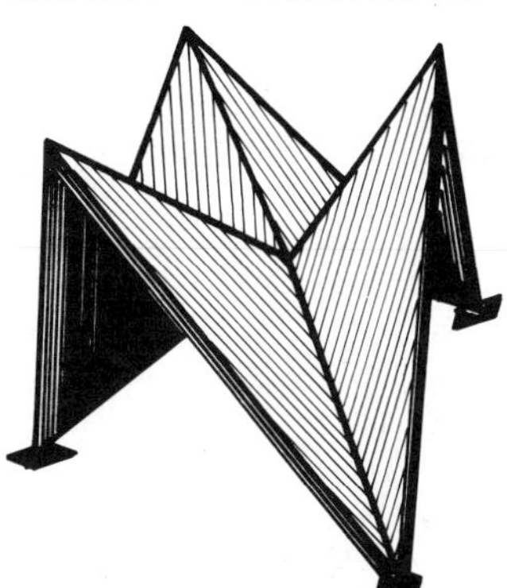

Faltdach mit nach innen geneigtem Firstkreuz

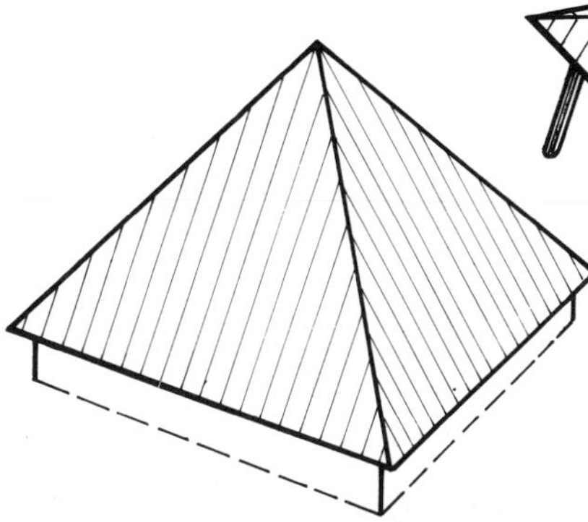

Zeltdach beim quadratischen Grundriß

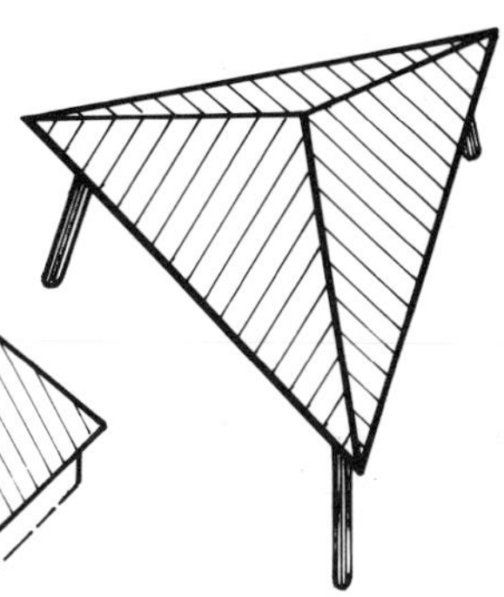

Zeltdach beim dreieckigen Grundriß

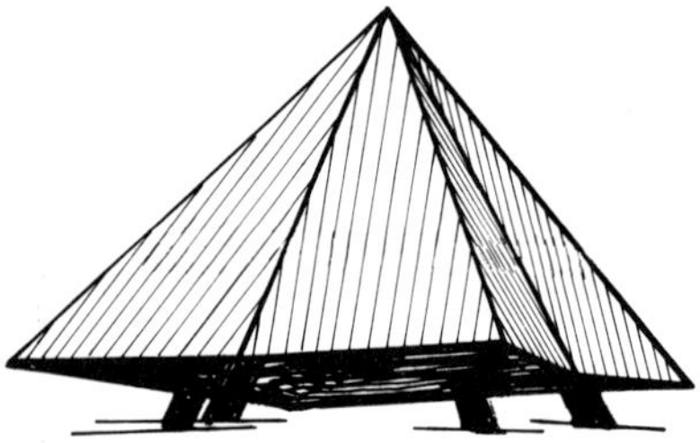

Zeltdach mit Kehlen

Kuppeldach

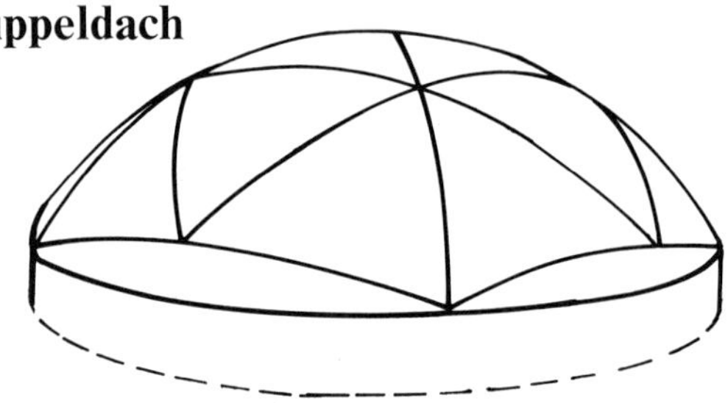

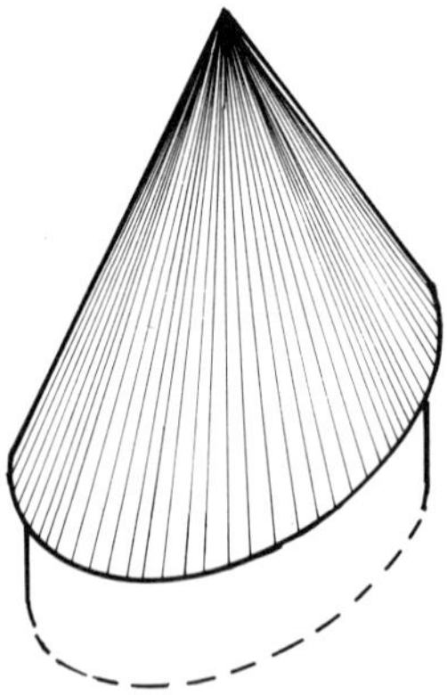

Zeltdach beim kreisrunden Grundriß (Kegeldach)

Parkdeckdach

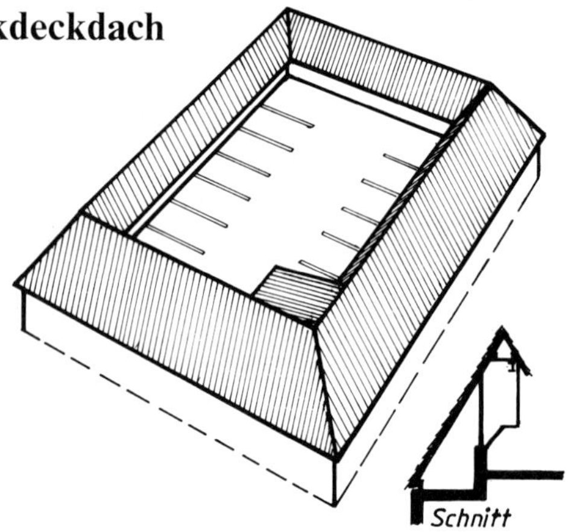

6.1.23 Basilikadächer

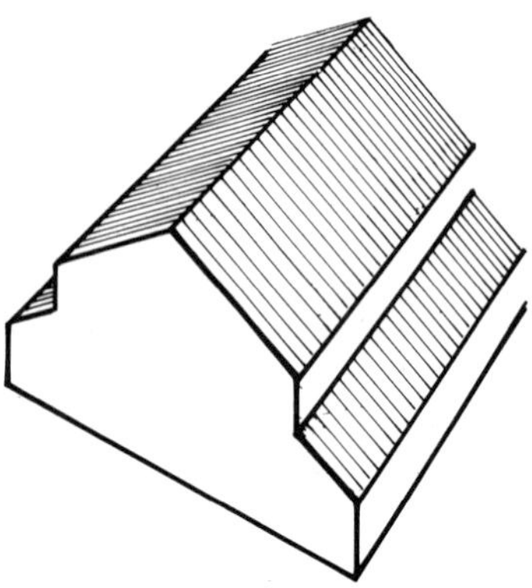

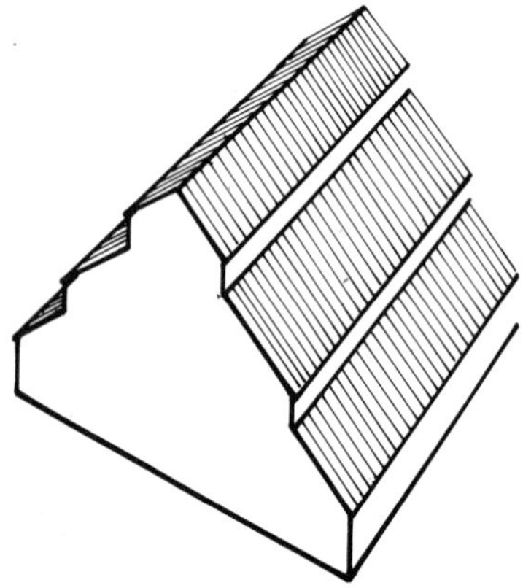

6.1.24 Dacheinschnitt und Dachreiter

Dacheinschnitt

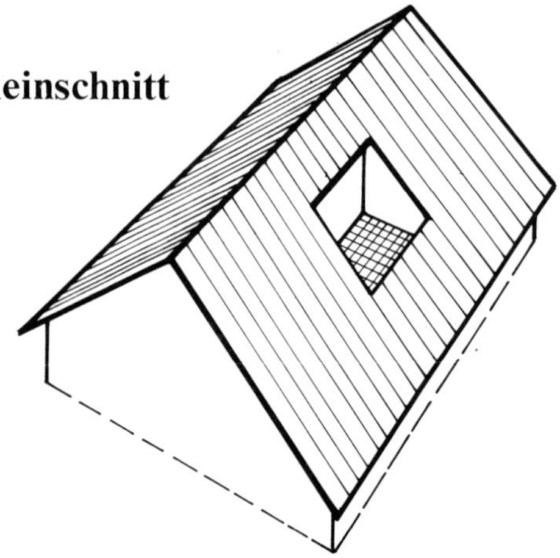

Dachreiter

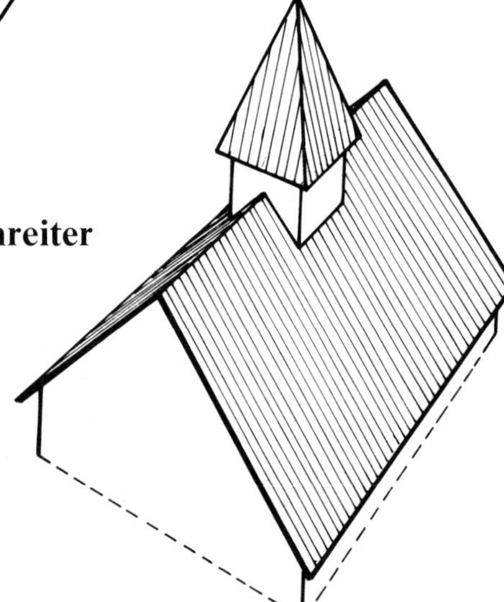

6.1.25 Turmdächer

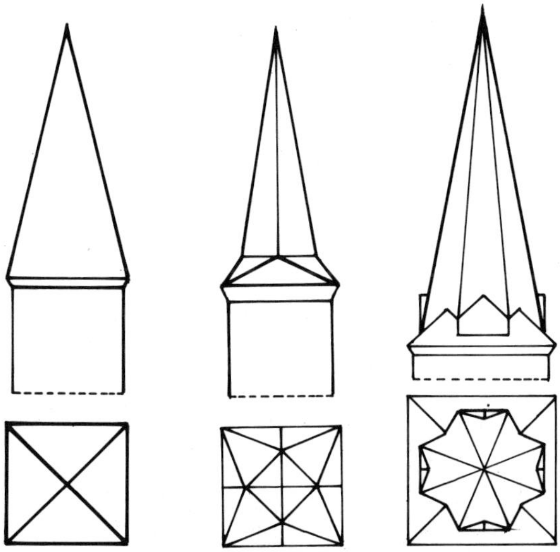

a b c

a, b, c, = Pyramidenförmige Turmdächer

d e f

d: Romanisches Turmdach

e: Zwiebelturmdach

f: Zwiebelturmdach mit Laterne

6.1.26 Hallendächer

Sheddach

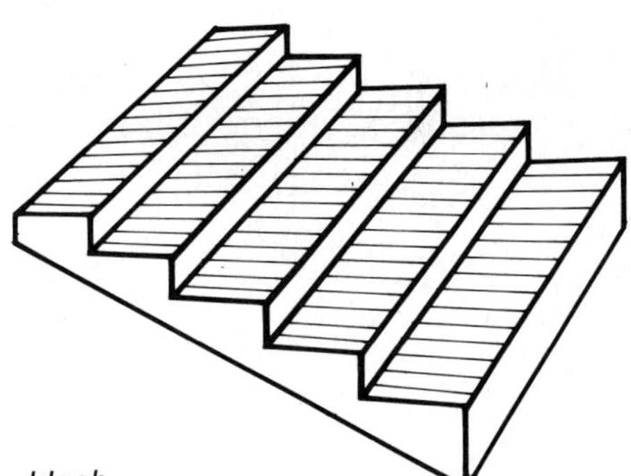

Sheddach

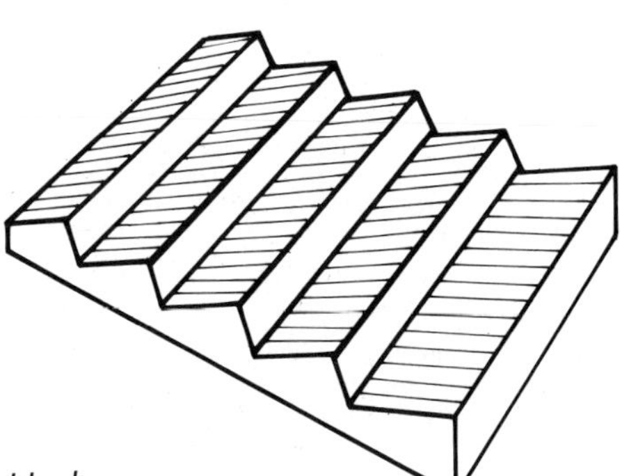

Sheddach

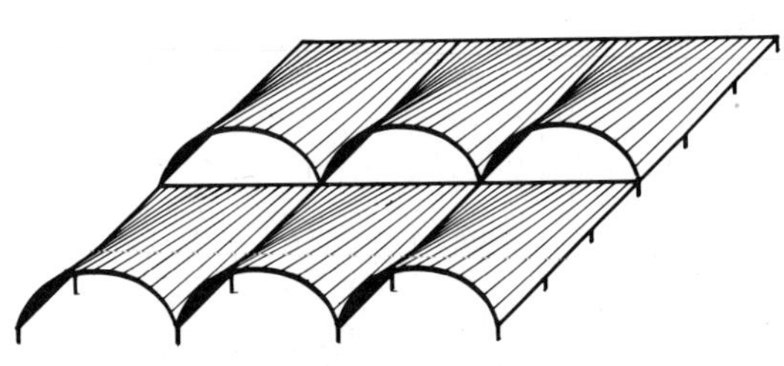

Muschelsheddach aus Konoidschalen

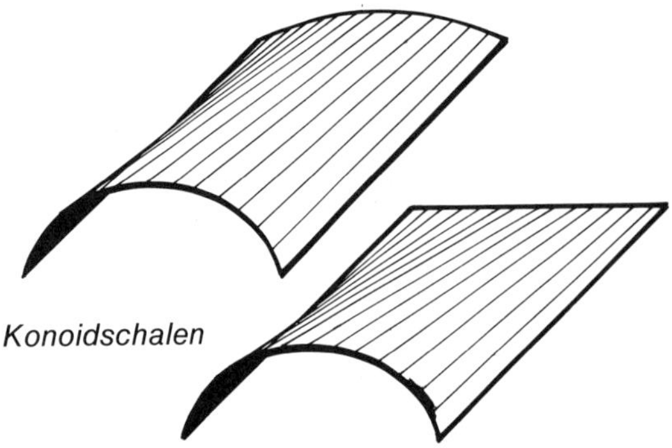

Konoidschalen

Tonnendach

Bogendach

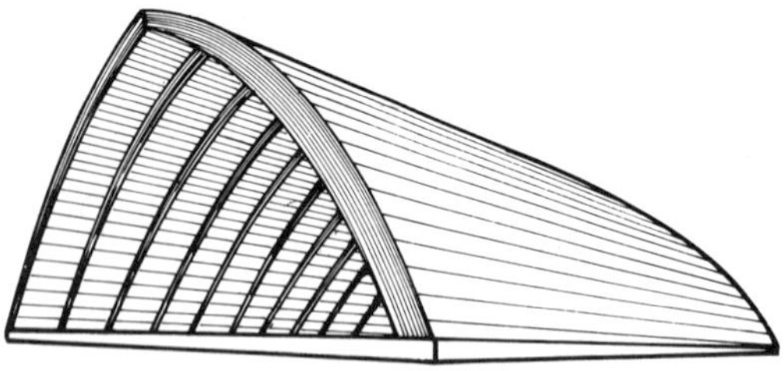

Spitzbogendach

Hängedach

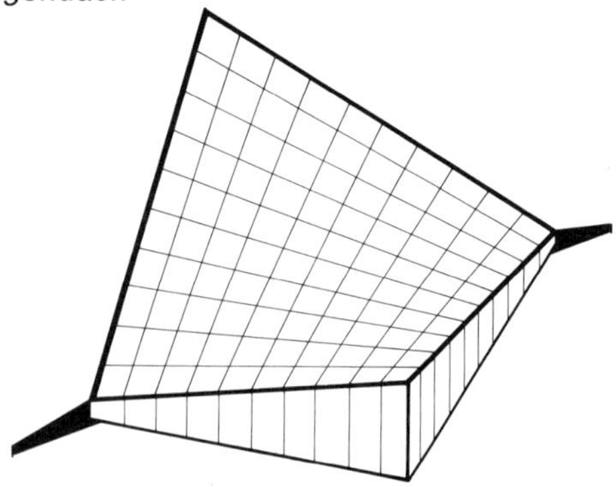

Eine Hyparschale ist überall gekrümmt und hat dennoch gerade Linie auf ihrer Oberfläche

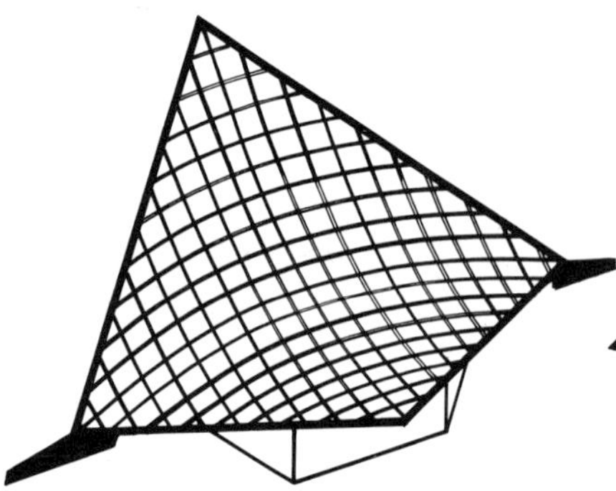

Hyparschale

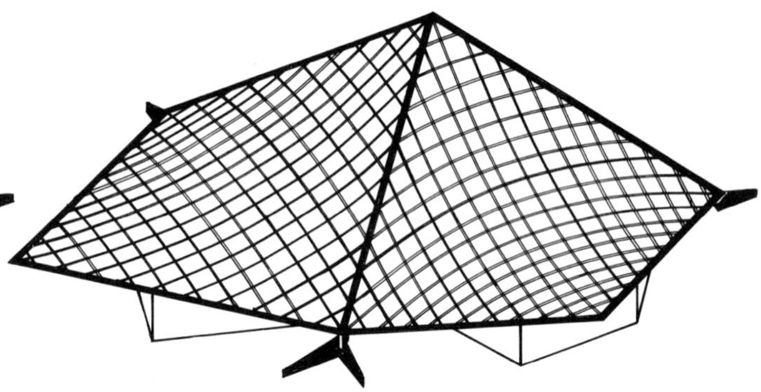

Hyparschalendach aus zwei Hyparschalen, sechs Rand- und einem Mittelträger bei drei Auflagerungen

6.1.27 Dachgauben

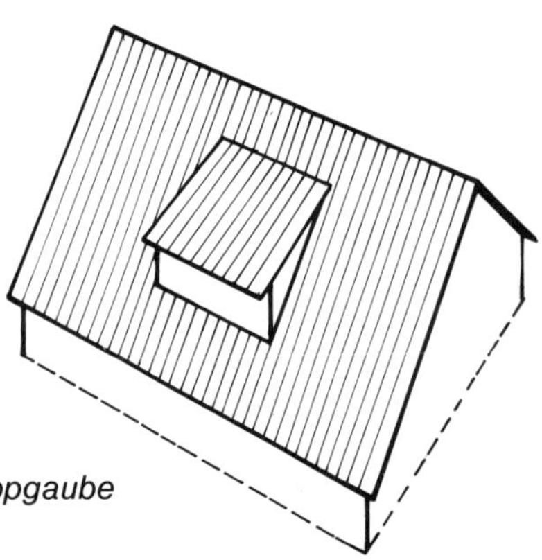

Schleppgaube

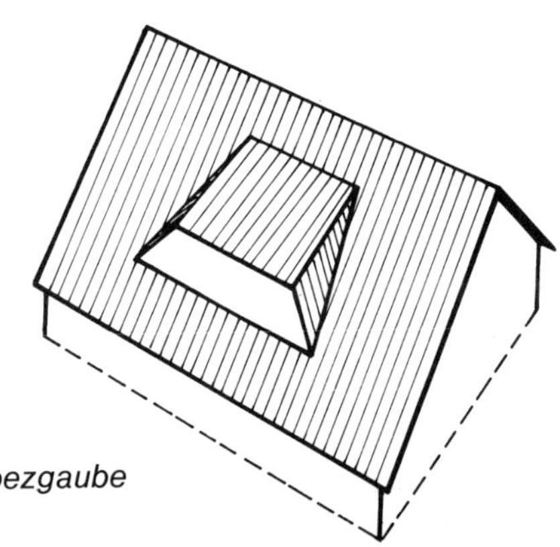

Trapezgaube

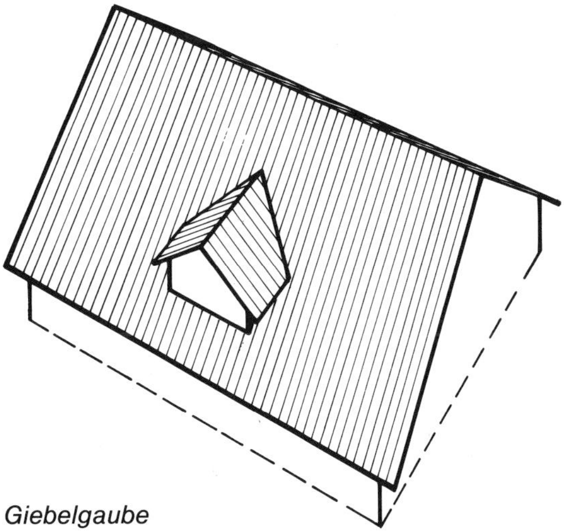

Giebelgaube

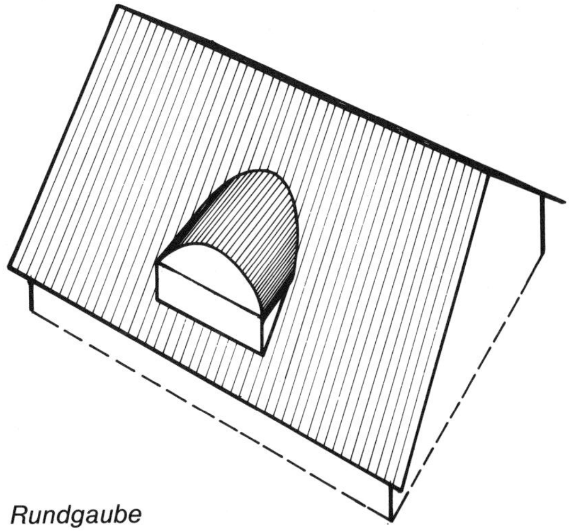

Rundgaube

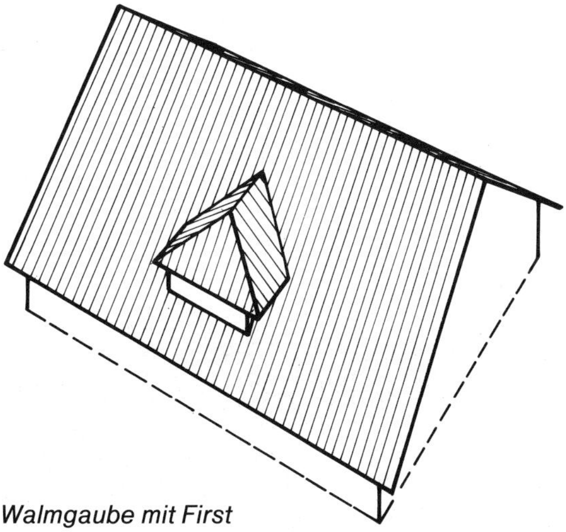

Walmgaube mit First

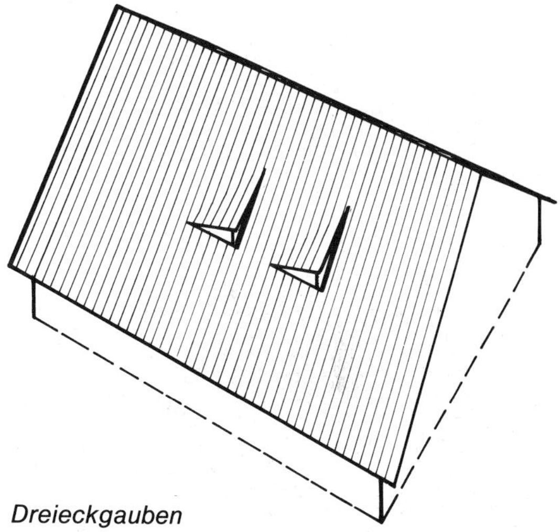

Dreieckgauben

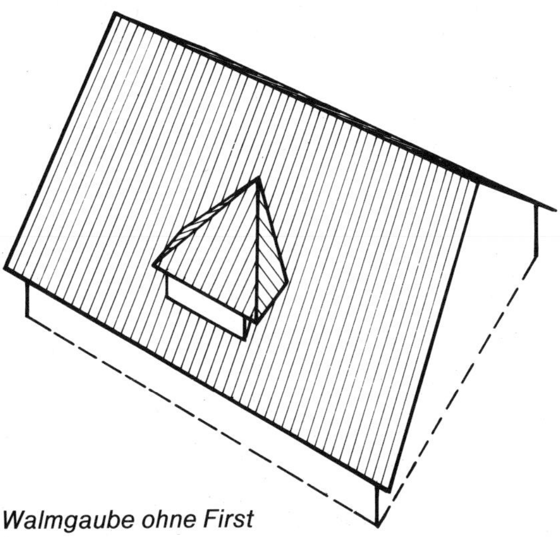

Walmgaube ohne First

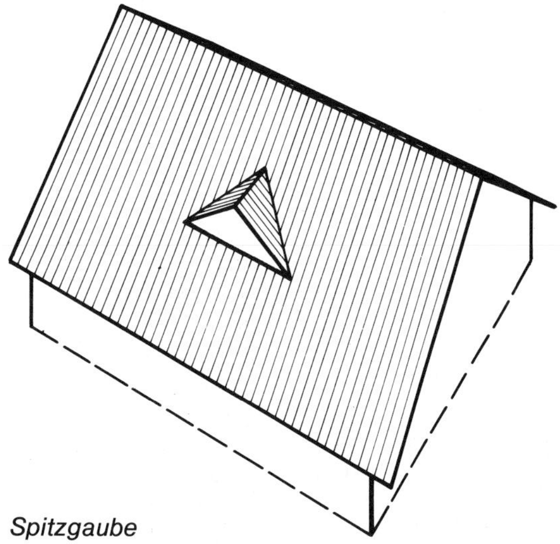

Spitzgaube

6.1.28 Dachflächenfenster – Fenstertypen

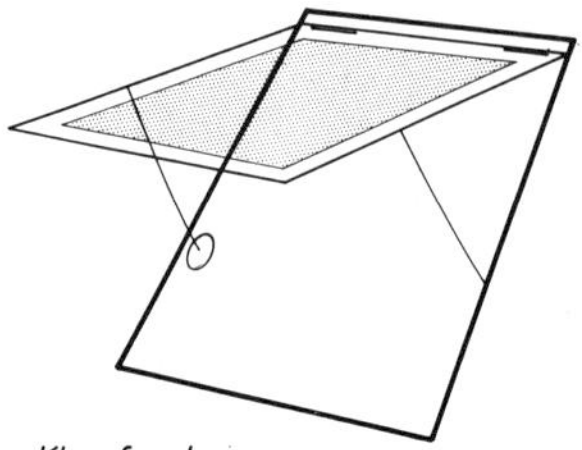
Klappfenster

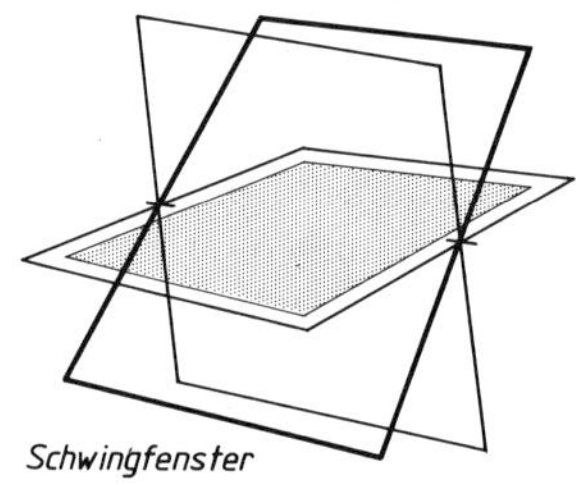
Schwingfenster

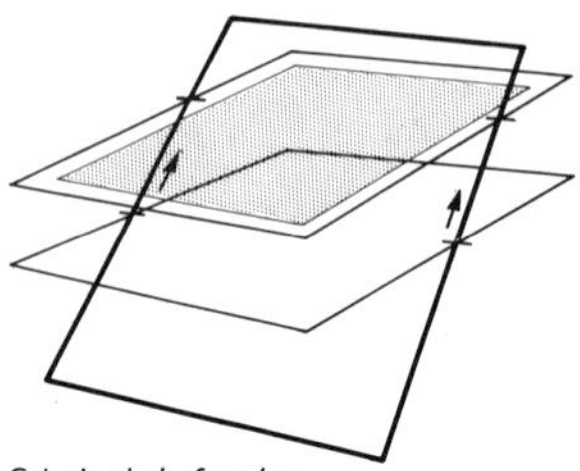
Schwinghebefenster

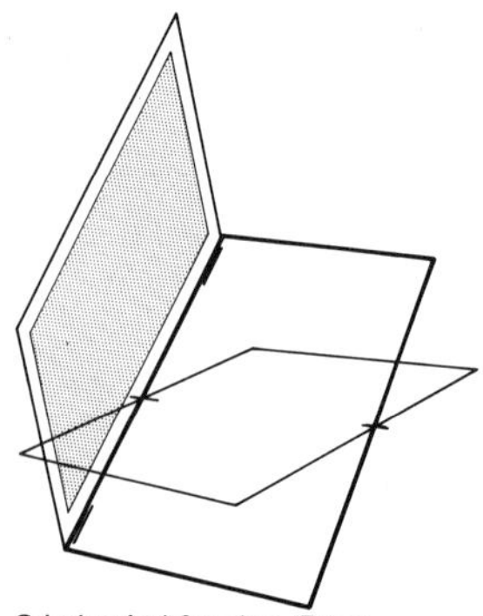
Schwingdrehfenster (Türe)

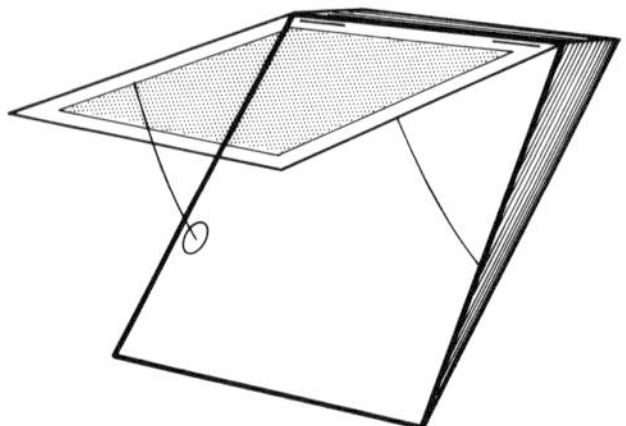
Aufkeilrahmen mit Klappfenster

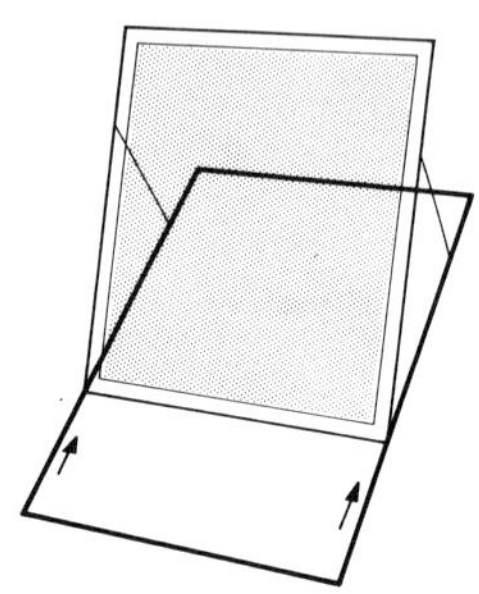
Klapp-Aufstellfenster

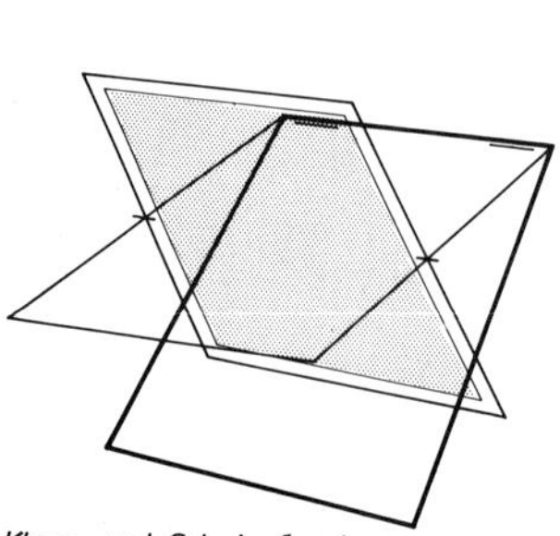
Klapp- und Schwingfenster

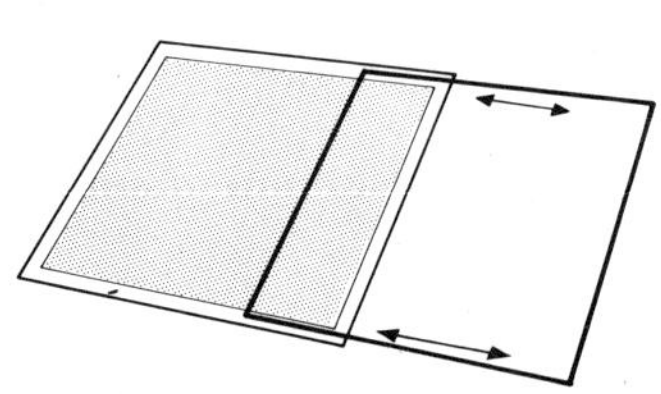
Schiebefenster

6.2 Überblick über symmetrische und asymmetrische Dächer

Bei symmetrischen Dächern haben die beiden Dachseiten bestimmte Fußgelenke, die bei gleichen Dachneigungswinkeln α auf gleicher Höhe liegen.

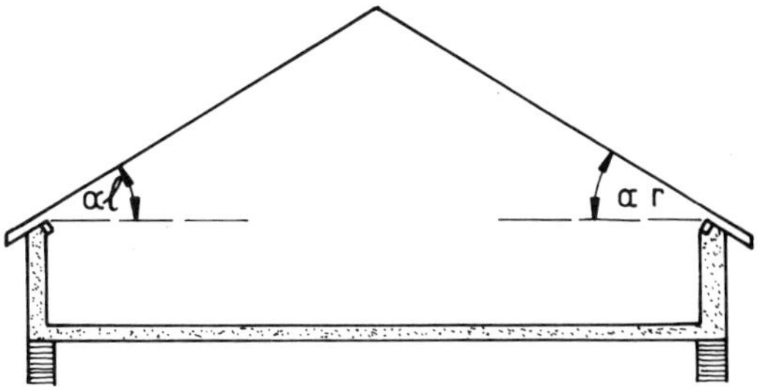

Querprofil eines symmetrischen Daches. Die beiden Fußgelenke liegen auf gleicher Höhe, und die Dachneigungswinkel α_ℓ und α_r sind gleich.

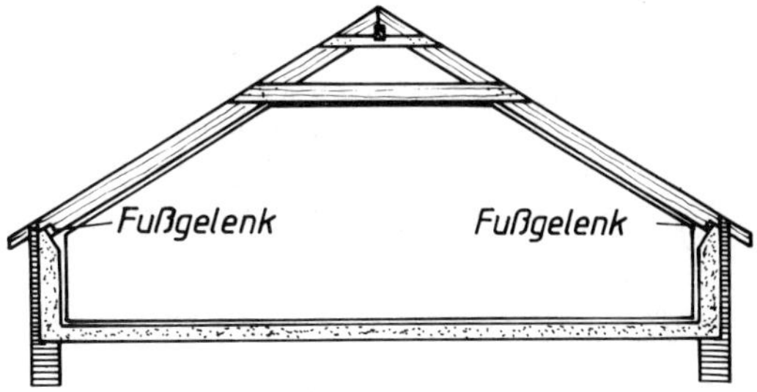

Sparrendächer leiten bei den Fußgelenken alle Lasten (Eigenlast der Dachdeckung
+ Eigenlast der tragenden Dachteile
+ Eigenlast des Dachausbaues
+ Schneelast
+ Windlast) auf die Außenwände ab.

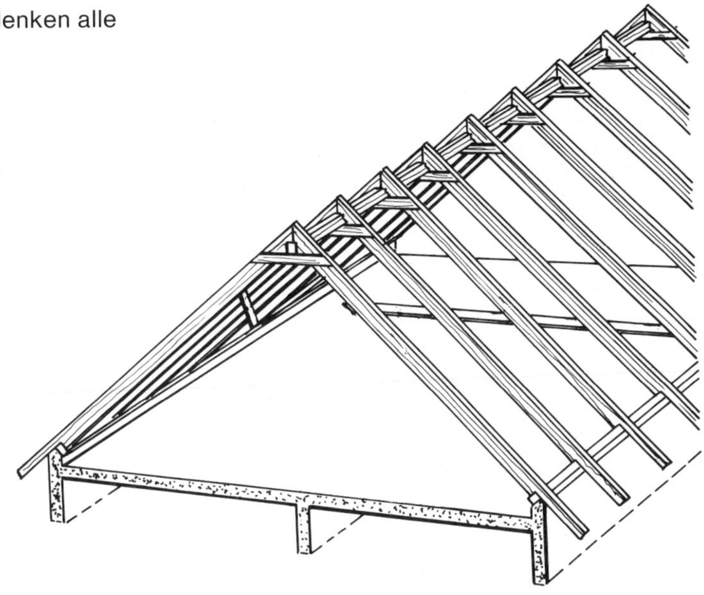

Symmetrisches Sparrendach

Kehlbalkendächer leiten, wie die Sparrendächer, alle Lasten auf die Außenwände ab, so daß ein vollkommen stützenloser Dachraum entsteht.

Beim Sparrendach bilden jeweils zwei genau gegenüberliegende Sparren und beim Kehlbalkendach auch zwei gegenüberliegende Sparren und zusätzlich noch ein quer zu den Traufen laufender Kehlbalken ein Gebinde.

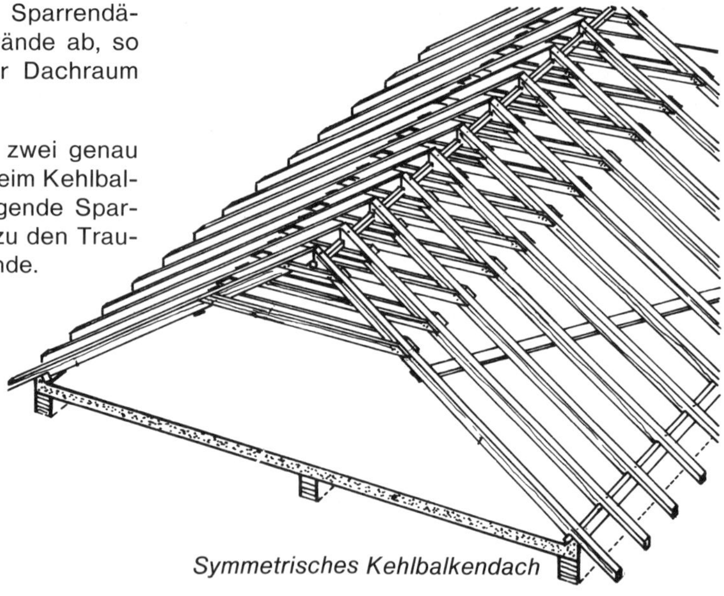

Symmetrisches Kehlbalkendach

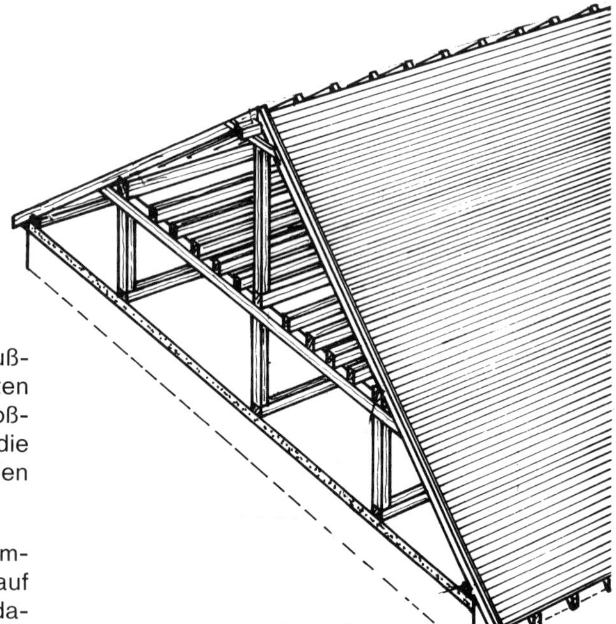

Beim Pfettendach liegen die Sparren auf Fuß- und Mittelpfetten und oft auch auf Firstpfetten auf. Die Fußpfetten sind durch die Geschoßdecke oder durch Kniestockwände und die Mittel- sowie Firstpfetten wiederum durch den Dachstuhl unterstützt.

Pfettendächer leiten aufgrund eines bestimmten Dachstuhls die Lasten hauptsächlich auf Innenwände ab. Die Außenwände werden dadurch nur mäßig belastet.

Symmetrisches Pfettendach

Bei asymmetrischen Dächern verlaufen die beiden Dachseiten unter ungleichen Dachneigungswinkeln auf den First hinein, oder die beiden Dachseiten haben aus dem First bis zu den Fußgelenken ungleiche Neigungslängen bei gleichen wie auch bei ungleichen Dachneigungswinkeln.

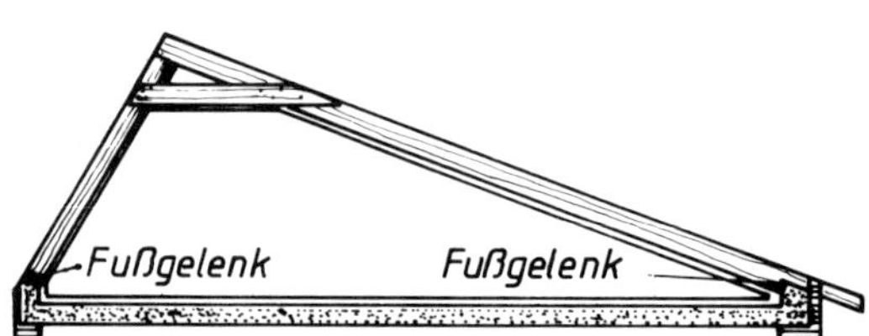

Querprofil eines asymmetrischen Sparrendaches. Die beiden Fußgelenke liegen auf gleicher Höhe. Die Dachneigungswinkel α_ℓ und α_r sind nicht gleich.

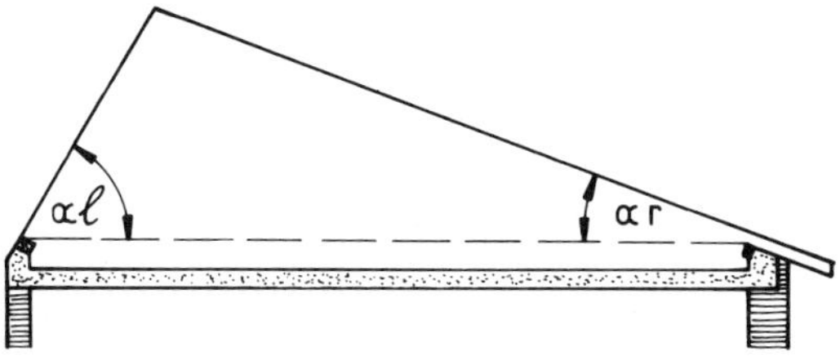

Querprofil eines asymmetrischen Sparrendaches. Die beiden Fußgelenke liegen auf unterschiedlichen Höhen, und die Dachneigungswinkel α_ℓ und α_r sind nicht gleich.

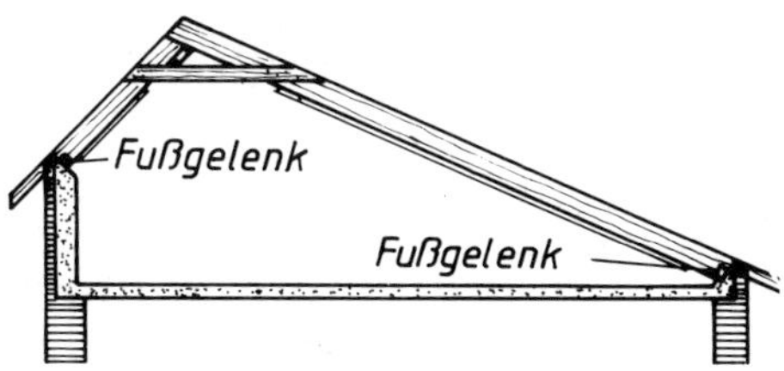

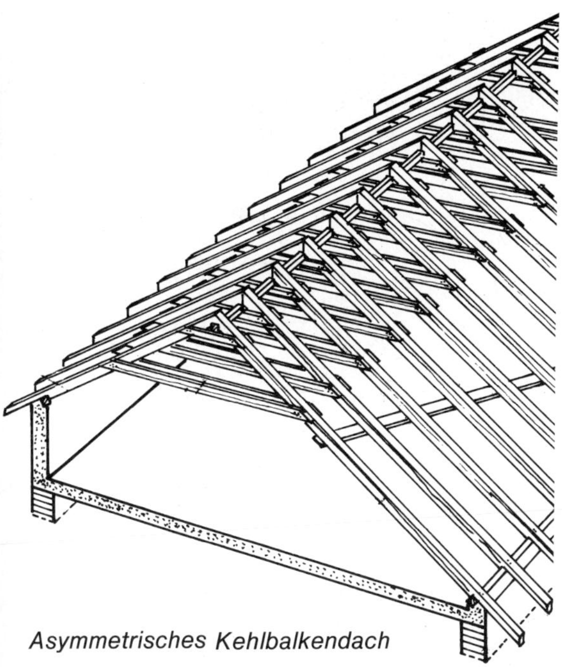

Asymmetrisches Kehlbalkendach

Bei asymmetrischen Dächern spielt der Kniestock (auch Drempel genannt) eine wichtige Rolle.

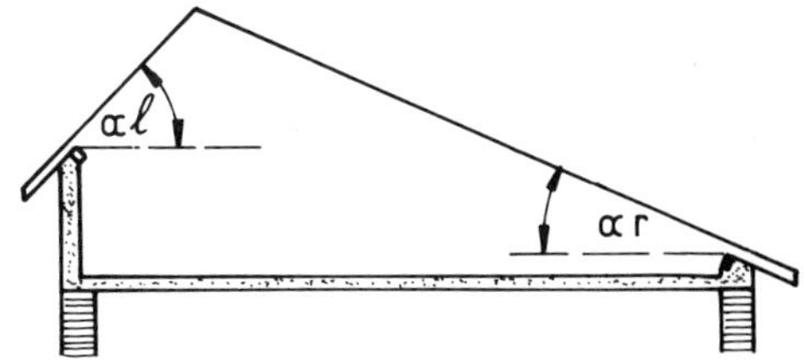

Querprofil eines asymmetrischen Sparrendaches. Die beiden Fußgelenke liegen nicht auf gleicher Höhe. Die Dachneigungswinkel α_ℓ und α_r sind gleich.

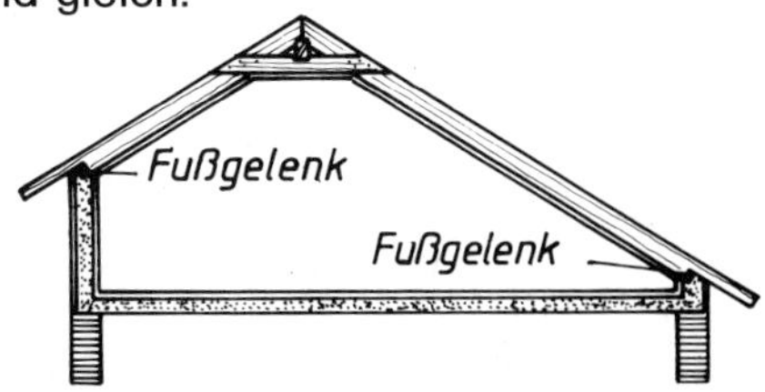

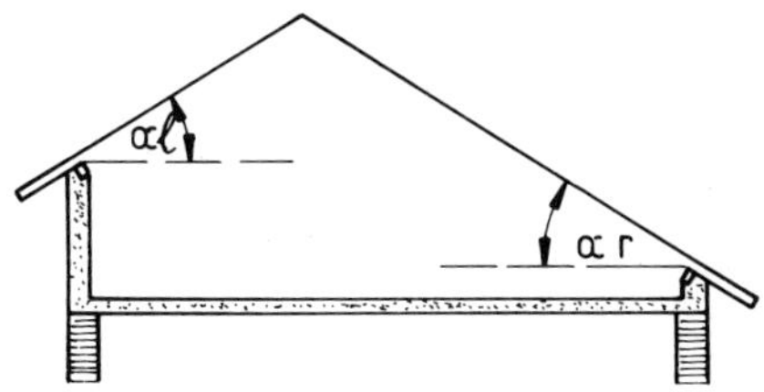

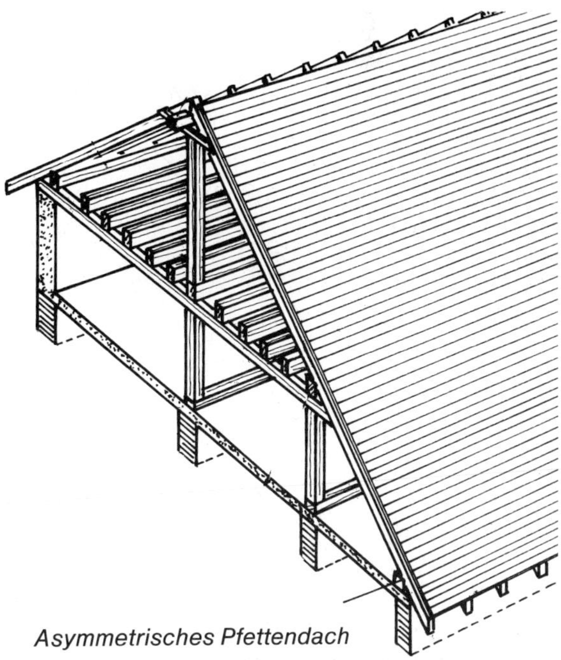

Asymmetrisches Pfettendach

Kniestöcke sind eigentlich viertel- bis halbhohe Außenwände in Höhe des Daches.

6.3 Dachkonstruktionen der Sparren-, Kehlbalken- und Pfettendächer

Dächer können entsprechend der gegenseitigen Absteifung oder der Auflagerung der Sparren in fünf Hauptgruppen eingeteilt werden.

6.3.1

1. Sparrendach mit Dachbalken

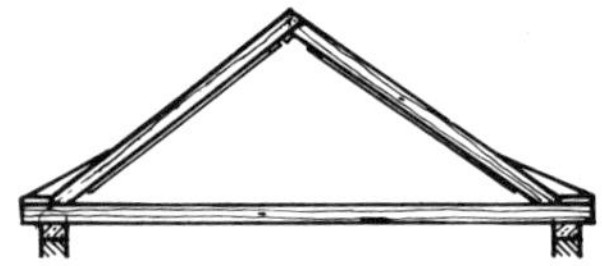

6.3.2

2. Symmetrische und asymmetrische Sparrendächer mit Stahlbetonwiderlagern

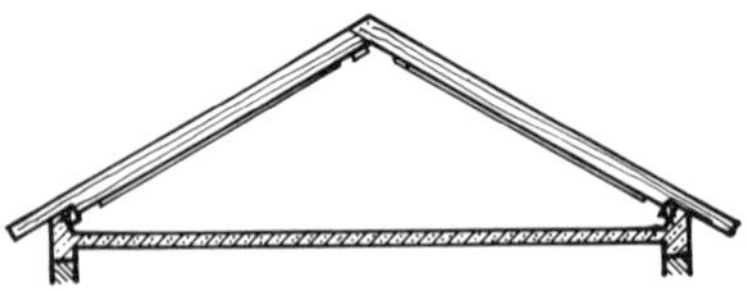

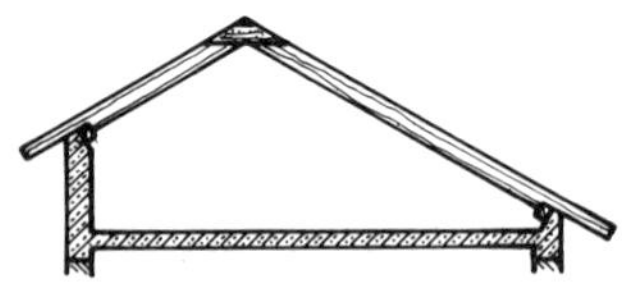

6.3.3

3. Kehlbalkendach mit Dachbalken (Kehlbalkenlagen verlaufen quer zu den Traufen

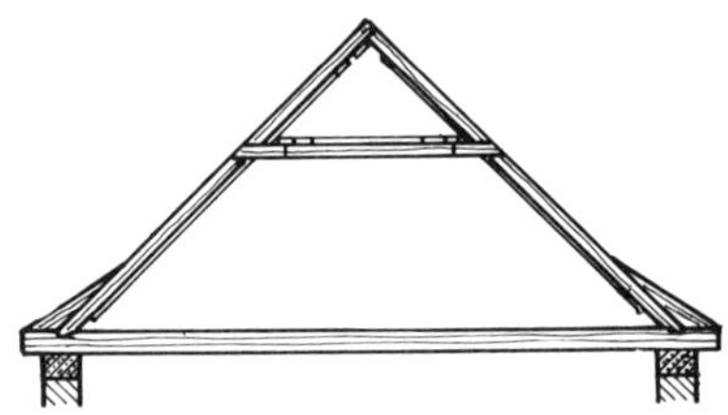

6.3.4

4. Symmetrische und asymmetrische Kehlbalkendächer mit Stahlbetonwiderlagern (Kehlbalkenlagen verlaufen quer zu den Traufen)

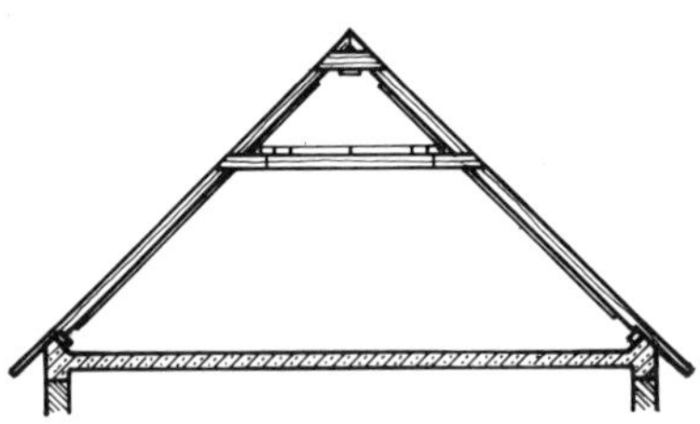

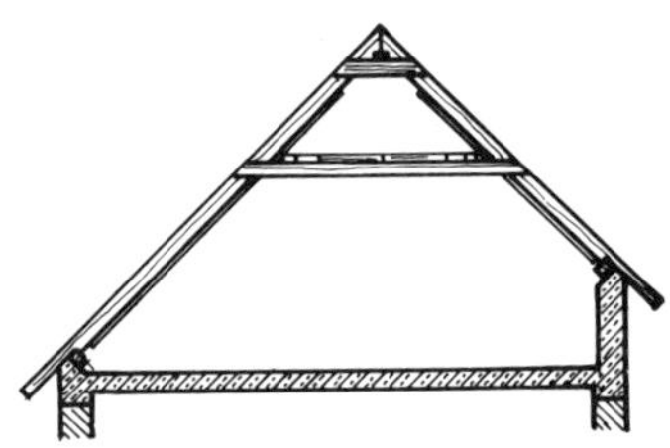

6.3.5

5. Symmetrische und asymmetrische Pfettendächer (Kehlbalken verlaufen in Richtung des Firstes)

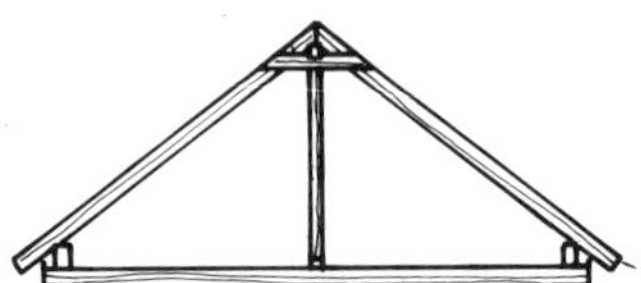

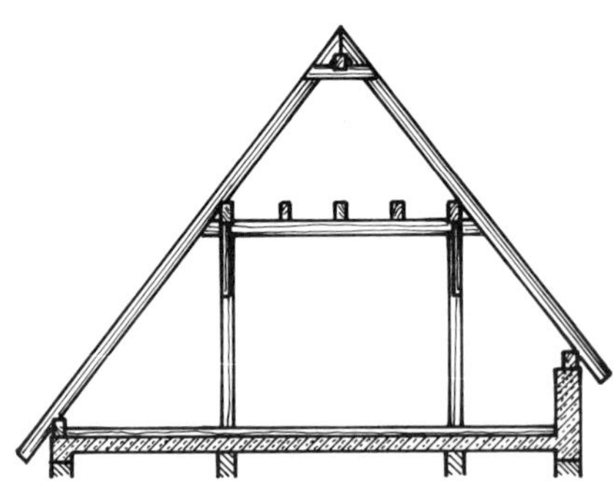

6.3.6 Sparrendach mit Dachbalken

Der Querschnitt eines Sparrendaches mit Dachbalken zeigt in der Regel einen aus zwei Sparren und einem Dachbalken bestehenden Dachbinder und außerdem die Hirnschnitte der Dachaussteifungsteile.

Der Längsschnitt des betreffendes Sparrendaches zeigt in der Regel die Lage der Dachbalken mit Hirnschnitten ferner die Sparren mit Ober- und Unterseiten sowie Schnittflächen und außerdem die Dachaussteifungsteile.

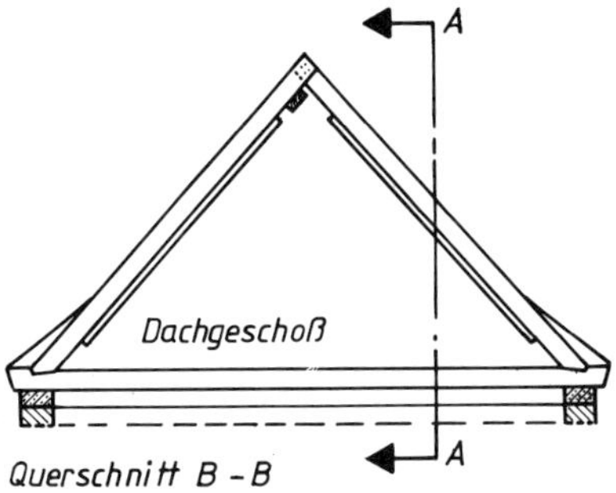

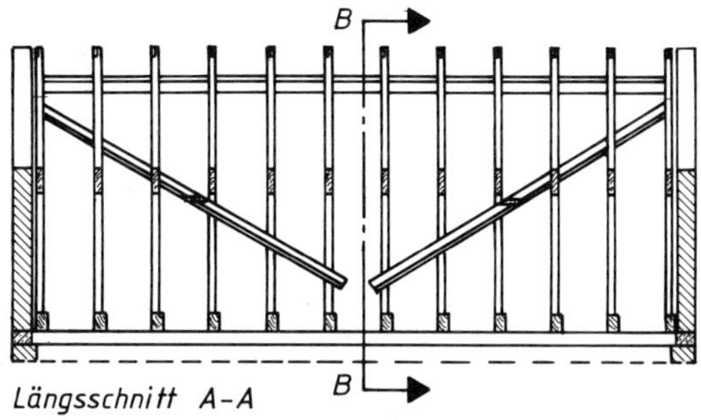

Benennung der Dachtrag- und Dachaussteifungsteile des Sparrendaches mit Dachbalken:

1) Dachbalken
2) Sparren
3) Sparren
4) Windrispe
5) Windrispe
6) Windrispe
7) Windrispe
8) Aufschiebling
9) Aufschiebling

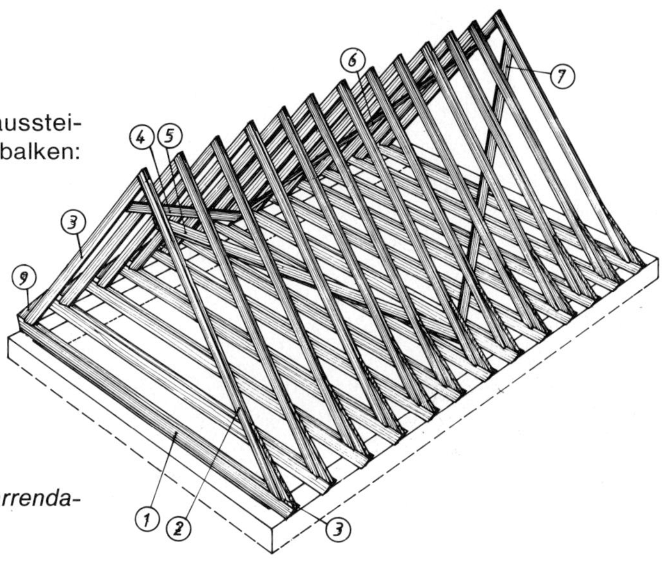

Perspektivische Darstellung eines Sparrendaches mit Dachbalken

6.3.7 Sparrendach mit Stahlbetonwiderlagern

Der Querschnitt durch das Sparrendach bei Stahlbetonwiderlagern macht stets das zusammengehörige Sparrengebinde und die beiden Fußpfetten mit Hirnschnitten sichtbar. Die dem Sparrendach zugeordneten Dachaussteifungsteile erkennt man im Querschnitt am Aufriß von Hirnschnitten und Kantenflächen.

Der Längsschnitt des Sparrendaches mit Fußpfetten an Stahlbetonwiderlagern zeigt in der Regel die einzelnen Sparrengebinde und die Dachaussteifungsteile. Die von innen zu sehenden Kantenflächen einer Fußpfette macht der Längsschnitt auch sichtbar.

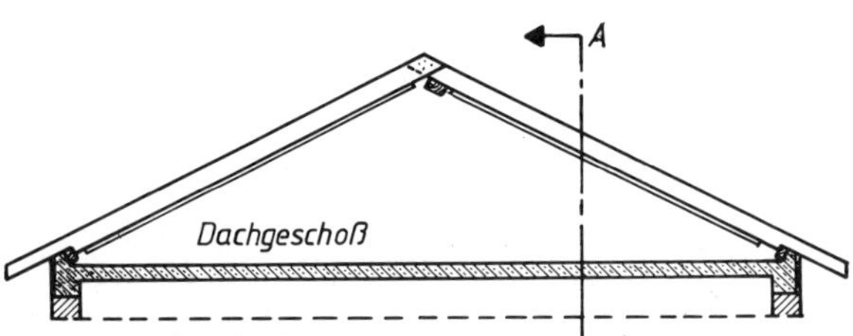

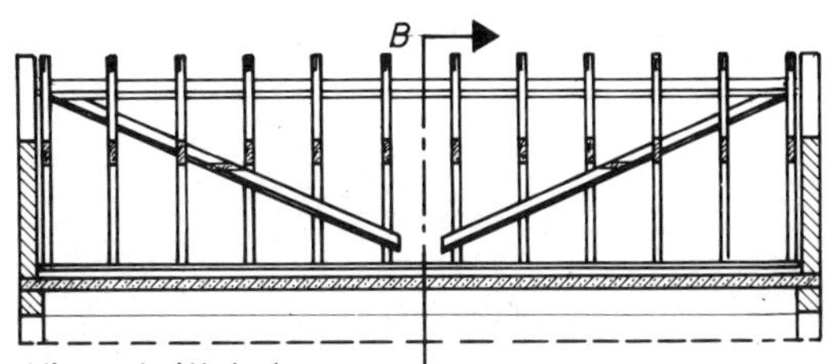

Benennung der Dachtragwerk- und Dachaussteifungsteile des Sparrendaches bei Stahlbetonwiderlagern:

1) Fußpfette
2) Fußpfette
3) Sparren
4) Sparren
5) Längsaussteifung
6) Windrispe
7) Windrispe
8) Windrispe
9) Windrispe (hier nicht zu sehen)

Schornsteinauswechslung

10) Sparrenwechsel
11) Sparrenwechsel
12) Füllholz

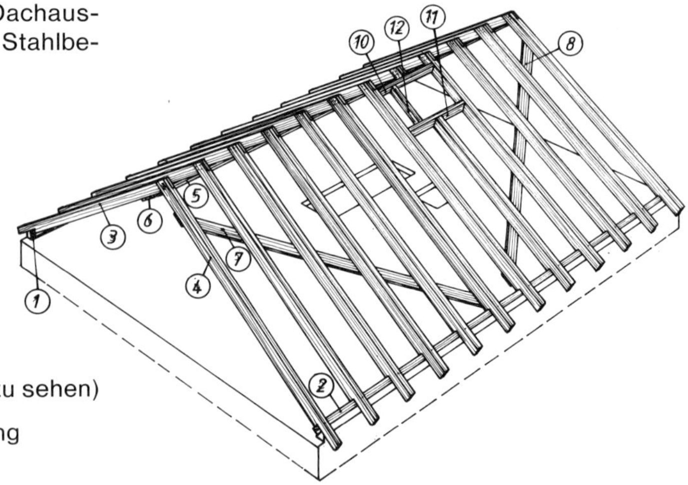

Perspektivische Darstellung eines Sparrendaches mit Stahlbetonwiderlager.

6.3.8 Kehlbalkendach mit Stahlbetonwiderlagern

Beim Kehlbalkendach erkennt man deutlich die Weiterbildung des Sparrendaches durch horizontal angeordnete Kehlbalken.

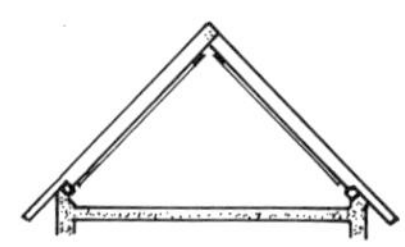

Sparrendach

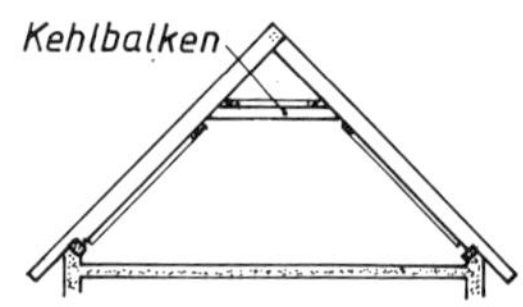

Kehlbalkendach

Bei den Bemessungen der einzelnen Konstruktionsteile und Ausführung des Kehlbalkendaches unterscheidet man zwei Arten nämlich Kehlbalkendächer mit verschieblicher und solche mit unverschieblicher Kehlbalkenlage.

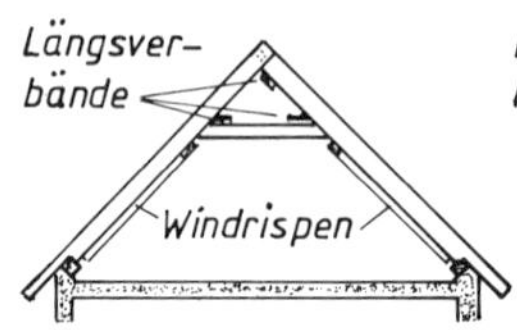

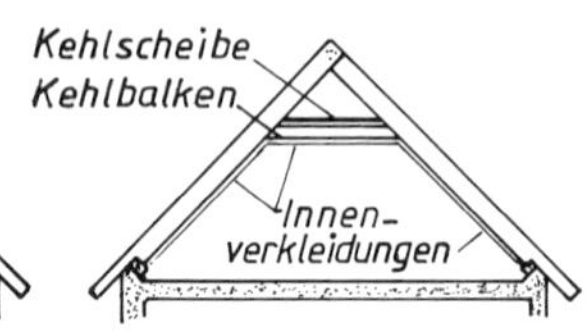

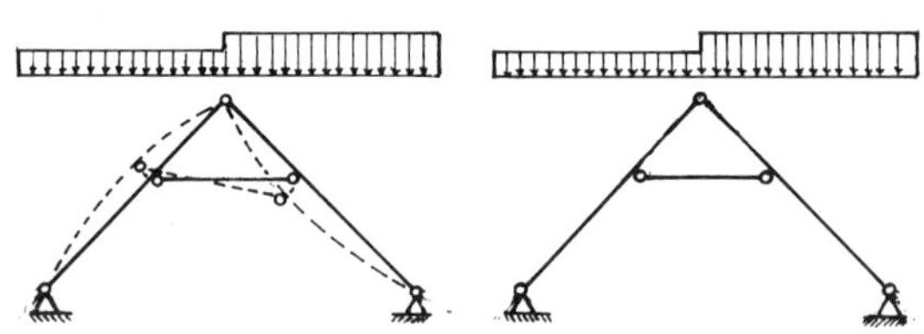

Kehlbalkendächer mit verschieblicher Kehlbalkenlage sind nur für symmetrische Belastungen steif, während bei unsymmetrischer Last eine Verschiebung der Kehlbalkenanschlußknoten eintritt, so daß die Sparren auf die ganze Neigungslänge auf Biegung beansprucht werden.

Symmetrische Last

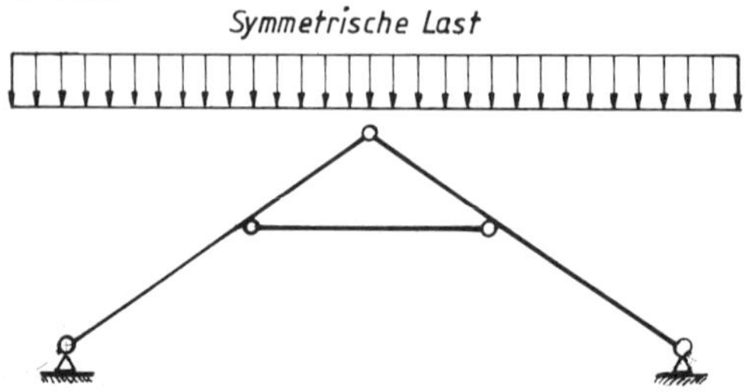

Unsymmetrische Last

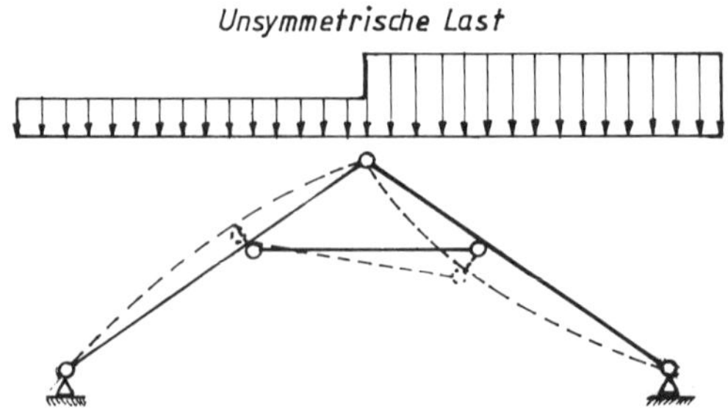

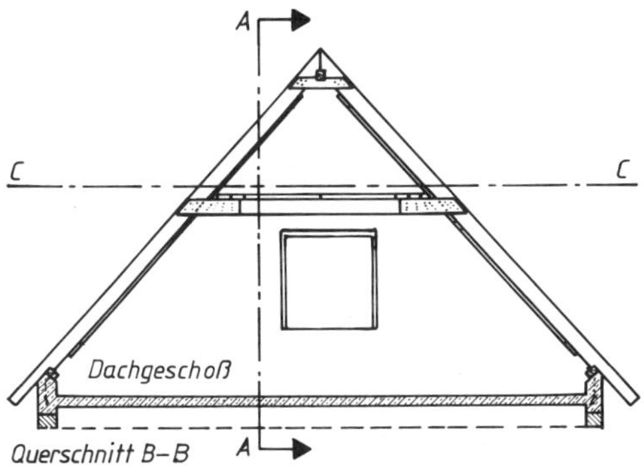

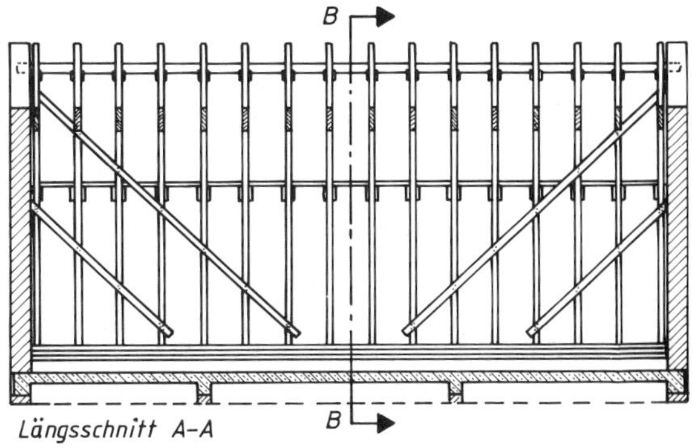

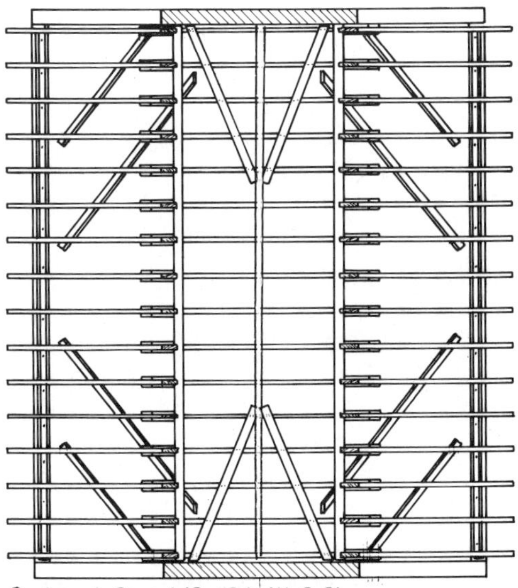

Benennung der Dachtragwerk- und Dachaussteifungsteile des Kehlbalkendaches

1) und 2) Fußpfetten
3) und 4) Sparren
5) querverlaufender Kehlbalken
6), 7) und 8) Laschen
9), 10), 11) und 12) Windrispen

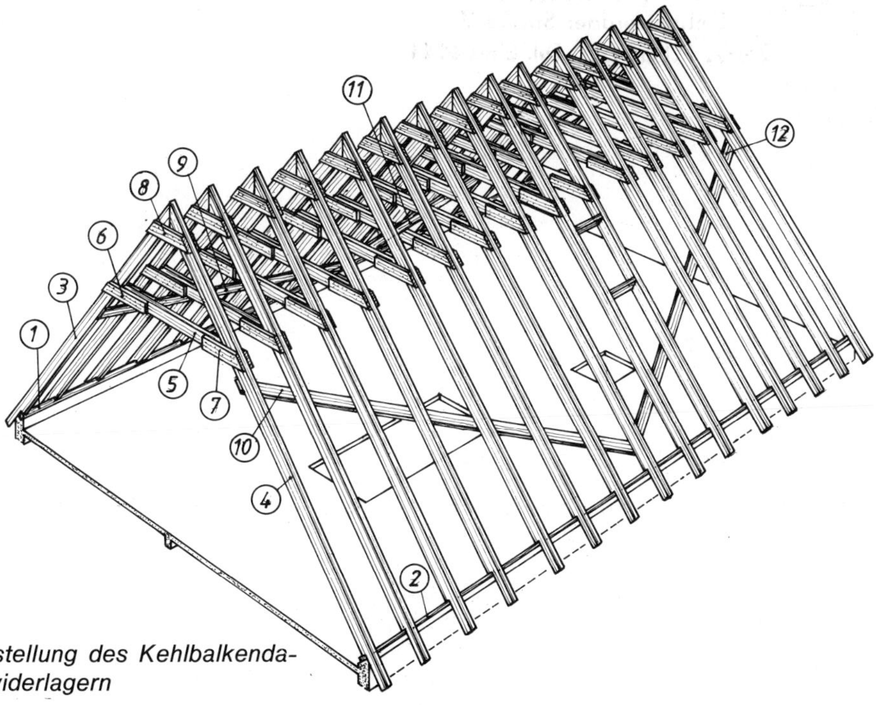

Perspektivische Darstellung des Kehlbalkendaches mit Stahlbetonwiderlagern

Dachaussteifungsteile tragen zur Standsicherheit der Dachtragwerke bei.
Längsverbandstäbe verlaufen in Richtung des Firstes.
Zur Aufnahme der auf die Giebel wirkenden Windkräfte werden am Kehlbalkendach mit verschieblicher Kehlbalkenlage stets Windrispen zugeordnet, da diese als Druckstäbe gleichzeitig auch die seitlichen Knickkräfte der Sparren aufnehmen.

Für den Innenausbau des Dachgeschosses ist natürlich besser die unverschiebliche Kehlbalkenlage, da mit der verschieblichen die unliebsamen Schwankungen eintreten und folglich sich Risse an den Decken und Wänden bilden.

An den Enden des Kehlbalkendaches mit der unverschieblichen Kehlbalkenlage bei einem nicht ausgebauten Dachgeschoß müssen waagerechte Windträger (Verbandsdiagonale) eingebaut werden.
Die Windträger müssen beim Aufstellen des Kehlbalkendaches sofort miteingebaut werden.

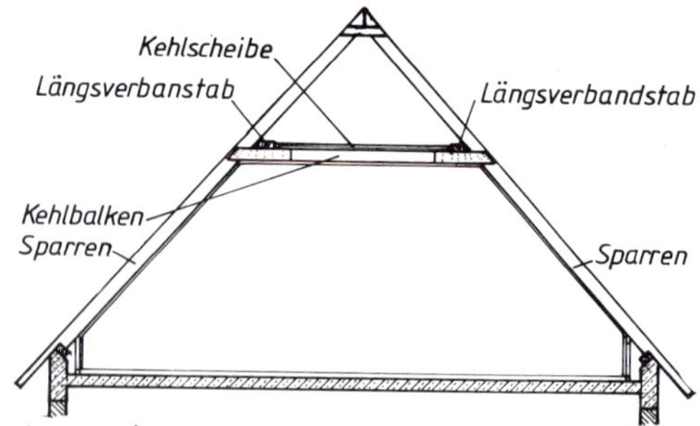

Querschnitt eines Kehlbalkendaches

Das Kehlbalkendach mit unverschieblichen Kehlbalkenanschlußknoten wird in Höhe der Kehlbalkenlage durch eine horizontale Aussteifung gehalten. Diese horizontale Aussteifung wird hergestellt durch die Kehlscheibe aus Baufurnierplatten, Bretter oder Holzspanplatten. Die steife Kehlscheibe wird auch Deckenscheibe genannt.

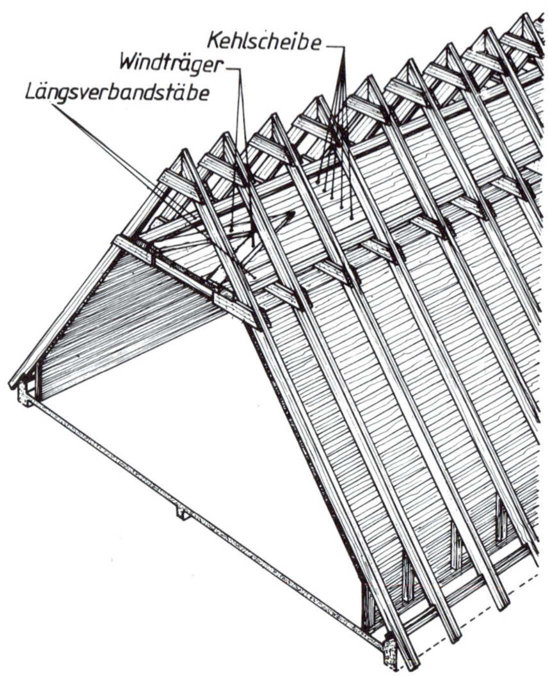

Perspektivische Darstellung des Kehlbalkendaches mit Kehlscheibe

6.4 Details an der Traufe bei Sparren- und Kehlbalkendächern mit Dachbalken

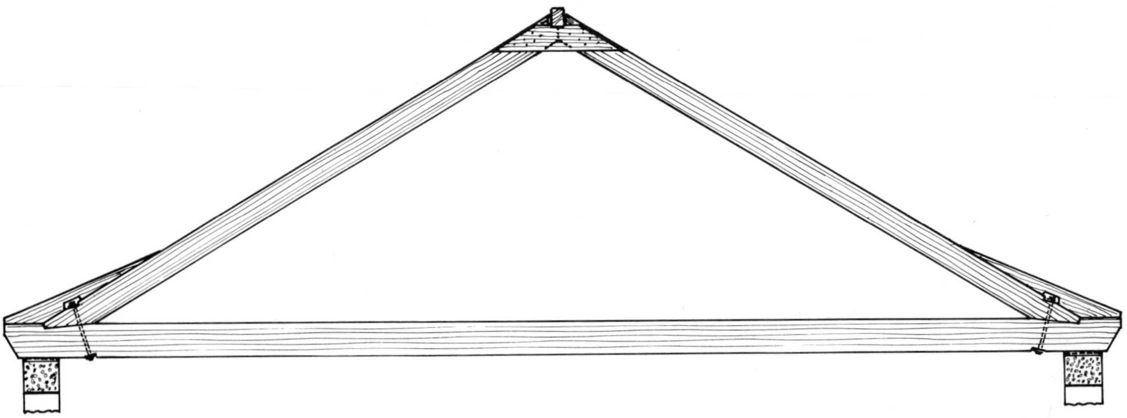

6.4.1 Querprofil eines symmetrischen Sparrendaches mit Dachbalken

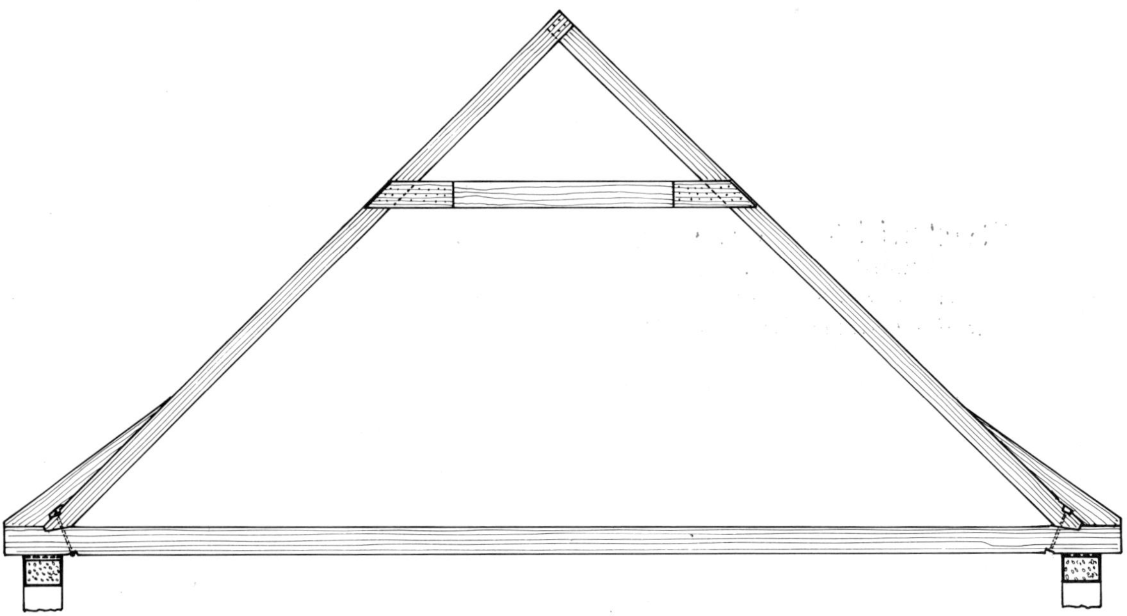

6.4.2 Querprofil eines symmetrischen Kehlbalkendaches mit Dachbalken

Bei Sparren- und Kehlbalkendächern stützen sich die geneigten Sparren gegenseitig ab.
Die Sparren sind, außer auf Biegung, stark durch Längskräfte beansprucht. An den Fußpunkten der Sparren treten Druckkräfte schräg zur Faserrichtung des Dachbalkens auf.

Aufgrund der Druckkräfte schräg zur Faserrichtung des Dachbalkens und daraus entstehenden Schubkräfte muß der einzelne Sparren auf den Dachbalken durch einen Versatz angeschlossen und zur Sicherung gegen seitliche Verschiebung durch einen Heftbolzen oder durch seitlich angenagelte Laschen oder Lochplatten dauerhaft gehalten werden.

6.4.3 Anschluß eines Sparrens mit Stirnversatz

Bei der Kraftrichtung schräg zur Faserrichtung ist α der Winkel zwischen der Kraft- und Faserrichtung.

α ist zugleich der Winkel zwischen Unterkante „Sparren" und Oberkante „Dachbalken" und somit auch der Winkel zwischen Oberkante „Sparren" und Oberkante „Dachbalken".

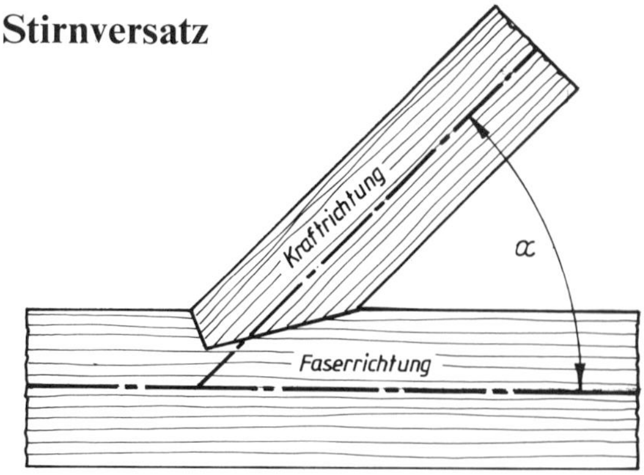

Beim Anschluß eines Sparrens (Druckstabes) mit Versatz wählt man für gewöhnlich den Stirnversatz oder den Fersenversatz.

Für den Anschluß großer Druckkräfte wird der doppelte Versatz verwendet. Er besteht aus dem Stirn- und Fersenversatz.

Der Stirnversatz besteht in der Regel in einem schrägen Schnitt, der aus Oberkante „Dachbalken" heraus nach unten in der Winkelhalbierenden des Winkels α geführt wird.

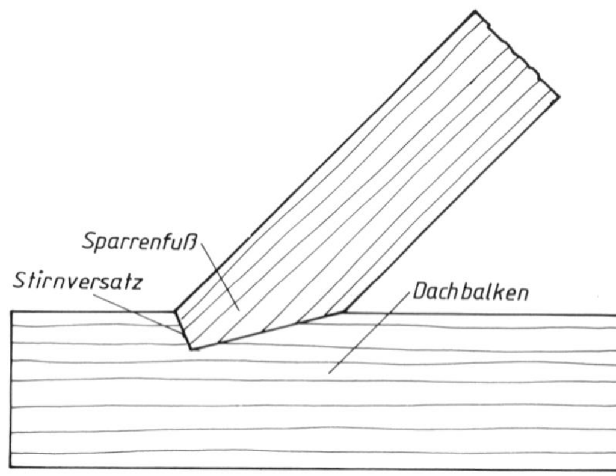

Anschluß mit Stirnversatz

6.4.4 Anschluß eines Sparrens mit Fersenversatz

Der Fersenversatz besteht im allgemeinen in einem schrägen Schnitt, der im rechten Winkel des Sparrens, d. h. rechtwinklig zu Unterkante „Sparren" geführt wird.

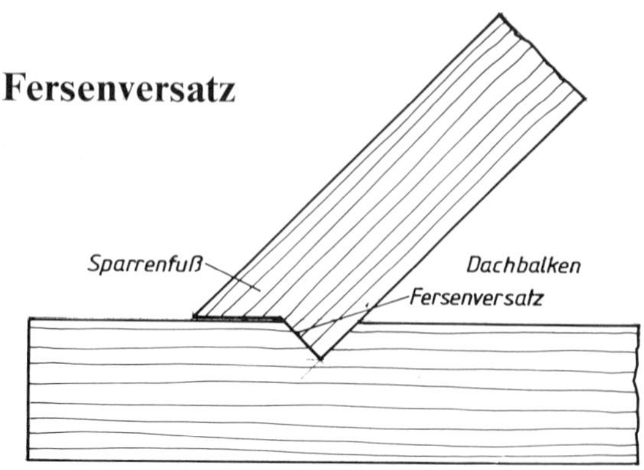

Anschluß mit Fersenversatz

6.4.5 Anschluß eines Sparrens mit doppeltem Versatz

Beim doppelten Versatz wird der schräge Schnitt des Fersenversatzes etwas tiefer festgelegt als der Schnitt des Stirnversatzes.

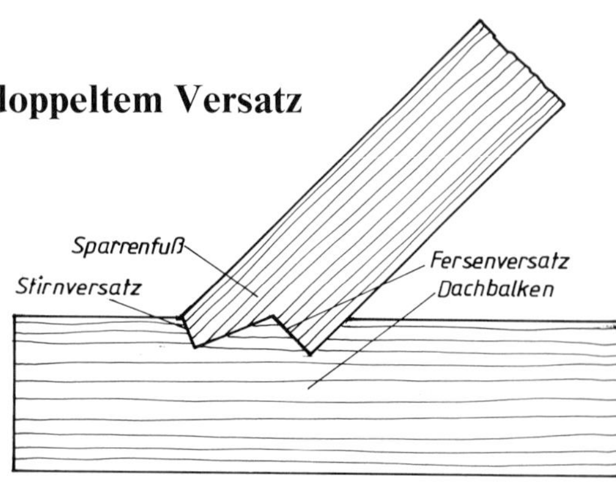

Anschluß mit Stirn- und Fersenversatz, d. h. mit doppeltem Versatz.

Den winkelhalbierenden Stirnversatz und die zugehörige Keilkante der betreffenden Versatzung wird in der Regel mit Hilfe einer selbstgefertigten Schablone angerissen.

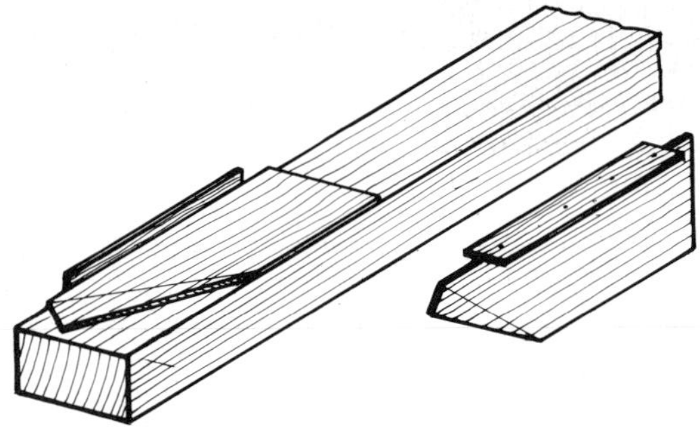

Um die Schablone reißen zu können muß nach dem Querprofil des Sattel- oder Kehlbalkendaches der Traufknotenpunkt mit der Seite des Sparrens und des Dachbalkens auf eine Werksatzplatte aufgetragen werden.

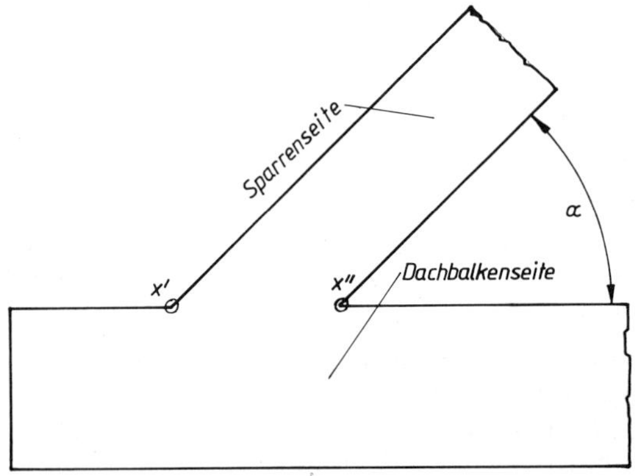

Aus dem Schnittpunkt x", einmal entlang Unterkante „Sparren" und ein zweitesmal entlang Oberkante „Dachbalken", wird ein beliebig gewähltes Längenmaß (ℓx) abgetragen, um die Schnittpunkte x''' und x'''' festlegen zu können.

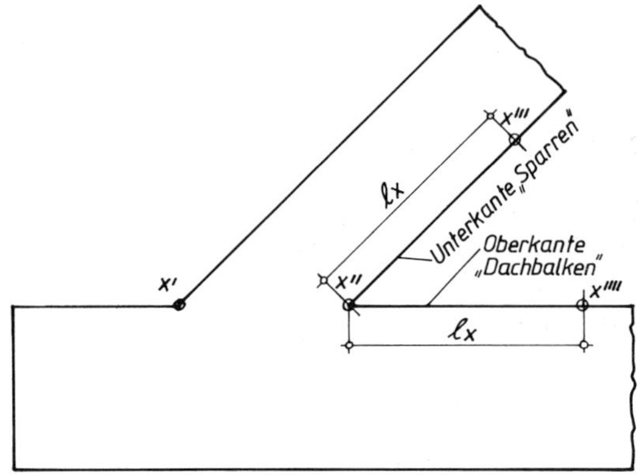

Den Punkt x''' muß man winkelrecht zur unteren Sparrenkante austragen und den Punkt x'''' winkelrecht zur oberen Dachbalkenkante. Die beiden zum Schnitt gebrachten Winkelrisse bestimmen den Schnittpunkt x^V.

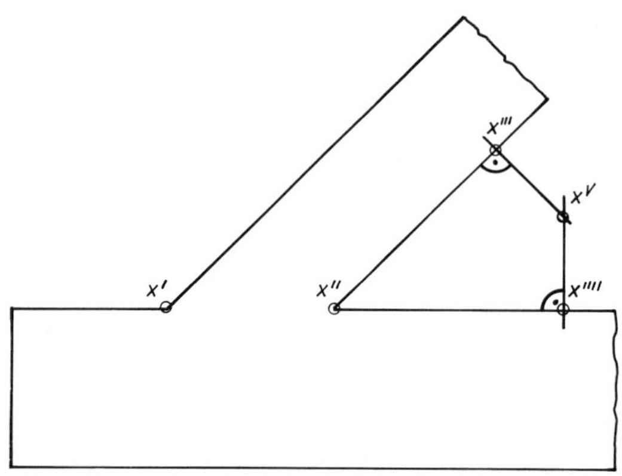

Die geradlinige Verbindung x''x^V ist die gesuchte Winkelhalbierende des Winkels zwischen Unterkante „Sparren'' und Oberkante „Dachbalken''.

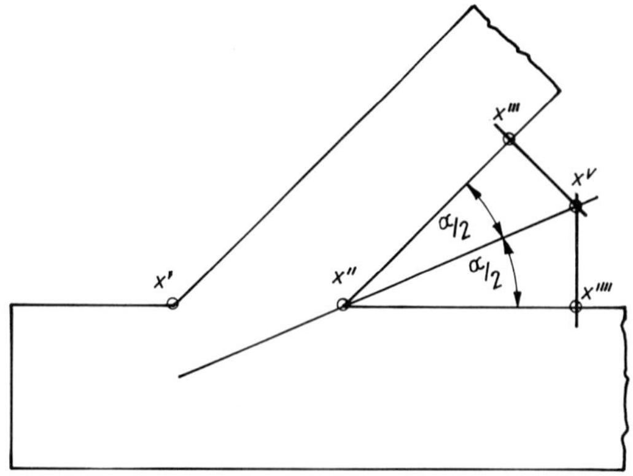

Den schrägen Schnitt des winkelhalbierenden Stirnversatzes muß man demnach im rechten Winkel zur Winkelhalbierenden x^Vx'' in den Punkt x' hinein auftragen.

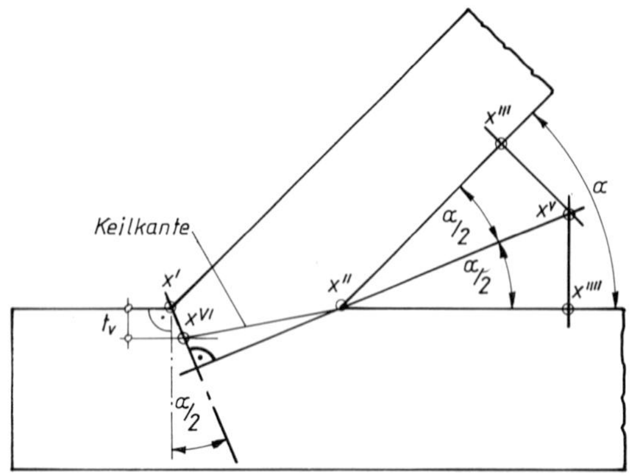

Um die Keilkante x''x^{V}' des Stirnversatzes reißen zu können, muß man nach der bestimmten Versatztiefe t_v den Punkt x^{v}' festlegen.

6.4.6 Die Versatztiefe beim Versatz

Die Versatztiefe t_v des Stirnversatzes und t_v des Fersenversatzes nach DIN 1052 Abschnitt 7.5.2. soll nicht mehr betragen, wie nebenstehend in den drei Kästchen abgedruckt.

$t_v \leqq h/4$ bei $\alpha < 50°$
$t_v < h/4$ .... $h/6$ bei $\alpha > 50°$.. $< 60°$
$t_v \leqq h/6$ bei $\alpha > 60°$

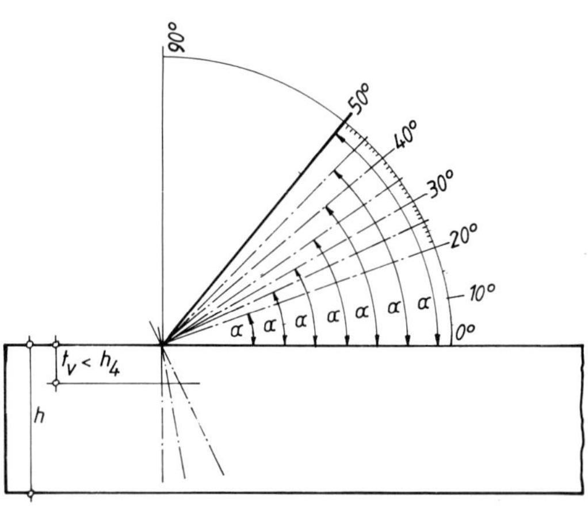

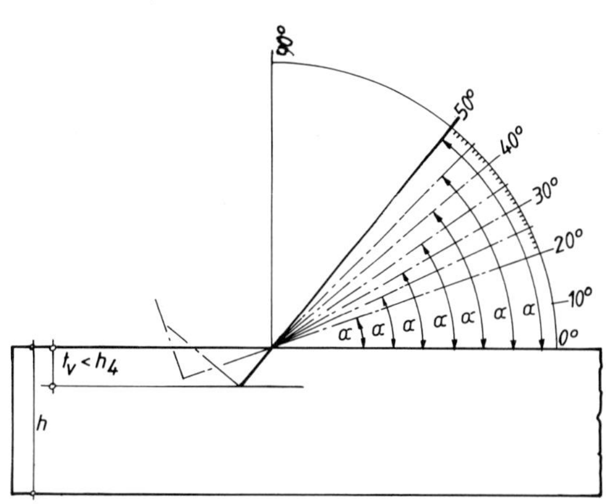

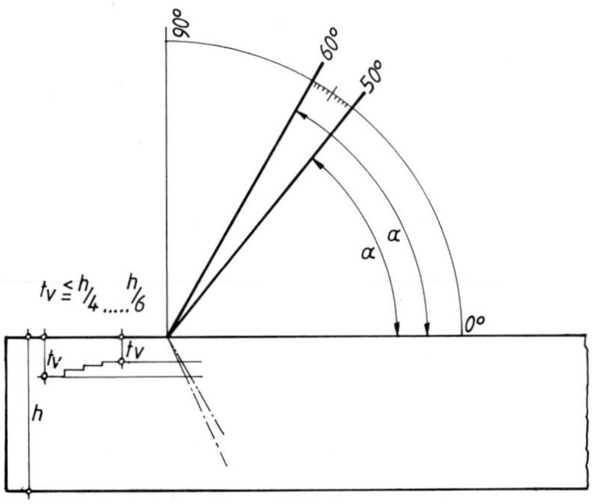

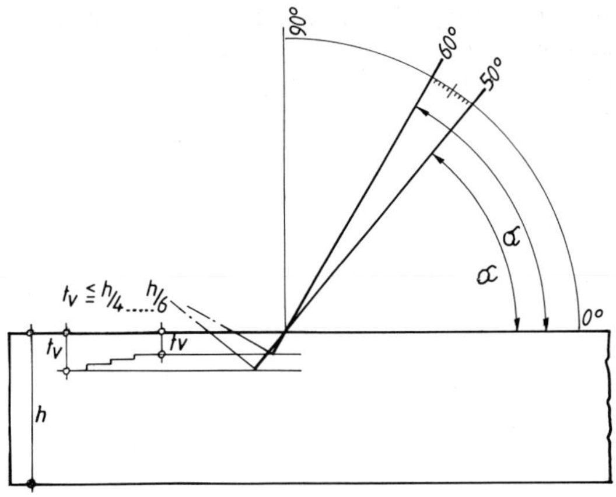

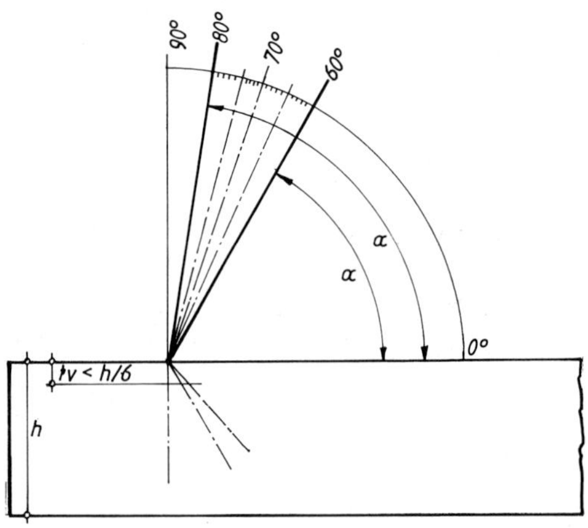

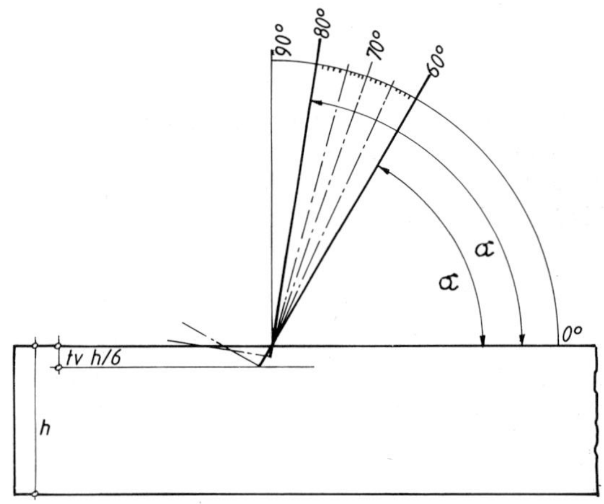

6.4.7 Die Vorholzlänge beim Versatz

Wenn beim Satteldach mit Dachbalken der Sparren nach dem ausgearbeiteten Stirnversatz in das Holz des Dachbalkens eingefügt wird, muß die Versatzfläche gegen den Hirnschnitt des Dachbalkens zurückgesetzt werden. Demgemäß entsteht vor der Versatzfläche eine wirksame Scherfläche und Vorholzlänge.

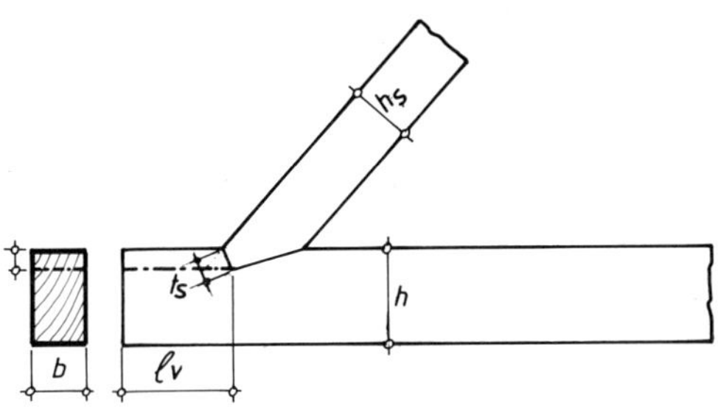

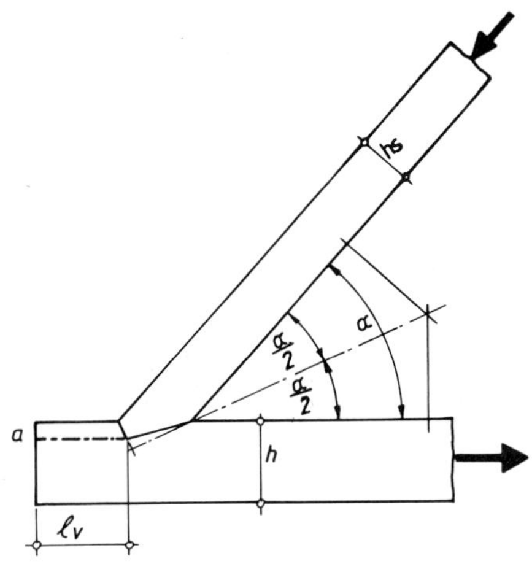

6.4.8 Die gebräuchlichen Benennungen beim Stirnversatz

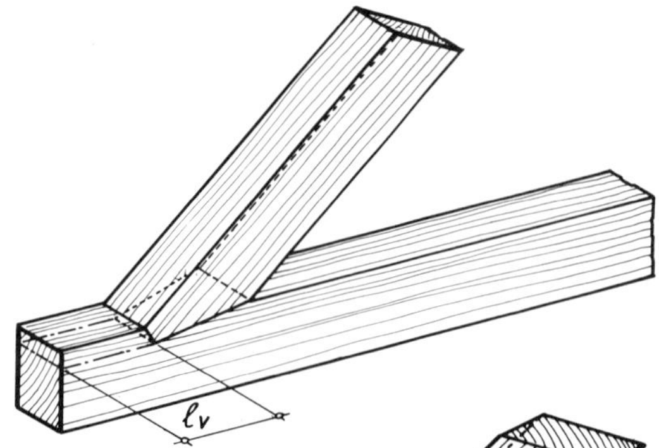

- a für die Strichlinie der betreffenden Scherfläche
- b für die Breite der Versatzfläche
- h für die Höhe des Dachbalkens auf den der Sparren trifft,
- ℓ_v für die Vorholzlänge
- t_v für die Versatztiefe,
- t_s für die Höhe der Versatzfläche,
- α für den Winkel zwischen Unterkante „Sparren" und Oberkante „Dachbalken",
- V_f für die Versatzfläche des winkelhalbierenden Stirnversatzes.

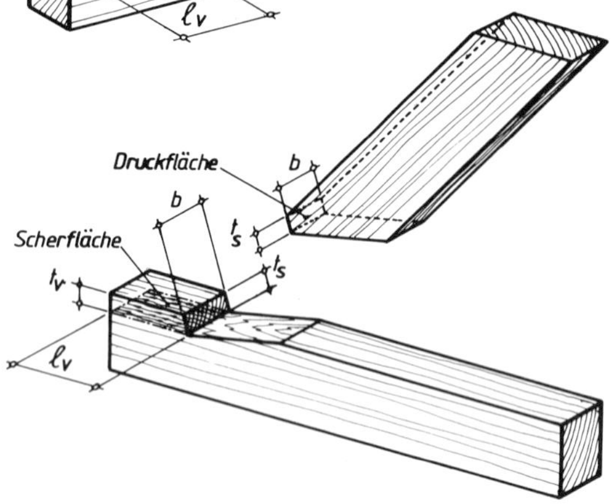

Wenn beim Stirnversatz die Werte α, b und t_v bekannt sind, rechnet man den Flächeninhalt der Versatzfläche V_f nach folgender Formel aus:

$$V_f = \frac{t_V \cdot b}{\cos \alpha/2}$$

Beispiel:

$\alpha = 43°$, $b = 14$ cm, $t_V = 5$ cm

$$V_f = \frac{5\,\text{cm} \cdot 14\,\text{cm}}{0{,}93} = 75{,}2\,\text{cm}^2$$

Die Vorholzlänge ℓ_v sollte man nicht kleiner als 20 cm machen.

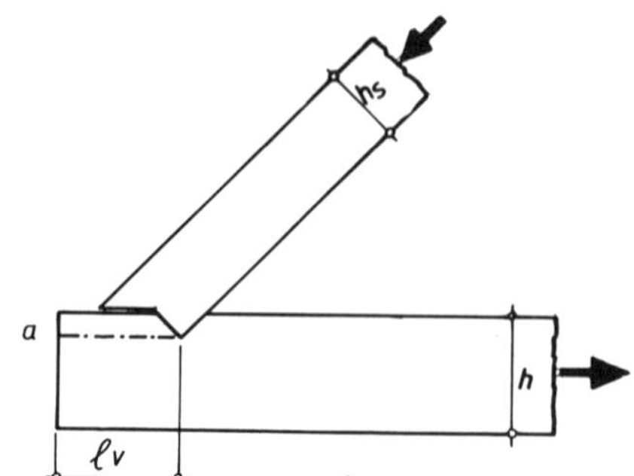

Beim Fersenversatz steht die Versatzfläche schräg unter dem Fußende des Sparrens. Aufgrund des Fersenversatzes wird die Versatzfläche soweit wie möglich gegen den Hirnschnitt des Dachbalkens zurückgesetzt, so daß es eine größere Vorholzlänge gibt, als beim Stirnversatz.

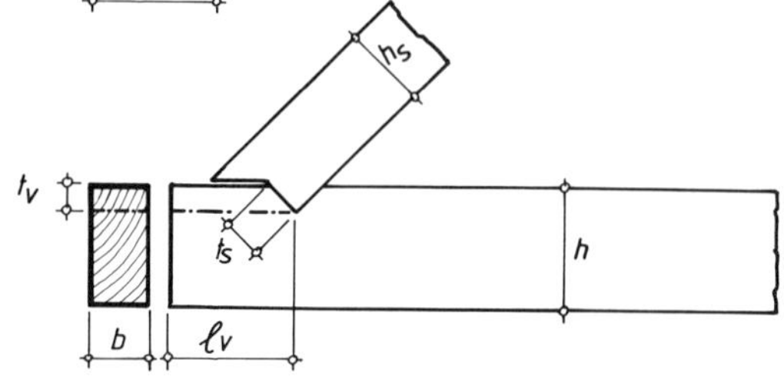

Die Versatzfläche des Fersenversatzes schneidet man in der Regel rechtwinklig zur Sparrenneigung ein.

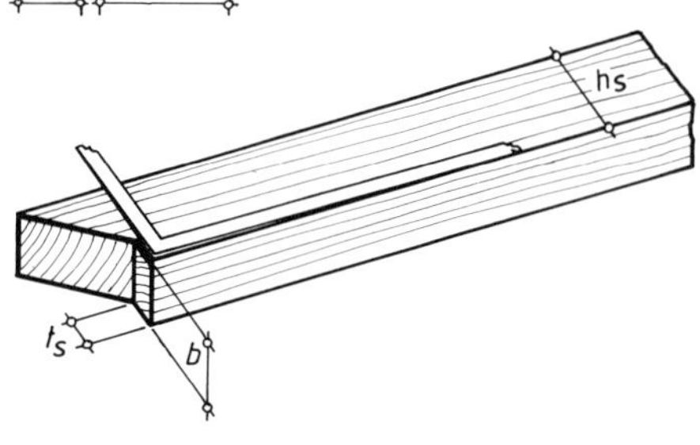

Die Versatztiefe t_v soll beim Dachneigungswinkel α kleiner als 50° nicht größer wie der vierte Teil der Dachbalkenhöhe h sein und bei α größer als 60° nicht größer wie der sechste Teil der Dachbalkenhöhe h.

Zwischen den Winkeln von 50° bis 60° ist geradlinig einzuschalten, d.h., daß bei angenommen $\alpha = 53°$ und einer Dachbalkenhöhe h von 24 cm die zulässige Versatztiefe t_v nach folgender Formel zu ermitteln ist;

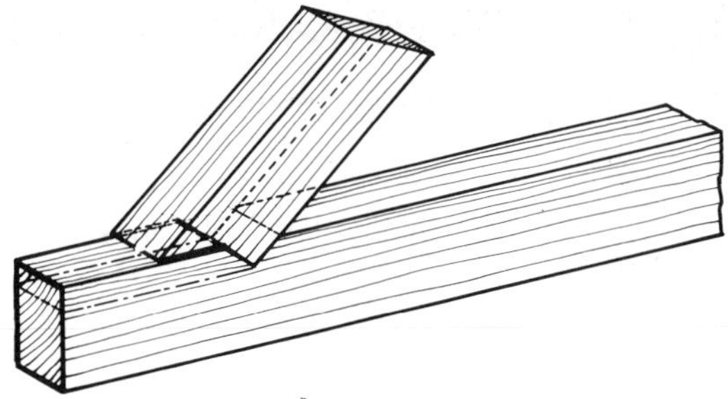

$$\text{zul.}\, t_V = \frac{h}{4} - \left(\frac{h}{4} - \frac{h}{6}\right) \cdot \frac{\alpha - 50°}{10°} =$$

Hier die Ermittlung:

$$\frac{24}{4} - \left(\frac{24}{4} - \frac{24}{6}\right) \cdot \frac{53° - 50°}{10°} = 5{,}4\ \text{cm}$$

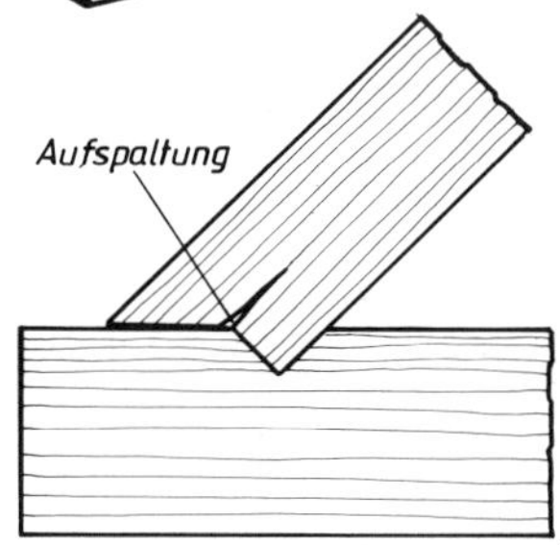

oder:

$$\text{zul.}\, t_V = \frac{h}{6} + \left(\frac{h}{4} - \frac{h}{6}\right) \cdot \frac{60° - \alpha}{10°} =$$

$$\frac{24}{6} + \left(\frac{24}{4} - \frac{24}{6}\right) \cdot \frac{60° - 53°}{10°} = 5{,}4\ \text{cm}$$

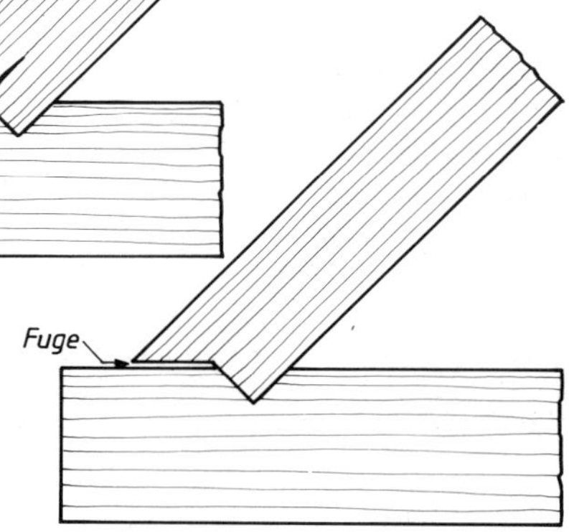

Die Aufspaltung der Ferse in Faserrichtung des Sparrenholzes wird sachgemäß durch eine Fuge zwischen der horizontal verlaufenden Fußschmiege des Sparrens und der Dachbalkenoberseite vermieden. Fugenhöhe ca. 4 mm.

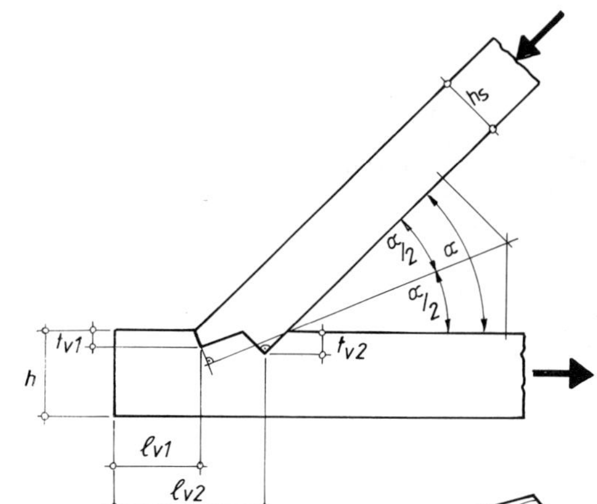

Für den Anschluß von Sparren mit größeren Druckkräften wird der doppelte Versatz verwendet. Er besteht aus dem Stirn- und Fersenversatz.

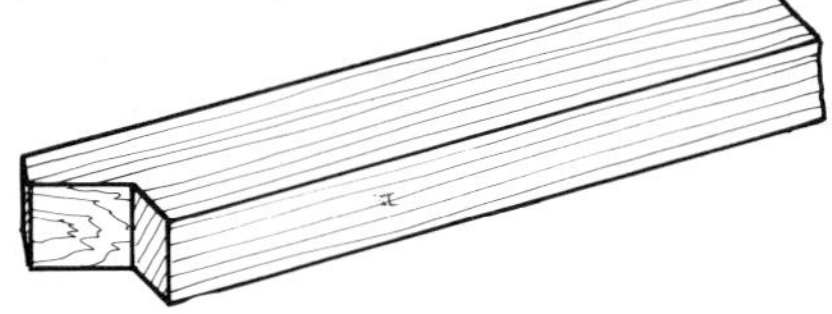

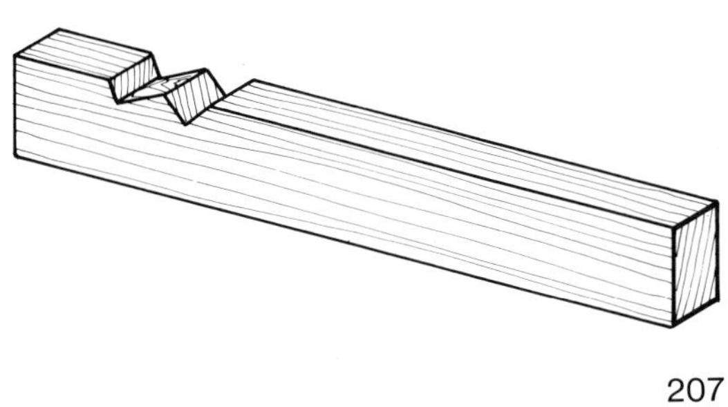

Die Scherfläche des Stirnversatzes und die des Fersenversatzes läßt man beim doppelten Versatz höhenmäßig nicht zusammenfallen und setzt deshalb

$$t_{v1} = 0{,}8 \cdot t_{v2}$$

6.4.9 Die gebräuchlichen Benennungen beim doppelten Versatz

Die gebräuchlichen Benennungen beim doppelten Versatz sind;

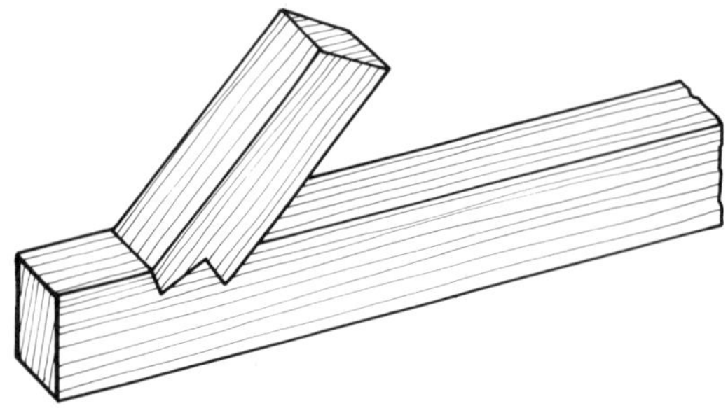

- α für den Winkel zwischen Unterkante „Sparren" und Oberkante „Dachbalken",
- h für die Höhe des Dachbalkens,
- t_{v1} für die Versatztiefe des Stirnversatzes,
- t_{v2} für die Versatztiefe des Fersenversatzes,
- ℓ_{v1} für die Vorholzlänge des Stirnversatzes,
- ℓ_{v2} für die Vorholzlänge des Fersenversatzes

Der doppelte Versatz ist nur als recht genau aufeinanderpassender Stoß und nur mit trokkenem Bauschnittholz (20 % und weniger Holzfeuchtigkeit) zu verwenden, da nur unter diesen Voraussetzungen beide Versatzflächen dauernd gleichzeitig zu Druckübertragungen kommen.

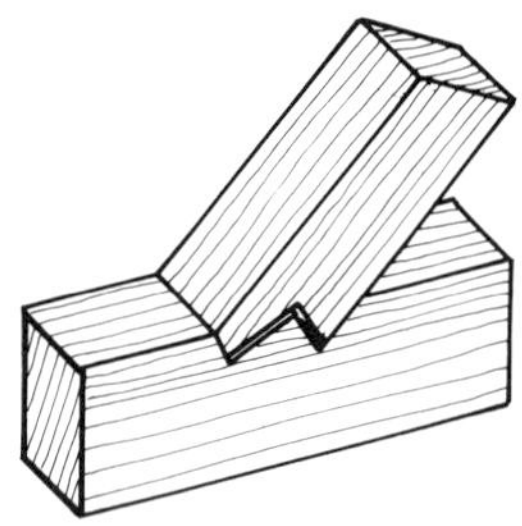

Fersenversatz steht auseinander

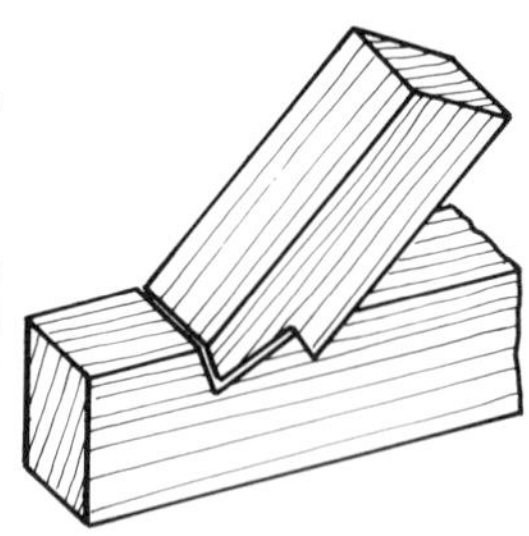

Stirnversatz steht auseinander

6.4.10 Ausführung der Heftbolzenverbindung beim Stirnversatz und beim doppelten Versatz

Beim Anschluß eines Sparrens (Druckstabes) mit Stirnversatz und Heftbolzen, kommt es außer, daß der Sitz des Stirnversatzes genau paßt, auch auf die richtige Anordnung des Heftbolzens an.

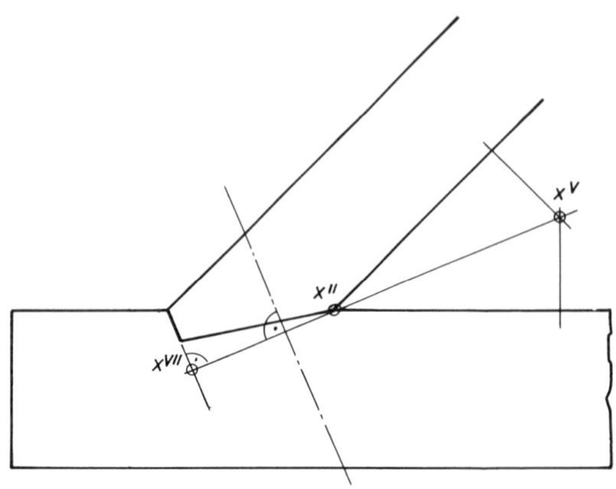

Trifft ein Sparren (Druckstab) auf einen Dachbalken (Zugstab) auf, so soll der Heftbolzen im rechten Winkel zur Winkelhalbierenden x^{v} x'' x^{v}'' sitzen.

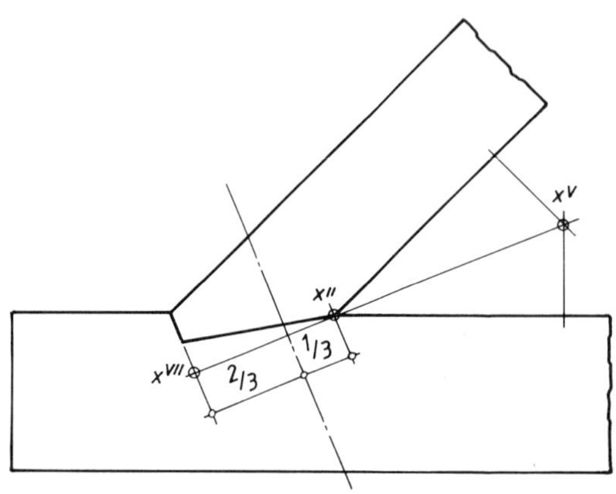

Den Riß für die Richtung des Heftbolzenloches legt man über die seitlichen Holzflächen des Sparrens und Dachbalkens so fest, daß er winkelrecht zur Verbindung x'' x^{v}'' steht und zugleich auf der Strecke x^{v}'' x'' aus dem Punkt x^{v}'' etwa $\frac{2}{3}$ in Richtung des Punktes x'' abgetragen ist.

Beim doppelten Versatz ist die Konstruktion die gleiche, nur wird aufgrund des Stirn- und Fersenversatzes in der Regel der Heftbolzen in die Mitte der Strecke x''' x'' angeordnet, damit er nicht zu nahe an die Versatzfläche des Fersenversatzes herankommt.

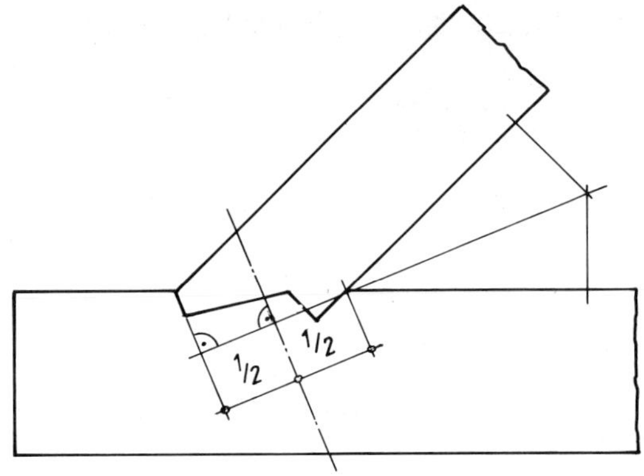

Bei der Ausführung der Heftbolzenverbindung muß besonders darauf geachtet werden, daß die Unterlegscheiben sauber in die Hölzer eingelassen sind, sie dürfen also nicht nur auf einer Kante aufsitzen.

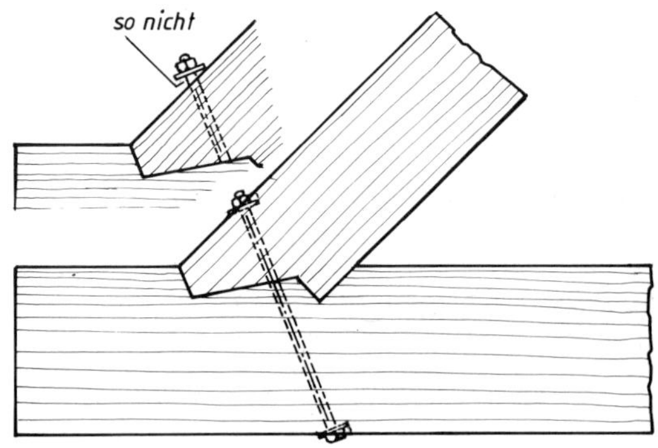

6.4.11 Seitlich angenagelte Lochplatten beim Stirnversatz

Wenn der Stirnversatz sowie der Fersenversatz und der doppelte Versatz zur Sicherung gegen seitliche Verschiebung durch seitlich angenagelte Laschen oder Lochplatten dauerhaft gehalten werden soll, setzt man die Laschen und Lochplatten mit ihren Längskanten in die gleiche Richtung wie ein Heftbolzen.

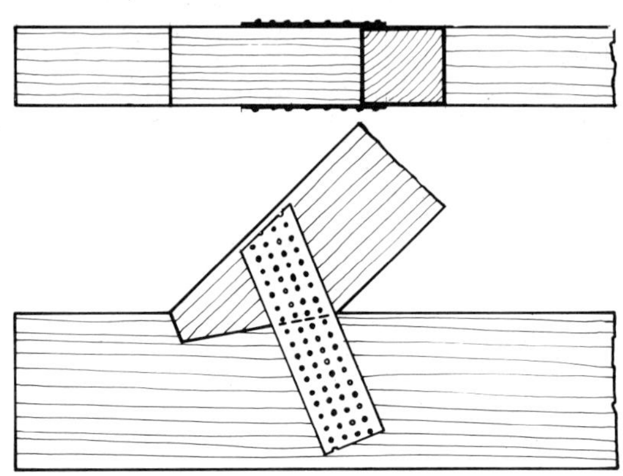

Lochplatten behindern mit ihrer Dicke von 2 mm den Einbau plattenförmiger Blindböden zwischen die Dachbalken weniger als Laschen, die in der Regel 2,4 cm bis zu 5 cm dick sind.

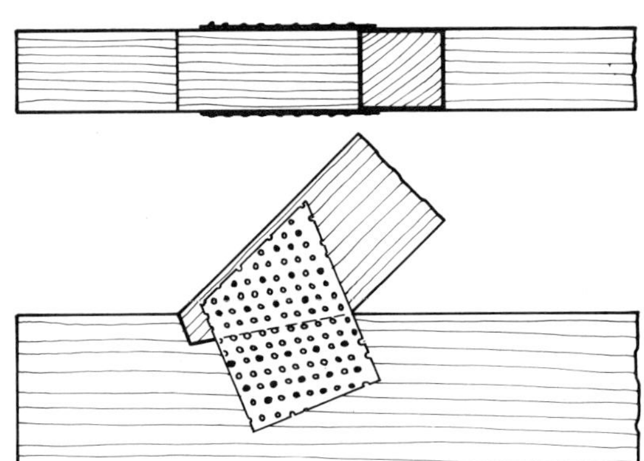

6.4.12 Seitlich angenagelte Brettlaschen beim doppelten Versatz

Die seitlich angenagelten Laschen sichern den doppelten Versatz gegen seitliche Verschiebungen.

In Fällen wo keine größeren Versätze am Dachbalken (Zugstab oder Untergurt) ausgeschnitten werden dürfen, kann der Anschluß mit schräg nach der Sparrenneigung angeordneten Laschen ausgeführt werden. Die Nagelung sichert einmal die Verbindung und nimmt außerdem noch Kräfte auf.

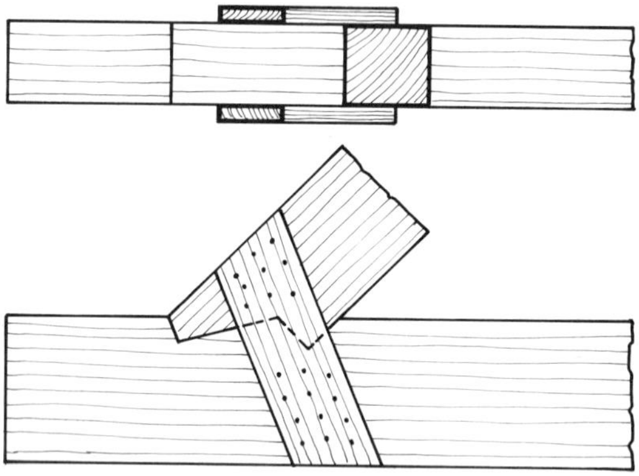

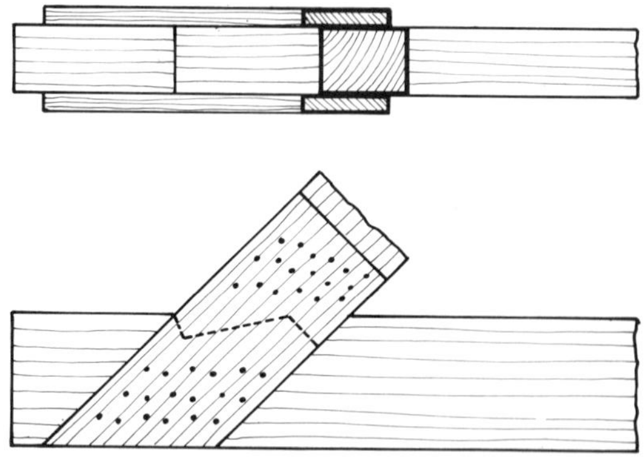

6.4.13 Sparrenanschluß mit Stirnversatz

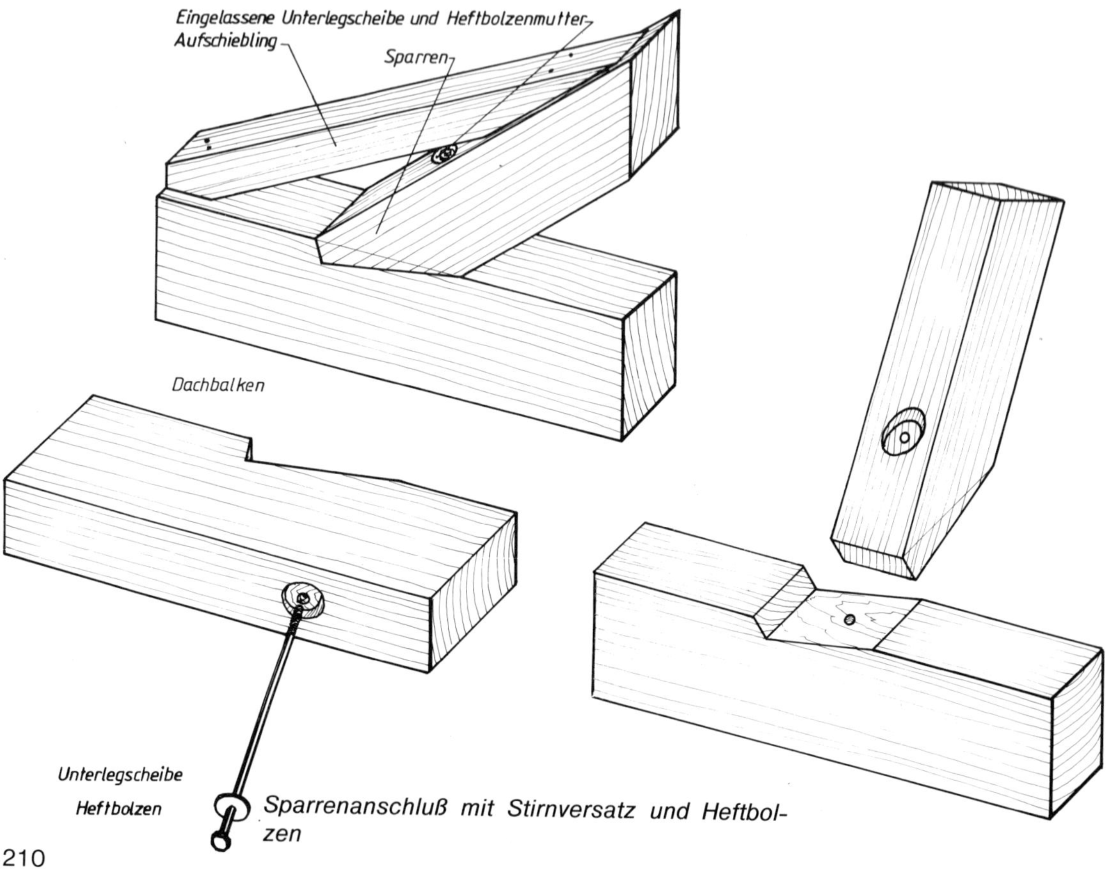

Sparrenanschluß mit Stirnversatz und Heftbolzen

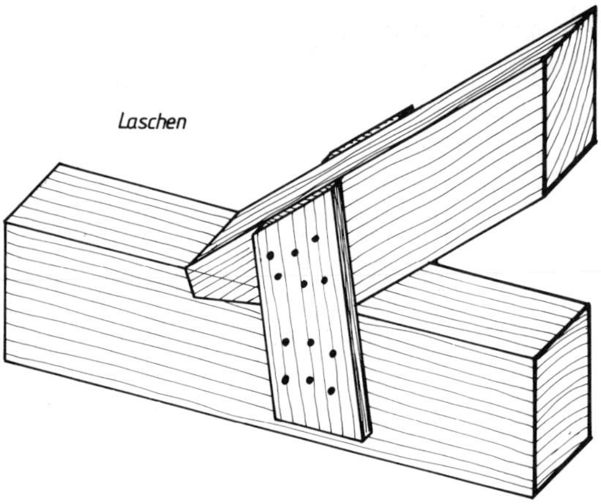

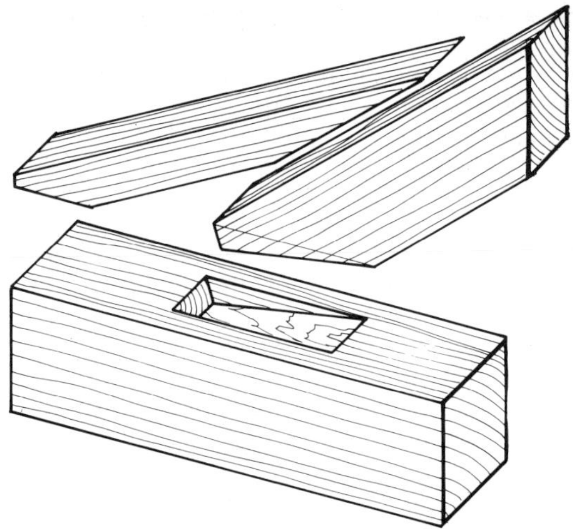

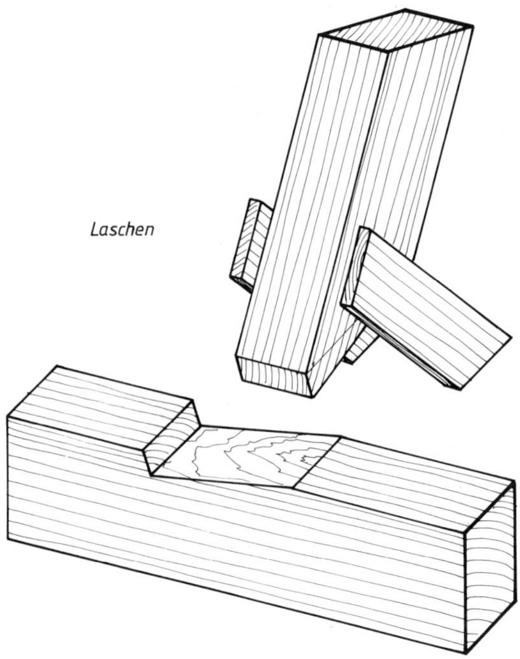

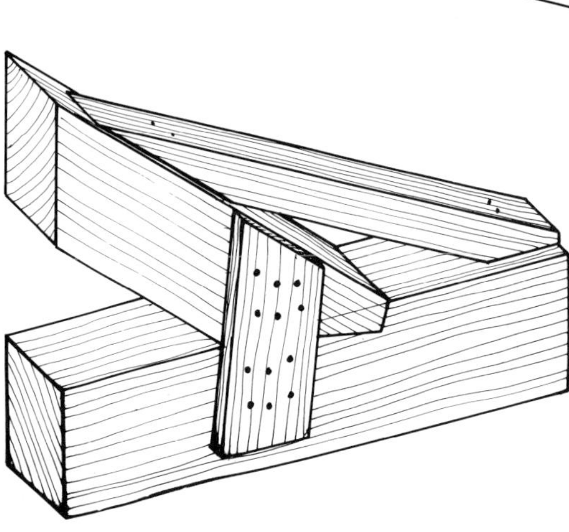

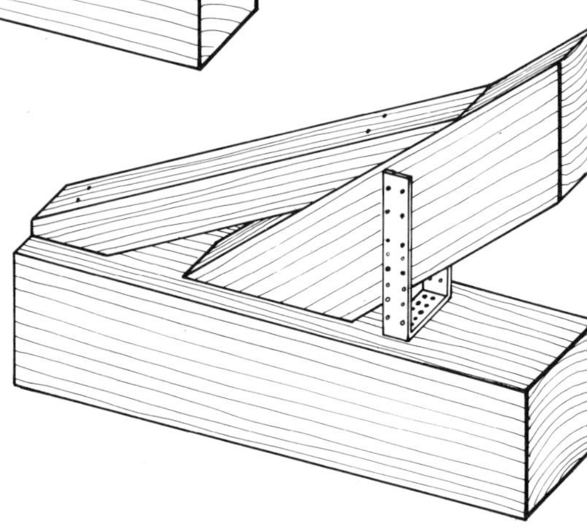

Sparrenanschluß mit Stirnversatz, Laschen und Nägeln

Sparrenanschluß mit Stirnversatz, Lochwinkel und Rillennägeln

6.4.14 Sparrenanschluß mit Stirnversatz und Zapfen

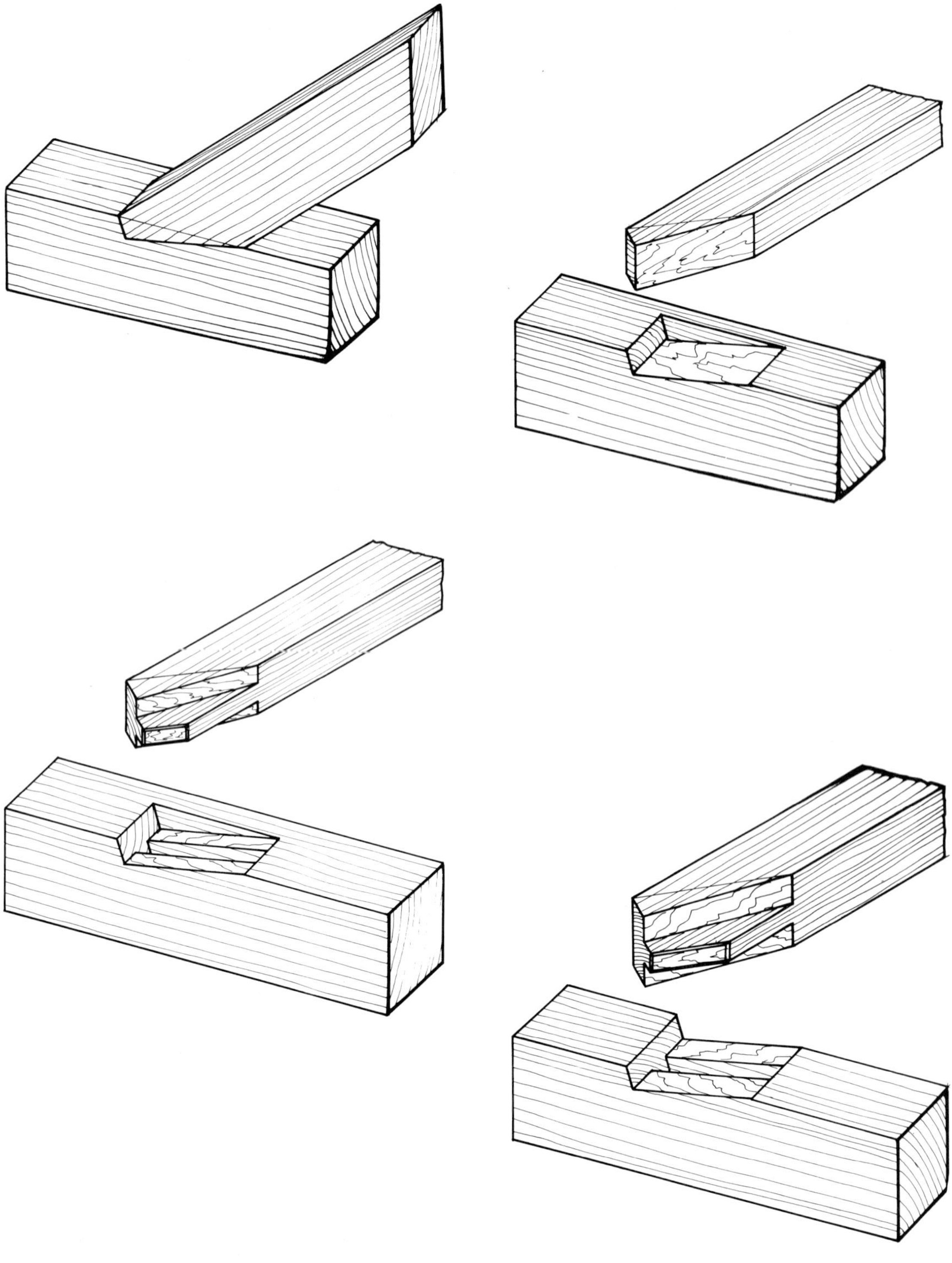

Sparrenanschluß mit Stirnversatz und Zapfen

6.5 Details am First der Sparren- und Kehlbalkendächer

6.5.1 Sparrengebinde mit Verblattung am Firstknotenpunkt

Die Firstgelenke der Sparren- und Kehlbalkendächer werden in der Regel so ausgeführt, wie es hier in drei Knotenpunkten gezeigt wird.

Druck kann durch Kontakt bzw. Schmiegflächen, Zug muß durch entsprechende Verbindungselemente und Verbindungsmittel (Laschen und Nägel) übertragen werden. Wenn man die einzelnen Firstgelenke mit dem Scherzapfen oder dem Blatt, d. h. ohne Einbau einer Firstpfette herstellt, wird eine Längsaussteifung (Bohle 4/10 cm) unter die Sparren genagelt. Eine eingbaute Firstpfette hat keine tragende Funktion, sondern dient zur Erleichterung beim Richten (Aufschlagen) der Gespärre.

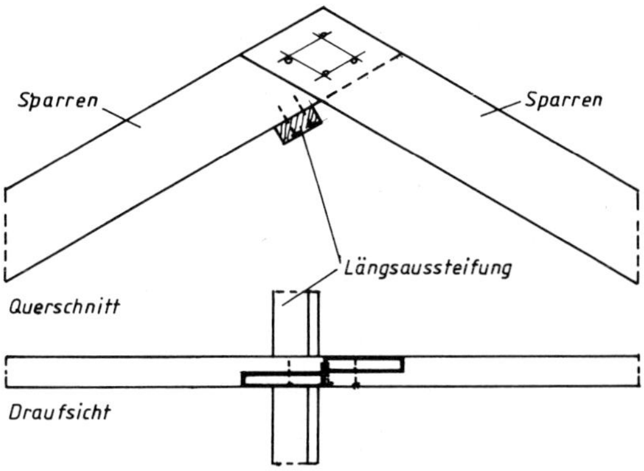

Sparrengebinde mit Verblattung am Firstknotenpunkt

6.5.2 Sparrengebinde mit Kontaktstoß unter der Firstbohle

Aufgrund des unteren Kontaktstoßes müssen die Sparren mit den oberen Senkelschmiegen stets von der Firstbohle abstehen.

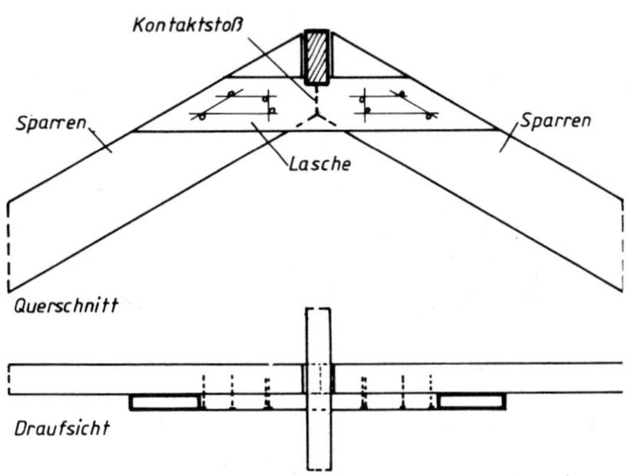

Sparrengebinde mit Kontaktstoß unter der Firstbohle

6.5.3 Sparrengebinde mit Firstpfette und Firstlasche

Da die Sparren mit Kerven auf die Firstpfette auflagern müssen die Senkelschmiegen über der Firstpfette voneinander abstehen. Zwischen den Senkelschmiegen muß ein Abstand von 0,5 bis 1 cm bleiben.

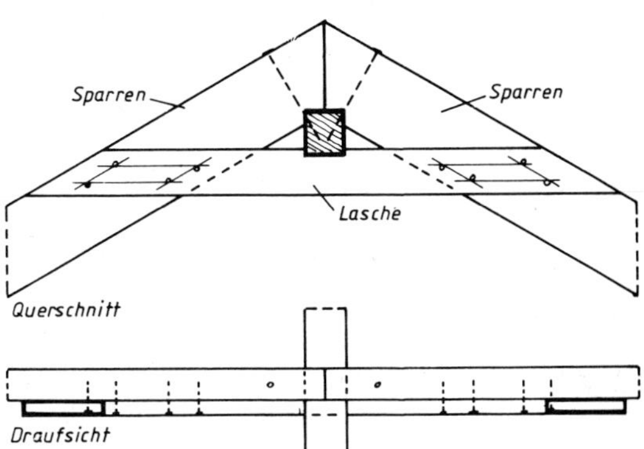

Sparrengebinde mit Firstpfette und Firstlasche.

6.6 Details an Kehlbalkenanschlüssen

Der quer zur Traufe verlaufende Kehlbalken hat Druckkraft aufzunehmen.

Beim ausgebauten Dachgeschoß wird er zusätzlich auch noch auf Biegung beansprucht.

Für den Anschluß des Kehlbalkens an das Sparrengebinde kommen hauptsächlich Nagelverbindungen in Betracht. Die Nagelverbindungen werden zusammen mit entsprechenden Laschen aus Vollhölzern und oft auch aus Baufurnierplatten (Bausperrholz) hergestellt.

6.6.1 Anschluß des Kehlbalkens mit Laschen

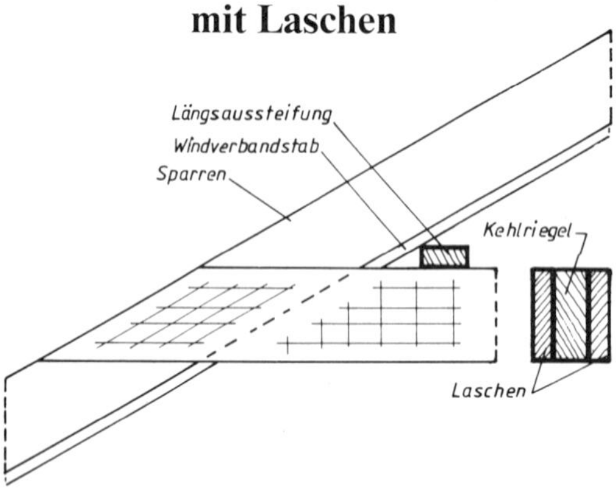

Kehlriegel,
■ - Querschnitt

Anschluß des Kehlsparrens mit Laschen.

6.6.2 Anschluß des Kehlbalkens mit Laschen und einer Auflagerknagge am Sparren

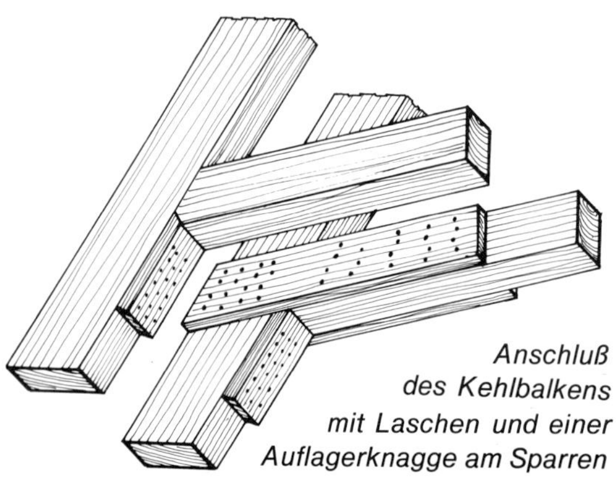

Anschluß des Kehlbalkens mit Laschen und einer Auflagerknagge am Sparren

6.6.3 Kehlbalken aus zwei Bohlen und einem Futterstück

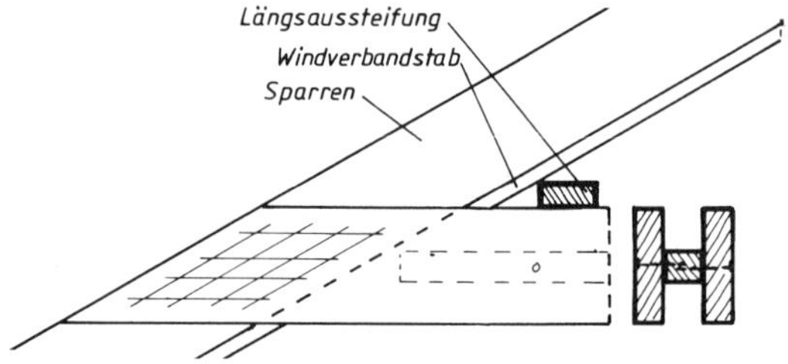

Kehlbalken aus zwei Bohlen und einem Futterstück. Die Abnagelung des Futterstückes wird vor dem Richten des Daches d. h. beim Abbinden ausgeführt.

6.6.4 Anschluß des Kehlbalkens mit Versatz und Laschen

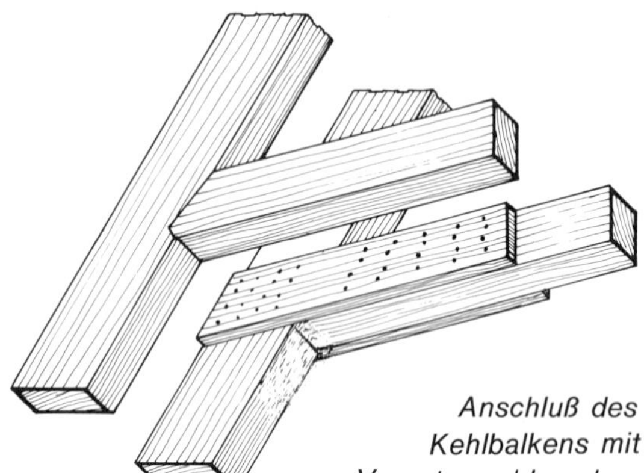

Anschluß des Kehlbalkens mit Versatz und Laschen

6.6.5 Anschluß des Kehlbalkens mit Lochplatten und Auflagerknagge am Sparren

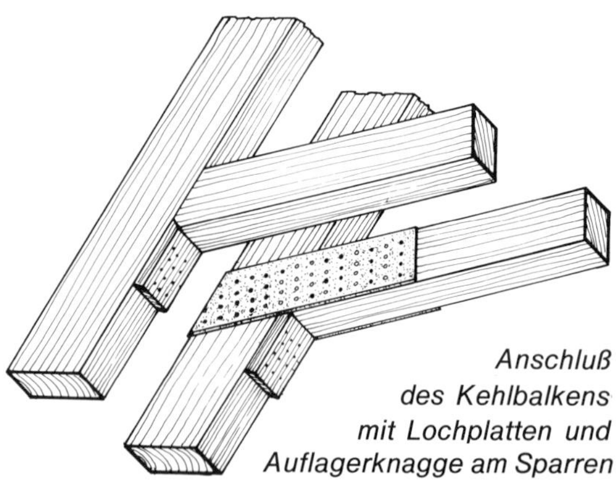

Anschluß des Kehlbalkens mit Lochplatten und Auflagerknagge am Sparren

6.7 Details an der Traufe des Kehlbalkendaches mit Stahlbetonwiderlagern

6.7.1 Querschnitt eines Kehlbalkendaches

Beim Kehlbalkendach mit Stahlbetondecke und Stahlbetonwiderlager wird die Druckkraft im Sparren auf die Fußschwelle und von der Fußschwelle weiter in das Betonwiderlager geleitet.

Die Druckkraft im Sparren wird hauptsächlich durch eine Kontaktfläche oder durch eine Knagge sowie durch einen Balkenschuh auf die Fußschwelle weitergegeben.

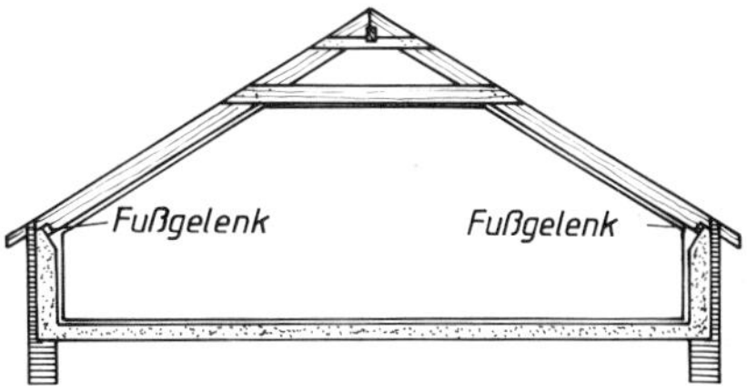

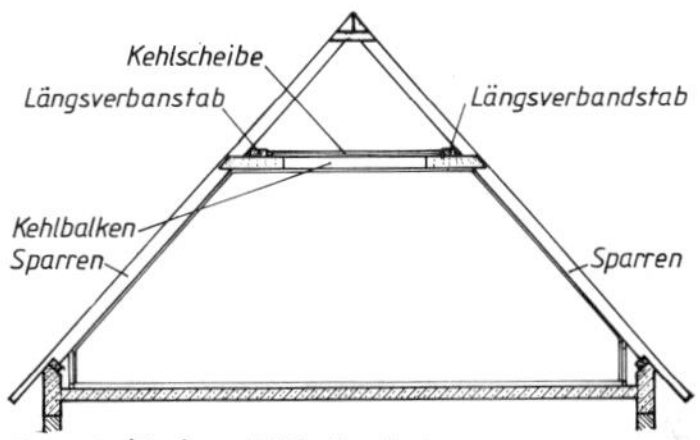

Querschnitt eines Kehlbalkendaches

6.7.2 Fußgelenk Querschnitte

Beim Kehlbalkendach wird die Fußschwelle auch als Sparrenschwelle bezeichnet.

Die Druckkraft im Sparren wird durch eine ausgearbeitete Kontaktfläche mit bestimmtem Querschnitt in die Fußschwelle geleitet.

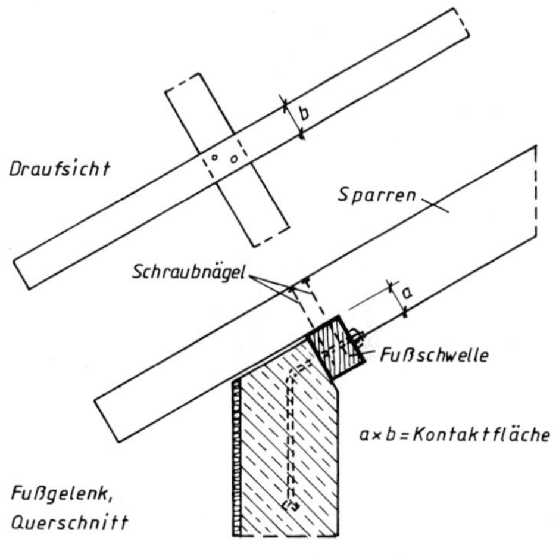

Fußgelenk, Querschnitt

Die Sparrenkraft wird von einer in das Sparrenholz eingelassenen Knagge aufgenommen und von dieser in die Fußschwelle geleitet. Der Querschnitt des Knaggenholzes ist so bemessen, daß die betreffende Hirnschnittfläche bei der Weiterleitung der Sparrenkraft in die Fußschwelle das Fußschwellenholz nicht zusammendrücken kann.

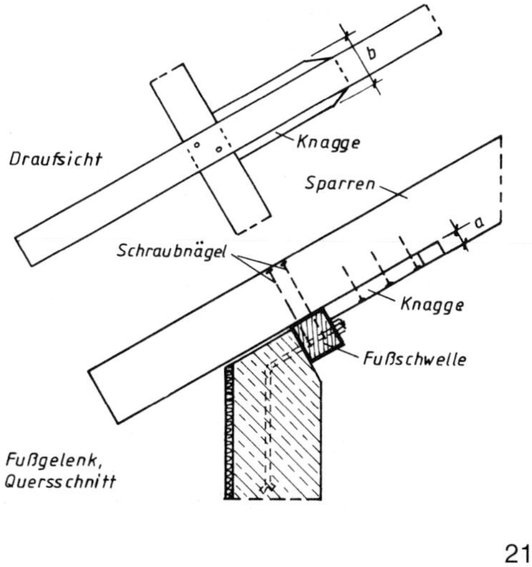

Fußgelenk, Quersschnitt

6.8 Lesen der Bau- und Ausführungszeichnung beim Abbund eines Kehlbalkendaches

6.8.1 Außenansichten des Wohnhauses

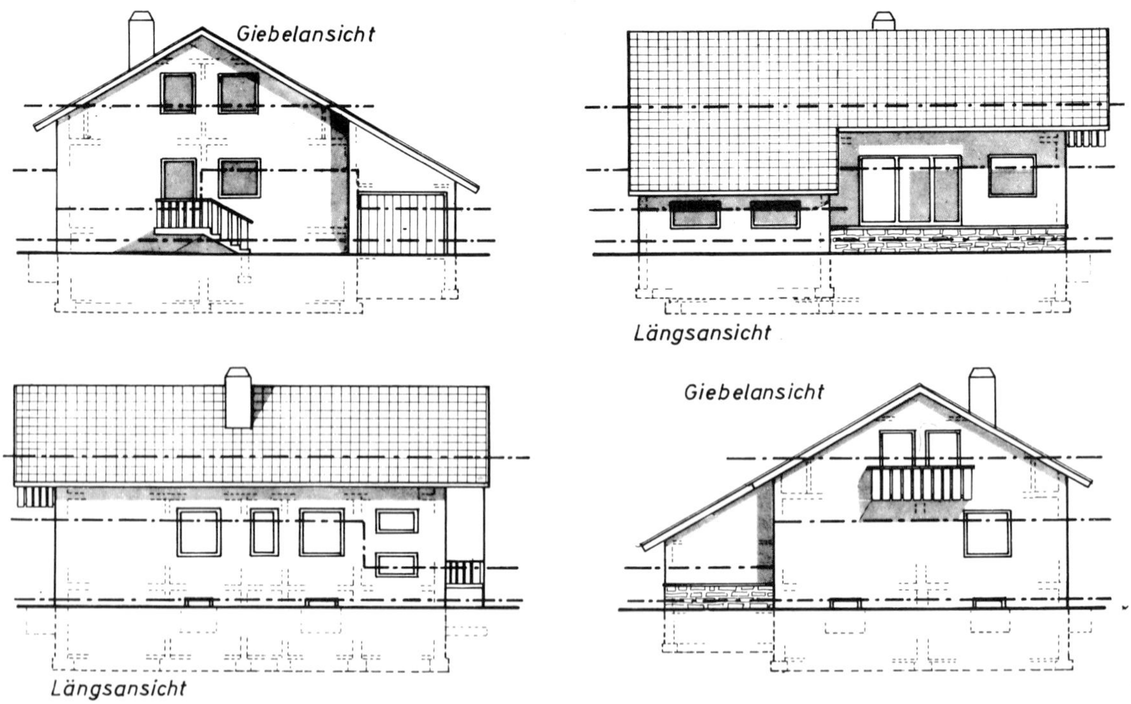

Mit den Außenansichten des Wohnhauses, wie sie vom Architekt als Teil der Entwurfszeichnung dargestellt werden, ist die äußere Form mit Fensteröffnungen, Eingangs- und Balkontüren und anderes mehr festgelegt, aber noch nicht die innere Einteilung. Zum Darstellen der Raumeinteilungen, d.h. der Längs- und Querwände, der Geschoßdecken und Dachteile sowie der Treppen und Podeste, wird der Baukörper in verschiedenen Schnittflächen waagerecht und lotrecht erfaßt. Durch die verschiedenen Schnittführungen sind dann die Schnittbilder bestimmt.

Schnittführungen für lotrechte Schnittbilder, d.h. für Quer- und Längsschnitte, werden in waagerechten Schnittbildern bzw. in Grundrissen mit breiten Strichpunktlinien und mit Pfeilzeichen dargestellt und außerdem mit römischen Ziffern oder mit Buchstaben gekennzeichnet. Beim Lesen der Bauzeichnungen gibt jede Schnittführung Aufschluß darüber, daß in Richtung der Pfeilzeichen ein Schnitt bzw. geschnittene Baukörperflächen dargestellt werden.

Ein Grundriß oder Schnitt soll immer recht viel von Fester- und Türöffnungen sowie von Treppen und vom Dach zeigen. Aus diesem Grunde können beim Wohnhaus mit unterschiedlichen Fensterhöhen die waagerechten Schnittführungen zum Teil nur höhenmäßig etwas abgesetzt angeordnet werden.

Im Erdgeschoß liegen durch die höhenmäßig abgesetzten Schnittlinien I – I die Schnittflächen des Treppen- und Garagenraumes etwas tiefer als die Schnittflächen unter der Schnittführung II – II.

6.8.2 Erdgeschoßgrundriß

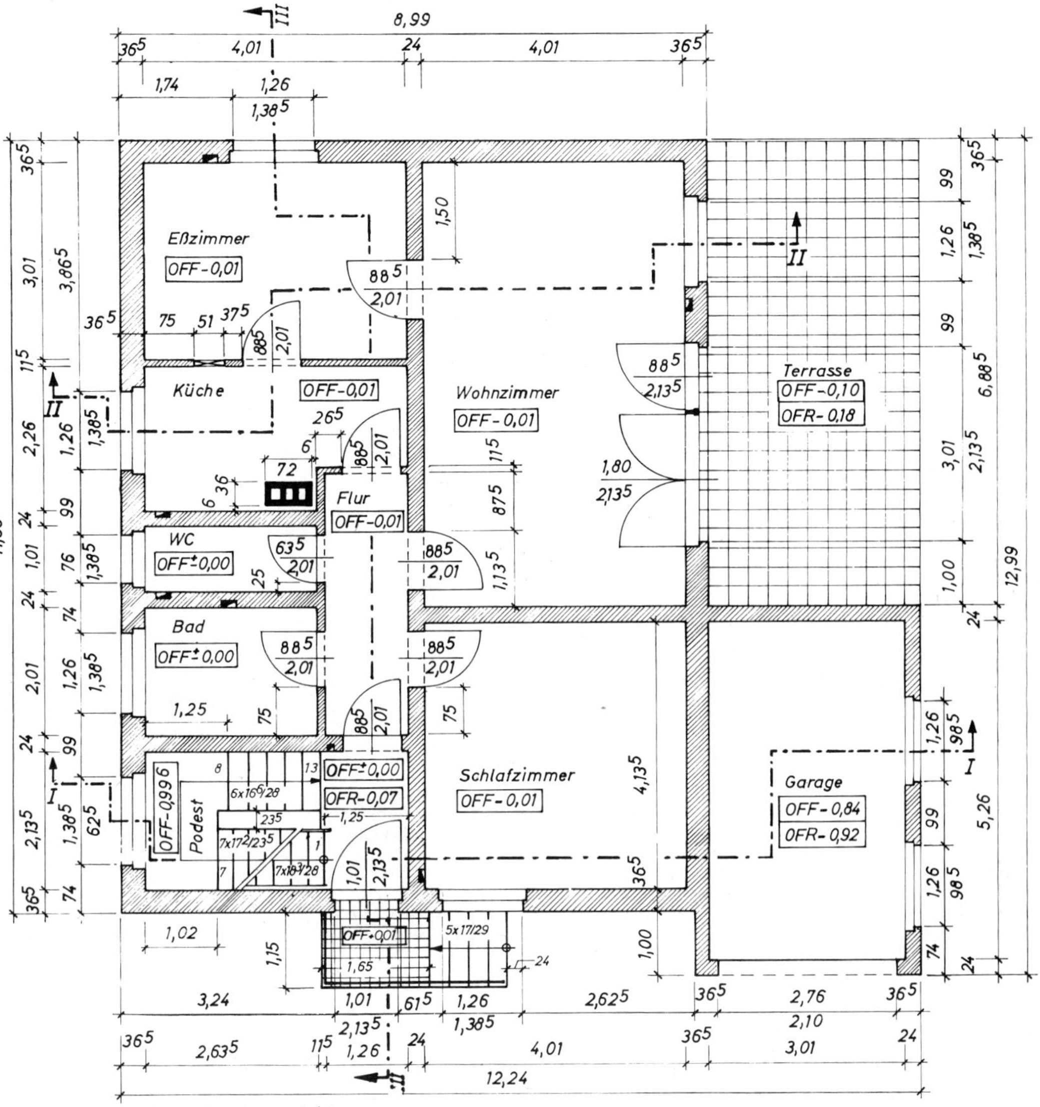

Erdgeschoßgrundriß

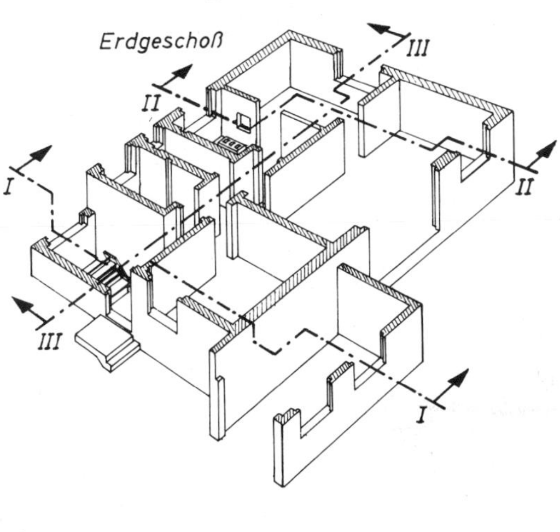

Schriftfeld

Demgemäß sind im Erdgeschoßgrundriß das untere Treppenraumfenster und die Treppenläufe sowie die Garagenfenster und die Garagentoröffnung geschnitten dargestellt.

Reicht ein Querschnitt nicht aus, um das gesamte Gebäude oder alle Bauteile genau festzuhalten, so müssen mehrere Querschnitte aufgetragen werden. Im Erdgeschoßgrundriß liegt außer der Schnittlinie I – I, wie schon erwähnt, auch noch die Schnittfläche II – II fest. Wie nach den beiden Schnittführungen I – I und II – II das Wohnhaus lotrecht aufgeschnitten ist, zeigen die perspektivischen Darstellungen.

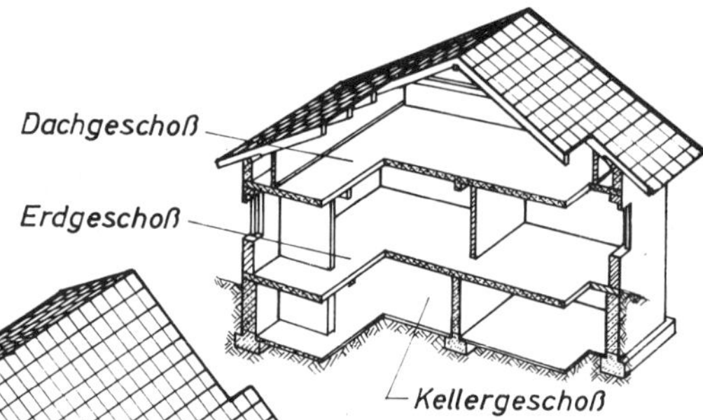

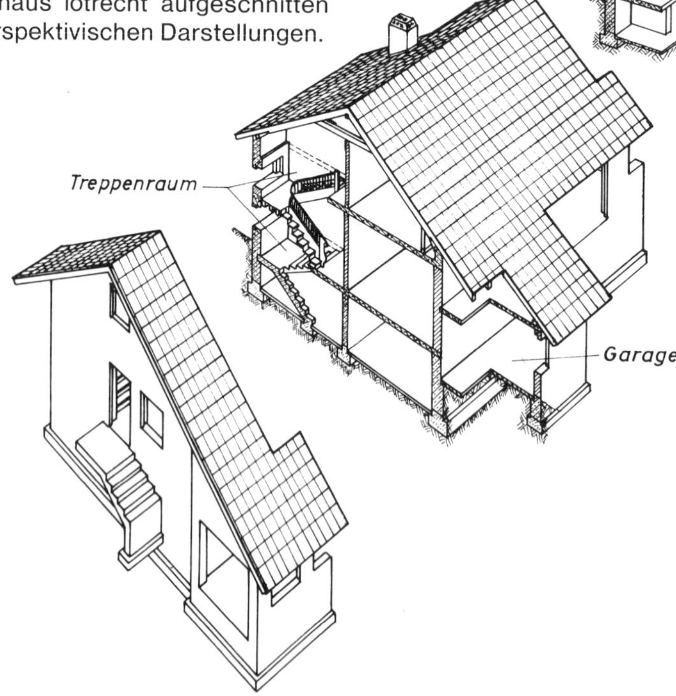

6.8.3 Querschnitt I – I

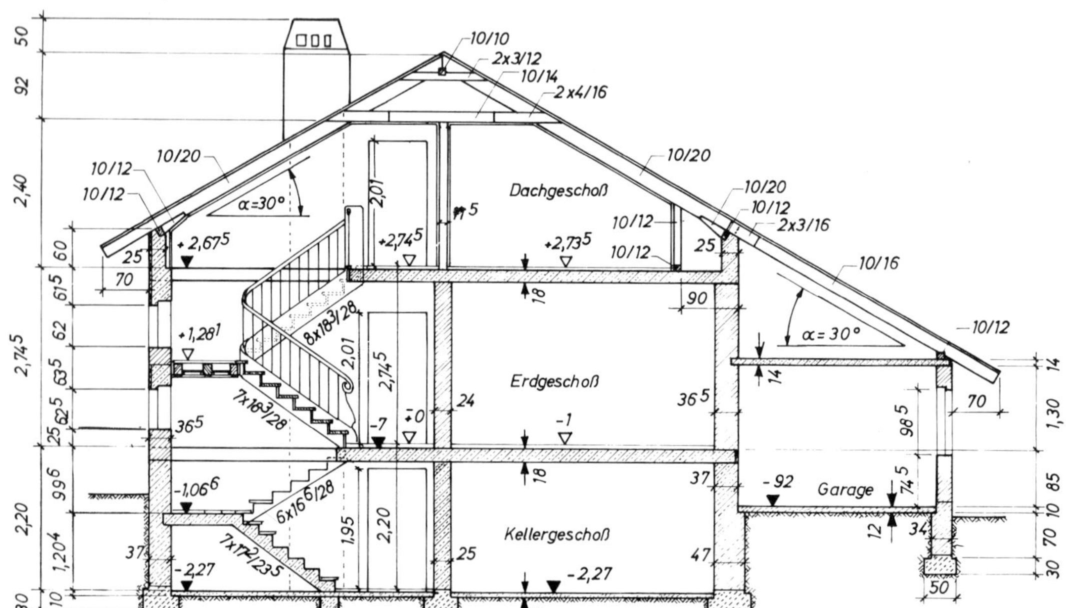

Querschnitt I-I

6.8.4 Querschnitt II – II

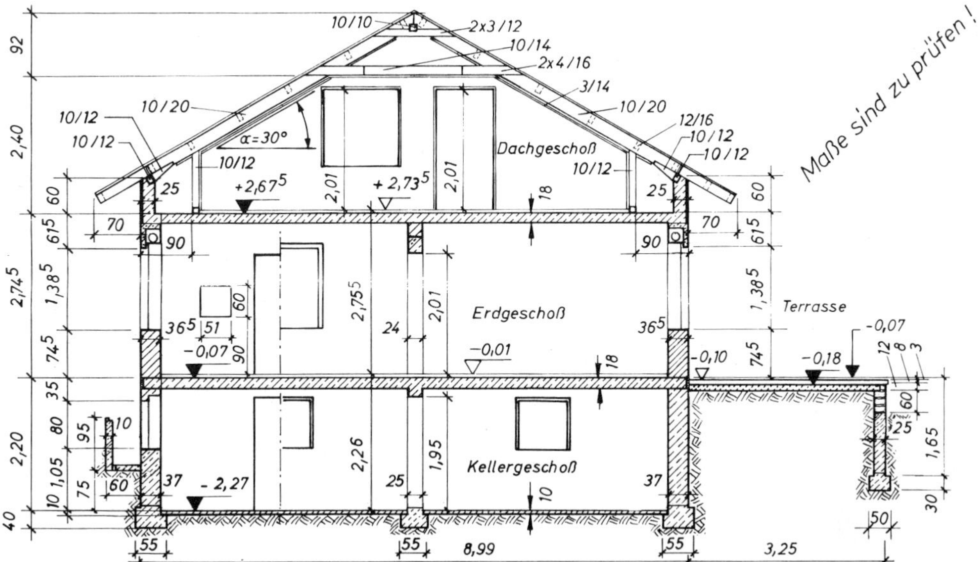

Querschnitt II-II

Von den Schnittflächen, die hier sowohl in Quer- als auch in Längsrichtung erfaßt sind, werden in den Querschnitten I – I und II – II Schnittflächen dargestellt, die nur in Querrichtungen verlaufen.

Für die Darstellung von Gebäuden und deren Einzelteile haben sich im Laufe der Zeit bestimmte Maßstäbe als zweckmäßig erwiesen, z.B. Maßstab 1:200 für Vorentwurfszeichnungen; Maßstab 1:100 für Entwurfszeichnungen; Maßstab 1:50 für Ausführungszeichnungen; Maßstab 1:5 und 1:10 für Detailzeichnungen. Das Größenverhältnis zwischen dem auf der Bauzeichnung mit Ansichten, Grundrissen, Schnitten usw. dargestellten Baukörper und der natürlichen Größe des Bauwerkes wird also durch den Maßstab (M.) festgelegt, d. h. die Ausmaße auf der Zeichnung stehen in einem bestimmten Verhältnis zu den wirklichen Projekt-Ausmaßen.

Im Schriftfeld, das in der Regel in der rechten unteren Ecke jeder Bauzeichnung festgelegt ist, sind der Hauptmaßstab der Zeichnung in großer und die übrigen Maßstäbe in kleinerer Schrift angegeben. Im Schriftfeld werden auch die Anschriften des Architekten und des Bauherrn, die Bauobjektbezeichnung, Art und Inhalt der Zeichnung, die Namen der Bearbeiter und der Prüfer sowie das Datum angegeben.

Maßgebend für die Ausführung der Bauarbeiten sind nicht die in der Bauzeichnung maßstäblich gezeichneten Größen, sondern die eingeschriebenen Maßzahlen, d. h. die Nennmaße.

Nennmaße ab einem Meter werden in Bauzeichnungen im allgemeinen in m eingetragen. Unter einem Meter wird in cm bemaßt. Bruchteile von cm werden in der Regel hochgesetzt. Die Bezeichnung m, cm und mm fallen in Bauzeichnungen weg. Hier einige Beispiele nach dem Erdgeschoß-Grundriß.

12,24	=	12 Meter und 24 Zentimeter
36^5	=	36 Zentimeter und 5 Millimeter
$2{,}63^5$	=	2 Meter, 63 Zentimeter und 5 Millimeter
11^5	=	11 Zentimeter und 5 Millimeter
1,26	=	1 Meter und 26 Zentimeter
24	=	24 Zentimeter
4,01	=	4 Meter und 1 Zentimeter
36^5	=	36 Zentimeter und 5 Millimeter
3,01	=	3 Meter und 1 Zentimeter
24	=	24 Zentimeter

Mit 12,24 ist parallel zu den abgesetzten Giebelwänden ein Gesamtnennmaß angegeben. Wegen der längslaufenden Außen- und Innenwände ist das Gesamtnennmaß bzw. die ganze

Baubreite in Teilnennmaße aufgeteilt. Die Nennmaßeinheiten stellen eine Maßkette dar. Beim Lesen der Bauzeichnung wird die Summe der Maßkette ermittelt, um feststellen zu können, ob diese mit dem Gesamtnennmaß übereinstimmt. Bei geringen Unstimmigkeiten kann es sich um Freimaß-Toleranzen (2 – 6 mm) oder um Montage-Spielräume handeln. Bei größeren Unstimmigkeiten ist es durchaus möglich, daß Teilnennmaße nicht richtig von einer auf die andere Bauzeichnung übertragen wurden. Deshalb werden die zugehörigen Bauzeichnungen ebenfalls gelesen bzw. geprüft. Das Lesen und Prüfen der Bauzeichnungen wird sowohl vom Architekten als auch vom Statiker verlangt, und diese weisen hierauf mit Stempeln wie „Maße sind zu prüfen" oder „Die Maße sind mit denen des Architekten zu vergleichen" deutlich hin.

Nennmaße sind die Maße, welche die Bauten und ihre Teile rohbaumäßig, also ohne Putz und Verkleidungen an Wänden, Decken, Tür- und Fenstersturzflächen sowie an Tür- und Fensterleibungen tatsächlich aufweisen sollen. Bei der Bauart mit Stoß- und Lagerfugen, d. h. beim Mauerwerksbau, ergeben sich die Nennmaße aus den Baurichtmaßen abzüglich der Fugen oder bei Mauerwerksöffnungen zuzüglich der Fugen. Die Baurichtmaße sind also hauptsächlich bei Wandbauarten mit Stoß- und Lagerfugen theoretische Maße. Sie sollen zum formgerechten Verband der genormten Bauteile, z. B. Vollziegel, Hochlochziegel, Hohlblocksteine ein vielfaches von 25 cm bilden, also 50 cm, 75 cm, 1,00 m usw. oder aus Bruchteilen von 25 cm, wie

$\frac{25}{2} = 12{,}5$ cm, $\frac{25}{3} = 8{,}33$ cm und

$\frac{25}{4} = 6{,}25$ cm bestehen.

In Grundrissen (siehe Erdgeschoß-Grundriß) werden außer den Nennmaßen für die Außen- und Innenwände auch Wandöffnungen vermaßt. Bei Wandöffnungen bzw. Tür- und Fensteröffnungen wird die Breite über die Maßlinie und die Höhe unter die Maßlinie, oder die Breite über und die Höhe unter die Achslinie eingetragen. Der Türaufschlag wird durch einen Kreisbogen angedeutet. Zwei schmale Strichlinien in Richtung der unterbrochenen Wandbegrenzungslinien (mittelbreite Vollinien) deuten an, daß die Tür keine Schwelle bekommt. Mit zwei schmalen Vollinien in Richtung der unterbrochenen Wandbegrenzungslinien (mittelbreite Vollinien) wird eine Tür mit Schwelle an-

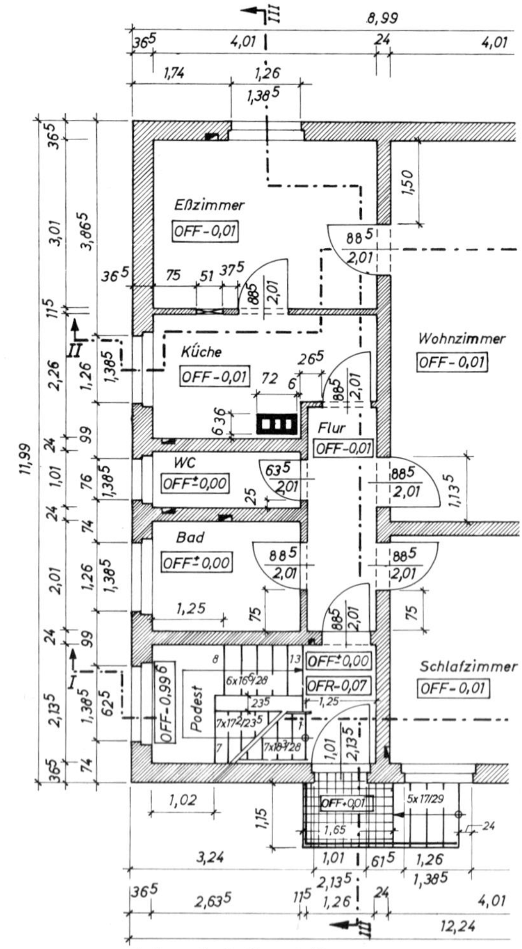

Erdgeschoß-Grundriß

gegeben. Ist eine der Wandbegrenzungslinien im Bereich der Wandöffnung mit einer schmalen Strichlinie und die zweite Wandbegrenzungslinie mit einer schmalen Vollinie dargestellt, kommt eine Tür mit Stoßschiene in Betracht. Wenn man hier den Erdgeschoß-Grundriß liest, kann man feststellen, daß die Eingangstür $(\frac{1{,}01}{2{,}13^5})$ eine Schwelle bekommt. Die Innentür zum Flur $(\frac{88^5}{2{,}01})$ und die Innentüren zum Bad $(\frac{88^5}{2{,}01})$ sowie WC $(\frac{63^5}{2{,}01})$ bekommen Anschlagschienen. Bei den Wohnzimmertüren $(\frac{1{,}80}{2{,}13^5})$ und $(\frac{88^5}{2{,}13^5})$, muß man erkennen, daß es sich um eine zweiflügelige Drehtür und um eine einflügelige Drehtür (Linkstür) mit Schwellen handelt. Die übrigen 5 Innentüren 4 × $(\frac{88^5}{213{,}5})$ einflügelige Drehtüren (Linkstüren) und $(\frac{88^5}{2{,}13^5})$ einflügelige

Drehtür (Rechtstür) bekommen keine Schwellen, denn vom Flur in das Schlaf- und Wohnzimmer und in die Küche, wie vom Wohnzimmer in das Eßzimmer, sind in Richtung der unterbrochenen Wandbegrenzungslinien die Wandöffnungen mit je zwei schmalen Strichlinien gekennzeichnet.

Die vorgeplante Kellergeschoßhöhe wird innerhalb des Erdgeschoß-Grundrisses in der Regel im Treppenraum mit dem Vorzeichen OFF + 0,00 d. h. Oberfläche „Fertigfußboden" und mit dem Vorzeichen OFR und der bestimmten Unterbaudicke z. B. – 0,07 also OFR – 0,07, d. h. Oberfläche „Rohdecke" je in einem rechteckigen Vollinienrahmen angegeben. In den Grundflächen der Erdgeschoßräume sind hier, wie in Bauzeichnungen allgemein üblich, ebenfalls in rechteckigen Vollinienrahmen nach den Vorzeichen OFF die Oberflächen der Fertigfußböden z. B. auf OFF ± 0,00 und OFF – 0,01 festgelegt. Daraus läßt sich schließen, daß die Kellergeschoßdecke insgesamt eine ebene und waagerechte Oberfläche bekommt. Wenn die Oberfläche der Kellergeschoßdecke zum Teil nach unten abgesetzt werden müßte, wären im Erdgeschoß-Grundriß unter OFF ± 0,00 größere Dicken als OFR – 0,07 angegeben.

Bei der Terrasse OFF – 0,10; OFR – 0,18 und bei der Garage OFF – 0,84; OFR – 0,92 sowie beim Treppenraumpodest mit OFF – $0{,}99^6$ ist dies der Fall. Da aber die Dicken von – 0,07 bis – 0,18 = 11 cm und von – 0,07 bis – $0{,}99^6$ = 92^6 sowie von – 0,07 bis – 0,92 = 85 cm sehr groß sind und sich außerhalb der eigentlichen Wohnflächen absetzen, liegen sie nicht im Bereich der Kellergeschoßdecke. Durch die Bezeichnungen „Terrasse" wird ebenfalls angedeutet, daß keine direkte Verbindung mit der Kellergeschoßdecke besteht.

Beim Lesen des Erdgeschoß-Grundrisses wird man oft feststellen, daß die dargestellten Wand- und Deckendurchbrüche sowie die Wandschlitze nicht eingemaßt sind, weil es dafür heutzutage besondere Aussparungspläne gibt. Alle anderen für den Rohbau notwendigen Nennmaße sind, wie es in der Praxis oft der Fall ist, so angegeben, daß man beim Lesen der Bauzeichnung die bestimmten Teilnennmaße in den Maßketten oder aber innerhalb des Grundrisses findet.

Mit der breiten Strichpunktlinie und den Bezeichnungen „I" ist im Erdgeschoß-Grundriß über die Grundflächen des Treppenraumes, des Schlafzimmers und der Garage die Schnittführung I bis I festgelegt, d. h., daß nach dieser Schnittführung der Baukörper im Schnitt I – I dargestellt wird (siehe Querschnitt I – I).

Erläuterungen zum Lesen des Schnittes I – I werden hier nicht geben, da durch die gezeigten Symbole sowie die im Querschnitt I – I dargestellten Baukörperteile mit Nennmaßangaben verständliche Aussagen gemacht sind.

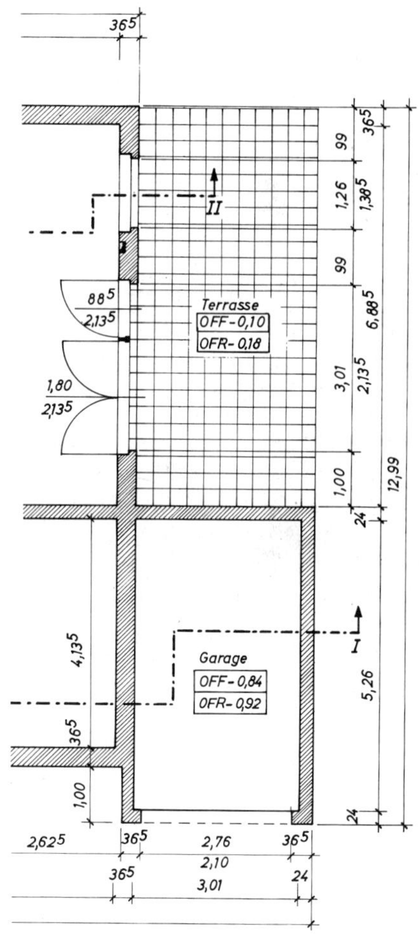

Außer der Schnittführung I – I liegen im Erdgeschoßgrundriß zusätzlich die Schnittführungen II – II und III – III fest. Damit wird angedeutet, daß das Gebäude auch mit einem Schnitt II – II und mit einem Schnitt III – III (Längsschnitt) auf einer Bauzeichnung dargestellt wird.

6.8.5 Längsschnitt III – III

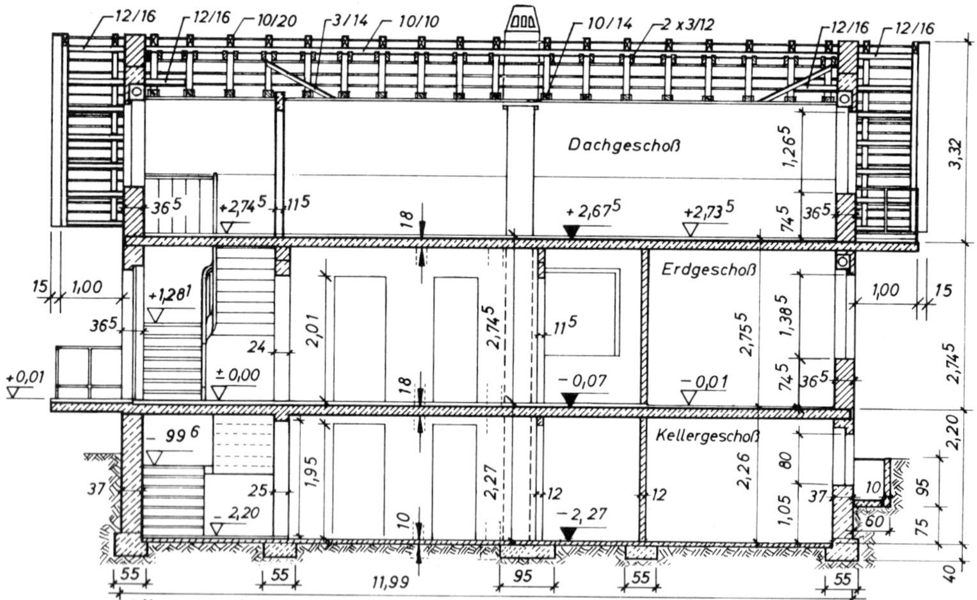

Längsschnitt III-III

6.8.6 Dachgeschoßgrundriß

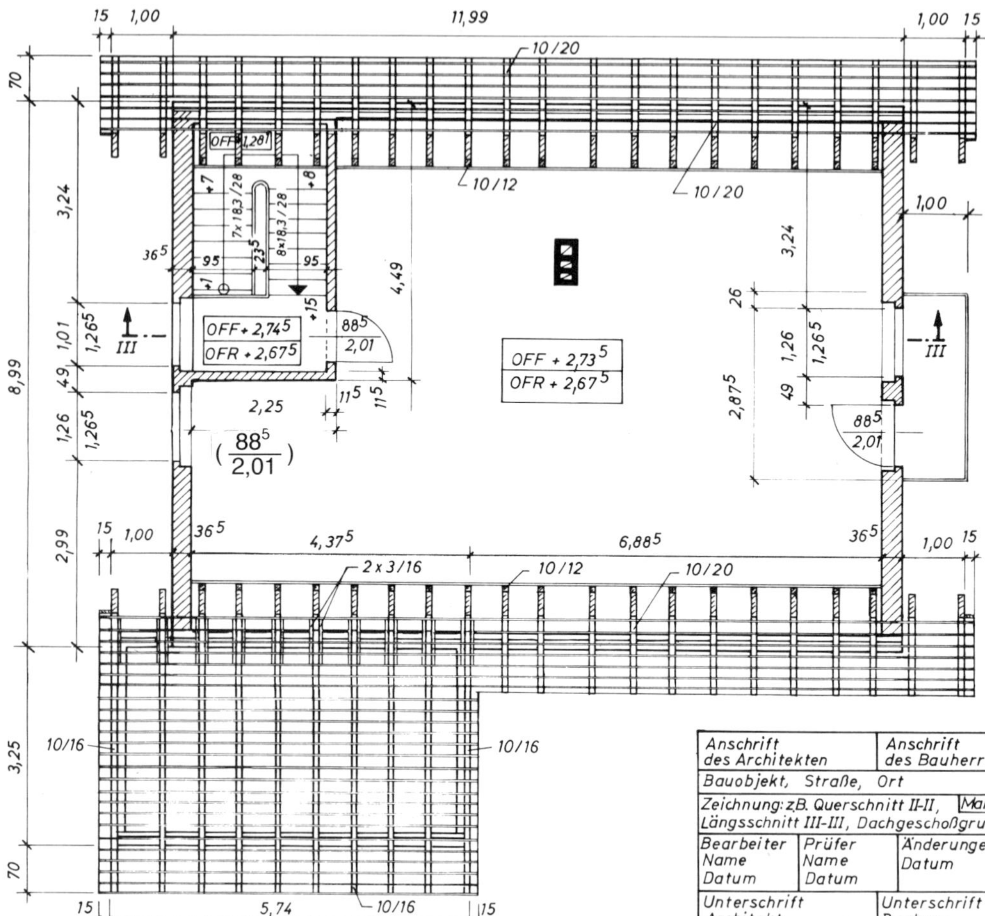

Dachgeschoßgrundriß

Anschrift des Architekten	Anschrift des Bauherrn	
Bauobjekt, Straße, Ort		
Zeichnung: z.B. Querschnitt II-II, Längsschnitt III-III, Dachgeschoßgrundriß	Maßstab	
Bearbeiter Name Datum	Prüfer Name Datum	Änderungen Datum
Unterschrift Architekt	Unterschrift Bauherr	

Schriftfeld

Zu den Bauzeichnungen für ein Wohnhaus gehört auch der Dachgeschoßgrundriß. Im Dachgeschoßgrundriß liegen Schnitte durch Außen- und Innenwände sowie durch Schornsteine und durch alle lotrechten sowie schrägen Hölzer, wie Sparren, Wandpfosten usw., fest. Da der Schnitt waagerecht in Fensterhöhe geführt ist, sind im Dachgeschoßgrundriß auch die Dachflächen, oder die Dachhölzer mit Dachlatten, Laschen und Windbrettern von den Traufen bis in die Schnitthöhe sichtbar. Auch die Treppenraumöffnung mit Treppenläufen, Treppenpodesten (auf OFF + $1{,}28^1$ und OFF + $2{,}74^5$), Treppenlaufbreiten (95), das Treppenaugenmaß (23^5), die Anzahl der Steigungen (7 x 18^3, 8 x 18^3) und Stufenbreiten (28) sind zu sehen. In jeder Treppenlaufmitte und über das Treppenpodest (OFF + $1{,}28^1$) ist die Lauflinie (Gehlinie) eingetragen. Die unterste Stufe ist durch einen Kreis und + 1, die oberste Stufe durch einen Pfeil und + 15 gekennzeichnet. Die eingeschriebenen Treppenmaße dienen nicht zum genauen Anfertigen der hölzernen Treppenläufe, sondern sie bilden die Grundlagen zur Form und Anordnung der Läufe und Podeste in Grundrissen und Schnitten. Bekanntlich gilt beim Holztreppenbau der Grundsatz: „Die Maße am Bau holen''.

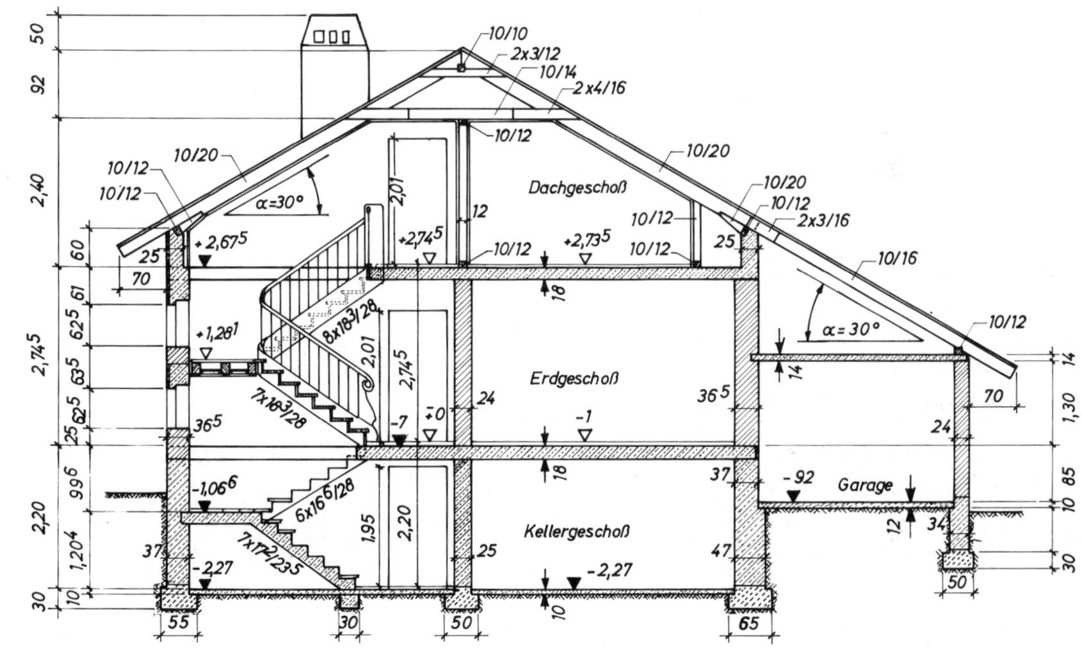

Schnitt I-I

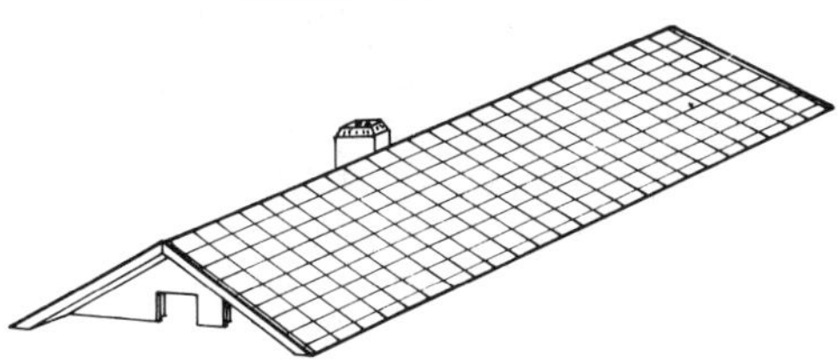

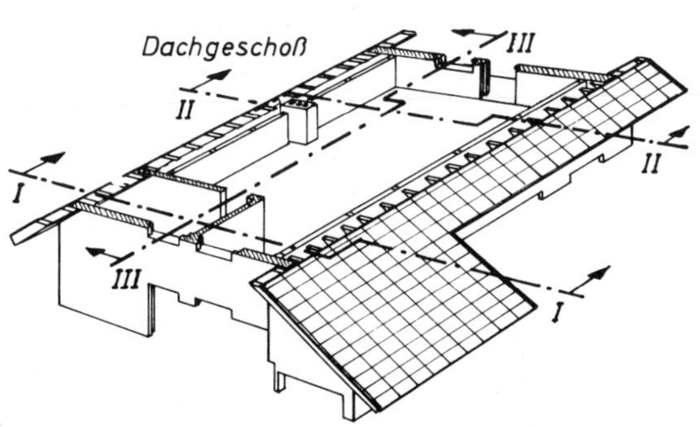

Im Dachgeschoßgrundriß und im Längsschnitt III – III sind über die Baulängen (11,99 und 5,74 m) die Dachüberstände durch Ortgänge und Windbretter an den Giebelseiten angegeben. Demgemäß können beim Lesen der erwähnten Bauzeichnungen die Dachflächenlängen (11,99 + (2 x 1,00 m) + (2 x 0,15) = 14,29 m und $6{,}88^5$ – 0,15 m = $6{,}73^5$ m + $0{,}36^5$ + 1,00 + 0,15 m = 8,25 m sowie 5,74 + (2 x 0,15 m) = 6,04 m) ermittelt und die Gesamtnennmaße (14,29 m, 8,25 + 6,04 = 14,29 m) kontrolliert werden. Innerhalb der Dachflächenlängen können für den Holzauszug (Holzliste) die Stückzahlen der Sparren, Sparrenstiche, Kehlbalken, Zangen, Laschen, Windverbandbretter, Knaggen sowie Pfosten der Dachgeschoßausbauwände ermittelt werden. Die Längen der Sparrenstiche, Fußschwellen, Firstpfette und Schornsteinfüllhölzer kann man grob aus dem Längsschnitt III – III abstechen und die Längen der Sparren, Zangen, Laschen, Knaggen sowie Dachgeschoßausbaupfosten grob aus den Querschnitten I – I und II – II.

Beim genauen Lesen der Querschnittzeichnungen I – I und II – II wird man feststellen, daß bei den Hauptdachfußschwellen rechts und links im Querschnitt I – I die Querschnittsmaße der Knaggen einmal mit 10/20 cm und 10/12 cm angegeben sind. Im Querschnitt II – II sind die Knaggenholzquerschnittsmaße bei der linken und rechten Hauptdachfußschwelle gleichmäßig auf 10/12 cm festgelegt. In diesem Fall muß nicht gleich eine falsche Maßangabe vermutet, sondern der Sache näher auf den Grund gegangen werden. Der geübte Planleser wird anhand des Querschnittes I – I und Dachgeschoßgrundrisses sofort erkennen, daß der größere Knaggenholzquerschnitt im Zusammenhang mit dem Sparrenstoß von Garagen- und Hauptdachsparren steht. Wie wichtig das sachgemäße Lesen der Bauzeichnung ist, zeigt dieses einfach Beispiel.

6.8.7 Knotenpunkt

Die gezeigten Längsverbindungen, d. h. Vollholznagelungen und die übrigen – hier noch nicht näher erwähnten Knotenpunktverbindungen – werden in den Ausführungszeichnungen des Statikers mit Angaben der Verbindungsmittel (Nägel, Bolzen usw.), Nagel- und Bolzenabstandsmaßen, Nagellängen und anderes mehr dargestellt. Oft kommt es vor, daß der

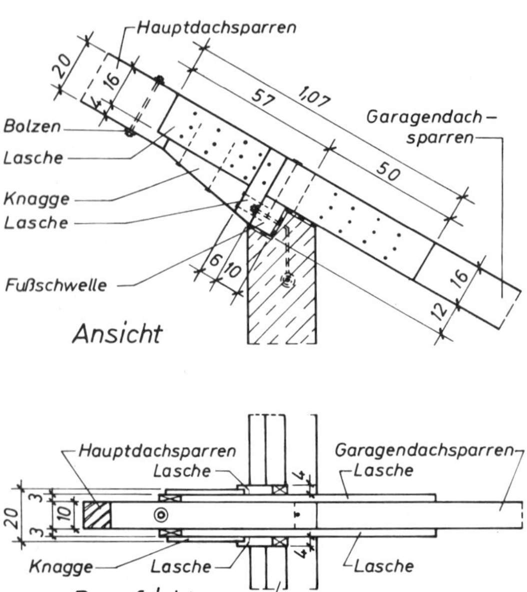

Statiker aufgrund der Berechnungen andere Holzquerschnittsmaße in seinen Ausführungszeichnungen vorschreibt, wie der Architekt im Entwurfs- oder Ausführungsplan. Maßgebend für die Anfertigung der Holzliste und Ausführung der Vollholznagelungen, Stahlblech-Holz-Nagelungen usw., sind in jedem Fall die Ausführungszeichnungen vom Statiker mit dem Prüfstempel des Prüfstatikers.

6.8.8 Stempel des Prüfingenieurs

In statischer Hinsicht geprüft
Prüfnummer 587/105/91
des Prüfverzeichnisses 1991
Karlsruhe, den 16.01.91
Prüfingenieur für Baustatik gemäß Anerkennungsurkunde des Innenministeriums Baden-Württemberg vom 22.10.1990 für die Fachrichtung Stein-,Beton-und Stahlbetonbau (2) und Holzbau (3).

Im Querschnitt I – I ist im Bereich der Treppenraumlänge zwischen dem 1. und 2. Treppenlauf ein Halbpodest (OFF + 1,28¹) eingezeichnet. Der Architekt hat die Höhenlage für das Halbpodest bestimmt. Der Statiker legt die Querschnittsmaße der Podestbalken und ihre Auflagerflächen in den Treppenraumwänden fest.

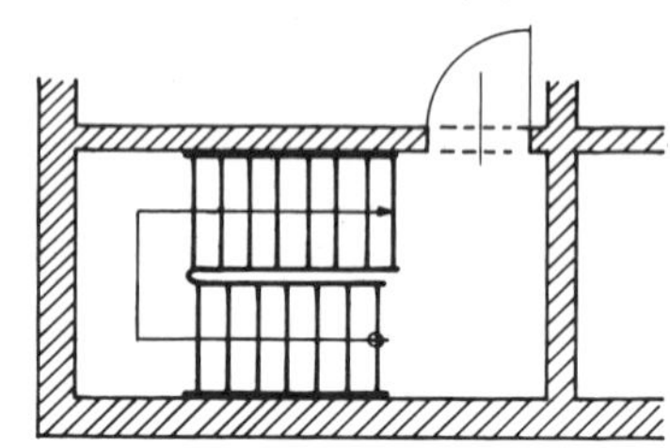

Da es sich später um den Einbau der zweiläufigen gegenläufigen Treppe mit Zwischenpodest handelt, ermittelt man beim Lesen der Querschnittszeichnung I – I die lichten Durchgangshöhen von OFF – 99⁶ bis Unterkante „Halbpodest" ($0{,}99^6 + 1{,}28^1 = 2{,}27^7$ – Podestdicke ca. 17 cm $\approx$ 2,10 m) und von OFF + $1{,}28^1$ bis Unterkante „Dachschräge" ($+\ 2{,}74^5 - 1{,}28^1 = 1{,}48^4$ + ca. 50 cm an Innenseite Längswand = $1{,}96^4$ m). Bei Einfamilienhäusern soll die lichte Durchgangshöhe mindestens 1,90 m, bei Geschoßwohnhäusern mindestens 2,10 m betragen. Durch die Ermittlungen der 2,10 und 1,96 m großen Durchgangshöhen ist klargestellt, daß das Halbpodest richtig eingeplant ist. Wäre dies nicht der Fall, müßte man den Architekten nach dem Lesen und Prüfen der Bauzeichnungen frühzeitig darauf aufmerksam machen.

6.8.9 Positionspläne

Systemmaße

Stützweite: l = 8,738
Stützweite: l' = 3,255
Sparrenabstand:

75
e = 8 · 61,1
2 · 70,6
79
e' = 8 · 65
85

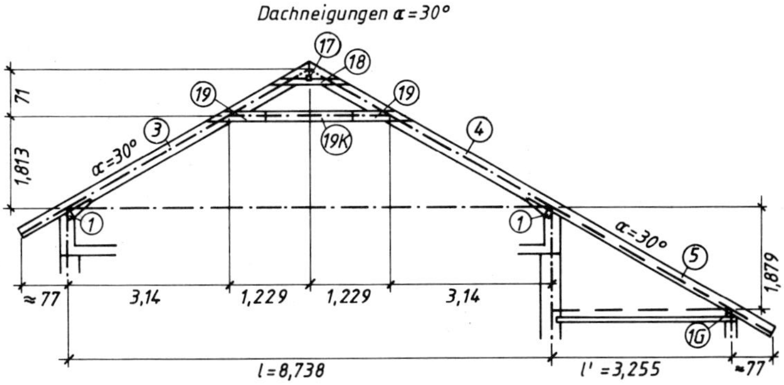

Querschnitt I–I
Systemskizze M 1:50

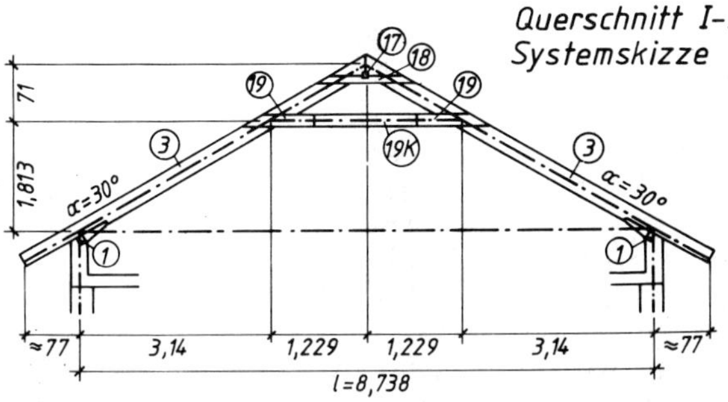

Querschnitt II–II
Systemskizze M 1:50

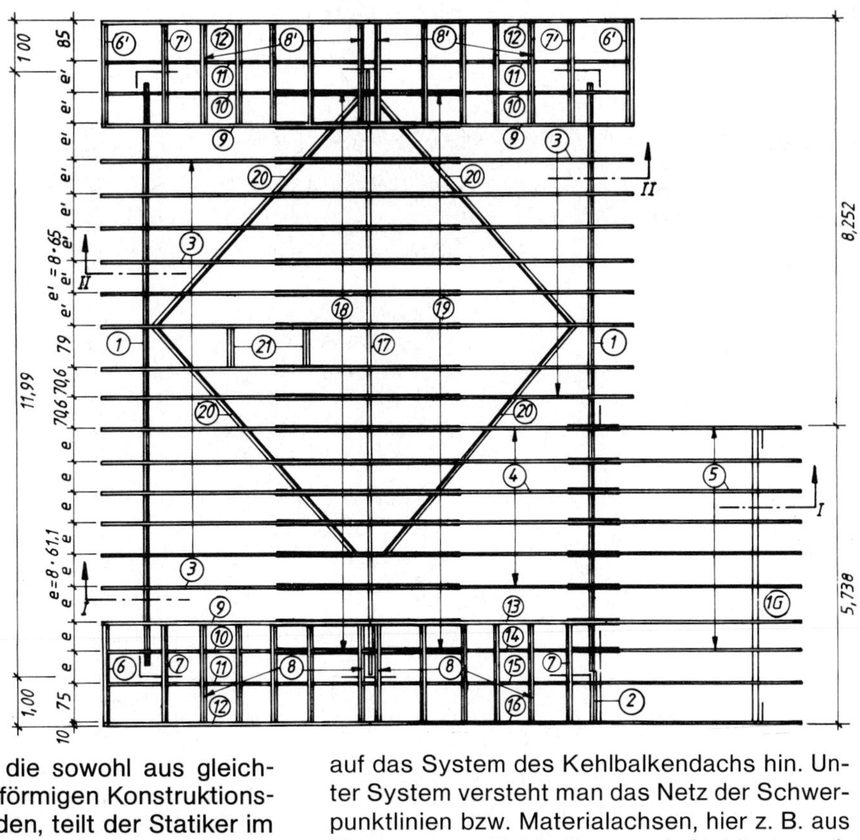

Positionsplan
Sparrenlage M 1:50

Bei Dachtragwerken, die sowohl aus gleich- als auch aus ungleichförmigen Konstruktionsteilen hergestellt werden, teilt der Statiker im sogenannten Positionsplan die bestimmten Dachteile in Positionen ein. Jede Position wird mit einer Nummer (eventuell mit Buchstaben dabei) gekennzeichnet. Die Positionsnummer ist in der Regel in einen Kreis eingeschlossen und steht meist im Grundriß eines Stockwerkes oder in der Sparrenlage eines Dachtragwerkes beim festgelegten Bauteil. Der Positionsplan und die Positionsnummer sind gute Hinweise für das Lesen der Ausführungszeichnungen. Allgemein werden Positionspläne im Maßstab 1: 50 und 1: 20 gezeichnet. In den Systemskizzen deuten die Strichpunktlinien auf das System des Kehlbalkendachs hin. Unter System versteht man das Netz der Schwerpunktlinien bzw. Materialachsen, hier z. B. aus Sparrenpaar, Kehlbalken und Stahlbetonaufkantungen.

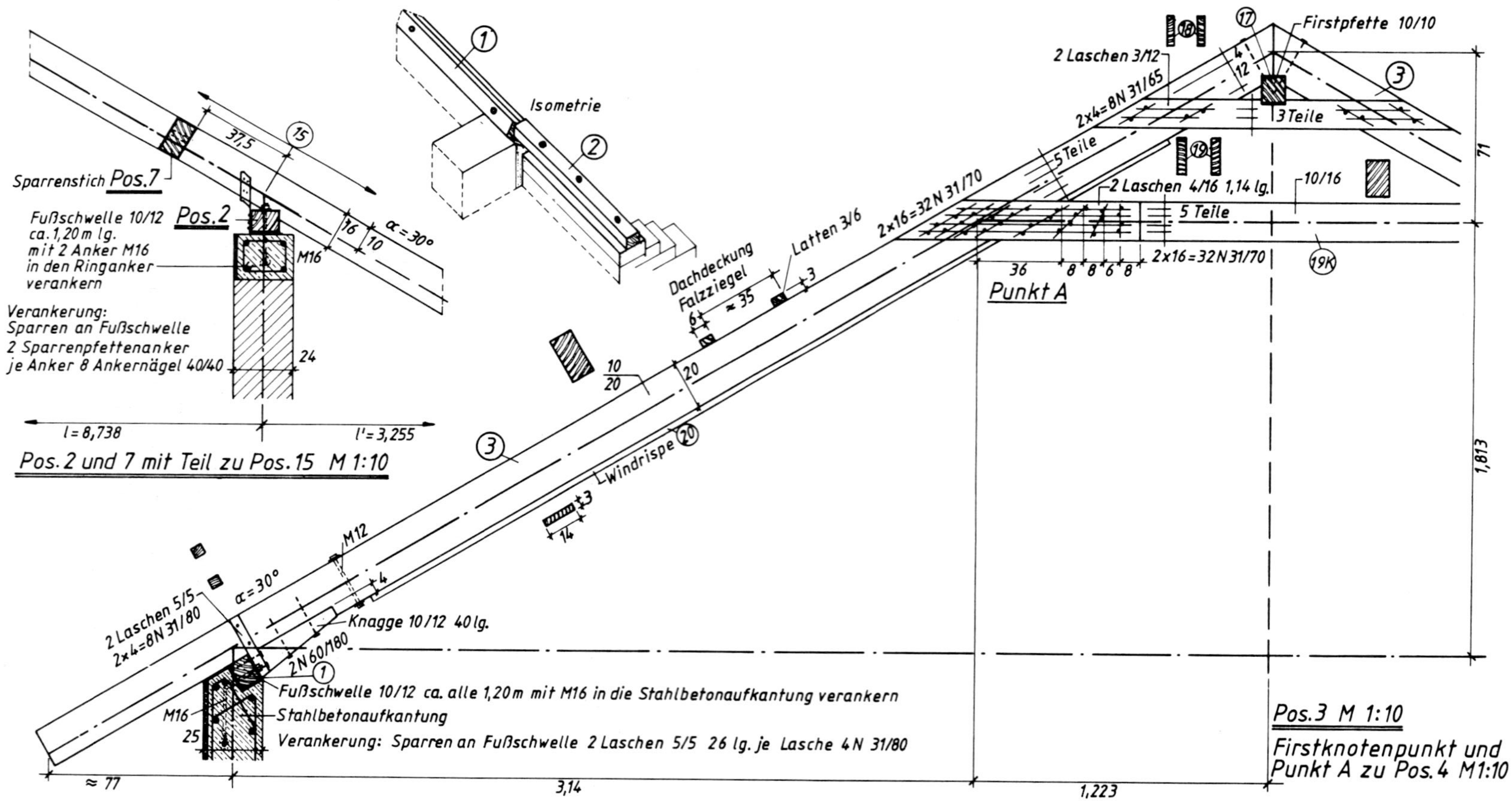

6.8.10 Ausführungszeichnung

Kehlbalkendächer sind bekanntlich Sparrendächer mit einfacher waagerechter Aussteifung. Deshalb ist jeder Binder aus Sparrenpaar, Kehlbalken und Anschlußverbindungen ein Tragwerk für sich. Die konstruktive Festlegung des Kehlbalkendaches führt, wie im Positionsplan dargestellt, zu einfachen Sparrenlagen und Systemskizzen. Aus den Schnittpunkten der Systemlinien verlaufen in waage- und senkrechten Richtungen, die Maßhilfslinien. Über die Maßhilfslinien verlaufen Maßlinien. Unter den Maßlinien, d. h. zwischen den Maßbegrenzungen stehen die Systemmaße. Die in Kreise eingeschlossenen Positionsnummern stehen im Positionsplan bzw. in der Sparrenlage nahe bei den einzelnen Dachhölzern. Einige Dachteile haben gleiche Positionsnummern, da sie gleiche Formen erhalten. Über die Serie gleicher Sparren (siehe Positionen 3, 4, 5) und Stichsparren (Positionen 8, 8') sowie Laschen (siehe Positionen 18 und 19) werden, wie hier gezeigt, in der Regel dünne Vollinien mit Pfeilzeichen aufgetragen. Alle im Positionsplan und bereits in den Systemskizzen mit Positionsnummern markierten Dachhölzer werden vom Statiker in den Ausführungszeichnungen mit den entsprechenden Verbindungsmitteln, Verankerungen, Querschnitt- und Abstandsmaßen usw. dargestellt.

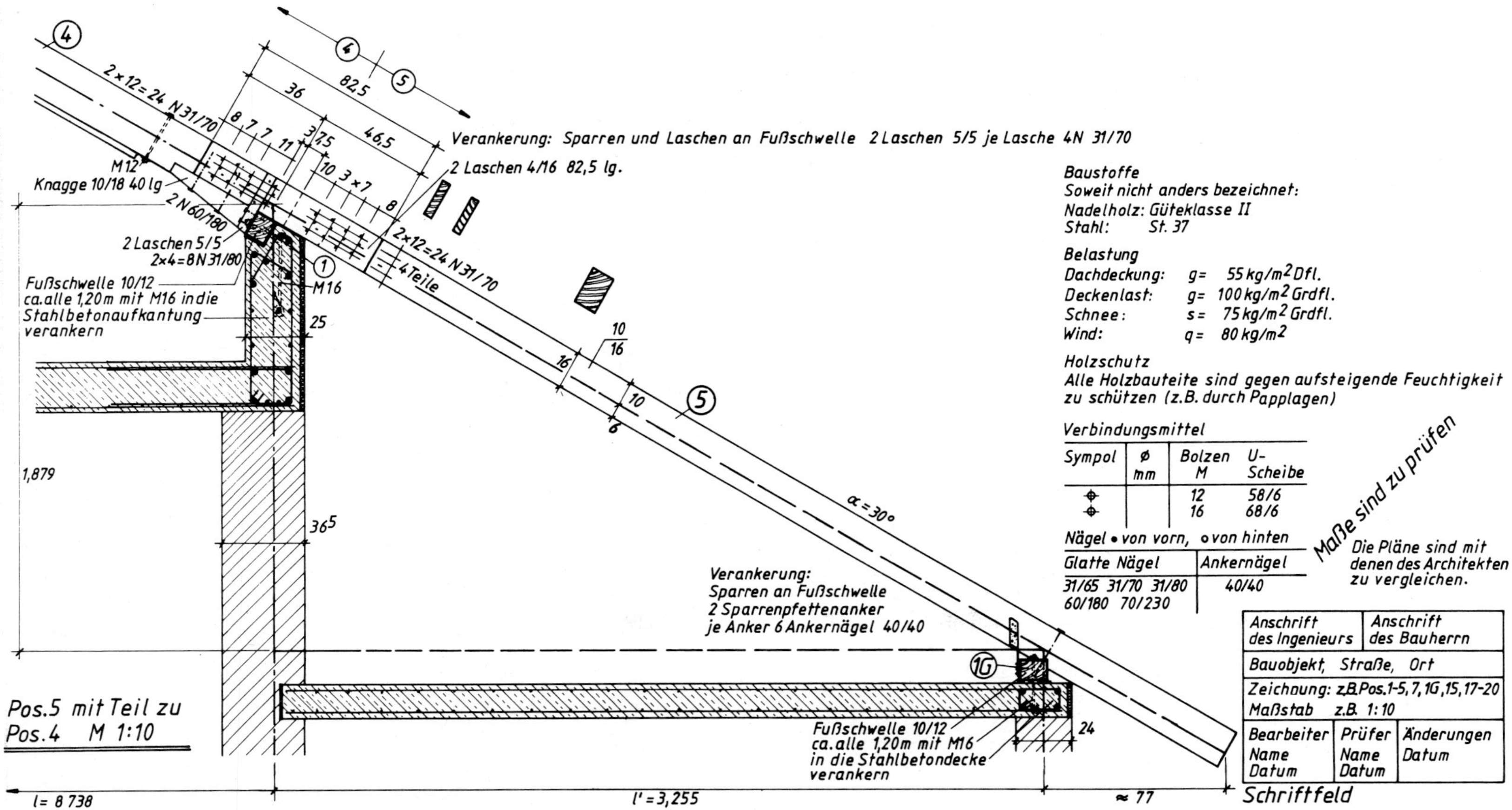

Da die Position 3 als Hauptdachsparren der Querschnitte I – I und II – II bei gleichen Trauf- und Firstknotenpunkten gleichförmig auszuarbeiten sowie mit gleichen Verbindungsmitteln anzuschließen ist, wird sie vom Statiker in nur einer Ausführungszeichnung im Maßstab 1:10 festgelegt. Der Firstknotenpunkt und der Punkt A gehören wie angedeutet zugleich zur Position 3. Der untere Teil zur Pos. 4 wird zusammen mit der Position 5 ebenfalls im Maßstab 1:10 aufgetragen. Weiter werden im Maßstab 1:10 die Positionen 2 und 7 mit einem Teil der Position 15 festgelegt. Die Position 2 ist eine Fußschwelle und lagert flach auf einem Ringanker. Die Position 1 ist ebenfalls eine Fußschwelle, die aber in einer Aussparung der Stahlbetonaufkantung lagert. Im Positionsplan kann man erkennen, daß diese beiden Fußschwellen zusammengestoßen werden. Bei solchen Anschlüssen stellt der Statiker die Bauteile oft isometrisch dar.

Für Nagelverbindungen, wie z. B. am Punkt A und am Firstknotenpunkt sowie am Sparrenstoß (siehe Position 3 und 5), werden in den Ausführungszeichnungen durch sogenannte Nagel-Rißlinien die Nagelreihen und damit die Nagelabstände genau festgelegt. Bei den Nagelverbindungen stehen die Stückzahlen sowie die Dicken- und Längenmaße der Nägel. In der Praxis wird sachgemäß um den Nagelschaft versetzt, so daß die Nagelrißlinie die Tangente an den Nagelschäften bildet. Zwischen die beiden Laschen (Pos. 19) ist nach dem Punkt A mit 2 · 16 = 32 Nägel 31/70 jeweils ein Ende des Kehlbalkens (Pos. 19 K) anzuschließen. Die Nagel-Rißlinien sind höhenmäßig (16 cm) mit 5 gleichen Teilen (5 · 3,2 cm) und längenmäßig aus dem Schnittpunkt der Systemlinien mit 36 cm sowie 2 · 8 und 1 · 6 festgelegt. Das Nagelbild zeigt außer den drei waagerechten und einer senkrechten auch schräge Nagel-Rißlinien. Zu derartigen Nagelbildern gibt der Statiker stets die kleinsten Nagelabstandsmaße an. Demgemäß kann man die schrägen Nagel-Rißlinien auf die Nagelfläche verteilen. Als Nagelfläche gilt hier beim dargestellten Punkt A für die Holz-Nagelung die Deckfläche zwischen Lasche und Kehlbalken. Das Abstandsmaß von Unterkante „Hauptdachsparren" bis zur ersten schrägen Nagelreihe im Nagelbild legt man zweckmäßig auf 15 · d_n (15 Nageldurchmesser, z. B. 15 · 3,1 mm ≈ 4,7 cm) fest. Beim genauen Studieren der Positionen 1 – 5, 7, 16 und 17 – 20 stellt man fest, daß nicht nur die Nagelbilder Aufschluß über die Herstellung des Dachtragwerkes geben, sondern auch Verankerungen, Bolzenverbindungen, Laschen und Knaggenlängen sowie Holzquerschnittsmaße angegeben werden.

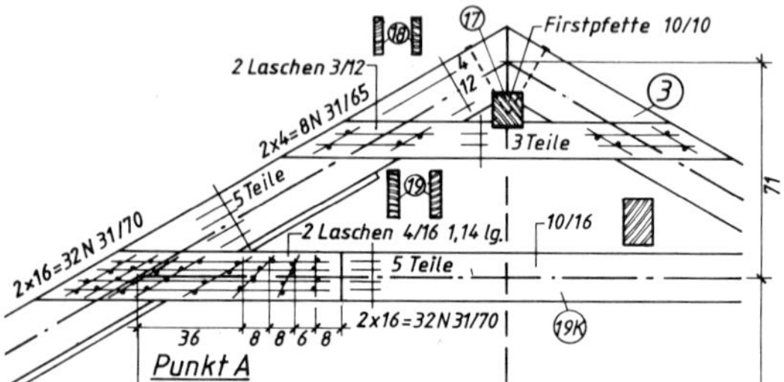

Beim Punkt A steht über Oberkante „Hauptdachsparren" die Bezeichnung „2 · 16 = 32 N 31/70" d. h., daß die beiden Laschen (Pos. 19) von jeder Seite mit 16 Nägeln 3,1 mm dick und 70 mm lang nach dem vorgezeichneten Nagelbild an den Hauptdachsparren anzuschließen sind. Die Nägel sollen aber nicht genau auf die Kreuzungspunkte der Nagel-Rißlinien sondern immer versetzt angeordnet werden.

Auf der nächsten Seite ist die Ausführungszeichnung zu den Positionen 1, 2 und 15 – 20 zu sehen. Wie gezeigt, sind für das Kehlbalkendach mit Ortgängen aus Stichsparren (Pos. 6 – 8, 6' – 8'), Giebelsparren (Pos. 11, 15) und Flugsparren (Pos. 12, 16) sämtliche Holzquerschnittsmaße sowie Abbundmaße für Überblattungen und Längenmaße für Stichsparren angegeben. Die Längen der Stichsparren sind aufgrund der im Positionsplan bzw. in der Sparrenlage eingeteilten Sparrenfelder festgelegt. Aus der Draufsicht ist ersichtlich, daß die Flug- und Giebelsparren am First mit Scherzapfen verbunden und von einer Seite aus mit je 4 Nägeln 31/90 abgenagelt werden müssen. Gewöhnliche Holzverbindungen werden in Ausführungszeichnungen zeichnerisch, d. h. ohne Maßangaben dargestellt. Das Ermitteln der Sparrenlängen und der anderen Abbundmaße bleibt Aufgabe der Zimmerleute. Dazu ist das Maßholen am Bau und außerdem das gewissenhafte Lesen der Ausführungs- und Bauzeichnungen notwendig.

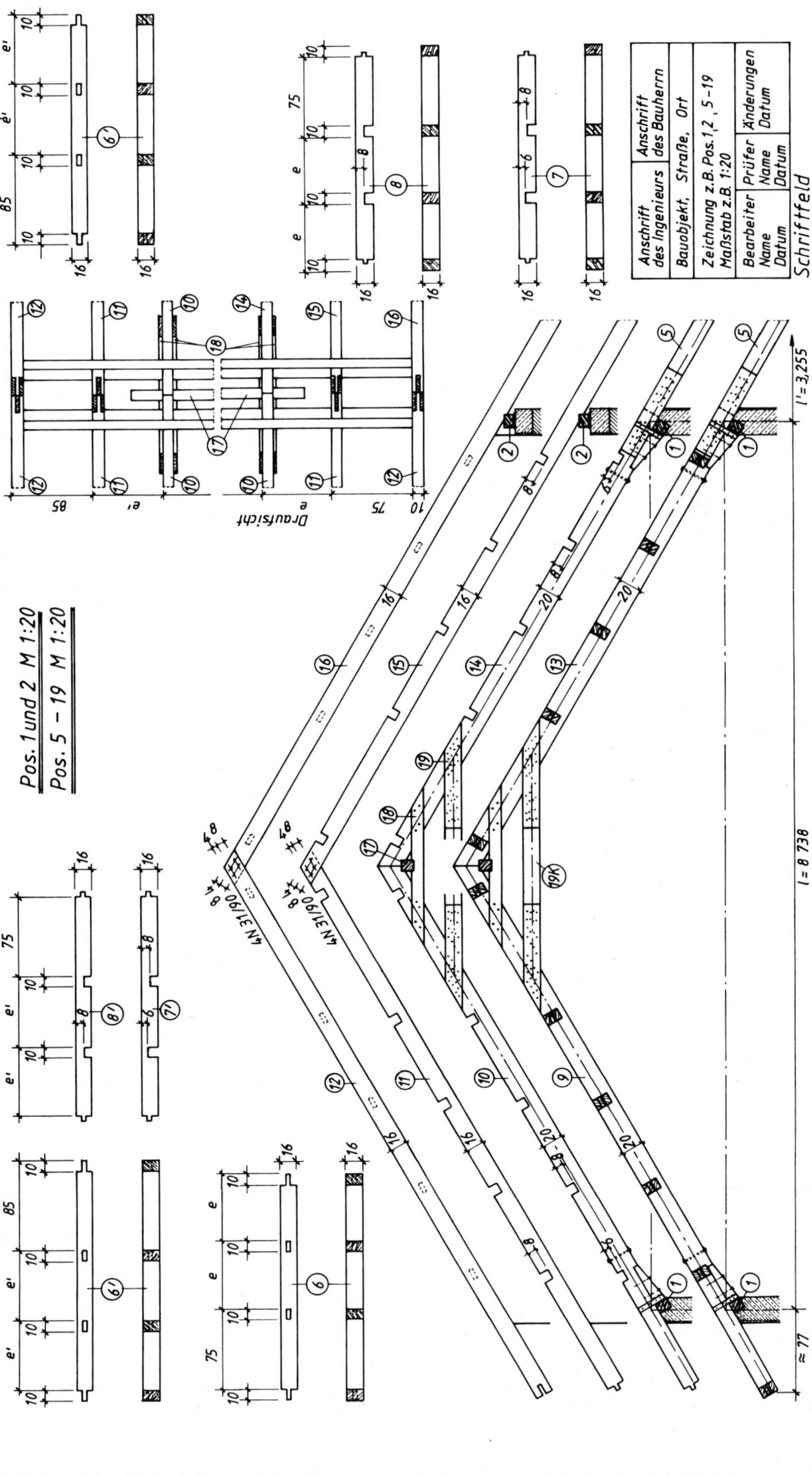
Pos. 1 und 2 M 1:20
Pos. 5 – 19 M 1:20
Draufsicht
4N 31/90
l = 8 738
l' = 3,255
Anschrift des Ingenieurs
Anschrift des Bauherrn
Bauobjekt, Straße, Ort
Zeichnung z.B. Pos. 1, 2, 5–19
Maßstab z.B. 1:20
Bearbeiter Name Datum
Prüfer Name Datum
Änderungen Datum
Schriftfeld

6.9 Verankerungen bei Fußpfetten und Dachbalken der Sparren-, Kehlbalken- und Pfettendächer

6.9.1 Fußpfettenstoß

Die Fußschwelle bei Sparren- und Kehlbalkendächern und die Fußpfette bei Pfettendächern ist ein vom Zimmerer bereits abgebundenes Kantholz, das auf dem Stahlbetonwiderlager, sowie auf der Stahlbeton- oder Dachgeschoßbalkenlage liegend, die Sparren trägt.

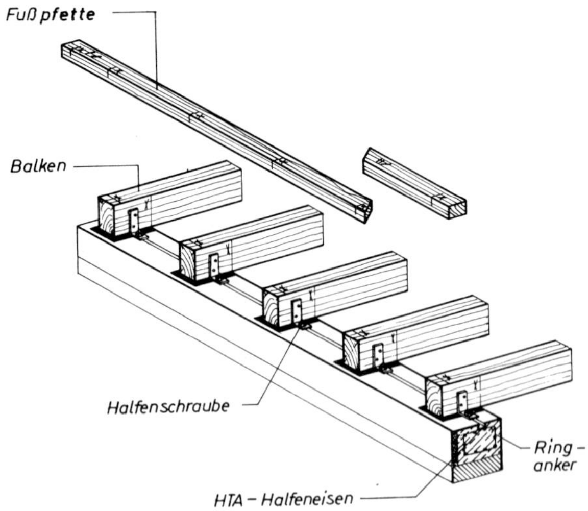

6.9.2 Lochplatten und Schraubnägel beim Fußpfettenstoß

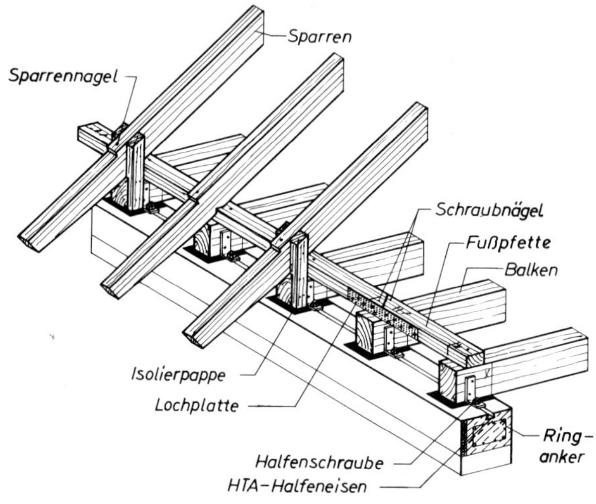

Nach DIN 1052 – Holzbauwerke: Berechnung und Ausführung sind die Lagerteile aus Holz mit Holzschutzmittel satt zu tränken und durch geeignete Zwischenlagen (Isolierpappen) gegen aufsteigende Feuchtigkeit zu schützen.

Bei hölzernen Dachkonstruktionen müssen sämtliche Teile, wie Sparren, Fußschwellen, Mittel- und Firstpfetten, Kehlbalken, Schwellen, Pfosten, Tragriegel, Streben und Kopfbänder untereinander ausreichend zugfest ver-

6.9.3 Kniestock (Drempel) mit Fußpfette

Fußpfette sowie Isolierpappe und Verankerungsbolzen beim Kniestock (Drempel), d. h. Aufkantung beim Traufknotenpunkt des Kehl- oder Pfettendaches. Durch den Kniestock wird am Fußgelenk des Kehl- und Pfettendaches Höhe für den Dachraum gewonnen.

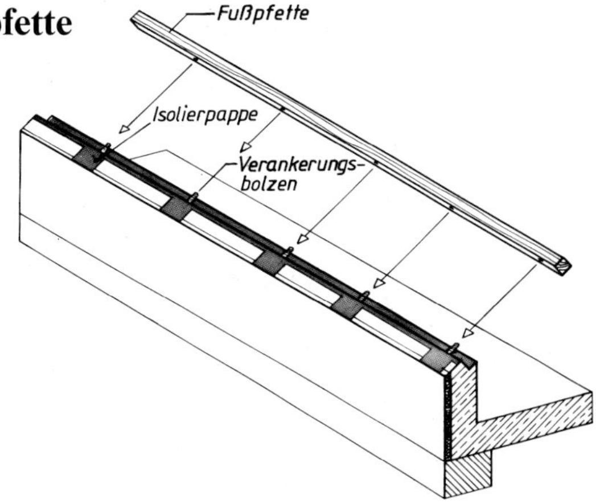

6.9.4 Kniestock mit Fußpfette und Sparren

Sparren des Kehlbalkendaches mit Knaggen und Laschen an die Fußpfette auf dem Kniestock befestigt.

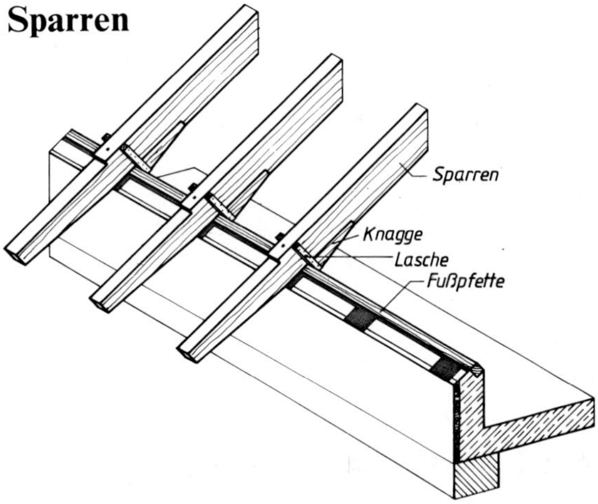

6.9.5 Fußpfette auf Stahlbetondecke

Sparren des Pfettendaches mit Sparrenpfettenanker und entsprechenden Rillennägel an die Fußpfette auf der Dachgeschoßdecke befestigt.

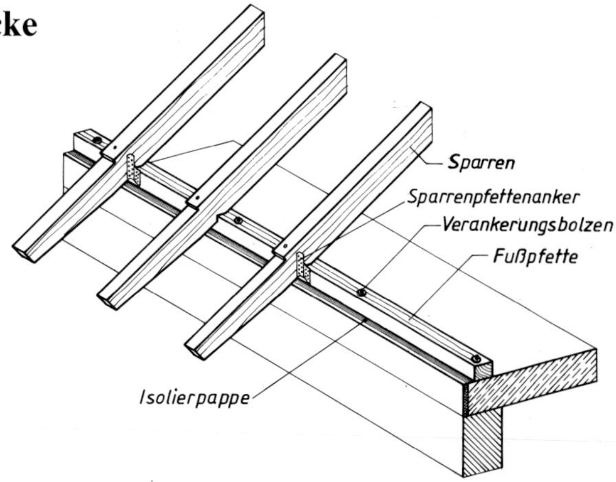

bunden werden, insbesondere an den Dachrändern und -ecken bzw. bei Dachüberständen entlang der Längs- und Breitseiten des Gebäudes.
Mindestens jeder dritte Sparren ist an seinen Auflagepunkten – außer der allgemeinen Befestigung durch Sparrennägel – zusätzlich durch Laschen, Zangen, Bolzen bzw. durch Sonderbauteile, z. B. Stahlblechformteile, die durch Nagelung befestigt werden, mit den Fußschwellen und Pfetten zu verbinden. Die Dachkonstruktionen sind durch Stahlanker (Flach- oder Rundstahlanker) mit der Unterkonstruktion zu verankern.

6.10 Pfettendach mit einfach stehendem Dachstuhl

6.10.1 Querschnitt und Längsschnitt des Pfettendaches mit einfach stehendem Dachstuhl

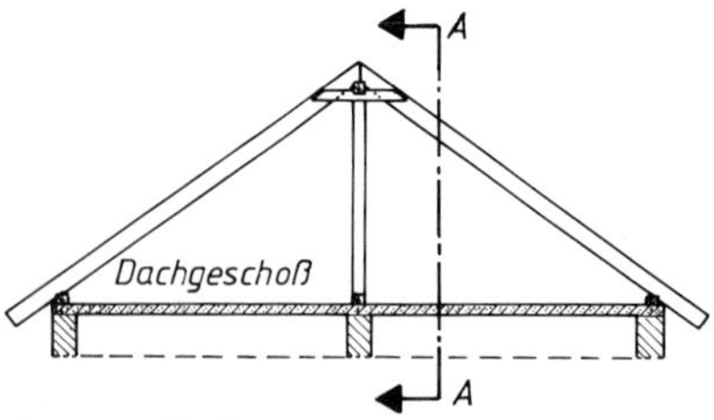

Querschnitt B–B

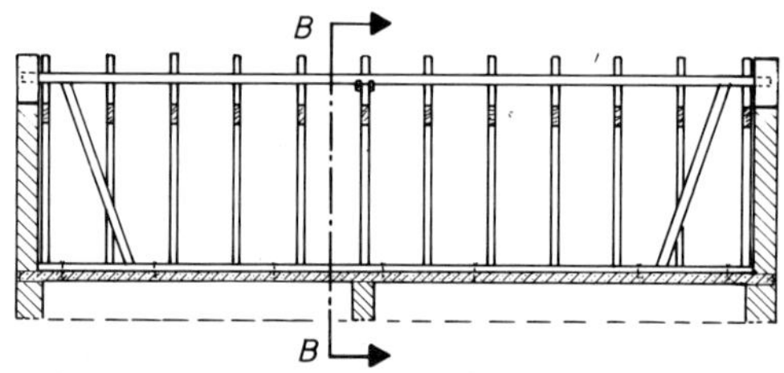

Längsschnitt A–A

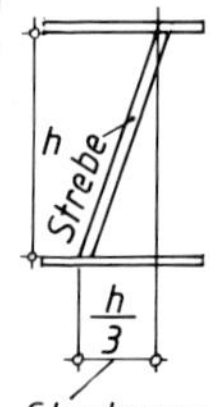

Strebenausstellmaß mindestens ein Drittel des Höhenmaßes h

Beim Pfettendach gibt es Fuß-, Mittel- und Firstpfetten und stets einen Dachstuhl, auf den die Mittelpfetten aufgelegt werden.

Eine Ausnahme ist das Pfettendach mit einfach stehendem Dachstuhl. Beim Pfettendach mit dem einfach stehenden Dachstuhl gibt es keine Mittelpfetten, sondern nur die Firstpfette und die Fußpfetten. Der einfach stehende Dachstuhl trägt die Firstpfette.

6.10.2 Perspektivische Darstellung eines Pfettendaches mit einem einfach stehenden Dachstuhl

Benennung der Dachtragwerk- und Dachstuhlteile des Pfettendaches mit einem einfach stehenden Dachstuhl.

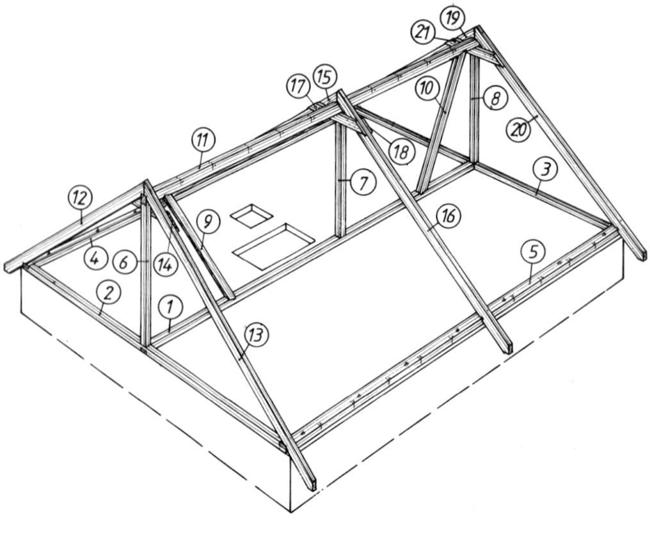

1) Längsschwelle
2) Querschwelle
3) Querschwelle
4) Fußpfette
5) Fußpfette
6) Pfosten
7) Pfosten
8) Pfosten
9) Strebe
10) Strebe
11) Firstpfette
12) Giebelsparren
13) Giebelsparren
14) Brettlasche
15) Bundsparren
16) Bundsparren
17) Brettlasche
18) Brettlasche
19) Giebelsparren
20) Giebelsparren
21) Brettlasche

6.11 Pfettendach mit zweifach stehendem Dachstuhl

6.11.1 Querschnitt und Längsschnitt eines Pfettendaches mit einem zweifach stehenden Dachstuhl

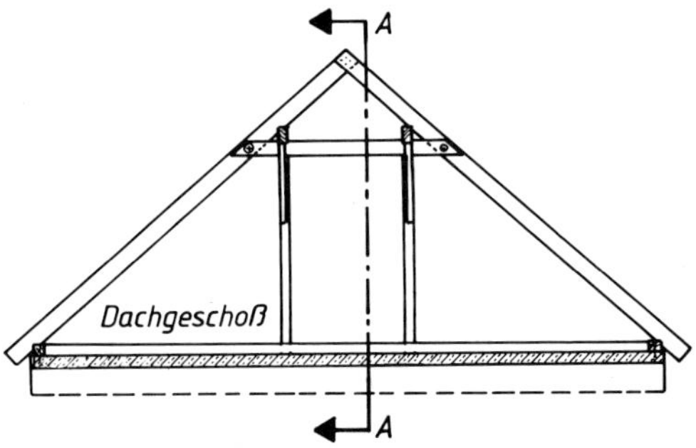

Querschnitt B–B

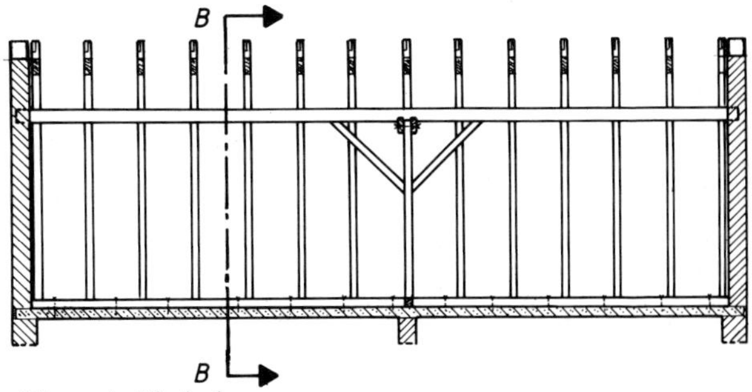

Längsschnitt A–A

Das Pfettendach mit zweifach stehendem Dachstuhl entsteht, wenn anstatt einer Firstpfette, etwas weiter unter dem First, zwei Mittelpfetten mit zwei Pfosten zur Unterstützung der Sparren erforderlich sind.

6.11.2 Perspektivische Darstellung des zweifach stehenden Pfettendachstuhls

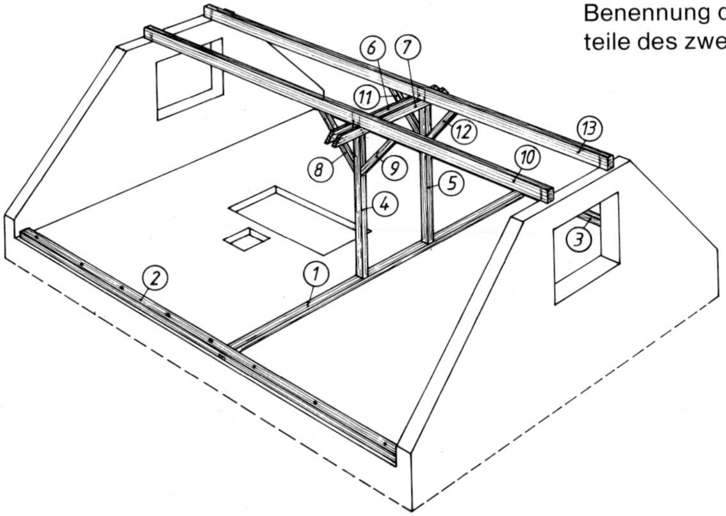

Benennung der Dachtragwerk- und Dachstuhlteile des zweifach stehenden Dachstuhls:

1) Bundschwelle
2) Fußpfette
3) Fußpfette
4) Bundpfosten
5) Bundpfosten
6) Zange
7) Zange
8) Kopfband
9) Kopfband
10) Mittelpfette
11) Kopfband
12) Kopfband
13) Mittelpfette

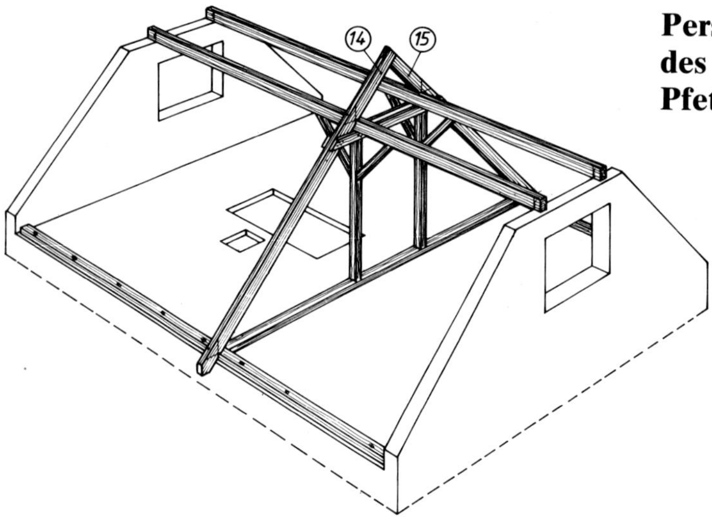

Perspektivische Darstellung des zweifach stehenden Pfettendachstuhls mit Bundsparren

6.11.3 Perspektivische Darstellung des Pfettendaches mit den Leergespärren über dem zweifach stehenden Dachstuhl

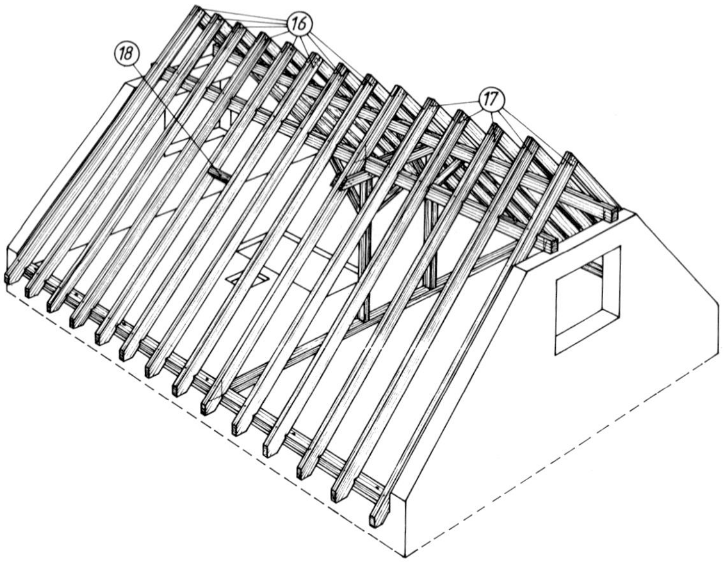

14) Bundsparren
15) Bundsparren
16) Leergespärre
17) Leergespärre
18) Schornsteinwechsel

Der zweifach stehende Dachstuhl wird in Verbindung mit einem quer zu den Traufen verlaufenden Kehlbalken in dem sogenannten Bundgespärre ausgeführt, wobei der quer verlaufende Kehlbalken aber eigentlich nicht zur Unterstützung der Bundsparren, sondern nur zur Bildung eines guten Querverbandes angeordnet wird, als Zange dient und in den übrigen Sparrengebinden, d. h. in den Leersparrengebinden fehlt. Dieses Querverbandholz, welches nicht nur zusammenzuhalten, sondern auch zu verspannen hat, heißt Zange und besteht aus zwei Kanthölzern. Zwischen die Zangenhölzer werden zur Unterstützung der beiden Mittelpfetten zwei Pfosten gestellt. Diese Pfosten nennt man Bundpfosten (auch Stiele). Die Bundpfosten werden über der Stahlbetondecke auf eine Bundschwelle und über der Dachgeschoßbalkenlage auf den sogenannten Bundbalken gestellt.

Für den Längsverband werden die Kopfbänder (auch Büge genannt) zwischen einen Bundpfosten und der aufgelagerten Mittelpfetten angebracht.

6.12 Pfettendach mit zweifach stehendem Dachstuhl und Firstpfette

Dem Pfettendach mit dem zweifach stehenden Dachstuhl wird oft auch ein weiterer Längsverband durch eine Firstpfette mit Brettlaschen zugeordnet.

6.12.1 Perspektivische Darstellung des zweifach stehenden Dachstuhls mit Firstpfette

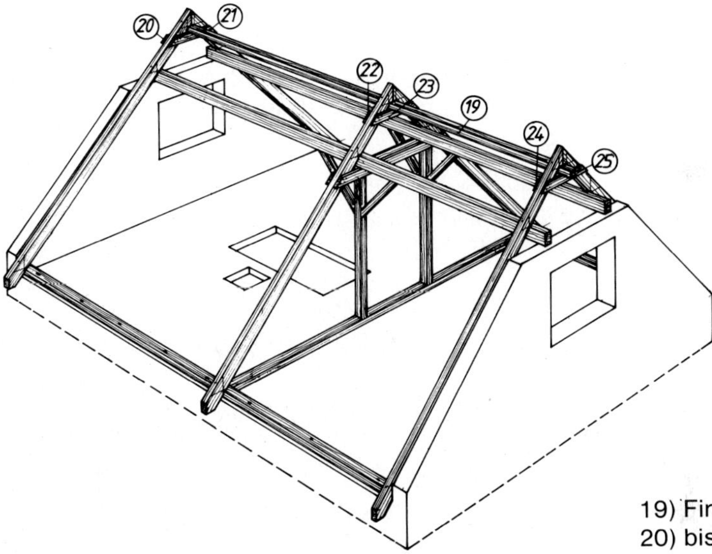

19) Firstpfette
20) bis 25) Brettlaschen

6.13 Pfettendach mit dreifach stehendem Dachstuhl

6.13.1 Querschnitt und Längsschnitt eines Pfettendaches mit einem dreifach stehenden Dachstuhl

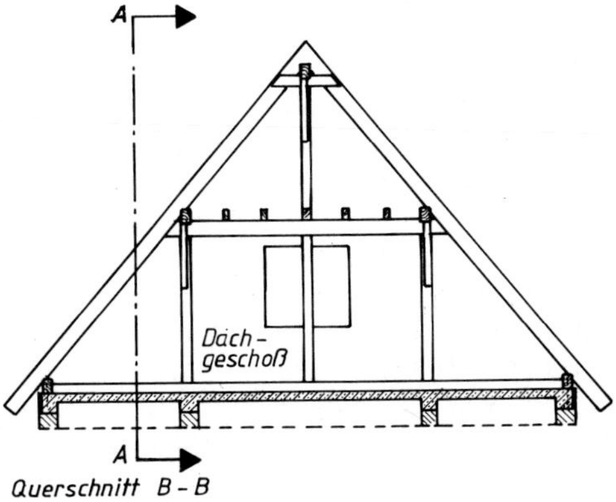

Querschnitt B-B

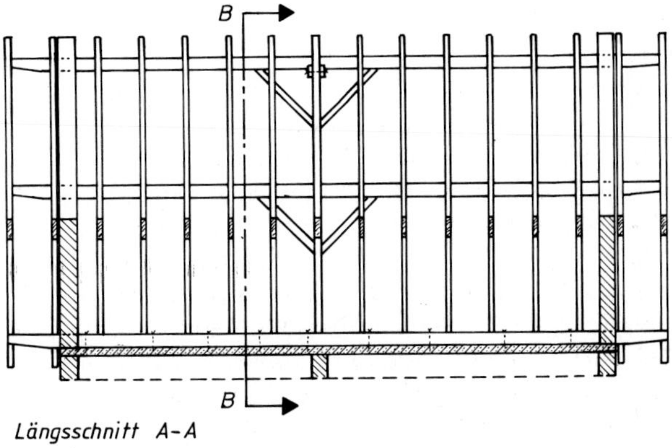

Längsschnitt A-A

Der dreifach stehende Dachstuhl eines Pfettendaches besteht aus drei Bundpfosten und einem Tragriegel oder Zangenpaar.

Die drei Bundpfosten stehen über einer Stahlbetondecke auf der Bundschwelle und nehmen die Last aus dem Tragriegel oder aus dem Zangenpaar auf. Bei der Dachgeschoßbalkenlage stehen die drei Bundpfosten auf dem bestimmten Bundbalken. Der Tragriegel ist, bei zugfesten Anschlüssen an die Bundsparren, ein Querverbandholz und trägt die beiden aufgekämmten Mittelpfetten und die aufgedollten, in gleicher Richtung wie die Mittelpfetten verlaufenden, Kehlbalken.

6.13.2 Perspektivische Darstellung des Pfettendaches mit dreifach stehendem Dachstuhl

Bei der Anordnung von Zangen beiderseits der Bundpfosten und zugleich Bundsparren trägt der einzelne äußere Bundpfosten die eine Mittelpfette, während die Zangen etwas in die Bundpfosten eingeblattet auf den ausgearbeiteten Hirnschnittflächen der Einblattungen aufliegen. Die beiden auf Zug beanspruchten Verbindungen durch die Zangen und durch die Bundsparren hindurch werden mit Einpreßdübeln und Heftbolzen hergestellt.

Gegen die Längsverschiebung werden beim dreifach stehenden Dachstuhl zwischen den Bundpfosten und Unterseite „Mittelpfette" Kopfbänder druckfest (oft auch druck- und zugfest) eingebaut.

Bei einer großen Firsthöhe wird dem First des Pfettendaches eine Firstpfette für die Längsaussteifung zugeordnet. Die Firstpfette wird über dem dreifach stehenden Dachstuhl zwischen dem Bundgespärre mit einem Firstpfosten unterstützt.

Unten steht der Firstpfosten in der Regel auf dem mittleren Kehlbalken auf, der in der Richtung des Firstes liegt.

Gegen die Längsverschiebung der Firstpfette werden an die Unterseite der Firstpfette und an die quer zur Firstpfette verlaufenden Seiten des Firstpfostens Kopfbänder angeschlossen.

Für den Zusammenhalt des Firstknotenpunktes beim Bundgespärre werden an den Firstpfosten und an die Bundsparren Brettlaschen angenagelt.

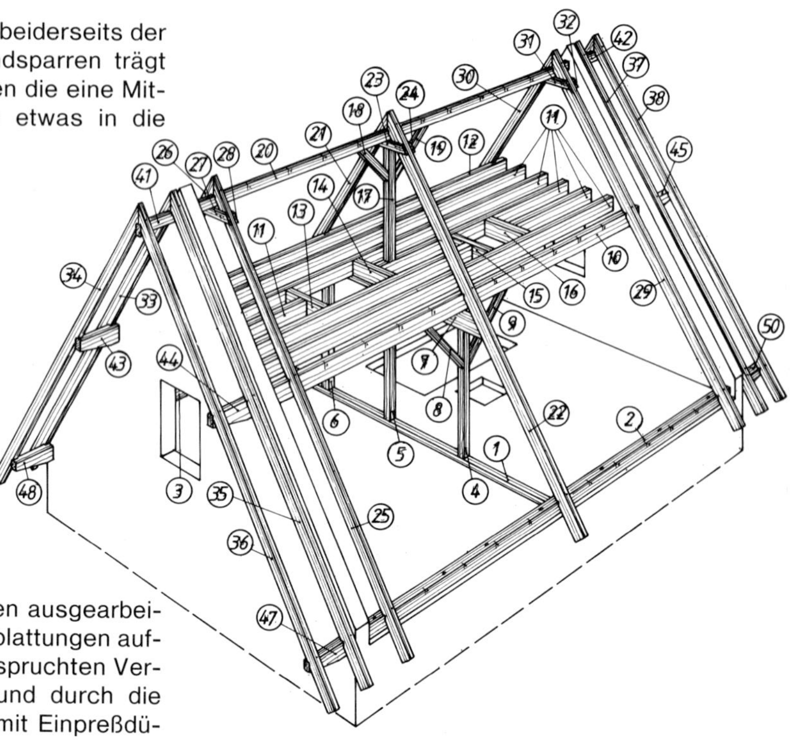

Benennung der Dachtragwerk- und Dachstuhlteile des Pfettendaches mit dreifach stehendem Dachstuhl und Bund-, Leer-, Giebel- und Flugsparren

1) Bundschwelle, 2) und 3) Fußpfetten, 4), 5) und 6) Bundpfosten, 8) und 9) Kopfbänder, 10) Mittelpfette, 11) längs verlaufende Kehlbalken, 12) Mittelpfette, 13) und 14) Treppenwechsel, 15) und 16) Schornsteinwechsel, 17) Firstpfosten, 18) und 19) Kopfbänder, 20) Firstpfette, 21) und 22) Leersparren, 23) und 24) Brettlaschen, 25) und 26) Leersparren, 27) und 28) Brettlaschen, 29) und 30) Leersparren, 31) und 32) Brettlaschen, 33) Giebelsparren, 34) Flugsparren, 35) Giebelsparren, 36) Flugsparren, 37) Giebelsparren, 38) Flugsparren, 39) Giebelsparren, 40) Flugsparren, 41) und 42) Firstpfettenköpfe, 43) 44) 45) und 46) Mittelpfettenköpfe, 47) 48) 49) und 50) Fußpfettenköpfe

6.14 Pfettendach mit vierfach stehendem Dachstuhl

6.14.1 Querschnitt und Längsschnitt eines Pfettendaches mit einem vierfach stehenden Dachstuhl

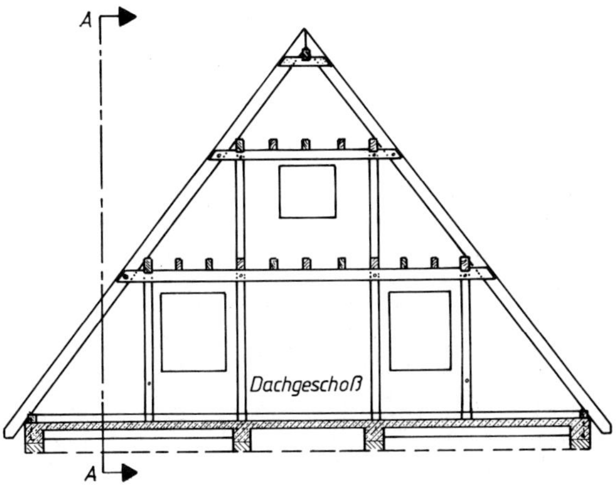

Querschnitt B–B

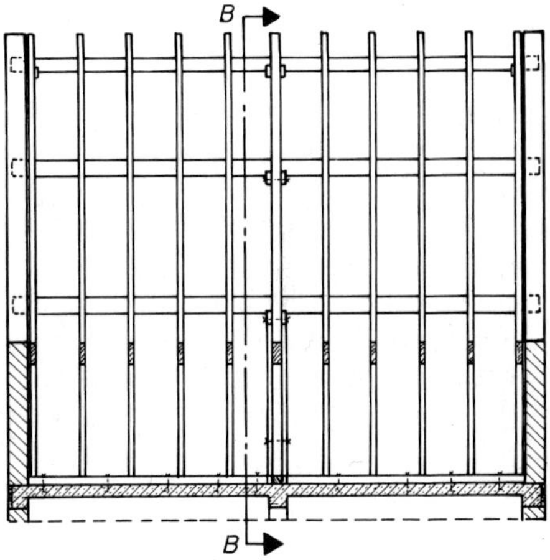

Längsschnitt A–A

Der vierfach stehende Dachstuhl eines Pfettendaches besteht zwischen dem Bundgespärre, in der Regel für zwei bzw. für die untere und für die obere Kehlbalkenlage, aus vier Bundpfosten sowie vier Mittelpfetten und vier Zangen.

Die beiden mittleren Bundpfosten verlaufen von der Bundschwelle aus bis unter die oberen Mittelpfetten, während die beiden äußeren Bundpfosten die unteren Mittelpfetten tragen. Die unteren Zangen, welche als Querverbandstäbe und zugleich als Tragriegel des Bundgespärres dienen, liegen auf Beipfosten der Bundpfosten auf. Der einzelne Bund- und die beiden Beipfosten werden mit Klemmbolzen zusammengehalten.

Die vier Bundpfosten werden auf die Bundschwelle und daneben, dicht zusammen, die beiden Beipfosten auf eine Längsschwelle aufgesetzt.

Das Zangenpaar in der Höhe des oberen Kehlgebälkes hält aufgrund von tragenden Bolzenverbindungen das Bundgespärre über der unteren Kehlbalkenlage zusammen und trägt zugleich den Kehlbalken zwischen den oberen Mittelpfetten.

6.14.2 Perspektivische Darstellung des Pfettendaches mit vierfach stehendem Dachstuhl

Benennung der Dachtragwerk- und Dachstuhlteile des Pfettendaches mit vierfach stehendem Dachstuhl:

1) Bundschwelle, 2) 3) 4) und 5) Längsschwellen, 6) und 7) Fußpfetten, 8) Bund- und zwei Beipfosten, 9) Bund- und zwei Beipfosten, 10) Bund- und zwei Beipfosten, 11) Bund- und zwei Beipfosten, 12) Zange, 13) Zange, 14) und 15) Mittelpfetten, 16) untere Kehlbalkenlage, 17) und 18) oberes Zangenpaar, 19) und 20) obere Mittelpfetten, 21) Kehlbalken, 22) Firstpfette, 23) und 24) Bundgespärre, 25) und 26) Brettlaschen

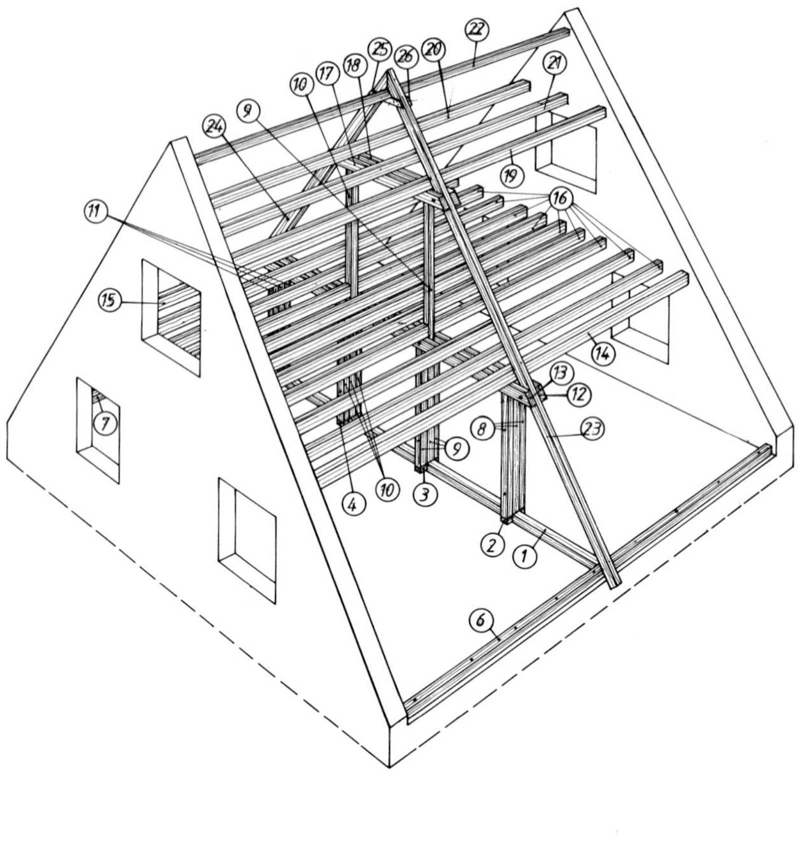

Die Numerierung der dargestellten Dachtragwerk- und Dachstuhlhölzer ist so aufgeführt, wie beim Aufrichten des Pfettendaches die einzelnen Dachtragwerk- und Dachstuhlhölzer der Reihe nach zu verlegen und aufzurichten sind.

6.15 Pfettendach mit liegendem Dachstuhl

6.15.1 Querschnitt und Längsschnitt eines Pfettendaches mit einem zweifach liegenden Dachstuhl

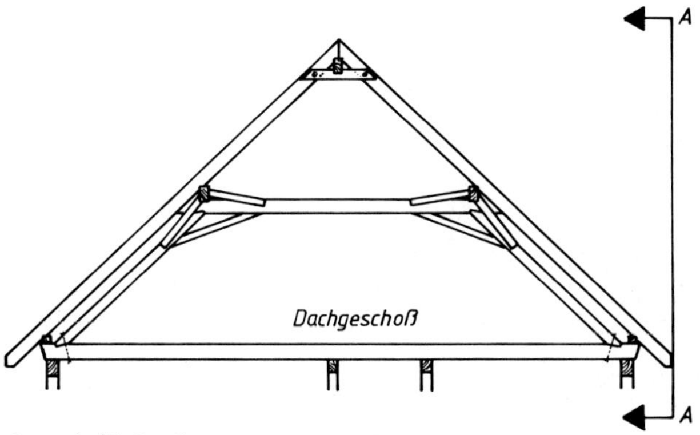

Querschnitt B - B

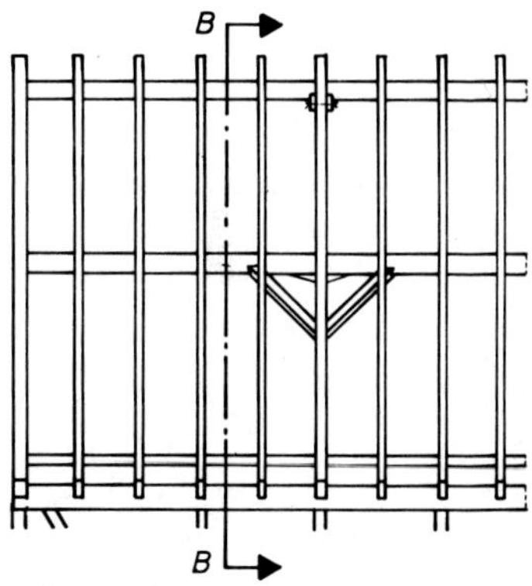

Längsansicht A-A

Der liegende Dachstuhl eines Pfettendaches entsteht zwischen einem Bundgespärre hauptsächlich mit den Bundstreben. Die Bundstrebe des liegenden Dachstuhls stellt sich mit dem Kopfende bei dem betreffenden Mittelpfettenknoten unter den Tragriegel, dagegen mit dem Fußende nahe bei der Fußpfette auf den Bundbalken der Dachgeschoßbalkenlage oder bei einer Stahlbetondecke auf das Kantholz einer Strebensohle.

Die Last aus der Mittelpfette wird durch einen Versatz im Tragriegel und zugleich am Kopfende der Bundstrebe aufgenommen, danach unten am Fußende der Bundstrebe durch einen zweiten Versatz in den Bundbalken oder in die Strebensohle und weiter auf die Außenwand geleitet.

Gegen die Querverschiebung sind die Bundstreben mit dem Tragriegel durch Kopfbänder (Büge) ausgesteift. Gegen die Längsverschiebung werden sowohl zwischen der Bundstrebe und der Mittelpfette als auch zwischen der Mittelpfette und dem Tragriegel Kopfbänder (Büge) eingebaut.

Bei der Neigung der Bundstreben erhalten die Kopfbänder zwischen der Mittelpfette und Bundstrebe am oberen Ende die Klaue mit einer Backen- und Klauenschmiege.

6.15.2 Perspektivische Darstellung des Pfettendaches mit zweifach liegendem Dachstuhl

Benennung der Dachtragwerk- und Dachstuhlteile des Pfettendaches mit zweifach liegendem Dachstuhl

1) Bundbalken in der Dachgeschoßbalkenlage, 2) und 3) Bundstreben, 4) und 5) Kopfbänder zwischen Bundstreben und Tragriegel, 6) Tragriegel (auch nur Riegel genannt), 7) und 8) Klauenkopfbänder zwischen der Bundstrebe und der Mittelpfette, 9) und 10) Kopfbänder zwischen der Mittelpfette und dem Tragriegel, 11) Mittelpfette, 12) und 13) Klauenkopfbänder zwischen der Bundstrebe und der Mittelpfette, 14) und 15) Kopfbänder zwischen der Mittelpfette und dem Tragriegel, 16) Mittelpfette

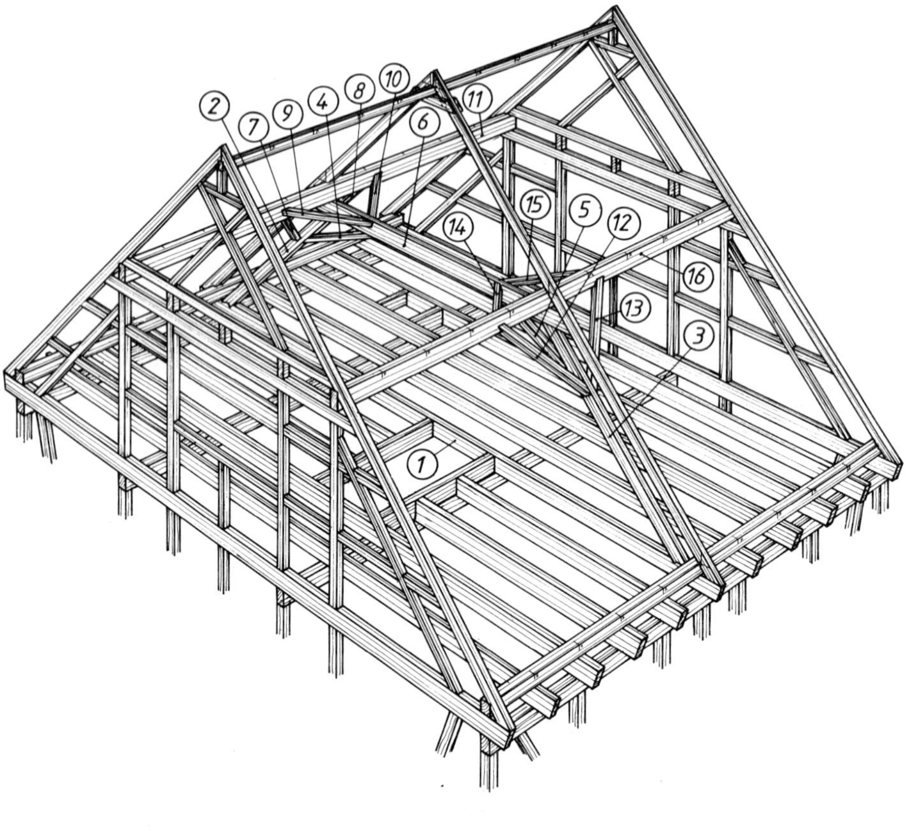

6.16 Kopfbänder-Anschlüsse an Pfosten und Pfetten

Kopfbänder sind schrägliegende, in der Regel unter 45° laufende Kontruktionshölzer zwischen Pfosten und Pfetten. Die Kopfbänder dienen bei einem Holzbauwerk als Aussteifung des Längs- und Querverbandes. Die Kopfbandanschlüsse werden statisch auf Zug und Druck belastet.

Kopfbänder mit abgestirnten Zapfen sowohl an den Pfosten, als auch an die Pfette angeschlossen.

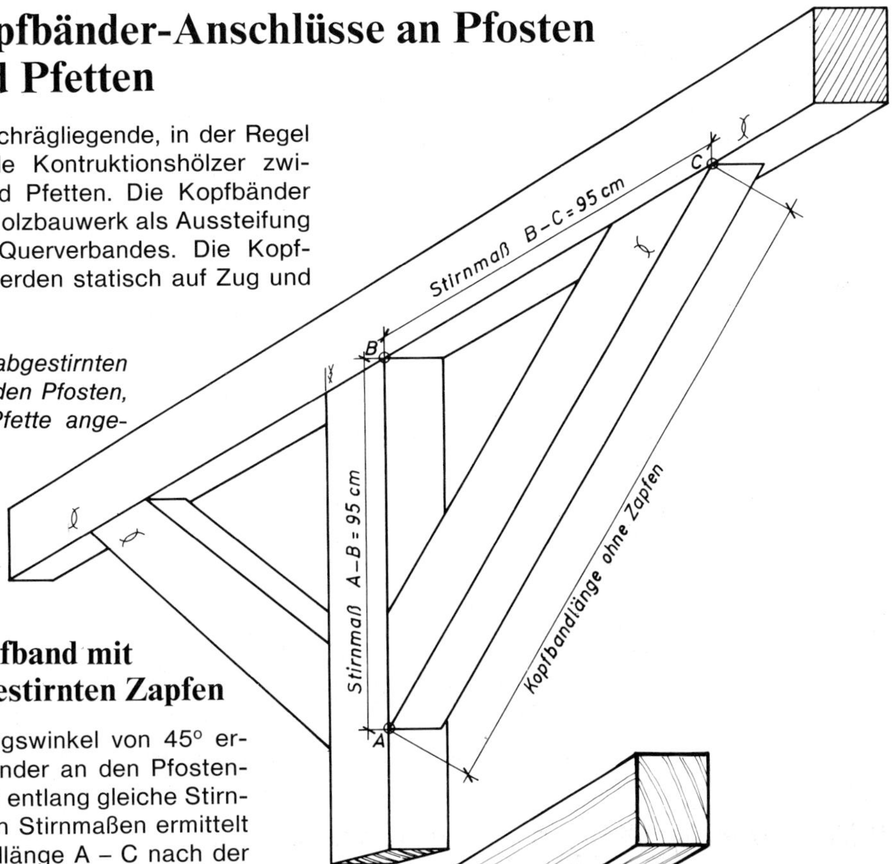

6.16.1 Kopfband mit abgestirnten Zapfen

Bei einem Neigungswinkel von 45° erhalten die Kopfbänder an den Pfosten- und Pfettenkanten entlang gleiche Stirnmaße. Bei gleichen Stirnmaßen ermittelt man die Kopfbandlänge A – C nach der Formel „Stirnmaß · 1,414 m''. Beträgt das Stirnmaß 0,95 m, bekommt das Kopfband aus dem Punkt A bis in den Punkt C eine Länge von 0,95 · 1,414 m = 1,343 m.

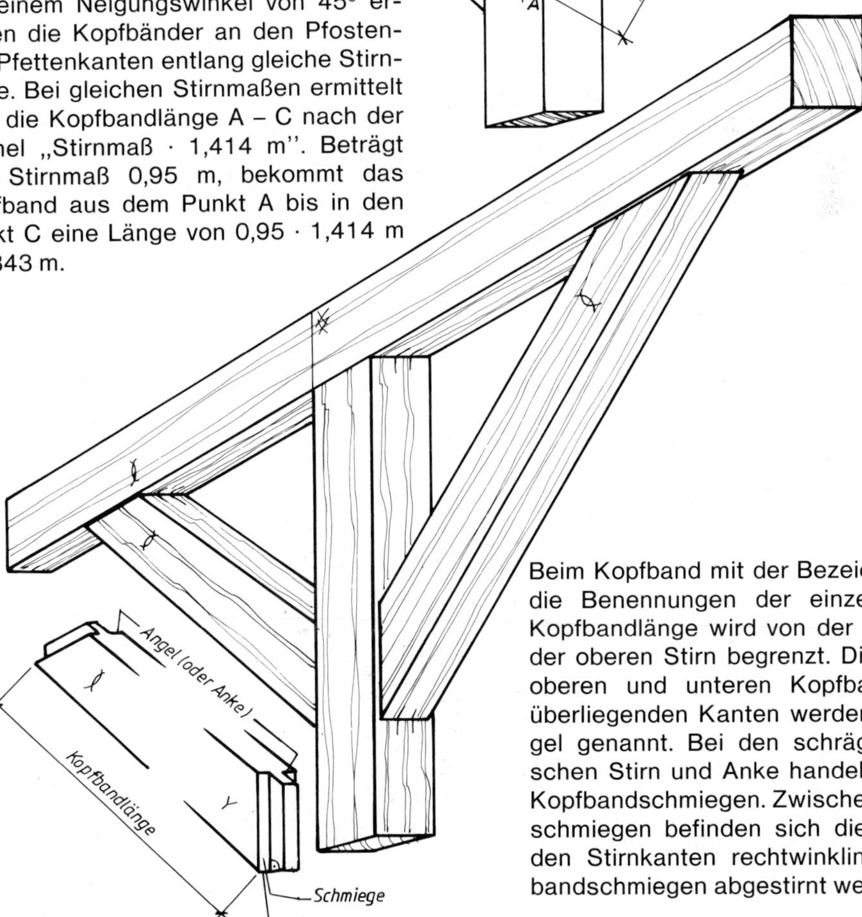

Beim Kopfband mit der Bezeichnung Y stehen die Benennungen der einzelnen Teile. Die Kopfbandlänge wird von der unteren und von der oberen Stirn begrenzt. Die der Stirn beim oberen und unteren Kopfbandende gegenüberliegenden Kanten werden Anke oder Angel genannt. Bei den schrägen Kanten zwischen Stirn und Anke handelt es sich um die Kopfbandschmiegen. Zwischen den Kopfbandschmiegen befinden sich die Zapfen, die an den Stirnkanten rechtwinkling zu den Kopfbandschmiegen abgestirnt werden.

6.16.2 Kopfbandanschlüsse mit Zapfen und Versätzen

Der Versatz wird stets nach der Winkelhalbierenden angerissen und genau ausgearbeitet. Bei Versätzen darf nach DIN 1052, Blatt 1, Absatz 7.5.2 die Einschnittiefe t_v bei einem Anschlußwinkel bis zu 50° höchstens 1/4 und über 60° höchstens 1/6 der Höhe (h) des eingeschnittenen Holzes betragen.

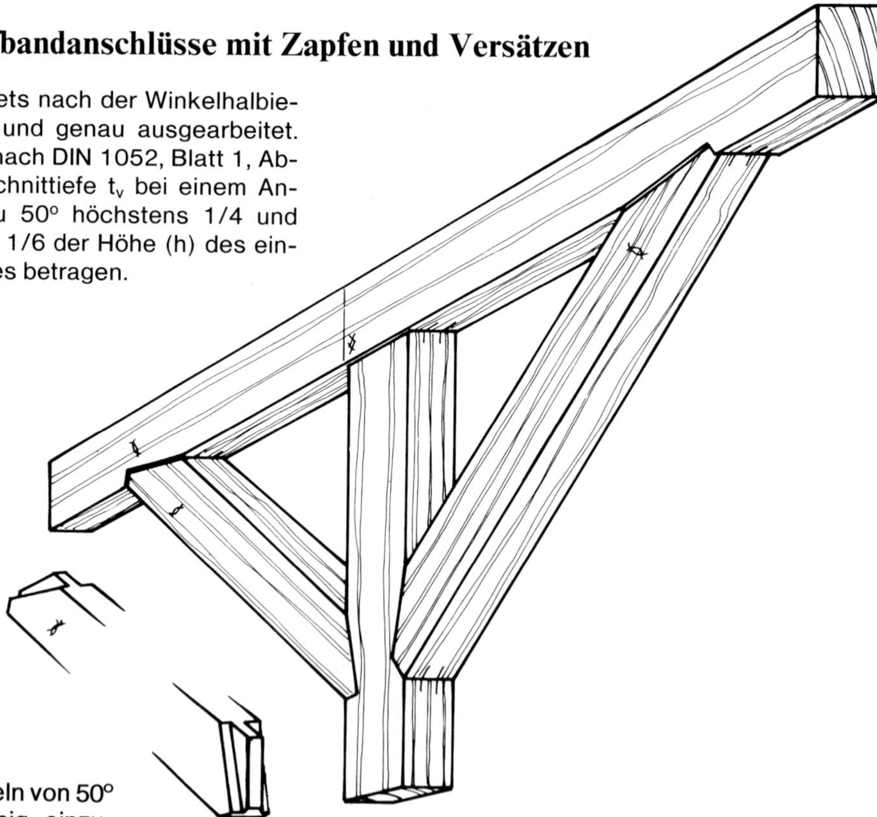

Zwischen den Winkeln von 50° bis 60° ist geradlinig einzuschalten, d.h., daß bei angenommenen $\alpha = 53°$ und einer Pfostenhöhe (h) von 24 cm die zulässige Versatztiefe t_v nach folgender Formel zu ermitteln ist.

$$\text{zul. } t_V = \frac{h}{4} - \left(\frac{h}{4} - \frac{h}{6}\right) \cdot \frac{\alpha - 50°}{10°} =$$

$$\frac{24}{4} - \left(\frac{24}{4} - \frac{24}{6}\right) \cdot \frac{53° - 50°}{10°} = 5{,}4 \text{ cm}$$

$$\text{oder: } \frac{h}{6} + \left(\frac{h}{4} - \frac{h}{6}\right) \cdot \frac{60° - \alpha}{10°} =$$

$$\frac{24}{6} + \left(\frac{24}{4} - \frac{24}{6}\right) \cdot \frac{60° - 53°}{10°} = 5{,}4 \text{ cm}$$

Bei zweiseitigem Versatzeinschnitt darf jeder Einschnitt unabhängig vom Anschlußwinkel höchstens 1/6 der Höhe des eingeschnittenen Holzes betragen.

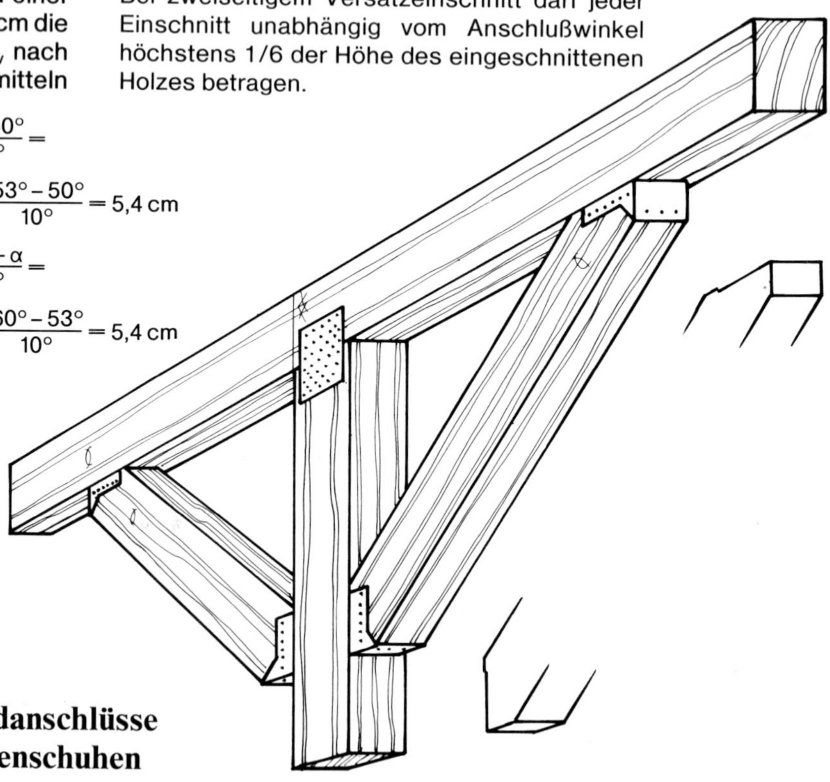

6.16.3 Kopfbandanschlüsse mit Balkenschuhen

Die Versatzeinschnitte und die Zapfenlöcher schwächen den Querschnitt der Pfetten- und Pfostenhözer ab. Um dies zu vermeiden, werden oft die Kopfbänder, mit abgesetzten Stirnkanten, d. h. mit Stirnversatzflächen zwischen Knaggen oder Nagelstäben, oder Balkenschuhen eingebaut.

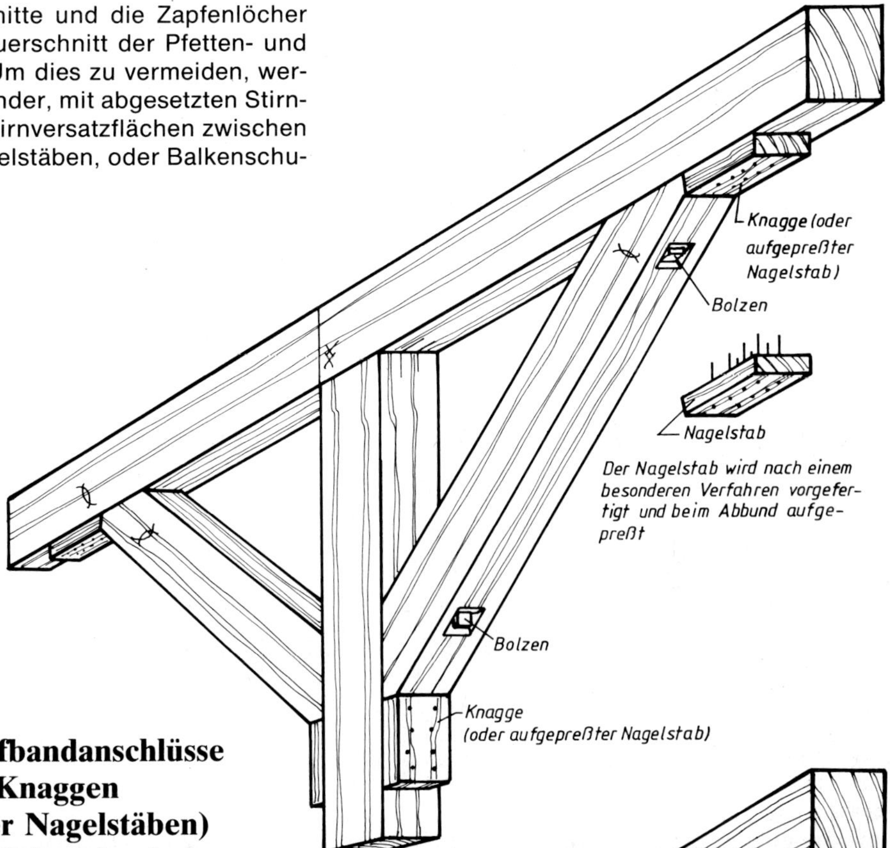

6.16.4 Kopfbandanschlüsse mit Knaggen (oder Nagelstäben) und Schraubenbolzen

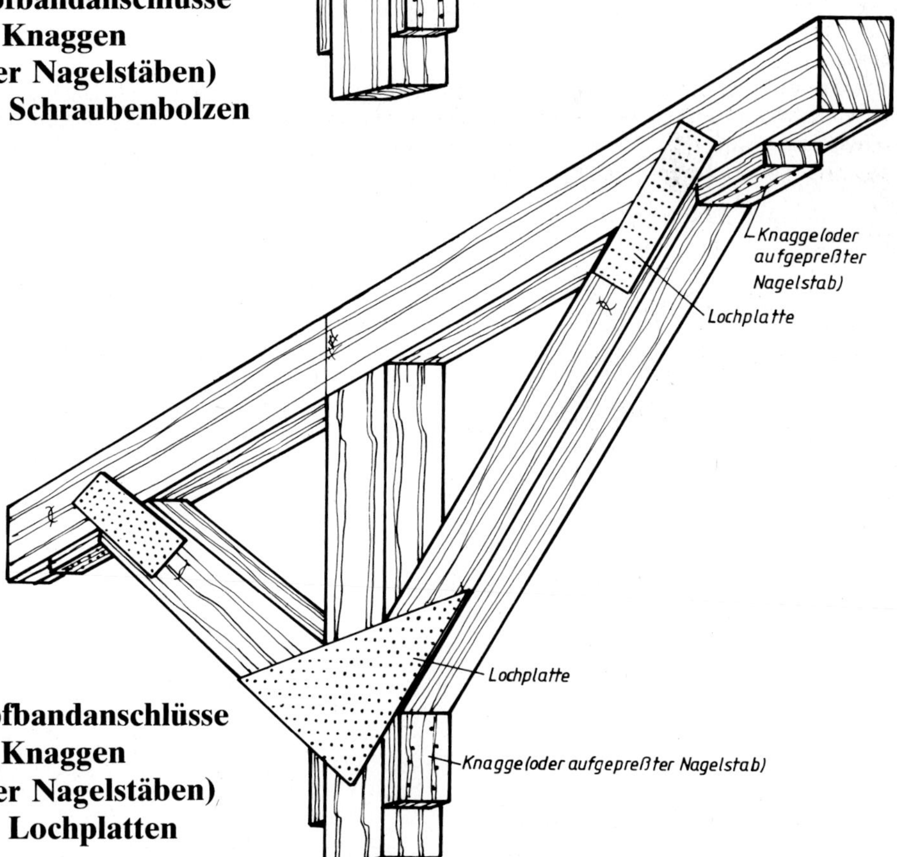

6.16.5 Kopfbandanschlüsse mit Knaggen (oder Nagelstäben) und Lochplatten

6.17 Pfettendach beim Holzskeletthaus

6.17.1 Querschnitt und Längsschnitt

Querschnitt und Längsschnitt des Pfettendaches beim Holzskeletthaus

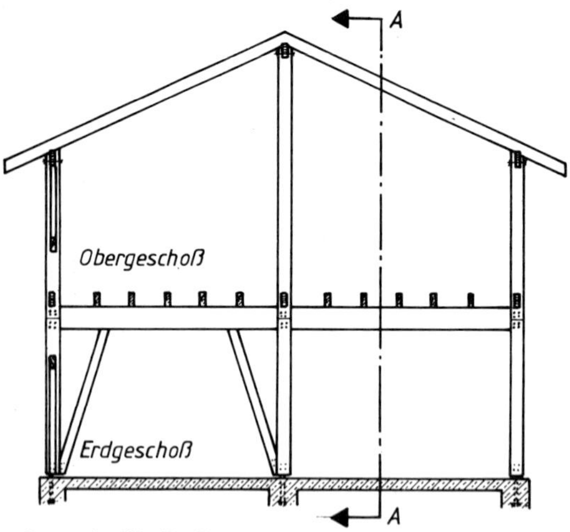

Querschnitt B-B

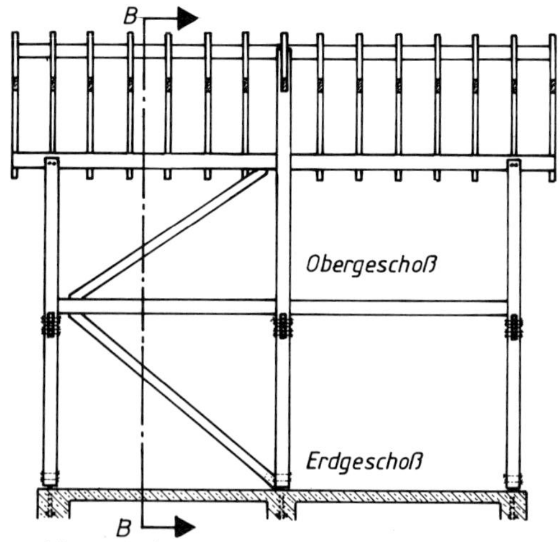

Längsschnitt A-A

Beim Holzskeletthaus besteht das eigentliche Skelett bzw. die Tragkonstruktion für die lotrechten Lasten im wesentlichen aus den Stützen, welche bis zur betreffenden Dachpfette durchlaufen und außerdem aus Horizontalträgern in Geschoßhöhe.

Die Systeme des Skeletthauses unterscheiden sich in der Ausbildung der Stützen sowie der zugehörigen Horizontalträger und sind gekennzeichnet durch:

Stütze mit Doppelträger

Horizontalträger zwischen Doppelstützen

Horizontalträger eingegabelt in Stützen

6.17.2 Knotenpunkt der Tragkonstruktion

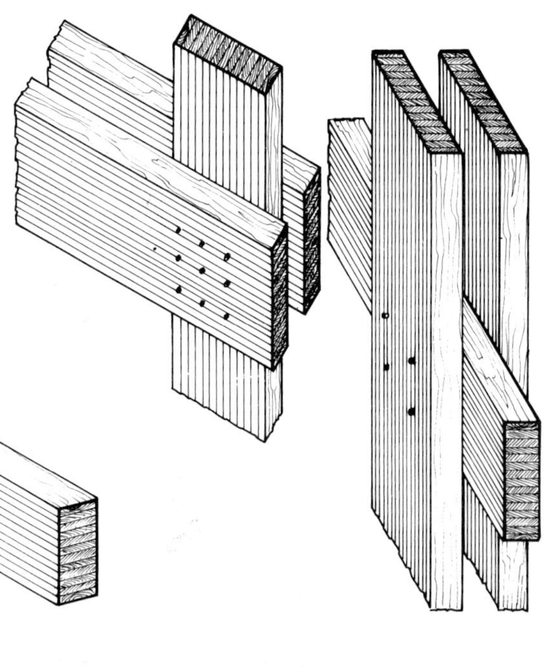

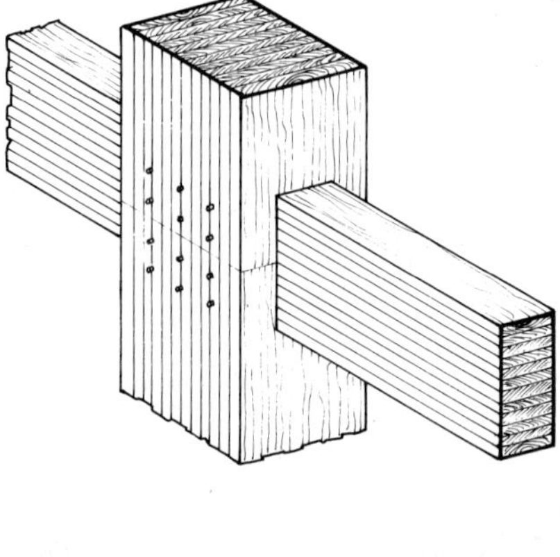

6.17.3 Stützenstellung im Erdgeschoß

Beim Stellen der Stützen des Holzskeletthauses muß jede einzelne Stütze möglichst genau auf den Kreuzungspunkt zweier Achsen des Konstruktionsrasters aufgestellt und demnach lotrecht befestigt werden.

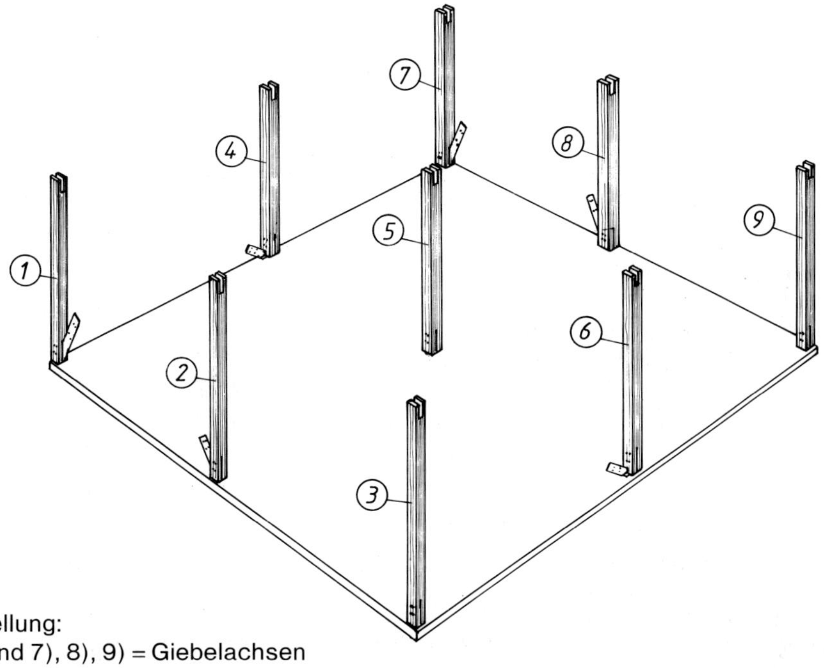

Stützenstellung:
1), 2), 3) und 7), 8), 9) = Giebelachsen
4), 5), 6) = Querachse
1), 4), 7) und 2), 5), 8) und 3), 6), 9) = Längsachsen
1), 2), 3), 4), 5), 6), 7), 8), 9) = hochgeständerte Stützen aus verleimten Brettschichthölzern mit ausgearbeiteten Gabelungen an den Kopfenden

Die Stützenstellung erfolgt auf quadratischen und rechteckigen Grundrißrastern. Die Achsen des quadratischen Konstruktionsrasters liegen in der Regel 3,60 m x 3,60 m und 2,40 m x 2,40 m auseinander.

Die Achsen des rechteckigen Konstruktionsrasters betragen 3,60 m x 2,40 m oder 3,60 m x 1,20 m. Die Befestigung der Stützen auf der Kellerdecke oder auf vorbetonierten Fundamentstreifen erfolgt hochgeständert oder aufgesetzt mit verzinkten Stützenfußhalterungen, welche auf die Stahlbetondecke oder Stahlbetonstreifenfundamente aufgedübelt wurden.

Stehen die Stützen genau lotrecht in den Stützenfußhalterungen, werden oben in die Gabelungen die Horizontalträger eingesetzt. Aufgrund der am Fußende auf die Fußhalterungen befestigten Stützen können die Stützen mit den eingesetzten Horizontalträgern nicht umstürzen.

Beim Holzskelettbau gibt es Stützen mit quadratischem und mit rechteckigem Querschnitt. Es gibt aber außerdem auch noch die sogenannten Kreuzstützen.

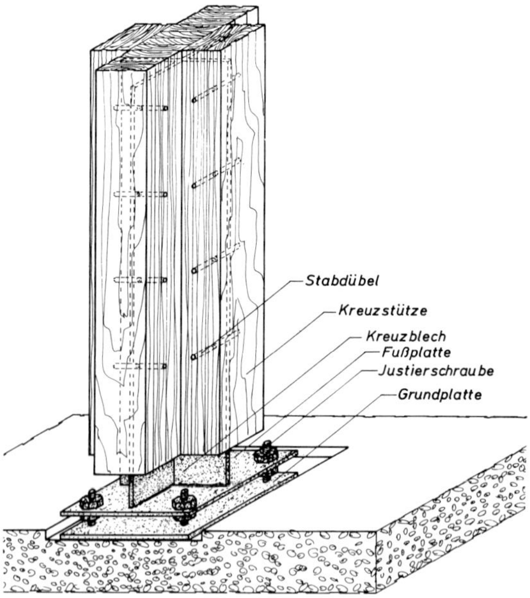

Da die Stützenfußhalterungen ein Hochdrücken und ein Ablassen der aufgesetzten Stützen mit Hilfe von Justierhülsen mit entsprechenden Justierschrauben ermöglichen, werden die Horizontalträger genau waagerecht in Richtung der Giebel-, Quer- und Längsachsen einjustiert.

6.17.4 Stützen im Erdgeschoß mit Horizontalträgern

Der Horizontalträger wird im Gabellager in den Stützen getragen und mit Stabdübel- und Heftbolzenverbindungen befestigt.

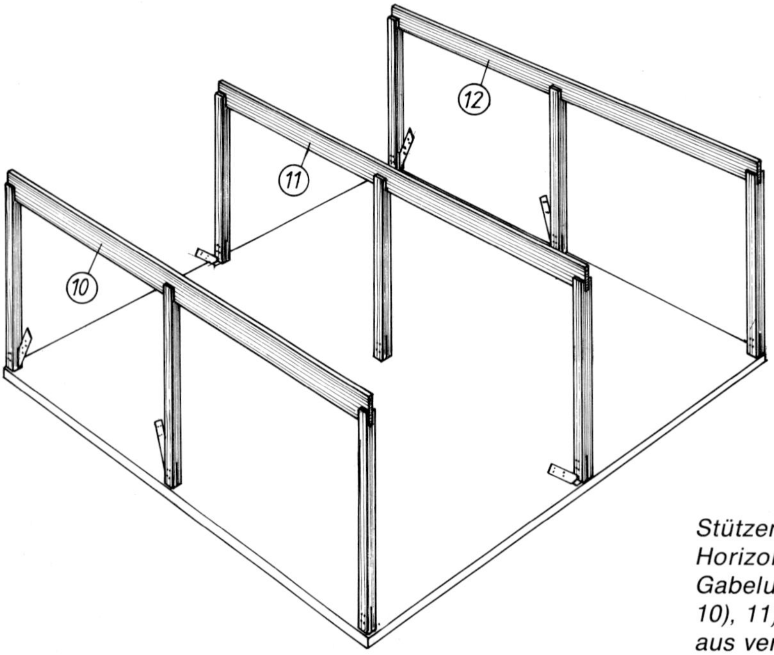

Stützen im Erdgeschoß mit Horizontalträgern in den Gabelungen.
10), 11) und 12) = Horizontalträger aus verleimten Brettschichthölzern

6.17.5 Stützen im Erdgeschoß mit Horizontalträgern, Diagonalstäben und Deckenbalken

Wenn die Horizontalträger ausgerichtet sind und die Befestigung zwischen der Gabelung der einzelnen Stützen ausgeführt ist, werden die bestimmten Diagonalstäbe für die Vertikalverbände eingebaut.

Wenn die Horizontalträger mit ihren Oberseiten nebeneinander im quadratischen oder im rechteckigen Konstruktionsraster eine ebene, waagerechte Scheibe bilden, werden auf diesen Oberseiten die Deckenbalken verlegt. Unter der Bezeichnung „Balken verlegen'' ist zugleich auch die Befestigung, auch Verankerung der betreffenden Balken zu verstehen.

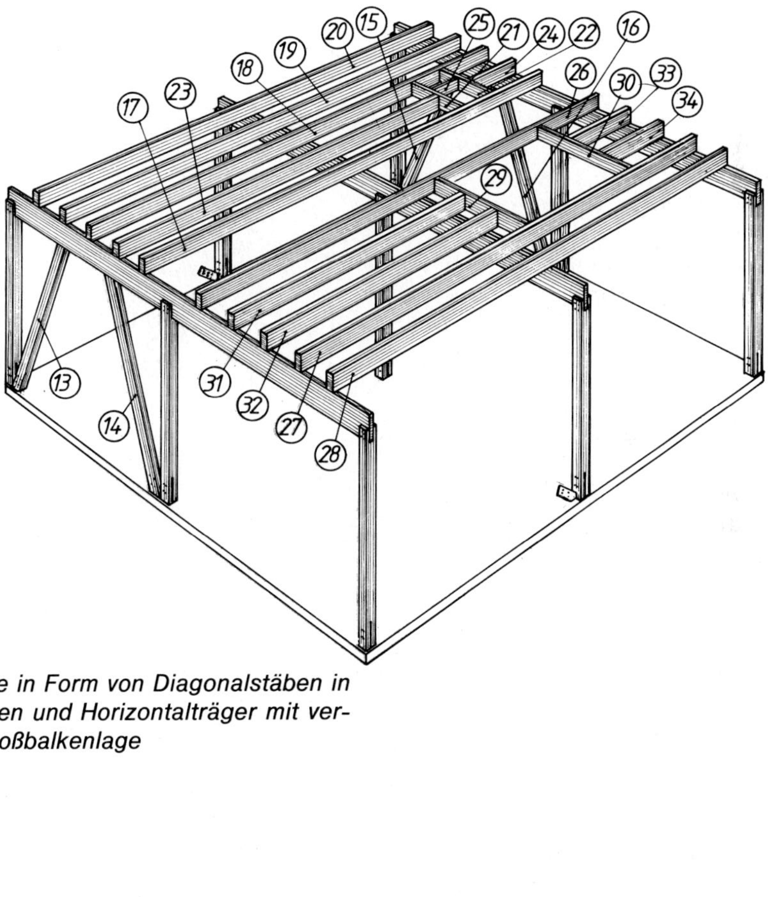

Vertikalverbände in Form von Diagonalstäben in den Giebelachsen und Horizontalträger mit verlegter Erdgeschoßbalkenlage

Benennungen:

13), 14), 15) und 16) = Diagonalstäbe, 17) und 18) = Wechselbalken, 19) und 20) = Leerbalken, 21) und 22) = Schornsteinwechsel (auch Kaminwechsel genannt), 23) und 24) = Stichbalken, 25) = Füllbalken (auch Füllholz genannt), 26) und 27) = Wechselbalken, 28) = Leerbalken, 29) und 30) = Treppenwechsel, 31), 32), 33) und 34) = Stichbalken

(Diagonalstäbe und Balkenlage aus Vollhölzern)

Die Aussteifung, welche im Holzskeletthaus die horizontalen Windkräfte (Druck und Sog) aufnehmen und in die Stützenfüße, d. h. auch weiter bis in die Fundamentsohlen weiterleiten sollen, übernehmen Horizontalverbände am Gespärre und an den Balkenlagen aber auch Vertikalverbände in Form von Diagonalstäben und besonders diagonal ausgesteiften Wandelementen in bestimmten Stützenachsen.

6.17.6 Stützen im Erd- und Obergeschoß

Die Deckenbalken, welche axial an die Stützen im Obergeschoß anzuschließen sind, bilden in Richtung der Längsachsen den äußeren Abschluß der Balkenlage.

Benennungen:
35), 36), 37), 38), 39), 40), 41), 42) und 43) = Stützen (aus verleimten Brettschichthölzern) im Obergeschoß mit Gabelungen an den Fußenden auf die Horizontalträger gesetzt.

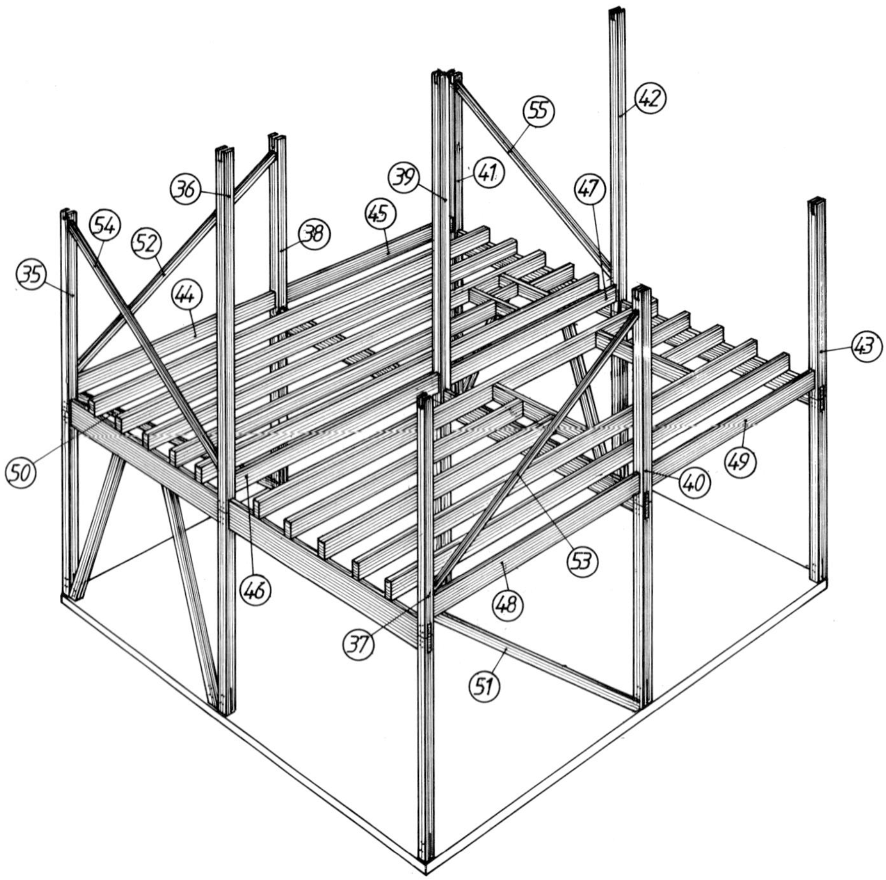

Stützenstellung im Obergeschoß mit axial angeschlossenen Deckenbalken und Diagonalstäben in bestimmten Stützenachsen

44), 45), 46), 47), 48) und 49) = Deckenbalken (aus verleimten Brettschichthölzern) axial an die Stützen im Obergeschoß angeschlossen.
52), 53), 54) und 55) = Diagonalstäbe (aus Vollhölzern) in bestimmten Stützenachsen.

Bestimmte Stützen an Ecken und auf Querachsen im Obergeschoß müssen für die Verlegung der Dachpfetten und der Pfettendachsparren durch die bestimmten Diagonalstäbe der Vertikalverbände verstrebt werden.

Auf den Horizontalträgern liegen, festgemacht mit Dollen oder Stahlblechformteilen und entsprechenden Nägeln, Deckenbalken und Dachbalken.

Der axiale Anschluß Deckenbalken/Stütze erfolgt in der Regel mit je einem verzinkten Stahlwinkel sowie einseitigem Dübel und einem Heftbolzen.

6.17.7 Fuß- und Firstpfetten in Gabelungen der Obergeschoßstützen

Da an den Kopfenden der Stützen im Obergeschoß die Gabelungen auf die Breite der bestimmten Dachpfetten ausgearbeitet sind, werden die Fußpfetten und die Firstpfetten in die einzelnen Gabelungen eingesetzt und gleich befestigt. Auf die befestigten Dachpfetten werden dann die Sparren der beiden Dachseiten verlegt.

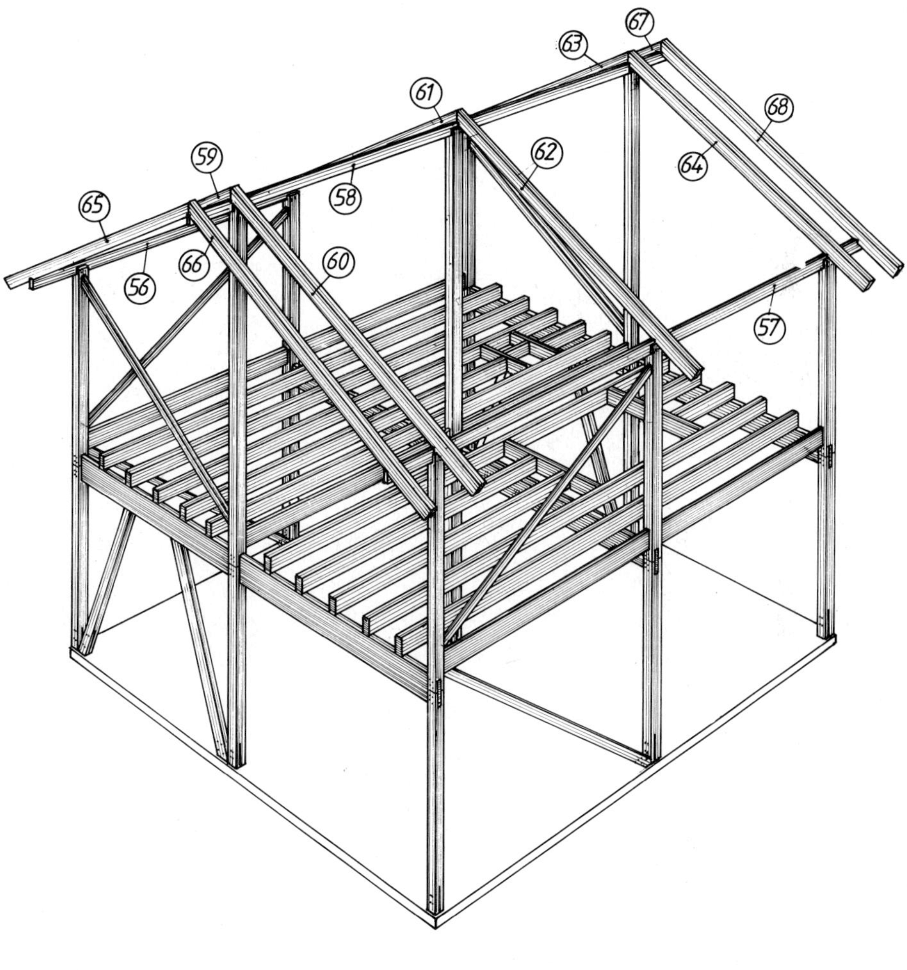

Fußpfetten und Firstpfette in den Gabelungen am Kopfende der Obergeschoßstützen
Sparren in den Dachseiten des Pfettendaches

Benennungen:

56) und 57) = Fußpfetten aus verleimten Brettschichthölzern
58) = Firstpfette aus verleimtem Brettschichtholz
59) und 60) = Giebelsparren aus Vollhölzern
61) und 62) = Achsensparren aus Vollhölzern
63) und 64) = Giebelsparren aus Vollhölzern
65), 66), 67) und 68) = Flugsparren aus Vollhölzern

6.18 Pultdach beim Holzskeletthaus

6.18.1 Querschnitt und Längsschnitt des Pultdaches beim Holzskeletthaus

System des Skeletthauses mit Pultdächern: Stützen mit Doppelträgern

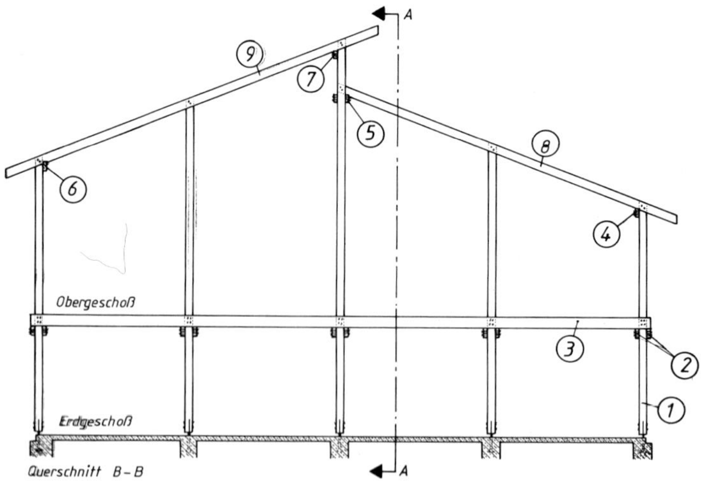

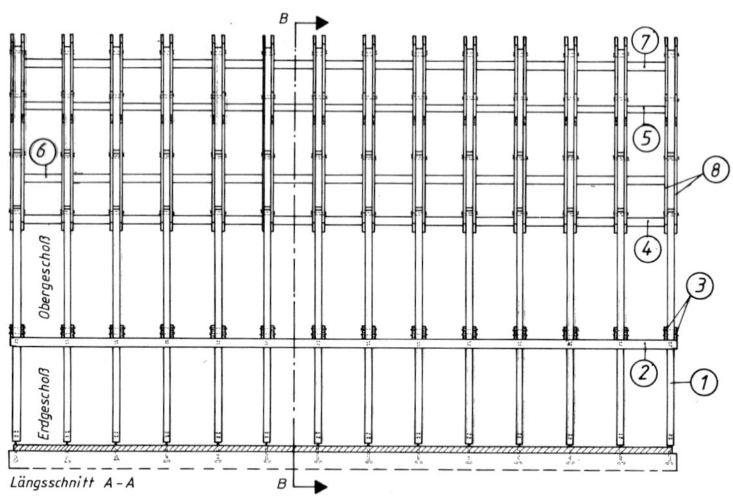

Benennung der Skelettbauteile und Pultdachteile:

1) hochgeständerte bis in das Pultdachgespärre hineinlaufende Stütze aus verleimtem Brettschichtholz
2) Doppelträger aus verleimten Brettschichthölzern
3) Deckenbalken aus verleimten Brettschichthölzern
4) Fußpfette aus verleimtem Brettschichtholz
5) Firstpfette aus verleimtem Brettschichtholz
6) Fußpfette aus verleimtem Brettschichtholz
7) Firstpfette aus verleimtem Brettschichtholz
8) Doppelsparren des einen Pultdaches aus Vollhölzern
9) Doppelsparren des zweiten Pultdaches aus Vollhölzern

6.19 Pfettendach mit einfachem Hängewerk

6.19.1 Querschnitt des Dachbinders mit einfachem Hängewerk

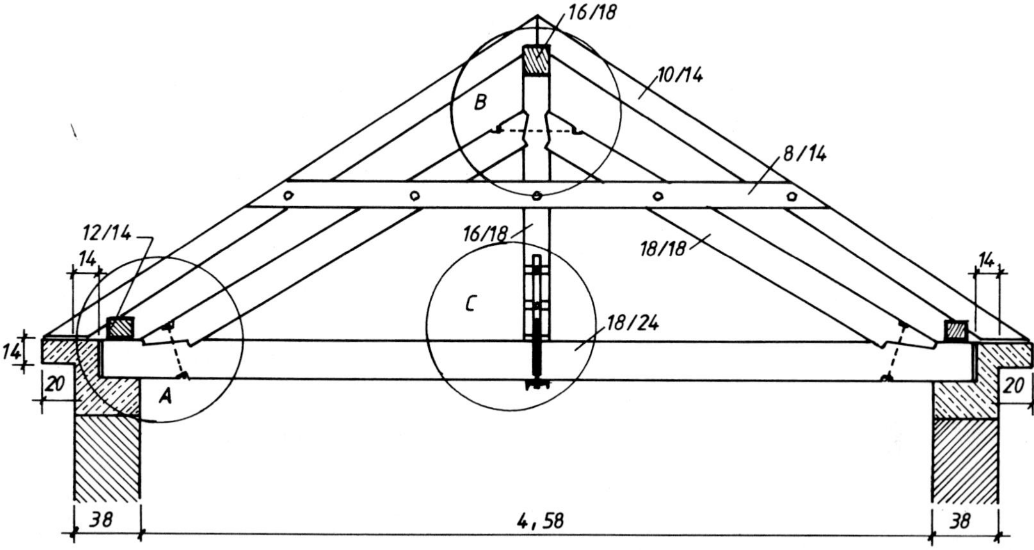

Hängt man einen nur an seinen Endpunkten unterstützten Bundbalken (Binderbalken) mit einem lotrecht verlaufenden Hängepfosten und einem Strebenpaar so auf, daß durch den Hängepfosten und den beiden Streben die aus der Eigenlast des Bundbalkens und seiner Belastung entstehenden Kräfte auf die Enden des Bundbalkens übertragen werden, und weiter nur lotrecht auf die Auflager und waagerecht auf die Verlängerung des Bundbalkens wirken können, so heißt die ganze Konstruktion ein einfaches Hängewerk.

6.19.3 Verbindung des Zugstabes mit dem Binderbalken

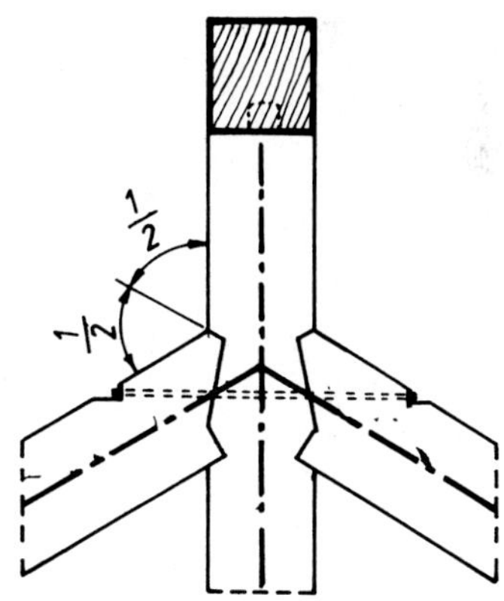

Verbindung der Streben mit dem Zugstab

Knotenpunkt B

6.19.2 Verbindung der Streben mit dem Binderbalken

Knotenpunt A

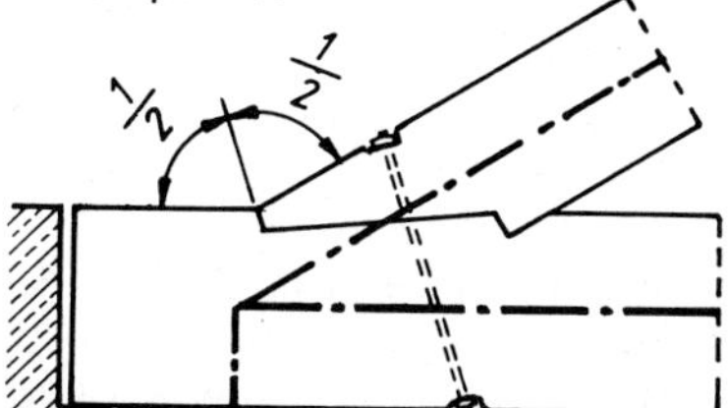

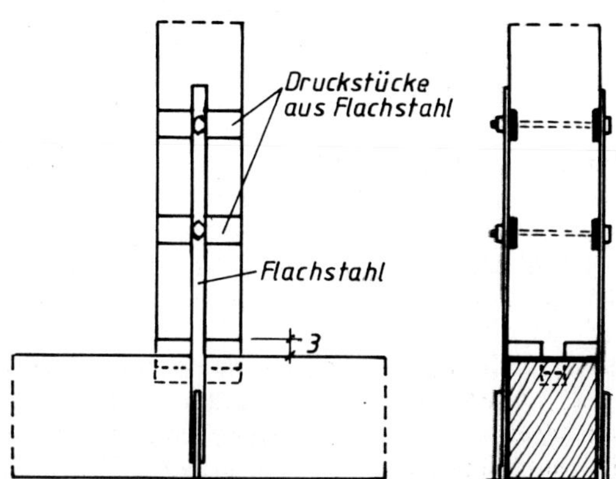

6.20 Zweiseitiger Versatzeinschnitt

6.20.1 Einschnittiefe beim zweiseitigen Versatzeinschnitt

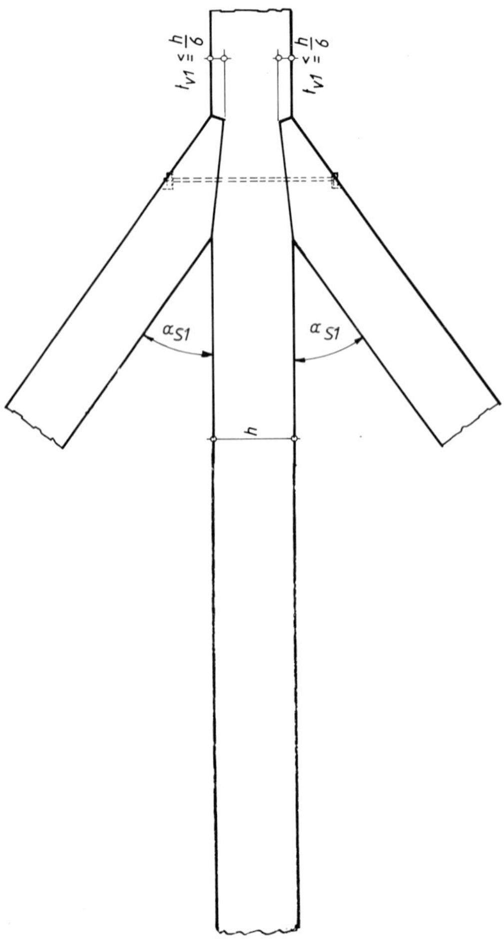

6.20.2 Einschnittiefe beim zweiseitigen doppelten Versatz

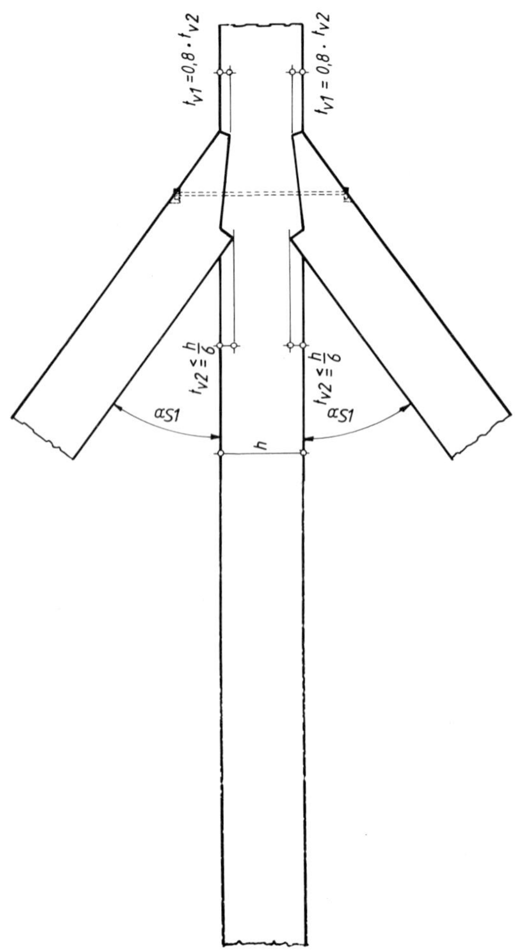

Bei zweiseitigem Versatzeinschnitt (nach DIN 1052, Abschnitt 7.5.2.) darf jeder Einschnitt unabhängig vom Anschlußwinkel höchstens 1/6 der Höhe (Holzquerschnitthöhe h) des eingeschnittenen Holzes betragen.

Die Einschnittiefe t_{v1} des zum doppelten Versatz gehörenden Stirnversatzes wird gemäß der schon bestimmten Einschnittiefe t_{v2} durch die Mulitplikation $0{,}8 \cdot t_{v1}$ errechnet und demnach ein Zusammenfallen der Scherflächen auf gleicher Höhe vermieden. Die Verbindung der Strebe mit dem Hängepfosten beruht auf denselben Grundsätzen, wie die Verbindung der Strebe mit dem Bundbalken, nur muß zur Errechnung der erforderlichen Vorholzlänge für einen Versatz von dem oberen Ende des Hängepfostens nicht der Horizontalschub, sondern die im Hängepfosten vertikal wirkende Spannung in Rechnung gestellt werden.

6.21 Pfettendach mit doppeltem Hängewerk

6.21.1 Spannriegel beim doppelten Hängewerk

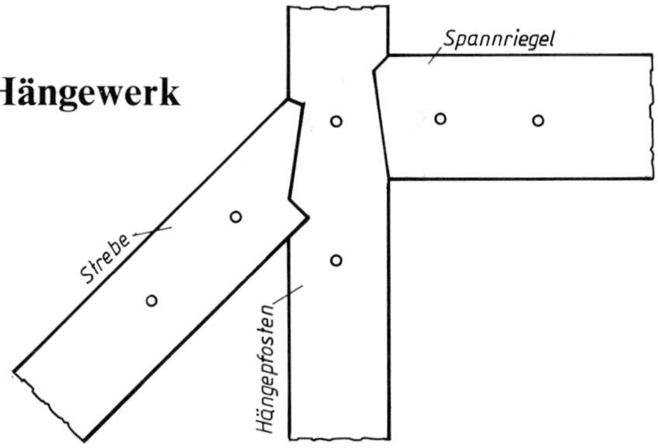

Beim doppelten Hängewerk wird die Strebe oft mit einem doppelten Versatz und der Spannriegel nur mit einem Stirnversatz oben an den Hängepfosten angeschlossen.

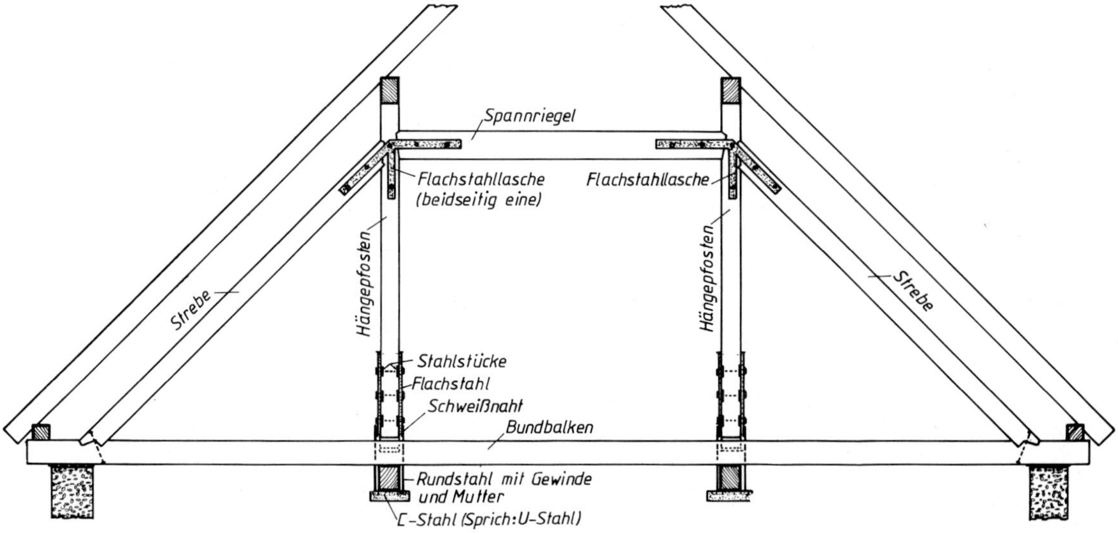

6.21.2 Ansicht des doppelten Hängewerkes mit Querschnittsflächen der Dachpfetten

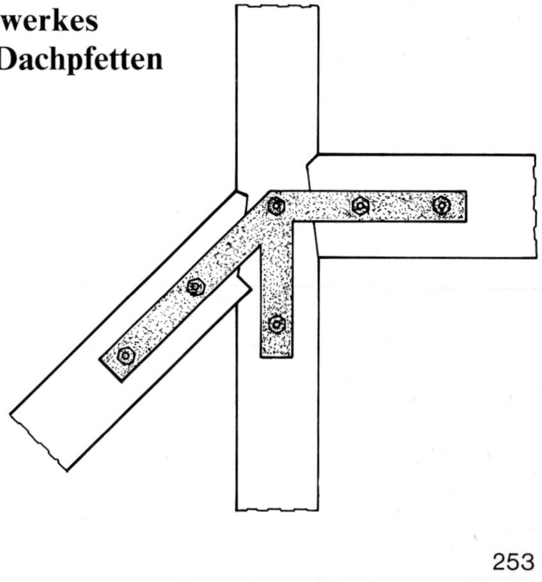

Das doppelte Hängewerk besteht aus dem Bundbalken, zwei Hängepfosten, zwei Streben und dem Spannriegel.
Der Anschluß der einzelnen Streben an den Bundbalken und Hängepfosten wird wie beim einfachen Hängewerk ausgeführt. Der Spannriegel wird an beide Hängepfosten mit dem Stirnversatz angeschlossen. Die drei Kanthölzer, Strebe, Hängepfosten und Spannriegel werden durch dreiarmige Flachstahllaschen und Schraubenbolzen miteinander verbunden.

6.22 Pfettendach mit Schleppgaube

6.22.1 Teilausschnitt aus dem Pfettendachstuhl mit der Seitenansicht einer Schleppgaube

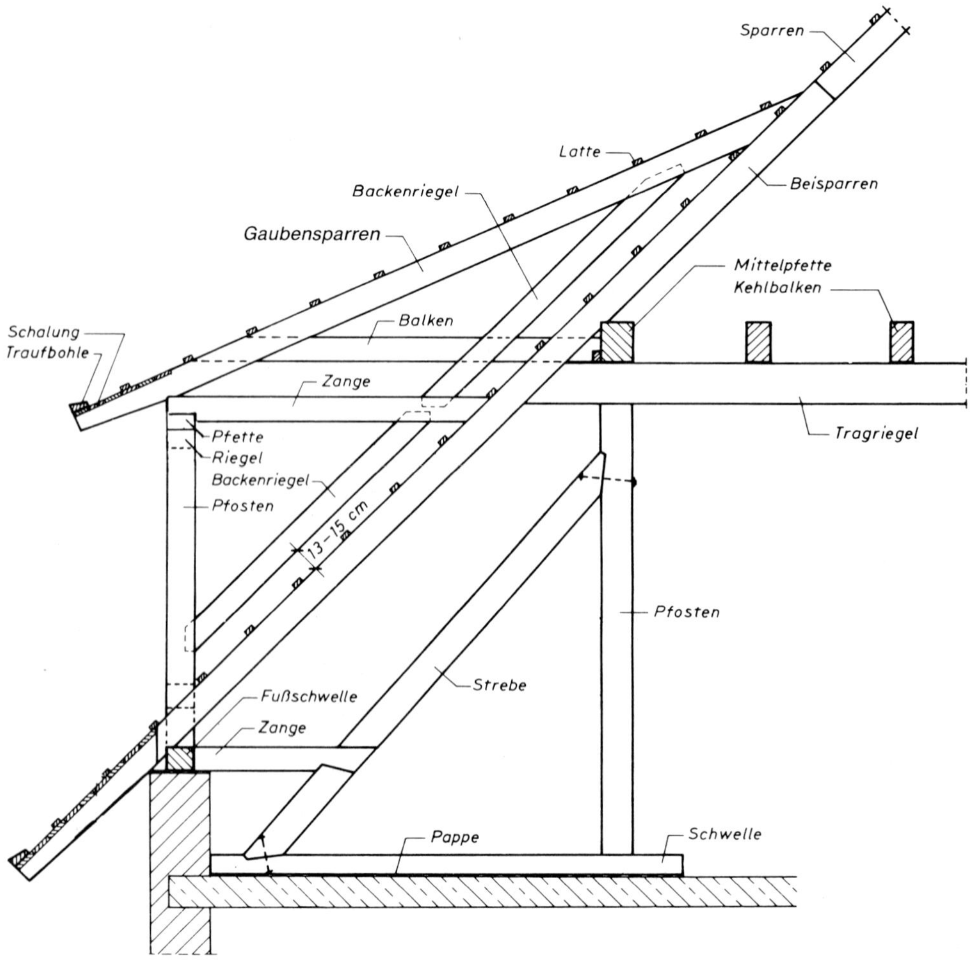

Für ausgebaute Dachräume sind große Fenster erforderlich. Für den Einbau großer, lotrecht stehender Fenster in eine Dachseite werden Schleppgauben erstellt.

Bei der Schleppgaube liegen die Gaubensparren mit ihren oberen Enden auf den Dachsparren aufgeschmiegt oder seitlich angeblattet, oder auf einem Sparrenwechsel und werden unten, in der Regel mit einer Kerve, auf die Gaubenpfette (auch Rähm genannt) aufgesetzt.

6.22.2 Teilausschnitt aus dem Pfettendachstuhl mit der Schleppgaube und Deckelschalung an einer Backenfläche

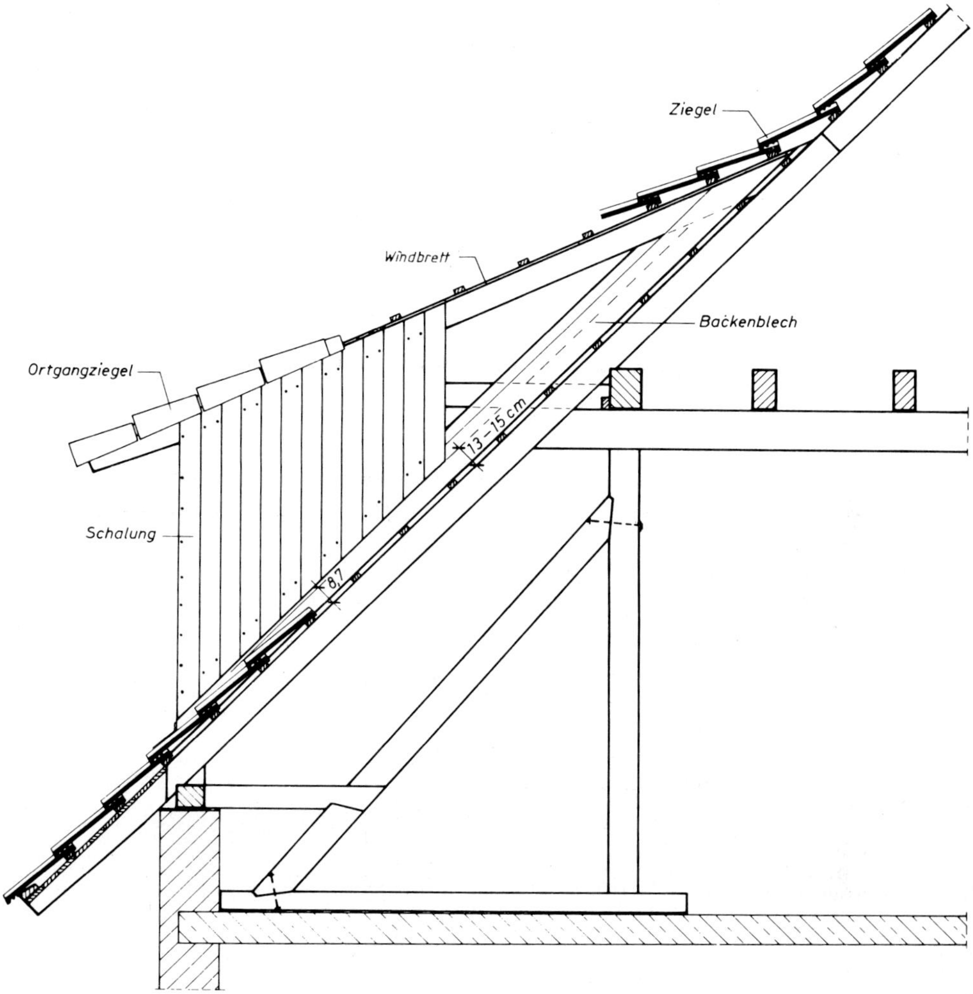

Bei der Schleppgaube besteht eine Seitenwand aus dem Gaubensparren, dem Pfosten am Eck (Eckpfosten, Eckständer oder Eckstiel), den Backenriegeln und den Zangen. Ein Backenriegel wird in der Regel mit Zapfen oder Blatt an die Gaubeneckpfosten, an die Gaubensparren und Zangen angeschlossen. Den rechtwinkligen Abstand zwischen Oberseite „Pfettendachsparren" und Unterkante „Bakkenriegel" legt man beim Abbinden der Gaubenhölzer schon auf 13 bis 14 cm fest. Werden nämlich die Gaubenbacken mit Wandbausteinen (Gas- oder Schaumbetonsteine) ausgeriegelt bzw. ausgefacht, hat man die Voraussetzung geschaffen, um zwischen Sparren und Backenriegel genormte 11,5 cm hohe Wandbausteine samt Trockenmörtel einzubauen. Den Abstand vom Sparren bis zum Backenriegel benötigt man auch zum konstruktiven Wetterschutz. Jede Dachgaube unterbricht die Dachhaut (Dacheindeckung). Das Backenblech muß mit seiner rechtwinklig abgeknickten Form wieder die wetterdichte Verbindung zwischen Pfettendach und Backenriegel herstellen. Es wird also sowohl auf die Dachlatten als auch an den Backenriegel befestigt. Auf den Backenriegel muß auch die Deckelschalung aufgenagelt werden. Die Nägel sollen aber das Blech nicht durchlöchern, d. h. man benötigt zum Abnageln der Deckelschalung über dem Backenblech eine freie Holzmasse des Backenriegels. Darum ist es von Vorteil, wenn die Backenriegel ca. 13 bis 14 cm über dem Pfettendachsparren angebracht sind.

6.22.3 Deckelschalung des Gaubenbackens in der Ansicht und im Querschnitt

Die Deckelschalung bzw. jede hölzerne Gaubenbackenverkleidung muß das Backenblech überdecken und dann noch einen rechtwinkligen Abstand von ca. 12 cm bis Oberseite „Beisparren“ aufweisen.

Ansicht

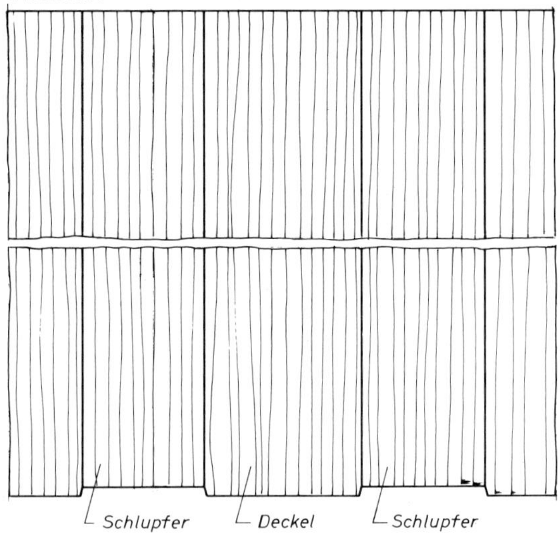

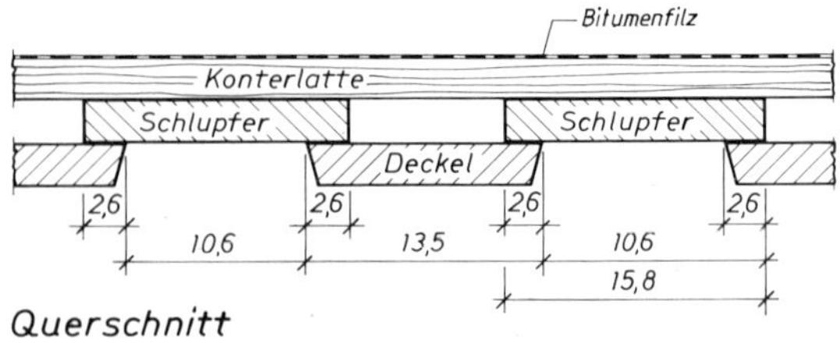

Querschnitt

Die Deckenschalung des Gaubenbackens muß aus Gründen des konstruktiven Holzschutzes immer lotrecht angebracht werden. In der Fachsprache nennt man die mit Abstand aufeinander genagelten Bretter Kriecher und Decker aber auch Schlupfer und Deckel.

6.23 Berechnung des nicht rechtwinkligen Dreiecks bei der Backenfläche einer Schleppgaube

6.23.1 Perspektivische Darstellung der Schleppgaube

Bei der Backenfläche einer Schleppgaube handelt es sich um eine Seitenwand, die mit der entsprechenden Fläche lotrecht aus der Hauptdach- unter die Schleppdachfläche verläuft. Die Backenfläche der Schleppgaube ist ein nicht rechtwinkliges Dreieck.

Jede Berechnung eines nicht rechtwinkligen Dreiecks kann auf rechtwinklige Dreiecke zurückgeführt werden, siehe Dreiecke A1 und A2 auf Seite 257. Aufgrund der angegebenen Backenflächenmaße hs und Ss und des Winkelwertes ß = 46° soll die Maßbestimmungen Ss', Ss'', x und Sg mit Hilfe von Winkelfunktionen und zugleich die Berechnung der Flächeninhalte A1, A2 sowie A gezeigt werden.

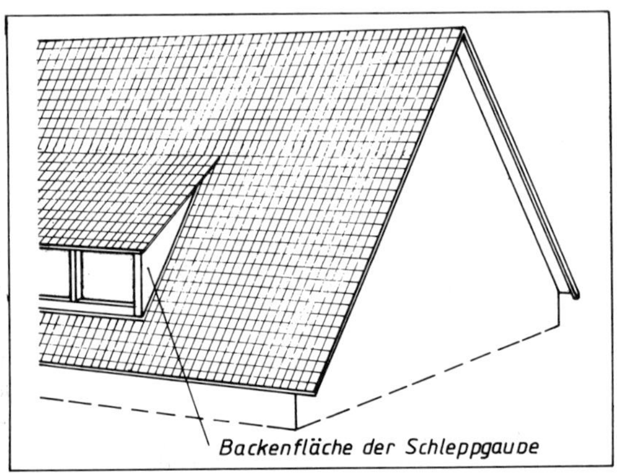

Bei ß = 46° beträgt:
cos ß 0,6946
sin ß 0,7193

Ss' = hs · cos ß
→ 1,40 m · 0,6946 = 0,9724 m
Ss'' = Ss – Ss'
→ 3,80 m – 0,9724 m = 2,8276 m
x = hs · sin ß
→ 1,40 m · 0,7193 = 1,007 m

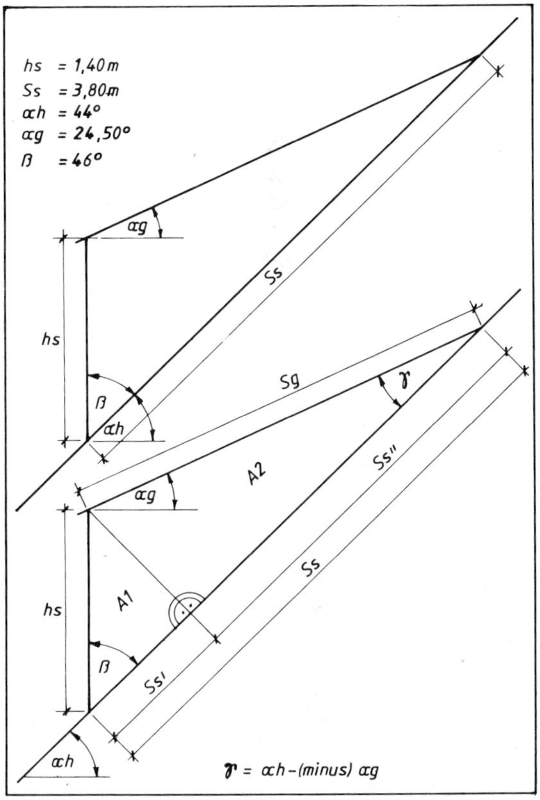

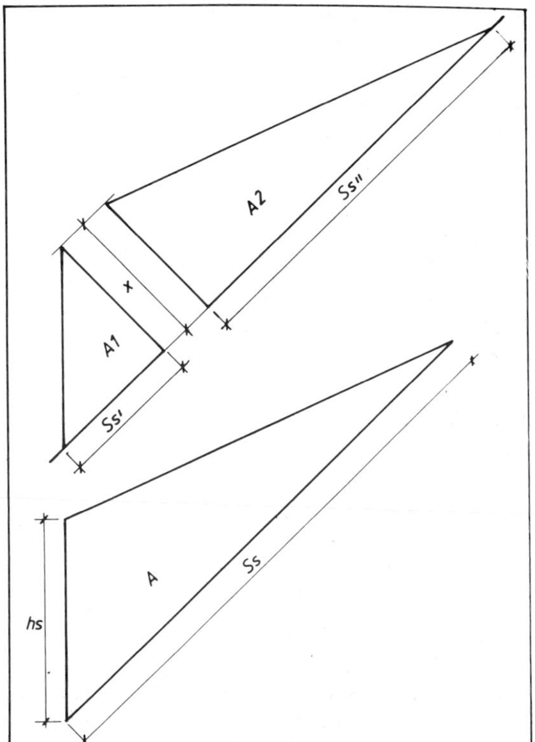

$$Sg = \sqrt{x^2 + Ss''^2}$$

$$\rightarrow \sqrt{0{,}9724^2 + 2{,}8276^2} = 2{,}9901\ \text{m}$$

Flächeninhalte A1 und A2

$$A1 = \frac{Ss' \cdot x}{2}$$

$$\rightarrow \quad \frac{0{,}9724\ \text{m} \cdot 1{,}007\ \text{m}}{2} = 0{,}4896\ \text{m}^2$$

$$A2 = \frac{Ss'' \cdot x}{2}$$

$$\rightarrow \quad \frac{2{,}8276\ \text{m} \cdot 1{,}007\ \text{m}}{2} = 1{,}4236\ \text{m}^2$$

$$A = A1 + A2$$

$$\rightarrow 0{,}4896\ \text{m}^2 + 1{,}4236\ \text{m}^2 = 1{,}9132\ \text{m}^2$$

6.23.2 Ansicht der Backenfläche bei der Schleppgaube

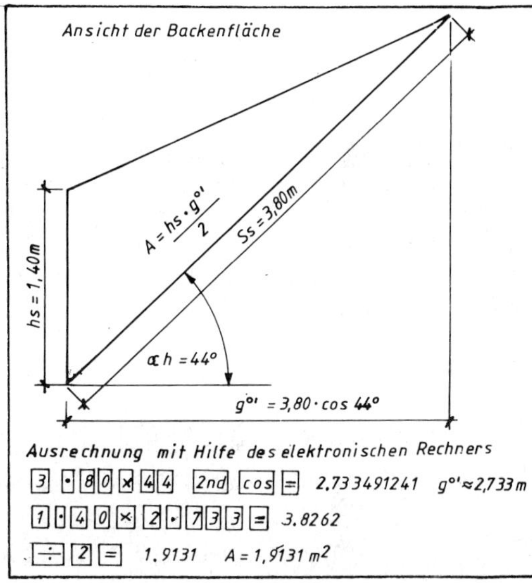

6.23.3 Ausrechnung des Inhaltes der Backenfläche mit Hilfe des elektronischen Taschenrechners

Eingabe	Taste	Ausdruck
Rechner und Drucker einschalten	Trace	
——→	PGM 2nd LRN 1 2	0. PGM 12
Ss = 3,80 m	3 · 8 0 A	3.8
β = 46°	4 6 B	46.
γ = 19,50°	1 9 · 5 0 C	19.5
——→	A' 2nd A	114.5
——→	D	3.003964376
——→	E	1.39397808
——→	C' 2nd C	1.905213436

1,905 = m² der Backenfläche

6.24 Pfettendach mit schrägen Flugsparren

Die schrägen Flugsparren werden stets dem Dachvorsprung bei Giebelseiten zugeordnet. Aufgrund der schrägen Flugsparren wird der Dachvorsprung aus einem an der Traufe bestimmten Überstand nach oben größer.

Die sichtbar bleibenden Seiten der Flugsparren sowie der Giebelsparren und Dachpfettenköpfe werden in der Regel gehobelt.

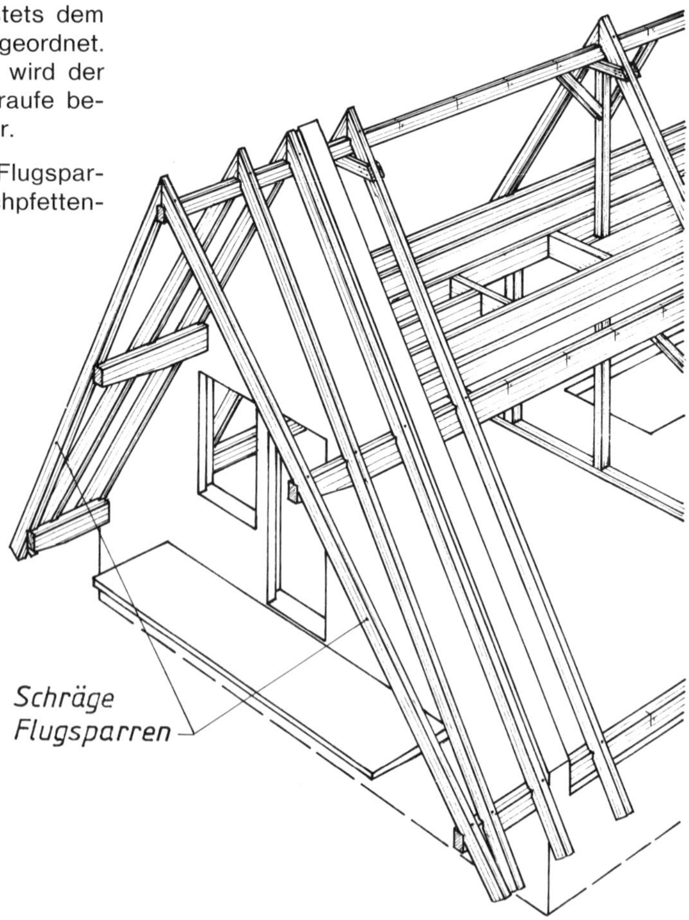

Der schräge Flugsparren wird mit Kerven auf die Pfettenköpfe aufgesetzt.

6.24.1 Perspektivische Darstellung des Pfettendaches mit schrägen Flugsparren

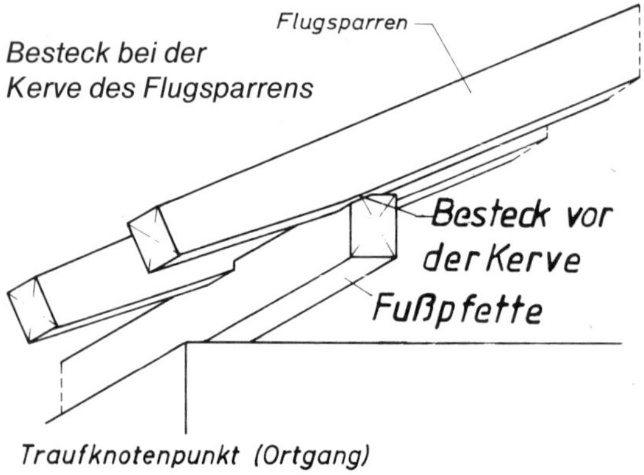

6.24.2 Besteck bei der Kerve des schrägen Flugsparrens

Die Kerve des schrägen Flugsparrens erhält oft ein Besteck, damit ein Teil des Flugsparrenholzes über das Hirnschnittende des Dachpfettenkopfes hinaussteht und demnach den Hirnschnitt des Dachpfettenkopfes konstruktiv gegen Witterungseinflüsse schützt.

Bei der Kerve mit Besteck verläuft das Kervendreieck nicht von der einen Sparrenholzseite bis zur anderen voll durch, sondern nur bis zu drei Viertel, eventuell auch ein bißchen mehr, in die Sparrenholzbreite hinein und der Rest des Holzes ist dann das Besteck.

6.25 Dachtragwerkteile des Walmdaches

6.25.1 Perspektivische Darstellung des Walmdaches mit Dachüberstand aus Sparrenköpfen, Schifter- und Gratsparrenköpfen

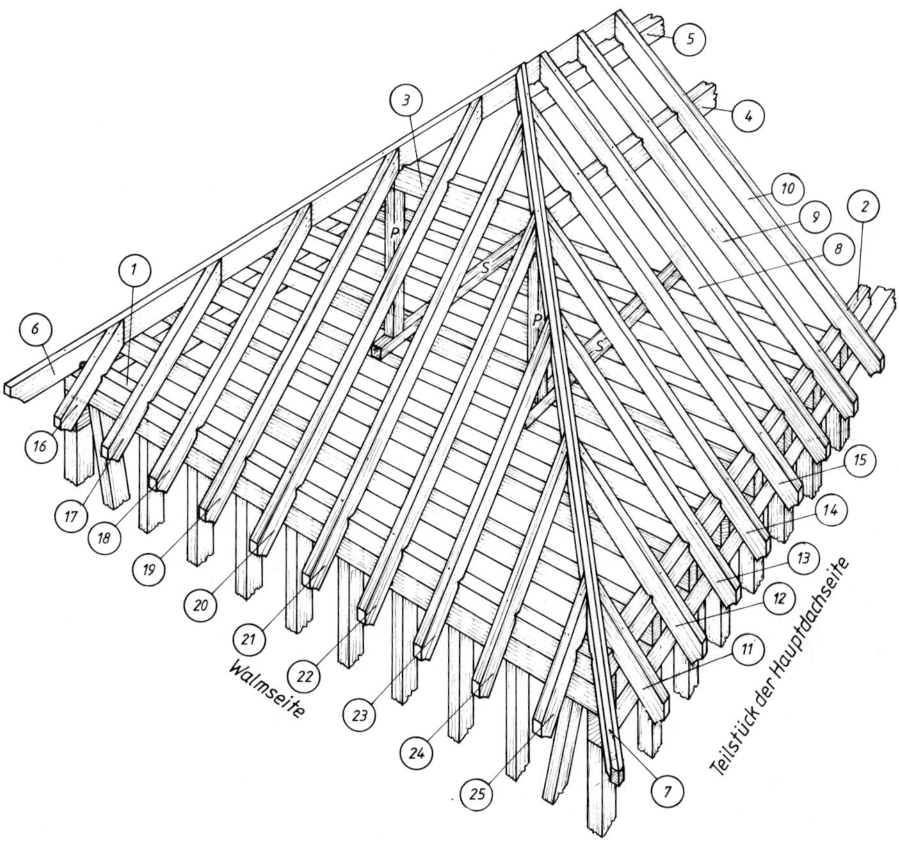

Benennung der Dachtragwerkteile des Walmdaches:

1) Fußpfette der Walmseite
2) Fußpfette der Hauptdachseite
3) Mittelpfette der Walmseite
4) Mittelpfette der Hauptdachseite
5) Firstpfette
6) Gratsparren
7) Gratsparren
9) bis 10) gewöhnliche Sparren der Hauptdachseite
11) bis 15) Hauptdachschifter
16) bis 25) Walmschifter

P und S = Pfosten und Schwellen des Dachstuhls

6.25.2 Perspektivische Darstellung des Walmdaches mit Aufschieblingen

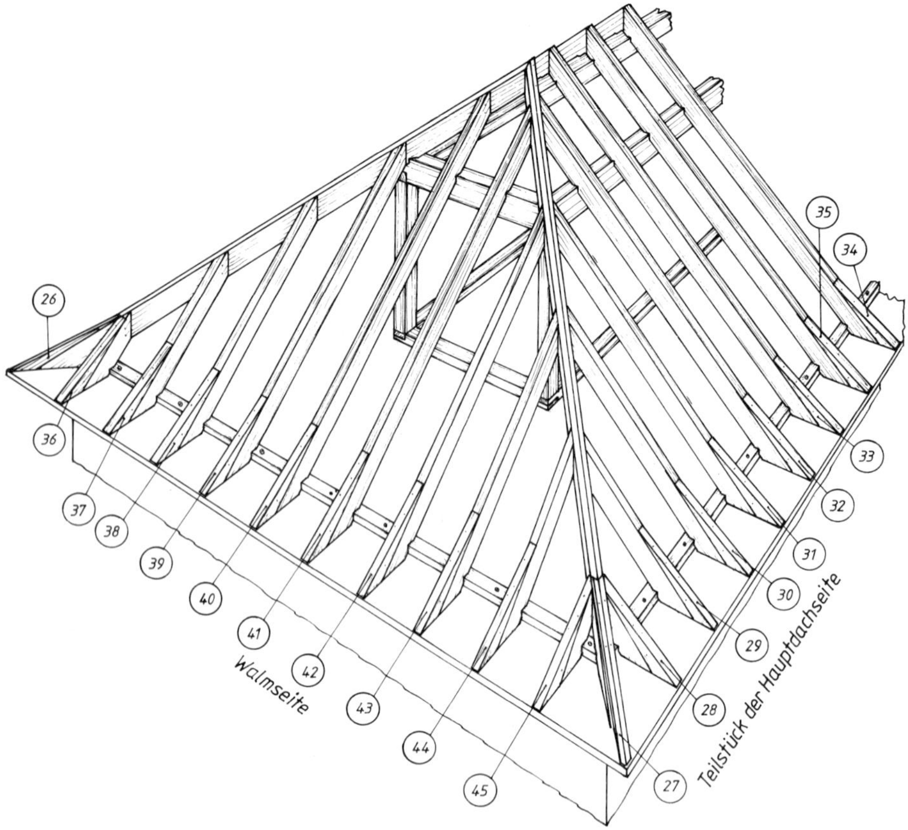

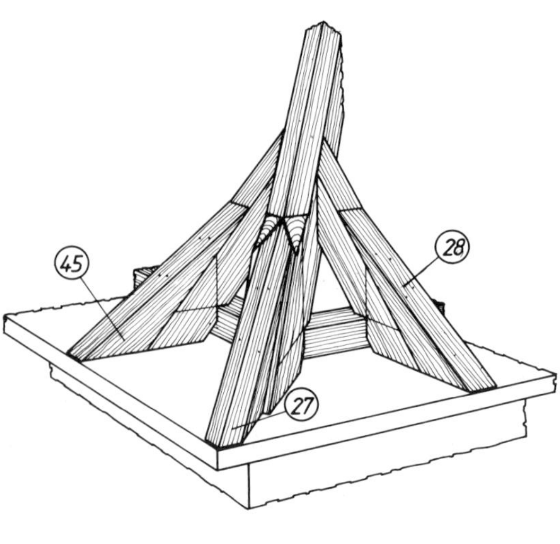

Benennungen der Aufschieblinge des Walmdaches:

26) und 27) Grataufschieblinge
28) bis 35) Aufschieblinge der Hauptdachseite
36) bis 45) Aufschieblinge der Walmseite

6.26 Dachtragwerkteile bei rechtwinklig zusammentreffenden Dächern

6.26.1 Perspektivische Darstellung einer Hauptdachseite und Dachseiten eines abgewalmten Anbaudaches

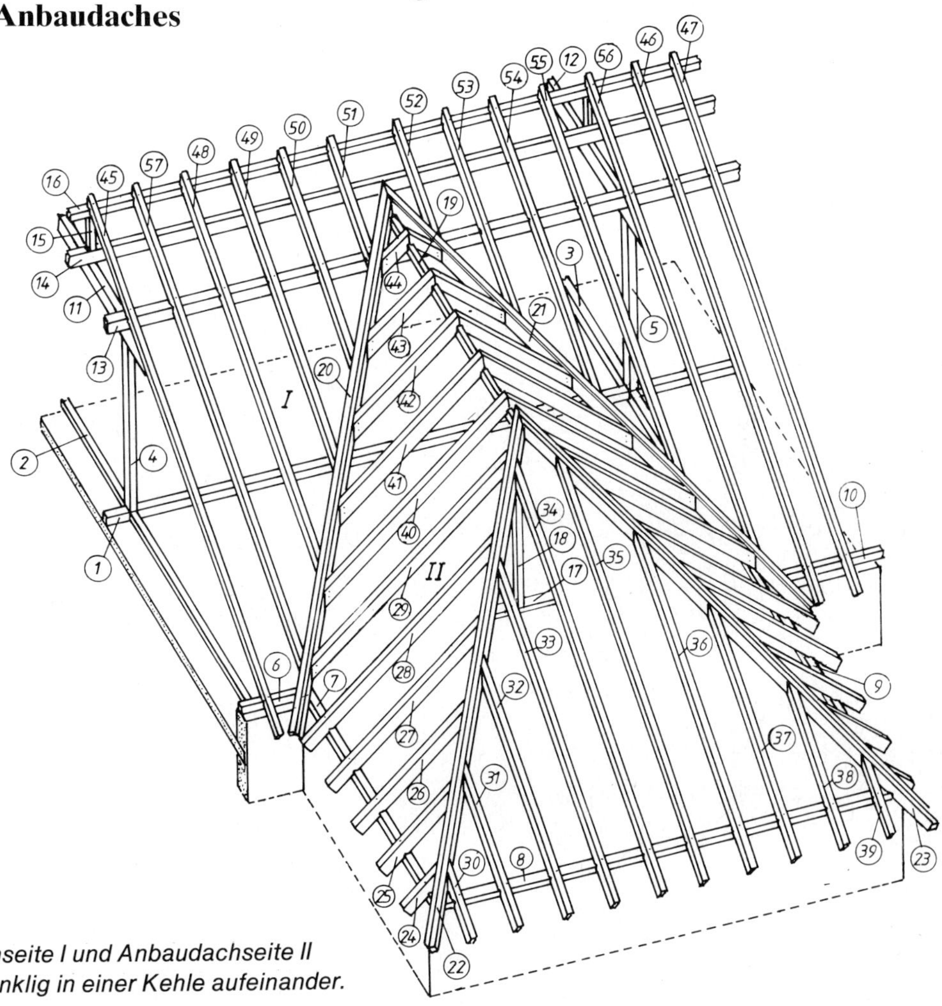

Die Hauptdachseite I und Anbaudachseite II treffen rechtwinklig in einer Kehle aufeinander.

Benennung der Dachtragwerkteile des Hauptdaches mit zweifach stehendem Dachstuhl und des Anbaudaches mit einfach stehendem Dachstuhl und Anbauwalm;

1) Längsschwelle des Hauptdaches
2) und 3) Binderschwellen des Hauptdaches
4) und 5) Pfosten der Hauptdachbinder
6) bis 10) Fußpfetten der Hauptdach- und Anbaudachseiten
11) und 12) Tragriegel der Hauptdachbinder
13) Mittelpfette der Hauptdachseite
14) Kehlbalken des Hauptdaches
15) Firstpfosten des Hauptdaches
16) Firstpfette des Hauptdaches
17) Querschwelle des Anbaudachstuhls
18) Pfosten des Anbaudachstuhls
19) Firstpfette des Anbaudaches
20) und 21) Kehlsparren
22) und 23) Gratsparren des Anbaues
24) bis 28) Gratschifter der Anbaudachseite II
29) Doppelschifter
30) bis 39) Walmschifter des Anbaues
40) bis 44) Kehlschifter der Anbaudachseite II
45) Bundsparren der Hauptdachseite
46) und 47) gewöhnliche Sparren der Hauptdachseite I
48) bis 57) Kehlschifter der Hauptdachseite I.

7 Die Fachwerkwand

7.1 Benennung der Wandhölzer des herkömmlichen Fachwerkbaues

7.1.1 Perspektivische Darstellung herkömmlicher Fachwerkwände mit einem Teil der zugeordneten Balkenlage

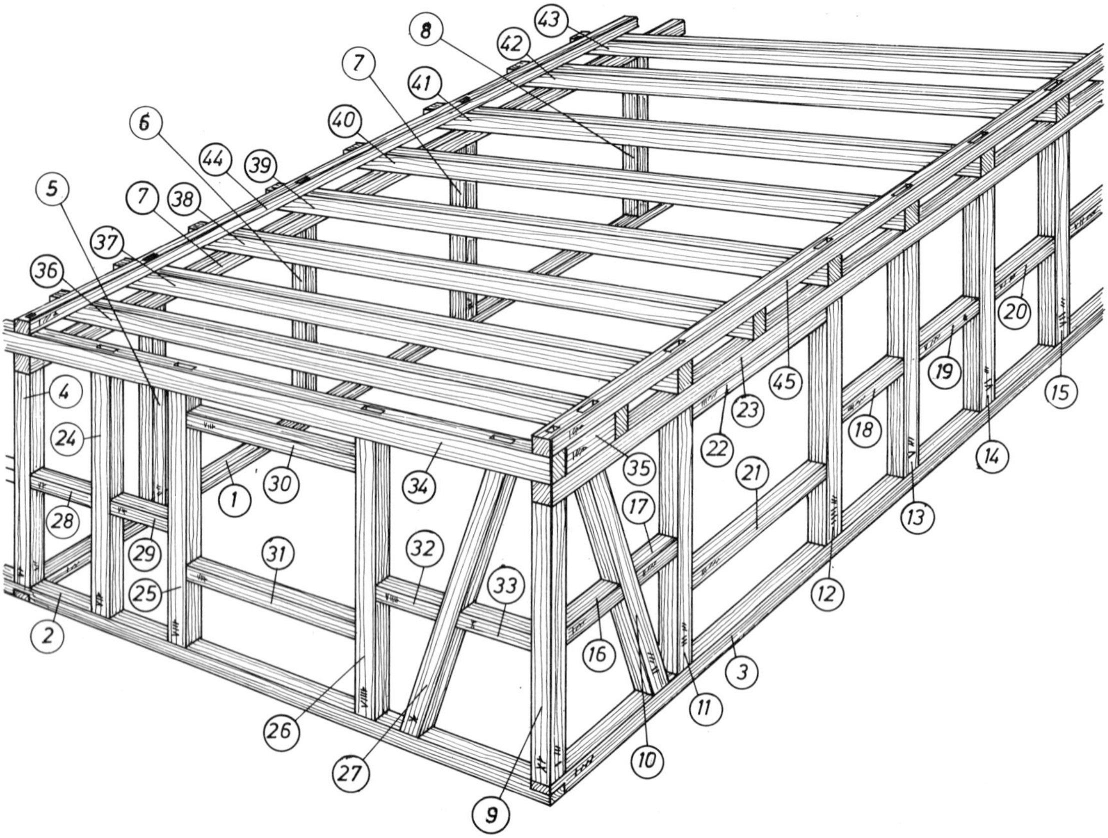

Benennung der Wandhölzer und der Deckenbalken:

1) Längsschwelle
2) Querschwelle
3) Längsschwelle
4) Wandpfosten
5) bis 8) Pfosten der Längswand
9) Eckpfosten
10) Strebe
11) Fensterpfosten
12) Fensterpfosten
14) und 15) Leerpfosten
16) bis 20) Riegel
21) und 22) Fensterriegel
23) Rähm
24) Leerpfosten
25) und 26) Fensterpfosten
27) Strebe
28) und 29) Riegel
30) und 31) Fensterriegel
32) und 33) Riegel
34) Wandbalken
35) Füllholz
36) bis 43) Deckenbalken
44) und 45) Längsschwellen

Die Zahlenreihe 1 bis 45 ist so aufgestellt, wie die abgebundenen Fachwerkhölzer und Deckenbalken beim Aufbau zu verlegen und zu stellen sind.

7.2 Die Strebenstellung bei Fachwerkwänden

7.2.1 Teilausschnitt aus Fachwerkwänden

Bei Fachwerkwänden sind die Streben immer schräg gestellte Kanthölzer. Die Schrägstellung der Strebe bei herkömmlichen Fachwerkwänden sowie bei niedrigen Kniestockwänden wird wohl einfacher nach einem eigens bestimmten Strebenneigungswinkel, als nach alten, bekannten Regeln festgelegt. Für Streben der Fachwerk- und Kniestockwände bestimmt man die Neigungen in der Regel auf 70° bis 75°.

7.2.2 Fachwerkwände mit günstiger Strebenstellung

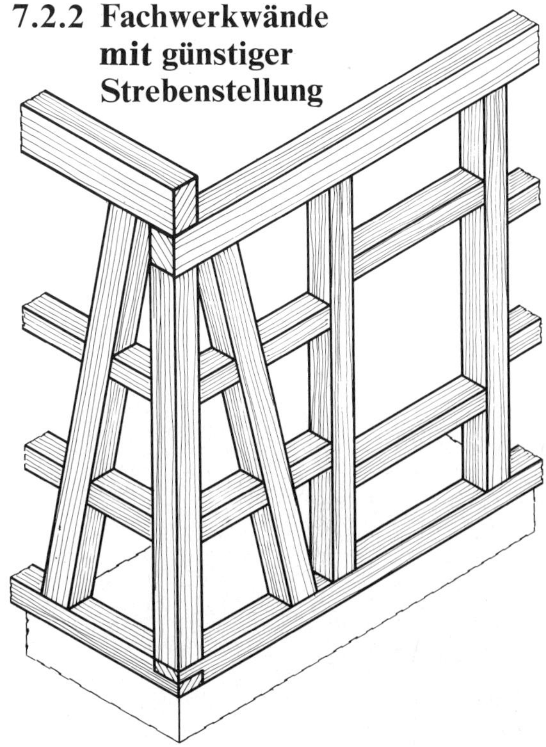

7.2.3 Strebenstellung bei der es große Knicklängen bei den Rähmen geben würde

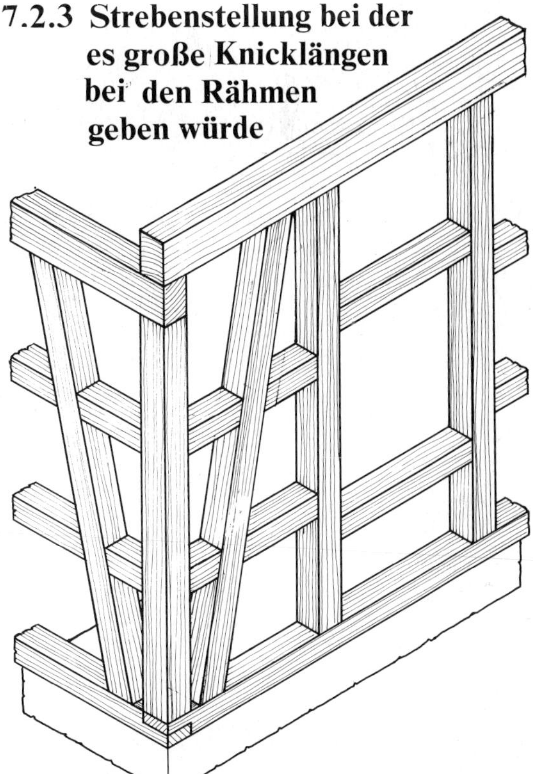

Wenn in einer Fachwerkwand die beiden Streben mit dem oberen Ende nach außen geneigt sind, werden die Horizontalkräfte umgehend in die Schwelle und zugleich von der Schwelle weiter in den Unterbau geleitet.

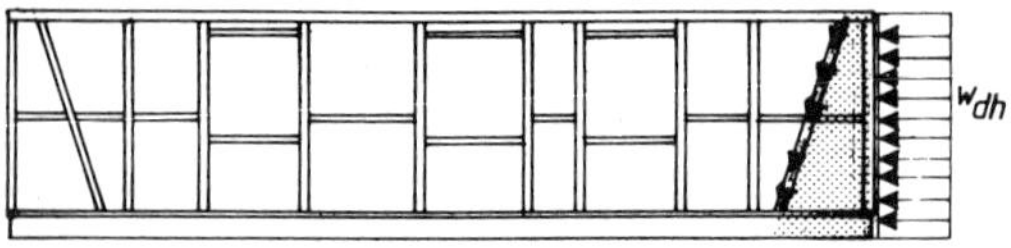

w_{dh} = horizontale Windlast

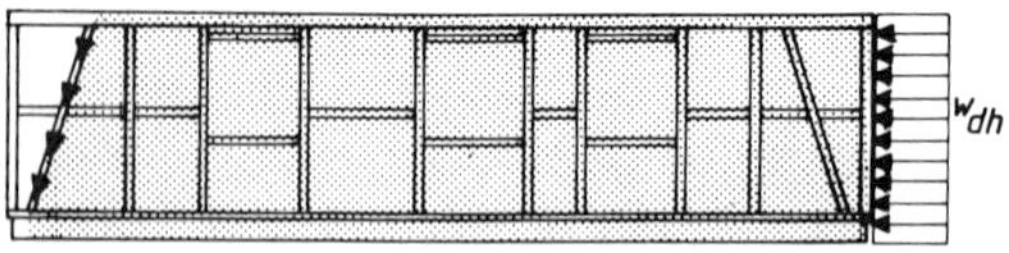

Würde man die Streben in entgegengesetzter Richtung einbauen, beanspruchen die Horizontalkräfte, wie hier oben durch die angelegte Wandfläche deutlich gemacht, die gesamte Fachwerkwand unsachgemäß.

7.2.4 Falsche Strebenstellung in Fachwerkwänden

Beim Fachwerkbau ist darauf zu achten, daß die Streben übereck gestellt einander nicht nachlaufen.

8 Die Balkenlage

8.1 Benennung der Deckenbalken einer Balkenlage

8.1.1 Balkenlage mit Grundmaßangaben

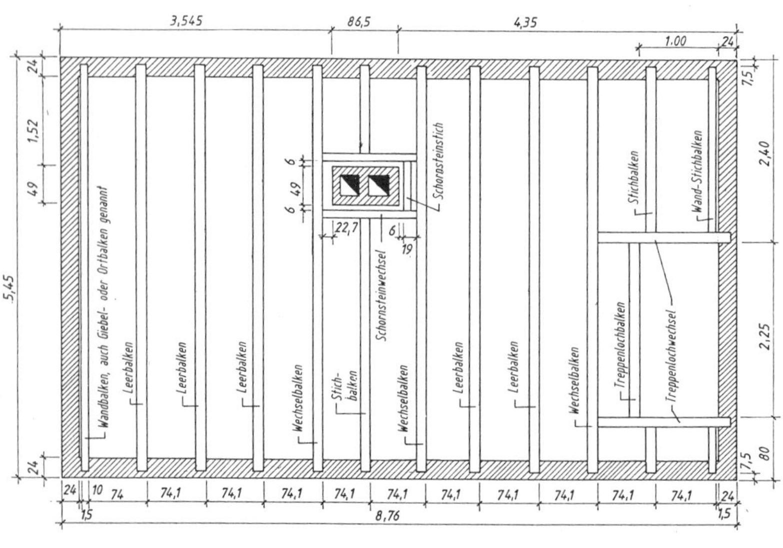

8.1.2 Balkenlage mit gezeichneten Balken

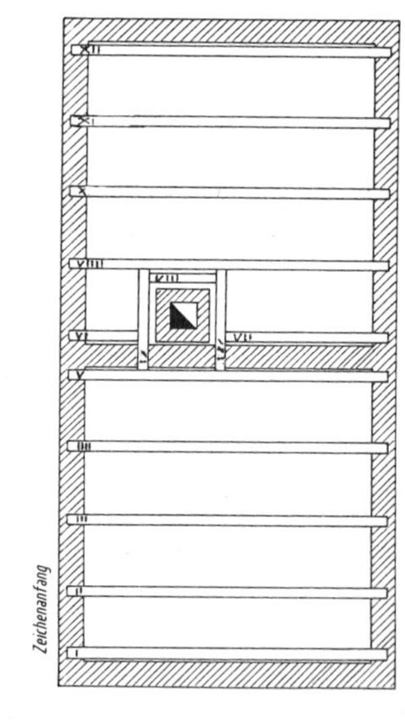

8.2 Auflager und Holzverbindungen bei Balkenlagen sowie Fachwerk- und Riegelwänden

8.2.1 Überblattung mit Dollen

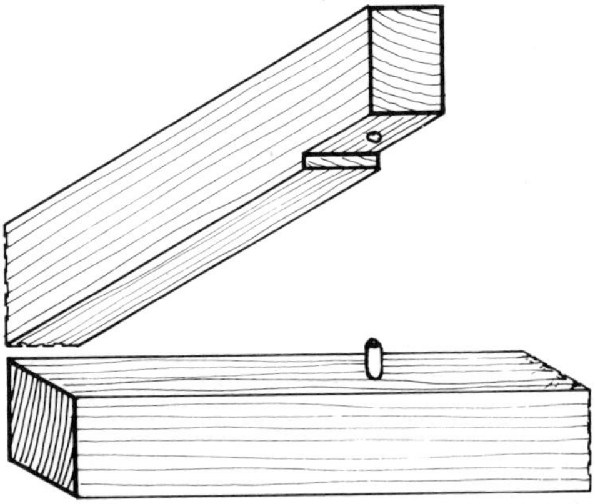

Bei der Überblattung mit Dollen wird der mindestens 11 cm lange Dollen etwa fünf Zentimeter tief in den Rähm (in einen Unterzug oder einen Tragriegel) eingesetzt. Der Dollen kann ein maschinell vorgefertigter Längsholzdübel oder aber ein von Hand gefertigter Holzdollen sein.

8.2.2 Schwalbenschwanzkamm

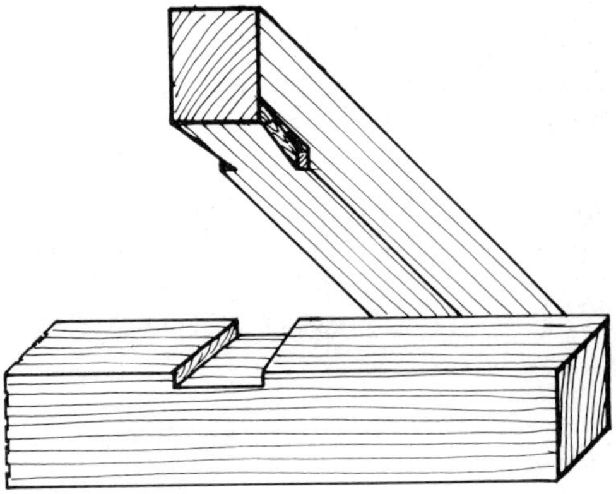

Beim Schwalbenschwanzkamm kommt in das Holz des Rähms eine schwalbenschwanzförmige Aussparung. Das schwalbenschwanzförmige Blatt kommt an die untere Kantenfläche des Deckenbalkens. Die Stirnfläche des Schwalbenschwanzblattes schließt mit Außenseite-Rähm ab, und die Stoßflächen mit Innenseite-Rähm.

8.2.3 Einfacher Kamm

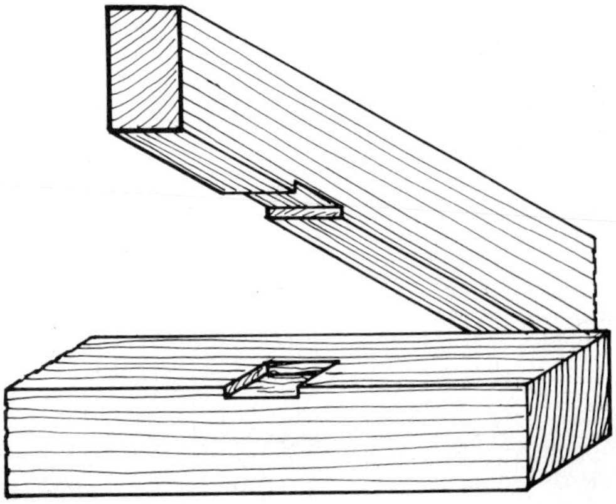

Beim einfachen Kamm wird auf die Hälfte der Rähmbreite, nach außen verlaufend, eine etwa zwei bis drei Zentimeter tiefe Aussparung ausgearbeitet. Der Balken verläuft mit dem Kopfende über Außenseite-Rähm hinaus. Demnach ist die Anordnung eines einfachen Kamms möglich. Der einfache Kamm im Balken besteht aus der Einkämmung und dem Vorholz.

8.2.4 Schräger stumpfer Balkenstoß mit Bauklammer und Holzschrauben

Wenn Balken auf dem schmäleren Rähm einer Riegelwand bzw. Zwischenwand gestoßen werden müssen, dann werden sie schräg zusammengeschnitten.

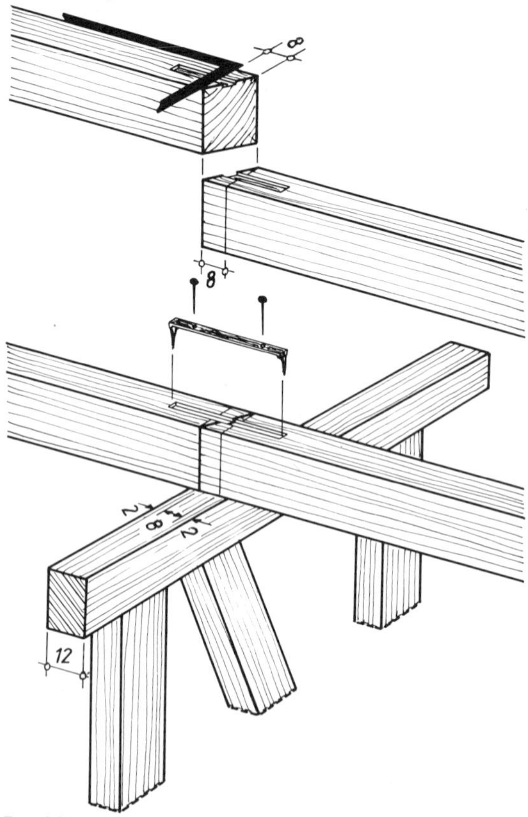

Bauklammer (auch Flachklammer genannt) und Holzschrauben als Verbindungsmittel für Balken mit Rähm

8.2.5 Flachverbinder beim Balkenstoß

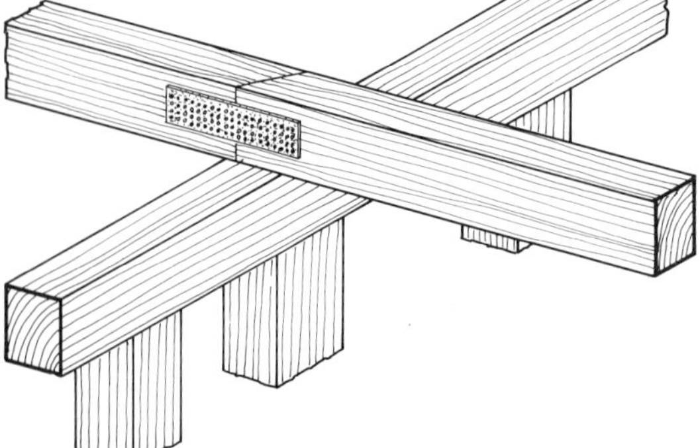

Flachverbinder (Lochplatte und Ankernägel) als Verbindungsmittel für Balken

8.2.6 Universalverbinder für Balken mit Rähm

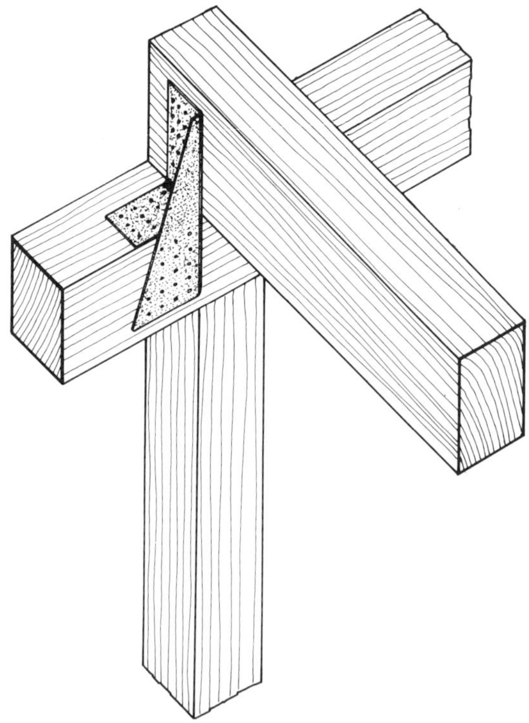

8.2.7 Winkelverbinder für Balken mit Rähm

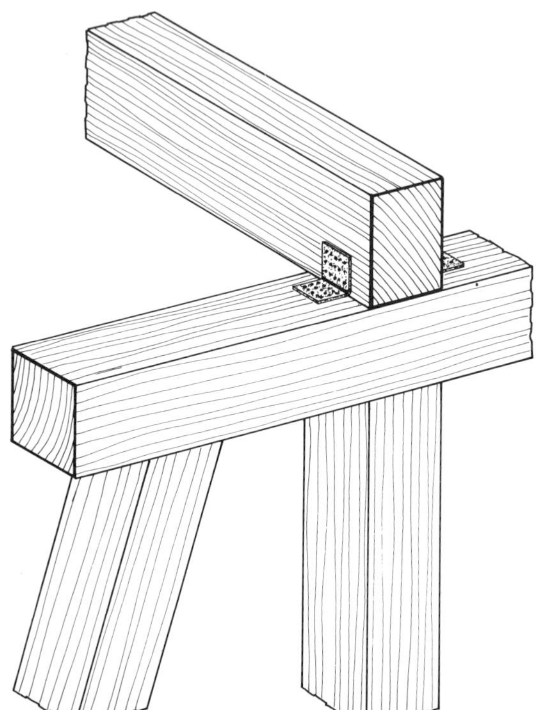

8.2.8 Balkenauflager im Mauerwerk der Außenwand

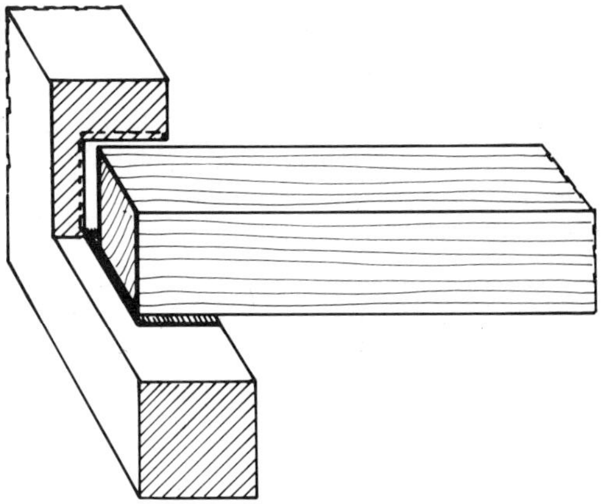

Wenn Balken mit dem Kopf in das betreffende Mauerwerk der bestimmten Außenwände einzulagern sind, muß unter das Auflager des einzelnen Balkenkopfes eine Feuchtigkeitssperrschicht gelegt werden.
Seitlich des Balkenkopfes soll 1 cm bis 2 cm Luft bleiben.
Vor dem Hirnschnitt des Balkenkopfes soll eine Wärmedämmschicht und 1 cm bis 2 cm Luft stehen.
Unmittelbar auf dem Balkenkopf ist das Mauerwerk trocken, also ohne ein Mörtelbett aufzusetzen.

8.2.9 Balkenstoß auf die Mitte des Ringankers festgelegt

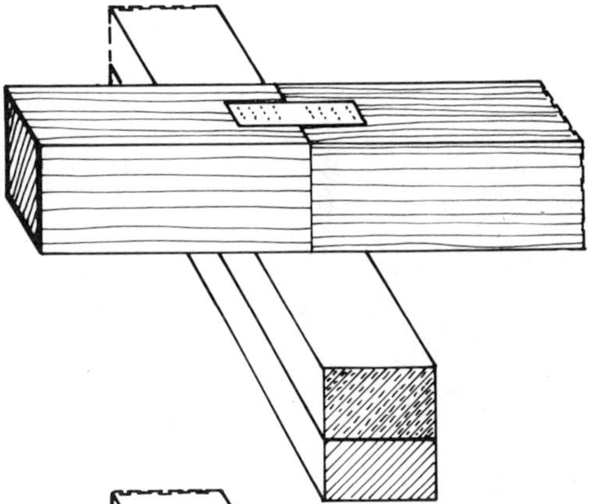

Balkenstoß auf die Mitte des Ringankers der gemauerten Zwischenwand angeordnet und durch eine Lochplatte mit entsprechenden Rillennägeln zusammengehalten.

8.2.10 Balken liegen auf dem Ringanker dicht nebeneinander

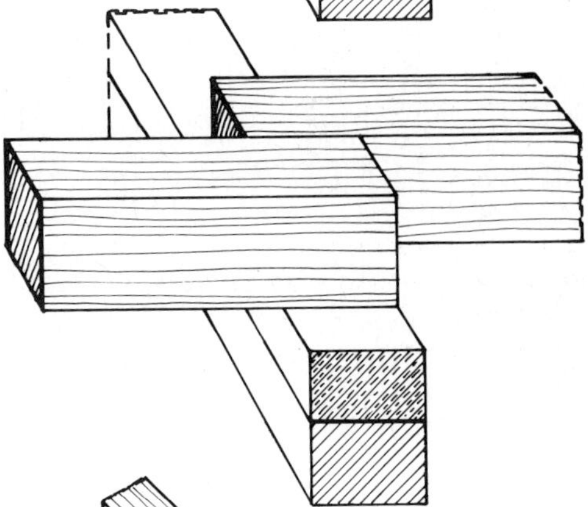

Balken liegen nebeneinander auf dem Ringanker des Mauerwerkes einer Zwischenwand.

8.2.11 I-Träger – Balkenverbinder

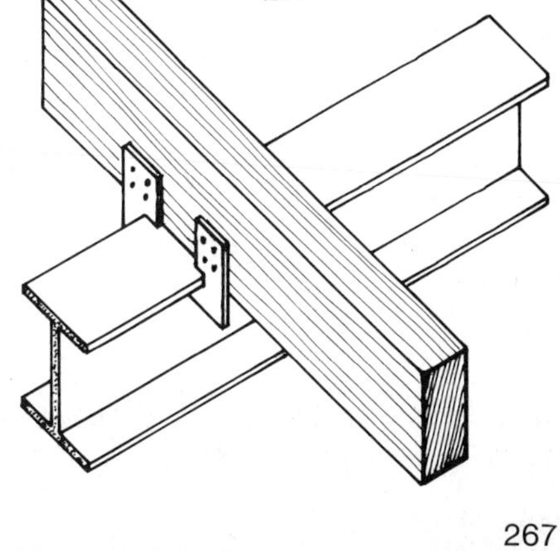

Die Verbinder aus Stahl greifen mit einem Schnabelteil unter die eine Flanschfläche des I-Trägers. Die Verbinder sollten immer beidseitig bzw. diagonal angebracht werden, um die Kräfte gleichmäßig aufzunehmen. Zu befestigen sind die Verbinder aus Stahl mit Rillennägeln (Ankernägeln).

8.2.12 Einfache Zapfenverbindung bei der Balkenlage

Für Auswechslungen bei der Balkenlage werden nicht mehr so oft die herkömmlichen Zapfenverbindungen ausgearbeitet, sondern hauptsächlich die Balkenschuhe verwendet.

Für die Zapfenlöcher muß aus dem Balken Holz ausgestemmt werden und diese Ausstemmungen mindern die Tragfähigkeit des auf Biegung beanspruchten Balkens.

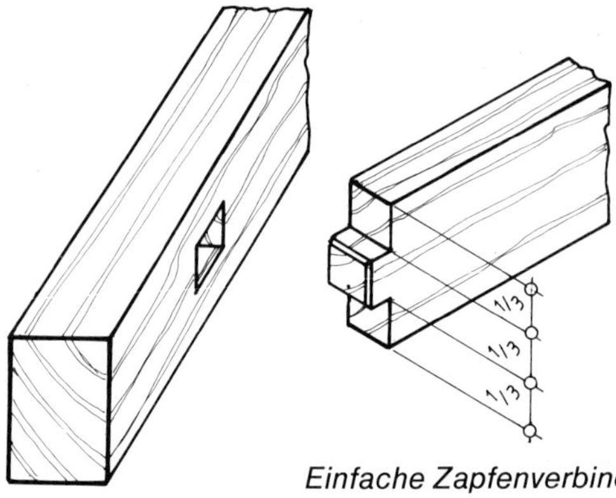

Einfache Zapfenverbindung bei der Balkenlage

8.2.13 Zapfen mit gerader Brust

Die winkelrecht über dem Zapfen angeschnittene Brust (gerade Brust) des einen Balkens wird 1,5 cm bis 2 cm in das Holz des zweiten Balkens eingelassen.

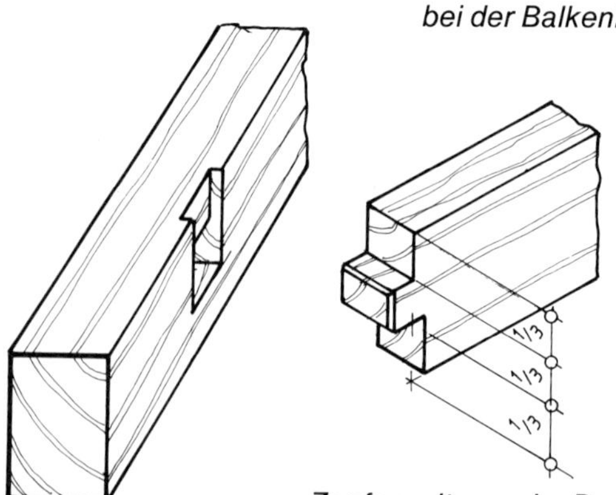

Zapfen mit gerader Brust

8.2.14 Zapfen mit schräger Brust

Die schräg über dem Zapfen angeschnittene Brust des einen Balkens wird nur unten 1,5 cm bis 2 cm in das Holz des zweiten Balkens eingelassen und läuft dann oben auf die eine Eckkante des betreffenden Balkens bündig aus.

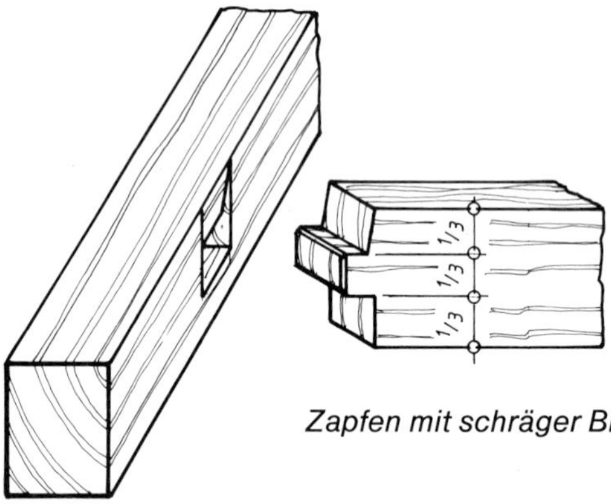

Zapfen mit schräger Brust

8.2.15 Balkenschuh als Verbindungsmittel für Balken und Wechsel

Der Balkenschuh wird seitlich an den betreffenden Balken mit Rillennägeln (Ankernägeln) befestigt und die Stichbalken, Wechsel oder Füllhölzer werden in den Balkenschuh eingesetzt und ebenfalls mit Rillennägeln befestigt.

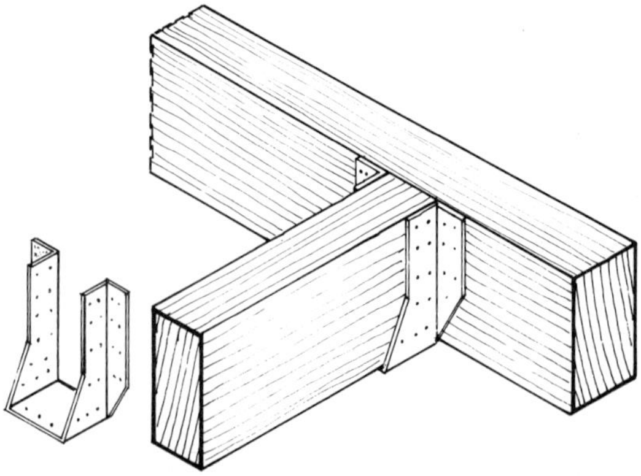

8.2.16 Einfaches Eckblatt bei Fachwerk- oder Riegelwänden

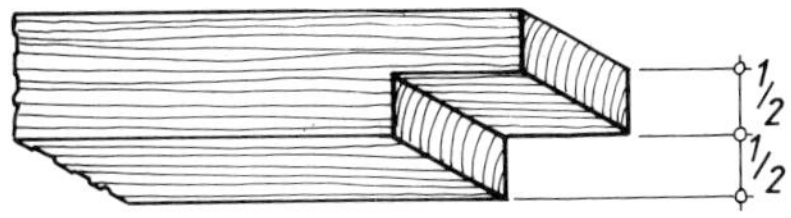

Eine Fachwerk- oder Riegelwand des herkömmlichen Holzbaues besteht im wesentlichen aus der Schwelle, den Pfosten, Streben, Riegeln und Rähmen.

8.2.17 Ganzes Schräges Eckblatt (Druckblatt)

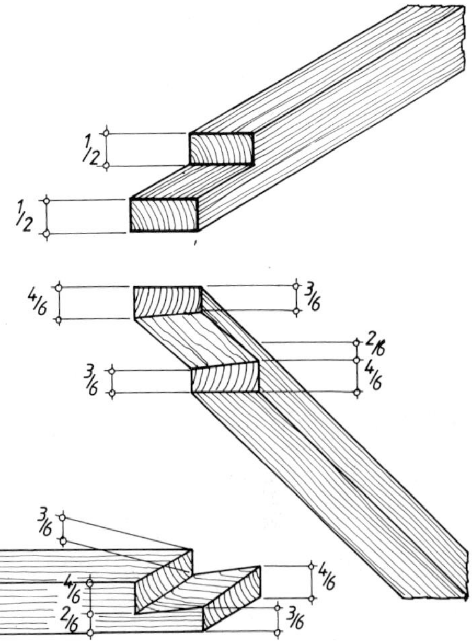

Die Schwellen, welche übereck liegen und außen bündig sein müssen, verbindet man in der Regel mit dem einfachen Eckblatt oder mit dem ganzen schrägen Eckbaltt (auch Druckblatt genannt).

8.2.18 Verdecktes Eckblatt

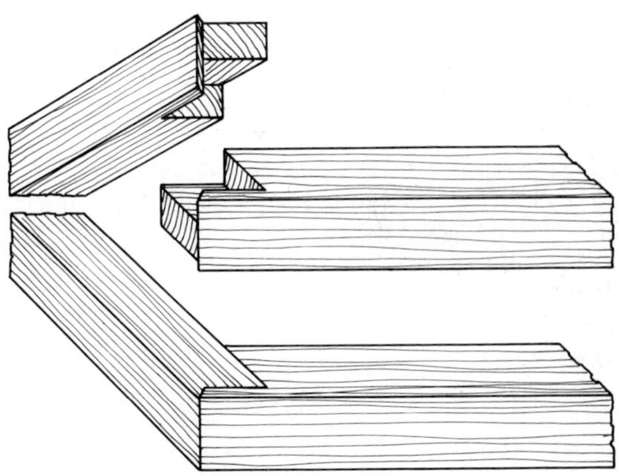

Eckblätter der Fachwerk- und Riegelwände sollten hinsichtlich einer unnachgiebigen Holzverbindung stets so sauber und sorgfältig ausgearbeitet sein, daß die Blattflächen satt und ganzflächig aufeinanderliegen und demnach die Druckkraft durch die ganze Druckfläche der Blätter aufgenommen und nach unten weitergeleitet wird.

8.2.19 Hakeneckblatt

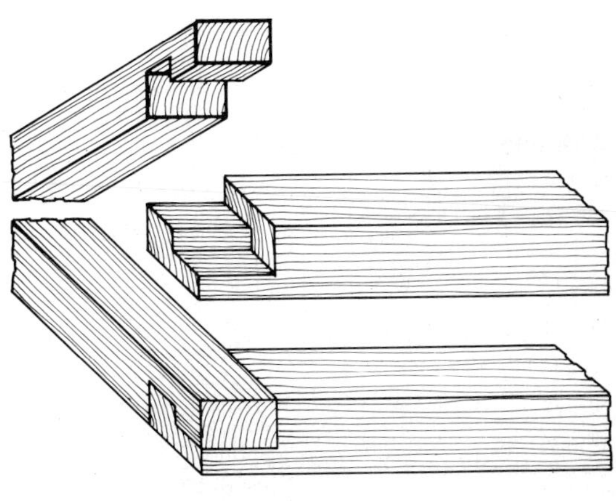

Eckverbindungen bei Schwellen, die schon mehr Zeit für ihre Ausarbeitung in Anspruch nehmen, wären: verdeckte Eckblätter und Hakeneckblätter.

8.2.20 Abgesteckte Zapfen

Pfosten, die bei der Fachwerk- oder Riegelwand in ein Wandeck einzubauen sind, erhalten am Fuß- und Kopfende den abgesteckten (geächselten) Zapfen. Aufgrund des abgesteckten Zapfens bleibt bei dem zugeordneten Zapfenloch ein Besteck (Vorholz) bis zum Hirnschnittende der betreffenden Schwelle stehen.

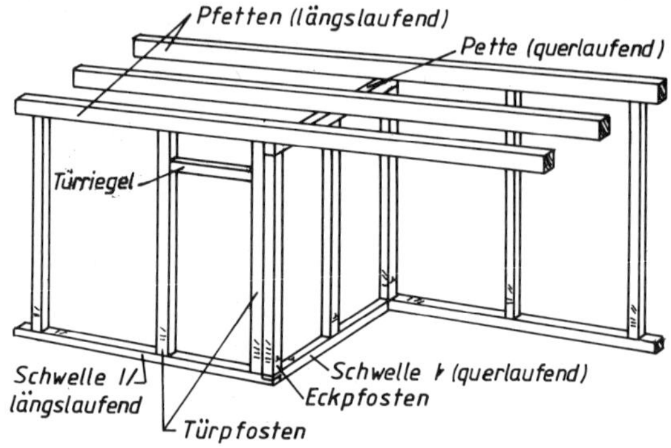

Der Eckpfosten kann demnach mit seinen abgesteckten Zapfen keineswegs nach außen verschoben werden.

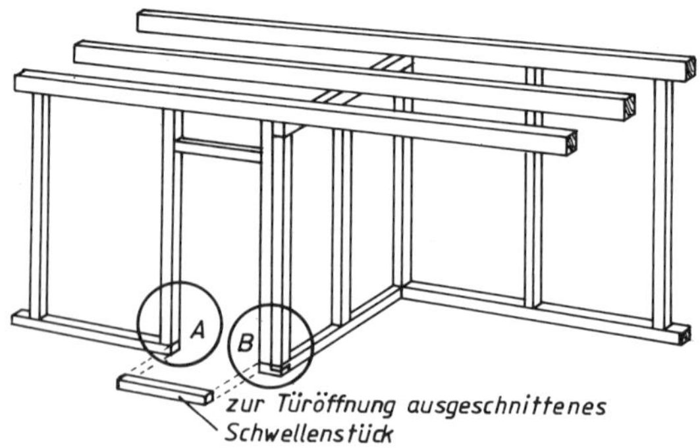

Türpfosten, die in das Eck zweier rechtwinklig zusammentreffender Riegelwände einzubauen sind, erhalten auch den abgesteckten Zapfen und das Zapfenloch mit entsprechendem Besteck.

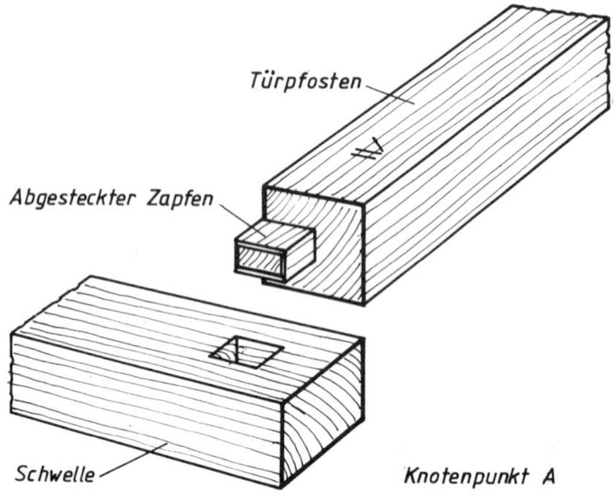

Der Türpfosten neben einem Eckpfosten erhält unten bei seinem Fußende in jedem Fall einen abgesteckten Zapfen, da zur Türöffnung das betreffende Schwellenstück ausgeschnitten wird und der untere Türpfostenzapfen im Zapfenloch des verbleibenden Schwellenstückes hinter einem Besteck stehen soll.

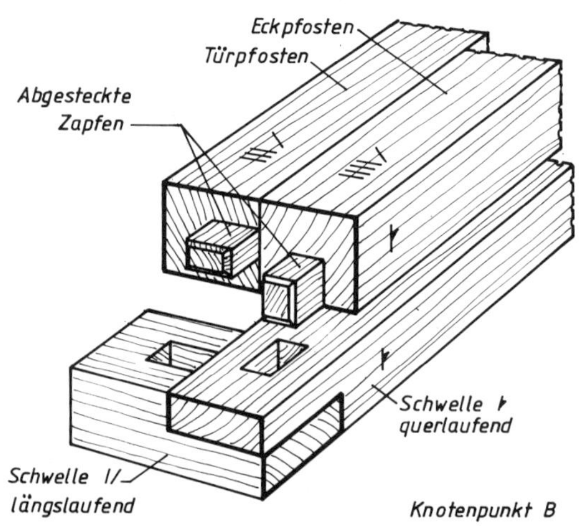

Beim Anreißen des abgesteckten Zapfens spielt die Dicke d und die Breite b des Pfostenholzes eine Rolle. Bei einer Pfostendicke von 10 cm, 12 cm bis 18 cm bestimmt man die Zapfendicke Z_d in der Regel auf 4,0 cm. Gemäß der bestimmten Zapfendicke d wird die Restdicke des Pfostenholzes in zwei gleiche Teile aufgeteilt. Die Zapfenlänge Z_ℓ bestimmt man auf 4,5 cm. Gemäß der Pfostenbreite b wird die Hälfte davon als Breite des abgesteckten Zapfens gewählt. Nach dem Anreißen des abgesteckten Zapfens markiert man die Oberseiten des auszuarbeitenden Holzes mit Kreuzzeichen.

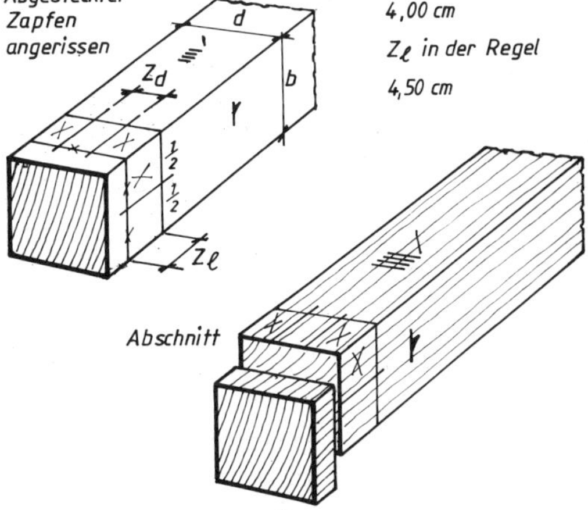

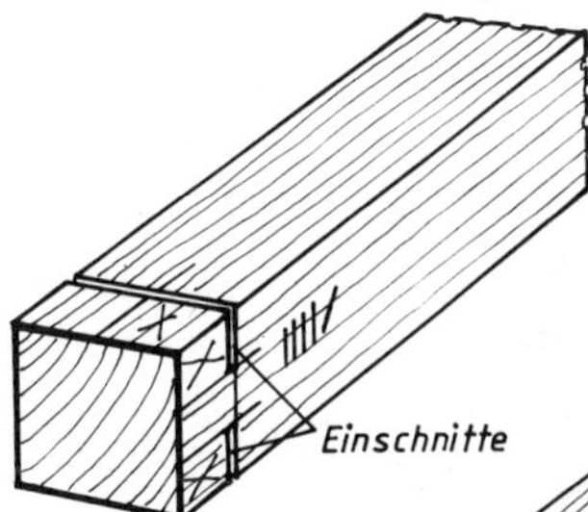

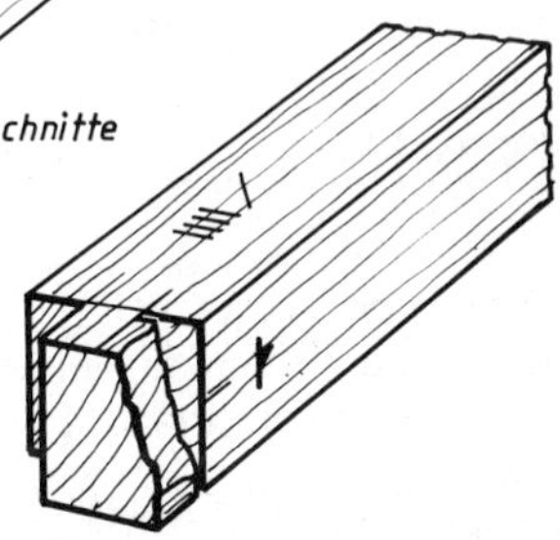

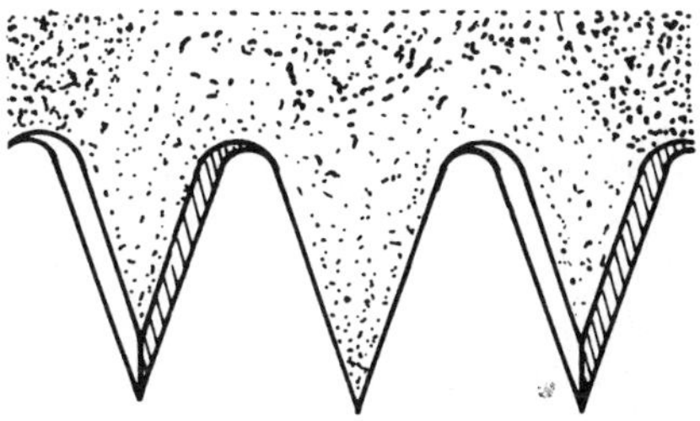
„Beiderseits wirkend"

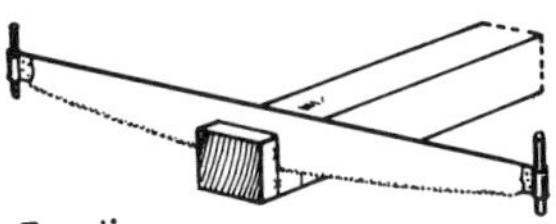
Zugsäge

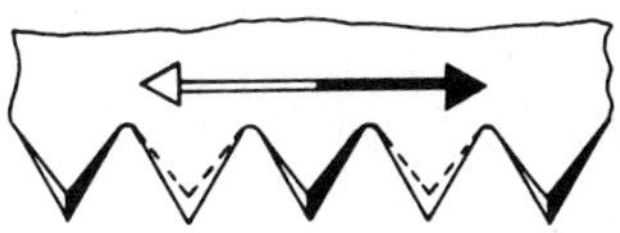
„Beiderseits wirkend" Schnitt quer zur Faser

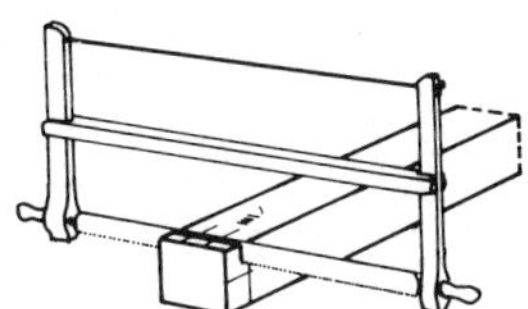
Strecksäge

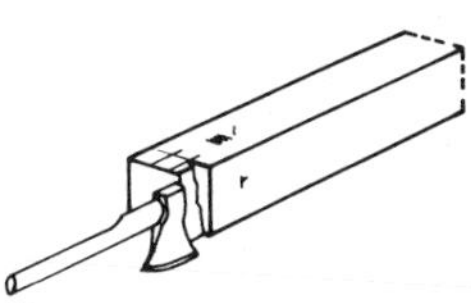
Beil

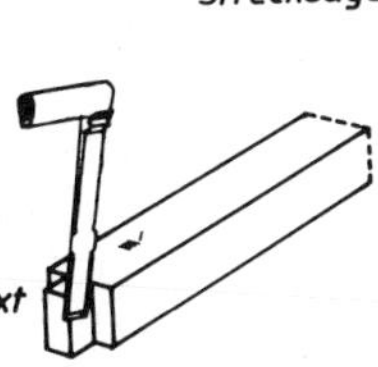
Stoßaxt

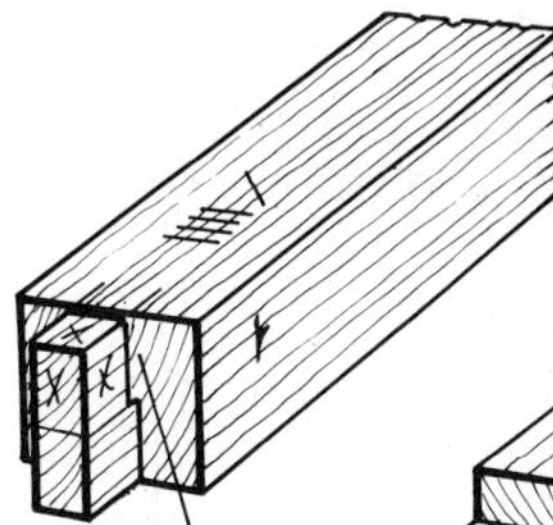

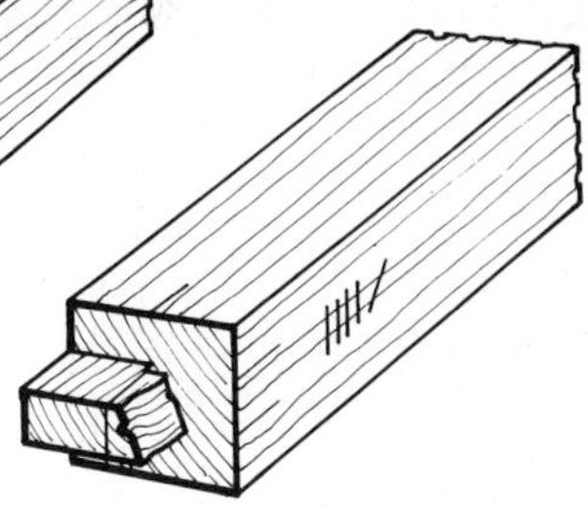

Beim Ausarbeiten des abgesteckten Zapfens führt man den Abschnitt und die einzelnen Einschnitte, die alle quer zur Faserrichtung verlaufen, mit der Zugsäge oder mit der Strecksäge aus. Zum Abspalten des Abfallholzes benutzt man das Beil und zum Glattputzen der Zapfenflächen die Stoßaxt.

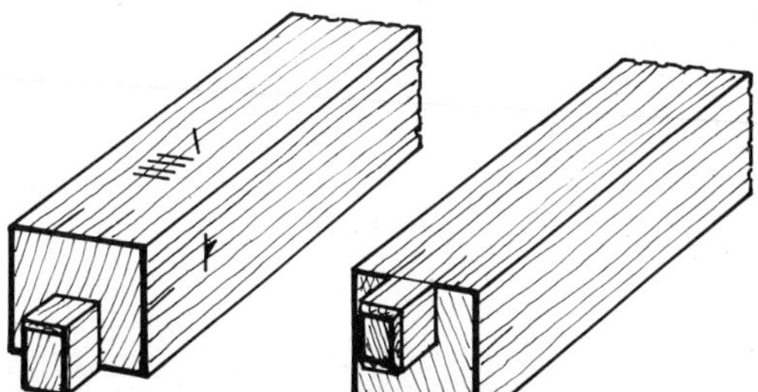
Stirnkanten des abgesteckten Zapfens abfasen

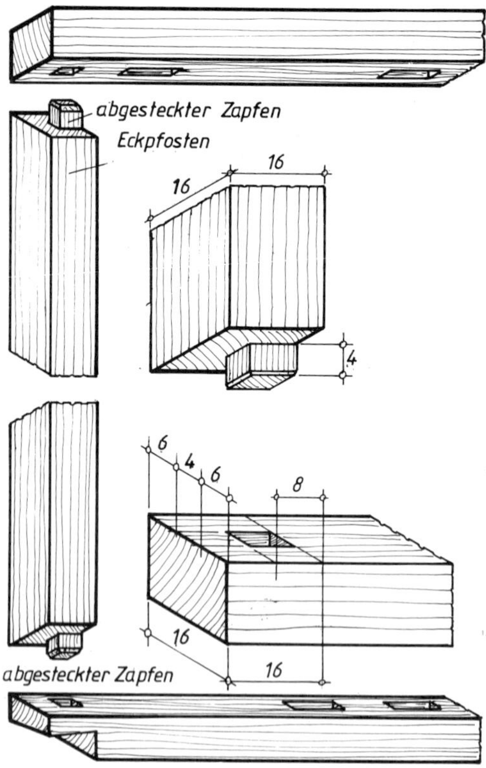

Maße für den Anriß des gewöhnlichen Zapfens und des abgesteckten Zapfens

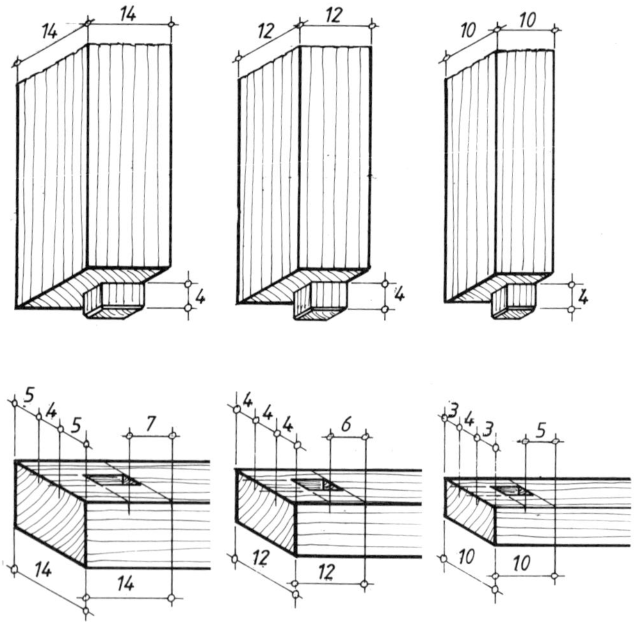

Das Zapfenloch für einen gewöhnlichen und auch abgesteckten Zapfen sollte nach der Ausstemmung mit Hilfe des Stemmgeschirres (Stechbeitel und Klopfholz) ca. 0,5 cm tiefer sein, als die schon beim Pfosten angeschnittene Zapfenlänge, damit infolge eines Schwindens des Schwellen- und Rähmkantholzes die Druckkraft nie über die Hirnschnittflächen der Zapfen übertragen werden kann. Bei der Ausstemmung der Zapfenlöcher mit Hilfe der Kettenstemmaschine, muß mit der Fräskette so tief ausgefräst werden, daß die Tiefe der senkrechten Zapfenlochwangen der bestimmten Zapfenlänge entspricht.

8.2.21 Verschränkte Zapfen

Bei bestimmten Fachwerk- und Riegelwänden gibt es den Pfosten und die Verzapfung mit einer Schwelle und eines Rähms, die gekreuzt sind. Der Pfosten erhält demnach die zwei verschränkten Zapfen, so daß die Länge der Zapfenlöcher, wie beim gewöhnlichen Zapfen des Leerpfostens in Richtung des Faserverlaufes des Rähm- und Schwellenkantholzes sachgemäß festgelegt werden kann.

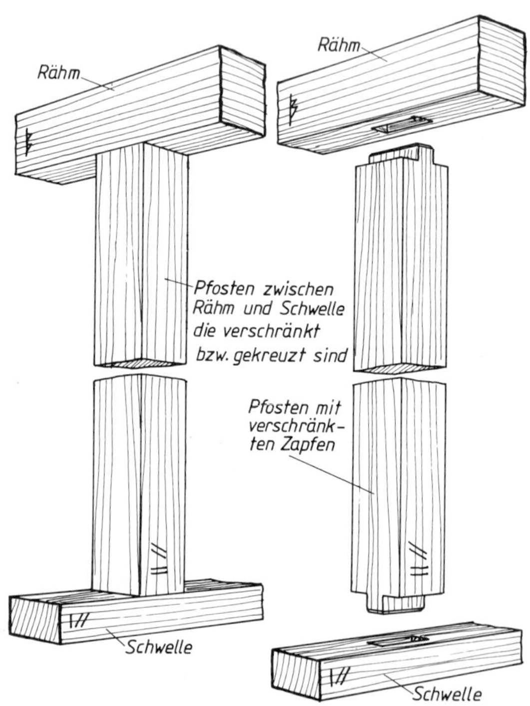

8.2.22 Verzapfungen bei Pfosten, Riegel, Streben

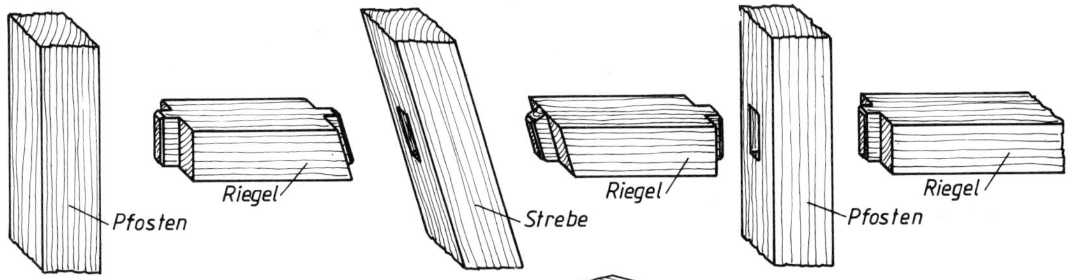

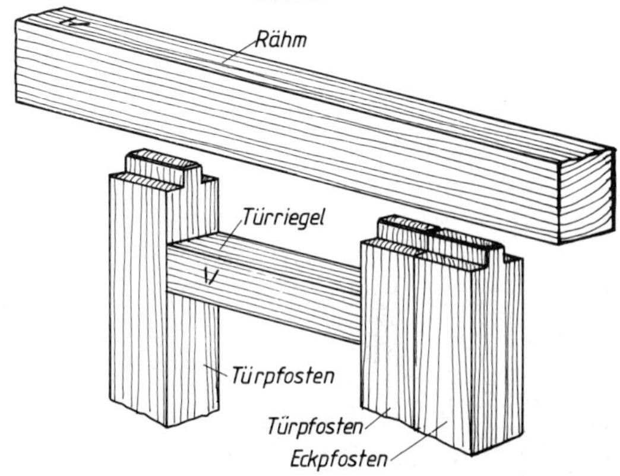

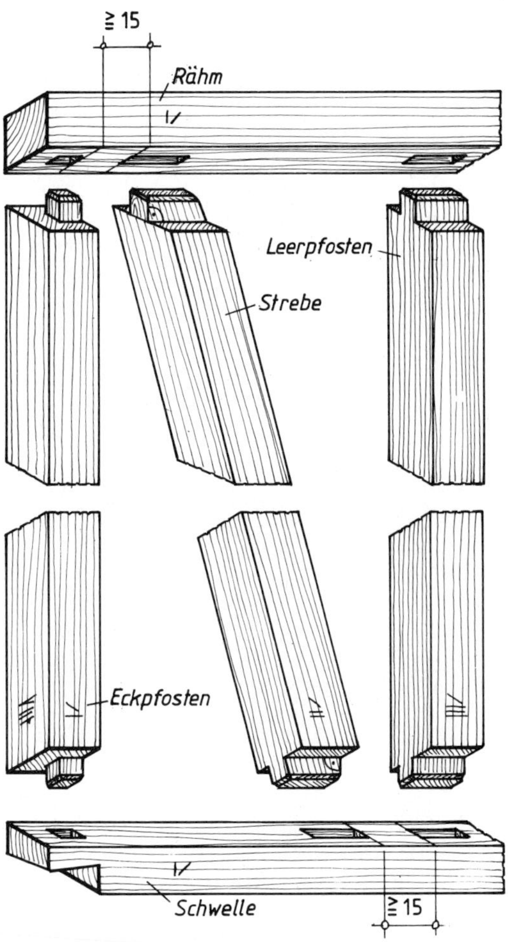

8.2.23 Versatz und Zapfen beim Türriegel

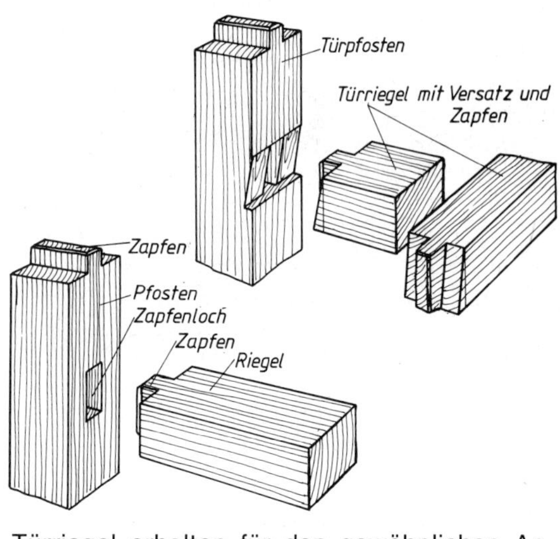

Bei Verzapfungen von Streben mit Schwellen und Rähmen sowie von Riegeln mit Streben muß man den einzelnen Zapfen der Strebe rechtwinklig nach der Strebenschmiege abstirnen und den einen Zapfen des Riegels rechtwinklig nach der Riegelschmiege, damit man das betreffende Zapfenloch rechtwinklig zur bestimmten Kantholzseite ausstemmen kann, also einerseits nichts zu unterstemmen hat.

Türriegel erhalten für den gewöhnlichen Anschluß an die Türpfosten die einfachen Verzapfungen. Bei größerer Belastung des Türriegels infolge aufgesetzter Ausriegelung (Ziegelmauerwerk) wird der Anschluß mit Versatz und Zapfen gewählt. Man erhält durch die Versatzfläche neben dem Zapfen eine zusätzliche Auflagefläche und kann mit dieser auch eine größere Belastung aus dem Türriegel weiter in das Türpfostenholz überleiten.

8.2.24 Eckpfosten mit Versatz und abgestecktem Zapfen

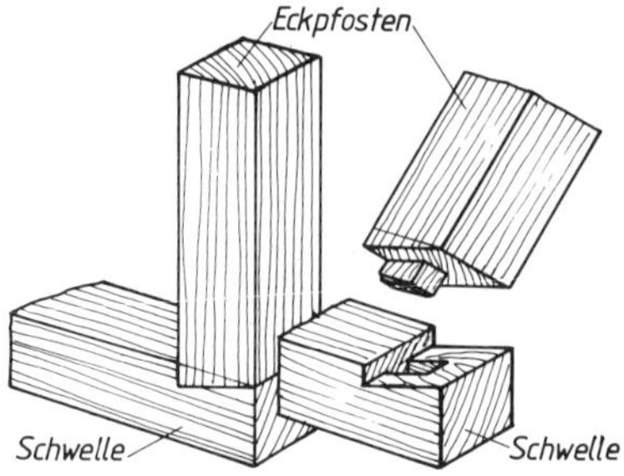

8.2.25 Pfosten mit Zapfen und Blatt

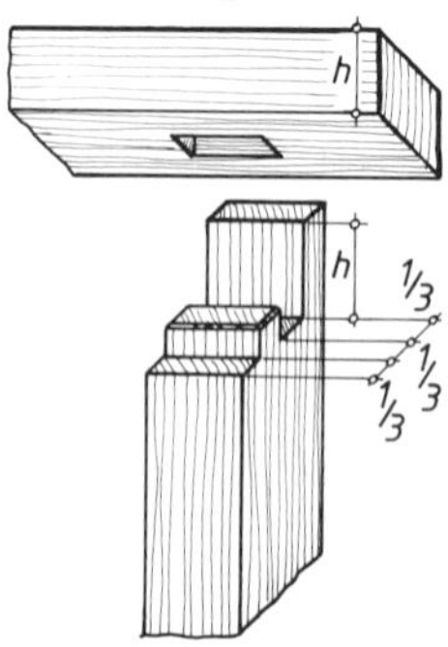

8.2.26 Eckpfosten mit Winkelzapfen

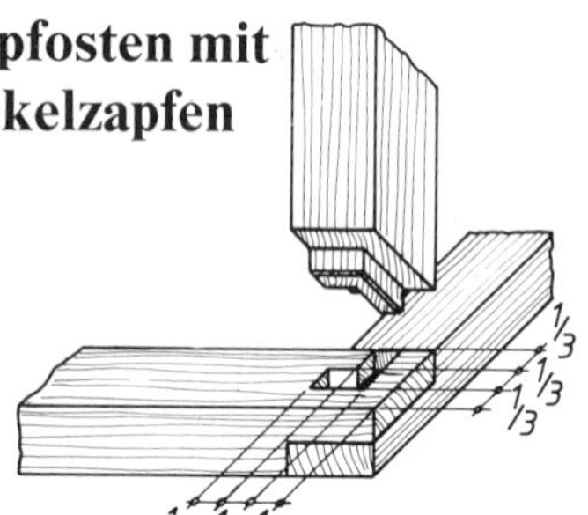

8.2.27 Querrähm mit übergehängtem Balkenschuh für den Anschluß der Längsrähme

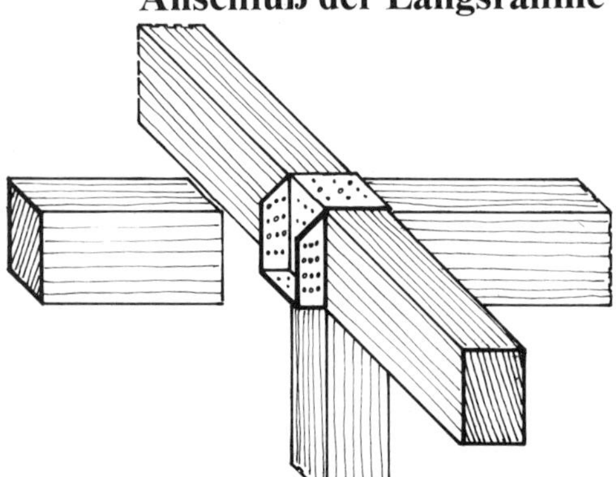

8.2.28 Gerader Zapfenstoß mit einfachem Blatt

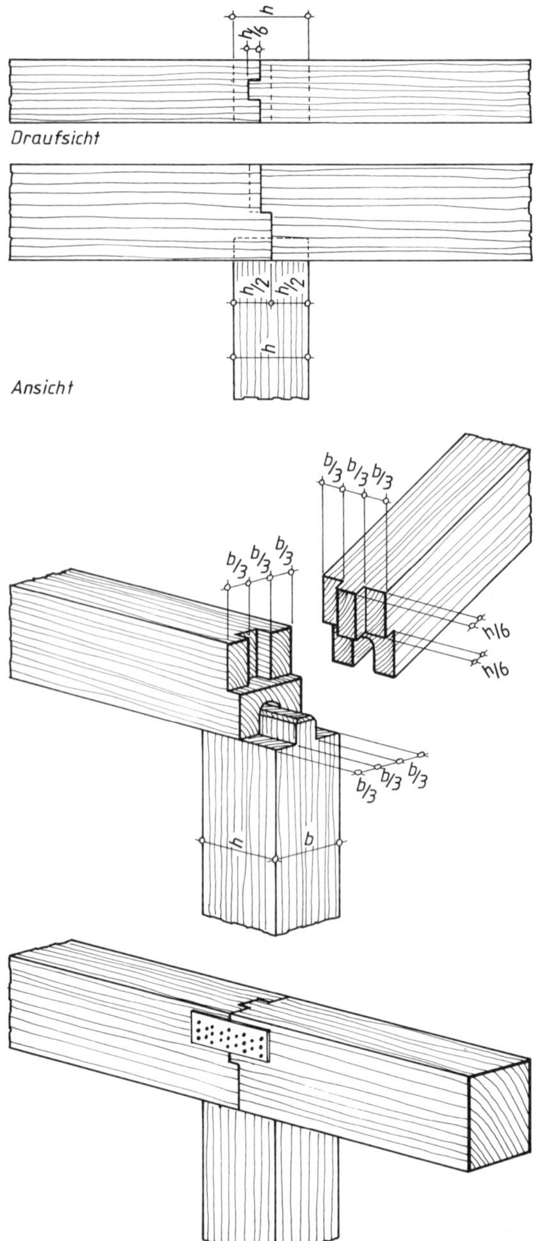

Wenn bei Fachwerk- oder Riegelwänden für Rähme eine Längsverbindung über dem Kopfende eines Pfostens herzustellen ist, wird in der Regel ein gerader Zapfenstoß mit einfachem Blatt angeordnet.

Der gerade Zapfenstoß mit dem einfachen Blatt wird dann durch aufgenagelte Lochplatten zusammengehalten. Festgenagelt werden die Lochplatten mit Rillennägeln.

9 Die Schriftzeichen der Zimmerer

9.1 Schriftzeichen bei Längs- und Querwänden des Fachwerk- und Riegelbaues

9.1.1 Teilausschnitt aus einer Fachwerkwand mit gezeichneten Schwellen, gezeichnetem Pfosten

Beim näheren Anschauen der hölzernen Bauteile alter Fachwerkhäuser erkennt man meist auf jedem Stück Holz der Längs-, Quer- und Giebelwände eine römische Zahl mit einem Beizeichen. Dabei handelt es sich genau um die Schriftzeichen des Zimmermanns, die er mit der Stoßaxt ausgestochen hat.

Wo in jüngster Zeit nach der alten Holzbaukunst in Fachwerkbauweise oder etwas neuzeitlicher mit Brettschichtholz in Holzskelettbauweise gebaut wird, kommen die Schriftzeichen mit römischen Zahlen und besonderen Beizeichen wieder zur Anwendung. Für den Bauherrn ist jedes Schriftzeichen, das der Zimmermann aus den Bauhölzern ausgestochen hat, ein gern gesehener Schmuck.

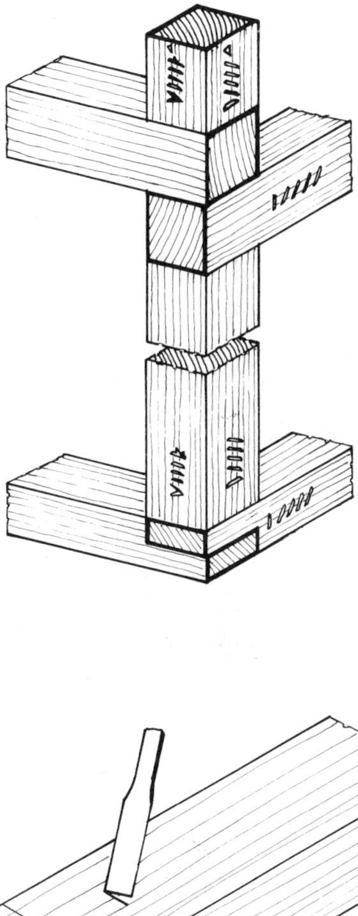

9.1.2 Ausstechen der römischen Zahlen

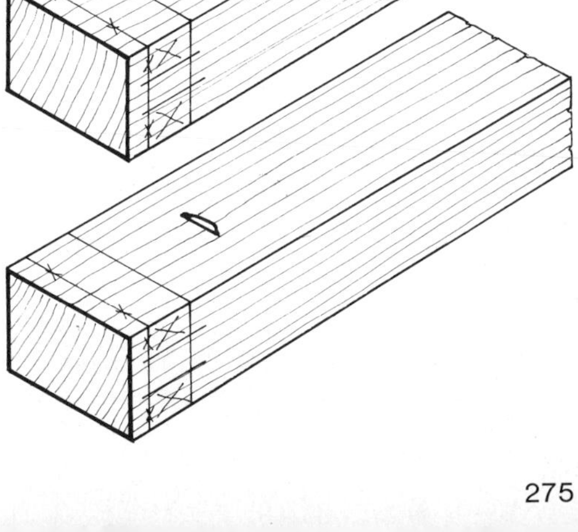

Zum Ausstechen der römischen Zahlen und Beizeichen aus dem Holz muß die Schneide der Stoßaxt scharf sein.
Bei gehobelten Fachwerkhölzern ist es wegen des besseren Aussehens stets richtig, die Schrift- und Beizeichen mit dem Stechbeitel und Klopfholz, d. h. nach der Fachsprache der Zimmerer, mit dem Stemmgeschirr auszuarbeiten.

9.1.3 Römische Zahlen als Schriftzeichen

Im Rahmen der Tafel I werden als römische Zahlen die Schriftzeichen I bis XX/ der Zimmerer gezeigt.

Die Schriftzeichen IIII, VIIII, X/, XIIII und XX/ sind keine echten römischen Zahlen, sondern für das Ausstechen vereinfachte Schriftzeichen.

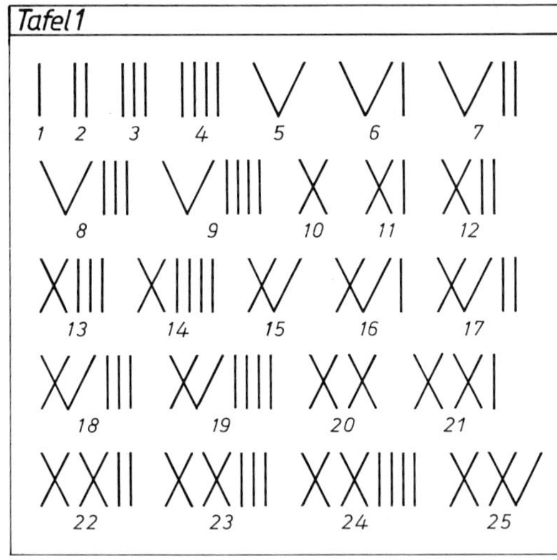

9.1.4 Die Rute als Beizeichen

Die Rute wird schräg und stets rechts bei der römischen Zahl aus dem Holz ausgestochen. Im Rahmen der Tafel 2 sind Schriftzeichen für Hölzer der Längsrichtung dargestellt.

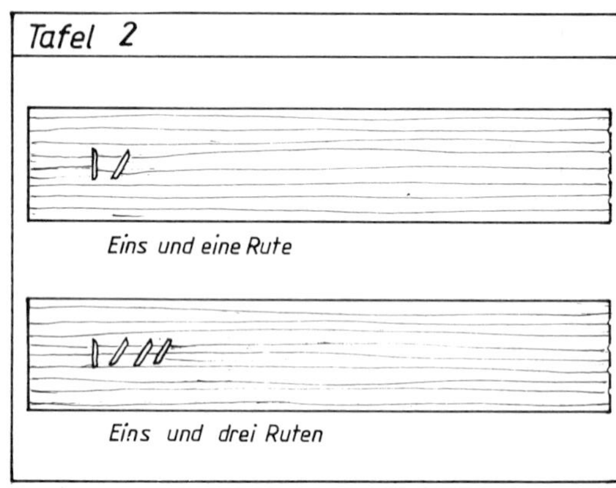

9.1.5 Der Ausstich als Beizeichen

Alle Hölzer der Querrichtung werden von der Seite mit dem bestimmten Zeichenanfang aus mit römischen Zahlen und zusätzlich mit Ausstichen gezeichnet. Ausgestochene römische Zahlen mit den beiden gestochenen Ausstichen zeigt Tafel 3.

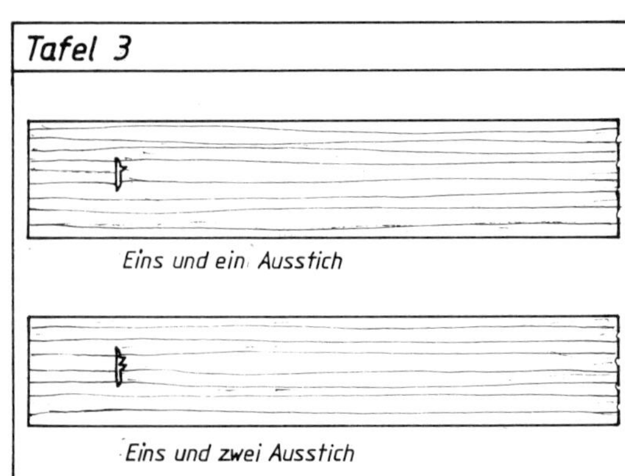

Die erste Querwand vom Zeichenanfang nach rechts erhält einen Ausstich, die zweite zwei Ausstiche und jede weitere Querwand einen Ausstich mehr.

9.1.6 Das Stockzeichen

Die Konstruktionen der einzelnen Stockwerke (Vollgeschosse und Dachgeschosse) erhalten außer den römischen Zahlen, Ruten und Ausstichen das Stockzeichen (Tafel 4). Das Stockzeichen muß zimmermannsmäßig ein ausgestochenes Dreieck sein und stets rechts neben dem Schriftzeichen stehen.

Tafel 4

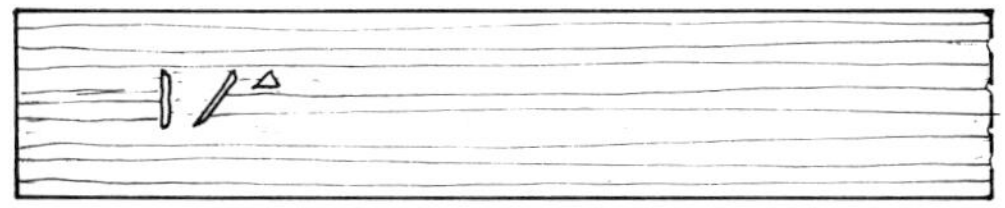

Eins und eine Rute und erster Fachwerkstock (Holzskeletthausstock)

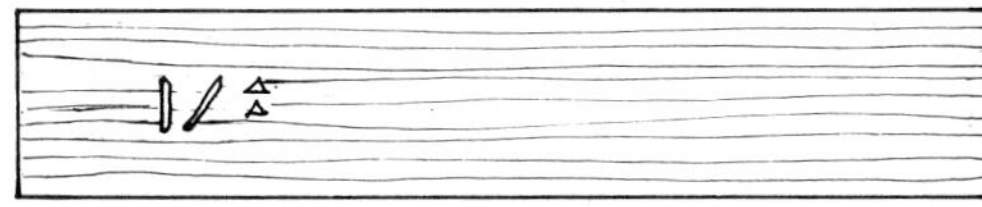

Eins und eine Rute und zweiter Fachwerkstock (Holzskeletthausstock)

= *Eins und eine Rute und erster Fachwerkstock (Holzskelettbaustock)*

= *Eins und zwei Ruten und zweiter Fachwerkstock (Holzskelettbaustock)*

= *Eins und ein Ausstich und erster Fachwerkstock (Holzskelettbaustock)*

= *Eins und zwei Ausstiche und zweiter Fachwerkstock (zweiter Holzskelettbaustock)*

Den Zimmerleuten bedeuten die Schriftzeichen mehr, weil sie nach ihnen sachgemäß das Auslegen der großen Stückzahl von abgebundenen Bauhölzern über die betreffende Unterbaufläche hinweg vornehmen und natürlich auch die notwendigen Aufrichtarbeiten der Reihe nach ausführen können.

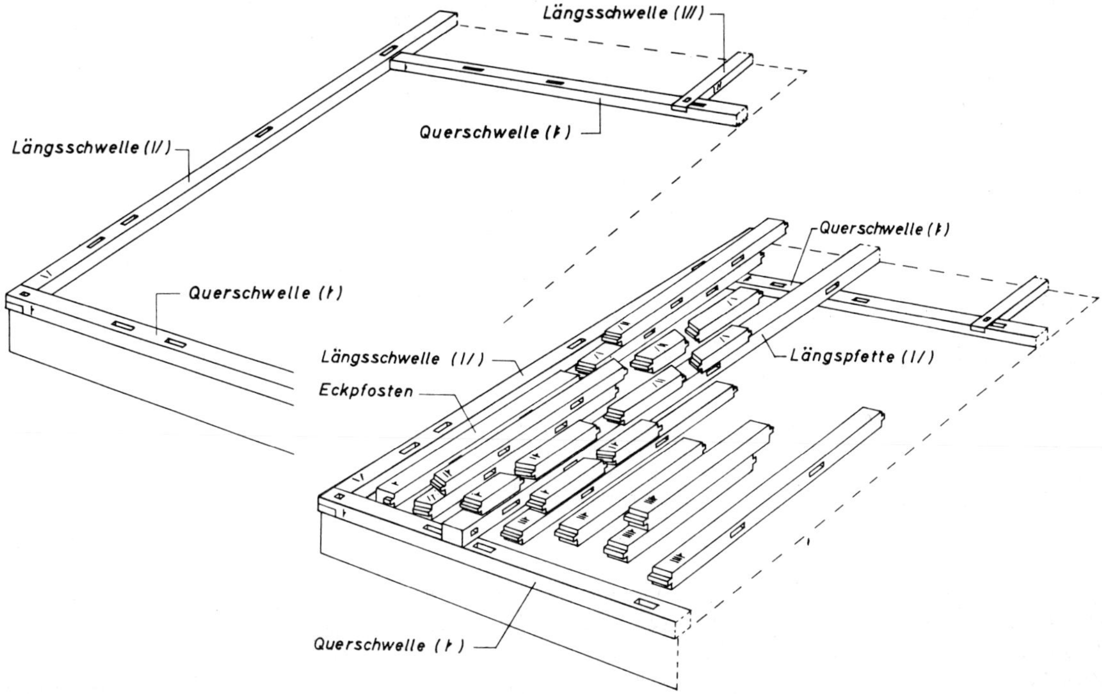

9.1.7 Aufgestellte Fachwerkwände mit entsprechenden Quer- und Längsverschwertungen

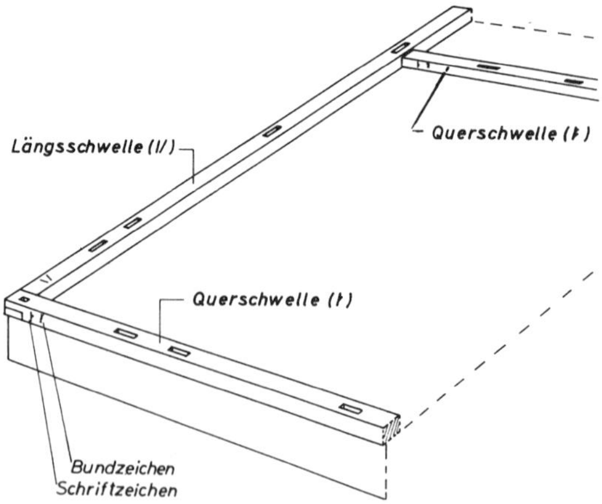

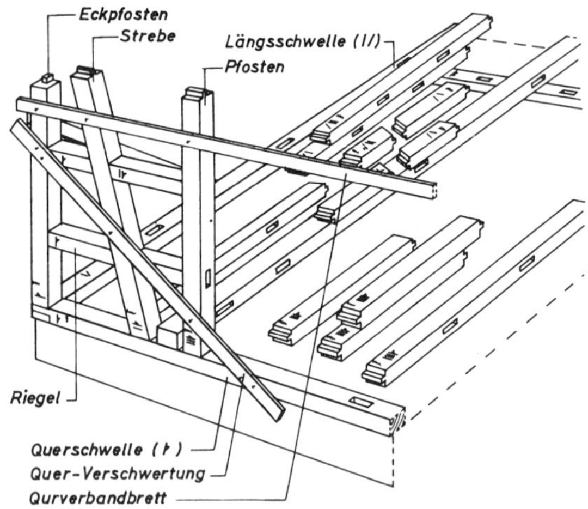

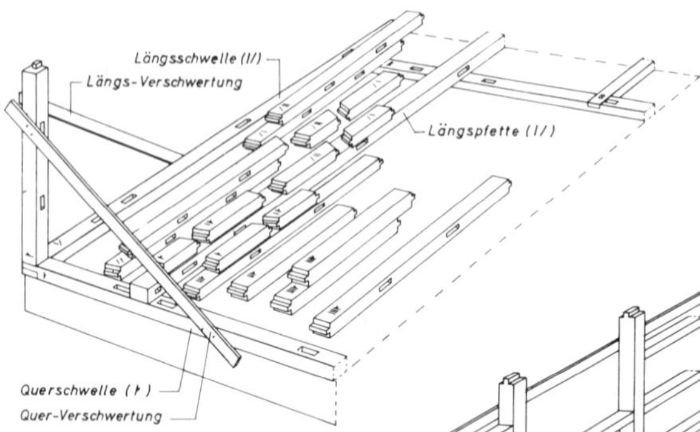

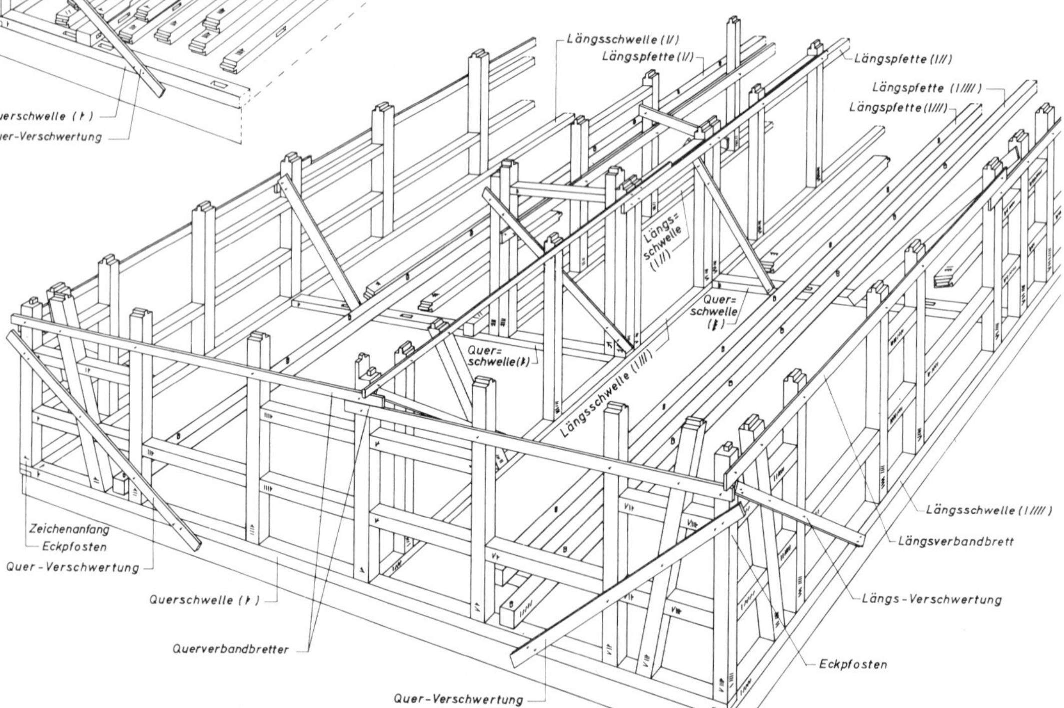

Hinsichtlich des Zeichnens der einzelnen hölzernen Bauteile mit den entsprechenden Schriftzeichen muß man ein Gebäudeeck als Ecke des Zeichenanfangs bestimmen. Vom Eck des Zeichenanfangs aus werden folglich alle Hölzer der Längsrichtung von links nach rechts der Reihe nach mit römischen Zahlen und zusätzlich mit Ruten gezeichnet. Die erste Längswand erhält stets eine Rute, die zweite Längswand zwei Ruten usw.

10 Die Blockwand

10.1 Blockwände aus Kant- und Rundhölzern

10.1.1 Blockwand (Schurzwand) mit vierseitig besäumten Kanthölzern

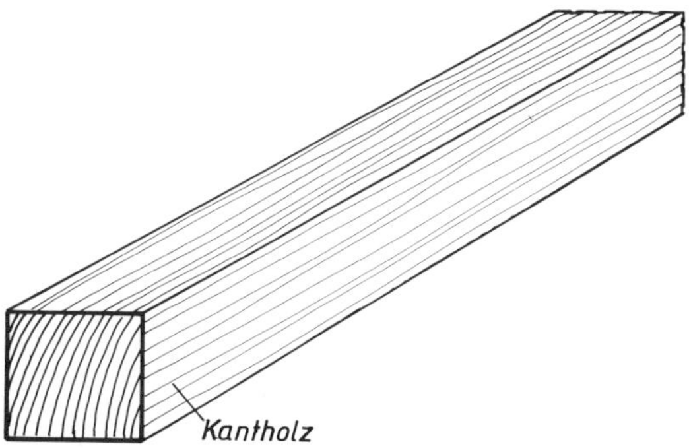

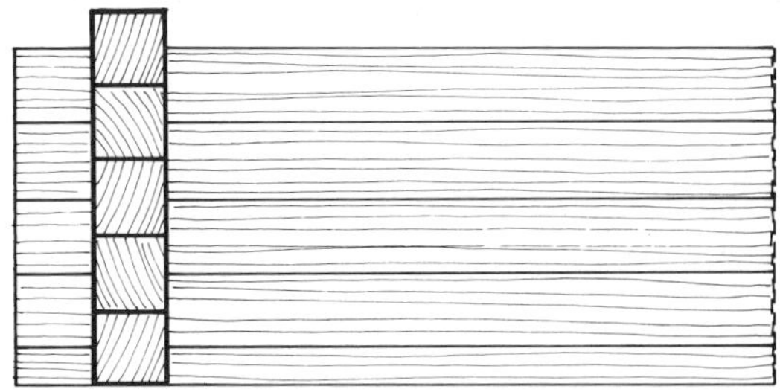

Schurzwand mit vierseitig besäumten Schurzhölzern, d. h. mit Kanthölzern

10.1.2 Blockwand mit zweiseitig besäumten Schurzhölzern

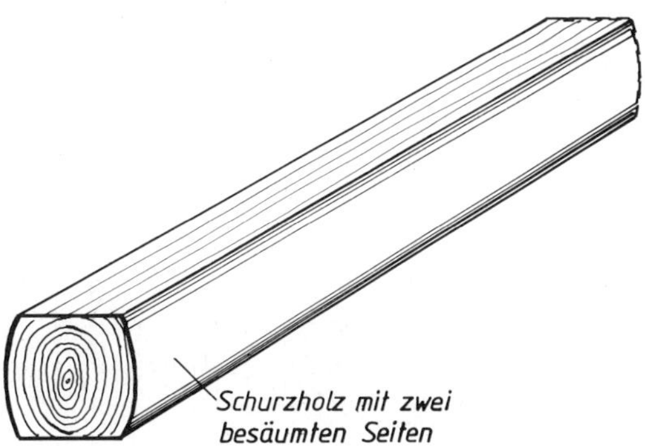

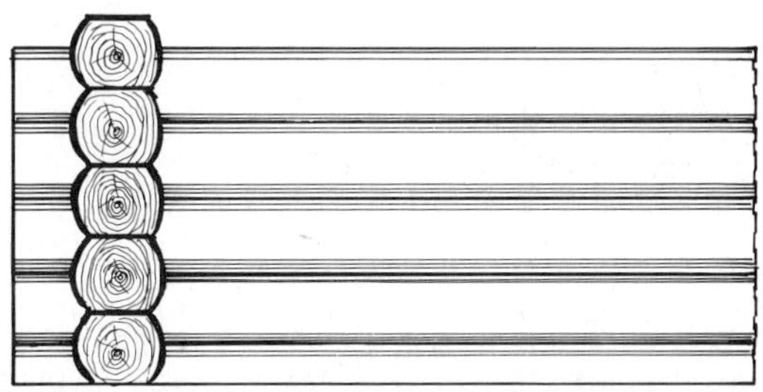

Schurzwand mit zweiseitig besäumten Schurzhölzern

10.1.3 Schurzwand mit dreiseitig besäumten Schurzhölzern

Die Blockwand, mancherorts auch Schurzwand genannt, ist hauptsächlich in sehr holzreichen Gegenden für kleinere Wohn-, Ferien-, Schutz- und Jagdhäuser gebräuchlich.

Die Konstruktion der Schurzwand besteht darin, daß man die Schurzhölzer, das sind auf allen vier, drei oder nur zwei Seiten besäumte oder behauene (mit dem Breitbeil ebengehauene) Stämme unmittelbar aufeinanderlegt, bis die Höhe der bestimmten Wand erreicht ist.

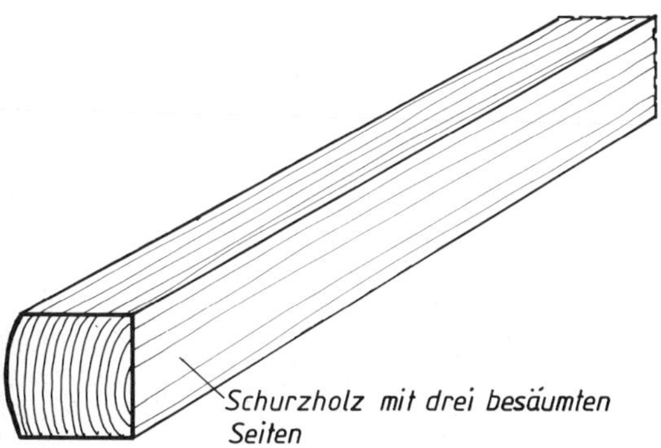

Schurzwand mit dreiseitig besäumten Schurzhölzern

10.1.4 Die Verkämmung bei Kant-, Schurz- und Rundhölzern

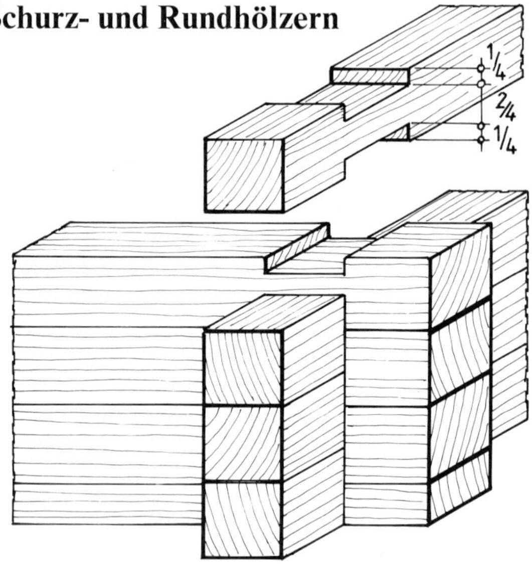

An den Ecken der rechtwinklig zusammentreffenden Wände und überhaupt da, wo sich zwei Wände kreuzen, geschieht die eigentliche Verflechtung der Schurzhölzer entweder durch Verkämmung, Überblattung oder Verzinkung.

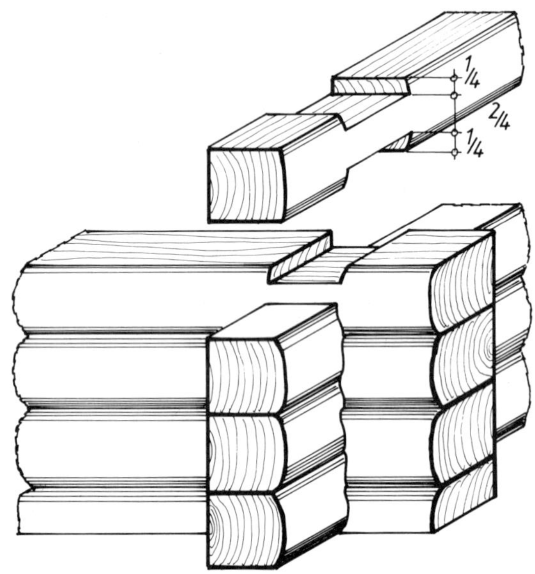

Die Verkämmung wird stets so ausgeführt, daß jedes Schurzholz vor dem Kamm einen Kopf behält und demnach sich die Wände über den Kreuzungspunkt hinaus noch fortsetzen.

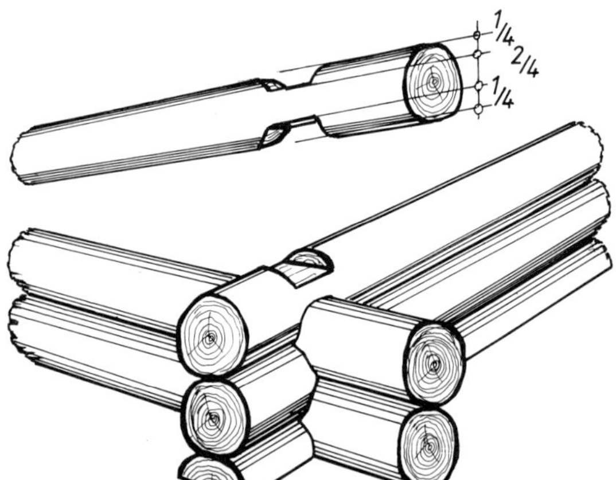

Die Tiefe des Kammes beträgt 1/4 der Holzquerschnitthöhe, von der demnach die halbe Querschnitthöhe des betreffenden Schurzholzes stehenbleibt.

10.1.5 Die Überblattung bei der Blockwand aus Kanthölzern

Bei der Überblattung liegen immer die für eine Schicht notwendigen Schurzhölzer gleich hoch und müssen daher auch von gleicher Höhe sein, was bei der eigentlichen Verkämmung nicht der Fall ist.

Die Überblattung bei Schurzhölzern wird dadurch gebildet, daß bei der bestimmten Schurzholzhöhe aus dem Holz die halbe Holzdicke (Holzhöhe) ausgeschnitten und die Verbindung dann aber durch einen Längsholzdübel von hartem Holz in senkrechter Richtung noch mehr befestigt wird.

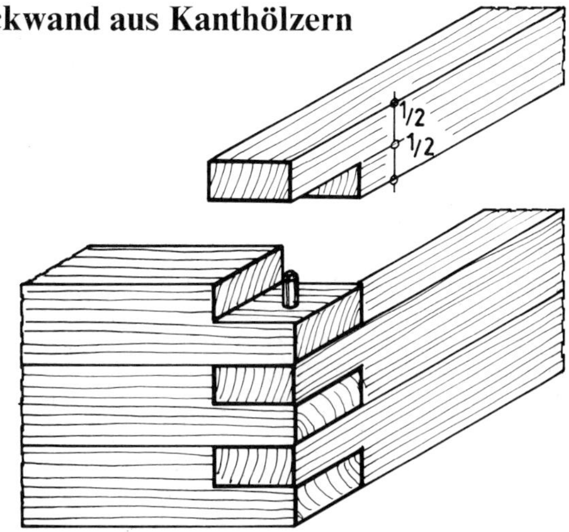

Ein Überstehen der Hölzer findet bei der Überblattung nicht statt, doch die Festigkeit ist hinreichend gesichert, und die freiliegenden Hirnschnittenden der Schurzhölzer können durch vorgenagelte Bretter, wie bei Verkämmungen, geschützt werden. Die vorgenagelten Bretter bilden in der Ansicht eine Art Eckpfeiler.

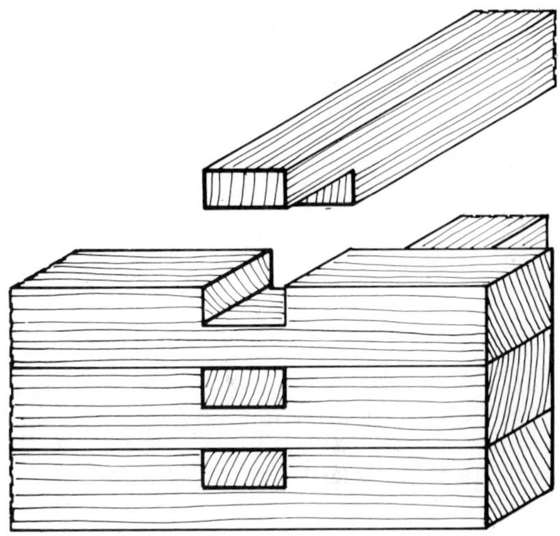

Die Verzinkung entsteht bei Schurzhölzern dadurch, daß jedes Schurzholz an seinem betreffenden Ende einen nach den zwei Außenseiten schwalbenschwanzförmig geformten Zinken erhält, der, wenn die Hölzer übereinandergelegt sind, jedes Holz am Ausweichen hindert. Bei der Verzinkung findet kein Überstehen der Schurzhölzer statt, wie bei Verkämmungen.
Die Fenster und Türöffnungen in Blockwänden werden hergestellt, indem die Tür- und Fensterpfosten auf eines der Schurzhölzer, welches die Schwelle oder den Sturzriegel bildet, eingezapft und durch dieselbe Verbindung mit einem anderen, das als Tür- oder Fensterriegel auftritt, verbunden werden.

Die Tür- und Fensterpfosten sind seitwärts mit Nuten versehen, in welche die auf die Fenster- oder Türhöhe treffenden Schurzhölzer mit Zapfen, die eine fortlaufende Feder bilden, eingreifen.

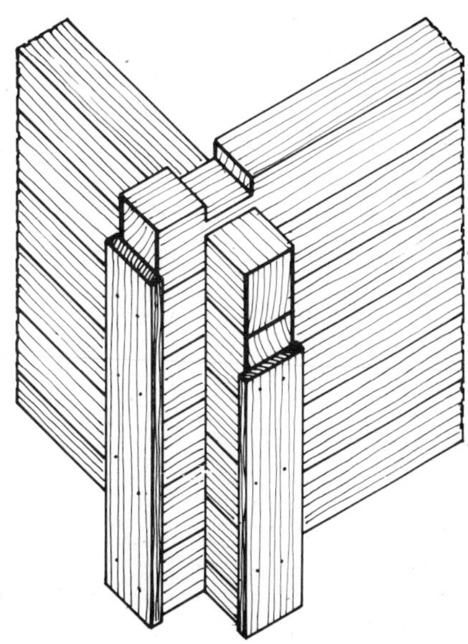

10.1.6 Die Verzinkung bei der Blockwand aus Kanthölzern

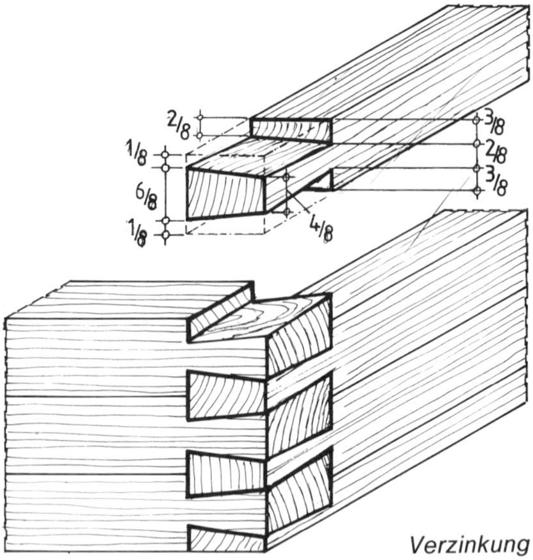

Verzinkung

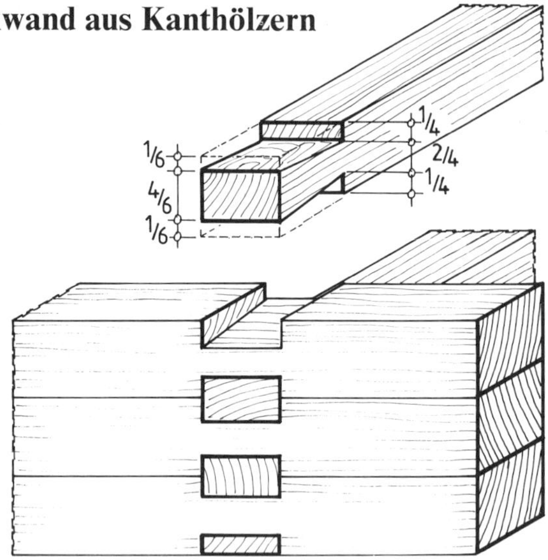

Verzinkung

10.1.7 Blockwand aus Kanthölzern mit Fensteröffnung

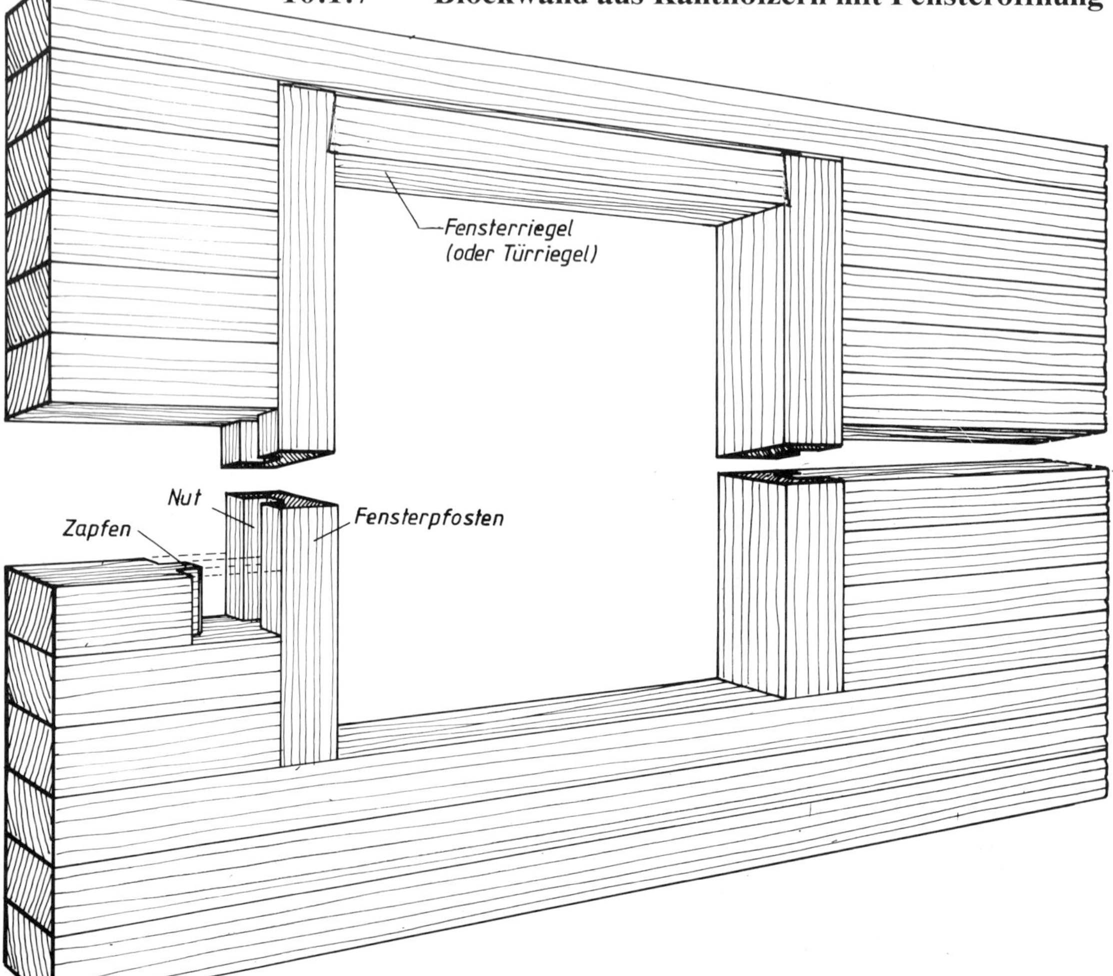

10.1.8 Gerades Blatt mit geradem Stoß bei Längsverbindungen

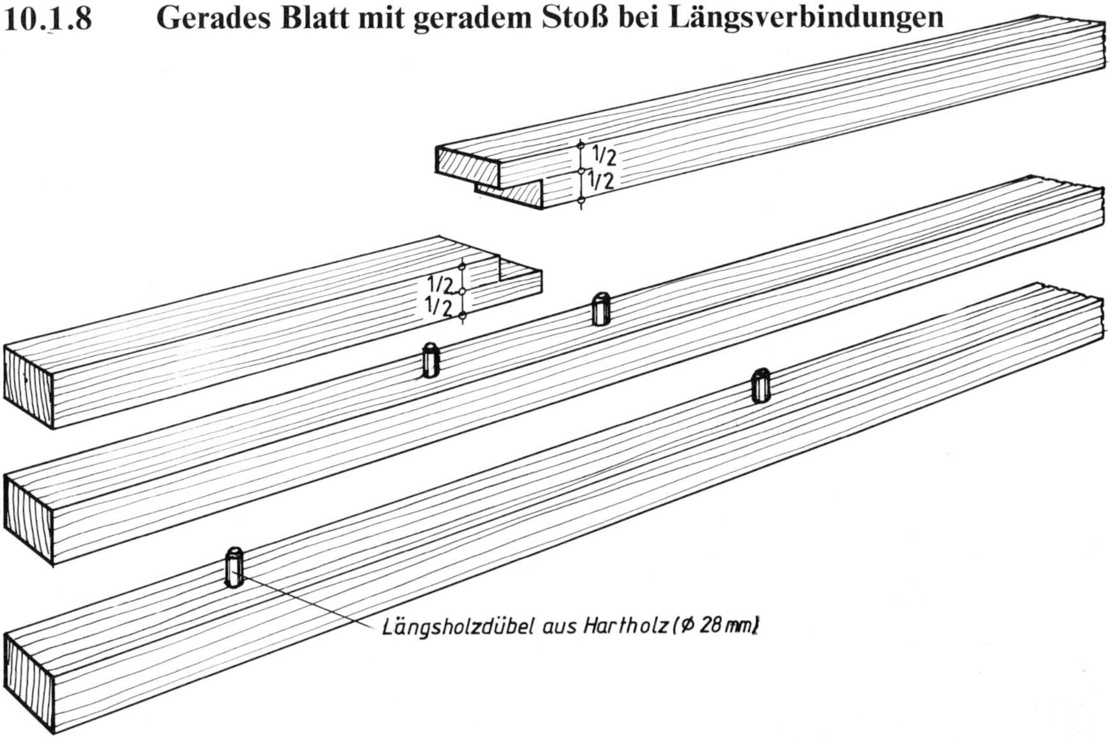

10.1.9 Verflechtung an den Ecken dreier Blockwände aus Rundhölzern

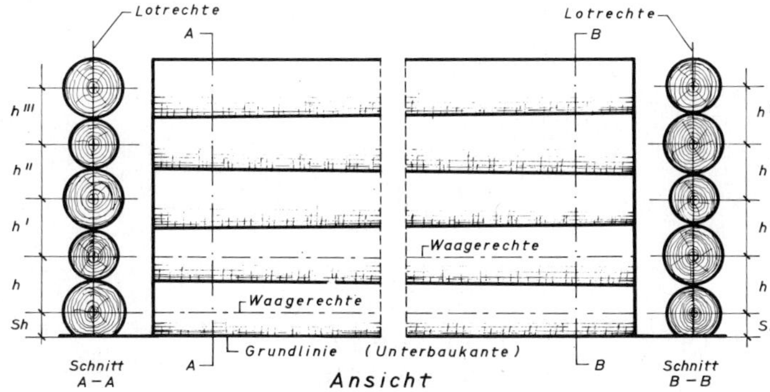

Ansicht und Schnitte einer Blockwand aus Rundhölzern

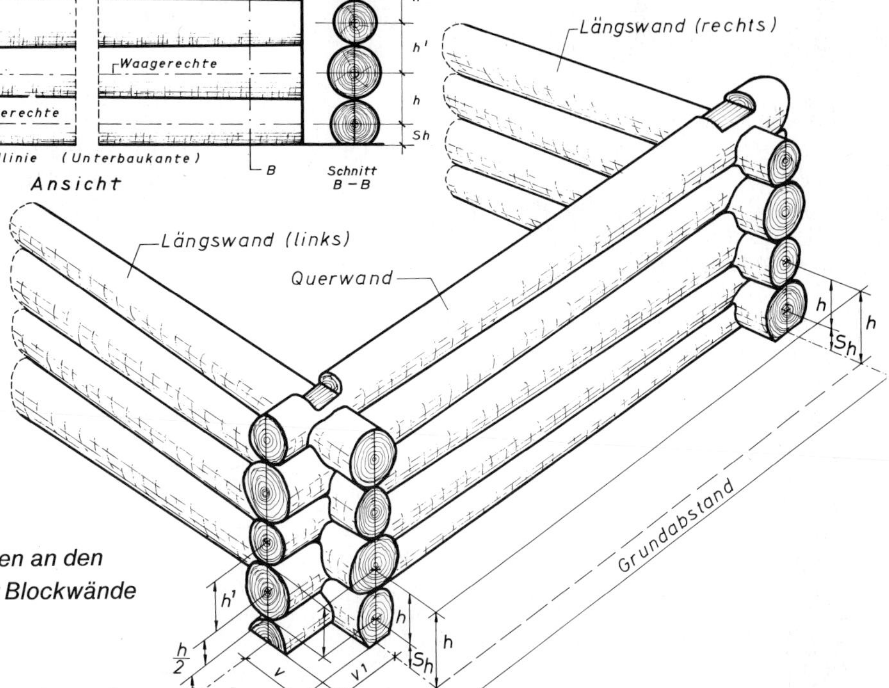

Verflechtungen an den Ecken dreier Blockwände

10.1.10 Einseitige Verkämmung bei Rundhölzern

10.1.11 Verschränkte Überblattungen

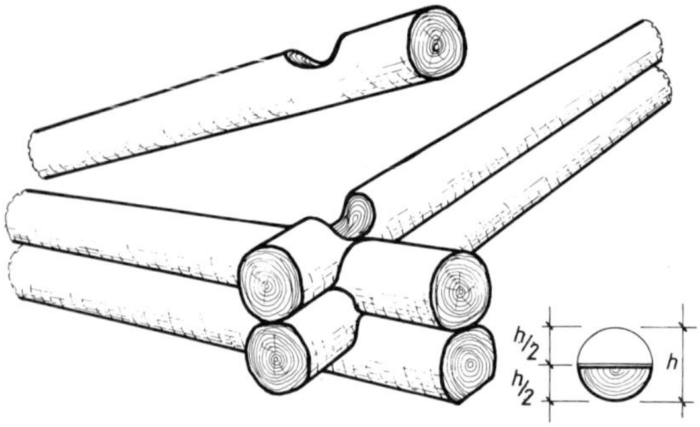

Einseitige Verkämmung

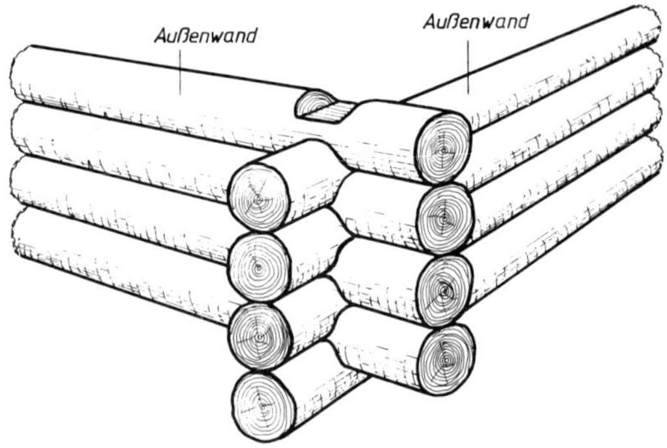

Verschränkte Überblattungen

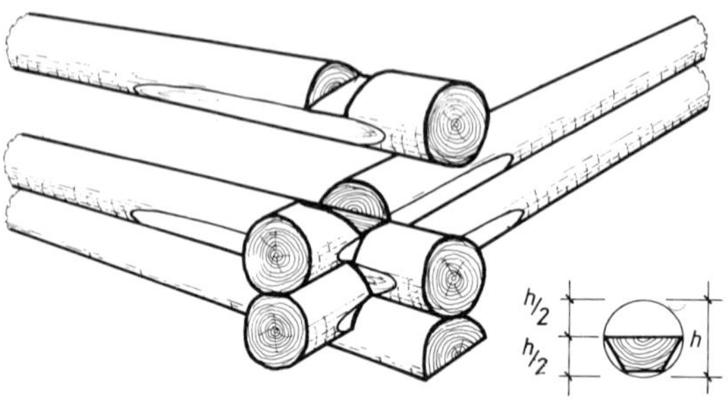

Einseitige Verkämmung

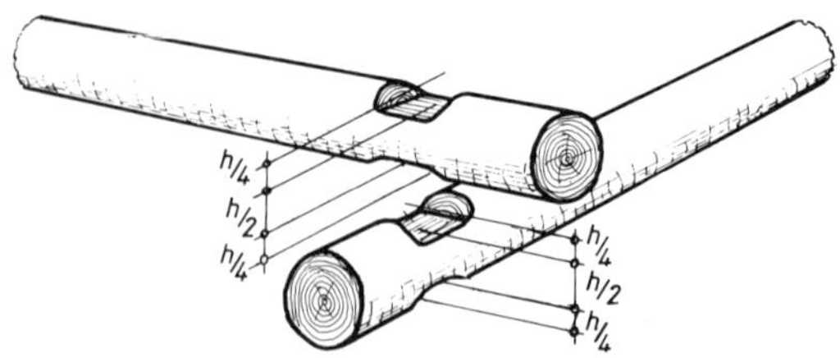

Verschränkte Überblattung

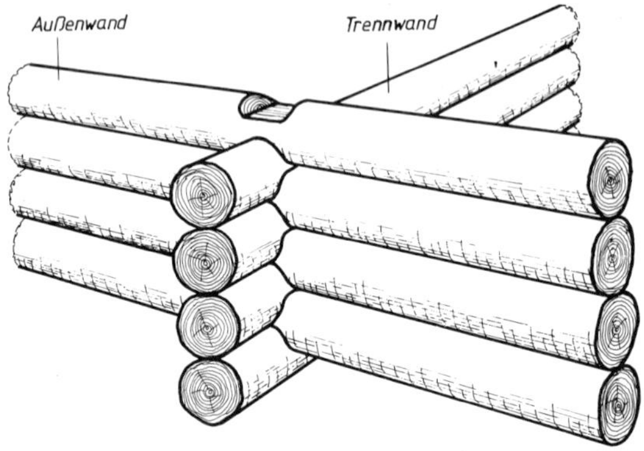

Verschränkte Überblattungen

Für die Blockwand aus Rundhölzern sollten ausgesuchte, gerade gewachsene, gleichförmige und geschälte Rundhölzer vorhanden sein. Der gewachsene Stamm hat am Stockende (Schaft- oder Stammende) einen größeren Querschnitt als am Zopfende. Darum wird beim Herstellen der Blockwand von Lage zu Lage die Stammrichtung gewechselt, d. h., daß man dem dicken Stammende ein Zopfende überordnet und dem Zopfende dann ein dickes Stammende usw. Demnach legt sich bei gleichlangen und gleichförmigen Rundhölzern von Lage zu Lage die Mittelachse der einzelnen Rundhölzer gleich einigermaßen in die Waagerechte oder aufgrund eines Abbeilens des einen oder anderen Rundholzes genauer in die Horizontale. Im Senklot entstehen demgemäß von einem zum anderen Punkt der Mittelachse auch annähernd gleiche Höhenabstände.

Die Verflechtung der Rundhölzer bei Blockwänden werden vorzugsweise durch einseitige Verkämmungen oder durch verschränkte Überblattungen hergestellt.

Für die einzelne einseitige Verkämmung muß aus dem betreffenden Rundholz bzw. aus der Rundholzhöhe des Querschnittes die Hälfte ausgearbeitet werden.

10.1.12 Anriß der Überblattungen

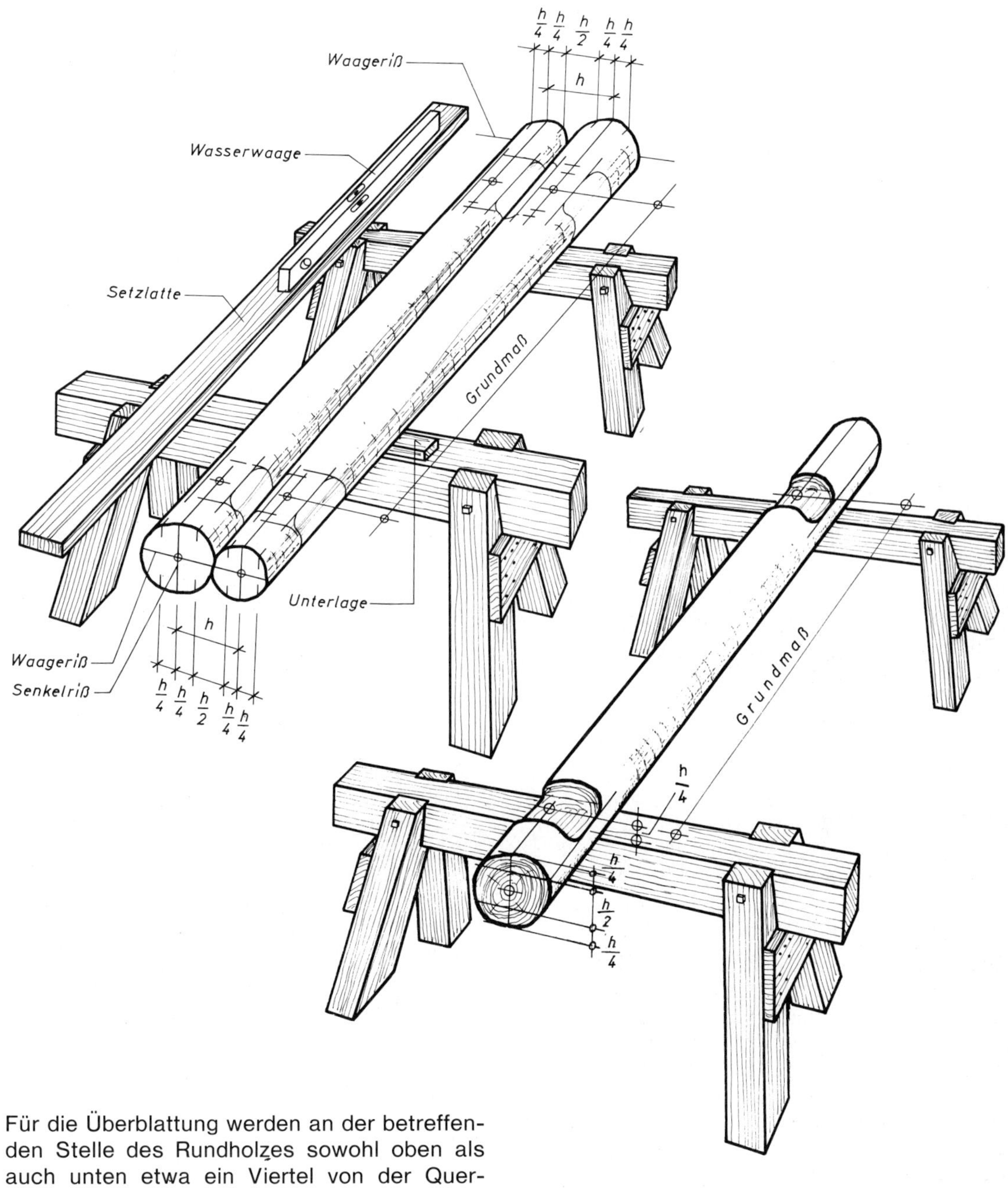

Für die Überblattung werden an der betreffenden Stelle des Rundholzes sowohl oben als auch unten etwa ein Viertel von der Querschnitthöhe ausgearbeitet. Da man die Verkämmung und die Überblattung nach einem Anriß ausarbeitet ist es zweckmäßig, die Anrisse bei paarweise auf Zimmerböcken zusammengelegten Rundhölzern auszuführen. Zum Anreißen der Senkel- und Waagerisse auf die Hirnschnittflächen benutzt man die Wasserwaage und zum Anreißen der Blattrisse eine Setzlatte, mit der man gut die Blattrisserichtung zwischen den Rundholzenden festlegen kann. Wenn die Blätter an einem zurechtgelegten Rundholzpaar gerissen sind, arbeitet man diese auf den Zimmerböcken gleich aus und schichtet sie am Ort des Blockwandaufbaus übereinander. Dabei prüft man natürlich, ob die Überblattungen bereits passen oder ob sie nachzuarbeiten sind. Nacharbeiten wird es beim Aufbau der Blockwand aus Rundhölzern schon deshalb geben, weil man zunächst mal die Blätter absichtlich nicht zu tief ausstemmt.

10.1.13 Verzapfungen bei Fenster- und Türpfosten

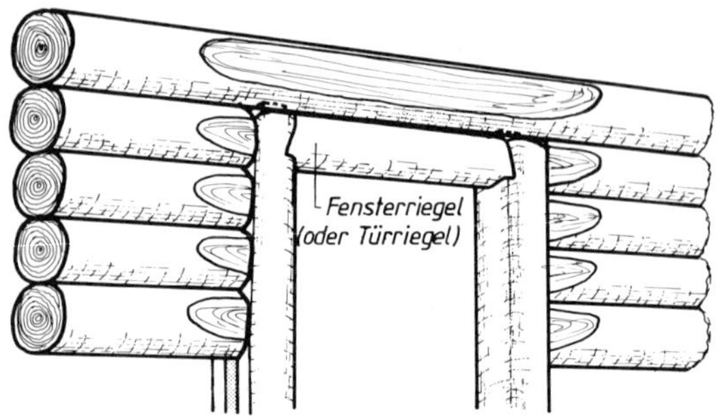

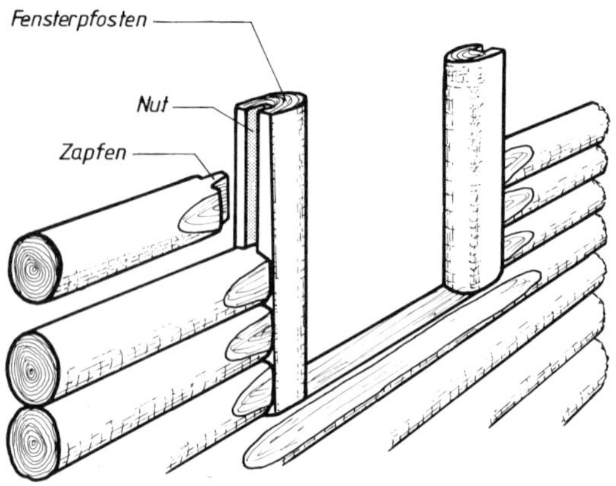

Bei einer Tür- oder Fensteröffnung der Blockwand sollten, hinsichtlich des Schwindens der Rundhölzer, die Tür- oder Fensterpfosten mit den oberen Hirnschnittenden beim Zapfen nicht ganz dicht unter die angebeilte Unterseite des waagerecht verlaufenden Rundholzes angesetzt werden.

Die Türpfosten und die Fensterpfosten werden so abgelängt, daß oben unter dem waagerecht verlaufenden Rundholz bei der eigentlichen Verzapfung vor und hinter dem Zapfen ein senkrechter Abstand von mindestens 2,5 cm entsteht.

Die Ablängung des einzelnen Tür- oder Fensterpfostens sowie die Ausarbeitung des Zapfens am Kopfende führt man bei der aufeinandergeschichteten Blockwand bzw. bei dem schon in die Blockwand eingestellten Tür- oder Fensterpfosten aus, da man vorher die notwendige Länge aufgrund der unterschiedlichen Rundholzdurchmesser nicht genauer festlegen kann.

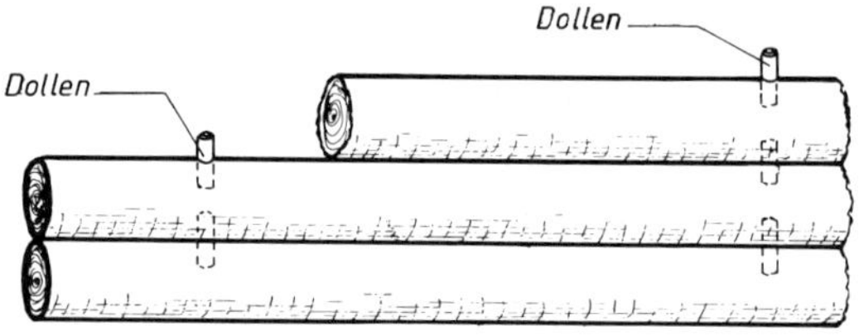

Gerader stumpfer Stoß

Bei Schurzhölzern mit zwei-, drei und vierseitig besäumten Seiten kann die Länge der Tür- oder Fensterpfosten natürlich schon vorher bestimmt werden, da man die Höhe des einzelnen Schurzholzes messen, die Zahl der Schurzholzlagen ermitteln und demnach auch bei der ermittelten Gesamthöhe nach Abzug des oberen Abstandmaßes die fertige Pfostenlänge anreißen kann.

Die Längsverbindung bei der Blockwand aus Rundhölzern wäre der stumpfe Stoß oder die Überblattung.

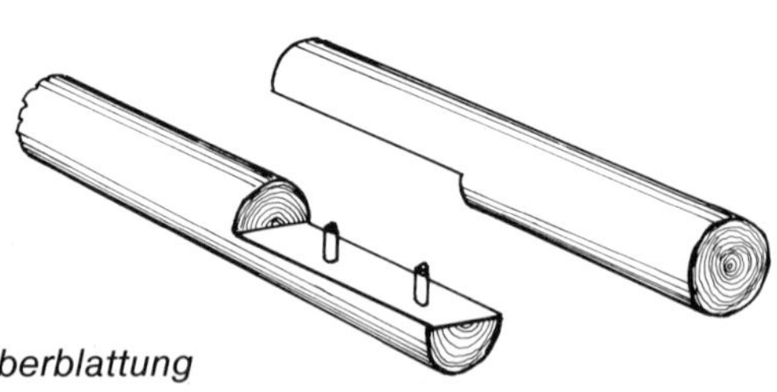

Überblattung

11 Außenverkleidungen aus Brettern

11.1 Waagerecht verlaufende Außenschalungen

11.1.1 Stülpschalung mit besäumten Brettern

Man unterscheidet lotrecht und waagerecht verlaufende Außenverkleidungen, die aus nebeneinander oder übereinander befestigten Brettern bestehen. Muß man aus irgend einem Grunde die Bretter für die Außenverkleidungen in horizontaler Richtung (waagerecht) anbringen, so sind stets Überdeckungen und zusätzlich nach außen abgeschrägte Kantenflächen notwendig.

Deckelschalung

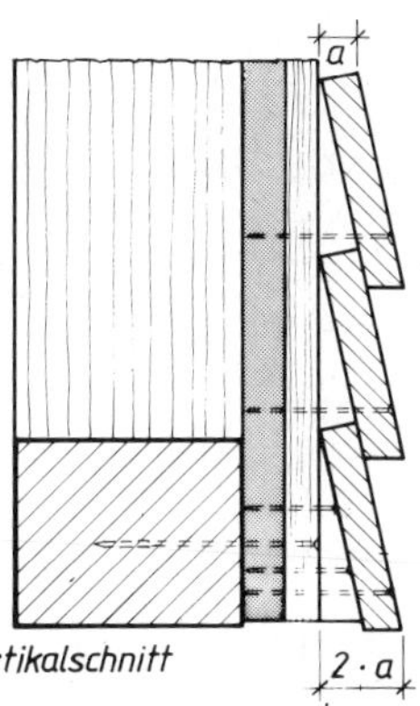

Vertikalschnitt

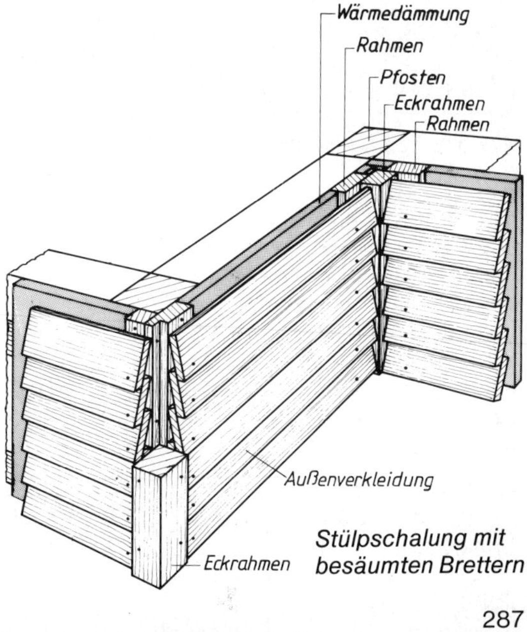

Stülpschalung mit besäumten Brettern

Die auf gleiche Breite und Dicke besäumten und in der Regel gehobelten Stülpschalungsbretter überdecken sich in schräger Stellung. Mit der Nagelbefestigung über der Stoßfläche wird jedes Brett satt an die Fläche des unteren Brettes und an den Unterbaurahmen angedrückt.

Das einzelne Brett der Stülpschalung wird mit einem Nagel an jedem senkrecht oder schräg stehenden Unterbauholz, ca. 1 cm über der Stelle, an welcher die obere Kante des nächst unteren Brettes horizontal verläuft, festgenagelt.

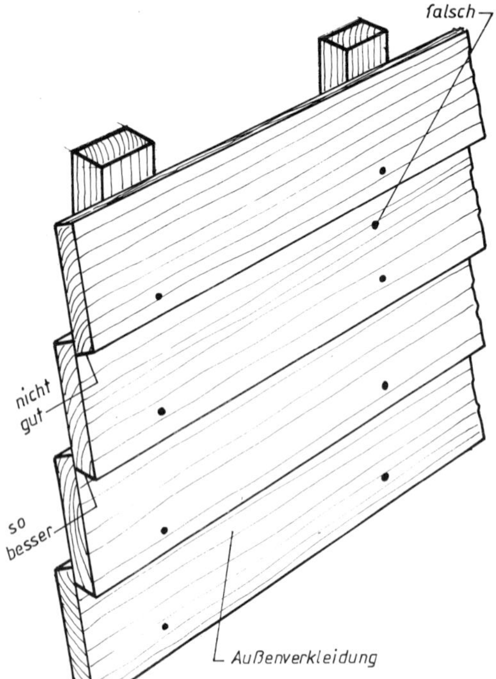

Stülpschalung

Beim Anbringen der Stülpschalung wird mit dem untersten Brett begonnen. Die untere Kantenfläche des untersten Stülpschalungsbrettes wird auf die ganze Länge genau waagerecht eingebleit und demnach befestigt. Die nächst folgenden Bretter überdecken sich um 2,5 cm bis 3,5 cm. Die Überdeckung wird an einem Ende des betreffenden Brettes festgelegt und demnach muß die untere Kante des Brettes in die Waagerechte gebracht und dann das Brett festgenagelt werden. Da die Kantenfläche des untersten Brettes genau waagerecht verläuft, wird die Kante des nächst folgenden Brettes nach einem bestimmten Abstandmaß ebenfalls waagerecht ausgerichtet. Das Abstandmaß von einem zum anderen Brett hält man bei gleich breiten Brettern ein. Wenn fünf, sechs oder sieben Reihen der Stülpschalungsbretter angebracht sind, wird mit Hilfe der Wasserwaage und einer Setzlatte die untere Kante des betreffenden Brettes waagerecht ausgerichtet und dann dieses Brett festgenagelt.

11.1.2 Stülpschalung mit gefälzten Brettern

Der Falz ist die Aussparung mit Vorholz. Das Vorholz überdeckt das Profil des unteren Brettes. Dadurch wird bei Regenfall das Wasser über die Vorholzkanten auf die profilierten Flächen abgeleitet.

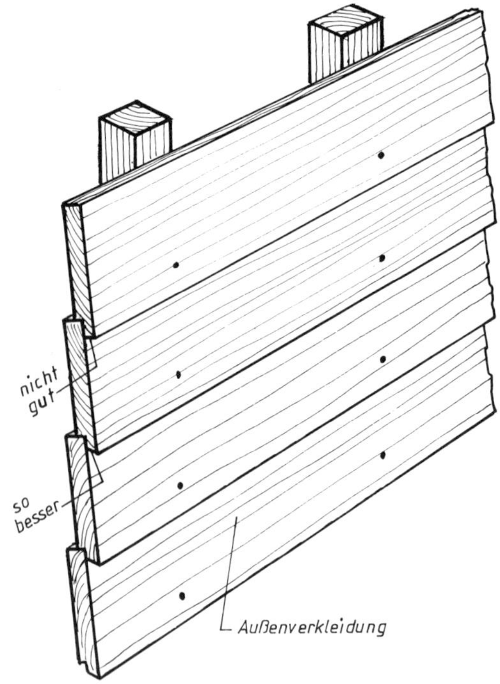

11.1.3 Stülpschalung mit gefälzten und profilierten Brettern

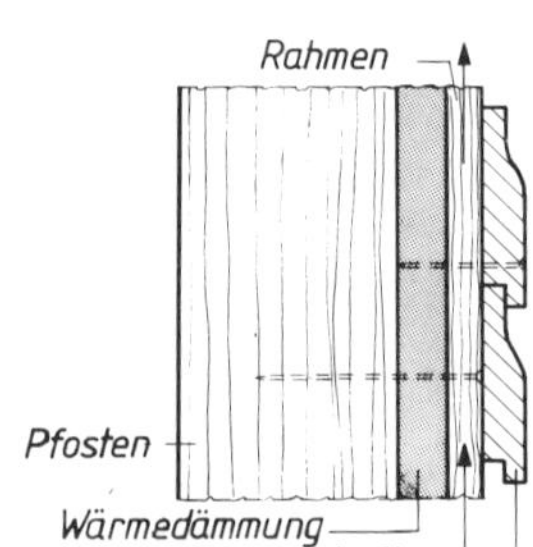

Die Rahmen der Unterkonstruktion sind dicker als die Wärmedämmplatten und somit ist die Stülpschalung hinterlüftet.

Bei der Eckausbildung (links) ist der senkrecht stehende Rahmen beim Eckpfosten der Riegelwand ausgefälzt. Die Stülpschalungsbretter sind winkelrecht abgeschnitten. Die Stirnflächen der Bretter sind mit den Falzflächen bündig.

Der rechts gezeigte Eckrahmen ist quadratisch ausgehobelt, er überdeckt die Stirnflächen der Bretter und steht über die Außenflächen des Bretterschirmes hinaus.

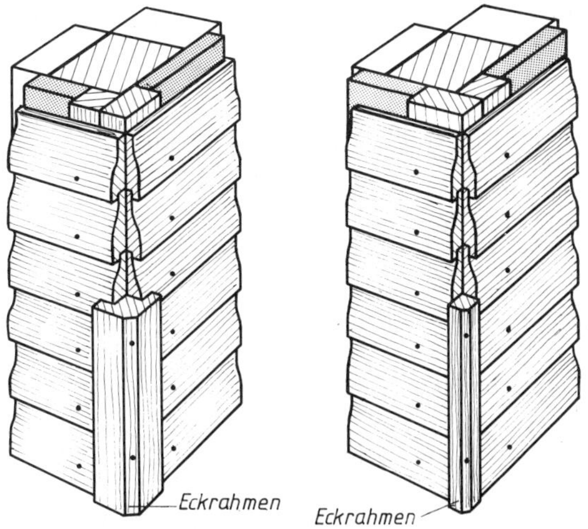

Stülpschalung mit gefalzten und profilierten Brettern

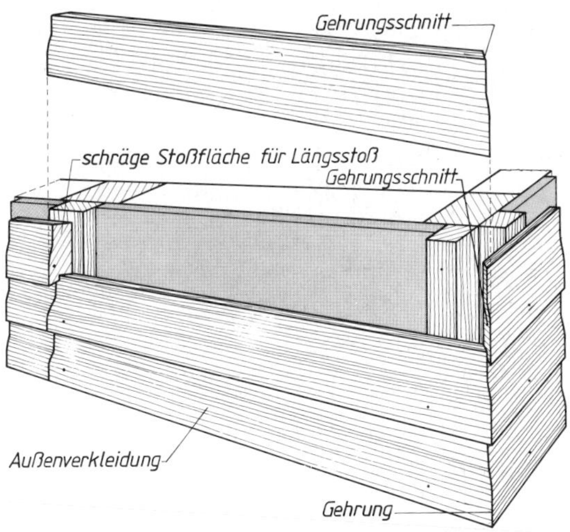

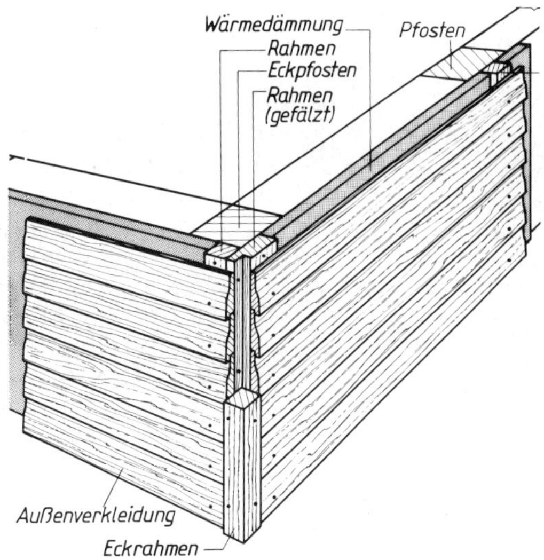

Wenn man bei der Stülpschalung mit gefälzten und profilierten Brettern für den Eckstoß die Gehrung wählt, sollte man zugleich auch für den Längsstoß eine schräge Stoßfläche wählen. Aufgrund der schrägen Stoßfläche des Längsstoßes gibt es keine offene Stoßfuge, da das betreffende Brett waagerecht auf eine passende Gehrung hin verschoben werden kann.

11.2 Lotrecht verlaufende Außenschalungen

Bei den lotrecht verlaufenden Außenverkleidungen werden die Bretter entweder nur gefugt oder gefalzt, je nachdem ob man einen größeren oder geringeren Grad von Winddichtigkeit verlangt. Das Fugen bzw. stumpfe Zusammenstoßen der Bretter gewährt in dieser Beziehung gar keine Sicherheit und ist daher wenig üblich.

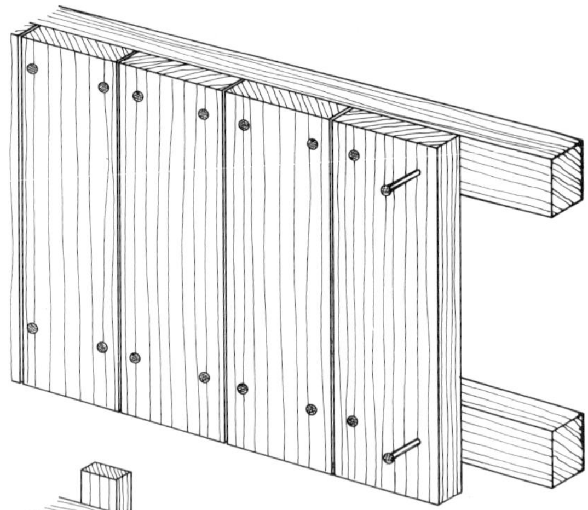

11.2.1 Gefugte Schalung

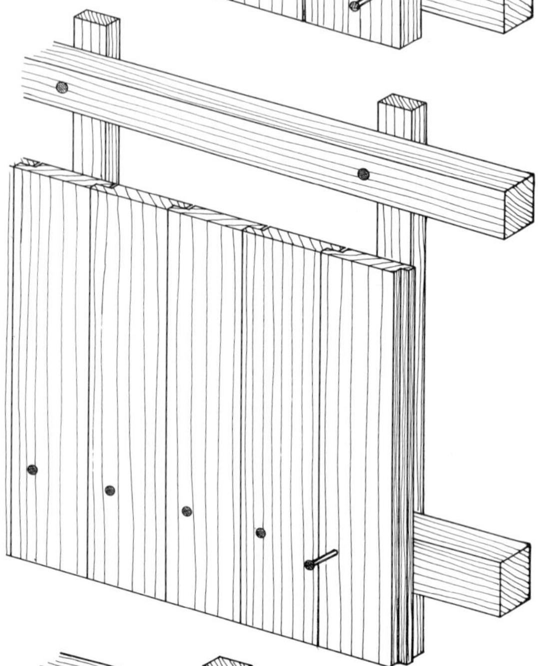

11.2.2 Gefälzte Schalung

Das Falzen gewährt in der Regel den hinlänglichen Grad von Winddichtheit, indem diese Verbindungen das Durchdringen des Windes verhindern.

11.2.3 Gefugte Schalung mit Deckleisten

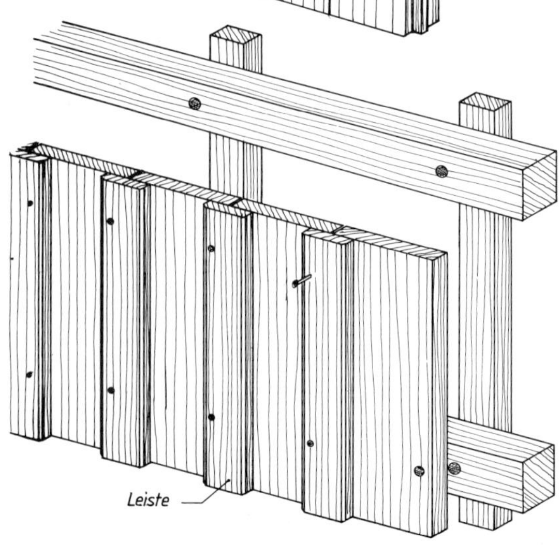

Sehr oft fugt man die Bretter nur und bewirkt die größere Winddichtung der Fugen dadurch, daß man 5 bis 7 cm breite und 15 bis 20 mm dicke Leisten über dieselben nagelt.
Hierbei ist nur zu beachten, daß die Nägel zum Befestigen der Leisten länger sein müssen, damit sie durch die Bretter hindurch noch tief genug in das Unterbauholz hineinlaufen und ferner, daß die Nägel nur auf einer Seite der Leiste eingeschlagen werden dürfen, so daß bei einem Schwinden oder Quellen der Bretter die Leisten nicht auseinander gerissen werden können.

11.2.4 Deckelschalung

Statt solche Leisten anzuwenden, nagelt man auch die Bretter mit weiten Zwischenräumen auseinander und über diese dann andere Bretter, welche die ersten 2,5 bis 3,5 cm überdekken.

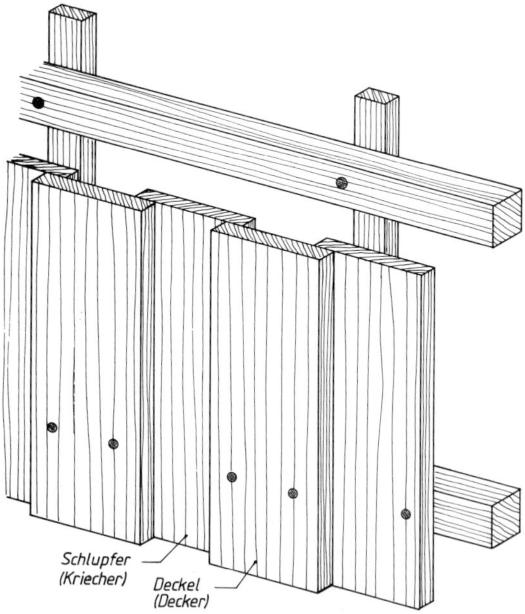

Diese Art der Außenverkleidung nennt man Deckelschalung. Die unteren Bretter sind dabei die Kriecher und die oberen die Decker, die man da und dort auch Schlupfer und Deckel nennt.

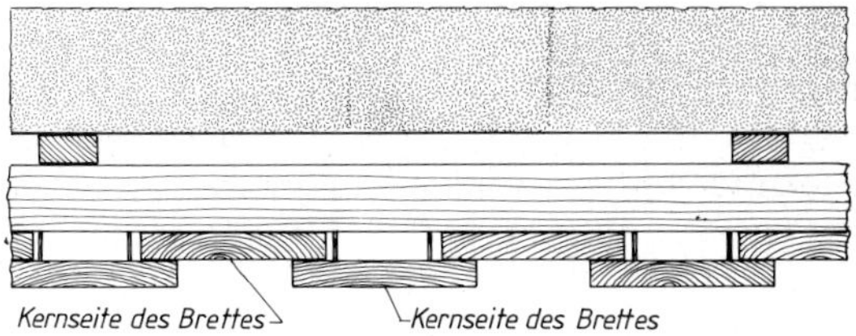

Die Deckelschalungsbretter werden stets mit der Kernseite (rechten Seite) nach außen gerichtet, aufeinander und zugleich an die Unterbauhölzer befestigt. Wo sich dann die Bretter durch Aufnahme und Abgabe von Feuchtigkeit werfen, wölben sie sich aus der breiten Seite nach außen, so daß dabei die Ecken der beiden Kantenflächen an die unteren Bretter und Unterbauhölzer angedrückt werden.

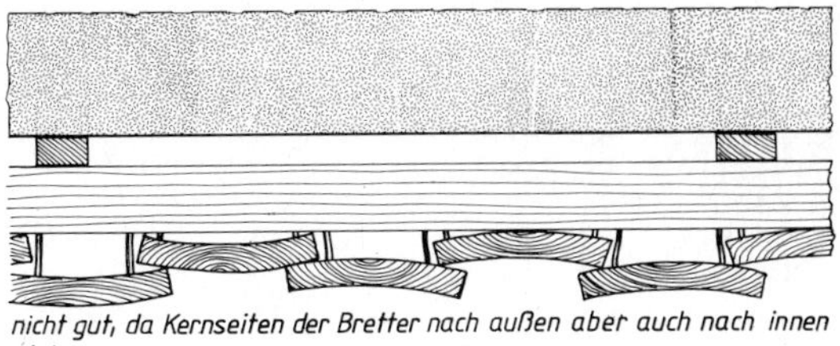

nicht gut, da Kernseiten der Bretter nach außen aber auch nach innen stehen

Die Deckelschalung gewährleistet eine sehr gute Belüftung der Unterbauhölzer und zugleich eine hinlängliche Hinterlüftung der Außenverkleidung. Beim Annageln des Deckels achtet man stets darauf, daß jeder Nagel so weit von der Kantenfläche angesetzt wird, daß sein Schaft ca. einen halben Zentimeter neben der Kantenfläche des Schlupfers vorbei in das Unterbauholz hineinläuft.

so besser, da die Kernseiten der angenagelten Bretter nach außen stehen

Während man schmälere, d. h. 9 bis 12 cm breite Schlupfer an jeder der einzelnen Abnagelungsstellen nur mit einem Nagel befestigt, nagelt man die Deckel dagegen stets mit zwei Nägeln an die Unterbauhölzer an.

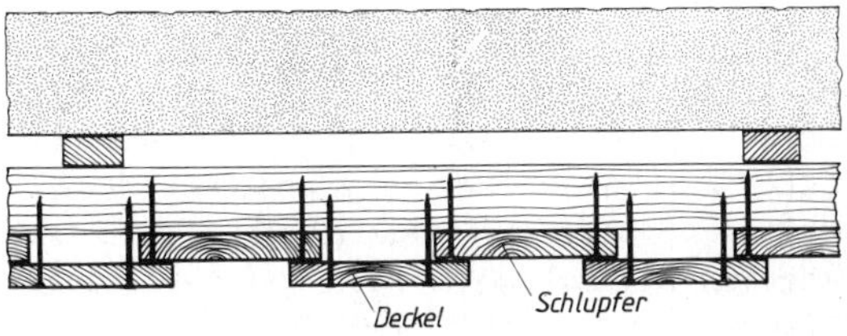

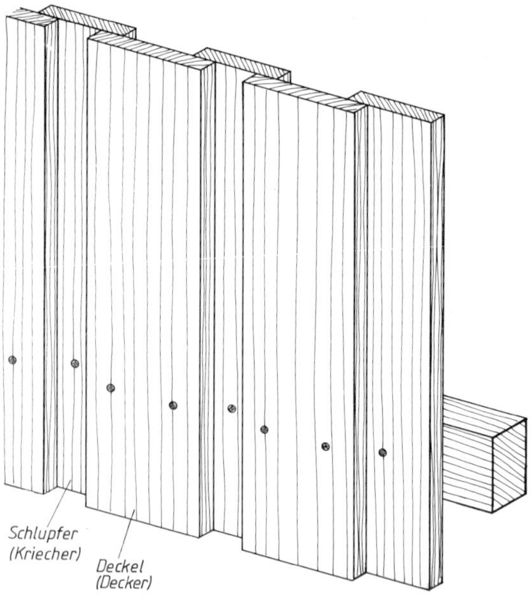

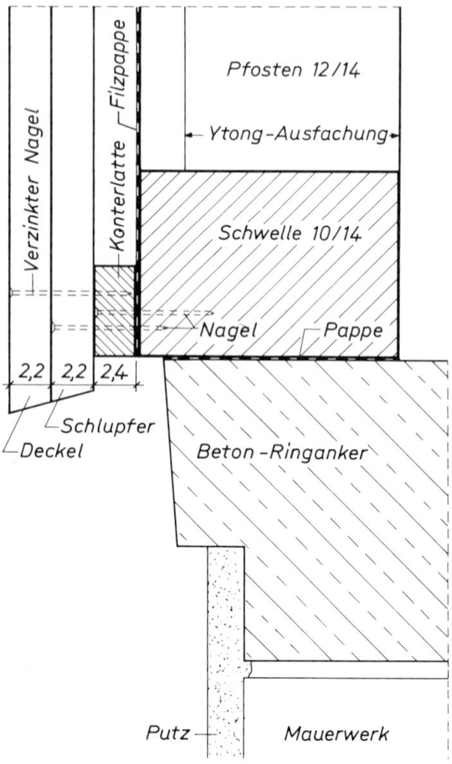

11.2.5 Haspelschirm

Bei der lotrecht verlaufenden Außenverkleidung aus Brettern mit Haspelfalz werden die einzelnen Bretter nur entlang einer Kantenfläche befestigt und zwar bei der Kantenfläche mit dem innenseitig verlaufenden Falz. Demnach bleibt jedem angenagelten Brett auf der Unterbaukonstruktion ein freier Spielraum für eventuelle Schwind- und Quellvorgänge.

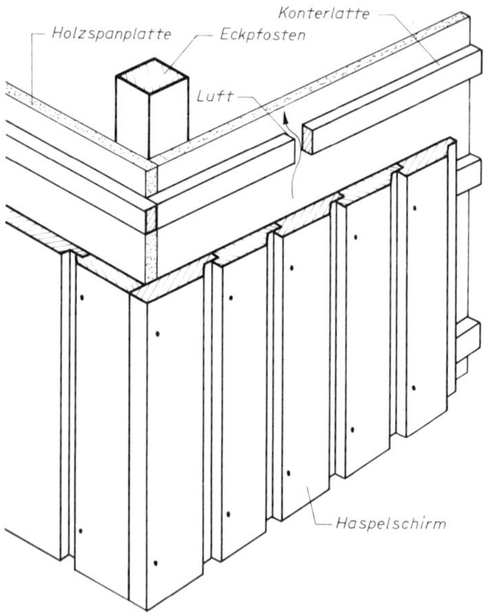

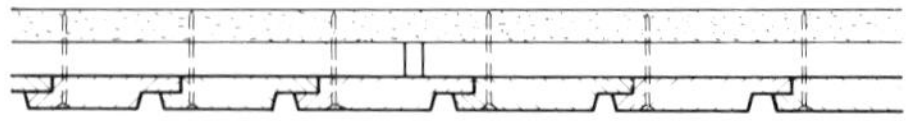

Horizontalschnitt

Beim Brett mit Haspelfalz ist der äußere Falz fast doppelt so breit wie der innenseitige.

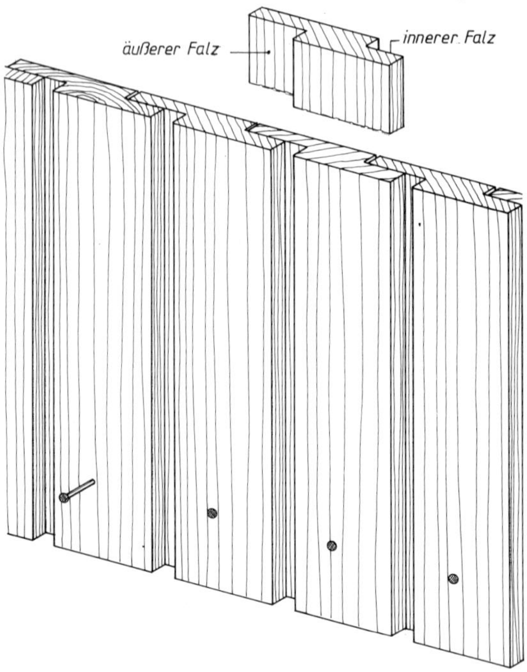

Bei der ca. 2,5 bis 3 cm großen Überdeckung durch den Haspelfalz bleibt außerdem von der einen bis zur anderen senkrecht verlaufenden Kantenfläche ein Abstand.

11.2.6 Unterbaulatten

Bei den ständigen Unterbrechungen der Unterbauhölzer oder bei den senkrecht verlaufenden Konterlatten werden alle Hölzer unter der Außenverkleidung hinlänglich belüftet.

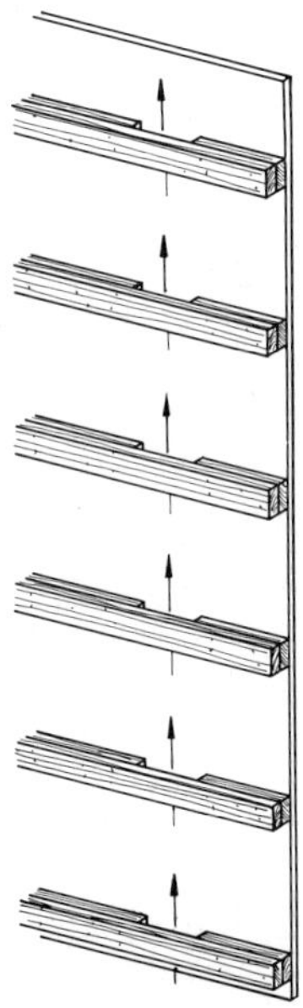

Waagerecht verlaufende Unterbaulatten, aufgedoppelt mit Luftschlitze

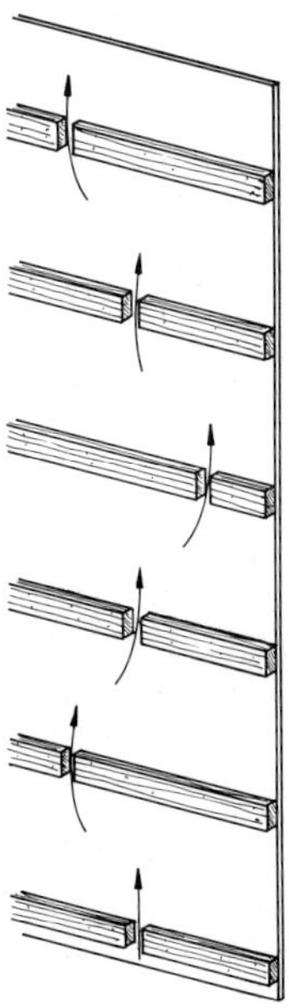

Waagerechte Unterbaulattung mit Unterbrechungen für Luftzirkulation

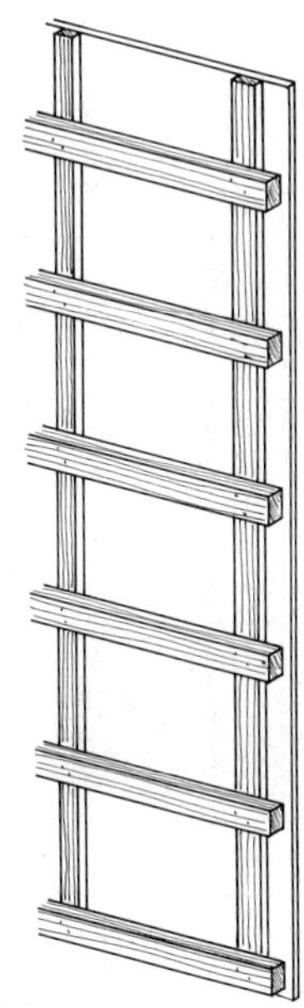

Senkrechte Konterlattung mit waagerecht aufgenagelten Unterbaurahmen

Bei der Außenverkleidung aus Brettern mit dem Haspelfalz entsteht mit den Innenseiten der Bretter eine fast geschlossene, ebene Fläche, die in Verbindung mit den waagerecht verlaufenden Unterbauhölzern steht.

Zur Befestigung der Bretter für Außenverkleidungen verwendet man in der Regel verzinkte Nägel (gegen Korrosion geschützte Nägel). Solche Nagelungen sind dauerhaft und gewährleisten, daß sich auf den äußeren Seiten der Bretter aus den Nagelungen, welche der Witterung ausgesetzt sind, keine Roststreifen bilden, die bei hellen Hölzern besonders auffallen und ein schlechtes Bild abgeben.

11.3 Außenverkleidung aus Wandschindeln

11.3.1 Die Wandschindeln

Wandschindel werden aus dem Holz der Fichte, Lärche, Zeder und Eiche hergestellt.
Die einzelne Wandschindel ist der Länge nach gleich breit, aber am unteren Hirnschnitt fast vier bis sechs mal dicker als am oberen Hirnschnitt.

Wandschindeln in den Breiten von 5 bis 8 cm liefern die Schindelhersteller mit geraden und gebogenen Fasen an den unteren Hirnschnittkanten.
Die Fasen sind gleichmäßig angestanzt.

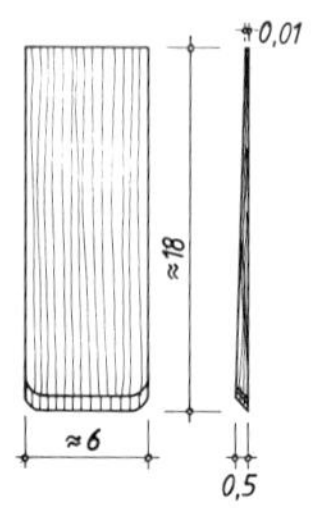

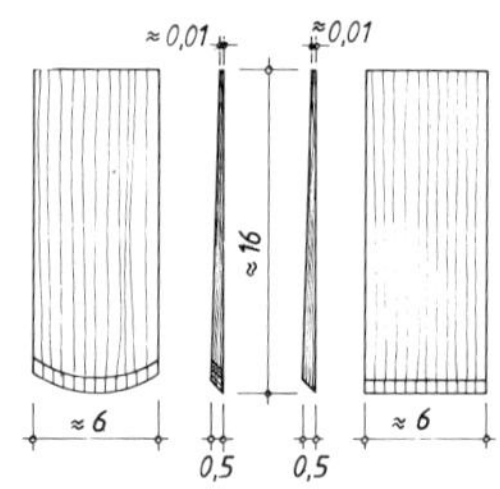

Es gibt auch großformatige Wandschindeln mit Breiten von 7 cm bis zu 35 cm und Längen von ca. 41 cm und ca. 46 cm.
Die Wandschindeln mit Längen von 41 cm und 46 cm haben am unteren Hirnschnitt eine Dicke von 10 bis 12 mm, aber am oberen Hirnschnitt nur eine Dicke von 1,5 bis 2,5 mm.

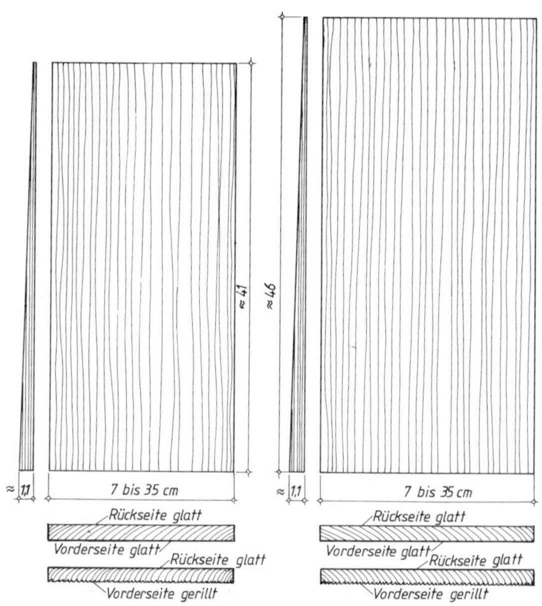

11.3.2 Schindelschirm

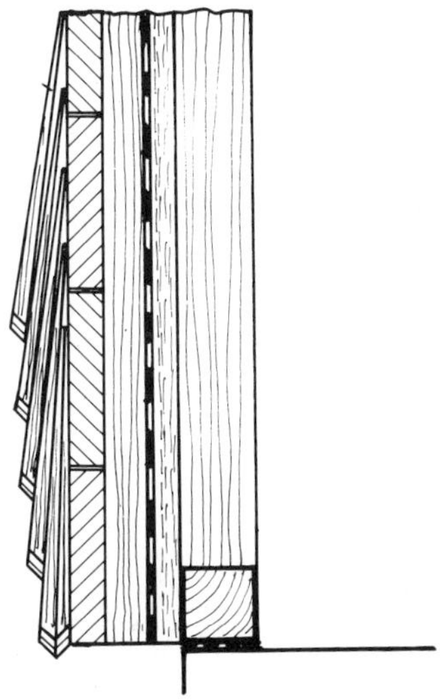

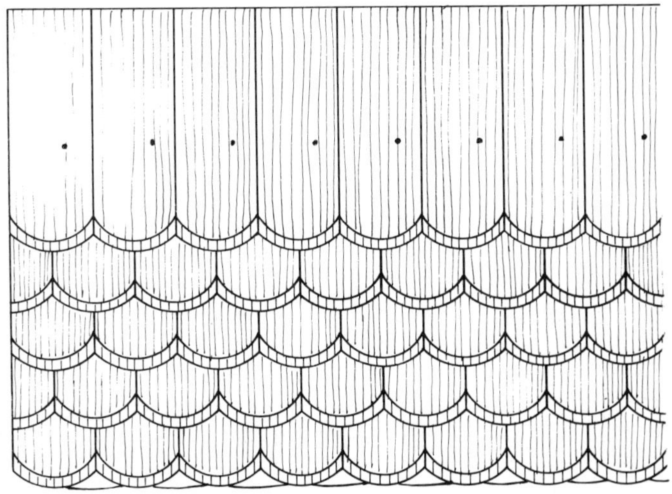

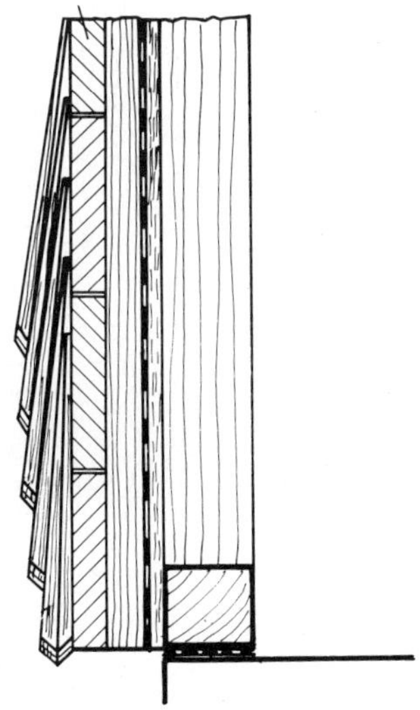

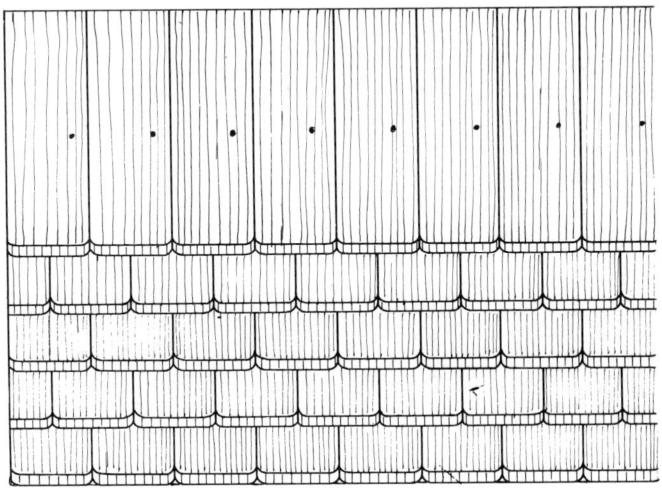

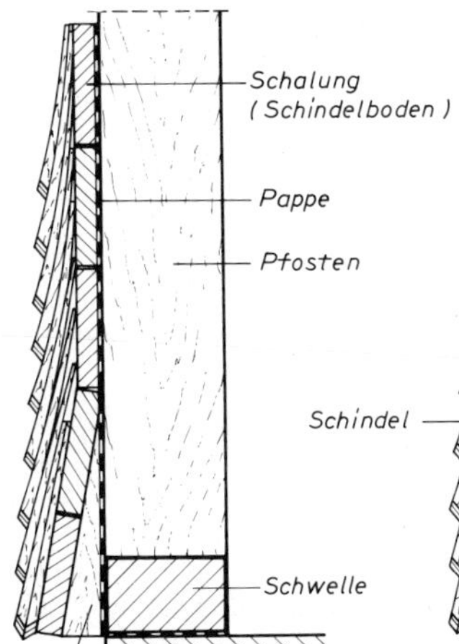

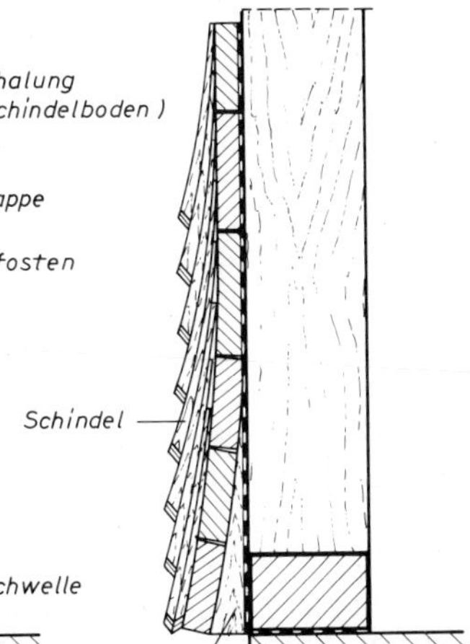

Bei Verschindelungen an die Außenwände nagelt man die Wandschindeln nicht ganz dicht nebeneinander und reihenweise mit bestimmten Höhenabständen an eine Schalung an.

Bei einer Verschindelung mit einer bestimmten Sorte gleich breiter Wandschindeln wird der Abstand der Schindelreihen in der Höhe nach der Breite des Schindelsortimentes festgelegt. Bei 6 cm breiten Wandschindeln beträgt der einzelne Abstand also 6 cm in der Höhe. Ent-

11.3.3 Verschindelung bei der Fensterleibung

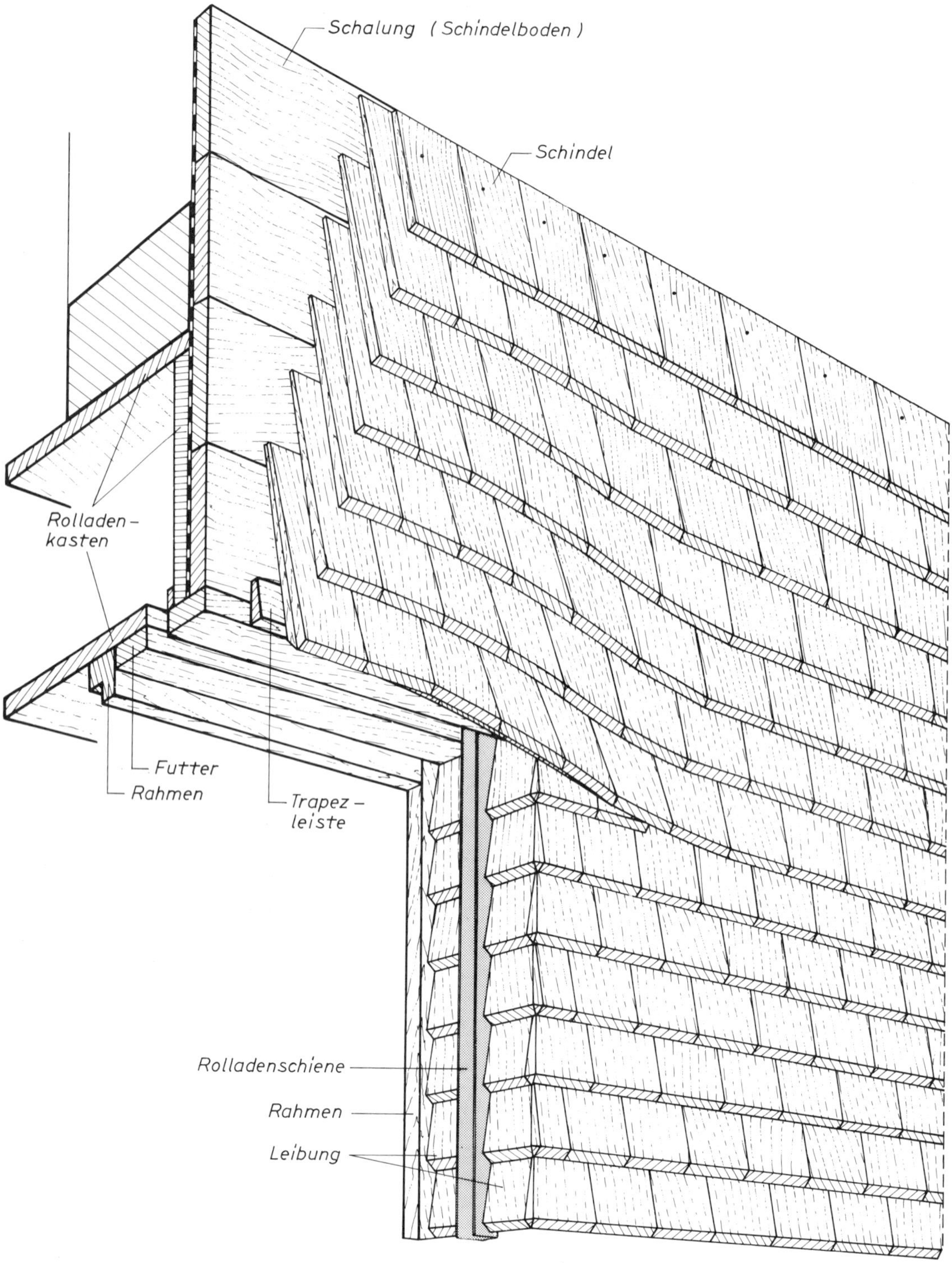

sprechend des 6 cm großen Höhenabstandes sind die Wandschindeln schon von der Herstellerfirma für eine dreifache Überdeckung abgelängt. Beim Sortiment der 6 cm breiten Wandschindeln spricht man ganz einfach von sechs Zentimeter breiten Schindeln oder beim Sortiment der 5 cm breiten Wandschindeln von fünf Zemtimeter breiten Schindeln.

11.3.4 Annageln der Schindeln an den Schindelboden

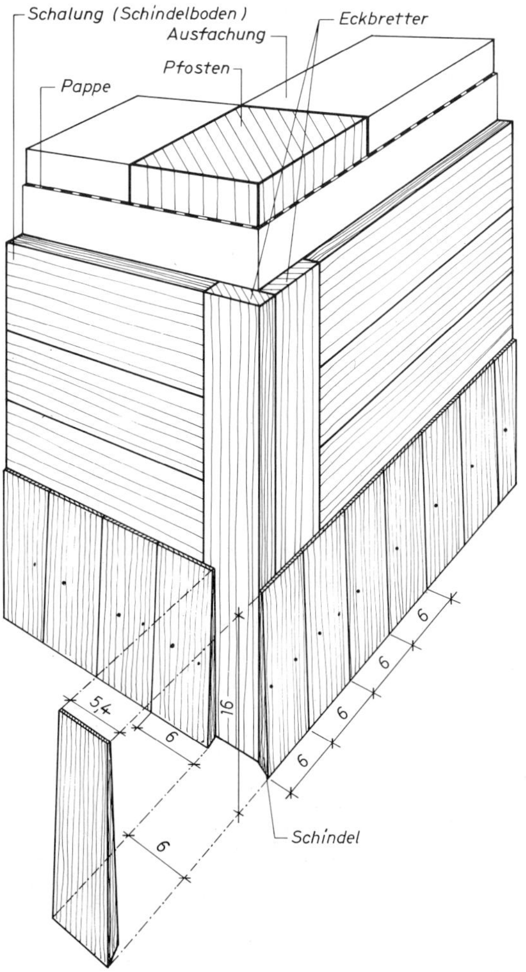

Der Schindelschirm wird in der Regel an eine Schalung festgenagelt und diese Schalung nennt man „Schindelboden".

Für einen Schindelboden werden in der Regel 24 mm dicke Bretter verwendet. Die Verschindelung wird von unten nach oben ausgeführt. Die unterste Schindelreihe wird aufgedoppelt. Das heißt, daß das erste Schindelband an den Schindelboden angenagelt und die zweite Schicht Wandschindeln, die Fugen der ersten Schicht überdeckend, angenagelt werden muß.

An den Eckbrettern des Schindelbodens muß man die erste Schindel mit der einen Seitenkante an die Eckkante des Schindelbodens bündig halten und dann annageln.

Die zweite Schindel an der Eckkante muß die Seitenkante der schon angenagelten Schindel in lotrechter Richtung überdecken. Demnach ist diese Schindel nach der Annagelung so mit dem Stechbeitel anzuschneiden, daß die angeschnittene Seitenkante mit der Außenseite der zuerst angenagelten Schindel bündig ist.

Die Schindeln an der Eckkante des Schindelbodens nagelt man jeweils mit zwei Nägeln an, da sie im Senkel stehenbleiben müssen, wenn man die nächsten Schindeln der Schindelreihe seitlich gegeneinander anschlägt und außerdem bei der Eckkante die Schindel nach der Annagelung mit Hilfe des Stechbeitels (auch Stemmeisen genannt) von unten nach oben über die eine Seitenkante hinweg schräg anschneiden muß.

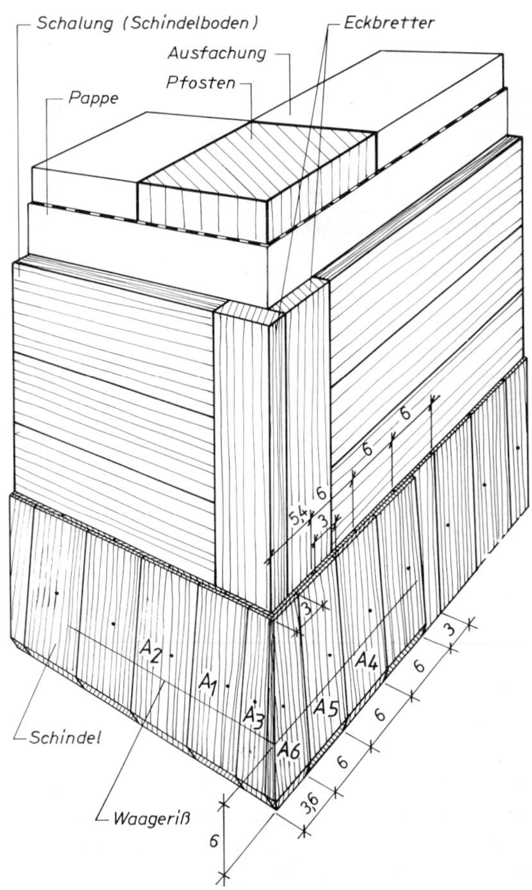

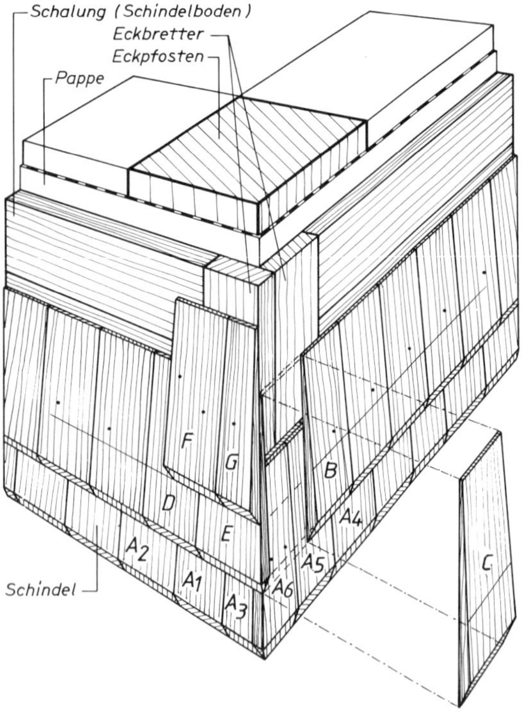

Vor dem Annageln der Schindel E muß man die Schindel C schräg nach der Kantenseite der Schindel A_6 anschneiden. Die Schindel G muß nach der schrägen Kantenfläche der Schindel E angeschnitten werden.

Wenn bei der Verschindelung über die Eckkante des Schindelschirmes in der Höhe etwas vorgeschindelt ist, wird die horizontale Richtung für die einzelne Schindelreihe mit Hilfe einer Richtschnur bestimmt.

Ein Ende der Richtschnur wird mit einer kurzen Schlaufe über den Schaft eines Nagels in der entsprechenden Höhe gestülpt, während über einen zweiten Nagelschaft die Richtschnur drei- bis sechsmal aufgewickelt und der nach unten hängende Richtschnurteil mit einem gewichtigen Holzstab auf Zug gehalten wird. Die Richtschnur darf auf keinen Fall nur ein bißchen durchhängen. Sie muß stets ohne Durchhang stramm angespannt sein.

Bei der aufzudoppelnden Schicht Wandschindeln nagelt man der Reihe nach über die einzelnen Stoßfugen der untersten Schindelreihe die Schindeln A_1, A_2 und A_3 an.

Ein Teil von der ganzen Breite der Schindel A_3 steht dann weit über die Eckkante hinaus und dieser überstehende Schindelteil muß nach der schrägen Oberseite der untersten Schindel mit Hilfe des Stechbeitels angeschnitten werden.

Anschließend werden bei der Eckkante die Schindel A_4, A_5 und A_6 angenagelt.
Ein Teil der Schindel A_6 steht bei der Eckkante über die Schindel A_3 vor und dieser Schindelteil muß bis auf die Oberseite der Schindel A_3 angeschnitten werden.

Bei jeder der einzelnen Eckkanten des Schindelbodens wird etwas in die Höhe vorgeschindelt und dabei werden auf die bestimmte Höhe des Schindelreihenabstandes die notwendigen Waagerisse angerissen. Die Schindel wird mit der untersten Hirnschnittkante an den betreffenden Waageriß angesetzt, dann angenagelt.

Wenn bei der betreffenden Eckkante neben den Schindeln A_2 und A_4 vier bis sechs weitere Schindeln angenagelt und die Waagerisse für die nächste Reihe Wandschindeln auf die bestimmte Höhe angerissen sind, nagelt man der Reihe nach die Schindeln B bis G an.

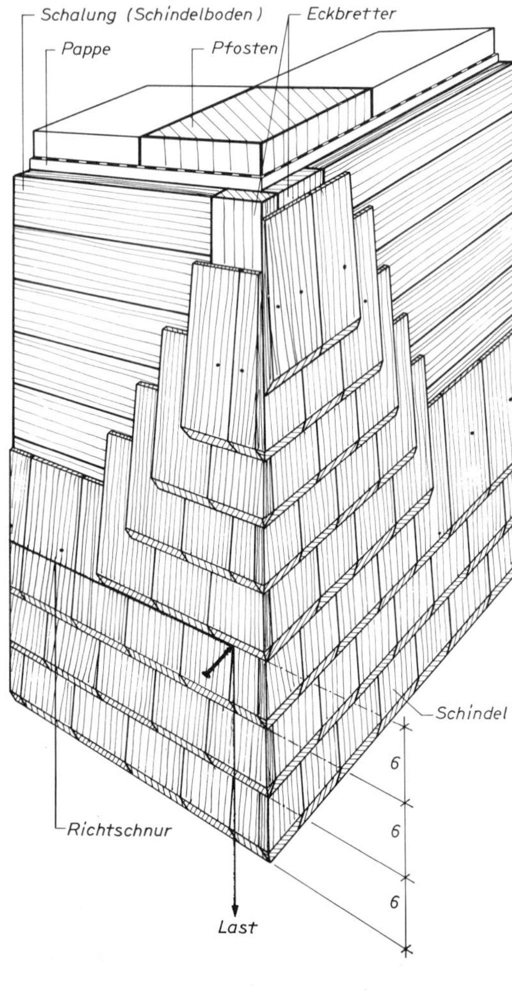

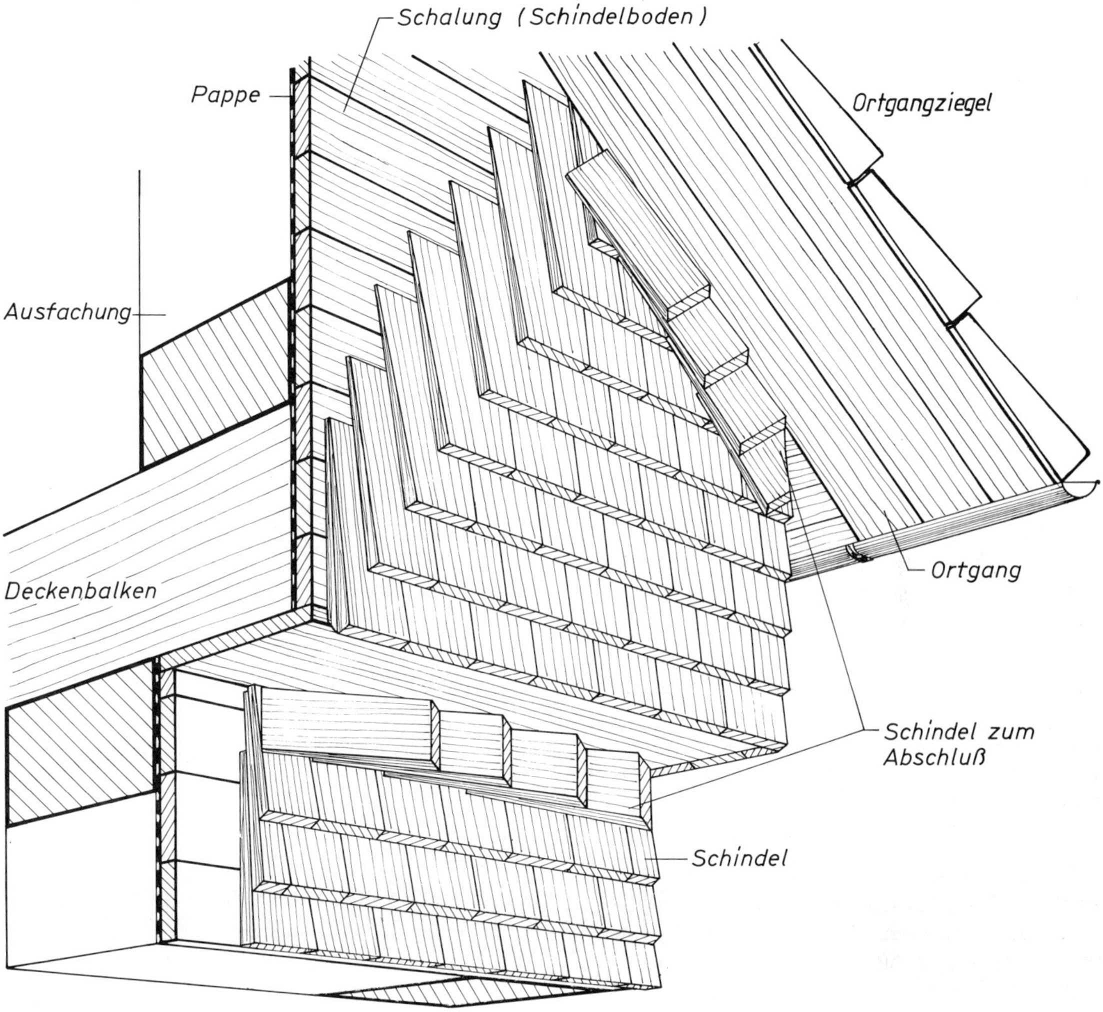

Ist der Abstand von dem einen bis zum anderen Nagel sehr groß, wird die angespannte Richtschnur etwa auf der halben Strecke zusätzlich mit dem Schaft eines Nagels unterstützt.

Für die letzte obere Schindelreihe eines Schindelschirmes schneidet man die Wandschindeln auf eine gemessene Länge ab und nagelt diese senkrecht, wie die gewöhnlichen Wandschindeln, an den Schindelboden an. Der Schindelschirm erhält oft auch für den Abschluß ganz oben unter einem waagerechten Holzgesims oder unter einem Dachüberstand ein Schindelband aus gleich breiten Wandschindeln.

Anstatt der Verschindelung über die Eckkante des Schindelbodens hinweg, wird oft ein gefälzter Rahmen auf das Eck des Schindelbodens festgenagelt. Der Schindelschirm wird dann dicht am Eckrahmen angeschlossen.

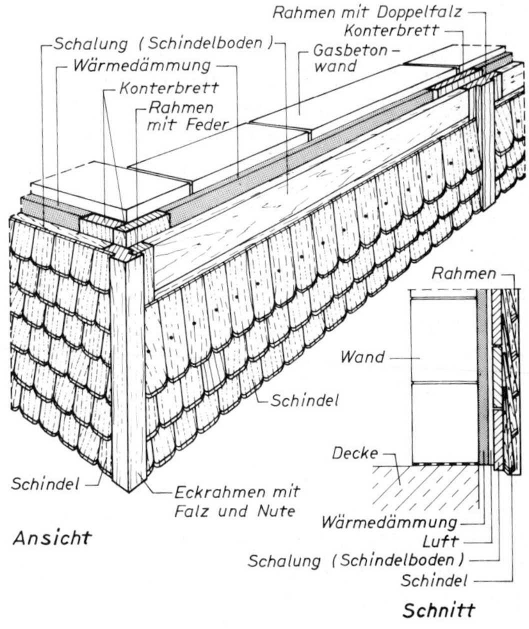

Ansicht **Schnitt**

12 Unterdecken aus Brettern und Platten

12.1 Bretter für Unterdecken

Die Bretter für Unterdecken sind ungehobelt, gehobelt, genutet, glattkantig und profiliert.

Norm-Profilbretter sind:

12.1.1 Gespundete Bretter

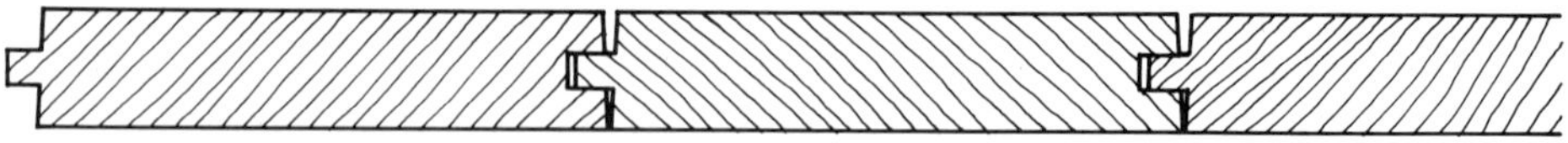

Gespundete Bretter DIN 4072

12.1.2 Gespundete Fasebretter

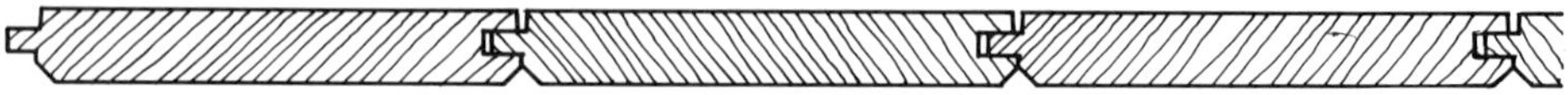

Gespundete Fasebretter, Form A, Oberseite eben DIN 68122

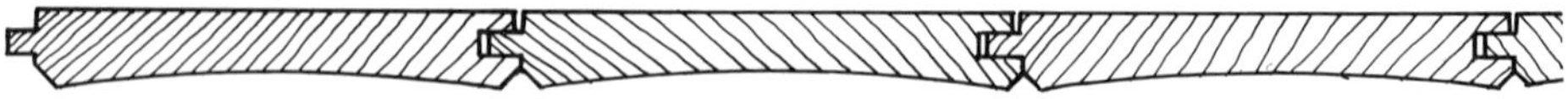

Gespundete Fasebretter, Form B, Oberseite Hohlkehle DIN 68122

12.1.3 Akustik-Profilbretter mit Einsteckfeder

Akustik-Profilbrett
DIN 68127

Einsteckfeder aus harten Holzfaserplatten
DIN 68127-HFH

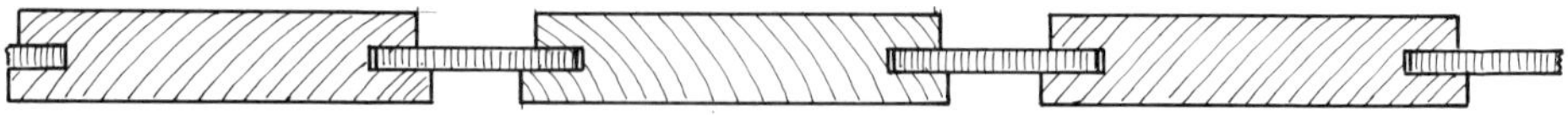

Akustik-Profilbretter mit Einsteckfedern

12.1.4 Profilbretter mit Schattennut

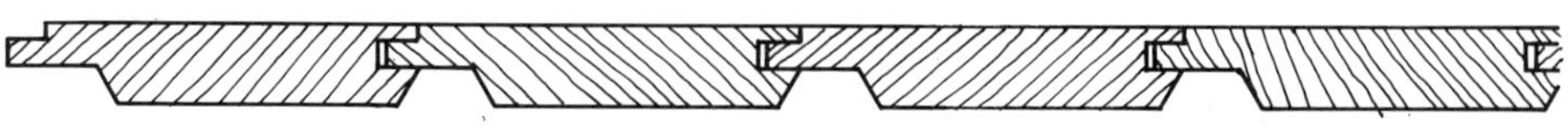

Profilbretter mit Schattennut DIN 68128

12.1.5 Gefugte Unterdecke

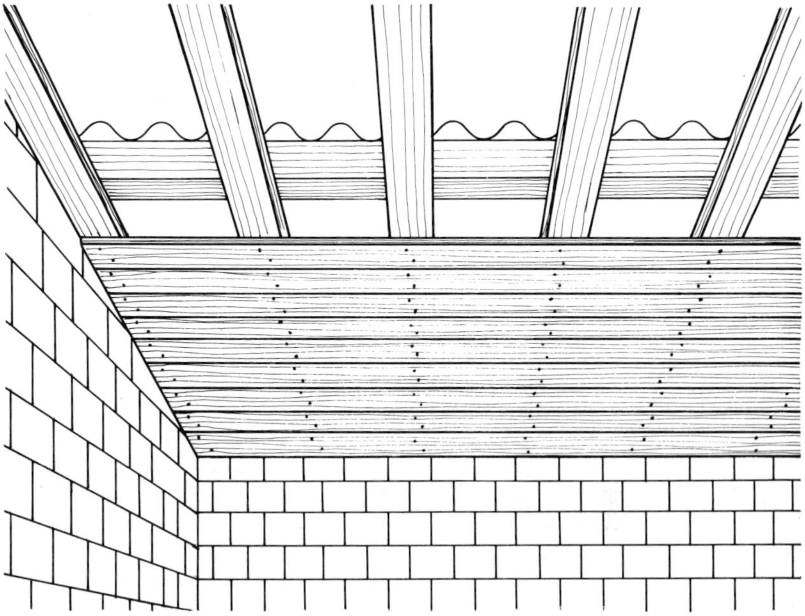

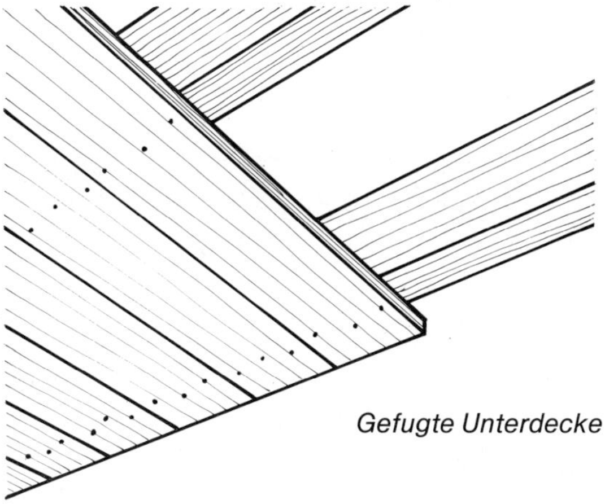

Gefugte Unterdecke

Das Befestigen der Bretter für Unterdecken in Räumen von Schuppen, Werkstätten und Werkhallen geschieht in der Regel durch sichtbar bleibende Nagelungen. Bei diesen Nagelungen sind also stets die Nagelköpfe zu sehen.

Die geradeaus verlaufende Reihe von Nagelköpfen sieht natürlich bei der sichtbaren Nagelung besser aus als die gebogen oder gar in Wellenlinie verlaufende Nagelkopfreihe.

Wenn bei Unterdecken aus Brettern die Hölzer für das Annageln von schmalen profilierten Brettern in Abständen unter 50 cm liegen, werden auch verdeckte, d. h. nicht sichtbar bleibende Nagelungen ausgeführt. Bei der verdeckten Nagelung wird der Nagel mit Stauchkopf bei der Feder des gespundeten Brettes schräg in das Holz des Brettes und Deckenbalkens oder abgehängten Deckenrahmens eingeschlagen.

12.1.6 Deckel- und Schlupfer-Unterdecke

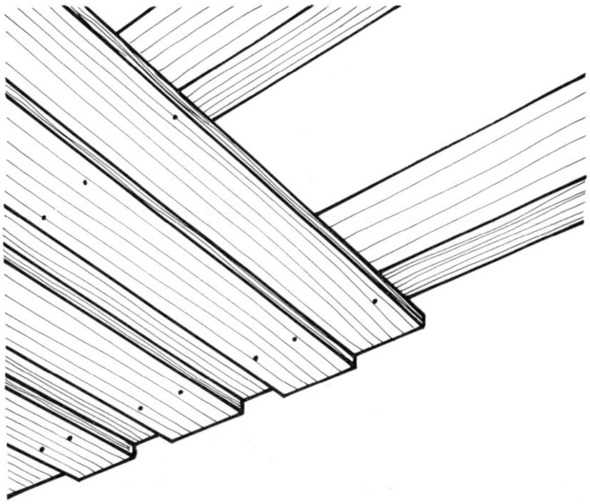

12.1.7 Unterdecke mit Profilbrettern

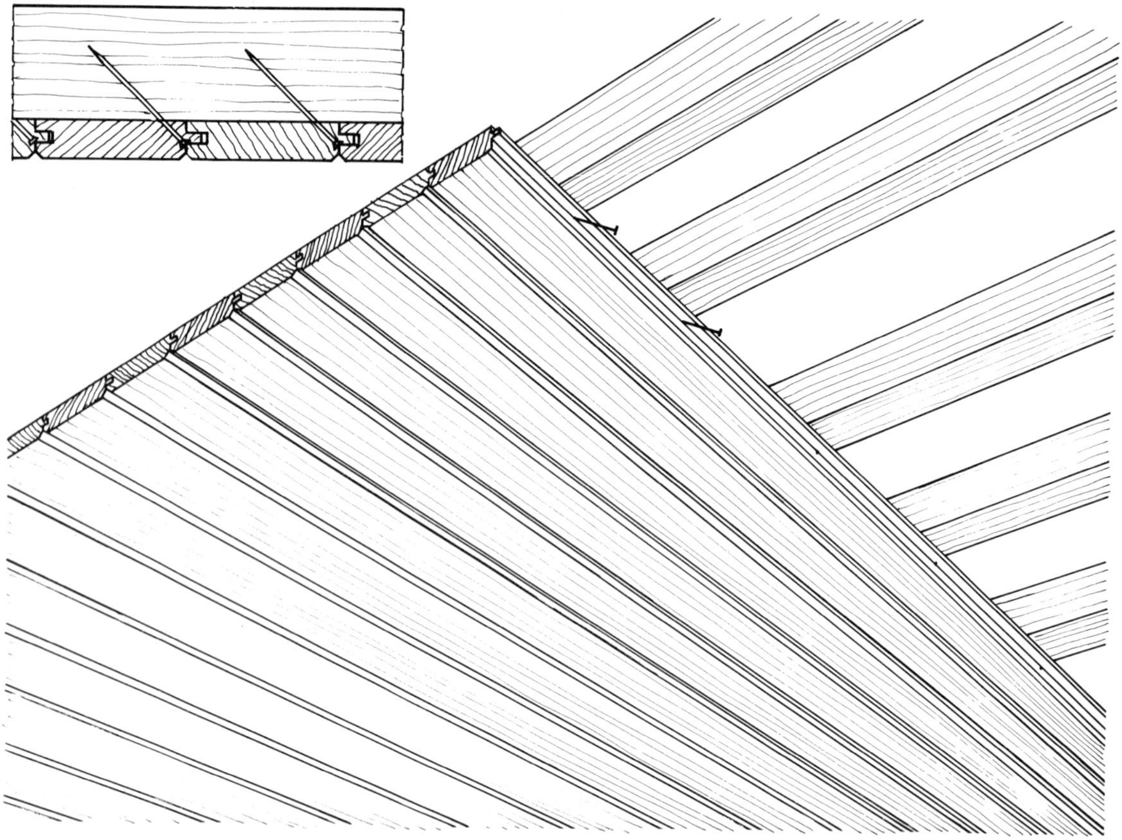

12.1.8 Profilkrallen

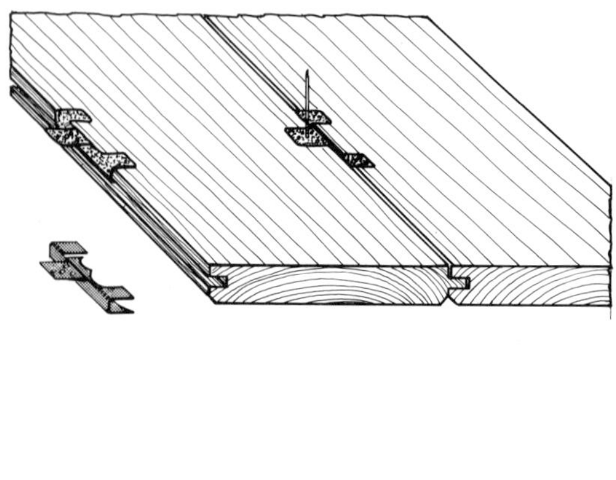

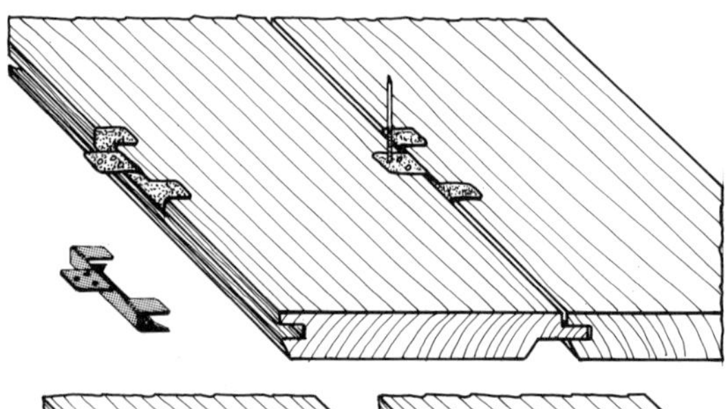

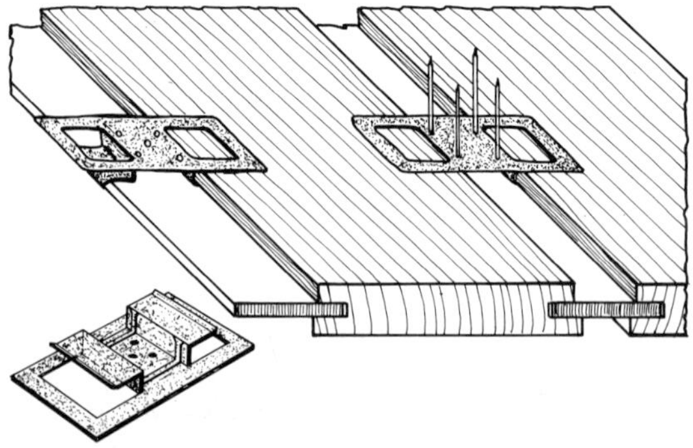

Die Befestigungen profilierter Bretter, insbesondere Norm-Profilbretter in Deckenbalken und in abgehängte Deckenhölzer werden hauptsächlich mit speziellen Profilkrallen und zugehörenden Ankernägeln ausgeführt.

12.1.9 Nagelungen bei der Unterdecke

Die in Deckenbalken und abgehängten Dekkenhölzern durch entsprechende Nagelungen befestigten Bretter einer Unterdecke wirken als ständige Last. Die Decke aus Brettern einschließlich Nagelungen und Verschraubungen sollen so beschaffen sein, daß Wind die angenagelte Bretterdecke nicht zum Einsturz bringen kann.

Obwohl Nägel aufgrund Ziffer 11.3.20 der DIN 1052, Teil 1, zur Verankerung von Brettern, Sparren, Schiftern, Pfetten und ähnlichen Bauteilen gegen Abheben durch Windsog verwendet werden dürfen, ist es nicht zulässig, Nägel mit glattem Schaft in Richtung ihrer Schaftachse auf Herausziehen zu beanspruchen, wenn dies durch ständige Lasten geschieht.

Wo Nägel der sichtbar bleibenden Nagelungen paarweise schräg aufeinander zu in das Brett und weiter in den Deckenbalken oder in sonstige von der Decke abgehängten Hölzern eingenagelt werden, ist mit der Herausziehwirkung auch eine Beanspruchung quer zu den Schaftachsen der Nägel verbunden, die zur Tragfähigkeit der Nägel beiträgt, so daß ein Einsturz der Unterdecke aus Brettern nicht mehr befürchtet werden muß.

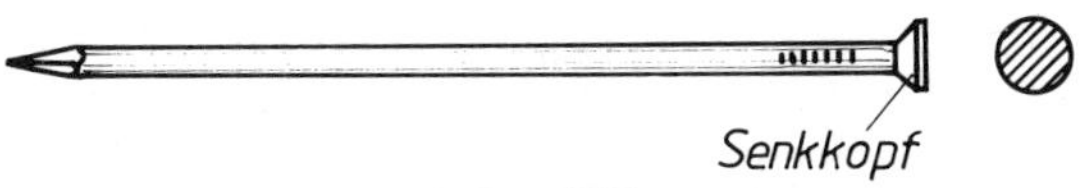

Drahtstift, rund nach DIN 1151 mit geriffelter Nagelkopffläche

Drahtstift nach DIN 1152 mit Stauchkopf

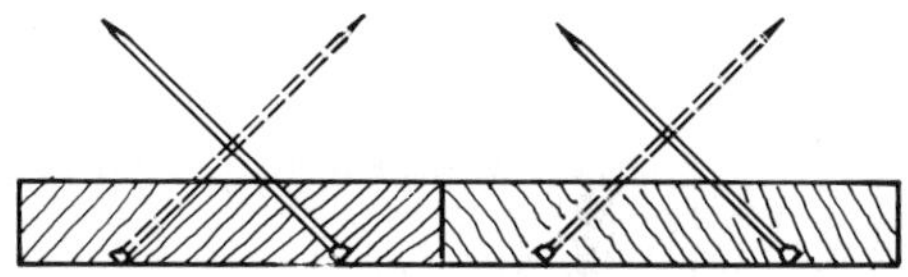

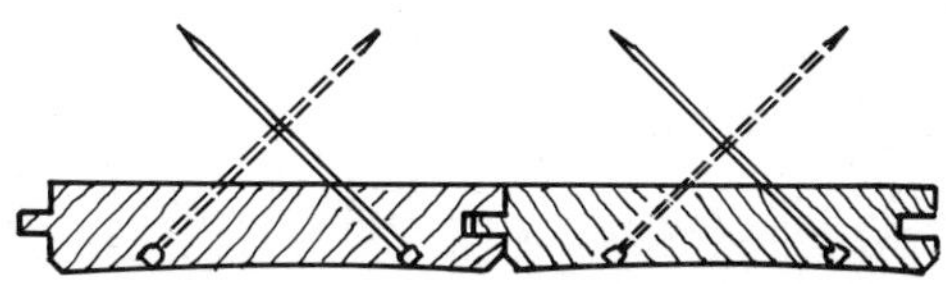

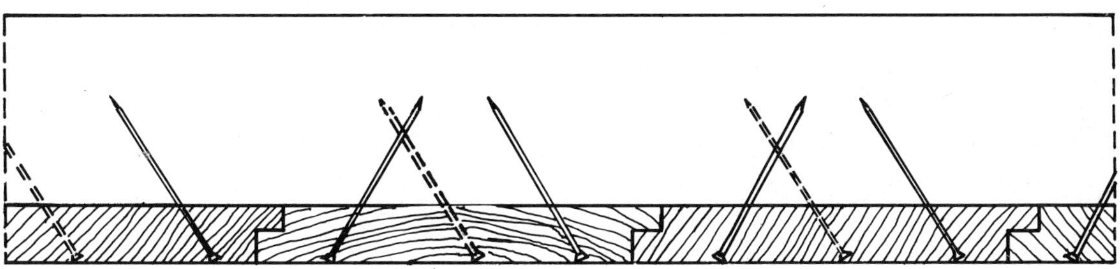

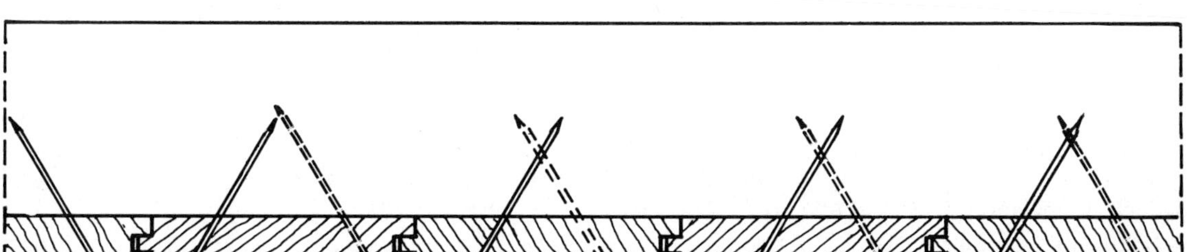

12.1.10 Abgehängte Decke mit Profilbrettern

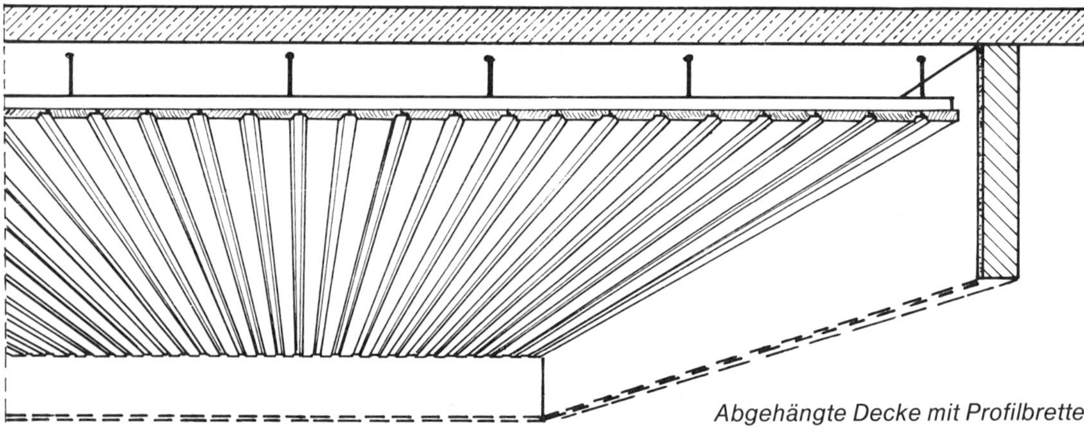

Abgehängte Decke mit Profilbrettern

12.2 Platten für Unterdecken

12.2.1 Großflächige Unterdecke

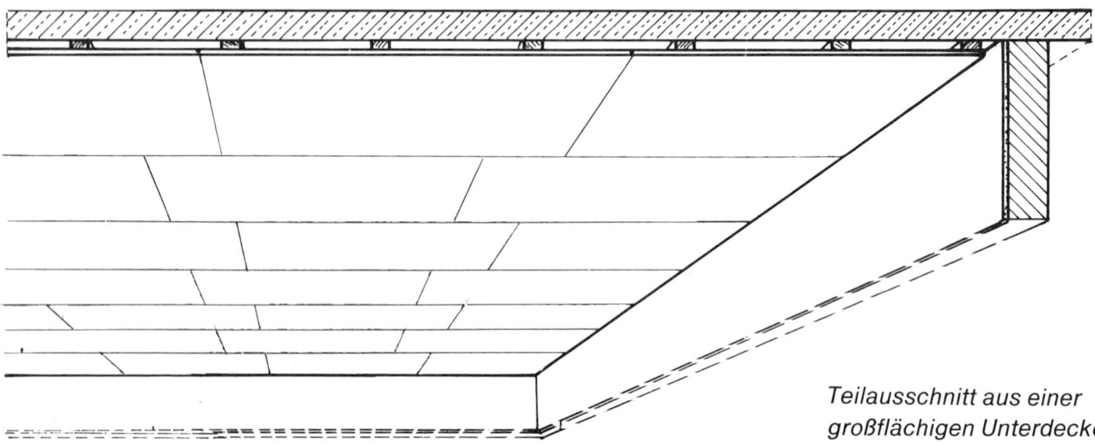

Teilausschnitt aus einer großflächigen Unterdecke

12.2.2 Abgehängte Rasterdecke

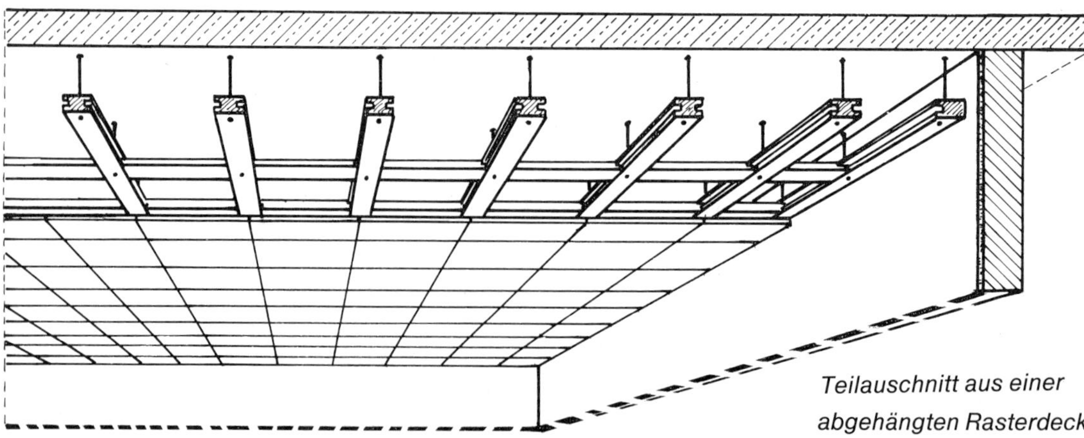

Teilauschnitt aus einer abgehängten Rasterdecke

12.3 Planung und Vorbereitung

12.3.1 Raumachsen im Deckenbereich

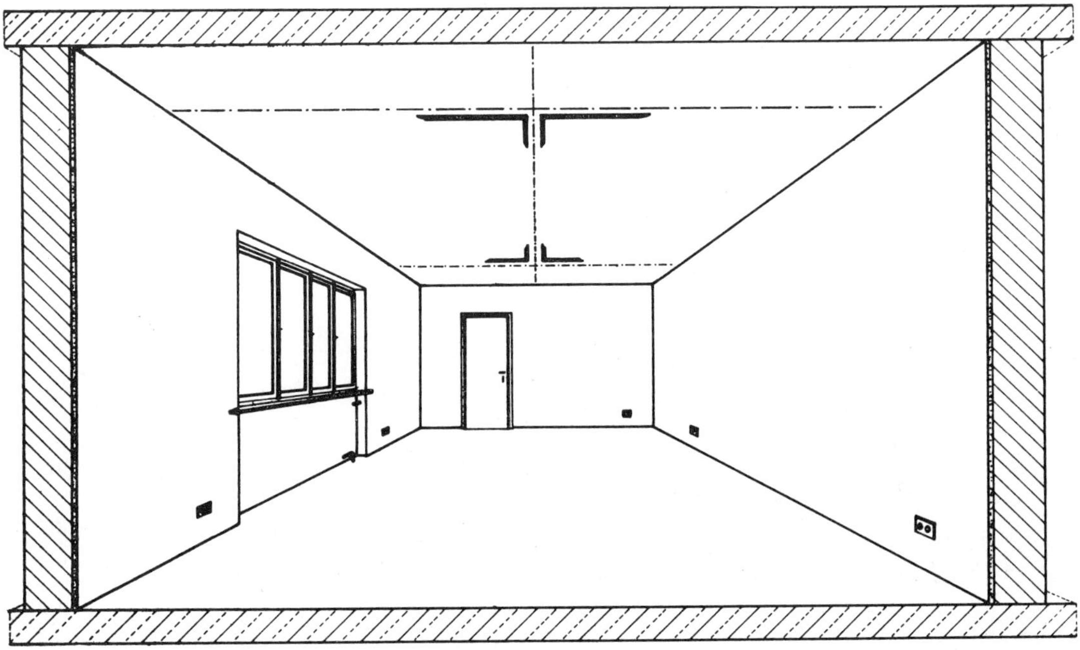

Raumachsen im Deckenbereich – Rechtwinklig zueinander an die Deckenfläche angetragen

12.3.2 Maßholen im Deckenbereich

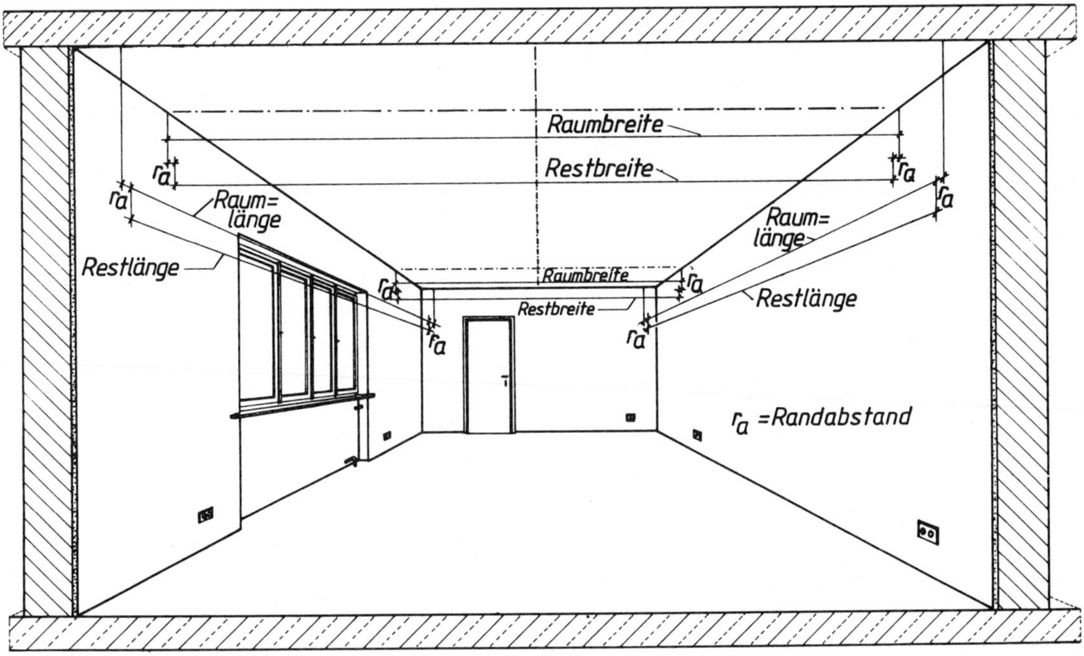

Die Plattenindustrie bzw. der Fachhandel liefert für Rasterdecken eine Reihe von einbaufertigen Elementen, die mit handelsüblichen Befestigungen und Montage-Systemen an entsprechenden Unterbaukonstruktionen angebracht werden können. Bei den Raster-Elementen handelt es sich um Plattenzuschnitte, meist abgestimmt auf das allgemeine Baurastermaß 62,5 cm bzw. 125 cm. Derartige Plattenzuschnitte haben in der Regel an den Außenkanten durchlaufende Profile, die unsichtbare Befestigungen ermöglichen.
Das Einteilen eines Rasters zwischen die jeweiligen Raummaße im Deckenbereich kann dadurch erfolgen, daß die äußeren Plattenreihen auf ermittelte Maße zugeschnitten werden.

Zum Einteilen der Raster-Decke und damit auch zum Einordnen der Blindlattungen oder der abhängenden Montage-Systeme werden im Deckenbereich genau die Raumlängen und -breiten gemessen und die Eckwinkel kontrolliert.

Bilden die aufgehenden Wände unter der Decke übereck keinen genauen rechten Winkel, werden zum Maßholen, die Raumachsen im rechten Winkel zueinander auf die Deckenfläche angetragen. Die angerissenen Raumachsen haben außerdem den Vorteil, daß im Deckenbereich rastermäßig einzubauende Unterbaukonstruktionen genau eingemessen werden können.

12.3.3 Einteilen der Deckenplatten

Sind die Raumlängen und -breiten bekannt, werden die Randabstandmaße oder Maße für Schattenfugen bestimmt und diese von den einzelnen Raumlängen und Raumbreiten abgezogen. Nach den verbleibenden Restlängen und Restbreiten und zugleich nach dem Deckmaß der vorhandenen Raster-Elemente (eventuell mit Einsteckfedern) sind die Einteilungen für den Raster auszuführen. Um den Raster entsprechend der vorhandenen Serie von Raster-Elementen festlegen zu können, werden fünf Raster-Elemente dicht zusammengeschoben und das gesuchte, bzw. maßgebende Deckmaß (d_m) nach der

Formel $d_m = \frac{\ell_1 + \ell_2}{10}$ errechnet.

Von den Restlängen und -breiten zieht man ein maßgebendes Deckmaß ab und dividiert die Restsumme mit dem betreffenden Deckmaß. Nach diesen Berechnungen werden die Resultate bei Dezimalzahlen auf die ganzen Zahlenwerte abgerundet. Das bedeutet, daß mit jedem abgerundeten Zahlenwert eine bestimmte Anzahl von Raster-Elementen gewählt ist. Die einzelnen abgerundeten Zahlenwerte werden mit dem Deckmaß multipliziert, so daß kleinere Werte als die Restlängen und -breiten anfallen. Die kleineren Werte werden von den Restlängen und -breiten abgezogen und die Restsumme halbiert.
Die betreffenden Resultate sind demzufolge für den Zuschnitt der äußeren Plattenreihe maßgebend. Nach diesen allgemeinen Erläuterungen sollen die Berechnungen und Skizzen genauere Aufschlüsse über das Einteilen von genormten Bekleidungselementen geben.

Wenn bei abgehängten Deckenscheiben in den Hohlraum (über entsprechenden Aussparungen) bestimmte Be- und Entlüftungselemente sowie indirekte Beleuchtungen eingebaut werden, ist es notwendig, den Abstand der Unterdecken von den angrenzenden Wänden (sowie von Rolladenkästen usw.) größer zu halten und gegebenenfalls für einen sauberen Abschluß Randfriese an den Wänden zu befestigen.
Bei der aus großflächigen Bekleidungsplatten satt zusammengefügten Unterdeckenscheibe sollten aus Gründen der größeren Steifigkeit die Plattenstöße gegeneinander versetzt werden. Der Stoß zwischen zwei Platten muß so gesichert sein, daß er später nicht aufreißt oder sich mit abgesetzten Kanten bemerkbar machen kann. Hierfür ist es erfahrungsgemäß richtig, von der Plattenindustrie hergestellte Bekleidungsplatten mit Nut- und Federprofilen zu verwenden. Mit Hilfe dieser Profile ist sichergestellt, daß der Anschluß zur Nachbarplatte in gleicher Ebene erfolgt. Durch das Nut- und Federprofil werden die Plattenstöße auch frei stabilisiert und müssen folglich nicht unbedingt auf die Blindlattung oder Unterbaurahmen eingeordnet werden. Die einzelnen Bekleidungsplatten werden im Deckenbereich mit PVAC-Leim (weißer Kunstharzleim) verleimt. Damit besteht die Möglichkeit, die großflächigen Bekleidungsplatten nach entsprechenden Einteilungen wechselweise auf abgesetzte Stoßfugen in den Deckenbereich einzubauen.

Für das Bekleiden von Decken stehen dem Handwerker zahlreiche Werkstoffe, wie z. B. Profilbretter, Tischler-, Span- und Holzfaserplatten, aber auch Mineralfaser- und Kunststoffplatten zur Verfügung. Gleichzeitig verbinden sich damit besondere Anforderungen an die Unterdecke, d. h. Wärme- und Schalldämmungen sowie Belüftung und indirekte Beleuchtungen sind Aufgaben, die mit entsprechend konstruierten Unterdecken gelöst werden müssen.

Von der Holz- und Plattenindustrie vorgefertigte Bekleidungsplatten und Norm-Profilbretter in den Deckenbereich einzubauen, erfordert Rücksichtnahme auf die Form und Ausmaße der betreffenden Deckenflächen und Bekleidungselemente. Es stellt sich die Aufgabe, die Stoßfugen der Unterdecke in den Deckenbereich einzuordnen und demgemäß tragfähige Unterbaukonstruktionen herzustellen.

Bei industriell vorgefertigten Bekleidungselementen ist im wesentlichen zu unterscheiden zwischen:
großflächigen Bekleidungsplatten
Raster-Elementen
Norm-Profilbrettern

Bei großflächigen Unterdecken wird in der Regel der Eindruck großgegliederter Decken gewünscht.
Im Wechsel der klimatischen Unterschiede muß die aus Holzspanplatten zusammengefügte Deckenscheibe die Möglichkeit für Längen- und Breitenänderungen erhalten.
Randabstände von der Unterdeckenscheibe bis an die aufgehenden Wände sind bei der Anwendung von Holzspanplatten materialbedingt.

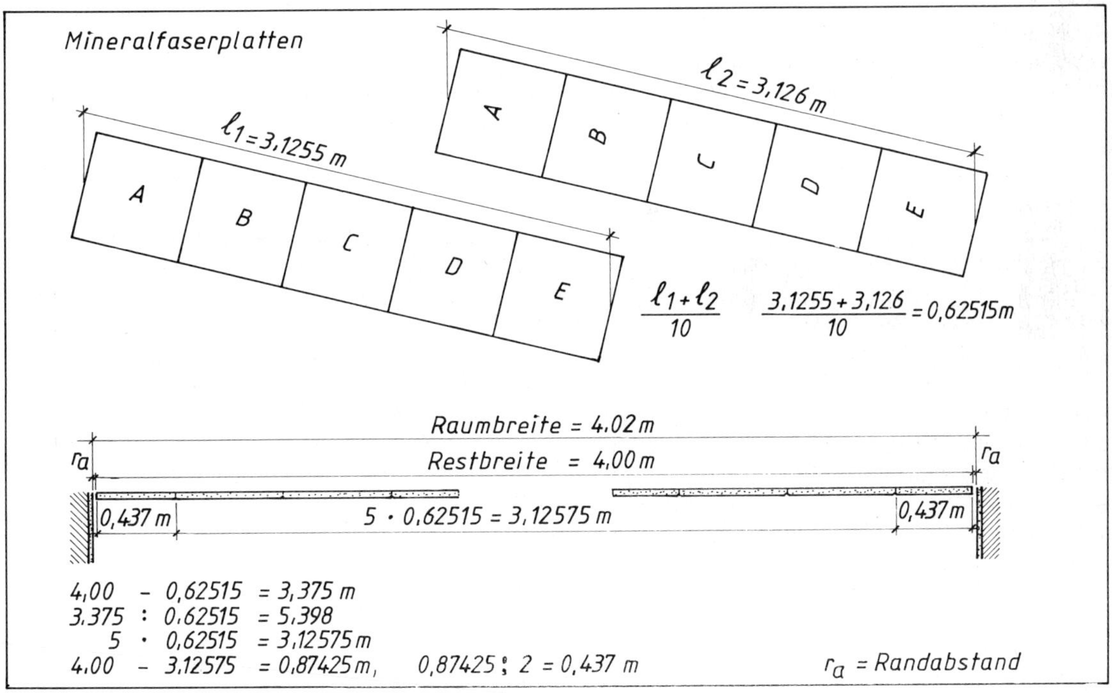

Dieser Wert beträgt bei Holzspanplatten etwa 0,25%.

Das bedeutet eine Veränderung um 2,5 mm je Meter Plattenlänge und -breite.

12.3.4 Einteilen der Profilbretter

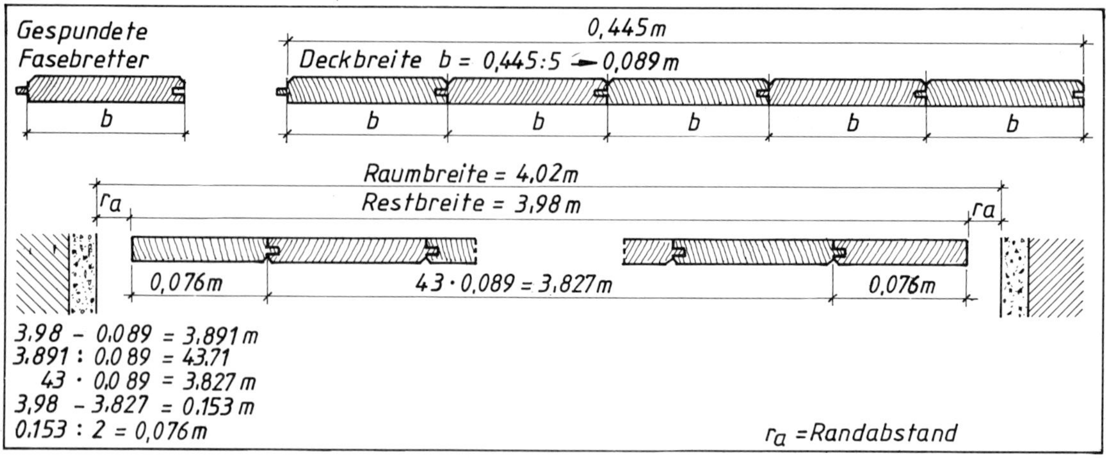

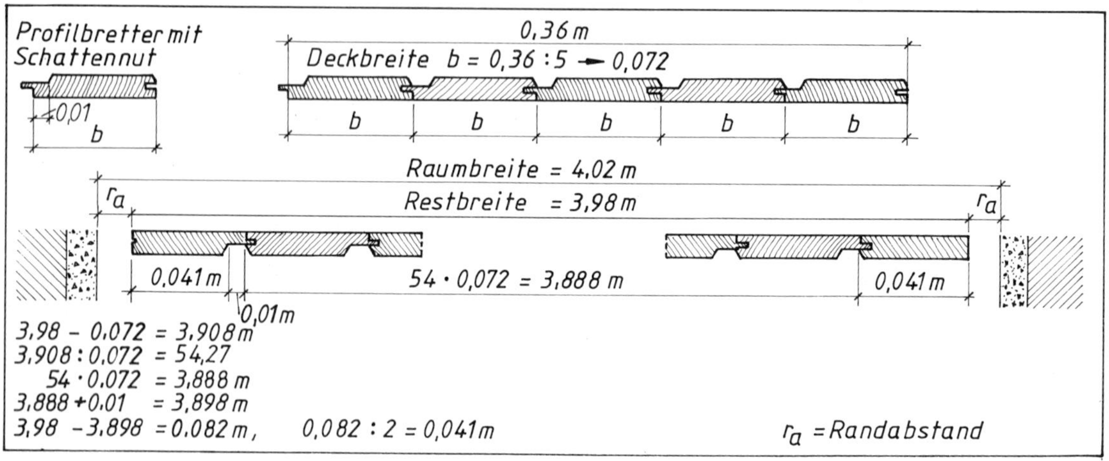

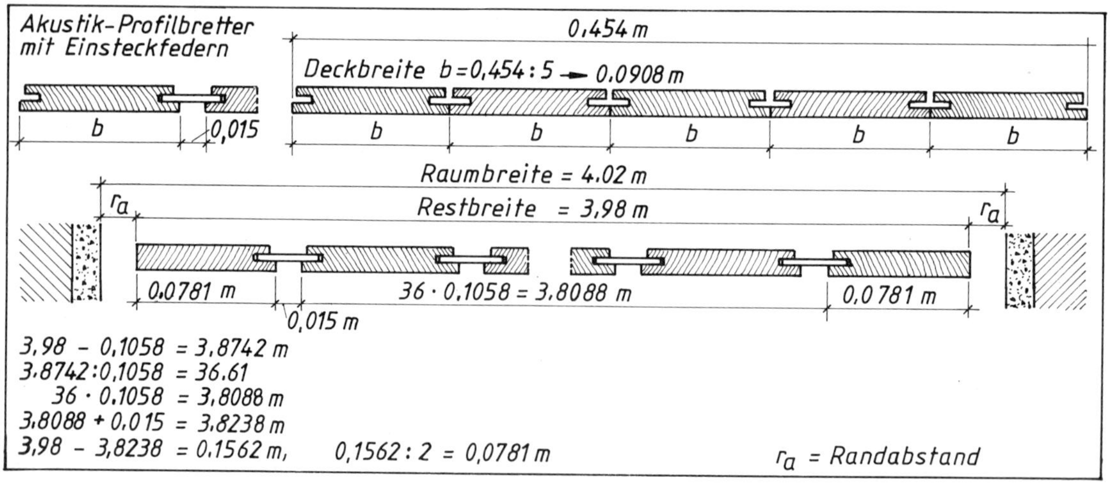

Berechnungsbeispiele für das Einteilen von Norm-Profilbrettern bei Unterdecken.

13 Dachdeckungen aus Schindeln

13.1 Dachschindeln, Lattweite, Deckung

Je nach Neigungswinkel des Daches werden verschiedenlagige Deckungen angewendet. Deckung heißt, daß an jeder Stelle des Daches zwei, drei oder vier Dachschindeln schuppenförmig übereinander liegen. Deshalb spricht man von zwei-, drei- und vierlagigen Deckungen.

Die zweilagige Deckung wird in der Regel bei Dachneigungen zwischen 70° und 90° angewendet. Bei Dächern mit Neigungen von 22° bis auf 90° deckt man die Dachflächen meist dreilagig ein. Dachflächen im Neigungsbereich von 18° bis auf 24° werden stets vierlagig eingedeckt.

Bei zweilagiger Deckung und Schindellänge von ca. 41 cm nimmt man beim Einteilen der Schindelreihen zunächst als Abstandmaß ca. 19 cm an und bei derselben Deckung, jedoch ca. 46 cm langen Schindeln, ein 22 cm großes Abstandsmaß. Bei dreilagiger Deckung und Schindellänge von 41 cm wird der Abstand von Schindel- zu Schindelreihe vorläufig auf ca. 12 cm festgelegt, dagegen bei ca. 46 cm langen Schindeln auf ca. 14 cm. Ist eine vierlagige Deckung mit ca. 41 cm langen Schindeln vorgesehen, müssen die Schindelreihen einen Abstand von ca. 9 cm haben. Wenn Dachflächen mit ca. 46 cm langen Schindeln ebenfalls vierlagig einzudecken sind, sollte der Abstand zwischen den einzelnen Schindelreihen ca. 10 cm groß sein.

Zum genaueren Festlegen des Abstandsmaßes von einer zur anderen Schindelreihe wird die Decklänge ermittelt. Unter Decklänge versteht man bei zwei-, drei- und vierlagigen Deckungen die geradlinige Neigungslänge (siehe gestrichelte Linie) vom Traufpunkt T° bis zum Firstpunkt F°. Die Decklänge setzt sich in jedem Fall aus dem Schindeldachvorsprung bei der Traufe sowie aus der Sparrenlänge F' bis T' und aus der Neigungslänge y beim First zusammen.

Bei der dreilagigen Deckung mit ca. 41 cm langen Schindeln verläuft die Decklänge nach der Dicke (2,6 cm) parallel über die Oberseiten der Dachlatten (oder Dachschalungsbretter). Zum Ermitteln der Dicke „a" werden die Länge nach fünf Dachschindeln mit je einem Abstand von 12 cm auf einer ebenen Fläche übereinander gelegt. Die fünfte Schindel wird am Fußende (Punkt P) leicht unter Druck gesetzt, damit man die Strecke t bis t°, d.h. die entsprechende Dicke „a" der dreilagigen Deckung abmessen kann.

Außer der Dicke a wird auch die Dachlattendicke b gemessen. Danach trägt man vor Ort auf die Seitenfläche eines Sparrens mit der Wasserwaage einen Senkelriß auf. Über den Senkelriß werden parallel zur Sparrenoberkante die Dicken a und b verstrichen, so daß der Schnittpunkt u anfällt. Über diesen Schnittpunkt muß dann – durch Anschlagen des Winkeleisens über Oberkante „Sparren" hinweg – ein Winkelriß aufgetragen werden. Danach liegt zwischen den Punkten v und w die gesuchte Neigungslänge y. Wenn der Traufwinkel des Daches – angenommen $\alpha = 30°$ – bekannt ist, kann die Neigungslänge y nach der Formel $y = (a+b) \cdot \tan \alpha$ rechnerisch ermittelt werden. Bei $\alpha = 30°$ beträgt der Tangenswert 0,57735. Die Dicken a und b ergeben 5 cm. Somit ist die Neigungslänge y nach der Multiplikation $5 \cdot 0{,}57735 = 2{,}88$ cm groß.

Die Sparrenlänge T' bis F' (angenommen 5,036 m) wird in der Regel vor dem Einlatten der Dachflächen gemessen. Den Schindeldachvorsprung bei der Traufe muß man nach dem Verlauf der Dachneigung festlegen, z. B. auf 7 cm. Die Deckungslänge beträgt also in diesem Fall 0,07 m + 5,036 m + 0,029 m = 5,135 m.

Da bei dreilagiger Deckung und einer Schindellänge von ca. 41 cm der Abstand von Schindel- zu Schindelreihe auf ca. 12 cm festgelegt wird, teilt man die Decklänge = 5,135 m durch die Zahl 0,12.

$\left(\frac{5{,}135}{0{,}12} = 42{,}79\right)$ heißt, daß bei 42 Schindelreihen

$\left(\frac{5{,}135}{42} = 0{,}122\right)$ die Abstände 12,2 cm groß werden oder aber bei 43 Schindelreihen

$\left(\frac{5{,}135}{43} = 0{,}119\right)$ die Abstände auf 11,9 cm festzulegen sind.

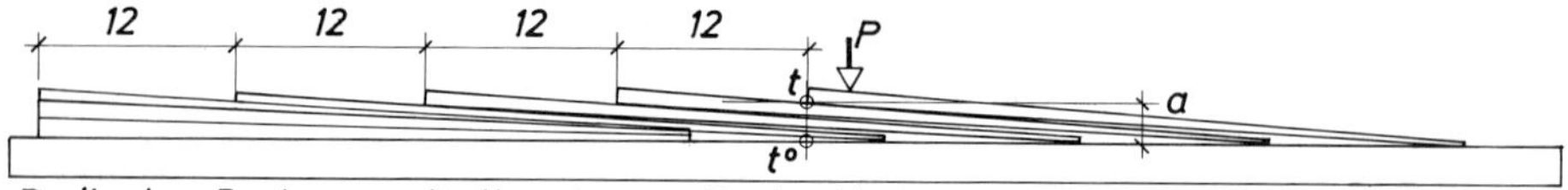

Dreilagige Deckung mit 41 cm langen Dachschindeln

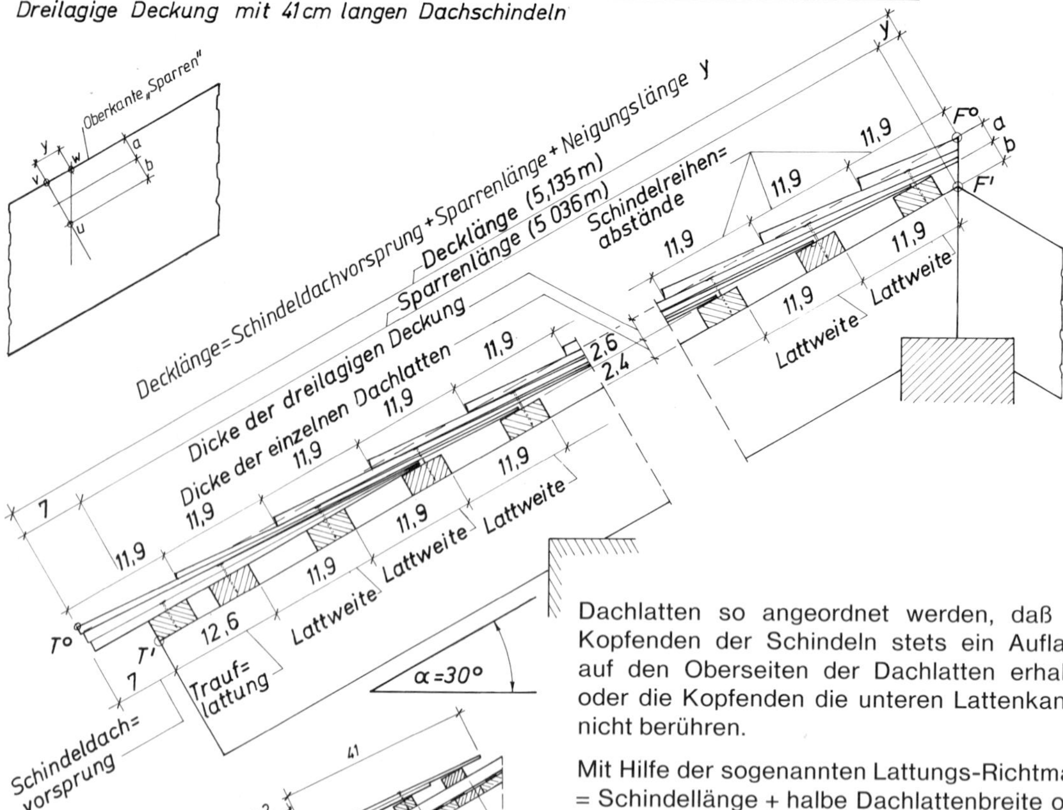

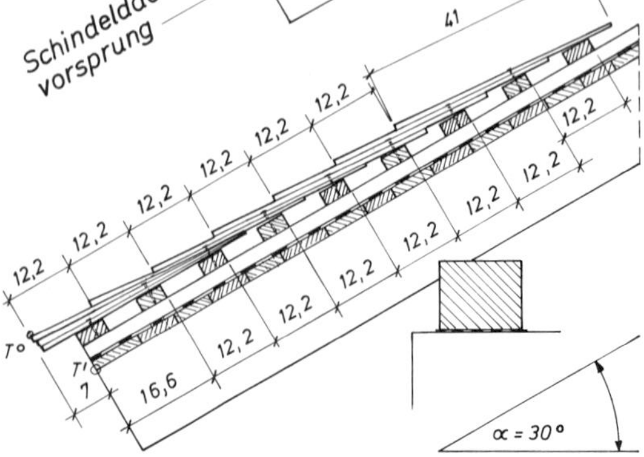

Ist die Decklänge in gleichmäßige Schindelreihenabstände aufgeteilt, sollten beim Schindeldach, das von der Traufe bis zum First schuppenförmig, jedoch ohne zusätzliche Auf- und Abknickungen der Schindeln auf Dachlatten einzudecken ist, die einzelnen Lattweiten nach einer bestimmten Trauflattung auf die gleichen Maße wie die Schindelreihenabstände festgelegt werden.

Dazu und um die Schindeln mit entsprechenden Überdeckungen der Nägel gut in die Dachlatten hinein abnageln zu können, müssen die Dachlatten so angeordnet werden, daß die Kopfenden der Schindeln stets ein Auflager auf den Oberseiten der Dachlatten erhalten oder die Kopfenden die unteren Lattenkanten nicht berühren.

Mit Hilfe der sogenannten Lattungs-Richtmaße = Schindellänge + halbe Dachlattenbreite oder Schindellänge + 2,2 cm Abstand + ganze Dachlattenbreite ist das gut möglich, denn je nach schon ermitteltem Schindelreihenabstandsmaß sowie des gewählten Schindeldachvorsprungs kann die Trauflattung nach folgenden Formeln rechnerisch ermittelt werden:

Bezeichnungen: Lattungs-Richtmaß = LR, Schindelreihenabstandsmaß = SA, Schindeldachvorsprung = SV, Trauflattung = TL.

TL = LR – SA – SV = ..,.. cm
TL = LR – (2 · SA) – SV = ..,.. cm
TL = LR – (3 · SA) – SV = ..,.. cm

Nach der ermittelten Trauflattung wird anschließend jede Lattweite auf das betreffende Schindelreihenabstandsmaß festgelegt und demgemäß müssen Lehren zum Einlatten der Dachflächen ausgearbeitet werden.

In einigen Skizzen und kurzen Erläuterungen wird gezeigt, wie bei zwei-, drei- und vierlagigen Deckungen und Schindellängen von ca. 41 cm sowie ca. 46 cm die Weiten der Trauflattungen nach den erwähnten Formeln zu ermitteln sind.

13.1.1 Zwei-, drei- und vierlagige Deckungen

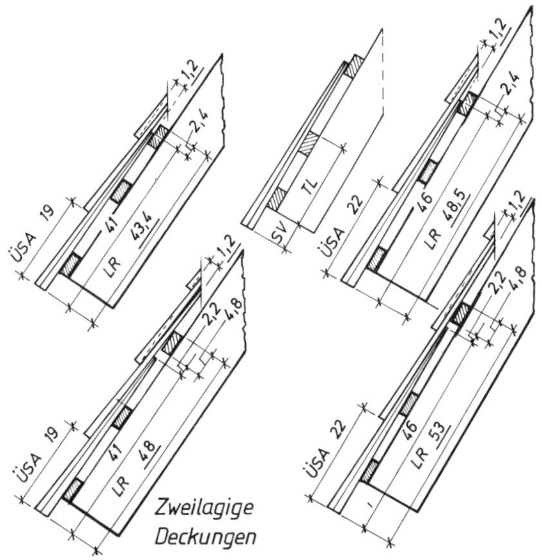

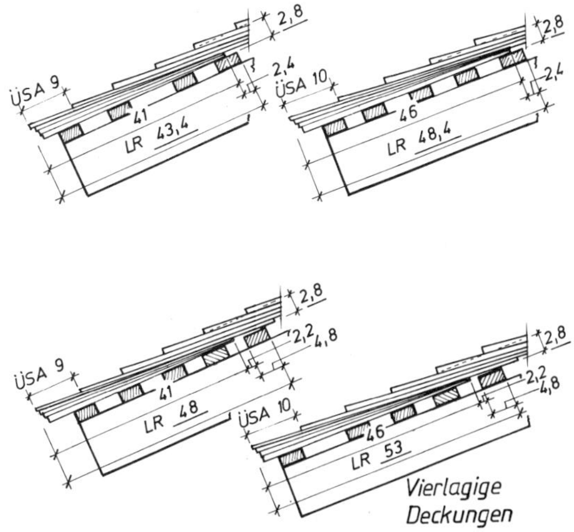

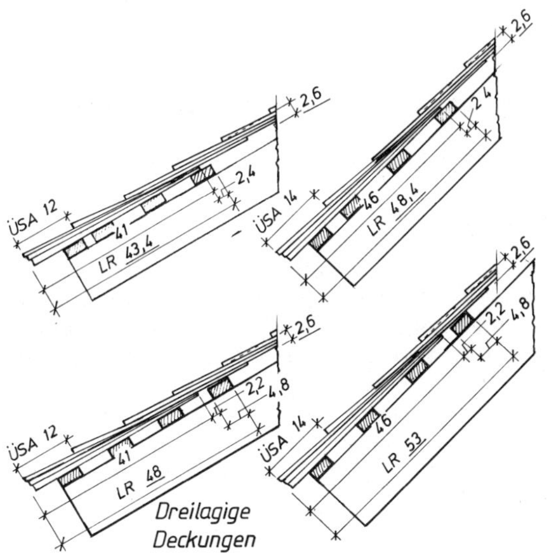

Dachschindellänge ca. 41 cm. Dreilagige Deckung auf 48 mm breiten Dachlatten. Die Schindeln berühren mit den Kopfenden keine Dachlatten.

Decklänge = 5,135 m. Schindelreihenabstand = 42 · 12,2 cm. Trauflattung = 48,0 – (2 · 12,2) – 7,0 = 16,6 cm. Lattweite = 12,2 cm.

13.1.2 Decklänge, Schindelreihenabstand, Trauflattung und Lattweite

Dachschindellänge ca. 41 cm. Dreilagige Deckung auf 48 mm breiten Latten. Die Schindeln verlaufen mit den Kopfenden auf die Oberseiten der Dachlatten.

Decklänge = 5,135 m. Schindelreihenabstand = 43 · 11,9 cm. Trauflattung = 43,4 – (2 · 11,9) – 7,0 = 12,6 cm. Lattweite = 11,9 cm.

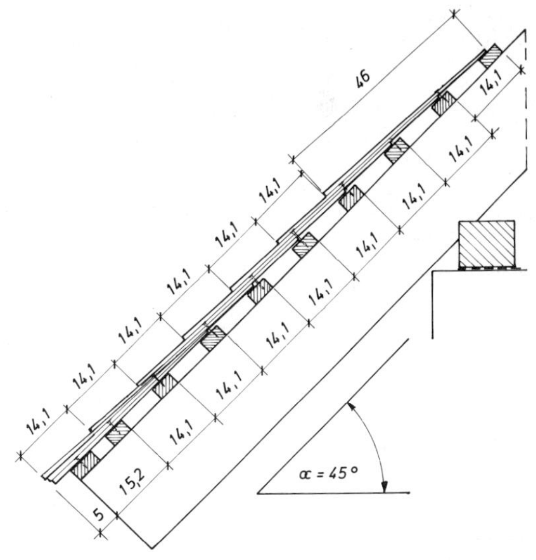

Dachschindellänge ca. 46 cm. Dreilagige Deckung auf 48 mm breiten Latten. Die Schindeln verlaufen mit den Kopfenden auf die Oberseiten der Dachlatten.

Decklänge = 7,896 m. Schindelreihenabstand = 56 · 14,1 cm. Trauflattung = 48,4 – (2 · 14,1) – 5,0 = 15,2 cm. Lattweite = 14,1 cm.

Dachschindellänge ca. 46 cm. Dreilagige Deckung auf 48 mm breiten Latten. Die Schindeln berühren mit den Kopfenden keine Dachlatten.
Decklänge = 7,896 m. Schindelreihenabstand = 56 · 14,1 cm. Trauflattung = 53,0 – (2 · 14,1) – 7,0 = 17,8 cm. Lattweite = 14,1 cm.

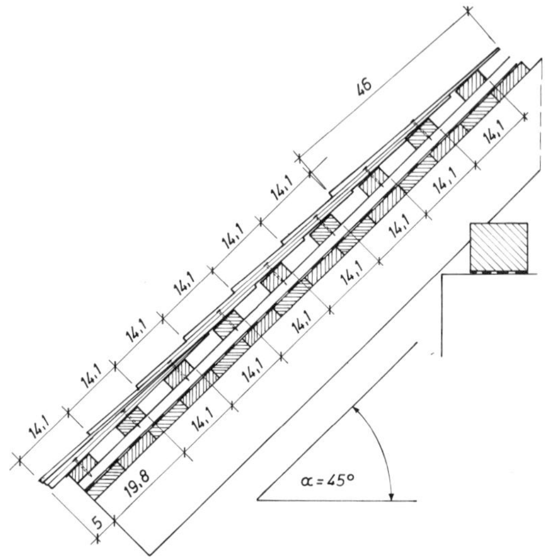

Dachschindellänge ca. 41 cm. Zweilagige Deckung auf 48 mm breiten Latten. Die Schindeln verlaufen mit den Kopfenden auf die Oberseiten der Dachlatten.
Sparrenlänge = 3,75 m. Traufwinkel α = 71°, tan α = 2,904. Dicke der zweilagigen Deckung = 1,2 cm. Dicke der einzelnen Dachlatten = 2,4 cm. Schindeldachvorsprung bei der Traufe = 8,0 cm.
Neigungslänge y bei der First = (1,2 + 2,4) · tan α = 3,6 · 2,904 = 10,45 cm.
Decklänge = 0,08 + 3,75 + 0,1045 = 3,9345 m.

$$\text{Schindelreihenabstand} = \frac{3{,}9345}{0{,}19} = 20{,}70 = 21$$

Schindelreihen mit gleichmäßigen Abständen

$$\text{von } \frac{3{,}9345}{0{,}21} = 18{,}73 \text{ cm.}$$

Trauflattung = 43,4 – 18,73 – 8,0 = 16,67cm.
Lattweite = 18,73 cm.

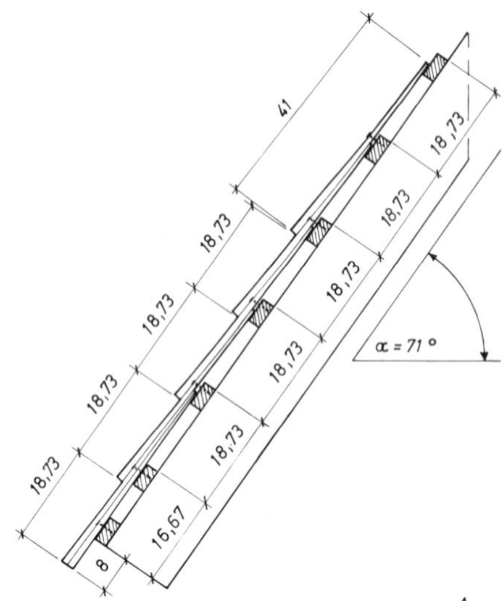

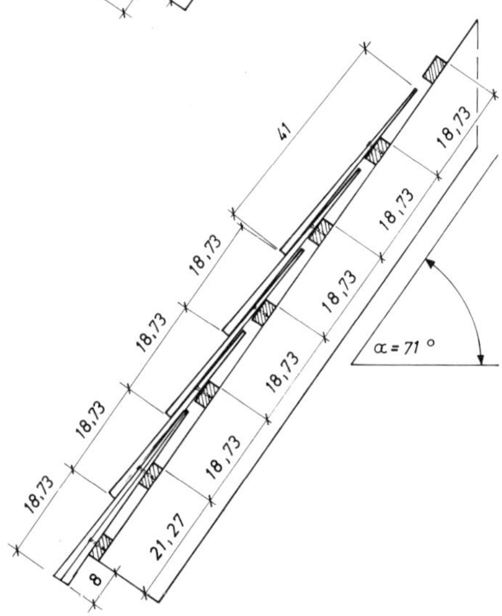

Dachschindellänge ca. 41 cm. Zweilagige Deckung auf 48 mm breiten Latten. Die Schindeln berühren mit den Kopfenden keine Dachlatten.

Decklänge = 3,9333 m, Schindelreihenabstand = 21 · 18,48 cm.
Trauflattung = 48,0 – 18,73 – 8,0 = 21,27 cm
Lattweite = 18,73 cm.

Dachschindellänge ca. 46 cm. Zweilagige Deckung auf 48 mm breiten Latten. Die Schindeln verlaufen mit den Kopfenden auf die Oberseiten der Dachlatten.

Sparrenlänge = 6,31 m. Traufwinkel α = 71°, tan α = 2,904.
Dicke der zweilagigen Deckung = 1,2 cm. Dicke der einzelnen Dachlatten = 2,4 cm. Schindeldachvorsprung bei der Traufe = 8,5 cm. Neigungslänge y bei der First = (1,2 + 2,4) · tan α = 3,6 · 2,904 · 10,45 cm.
Decklänge = 0,085 + 6,31 + 0,1045 = 6,4995 m.

$$\text{Schindelreihenabstand} = \frac{6{,}4995}{0{,}22} = 29{,}54 =$$

30 Schindelreihen mit gleichmäßigen Abständen

$$\text{von } \frac{6{,}4995}{0{,}30} = 21{,}6 \text{ cm.}$$

Trauflattung = 48,4 − 21,6 − 8,5 = 18,3 cm.
Lattweite = 21,6 cm.

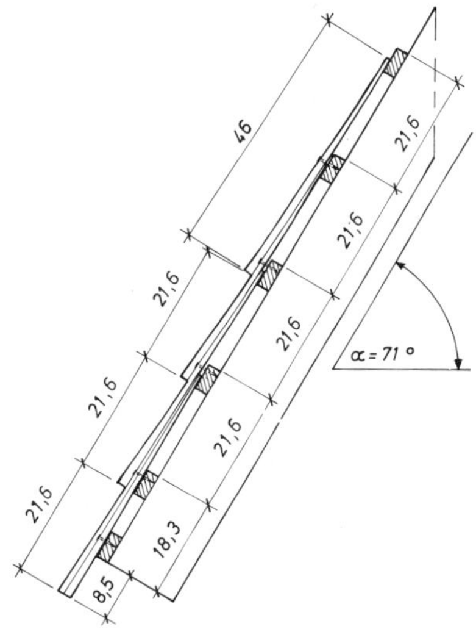

Dachschindellänge ca. 46 cm. Zweilagige Dekkung auf 48 mm breiten Latten. Die Schindeln berühren mit den Kopfenden keine Dachlatten.

Decklänge = 6,48 m, Schindelreihenabstand = 30 · 21,6 cm.
Trauflattung = 53,0 – 21,6 – 8,5 = 22,9 cm
Lattweite = 21,6 cm.

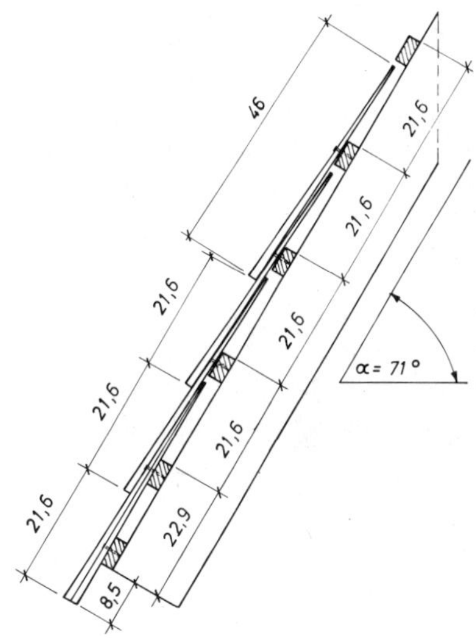

Dachschindellänge ca. 41 cm lang. Vierlagige Deckung auf 48 mm breiten Latten. Die Schindeln verlaufen mit den Kopfenden auf die Oberseiten der Dachlatten.

Sparrenlänge 4,853 m. Traufwinkel α = 22°, tan α = 0,404. Dicke der vierlagigen Deckung = 2,8 cm. Dicke der einzelnen Dachlatten = 2,4 cm. Schindeldachvorsprung bei der Traufe = 6,0 cm. Neigungslänge y bei der First = (2,8 + 2,4) · tan α = 5,2 · 0,404 = 2,1 cm.
Decklänge = 0,06 + 4,853 + 0,021 = 4,934 m

$$\text{Schindelreihenabstand} = \frac{4{,}934}{0{,}09} = 54{,}82 =$$

55 Schindelreihen mit gleichmäßigen Abständen

$$\text{von } \frac{4{,}934}{0{,}55} = 8{,}97 \text{ cm}$$

Trauflattung = 43,4 – (3 × 8,97) – 6 = 10,49 cm
Lattweite = 8,97 cm

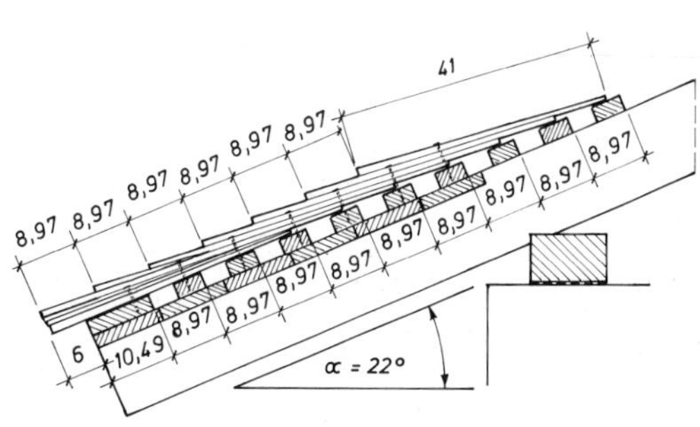

Dachschindellänge ca. 46 cm. Vierlagige Deckung auf 48 mm breiten Latten. Die Schindeln verlaufen mit den Kopfenden auf die Oberseiten der Dachlatten.

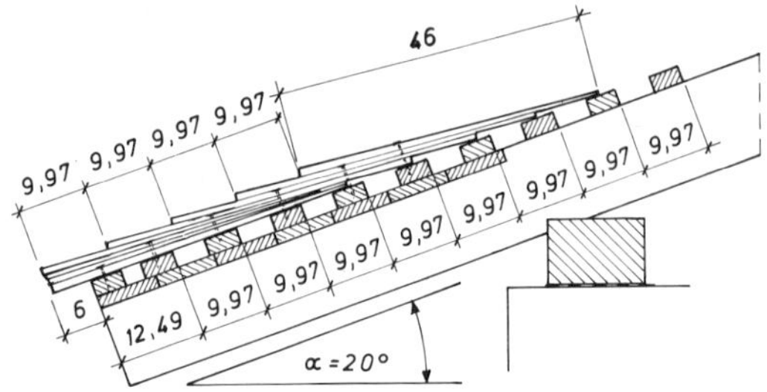

Sparrenlänge = 4,71 m. Traufwinkel $\alpha = 20°$, tan $\alpha = 0{,}3639$. Dicke der vierlagigen Deckung = 2,8 cm. Dicke der einzelnen Dachlatten = 2,4 cm. Schindeldachvorsprung bei der Traufe = 6,0 cm. Neigungslänge y bei der Traufe = (2,8 + 2,4) · tan α = 5,2 · 0,3639 = 1,9 cm.
Decklänge = 0,06 + 4,71 + 0,019 = 4,789 cm

$$\text{Schindelreihenabstand} = \frac{4{,}789}{0{,}10} = 47{,}89 =$$

48 Schindelreihen mit gleichmäßigen Abständen

$$\text{von } \frac{4{,}789}{0{,}48} = 9{,}97 \text{ cm}$$

Trauflattung = 48,4 – (3 · 9,97) – 6,0 = 12,49 cm
Lattweite = 9,97 cm

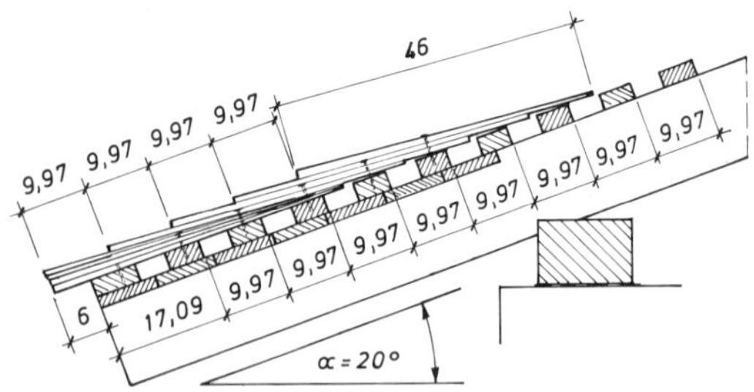

Dachschindellänge ca. 46 cm. Vierlagige Deckung auf 48 mm breiten Latten. Die Schindeln berühren mit den Kopfenden keine Dachlatten.

Decklänge = 4,789 m, Schindelreihenabstand = 48 · 9,97 cm.
Trauflattung = 53 – (3 · 9,97) – 6,0 = 17,09 cm
Lattweite = 9,97 cm.

13.1.3 Grateindeckung

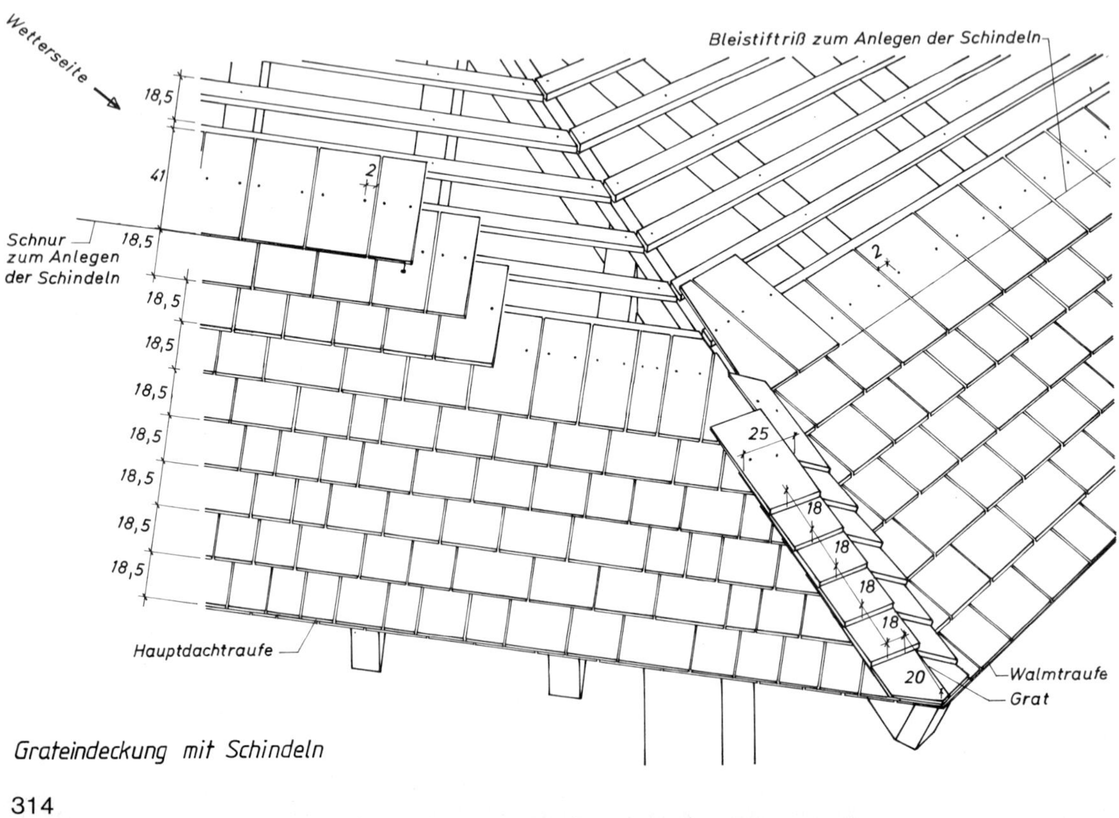

Grateindeckung mit Schindeln

Das Aufnageln der Dachschindeln auf Dachlatten oder auf Dachschalungsbretter nennt man „Eindecken". Eingedeckt wird von unten nach oben. Die Schindelreihe bei der Traufe des Schindeldaches ist stets aufgedoppelt, d. h. zwei Schichten Schindeln werden unten bündig, jedoch ohne übereinanderliegenden Fugen, auf die Latten genagelt. Wegen der Formänderung des Holzes infolge von Quellen und Schwinden werden Schindeln auf dem Dach stets auf Fuge verlegt. Die Fugenbreite beträgt ca. 3 mm. Dachschindeln mit Breiten über 25 cm hinaus sollten gespalten werden, um einer Rißbildung nach dem Eindecken vorzubeugen.

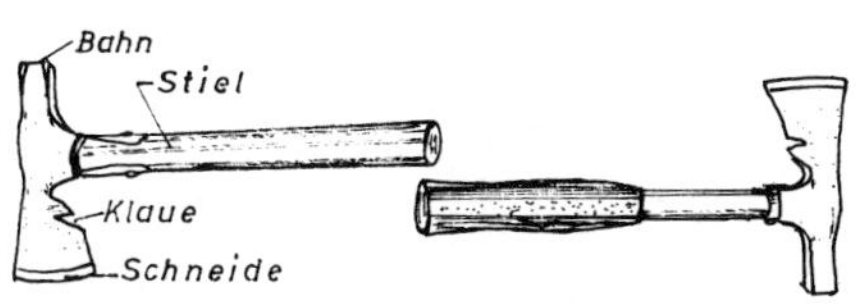

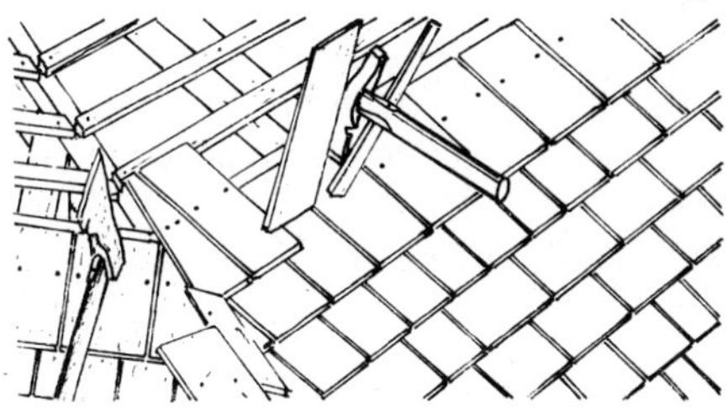

Weil beim Eindecken der Dachflächen jede Schindel aufgenagelt wird und die breiteren Schindeln vor Ort gespalten werden müssen, eignet sich für das Nageln und Spalten gut das Schindelbeil mit Bahn und Schneide. Da die einzelnen Schindelreihen bei zwei-, drei- und vierlagigen Deckungen nach bestimmten Schindelreihenabständen parallellaufend anzulegen sind, wird dazu eine Schnur über Nagelschäfte aufgespannt oder bei kürzeren Dachflächen entlang einer Setzlattenkante ein Bleistiftriß über die schon aufgenagelte Schindelreihe aufgetragen. Außer dem Schindelbeil sowie der Schnur und der Setzlatte braucht man bei den Eindeckungsarbeiten eine Hand- und Stoßsäge, eine Wasserwaage und ein Stemmeisen. Mit der Handsäge werden Dachschindeln quer zur Holzfaser, z. B. bei Firstabschluß- und Dachaufbaukanten, abgelängt. Mit der Stoßsäge können gut schräge Abschnitte bei Grat- und Kehlanschlüssen ausgeführt werden. An Graten entlang und am First sollen die der Wetterseite zugekehrten Schindelbänder die gegenüberliegenden Schindelbänder um ca. 4 cm überdecken.

13.1.4 Firsteindeckung

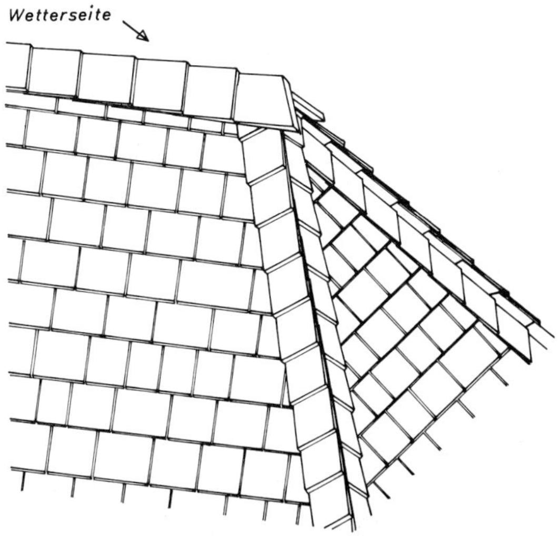

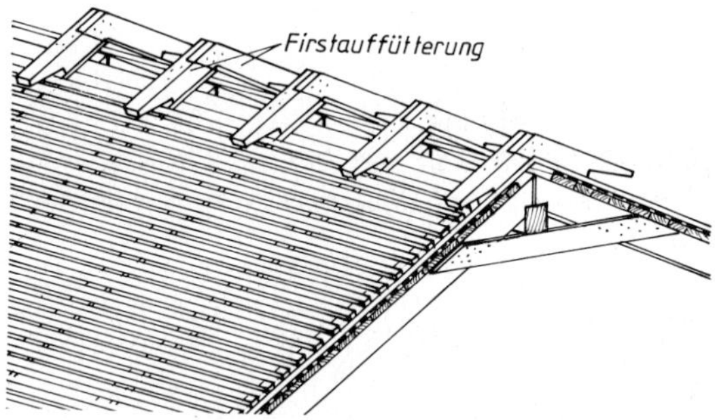

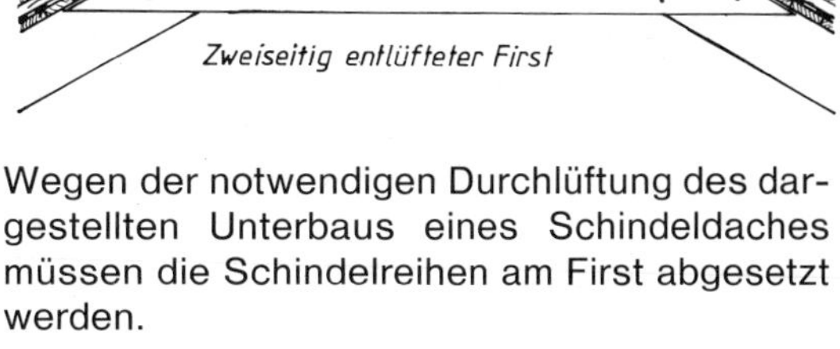

Zweiseitig entlüfteter First

Wegen der notwendigen Durchlüftung des dargestellten Unterbaus eines Schindeldaches müssen die Schindelreihen am First abgesetzt werden.

Um die Dachschindeln gegen Witterungseinflüsse haltbarer zu machen, sollten sie tiefimprägniert sein. Durch die relativ geringen Dicken der Dachschindeln ist durchaus eine Tiefimprägnierung in einem Imprägnierbad möglich.

13.1.5 Kehleindeckung

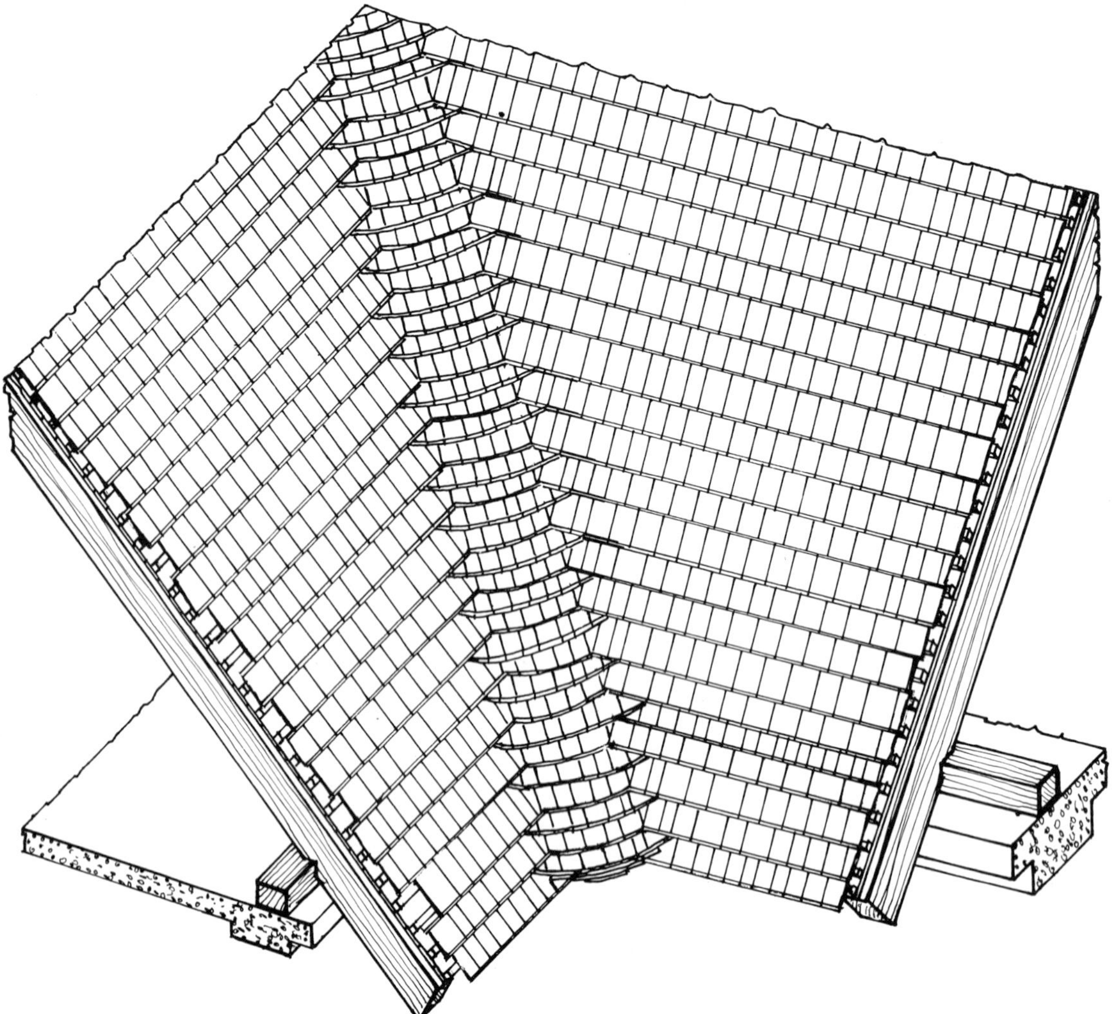

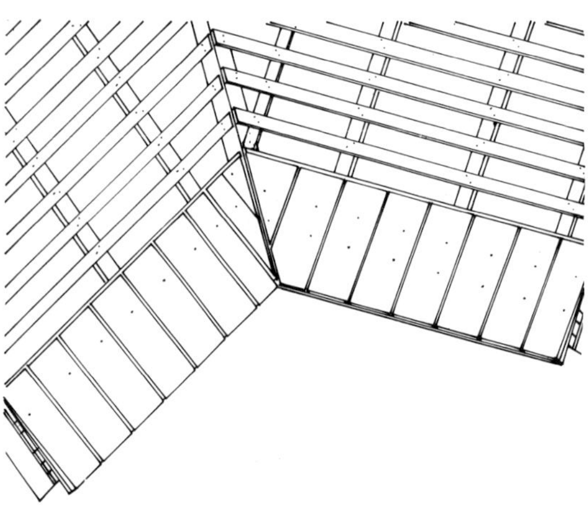

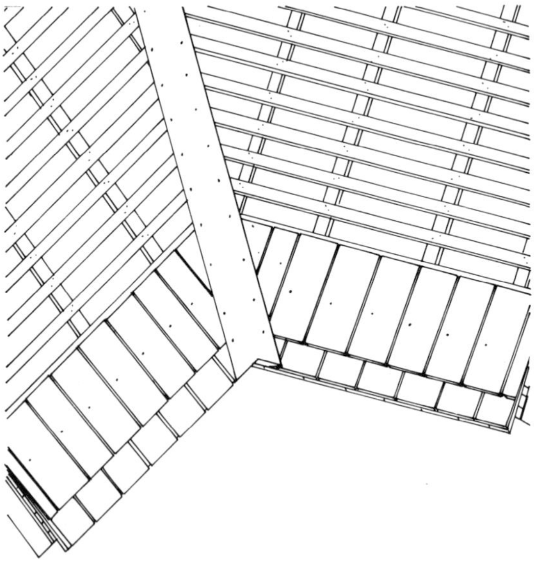

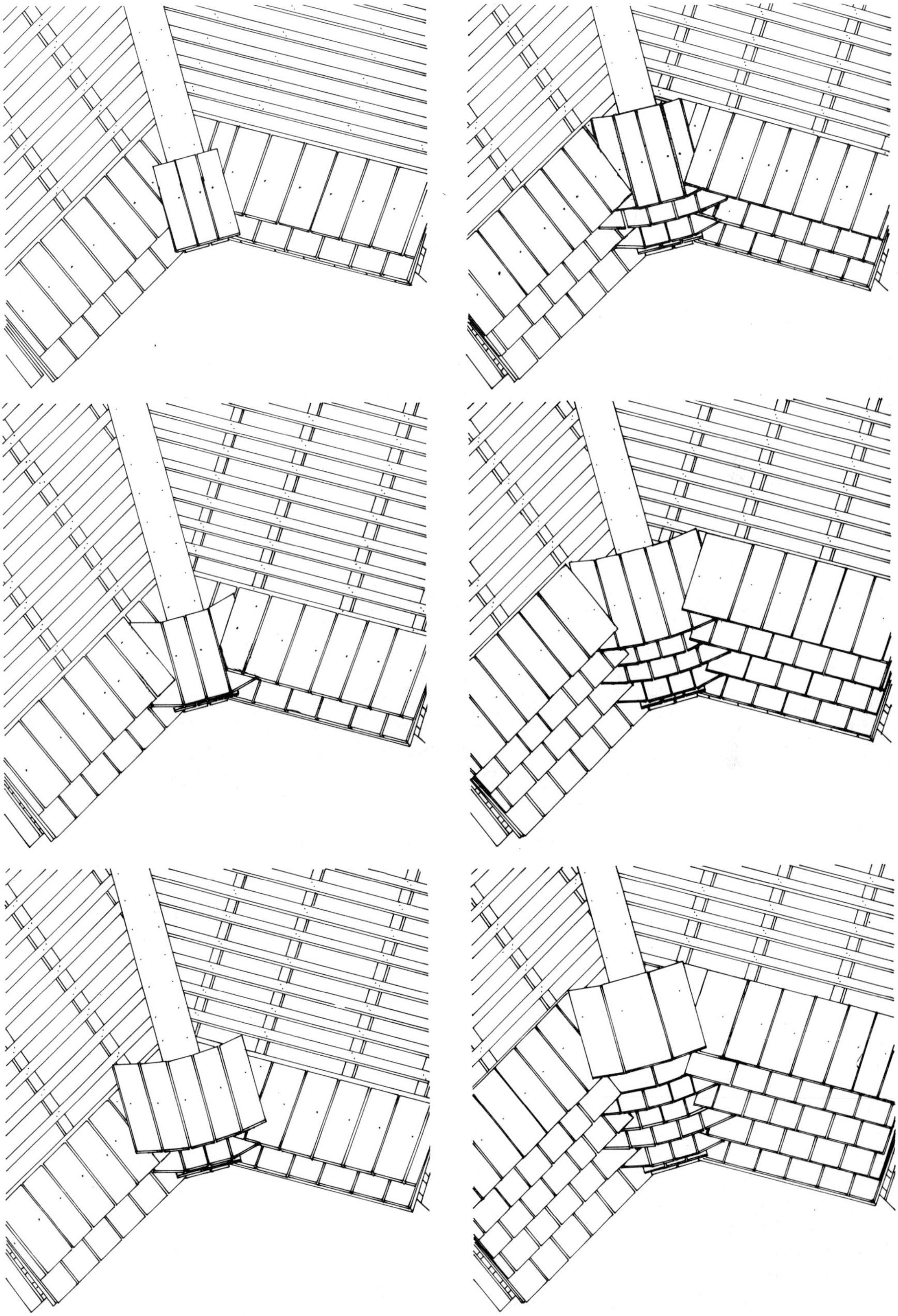

14 Dreiecksbinder

14.1 Dreiecksbinder-Aufriß und Herstellung

14.1.1 Ausführungszeichnung

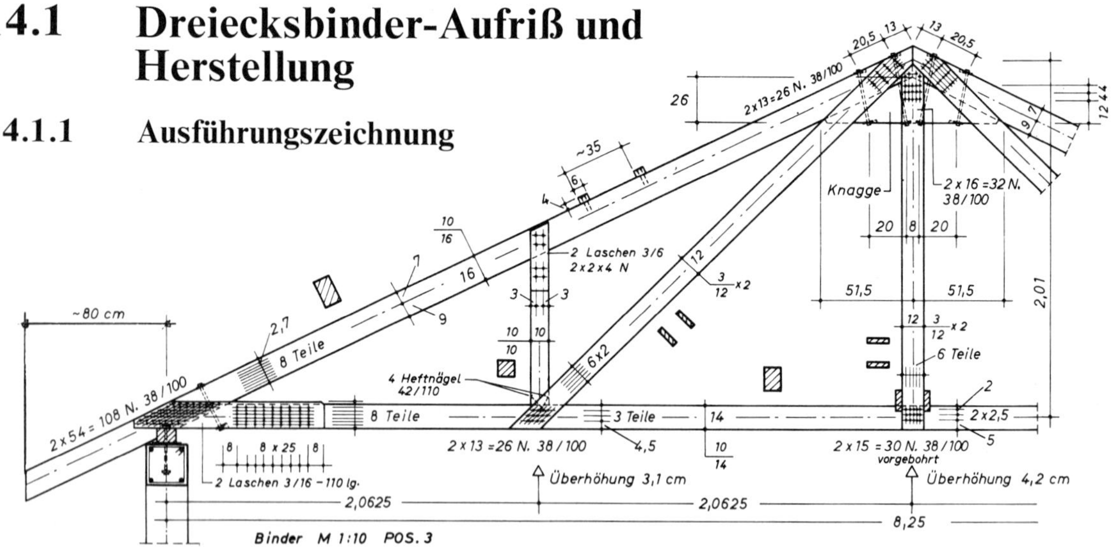

14.1.2 Aufbau der Plattform in Tischhöhe

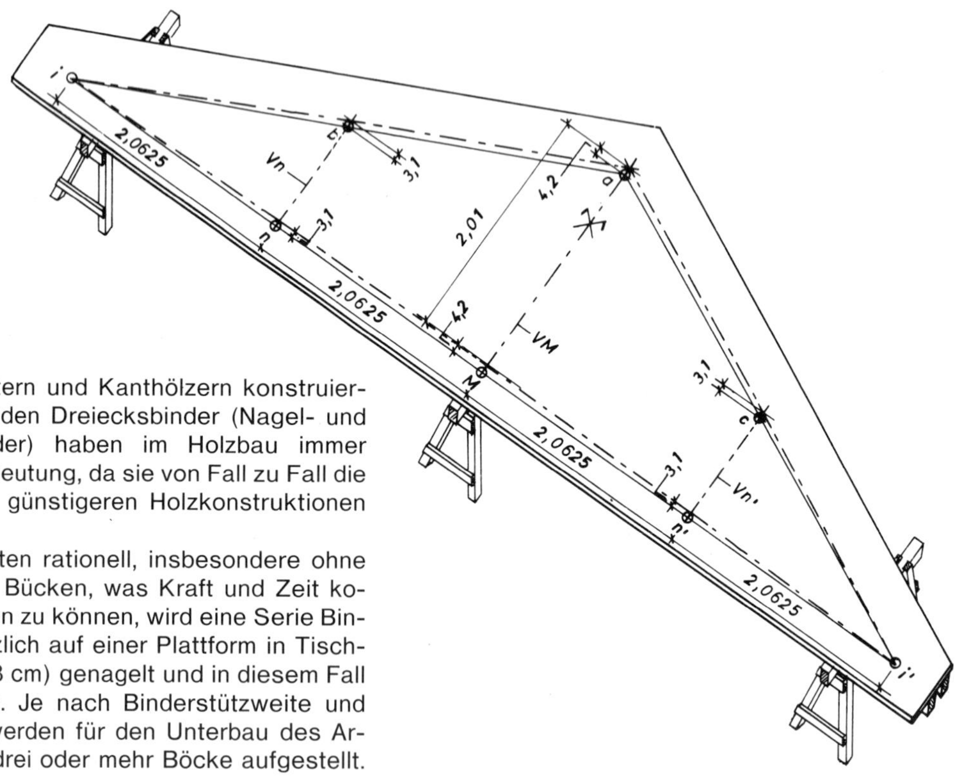

Die aus Brettern und Kanthölzern konstruierten freitragenden Dreiecksbinder (Nagel- und Fachwerkbinder) haben im Holzbau immer noch ihre Bedeutung, da sie von Fall zu Fall die wirtschaftlich günstigeren Holzkonstruktionen sind.

Um die Arbeiten rationell, insbesondere ohne das unnötige Bücken, was Kraft und Zeit kostet, ausführen zu können, wird eine Serie Binder grundsätzlich auf einer Plattform in Tischhöhe (74 – 78 cm) genagelt und in diesem Fall auch gebohrt. Je nach Binderstützweite und Binderhöhe werden für den Unterbau des Arbeitstisches drei oder mehr Böcke aufgestellt. Darauf werden Kanthölzer gelegt und darüber eine Spanplatte oder eine provisorische Verschalung befestigt.

Die Spanplatte muß nicht unbedingt eine geschlossene Fläche bilden wie hier. Oft genügen Teilflächen allerdings mit gleicher Dicke. In

14.1.3 Aufriß des Dreieckbinders

Aufriß des Binders Position 3. In der Konstruktionszeichnung ist das entsprechende Bindersystem durch Systemlinien bzw. strichpunktierte Linien festgelegt. Unter System versteht man das Netz der Schwerpunktlinien der einzelnen Stäbe, d. h. Gurt- und Füllstäbe.

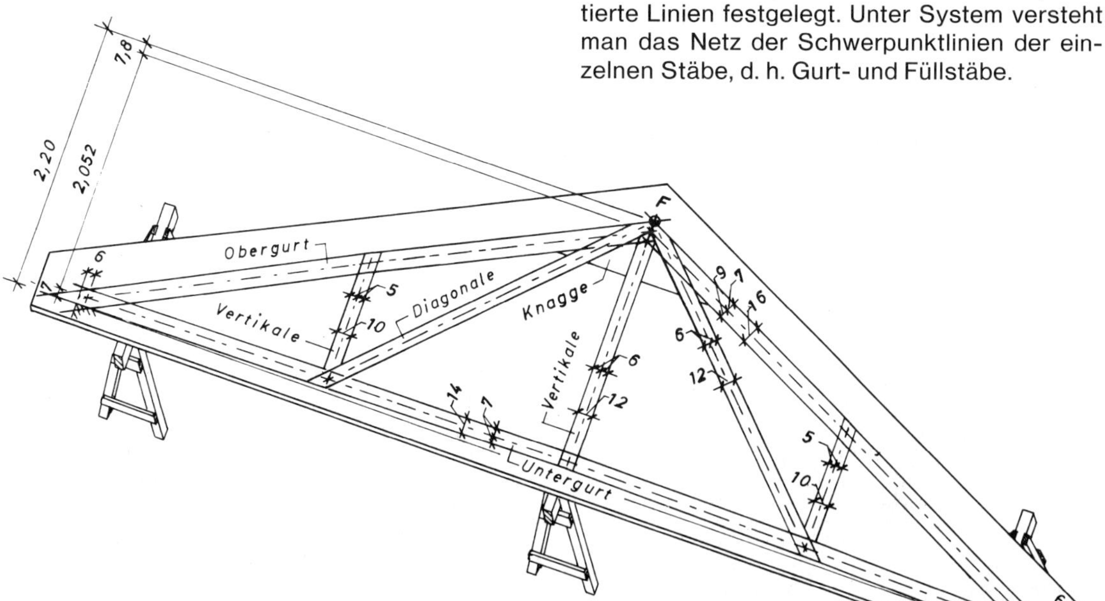

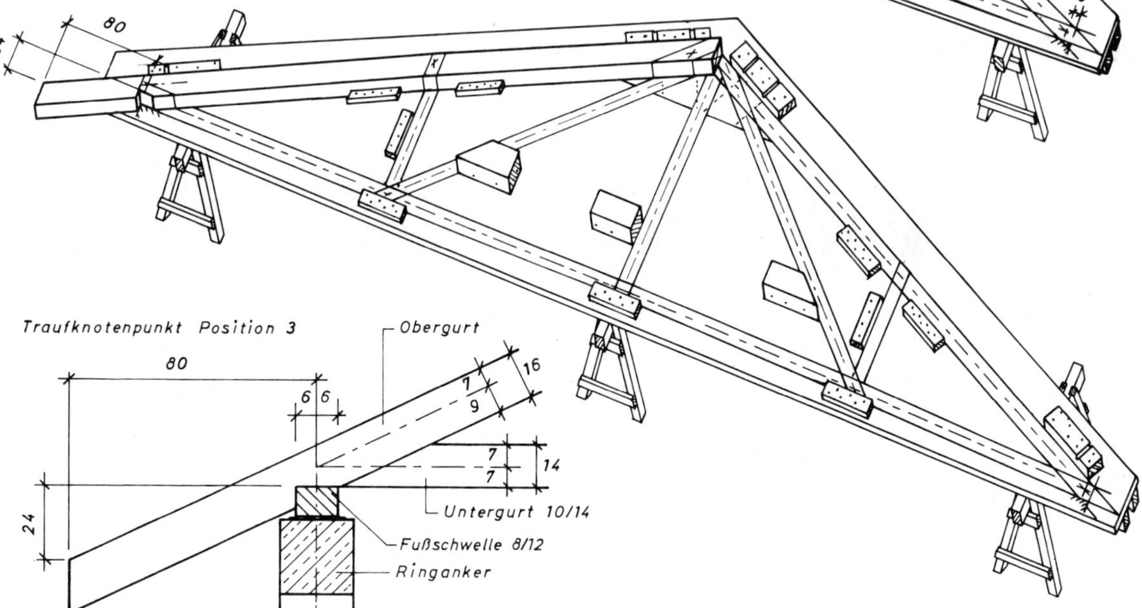

Traufknotenpunkt Position 3

14.1.4 Herstellen des Binders

jedem Fall soll man die Plattform bzw. den erhöhten Reißboden flächenmäßig so anlegen, daß darauf nicht nur der Binder in allen Teilen sowie mit Überhöhung aufgerissen werden kann, sondern außerhalb von den Binderteilen noch Flächen zum Befestigen von Lattenstücken vorhanden sind.

Zwischen die Lattenstücke legt und spannt man die einzelnen Gurt- und Füllstäbe ein. Dadurch werden alle Binder maßlich gleich. Sie haben dieselbe Überhöhung und die Knotenpunkte sind für die Bolzen- und Nagelverbindungen preßfest zusammengefügt.

Da jede freitragende Holzkonstruktion bei großer Belastung und infolge der Elastizität des Holzes sowie der Knotenpunktanschlüsse geringen Durchbiegungen unterworfen ist, müssen die Binder (Träger) bei der Herstellung in Parabelform überhöht werden.

(waagerechte Stützweite) sowie der Schnittpunkte a, b und c auf der Vertikalen hat man die richtige Grundlage zum Überhöhen und Auftragen der gebogenen Systemlinien. Hiernach ist natürlich auch die Voraussetzung zum Aufriß der einzelnen Stäbe gegeben.

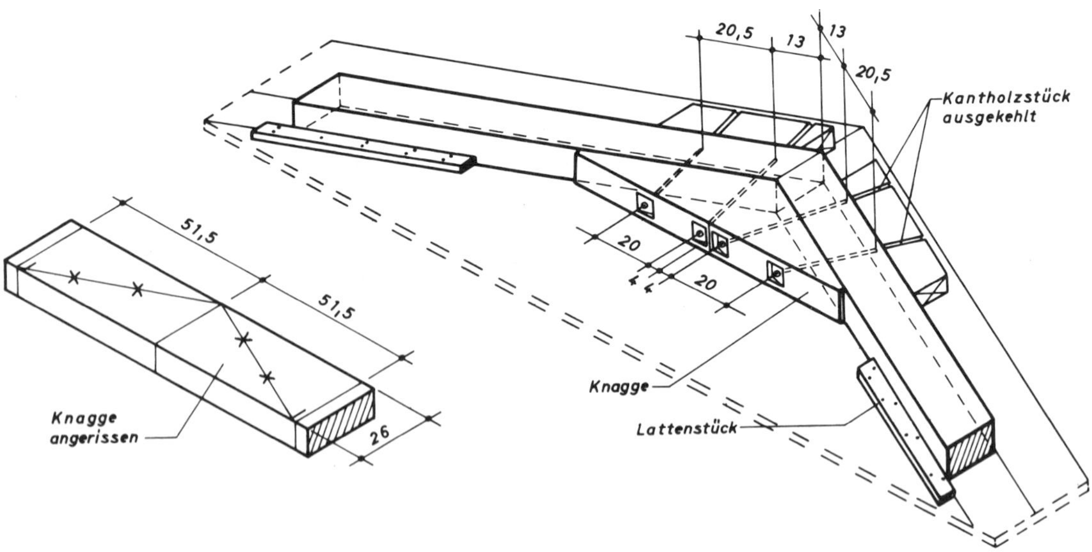

Bei Dreiecksbindern wird der Obergurt genau wie der Untergurt überhöht. In der Regel sind in den Kontruktionszeichnungen die Überhöhungen nur am Untergurt angegeben. Damit steht aber fest, daß demgemäß auch der Obergurt zu überhöhen ist. Nach der Konstruktionszeichnung ist in diesem Fall die Binderstützweite (waagerecht 8,25 m) in vier gleiche Teile bzw. gleiche Felder (4 × 2,0625 m) aufzuteilen. Über der halben Stützweite (4,125 m) ist jeder Binder um 4,2 cm zu überhöhen und daneben im Abstand von 2,0625 m um 3,1 cm. Hiernach wird auf dem Reißboden, wie gezeigt, zuerst die gerade Grundlinie aufgetragen. Im rechten Winkel zur Grundlinie legt man nach der gleichmäßigen Einteilung (4 × 2,0625 m) über die Punkte n, M und n' hinaus vertikale (strichpunktierte) Systemlinien an. Über die Vertikale mit der Bezeichnung VM wird parallel zur Grundlinie die Binderhöhe verstrichen, weil aus dieser Höhe (Punkt a) bis auf die Binderstützweite (Punkt i und i') je eine gerade Neigungslinie aufzutragen ist. Eine der beiden Neigungslinien bestimmt auf der Vertikalen Vn den Schnittpunkt b, die zweite auf der Vertikalen Vn' den Schnittpunkt c. Mit dem Festlegen der Punkte i, i', M, n, n' auf der Grundlinie

Nach diesem Aufriß werden die einzelnen Schablonen zum Ausarbeiten der Gurthölzer angefertigt. Jedes Schablonenbrett erhält eine Nummer und außerdem die Stückzahl, die für die Anfertigung aller Binder benötigt wird. Die Angabe der Stückzahl ist wichtig, weil man das gesamte Holz für alle Binder nach den Schablonenbrettern zuschneidet.

Herstellen des Binders Position 3. Das Herstellen der Bolzenverbindungen und das Zusammennageln der Binder geschieht auf dem Arbeitstisch. Damit die fertig ausgearbeiteten Unter- und Obergurthölzer (Kantholzgurte) die bestimmte Überhöhung sowie die fertig geschnittenen Füllstäbe die bestimmte Vertikale und diagonale Lage erhalten, werden Latten- und Kantholzstücke an die Gurtlinien also auf die Spanplatte geheftet. Am First- und an den Traufknotenpunkten werden die Kantholzstücke ausgekehlt. Beim Bohren der Bolzenlöcher wird das Bohrwerkzeug (Schlangenbohrer) durch die Auskehlungen geführt. Diese werden natürlich nach jeder in der Konstruktionszeichnung festgelegten Höhe und Bolzenrichtung ausgekehlt. Zum Einführen der Bolzen in die Bolzenlöcher treibt man die Gurthölzer mittels Holzkeil etwas nach oben. Damit man die Gurte mit den vorstehenden Bolzenköpfen samt Unterlegscheiben ohne Behinderung wieder ablassen kann, müssen die Kantholzstücke ausgeklinkt werden.

Für Nagelverbindungen wie z. B. am Traufknotenpunkt des Binders Position 3 werden in den Konstruktionszeichnungen durch sogenannte Nagel-Rißlinien die Nagelreihen und damit die Nagelabstände genau festgelegt. Um ein Aufplatzen des Holzes mit geringer Dicke insbesondere durch die in Faserrichtung hintereinander eingesetzten Nägel zu vermeiden, hat man neben der Kraftrichtung (zugleich Verlauf der Nagel-Rißlinien) grundsätzlich auch die Faserrichtung zu beachten. Die Nägel sollen aber nicht genau auf die Kreuzungspunkte der

14.1.5 Nagelbild

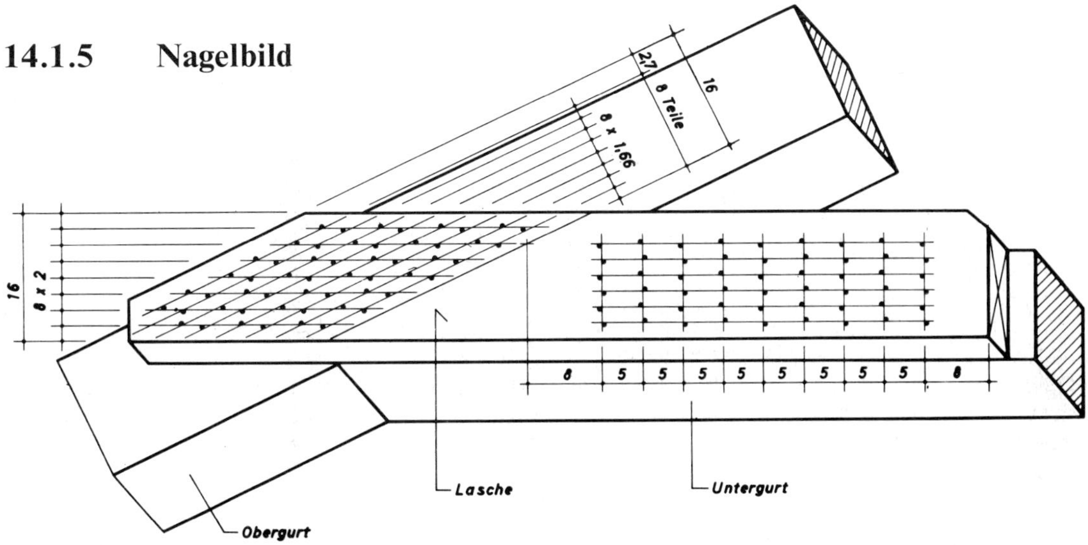

14.1.6 Nagelschablone

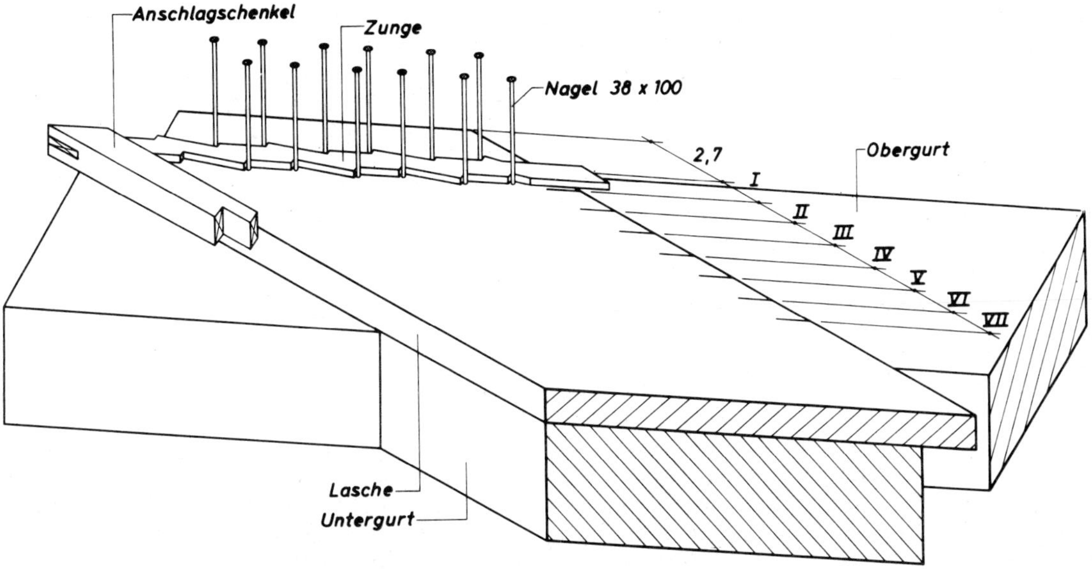

Nagel-Rißlinien, sondern immer versetzt angeordnet werden, d. h. daß die einer Faserrichtung parallelen Nagel-Rißlinie zugehörigen und in bestimmten Abständen einzuschlagenden Nägel mindestens um den halben Nageldurchmesser abwechselnd gegenüber der Nagel-Rißlinie zu versetzen sind. In der Praxis wird meist um den Nagelschaft versetzt, so daß die Nagel-Rißlinie die Tangente an den Nagelschäften bildet. Um die Nägel richtig zu verteilen, ist es unbedingt erforderlich, daß die Nagelfläche genau eingehalten wird. Als Nagelfläche gilt hier beim dargestellten Traufknotenpunkt die Deckfläche zwischen Lasche und

cm. Die Breite ergibt sich aus der vorgeschriebenen Einteilung 8 × 1,6625 = 13,3 + 2,7 = 16 cm. Der Anschlagschenkel ist so dick, daß eine Schablone für beide Seiten vorhanden ist, denn in der Regel müssen die Knotenpunkte von zwei Seiten genagelt werden.

Zum Ansetzen der Nägel wird zuerst das 2,7 cm-Abstandmaß parallel zur schrägen Laschenkante verstrichen. Dafür ist der Anschlagschenkel am rechtwinkligen Stirnende

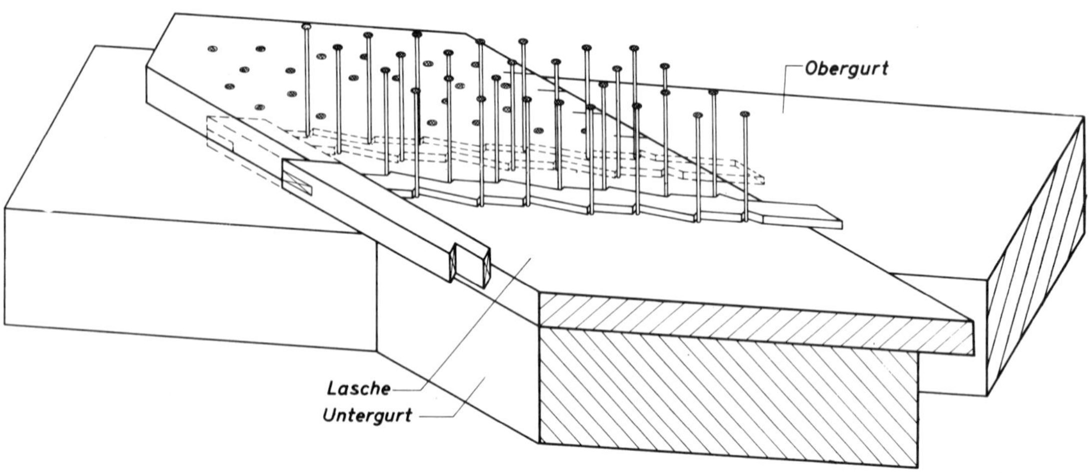

Obergurt sowie ein Teil der Deckfläche zwischen Lasche und Untergurt.

Weil das Auftragen der Nagel-Rißlinien auf jeden Knotenpunkt der Binder sehr viel Zeit in Anspruch nimmt, werden zum Ansetzen der Nägel selbst angefertigte Schablonen benutzt. Eine Schablone zum Ansetzen bzw. zum genauen Verteilen der Nägel auf der Nagelfläche über der Deckfläche zwischen Lasche und Obergurt ist oben dargestellt. Sie besteht aus dem Anschlagschenkel und aus der schrägen und gezahnten Zunge. Die Zunge ist in den Anschlagschenkel eingeschlitzt und mit Nägeln befestigt. Ihre Breite beträgt beim Anschlagschenkel (Fußende) und am Kopfende ≈ 1,66

wie eine Streichlehre auszuarbeiten. An das 2,7 cm-Abstandmaß werden dann unter Benutzung der Schablone die übrigen 1,66 cm-Abstände (I bis VII) bei der oberen oder unteren Laschenkante als kurze Linie angetragen.

Beim Ansetzen der Nägel legt man die Schablonenzunge nur in den Abstand I, III, V und VII. Dabei werden vier mal zwei Reihen Nägel einige Millimeter tief, aber genau senkrecht in das Holz eingeschlagen. Nach jedem Einsatz hebt man die Schablone etwas an und mit einer Drehung von 90° wird sie aus den zwei Nagelreihen entfernt. Hiernach können die angesetzten Nägel ganz in das Holz eingeschlagen werden.

14.1.7 Herstellen der Nagelschablone

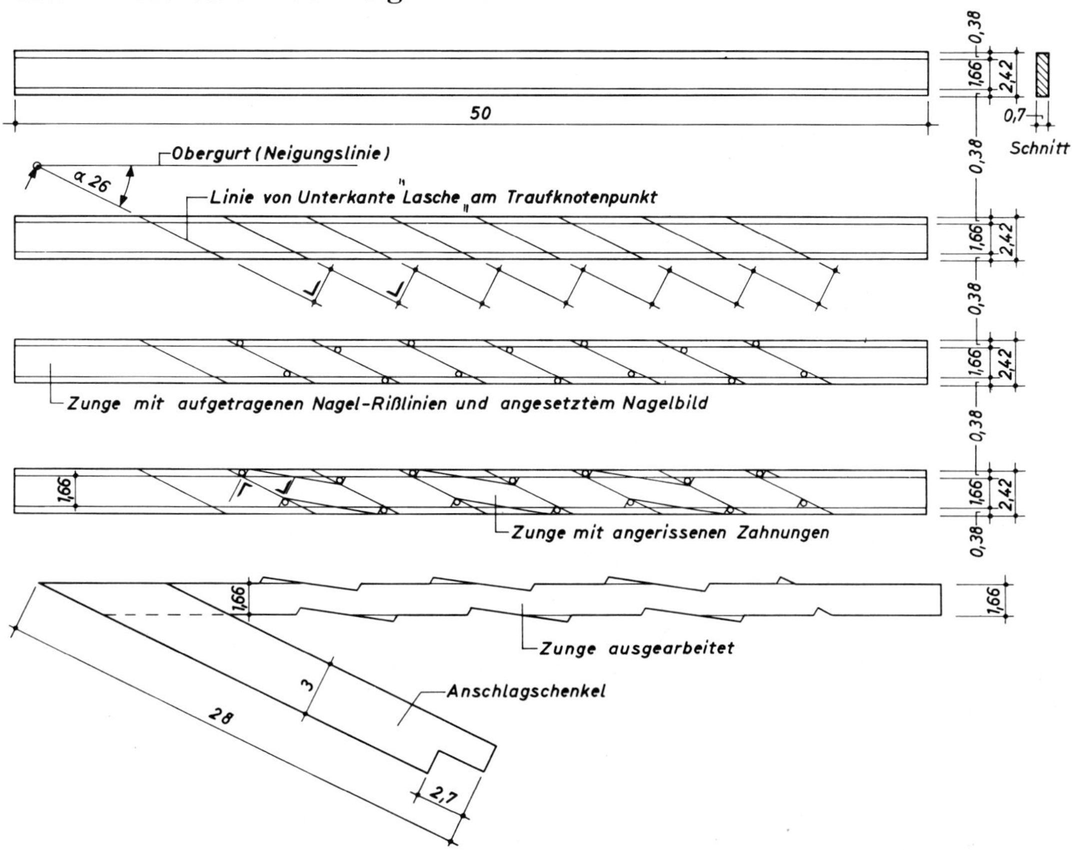

Für die Zunge wird eine 50 cm lange, 7 mm dicke und 2,42 cm breite Leiste aus Hartholz scharfkantig und gerade zugeschnitten. Die Breite von 2,42 cm ergibt sich hier aus dem 1,66-cm-Rißlinienabstand + 2 mal ein Nageldurchmesser von 3,8 mm. Auf eine Breitseite der Leiste werden parallel zu den Längskanten genau mit 3,8 mm Abstand zwei Nagel-Rißlinien verstrichen. Über diese Linien trägt man dann nach dem Verlauf von Unterkante „Lasche" des Traufknotenpunktes acht schräge Linien mit je einem rechtwinkligen Abstand von 2 cm auf. Dadurch entstehen innerhalb und außerhalb der längslaufenden Nagel-Rißlinien spitz- und stumpfwinklige Ecken. In diese Ecken wird mit einem rechtwinklig abgefeilten Nagelschaft das sogenannte Nagelbild angesetzt. Danach muß man durch gerade Linien um die einzelnen ca. 0,5 mm tief in das Holz angesetzten Nagelschaft-Querschnitte die Zahnung auftragen. Damit ist die Zunge zum Ausarbeiten fertig angerissen.

15 Brettertür mit Blendrahmen

15.1 Herstellen und Anschlagen

15.1.1 Ansicht und Schnitte

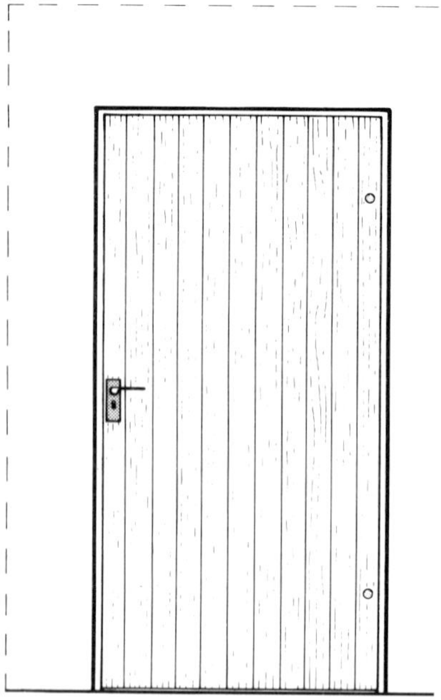

Ansicht

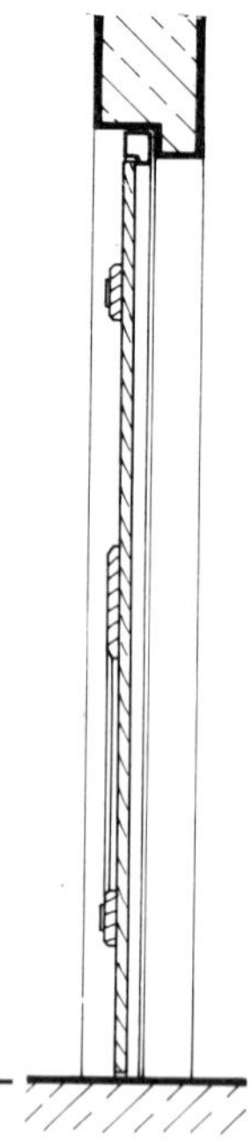

Schnitt B-B

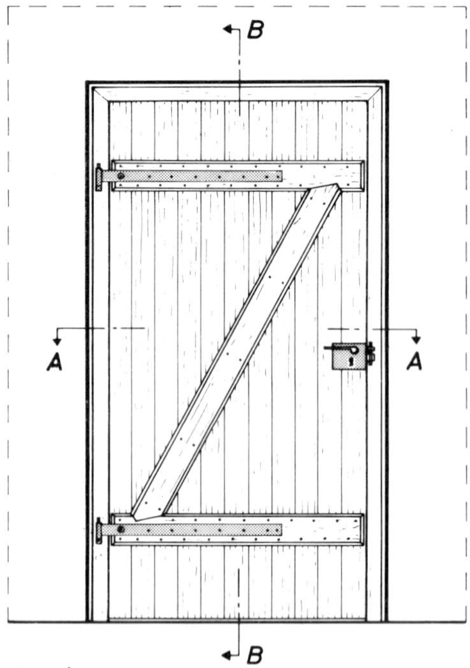

Ansicht

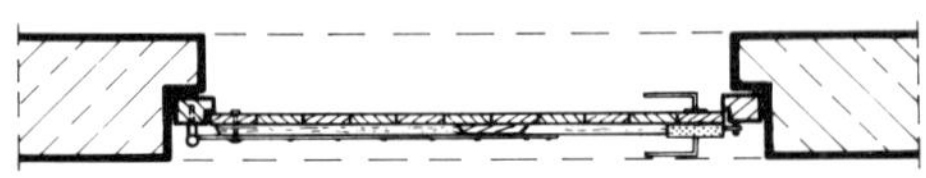

Schnitt A-A

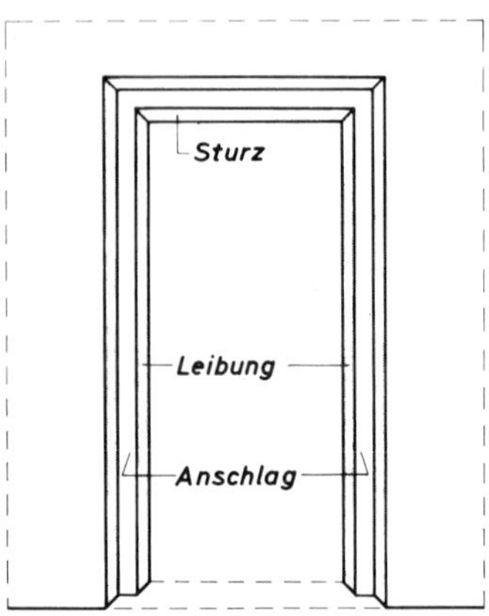

Ansicht

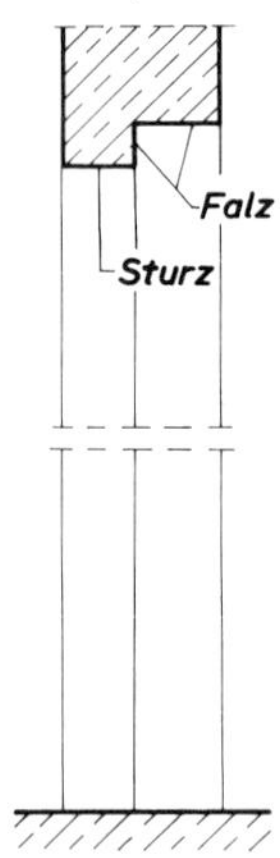

Höhenschnitt

Querschnitt

Zum Absondern der Kellerräume werden in der Regel Brettertüren in die Türöffnungen der massiven Kellergeschoßwände eingesetzt. Sie bestehen im wesentlichen aus dem Blendrahmen, der fest mit der Raumwand verbunden wird, und aus dem Türblatt, das je nach verwendetem Beschlag unterschiedlich zu schließen und zu öffnen ist.

Wie bei anderen Einbauteilen sind auch zum Anfertigen der Brettertür und des Blendrahmens die Maße im Bau, d. h. an Ort und Stelle zu holen. Die senkrechten Tür-Öffnungsflächen nennt man Leibungen. Die im rechten Winkel zu den Leibungen und zum Türsturz abgesetzten Flächen werden Anschläge genannt. Durch die Anschläge bildet sich senkrecht und waagerecht der sogenannte Mauerfalz oder Falz in der Betonwand. Die obere Begrenzung der Türöffnung ist der Türsturz, und die untere Begrenzung die Schwelle oder die Oberfläche des Fußbodens.

15.1.2 Werkzeichnung

Beim Maßnehmen ist waagerecht die engste lichte Weite zwischen den Leibungen und den Anschlägen zu messen, dann lotrecht die lichte Weite von der Fußbodenoberfläche bis zur Unterfläche des Sturzes. Die aufgenommenen Maße werden zwecks Übersicht in einen von Hand aufskizzierten Querschnitt und Höhenschnitt eingetragen.

Anhand der aufgeschriebenen Maße fertigt man in der Werkstatt auf einem Brett oder einer Spanplatte im Maßstab 1 : 1 eine Werkzeichnung an.

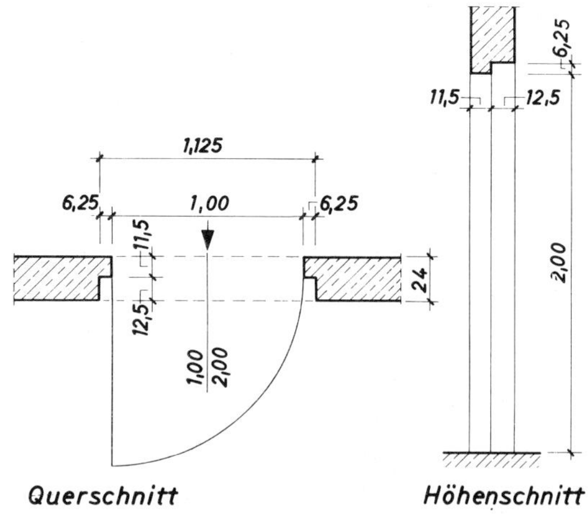

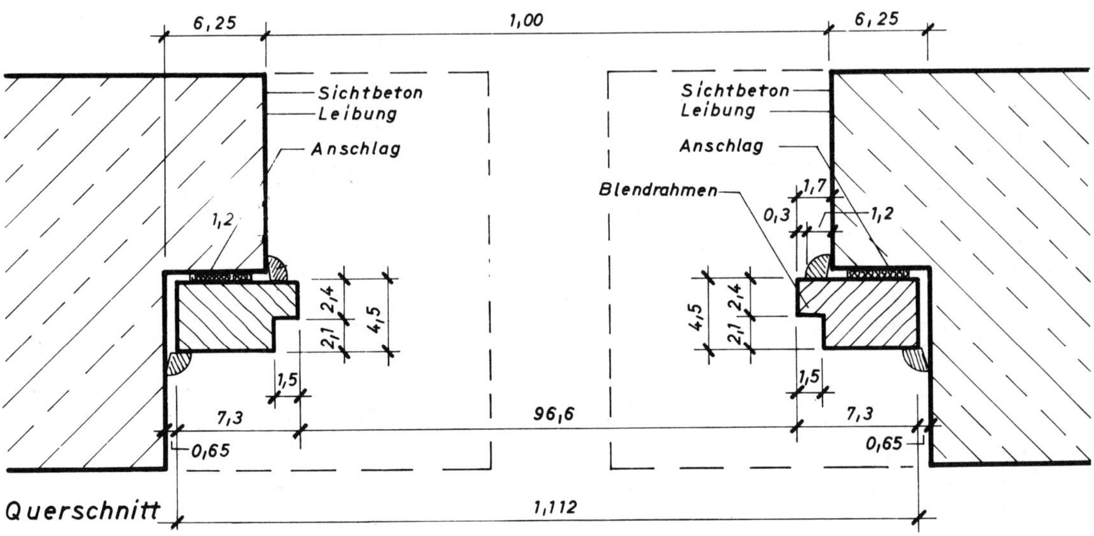

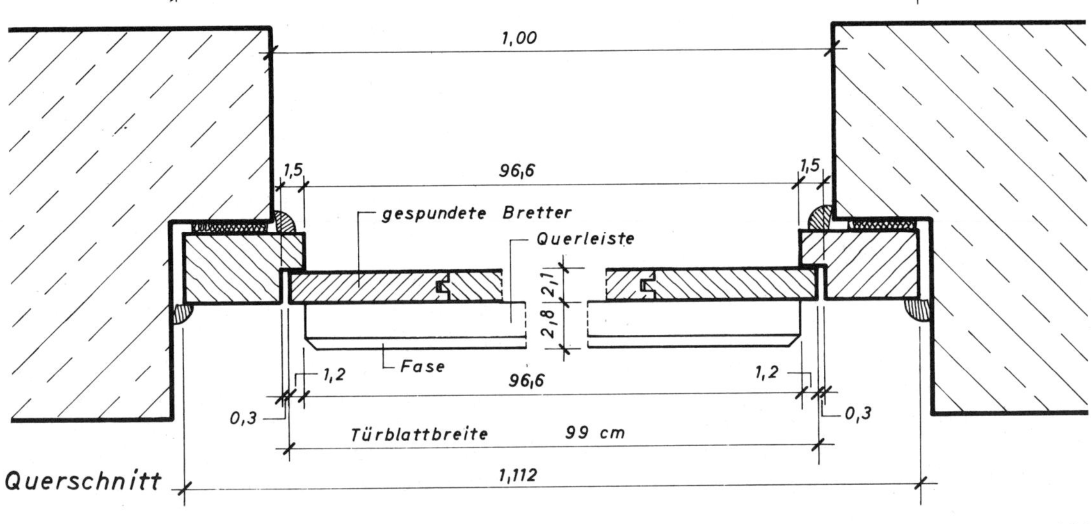

In der Werkzeichnung, wo die Türöffnung und die Querschnitte der Blendrahmen zeichnerisch festgelegt sind, kann man die Außenbreite des Blendrahmens (1,112 m) und seine innere Breite (96,6 cm) abmessen. Mit dem Einzeichnen des Türblattes zwischen die Falze, wobei in jedem Falz ein Abstand von ca. 0,3 cm anzunehmen ist, legt sich die Fertig-

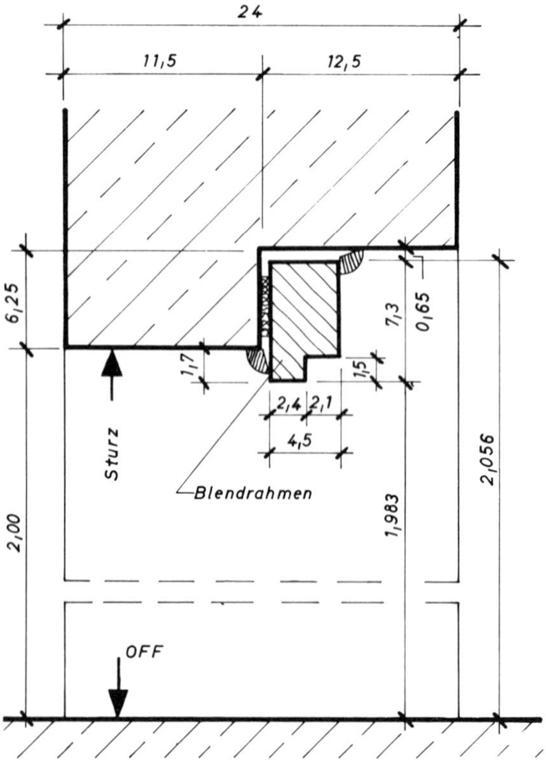

Höhenschnitt

breite der Tür fest. Zum Befestigen der Türblattbretter (gespundete, d. h. Nut- und Federbretter) benötigt man zwei Querleisten. Die Längen der Querleisten sind nicht mit der Fertigbreite des Türblattes bündig, sondern beiderseits um ca. 1,2 cm kürzer (abgesetzt). Nach der Werkzeichnung beträgt die fertige Türblattbreite 99 cm und die Länge der Querleisten 96,6 cm.

Die Falztiefe 2,1 cm entspricht der Türbretterdicke. Die Blendrahmendicke ist in der Regel die doppelte Falztiefe 2 · 2,1 cm + einer Zugabe von ca. 0,5 cm, ergibt eine Fertigdicke von rund 4,5 cm. Nach der Zeichnung ist die Blendrahmenstärke 4,5/7,3 cm.

Wenn der Anschlag beim Türsturz, wie in diesem Fall, genau so breit ist, wie die seitlichen Anschläge bei den Leibungen, bestimmt man nach der Zeichnung und dem Höhenschnitt die Einbauhöhe des Blendrahmens. Dabei betrachtet man eine Leibung vom Querschnitt als Türsturz und der Rahmenquerschnitt steht dadurch regelrichtig am Türsturzanschlag hochkant in der Türöffnung. Auf Grund der um 90°

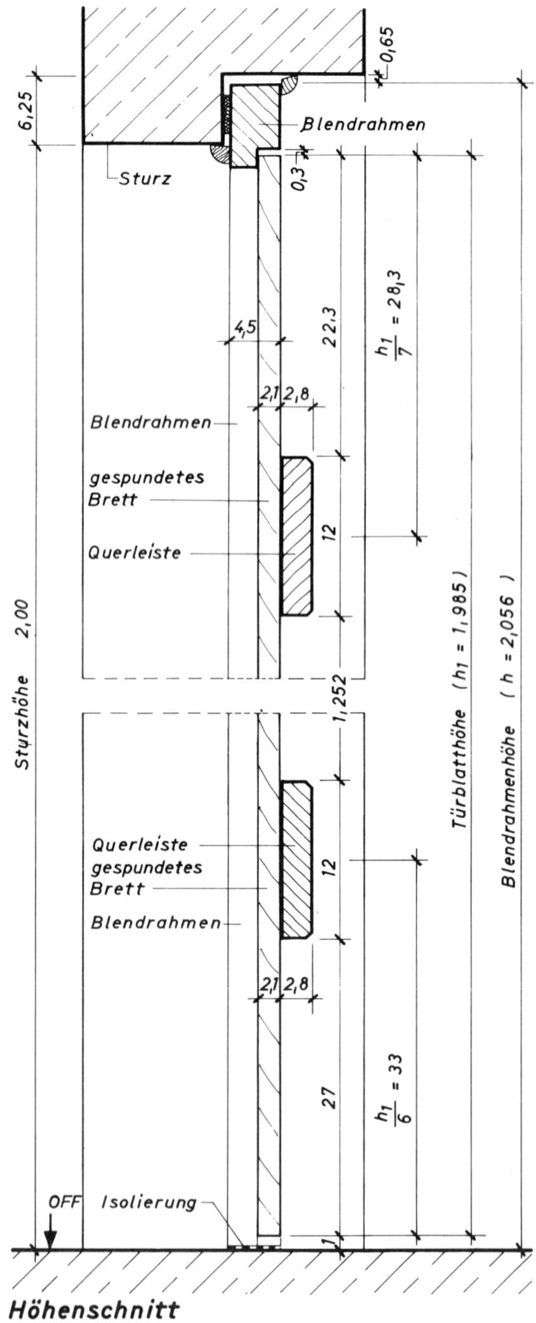

Höhenschnitt

gedrehten Rahmenquerschnitt- und Abstandmaße ist die Voraussetzung zum rechnerischen Ermitteln der beiden Blendrahmenhöhenmaße (2,056 und 1,983 m) gegeben.

Zur reibungslosen Drehbewegung soll von OFF (Oberfläche „Fußboden") bis zur Türblattunterkante ein gleichmäßiger Abstand von 7 – 10 mm vorhanden sein. Da das Türblatt breitenmäßig in den waagerechten also oberen Blendrahmenfalz einschlägt, kommt die lichte Durchgangshöhe (1,983 m) von OFF bis zur waagerechten Rahmenunterseite annähernd als Türblatthöhe in Betracht.

Im Höhenschnitt ist vor die Türblatthöhe (1,985) das Zeichen h 1 gesetzt, denn mit $\frac{h\,1}{6}$ bestimmt man in der Regel das Mittel der unteren Querleiste und mit $\frac{h\,1}{7}$ das Mittel der oberen Querleiste. Hier beträgt z. B. $\frac{h\,1}{6} = 33$ cm und $\frac{h\,1}{7} = 28{,}3$ cm. Damit sind zum Aushobeln und zum Falzen sowie zum Ablängen der Blendrahmenteile aber auch zum Anfertigen der Brettertür aus gespundeten Brettern und zum Anfertigen der Querleisten sämtliche Maße ermittelt.

15.1.3 Scherzapfen beim Blendrahmen

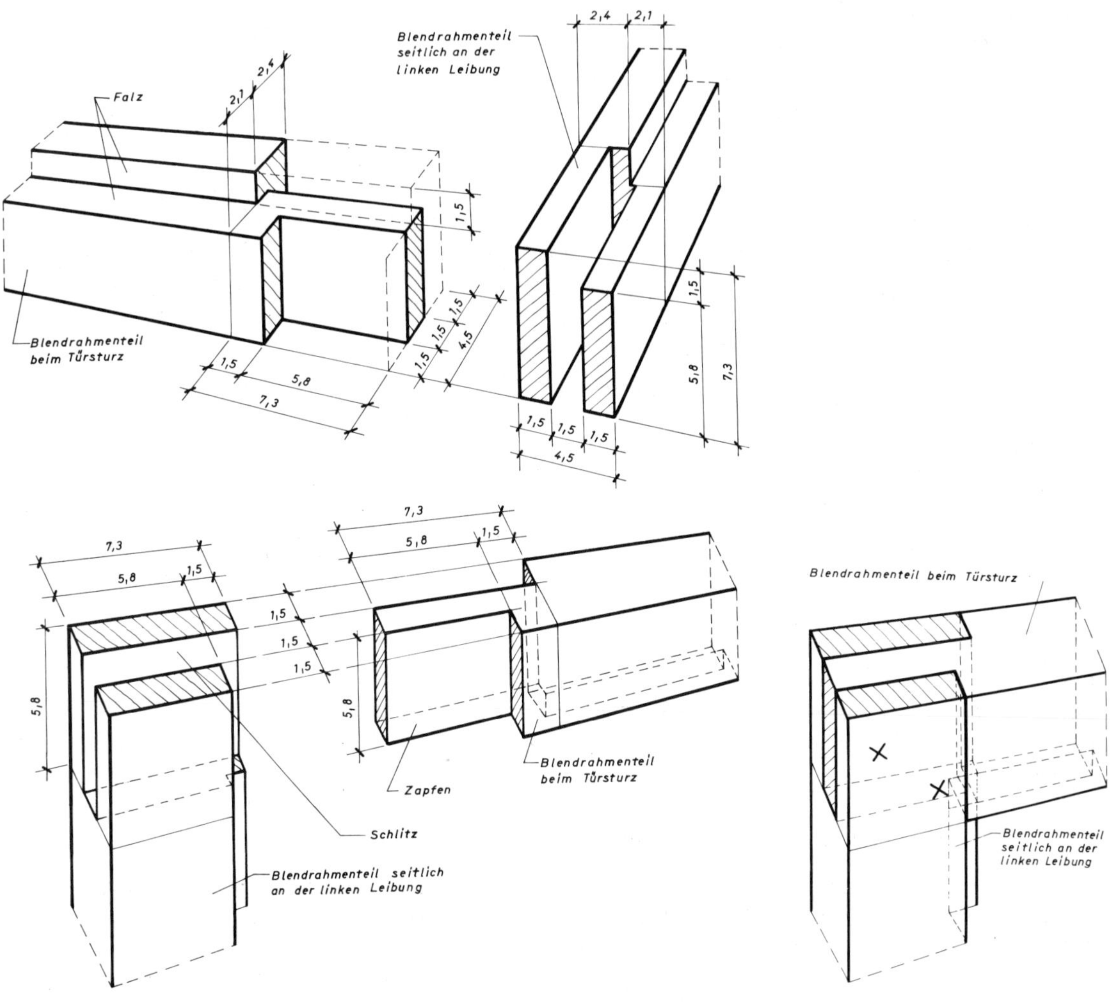

Die Verbindung der beiden senkrechten Blendrahmenteile mit dem waagerechten Rahmenteil stellt man am besten mittels Scherzapfen her. An den senkrechten Rahmenteilen werden die sogenannten Schlitze ausgearbeitet und dementsprechend am kurzen Rahmenteil die Zapfen. Jede Blendrahmendicke beträgt 4,5 cm. Zum Anreißen der Schlitz- und Zapfenbackenlinien wird die Dicke in drei gleiche Teile aufgeteilt. Durch den Falz (1,5 auf 2,1 cm) verringert sich einerseits die Rahmenbreite von 7,3 auf 5,8 cm und rechtwinklig dazu, aber auch nur einseitig, die Rahmendicke von 4,5 auf 2,4 cm. Daß demgemäß eine Scherzapfenlänge mit 5,8 cm und die andere mit 7,3 cm anzureißen ist und die Zapfenbreite sowie die Schlitztiefe mit 5,8 cm ist deutlich dargestellt. Die Scherzapfenverbindung kann mit Sternnägeln oder mit Holznägeln und durch eine wasserfeste Verleimung stabilisiert werden. Beim Zusammenbau der Rahmenteile ist darauf zu achten, daß ein rechtwinkliger und gleichmäßig breiter Blendrahmen entsteht.

15.1.4 Blendrahmen

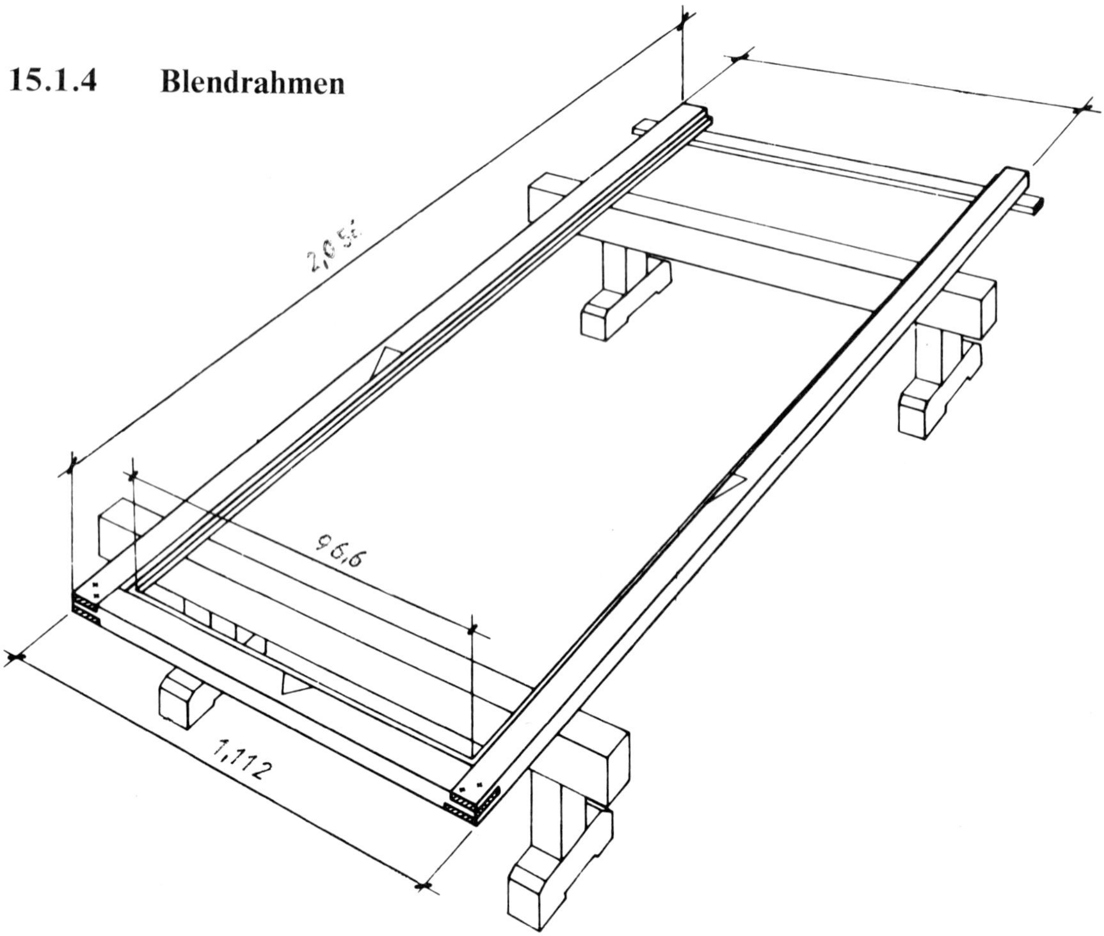

Damit der Blendrahmen seine bestimmte Breite beim Einpassen der Brettertür in den Falz behält, wird am Fußende mittels aufgenagelter Latte eine Querverbindung hergestellt.
Nach dem Herstellen des Blendrahmens wird am Querrahmen entlang von einem zum anderen Falz der beiden senkrechten Rahmen die lichte Weite zum Festlegen der Türblattbreite gemessen. Hier beträgt sie z. B. 99,6 cm. Davon zieht man für den beiderseitigen Spielraum bzw. für die Luft zwischen Falz und Außenkanten „Türblatt" ca. 2 · 3 mm ab. Das Türblatt aus Nut- und Federbrettern, Quer- und Strebenleisten soll demgemäß eine Fertigbreite von 99 cm haben. Es sieht natürlich besser aus, wenn gleichbreite anstatt ungleichbreite Nut- und Federbretter verwendet werden. Heutzutage stehen meist nur genormte Nut- und Federbretter mit bestimmten Deckbreiten zur Verfügung, von denen einige zusammengefügt die Türblattbreite ohne allzu großen Verschnitt erbringen sollen.

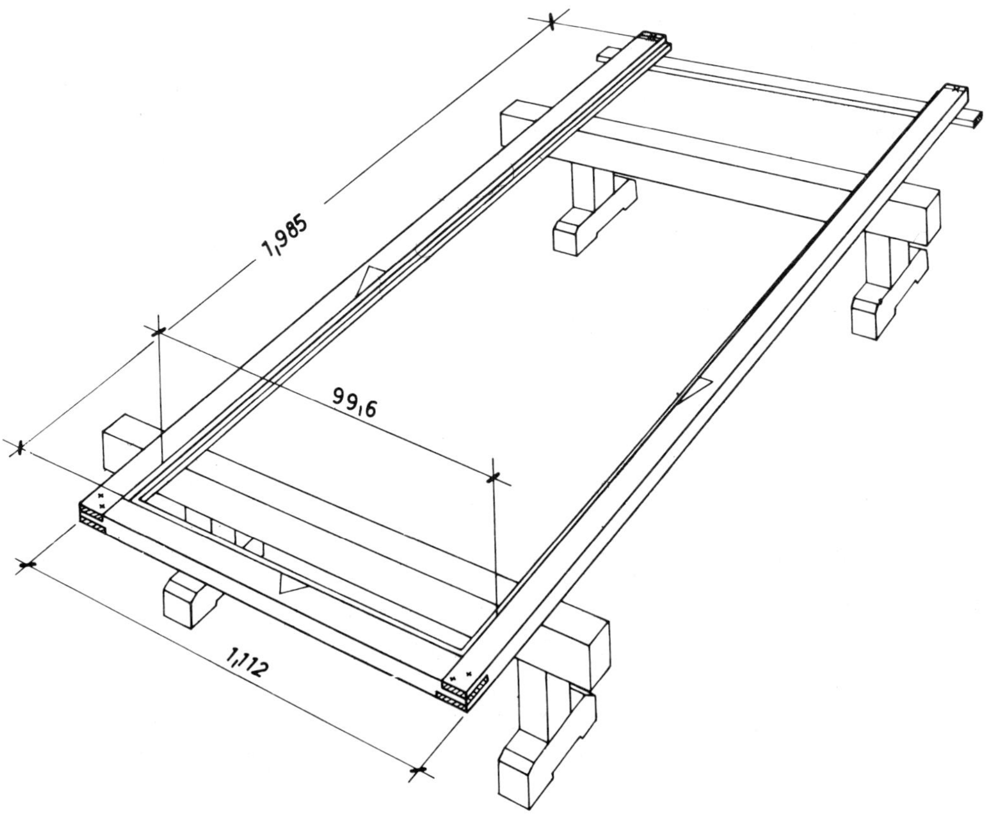

15.1.5 Nut- und Federbretter für das Türblatt

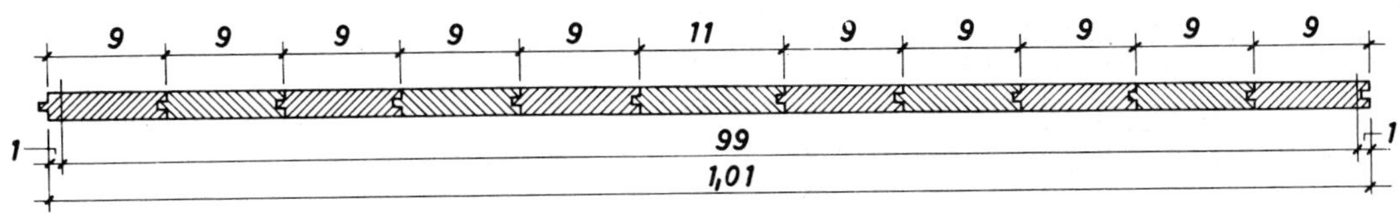

Da bei Nut- und Federbrettern die Nuttiefe innerhalb der Deckbreite liegt und keine Nut an den äußeren Türblattkanten erscheinen darf, bzw. das notwendige Vollmaterial fehlen würde, eignen sich auf die 99 cm fertige Türbreite zehn Deckbreiten von 90 mm und eine Deckbreite von 110 mm. Die Aufteilung bis zur fertigen Türblattbreite wird dann so vorgenommen, wie es hier oben zu sehen ist.

Genormte Nut- und Federbretter sind durch die Nut und Feder 0,3 – 0,5 mm unterfügt und sollen mit geringer Kraftaufwendung zusammengetrieben werden können.

Auf der guten Seite bilden sich durch das Unterfügen dicht geschlossene und auf der Gegenseite wenig geöffnete Stoßfugen. Damit beim Türblatt beiderseits geschlossene Stoßfugen entstehen, werden die Bretter am besten mit Türspannern oder mit Schraubknechten zusammengepreßt, aber stets unter Benutzung von Holzzulagen, damit an dem notwendigen Brettermaterial keine Eindruckstellen entstehen.

Türspanner

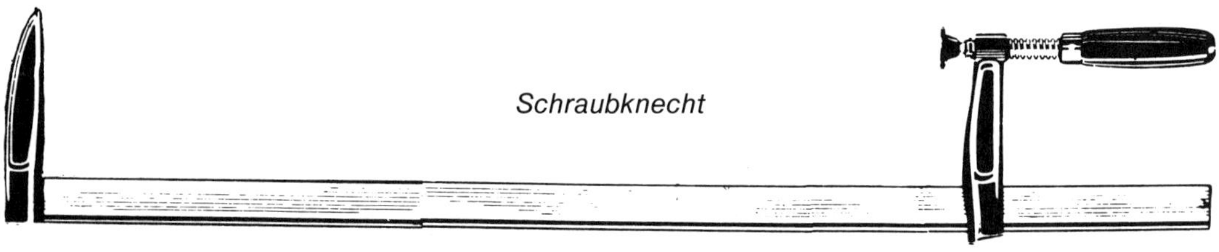

Schraubknecht

15.1.6 Herstellen der Brettertür

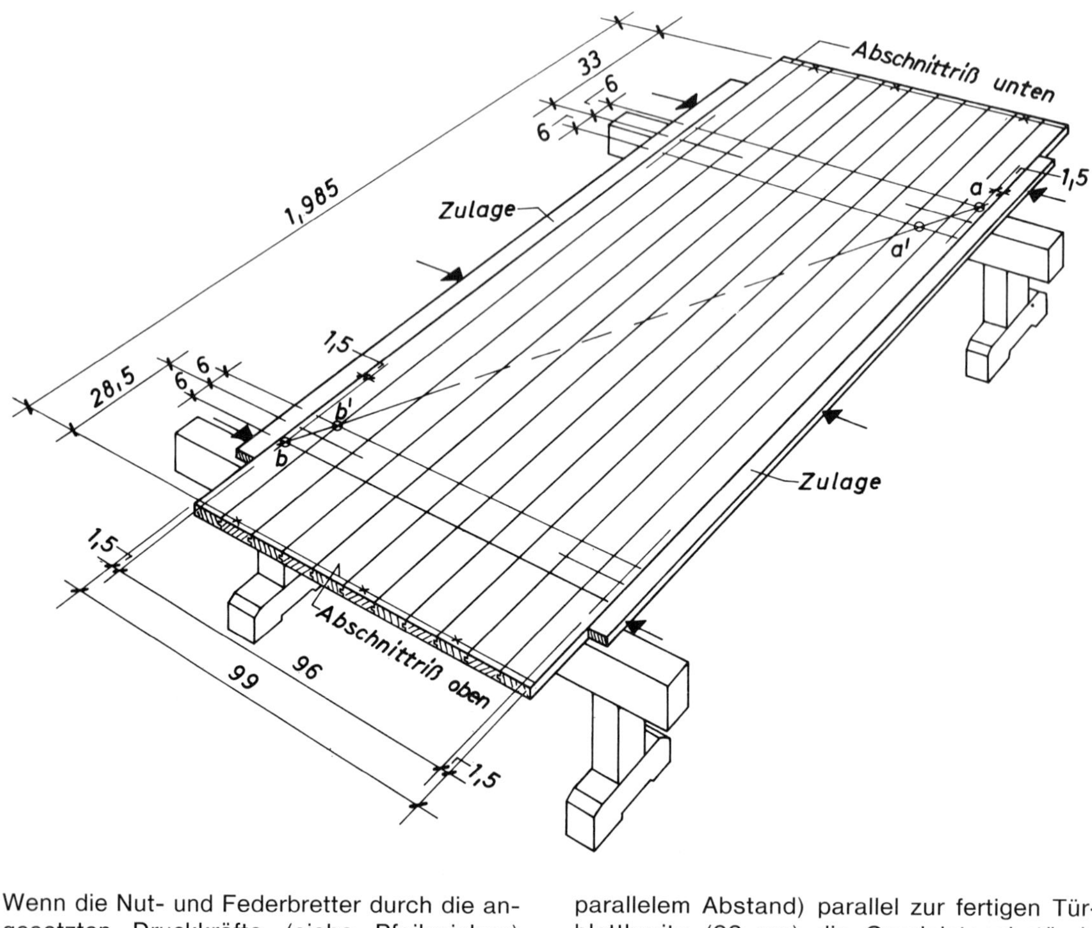

Wenn die Nut- und Federbretter durch die angesetzten Druckkräfte (siehe Pfeilzeichen) dicht zusammengefügt sind, trägt man winkelrecht zu einer Stoßfuge die Abschnittrisse sowie die Querleistenbreiten (Linien mit 12 cm parallelem Abstand) parallel zur fertigen Türblattbreite (99 cm) die Querleistenabstände (beiderseits 1,5 cm) auf. Die Strebenleiste wird in der Regel mit Versatz an die Querleisten angeschlossen.

Zum Festlegen ihrer Länge mit Versatz verbindet man in diesem Fall die Querleisteneckpunkte a und b mit einer Diagonalen, so daß die Schnittpunkte a' und b' anfallen. Hiernach kann auf den Punkt a' die linke und auf den Punkt b' die rechte Seite der 12 cm breiten Strebenleiste aufgelegt und ihre Breite über die Breitenlinien der Strebenleisten verstrichen werden. Dadurch bilden sich unten die Schnittpunkte a'' und a°, oben die Schnittpunkte b'' und b°. Mit dem Auftragen einer Verbindungslinie von a' auf a° und von b' auf b° legt sich sowohl unten als auch oben die Winkelhalbierende, d. h. die Stirnversatzlinie fest.

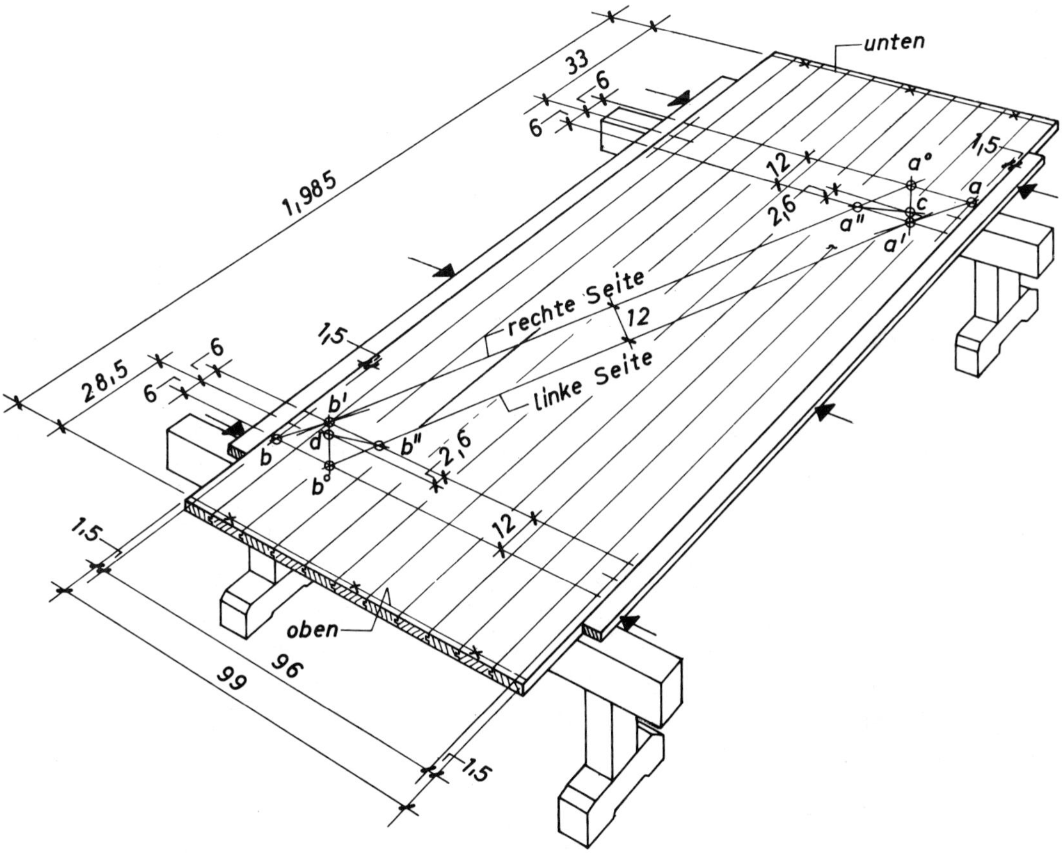

Über jede Winkelhalbierende wird die Versatztiefe (2 – 3 cm) parallel zur betreffenden Querleistenkante verstrichen, damit z. B. die Schnittpunkte c und d anfallen. Der untere Versatz verläuft nun über die Punkte a' c a'' und der obere Versatz über die Punkte b' d b'' und danach können die Stirnversatzlinien und Versatzschmiegen an scharfkantigen Quer- und Strebenleisten angerissen werden. Wenn die Quer- und Strebenleisten mit Abfasungen (gebrochene Kanten) und Versatz miteinander zu verbinden sind, verlagern sich durch die Fase die oberen Kanten der Leisten von außen nach innen.

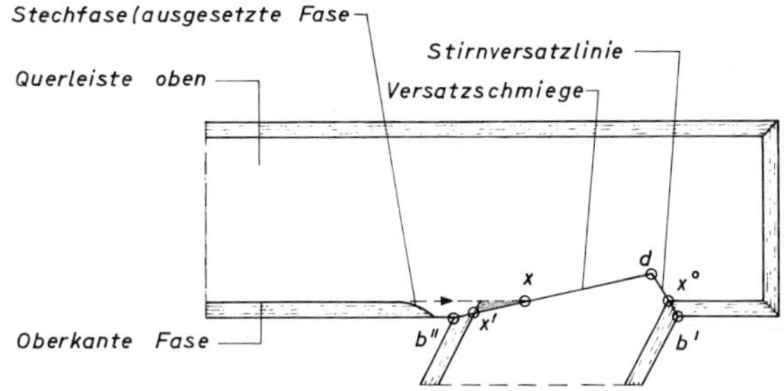

Unter der festgelegten Winkelhalbierenden bzw. unter der Stirnversatzlinie b' d treffen sich die gleichen Abfasungen im gleichen Punkt der hier mit x° markiert ist. Die Versatzschmiege d b'' verläuft nicht unter einer Winkelhalbierenden und deshalb wird sie von den Abfasungen

leiste an ihrer unteren Kante zunächst mal eine Stechfase (abgesetzte Fase), die dann erst nach dem festen Anschluß der Strebenleiste zur Winkelhalbiernden b'' x'' ausgearbeitet, d. h. bis an die Punkte b'' und x'' mittels Stemmeisen verlängert wird. Unter Stechfase

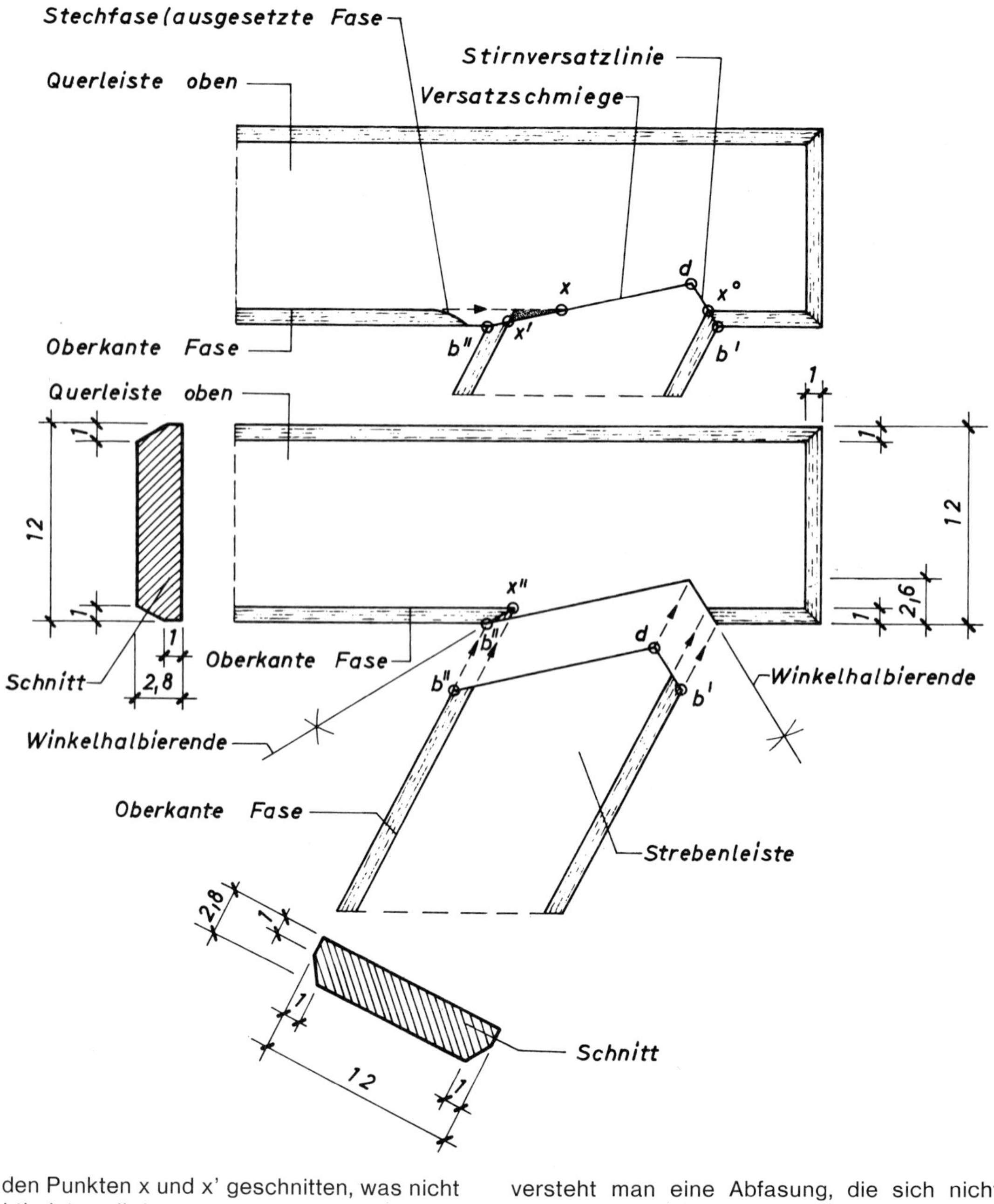

in den Punkten x und x' geschnitten, was nicht richtig ist, weil demnach die hier dunkel angelegte Fläche in Wirklichkeit ein dreieckiges Loch in der Holzoberfläche wäre.

Will man die gerade Versatzschmiege b' b'' trotzdem anwenden, bekommt die obere Quer-

versteht man eine Abfasung, die sich nicht über die ganze Länge der Holzkante erstreckt.

Sind die Quer- und Strebenleisten über die ganze Länge abgefast und durch Versatz miteinander zu verbinden, muß nach der gezeigten Methode, gearbeitet werden. Die sogenannte Stirn (b' – d) des Versatzes, aber auch die kleine Versatzschmiege b'' – y wird nach der Winkelhalbierenden ausgearbeitet und der größte Teil von der Versatzschmiege nach der Linie y – d. Die ganze Versatzschmiege b'' – y – d hat demnach einen Knick.

Damit der Blendrahmen seine bestimmte Breite sowohl beim Einpassen als auch später beim Transport auf die Baustelle behält, wird an seinem Fußende mittels Latte eine Querverbindung hergestellt. Den gleichmäßigen, also parallelen Spielraum der Brettertür im Falz des

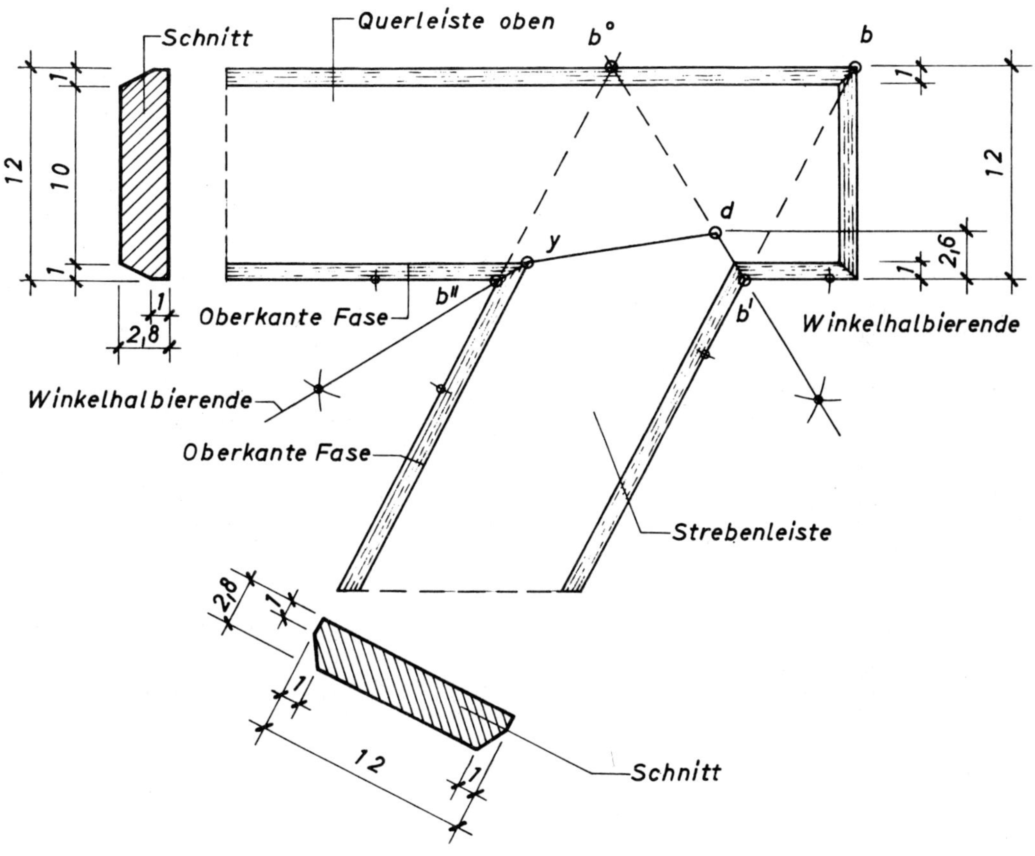

Durch den Aufriß der Quer- und Strebenleisten sowie der entsprechenden Stirnversatz- und Versatzschmiegelinien auf die zusammengepreßten Nut- und Federbretter ist die Grundlage zum Anreißen der Leisten ebenso zum Anreißen von Schablonen geschaffen. Beim Aufschrauben oder Aufnageln der ausgearbeiteten Querleisten auf die Nut- und Federbretter müssen natürlich alle Stöße preßfest zusammengefügt sein. Das Zuschneiden des Türblattes auf genaue Länge und Breite geschieht nach dem Befestigen der Quer- und Strebenleisten.

Zum Anschlagen der zugeschnittenen Brettertür legt man den Blendrahmen waagerecht auf Zimmerböcke und das Türblatt in seinen Falz.

Blendrahmens, stellt man am besten mit dünnen Leisten her.

Der Beschlag, mit dem die Brettertür samt Quer- und Strebenleisten drehbar an den Blendrahmen angeschlagen wird, besteht meist aus Langbändern und Plattenkloben.

Das Langband wird durch eine Schloßschraube und durch Holzschrauben mit Rundkopf sowohl mit der Querleiste als auch mit den Nut- und Federbrettern verbunden. Die Schäfte der Schrauben müssen satt in den Bohrungen sitzen. Die Platte wird bündig in den Blendrahmen eingelassen und daran mit Holzschrauben befestigt. Beim Einlassen der Stahlplatte muß

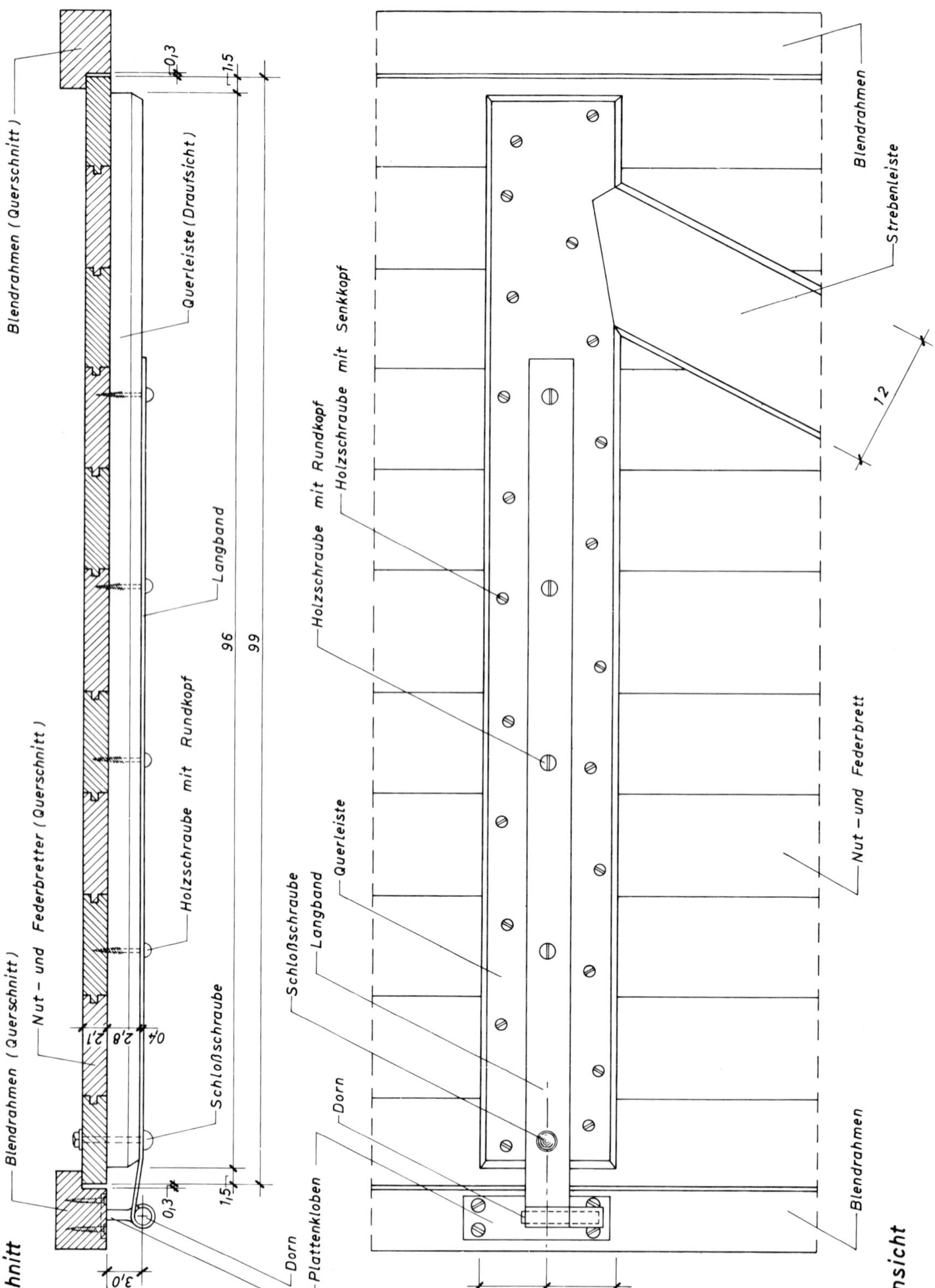
Schnitt
Blendrahmen (Querschnitt)
Querleiste (Draufsicht)
Langband
Holzschraube mit Rundkopf
Nut- und Federbretter (Querschnitt)
Blendrahmen (Querschnitt)
Schloßschraube
Dorn
Plattenkloben
0,3
1,5
96
99
2,1
2,8
0,4
1,5
0,3
3,0
Ansicht
Blendrahmen
Strebenleiste
Holzschraube mit Senkkopf
Holzschraube mit Rundkopf
12
Nut- und Federbrett
Querleiste
Langband
Schloßschraube
Dorn
Plattenkloben
Blendrahmen
6
6
12

darauf geachtet werden, daß der Dorn von den übereinander angeordneten Plattenkloben gleichmäßig und parallel zur entsprechenden äußeren Türkante und zugleich Falzkante verläuft. Der Abstand von der Stahlplatte bis Mitte man das Abbiegen bzw. Knicken des Langbandes vom Stirnende der Querleiste auf den Dorn des Klobens zu. Zum Schließen und Öffnen der Brettertür wird in der Regel das Kastenschloß mit hebender Falle verwendet.

15.1.7 Anschlagen der Brettertür

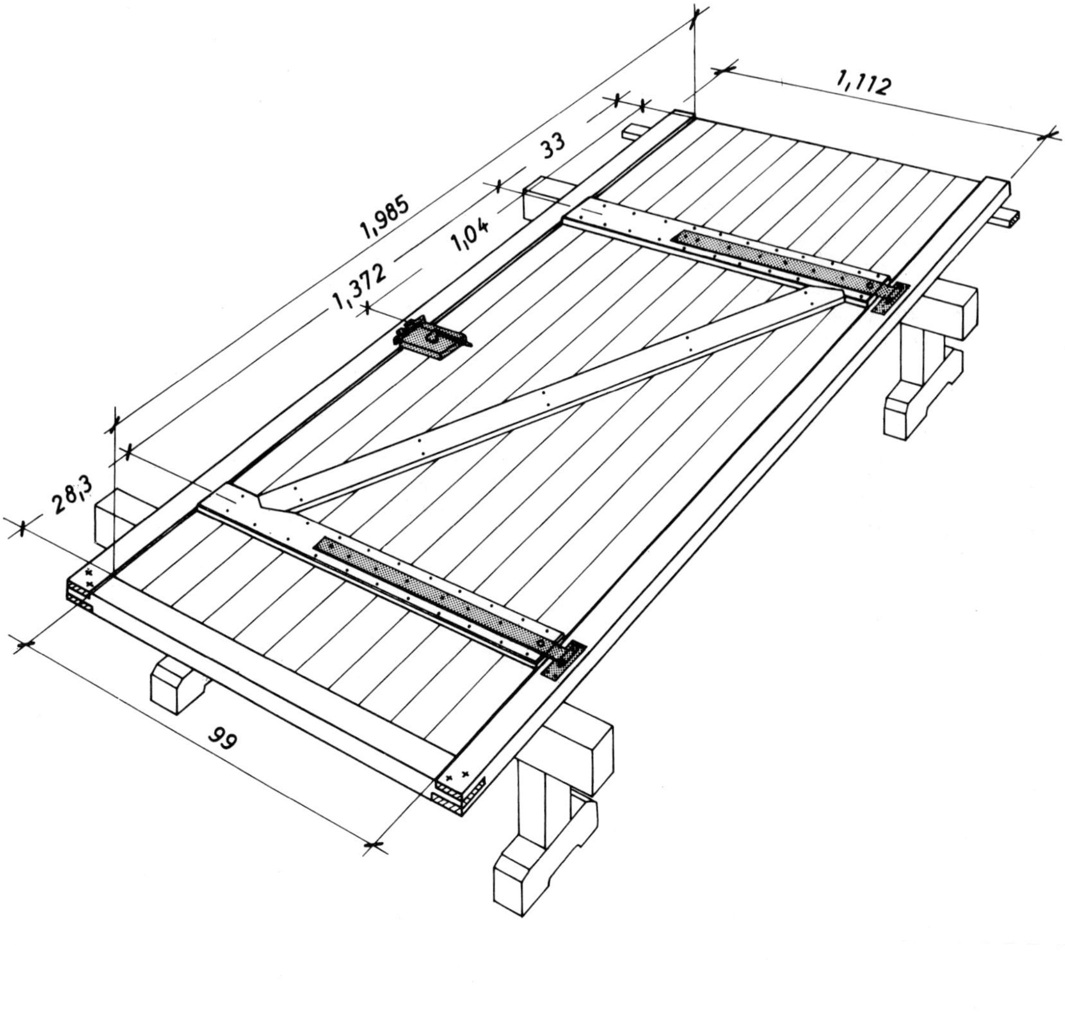

Dorn soll etwa so groß und auf keinen Fall weiter sein, als die Dicke der Querleiste, weil danach mit der Kröpfung des Langbandes ein geringer Andruck des Türplattes in den Falz hergestellt werden kann. Unter Kröpfung versteht

Hier oben ist die fertig angeschlagene Brettertür im Blendrahmen dargestellt und auch gezeigt, daß der Türdrücker vom Kastenschloß ca. 1,04 m über Unterkante „Tür'' bzw. 1,05 m über OFF (Oberfläche Fußboden) stehen soll.

16 Holztreppen – und Geländerbau

16.1 Benennungen von Treppenteilen

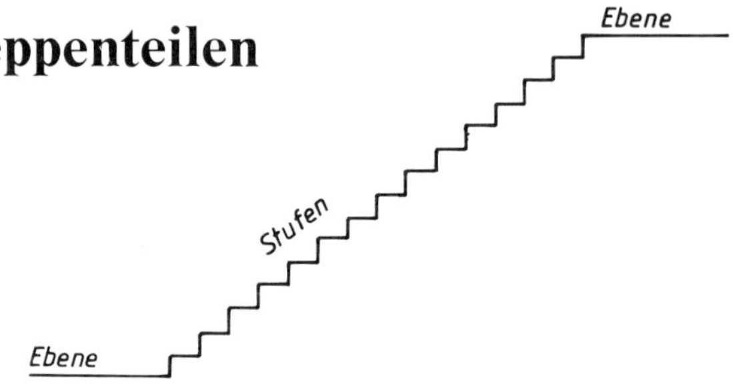

Die Treppen ermöglichen durch die staffelartige Bildung der Stufen eine Verbindung verschieden hoch liegender Ebenen.
Nach der Konstruktion kennt man:
die Blockstufe
die Keilstufe
die Plattenstufe mit und ohne Setzstufe

16.1.1 Blockstufe - Holm

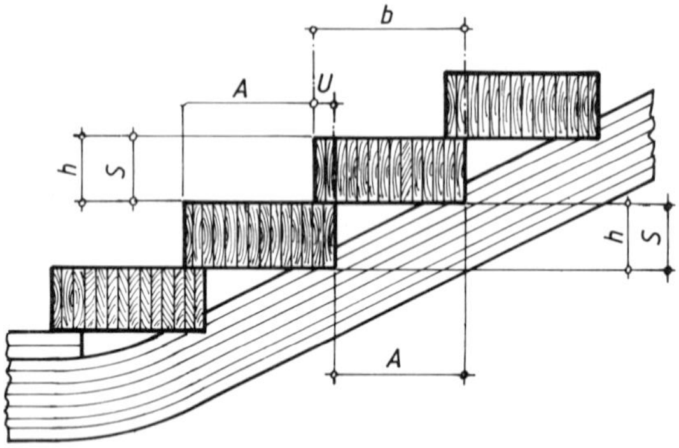

Blockstufen mit rechteckigem Querschnitt
A = Auftritt, b = Stufenbreite, h = Stufenhöhe, S = Steigung, U = vordere Auflagerbreite

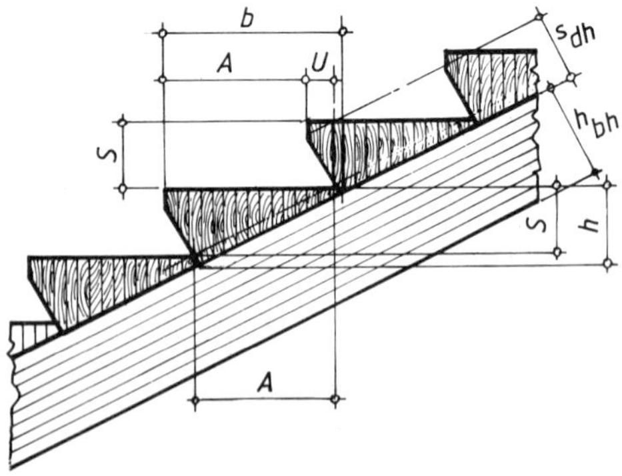

Blockstufen mit trapezförmigem Querschnitt (Keilstufen)
A = Auftritt, b = Stufenbreite, h = Stufenhöhe, S = Steigung, U = Unterschneidung, s_{dh} = Stufenkeildicke, h_{bh} = Holmhöhe

16.1.2 Keilstufe - Holm

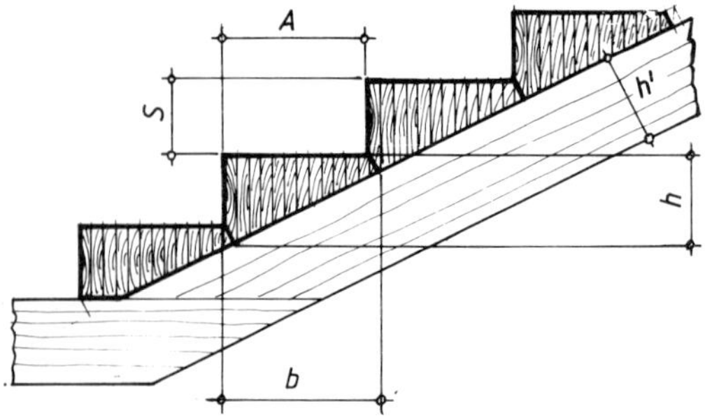

Blockstufen mit dreieckigem Querschnitt (Keilstufen)
A = Auftritt, b = Stufenbreite, h = Stufenhöhe, S = Steigung, h' = Holmhöhe

16.1.3 Plattenstufe

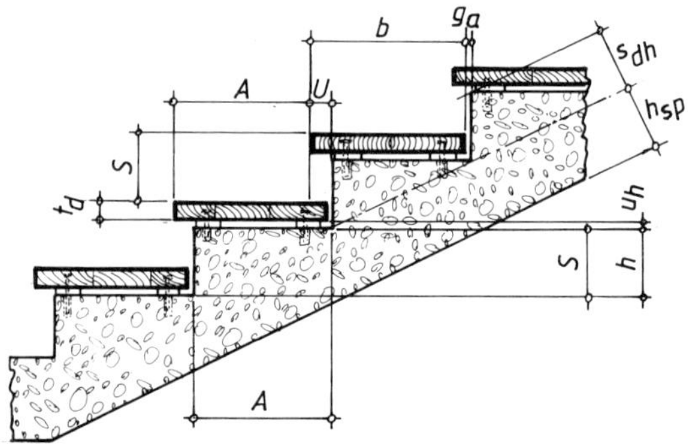

Stahlbetontreppe mit Trittstufen (Plattenstufen) aus Holz
A = Auftritt, b = Trittstufenbreite, h = Stufenhöhe, S = Steigung, U = Unterschneidung, u_h = Hohlraum, t_d = Trittstufendicke, s_{dh} = Stufenkeildicke, h_{sp} = Laufplattenhöhe

16.1.4 Setzstufe - Holm

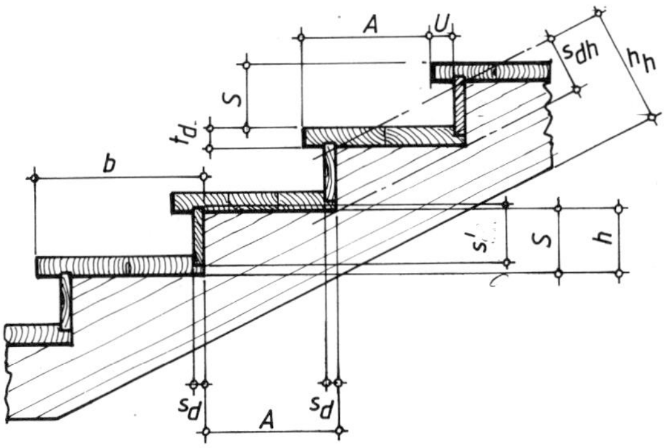

Aufgesattelte Treppe

A = Auftritt, b = Trittstufenbreite, h = Stufenhöhe, S = Steigung, U = Unterschneidung, S_{dh} = Stufenkeildicke, s' = Setzstufenhöhe, s_d = Setzstufendicke, t_d = Trittstufendicke, h_h = Holmhöhe

16.1.5 Plattenstufe - Wange

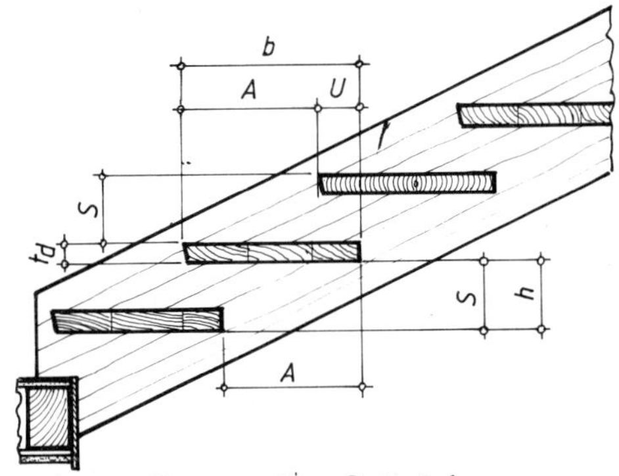

Gestemmte Treppe ohne Setzstufen

A = Auftritt, b = Trittstufenbreite, h = Stufenhöhe, S = Steigung, U = Unterschneidung, t_d = Trittstufendicke

16.2 Treppengrundformen

Der Treppengrundform nach gibt es:

die Treppen mit geraden Läufen,
die Treppen mit gewendelten Läufen
die Treppen mit geraden und gewendelten Läufen

16.2.1 Treppen mit geraden Läufen

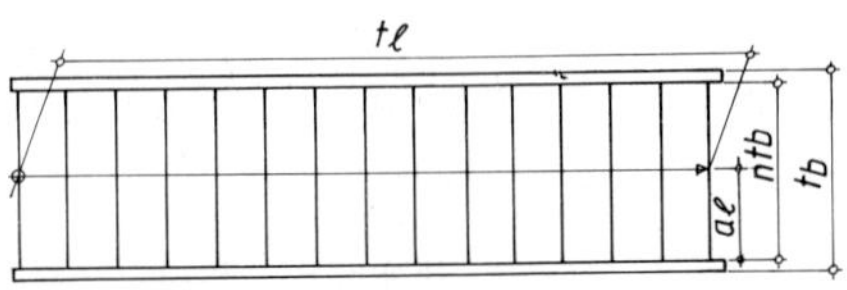

Einläufige gerade Treppe

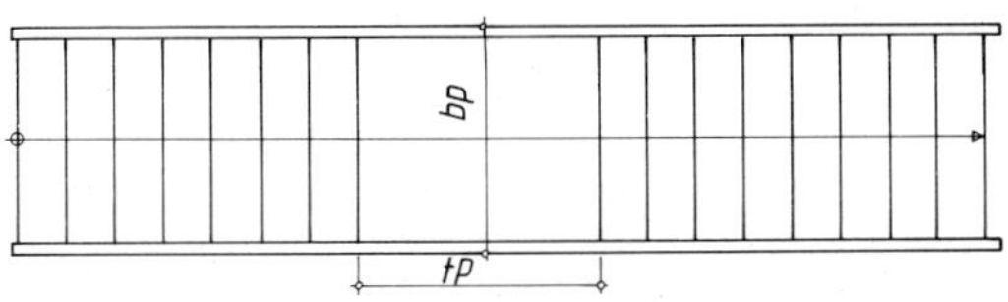

Zweiläufige gerade Treppe mit Zwischenpodest

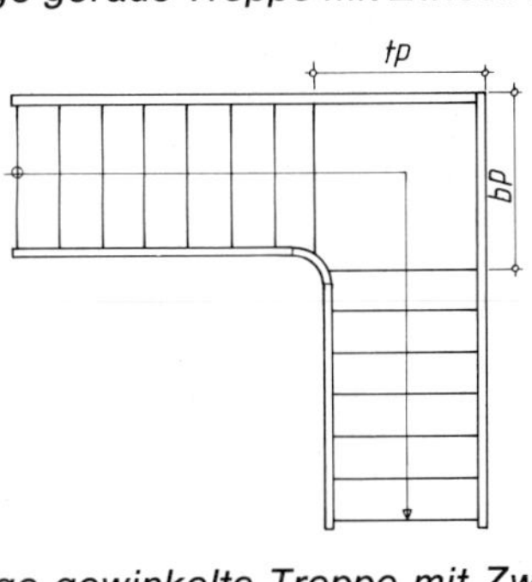

Zweiläufige gewinkelte Treppe mit Zwischenpodest (dargestellt als Rechtstreppe)

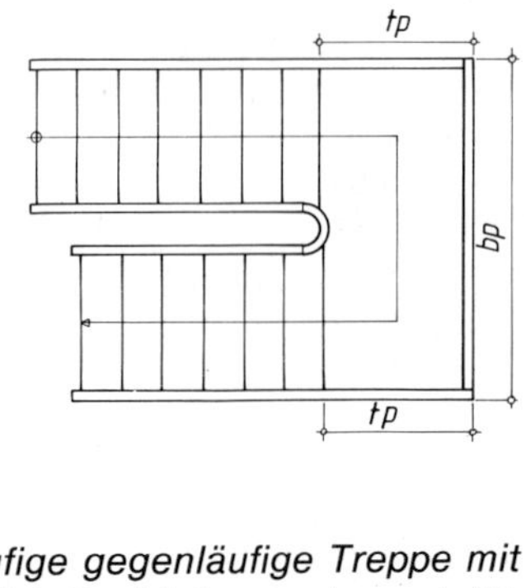

Zweiläufige gegenläufige Treppe mit Zwischenpodest (als Rechtstreppe dargestellt)

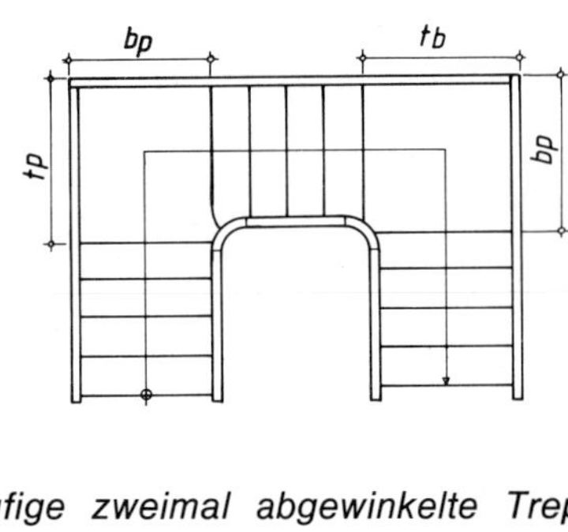

Dreiläufige zweimal abgewinkelte Treppe mit Zwischenpodesten (als Rechtstreppe dargestellt)

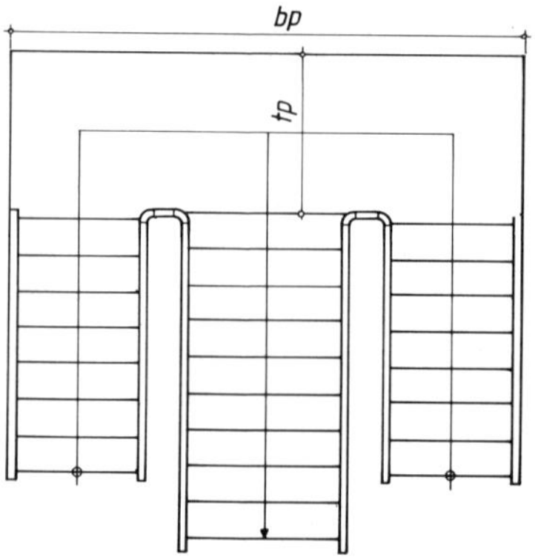

Dreiläufige gegenläufige Treppe mit Zwischenpodest

16.2.2 Treppen mit gewendelten Läufen

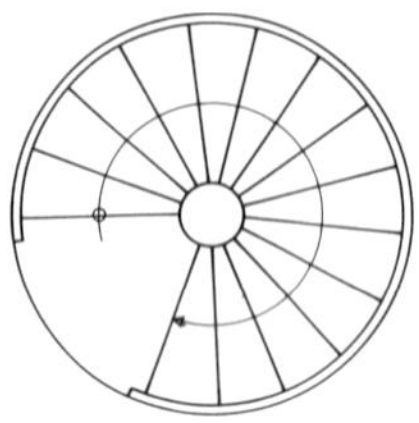

Spindeltreppe
Treppe mit Treppenspindel
(als einläufige Rechtstreppe dargestellt)

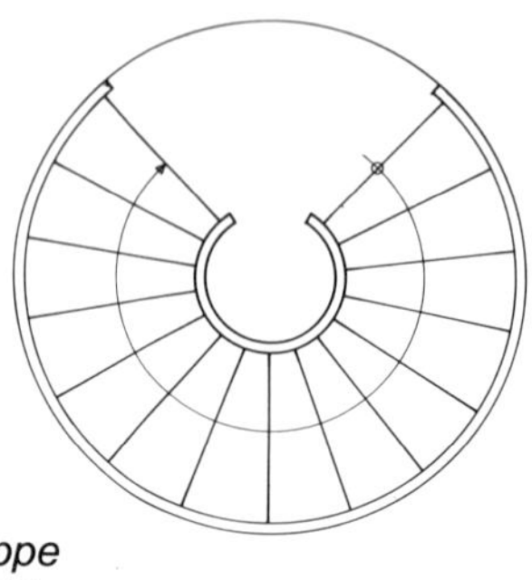

Wendeltreppe
Treppe mit Treppenauge
(als einläufige Rechtstreppe dargestellt)

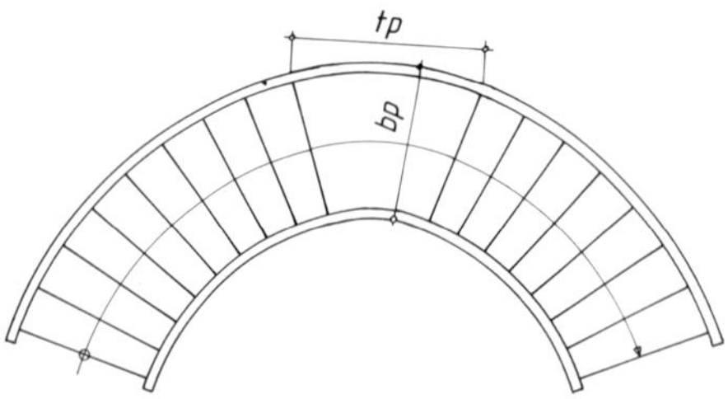

Zweiläufige gewendelte Treppe mit Zwischenpodest (dargestellt als rechtsdrehende Korbbogentreppe)

16.2.3 Treppen mit geraden und gewendelten Laufteilen

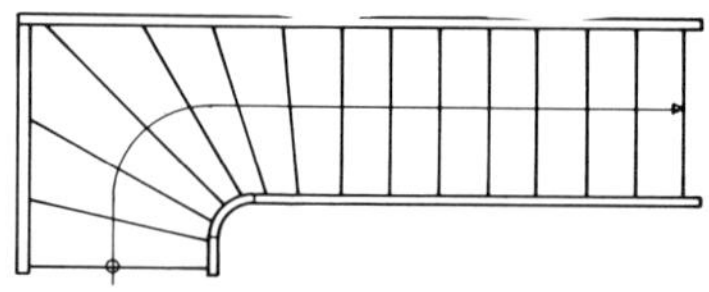

Einläufige im Antritt viertelgewendelte Treppe (als Rechtstreppe dargestellt)

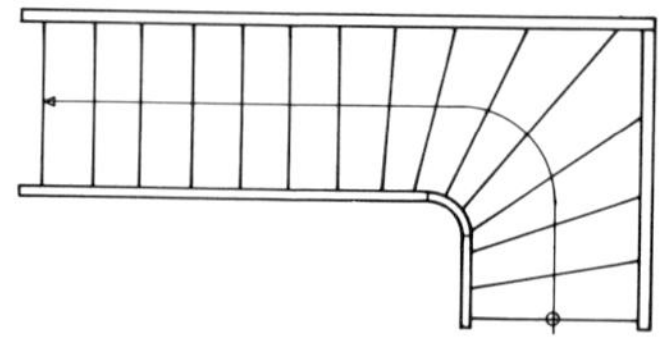

Einläufige im Antritt viertelgewendelte Treppe (als Linkstreppe dargestellt)

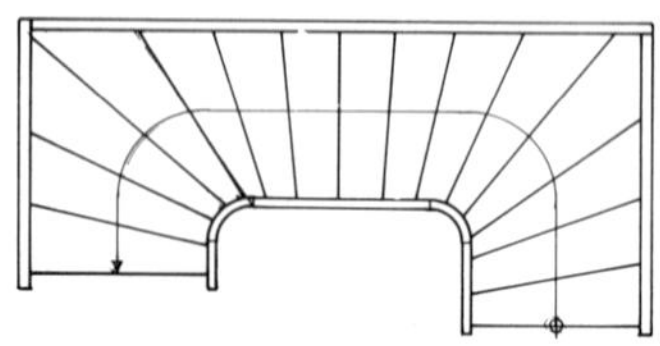

Einläufige zweimal viertelgewendelte Treppe (dargestellt als Linkstreppe)

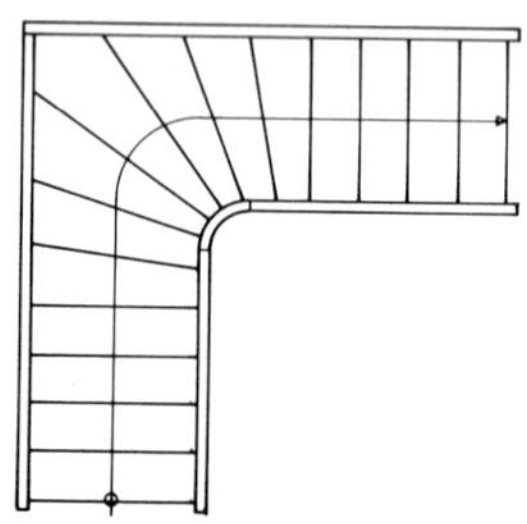

Einläufige gewinkelte viertelgewendelte Treppe (dargestellt als Rechtstreppe)

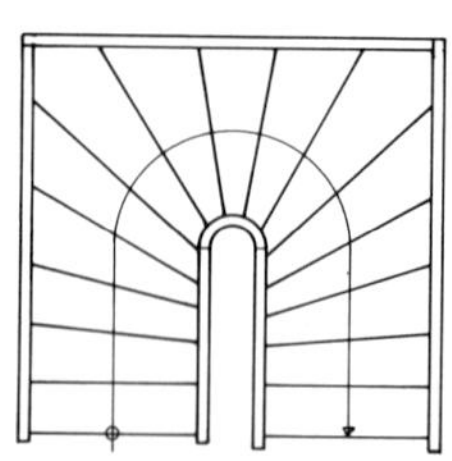

Einläufige halbgewendelte Treppe (dargestellt als Rechtstreppe)

16.3 Treppenraum für eine einläufige gerade, gestemmte Treppe

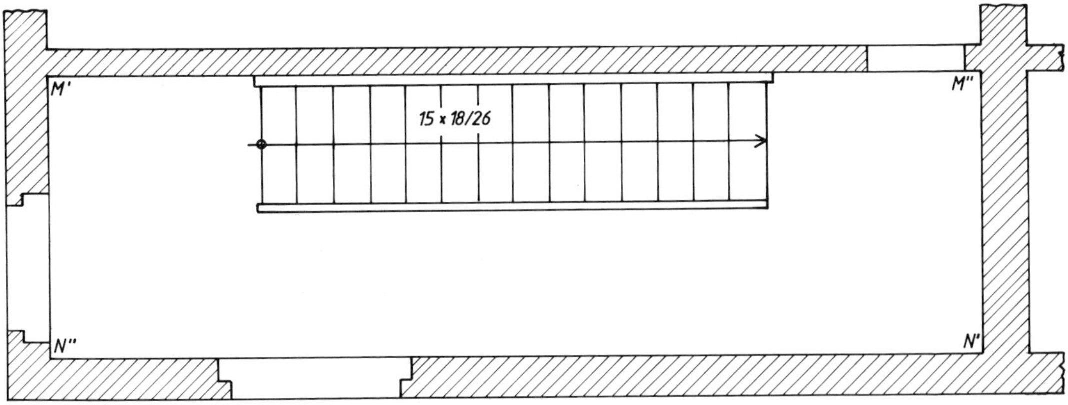

16.3.1 Treppenraumgrundriß mit eingeplanter Treppe

M' M'' N' N'' = Ecken des Treppenraumes

Den Raum im Haus, in dem sich ausschließlich die Treppenanlage befindet, nennt man Treppenraum. In Einfamilienhäusern und Villen fehlt oft der Treppenraum und es steht die Treppe in einem besonders ausgebildeten Wohnraum, der Diele. Der Treppe wird stets nach oben eine Treppenöffnung zugeordnet. Bei der Treppenöffnung, die auch Treppenloch genannt wird, handelt es sich um eine Aussparung in der Geschoßdecke aus Stahlbeton oder um eine Auswechslung in der Holzbalkenlage eines Vollgeschosses.

Die Vollinie mit dem Ring am Anfang und dem Pfeil am Ende des Treppenlaufes wird als Lauflinie bezeichnet. Bei der Zahlen- und Buchstabenreihe 15 x 18/26 handelt es sich um folgende Angaben: 15 Steigungen mit je 18 cm Steigungshöhe und 26 cm Auftrittbreite bei den einzelnen Trittstufen sind vorgeplant.

16.3.2 Treppenloch

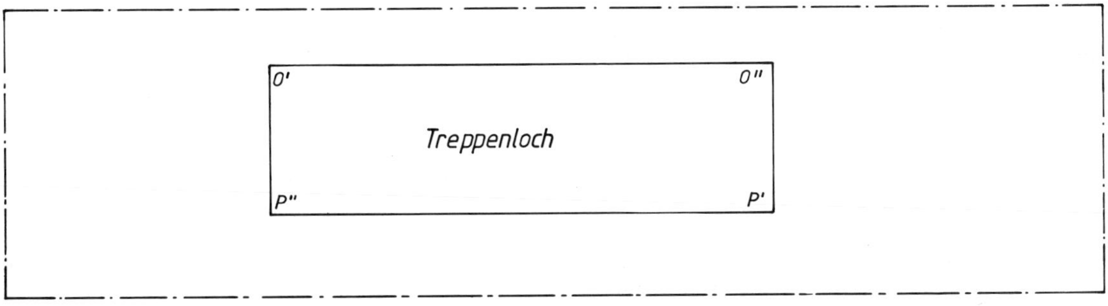

Oberseite einer Stahlbetondecke mit der Aussparung für eine Treppe
O' O'' P' P'' = Ecken des Treppenloches

16.3.3 Geschoßhöhe und Treppenhöhe

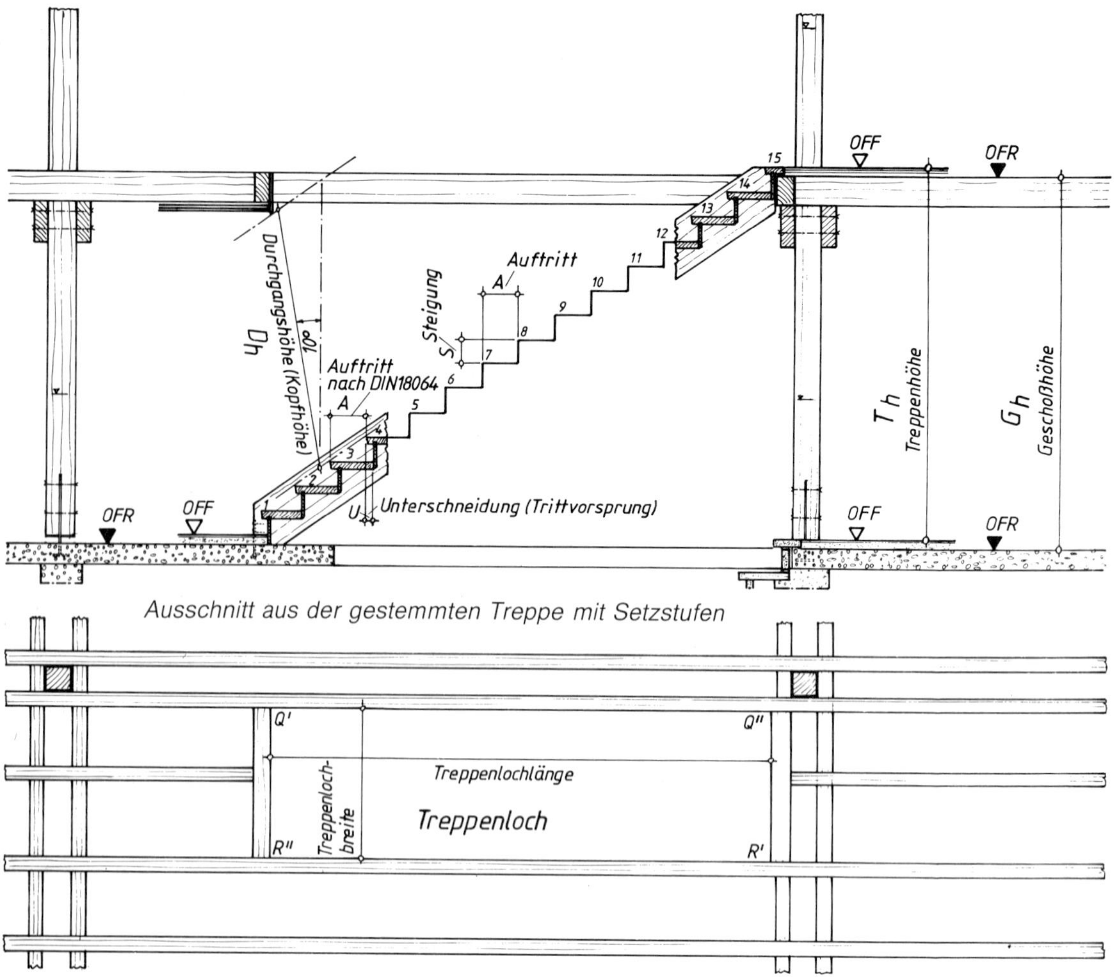

Ausschnitt aus einer in Richtung der Lauflinie geschnittenen, geradläufigen gestemmten Treppe und Ausschnitt aus einer Holzbalkenlage mit der Auswechslung für eine Treppe.

Q' Q'' R' R'' = Ecken des Treppenloches
OFF = Oberfläche „Fertigfußboden''
OFR = Oberfläche „Rohdecke'' oder Oberfläche „Balkenlage''
T_h = Treppenhöhe
G_h = Geschoßhöhe des Rohbaues
Q' Q'' (zugleich R' R'') = Treppenlochlänge
Q' R'' (zugleich Q'' R') = Treppenlochbreite
D_h = Durchgangshöhe
A = Auftritt nach DIN 18064 und A = Auftritt beim Anreißen der Wangen
S = Steigung
U = Unterschneidung (Trittvorsprung)

Unter einem Vollgeschoß ist das einzelne Keller-, Erd-, Ober- und Dachgeschoß zu verstehen.
Die Vollgeschoßhöhe des Rohbaues geht von Oberfläche »Rohdecke« des einen Vollgeschosses bis Oberfläche »Rohdecke« des nächst oberen Vollgeschosses.
Die Treppenhöhe der Geschoßtreppe geht von Oberfläche »Fertigfußboden« des einen Geschosses bis Oberfläche »Fertigfußboden« des nächst oberen Stockwerkes.
Nach dieser Treppenhöhe wird die Steigung einer Treppe errechnet und nicht nach der Vollgeschoßhöhe des Rohbaues.

16.3.4 Steigung und Auftritt bei der Treppe

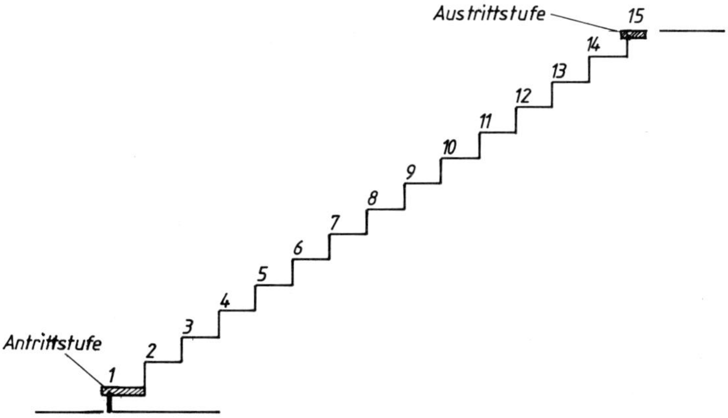

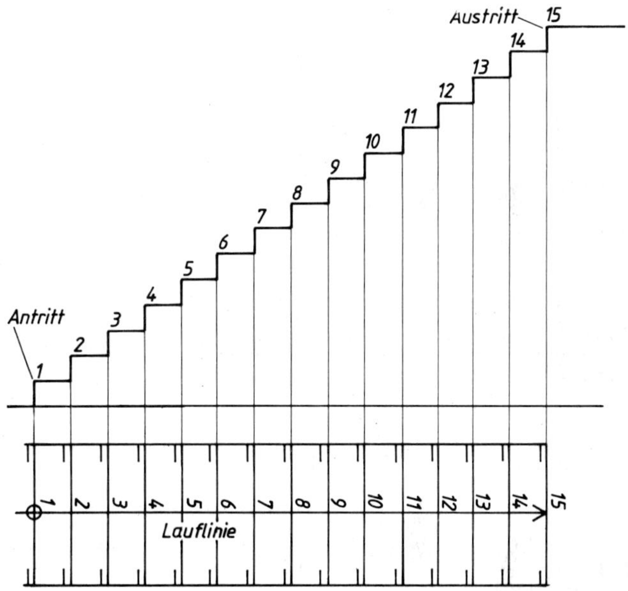

Zahlenreihe 1 bis 15 = Summe der Steigungen des Treppenlaufes

Zahlenreihe 1 bis 14 = Summe der Auftritte bei den 15 Steigungen des Treppenlaufes

Bei der Geschoßtreppe nennt man die unterste und demnach erste Trittstufe gewöhnlich Antrittstufe. Die Antrittstufe erhält die Nummer 1. Die oberste Stufe der Geschoßtreppe nennt man Austrittstufe und diese erhält bei der Summe einer bestimmten Reihe von Steigungen die höchste Trittnummer.
Wenn den Trittstufen einer Treppe die senkrechten Setzstufen zugeordnet sind, erhält die einzelne Setzstufe die gleiche Nummer wie die ihr unmittelbar aufgesetzte Trittstufe.

Die Treppenlauflänge verläuft, wie der Auftritt bei einer Stufe, waagerecht in Richtung einer bestimmten Lauflinie, welche an der Stoßfläche der Setzstufe des Antrittes beginnt und an der Stoßfläche der Setzstufe des am nächsten liegenden Austrittes endet.

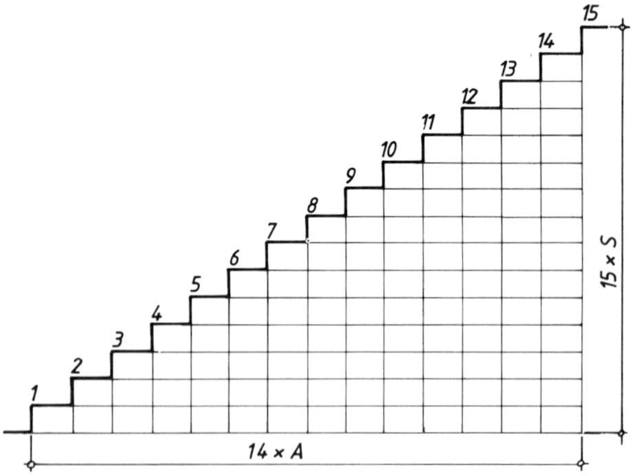

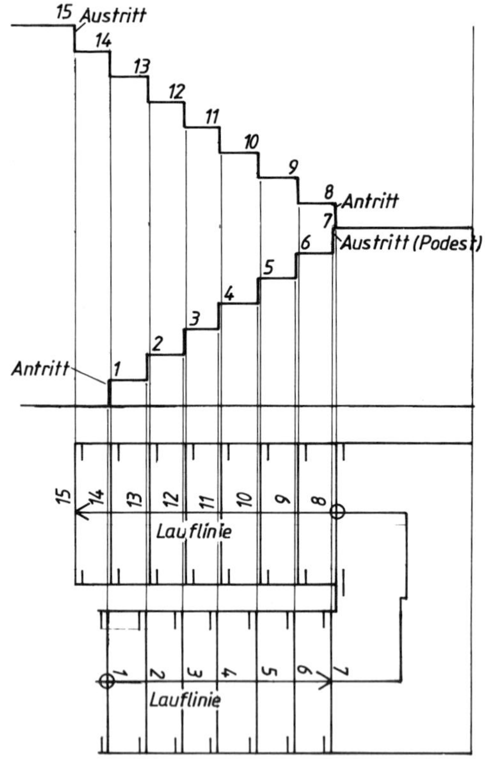

Da nach der Treppenhöhe die Steigung für die Treppe errechnet wird, muß der Auftritt dieser Treppe durch die Aufteilung der Lauflinienlänge in gleiche Auftrittmaße stets mit der Summe von den Steigungen ausgeführt werden, die man aus Unterkante der Setzstufe des Antrittes bis an Unterkante der Setzstufe des betreffenden Austrittes zählt.

Das Verhältnis, in welchem Steigung und Auftritt zueinander stehen, ist das Steigungsverhältnis einer Treppe. Maßgebend für dasselbe ist die gewöhnliche Schrittlänge auf der Horizontalen, welche zwischen 60 und 66 cm, im Mittel also bei 63 cm liegt. Bei der Festlegung einer Regel für das Steigungsverhältnis ging man von der Erfahrung aus, daß zur Überwindung einer senkrechten Strecke die Anstrengung doppelt so groß ist, als das Begehen einer gleichlangen Strecke in der Ebene. Das Steigungsverhältnis für eine Treppe lautet demnach:

2 Steigungen + 1 Auftritt = der Schrittlänge auf der Horizontalen oder kurz 2 S + 1 A = 60 – 66 cm.

Die sogenannte Schrittmaßregel 2 S + 1 A = 63 cm ist aber nur für eine Steigungshöhe zwischen 14 und 18 cm anwendbar. Bei kleineren Steigungen wird der Auftritt zu groß und bei größeren zu klein. Man rechnet in solchen Fällen nach der sogenannten Sicherheitsregel S + A = 46 bis 47 cm.

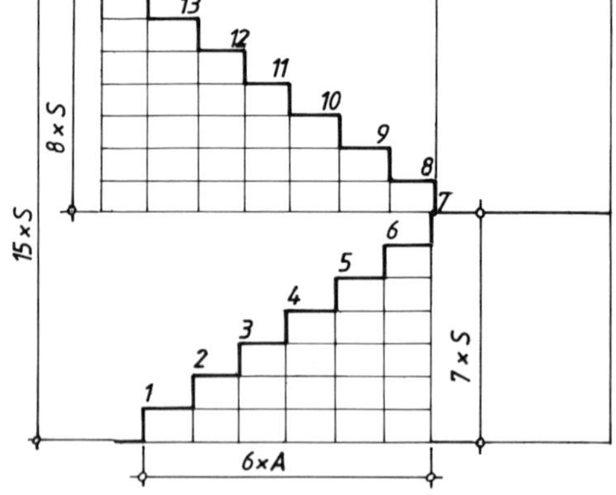

16.3.5 Treppenteile

Die Holztreppe besteht aus den tragenden Teilen und aus den Tritt- und Setzstufen.
Die tragenden Teile der Treppe werden Wandwangen sowie Lichtwangen und Holme genannt.

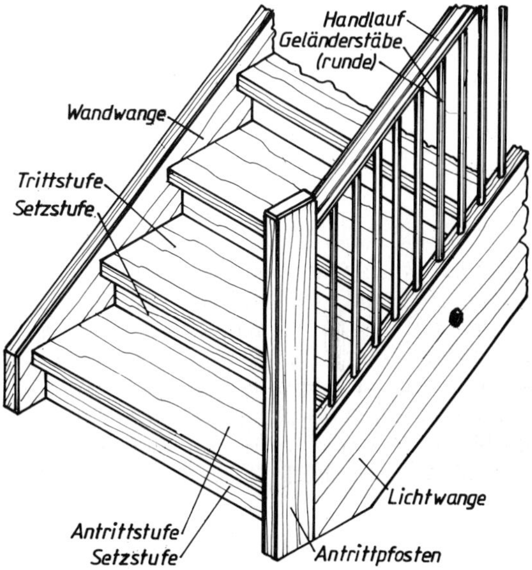

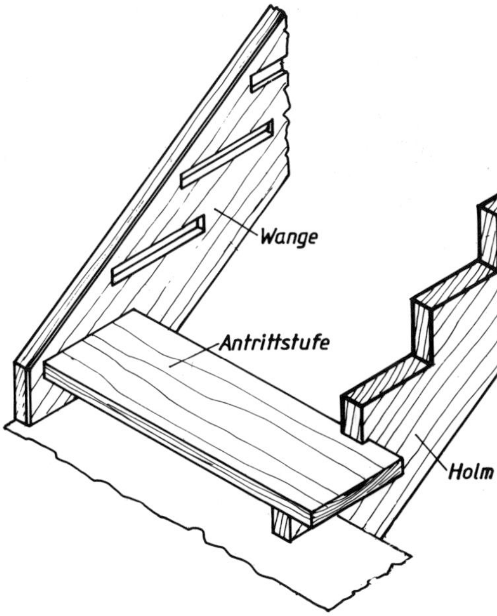

Wand- und Lichtwangen gehören zur gestemmten Treppe. Bei der gestemmten Treppe stehen die Trittstufen oder die Tritt- und Setzstufen mit ihren Hirnschnittenden und der ganzen Dicke in besonders genau ausgestemmten Löchern der Wand- und Lichtwangen.
Das Wangenpaar bzw. eine Wand- und die zugehörige Lichtwange einer gestemmten Treppe wird mit Treppenschrauben zusammengespannt.

Der gestemmten Treppe wird für gewöhnlich ein Holzgeländer aus An- und Austrittpfosten mit angeschlossenem Handlauf und eingestemmten Geländerstäben oder Geländerbrettern zugeordnet.

Bei einer gestemmten und zugleich aufgesattelten Treppe wird die Lichtwange ausgeschnitten und die einzelne Trittstufe darauf befestigt. Die ausgeschnittene Lichtwange wird als Holm bezeichnet. Der Holm wird stets etwas nach innen, d. h. in Richtung der Wandwange gerückt und auf Setzstufen wird meist verzichtet.

Bei Treppen mit geraden und gewendelten Laufteilen gibt es Übergangspfosten und Kropfstücke. Für das Geländer über dem betreffenden Kropfstück muß ein Krümmling angefertigt und an die Handläufe angeschlossen werden.

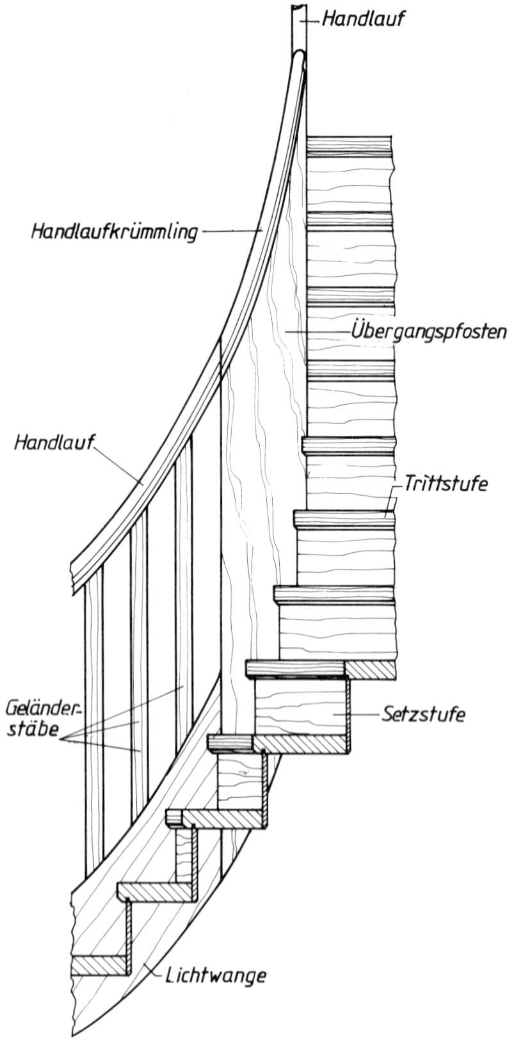

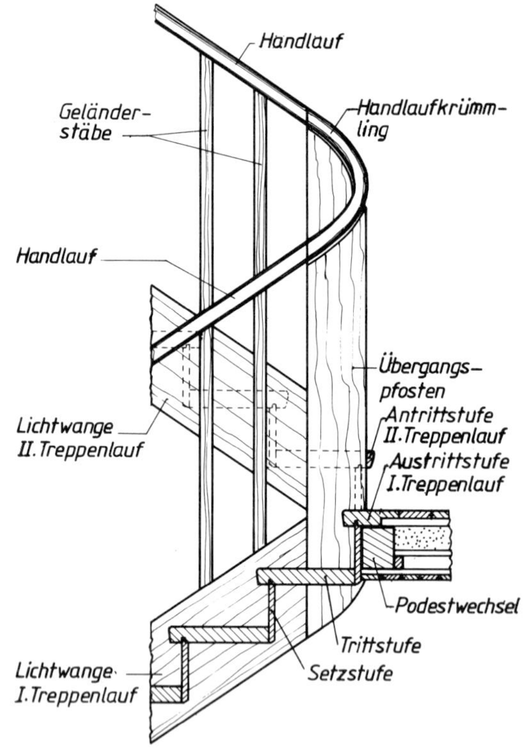

Beim Übergangspfosten werden die Handläufe in das Holz des Übergangspfostens eingezapft und oben wird nach dem Profil der gleichen Handläufe der Krümmling ausgearbeitet.

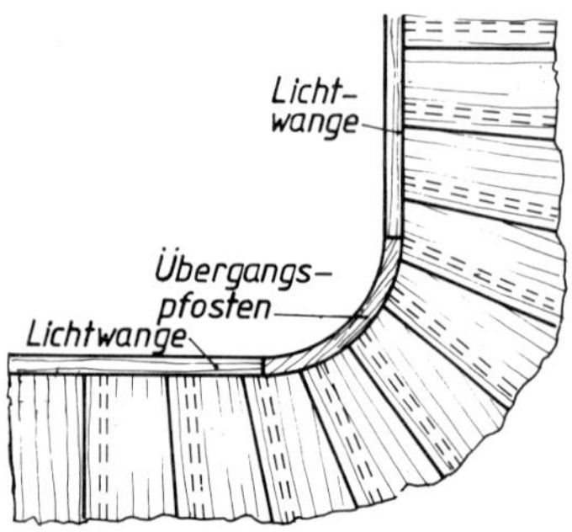

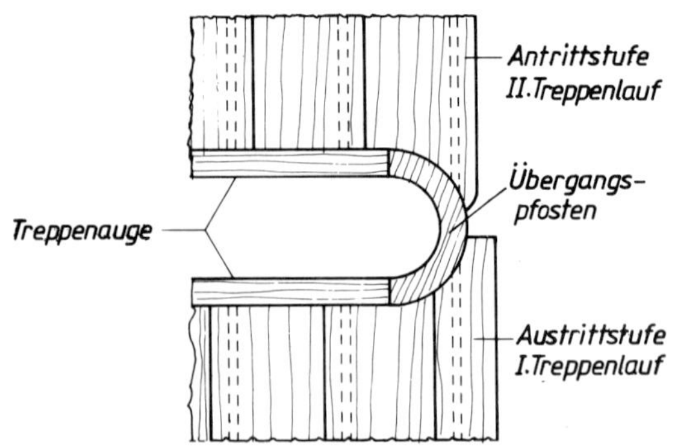

Kropfstück aus einem lamellenverleimten Rohling ausgearbeitet. Da die Holzfasern schräg zur Kropfgrundrißform verlaufen, spricht man von einem liegenden Kropfstück.

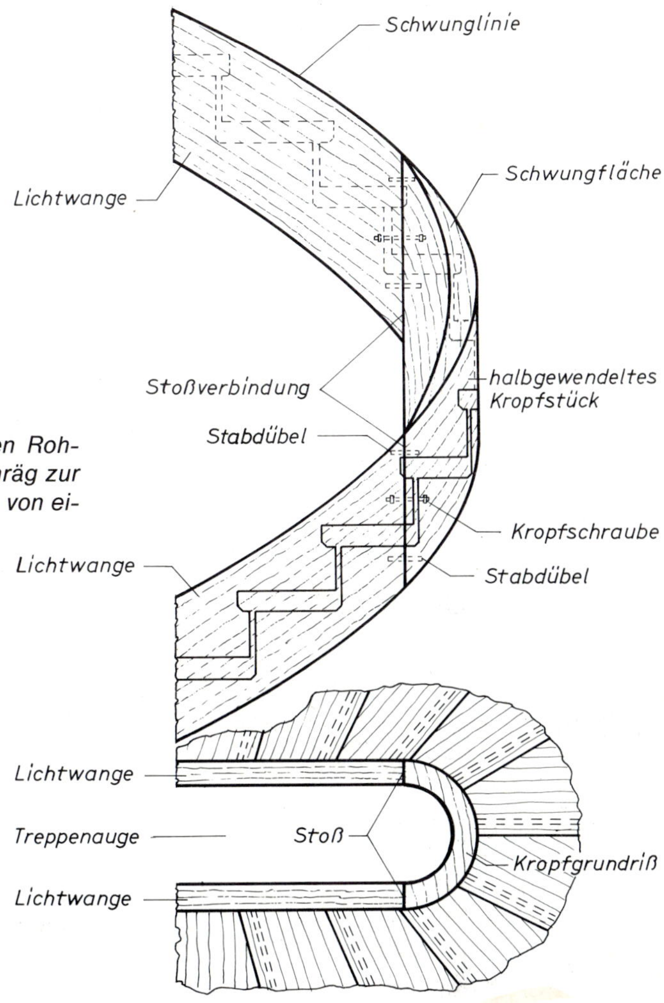

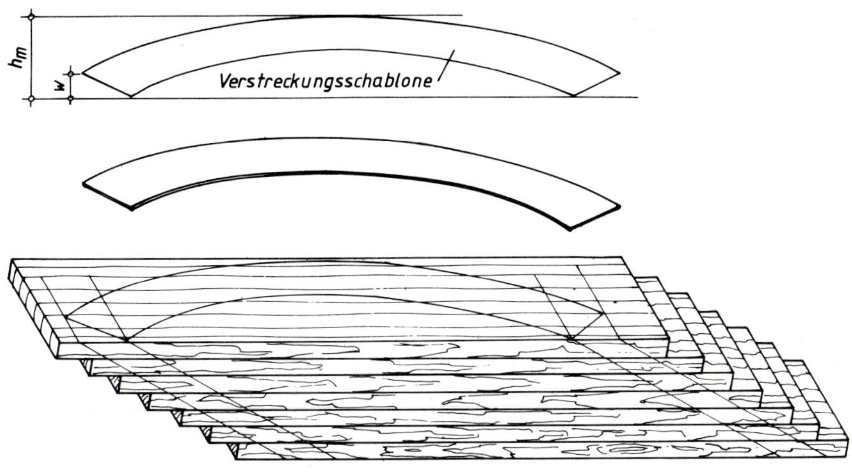

Lamellenverleimtes Kropfstückholz mit angerissenem Kropfstück

Um ein Kropfstück reißen zu können, muß eine Verstreckungsschablone ausgetragen und ausgearbeitet werden.

16.4 Das Maßnehmen für eine einläufige gerade, gestemmte Treppe

16.4.1 Perspektivische Darstellung eines Treppenraumes

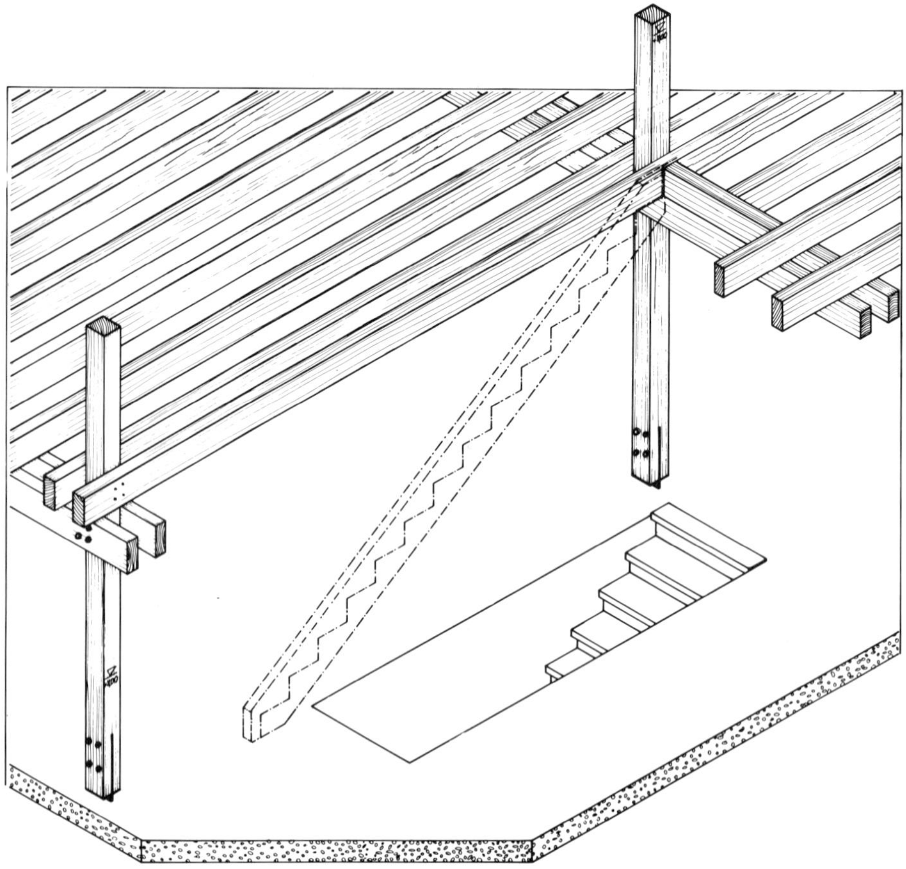

Perspektivische Darstellung eines Treppenraumes mit dem Verlauf der Wandwange des einzubauenden einläufigen, geraden Treppenlaufes

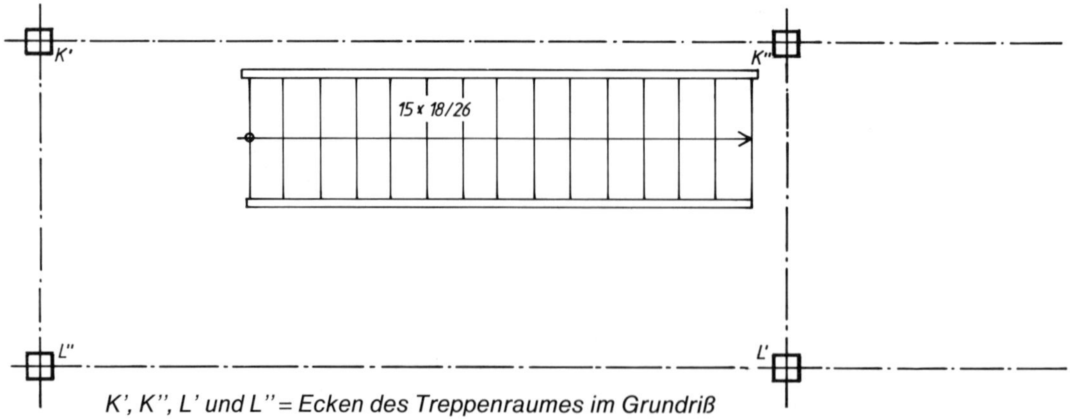

K', K'', L' und L'' = Ecken des Treppenraumes im Grundriß

Der Architekt zeichnet nach berechneten Maßen die Treppe im verkleinerten Maßstab auf und der Zimmerer dieselbe stets mit aus dem Gebäude geholten Maßen im Maßstab 1:1.

Beim Maßnehmen im Gebäude stellt man sich während dem Lesen der Bauzeichnung mit seinem Vorstellungsvermögen schon den Verlauf der Treppe im Raum vor und beginnt danach mit dem Messen der Treppenöffnung.

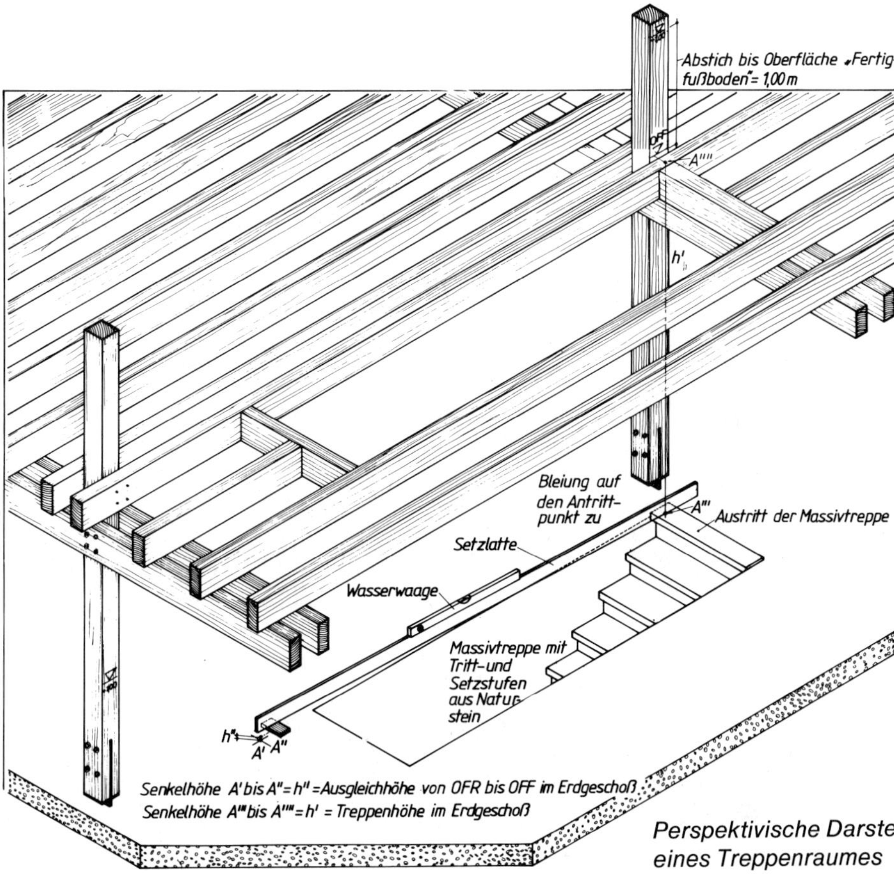

Perspektivische Darstellung eines Treppenraumes

16.4.2 Grund- und Höhenmaße im Treppenraum

A' = bestimmter Punkt auf der Oberfläche der Rohdecke im Erdgeschoß

A'' = genau von dem Punkt A''' mit Hilfe der Setzlatte und einer Wasserwaage über den Punkt A' gebleite Ebene

A''' = Oberkante „Austritt'' der Massivtreppe und zugleich Oberfläche „Fertigfußboden" im Erdgeschoß

A'''' = Oberfläche „Fertigfußboden" im Obergeschoß

h' = Treppenhöhe im Erdgeschoß senkrecht zwischen den beiden Punkten A''' und A''''

Bei der Treppenöffnung, am Treppenwechsel, wo später der Austritt der Treppe hinkommt, muß man die beiden Ecken auf die Rechtwinkligkeit prüfen und bei einer eventuellen Abweichung gleich einen rechten Winkel aus dem kurzen Eck hinüber auf die andere Seite an den betreffenden Treppenöffnungsbalken antragen. Aus dem Strich des Rohbaurichtmaßes nahe beim Treppenwechsel für den Austritt der Treppe wird 1,00 m nach unten abgetragen und demgemäß mit einer kurzen waagerechten Vollinie auf die Wand- oder Holzstützenfläche genau Oberfläche „Fertigfußboden" (OFF) bzw. Oberfläche „Austritt" angerissen.

Das Eck der Treppenöffnung, wo später die Wandwange der Treppe ansteht, wird mit Hilfe eines Senklotes auf die Oberfläche des darunterliegenden Rohbodens oder Estriches gelotet und mit einem Kreuzzeichen markiert.

Wenn bei der eingeplanten Treppe ein Vorplatzgrundmaß (z. B. g') festgelegt ist, muß man nach diesem bestimmten Grundmaß weiter bis an den Mittelpunkt des Kreuzzeichens unter der Spitze des Senklotes messen. Das Grundmaß (z. B. g'') zwischen dem Endpunkt (z.B. A') des Vorplatzes und dem Senklotpunkt (z. B. A''') ist ein wichtiges Maß für die Treppe, so daß man es gewissenhaft mißt und aufnotiert.

auch die Geschoßhöhe gemessen. Beide Höhenmaße werden dann aufnotiert. Vor dem Messen der Treppenhöhe wird, da noch keine Fußböden mit fertigen Oberflächen im Gebäude liegen, natürlich die vorgesehene fertige Oberfläche der einzelnen Fußböden mit kleinen dünnen Brettchen und Leistchen hergerichtet.

Im Gebäudegeschoß des Treppenlaufantrittes muß nach der Festlegung der Oberfläche des

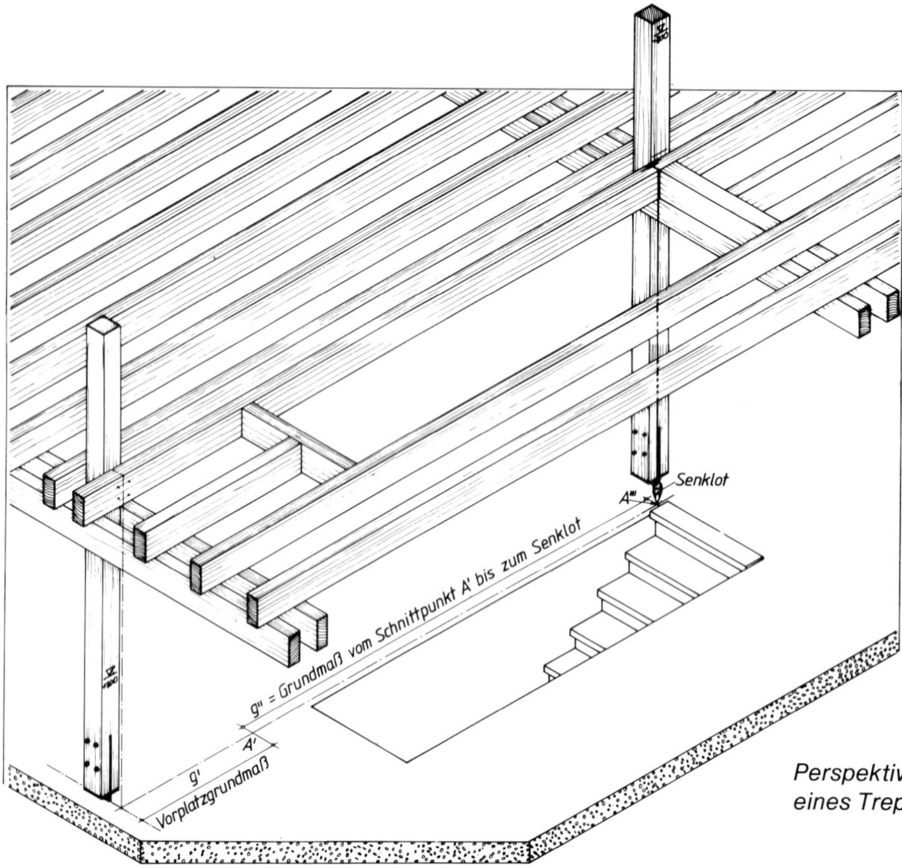

Perspektivische Darstellung eines Treppenraumes

g' = Vorplatzgrundmaß, das in der Regel vom Architekten besonders angegeben wird
g'' = Grundmaß des betreffenden Treppenlaufes, gemessen zwischen den bestimmten Punkten A' und A''' nach genauer Bleiung

Die Treppenhöhe (z. B. h') muß beim Treppenwechsel des Treppenlaufaustrittes in Richtung des Senklotes gemessen werden. Beim Messen der Treppenhöhe wird an gleicher Stelle

Fertigfußbodens mit Hilfe einer Setzplatte und einer Wasserwaage eine Bleiung auf den Antrittspunkt zu gemacht werden. Demnach wird man beim Antrittpunkt (A') zwischen Oberfläche »Rohboden« und Unterkante »Setzlatte« d. h. angebleite fertige Fußbodenhöhe, die sogenannte Ausgleichhöhe messen und gleich aufnotieren. Diese Ausgleichhöhe ist zusammen mit der noch auszurechnenden Steigung des Treppenlaufes für die Höhe des Antrittes maßgebend. Damit wären beim Maßnehmen für die einläufige gerade Treppe die Treppenöffnung der Länge und Breite nach sowie die Treppen-, Geschoß- und Ausgleichshöhen im Senkel und das Treppengrundmaß waagerecht gemessen.

16.5 Herstellung der einläufigen geraden, gestemmten Treppe

Für die Herstellung der einläufigen geraden Treppe bei rechtwinkligem An- und Austritt muß kein Grundriß von dem Treppenlauf im Maßstab 1:1 gemacht werden. Die Steigung und der Auftritt für die Treppen werden nach dem Maßnehmen im Gebäude für ein gutes Steigungsverhältnis errechnet und festgelegt.
Die Steigung für die gemessene Treppenhöhe rechnet man zuerst aus.
Bei Treppenhöhen zwischen 2,65 und 2,75 m rechnet man die einzelne Steigung gewöhnlich mit 15 gleichen Steigungen aus.
Beispiel:
Treppenhöhe = 2,70 m
Steigung = 2,70 : 15 = 0,18 m = 18 cm.
Bei 15 Steigungen beträgt eine Steigung also 18 cm.
Wenn man für die Treppenhöhe die Zahl der Steigungen und das Höhenmaß der Steigung ermittelt hat, errechnet man den Auftritt. Bei der gestemmten Treppe hat die einzelne Setzstufe aus Holz (bzw. das Futterbrett) eine bestimmte Fertigdicke.
Die Setzstufe des Austrittes setzt sich mit dem betreffenden Dickenmaß von dem Treppenwechsel ab.
Hinsichtlich des Vorplatzmaßes beim Antritt muß für das waagerechte Besteck der Wange vor Vorderkante „Antrittstufe" und für die waagerechte Unterschneidung je ein Maß bestimmt werden. Demnach muß man für die Ermittlung des Auftrittmaßes von dem waagerecht im Gebäude gemessenen Treppengrundmaß das Dickenmaß der Austrittsetzstufe sowie das Besteck- und Unterschneidungsmaß abziehen und dann das restliche Treppengrundmaß bei 15 Steigungen durch 14 Auftritte teilen.

Beispiel:
Treppengrundmaß im Gebäude gemessen = 3,74 m
Besteckmaß = 0,03 m
Unterschneidung = 0,05 m
Fertigdicke der Setzstufe des Austrittes = 0,02 m
Treppengrundmaß für die Auftrittmaßermittlung = 3,74 m – (0,03 + 0,05 + 0,02 m) = 3,64 m
Auftrittmaß:
3,64 m : 14 = 0,26 m = 26 cm
Steigungsverhältnis:
2 Steigungen + 1 Auftritt
= (18 + 18 cm) + 26 cm = 62 cm

16.5.1 Werkzeichnung auf der Reißplatte

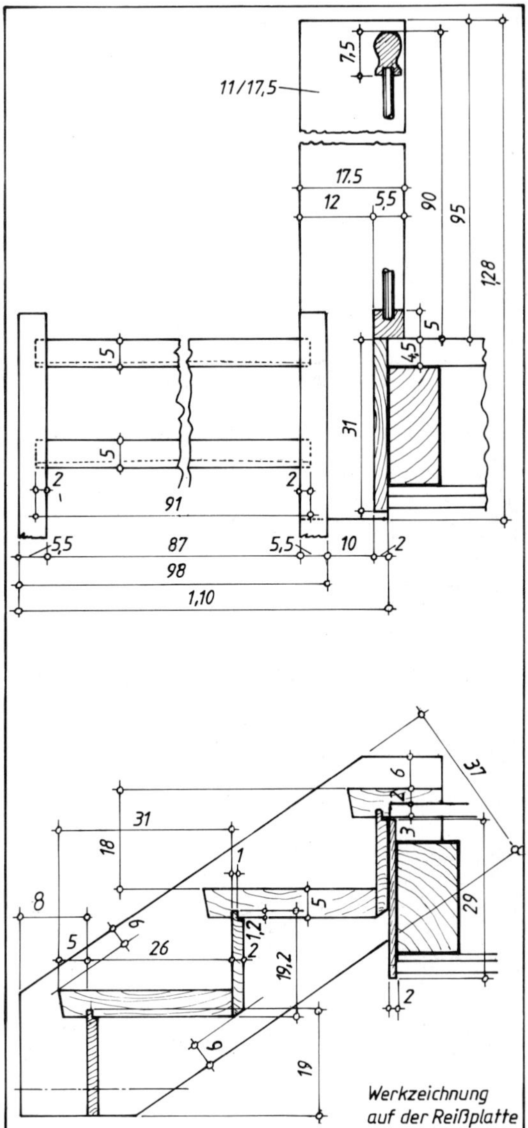

Werkzeichnung auf der Reißplatte

Um die Tritt- und Setzstufen sowie die Wangen für die einläufige gerade, gestemmte Treppe reißen und auf Länge, Breite und Dicke ausarbeiten zu können, reißt man in eine Spanplattenfläche hinein im Maßstab 1:1 den Antritt mit seiner Setzstufe, gleich anschließend eine gewöhnliche Tritt- und Setzstufe sowie den Austritt mit seiner Setzstufe und mit dem betreffenden Treppenwechsel. Die bestimmten Längen- und Breitenmaße sowie Höhen-, Dikken- und Besteckmaße schreibt man in den Querschnitt und in die Ansichten hinein, so daß man eine regelrechte Werkzeichnung hat. Aufgrund der Werkzeichnung wird eine Materialliste aufgestellt. In der betreffenden Materialliste gibt man auch für die einzelnen Treppenteile die bestimmten Ausarbeitungsmaße an.

Anhand der Materialliste werden für die Treppenteile trockene Bohlen, Bretter und Rahmenhölzer bestimmten Holzvorräten entnommen und so eingeteilt, daß wenig Verschnitt anfällt. Auf Abricht-, Hobel-, Kreissäge- und Fräsmaschinen werden die einzelnen Treppenteile abgerichtet, ausgehobelt, auf Breite gesägt, gefügt, genutet, gefalzt, profiliert und abgelängt.

16.5.2 Materialliste (Ausarbeitungsmaße)

Bezeichnung	Holzart	Fertiglänge m	Fertighöhe Fertigbreite cm	Fertigdicke mm	Rohlänge m
Wandwange	Kiefer		37	55	4,75
Trittstufen Nr. 1 – 14	Buche	0,91	31	50	
Austritt Trittstufe Nr. 15	Buche		12	50	1,15
Setzstufen Nr. 2 – 15	Kiefer	0,91	19 – 19,5 – 19	20	
Setzstufe Nr. 1	Kiefer	0,91	19,2 – 19,7 – 19,2	20	
Antrittpfosten	Buche		26	55	1,25
Austrittpfosten	Buche		17,5	110	1,28
Lichtwange	Kiefer		37	55	4,35
Handlauf	Buche		7,5	55	4,45
Geländerstäbe	Kiefer	16 Stück	7	20	0,85

16.5.3 Wangenanriß

Das Anreißen der Wangen für die einläufige gerade, gestemmte Treppe wird mit Hilfe zweier Winkelbrettchen ausgeführt.

Auf der kurzen Kante eines Winkelbrettchens wird sehr genau die ermittelte Steigung und auf der langen Kathede der ermittelte Auftritt einer Stufe angerissen. Bei Verwendung beider Winkelbrettchen legt man das Winkelbrettchen mit den angerissenen Steigung- und Auftrittmaßen, das demnach Lehrbrettchen genannt wird, entweder an dem bestimmten unteren oder an dem oberen Ende der Wange so gut, daß die Hypotenuse parallel zu den Längskanten der Wange verläuft. Dann reißt man am rechten Winkel des Lehrbrettchens entlang dünne aber doch noch deutlich erkennbare Vollinien auf die Wangenfläche hinein.

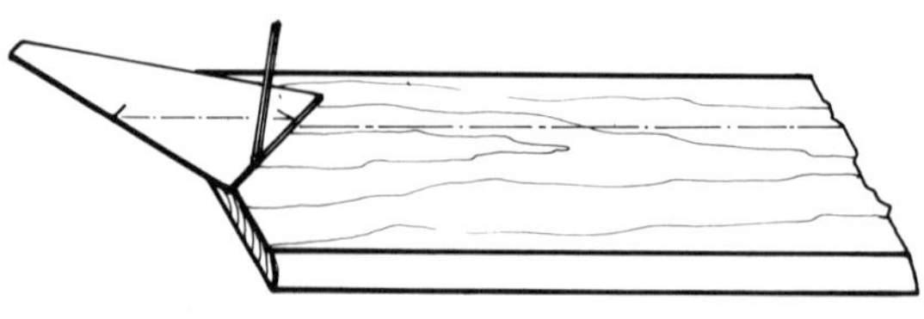

Winkel- bzw. Lehrbrettchen liegt für den Anriß der ersten Steigungslinie auf dem Teilstück der Wandwange.

Während die eine Hand das Lehrbrettchen auf die Wangenfläche aufdrückt, wird das Winkelbrettchen mit der anderen Hand an die kurze Dreieckseite angeschoben und gleich die Kante der langen Kathede auf den Riß des Auftrittmaßes festgelegt. Nun wird das Winkelbrettchen auf die Wangenfläche gepreßt, das Lehrbrettchen weggenommen und dasselbe auf der oberen Kante des Winkelbrettchens so weit beigeschoben, bis Unterkante „Steigung" des Lehrbrettchens an der kurzen Kathede des Winkelbrettchens genau gut liegt.

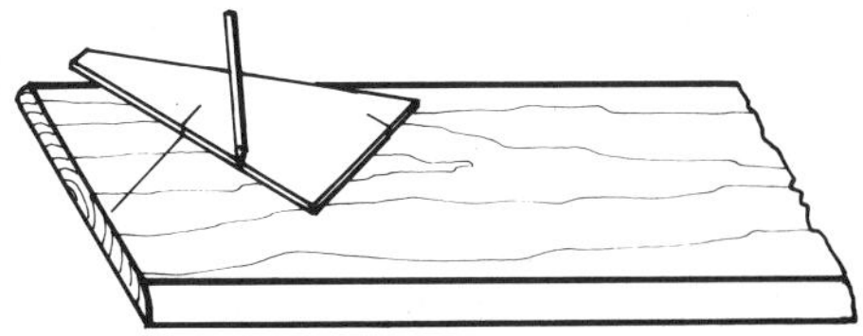

Anriß von Oberkante „Trittstufe Nr. 1" und Vorderkante „Setzstufe Nr. 2"

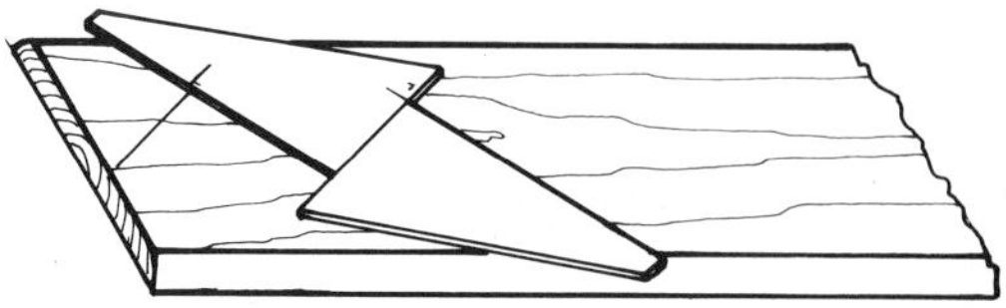

Das Winkelbrettchen an die Hirnschnittkante des Lehrbrettchens gutgelegt.

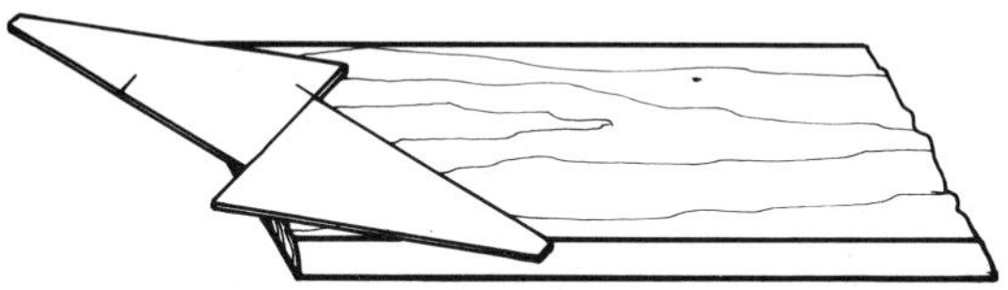

Lehrbrettchen und Winkelbrettchen auf dem Teilstück der Wandwange.

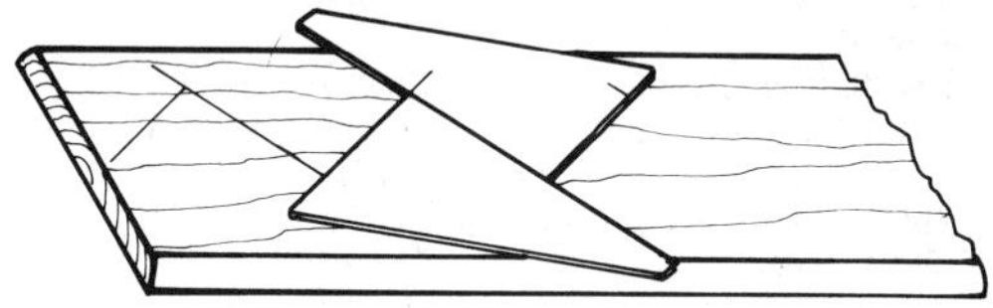

Das Lehrbrettchen an Oberkante „Winkelbrettchen" gutgelegt.

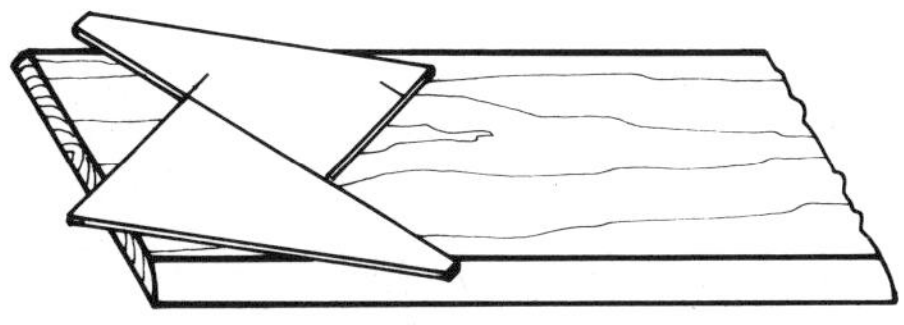

Das Lehrbrettchen an Oberkante „Winkelbrettchen" gutgelegt.

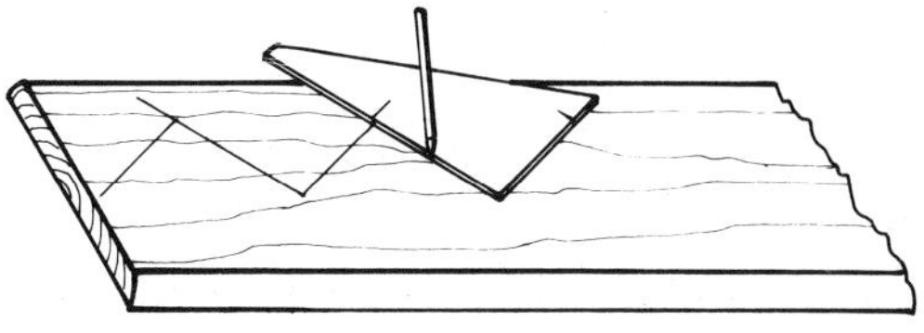

Anriß von Oberkante „Trittstufe Nr 2" und Vorderkante „Setzstufe Nr. 3"

Nach dem Entfernen des Winkelbrettchens reißt man wieder auf die Wangenfläche je eine dünne Vollinie für Steigung und Auftritt an. Das Bei- und Vorlegen der Lehr- und Winkelbrettchen wird so oft ausgeführt bis sämtliche Stufen des Treppenläufers auf die Wangenfläche aufgetragen sind.

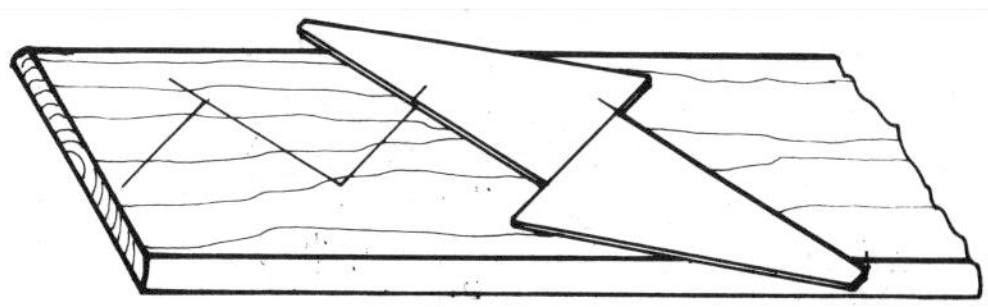

Das Winkelbrettchen an die Hirnschnittkante des Lehrbrettchens gutgelegt.

16.5.4 Trittstufenanriß

Beim Anreißen der Wangen einer gestemmten Treppe mit Setzstufen wird Oberkante „Trittstufe" mit einer Vollinie und Vorderkante „Setzstufe" auch mit einer Vollinie festgelegt. Beim Anreißen der Trittstufenlöcher setzt man dann die vordere Nutkante genau auf den bestimmten Setzstufenriß auf und hält demnach bei der Unterschneidung das bestimmte Auftrittmaß ein.

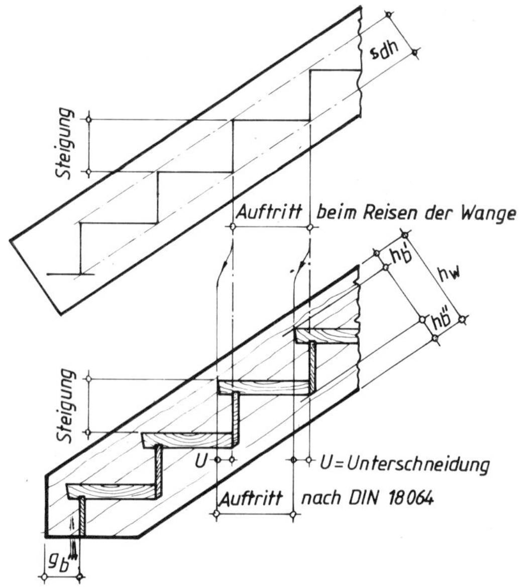

Nach dem Anreißen der Wange und numerieren der Stufenrisse wird jede Trittstufe mit der Hirnschnittfläche auf die Wange aufgesetzt und die Querschnittform der Trittstufe mit Hilfe einer Reißnadel aufgetragen. Die Oberseite (Trittfläche) der Trittstufe muß beim Auftragen der Hirnschnittkanten genau auf dem numerierten Auftrittriß stehen und die vordere Nutkante in Richtung der Nut genau auf dem Steigungsriß. Bei diesem Anreißen legt man auch die Unterschneidung der Trittstufe zwischen Steigungsriß und Vorderkante „Trittstufe" fest. Wenn die Hirnschnittkanten der Trittstufe mit der Reißnadel in das Wangenholz hinein nachgezogen sind, muß man die aufgesetzte Trittstufe mit der gleichen Nummer kennzeichnen, wie der numerierte Auftrittriß. Die Numerierung gilt sowohl für die Tritt- als auch Setzstufen. Wichtig ist, die Zahlen auf die Holzflächen aufzutragen, die nicht nachgearbeitet, also geschliffen werden, denn bei der Montage der Treppe sollen die Numerierungen noch sichtbar sein, damit keine Verwechslung eintreten kann.

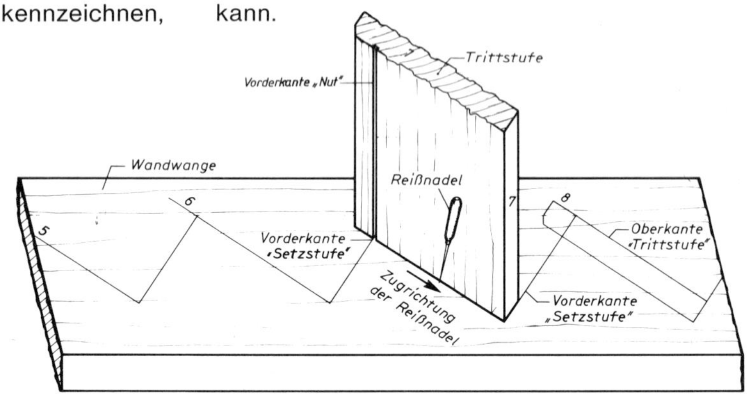

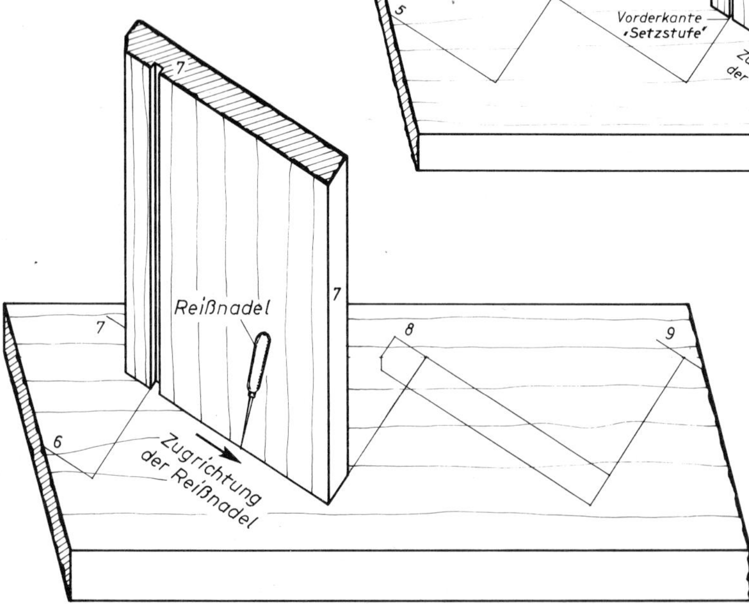

16.5.5 Trittstufenlöcher ausstemmen

Die Löcher für die Trittstufen werden mit Treppenwangenfräsen zum Teil ausgefräst und mit Stechbeitel, Hohlbeitel, Schreinerklüpfel und Grundhobel komplett ausgestemmt und ausgehobelt.

Wenn die Löcher für die Trittstufen völlig ausgestemmt werden, stemmt man mittig des angerissenen Loches zunächst einen Trennschnitt vor. Anschließend wird beiderseits am Trennschnitt entlang mit ca. 1 cm Abstand ein Keilstück ausgestemmt. Der Stechbeitel wird dabei natürlich schräg angesetzt, und die Freifläche neigt sich zu den Rissen des angerissenen Trittstufenloches. Die Risse des Treppenloches verlaufen nicht in Richtung der Holzfaserung, und deshalb verrichtet man die Stemmarbeit in Richtung der auf einem Wangenstück gezeigten Pfeile.

Nachdem der Keil mittig des Trittstufenloches ausgestemmt ist, folgt eine senkrechte Einstemmung, die etwa 2 bis 4 mm an den bestimmten Rissen entlang ausgeführt wird und bereits schon bis auf die Grundtiefe des Trittstufenloches reicht. Bei dieser und den nachfolgenden Stemmarbeiten muß die Freifläche des Stechbeitels auf die Mitte des Loches zu gerichtet sein.

Wenn das Trittstufenloch bis nahe an die Risse ausgestemmt ist, wird die Ausstemmung bis auf die Mitte der Risse mit einem breiten Stechbeitel (40, 45, oder 50 mm breit) ausgeführt, so daß es wenig Unebenheiten gibt. Die Stemmarbeiten entlang der Risse führt man 1 – 2 mm tiefer aus als die eigentliche Grundtiefe des Trittstufenloches, da demnach die Grundtiefe mit dem Grundhobel sauber ausgehobelt werden kann. Die Schneide des Grundhobeleisens wird dazu genau auf die Grundtiefe des Trittstufenloches eingestellt.

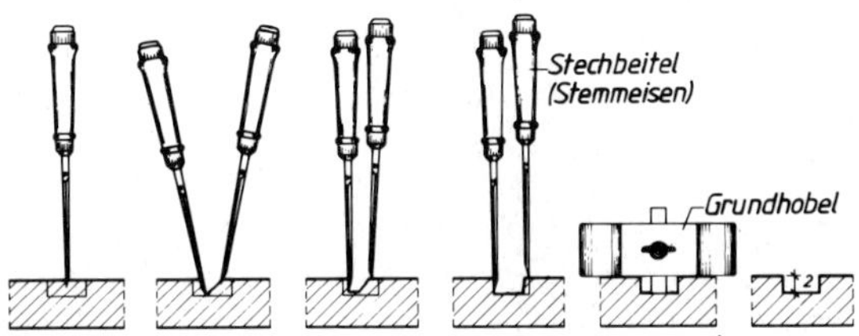

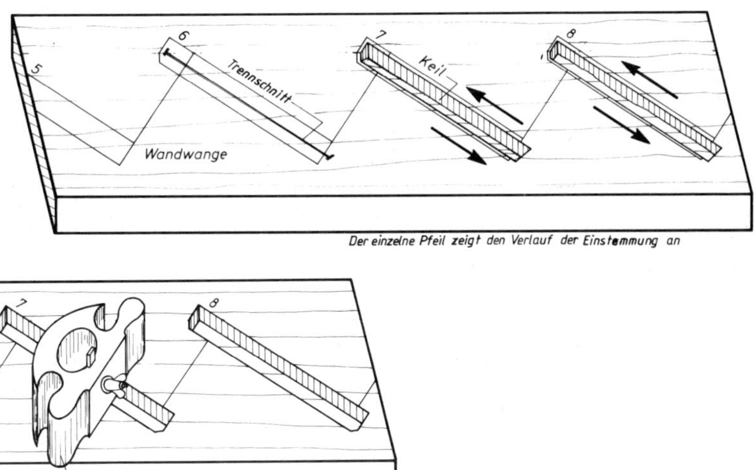

Der einzelne Pfeil zeigt den Verlauf der Einstemmung an

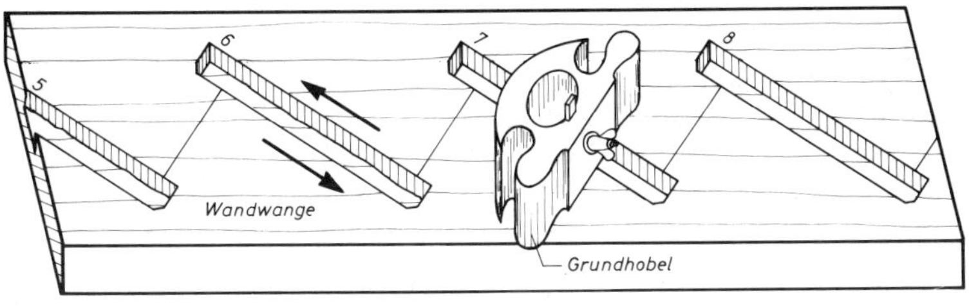

16.5.6 Setzstufenanriß

Beim Anreißen der Hirnschnittkanten des Setzstufenbrettes (Futterbrettes) müssen die Trittstufen in den Löchern festsitzen und ganz vorne genau auf Passung stehen. Die Setzstufe muß demnach zum Anreißen des Setzstufenloches in die Nut der einen Trittstufe eingesteckt und zugleich an die hintere Kantenfläche der anderen Trittstufe durch eine eingeschlagene Stechbeitelschneide satt angepreßt

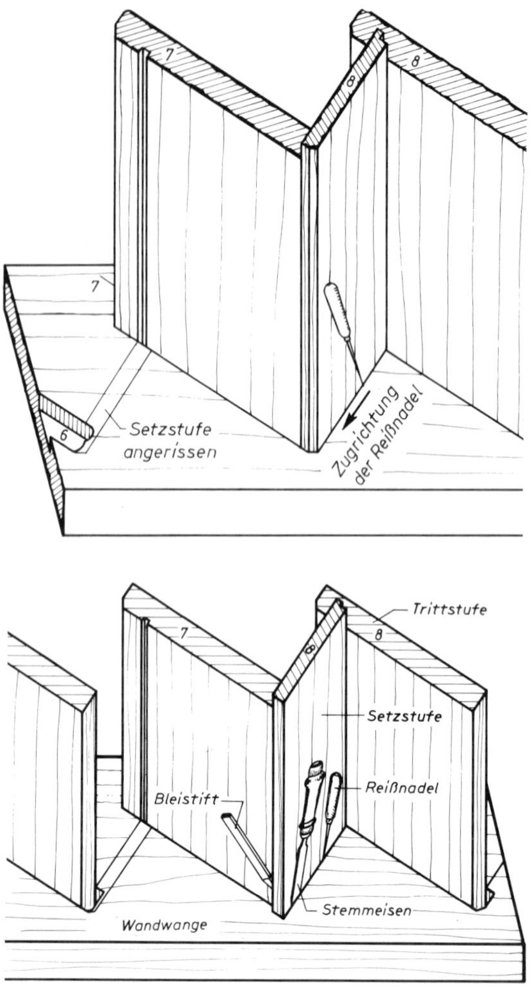

Anreißen der Hirnschnittkanten einer Setzstufe

werden. Die Kanten der Setzstufenvorder- und Setzstufenhinterseiten sind demnach mit einer Reißnadel in die Wange einzuritzen und die Breite der Setzstufe wird mit der Spitze eines Bleistiftes genau entlang der einen Trittstufenunterseite auf die vordere Seite der Setzstufe angetragen.

16.5.7 Tritte- und Setzstufeneinpassung

Die Löcher für die Setzstufen werden gewöhnlich mit der Treppenwangenfräse ausgefräst oder aber mit dem Fuchsschwanz eingeschnitten, dann mit dem Stechbeitel ausgestemmt und schließlich mit dem Grundhobel ausgehobelt. Wenn die Löcher der Setzstufen ausgear-

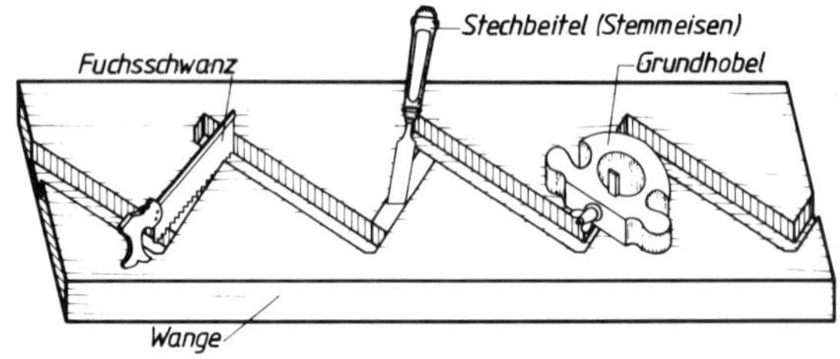

Ausarbeiten der Setzstufenlöcher

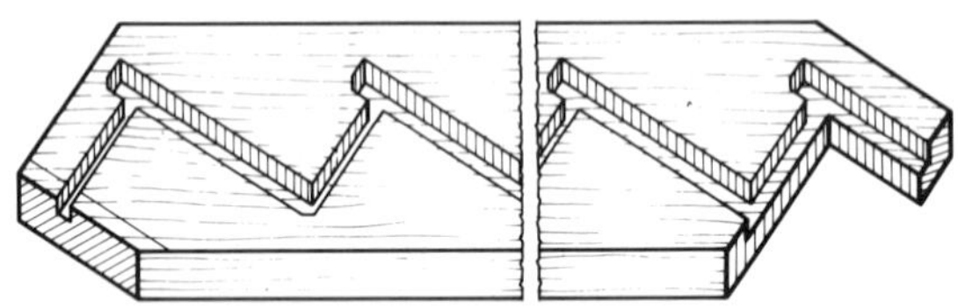

Wandwange mit fertig ausgearbeiteten Tritt- und Setzstufenlöchern.

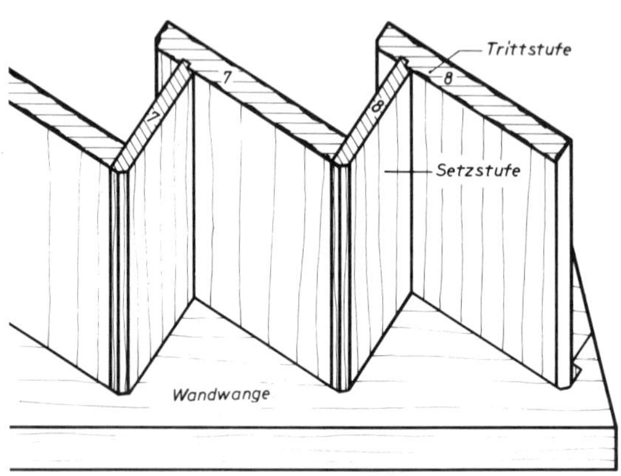

beitet sind und die einzelne Setzstufe auf die angerissene Breite zugeschnitten ist, wird zur Kontrolle der Passung nacheinander jede Tritt- und Setzstufe in ihr Loch eingepaßt. Das Einpassen der Tritt- und Setzstufen wird sowohl bei der Wand- als auch Lichtwange vorgenommen.

16.6 Treppengeländer

16.6.1 An- und Austrittpfosten

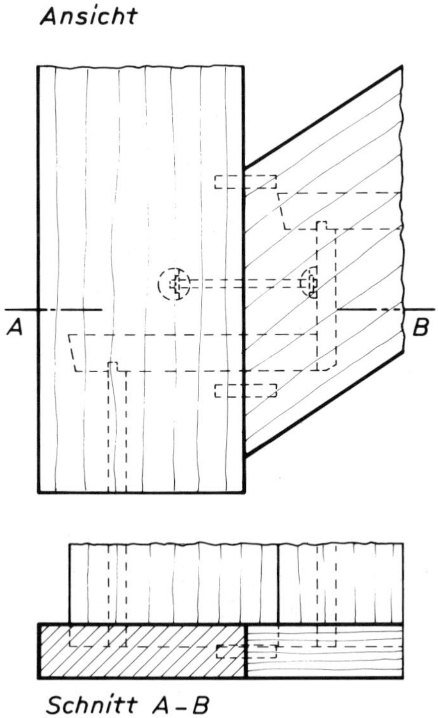

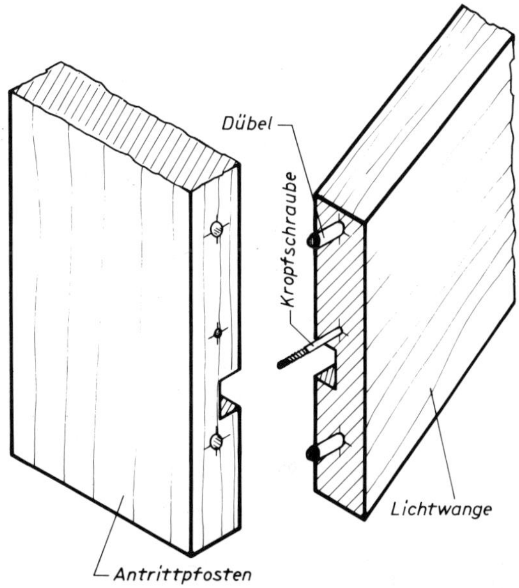

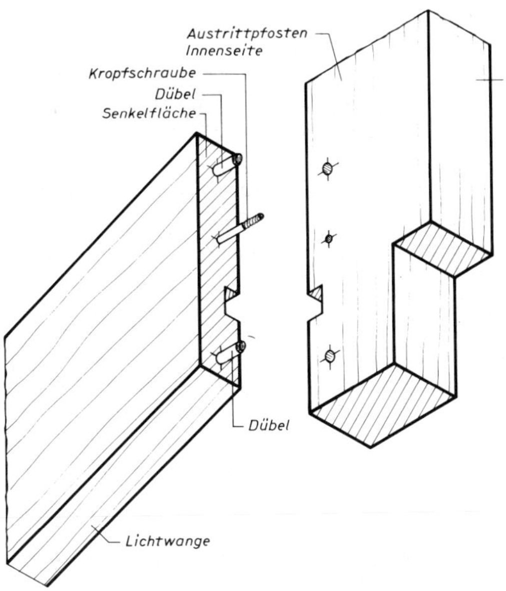

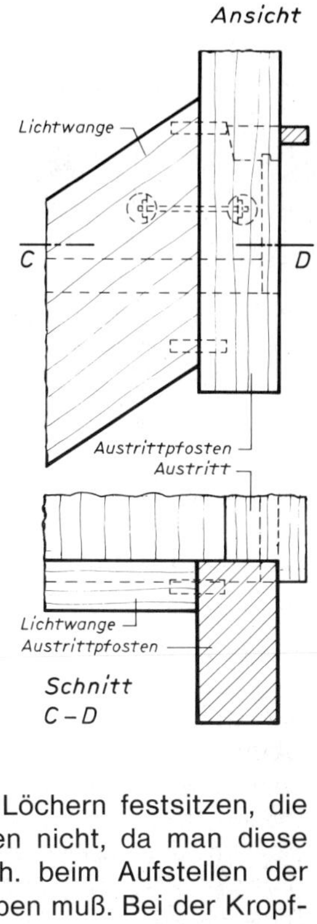

Bei Treppengeländern aus Holz werden in der Regel der Antritt- und Austrittpfosten mit je einer Kropfschraube und je zwei kurzen Stabdübeln an der Lichtwange befestigt. Die Stabdübel müssen in den Löchern festsitzen, die Kropfschraube dagegen nicht, da man diese bei der Montage, d. h. beim Aufstellen der Treppe leicht verschieben muß. Bei der Kropf-

16.6.2 Kropfschraube

schraube werden die Sternmuttern in Löchern mit einem Durchmesser von 30 mm auf die Gewindegänge aufgeschraubt und zugleich mit Hilfe eines Durchtreibers fest angezogen.

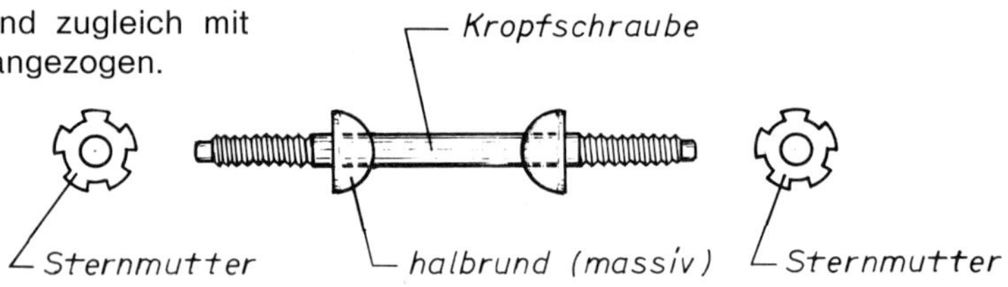

16.6.3 Handlauf des Treppengeländers

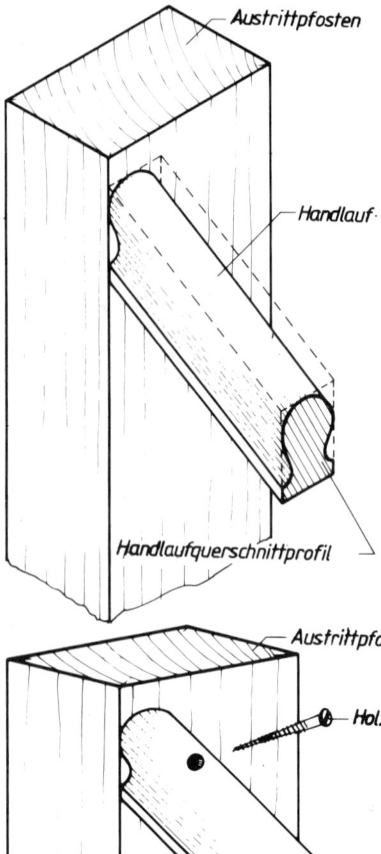

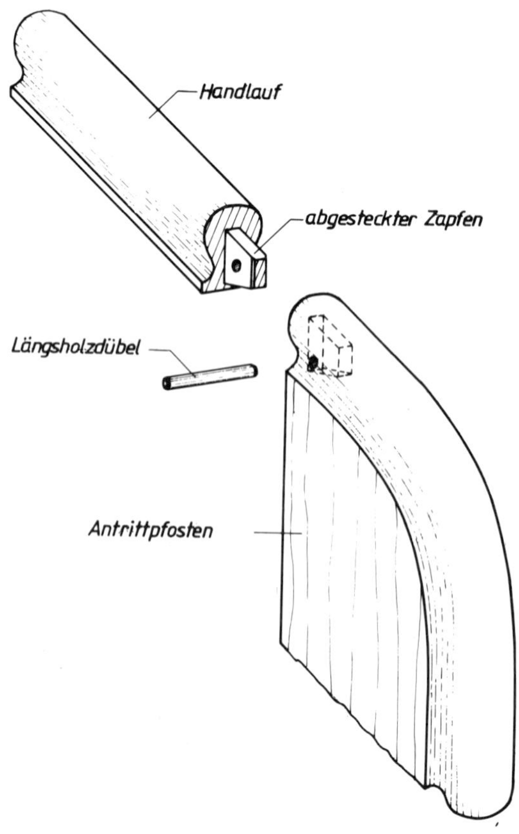

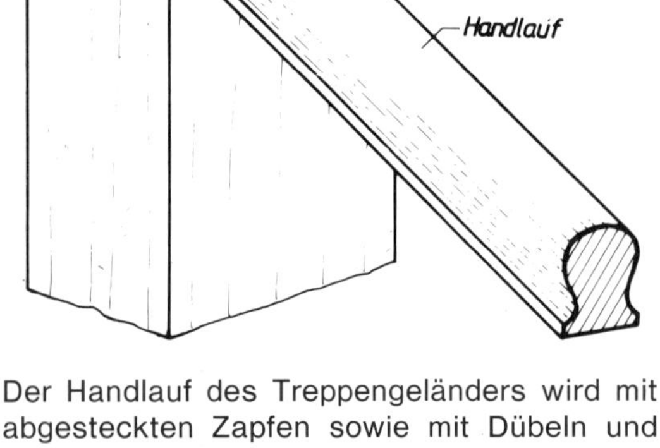

Teilstücke des profilierten Handlaufes mit Details für den Anschluß an den Antrittpfosten und an den Austrittpfosten

Der Handlauf des Treppengeländers wird mit abgesteckten Zapfen sowie mit Dübeln und Holzschrauben mit den An- und Austrittpfosten verbunden.

Treppengeländer müssen nach der Rechtsverordnung zur Musterbauordnung und mit wenigen Ausnahmen für die Landesbauordnungen, über der Stufenvorderkante im Senklot gemessen, mindestens 90 cm hoch sein. Für Wendeltreppen können an der Treppenaugenseite Geländerhöhen bis zu 1,10 m verlangt werden.

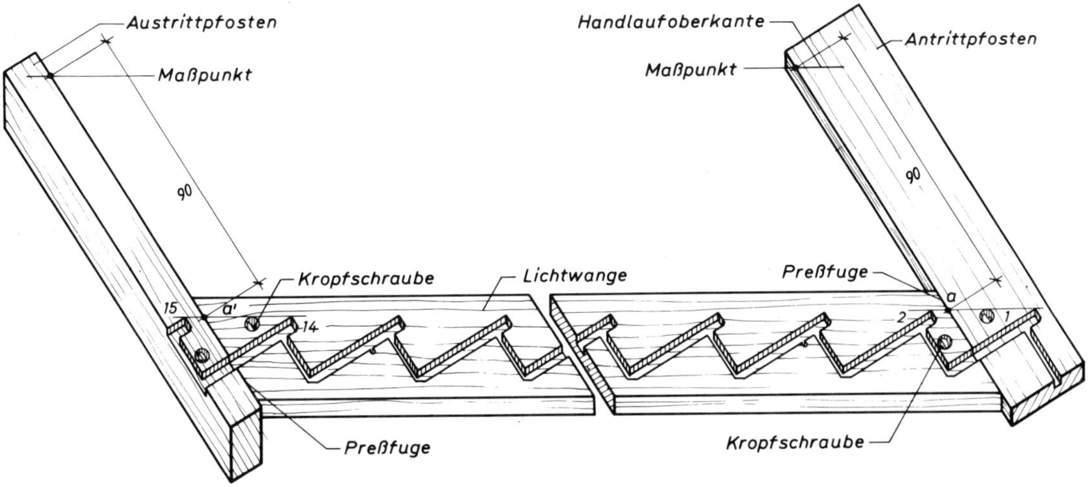

Lichtwange einer gestemmten, geradläufigen Treppe mit den angeschlossenen Antritt- und Austrittpfosten.
Aus den Punkten a und a' muß die Geländerhöhe nach oben maßlich festgelegt werden.

16.6.4 Zapfen beim Handlauf

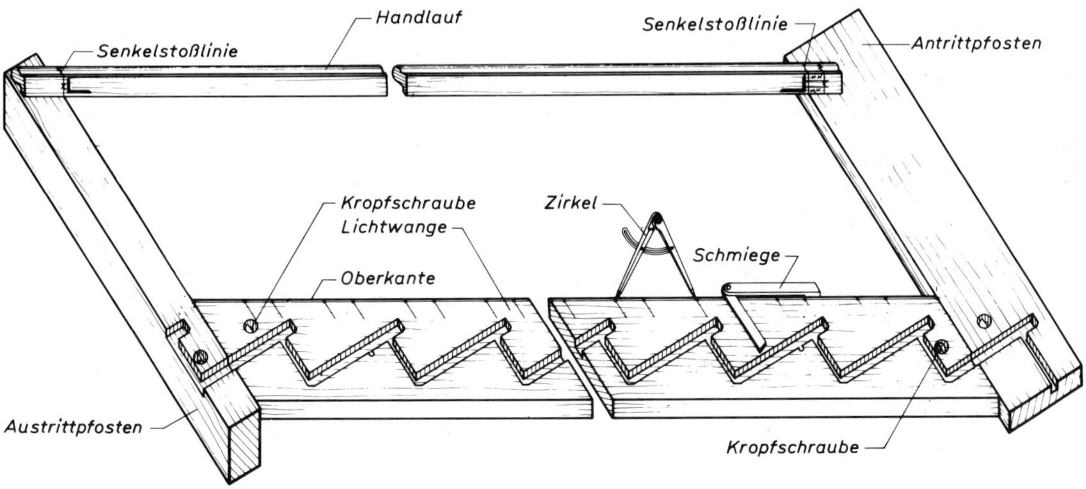

Lichtwange der geraden einläufigen, gestemmten Treppe mit angeschlossenen Antritt- und Austrittpfosten und aufgelegtem Handlauf.

Beim Anreißen der Handlauflänge auf den An- und Austrittpfosten muß Oberkante „Handlauf'' auf den Maßpunkten der Geländerhöhe gutliegen. An der Innenkante des An- und Austrittpfostens entlang reißt man dann auf die eine Seite (z. B. linke Seite) des Handlaufes mit einem sehr spitzen Bleistift die Senkelstoßlinie an. Um den abgesteckten Zapfen reißen zu können, wird mit Hilfe eines Holzwinkels und Schrägmaßes der Senkelriß von der einen (von der linken) Seite des Handlaufes auf die andere (rechte Seite) übertragen. Die Zapfenlänge ist so anzureißen, daß sie parallel zur Senkelstoßlinie verläuft, und die Zapfendicke muß mit gleichem, parallelem Abstand zur linken und rechten Handlaufseite auf die Ober- und Unterseite aufgetragen werden. Ausgearbeitet wird der abgesteckte Zapfen des Handlaufes mit Hilfe der Absatzsäge oder Feinsäge und des Stechbeitels.

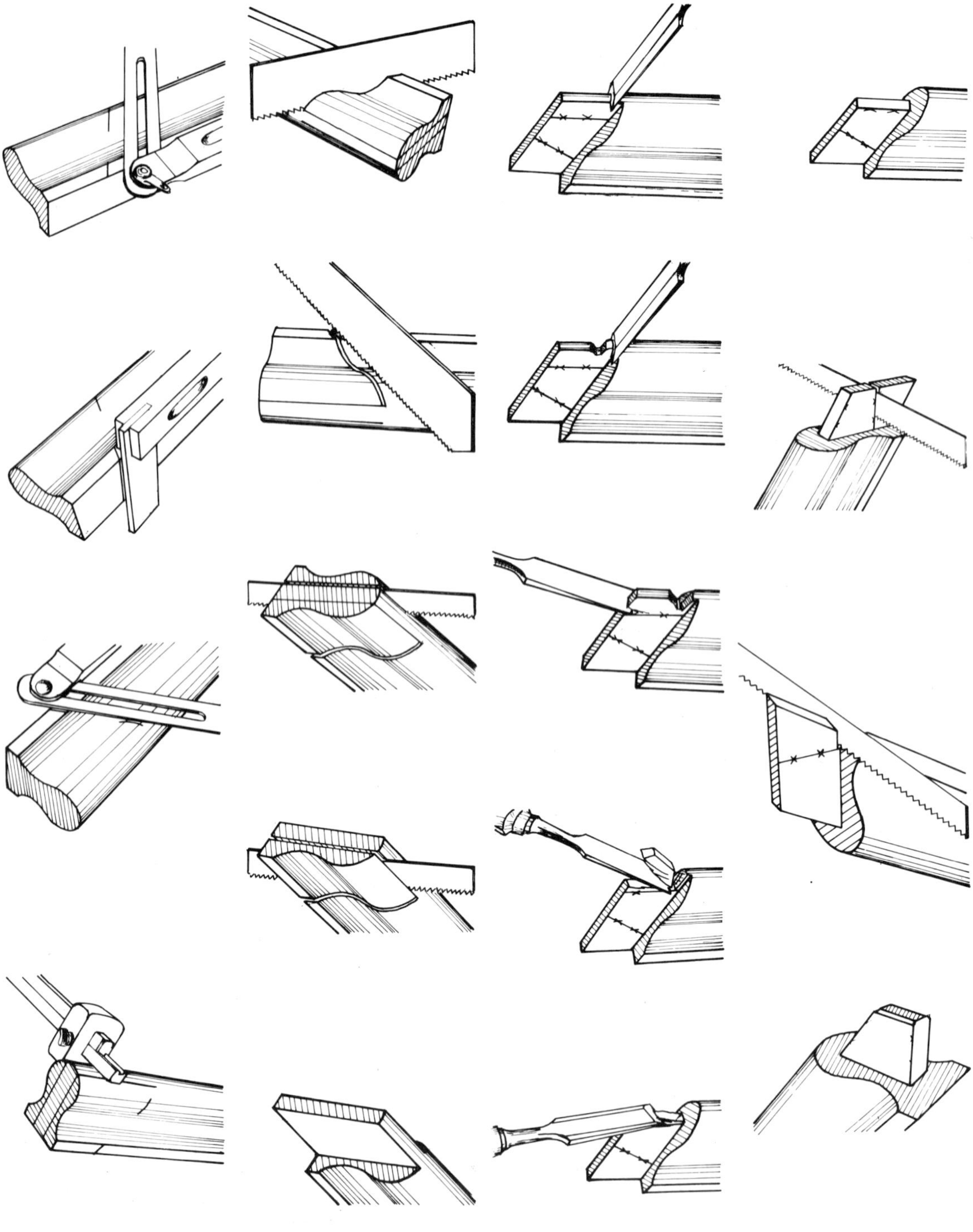

Anreißen und Ausarbeiten des abgesteckten Zapfens beim Handlauf des Treppengeländers.

16.6.5 Geländerstäbe

Der Raum zwischen Antrittpfosten, Austrittpfosten, Wange und Handlauf wird durch sogenannte Geländerstäbe, Geländerbretter oder Staketen aber auch durch Kniebretter und Füllungen ausgefüllt. Die Öffnungen zwischen Pfosten der Treppe, sowie der Brüstungen und anderen Umwehrungen dürfen, wenn in den Räumen mit der Anwesenheit von Kindern gerechnet werden muß und die Absturzhöhe mehr als 1,50 m ist, nicht breiter als 12 cm sein. Ein waagerechter Zwischenraum in der zu sichernden Fläche zwischen Handlauf, Wange oder Brüstungs- bzw. Umwehrungssohle darf nicht größer als 4 cm sein.

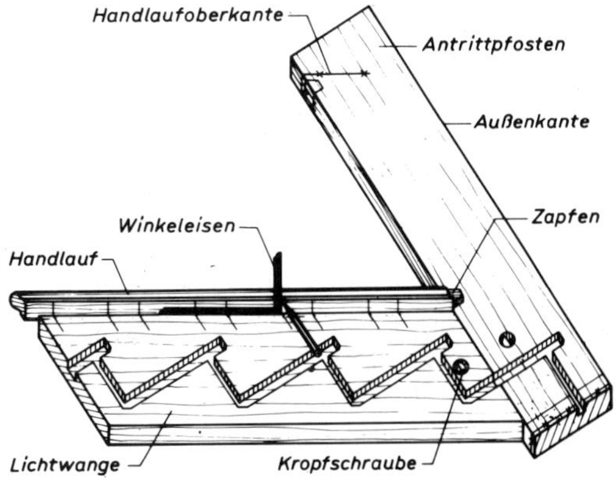

Übertragung der Geländerstablöcher von Oberkante „Lichtwange" an Unterkante „Handlauf"

Bei einer Reihe von gleich breiten, rechteckigen Geländerstäben (oder Geländerbrettern) wird zwischen den An- und Austrittpfosten so eingeteilt, daß gleiche Abstände entstehen.
Um auf ein gleiches Abstandmaß unter 12 cm zu kommen, wird bei der einläufigen geraden Treppe zunächst die Neigungslänge zwischen den An- und Austrittpfosten über Oberkante „Lichtwange" hinweg und dann die Neigungslänge nach der Breite eines Geländerstabes gemessen. Diese beiden Neigungslängen zählt man zusammen und teilt das Resultat mit der Summe des 12 cm großen Abstandmaßes und einer Geländerstabbreite. In der Regel ergibt sich daraus eine Dezimalzahl, die man auf die nächste volle (ganze) Zahl aufrundet. Mit dieser aufgerundeten Zahl wird die Summe der beiden zusammengezählten Neigungslängen aufgeteilt, so daß das Sprungmaß für den Abstand der Geländerstäbe herauskommt. Beim Anreißen des ersten Sprungmaßes wird am unteren Ende der Lichtwange die Neigungslänge des Geländerstabes zugegeben, und von da aus wird das Sprungmaß mit dem Zirkel sovielmal, wie schon durch die Aufteilung ermittelt wurde, nach oben abgetragen.

Die einzelnen Geländerstäbe liegen von diesem Punkt aus nach oben.
Die Sprungmaße der Geländerstäbe auf der Lichtwange müssen auf die Unterseite des Handlaufes übertragen werden.

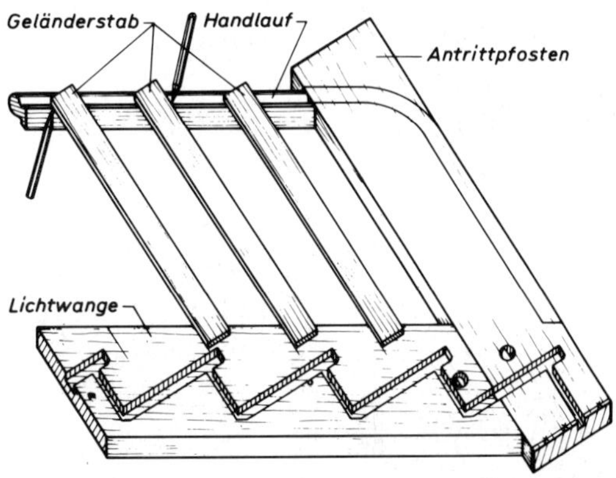

Anreißen der Geländerstabbreiten auf den Handlauf. Die einzelne Geländerstabbreite ist für das Geländerstabloch maßgebend

Die Länge der Löcher auf der einen Seite der Lichtwange und des Handlaufes und die Geländerstablänge senkrecht zwischen Oberseite „Lichtwange" und Unterseite „Handlauf" wird nach dem Gutlegen des einzelnen Geländerstabes auf die betreffenden Sprungmaßrisse mit einer scharf gespitzten Bleistiftspitze angerissen. Die äußeren Risse müssen dann mit Hilfe eines Holzwinkels auf die Oberseite der Lichtwange und Unterseite des Handlaufes aufgetragen werden.
Die Geländerstäbe werden in die Lichtwange und in den Handlauf ca. 1,5 cm tief eingezapft und demgemäß zunächst angerissen und gleich numeriert, dann abgelängt, die Zapfen

bei den langen Ecken im rechten Winkel zum Neigungsriß abgestirnt und der Zapfen abgefast. Die Zapfenlöcher werden auf der Langlochbohrmaschine gebohrt und gefräst, die Ecken mit Hilfe eines schmalen Stechbeitels und gewöhnlichen Schreinerklüpfels ausgestemmt.

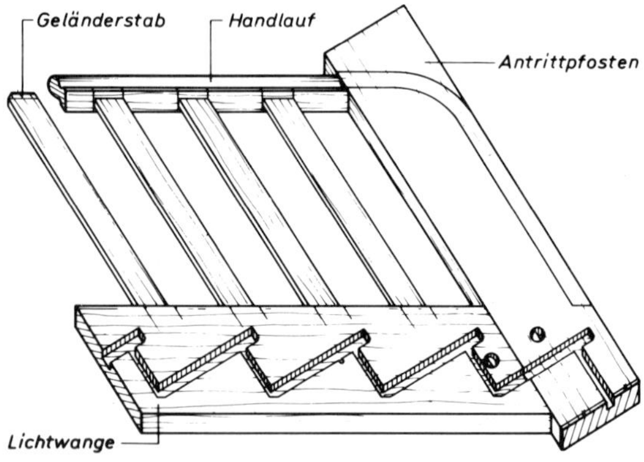

Zusammengebautes Treppengeländer

Das Treppengeländer wird in der Werkstatt zur Kontrolle der Passung und zum Anreißen der Handlaufneigung auf den Antrittpfosten sorgfältig zusammengebaut.

16.6.6 Profilierung beim Antrittpfosten

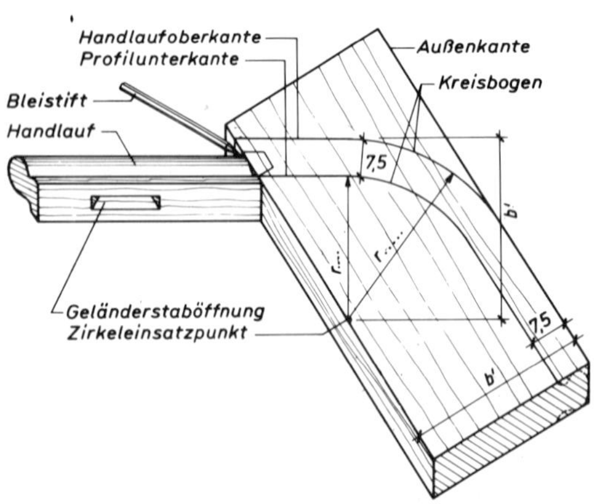

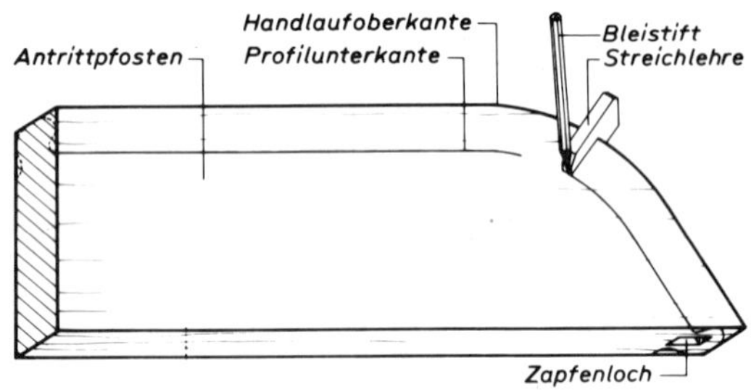

Hohleisen für den Treppen- und Geländerbau

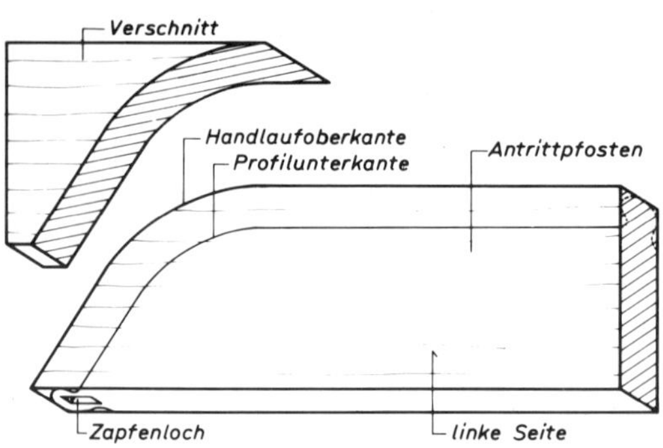

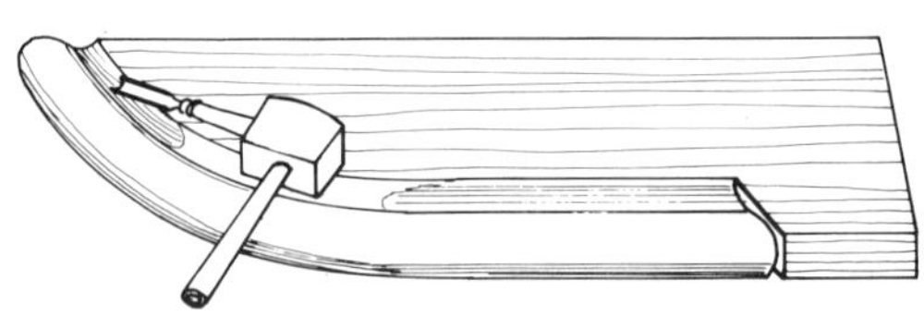
Hohlkehlung mit einem Hohleisen und Schreinerklüpfel

Beim zugeschnittenen Antrittpfosten wird das Profil des Handlaufes auf der Fräsmaschine mit Spezialfräswerkzeugen oder aber von Hand mit speziellen Hohleisen, Schabhobeln und Treppenbauer-Feilraspeln ausgearbeitet.

Die Seiten der Treppenteile, welche im Treppenraum sichtbar bleiben, werden sauber geschliffen und gewöhnlich mit farblosem Lack lackiert oder mit Mattierung mattiert.

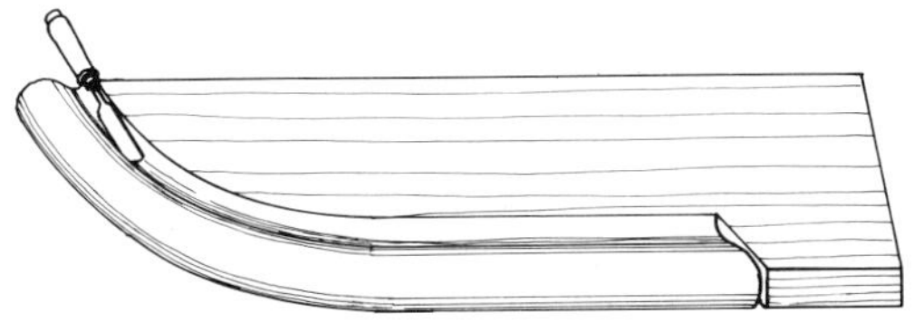

Hohlkehlung mit einem Hohleisen

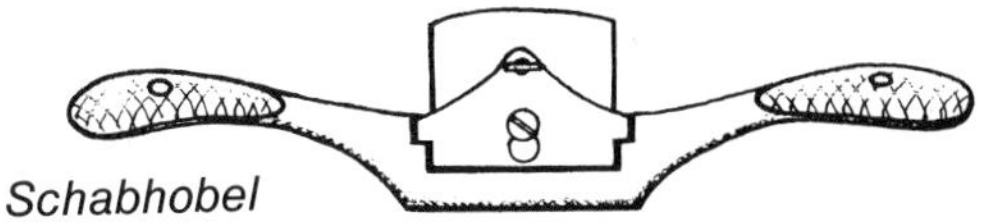

Schabhobel

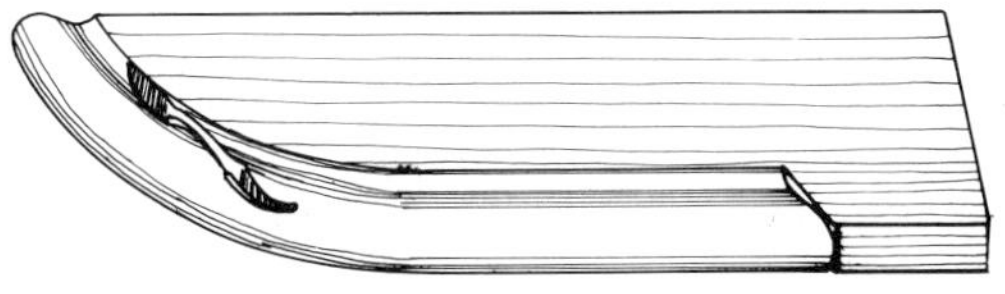

Hohlkehlfeilung mit einer Treppenbauerfeile

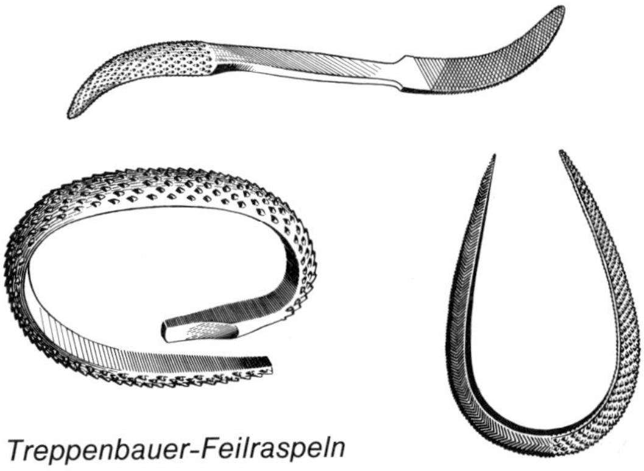

Treppenbauer-Feilraspeln

16.7 Das Aufschlagen der Treppe im Treppenraum

16.7.1 Perspektivische Darstellung des Treppenraumes mit aufgestellten Treppenteilen

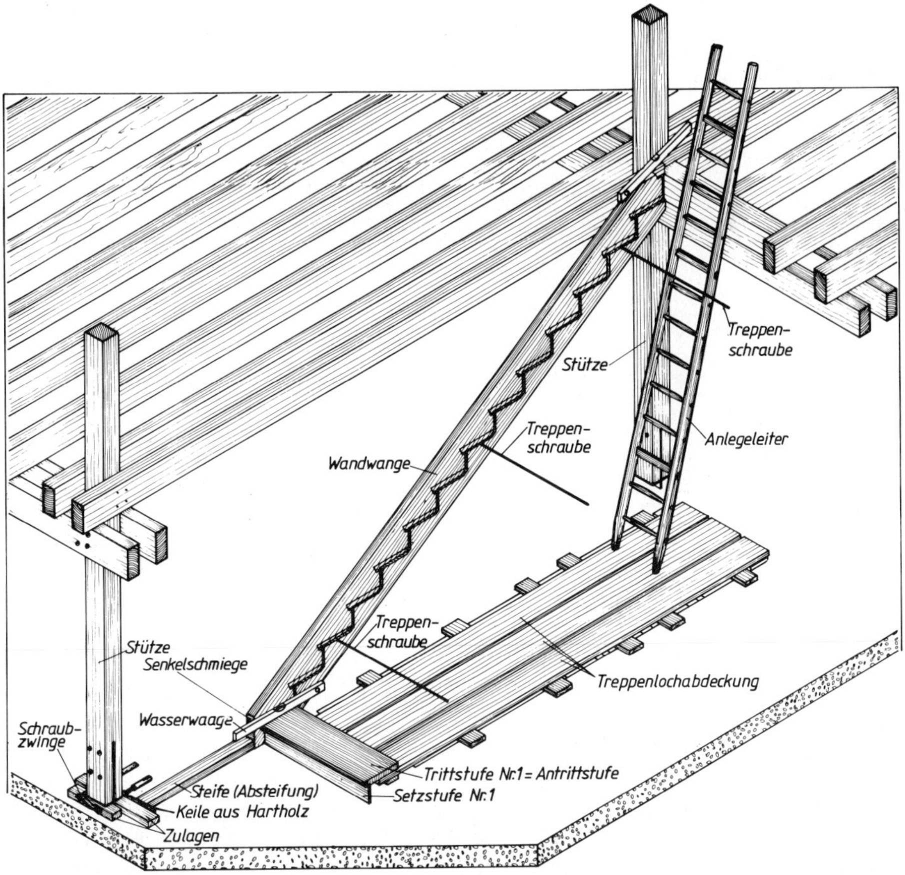

Beim Stellen der Treppe im Treppenraum muß stets das Treppenloch, über dem gearbeitet wird, mit Bohlen abgedeckt sein. Der zuerst aufzustellende Treppenteil ist die Wandwange. Aufgrund des bestimmten Vorplatzgrundmaßes stellt man die Wandwange mit der Senkelschmiege unten am Wangenfuß gegen eine Absteifung, welche aus zwei Hartholzkeilen (nachgeschnitten) oder aber am Kopfende vor dem Treppenwechsel angehoben (unterfüttert) werden. Demnach spricht man von „ein Maß drücken'', d. h. um $\pm$ 1 bis 5 mm ausgleichen. Durch das genaue Einpassen der Wandwange, ohne oder mit geringer Nachschneidung, eventuell auch Unterfütterung, ist für das Stellen der Treppe eine wichtige Vorarbeit geleistet.

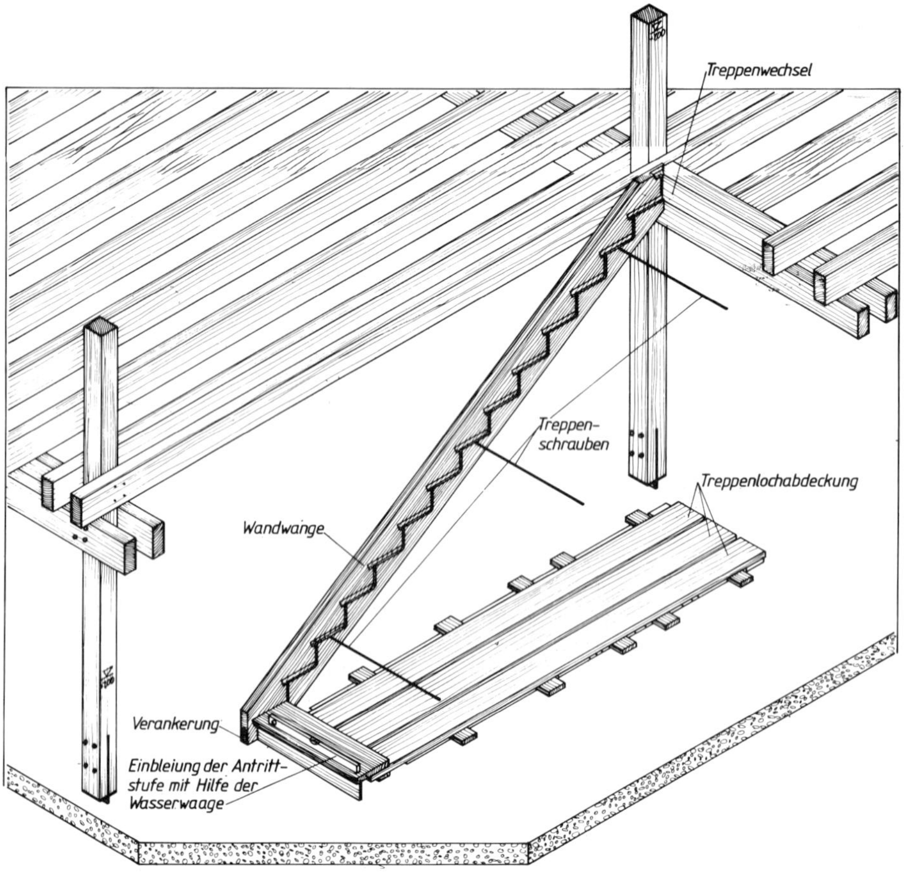

Perspektivische Darstellung eines Treppenraumes mit der aufgestellten Wandwange und eingeschlagenen Antrittstufe der einläufigen geraden Treppe

und einem Kantholz hergestellt wird. Steht die Senkelschmiege der Wandwange waagerecht abgesteift genau auf dem Endpunkt des bestimmten Vorplatzmaßes, muß oben beim Wandwangenkopf der waagerechte Verlauf in die eigentliche Treppenhöhe hinein kontrolliert werden und außerdem der waagerechte Verlauf von Oberseite „Antrittstufe''.

Wenn man feststellt, daß der Austritt etwas zu hoch oder zu tief liegen würde, heißt dies, die Wandwange muß am Fußende abgelassen

Erst nacn dieser Vorarbeit werden bei der Wandwange in vorgebohrte Löcher die Treppenschrauben eingeschoben und dann muß man die Wandwange an ihrem Fußpunkt in die betreffende Geschoßdecke hinein verankern. Anschließend wird beim Antritt der Treppe die Setz- und Trittstufe Nr. 1 in die betreffenden Löcher der Wandwange eingeschlagen und mit Hilfe einer Wasserwaage genau waagerecht eingebleit.

16.7.2 Treppenschrauben

Bei gestemmten Treppen werden die Wangen eines Treppenlaufs mit Treppenschrauben zusammengehalten. Treppenschrauben liefert der Fachhandel in Längen ab 700 mm bis 1500 mm mit Schaftdurchmessern von 10 mm oder 12 mm. Das metrische Eisengewinde ist mindestens 150 mm lang. Der Schraubenkopf ist etwa 6 mm dick und als großer Vierkantkopf an den Schaft angeschweißt. Treppenschrauben werden gewöhnlich mit je einer Unterlegscheibe und einer Rosettenmutter, Schlüsselweite 32 mm, geliefert. Der große Vierkantkopf und die große Rosettenmutter der Treppenschrauben haben den Vorteil, daß die Zugkraft aus den Schrauben einigermaßen großflächig auf die Wangenseiten verteilt wird.

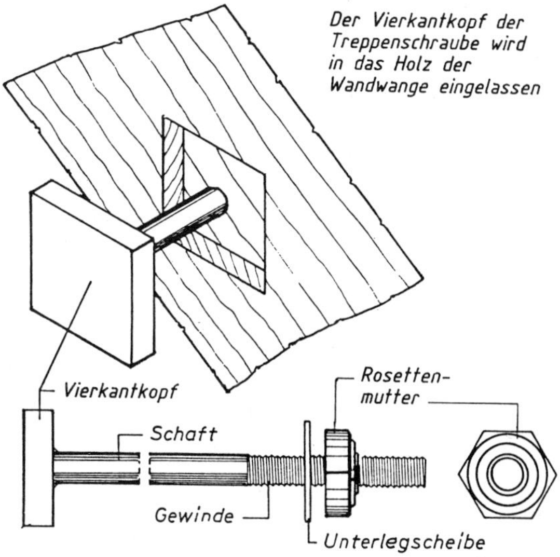

16.7.3 Einschlagen der Tritt- und Setzstufen

Zum Einschlagen der Setz- und Trittstufen in die Löcher der Wandwange verwendet man einen Fäustel mit einem Gewicht von ca. 1 kg und eine Zulage aus Hartholz, damit die Hirnschnittflächen, insbesondere aber die Kanten der Setz- und Trittstufen unbeschädigt bleiben.

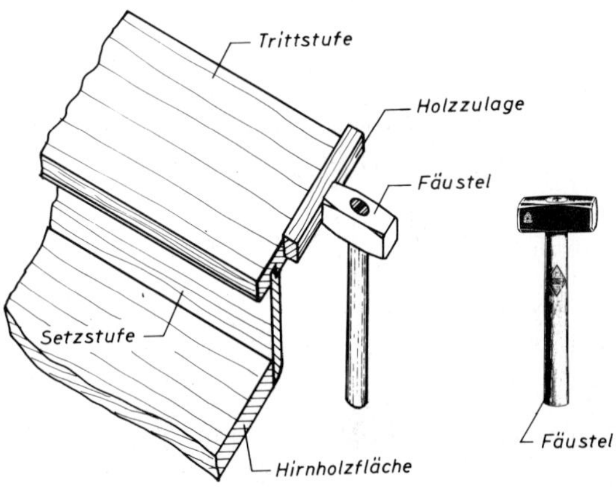

Wenn weiter die Setzstufe Nr. 2 in das Loch der Wandwange eingeschlagen ist, wird diese Setzstufe mit einem Nagel mit Stauchkopf an die Trittstufe Nr. 1 angeheftet.

Angeheftet bedeutet, daß der Nagel nur ca.1 bis 1,5 cm tief in das Holz der Trittstufe eingeschlagen wird. Nach und nach werden dann die anderen Tritt- und Setzstufen in die Löcher der Wandwange eingeschlagen, und dabei muß man natürlich jede Setzstufe mit einem Nagel an die betreffende Trittstufe anheften.

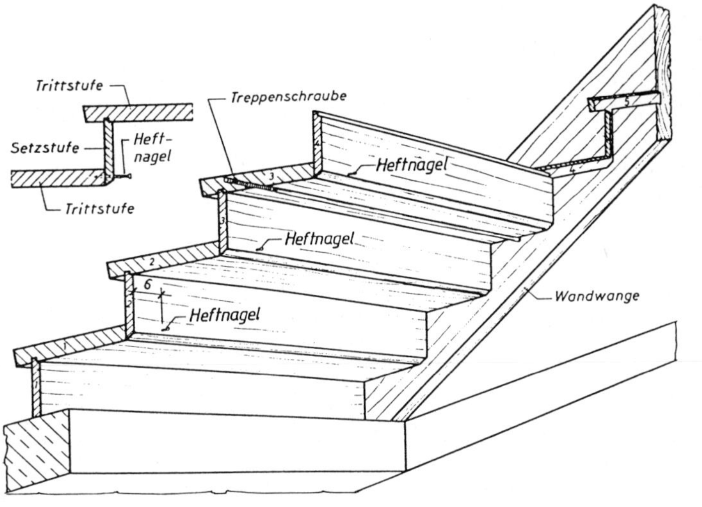

Ansicht der Wandwange einer einläufigen geraden, gestemmten Treppe mit in die Löcher eingeschlagenen Tritt- und Setzstufen

Die Einschlagung der Setz- und Trittstufen in die Löcher der Wandwange führt man wegen der Zurückfederung dieser Treppenteile so aus, daß man anfangs schon schwere, und sobald es auf die Grundtiefen der Löcher zugeht, nur noch leichte Schläge ausführt. Auf die anfangs und dann weiter eingeschlagenen Tritt- und Setzstufen werden immer wieder leichte Fäustelschläge angesetzt. Die aus den Löchern eventuell zurückgefederten Setz- und Trittstufen sitzen demnach stets auf der Grundtiefe und tragen sich dadurch frei vor der Wandwange.

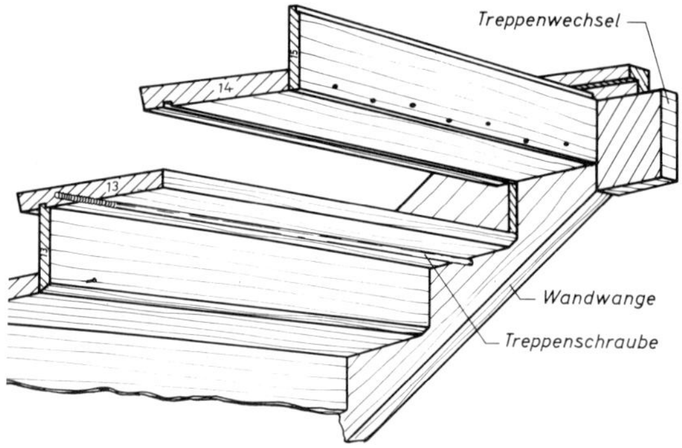

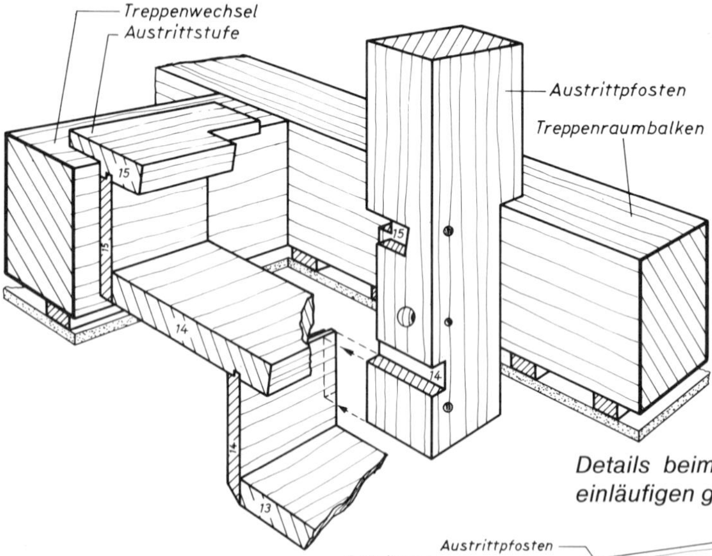

Die Setzstufe des Austrittes stellt sich vor den Treppenwechsel und kann deshalb nach der Einschlagung in das Loch der Wandwange nicht mehr aus der Rückseite an die vorletzte Trittstufe der Treppe angeheftet und festgenagelt werden. Demnach muß man die Setzstufe des Austrittes gleich an die vorletzte Trittstufe komplett annageln.

Details beim Austritt und Austrittpfosten einer einläufigen geraden, gestemmten Treppe

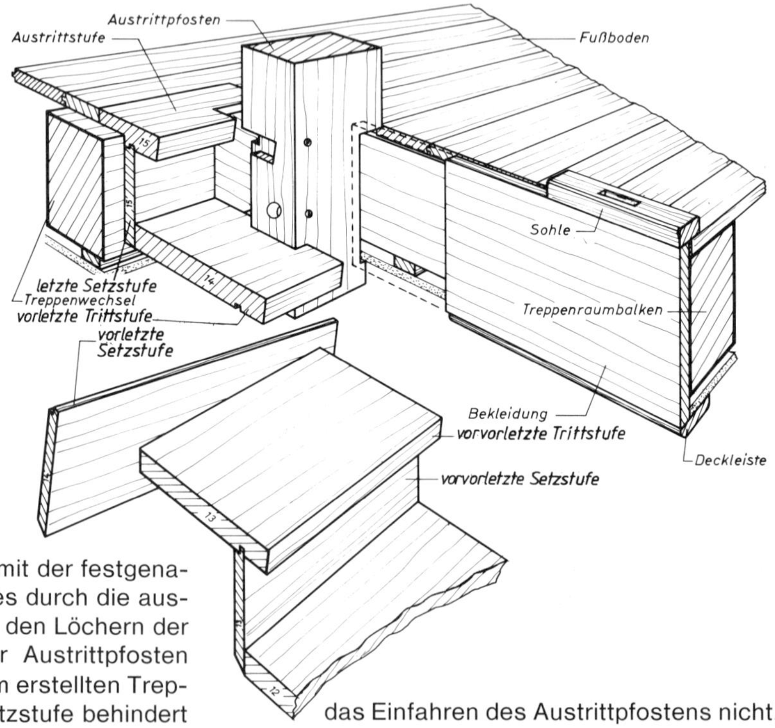

Wenn die vorletzte Trittstufe mit der festgenagelten Setzstufe des Austrittes durch die ausgeführte Einschlagung satt in den Löchern der Wandwange sitzen, wird der Austrittpfosten eingefahren. Die dabei noch im erstellten Treppenlauf fehlende vorletzte Setzstufe behindert das Einfahren des Austrittpfostens nicht.

Die vorletzte Setzstufe muß nach dem Einfahren des Austrittpfostens von unten her in die Nut der vorletzten Trittstufe eingeschoben und zugleich in das Loch der Wandwange eingeschlagen werden. Die eingeschlagene vorletzte Setzstufe wird an die vorvorletzte Trittstufe angeheftet.

Beim Stellen der einläufigen geraden, gestemmten Treppe bis vorläufig zur vorletzten Setzstufe, stellt man Kantholzsprieße, verteilt auf das erste, zweite und letzte Drittel des Treppenlaufes, unter Trittstufen, so daß diese nicht absacken können und zugleich die anderen mittragen.

Die Lichtwange mit dem schon angeschraubten Antrittpfosten wird oben auf die Dübel und auf den Schaft der Kropfschraube des Austrittpfostens eingeschoben und anschließend oben zuerst, dann weiter bis zum Antrittpfosten über die Tritt- und Setzstufen mit Hilfe des Fäustels und einer Holzzulage eingeschlagen. Während des Einschlagens der Lichtwange auf die Setz- und Trittstufen werden immer wieder die Rosettenmuttern der Treppenschrauben angezogen, so daß die Lichtwange ständig unter Druck steht. Durch die Treppenschrauben mit den angezogenen Rosettenmuttern bleibt die Wand- und Lichtwange sowie der An- und Austrittpfosten festgespannt bis auf die Grundtiefen der Löcher über den Tritt- und Setzstufen stehen.

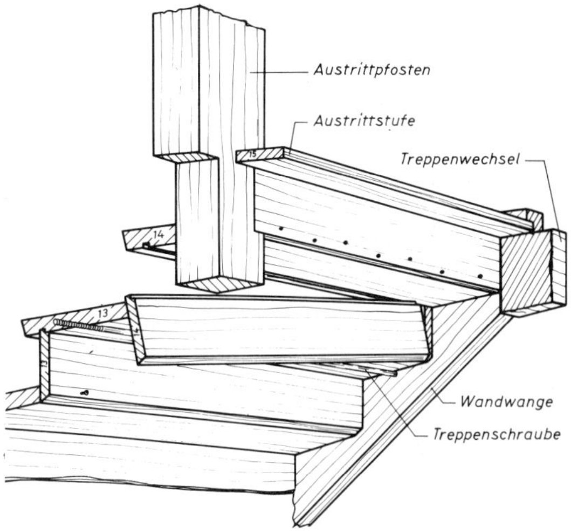

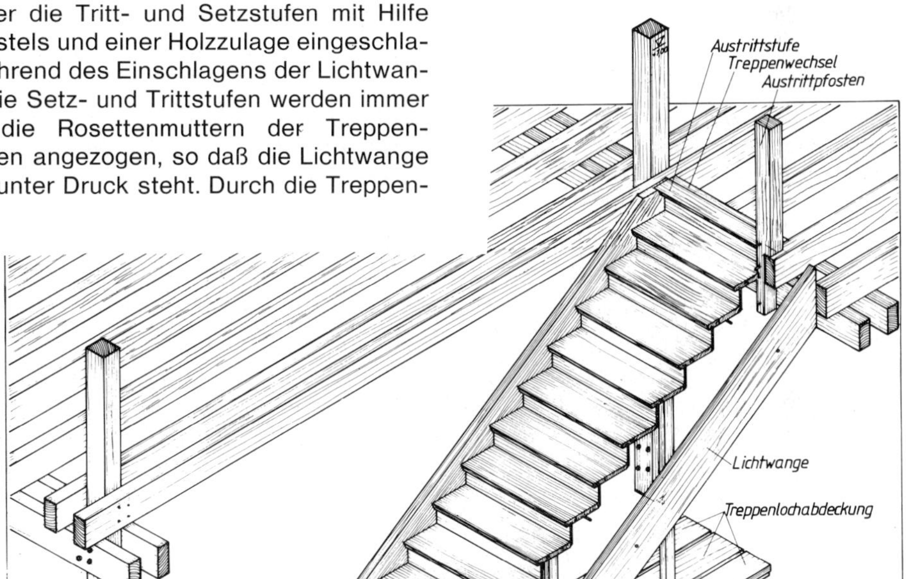

Perspektivische Darstellung einer einläufigen geraden, gestemmten Treppe mit in die Wandwange eingeschlagenen Tritt- und Setzstufen, sowie für den Einbau aufgestellten Lichtwange mit Antrittpfosten.

16.7.4 Verspannung des Treppenlaufes

Bei dem bis in die Grundtiefe der Löcher fest zusammengezogenen Treppenlauf wird die Verbindung der Setzstufen mit den Trittstufen durch die sogenannte Abnagelung an jeder einzelnen Setzstufenrückseite hergestellt. Das Abnageln hat von der vorletzten Setzstufe aus nach unten zu erfolgen, und man benutzt zu dieser Arbeit einen Schreinerhammer sowie zwei ca. 30 cm lange und 3,5 cm dicke Hartholzkeile.

Die beiden Keile muß man jeweils mittig des Treppenlaufes an der Unterschneidung zwischen zwei Trittstufen einlegen und antreiben. Durch das Gegeneinandertreiben der Keile biegt sich die obere Trittstufe nach oben und die untere Trittstufe nach unten. In der Biegung paßt sich die obere Trittstufe der oberen, schon bei der Ausarbeitung überhöhten Setzstufenkantenfläche an, so daß man die Setzstufe sofort nach dem Herausziehen des beim Erstellen eingeschlagenen Heftnagels mit Hilfe des Schreinerhammers und einer Hartholzzulage nach oben bis an die Grundtiefe der Trittstufennut einschlagen kann. Während die beiden Trittstufen mit den beiden Keilen im Senkel auseinander gedrückt sind und die Setzstufe oben ansteht, wird bei der unteren Trittstufe an der Setzstufenrückseite mit 5 bis 7 Nägeln die Abnagelung ausgeführt. Nach dem Einschlagen der Nägel werden die Keile aus dem Druck geschlagen und wieder bei den nächsten Trittstufen eingesetzt. Durch die Auseinanderdrückung wird das betreffende

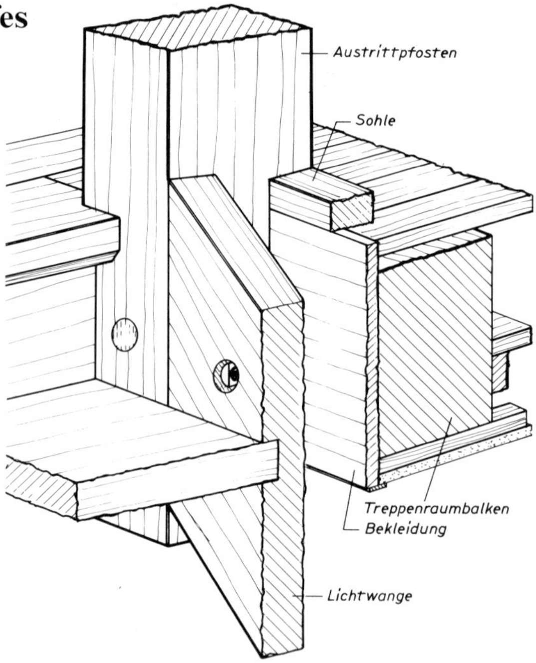

Details beim Austritt und Austrittpfosten mit der angeschlossenen und durch die Kropfschraube gesicherte Lichtwange.

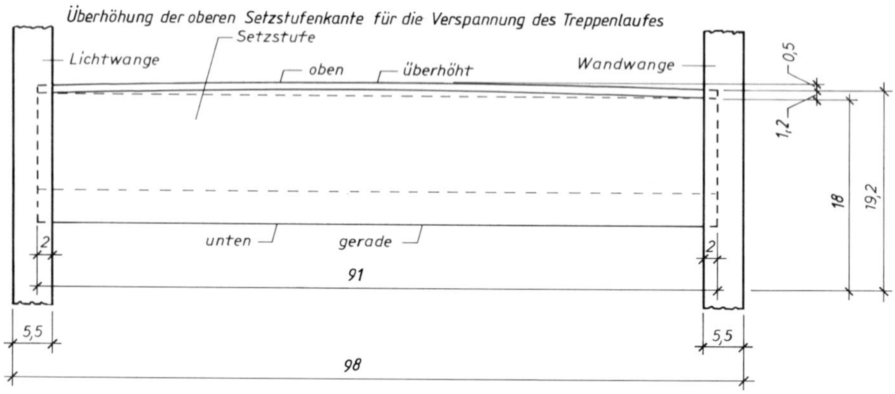

Ansicht der Rückseite einer Setzstufe, die oben auf die Länge von 91 cm 0,5 cm überhöht ist. Eine größere Überhöhung als 5 mm wählt man bei gewöhnlichen Geschoßtreppen mit den Laufbreiten zwischen 0,75 m und 1,15 m nicht, um das Einschlagen der Lichtwange auf die Tritt- und Setzstufen nicht zu sehr zu erschweren.

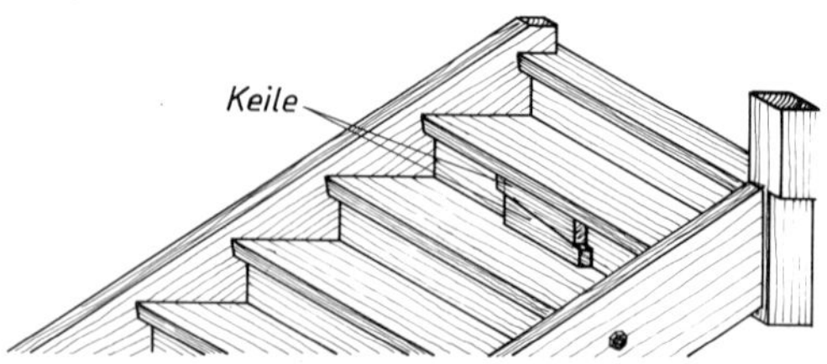

Verspannung mit Hilfe zweier Holzkeile

Trittstufenpaar vorgespannt und diese Vorspannung verhindert nach der Abnagelung das Knarren der Treppe. Nach der vollständigen Abnagelung wäre das Stellen der Treppe ausgeführt. Das Treppengeländer wird anschließend zwischen die An- und Austrittpfosten eingebaut und das Brüstungsgeländer beim Treppenloch erstellt.

16.7.5 Einläufige gerade, gestemmte Treppe mit Treppengeländer und Brüstung im Treppenraum

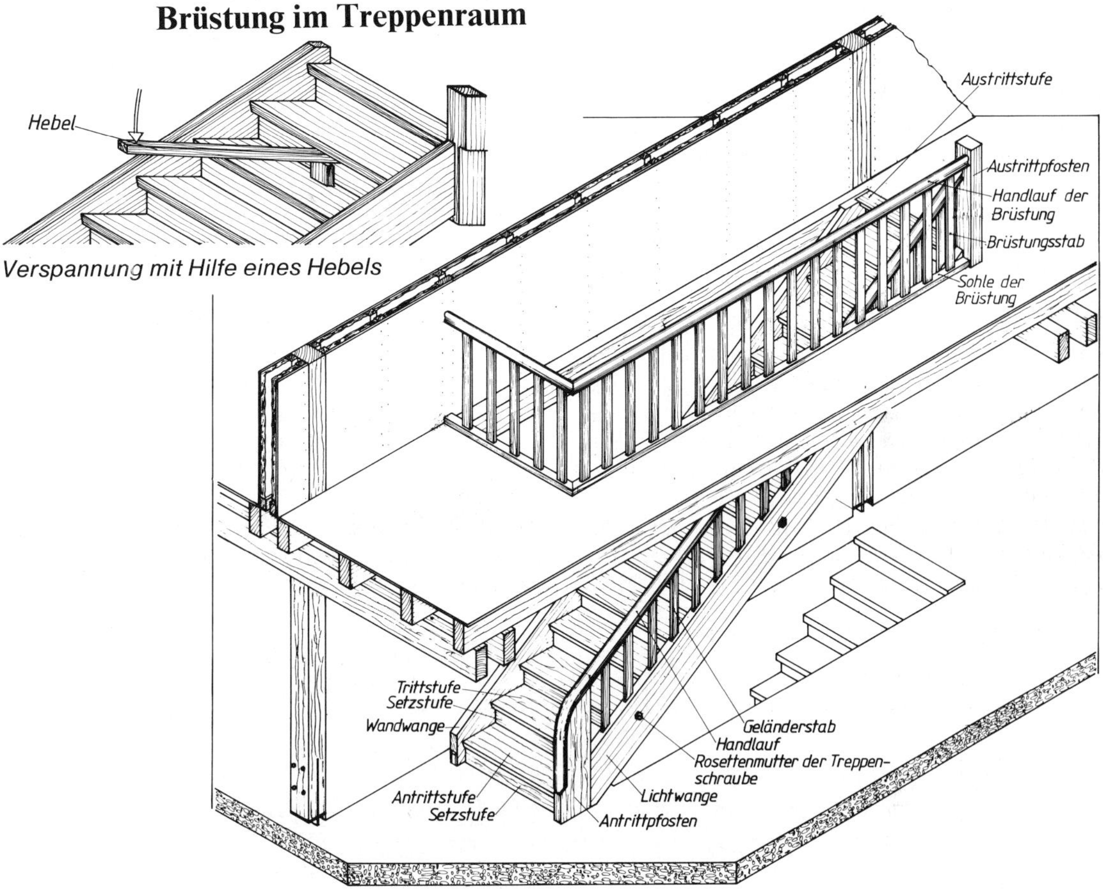

Verspannung mit Hilfe eines Hebels

17 Hölzer für den Treppenbau

Die für den Treppenbau verwendeten Hölzer sollen als tragende Einbauteile und als Einbauteile mit sichtbar bleibenden Flächen möglichst keine oder nur geringe Fehler aufweisen.

Die Gütebedingungen für Treppenhölzer sind in DIN 18334 „Zimmer- und Holzbauarbeiten", DIN 68365 „Bauholz für Zimmerarbeiten" und DIN 68368 „Laubschnittholz für Treppenbau" festgelegt.

17.1 Laubhölzer

17.1.1 Buchenholz

Aus Buchenholz werden hauptsächlich Trittstufen hergestellt aber auch Treppengeländerpfosten und Handläufe. Für Wangen und Setzstufen ist Buchenholz nicht geeignet.

17.1.2 Eichenholz

Eichenholz eignet sich sehr gut für Trittstufen und natürlich auch für Wangen, Setzstufen und Geländerteile.

17.2 Nadelhölzer

17.2.1 Fichtenholz

17.2.2 Kiefernholz

17.2.3 Lärchenholz

Da sich die Nadelholzarten verhältnismäßig rasch abtreten, sind sie für Trittstufen weniger geeignet, dagegen für Wangen und für Setzstufen sowie für Geländerstäbe und Geländerbretter nach sorgfältiger Auswahl gut geeignet.

18 Anreißtechnik

18.1 Sparren beim Pfettendach – Austragen und Anreißen

Beim symmetrischen Pfettendach haben die beiden Dachseiten bestimmte Fußgelenke, die bei gleichen Dachneigungswinkeln auf gleicher Höhe liegen. Beim Pfettendach liegen die Sparren der beiden Dachseiten auf Fuß- und Firstpfetten sowie auf Mittelpfetten auf. Die Fußpfetten sind durch die Geschoßdecke oder durch Wandkörper und die Mittel- sowie Firstpfetten wiederum durch den zugeordneten Dachstuhl unterstützt.

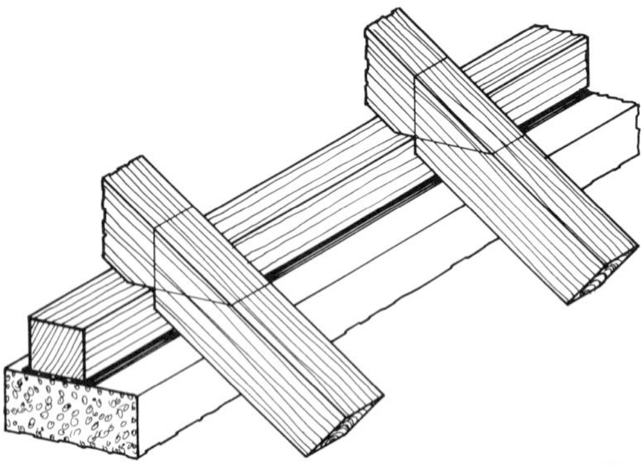

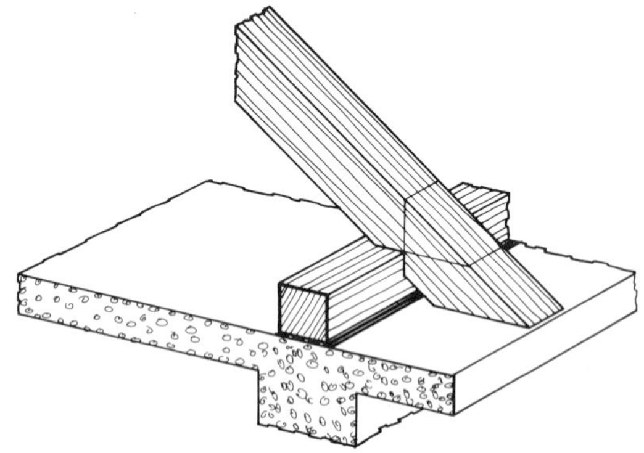

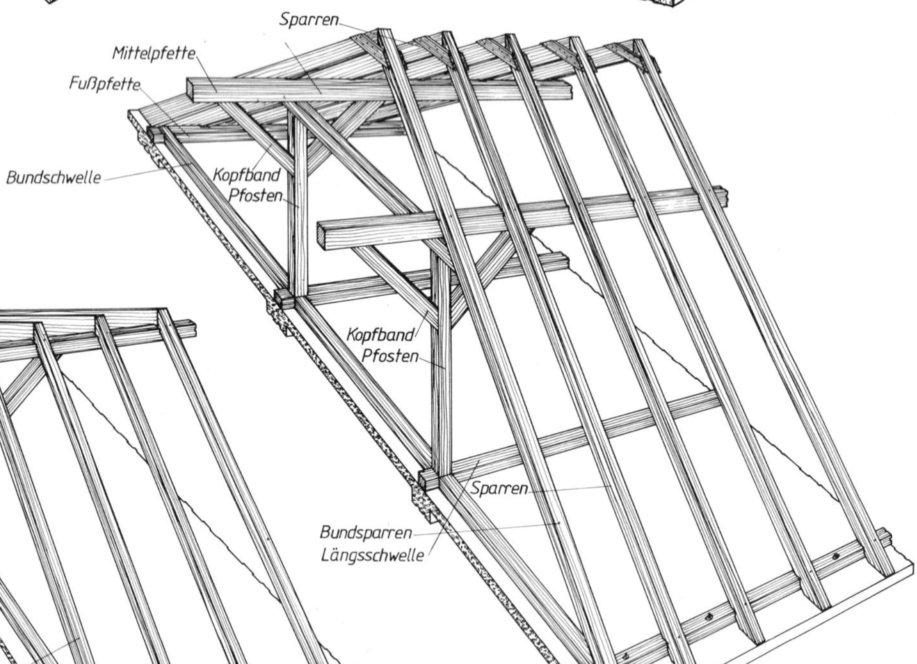

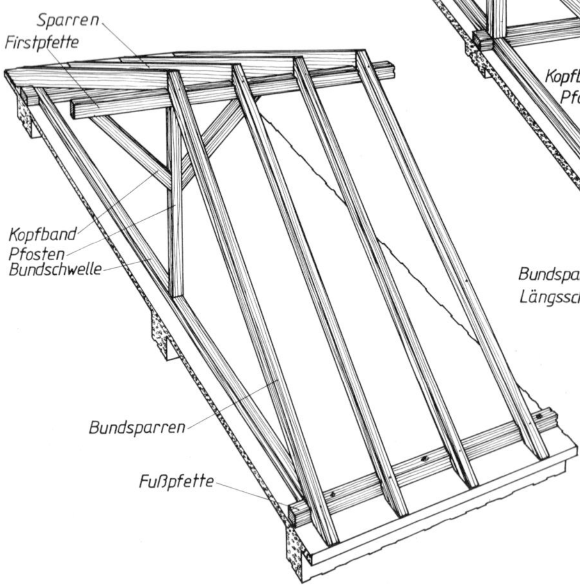

Die Dachstühle der Pfettendächer setzen sich in der Regel aus Schwellen, Pfosten, Tragriegeln, Pfetten, Zangen und Kopfbändern zusammen.

18.1.1 Querschnitt eines bestimmten Pfettendaches

Gemäß des hier daneben gezeigten Querschnittes eines kleinen Pfettendaches wird die Austragung des gewöhnlichen Sparrens (der Lehrsparren heißt) auf einer Werksatzplatte behandelt und zugleich das Anreißen des Lehrsparrens gezeigt.

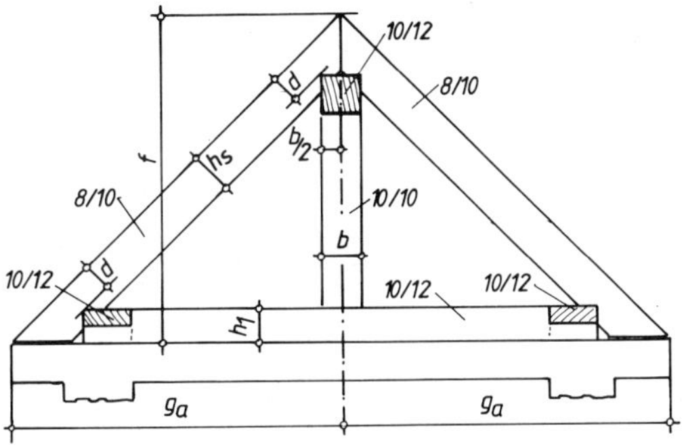

Querschnitt eines kleinen symmetrischen Pfettendaches mit einfach stehendem Dachstuhl

18.1.2 Dachprofil

Unter dem Austragen des Sparrens versteht man zunächst den Aufriß des betreffenden Dachprofils (Anbaudachprofil TaF'FTa) und dann den Aufriß einer Seite hs des Sparrens mit den zugehörigen Pfettenquerschnittsflächen.

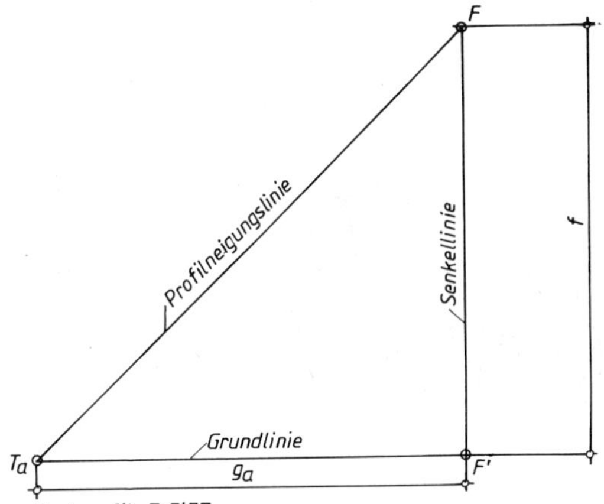

Dachprofil $T_aF'FT_a$

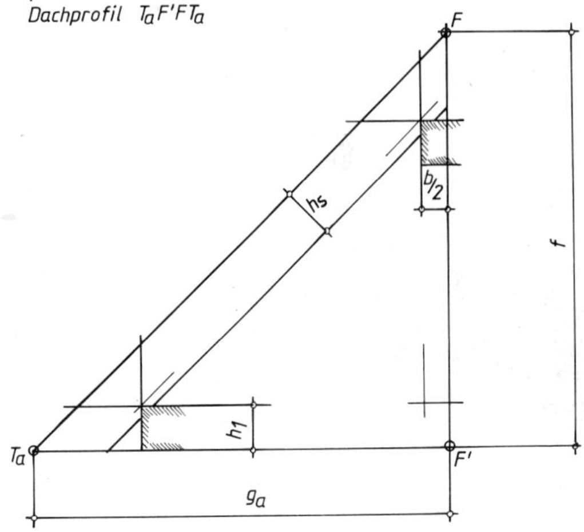

18.1.3 Rechtwinkliges Obholz

Die Sparren erhalten nach den Pfettenquerschnittsflächen aus der Unterseite in das Sparrenholz hinein einen dreieckigen Ausschnitt „Kerve" genannt. Die Kerve wird in der Regel auf 1/4 der Sparrenholzhöhe ausgeschnitten. Das verbleibende Sparrenholz über der Kervenecke, das sogenannte „rechtwinklige Obholz" beträgt dann 3/4 der Sparrenholzhöhe.

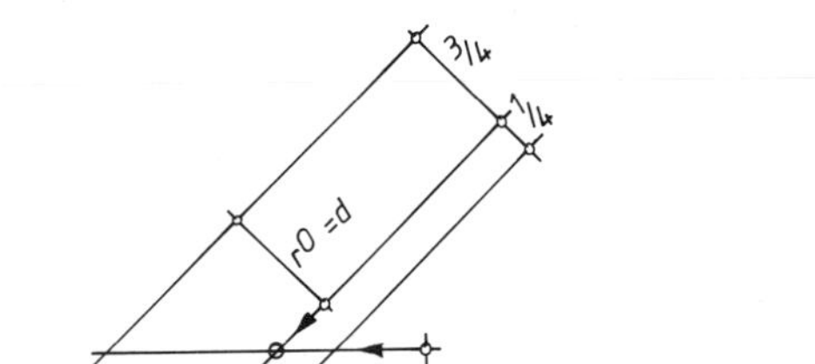

18.1.4 Kerven des Pfettendachsparrens

Beim Aufreißen der Fußpfettenkerve auf die Werksatzplatte wird gemäß der Fußpfettenhöhe mit einem Waageriß auf dem schon aufgetragenen Obholzriß der Eckpunkt der Kerve bestimmt. Aus dem Kerveneckpunkt reißt man für die äußere senkrecht verlaufende Fußpfettenseite nach unten und nach oben einen Senkelriß auf.

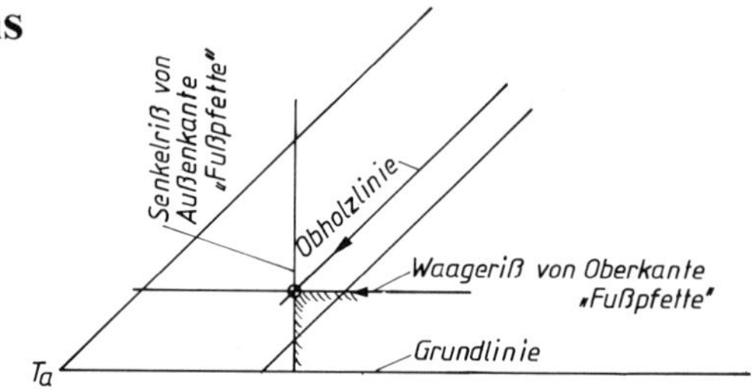

Den Eckpunkt für die Firstpfettenkerve muß man mit einem Senkelriß bestimmen, der gemäß der halben Breite des Firstpfettenholzes parallel zur Firstsenkellinie über die schon aufgetragene Obholzlinie aufzutragen ist. Aus dem bestimmten Eckpunkt der Firstpfettenkerve muß nach links und rechts ein Waageriß für die obere Seite der Firstpfette aufgetragen werden. Den Senkel- und Waageriß der Fußpfettenkerve und der Firstpfettenkerve trägt man ca. 3 bis 4 cm über den Riß von Oberseite „Sparren", d. h. über die Profilneigungslinie hinweg, auf.

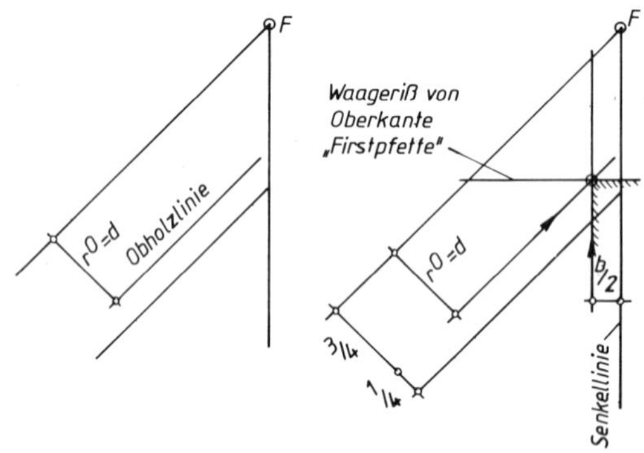

18.1.5 Austragung des Pfettendachsparrens

Die Kerven schraffiert man mit schräg laufenden Vollinien. Die Senkel- und Waagerisse der Kerven verlaufen über die Profilneigungslinie bzw. über den Riß von Oberseite „Sparren" hinaus. Das ist beim Aufriß im Maßstab 1:1 notwendig, weil man durch das Auflegen des anzureißenden Lehrsparrens die Kerven sowie den Waageriß der Fußschmiege und den Senkelriß des Firstsenkels vollständig überdeckt.

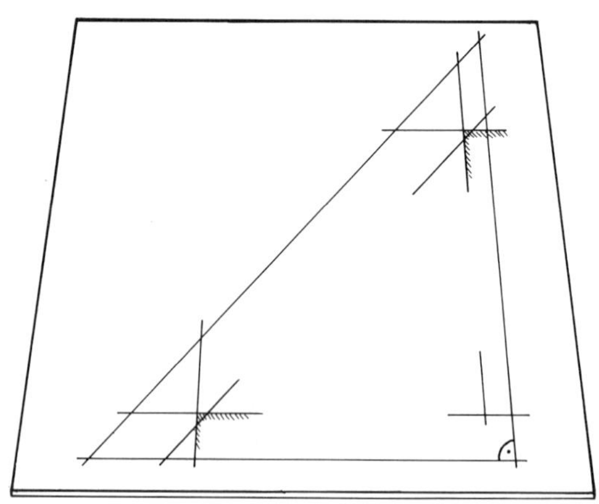

Fertige Austragung des Pfettendachsparrens auf der Werksatzplatte

18.1.6 Anriß des Pfettendachsparrens

Ist die Seite des Pfettendachsparrens komplett auf den Reißboden aufgetragen, wird das für den Lehrsparren ausgesuchte Kantholz mit der oberen Seite genau über die Profilneigungslinie gutgelegt. Beim Anreißen des Lehrsparrens, den man als Lehre beim Abbinden der anderen gleichartigen Pfettendachsparren benutzt, sollte das auf dem Reißboden an die Profilneigungslinie gutgelegte Sparrenholz nicht verschoben werden, denn schon die kleinste Verschiebung führt zu einem fehlerhaften Anreißen.

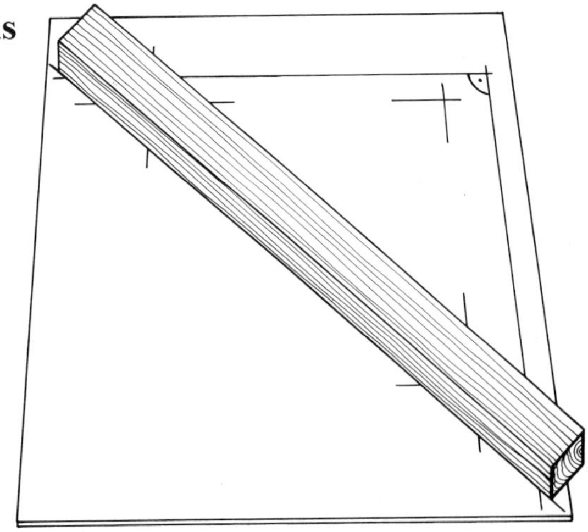

Gutlegen des Lehrsparrenkantholzes an den Riß von Oberkante „Sparren" auf der Werksatzplatte

Nach dem Gutlegen des Sparrenholzes bleiben außerhalb des Kantholzes die zuvor entsprechend der Sparrenholzhöhe lang genug angerissenen Senkel- und Waagerisse gut sichtbar, so daß man auf ihnen das Winkeleisen gutlegen und die zum Anreißen der Kerven sowie Fußschmiegen und Firstsenkelrisse notwendigen Winkelrisse auf die untere und obere Seite des Sparrenholzes anreißen kann.

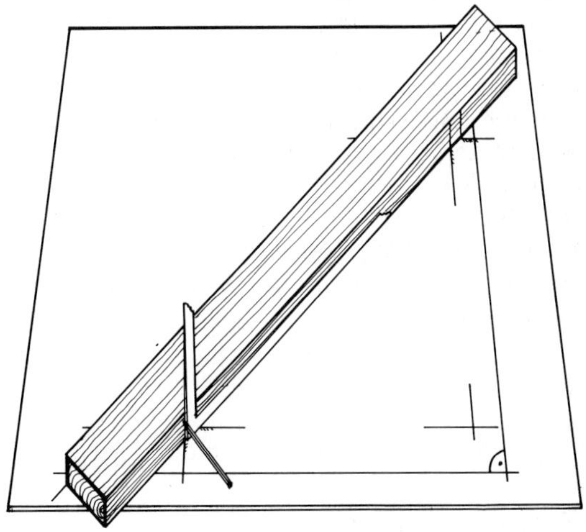

Nach dem Anreißen der Winkelrisse werden beim Anreißen der Kerven sowie Fuß- und Senkelschmiegen auf je zwei bestimmte Winkelrisse zu gerade Vollinien aufgetragen.

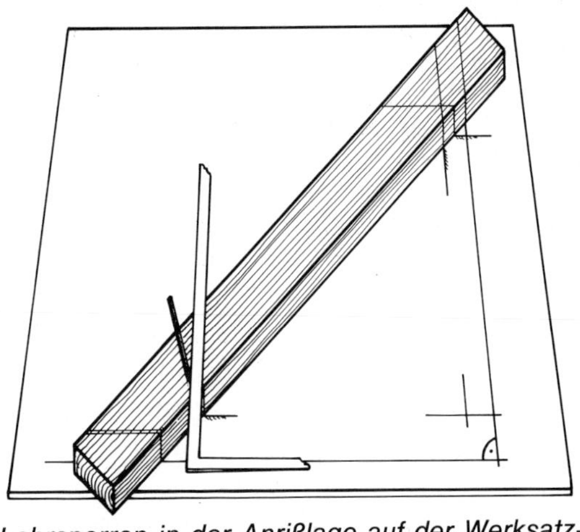

Lehrsparren in der Anrißlage auf der Werksatzplatte

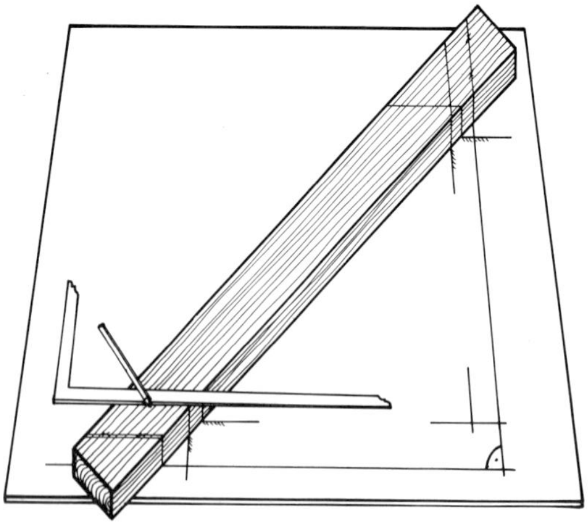

Lehrsparren in der Anrißlage auf der Werksatzplatte

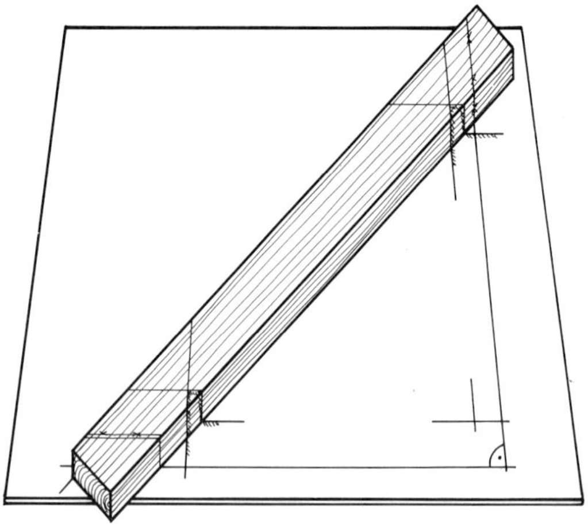

Angerissener Lehrsparren auf der Werksatzplatte

Die Fuß- und Senkelschmiegen sind zugleich Abschnittrisse, weshalb man sie mit kleinen Kreuzen erkenntlich macht. Die auszuarbeitenden Kerven markiert man mit schrägen Volllinien. Das Anreißen des Lehrsparrens für den symmetrischen Pfettendachkörper wäre damit ausgeführt.

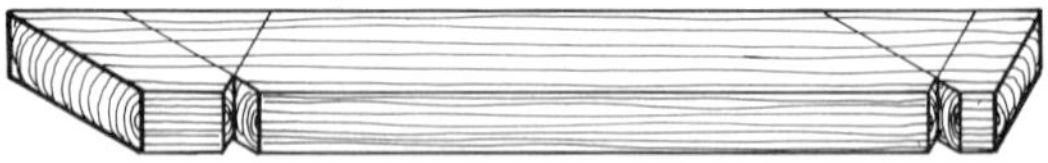

Ausgearbeiteter Lehrsparren mit Fußschmiege, Fußpfettenkerve, Firstpfettenkerve und Firstsenkelschmiege

19 Schiftung

19.1 Gratsparren und Schifter beim gleichgeneigten Walmdach

Die Vorbedingungen zum Austragen und Anreißen eines Gratsparrens des gleichgeneigten Walmdaches sind:

1. Aufriß des Hauptdach- und zugleich Walmprofils
2. Ausführung der Dachausmittlung und zugleich Festlegung des Gratsparrens in der Grundlage
3. Aufriß des Gratprofils und zugleich Austragung des Gratsparrens

Beim Austragen, Anreißen und Ausarbeiten eines Gratsparrens führt der Zimmerer den Teil einer Schiftung aus. Unter Schiftung (Abschiftung) versteht der Zimmermann, wie die Dachhölzer eines Dachtragwerkes mit abgewalmten

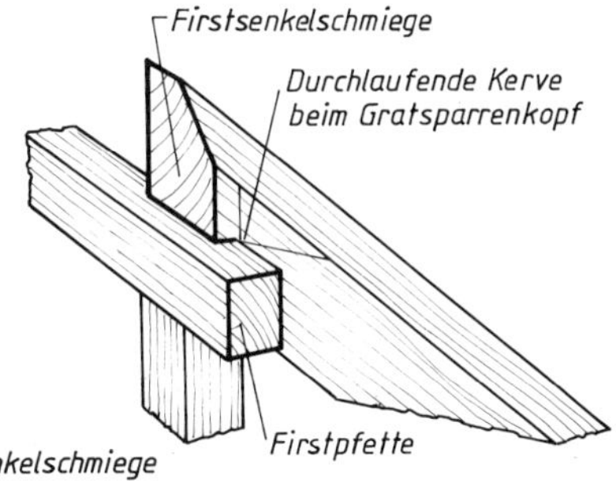

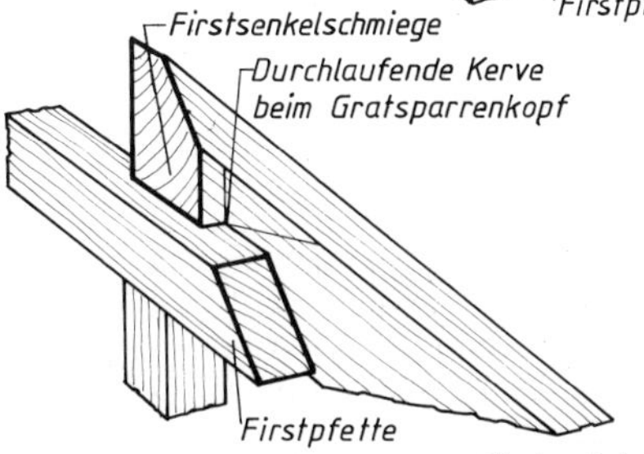

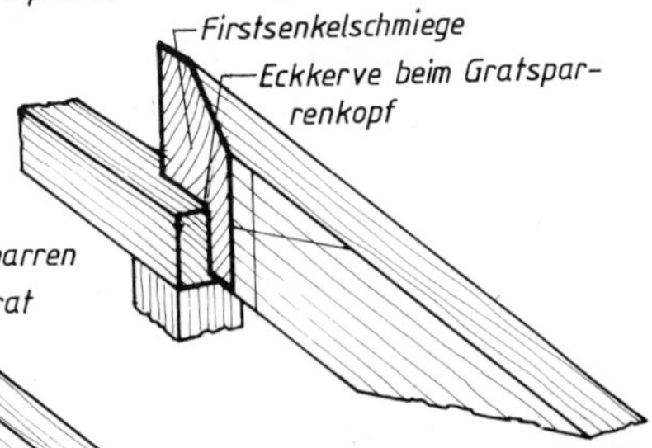

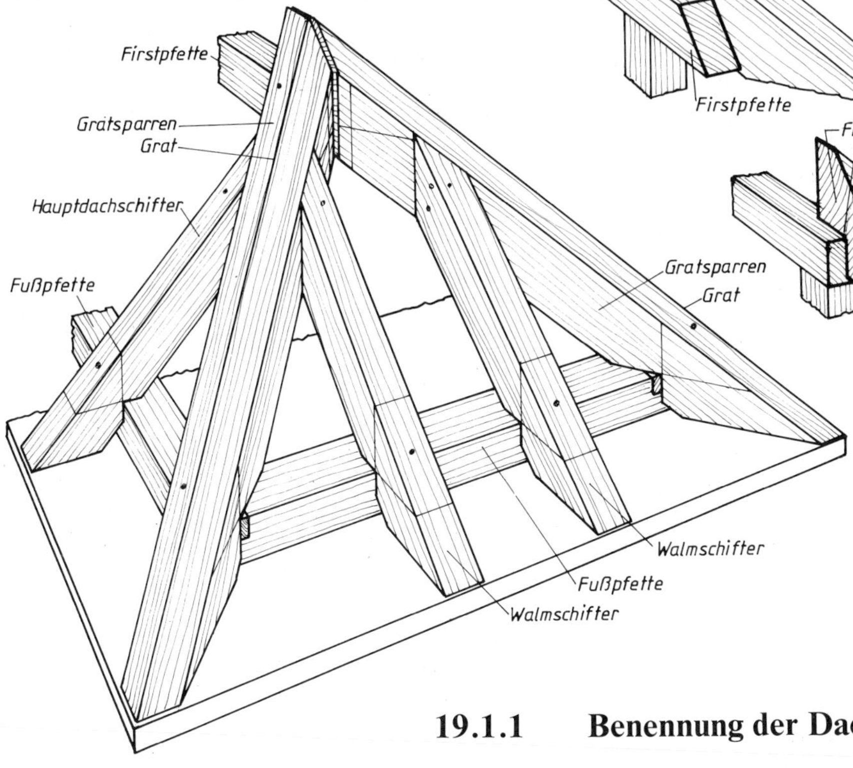

19.1.1 Benennung der Dachtragwerke

Dachseiten und anderes mehr, konstruktiv-aufgerissen, -angerissen und danach -ausgearbeitet und schließlich miteinander verbunden werden sollen. Nach dem Aufrichten des Daches zeigt das Ergebnis der Schiftung ein Netzwerk aus verbundenen Kanthölzern, sowohl mit unterschiedlichen Längen und Formen, als auch Dachseiten. Solche Dachseiten sind begrenzt von Trauf-, Grat-, Kehl-, First-, Verfallungs- und Dachbruchlinien. Das lotrechte Projizieren dieser Dachlinien zur Ebene (waagerechten Grundfläche) nennt man Dachausmittlung. Mit dem Aufriß bestimmter Dachneigungslinien auf bestimmten Dachgrundlängen und angetragenen Dachhöhen entstehen Profile von dem betreffenden Dach.

19.1.2 Dachausmittlung

Wenn es sich um ein Walmdach mit gleicher Traufhöhe handelt, sind die Grundmaße der Hauptdachgrundfläche und das Grundmaß der Walmgrundfläche genau gleich groß. Daraus ergibt sich, daß die Grate mit ihren Gratgrundlinien in der Winkelhalbierenden von zwei, in einem Eckpunkt zusammentreffenden, Trauflinien liegen. Die Dachhöhe über der gleich hohen Traufe des gleichgeneigten Walmdaches hat dabei keinerlei Einfluß auf die Dachausmittlung.

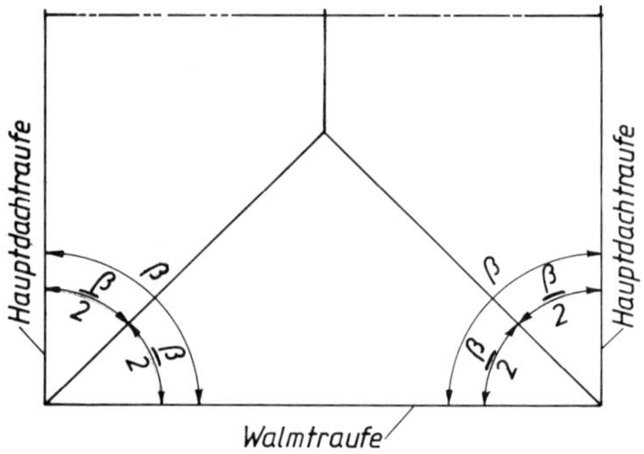

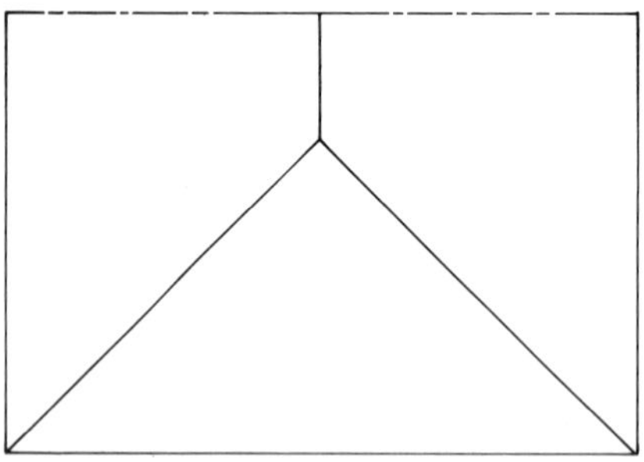

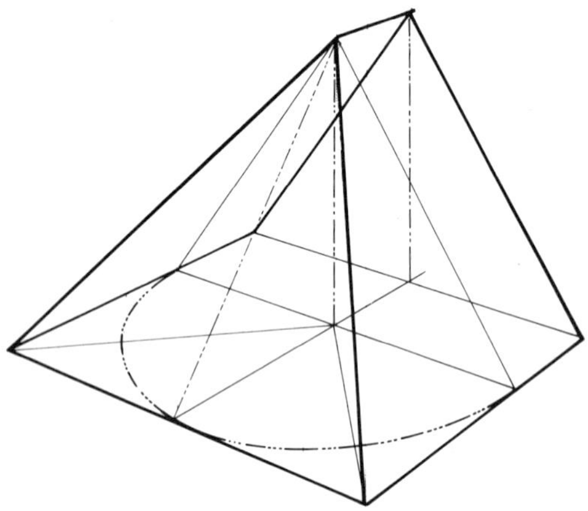

Dachausmittlung bei gleichem Dachneigungswinkel und gleicher Traufhöhe

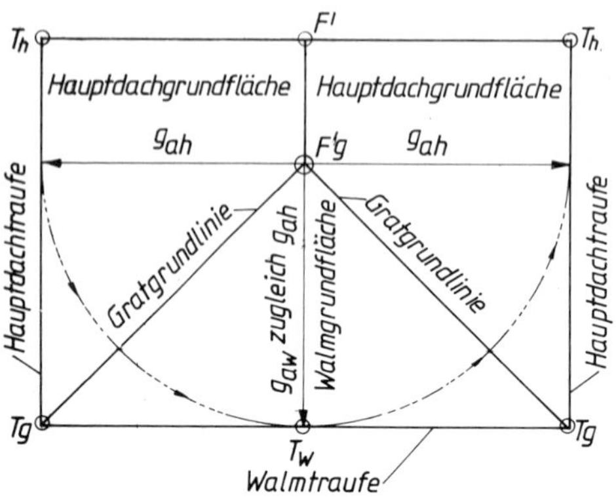

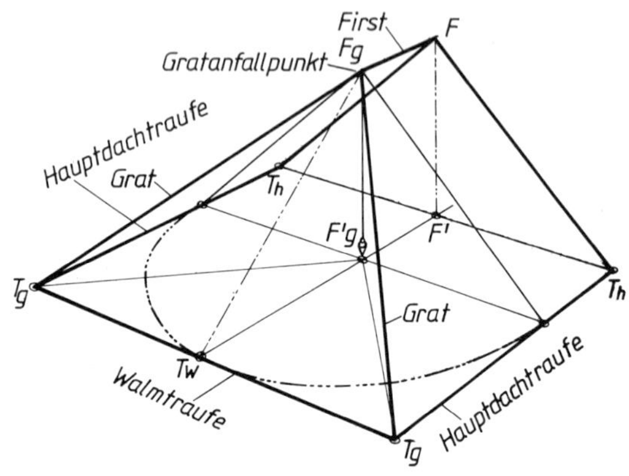

Um die Ausmittlung für eine Walmseite bei zwei Hauptdachseiten entsprechend ihrer gleichen Traufhöhe und ihrem gleichen Dachneigungswinkel auszuführen, wird mit dem gleichmäßigen Hauptdach- und Walmgrundmaß ein Gratanfallpunkt im Grundriß bestimmt.

Beim Festlegen des Gratanfallpunktes muß das gleichmäßige Hauptdach- und Walmgrundmaß stets rechtwinklig aus der Hauptdachtrauflinie, wie auch Walmtrauflinie abgetragen werden.

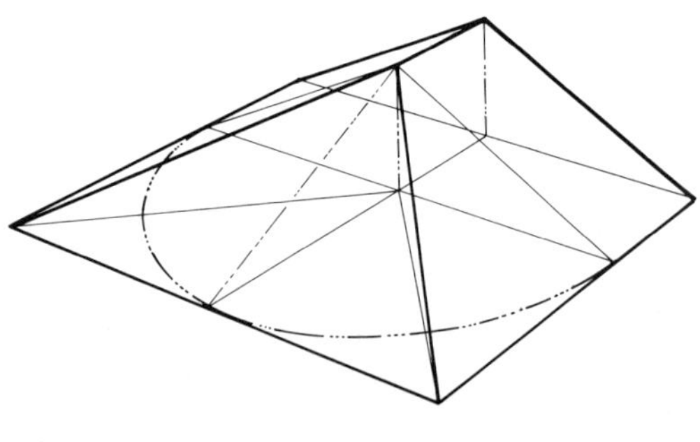

19.1.3 Hauptdach- und zugleich Walmprofil

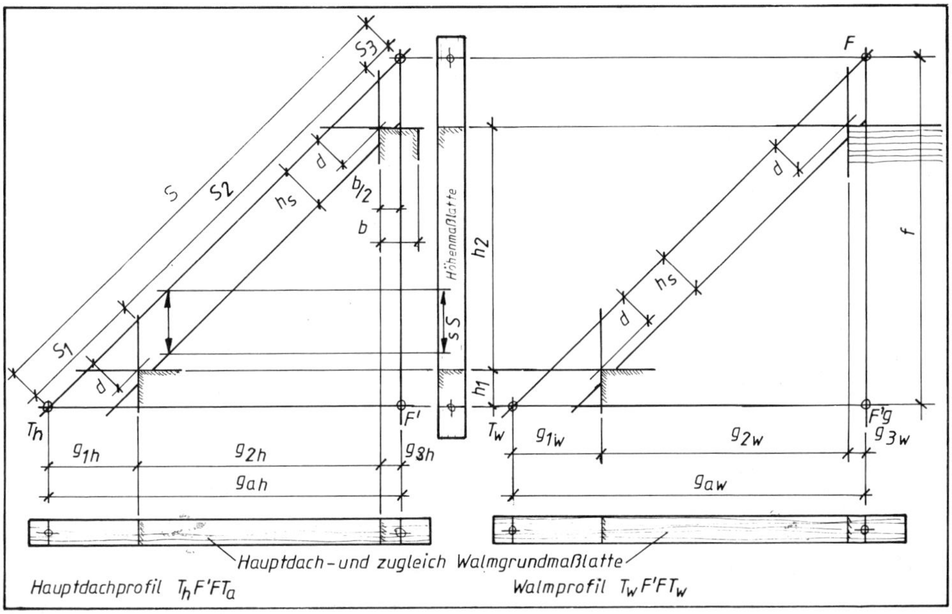

19.1.4 Gratsparren in der Grundlage

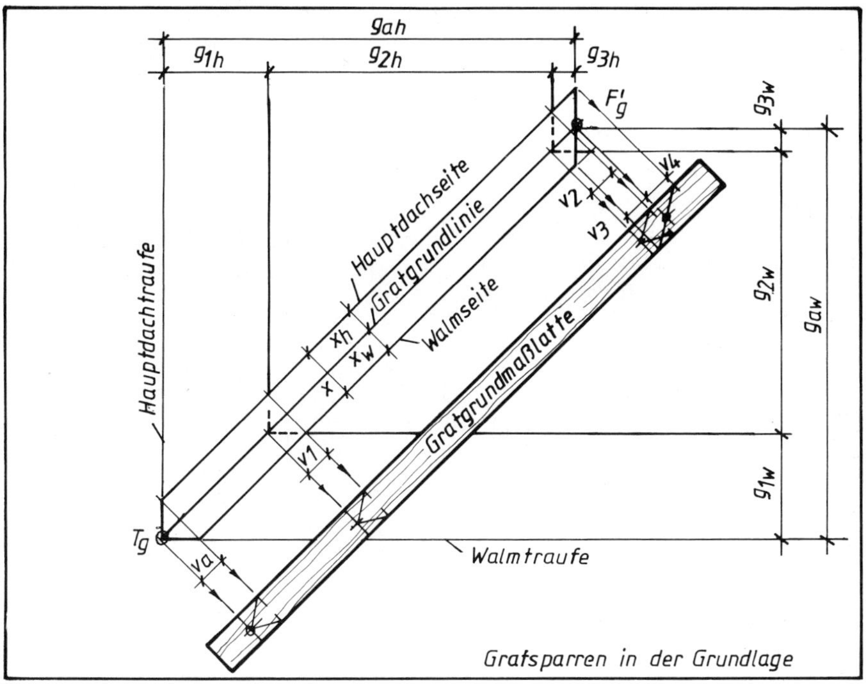

Gratsparren in der Grundlage

d = rechtwinkliges Obholz
f = Dachhöhe
h_l = Höhe der Fußpfette
h_2 = Höhe von OK Fußpfette bis OK Firstpfette
h_s = Sparrenhöhe
S_s = senkrechte Sparrenhöhe
S = Sparrenlänge
S_1, S_2, und S_3 = Teilsparrenlängen
x = Gratsparrenbreite
x_w = halbe Gratsparrenbreite im Bereich der Walmseite
x_h = halbe Gratsparrenbreite im Bereich der Hauptdachseite
v_a = Verstich für die Abgratung
v_1 und v_2 = Verstiche für die Kerve
v_3 und v_4 = Verstiche für die Firstsenkelschmiege
g_{ah} und g_{aw} = Hauptdach- und zugleich Walmgrundmaß bei dem gleichgeneigten Walmdach
TgF'g = Gratgrundlänge

Wenn man bei einer Walmseite mit zwei Traufeneckpunkten den zugehörigen Gratanfallpunkt festgelegt hat, wird jede der beiden Gratgrundlinien aus dem bestimmten Traufeneckpunkt heraus bis in den Gratanfallpunkt hinein aufgetragen. Nach der aufgetragenen Gratgrundlinie handelt es sich bei der Strecke zwischen dem Traufeneckpunkt und dem Gratanfallpunkt um die Gratgrundlänge und demnach auch um das Gratprofilgrundmaß.

Für den Aufriß des Gratprofils wird am aufgetragenen Hauptdach- und zugleich Walmprofil die notwendige Höhenmaßlatte und weiter am Gratsparren im Grundriß die Gratgrundmaßlatte angerissen.

19.1.5 Gratprofil

Beim Auftragen des Gratprofils mit Hilfe der Gratgrund- und Höhenmaßlatte wird zunächst die Gratprofilgrundlinie TgF'g und zu dieser Grundlinie dann rechtwinklig die Firstsenkellinie FgF'g angetragen.

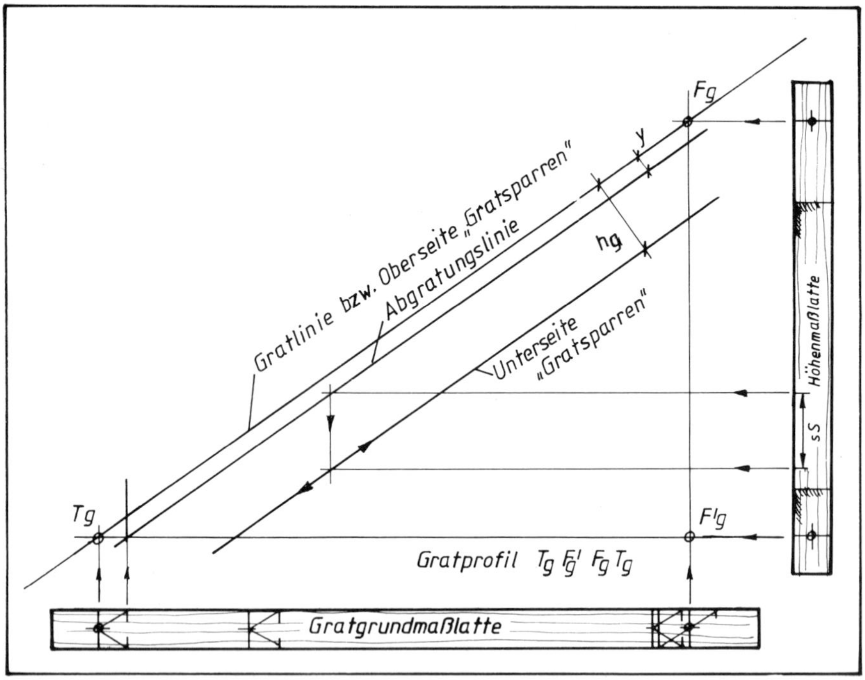

19.1.6 Ausgetragener Gratsparren

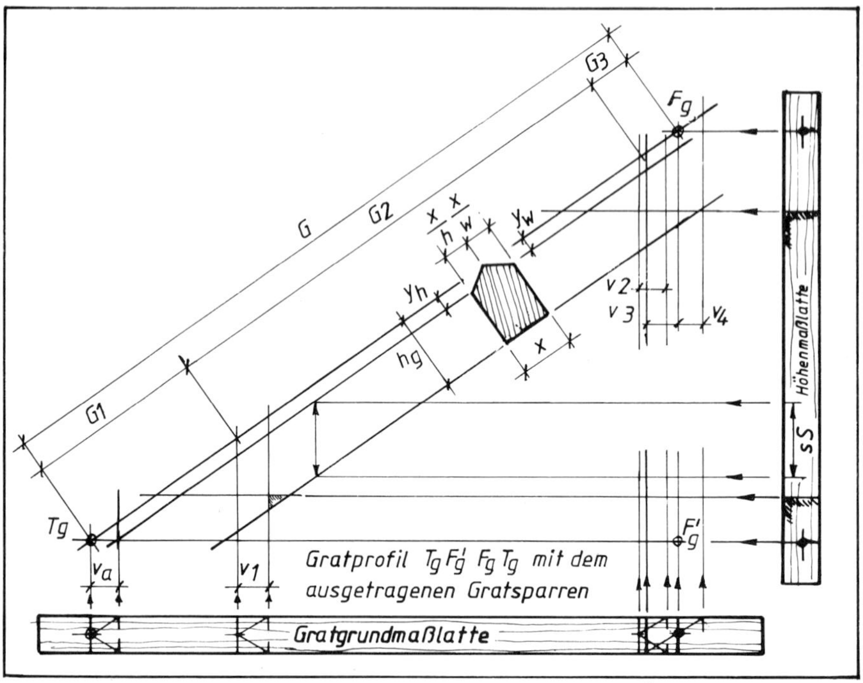

Die Senkelrisse der Kerven und der Firstsenkelschmiege reißt man nach der Gratgrundmaßlatte auf. Die Waagerisse für die Kerven werden nach der Höhenmaßlatte angerissen. Wenn man die Gratlinie, die Abgratungslinie, sowie die Senkel- und Waagerisse beim Gratprofil aufgetragen hat, ist der Gratsparren ausgetragen.

Die Gratneigungslinie muß man anschließend über die Punkte Tg und Fg festlegen. Parallel zu der Gratneigungslinie wird dann nach dem Verstrich v_a aus der Gratprofilgrundlinie heraus die Abgratungslinie verstrichen.
Mit dem Abtragen der senkrechten Sparrenhöhe sS, senkrecht unter die Abgratungslinie bestimmt man Unterkante „Gratsparren". Die ermittelte rechtwinklige Gratsparrenhöhe ist demnach das Maß h_g.
Bei dieser Gratsparrenhöhe sind später die Schifter mit ihren Backenschmiegen sowohl oben an der Abgratungskante als auch unten an Unterkante „Gratsparren" bündig.

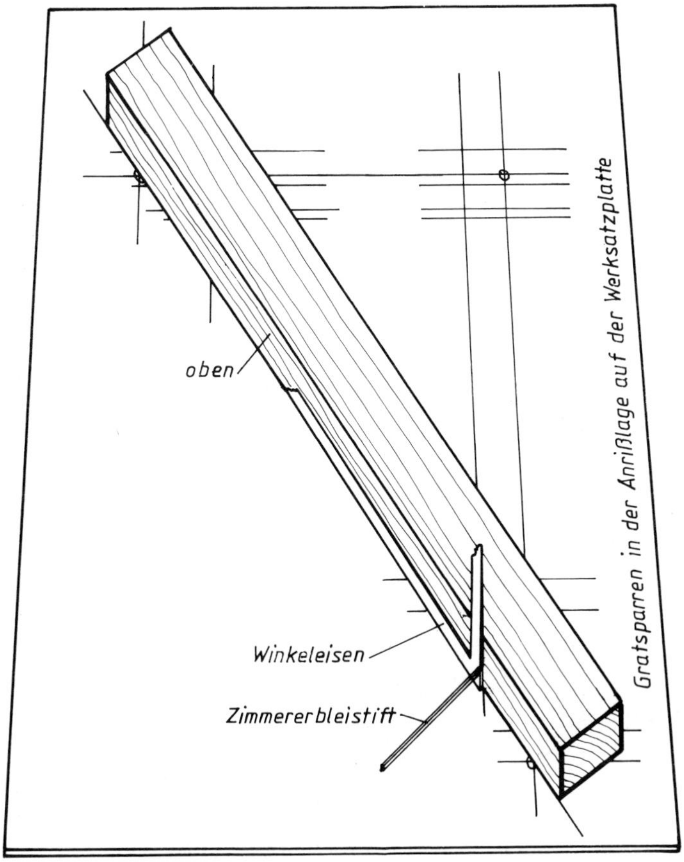

19.1.7 Anriß des Gratsparrens

Beim Anreißen eines Gratsparrens auf der Werksatzplatte ist unter dem Anwinkeln eines Senkel- oder Waagerisses stets das Anreißen eines Winkelrisses nach einem bestimmten Senkel- oder Waageriß zu verstehen. Das Anwinkeln der Senkel- und Waagerisse muß so ausgeführt werden, daß zunächst mal das Winkeleisen mit dem langen Schenkel flächig bei der betreffenden Kantholzseite des Gratsparrens ansteht und zugleich auf der Werksatzplatte aufliegt. Weiter muß dann das Winkeleisen mit der äußeren Kante des kurzen Schenkels möglichst genau auf den anzuwinkelnden Senkel- oder Waageriß angesetzt werden.

Nach der kompletten Austragung werden auf der Werksatzplatte bei entsprechender Anrißlage an das Kantholz des Gratsparrens die Senkel- und die Waagerisse angewinkelt. Beim Anwinkeln der Senkel- und Waagerisse muß die betreffende obere Seite des Gratsparrenkantholzes nach der Gratlinie auf die richtige Anrißlage gebracht werden.

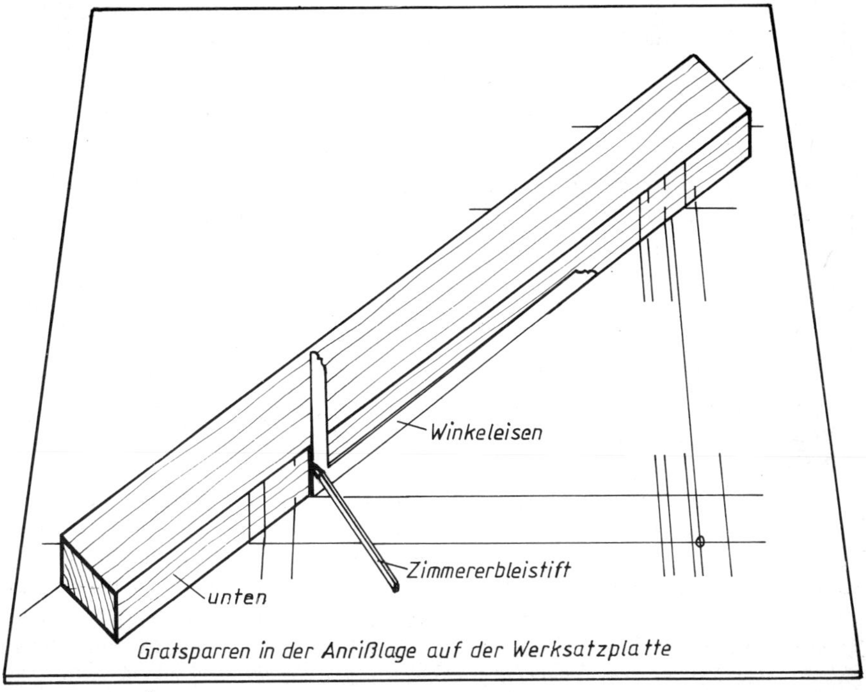

Wenn in der Anrißlage des Gratsparrens die Senkel- und Waagerisse angewinkelt sind, werden gleich anschließend für einen Senkel oder für einen Waageriß die zusammengehörenden Winkelrisse durch je eine Vollinie über die seitlichen Gratsparrenkantholzflächen hinweg miteinander verbunden. Dabei entsteht derselbe Gratsparrenanriß, wie schon auf der Werksatzplatte bei der Austragung des Gratsparrens an der Gratlinie

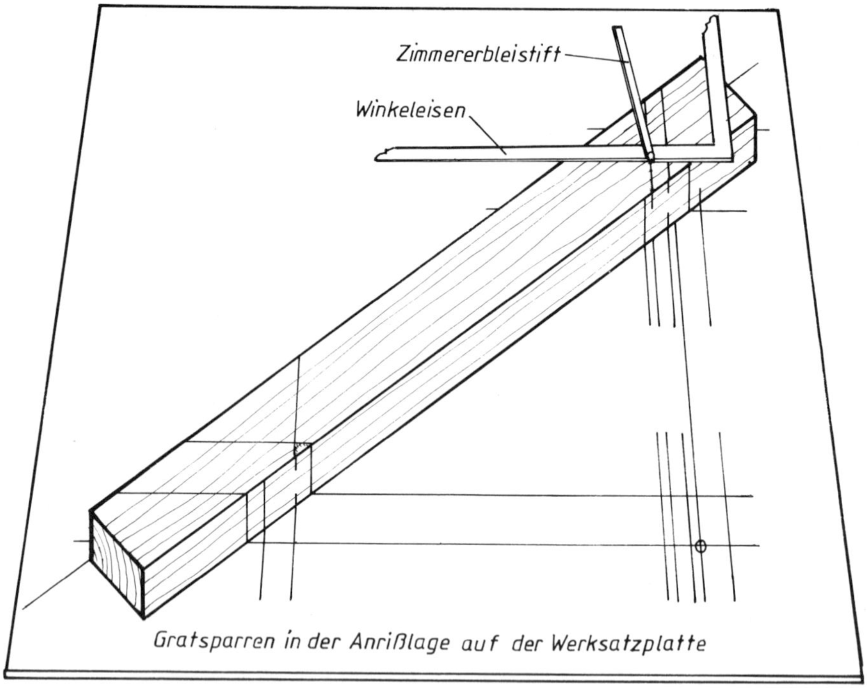

Gratsparren in der Anrißlage auf der Werksatzplatte

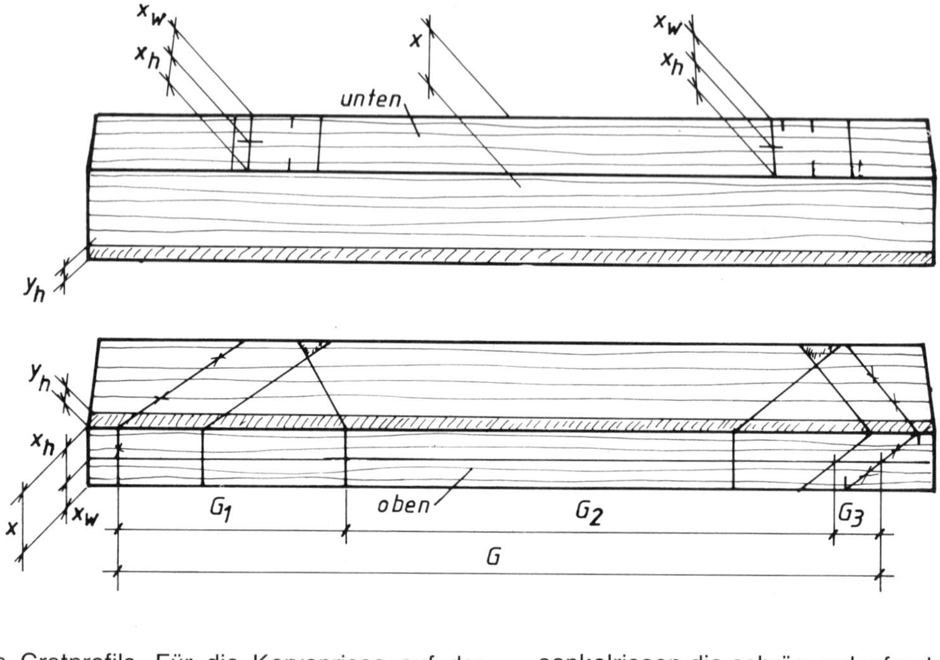

des Gratprofils. Für die Kervenrisse auf der unteren Gratsparrenkantholzfläche muß man die betreffenden Kerveneckpunkte anreißen und dann aus jedem der Kerveneckpunkte bis an die Kervensenkelrisse die schräg verlaufenden Kervenrisse auftragen. Für den Firstabschnitt werden nach den aufgetragenen Firstsenkelrissen die schräg verlaufenden Schmiegen der Firstsenkelschmiege angetragen. Beim angerissenen Gratsparren markiert man die Abschnittrisse mit Kreuzzeichen und bei der Kerve das auszuarbeitende Holz mit kurzen schrägen Vollinien.

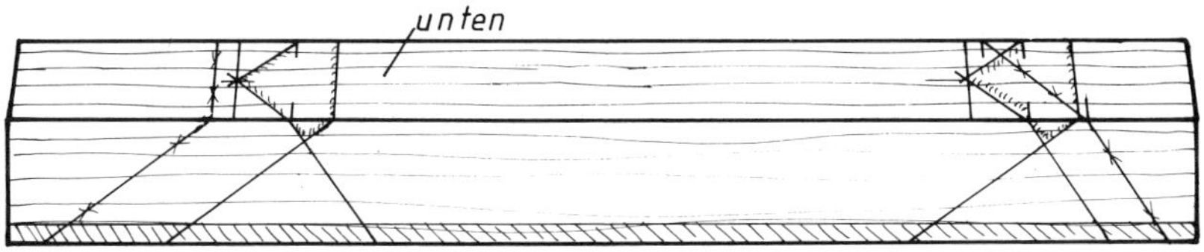

Gratsparren angerissen

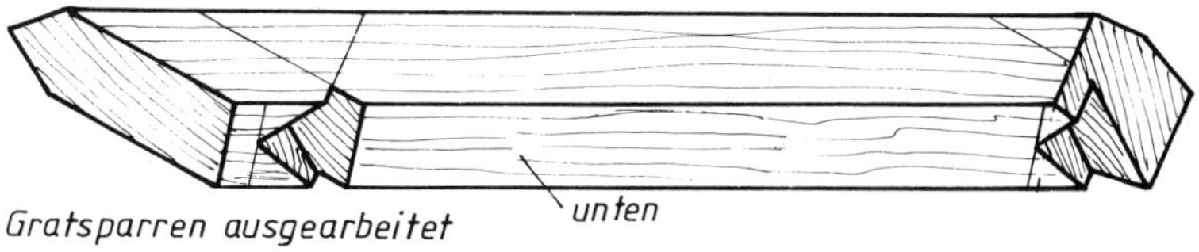

Gratsparren ausgearbeitet

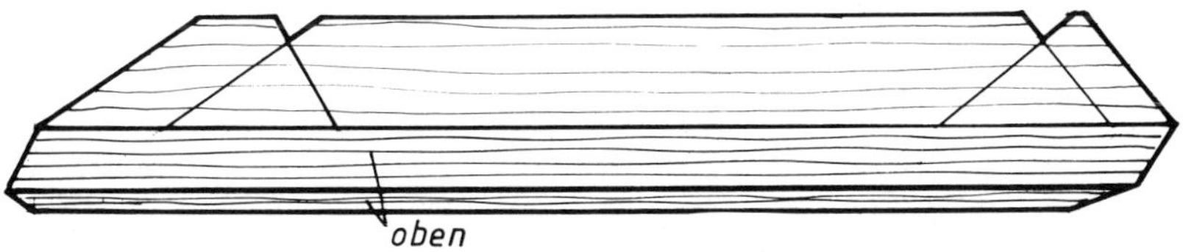

19.2 Schifter beim gleichgeneigten Walmdach Austragen und Anreißen

19.2.1 Gratsparren und Schifter in der Grundlage

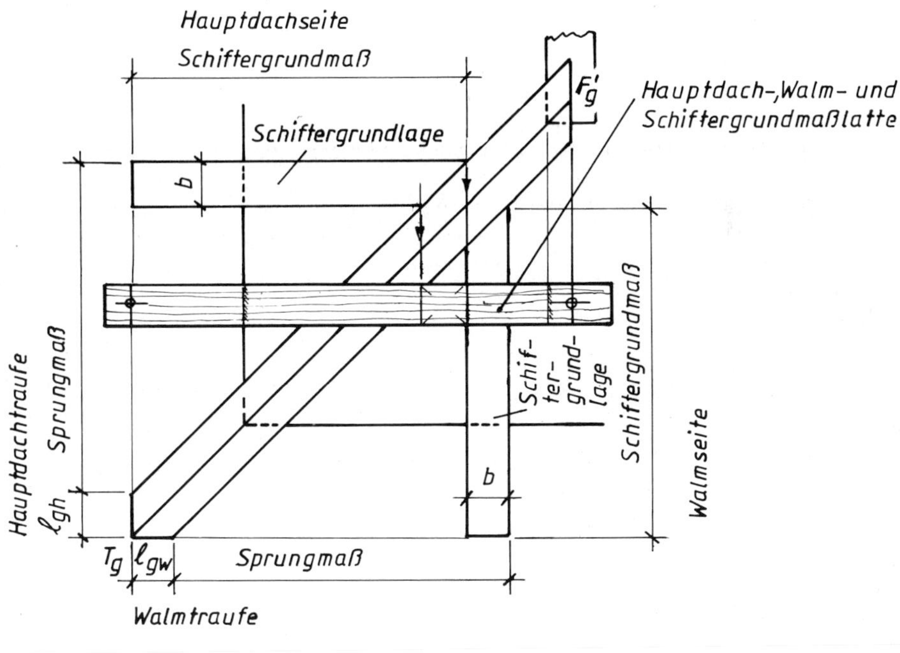

Gratsparren und Schifter in der Grundlage

Zum Walmdach gehören Gratsparren und außerdem auch Schifter. Schifter des Walmdaches müssen mit einer Schmiegfläche am Kopfende an die Gratsparren angeschlossen werden.

Sind die Seitenkanten des Gratsparrens im Grundriß aufgetragen, kann man auch die Grundlage der Schifter aufreißen. Nach der Grundlage der einzelnen Schifter wird die Schiftergrundmaßlatte gerissen, mit deren Hil-

19.2.2 Ausgetragener Schifter

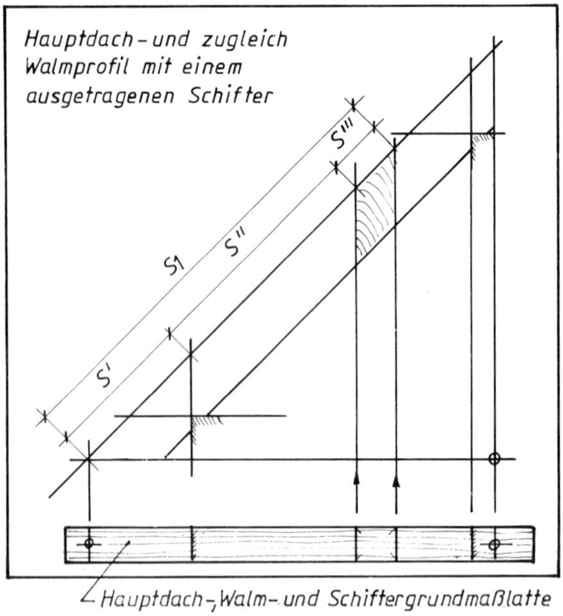

fe dann der einzelne Schifter in seinem Dachprofil bzw. Hauptdach- oder Walmprofil für den Anriß auszutragen ist.

19.2.3 Anriß des Schifters

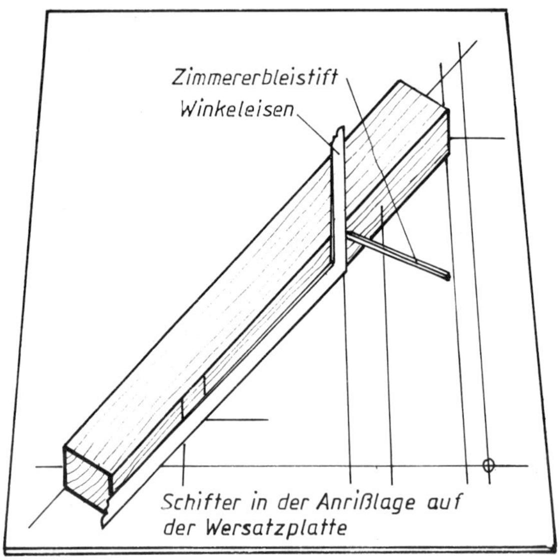

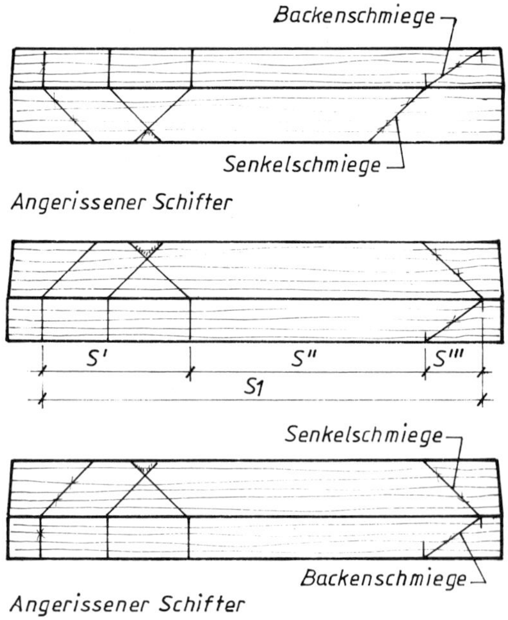

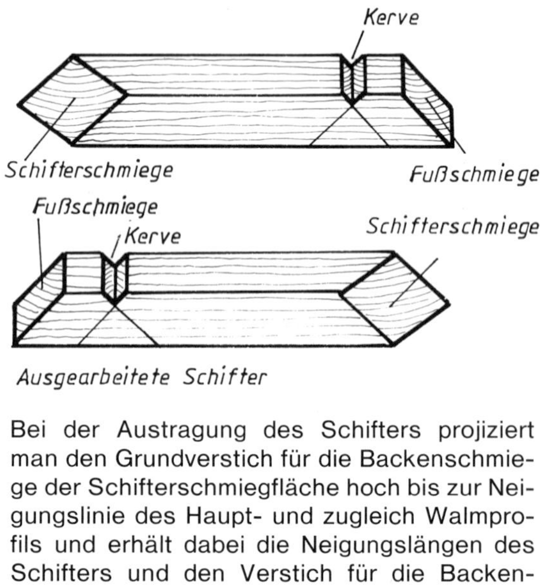

Ausgearbeitete Schifter

Bei der Austragung des Schifters projiziert man den Grundverstich für die Backenschmiege der Schifterschmiegfläche hoch bis zur Neigungslinie des Haupt- und zugleich Walmprofils und erhält dabei die Neigungslängen des Schifters und den Verstich für die Backenschmiege in der Neigung.

Wenn der Schifter bei der Neigungslinie des betreffenden Dachprofils ausgetragen ist, wird er genau so in seiner Anrißlage auf der Werksatzplatte angerissen, wie der Gratsparren.

19.3 Gratsparren beim ungleich geneigten Walmdach – Austragen und Anreißen

19.3.1 Dachausmittlung

Wo bei der waagerechten Traufe und einer gleichmäßigen Dachhöhe des ungleich geneigten Walmdaches der Dachneigungswinkel α_h bei den Hauptdachseiten größer ist als der Dachneigungswinkel α_w bei der Walmseite, muß das Hauptdachgrundmaß g_h kleiner sein als das Walmgrundmaß g_w. Die Gratgrundlinie kann deshalb bei den ungleichen Dachneigungswinkeln im bestimmten Traufwinkel nicht mehr nach der Winkelhalbierenden verlaufen.

Die Dachausmittlung beim ungleich geneigten Walmdach mit gleicher Traufhöhe und Dachhöhe führt man nach den Grundmaßen g_h und g_w aufgrund der Festlegung des im Grundriß notwendigen Gratanfallpunktes aus. Auf den für eine Walmseite festgelegten Gratanfallpunkt wird dann aus dem einen Traufeneck heraus die erste Gratgrundlinie aufgetragen und aus dem zweiten Traufeneck heraus die zweite Gratgrundlinie.

Abseits der Winkelhalbierenden liegt die Gratgrundlinie auch dann, wenn der Dachneigungswinkel α_h der Hauptdachseiten kleiner ist als der Dachneigungswinkel α_w bei der Walmseite.

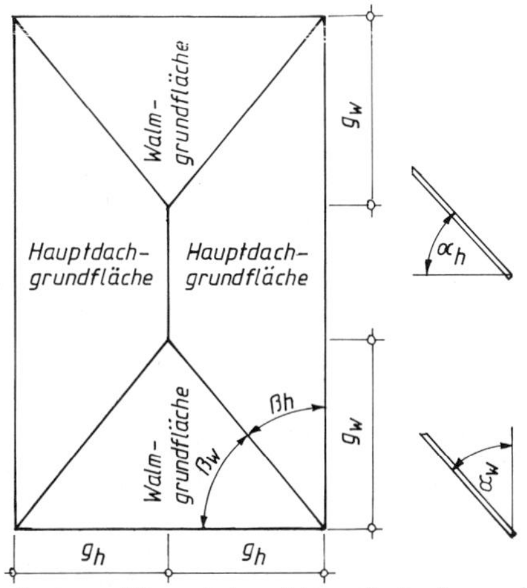

Dachausmittlung bei ungleichen Dachneigungswinkeln und gleicher Traufhöhe

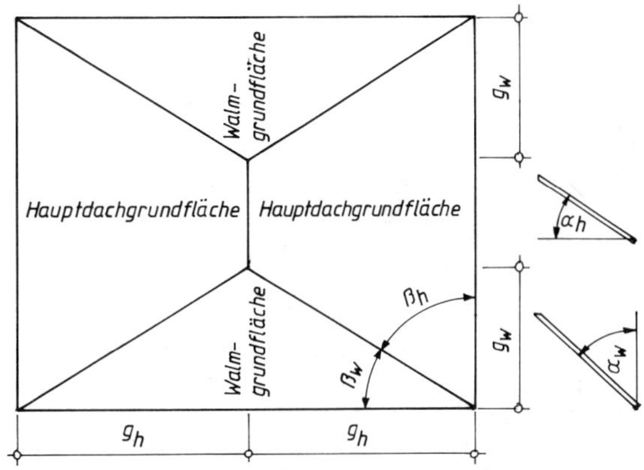

Dachausmittlung bei ungleichen Dachneigungswinkeln und gleicher Traufhöhe

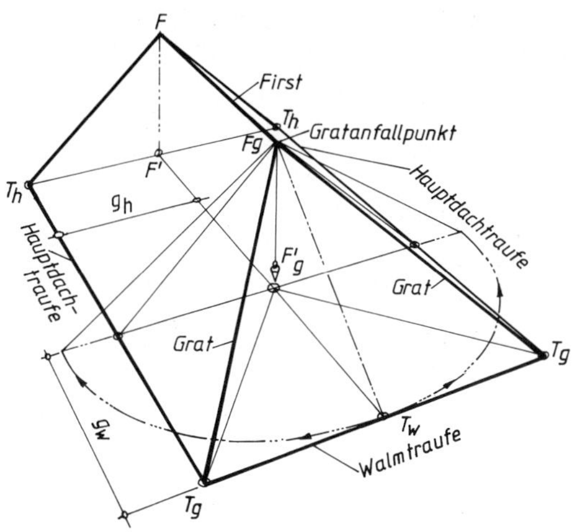

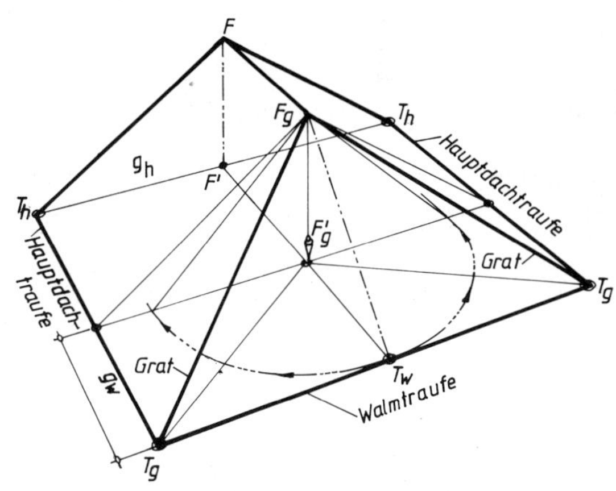

19.3.2 Hauptdach- und Walmprofil

Die Austragung eines Gratsparrens beim ungleich geneigten Walmdach setzt den Aufriß des Hauptdachprofils und zugleich des Hauptdachsparrens und weiter den Aufriß des Walmprofils und zugleich Walmschifters, allerdings noch ohne die Schifterschmiegefläche voraus.

Mit dem Aufriß des Hauptdach- und des Walmprofils sowie der zugehörigen Schifter aber auch Dachpfettenquerschnitte kommt man folgerichtig an die Grund- und Höhenmaße, sowie an die senkrechte Schifterhöhe, welche man alle für den Aufriß des betreffenden Grundrisses und somit auch für die Austragung des Gratsparrens benötigt.

Ist es so, daß bei der Walmseite mit dem größeren Dachneigungswinkel die Schifterholzhöhe das gleiche Maß hat wie bei der Hauptdachseite mit dem kleineren Neigungswinkel (oder auch umgekehrt), nimmt man für die Kerven ein gleichmäßiges rechtwinkliges Obholzmaß an.

Das Hirnschnittende der Firstpfette muß bei einer Eckkerve am Gratsparrenkopf stets unter der Walmneigung (egal ob diese steiler oder flacher als die Hauptdachneigung verläuft) nach dem bestimmten rechtwinkligen Obholzmaß und außerdem nach der oberen Firstpfettenkante festgelegt werden.

Wenn das Hauptdachprofil mit dem Hauptdachsparren und gleich daneben das Walmprofil mit dem Walmschifter komplett, d. h. mit den betreffenden Dachpfettenkanten, Kerven und senkrechter Schifterholzhöhe aufgetragen sind, wird an der Grundlinie der Dachprofile die Grundmaßlatte gerissen und weiter an der Senkellinie der Profile die Höhenmaßlatte.

Mit Hilfe der Grundmaßlatte wird der Grundriß festgelegt und mit Hilfe der Höhenmaßlatte das Gratprofil. Die Höhenmaßlatte benutzt man auch beim Austragen des Gratsparrens.

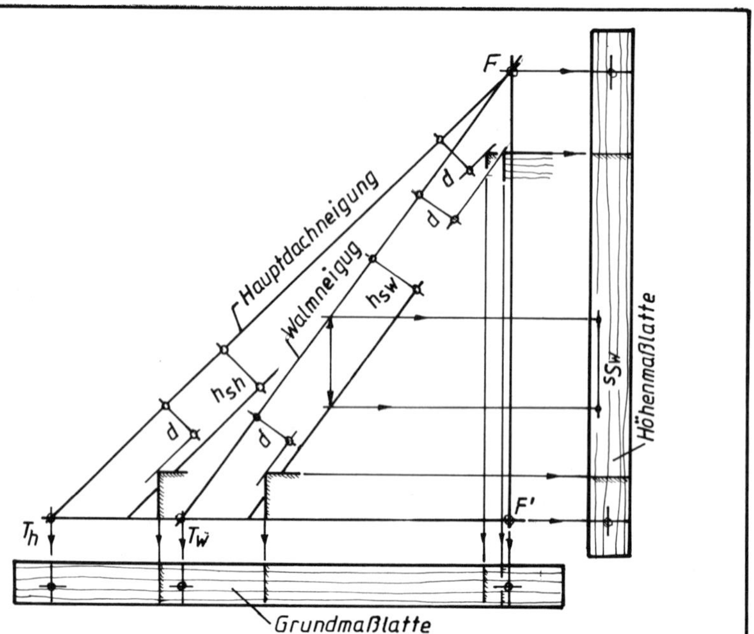

Hauptdach- und Walmprofil des ungleich geneigten Walmdaches

19.3.3 Gratsparren und Schifter in der Grundlage

Da beim ungleich geneigten Walmdach mit gleicher Trauf- und gleicher Dachhöhe die Hauptdach- und Walmgrundmaße nicht gleich groß sind, kann auch die Gratgrundlinie im bestimmten Traufwinkel nicht nach der Winkelhalbierenden verlaufen. Demnach fallen die Eckpunkte der in Richtung des Traufwinkels zusammentreffenden Pfettenkanten auch nicht direkt in die Gratgrundlinie, sondern stets daneben, in die Dachgrundfläche hinein, welche zum kleineren der beiden ungleichgroßen Dachneigungswinkeln gehört.

Hauptdachseite, gibt man dem Abstandmaß die Bezeichnung $+x_g$. Sollte das Eck einer Eckkerve dagegen neben der Gratgrundlinie auf der Gratsparrenfläche in der Walmseite liegen, wird das Abstandmaß mit $-x_g$ gekennzeichnet. Das Abstandmaß $+x_g$ oder $-x_g$ ist für den Anriß der betreffenden Ecke einer Eckkerve auf die Unterseite des Gratsparrens wichtig.

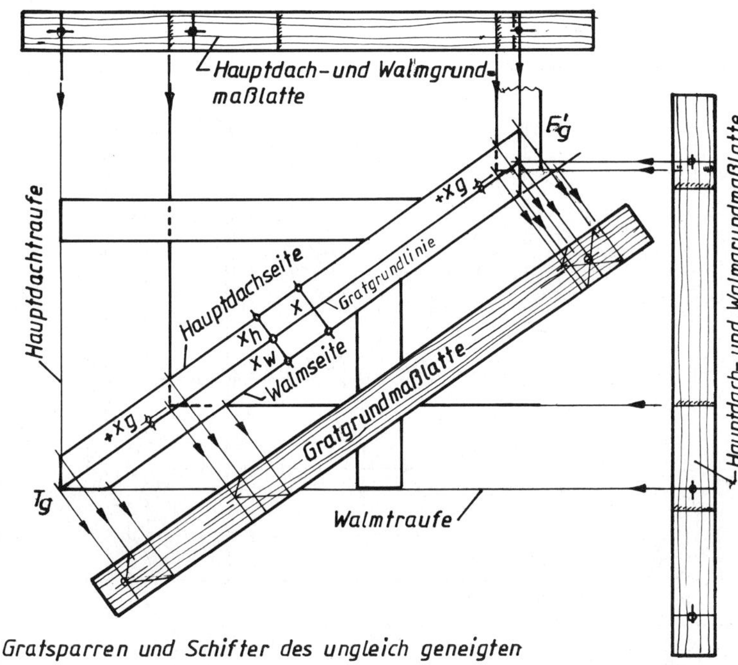

Gratsparren und Schifter des ungleich geneigten Walmdaches in der Grundlage

Wenn die Seitenkanten des Gratsparrens parallel zur Gratgrundlinie verstrichen sind, muß man die Eckpunkte der zusammentreffenden Dachpfettenkanten dann als Ecken der Eckkerven in der Grundlage des Gratsparrens bezeichnen.

Liegt das Eck einer Eckkerve neben der Gratgrundlinie auf der Gratsparrenfläche in der

Sind beim ungleich geneigten Walmdach mit gleicher Trauf- wie auch Dachhöhe im Grundriß die Seitenkanten des Gratsparrens mit je einer halben Gratsparrenbreite prallel zur Gratgrundlinie verstrichen, gibt es im Traufwinkel für die Abgratung der Gratsparrenoberseite sowie für die Eckkerven und Firstsenkelschmiege je zwei unterschiedliche Verstichmaße. Diese Verstiche und die Gratgrundlänge (TgF'g) werden möglichst genau auf die Gratgrundmaßlatte übertragen.

19.3.4 Gratprofil und ausgetragener Gratsparren

Mit Hilfe der Gratgrundmaßlatte und der Höhenmaßlatte wird das Gratprofil (TgF'gFg) aufgerissen, um anschließend bei der Gratneigungslinie (TgFg) den Gratsparren für das ungleiche Walmdach austragen zu können. Bei der Austragung des Gratsparrens muß man zunächst die zwei unterschiedlichen Verstiche aus der gutgelegten Gratgrundmaßlatte nach oben an die Gratprofilgrundlinie (TgF'g) hochwinkeln und anschließend die Abgratungslinien parallel zu der Gratlinie verstreichen. Aufgrund der unterschiedlichen Abgratungsverstiche legt man beim Reißen der Abgratungslinien auch unterschiedliche rechtwinklige Abgratungsmaße z. B. y_w und y_h fest. Die rechtwinklige Abgratungshöhe y_w gehört auf die Walmseite und die rechtwinklige Abgratungshöhe y_h auf die Hauptdachseite des Gratsparrens.

Mit dem Abtragen der senkrechten Walmschifterhöhe sSw senkrecht unter die Abgratungslinie der Walmseite wird Unterkante „Gratsparren" festgelegt.

Die ermittelte rechtwinklige Gratsparrenhöhe ist demnach das Maß h_g. Bei dieser Gratsparrenhöhe schmiegen sich die Walmschifter mit der oberen Backenschmiege bündig an die Abgratungslinie der Walmseite an und unten mit der unteren Backenschmiege bündig an Unterkante „Gratsparren".

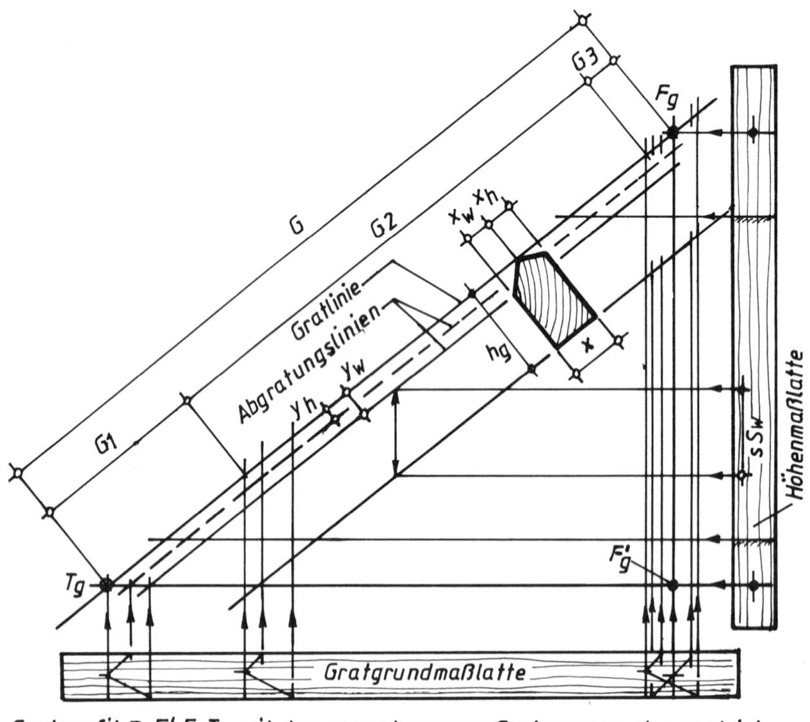

Gratprofil $T_gF'_gF_gT_g$ mit dem ausgetragenen Gratsparren des ungleich geneigten Walmdaches

Da die Hauptdachschifter entsprechend des kleineren Dachneigungswinkels bei der Hauptdachseite die hohe Senkelschmiege wie die Walmschifter nicht erbringen, bleibt bei der ermittelten Gratsparrenhöhe h_g ein Abstand zwischen Unterkante „Gratsparren" und Unterkante „Hauptdachschifter".

19.3.5 Anriß des Gratsparrens

Der Anriß beim Gratsparren des ungleich geneigten Walmdaches ist in der Anrißlage auf der Werksatzplatte der gleiche wie beim Gratsparren des gleich geneigten Walmdaches.

Die Abgratungslinie an die Walmseite des Gratsparrenkantholzes wird nach dem rechtwinkligen Abstandmaß y_w dagegen die Abgratungslinie an die Hauptdachseite nach dem rechtwinkligen Abstandmaß y_h parallel zur oberen Gratsparrenseite verstrichen.

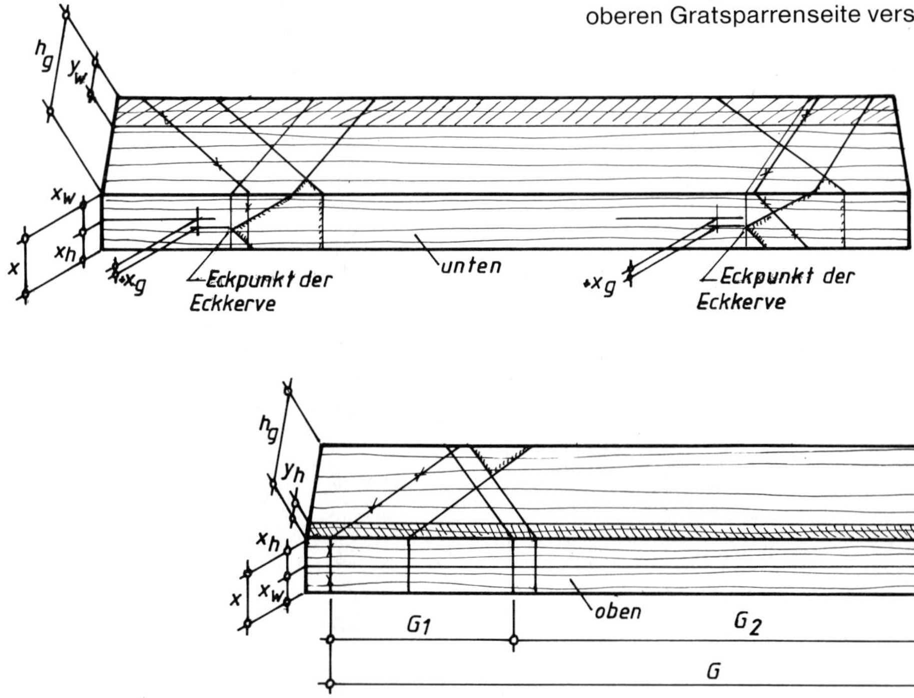

Gratsparren angerissen

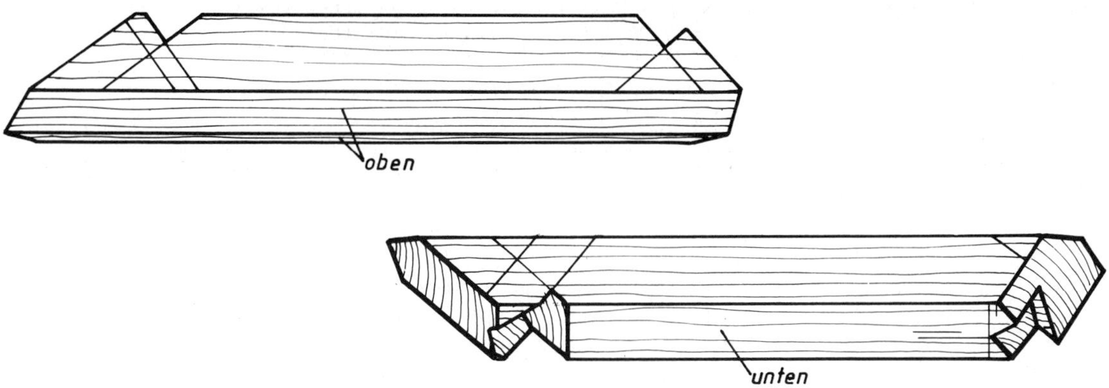

Gratsparren ausgearbeitet

Beim Gratsparren des ungleich geneigten Walmdaches muß anschließend durch den weiteren Anriß bei der Eckkerve der Eckpunkt neben der angerissenen Gratlinie mit dem Abstandmaß $+x_g$ festgelegt werden.

Beim fertig gerissenen Gratsparren des ungleich geneigten Walmdaches kennzeichnet man die Abschnittrisse mit Kreuzzeichen. Über das Holz innerhalb der Eckkerven trägt man als Hinweis für die Ausarbeitung schräge Risse auf.

19.4 Gratsparrengrundverschiebungen

19.4.1 Gratsparren der im Grundriß nicht verschoben ist

Wird der Gratsparren des ungleich geneigten Walmdaches im Grundriß bei der Gratgrundlinie nicht verschoben, bzw. die Seitenkanten des Gratsparrens mit je einer Hälfte der ganzen Gratsparrenbreite parallel zur Gratgrundlinie festgelegt, gibt es beim ausgetragenen Gratsparren unterschiedliche rechtwinklige Abgratungshöhen und demnach zwei Abgratungslinien mit unterschiedlichen Abständen zur Gratlinie.

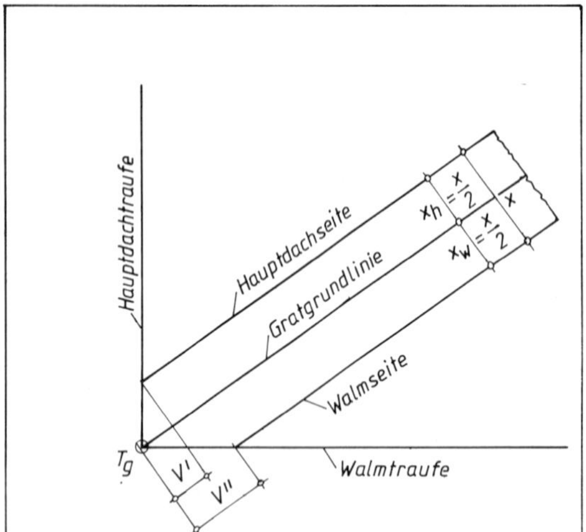

Grundrißausschnitt eines ungleich geneigten Walmdaches mit dem im Grunde nicht verschobenen Gratsparren

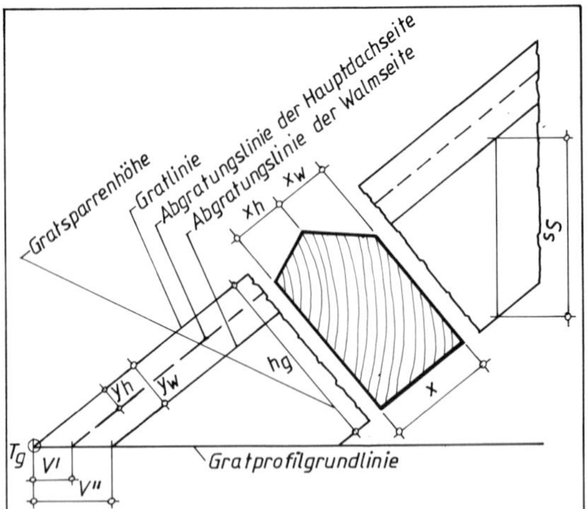

Traufknotenpunkt des Gratsparrens mit der Gratsparrenquerschnittfläche nach der nicht ausgeführten Gratsparrengrundverschiebung

Während man den Gratsparren des gleich geneigten Walmdaches mit je einer Hälfte der ganzen Gratsparrenholzbreite in den Grundriß festlegt und demnach gleiche rechtwinklige Abgratungsmaße anfallen, wird beim Gratsparren des ungleich geneigten Walmdaches oft, um in der Querschnitthöhe durch gleiche

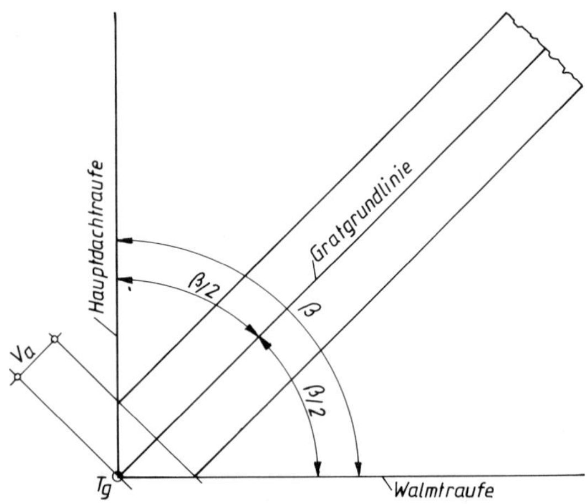

19.4.2 Tafel A mit Angaben der Abweichungshöhen beim Gratsparren ohne und mit einer Grundverschiebung

Tafel A 103/k	Gratsparrenbreite $x = 12$ cm	
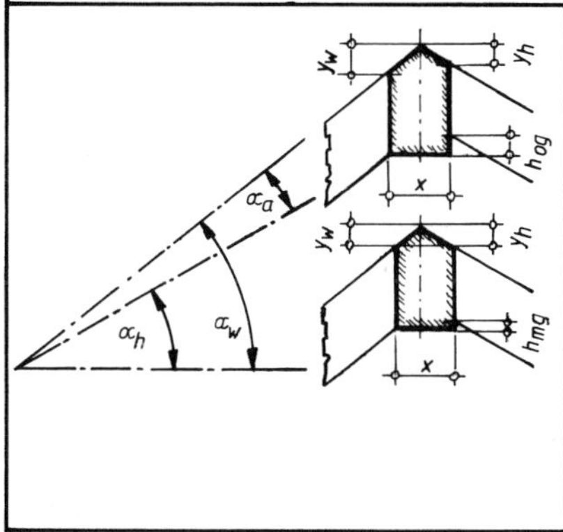	Abweichung der Gratsparrenhöhen	
	ohne Gratsparren-grundverschiebung mit ungleichen Abgratungshöhen	mit Gratsparren-grundverschiebung und gleichen Abgratungshöhen
	Abweichungshöhe h_{og}	Abweichungshöhe h_{mg}
α_a bis zu 5°	2,1 cm	1,1 cm
α_a mehr als 5° bis zu 10°	3,6 cm	1,9 cm
α_a mehr als 10° bis zu 15°	7,1 cm	4,0 cm
α_a mehr als 15° bis zu 20°	11,1 cm	6,4 cm

Tafel A 103/k	Gratsparrenbreite $x = 14$ cm	
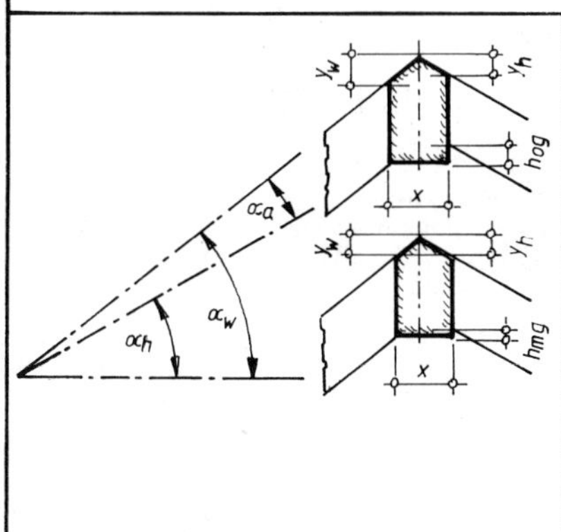	Abweichung der Gratsparrenhöhen	
	ohne Gratsparren-grundverschiebung mit ungleichen Abgratungshöhen	mit Gratsparren-grundverschiebung und gleichen Abgratungshöhe
	Abweichungshöhe h_{og}	Abweichungshöhe h_{mg}
α_a bis zu 5°	2,2 cm	1,1 cm
α_a mehr als 5° bis zu 10°	3,8 cm	1,9 cm
α_a mehr als 10° bis zu 15°	7,7 cm	4,0 cm
α_a mehr als 15° bis zu 20°	11,9 cm	6,4 cm

rechtwinklige Abgratungsmaße Holz einzusparen, eine seitliche Verschiebung mit dem Gratsparren in seiner Grundlage ausgeführt.

Die Tafeln A 103/k weisen kurz gefaßt darauf hin, daß man bei einem Abweichungswinkel α_a bis zu 5° durch die geringe Abweichungshöhe h_{og} keine Gratsparrengrundverschiebung vornimmt. Steigt dagegen der Abweichungswinkel α_a über die 5°-Marke hinaus, ist eine Grundverschiebung des Gratsparrens für eine Holzeinsparung zweckmäßig.

19.4.3 Parallelogramm – Konstruktion für die Gratsparrengrundverschiebung

Für die Gratsparrengrundverschiebung bei der Gratgrundlinie im Grundriß des betreffenden ungleich geneigten Walmdaches, wird die Parallelogramm-Konstruktion angewendet.

Bei rechtwinklig zusammentreffenden Trauflinien trägt man nach der Parallelogramm-Konstruktion zunächst aus dem Eckpunkt Tg der Trauflinien genau rechtwinklig zur Gratgrundlinie, die Gratsparrenbreite x auf eine beliebige Seite hinaus (z. B. in die Richtung der Hauptdachseite) ab und bestimmt so den Maßendpunkt a.

Aus dem Maßendpunkt a wird dann genau parallel zur Walmtrauflinie des Grundrisses eine Vollinie verstrichen und diese mit der Vollinie der Hauptdachtraufe zum Schnitt gebracht. Dadurch fällt der Schnittpunkt a_1 an.

Aus dem Schnittpunkt a_1 wird der Winkelriß a_1a_2 aufgetragen.

Die bestimmten Schnittpunkte a_1 und a_2 sind auf den Trauflinien die Fußpunkte der Seitenkanten des Gratsparrens im Grundriß.

Aus dem Fußpunkt a_1 muß demnach die eine Seitenkante des Gratsparrens in den Bereich der Hauptdachseite hinein parallel zur Gratgrundlinie verstrichen werden und daneben aus dem Fußpunkt a_2 die andere Seitenkante des Gratsparrens in die Walmseite des Grundrisses hinein.
Die Gratsparrengrundverschiebung wäre damit im Grundriß bei der Gratgrundlinie ausgeführt.

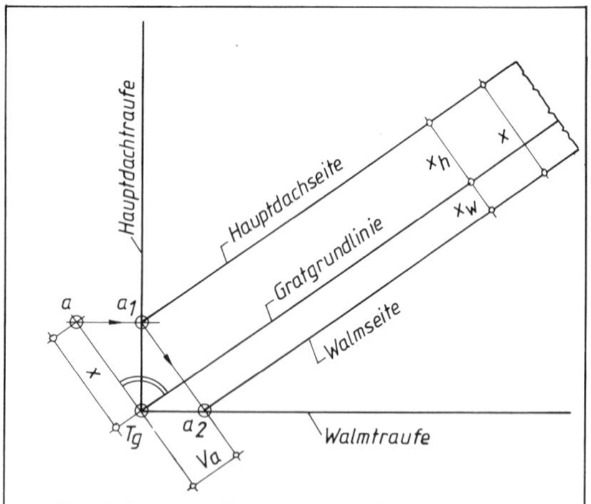

Parallelogramm-Konstruktion für die Gratsparrengrundverschiebung bei rechtwinklig zusammentreffenden Traufen

Die Gratgrundlinie bleibt bei einer Gratsparrengrundverschiebung stets auf der schrägen Achse „Traufeneckpunkt-Gratanfallpunkt". Seitlich verschoben werden also parallel zur Gratgrundlinie die Seitenkante des Gratsparrens, so daß am Gratsparrenkantholz die Gratlinie entweder nach den ermittelten rechtwinkligen Grundabstandmaßen x_h oder x_w anzureißen ist.

Da durch die Gratsparrengrundverschiebung nur ein einziger Verstich, nämlich v_a, anfällt, stellt sich bei der Gratsparrenaustragung auch nur ein rechtwinkliges Abgratungsmaß heraus.

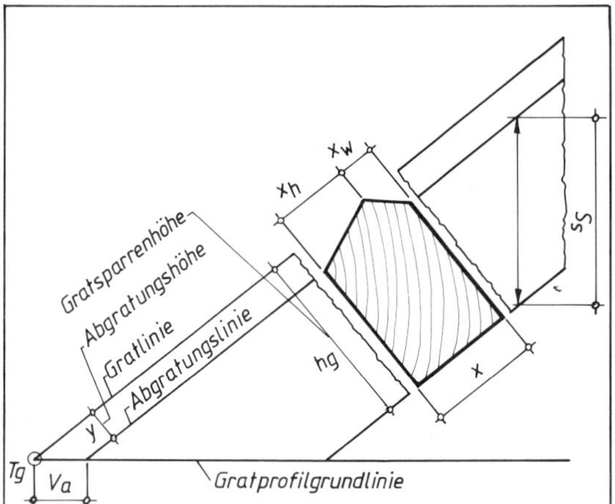

Traufknotenpunkt des Gratsparrens mit der Gratsparrenquerschnittfläche nach der Gratsparrengrundverschiebung

Bei stumpf- oder spitzwinklig zusammentreffenden Trauflinien wird die Parallelogramm-Konstruktion für die Gratsparrengrundverschiebung so ausgeführt, daß die Projektionslinie aa_1 parallel nach der Richtung der Walmtrauflinie verläuft, d. h. festgelegt wird.

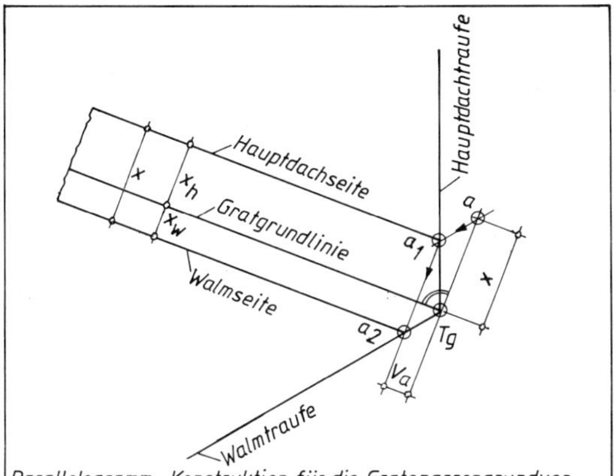

Parallelogramm-Konstruktion für die Gratsparrengrundverschiebung bei stumpfwinklig zusammentreffenden Traufen

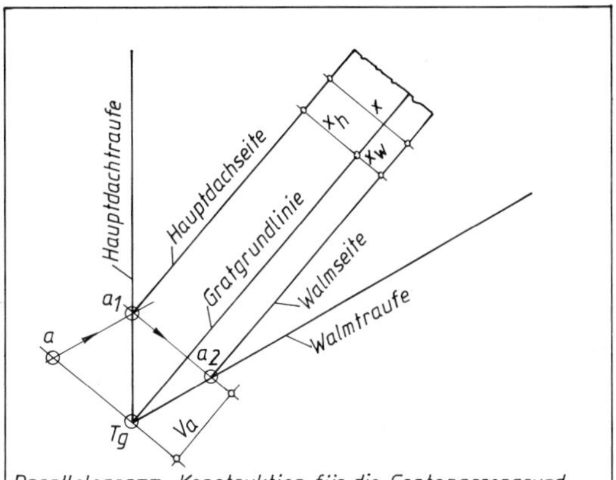

Parallelogramm-Konstruktion für die Gratsparrengrundverschiebung bei spitzwinklig zusammentreffenden Traufen

19.5 Hexenschnitt für Gratsparren bei schräg angeordneten Stirnbrettern

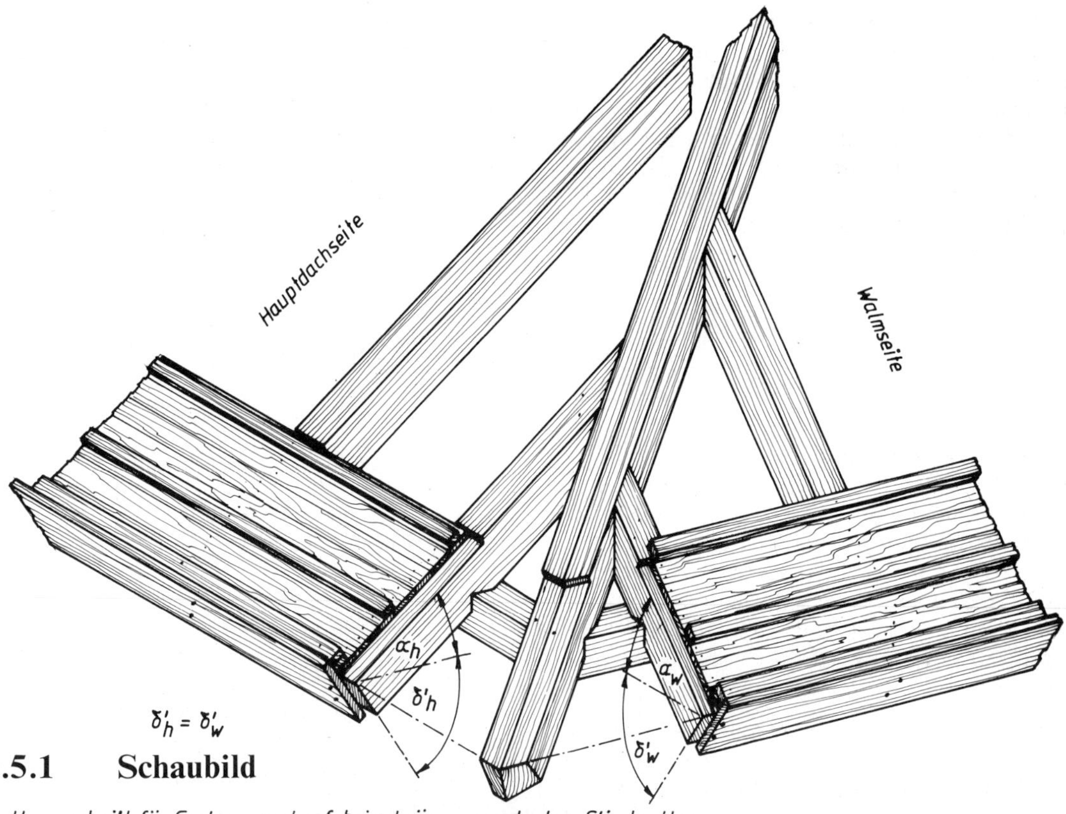

19.5.1 Schaubild

Hexenschnitt für Gratsparrenkopf bei schräg angeordneten Stirnbrettern

19.5.2 Abschnittwinkel des Hauptdach- und Walmgespärres

Dem Walmdach werden in der Regel Dachüberstände mit Sparren-, Schifter- und Gratsparrenköpfen zugeordnet, wobei die Sparren- und Schifterköpfe aus der Richtung ihrer oberen Seite einen rechtwinkligen, oder stumpf- oft auch spitzwinkligen Abschnitt für die Anbringung eines schrägen Stirnbrettes erhalten.

Da die Gratsparren des gleich geneigten und des ungleich geneigten Walmdaches immer eine geringere Neigung haben, als die Oberseiten der Hauptdach- und Walmseiten, können die Abschnitte bei den Gratsparren nach der Richtung des schrägen Abschnittes der Hauptdach- und Walmgespärre nur nach bestimmten schrägen Schnittrichtungen ausgeführt werden.

Den schrägen Abschnitt des Gratsparrens bezeichnet der Zimmerer als Hexenschnitt. Ein Hexenschnitt entsteht allerdings nur, wenn der Abschnitt am Kopfende des Hauptdach- und Walmgespärres nicht senkrecht oder waagerecht verläuft. In diesem Fall bekäme der Gratsparrenkopf ebenfalls den waagerechten oder den senkrechten Abschnitt.

Beim Hexenschnitt für schräg angeordnete Stirnbretter werden aufgrund der ungleichen Dachneigungswinkel α_h und α_w aus dem Traufpunkt gleiche Winkel, d.h. $\delta'_h = \delta'_w$ für den Abschnitt des Hauptdach- und zugleich Walmgespärres bestimmt. Die Abschnittrisse für die Hauptdach- und Walmseite des Gratsparrens muß man demnach mit einer Waageschnittlinie und weiter mit drei Senkel- sowie zwei Waagerissen festlegen. Beim Gratneigungswinkel fallen dann unter der Waageschmiege der Traufe die ungleichen Schnittwinkel δ'_{gh} und δ'_{gw} des Hexenschnittes an.

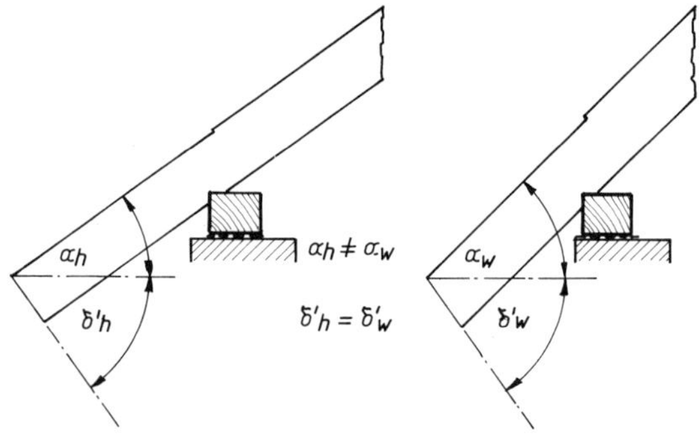

α_h = Dachneigungswinkel der Hauptdachseite
α_w = Dachneigungswinkel der Walmseite
δ'_h und δ'_w = Abschnittwinkel des Hauptdach- und Walmgespärres

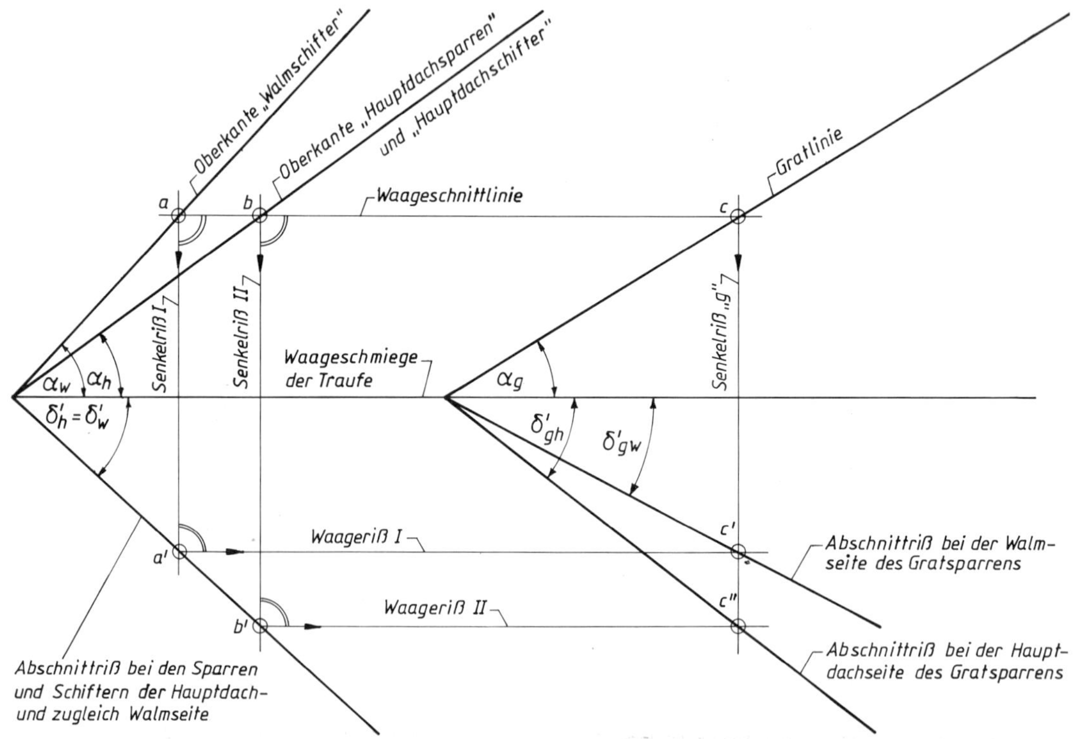

19.5.3 Waageschmiege-Schablone

Das Anreißen des Hexenschnittes an die obere und untere sowie an die seitlichen Flächen des Gratsparrenholzes führt man am besten mit selbst angefertigten Schablonen bzw. mit der Waageschmiege-Schablone und mit der Hexenschnitt-Schablone aus. Für derartige Schablonen werden Spanplattenstücke in der Dicke von 9 mm oder Sperrholzplattenstücke in der Dicke von 4 mm oder 6 mm ausgesucht und zunächst parallel besäumt. Die Breite der parallel besäumten Plattenstücke sollte zumindest das Maß haben, wie die Höhe h_g des betreffenden Gratsparrenholzes.

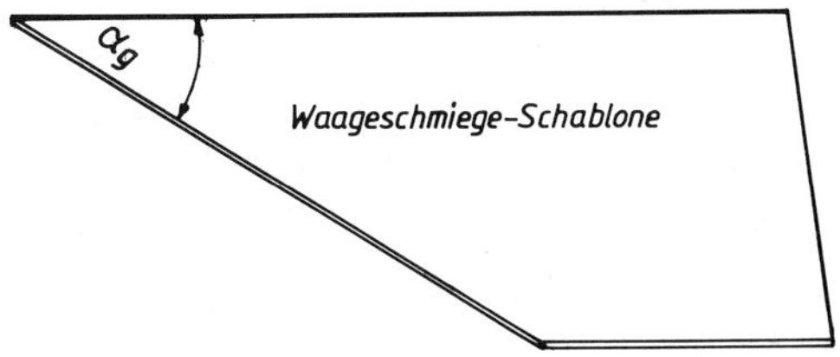

19.5.4 Hexenschnitt-Schablone

Die Waageschmiege-Schablone wird möglichst genau nach dem Gratneigungswinkel α_g angerissen und zugeschnitten. Die Hexenschnitt-Schablone muß möglichst genau nach den Winkeln $\alpha_g + \delta'_{gh}$ und $\alpha_g + \delta'_{gw}$ angerissen und zugeschnitten werden.

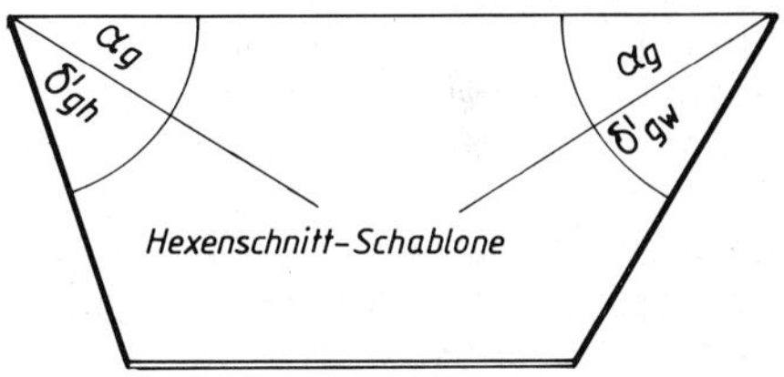

19.5.5 Anriß des Hexenschnittes nach der Krämer-Anreißmethode

Beim Anreißen des Hexenschnittes nach der Krämer-Anreißmethode geht man unter Verwendung der Waageschmiege-Schablone und der Hexenschnitt-Schablone wie folgt vor.

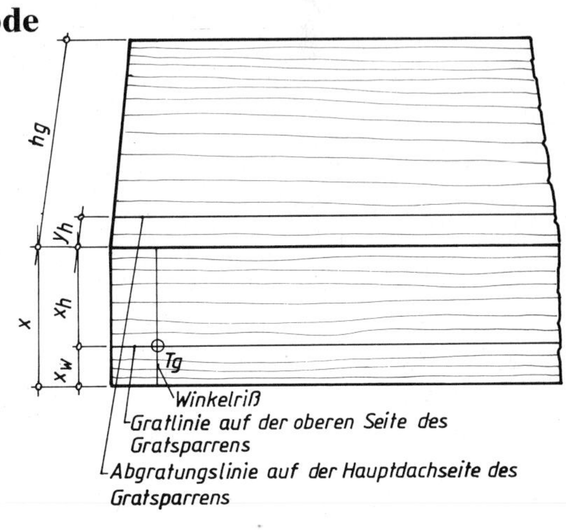

1. Auftragen des Winkelrisses für die Festlegung des Traufknotenpunktes Tg auf die obere Seite des Gratsparrenkantholzes.

2. Die Gratlinie nach dem Maß x_h parallel zur Hauptdachseite des Gratsparrenkantholzes auf die Oberseite des Gratsparrens verstreichen, so daß der Traufpunkt Tg auf dem zuvor schon aufgetragenen Winkelriß anfällt.

3. Die Abgratungslinie nach dem rechtwinkligen Abgratungsmaß y_h parallel zur Oberseite „Gratsparrenholz" auf die Hauptdachseite des Gratsparrens anreißen. Damit wäre das getan, was für den Anriß des Hexenschnittes an die Oberseite und an die Hauptdachseite des Gratsparrenholzes notwendig ist.

4. Mit Hilfe der Waageschnitt-Schablone aus dem Endpunkt des Winkelrisses in die Hauptdachseite des Gratsparrenkantholzes hinein einen Waageriß anreißen. Dieser Waageriß muß zumindest die Abgratungslinie um einige Zentimeter überschneiden und dabei den Traufpunkt t_h in der Hauptdachseite des Gratsparrenholzes bestimmen.

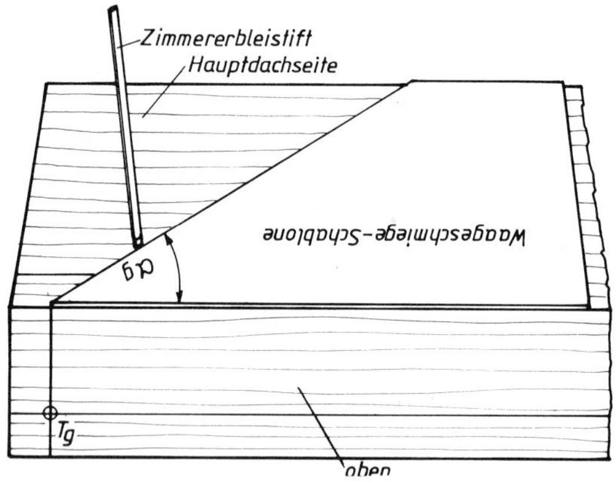

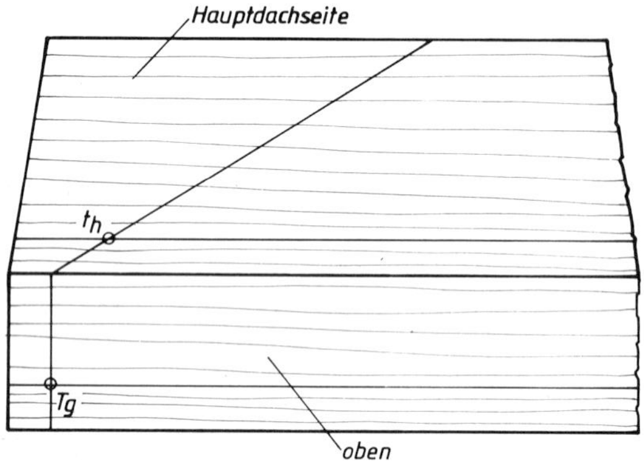

5. Über den Traufpunkt t_h hinweg mit Hilfe der Hexenschnitt-Schablone den Abschnittriß für den Hexenschnitt bei der Hauptdachseite des Gratsparrens auftragen.

6. Aus dem einen Endpunkt des Winkelrisses und zugleich Endpunkt des Waagerisses an Oberkante „Gratsparren" eine Hilfslinie parallel zu dem zuvor schon aufgetragenen Abschnittriß mit Hilfe der Hexenschnitt-Schablone anreißen.

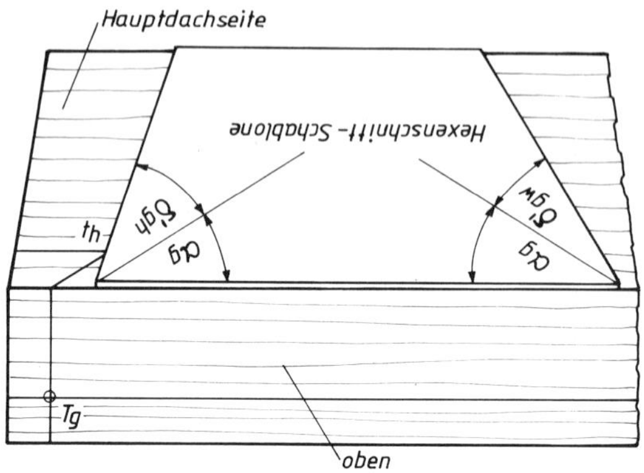

Der Abschnittriß wäre demnach die Verbindung e'e'''' und die Hilfslinie die Verbindung e''e'''

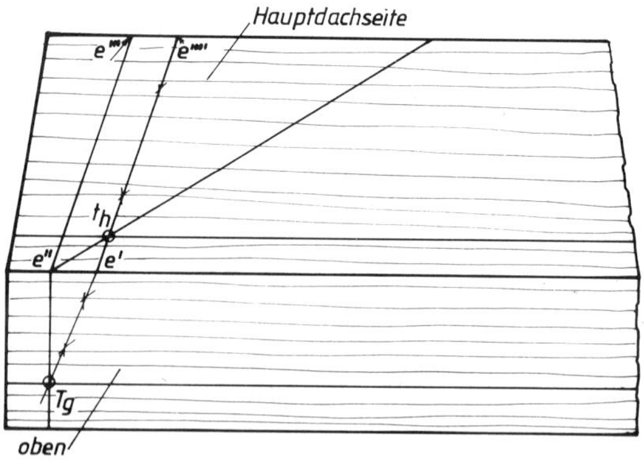

7. Aufgrund der bestimmten Punkte Tg und e' den ersten Abschnittrichtungsriß an die obere Seite des Gratsparrenkantholzes anreißen.

8. Das Gratsparrenkantholz aus der Breitseitenlage hochkant stellen, so daß die untere Seite des Gratsparrenkantholzes nach oben zeigt.

Die Gratlinie parallel zur Hauptdachseite nach dem Maß x_h auf der unteren Seite des Gratsparrenkantholzes verstreichen.

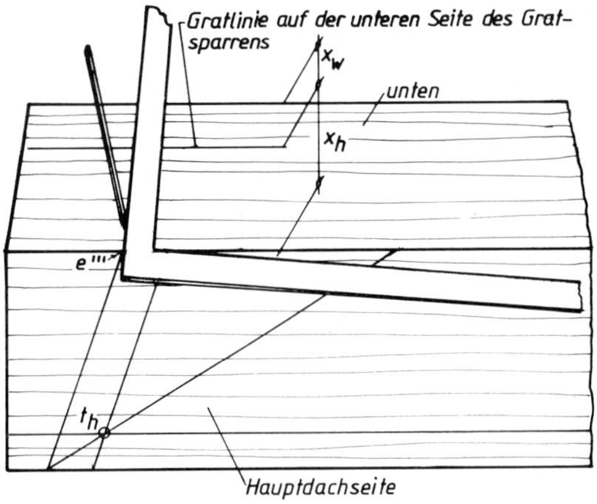

9. Das Winkeleisen mit der Innenkante des langen Schenkels an die Hauptdachseite des Gratsparrens anschlagen und dabei die äußere Kante des kurzen Winkeleisenschenkels möglichst genau auf den einen Endpunkt e''' der Hilfslinie festlegen. Wenn die äußere Kante des kurzen Winkeleisenschenkels auf dem Punkt e''' gutliegt, einen Winkelriß bis über die schon verstrichene Gratlinie auf Unterseite „Gratsparrenkantholz'' auftragen und dabei den Schnittpunkt t_g festlegen.

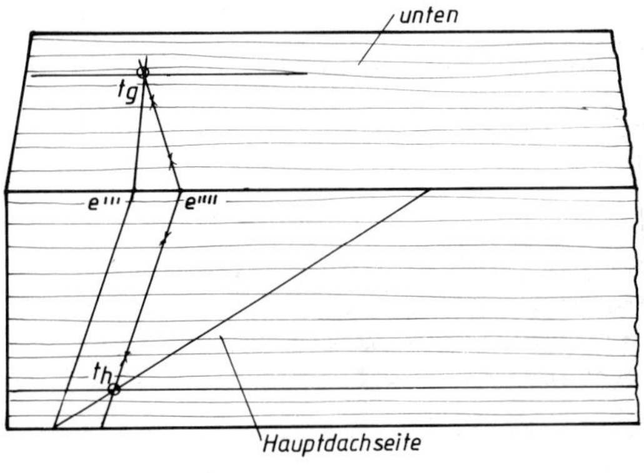

10. Auf die Punkte t_g und e'''' eine Vollinie auftragen. Bei der Verbindung t_ge'''' handelt es sich um den zweiten Abschnittrichtungsriß mit der gleichen Flucht, wie gegenüber der Abschnittrichtungsriß T_ge' auf der oberen Seite des Gratsparrenkantholzes.

11. Das Gratsparrenholz aus der hochkantigen Stellung umkippen auf die Hauptdachseite, so daß die Walmseite nach oben zeigt.

Mit Hilfe der Waageschmiege-Schablone in den einen Endpunkt des Winkelrisses, der schon auf der oberen Seite des Gratsparrenkantholzes für den Traufpunkt Tg festgelegt wurde, einen Waageriß auftragen. Da, wo dieser Waageriß an Oberkante „Gratsparrenkantholz'' endet, liegt der mit i'' gekennzeichnete Punkt.

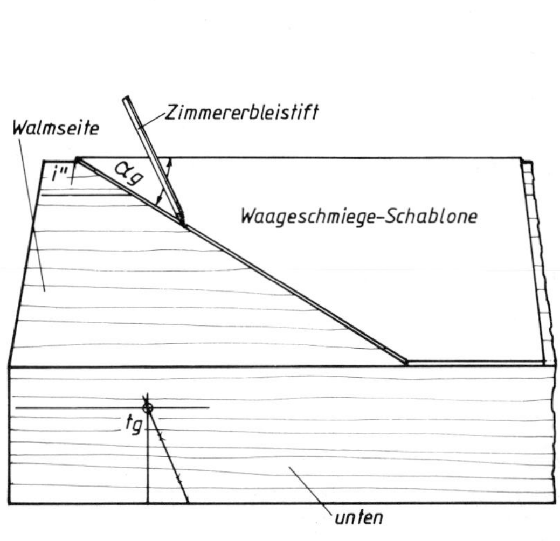

12. Auf der Walmseite des Gratsparrenkantholzes nach dem rechtwinkligen Abgratungsmaß y_w die Abgratungslinie verstreichen und mit dieser Abgratungslinie auf dem Waageriß den Traufpunkt t_w bestimmen.

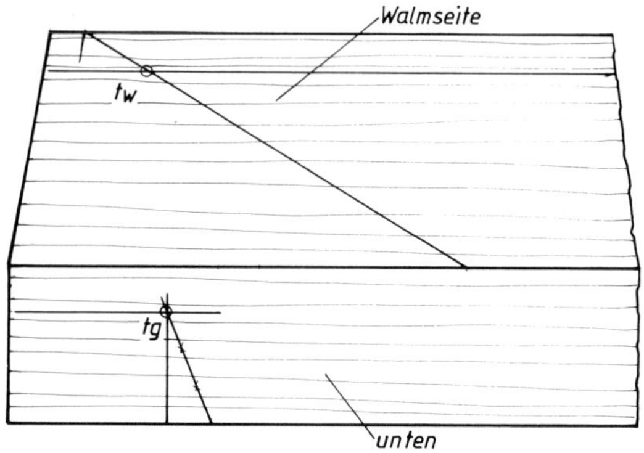

13. Mit Hilfe der Hexenschnitt-Schablone den zweiten Abschnittriß für den Hexenschnitt auf die Walmseite des Gratsparrenkantholzes anreißen.

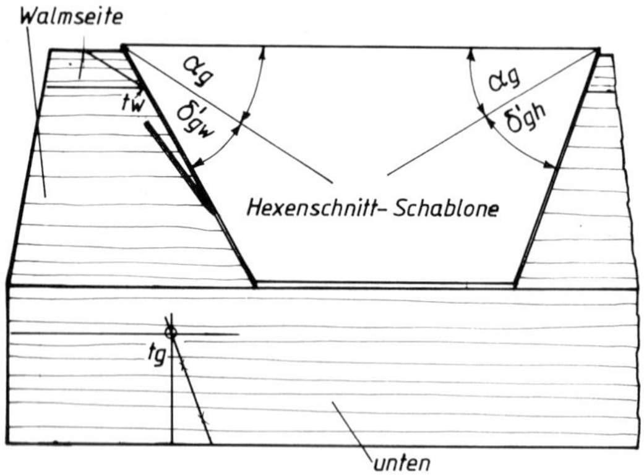

14. Die Hilfslinie i'' i''' mit Hilfe der Hexenschnitt-Schablone parallel zum zweiten Abschnittriß des Hexenschnittes auftragen.

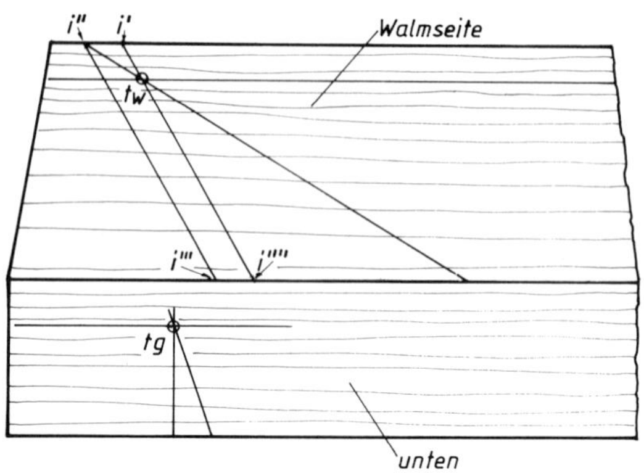

15. Mit Hilfe des Winkeleisens aus dem Punkt i''' einen Winkelriß antragen und diesen mit der Gratlinie auf Unterseite „Gratsparrenkantholz" zum Schnitt bringen.

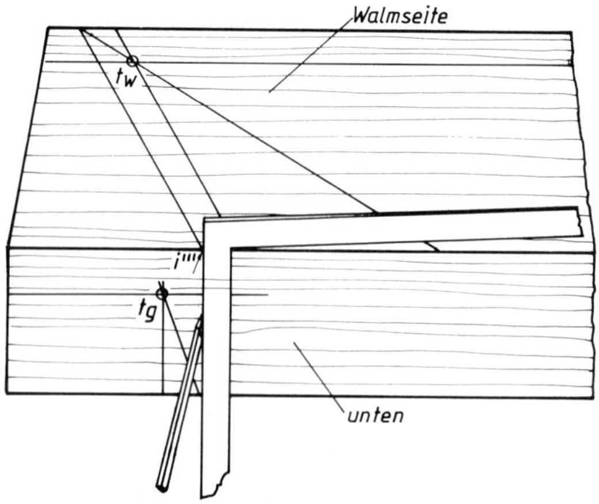

Der aus dem Punkt i''' abgetragene Winkelriß bestimmt auf der Gratlinie an der unteren Seite des Gratsparrenkantholzes den Schnittpunkt i^{v}.

16. Nach den Punkten i'''' und i^{v} den dritten Abschnittrichtungsriß bis an den zweiten Abschnittrichtungsriß auf Unterseite Gratsparrenkantholz aufreißen.

Der Schnittpunkt von diesen Abschnittrichtungsrissen wird sich beim Hexenschnitt für Gratsparren bei schräg angeordneten Stirnbrettern und ungleichen Dachneigungswinkeln stets etwas mehr oder weniger, je nach Größe des Unterschiedes der Dachneigungswinkel, neben der Gratlinie auf Unterseite „Gratsparrenkantholz'' festlegen und dies wird beim Hexenschnitt als das „Knifflige'' betrachtet.

17. Auf der oberen Seite des Gratsparrenkantholzes den vierten Abschnittrichtungsriß nach den Punkten Tg und i' auftragen und damit wäre der Hexenschnitt für den Gratsparren bei schräg angeordneten Stirnbrettern komplett, auf die einfachste Art nach der Krämer-Anreißmethode, angerissen.

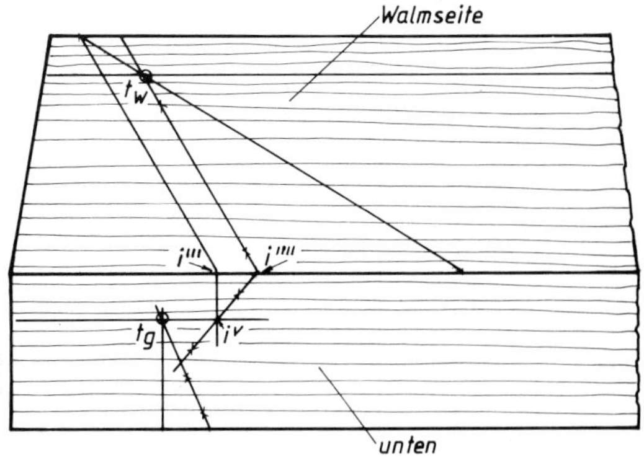

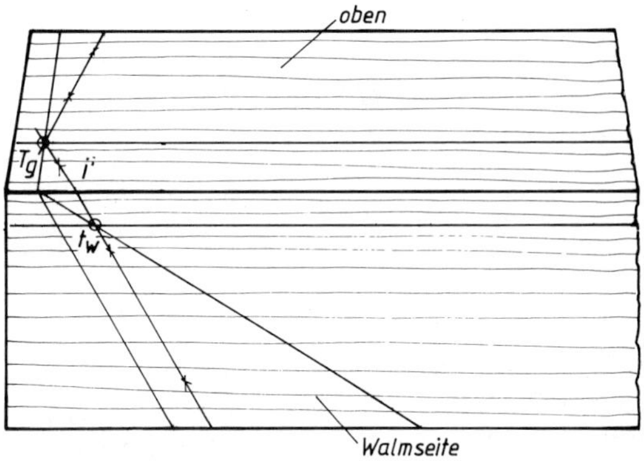

19.5.6 Gratsparrenkopf nach der Ausführung des Hexenschnittes mit Hilfe der Krämer-Anreißmethode

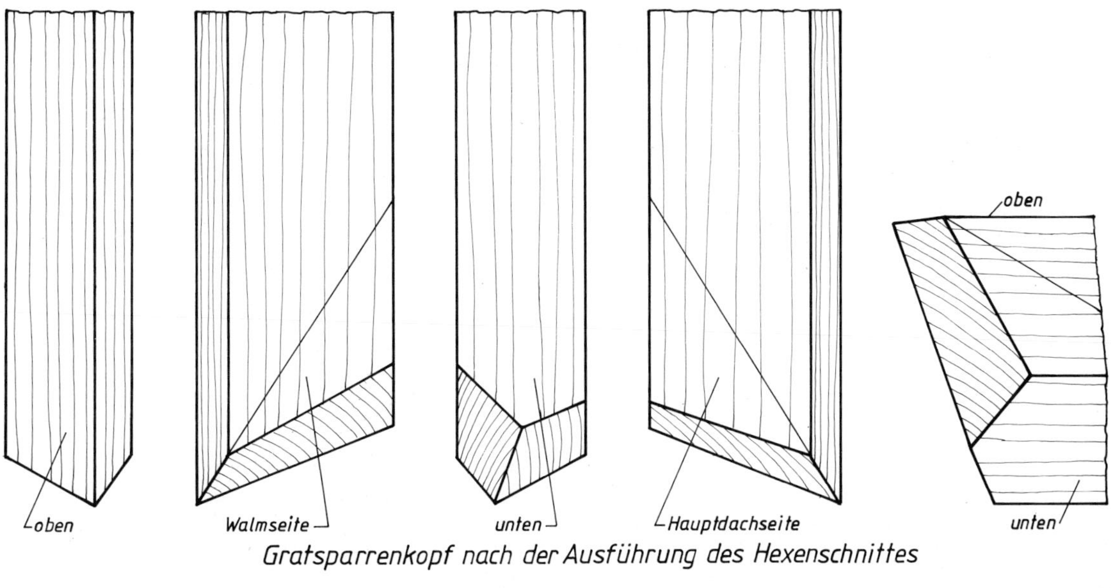

Gratsparrenkopf nach der Ausführung des Hexenschnittes

19.6 Kehlsparren bei gleichgeneigten Dachseiten – Austragen und Anreißen

19.6.1 Dachausmittlung

Kehlsparren sind Dachtragwerkteile, die unter Kehllinien angeordnet werden. Ein Kehlsparren ist das Verbindungsglied zweier Dachseiten, die mit ihrer geneigten Dachknickungslinie, also Kehllinie eine Auskehlung bzw. dreiecksförmige Vertiefung im Kehlsparrenkantholz erfordern.

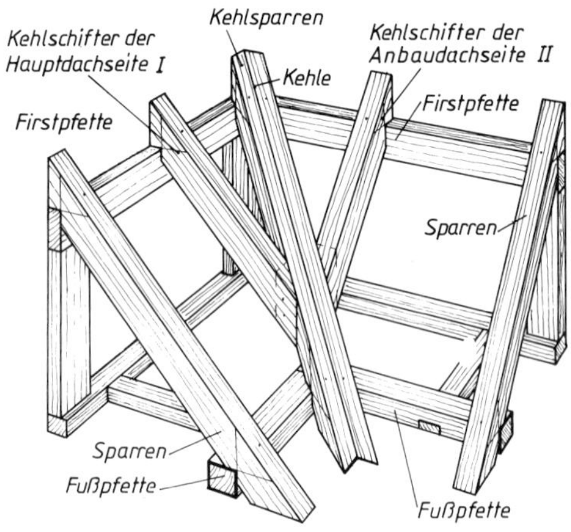

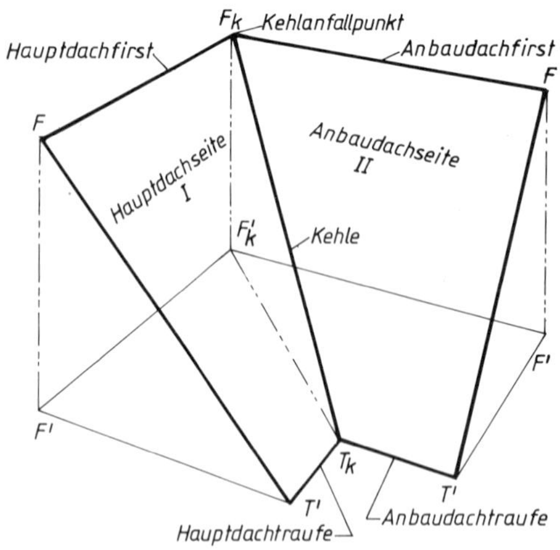

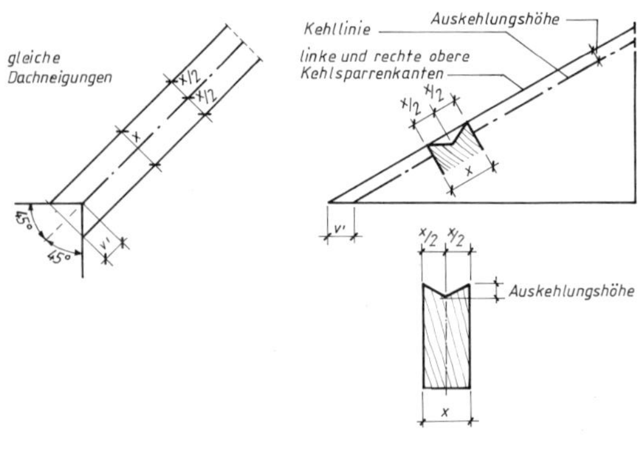

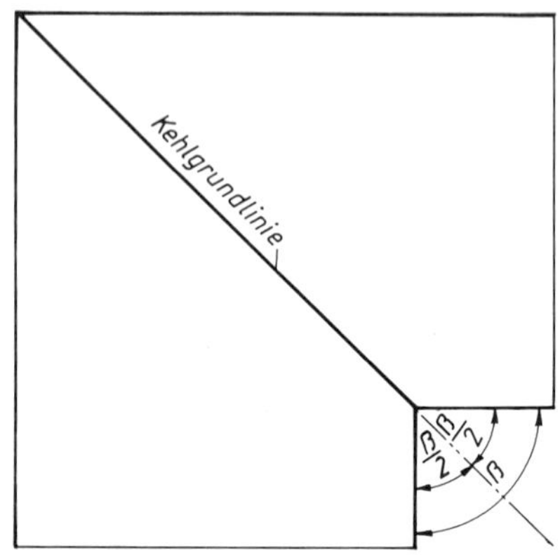

Dachausmittlung bei gleichem Dachneigungswinkel und gleicher Traufhöhe

Haben die zwei Dachseiten bei gleicher Traufhöhe auch gleiche Dachneigungswinkel, so legt sich die Kehlgrundlinie stets in die Winkelhalbierende. Dabei spielt der Traufwinkel keine Rolle, d. h. die Dachseiten können rechtwinklig sowie spitz- und stumpfwinklig zusammentreffen. Die Dachhöhe über der gleich hohen Traufe der gleichgeneigten Dachseite hat auch keinen Einfluß auf die Dachausmittlung.

Bei der Dachausmittlung wird der Zimmerer von der Dachhöhe sprechen, die senkrecht zwischen Traufe und First des betreffenden Daches eingeplant oder aber durch die Angabe eines bestimmten Dachneigungswinkels zu ermitteln ist.

Zimmerer setzen vor den Dachneigungswinkel einer Dachseite stets den kleinen griechischen Buchstaben α (alpha).

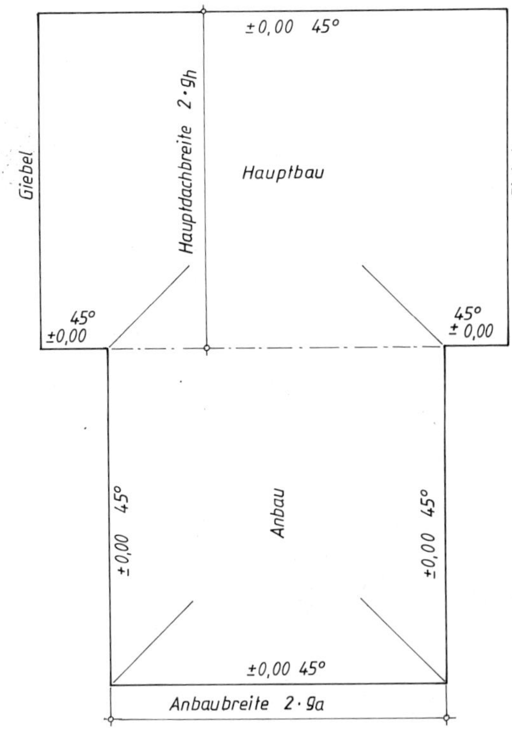

Da der Dachneigungswinkel α immer der Traufe des Daches zugeordnet wird, ist es für die Ermittlung der notwendigen Abbundmaße beim Abbund und bei Schiftungen zweckmäßig, der betreffenden Traufhöhe das Zeichen ± 0,00 zu geben.

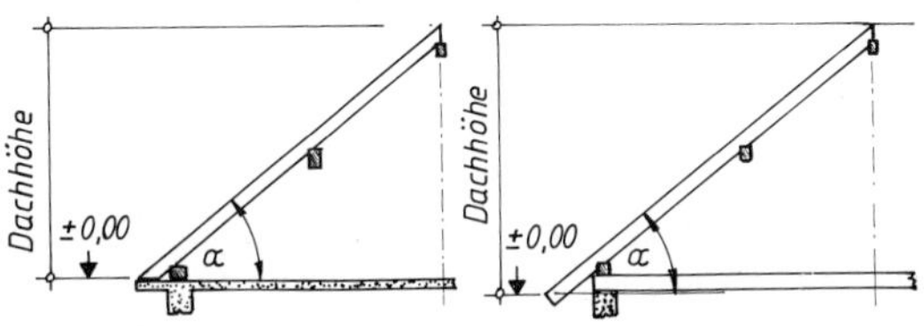

Erhalten bei einem Winkelbau, die Hauptbau- und Anbaudächer bei gleicher Traufhöhe und Dachhöhe gleiche Dachneigungswinkel kann beim Dachgrundriß der Traufwinkel halbiert werden und die Kehlgrundlinie demnach in die Dachgrundfläche verlaufen.

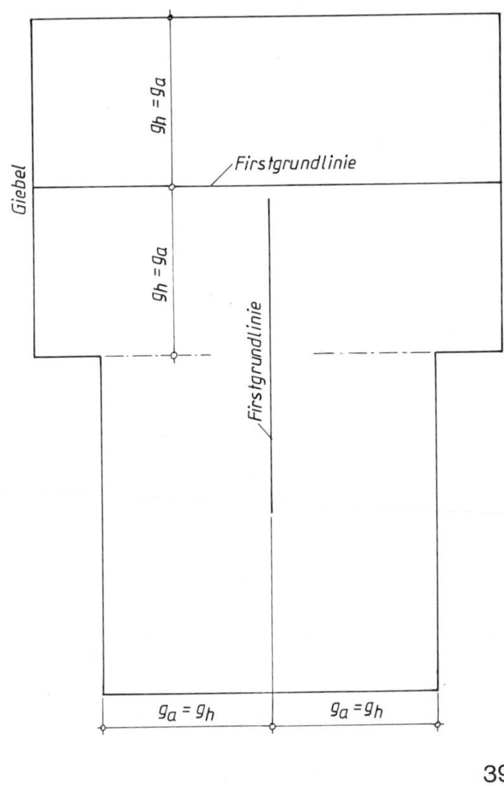

Unter der Voraussetzung, daß bei gleicher Hauptdach- und Anbaubreite die Dachhöhe gleich ist, kann man die Firstgrundlinie des Haupt- und zugleich Anbaudaches nach der halben Dachbreite parallel zur betreffenden Trauflinie in den Dachgrundriß hinein verstreichen.

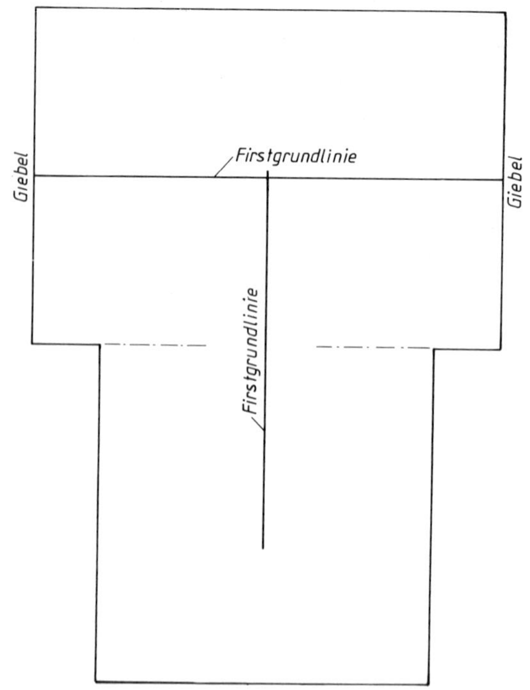

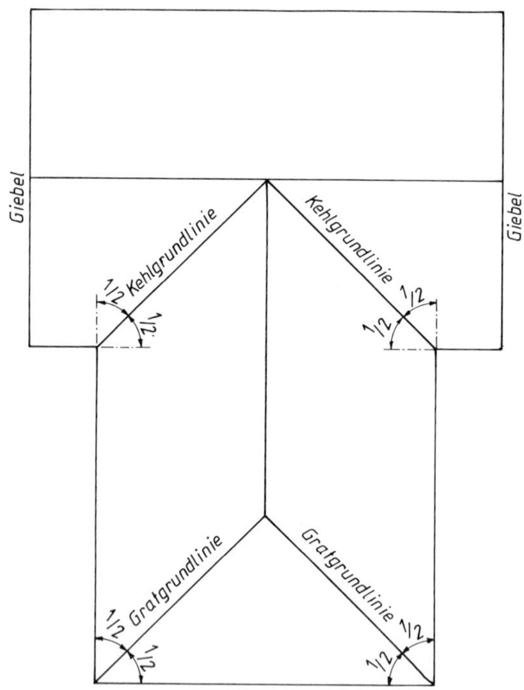

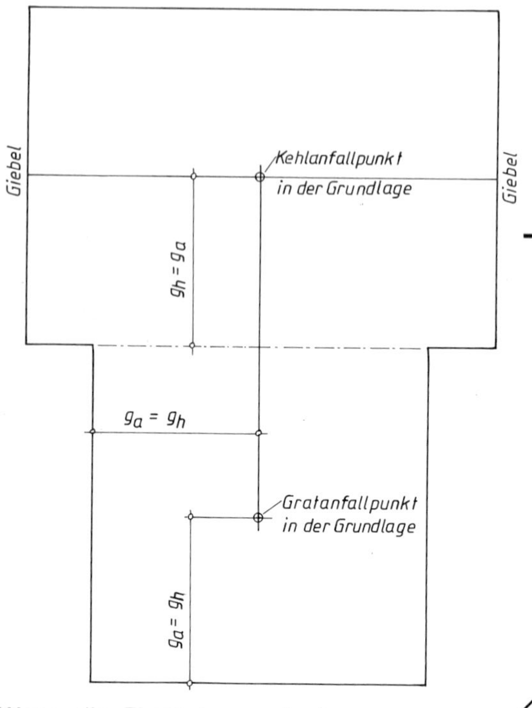

Die Vorbedingungen zum Austragen und Anreißen eines Kehlsparrens bei gleichgeneigten Dachseiten sind:

1. Aufriß des Hauptdach- und zugleich Anbaudachprofils,

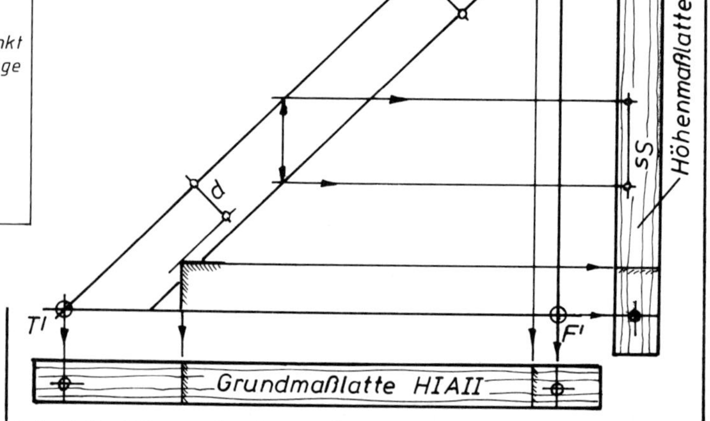

19.6.2 Hauptdach- und zugleich Anbaudachprofil

Wenn die Firstlinien nach dem gleichen Grundmaß aufgetragen sind liegt im Schnittpunkt dieser Firstlinien der Kehlanfallpunkt. Die Kehlgrundlinie wird demnach aus dem Traufeneckpunkt bis in den Kehlanfallpunkt hinein aufgetragen.

2. Ausführung der Dachausmittlung und zugleich Festlegung des Kehlsparrens in der Grundlage,
3. Aufriß des Kehlprofils und zugleich Austragen des Kehlsparrens

Wenn man nach der bestimmten Hauptdachseite I und Anbaudachseite II die Risse der Hauptdach- und Anbaufirst sowie die Risse der Hauptdach- und Anbaudachtraufe entsprechend des bestimmten Traufwinkels aufgetragen hat, liegt der Traufeneckpunkt T_k und der Kehlanfallpunkt F'_k fest. Nach diesen zwei Eckpunkten wird die Kehlgrundlinie aufgetragen. Bei der aufgetragenen Kehlgrundlinie handelt es sich um die Kehlgrundlänge und demnach auch um das Kehlprofilgrundmaß.

Da die Kehlgrundlinie aufgrund des gleichen Grundmaßes bei der Hauptdach- und Anbaudachseite in der Winkelhalbierenden liegt, was auch auf den gleichen Dachneigungswinkel zurückzuführen ist, wird die erste Seitenkante des Kehlsparrens mit der halben Kehlsparrenbreite parallel zur Kehlgrundlinie verstrichen und die zweite Seitenkante des Kehlsparrens ebenfalls.

Für den Aufriß des Kehlprofils wird am Hauptdach- und zugleich Anbaudachprofil die notwendige Höhenmaßlatte und weiter am Kehlsparren im Grundriß die Kehlgrundmaßlatte angerissen.

Beim Auftragen des Kehlprofils mit Hilfe der Kehlgrundmaßlatte und Höhenmaßlatte, wird zunächst die Kehlprofilgrundlinie $T_kF'_k$ und zu dieser Profilgrundlinie dann rechtwinklig, die Firstsenkellinie $F_kF'_k$ angetragen.

Die Kehlneigungslinie muß man anschließend über die Punkte T_k und F_k aufreißen. Parallel zu der Kehlneigungslinie T_kF_k wird genau nach dem Verstich für die Auskehlungshöhe aus der Kehlprofilgrundlinie heraus die Vollinie für die oberen Kehlsparrenkanten verstrichen und die rechtwinklige Auskehlungshöhe y ermittelt.

Mit dem Abtragen der senkrechten Sparren- bzw. Schifterholzhöhe sS, senkrecht unter die

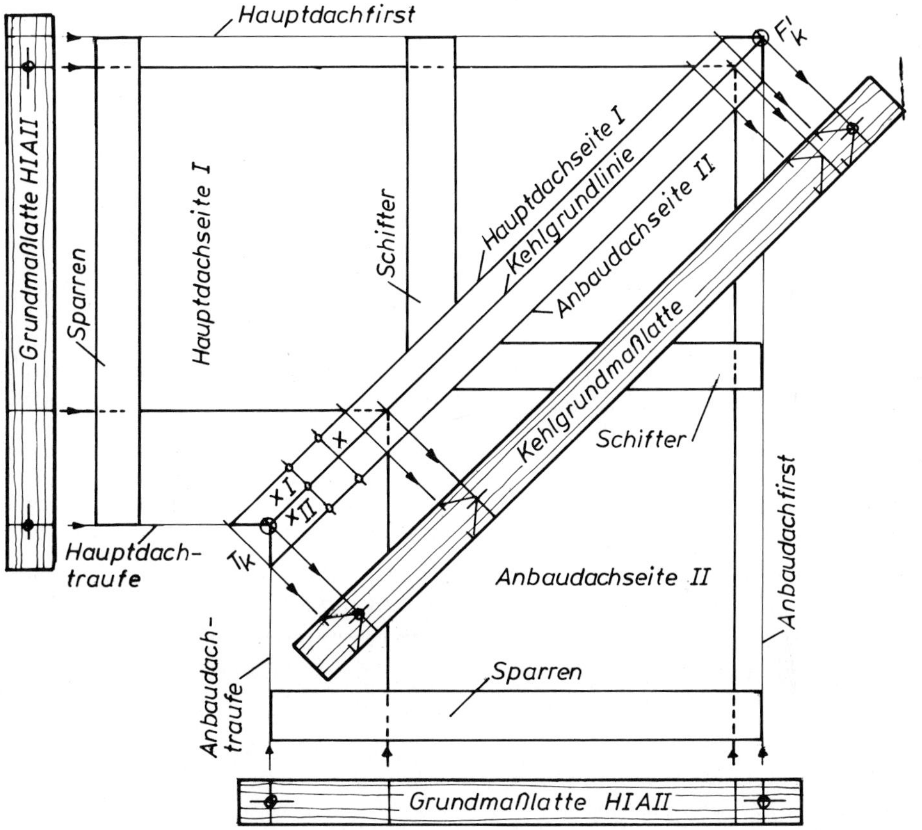

Kehlsparren und Schifter der gleichgeneigten Hauptdach- und Anbaudachseiten in der Grundlage

19.6.3 Kehlsparren und Schifter in der Grundlage

obere Kehlsparrenkante bestimmt man Unterkante „Kehlsparren". Die ermittelte rechtwinklige Kehlsparrenhöhe ist demnach das Maß h_k. Bei dieser Kehlsparrenhöhe sind die Kehlschifter mit ihren Backenschmiegen sowohl oben an der oberen Kehlsparrenkante als auch unten an Unterkante „Kehlsparrenkantholz" bündig.

Die Senkelrisse der Kehlsparrenkerven und die Senkelrisse der Firstsenkelschmiege reißt man nach der gutgelegten Kehlgrundmaßlatte auf.

Nach der kompletten Austragung werden auf der Werksatzplatte bei entsprechender Anrißlage an das Kantholz des Kehlsparrens die Senkel- und die Waagerisse angewinkelt.

Wenn die Senkel- und Waagerisse angewinkelt sind , werden die für einen Senkelriß oder für einen Waageriß zusammengehörenden Winkelrisse durch je eine Vollinie über die seitlichen Kehlsparrenkantholzflächen hinweg miteinander verbunden, so daß derselbe Kehlsparrenanriß entsteht, wie schon auf der

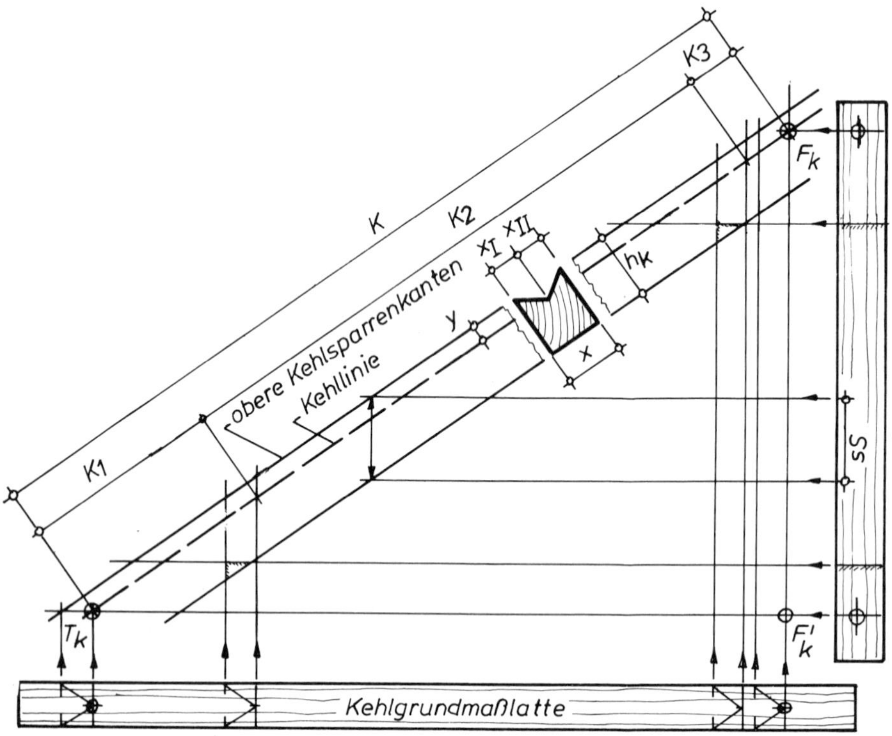

Kehlprofil T_k F_k' F_k T_k mit dem ausgetragenen Kehlsparren der gleichgeneigten Hauptdach- und Anbaudachseiten

19.6.4 Kehlprofil mit ausgetragenem Kehlsparren

Die Waagerisse für die Kehlsparrenkerven werden nach der Höhenmaßlatte angerissen.

Wenn man die Kehllinie und parallel dazu die obere Kehlsparrenkante sowie die Senkel- und die Waagerisse beim Kehlprofil aufgetragen hat ist der Kehlsparren ausgetragen.

Bei der Neigungslänge T_kF_k handelt es sich um die wahre Kehlsparrenlänge K und bei den Neigungslängen K_1, K_2 und K_3 um Teillängen der Kehlsparrenlänge. Unter der Teillänge K_1 steht das Eck der Fußpfettenkerve und unter der Teillänge K_2 das Eck der Firstpfettenkerve.

Werksatzplatte bei der Austragung des Kehlsparrens. Für die Kervenrisse auf der unteren Seite des Kehlsparrenkantholzes muß man die betreffenden Kerveneckpunkte anreißen und anschließend aus jedem der Kerveneckpunkte bis an die Kervensenkelrisse die schräg verlaufenden Kervenrisse auftragen.

Für den Firstabschnitt werden nach den aufgetragenen Firstsenkelrissen, die schräg verlaufenden Schmiegen der Firstsenkelschmiegen angetragen.

19.6.5 Anriß des Kehlsparrens

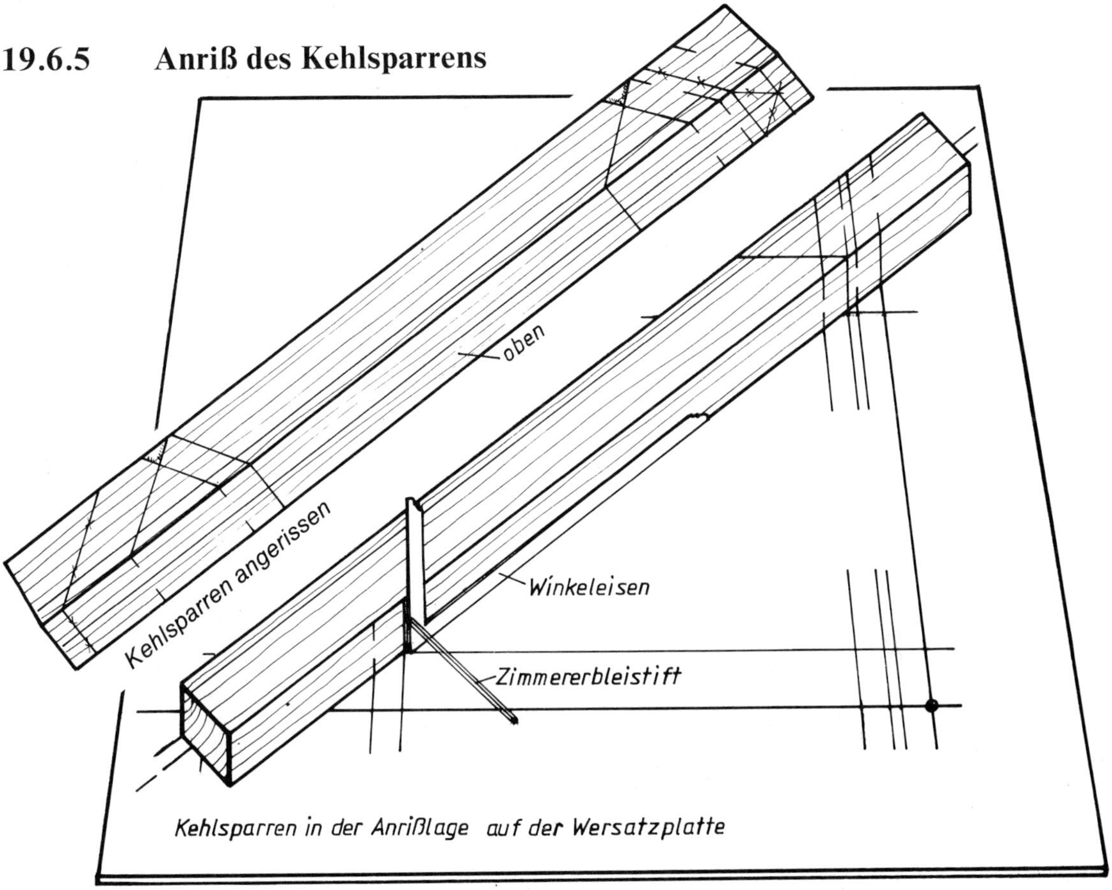

Kehlsparren in der Anrißlage auf der Wersatzplatte

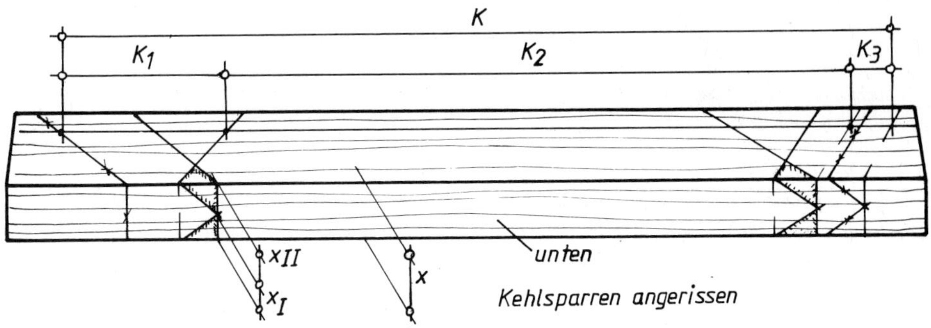

Kehlsparren angerissen

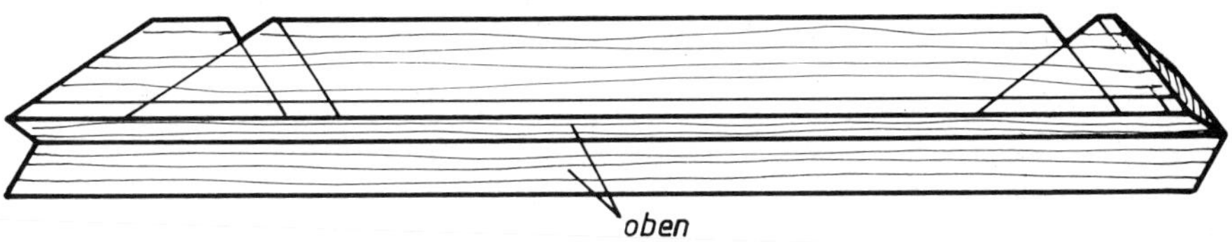

Kehlsparren ausgearbeitet

19.7 Kehlsparren bei ungleich geneigten Dachseiten – Austragen und Anreißen

19.7.1 Dachausmittlung

Das Ergebnis der Dachausmittlung bei ungleich geneigten Dachseiten und gleicher Traufhöhe einer Hauptdach- und Anbaudachseite wird stets zeigen, daß die Kehlgrundlinie nicht nach der Winkelhalbierenden des Traufwinkels verläuft.

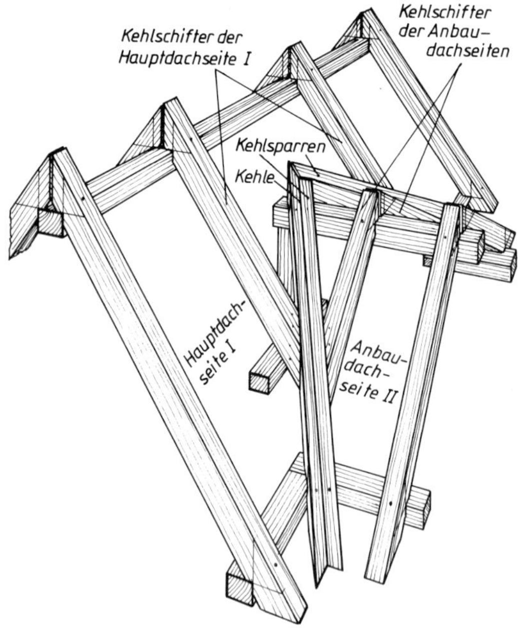

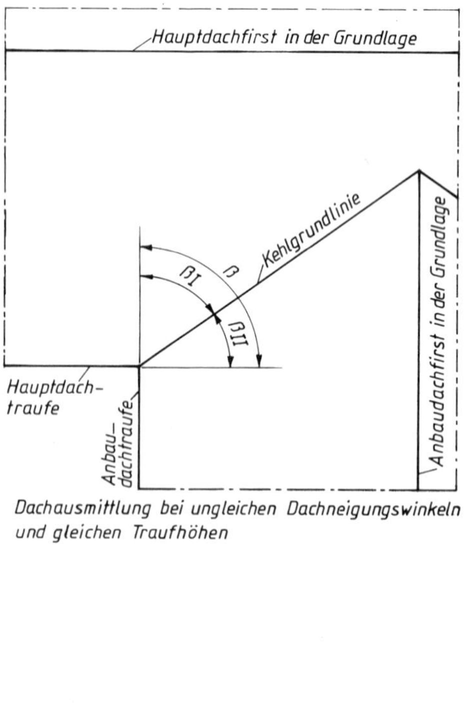

Dachausmittlung bei ungleichen Dachneigungswinkeln und gleichen Traufhöhen

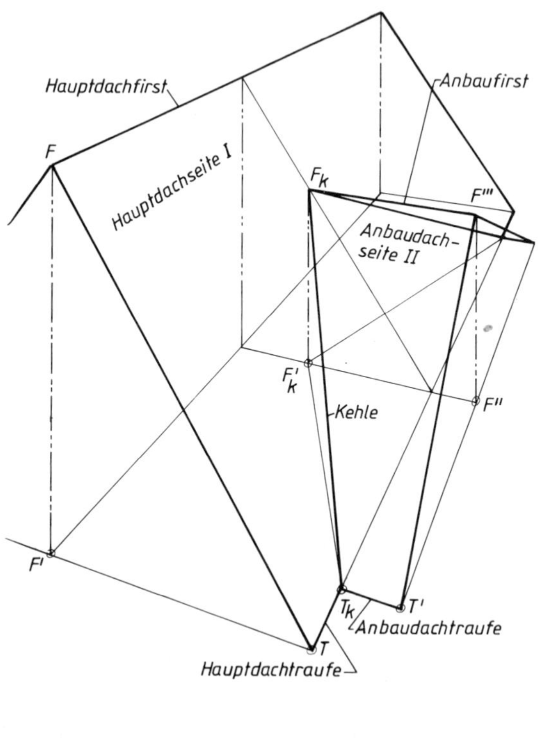

Die Austragung eines Kehlsparrens bei ungleich geneigten Dachseiten mit gleicher Traufhöhe setzt den Aufriß des Hauptdachprofils und zugleich den Aufriß des Anbaudachprofils voraus.

Da man mit dem Aufriß des Hauptdach- und Anbaudachprofils auch die Seite des Hauptdach- und Anbaudachsparrens sowie die Seiten- und Oberkanten der Fuß- und Firstpfetten festlegt, fallen folgerichtig alle Grund- und Höhenmaße an, die man für den Aufriß des Grundrisses und demnach auch für die Austragung des Kehlsparrens im Kehlprofil benötigt.

Wenn das Hauptdachprofil und demnach der Hauptdachsparren und die betreffenden Dachpfettenkanten sowie das Anbaudachprofil und der zugehörige Sparren sowie die zugehörigen Dachpfettenkanten aufgetragen sind, wird an der Grundlinie der Dachprofile die Grundmaßlatte H_I $A_{II}U$ gerissen und an der Senkellinie FF' die Höhenmaßlatte H_I A_{II}.
Mit Hilfe der Grundmaßlatte wird der Grundriß aufgetragen. Die Höhenmaßlatte wird für den Aufriß des Kehlprofils und für die Austragung des Kehlsparrens benötigt.

Da bei ungleich geneigten Dachseiten mit gleicher Traufhöhe die Hauptdach- und Anbaudachgrundmaße nicht gleich groß sind, kann auch die Kehlgrundlinie im bestimmten Traufwinkel nicht nach der Winkelhalbierenden verlaufen. Demnach fallen die Eckpunkte der in Richtung der Schenkel des Traufwinkels, d. h. in Richtung der Trauflinien zusammentreffenden Dachpfettenkanten auch nicht direkt in die Kehlgrundlinie, sondern stets daneben in die Dachgrundfläche hinein welche zum größeren der zwei ungleich großen Dachneigungswinkeln gehört.

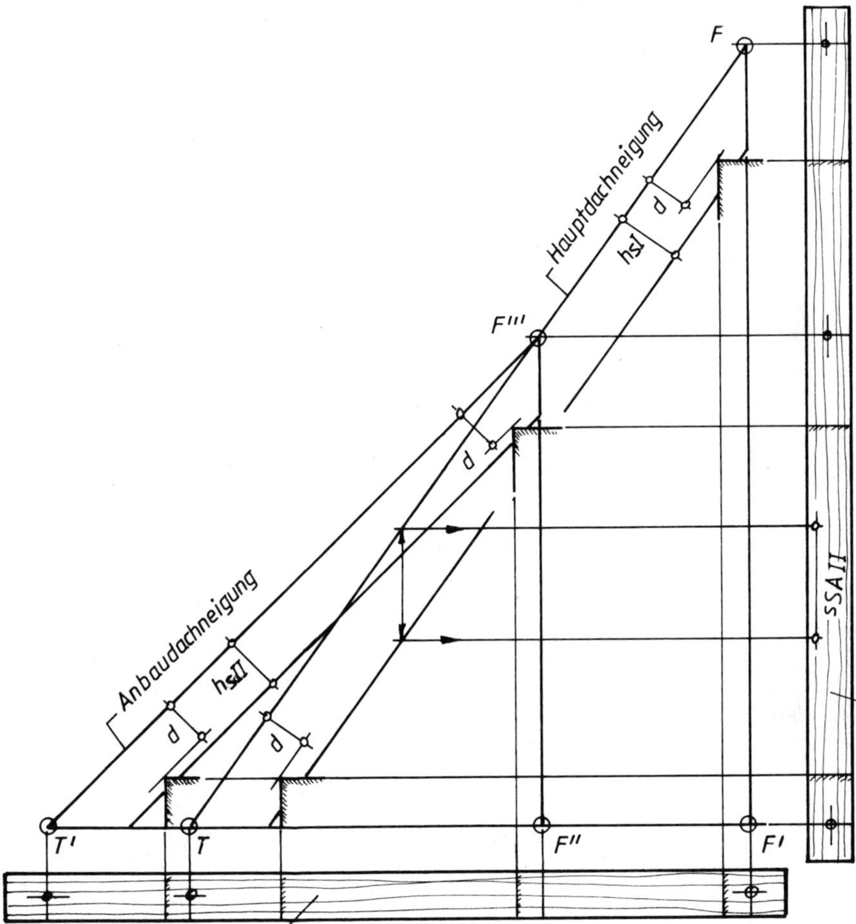

Hauptdach- und Anbaudachprofil mit den ausgetragen Sparren der ungleich geneigten Hauptdach- und Anbaudachseiten H_I und A_{II}

19.7.2 Hauptdach- und Anbaudachprofil

Wenn die Seitenkanten des Kehlsparrens mit je einer Hälfte der ganzen Kehlsparrenbreite parallel zur Kehlgrundlinie verstrichen sind gibt es aufgrund der ungleich geneigten Dachseiten im Traufwinkel vor dem Traufeneckpunkt T_k für die Auskehlung des Kehlsparrens sowie für die Eckkerve je zwei unterschiedliche Verstichmaße, um anschließend bei der Kehllinie den Kehlsparren für die ungleich geneigten Dachseiten austragen zu können.

Der Anriß beim Kehlsparren des Haupt- und Anbaudaches mit ungleich geneigten Dachseiten ist in der Anrißlage auf der Werksatzplatte der gleiche wie beim Kehlsparren der gleich geneigten Dachseiten.

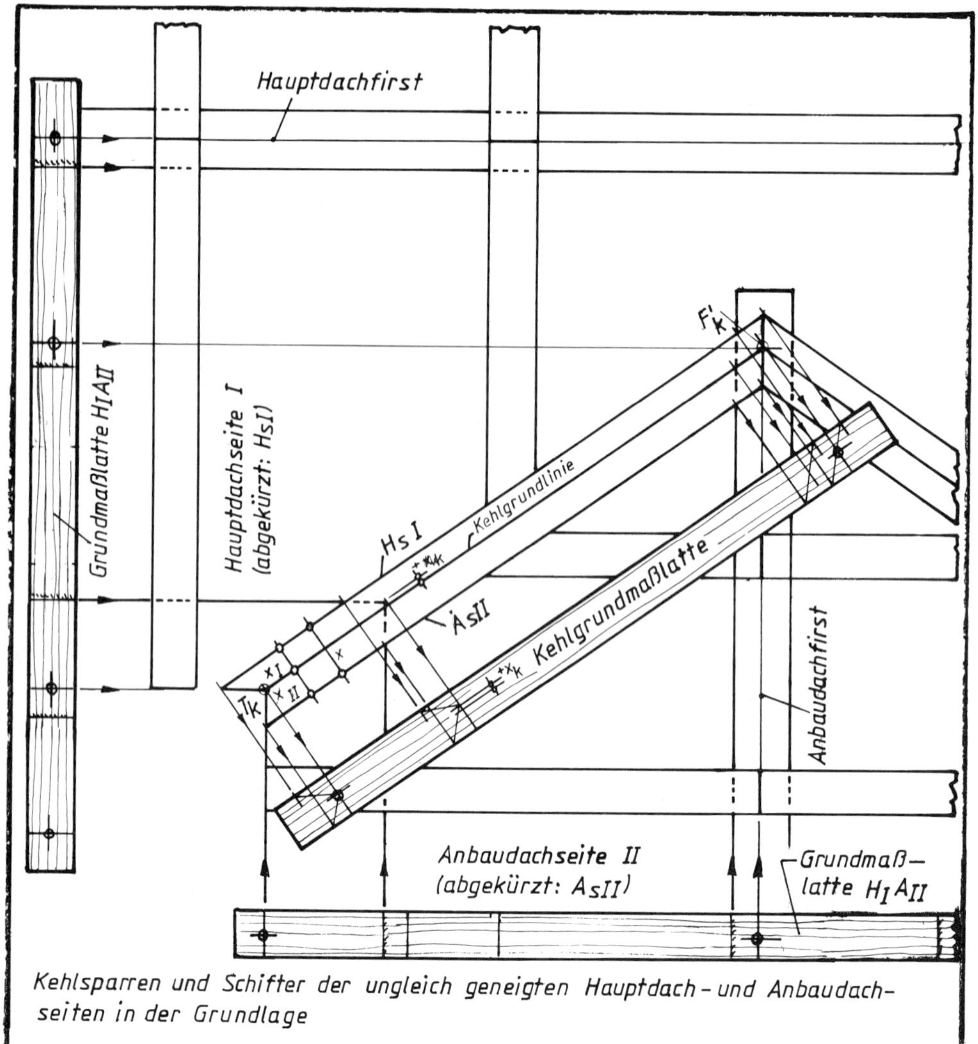

Kehlsparren und Schifter der ungleich geneigten Hauptdach- und Anbaudachseiten in der Grundlage

19.7.3 Kehlsparren und Schifter in der Grundlage

Diese Verstiche und die Kehlgrundlänge werden möglichst genau auf die Kehlgrundmaßlatte übertragen.

Mit Hilfe der Kehlgrundmaßlatte und der Höhenmaßlatte wird das Kehlprofil aufgerissen, Beim Kehlsparren für die ungleich geneigten Dachseiten muß anschließend durch den weiteren Anriß bei der Eckkerve der Eckpunkt neben der angerissenen Kehllinie mit dem Abstandmaß + x_k festgelegt werden.

19.7.4 Kehlprofil mit ausgetragenem Kehlsparren

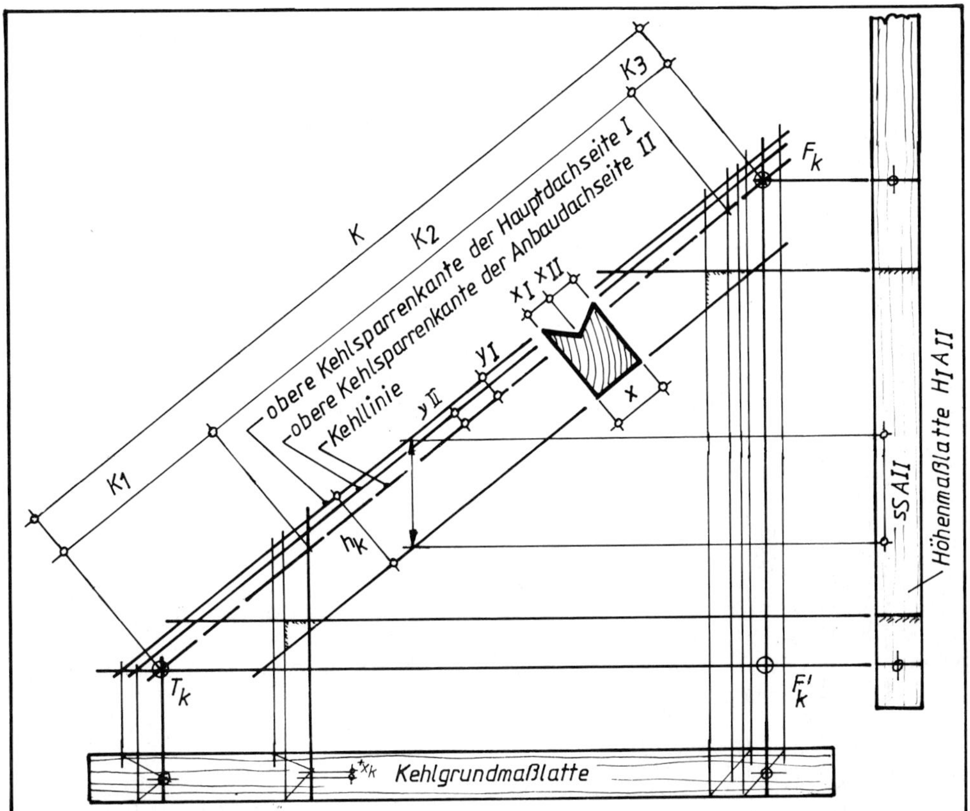

Kehlprofil $T_k F'_k F_k T_k$ mit dem ausgetragenen Kehlsparren der ungleich geneigten Hauptdach- und Anbaudachseiten I und II

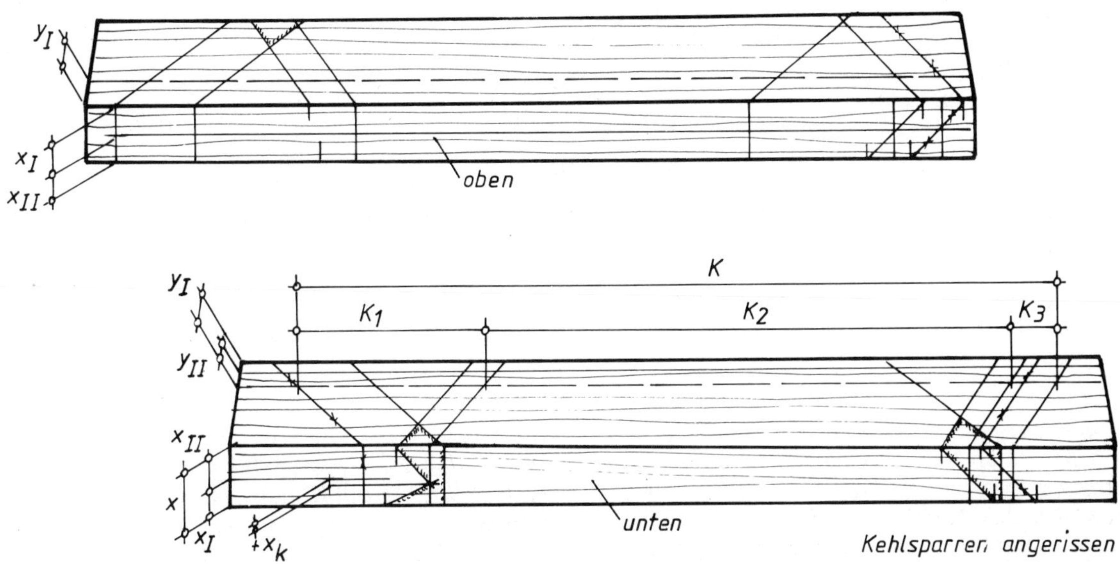

Kehlsparren angerissen

19.7.5 Kehlsparren ausgearbeitet

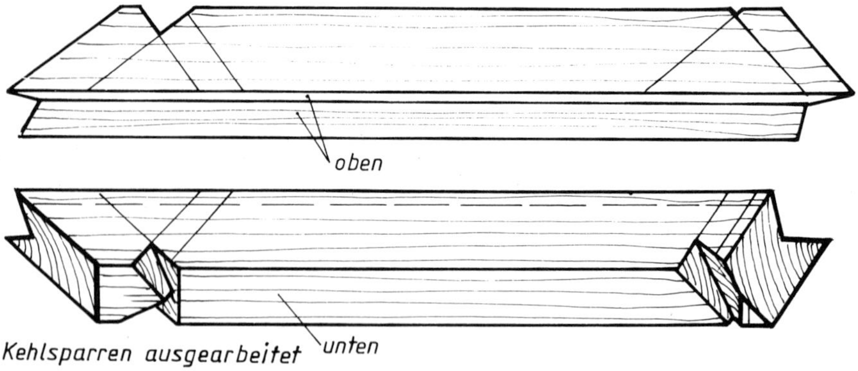

Kehlsparren ausgearbeitet

19.8 Kehlsparrengrundverschiebungen

Wird der Kehlsparren der ungleich geneigten Dachseiten im Grundriß bei der Kehlgrundlinie nicht verschoben bzw. die Seitenkanten des Kehlsparrens mit je einer Hälfte der ganzen Kehlsparrenbreite parallel zur Kehlgrundlinie verstrichen, gibt es beim ausgetragenen Kehlsparren unterschiedliche Auskehlungshöhen und demnach zwei obere Kehlsparrenkanten mit unterschiedlichem Abstand zur Kehllinie.

19.8.1 Kehlsparren der im Grundriß nicht verschoben ist

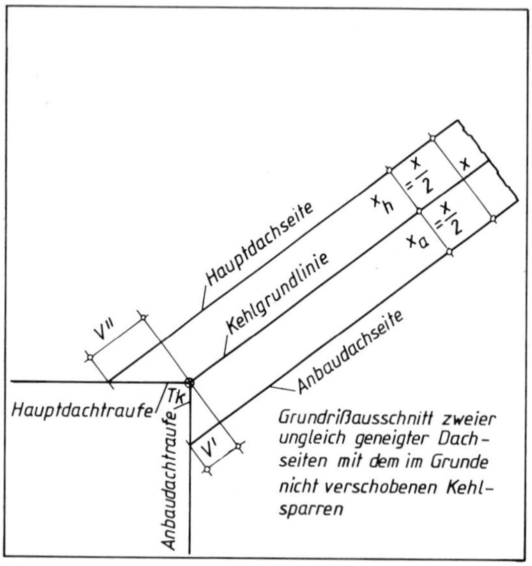

Grundrißausschnitt zweier ungleich geneigter Dachseiten mit dem im Grunde nicht verschobenen Kehlsparren

Während man den Kehlsparren bei gleichgeneigten Dachseiten mit je einer Hälfte der ganzen Kehlsparrenbreite in den Grundriß festlegt und demnach gleiche rechtwinklige Auskehlungshöhen anfallen, wird beim Kehlsparren der ungleich geneigten Dachseiten oft, um in der Querschnitthöhe durch gleiche Auskehlungshöhen Holz einzusparen eine seitliche Verschiebung mit dem Kehlsparren in seiner Grundlage ausgeführt. Dies besonders dann, wenn der Dachneigungswinkel der einen Dachseite mehr als 6° (sechs Grad) größer als der Dachneigungswinkel der anderen Dachseite ist.

19.8.2 Parallelogramm – Konstruktion für die Kehlsparrengrundverschiebung

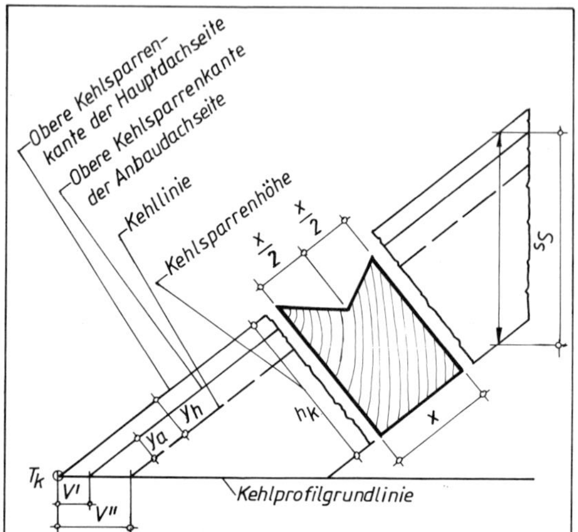

Traufknotenpunkt des Kehlsparrens mit der Kehlsparrenquerschnittfläche nach der nicht ausgeführten Kehlsparrgrundverschiebung

Für die Kehlsparrengrundverschiebung bei der Kehlgrundlinie im Grundriß der betreffenden Dachseiten mit ungleichen Dachneigungswinkeln wird die Parallelogramm-Konstruktion angewendet.

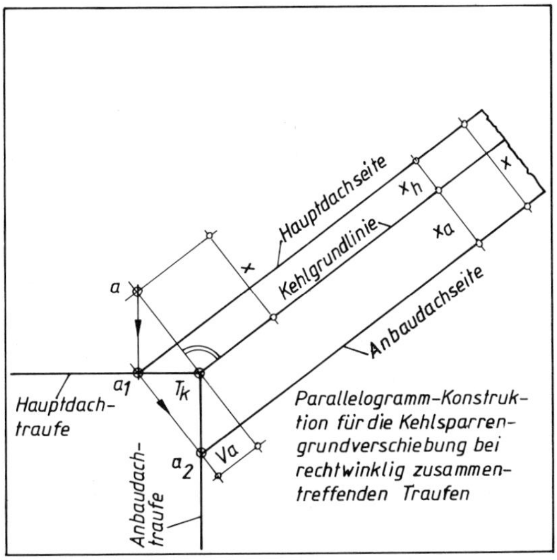

Parallelogramm-Konstruktion für die Kehlsparrengrundverschiebung bei rechtwinklig zusammentreffenden Traufen

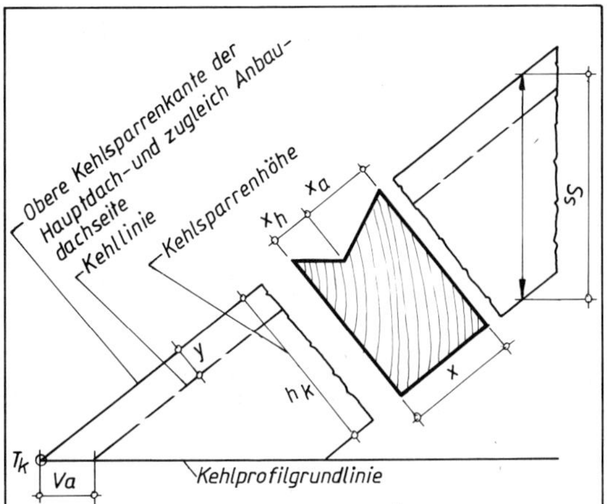

Traufknotenpunkt des Kehlsparrens mit der Kehlsparrenquerschnittfläche nach der Kehlsparrengrundverschiebung

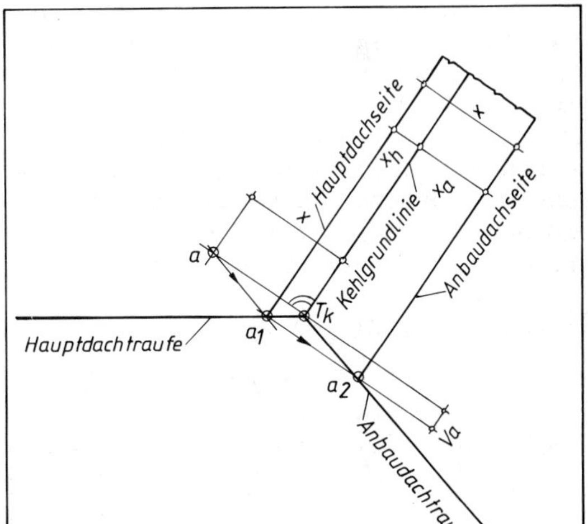

Parallelogramm-Konstruktion für die Kehlsparrengrundverschiebung bei stumpfwinklig zusammentreffenden Traufen

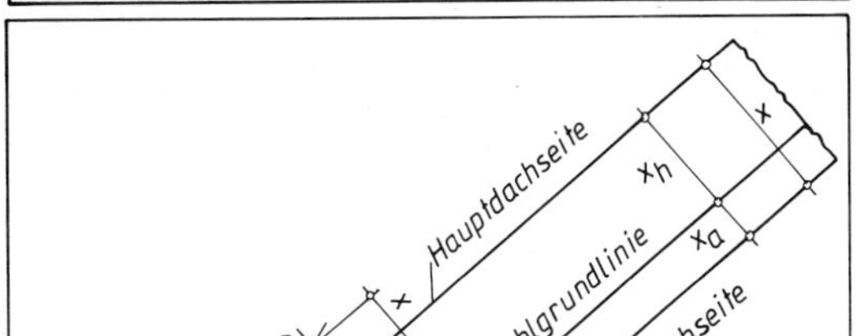

Parallelogramm-Konstruktion für die Kehlsparrengrundverschiebung bei spitzwinklig zusammentreffenden Traufen

Bei rechtwinklig zusammentreffenden Trauflinien trägt man nach der Parallelogramm-Konstruktion zunächst aus dem Eckpunkt T_k der Trauflinien genau rechtwinklig zur Kehlgrundlinie, die Kehlsparrenbreite x auf eine beliebige Seite hinaus z. B. auf die Hauptdachseite hin ab und bestimmt so den Maßendpunkt a.

Aus dem Maßendpunkt a wird dann genau parallel zur Anbautrauflinie des Grundrisses eine Projektionslinie mit der Vollinie der Hauptdachseite zum Schnitt gebracht. Dadurch fällt der Schnittpunkt a_1 an.

Aus dem Schnittpunkt a_1 wird der Winkelriß a_1a_2 aufgetragen. Die bestimmten Schnittpunkte a_1 und a_2 sind auf den Trauflinien der Hauptdach- und Anbaudachseiten die Fußpunkte der Seitenkanten des Kehlsparrens im Grundriß.

Aus dem Fußpunkt a_1 muß demnach die eine Seitenkante des Kehlsparrens in den Bereich der Hauptdachseite hinein parallel zur Kehlgrundlinie verstrichen werden und daneben aus dem Fußpunkt a_2 die andere Seitenkante des Kehlsparrens in die Anbaudachseite des Grundrisses hinein.

Die Kehlsparrengrundverschiebung wäre damit im Grundriß bei der Kehlgrundlinie ausgeführt.

Bei stumpf- oder spitzwinklig zusammentreffenden Trauflinien wird die Parallelogramm-Konstruktion für die Kehlsparrengrundverschiebung so ausgeführt, daß die Projektionslinie a_1a_2 parallel nach der Richtung der Anbaudachtraufe verläuft.

19.9 Hexenschnitt für Kehlsparren bei schräg angeordneten Stirnbrettern

19.9.1 Schaubild

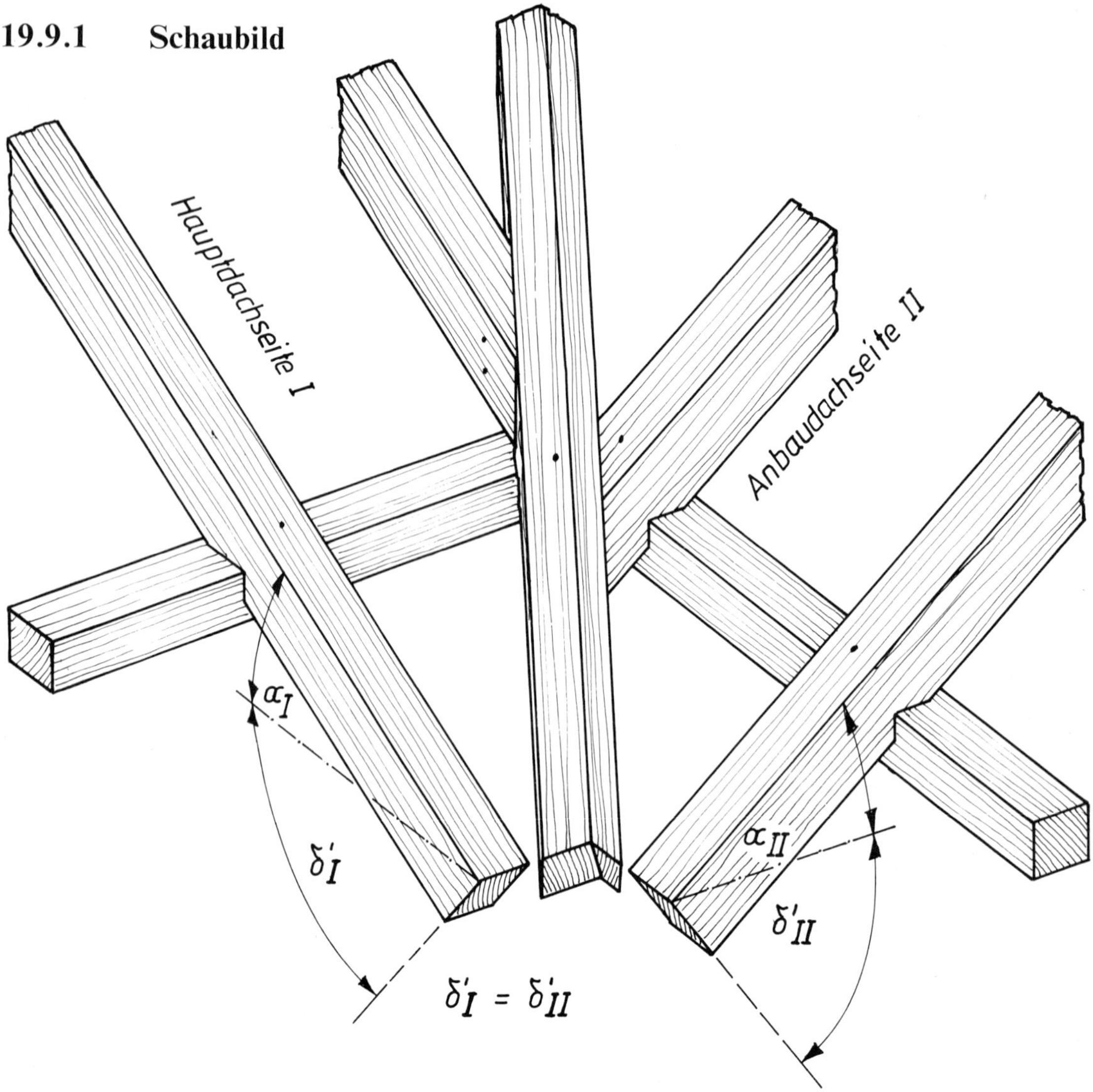

19.9.2 Abschnittwinkel des Hauptdach- und Anbaugespärres

Beim Hexenschnitt für schräg angeordnete Stirnbretter werden aufgrund der ungleichen Dachneigungswinkel αI und αII aus dem Traufpunkt gleich große Winkel, d.h. δ'I = δ'II für den Abschnitt des Hauptdach- und zugleich Anbaudachgespärres bestimmt.

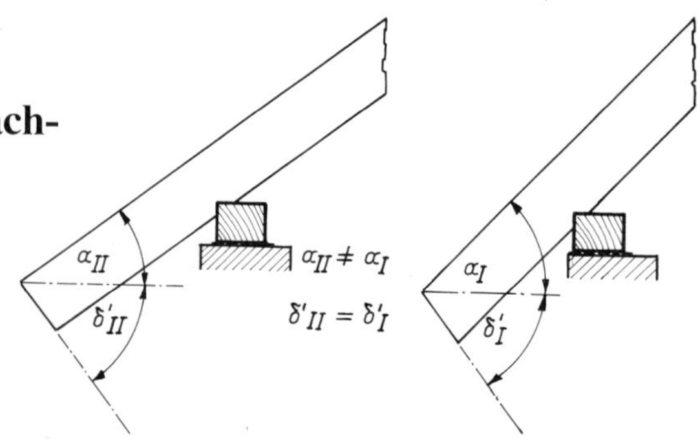

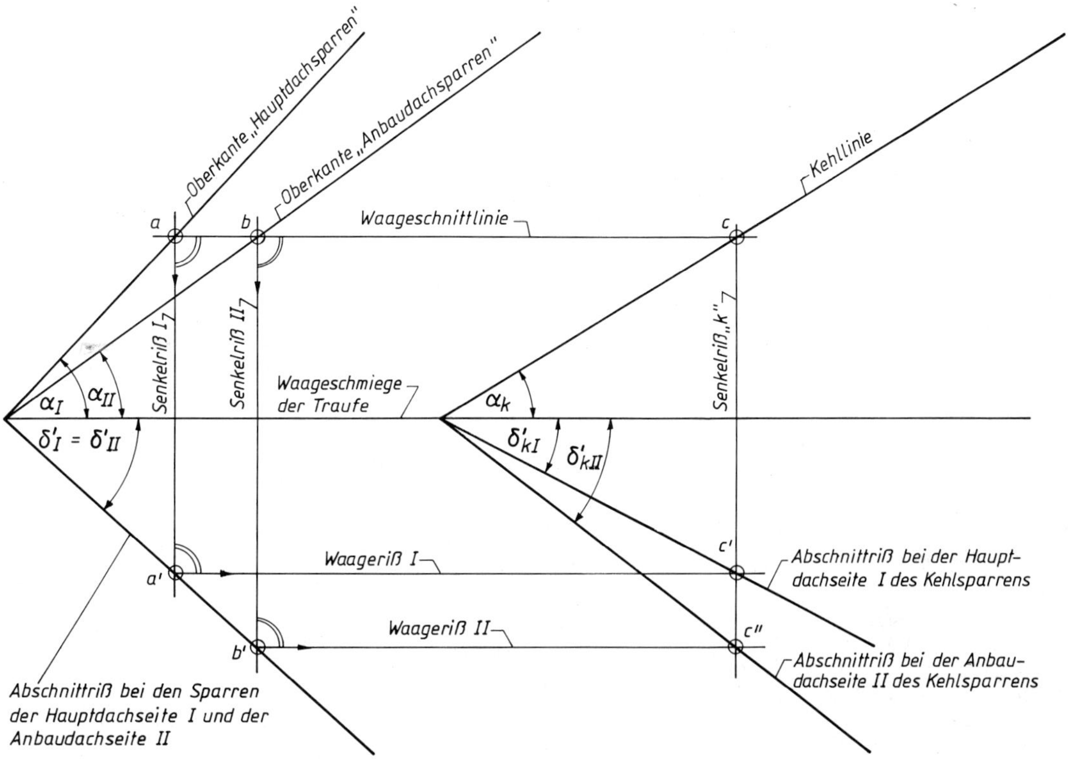

Die Abschnittrisse für die Hauptdachseite I und Anbaudachseite II muß man demnach mit einer Waageschnittlinie und weiter mit drei Senkel- sowie zwei Waagerissen festlegen.

Beim Kehlneigungswinkel α_k fallen dann unter der Waageschmiege der Traufe die ungleichen Schnittwinkel δ'_{kI} und δ'_{kII} des Hexenschnittes an.

Das Anreißen des Hexenschnittes an die vier Seiten des Kehlsparrenkantholzes führt man am besten mit selbst angefertigten Schablonen bzw. mit der Waageschmiege-Schablone und mit der Hexenschnitt-Schablone aus.

19.9.3 Waageschmiege-Schablone

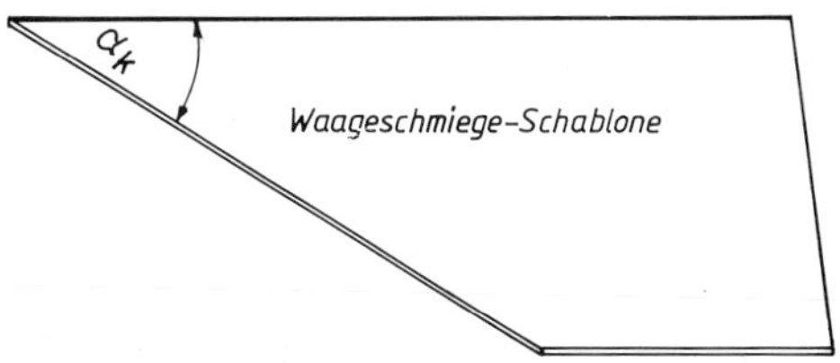

Die Waageschmiege-Schablone muß nach dem Kehlneigungswinkel α_k angerissen und sauber ausgeschnitten werden.

19.9.4 Hexenschnitt-Schablone

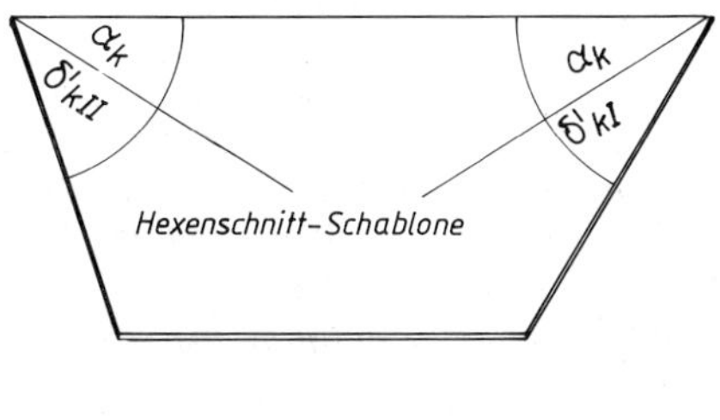

Die Hexenschnitt-Schablone wird möglichst genau nach den Abschnittwinkeln δ'_{kI} und δ'_{kII} angerissen und zugeschnitten.

19.9.5 Anriß des Hexenschnittes nach der Krämer-Anreißmethode

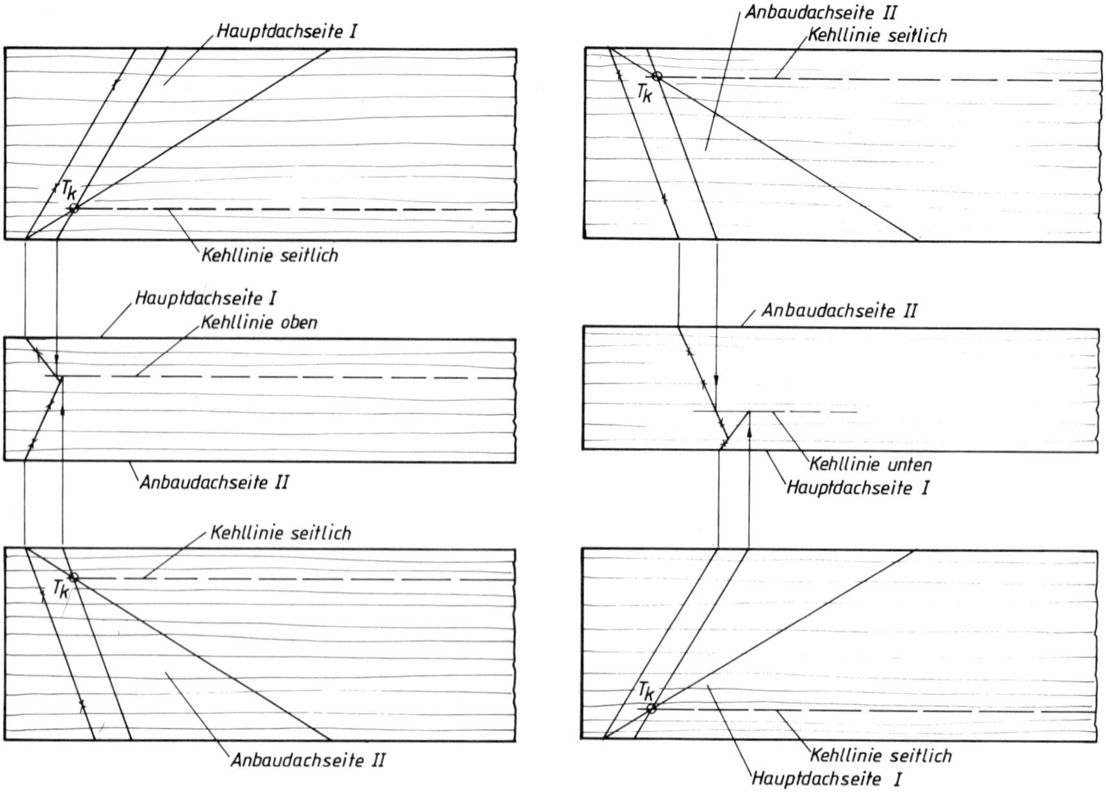

Beim Anreißen des Hexenschnittes (nach der Krämer-Anreißmethode) am Kopfende des Kehlsparrenkantholzes geht man unter Verwendung der Waageschmiege-Schablone und Hexenschnitt-Schablone genauso vor wie beim Anreißen des Hexenschnittes am Kopfende des Gratsparrenkantholzes.

An der unteren Seite des Kehlsparrenkantholzes hat sich der Schnittpunkt der Abschnittrichtungsrisse neben die Kehllinie gegen die Hauptdachseite I zu verlagert, dagegen auf der oberen Seite des Kehlsparrenkantholzes auch neben die Kehllinie, aber in Richtung auf die Anbaudachseite II zu. Die obere Schnittpunktverschiebung neben die aufgetragene Kehllinie ergibt sich nach der eigentlichen Kehllinie, die beim Anriß des Hexenschnittes unter der oberen Seite des Kehlsparrenkantholzes liegt.

19.9.6 Kehlsparrenkopf nach der Ausführung des Hexenschnittes mit Hilfe der Krämer-Anreißmethode

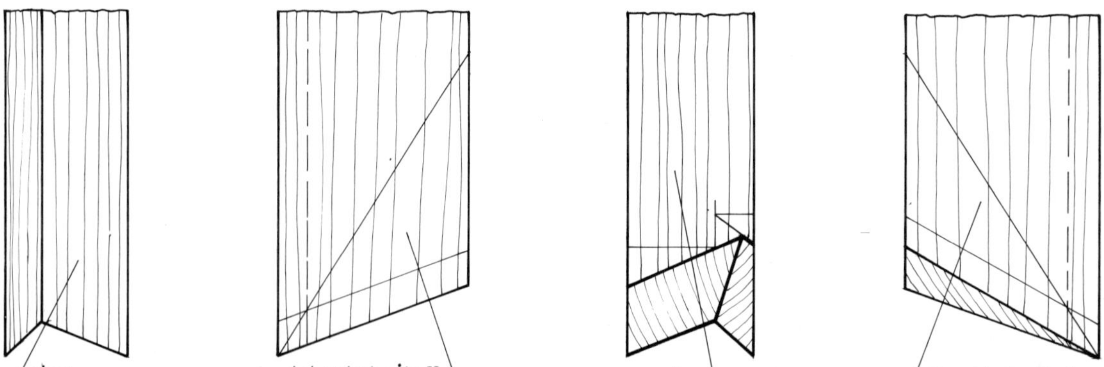

19.10 Sparren- und Schiftereinteilung beim Walmdach

19.10.1 Sprungmaß

Wenn beim Walmdach die Sparrenköpfe entsprechend des Dachüberstandes sichtbar bleiben, legt man die Sparren und die Schifter der Hauptdachseiten gewöhnlich auf gleiche Sprungmaße und die Schifter der Walmseiten auch auf gleiche Sprungmaße fest.

Unter dem Sprungmaß ist in Richtung der betreffenden Traufe der Abstand von einem zum anderen Sparren oder Schifter einschließlich einer Breite von den Sparren- oder Schifterhölzern zu verstehen.

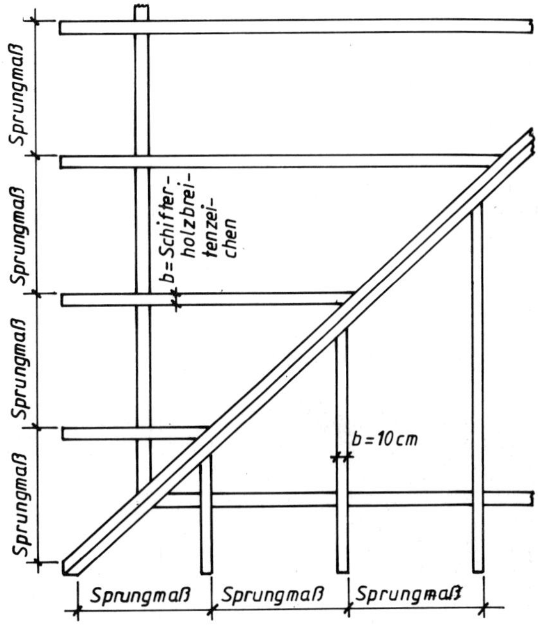

In Ausführungszeichnungen wird das Sprungmaß der Sparren und Schifter in der Regel mit dem kleinen Buchstaben e und dem mathematischen Zeichen ≈ sowie einer vorgeplanten Sprungmaßzahl gekennzeichnet und angegeben.

Außerdem wird in der Ausführungszeichnung die Breite b der Sparren und Schifter festgelegt.

Hier ein Beispiel:
b = 10 cm
e ≈ 75 cm
Demnach soll das Sprungmaß der Sparren und Schifter nahezu gleich 75 cm betragen.

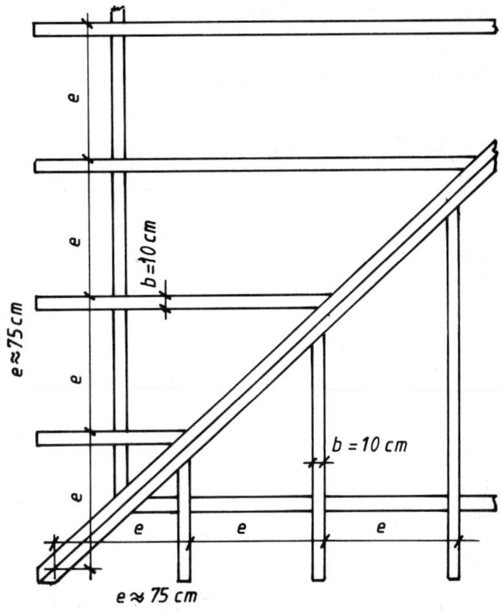

Die Sparren- und Schiftereinteilung in gleichmäßige Sprungmaße wird sowohl bei der Hauptdach- als auch Walmseite nach der bestimmten Grundlage der Gratsparren auf der Trauflänge zwischen den beiden festgelegten Gratsparrenseiten ausgeführt.

Beispiel für die Sparren- und Schiftereinteilung auf gleiche Sprungmaße bei den Hauptdachseiten I und II eines Walmdaches nach e ≈ 75 cm, b = 10 cm und Trauflänge zwischen den beiden Gratsparrenseiten = 8,84 m:

19.10.2 Sparrenlage mit Schiftereinteilung

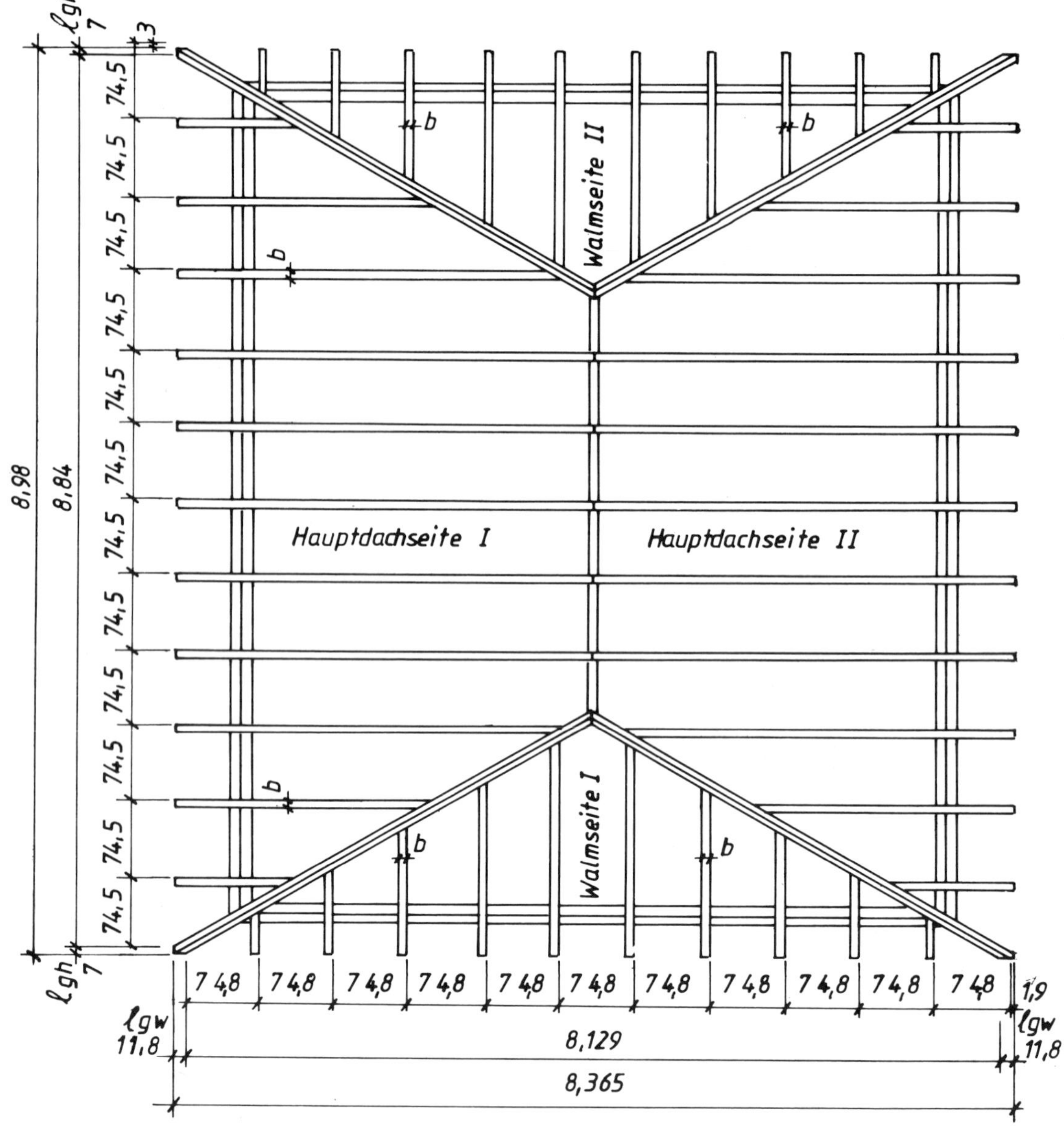

Die Trauflänge zwischen den beiden Gratsparrenseiten erhält man durch den Abzug der beiden Gratsparrengrundmaße ℓ_{gh} oder ℓ_{gw} von der gesamten Trauflänge zwischen den Traufenecken des Walmdaches.

8,84 m + eine Breite b mit 0,10 m = 8,94 m
8,94 m : 0,75 = 11,92 Sparrenfelder
Gewählt nach der Zahl 11,92 = 12 Sparrenfelder
Sprungmaß der 12 Sparrenfelder:
8,94 m : 12 Sparrenfelder = 0,745 m bzw. e = 74,5 cm.

Beispiel für die Schiftereinteilung auf gleiche Sprungmaße bei den Walmseiten I und II eines Walmdaches nach e ≈ 75 cm, b = 10 cm und Trauflänge zwischen den beiden Gratsparrenseiten = 8,129 m:

Bemerkung:
Wenn bei einer Walmseite die Trauflänge zwischen den beiden Gratsparrenseiten + eine Breite b mit einer ungeraden Sparrenfeldzahl aufgeteilt wird, fällt kein Mittelschifter an.

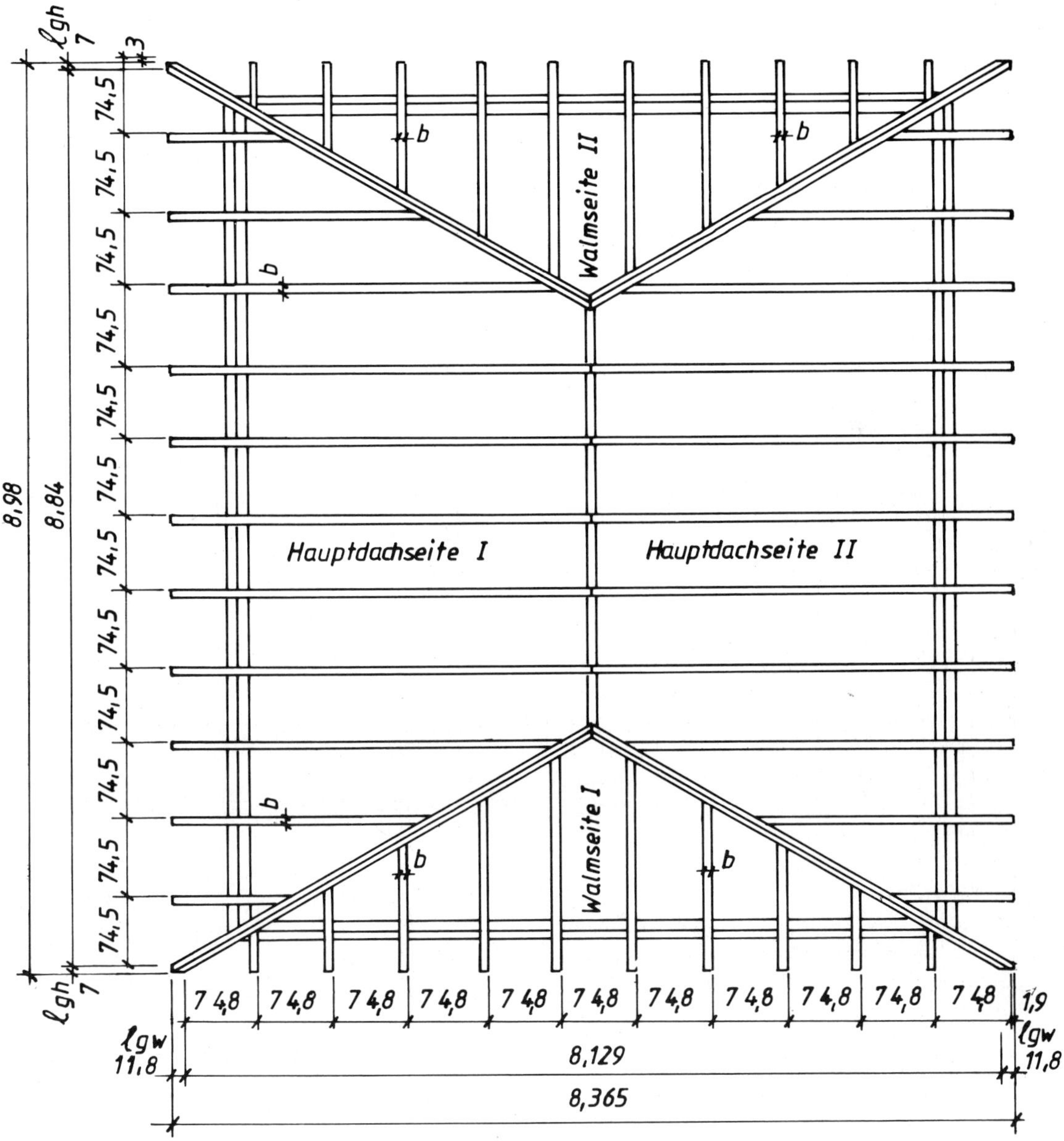

Sparrenlage mit Schiftereinteilung

8,129 + eine Breite b mit 0,10 m = 8,229 m
8,229 m : 0,75 = 10,97 Sparrenfelder
Gewählt nach der Zahl 10,97 = 11 Sparrenfelder

Sprungmaß der 11 Sparrenfelder:
8,229 : 11 = 0,748 m bzw. e = 74,8 cm.

19.11 Sparren- und Schiftereinteilung beim Walmdach mit Gratanfallgebinde

19.11.1 Firstknotenpunkt

An das Gratanfallgebinde schmiegen sich die beiden Gratsparren an.

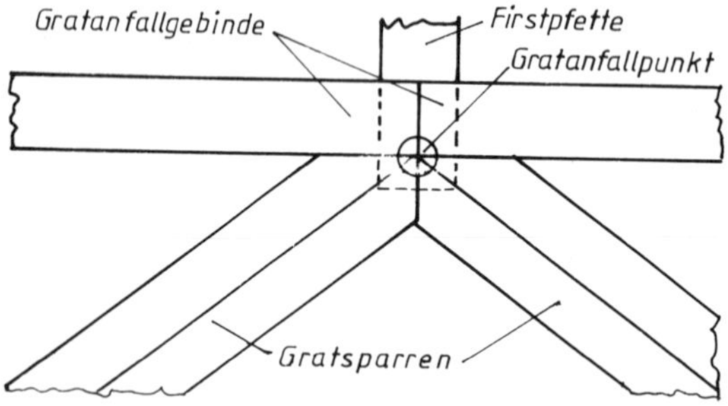

Firstknotenpunkt-Draufsicht

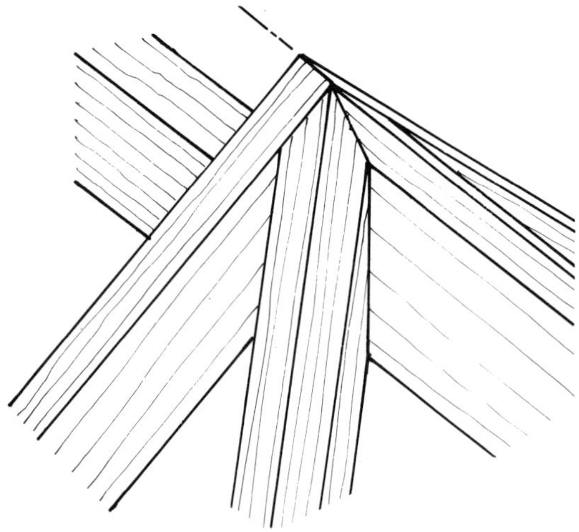

Isometrische Darstellung des Firstknotenpunktes

19.11.2 Walmdachgrundriß

Wenn bei einem Walmdach mit gleichen Walmgrundmaßen unmittelbar an jeden der beiden Gratanfallpunkte ein Gratanfallgebinde festzulegen ist, gibt es in Richtung der Hauptdachtraufe insgesamt drei bzw. zwei gleiche und eine weitere Trauflänge für die Sparren- und Schiftereinteilung.

Unter einem Gratanfallgebinde ist ein Sparrenpaar der Hauptdachseiten zu verstehen, das mit einer der beiden äußeren Seiten beim First auf den Gratanfallpunkt festgelegt wird.

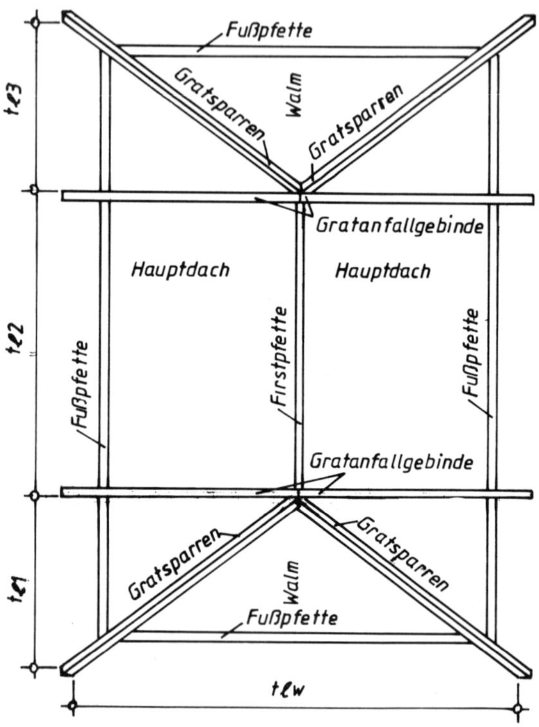

Beispiel für die Schiftereinteilung auf gleiche Sprungmaße bei den Hauptdachseiten I und II eines Walmdaches nach e ≈ 70 cm, b = 10 cm, Trauflänge zwischen der einen Seite des Grat-

2,36 m + eine Breite b mit 0,10 m = 2,46 m
2,46 m : 0,70 = 3,51 Sparrenfelder
Gewählt nach der Zahl 3,51 = 4 Sparrenfelder
Sprungmaß der 4 Sparrenfelder
2,46 m : 4 = 0,615 m bzw. e = 61,5 cm

19.11.3 Sparrenlage mit Schiftereinteilung

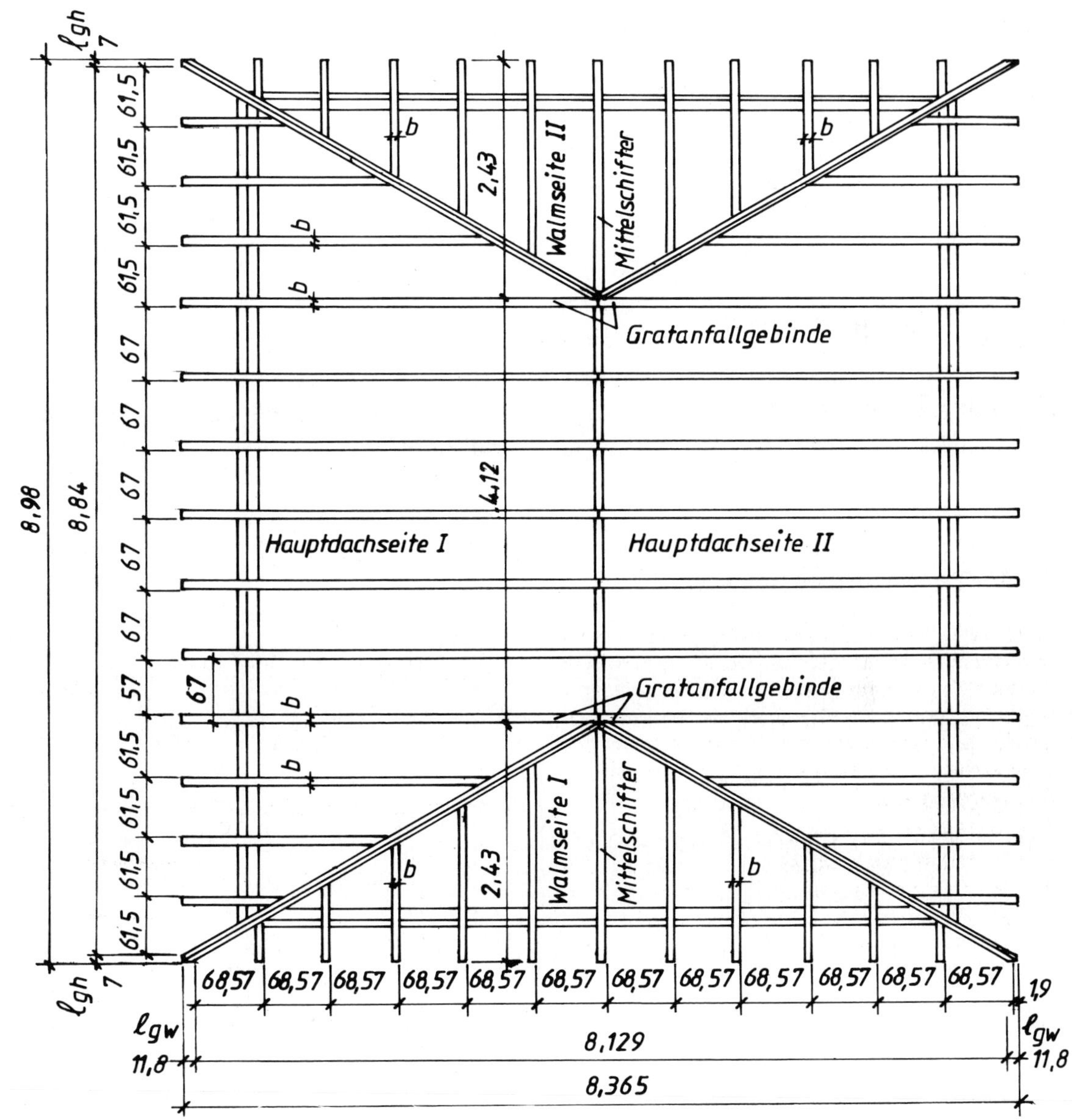

sparrens und des nächsten Gratanfallpunktes = 2,43 m – 0,07 m = 2,36 m, Traufenlänge von dem einen Gratanfallpunkt bis zu dem anderen = 4,12 m.

Weiter:
4,12 m – eine Breite b mit 0,10 m = 4,02 m
4,02 m : 0,70 = 5,74 Sparrenfelder
Gewählt nach der Zahl 5,74 = 6 Sparrenfelder
4,02 m : 6 = 0,67 m bzw. e – 67 cm

Beispiel für die Schiftereinteilung auf gleiche Sprungmaße bei den Walmseiten I und II des Walmdaches mit Mittelschiftern nach e ≈ 70 cm, b = 10 cm und Traufenlänge zwischen den beiden Gratsparrenseiten = 8,129 m.

Bemerkung:
Hinsichtlich eines Mittelschifters für die Walmseite I und Walmseite II des Walmdaches muß man die Trauflänge zwischen den beiden Gratsparrenseiten + eine Breite b mit einer geraden Sparrenfeldzahl aufteilen.

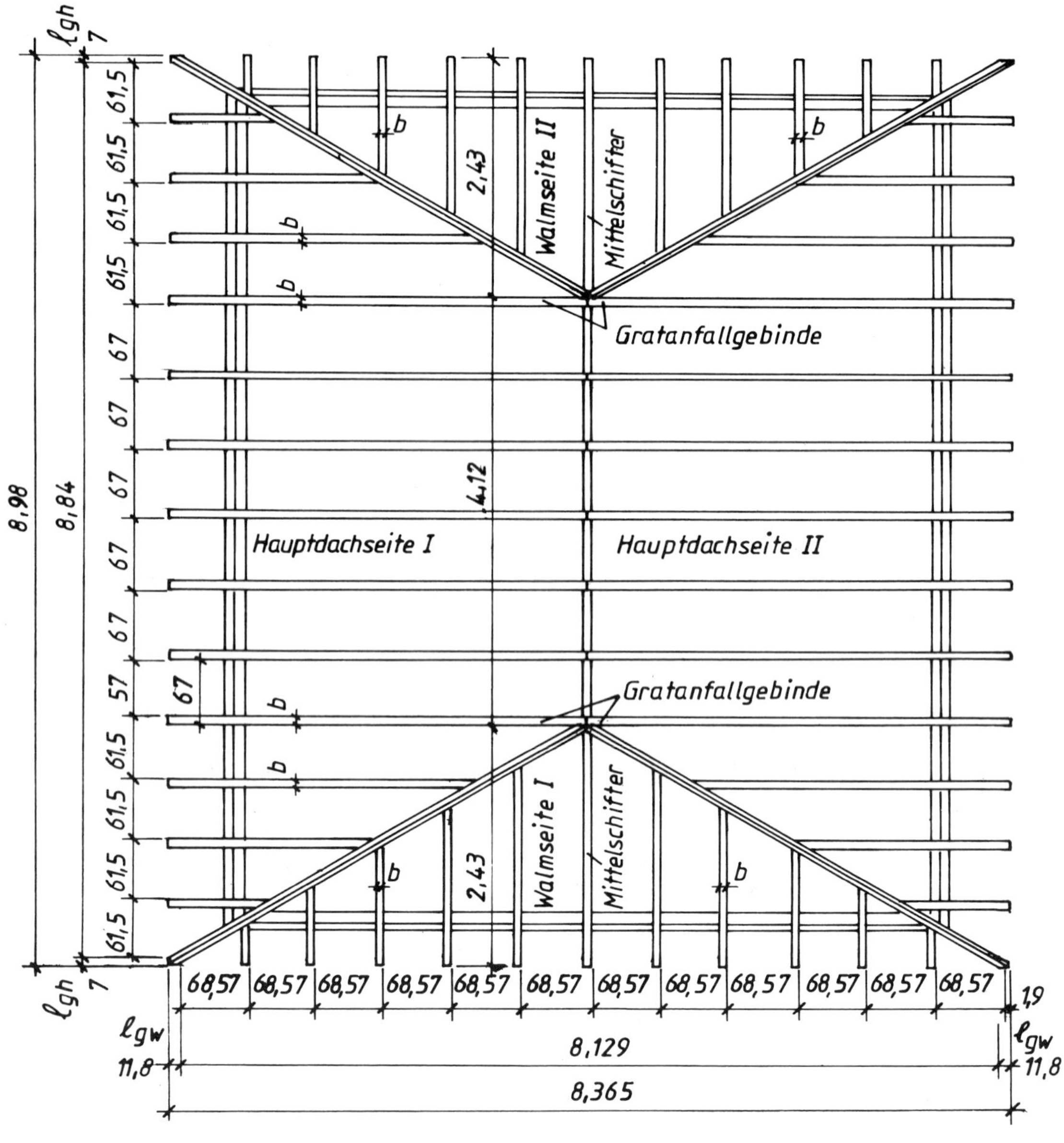

8,129 + eine Breite b mit 0,10 m = 8,229 m
8,229 m : 0,70 = 11,75 Sparrenfelder
Gewählt nach der Zahl 11,75 = 12 Sparrenfelder

Sprungmaß der 12 Sparrenfelder:
8,229 m : 12 = 0,6857 m bzw. e = 68,57 cm.

19.12 Gratklauenschifter – Austragen und Anreißen

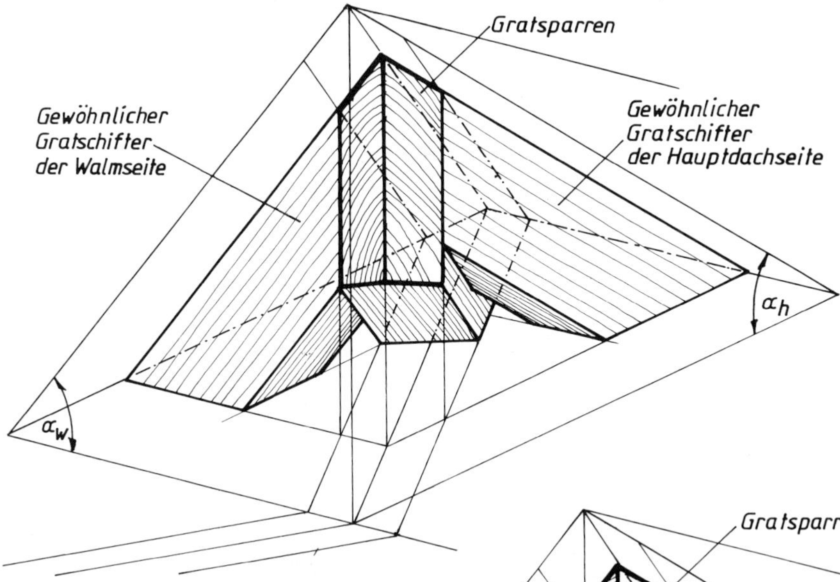

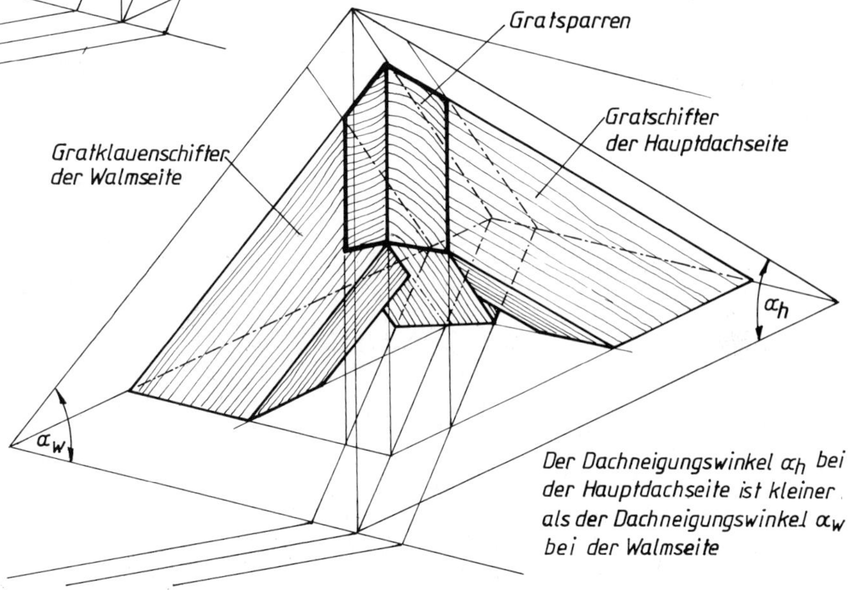

Der Dachneigungswinkel α_h bei der Hauptdachseite ist kleiner als der Dachneigungswinkel α_w bei der Walmseite

Beim ungleich geneigten Walmdach gibt es stets steile und weniger steile Dachseiten. In der Regel ist die Walmseite beim ungleich geneigten Walmdach steiler als die zugehörigen Hauptdachseiten und dem Gespärre dieser ungleich geneigten Walmdachseiten werden für gewöhnlich gleiche Kantholzhöhen zugeordnet.

Nach der gleichmäßig bestimmten Gespärrehöhe in der steilen Walmseite und zugleich weniger steilen Hauptdachseite, stellt sich beim gewöhnlichen Gratschifter der Walmseite eine größere Senkelschmiege heraus wie beim gewöhnlichen Gratschifter der Hauptdachseite. Legt man demnach die Gratsparrenhöhe für die größere Senkelschmiege des Gratschifters zur Walmseite fest, bleibt gegenüber an der Hauptdachseite des Gratsparrens ein freies Holz zwischen Unterseite „Gratschifter" und Unterseite „Gratsparren" stehen.

Dieses Holz kann am Gratsparren durch die Gratklauenschifter eingespart werden, da ein Gratklauenschifter mit einer ausgearbeiteten Backenschmiegfläche an die äußere Seite und

19.12.1 Austragen der Gratklauenschifter mit Hilfe des Gratprofils

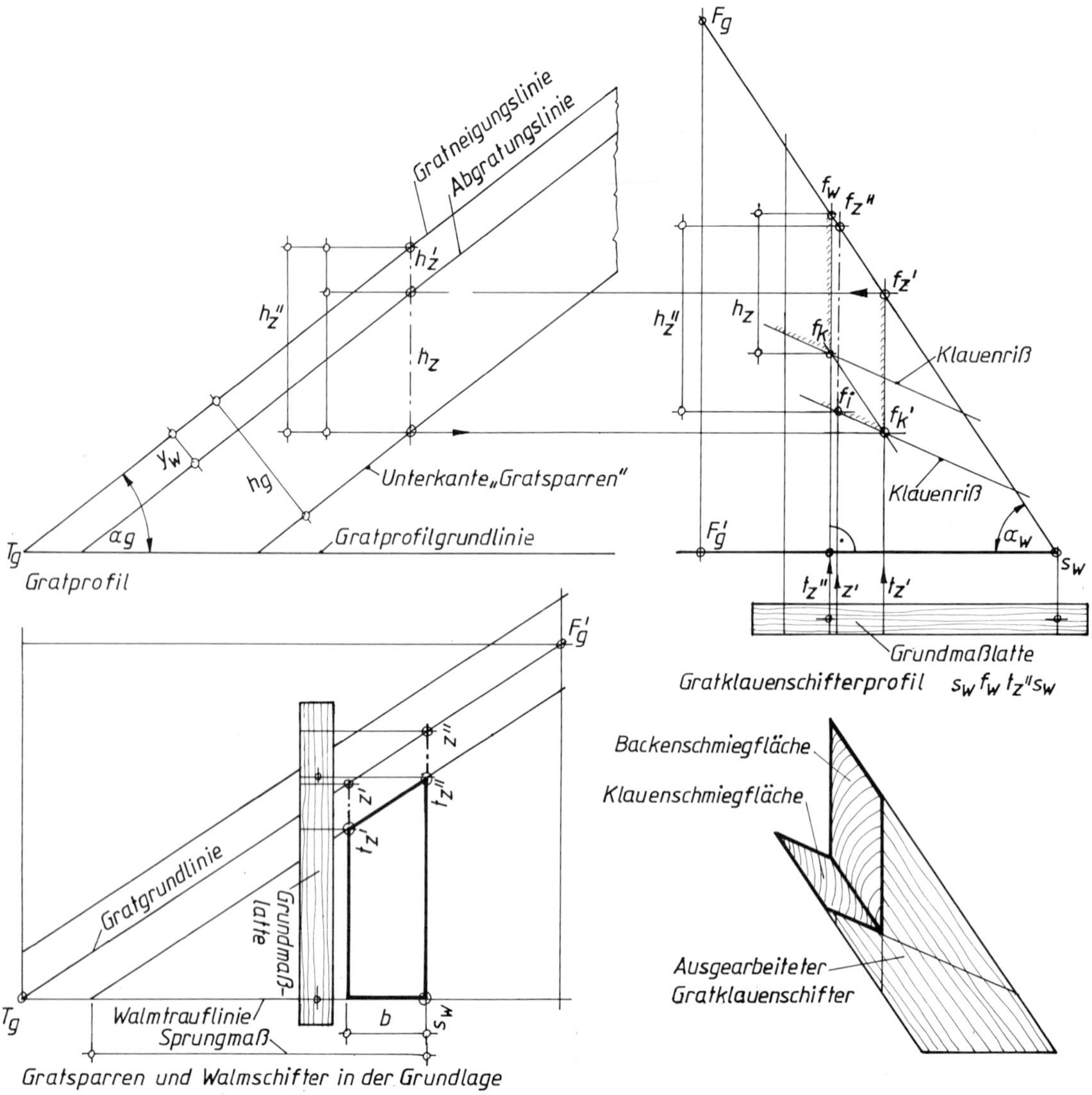

zugleich mit einer ausgearbeiteten Klauenschmiegfläche von unten her an den Gratsparren angeschlossen wird.

Zur Abstützung der Gratsparrenpaare des Walmdaches werden die Gratklauenschifter auch in die einzelnen Dachseiten eingebaut. Die Gratklauenschifter, welche den Gratsparren abzustützen haben, sind außer auf Biegung, stark durch Längskräfte beansprucht. An den Fußpunkten der Gratklauenschifter treten Druckkräfte auf, die durch besonders angeschnittene Hirnschnittflächen in ein Widerlager eingeleitet werden müssen. Der abgestützte Gratsparren ist auf den Gratklauenschiftern, außer auf Biegung, stark auf Zug in Richtung des Gratanfallpunktes beansprucht, so daß er unten am Fußgelenk mit entsprechender Verankerung durch Verankerungsbolzen und Dübel dauerhaft gehalten werden muß.

Um den Gratklauenschifter nach einer von drei möglichen Austragungsmethoden auf einer Reißplatte (auf dem Reißbrett oder Reißboden) austragen zu können, muß er in der Gespärrelage des Walmdaches bereits aufgerissen sein. Wenn der Gratklauenschifter in der Walmgespärrelage seine Grundlage hat, überträgt man für die Austragung seine Grundlänge $s_w tz''$ und die einzelnen Schnittpunkte $t_z{}'z'$ und z'' auf eine Grundmaßlatte.

Das Senkelmaß muß man festlegen, um bei der Neigungslinie s_wf_w des Gratklauenprofils die Schnittpunkte f_z' und f_k' bestimmen zu können und das Senkelmaß h_z'' ist für die Festlegung des Schnittpunktes f_i maßgebend. Nach den Schnittpunkten f_k' und f_i muß dann der eine schräge Klauenriß und parallel zu diesem über den Schnittpunkt f_k der zweite schräge Klauenriß aufgetragen werden. Damit wäre die Austragung des Gratklauenschifters mit Hilfe der Grundmaßlatte und aufgetragenen Gratsparrenlinien ausgeführt.

Wählt man die Austragung des betreffenden Gratklauenschifters mit Hilfe des schon im Gratprofil ausgetragenen Gratsparrens muß man das zugehörige Gratklauenprofil $s_wf_wt_z$''s_w gleich daneben aufreißen.

Im Gratprofil werden im Senkel zwischen der Gratneigungs- und Abgratungslinie sowie zwischen der Abgratungslinie und Unterkante „Gratsparren'' die zwei Senkelmaße h_z und h_z' und zugleich auch h_z'' festgelegt.

19.12.2 Austragung des Gratklauenschifters nach dem Aufriß des Gratsparrens und des zugeordneten Gratklauenschifters im Grundriß

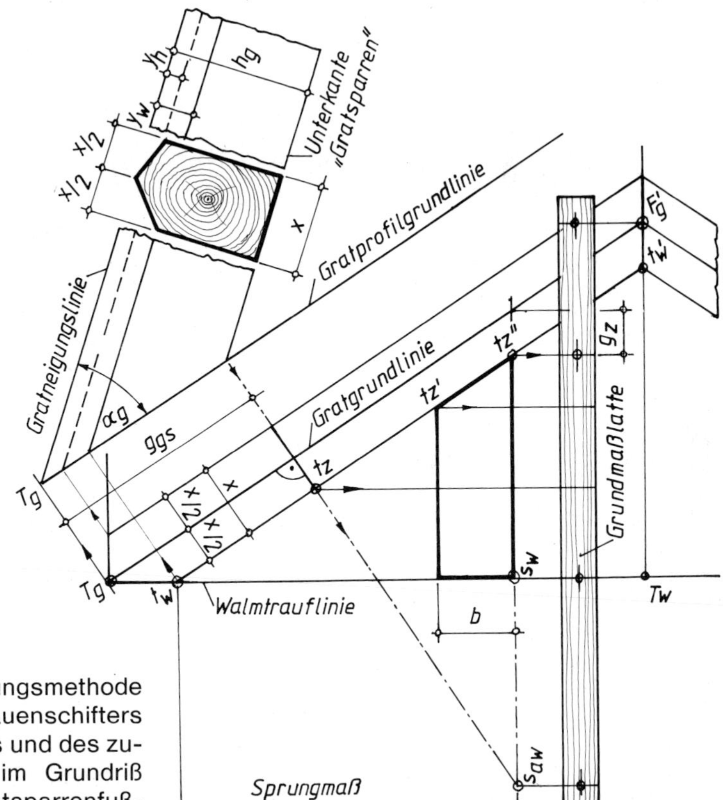

Bei einer ganz anderen Austragungsmethode wird zur Austragung des Gratklauenschifters nach dem Aufriß des Gratsparrens und des zugeordneten Gratklauenschifters im Grundriß nach dem Grundmaß g_{gs} der Gratsparrenfuß-

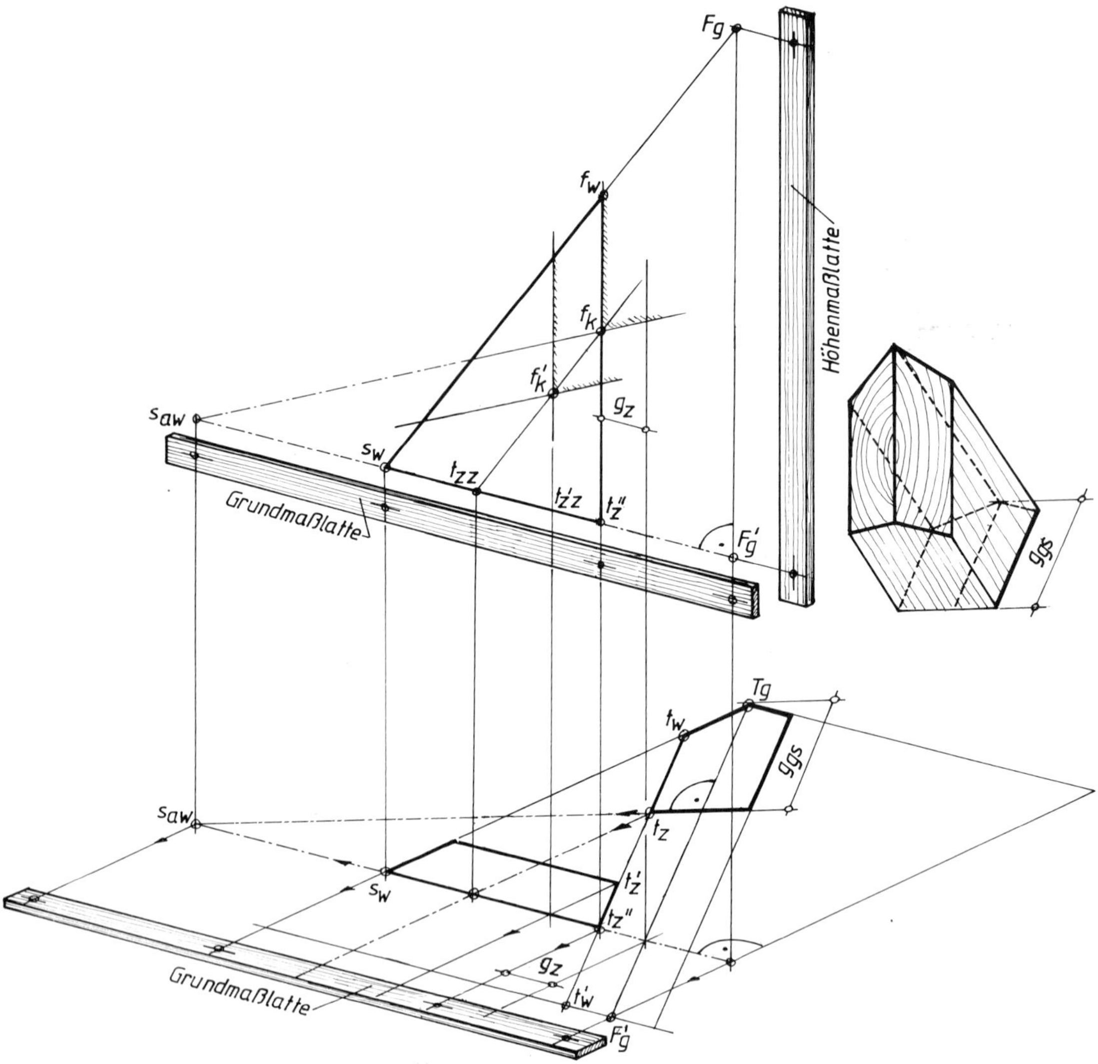

schmiege auf der Walmseite $t_w t_w'$ des Gratsparrens der Schnittpunkt t_z und weiter durch eine verlängerte Projektionslinie auf der verlängerten Gratschiftergrundlinie der Schnittpunkt s_{aw} festgelegt.

Die einzelnen Schnittpunkte s_{aw} s_w, t_z, t_z' t_z'' und den Grundverstich g_z überträgt man auf die Grundmaßlatte. Das Walmgrundmaß $T_w F'g$ wird für den Aufriß des betreffenden Walmprofils auch auf die Grundmaßlatte übertragen.

Das Walmprofil $s_w F_g F'_g s_w$ benötigt man zur Austragung des Gratklauenschifters und mit Hilfe der Grund- und Höhenmaßlatte muß man es aufreißen.

Wenn man das Walmprofil $s_w F_g F'_g s_w$ aufgerissen hat, wird die Profilgrundlinie $F_g' s_w$ nach außen geradlinig verlängert und in diese verlängerte Profilgrundlinie hinein der Schnittpunkt s_{aw} festgelegt.

Die Schnittpunkte t_z'' und $t_z'{}_z$ winkelt man nach oben über die Walmprofilneigungslinie hinaus.

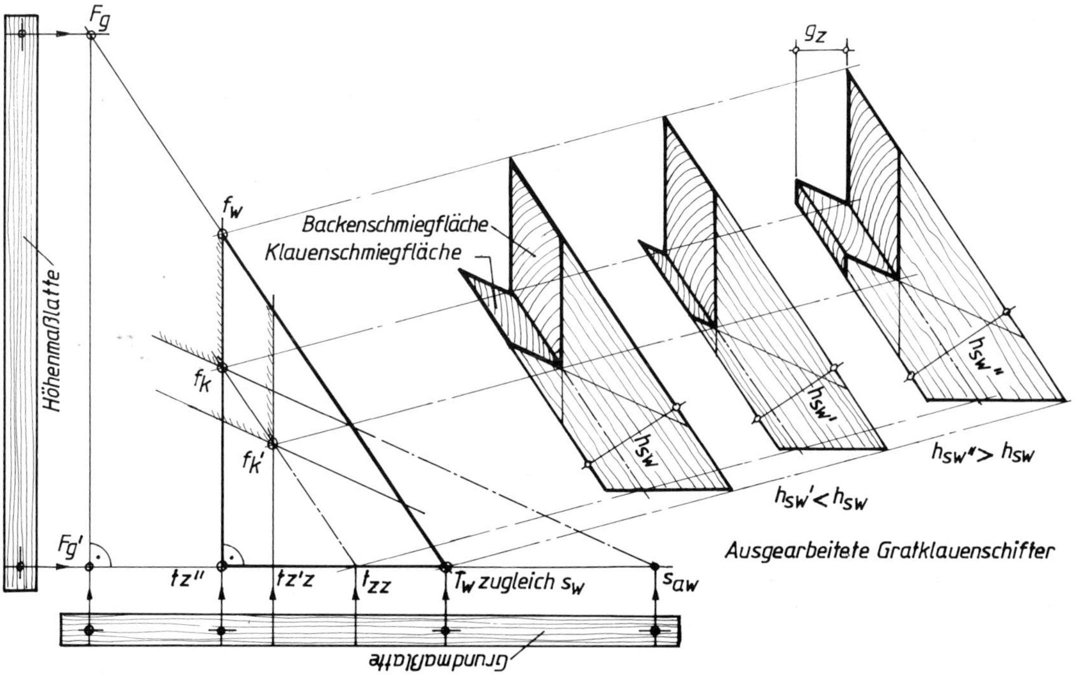

Walmprofil T_wF_g $F_g'T_w$ mit dem Gratklauenschifterprofil s_wf_w $t_z''z$ s_w

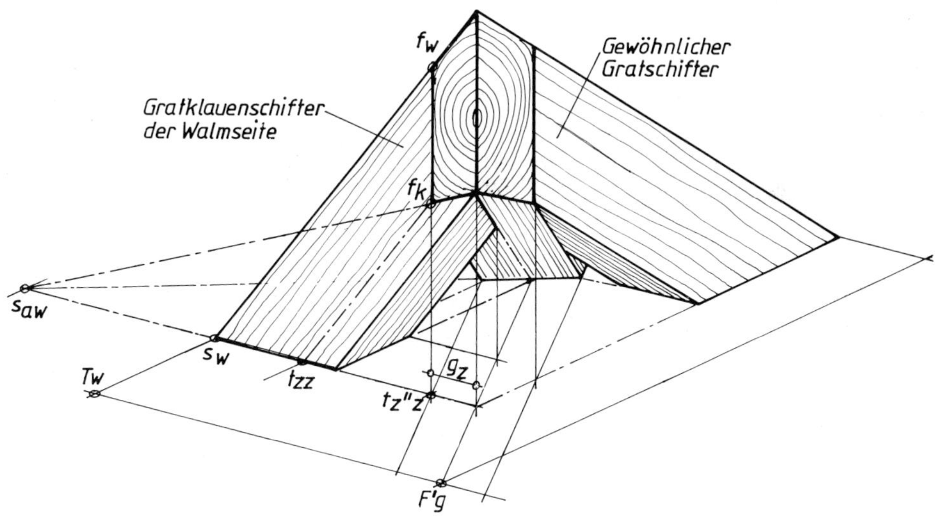

Der aus dem Schnittpunkt t_z'' hochgewinkelte Riß bestimmt den Schnittpunkt f_w, so daß das Gratklauenschifterprofil mit der Gratklauenschifterlänge s_wf_w festliegt.

Aus dem Schnittpunkt t_{zz} muß man nach oben eine Parallele zur Neigungslinie s_wf_w verstreichen und diese Vollinie mit den hochgewinkelten Vollinien zum Schnitt bringen, d. h. die Schnittpunkte f_k und f_k' bestimmen. Durch die Festlegung der Schnittpunkte f_k und s_{aw} kann der obere Klauenriß aufgetragen werden. Der untere schräge Klauenriß wird parallel zum oberen über den Schnittpunkt f_k' aufgerissen und damit wäre der Gratklauenschifter vollständig ausgetragen.

19.13 Kehlklauenschifter – Austragen und Anreißen

19.13.1 Austragung des Kehlklauenschifters nach bestimmten Höhenpunkten

Der Kehlklauenschifter ist ein besonders geformtes Dachtragwerkholz mit dem Verlauf von der Kehllinie bis in die Firstlinie. Der Kehlklauenschifter lagert mit der Kehlklauenfläche auf der ebenen Oberseite des Kehlsparrens und schmiegt sich zugleich mit der Backenschmiegfläche seitlich an den Kehlsparren an. Demnach bilden Kehlklauenschifter mit ihrer Oberseite die Kehle über der Oberseite des Kehlsparrens und außerdem die Gespärreoberseite bis in die Firstlinie hinein.

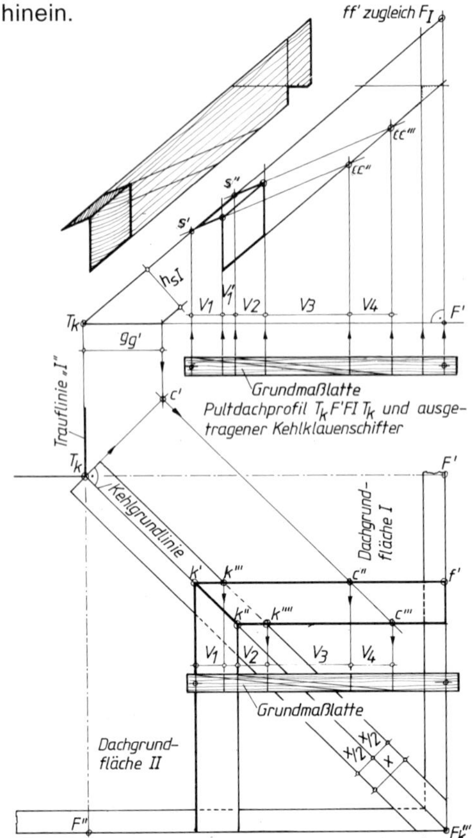

Pultdachprofil $T_k F' FI\ T_k$ und ausgetragener Kehlklauenschifter

Grundriß der Pultdachseiten I und II mit der Grundlage des Kehlsparrens und der Kehlklauenschifter

nach der betreffenden Dachgrundfläche (z. B. Dachgrundfläche I) zu auftragen. Aus diesem Winkelriß wird dann das Grundmaß g_g' der Sparrenfußschmiege des zur betreffenden Dachseite (z. B. Dachseite I) gehörenden Gespärres zum Schnitt gebracht, so daß der Schnittpunkt c' anfällt.

Um die schräg verlaufenden Klauenrisse des Kehlklauenschifters bei der Austragung auf der Reißplatte nach bestimmten Höhepunkten festlegen zu können, muß man im Grundriß des betreffenden Daches aus dem Traufeneckpunkt T_k einen Winkelriß zur Kehlgrundlinie

Aus dem Schnittpunkt c' bis über die Grundlage des betreffenden Kehlklauenschifters hinaus muß dann eine Vollinie parallel zur Kehlgrundlinie verstrichen werden, die zunächst den Schnittpunkt c'' und weiter den Schnittpunkt c''' festlegt. Diese zwei Schnittpunkte c'' und c''' sind aus dem Schnittpunkt k'''' heraus für die Grundverstichmaße V_3 und V_4 maßgebend und werden deshalb auch auf die Grundmaßlatte übertragen.

Wenn der Kehlklauenschifter im Grundriß des bestimmten Daches seine Grundlage hat, überträgt man für die Austragung seine Grundlänge (z. B. k'f') und die einzelnen zugehörigen Verstichmaße (z. B. V_1, V_2, V_3 und V_4) auf eine Grundmaßlatte.

risse maßgebend. Man bestimmt nach den Verstichmaßen V_3 und V_4 auf dem Riß von Unterkante „Kehlklauenschifter" die Höhenmaßpunkte cc'' und cc'''. Der eine schräge Klauenriß wird dann nach den Schnittpunkten cc''s' und der zweite schräge Klauenriß nach den Schnittpunkten cc'''s'' aufgetragen. Die Senkelrisse der Backenschmiegen reißt man nach den Verstichen V_1, V_1' und V_2 an und die Firstkerve des Kehlklauenschifters nach dem Brei-

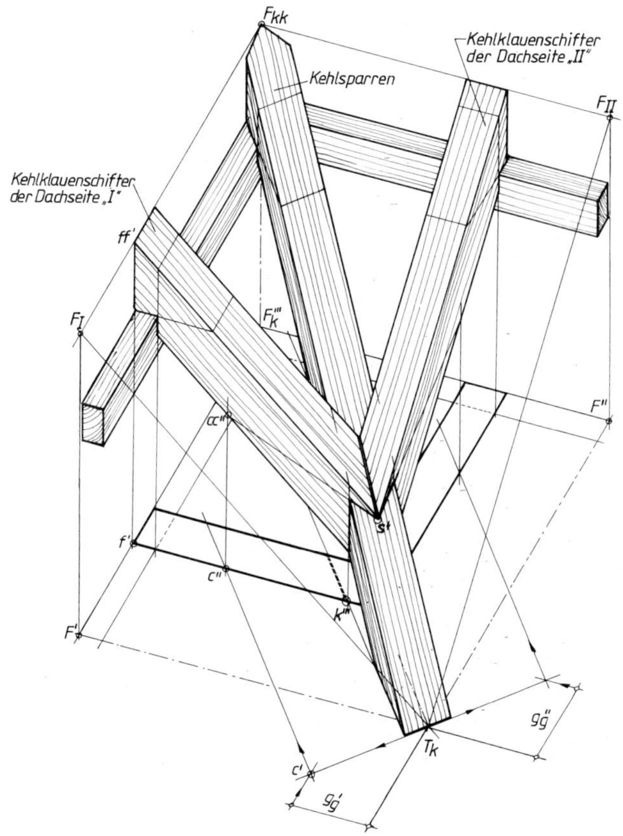

Die Austragung des Kehlklauenschifters führt man an der für die betreffende Dachseite maßgebende Profilneigungslinie (z. B. T_kF_I) mit Hilfe der Grundmaßlatte aus. Die Verstichmaße V_1, V_1' und V_2 sind für die Klaue und die Verstichmaße V_3 und V_4 für die schrägen Klauen-

tenmaß und der Höhe von Oberkante „Firstpfette". Die auszuarbeitende Kerve und die Kehlklauen markiert man mit kurzen schrägen Vollinien und demnach wäre die Austragung des betreffenden Kehlklauenschifters auf der Reißplatte ausgeführt.

19.14 Austragen eines schräg zur Walmtraufe liegenden Gratschifters mit Verkantung

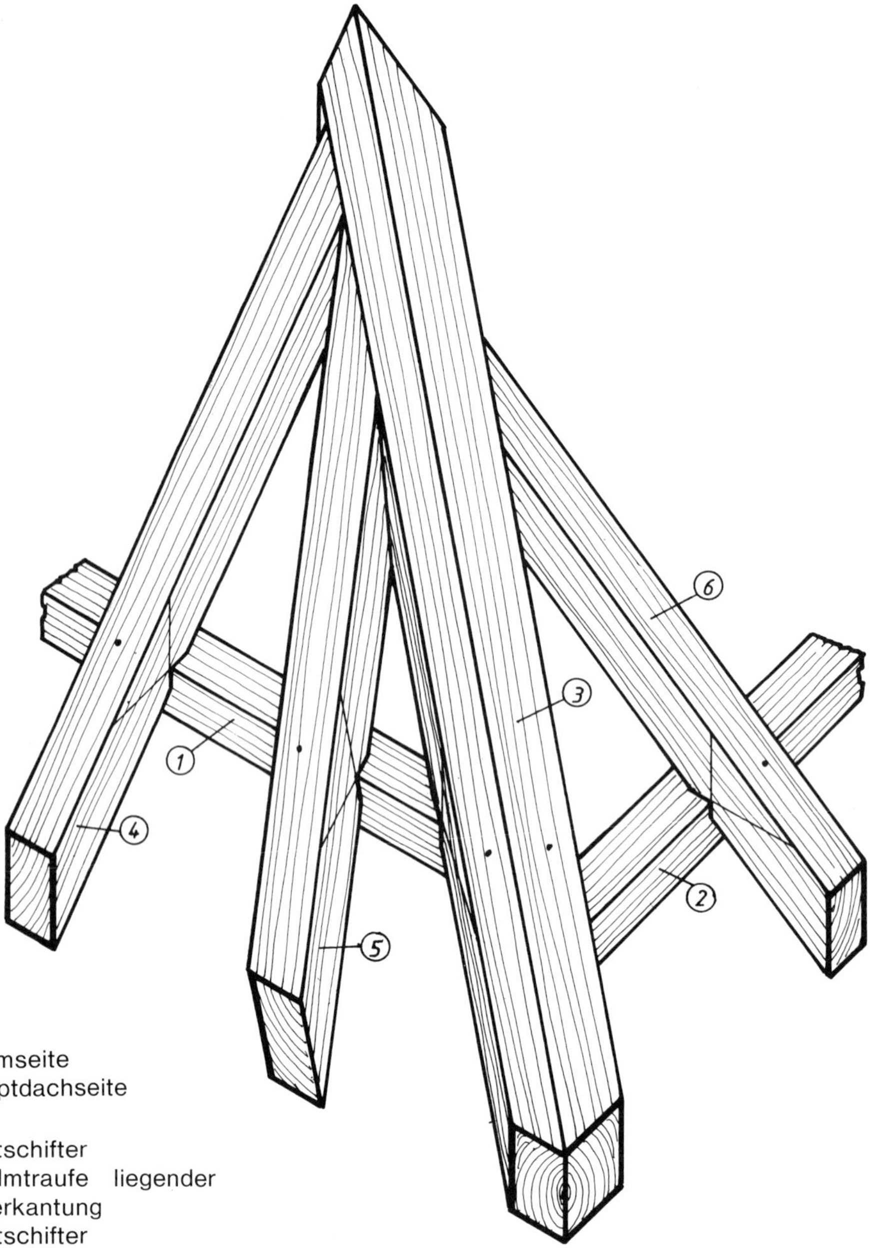

Benennungen:
1) Fußpfette der Walmseite
2) Fußpfette der Hauptdachseite
3) Gratsparren
4) Gewöhnlicher Gratschifter
5) Schräg zur Walmtraufe liegender Gratschifter mit Verkantung
6) Gewöhnlicher Gratschifter

Gratschifter werden von oben auf Biegung mit Druck beansprucht. Ein Gratschifter, der keine Auflagerung über der Fußpfette der Walmseite erhält und demnach am Kopfteil des Gratsparrens, winkelrecht zur Walmtraufe liegend, nur mit zwei bis vier Nägeln befestigt wird, kann dem ständigen Druck von oben nicht standhalten.

Gratschifter, die dagegen beim Kopfteil des Gratsparrens schräg zur Walmtraufe liegend der Walmseite zugeordnet werden, lagern auf der Fußpfette auf und können außerdem mit dem Gegenstück zum Schifterkopfteil schon druckausgleichender seitlich an den Gratsparren angeschlossen werden.

19.14.1 Aufriß der schräg zur Walmtraufe liegenden Gratschifterkante
19.14.2 Aufriß der rechtwinklig zur Walmtraufe liegenden Leitschifterkante
19.14.3 Aufriß des Walmprofils
19.14.4 Aufriß des Leitschifters
19.14.5 Aufriß des Flächenprofils
19.14.6 Aufriß des schräg zur Walmtraufe liegenden Gratschifters

Die Vorbedingungen zum Austragen eines schräg zum Walmtraufe liegenden Gratschifters mit Verkantung sind:

1. Aufriß der schräg zur Walmtraufe liegenden Gratschifterkante $T_{W'}F'$ in die Walmgrundfläche
2. Aufriß der rechtwinklig zur Walmtraufe liegenden sogenannten Leitschifterkante $T_W F'$ in die Walmgrundfläche
3. Aufriß des Walmprofils $T_W F' f\, T_W$
4. Aufriß des Leitschifters an der Walmprofilneigungslinie $T_W f$
5. Aufriß des Flächenprofils $T_W T_{W'} f''$
6. Aufriß des schräg zur Walmtraufe liegenden Gratschifters an der Flächenprofillinie $T_{W'} f''$
7. Aufriß der Vollinie $t_W f''$ des Walmflächenprofils $T_W t_W f'' T_W$

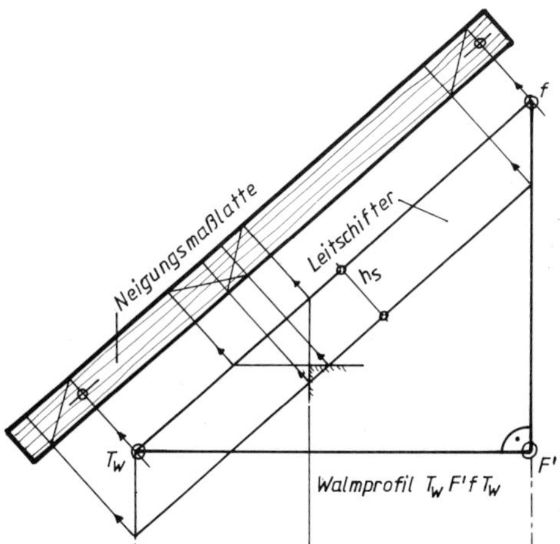

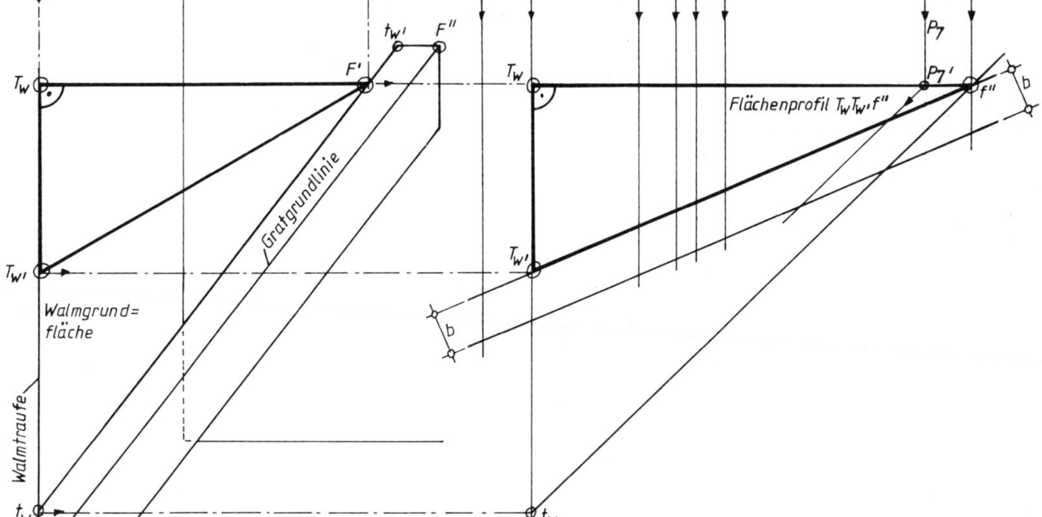

Die Austragung des schräg zur Walmtraufe liegenden Gratschifters mit Verkantung wird auf der Reißplatte mit Hilfe der Neigungsmaßlatte des Leitschifters ausgeführt.

Wenn das Flächenprofil des schräg zur Walmtraufe liegenden Gratschifters und zugleich legten Neigungsmaßlatte werden dann die einzelnen Risse der Neigungsverstichmaße rechtwinklig zur Flächenprofilvollinie $T_W f''$ über die Vollinien der zwei äußeren Gratschifterkantholzseiten projiziert. Die Projektionslinie P_7 muß man aus dem Schnittpunkt $P_{7'}$ heraus in die gleiche Richtung wie die Walmflächenpro-

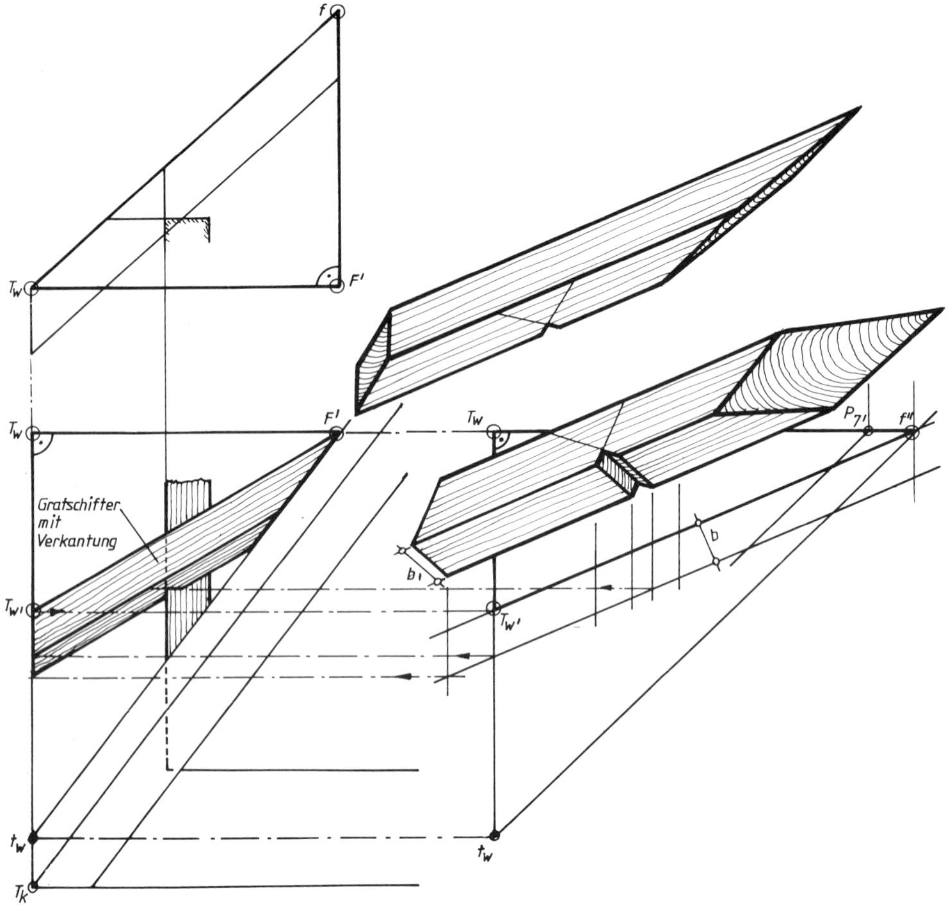

auch das zugehörige Walmflächenprofil aufgetragen ist, muß man nach dem Breitenmaß b des betreffenden Gratschifterkantholzes neben der Flächenprofillinie bzw. ersten Gratschifterkantholzseite die zweite Kantholzseite des Gratschifters auftragen. Nach der gutgefillinie $f''t_W$ festlegen und demnach wäre die Austragung des schräg zur Walmtraufe liegenden Gratschifters mit Verkantung ausgeführt. Ein schräg zur Hauptdachtraufe liegender Gratschifter mit Verkantung wird auf der Reißplatte nach derselben Methode ausgetragen.

19.15 Austragen eines schräg zur Walmtraufe liegenden Gratschifters ohne Verkantung

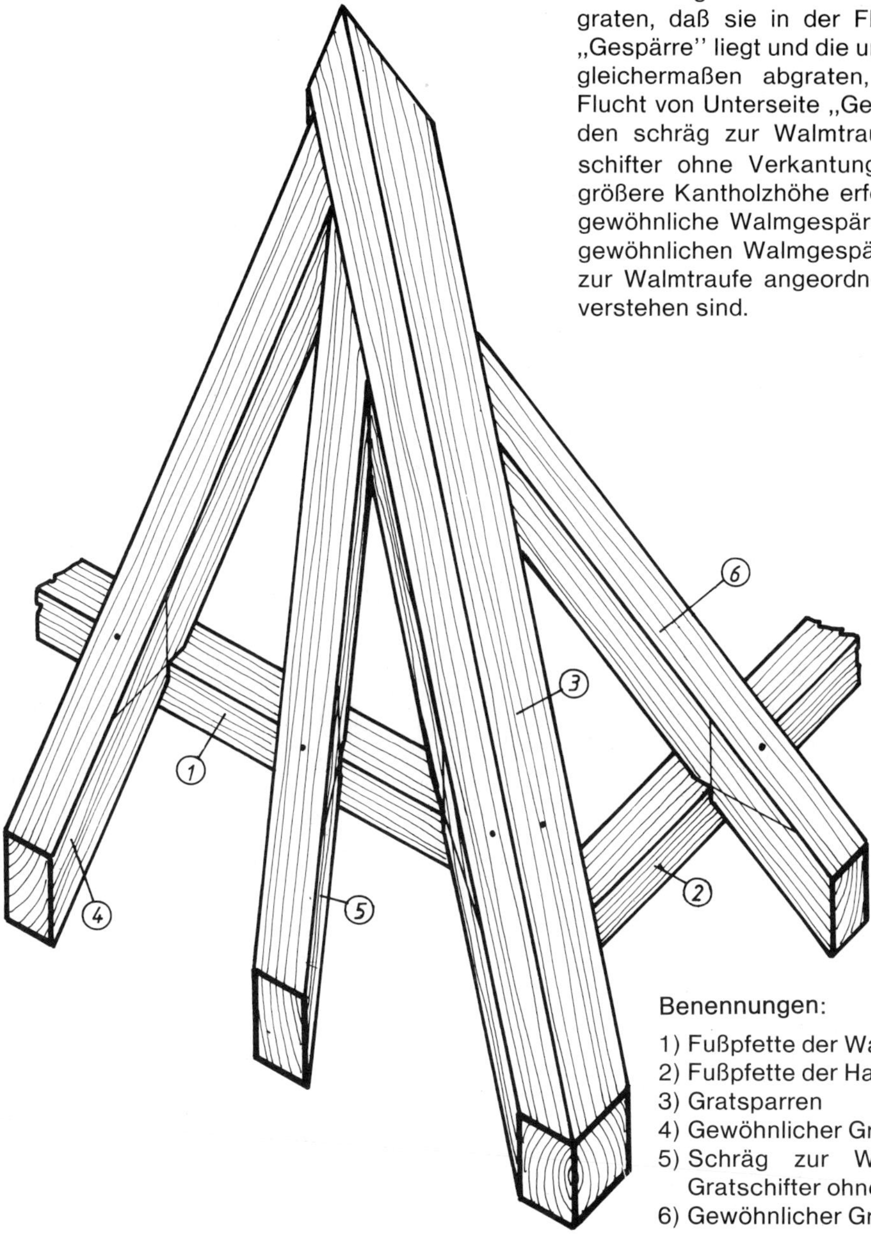

Verkantung die obere Kantholzfläche so abgraten, daß sie in der Flucht von Oberseite „Gespärre" liegt und die untere Kantholzfläche gleichermaßen abgraten, damit sie in der Flucht von Unterseite „Gespärre" verläuft. Für den schräg zur Walmtraufe liegenden Gratschifter ohne Verkantung ist demnach eine größere Kantholzhöhe erforderlich als für das gewöhnliche Walmgespärre, wobei unter dem gewöhnlichen Walmgespärre alle rechtwinklig zur Walmtraufe angeordneten Gratschifter zu verstehen sind.

Benennungen:

1) Fußpfette der Walmseite
2) Fußpfette der Hauptdachseite
3) Gratsparren
4) Gewöhnlicher Gratschifter
5) Schräg zur Walmtraufe liegender Gratschifter ohne Verkantung
6) Gewöhnlicher Gratschifter

Während beim schräg zur Walmtraufe liegenden Gratschifter mit Verkantung die obere und untere Kantholzfläche mit der oberen und unteren Fläche des gewöhnlichen Walmgespärres flüchtig liegt, muß man beim schräg zur Walmtraufe liegenden Gratschifter ohne

Bei der Austragung des schräg zur Walmtraufe liegenden Gratschifters ohne Verkantung werden zunächst in der Walmgrundfläche, entsprechend dem Breitenmaß b des betreffenden Gratschifterkantholzes, die zwei Seitenkanten $T_{W'}F'$ und $T_{W''g}$ festgelegt.

19.15.1 Aufriß des schräg zur Walmtraufe liegenden Gratschifters in den Grundriß hinein

19.15.2 Aufriß des Gratschifterprofils

19.15.3 Austragung des schräg zur Walmtraufe liegenden Gratschifters ohne Verkantung

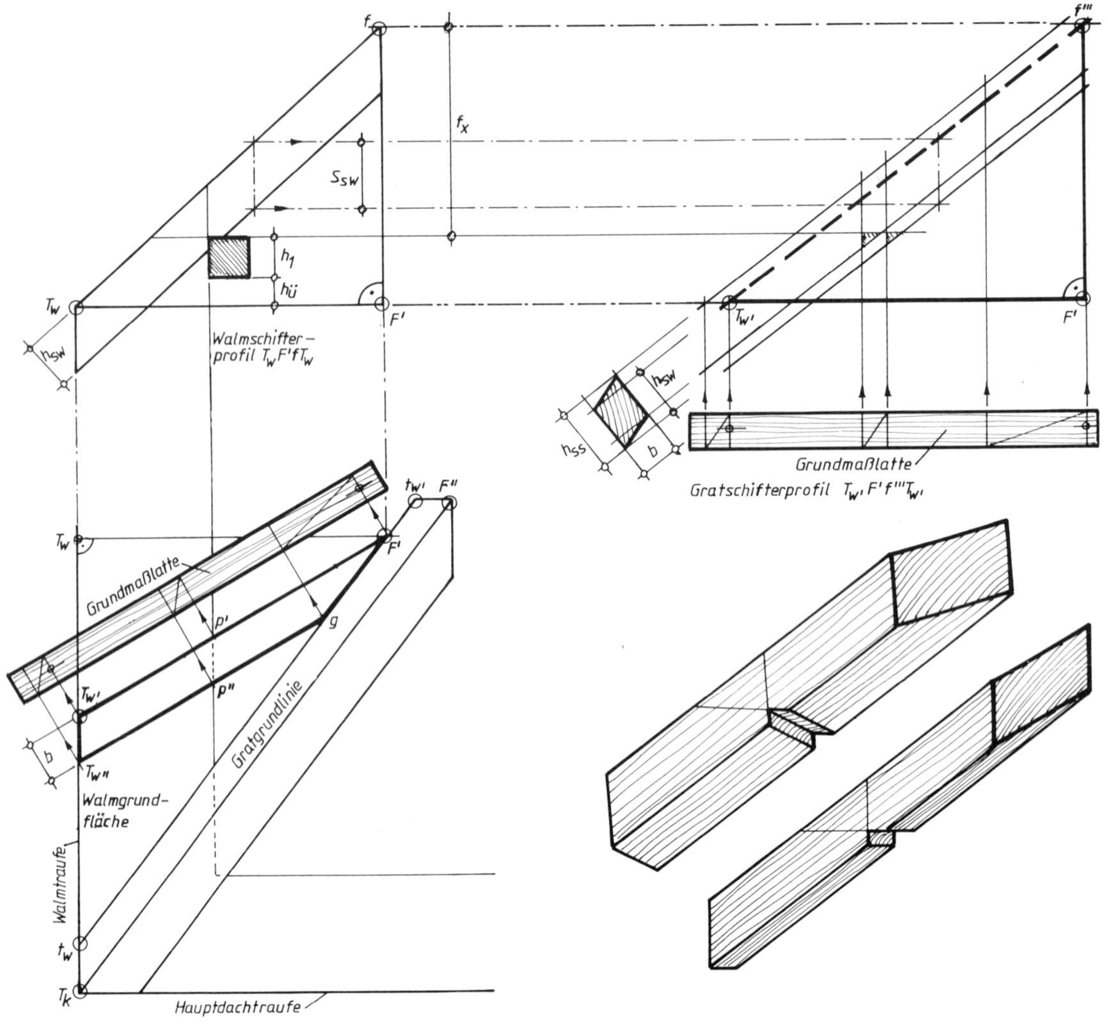

Anschließend werden die einzelnen Schnittpunkte $T_{W'}$, p', F', $T_{W''}$ $_{p''}$ und g winkelgerecht zur schräg liegenden Gratschifterkante $T_{W'}F'$ auf die Grundmaßlatte übertragen.

In den Schnittpunkt F' wird eine Winkelrechte zur betreffenden Walmtrauflinie angelegt, so daß das Grundmaß T_WF' anfällt, welches man für den Aufriß des Walmschifterprofils $T_WF'f\ T_W$ braucht. An der Walmprofilneigungslinie T_Wf muß dann zur Ermittlung der Höhenmaße $h_ü$, h_1, f_x und S_{SW} die Seite eines gewöhnlichen Gratschifters und die Querschnittfläche der Fußpfette mit Vollinien aufgetragen werden.

Mit den Höhenmaßen $h_ü$ h_1, f_x und S_{sw} und mit Hilfe der Grundmaßlatte wird das Gratschifterprofil $T_{W'}F'f'''T_W$ aufgetragen und an der Neigungslinie $T_{W'}f'''$ des Gratschifterprofils muß man dann die Austragung des schräg zur Walmtraufe liegenden Gratschifters ohne Verkantung ausführen.

19.16 Der schräge Flugsparren

19.16.1 Dachprofil mit gewöhnlichen Sparren

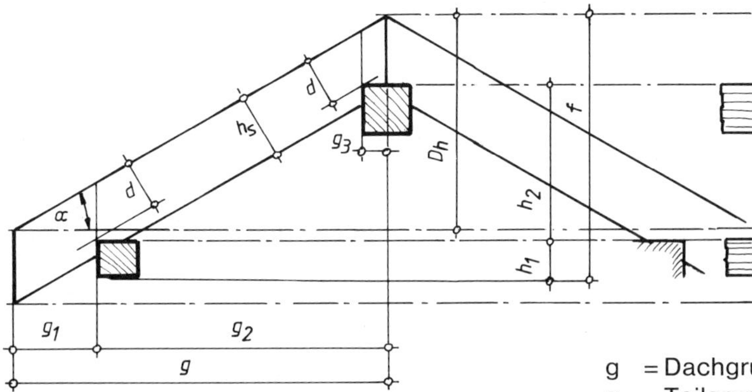

Dachprofil mit gewöhnlichem Sparren

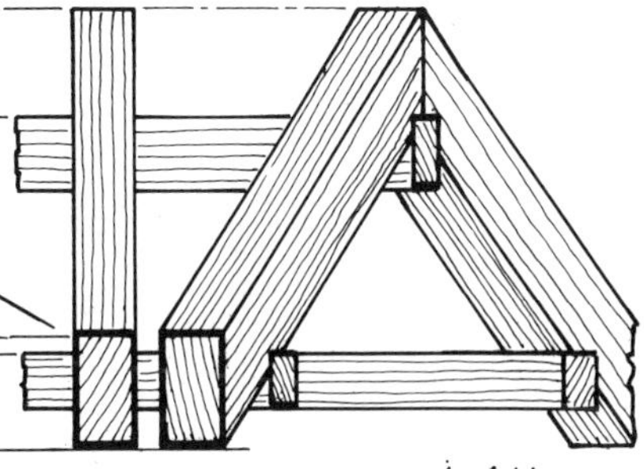

g = Dachgrundmaß
g_1 = Teilgrundmaß
g_2 = Teilgrundmaß
g_3 = halbe Firstpfettenbreite
h_1 = Fußpfettenhöhe
h_2 = Senkelhöhe zwischen Oberkante „Fußpfette'' und Oberkante „Firstpfette''
h_s = Sparrenkantholzhöhe

19.16.2 Darstellung des gewöhnlichen Sparrens und des schrägen Flugsparrens

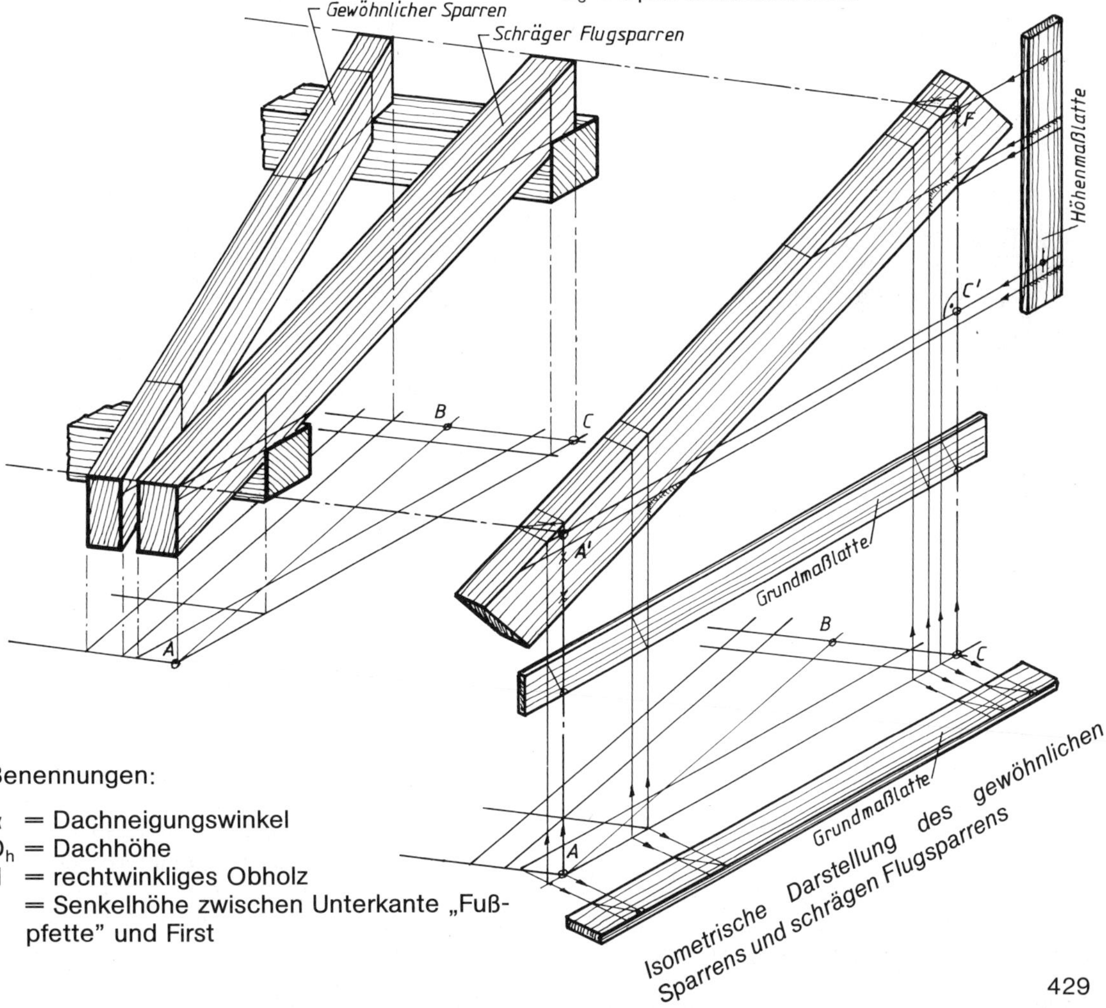

Isometrische Darstellung des gewöhnlichen Sparrens und schrägen Flugsparrens

Benennungen:

α = Dachneigungswinkel
D_h = Dachhöhe
d = rechtwinkliges Obholz
f = Senkelhöhe zwischen Unterkante „Fußpfette" und First

19.16.3 Querschnittflächen des gewöhnlichen Sparrens und des abgegrateten, schrägen Flugsparrens

Einen schrägen Flugsparren für das Pfettendach muß man in der Regel aus einem Kantholz mit rechteckigem Querschnitt b/h_s ausarbeiten.

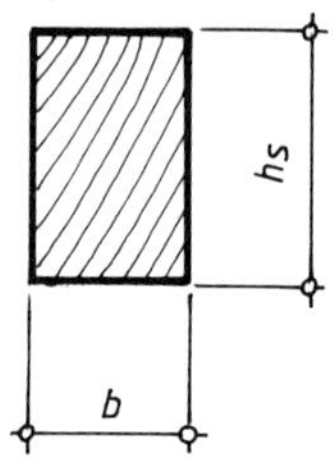

Gewöhnlicher Sparrenquerschnitt

Wenn die hohen Seiten h_s des Flugsparrens bei dem schräg zur waagrechten Traufe verlaufenden Flugsparrenkantholz in den Senkel zu stellen sind, muß die obere Seite b des Kantholzes für die ebene Fläche der betreffenden Dachseite einseitig abgegratet werden.

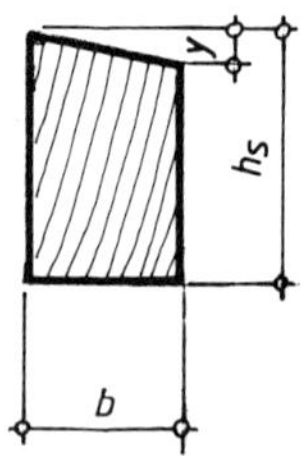

Oben abgegrateter Sparrenquerschnitt

Aus der unteren Seite b des Flugsparrenkantholzes wird auch nach dem rechtwinkligen Abgratungsmaß y eine schräge Seite b bestimmt, so daß mit den beiden Höhenmaßen h_s und y' ein größeres Höhenmaß, nämlich h_s' anfällt.

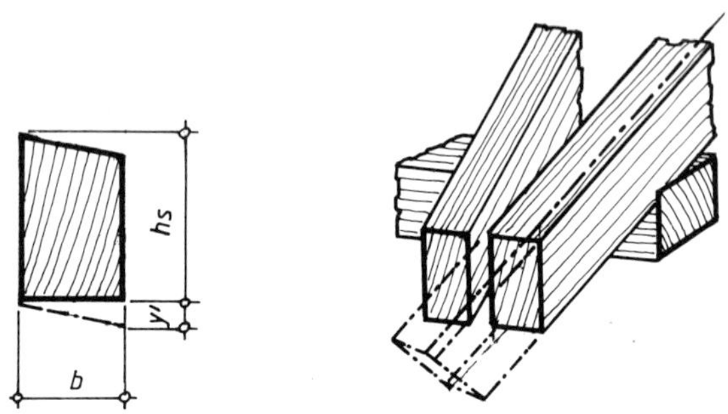

Oben und unten abgegrateter Sparrenquerschnitt

Die gewöhnliche Sparrenquerschnittshöhe h_s ist für eine ober- und unterseitige Abgratung zu niedrig. Man benötigt die Kantholzhöhe h_s'.

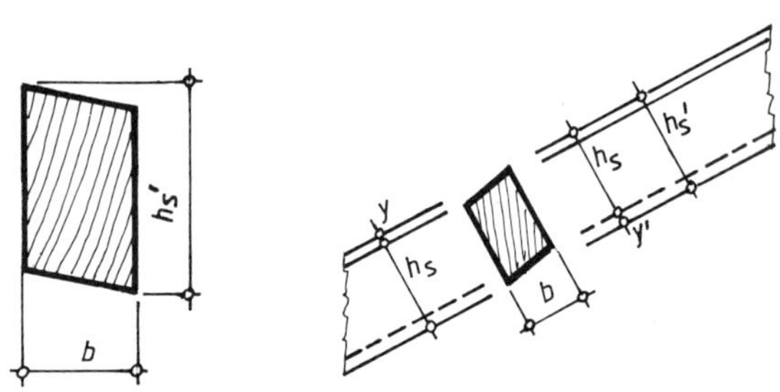

19.17 Austragen und Anreißen des schrägen Flugsparrens

Beim Austragen des schrägen Flugsparrens muß man zuerst das Dachprofil und demnach den gewöhnlichen Sparren der betreffenden Dachseite aufreißen.

Die Dachprofilgrundlinie (zum Beispiel TF_1) gilt dann zugleich auch als eine äußere Seite eines gewöhnlichen Sparrens, der rechtwinklig zur Dachtraufe verläuft. Schräg zu der Profilgrundlinie TF_1 wird anschließend der schräge Flugsparren auf seine bestimmte Grundlage festgelegt, d. h. entsprechend seiner Breite b werden die beiden Seitenkanten mit zwei Vollinien aufgerissen.

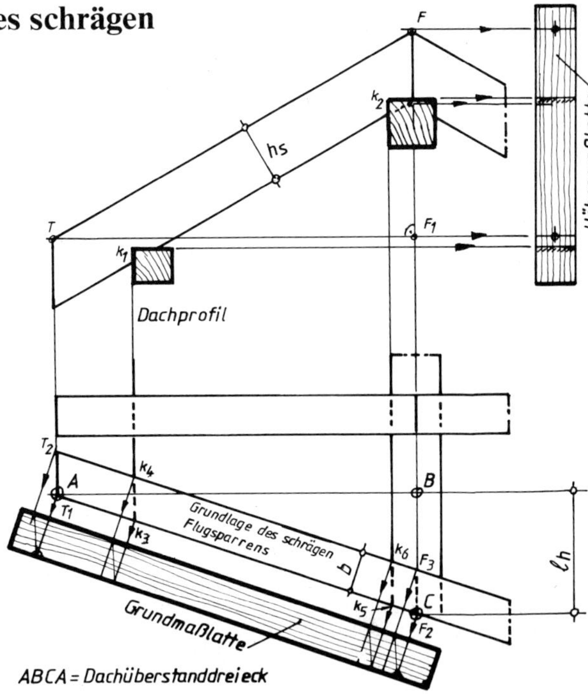

ABCA = Dachüberstanddreieck

Die Punkte T, k_1, k_2 und F der Flugsparrenaustragung müssen im rechten Winkel zur Profilgrundlinie TF_1 aus der Austragung heraus weiter über die Vollinien der im Grunde aufgetragenen Flugsparrenkanten hinaus projiziert werden. Man bestimmt dabei die Schnittpunkte T_1, T_2, k_3, k_4, k_5, k_6, F_2 und F_3. Diese Punkte überträgt man auf die Grundmaßlatte.

Die mit den einzelnen Punkten gerissene Grundmaßlatte und die am Dachprofil des gewöhnlichen Sparrens gerissene Höhenmaßlatte gelten als die eigentlichen guten Hilfsmittel zum genauen Aufreißen des Flugsparrenprofils und zum genauen Austragen des schrägen Flugsparrens.

Die Projektionslinien, welche aus den einzelnen Punkten der Grund- und Höhenmaßlatten weiter in das Flugsparrenprofil und etwas darüber hinaus verlaufen, geben Aufschluß darüber, wie man die betreffenden Flugsparrenkerven, die oberen und unteren Kanten des Flugsparrens sowie die Abschnittrisse bei den Trauf- und Firstpunkten für die vollständige Austragung festlegen muß.

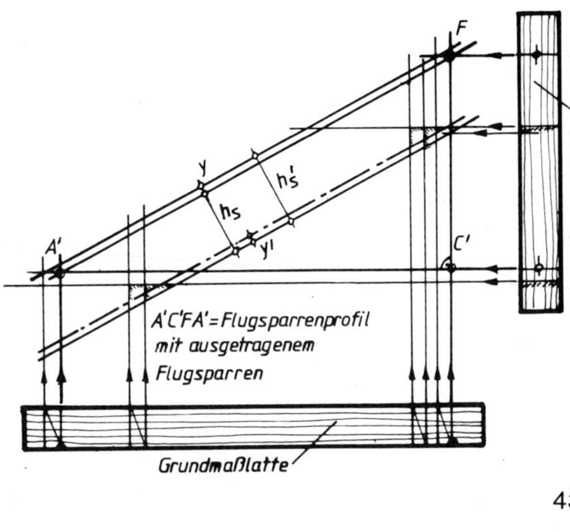

Die Ausarbeitung des gerissenen, schrägen Flugsparrens, dessen Oberseite nach außen und Unterseite nach innen abzukanten ist, führt man wie folgt aus:

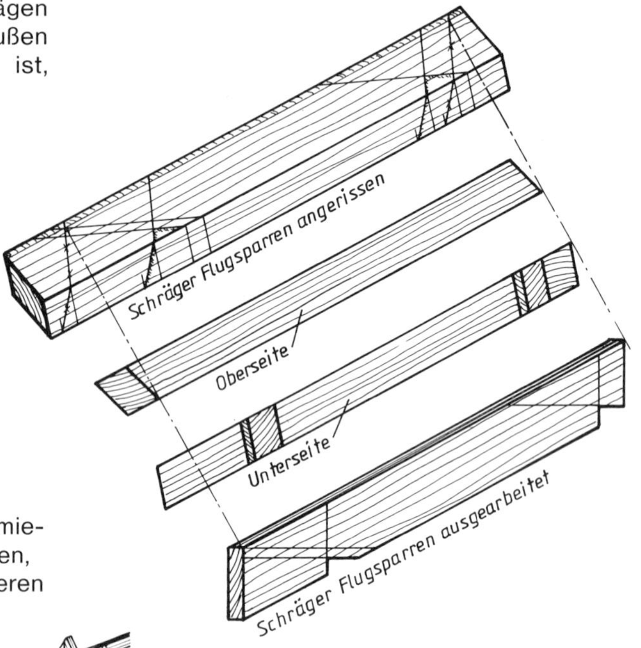

1. Kerven aussägen oder ausfräsen,
2. Abschnitte nach den Rissen der Fußschmiege und der Firstsenkelschmiege ausführen,
3. Flugsparren der Länge nach auf der oberen und dann auch unteren Seite abkanten.

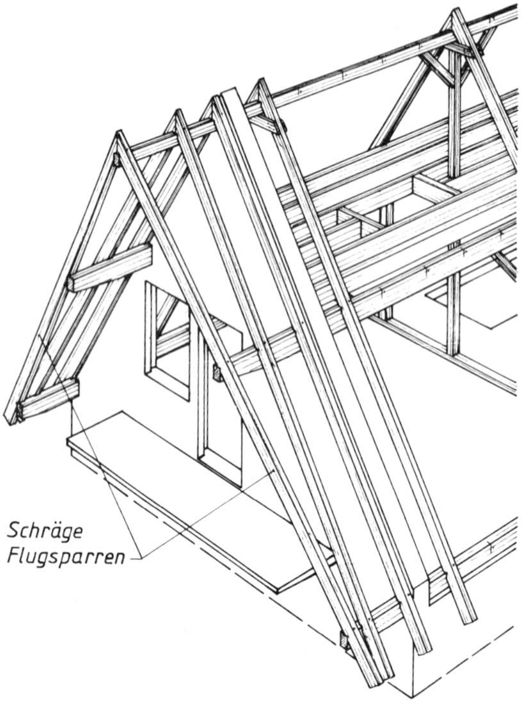

Eine andere Methode bei der Austragung des schrägen Flugsparrens ermöglicht die Verwendung der gewöhnlichen Sparrenquerschnitte b/h_s und es erfolgt keine Abgratung bei der oberen und unteren Seite b des schrägen Flugsparrens.

Der schräge Flugsparren bleibt mit seiner Ober- und Unterseite b in der Ebene des gewöhnlichen Gespärres liegen.

Da er sich aber bei seiner schrägen Grundlage aus der Richtung des gewöhnlichen Sparrens dreht, laufen die Kantholzseiten h_s nicht mehr mit der Senkelrichtung parallel.

Um nun die nach außen geneigte Seite h_s des schrägen Flugsparrens in den Senkel zu stellen, wird der Flugsparren in Richtung der Senkelebene außen abgekantet.

Das Abkantungsmaß z erhält man mit Hilfe der Werksatz- oder Reißbrettschiftung. Bei dieser Schiftmethode ist das Dachüberstanddreieck TF_1F_2, welches nach einer Bauzeichnung in der Grundlage bekannt ist, aus dem Dachprofil TF_1F, welches auch bekannt ist, in die Werksatzebene zu klappen. Für diese Ausklappung dreht man im Punkt T (T bedeutet Traufpunkt) einsetzend die Neigungslänge TF auf die schon zuvor über den Punkt F_1 hinaus verlängerte Grundlinie und bestimmt auf dieser Vollinie den Punkt F_3. Aus dem Punkt F_2 muß im rechten Winkel zur Grundlinie TF_1 eine Vollinie aufgetragen und mit der aus dem Punkt F_2 parallel zur Grundlinie TF_1 verstrichenen Vollinie zum Schnitt gebracht bzw. der Schnittpunkt F_4 bestimmt werden.

Verbindet man die Punkte T und F_4 mit einer Vollinie, so ist TF_3F_4T das umgeklappte Dreieck, bei dem sich die Verbindungslinie TF_4 als Vorderkante des schrägen Flugsparrens in wahrer Länge zeigt. Um aber das Abkantungsmaß z zu erhalten, ist nicht nur die obere vordere, sondern auch die untere vordere Sparrenkante festzulegen.

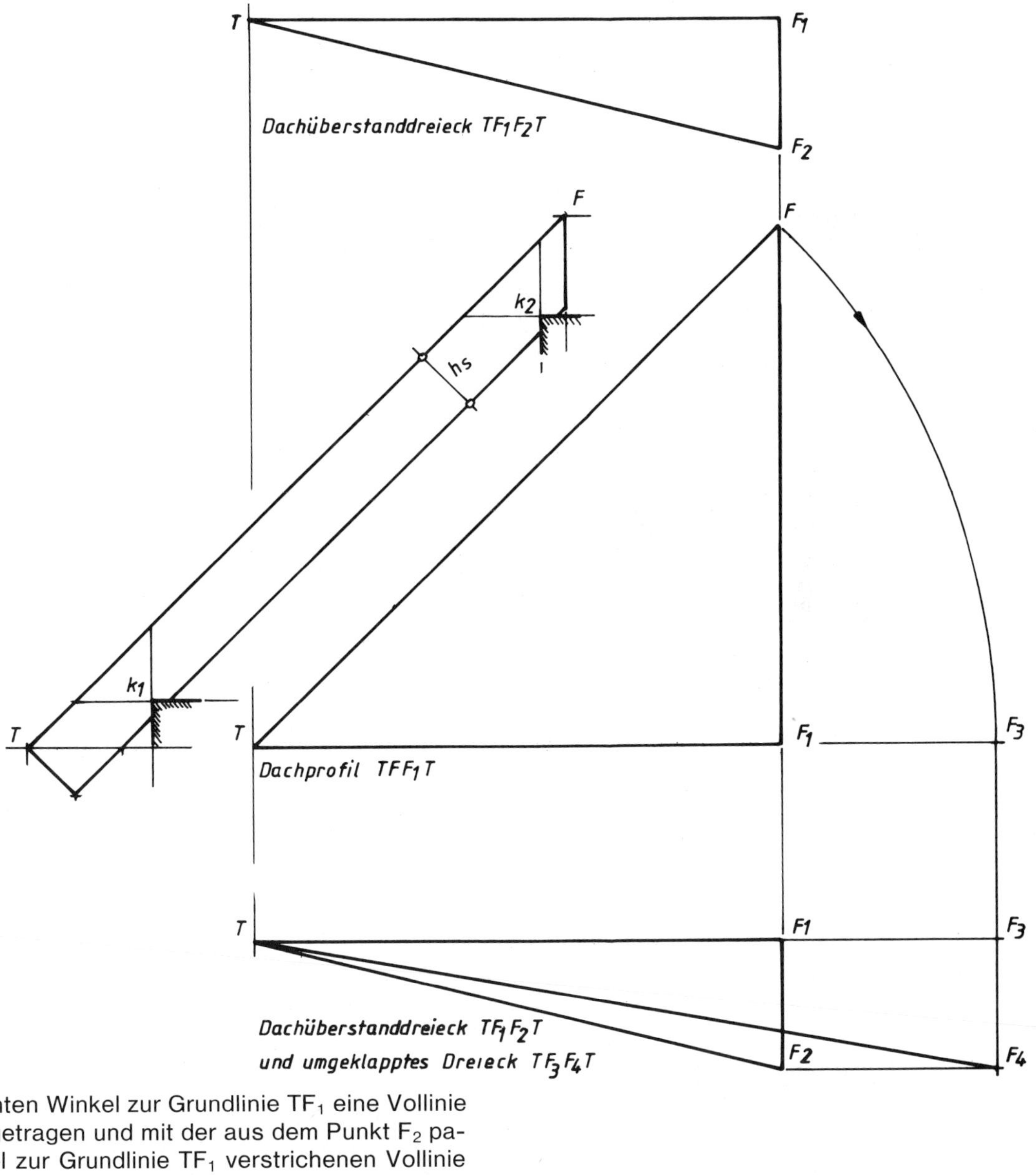

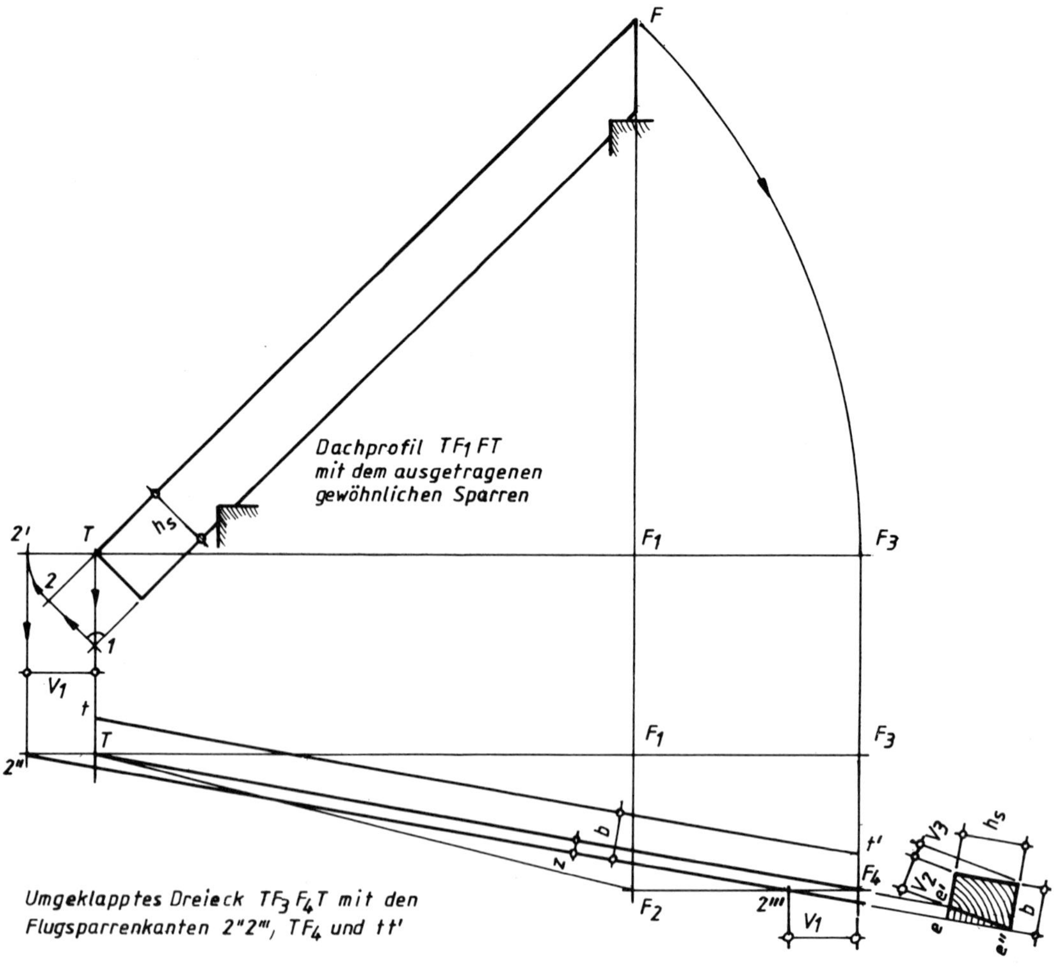

Man erhält im Dachprofil bei der aufgetragenen Sparrenseite h_s im Senkelriß aus dem Traufpunkt T im Punkt 1 einen Schnittpunkt auf Unterseite „Sparren". Der Schnittpunkt 1 ist auf Oberkante „Sparren" nach Punkt 2 zu winkeln, im Traufpunkt T einsetzend nach Punkt 2' auf die Dachprofilgrundlinie TF_1 zu drehen und dann an die Grundlinie (an den Punkt 2") des Dachüberstanddreieckes zu übertragen.

Mit dem Grundverstich V_1, der beim umgeklappten Dreieck von den Punkten T und F_4 nach links zu verstechen ist, erhält man die Punkte 2" und 2'''. Verbindet man die Punkte 2" und 2''' mit einer Vollinie, so läuft diese vordere untere Kante des schrägen Flugsparrens mit der oberen Kante TF_4 parallel. Zwischen diesen beiden Kanten ist das Abkantungsmaß z bestimmt.

An irgendeiner Stelle der Ausklappung wird winkelrecht zur Flugsparrenkante 2"2''' der Querschnitt des Flugsparrenkantholzes angerissen und man erhält in e, e', e" den abzuhobelnden dreieckigen Holzteil und zugleich die Verstiche V_2 und V_3.

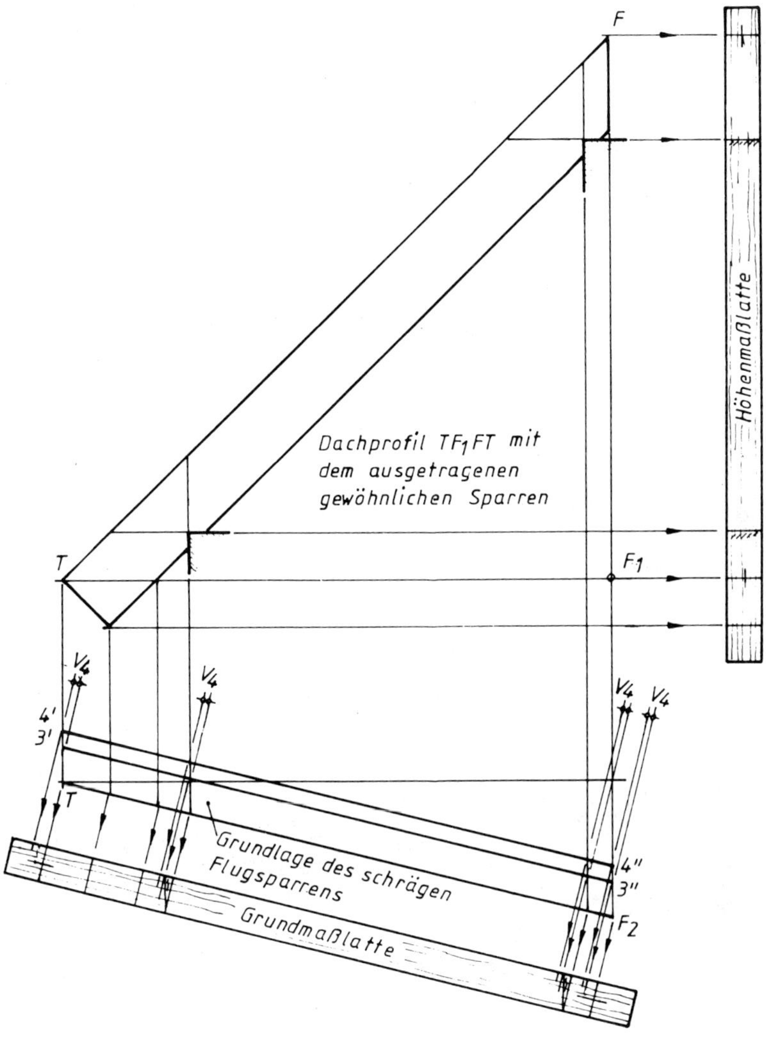

Um den schrägen Flugsparren in seinem, d. h. im Flugsparrenprofil austragen zu können, muß man seine Grundlage mit Hilfe der Verstiche V_2 und V_3 vervollständigen bzw. die Flugsparrenkanten 3'3'' und 4'4'' parallel zur äußeren Flugsparrenkante TF_2 aufreißen.

Bei der erwähnten Austragung liegt der schräge Flugsparren in der Senkelebene e'e''. Die einzelnen Kanten sowie Seiten des schrägen Flugsparrens zeigen sich ähnlich wie beim unten und oben einseitig abgegrateten, schrägen Flugsparren, nur mit dem Unterschied, daß in diesem Fall die obere Seite kleiner, die untere aber größer ist.

Sind die betreffenden Dachpfettenkanten (zum Beispiel die äußere Kante der Fußpfette und der Firstpfette) in der Grundlage des Dachüberstanddreieckes über die Kanten (Vollinien) des Flugsparrens aufgetragen, liegen einige Schnittpunkte fest und diese überträgt man auf die Grundmaßlatte des schrägen Flugsparrens.

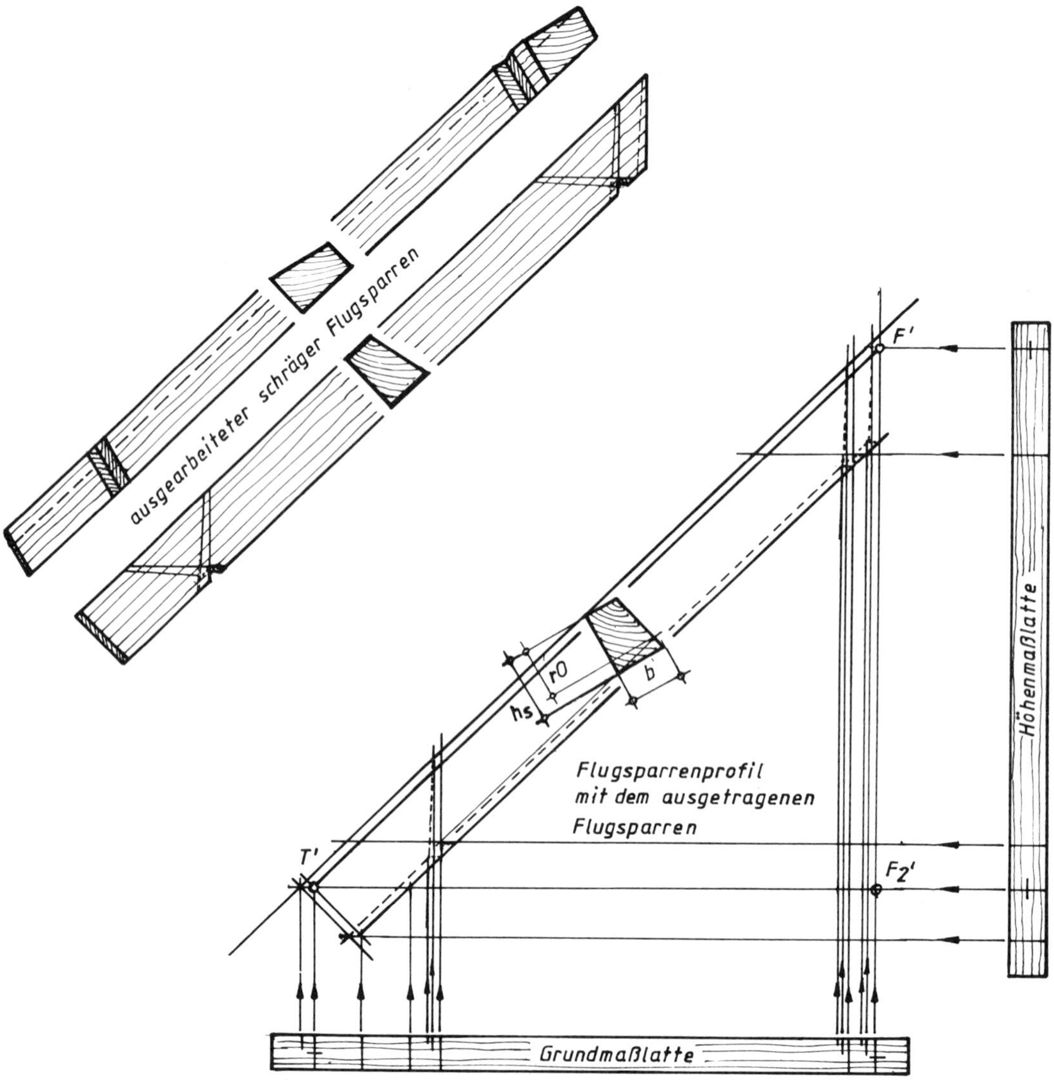

Beim Reißen der Kerven und Abschnitte ist aufgrund des verkanteten Flugsparrenholzes zu beachten, daß sich die Abschnitt- und Kervenrisse der hinteren Flugsparrenseite, die gewöhnlich in lotrechter Richtung verlaufen, aus der Senkelrichtung um den aus der schrägen Flugsparrengrundlage entnommenen Verstich V_4 verwirft. Die Waagerisse der Kerven liegen durchgehend in gleicher Höhe wie im gewöhnlichen Dachprofil.

Wie man demnach das Reißen auf dem Holz ausführt, ist in einem größeren Maßstab hier dargestellt.

An Senkelrissen sind F'5', 6'6'', 7'7'', 8'8'' sowie der Waageriß 9'9'' gegeben. Da aber die Risse F'5', 7'7'' und 9'9'' für die abgekantete Seite h_s' gelten und der schräge Flugsparren beim noch herkömmlichen, rechteckigen Holzquerschnitt b/h_s gerissen wird, müssen die Risse auf das volle Holz zurückgebracht werden.

Man reißt zuerst auf der oberen Seite b mit dem Abkantungsmaßstab z die Abkantungsbreite durch eine Vollinie an, winkelt die Punkte 6' und 8' auf die nicht abzukantende Seite e''' e'''' bis 6''' 8''' und die Punkte F', 7', 9' auf die Abkantungslinie bis an die Punkte 5'', 7''' und 9'''. Verbindet man die Punkte 6''' 5''' und zieht durch die Punkte 7''' und 9''' je eine Parallele zu 6''' 5'', so bestimmen diese Risse auf der gewöhnlich hohen Seite h_s die Punkte 10', 11' und 12', durch welche Senkel- und Waagerisse gehen. Ist richtig angerissen, so müssen die Senkelrisse 8'8'', 11'7'', 6'6'' und 12'5' miteinander parallel laufen.

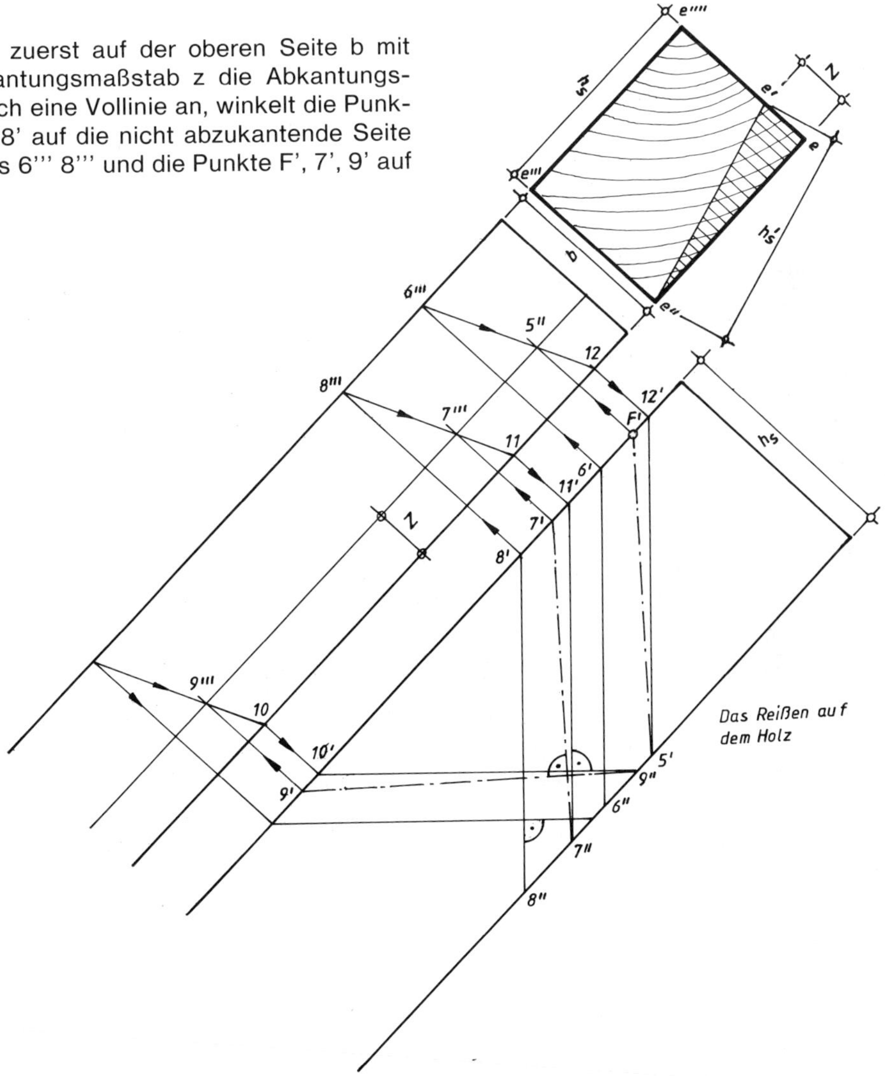

Das Reißen auf dem Holz

Senkel- und Waagerisse stehen stets im rechten Winkel zueinander. Die Strichpunktlinien bedeuten die Risse, welche durch die Austragung bestimmt wurden und demnach in gewöhnlicher Senkel- und Waageribrichtung laufen. Die Vollinien, die parallel zueinander verlaufen, haben alle eine schräge Richtung, stehen aber ihrerseits wiederum im rechten Winkel zueinander.

Beim Ausarbeiten des schrägen Flugsparrens sind zuerst die Kerven auszusägen, dann die Abschnitte auszuführen und anschließend wird die Abkantung, welche beim schrägen Flugsparren außen sichtbar ist, abgehobelt.

19.18 Kehlbohle der Giebelgaube – Austragen und Anreißen

19.18.1 Dachtragwerk- und Dachausbauteile des Giebelgaubendaches

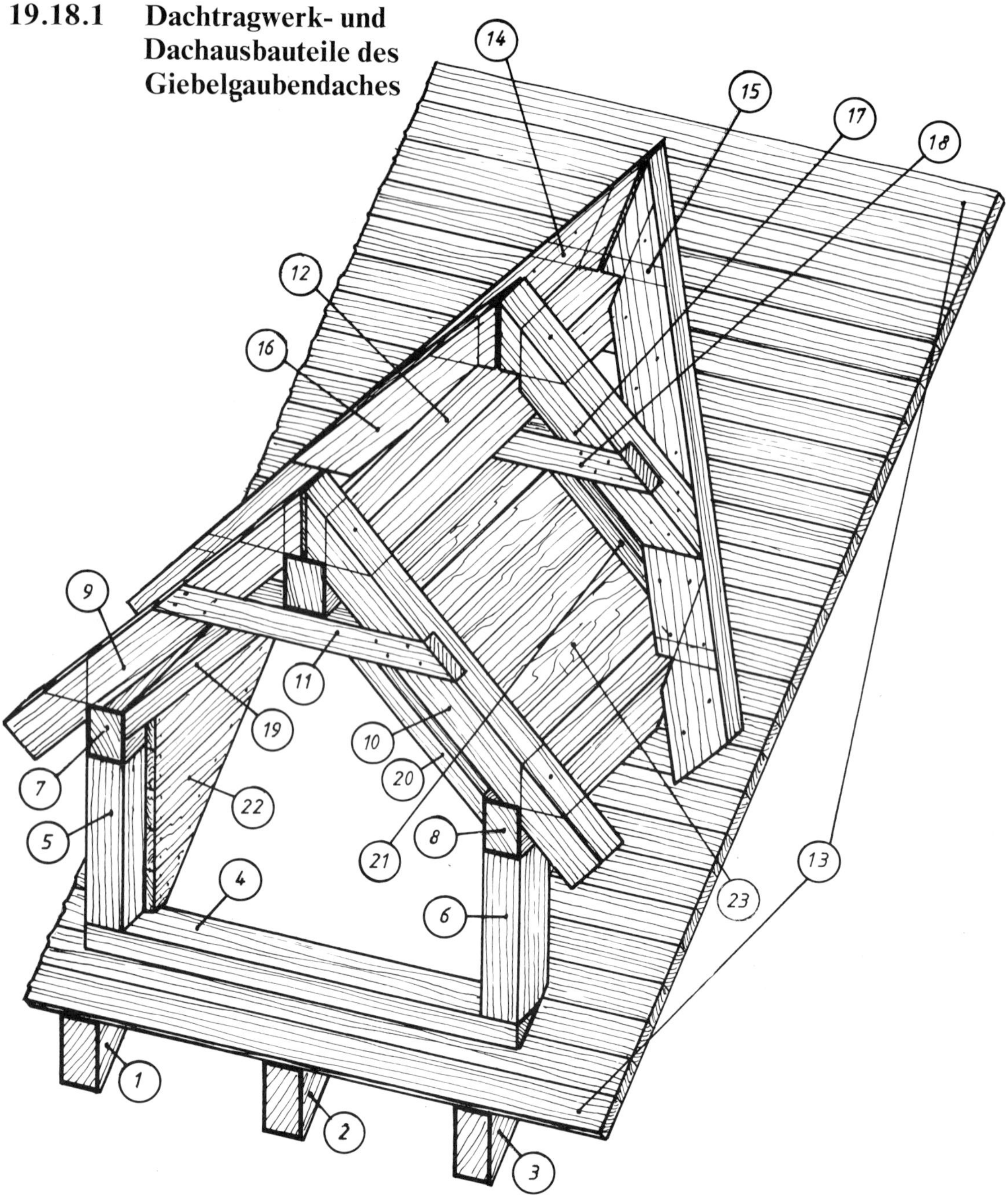

Benennung der Dachtragwerk- und Dachausbauteile des Giebelgaubendaches
1), 2) und 3) Hauptdachsparren
4) Gaubenbank
5) und 6) Gaubenpfosten
7) und 8) Fußpfetten des Gaubendaches
9) und 10) Gaubensparren
11) Firstzange des Gaubendaches
12) Firstpfette des Gaubendaches
13) Außenverkleidung aus Brettern auf den Hauptdachsparren
14) und 15) Kehlbohlen der Giebelgaube

16) und 17) Kehlschifter des Gaubendaches
18) Firstzange des Gaubendaches
19) 20) und 21) Füllhölzer der Giebelgaube
22) Innenverkleidung aus Brettern bei der Giebelgaube
23) Schräge Deckenverkleidung aus Brettern beim Gaubendach

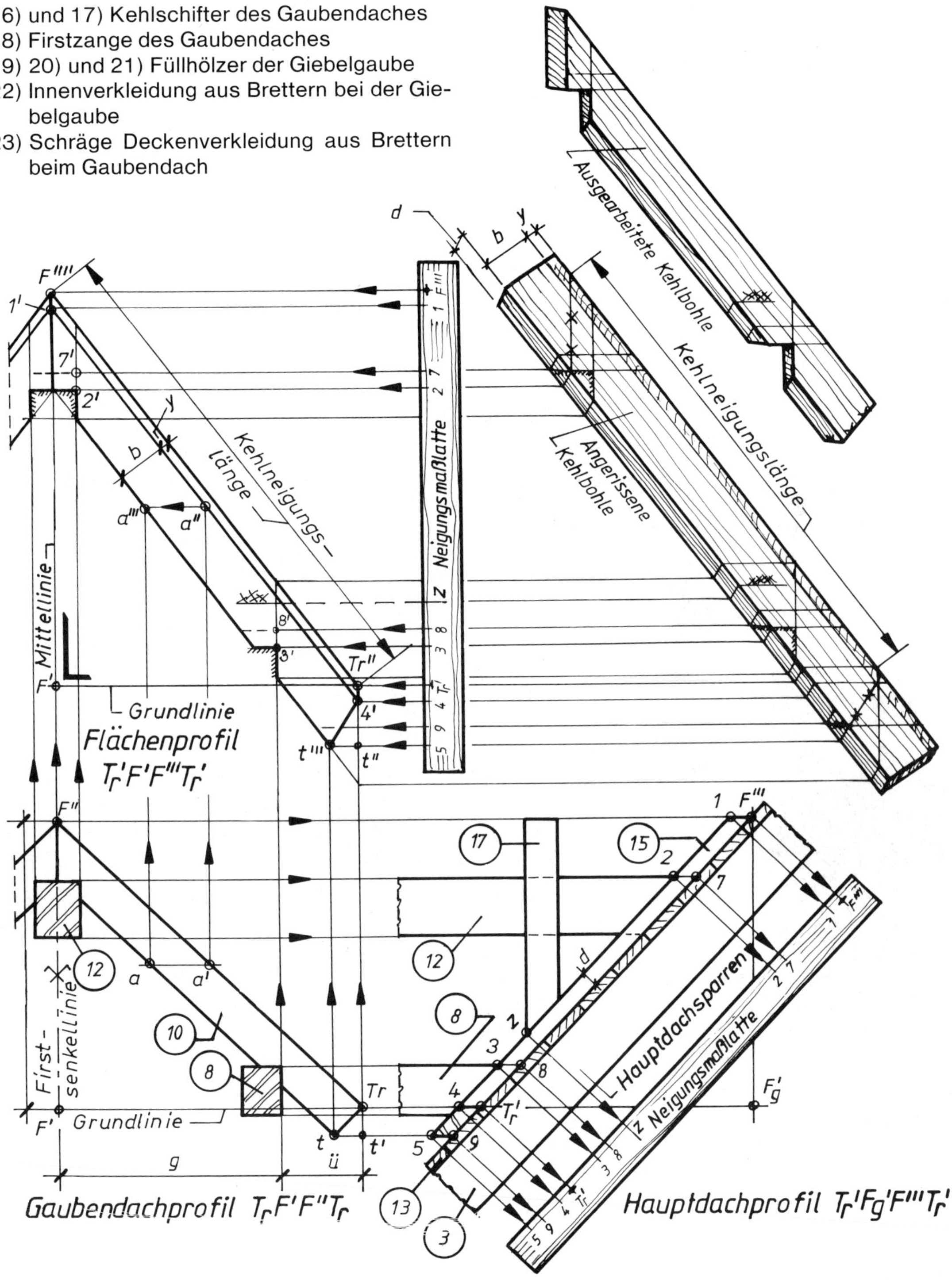

19.18.2 Austragung der Kehlbohle zur Giebelgaube

Bei der Giebelgaube wird das Gaubendach aus zwei Dachseiten mit zwei Kehlbohlen an die betreffende Dachseite des Hauptdaches angeschlossen. Die Kehlbohlen sind demnach ein halber Kehlsparren mit einer abgeschrägten Kantenfläche.

Die Kehlbohlen der Giebelgaube erhalten durch ausgearbeitete Kerven je ein Auflager auf der Fuß- und Firstpfette des Gaubendaches und werden außerdem mit der unteren Breitseite in der Hauptdachfläche über die Bretter auf dem Hauptdachgespärre oder über die Einlattung für Dachziegel verlegt.

Um eine Kehlbohle reißen und demnach ausarbeiten zu können, muß sie im zugehörigen Flächenprofil ausgetragen werden. Bei der Austragung einer Kehlbohle wird zuerst das Gaubendachprofil und gleich daneben dann das Hauptdachprofil sowie Unter- und Oberkante „Kehlbohle'' entsprechend der bestimmten Kehlbohlendicke (d) aufgetragen.

Aus dem Gaubendachprofil projiziert man parallel zur Grundlinie den Firstpunkt F'' sowie Oberkante „Firstpfette'' und „Fußpfette'', den Traufpunkt T_r und Sparrenabschnitt t zunächst auf Oberkante „Kehlbohle'' und weiter auf Unterkante „Kehlbohle''. Dadurch bestimmt man die Schnittpunkte 1 bis 5 sowie 7 bis 9 und den Schnittpunkt T_r', welche alle rechtwinklig zur Kehlbohlenneigungslinie F ''' 9 auf die Neigungsmaßlatte übertragen werden.

19.18.3 Flächenprofil der Kehlbohle zur Giebelgaube

Die Neigungslänge F'''T_r' ist zusammen mit dem Grundmaß g und ü des Gaubendachprofils maßgebend zum Aufriß des Flächenprofils T_r''F'F''''T_r'', in dem das Austragen und der Anriß der Kehlbohle ausgeführt wird.

Wenn die Kehlbohle an der Neigungslinie bzw. Kehllinie F''''T_r'' des Flächenprofils komplett ausgetragen ist, kann die Kehlbohle gerissen werden. Zum Reißen der Kehlbohle muß man das betreffende Bohlenstück mit der bestimmten oberen Bohlenkante im Flächenprofil auf die Kehllinie F''''T_r'' bündig legen und anschließend die einzelnen Risse der Abschnitte und Kerven mit je einem Winkelriß auf die seitlich und demnach schmalen Kantenflächen des Kehlbohlenholzes antragen. Beim weiteren Reißen der Kehlbohle müssen dann die zusammengehörigen Winkelrisse auf der unteren und oberen (breiten) Kehlbohlenfläche mit Vollinien verbunden werden, so daß sich wieder die Abschnittrisse und die Kerven bilden, nach denen die Kehlbohle ausgearbeitet werden kann.

19.19 Kehlbohle bei Pfettensparren – Austragen und Anreißen

19.19.1 Ausschnitte aus dem Dach mit Pfettensparren und Kehlbohle

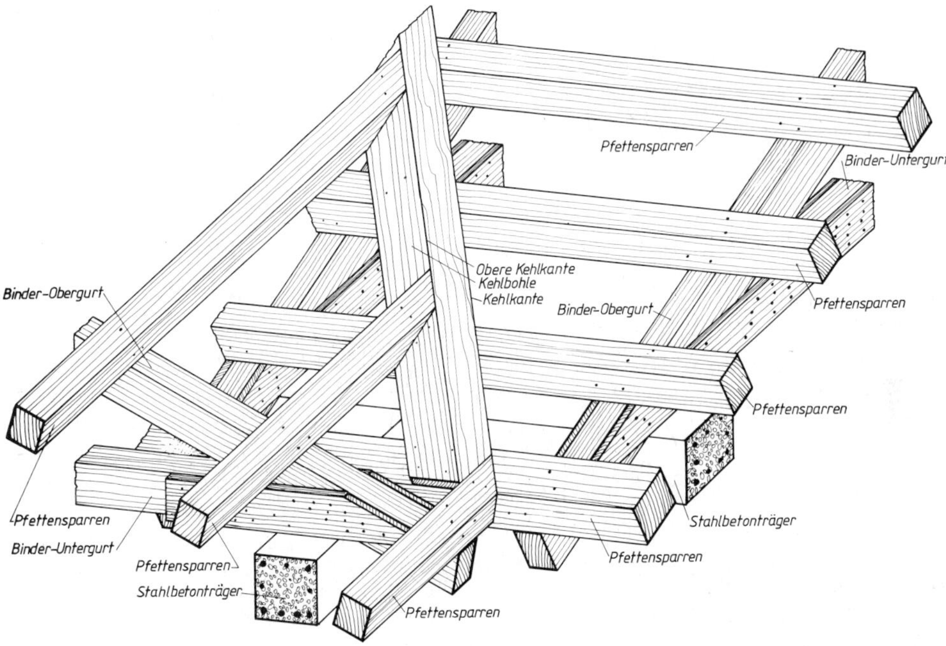

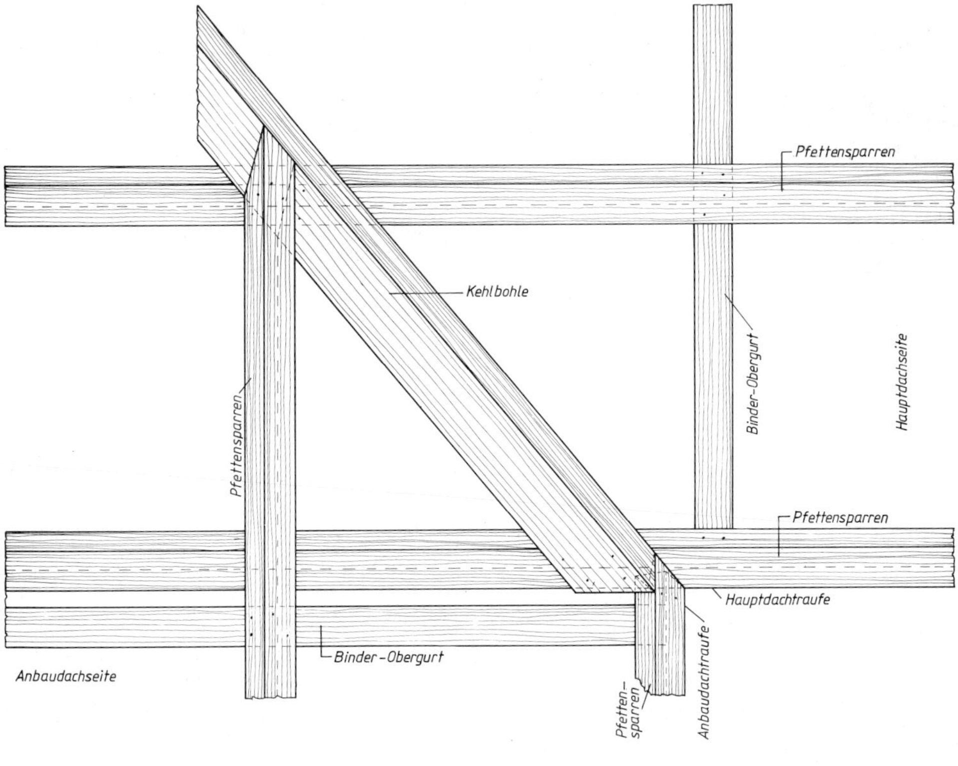

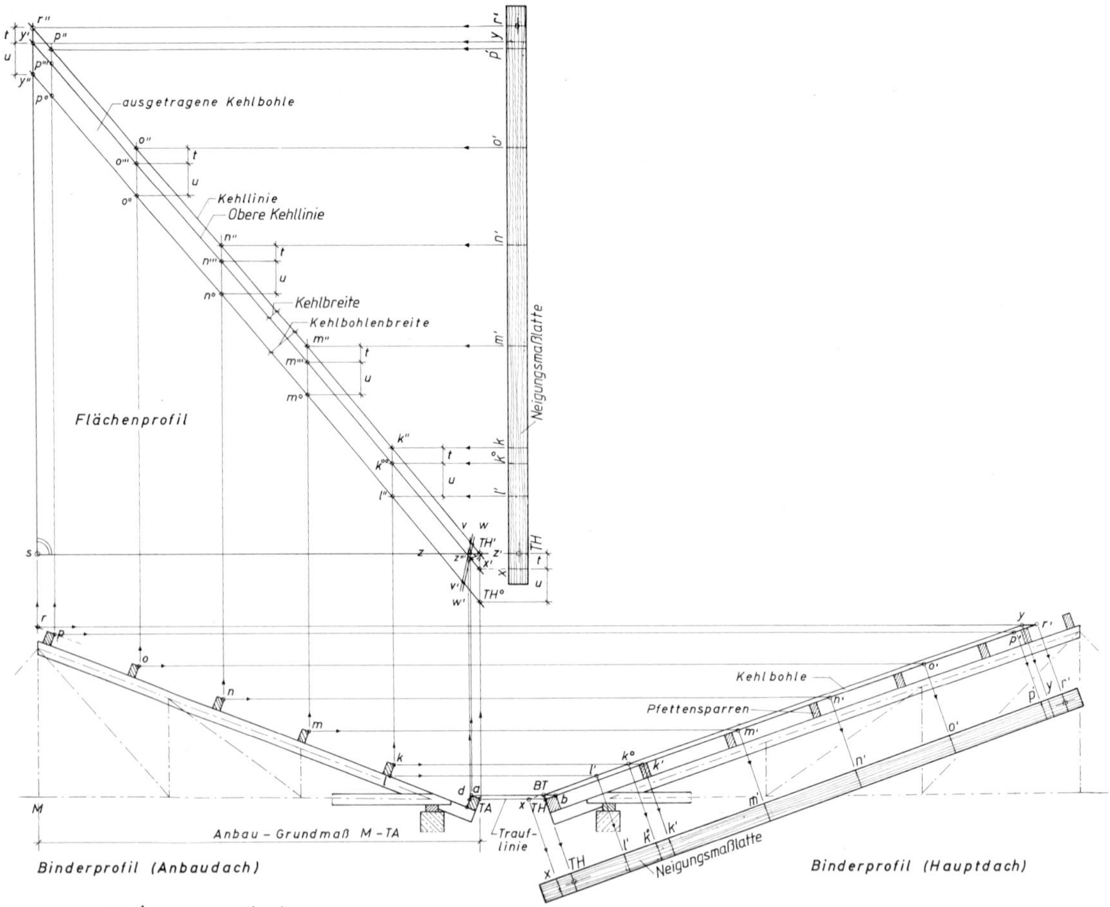

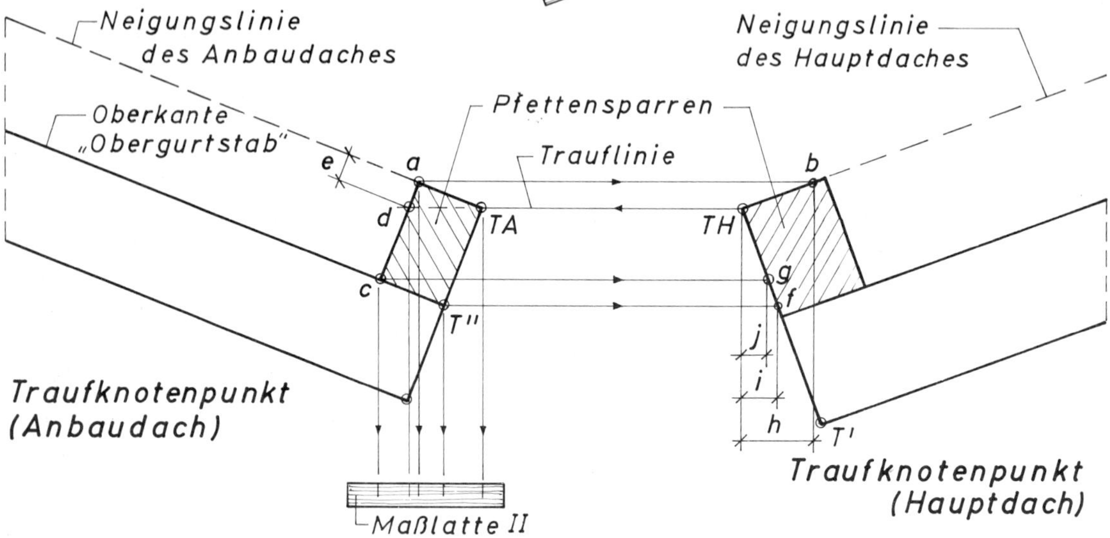

19.19.2 Traufknotenpunkte der Anbau- und Hauptdachseite

Wenn Dächer aus Nagel- und Fachwerkbindern oder Vollwandträgern recht-, spitz- oder stumpfwinklig zusammentreffen werden den Dachseiten Pfettensparren und Kehlbohlen zugeordnet. Da jede freitragende Holzkonstruktion bei großer Belastung und infolge der Elastizität des Holzes sowie der Knotenpunktanschlüsse geringen Durchbiegungen unterworfen ist, müssen die Binder bei der Herstellung in Parabelform überhöht werden. Bei Fachwerkbindern wird der Obergurt genau wie der Untergurt überhöht. Durch die unmittelbaren Auflagerungen der Pfettensparren auf den überhöhten Obergurtstäben der Anbau- und Hauptdachbinder muß man nach den bestimmten Überhöhungsmaßen für das Austragen der Kehlbohle und zum Ermitteln von Verstichmaßen und Pfettensparrenlängen die Binderprofile und Pfettensparrenquerschnittflächen auftragen.

Damit die Traufen der beiden ungleich geneigten Dächer später auf ein und derselben Höhe liegen, werden die Traufpunkte, d. h. die äußeren Ecken der untersten Pfettensparren (siehe Punkte TA und TH) auf einer waagerechten Linie festgelegt. Dadurch und aufgrund der ungleichen Dachneigungen entstehen natürlich ungleiche Dachüberstandsmaße.

Stoßen die Anbau- und Hauptdachtraufen auf gleicher Höhe im rechten Winkel zusammen, wird der unterste Pfettensparren des Anbaudaches durch seine verkantete Lage mit entsprechenden Schmiegen an den untersten, ebenfalls verkanteten Pfettensparren des Hauptdaches angeschlossen. Zum Anreißen der Schmiegen am Kantholzende des Pfettensparrens für die Traufe des Anbaudaches müssen die Verstichmaße e, i, j und h ermittelt werden.

Das Pfettensparreneck a projiziert man parallel zur Trauflinie auf die Neigungslinie des Hauptdaches bzw. auf Oberkante „Pfettensparren" im Traufknotenpunkt. Damit wird der Punkt b festgelegt. Parallel zur Anbau-Pfettensparrenkante TAT" muß durch den Punkt a bis Oberkante „Obergurtstab" eine Verbindungslinie verstrichen und mit dieser der Schnittpunkt c bestimmt werden. Auf die Verbindungslinie ac verlängert man dann die Trauflinie, so daß der Schnittpunkt d darauf anfällt. Zwischen den Schnittpunkten a und d liegt nun im Anbau-Traufknotenpunkt das Verstichmaß e fest. Die Punkte c und T" werden vom Anbau in den Hauptdach-Traufknotenpunkt bis zur Linie THT' übertragen. Damit bestimmt man die Punkte f und g. Die waagerechten Grundabstände THb = h sowie THf = i und THg = j stellen weitere Verstichmaße zum Anreißen der erwähnten Schmiegen dar.

Zum Reißen der oberen Kehllinie in das Flächenprofil hinein muß man nach dem Verstichmaß t die Punkte x', k^{oo}, m''' bis p''' und y' festlegen. Die gesamte Breite der Kehlbohle (die Kehlbohlenbreite) muß man für die volle Auflage der Pfettensparren des Anbaudaches nach dem Verstichmaß u bestimmen. Danach liegt im Flächenprofil bei der bestimmten Kehlbohlenbreite auch das rechtwinklige Grundmaß zur Auskehlung fest.

Sind die Binderprofile nebeneinander mit der Verbindungslinie TH TA und zugleich auch die Querschnittflächen der Pfettensparren aufgerissen, muß man zur Austragung der Kehlbohle über die Pfettensparren des Hauptdaches hinweg die Kehlbohle nach der bestimmten Kehlbohlendicke verstreichen. Oberkante „Kehlbohle" und die Waagerißlinie a zu b müssen zum Schnitt gebracht werden, damit später für die Kehlfläche die obere Kehlkante durch eine Vollinie und daneben die Kehllinie im Anbaudach an die obere schräge Innenseite des Pfettensparrens über der Traufe bündig anstoßen.

Wird der unterste Pfettensparren des Anbaudaches im rechten Winkel und dabei verkantet an den untersten ebenfalls verkanteten Pfettensparren des Hauptdaches bündig durch Klauenschmiegen angeschlossen, kann man den Kehlbohlenabschnitt über der Traufe des Hauptdaches sowohl im Senkel (TH BT) als auch im rechten Winkel (TH BT°) zur Dachneigungslinie anordnen. Wählt man den Abschnittriß im Senkel TH BT°, stellt sich die geringste Kehlbohlendicke ein, während durch das Festlegen des rechtwinkligen Abschnittrisses BT TH eine etwas dickere Kehlbohle in Betracht kommt. Bestimmt man die Dicke der Kehlbohle durch die Streckenmaße BT TH und BT° TH, muß demgemäß die Bohle eingeschnitten oder ausgehobelt werden.

Wenn eine dickere Kehlbohle als das rechtwinklige Maß TH BT angeordnet wird, fällt auf der waagerechten Verbindungslinie a nach b z. B. der Schnittpunkt BT' oder BT" an. Die Verstichmaße t' und t" werden dadurch größer und demgemäß muß die Kehlbohle mehr abgeschrägt werden als die Kehlbohle mit dem Dickenmaß TH BT. Durch die breiteren Verstichmaße t' und t" fällt die gesamte Breite der Kehlbohle auch größer aus.

Für die Austragung der Kehlbohle muß die nach einer bestimmten Dicke aufgetragene Kehlbohlenlinie festliegen und die Schnittpunkte k, m, n, o, p und q müssen vom Binderprofil des Anbaudaches in das Binderprofil des Hauptdaches waagerecht übertragen sein. Bei der Übertragung der Punkte k bis r fallen auf den Vollinien von der Kehlbohle beim Binderprofil des Hauptdaches die Schnittpunkte k' bis r' und y an. Diese Schnittpunkte sowie die Schnittpunkte L' TH und x überträgt man auf die Neigungsmaßlatte. Mit Hilfe der Neigungsmaßlatte und dem Anbaugrundmaß MTA wird das Flächenprofil aufgetragen, welches zur Austragung der Kehlbohle maßgebend ist.

Beim Auftragen des Flächenprofils sollte man durch die Binderüberhöhungen die Kehllinie nicht mit einer geraden Verbindung TH'r', sondern nur aus dem Schnittpunkt TH' und weiter über die Punkte k'', m'', n'', o'', p'' bis in den Schnittpunkt r'' festlegen und dabei die wahre gebogene Kehlneigungslänge ermitteln.

19.19.3 Pfettensparren für die Traufe des Anbaudaches – angerissen und ausgearbeitet

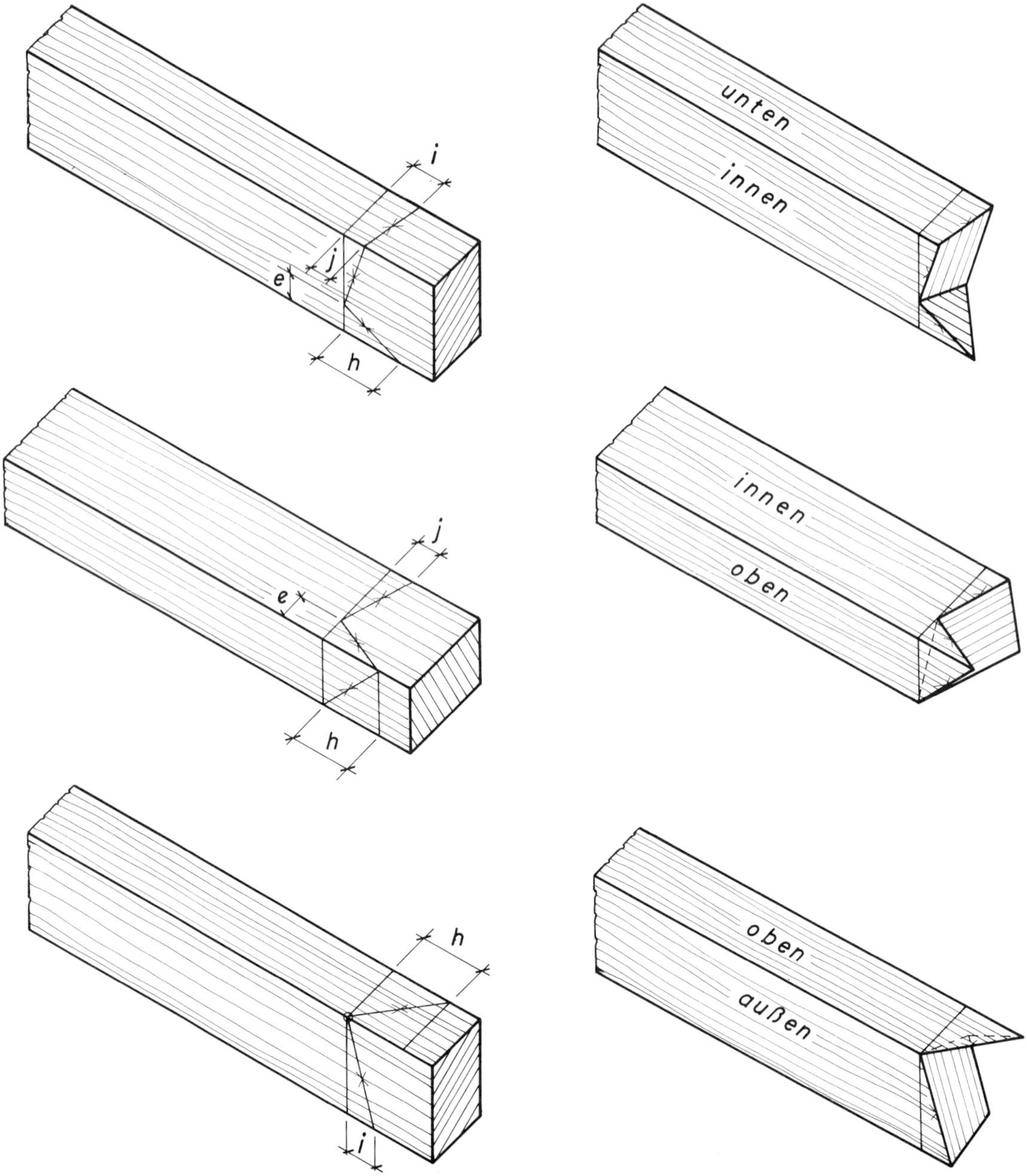

19.19.4 Traufen der Anbau- und Hauptdachseiten in der Draufsicht und Ansicht

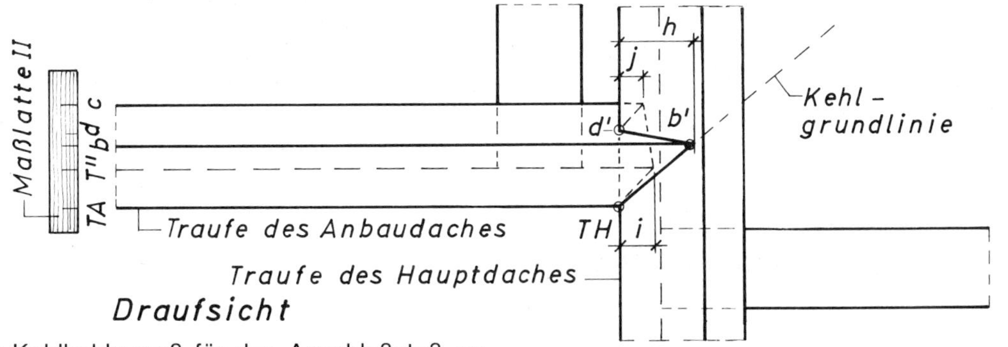

Die Kehlbohle muß für den Anschlußstoß am untersten Pfettensparren des Anbaudaches nach den schrägen Vollinien vv' und ww' und außerdem nach dem Waageriß zz' ausgearbeitet werden.

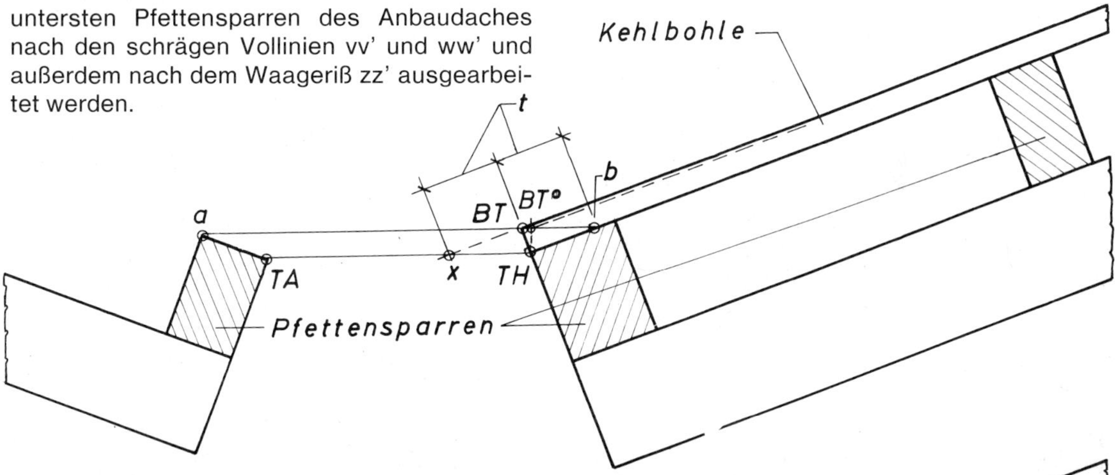

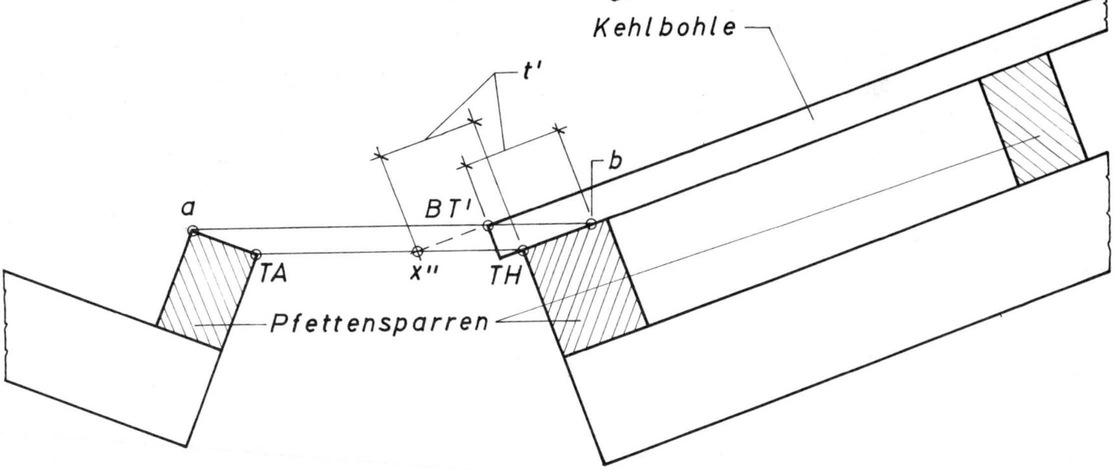

Beim Festlegen der Kehlbohlenabschnittrisse vv' und ww' wird aus dem Punkt a im Traufknotenpunkt des Anbaudaches eine senkrechte Linie über den Waageriß zz' und über die Kehllinie hinaus projiziert. Damit bestimmt man die Schnittpunkte z'' und v. Den Punkt d muß man ebenfalls senkrecht über den Waageriß zz' projizieren, so daß darauf der Schnittpunkt z'' anfällt. Nach den Schnittpunkten v und z'''wird dann der Abschnittriß vv' aufgetragen und parallel dazu über den Schnittpunkt z'' hinweg die Abschnittlinie ww'. Der Abschnittriß vv' gehört auf die untere Seite der Bohle und der Abschnittriß ww' auf die obere Bohlenseite. Den Waageriß trägt man rechtwinklig auf die äußeren Bohlenkanten auf und diese Winkelrisse müssen über die untere sowie obere Seite der Bohle mit geraden Linien verbunden werden.

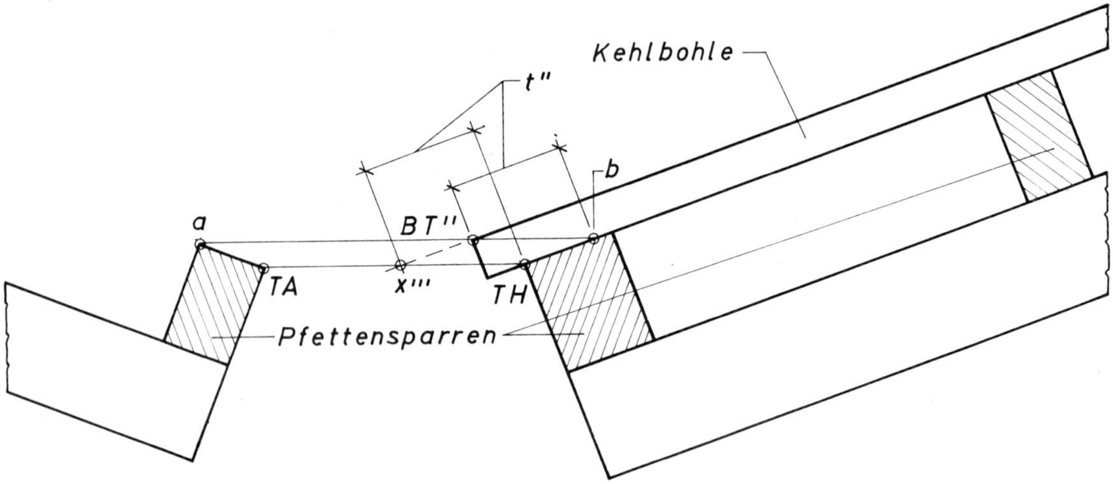

19.19.5 Kehlbohle – angerissen und ausgearbeitet

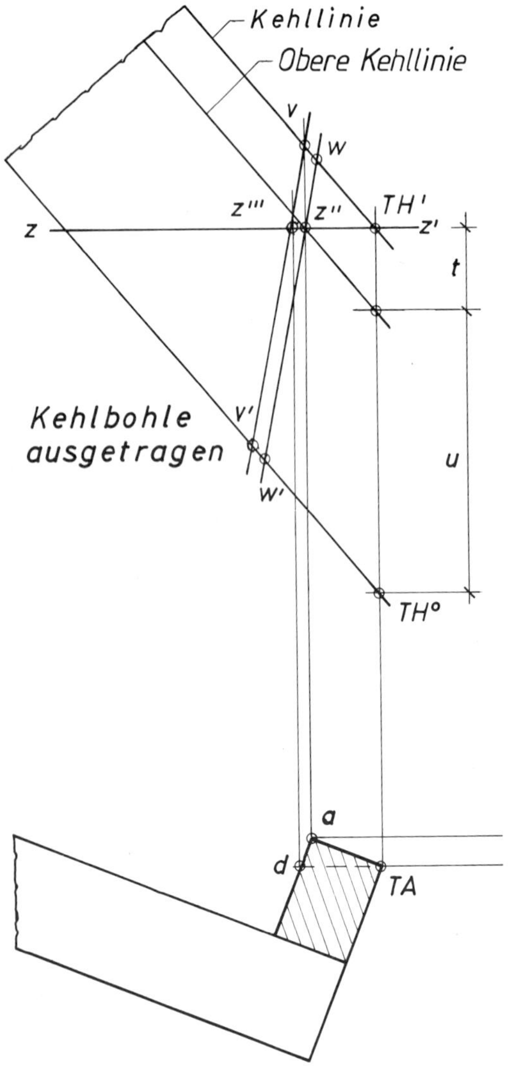

Traufknotenpunkt (Anbaudach)

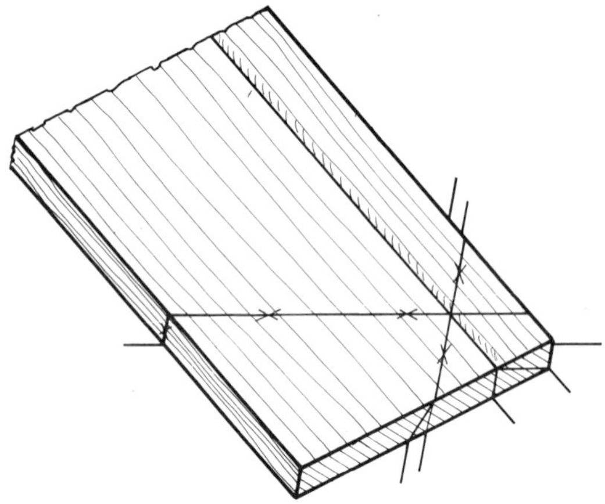

Kehlbohle angerissen

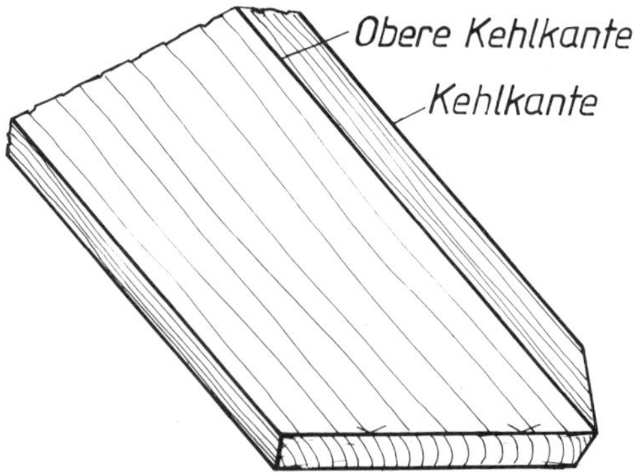

Kehlbohle ausgearbeitet

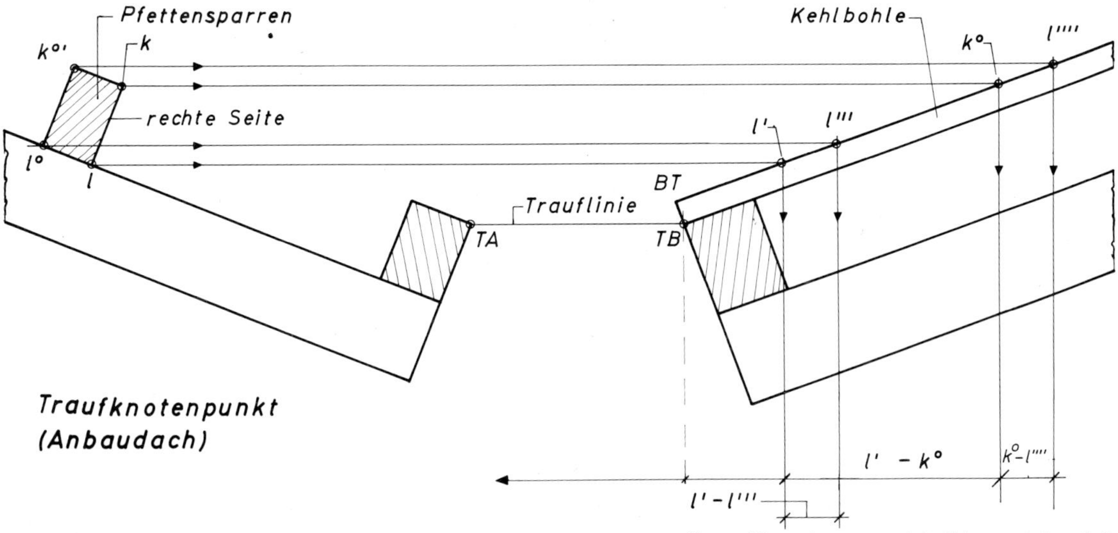

Traufknotenpunkt (Anbaudach)

Traufknotenpunkt (Hauptdach)

19.19.6 Schmiegen der Pfettensparren – angerissen und ausgearbeitet

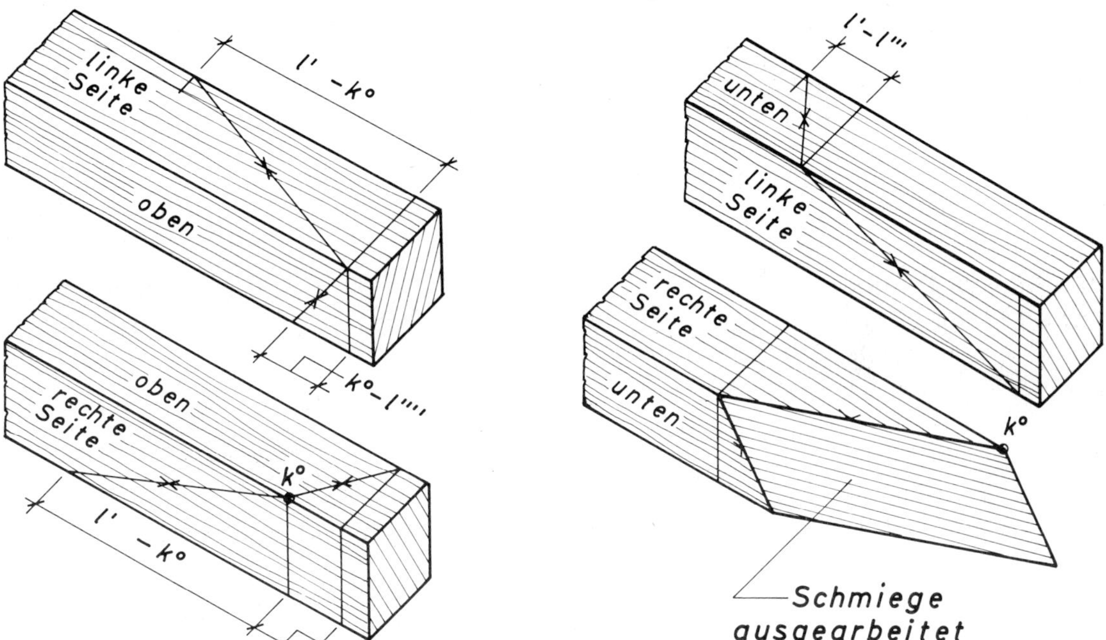

Pfettensparren - Anreißen der Schmiegen

Der Pfettensparren für die Traufe des Anbaudaches wird an den untersten Pfettensparren des Hauptdaches angeschlossen. Die weiteren Pfettensparren zum Anbaudach schmiegen sich auf die Kehlbohle an.

Beim zeichnerischen Ermitteln der Schmiegen-Verstichmaße muß man die Eckpunkte des betreffenden Pfettensparrens aus dem Anbaudach heraus in das Hauptdach auf Oberkante „Kehlbohle" projizieren, so daß die Schnittpunkte k°, l', l''' und l'''' anfallen.

Diese Schnittpunkte lotet man auf eine waagerechte bzw. parallel zur Trauflinie aufgetragene Linie. Die waagerechten Abstände zwischen den lotrechten Linien gelten nun als Schmiegen-Verstichmaße. Die isometrischen Darstellungen geben Aufschluß darüber, wie nach den ermittelten Verstichmaßen k° l', l'''' k° und l' l''' die Schmiegen angerissen und ausgearbeitet werden.

19.20 Die Fledermausgaube

19.20.1 Traufachse und Höhe der Stirnseite (Scheitelhöhe) bei der Fledermausgaube

Zum Anbau von Fledermausgauben an bestimmte Dachseiten werden die geschweiften Traufbohlen der Stirnseite und die geschweiften Kehlbohlen der zu einem Teil nach oben und zum anderen Teil nach unten gewölbten Dachflächen gebraucht.

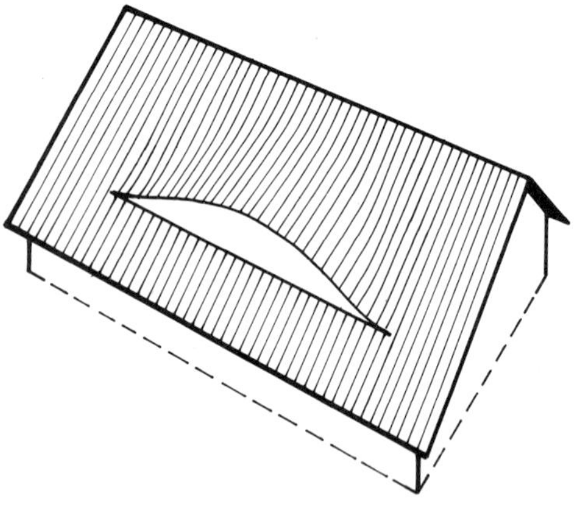

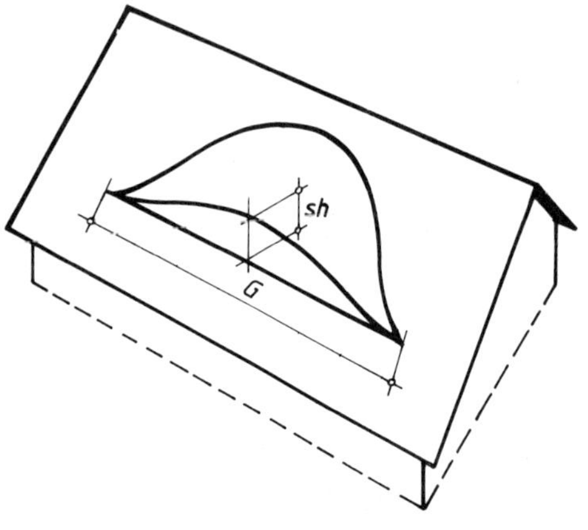

Für die harte Eindeckung
G (Länge der Traufachse) mindestens 6 sh besser 8 bis 10 sh

Für die harte Eindeckung (Ziegeleindeckung) der konvexen und zugleich auch konkaven Dachflächen einer Fledermausgaube soll die Traufachse bei den geschweiften Traufbohlen der Stirnseite mindestens sechs mal, besser acht bis zehn mal, länger als die Scheitelhöhe der Stirnseite sein.

19.20.2 Konstruktion der Traufbogenlinie bei der Fledermausgaube

Entsprechend der sachgemäß konstruierten Traufbogenlinie muß eine Vergatterung zur Austragung der geschweiften Kehlbohle ausgeführt werden.

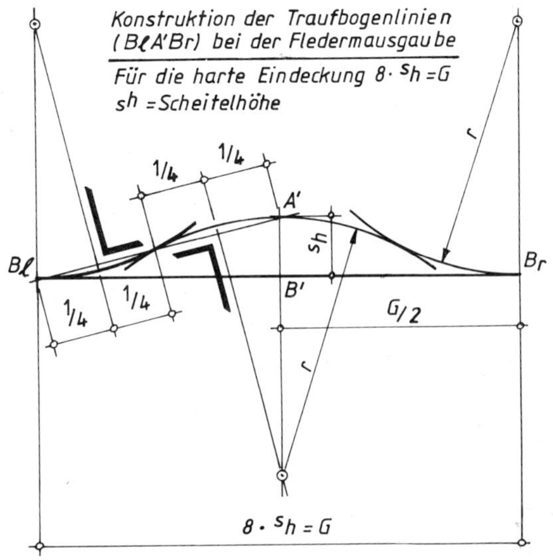

19.20.3 Vergatterung und Austragung der Kehllinie zur Fledermausgaube

Für diese Vergatterung muß man die Hälfte der Stirnseite in der Ansicht und gleich daneben die Neigungslinie der betreffenden Dachseite mit dem Profil der Fledermausgaube aufreißen.

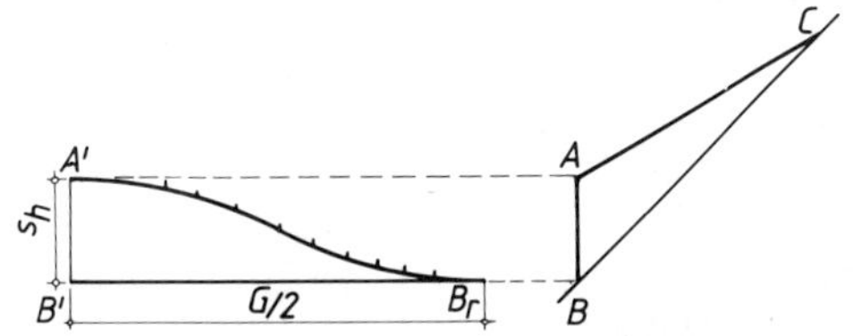

Bei der anschließenden Vergatterung teilt man die bestimmte Traufbogenlinie (z. B. A'Br) in beliebige Einzelstrecken auf, und winkelt deren Grundmaße nach der Traufachse auf die Maßlatte I und deren Höhenlage an die Stirnkante AB.

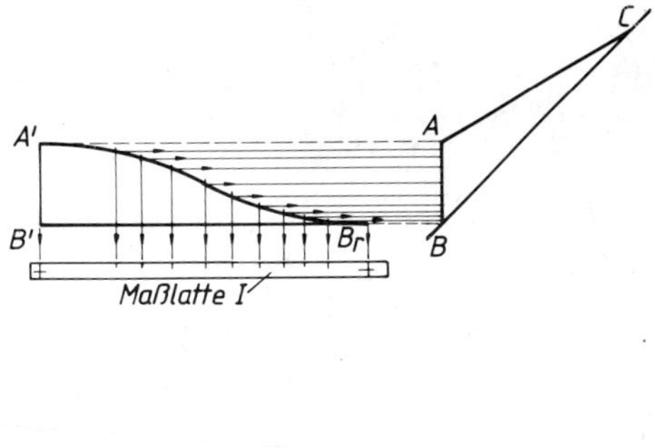

Aus den einzelnen Höhenpunkten an der Stirnkante AB werden Parallelen zur Gaubenneigungslinie AC aufgetragen und mit der Dachneigungslinie BC bzw. mit Unterkante „Kehlbohle" zum Schnitt gebracht. Die Neigungslinie BC muß bei der Vergatterung und Austragung einer Kehlbohle der Fledermausgaube stets Unterkante „Kehlbohle" sein.

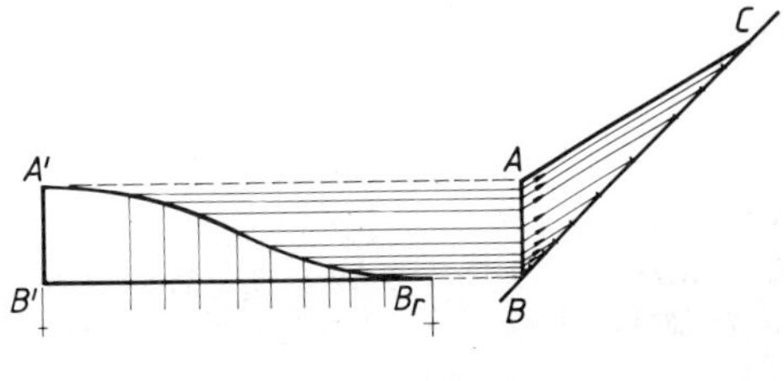

Aus jedem der einzelnen Schnittpunkte auf der Vollinie von Unterkante „Kehlbohle" muß eine Winkelrechte nach außen aufgetragen werden.

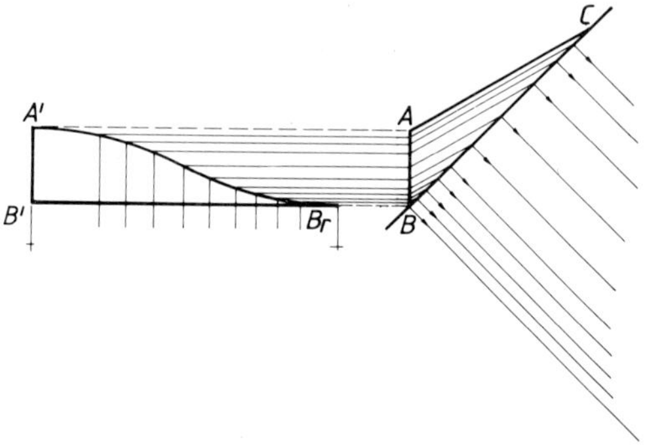

Auf jeder der einzelnen Winkelrechten wird dann mit Hilfe der Maßlatte I eine bestimmte Parallele rechts von der Neigungslinie BC zum Schnitt gebracht.

Wenn diese Schnittpunkte festgelegt sind, ist zugleich auch die Vergatterung für das Austragen der geschweiften Kehllinie ausgeführt.

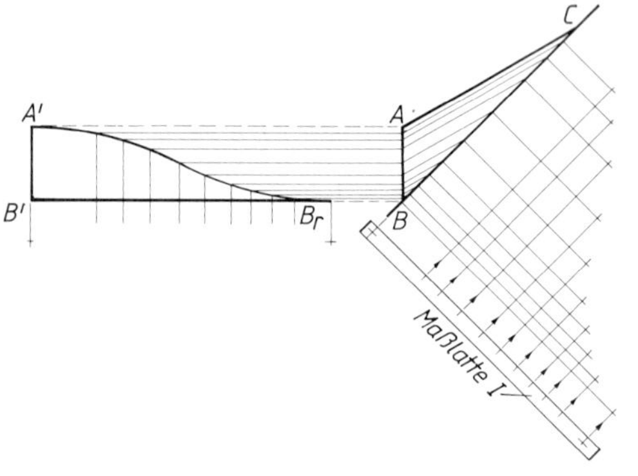

Die ausgetragene Kehllinie der Fledermausgaube verläuft aus dem Punkt C heraus über die einzelnen mit je einer Winkelrechten und einer Parallelen bestimmten Schnittpunkte weiter bis in den Punkt Br' hinein.

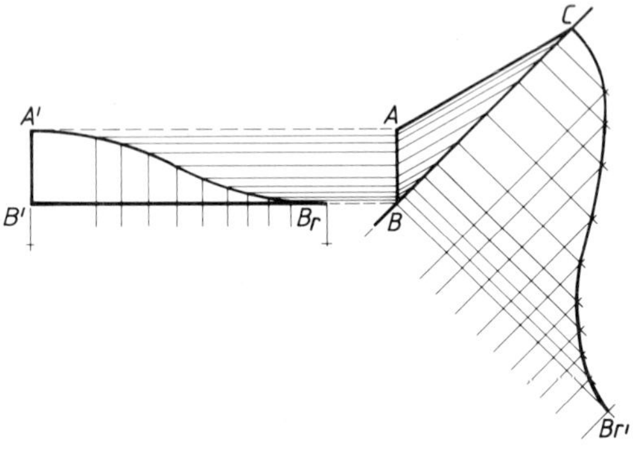

19.21 Austragen der Kehlbohle, Innenrahmen und Füllbohle zur Fledermausgaube

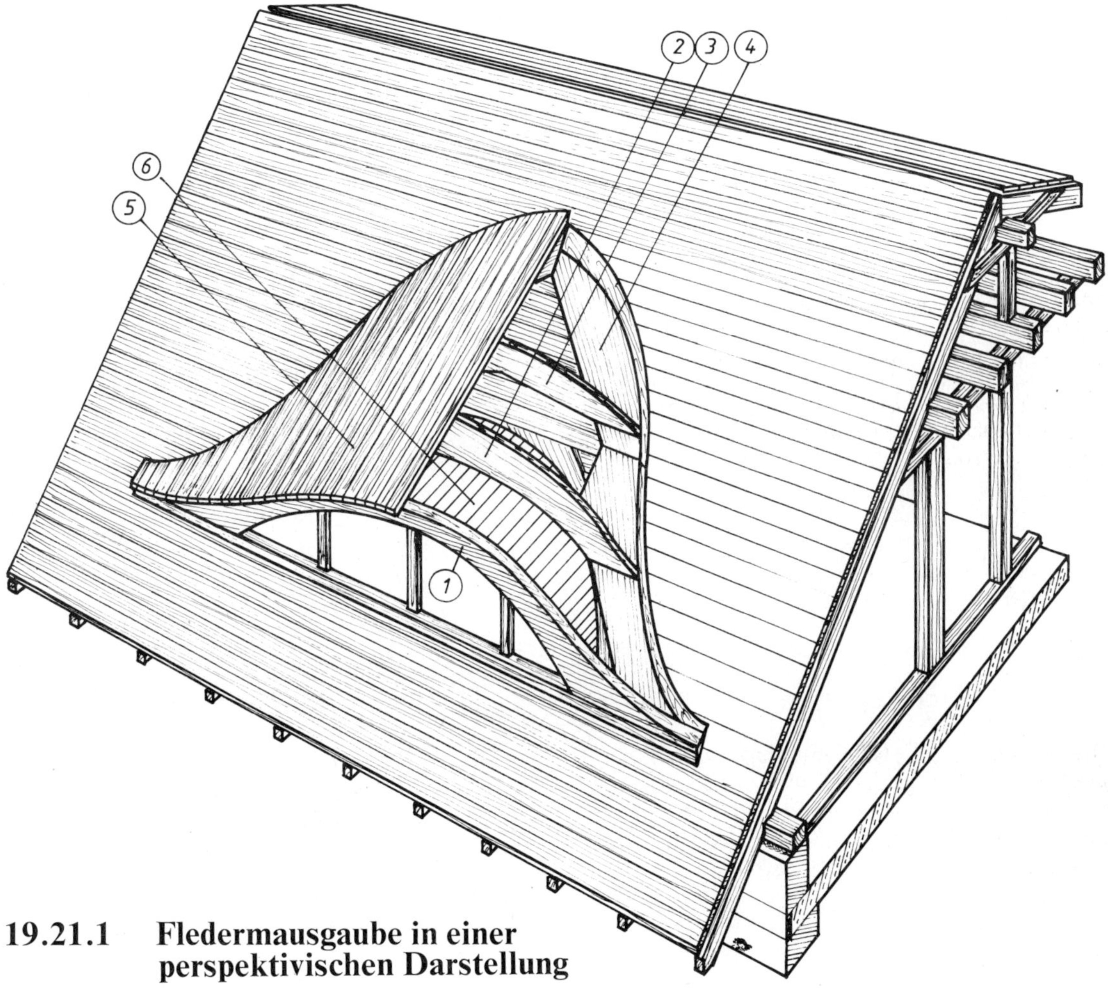

19.21.1 Fledermausgaube in einer perspektivischen Darstellung

Benennungen:
1) Stirnrahmen der Fledermausgaube
2) und 3) Innenrahmen zur Fledermausgaube
4) Kehlbohle zur Fledermausgaube
5) Gaubendachschalung
6) Deckenschalung bei der Fledermausgaube

Die eigentümliche Fledermausgaube ist oft in größerem Format auf dem Leergespärre eines Haupt- oder Walmdaches aufzubauen, unter dem später der Dachraum für Wohnzwecke ausgebaut wird.

Es stellt sich daher die Aufgabe, zwischen Traufbögen und Traufachse möglichst eine große Öffnung für Fenster sowie zwischen die Auswechslung im Haupt- oder Walmdach, d. h. unter die gekrümmten Dachflächen zur Fledermausgaube, eine Wärmedämmung und zugleich eine gewölbte Deckenschalung einzufügen.

19.21.2 Pfettendach mit der Gespärreauswechslung für die Fledermausgaube

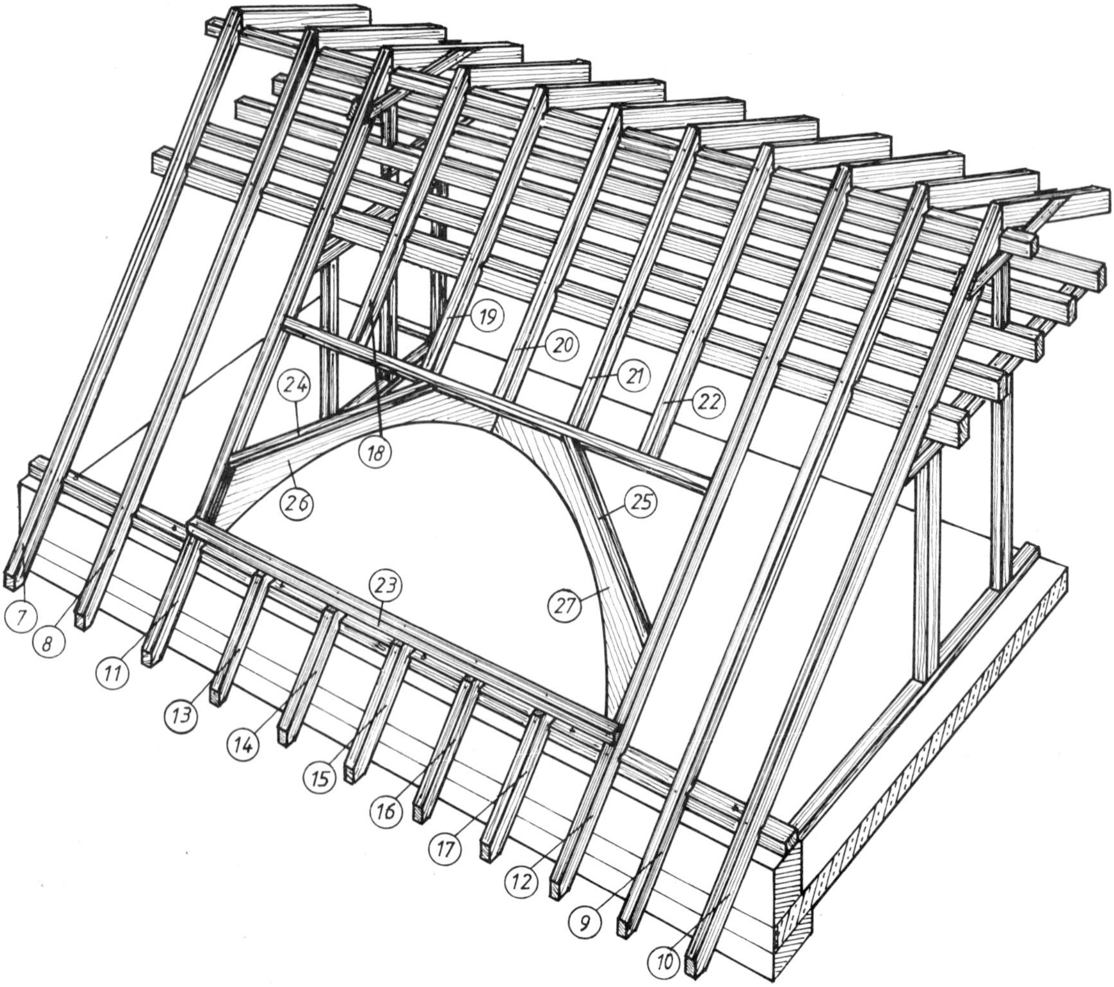

Perspektivische Darstellung eines Pfettendachgespärres und Darstellung der Auswechslung zur Fledermausgaube

Benennungen:
7) bis 10) Leersparren (gewöhnliche Sparren)
11) und 12) Gaubensparren
13) bis 17) Sparrenstiche bei der Gaubentraufe
18) bis 22) Sparrenstiche zur First
23) Gaubenbank
24) und 25) schräge Füllhölzer
26) und 27) Füllbohlen zur gewölbten Deckenschalung der Fledermausgaube

19.21.3 Querschnitt der Fledermausgaube

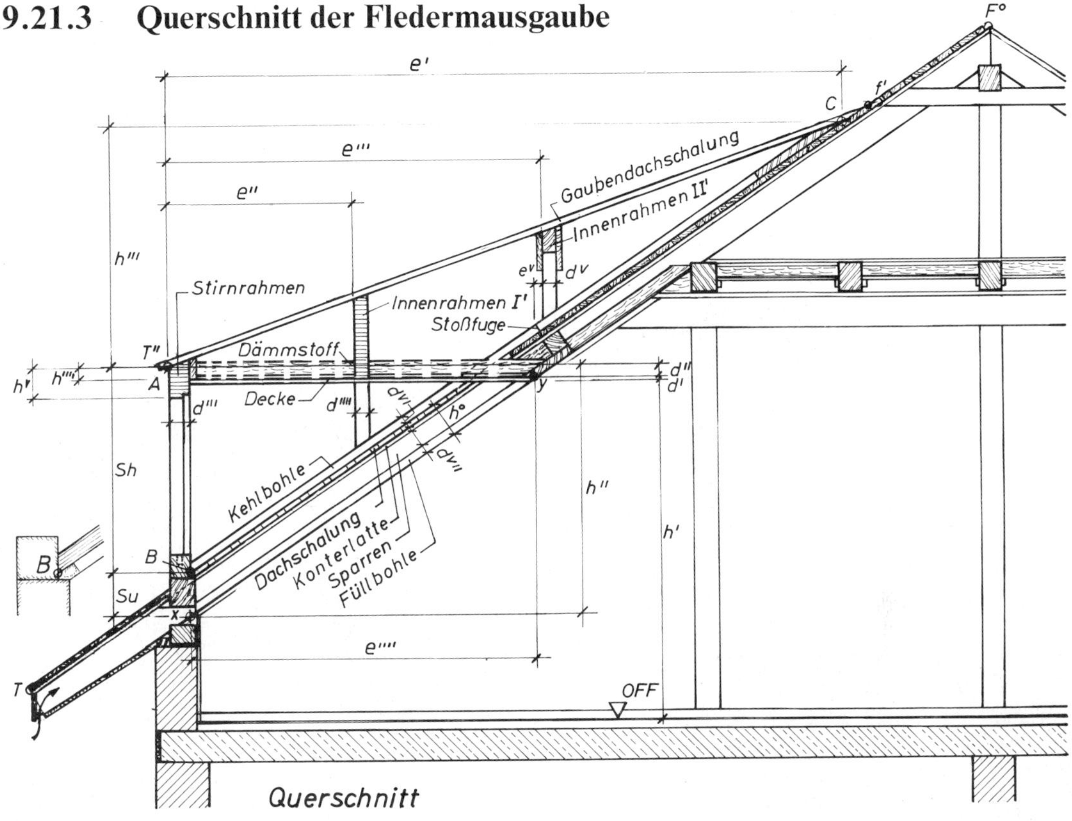

Die Innenrahmen sowie Füll- und Kehlbohlen werden in der Regel auf dem Reißboden im Maßstab 1:1 ausgetragen. Dabei ist es immer wieder die Aufgabe der Zimmerleute für die schwierigen Schiftungen, zunächst den Querschnitt zur Fledermausgaube festzulegen.

Beim Festlegen der maximalen Scheitelhöhe Sh muß man nach Art der Ziegel-, Schiefer- oder Dachplattendeckung an die zulässige Mindestneigung des Gaubendaches in der Querschnittsfläche denken und dafür sorgen, daß vom oberen Gaubendacheinsatzpunkt f' bis zum Hauptdach- oder Walmfirstpunkt F° ein hinreichender Neigungsabstand für mindestens 4 Lattweiten oder 4 Gebinde verbleibt. Weiter muß man darauf achten, daß unter dem Scheitelpunkt A hinter dem Stirnrahmen, d. h. im Dachraumquerschnitt zwischen Unterkante „Gaubendecke'' und Oberfläche „Fußboden'', eine Kopfhöhe (h') von mindestens 1,80 m entsteht.

Die Kehlbohlen zur Fledermausgaube mit Deckenschalung und Wärmedämmung sollen für die Be- und Entlüftung des Gaubendachhohlraumes auf die Dachlatten oder bei einer Dachschalung mit Konterlatten auf die Dachschalungsbretter verlegt werden.

Die sogenannten Füllbohlen dienen dem Befestigen der gewölbten Deckenschalung zwischen der Leergespärrauswechslung. Der parallele Abstand (h°) von Unterkante „Füllbohle'' bis Unterkante „Kehlbohle'' muß gemäß Sparrenhöhe, Konterlatten-, Dachlatten- oder Dachschalungsdicke im Querschnitt mit Vollinien aufgetragen werden, um den Anfallpunkt B an Hinterkante „Stirnrahmen'' sowie den Anfallpunkt C über der Dachlattung oder Dachschalung genau festlegen zu können.

Wenn im Querschnitt die Neigungslinien A C und B C festgelegt sind, können dazwischen die Innenrahmenkanten aufgetragen werden. Aufgrund der bestimmten Kopfhöhe h' sowie der Decken- und Dämmstoffdicken d' + d'' wird unter dem Punkt A die Querschnittshöhe h^v des Stirnrahmens und zugleich die Senkelhöhe h'''' zwischen Oberkante „Decke'' und Punkt A festgelegt. Ferner muß unter dem Punkt B durch Verlängerung von Innenkante „Stirnrahmen'' bis an Unterkante „Sparren'' die Senkelhöhe Su mit dem Schnittpunkt x festgelegt werden. Wichtig ist im Querschnitt auch das Festlegen der Kehl- und Füllbohlendickenmaße (d^{vi} und d^{vii}) sowie das Einzeichnen der Füllhölzerquerschnittsflächen.

19.21.4 Ansicht des Stirnrahmens und Teil des Querschnittes der Fledermausgaube

Wenn die Fledermausgaube für den ausgebauten Dachraum eine gewölbte Decke erhält, muß man nach der oberen Kante dieser gewölbten Decke die Füllbohle austragen sowie die zugehörige Länge der Gaubenauswechslung festlegen.

Beim Festlegen der Gaubenauswechslungslänge trägt man aus dem Punkt x des aufgerissenen Querschnittes bis in die aufgerissene Stirnrahmenansicht hinein eine Vollinie parallel zur Traufachse B_rB_ℓ und bestimmt mit dieser Projektionslinie auf der Deckenbogenlinie die Schnittpunkte x_ℓ und x_r. Da die gewölbte Deckenschalung bis in die Punkte x_ℓ und x_r verläuft und an der Füllbohle befestigt wird, bestimmt man für die Fußschmiegen der Füllbohle die gleichen Waageschmiegengrundmaße e_f ($\approx$ 8 cm bis 10 cm) von den Schnittpunkten x_r und x_ℓ bis an die inneren Sparrenkantholzseiten, zwischen die man die Fledermausgaube aufzubauen hat. Aufgrund der festgelegten Gaubenauswechslungslänge wird das Sprungmaß für die Sparrenfelder der Stichsparren bestimmt.

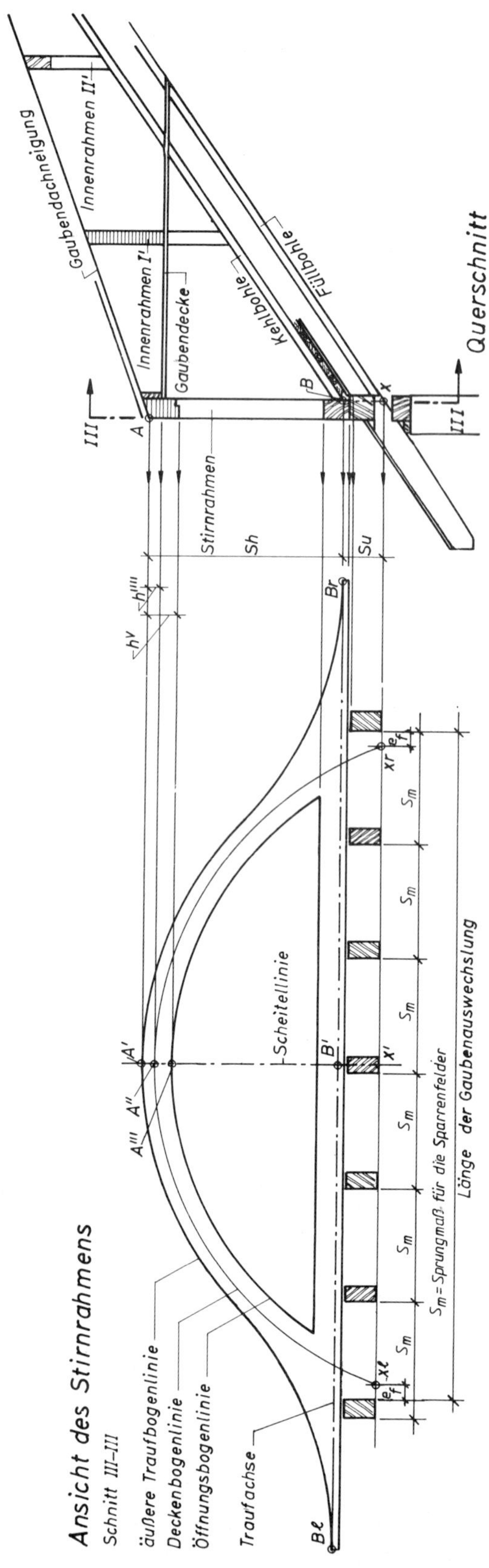

19.21.5 Stirnrahmen- und Querschnitteile der Fledermausgaube mit Maßlatten

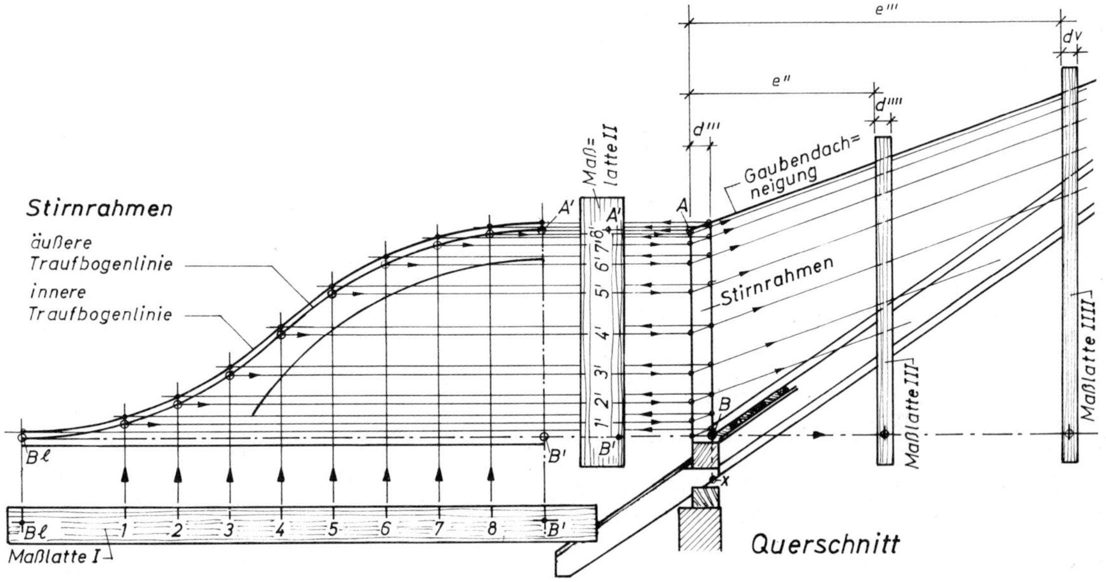

Wegen der schrägen Auflagerung der Gaubenschalung auf Oberkante „Stirnrahmen" muß der Stirnrahmen aus dem Scheitelpunkt A' bis in die Traufbogenfußpunkte B_ℓ und B_r abgegratet werden.

Die Abgratung von Oberkante „Stirnrahmen" muß man bei der von oben nach unten zunächst steiler und dann flacher verlaufenden äußeren Traufbogenlinie durch eine Vergatterung, d. h. mit Hilfe der senkrechten sowie waagerechten und schrägen Projektionslinien festlegen. Bei dieser Vergatterung werden zuerst die senkrechten Projektionslinien (mit beliebigen Abständen) zwischen den Traufachsenpunkten B_ℓ und B' bis an die äußere Traufbogenlinie angetragen und zugleich Schnittpunkte bestimmt, dann aus jedem bestimmten Schnittpunkt die waagerechten Projektionslinien bis an die äußere Kantenlinie des Stirnrahmens aufgetragen und demnach weitere Schnittpunkte festgelegt.

Aus den Schnittpunkten, die in der äußeren senkrechten Kantenlinie des Stirnrahmens liegen, wird die Vergatterung mit parallel zur Gaubendachneigung verlaufenden Projektionslinien bis an die innere senkrechte Kantenlinie des Stirnrahmens weitergeführt, um demnach aus den bestimmten Schnittpunkten für die komplette Vergatterung die waagerechten Projektionslinien auftragen zu können. Mit der kompletten Vergatterung hat man in die äußere Traufbogenlinie alle die Schnittpunkte festgelegt welche für den Aufriß der inneren Traufbogenlinie erforderlich sind.

Da man die Bogenlinien der Innenrahmen und die Kehllinie der Kehlbohle zur Fledermausgaube ebenfalls mit Vergatterungen festzulegen hat, werden die Maßlatten I, II, III und IIII gebraucht.

Die Maßlatten III und IIII besäumt man auf das Maß der betreffenden Innenrahmendicke, so daß die einzelnen Schnittpunkte zur Ausführung der Vergatterung an den äußeren Maßlattenkanten liegen und von da aus gut waagerecht abgetragen und mit den senkrechten Projektionslinien zum Schnitt gebracht werden können.

19.21.6 Austragung der Innenrahmen für die Fledermausgaube

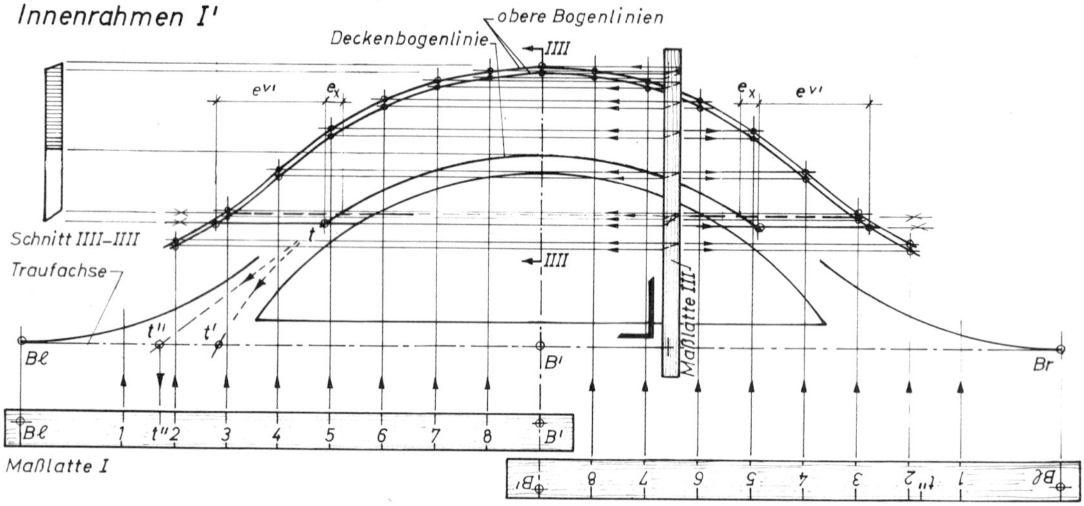

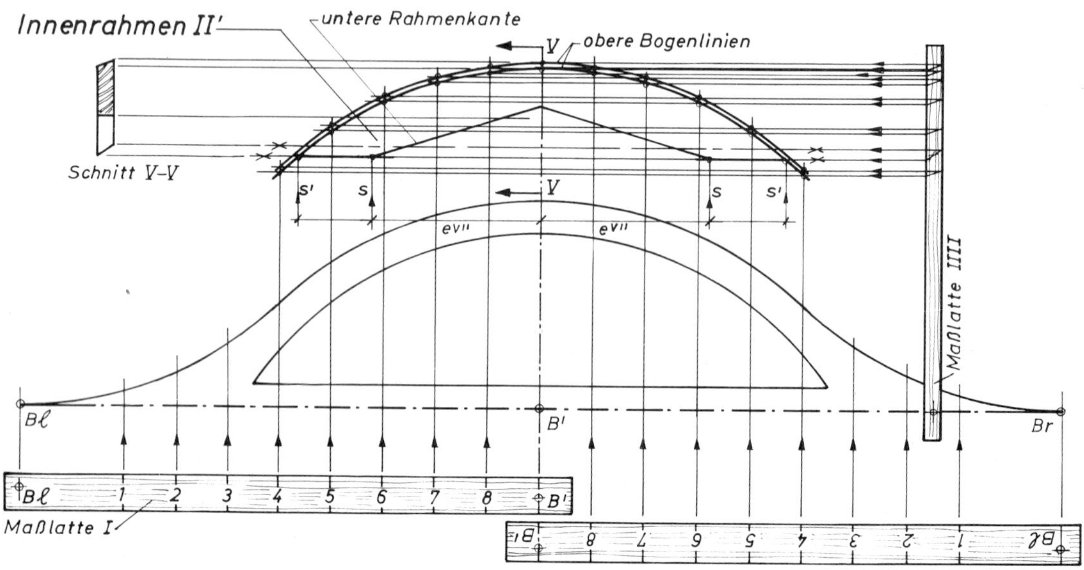

Der Innenrahmen I' muß, da an ihm die Gaubenschalungsbretter von oben dagegen die Deckenschalungsbretter von unten befestigt werden, durch eine Vergatterung für die oberen Bogenlinien festgelegt werden.

Das Maß der senkrechten Höhe des Innenrahmens I' mit schrägen Ober- und Unterkantenflächen liegt schon nach dem Reißen der Maßlatte III fest und die Querschnittshöhe ergibt sich aufgrund der ausgeführten Vergatterung zwischen der Deckenbogenlinie und der oberen Bogenlinien.

Bei der Austragung des Innenrahmens I' wird unter anderem auch der Schnittpunkt t auf der waagerechten Fußschmiege festgelegt. Aus dem Schnittpunkt t verlängert man die Dekkenbogenlinie bis in den Schnittpunkt t' und weiter aus dem Schnittpunkt t die Deckenbogenlinie geradlinig bis in den Schnittpunkt t''. Aufgrund der Abweichungslinie t nach t'' von der eigentlichen Deckenbogenlinie t nach t' stellt sich heraus, daß die gewölbte Deckenschalung die innere Kehlbohlenkante auf der Strecke zwischen dem Stirnrahmen und Innenrahmen I' nicht berührt.

Den Schnittpunkt t'' überträgt man deshalb auf die Maßlatte I, um ihn beim Austragen der Kehlbohle als bestimmten Anhaltspunkt festlegen zu können.

19.21.7 Vergatterung und Austragung der Kehlbohle für die Fledermausgaube

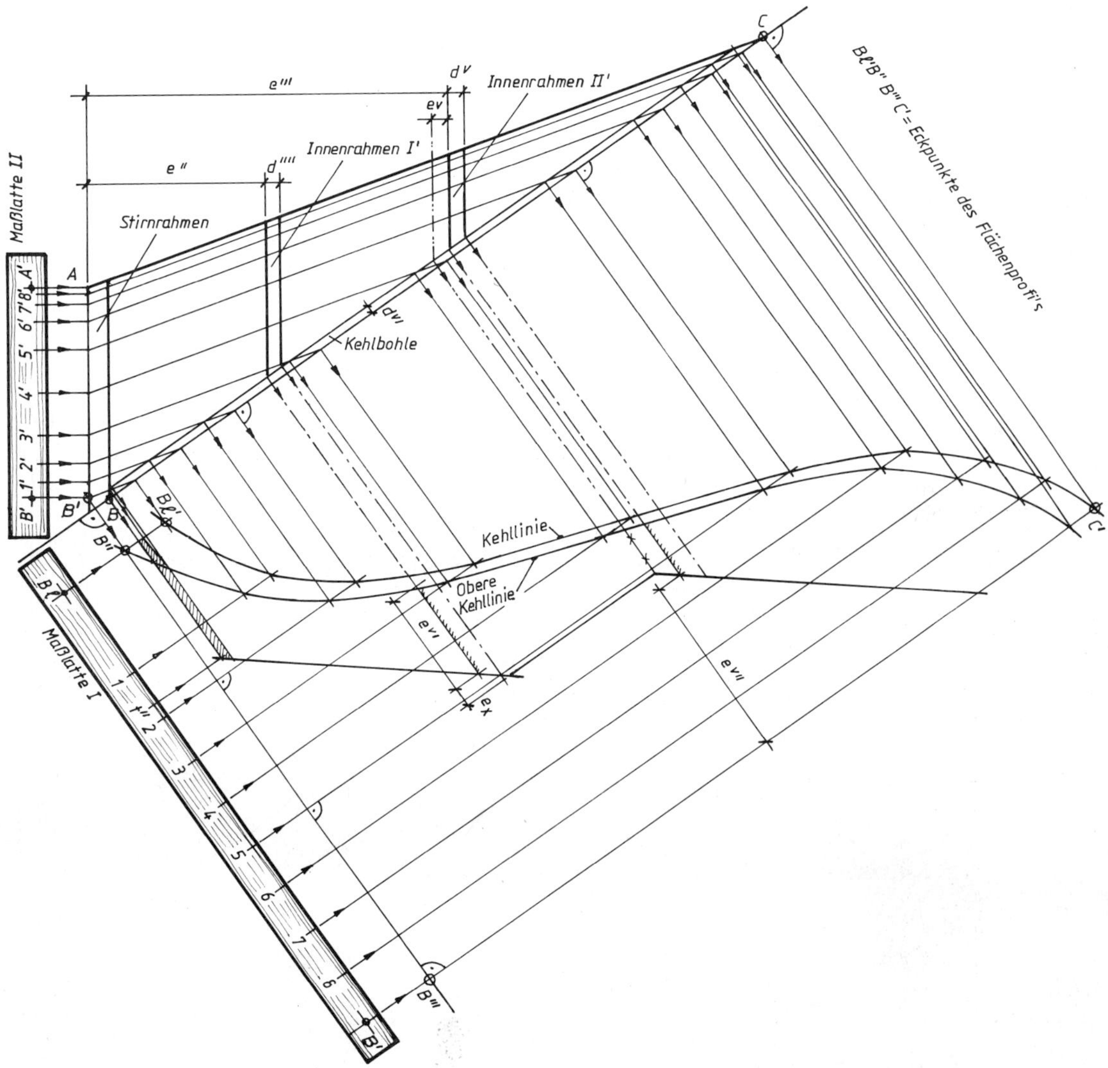

Zum Austragen der geschweiften Kehlbohle zur Fledermausgaube braucht man die Maßlatten I und II.

Beim Austragen der geschweiften Kehlbohle bestimmt man zunächst mit Hilfe der Maßlatte II an der senkrechten äußeren Kantenlinie des Stirnrahmens den Punkt B' und außerdem die Punkte 1' bis 8'.

Aus diesen Punkten müssen dann nach der gleichen Richtung, wie die Gaubendachneigungslinie AC, die entsprechenden Projektionslinien bis an Oberkante „Kehlbohle'' und weiter in derselben Richtung bis an Unterkante „Kehlbohle'' aufgetragen werden. Es gibt demnach auf den Linien von Ober- und Unterkante „Kehlbohle'' bestimmte Schnittpunkte und aus jedem dieser Schnittpunkte wird rechtwinklig zur aufgetragenen Kehlbohle des Querschnittes eine Projektionslinie nach außen abgetragen.

Aus jeder der rechtwinklig zur Kehlbohle ausgetragenen Vollinie wird dann mit Hilfe der Maßlatte I eine bestimmte Parallele rechts von der Kehlbohle zum Schnitt gebracht, so daß einige Schnittpunkte anfallen. Wenn diese Schnittpunkte festgelegt sind ist die Vergatterung ausgeführt, d. h., daß man nach den einzelnen Schnittpunkten die geschweifte Kehllinie und zugleich die zugehörige obere Kehllinie auftragen kann.

19.21.8 Details beim Fußpunkt der Kehlbohle und des Stirnrahmens zur Fledermausgaube

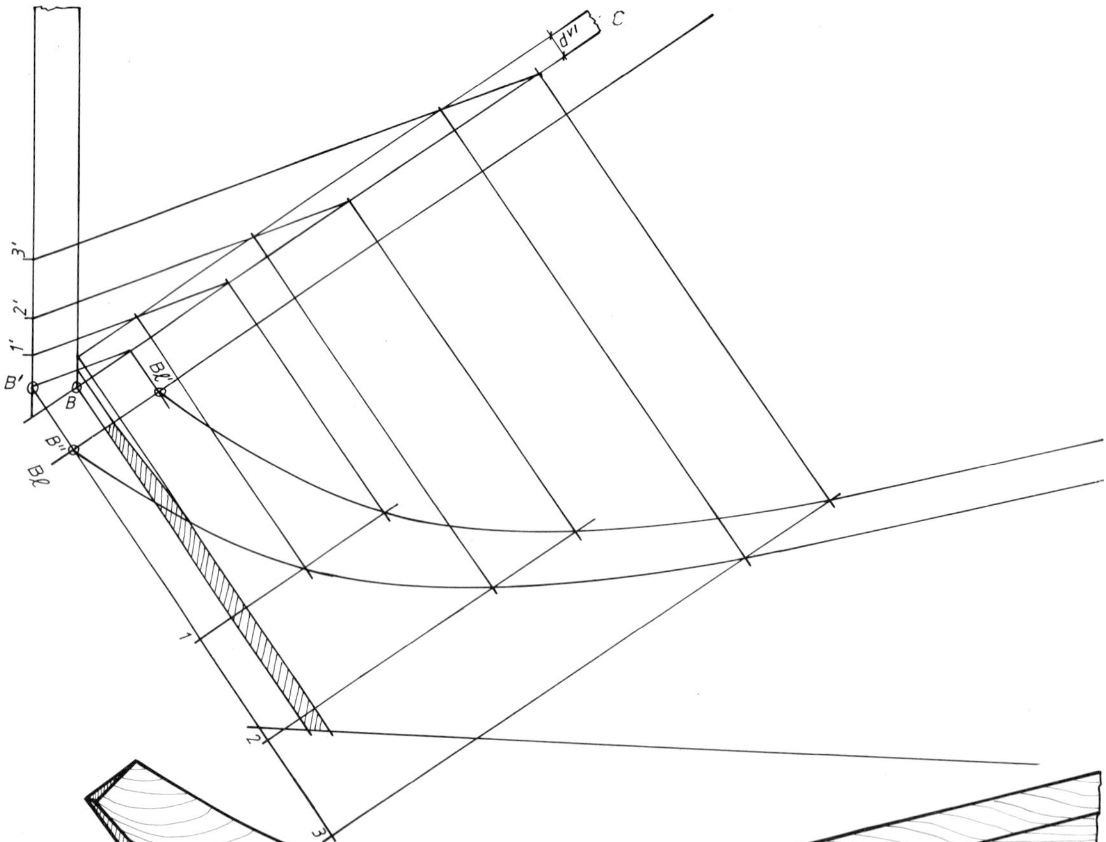

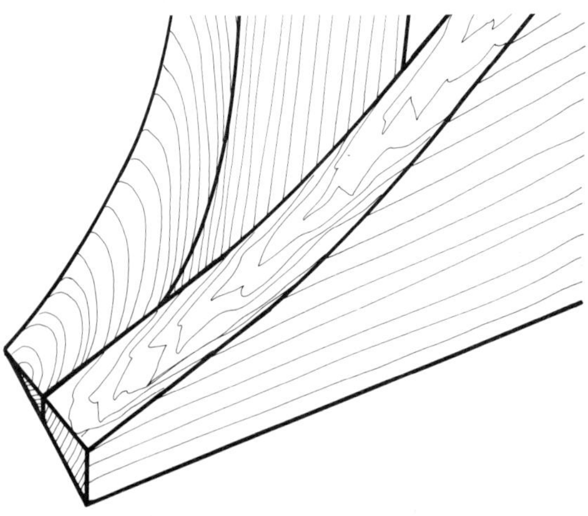

Da man die geschweifte Kehlbohle der Fledermausgaube stets an die senkrechte innere Seite des Stirnrahmens anschmiegt, muß diese Fußschmiege rechtwinklig zur Kehlbohle BC ausgetragen und ihre Grundbreite der Länge nach parallel verstrichen werden.

19.21.9 Vergatterung und Austragung der Füllbohle zur Fledermausgaube

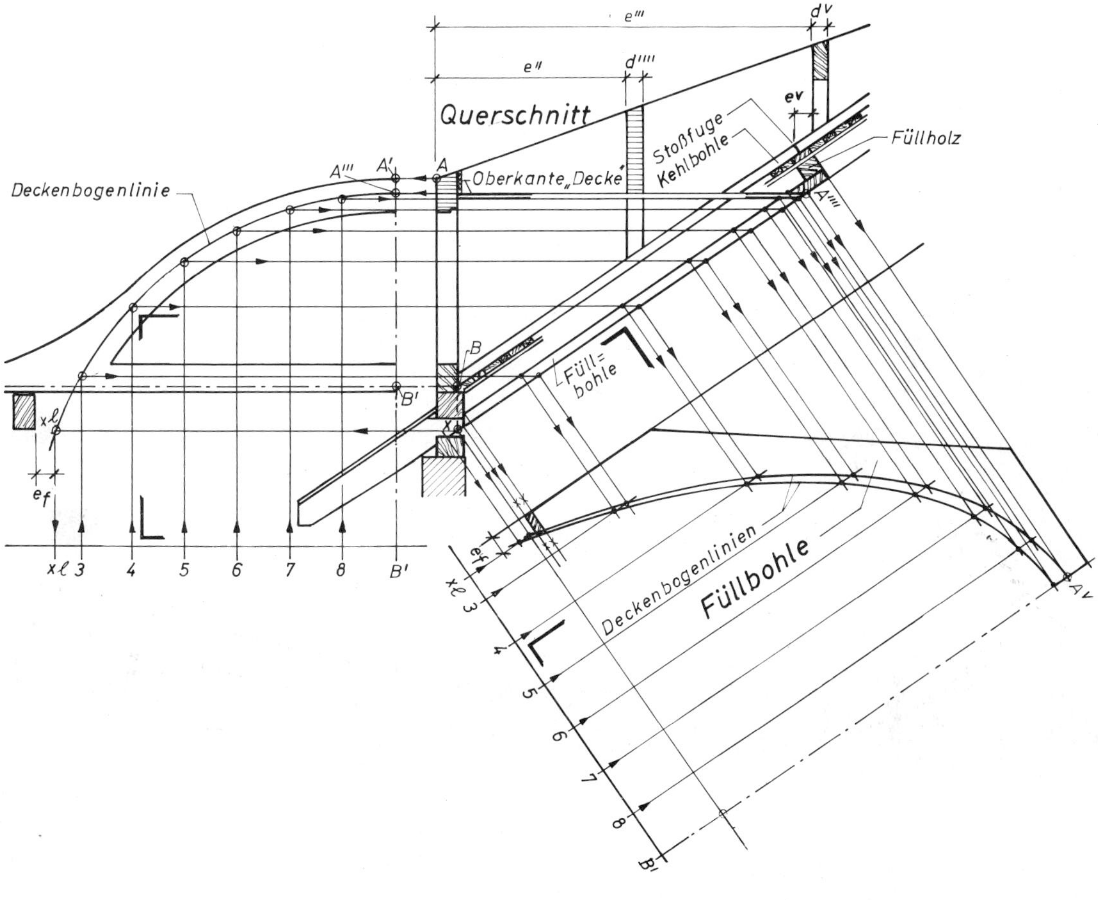

Vergatterung und Austragung der Füllbohle zur Fledermausgaube mit gewölbter Deckenschalung

Die Füllbohle zur Fledermausgaube mit gewölbter Deckenschalung wird ähnlich, wie die geschweifte Kehlbohle durch eine Vergatterung bestimmter Projektionslinien ausgetragen.

Die mit Pfeilzeichen markierten Projektionslinien geben in dem oben gezeigten Aufriß ausführlich die Vergatterungsmethode an. Die geschweiften Kehlbohlen und die Füllbohlen der Fledermausgaube werden bei der bestimmten ganzen Gaubenbreite oben in der Mitte stumpf zusammengestoßen, so daß man linke und rechte Kehl- und Füllbohlen reißen und ausarbeiten muß.

Die geschweiften Kehlbohlen und die Füllbohlen der rechten Gaubenhälfte bekommen im Einzelnen spiegelbildlich die gleiche Form wie die Kehl- und Füllbohlen der linken Gaubenhälfte.

19.22 Die geschweifte Schleppgaube

19.22.1 Geschweifte Schleppgaube in einer isometrischen Darstellung

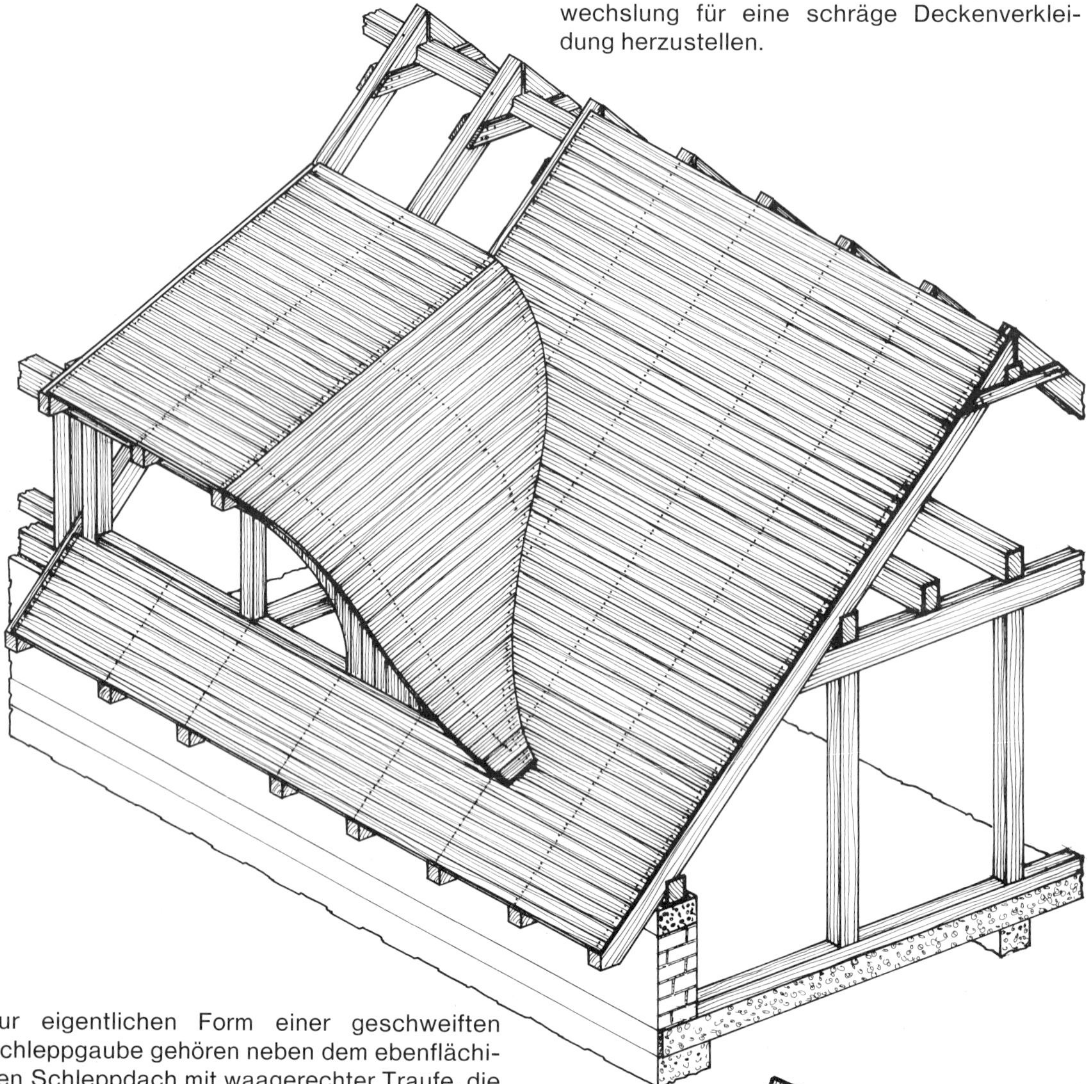

Zur eigentlichen Form einer geschweiften Schleppgaube gehören neben dem ebenflächigen Schleppdach mit waagerechter Traufe, die geschweiften Traufen und geschweiften Kehlen.

Die geschweifte Schleppgaube hat ein ebenflächiges Schleppdach und seitlich die geschweiften Dachseiten. Da man für die harte Eindeckung (Ziegeldach) der geschweiften Dachseiten entsprechend der Scheitelhöhe bei der Gaubenstirnseite mit senkrechten Maßen von 0,80 m bis 1,20 m die zugehörigen Traufachsmaße auf 1,75 m bis 2,50 m festlegt, stellt sich zugleich auch die Aufgabe eine Öffnung für ein Gaubenfenster unter der Traufbogenlinie und weiter im Dachraum unter der geschweiften Dachseite eine Gespärreauswechslung für eine schräge Deckenverkleidung herzustellen.

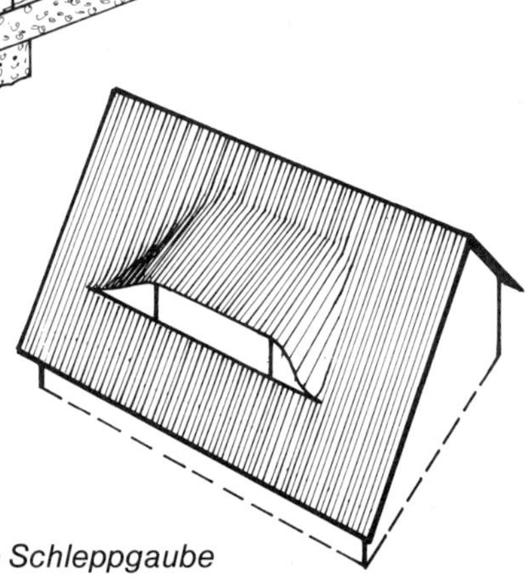

Geschweifte Schleppgaube

19.22.2 Konstruktion der Traufbogenlinie bei der geschweiften Schleppgaube

Für die harte Eindeckung (Ziegeleindeckung) der beim ebenflächigen Schleppdach anschließenden, zum Teil nach außen zum anderen Teil nach innen gewölbten Dachseiten ist bei einer kleineren Scheitelhöhe (sh) für die Konstruktion der Traufbogenlinien ein kleineres Traufachsmaß erforderlich als bei einer großen Scheitelhöhe.

Bei einer Scheitelhöhe von 50 cm und harter Eindeckung sollte das Traufenachsmaß für die geschweiften Traufiinien mindestens 1,25 m lang sein. Für größere Scheitelhöhen kommen natürlich, wie der Hinweis auf Seite 449 zeigt, schon größere und große Traufenachsmaße in Betracht.

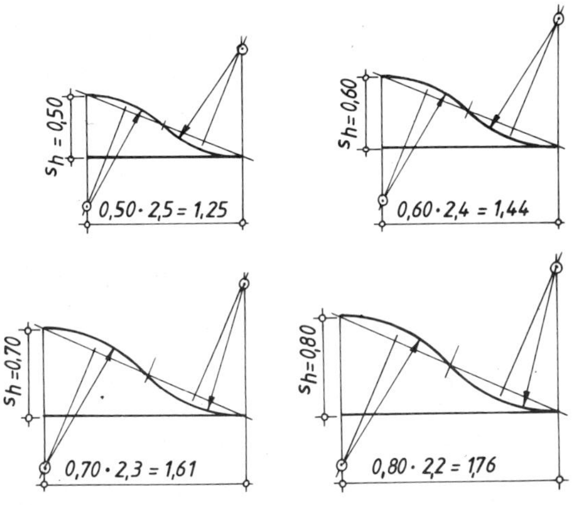

Für die weiche Eindeckung (Schindel- oder Reetdach) kann man die Traufenachse für die Konstruktion der Traufbogenlinien wie folgt kürzen:

Bei sh 0,50 bis 0,60 m die Traufenachsen von 1,25 m bis 1,44 m, um ein Sechstel;

Bei sh 0,70 bis 0,80 m die Traufenachsen von 1,61 m bis 1,76 m, um ein Fünftel;

Bei sh 0,90 bis 1,00 m die Traufenachsen von 1,98 m bis 2,10 m, um ein Viertel;

Bei sh 1,10 bis 1,20 m die Traufenachsen von 2,31 m bis 2,496 m, um ein Drittel.

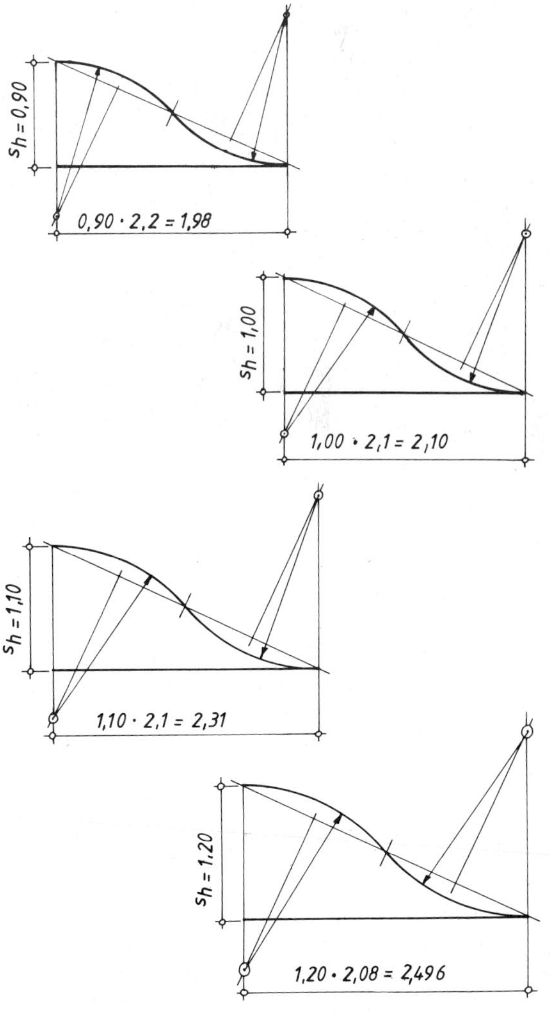

Skizzen für weiche Eindeckung

19.23 Geschweifte Schleppgaube – Austragen und Anreißen eines schräg zur Fußpfette liegenden Gespärrewechsels

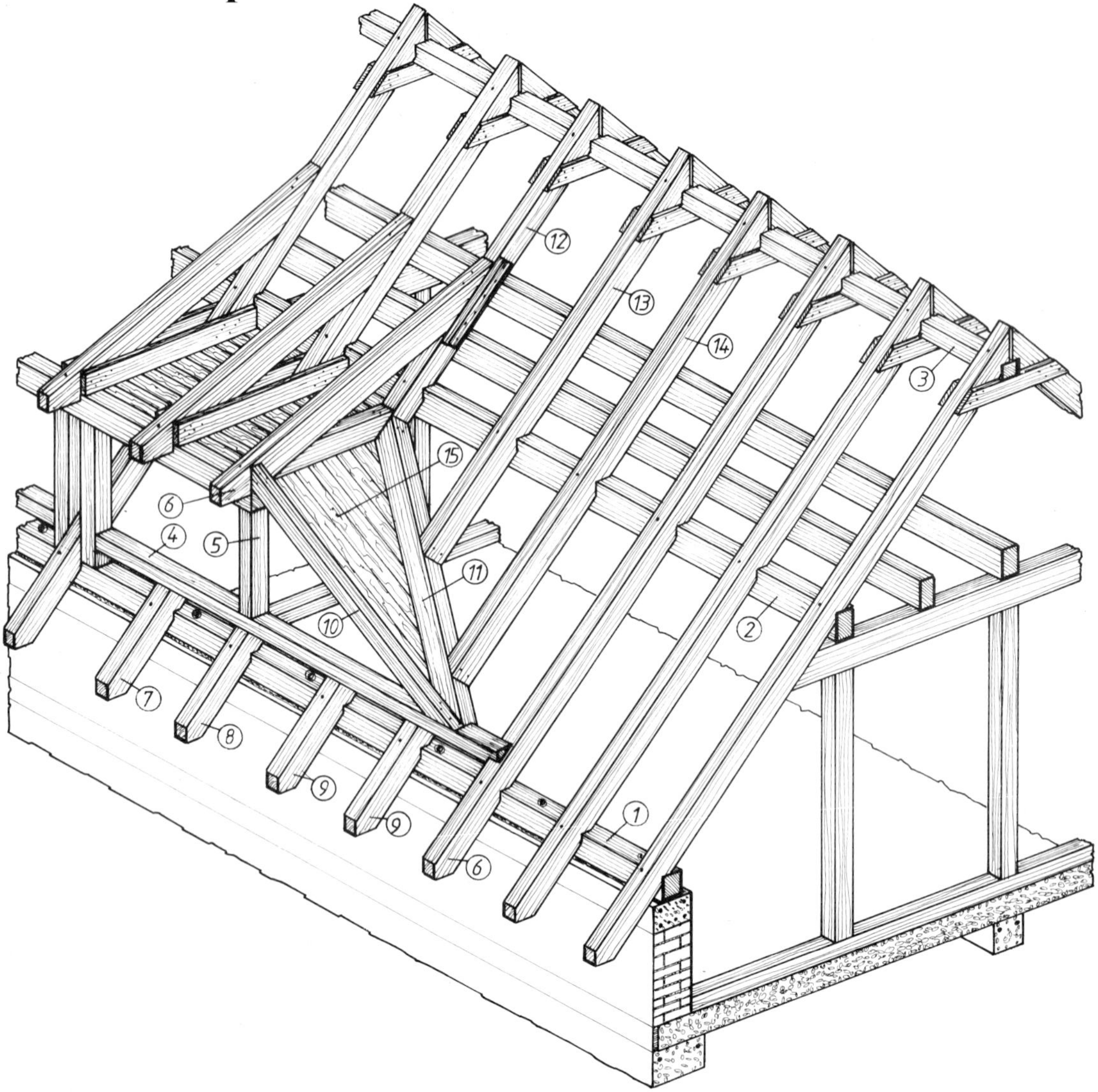

Isometrische Darstellung eines Teils des aufgerichteten Pfettendaches sowie eines Teils der aufgerichteten Schleppgaube mit der zugehörigen Gespärreauswechslung

Benennung der Dachtragwerk- und Gespärreauswechslungsteile des geschweiften Schleppgaubendaches.

1), 2) und 3) Fuß-, Mittel- und Firstpfette
4) Gaubenbank
5) Gaubenpfosten
6) Gaubensparren
7), 8), 9) und 9') Sparrenstiche bei der Traufe
10) Füllstab
11) Gespärrewechsel
12), 13) und 14) Sparrenstiche beim Gespärrewechsel
15) Schräge Deckenverkleidung aus Brettern

Die Gespärreauswechslung wird für eine schräge Deckenverschalung unter dem geschweiften Gaubendach in der Regel mit einem schrägen zur Fußpfette liegenden Gespärrewechsel und außerdem unter der Traufbogenlinie der Gaubenstirnseite mit einem schräg zur Gaubenbank liegenden Füllstab hergestellt.

19.23.1 Füllstabprofil bei der Traufbogenlinie

19.23.2 Flächenprofil des schräg zur Fußpfette liegenden Gespärrewechsels

19.23.3 Gespärrewechsel – angerissen und ausgearbeitet

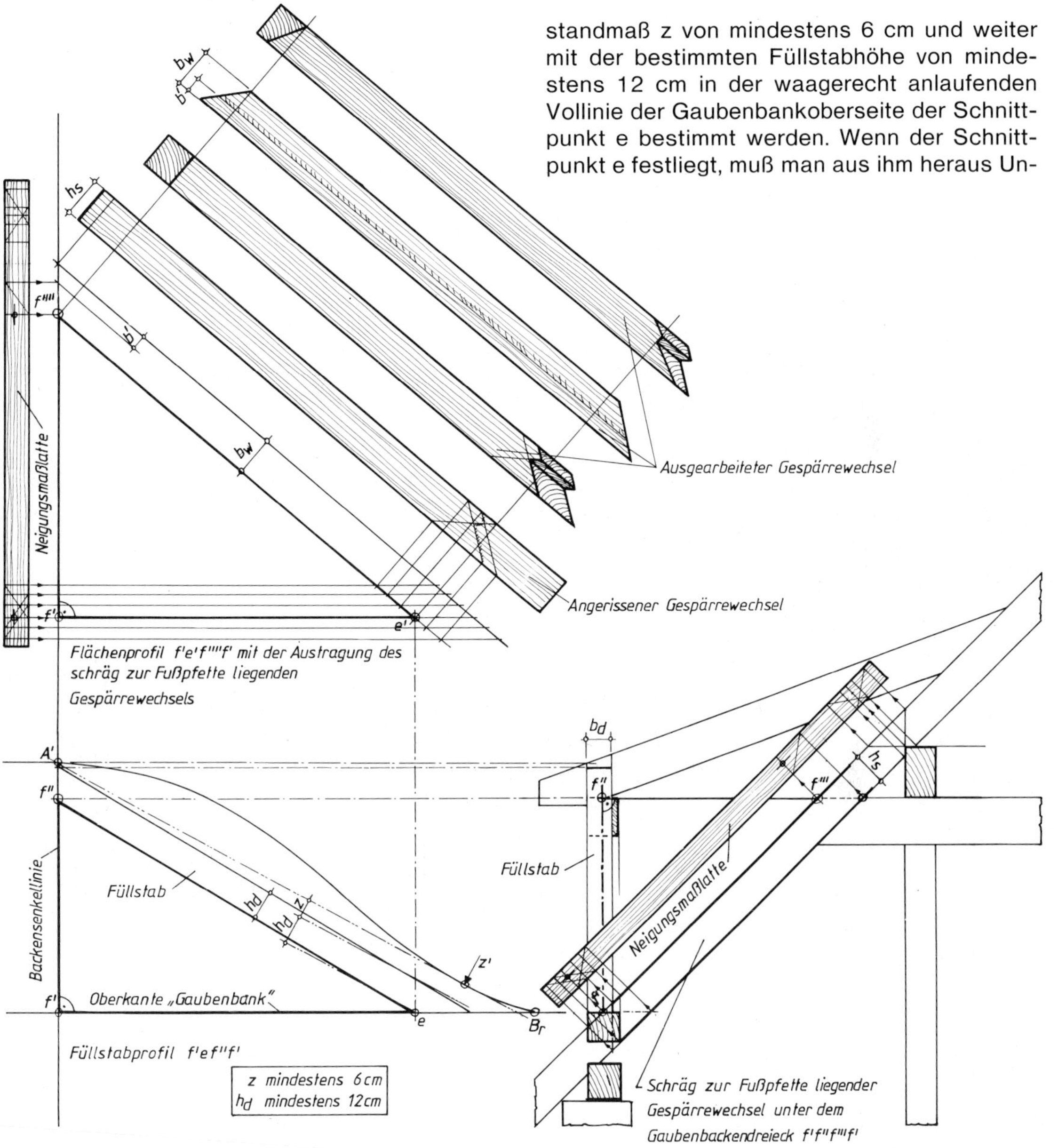

Der Füllstab wird nach einem besonderen Füllstabprofil und der schräg zur Fußpfette liegende Gespärrewechsel nach einem besonderen Flächenprofil ausgetragen.

Das Füllstabprofil f'ef''f' wird aufgrund der schon aufgerissenen Traufbogenlinie A'Br folgendermaßen festgelegt:

Aus dem Schnittpunkt A' muß die Tangente A'z' aufgerissen und demnach mit einem Abstandmaß z von mindestens 6 cm und weiter mit der bestimmten Füllstabhöhe von mindestens 12 cm in der waagerecht anlaufenden Vollinie der Gaubenbankoberseite der Schnittpunkt e bestimmt werden. Wenn der Schnittpunkt e festliegt, muß man aus ihm heraus Unterkante „Füllstab'' in den Schnittpunkt f'' hinein auftragen. Der Schnittpunkt f'' wird aber vorher schon an die Backensenkellinie nach der waagerechten Höhenlinie von Unterkante „Deckenhölzer'' des Dachraumes angetragen. An der Füllstabprofilneigungslinie ef'' ist der Füllstab nach seiner gemessenen Höhe auszutragen und daher legt man die Fuß- und Kopfschmiegen und die Füllstablänge fest.

Benennungen:
16) Stirnbohle
17) Innenbohle
18) Kehlbohle

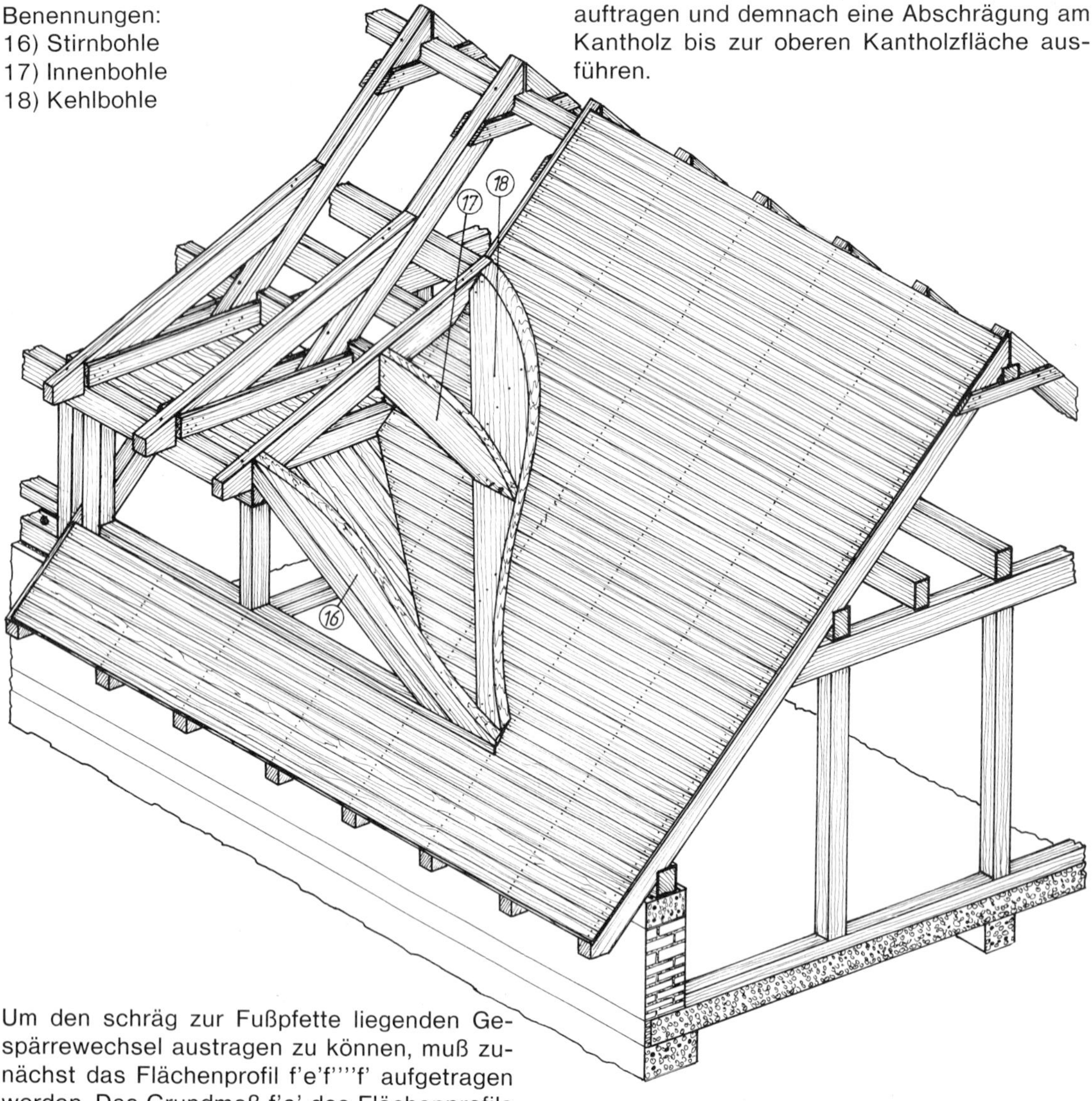

auftragen und demnach eine Abschrägung am Kantholz bis zur oberen Kantholzfläche ausführen.

Um den schräg zur Fußpfette liegenden Gespärrewechsel austragen zu können, muß zunächst das Flächenprofil f'e'f''''f' aufgetragen werden. Das Grundmaß f'e' des Flächenprofils wird mit dem Aufriß des Füllstabprofils festgelegt und die Senkellänge f'f'''' des Flächenprofils im Gaubenbackendreieck.

Nach dem Aufriß des Flächenprofils f'e'f''''f' führt man an der Flächenprofilneigungslinie f''''e' mit Hilfe der Neigungsmaßlatte die Austragung des schräg zur Fußpfette liegenden Gespärrewechsels aus.

Der ausgetragene Gespärrewechsel erhält unten am Fußende eine Klaue für den Anschluß an die Fußpfette und oben am Kopfende eine einfache ebene Schmiegfläche für den Anschluß seitlich an den Hauptdachsparren.

Gemäß des rechtwinkligen Verstiches b' muß man auf die untere Kantholzfläche über die ganze Länge des Gespärrewechsels einen Riß

Bei der schräg ausgearbeiteten Fläche des schräg zur Fußpfette liegenden Gespärrewechsels und weiter bei Unterkante „Füllstab" liegt die angenagelte, schräge Deckenverkleidung ebenflächig unter der geschweiften Dachseite.

Zur geschweiften Schleppgaube müssen auch geschweifte Traufbohlen und geschweifte Kehlbohlen ausgetragen werden. Die betreffenden Austragungen führt man nach der gleichen Austragungsmethode aus, wie bei der Stirnbohle und Kehlbohle der Fledermausgaube. Die Traufbogenlinien zur Stirnbohle der Fledermausgaube werden aber auf größeren Traufachsenlängen konstruiert, als die Traufbogenlinien der Stirnbohle zur geschweiften Schleppgaube.

SACHWÖRTERVERZEICHNIS

G

H

I

J

K

L

Sa/Sä

Sch

Se

Si

So

Sp

St

Sy

T

U

V